ADMINISTRACIÓN ESTRATÉGICA

ADMINISTRACIÓN ESTRATÉGICA

Undécima edición

ARTHUR A. THOMPSON, JR.
University of Alabama

A. J. STRICKLAND III
University of Alabama

Traducción
GUADALUPE MEZA STAINES
Traductora profesional

Revisión técnica
Dra. VICTORIA EROZA
Universidad La Salle
Coordinadora General de Posgrado

OSCAR ARMANDO BELTRÁN RONDEROS
Director de Carrera
ITESM, Campus Ciudad de México

McGRAW-HILL

MÉXICO • BUENOS AIRES • CARACAS • GUATEMALA • LISBOA • MADRID • NUEVA YORK
SAN JUAN • SANTAFÉ DE BOGOTÁ • SANTIAGO • SÃO PAULO
AUCKLAND • LONDRES • MILÁN • MONTREAL • NUEVA DELHI • SAN FRANCISCO
SINGAPUR • ST. LOUIS • SIDNEY • TORONTO

Gerente de producto: Ricardo del Bosque Alayón
Supervisor de edición: Arturo González Maya
Supervisor de producción: Zeferino García García

ADMINISTRACIÓN ESTRATÉGICA
Undécima edición

*A Subsidiary of the **McGraw-Hill** Companies, Inc.*
Cedro Núm. 512, Col. Atlampa,
Delegación Cuauhtémoc
C.P. 06450, México, D.F.
Miembro de la Cámara Nacional de la Industria Editorial Mexicana, Reg. Núm. 736

ISBN 970-10-2906-2

Translated from the eleventh English edition of
STRATEGIC MANAGEMENT

ISBN 0-07-303714-1

1234567890 09876543210

Impreso en México Printed in Mexico

Esta obra se terminó de
imprimir en Noviembre del 2000 en
Litográfica Ingramex
Centeno Núm. 162-1
Col. Granjas Esmeralda
Delegación Iztapalapa
09810 México, D.F.

Se tiraron 7500 ejemplares

A Hasseline y Kitty

PREFACIO

Esta undécima edición de *Administración estratégica* sigue muy de cerca a la edición anterior, y representa una respuesta expedita a la insaciable demanda del mercado por casos de negocios de reciente investigación y de elevada calidad. Aun cuando el ritmo de las nuevas tendencias en la literatura de la administración estratégica no garantiza un ciclo breve de revisión del *texto*, el hecho de proporcionar a los usuarios un flujo de los últimos casos más relevantes satisface una necesidad legítima y creciente del mercado. Con tantas escuelas de negocios que ofrecen el curso de administración estratégica cada periodo académico, la colección de casos en cualquier edición se vuelve obsoleta después de algunos periodos; todos hemos experimentado la rapidez con la cual surgen y circulan los archivos de casos. Además, las circunstancias rápidamente cambiantes de las compañías y de la industria pueden hacer que un caso, que era de interés, se vuelva prematuramente obsoleto. La creciente demanda de casos nuevos de negocios, junto con un creciente suministro de casos de primer orden que son transcritos anualmente, nos ha impulsado una vez más a instituir un ciclo breve de revisión de casos y a proporcionar una colección de 12 casos para que el lector pueda elegir. Sólo el caso clásico de Robin Hood se tomó de la décima edición; los 16 casos restantes son todos diferentes de los presentados en la edición anterior. No obstante, aparte de los nuevos casos, el contenido teórico de esta edición es igual al de la anterior. Los 11 capítulos de texto no se alteraron, excepto por algunos cambios mínimos de redacción.

Si usted ha trabajado con la décima edición, el cambio amerita su atención: 1) tan pronto como considere que ha llegado el momento de incluir una nueva colección de casos en su curso, o 2) si está preocupado por las posibilidades pedagógicas de que sus alumnos utilicen la sección de autoevaluación del Strat-TUTOR y los ejercicios de preparación de casos, cuyo acceso ahora es gratuito en la página web del editor (www.mhhe.com/thompson). Si usted no ha trabajado con la décima edición, le sugerimos que explore esta undécima edición y analice el valor que el empleo íntegro del curso Strat-TUTOR le puede añadir a la comprensión de los conceptos y los instrumentos de análisis por parte de los estudiantes. También hay una versión mejorada, recién publicada, de *The Business Strategy Game* (versión 6.0), que se puede emplear ya sea con la décima o con la presente edición.

LA COLECCIÓN DE CASOS EN LA UNDÉCIMA EDICIÓN

Los 17 casos presentados en esta edición incluyen casos nuevos que no aparecen en ninguna de nuestras ediciones anteriores, algunos casos totalmente actualizados y revisados de la novena edición y un caso de la décima edición. Para poner de relieve la estrecha conexión entre los casos y los conceptos de la administración estratégica, los hemos agrupado bajo cinco encabezados relacionados con los capítulos y los temas. En el grupo de la sección A hay un caso que pone de relieve el papel y las tareas del administrador como principal creador de la estrategia y como responsable de su puesta en práctica; este caso (Caribbean Internet Café) demuestra de manera convincente por qué lo expuesto en los capítulos 1 y 2 resulta pertinente para el éxito a largo plazo de una compañía en el mercado. La sección B contiene seis casos cuyos aspectos fundamentales abordan el análisis de la industria y las situaciones competitivas y crean una estrategia a nivel del negocio; estos casos requieren que los estudiantes apliquen el material del texto en los capítulos 3 al 6. En la sección C hay un caso que implica la creación y evaluación de la estrategia en compañías diversificadas por los que se hacen escrupulosos seguimientos en los capítulos 7 y 8. En la sección D hay ocho casos que giran alrededor de los retos administrativos de la puesta en práctica de la estrategia y le brindan a los estudiantes una oportunidad de aplicar los conceptos presentados en los capítulos 9, 10 y 11. La sección E contiene un caso que pone de relieve los vínculos entre estrategia, ética y responsabilidad social.

La lista de casos en esta undécima edición, lo mismo que en las ediciones previas, refleja nuestra constante preferencia por aquellos que presentan productos y compañías que son capaces tanto de despertar el interés del estudiante como de estimular animadas exposiciones en el salón de clases. Nuestros casos involucran a compañías, personas o productos exitosos de quienes han oído hablar los estudiantes, que conocen por experiencia personal o con los que se pueden identificar fácilmente. Los casos de Dell Computer Corporation, Acer en Canadá, Brøderbund Software Inc. y Competencia en la industria de corretaje electrónico le proporcionarán al estudiante una perspectiva hacia las demandas específicas al competir en el medio de las industrias de "alta velocidad", en las que los avances tecnológicos son algo cotidiano, los ciclos de vida del producto son breves y las maniobras competitivas entre los rivales son rápidas y contundentes. Algunos de nuestros casos involucran situaciones en las cuales los recursos y las habilidades competitivas de la compañía desempeñan un papel tan importante en la creación de la estrategia, su plan y puesta en práctica, como las condiciones y la competitividad en la industria. De hecho, hicimos un esfuerzo especial para asegurarnos de que los casos seleccionados para esta edición demostraran la pertinencia del punto de vista de la empresa, basado en sus recursos.

Distribuidos a lo largo de la parte II hay casos de compañías que no son estadounidenses, industrias globalmente competitivas y situaciones interculturales; éstos, en combinación con el contenido total de los capítulos del texto, proporcionan un amplio material para vincular estrechamente el estudio de la administración estratégica con la progresiva globalización de la economía mundial, de conformidad con los estándares de AACSB.

Los investigadores de los casos, cuyo trabajo aparece en esta edición, han desempeñado un trabajo absolutamente de primera clase en la preparación de casos que contienen valiosos puntos de enseñanza, que ilustran las clases importantes de retos estratégicos a los que se enfrentan los gerentes y que permiten que los estudiantes apliquen las herramientas del análisis estratégico. Creemos que usted encontrará que la colección de 17 casos de esta edición es excepcionalmente atractiva, fácil de enseñar y muy adecuada para instruir a los estudiantes en el empleo de los conceptos y los tratamientos analíticos en los capítulos 1 a 11. En suma, el compendio de casos resulta extraordinariamente atractivo y estimulante de principio a fin.

Direcciones de páginas de la compañía en la red y utilización de Internet Al inicio de la parte II hemos incluido, una vez más, "Una guía para el análisis de casos" que explicará a los estudiantes la pedagogía del método de casos, además de ofrecer sugerencias para abordar el análisis de casos. Esta guía incluye una sección acerca del uso de Internet y varios servicios en línea, para: 1) realizar una investigación adicional de una industria o de una compañía; 2) obtener los últimos resultados financieros de una compañía, y 3) actualizar los datos sobre lo que ha sucedido desde que se transcribió el caso. La cantidad de información disponible en Internet está aumentando a un ritmo muy rápido. Creemos que los estudiantes encontrarán que nuestra lista de información —que abunda en páginas de la red y sugerencias sobre la utilización de varios instrumentos de búsqueda— es un activo valioso que les ahorrará tiempo cuando busquen información de su interés. Para facilitar todavía más el empleo de Internet hemos incluido direcciones de páginas de la compañía en la red, en ubicaciones apropiadas en los casos mismos.

CARACTERÍSTICAS DEL CONTENIDO DE LOS CAPÍTULOS DEL TEXTO

La edición anterior y la presente son todo un suceso en la evolución de un libro de texto. Para los lectores potenciales, señalan una pedagogía efectiva y una aceptación continua en el mercado, pero a los autores les impone una responsabilidad que se refleja en la forma en la cual se puede dar una nueva presentación que añada coherencia disciplinaria y que lleve el tema a tratar a un nuevo plano de claridad y comprensión. Intentamos estar a la altura de esta responsabilidad, esforzándonos en incluir en los 11 capítulos del texto un paquete completo de enseñanza-aprendizaje que se orienta firmemente a lo que todo estudiante necesita saber acerca de crear, poner en práctica y ejecutar las estrategias de negocios.

Siguen surgiendo nuevos conceptos, instrumentos analíticos y métodos de administración con tal rapidez, que imponen importantes cambios de una edición a otra en el contenido y el énfasis. Una de las tendencias más importantes en la literatura de la administración estratégica concierne a los avances en la determinación y articulación conceptuales del punto de vista de la empresa basado en los recursos. Aun cuando el análisis FODA (SWOT, por sus siglas en inglés) y la evaluación de las competencias centrales siempre han señalado la importancia de evaluar las fortalezas internas y las debilidades en la creación de la estrategia, las recientes contribuciones a la literatura sobre administración estratégica ponen en claro que hay mucho más en el punto de vista de la empresa basado en los recursos que lo que implica una simple consideración de los puntos de tensión, las debilidades, las oportunidades y las amenazas que acechan a una compañía. A lo largo de los 11 capítulos del texto hemos intentado ayudar a comprender la creación de la estrategia, la pertinencia de su puesta en práctica al reforzar el complemento de recursos de una compañía y mejorar sus habilidades para asimilarlas a las realidades del mercado y crear una ventaja competitiva. Las ediciones décima y undécima dan un tratamiento equilibrado a la tesis de que la estrategia de una compañía debe corresponder tanto a las circunstancias de su mercado externo como a sus recursos y capacidades competitivas. Por tanto, encontrará que el punto de vista de la empresa basada en los recursos se ha integrado de una manera prominente en la cobertura de la creación de una estrategia de negocios (capítulos 2 y 4) y en la creación de estrategias de diversificación (capítulos 7 y 8). También encontrará que los capítulos 9 y 10 tienen una fuerte perspectiva basada en los recursos en lo que concierne a desarrollar y fomentar competencias fundamentales, habilidades competitivas y recursos organizacionales al poner en práctica y ejecutar la estrategia.

Además de la excepcional orientación cuidadosa basada en los recursos, hemos incluido material importante sobre estrategias, alianzas cooperativas y competencia en el medio de los mercados de "alta velocidad", donde el ritmo del cambio (de cualquier fuente) impone demandas especiales a las compañías para que adapten sus estrategias y sus recursos al rápido desarrollo de los acontecimientos. Una vez más damos cobertura a los aspectos globales en la administración estratégica, un tratamiento prominente de aspectos de responsabilidad ética y social; además, presentamos en cada capítulo notas al margen que resaltan conceptos básicos, principios administrativos estratégicos y que resultan ser semillas de conocimientos. Una reescritura minuciosa nos ha permitido enfatizar la presentación en cada capítulo del nuevo material, algo que los lectores y los estudiantes verán con agrado, dado el amplio contenido del curso.

Modificaciones específicas en los capítulos y mejoras del contenido

- Los capítulos 1 y 2 incluyen nuevas presentaciones sobre la importancia de una visión estratégica clara y motivadora, de objetivos flexibles y la adaptación rápida de la estrategia a las condiciones de mercado recién desarrolladas y las expectativas del cliente. Seguimos insistiendo enérgicamente en cómo y por qué la estrategia de una compañía surge de: *a*) las acciones planificadas de la compañía, y *b*) como reacciones necesarias a desarrollos no anticipados y a las nuevas presiones competitivas. El material del capítulo 1 hace hincapié en que el plan estratégico de una compañía es una colección de estrategias ideadas por diferentes administradores con distintos niveles en la jerarquía organizacional y, por tanto, motiva a que todos los administradores formen parte del equipo de creación y puesta en práctica de estrategias. El cambio organizacional a nivel mundial hacia la delegación del poder en empleados y administradores hace que sea imperativo que los miembros del personal sean "estudiosos del negocio" y usuarios hábiles de los conceptos e instrumentos de la administración estratégica.

- El capítulo 4 incluye una exposición completa de todos los conceptos e instrumentos analíticos requeridos para comprender por qué la estrategia debe estar acorde con sus recursos internos y sus habilidades competitivas. En la exposición de los puntos fuertes y débiles de los recursos de la compañía, el *centro del escenario* se encuentra en la función que desempeñan las competencias centrales y los recursos y habilidades organizacionales para crear el valor del cliente y ayudar a desarrollar una ventaja competitiva. El análisis FODA se ha remodelado como un instrumento para evaluar los puntos fuertes y débiles de los recursos de una compañía. Asimismo, hay nuevas secciones sobre la determinación del valor de los recursos y activos específicos de la compañía y la selección de competencias y habilidades que tengan el mayor potencial para lograr una ventaja competitiva. Sin embargo, los instrumentos ahora estándares del análisis de la cadena de valor, del costo estratégico, de los procesos de comparación y de las evaluaciones de las fortalezas competitivas, siguen desempeñando un papel determinante en la metodología que se adopta para evaluar la situación de una compañía, ya que son parte esencial para comprender la posición de costo relativa y su situación competitiva frente a sus rivales.
- Tanto el material del capítulo 3 (Análisis industrial y competitivo) como del capítulo 4 (Evaluación de los recursos y las capacidades competitivas de la compañía) permiten comprender la razón por la cual los administradores deben alinear con sumo cuidado la estrategia, tanto con la industria y las condiciones competitivas, como con los recursos y capacidades de la compañía. El capítulo 3 expone los instrumentos analíticos y los conceptos del análisis de la industria y la competencia ahora conocidos, y demuestra la importancia de ajustar la estrategia de manera que se adapte a las circunstancias del medio de la industria y la competencia de una compañía. El capítulo 4 hace un análisis de la situación de la compañía como base para alinear la estrategia con los recursos, las competencias y las capacidades competitivas organizacionales.
- El capítulo 5 contiene una nueva sección muy importante sobre el empleo de las estrategias cooperativas para crear la ventaja competitiva, en tanto que el capítulo 6 ofrece también una nueva sección sobre la competencia en situaciones de la industria caracterizadas por un rápido cambio tecnológico, ciclos de vida breves del producto, acciones frecuentes de los competidores y/o una evolución rápida de los requerimientos y expectativas de los clientes. Asimismo, incluye exposiciones más extensas de las alianzas estratégicas para mejorar la competitividad de una compañía en mercados tanto de alta velocidad como globales.
- Seguimos creyendo que la competencia global y los aspectos de la estrategia global se abordan mejor mediante la integración de las exposiciones pertinentes en cada capítulo, en vez de dividir el tratamiento en capítulos separados. El enfoque general en cada capítulo, característica prominente de las dos ediciones anteriores, continúa y se refuerza en ésta. Además, hemos añadido más cápsulas ilustrativas, con el fin de enfatizar las estrategias para compañías no estadounidenses.

- En las estrategias de diversificación corporativa en los capítulos 7 y 8, hemos remodelado nuestro tratamiento analítico, eliminando gran parte de la atención antes prestada al diseño de matrices para el análisis de la cartera de negocios; en vez de ello, el énfasis analítico está puesto en: 1) la evaluación del atractivo de la industria; 2) la evaluación de las fortalezas competitivas de la compañía en cada una de sus líneas de negocios; 3) la evaluación del grado de ajustes estratégicos entre los diferentes negocios de una compañía diversificada, y 4) la evaluación del grado de *ajuste de los recursos* entre los diferentes negocios. Asimismo, encontrará un punto de vista muy poderoso basado en los recursos de la empresa y en la metodología recomendada para evaluar los pros y los contras de la estrategia de diversificación de una compañía. El capítulo 8 sigue incorporando el atractivo del empleo analítico de la matriz de la cartera de la industria/fortalezas del negocio, debido a su solidez conceptual y a su pertinencia práctica, pero hemos abandonado la cobertura de la matriz de crecimiento-participación, que tiene algunas fallas, y la matriz del ciclo de vida, que es poco utilizada.

- El módulo de tres capítulos (capítulos 9-11) sobre la puesta en práctica de la estrategia, presenta un sólido marco de referencia conceptual estructurado alrededor de: 1) el desarrollo de las fortalezas de los recursos y las capacidades organizacionales necesarios para ejecutar la estrategia de una manera competente; 2) el desarrollo del presupuesto para guiar amplios recursos hacia aquellas actividades de la cadena de valor que son decisivas para el éxito estratégico; 3) el establecimiento de políticas y procedimientos estratégicamente apropiados; 4) la institución de los mecanismos y prácticas idóneas para un mejoramiento continuo; 5) la instalación de sistemas de información, comunicación y operación que permitan que el personal desempeñe con éxito sus papeles estratégicos día tras día; 6) la estrecha vinculación de recompensas e incentivos con el logro de los objetivos del desempeño y la buena ejecución de la estrategia; 7) la creación de un medio de trabajo y una cultura corporativa que apoyen la estrategia, y 8) el ejercicio del liderazgo interno necesario para impulsar la puesta en práctica y mejorar la forma en la cual se está ejecutando la estrategia.

- El marco de referencia de ocho tareas para comprender los componentes administrativos de la puesta en práctica y la ejecución de la estrategia se explica en la primera sección del capítulo 9. El resto de este capítulo se enfoca en el desarrollo de una organización con las competencias, capacidades y fortaleza de los recursos necesarios para la ejecución exitosa de la estrategia. También encontrará una cobertura amplia de los requerimientos para que una organización desarrolle y mejore sus competencias y habilidades, así como la profundidad de dominio en las actividades relacionadas con la competencia, necesarias para la ventaja competitiva, e idee arreglos para lograr el grado indispensable de colaboración y cooperación, tanto entre los departamentos internos como con los proveedores de recursos externos. Se ha dado un tratamiento muy amplio a la tarea de crear fortalezas en los recursos mediante alianzas y asociaciones de colaboración. Hemos continuado la cobertura iniciada en las dos últimas ediciones de los pros y los contras al recurrir a fuentes externas para las actividades que no son críticas, reducir y eliminar los niveles de las estructuras jerárquicas, el empowerment con los empleados, la reingeniería de los procesos de los negocios centrales y el empleo de equipos de trabajo interfuncionales y autónomos. El resultado es un enérgico tratamiento del desarrollo de habilidades de recursos y actividades de estructuración organizacional que se vinculen y encuentren un sentido estratégico a la totalidad de los cambios organizacionales revolucionarios que afectan a la corporación actual. Hasta ahora, los intentos de las compañías en todo el mundo para organizar el esfuerzo de trabajo alrededor de equipos de reingeniería de los procesos de los negocios centrales, de competencia con base en las capacidades organizacionales (y en los atributos diferenciados del producto) y de instalar estructuras delgadas y planificadas han demostrado que son adiciones duraderas y fundamentales para la correcta administración y enfoques valiosos para optimizar la ejecución de la estrategia.

- Como en la edición anterior, el capítulo 10 estudia el papel de los presupuestos que respaldan la estrategia, las políticas, las estructuras de recompensa y los sistemas de apoyo internos y explica por qué los programas de proceso de comparación de las prácticas idóneas, de administración de la calidad total, de reingeniería y de mejoramiento continuo son importantes instrumentos administrativos para mejorar las competencias organizacionales en la ejecución de la estrategia. El capítulo 11 aborda de igual modo la cultura corporativa que apoya la estrategia y el ejercicio del liderazgo interno necesario para impulsar su implementación. Se ha dado una cobertura de las culturas corporativas poderosas *versus* las débiles, de las de bajo nivel de desempeño y nocivas, de las de adaptación y del compromiso continuo del liderazgo, necesario para transformar una compañía con estos problemas, además de secciones sobre la administración ética y sobre lo que pueden hacer los administradores para mejorar la ejecución de la estrategia.
- Se incluyen 17 cápsulas ilustrativas nuevas o revisadas.

El empleo de notas al margen para enfatizar conceptos básicos, conclusiones importantes y verdades "fundamentales" tuvo muy buena acogida en las ediciones anteriores y sigue siendo una característica destacada de esta edición. Las notas al margen sirven para concretar el tema en cuestión en principios concisos, dándole a la exposición un enfoque más claro para los lectores e indicando lo más relevante.

Se ha puesto una atención especial en animar las explicaciones y mejorar la claridad y el estilo de la redacción. Hemos hecho todo lo posible para que el texto presente una redacción precisa, clara y convincente, cuya lectura resulte interesante y que se sitúe cómodamente entre las fronteras de la teoría y la práctica, tal como debe ser un libro de texto.

El suplemento de software Strat-TUTOR para los estudiantes

Disponible con esta edición se incluye un producto de software de la tercera generación, llamado Strat-TUTOR, que de hecho es una guía de estudios interactiva muy completa, por medio de la computadora, para todo el texto. Los estudiantes pueden accesar el software de Strat-TUTOR, en forma gratuita, en la página web del editor: www.mhhe.com/thompson. Ésta se compone de dos secciones principales:

- Una serie de autoevaluaciones que los estudiantes pueden utilizar para medir su comprensión, capítulo por capítulo, del material presentado en el texto.
- Preguntas de estudio para los casos de esta edición, más una serie de guías de preparación de casos, diseñadas según las necesidades, para algunos de los casos que guían a los estudiantes a lo largo del análisis, proporcionan ayuda para analizar los números y capacitan a los estudiantes en el empleo de los conceptos e instrumentos presentados en los capítulos.

Característica de la autoevaluación La sección de pruebas del Strat-TUTOR contiene: 1) una autoevaluación de 25 preguntas para cada capítulo del texto; 2) una autoevaluación de 50 preguntas que cubre el material de los capítulos 1 al 6, y 3) una autoevaluación de 50 preguntas que cubre el material de los capítulos 7 al 11. Las pruebas de los 11 capítulos se componen de una variedad de preguntas del tipo verdadero o falso, llenar el espacio en blanco y otras de múltiples respuestas que presentan un reto, y cubren bastante a fondo la presentación del texto. Estas pruebas se hicieron deliberadamente difíciles (dada la naturaleza de "libro abierto"), de manera que requieren una lectura cuidadosa y la correcta comprensión del material. Cuando el estudiante termina cada prueba, el Strat-TUTOR califica automáticamente las respuestas, indica las preguntas con respuestas erróneas y conduce a los estudiantes a las páginas del texto en donde pueden encontrar las respuestas correctas. Las preguntas con respuestas incorrectas se pueden volver a contestar tantas veces como sea necesario para llegar a la respuesta correcta. Además, creamos pruebas convencionales de elección múltiple (de una sola respuesta) que cubren los capítulos 1 al 6 (50 preguntas), mismas que los estudiantes pueden utilizar con el fin de prepararse para los exámenes escritos que les entregue el instructor.

Si se utilizan en la forma apropiada y combinando unas con otras, estamos seguros que estas pruebas proporcionarán a los estudiantes una forma efectiva y agradable de medir su preparación para los exámenes del instructor sobre los 11 capítulos. *Ninguna de las preguntas en el Strat-TUTOR corresponde a las de la serie de pruebas del instructor.*

Preguntas de estudio y guías para la preparación de casos Todos hemos tenido la experiencia de una preparación deficiente y desigual de los casos que presentan los estudiantes para su exposición en el salón de clases. En ocasiones eso se debe a un esfuerzo inadecuado, pero casi siempre a la confusión acerca de qué análisis se debe hacer y/o a la inexperiencia en el empleo de los instrumentos del análisis estratégico para llegar a recomendaciones sensatas. Con el fin de proporcionar a los estudiantes alguna sugerencia acerca de en qué deben pensar cuando preparan un caso para el salón de clases, Strat-TUTOR ofrece preguntas de estudio para los casos en esta edición. Para ayudarles a entender la forma de utilizar los conceptos y los instrumentos analíticos apropiadamente, hay una guía interactiva (no una solución) para su empleo en la preparación de algunos casos. Cada guía de estudio se ha ajustado para adaptarla a los aspectos/problemas específicos y a los requerimientos analíticos planteados en cada caso. Hemos evitado escrupulosamente la creación de una guía de estudios genérica, debido a que los casos en la administración estratégica abarcan una amplia gama de aspectos y problemas e implican diversos requerimientos analíticos (el análisis de la estrategia en situaciones de un solo negocio es diferente del análisis de la estrategia de las compañías diversificadas; los casos en donde el enfoque está contenido en el desarrollo de una estrategia son fundamentalmente diferentes de los casos en donde el problema principal gira alrededor de la puesta en práctica y la ejecución de la estrategia).

Las guías de preparación de casos del Strat-TUTOR proporcionan:

- *Preguntas de estudio* para iniciar el proceso de pensar en forma estratégica y dirigir a los estudiantes hacia el análisis, con el propósito de llegar a recomendaciones sensatas.
- *Una serie de pantallas interactivas que preparan a los estudiantes para emplear cualquiera de los instrumentos analíticos apropiados,* ya sea el análisis de las cinco fuerzas, el trazo del mapa del grupo estratégico, la identificación de los factores clave para el éxito, el análisis FODA, el análisis de la cadena de valor, las evaluaciones de las fortalezas competitivas, la construcción de matrices de la cartera del negocio, las evaluaciones del atractivo de la industria, los alineamientos de ajustes estratégicos o el análisis interno de la organización.
- *Preguntas de seguimiento* para estimular a los estudiantes a pensar con claridad sobre qué conclusiones resultan de su análisis.
- *Cálculos* de las razones financieras, índices de crecimiento promedio compuesto, declaraciones de ingresos y balances generales de volumen común, además de otras estadísticas útiles en la evaluación de datos de la industria, estados financieros de la compañía y desempeño operante.

- *Habilidad para ponderar qué sucedería si*, misma que permite a los estudiantes desarrollar fácilmente proyecciones del desempeño financiero de la compañía (siempre y cuando dichas proyecciones sean pertinentes para el caso).
- *Recordatorios* de los principios de la estrategia y opciones estratégicas genéricas para ayudar a los estudiantes a llegar a una serie de recomendaciones pragmáticas para la acción.
- *Impresiones* del trabajo realizado, mismas que servirán como notas para que los estudiantes las utilicen en la exposición en el salón de clases.

El diseño interactivo de las guías de preparación de casos mantiene la acción en el ámbito del estudiante para hacer el análisis, decidir qué historia le cuentan los números acerca de la situación y el desempeño de una compañía y pensar a fondo en las opciones para llegar a las recomendaciones. Por consiguiente, el Strat-TUTOR no es un soporte o un "archivo de respuestas" para los casos; más bien *es un vínculo para utilizar la PC con el fin de capacitar a los estudiantes en el pensamiento estratégico y ayudarlos a aprender a aplicar en forma correcta los instrumentos y conceptos de la administración estratégica.* Hemos tratado de diseñar las guías de preparación de casos con el fin de capacitar a los estudiantes sobre cómo pensar estratégicamente los problemas/aspectos del negocio, para entrenarlos en los métodos del análisis estratégico y promover un criterio de negocios sólido. Puede tener la seguridad de que las notas de los casos que desarrollen los estudiantes con ayuda del Strat-TUTOR representarán su trabajo, no el nuestro.

Para decidir si el Strat-TUTOR tiene sentido como un requerimiento o una opción recomendada de su curso, le sugerimos que vaya a la página de la red para este texto (www.mhhe.com/thompson), repase una o dos de las pruebas de los capítulos y de las guías de preparación de casos y lea cuidadosamente su contenido para formarse una idea del software y de su ajuste con su propio enfoque de enseñanza. Strat-TUTOR utiliza un formato Windows (familiar para la mayoría de los estudiantes), fácil de utilizar para el usuario; el software se debe utilizar en computadoras equipadas con Windows 3.1x, Windows 95/98 o Windows NT.

La opción de juego de la estrategia de negocios

Hay una versión mejorada de *The Business Strategy Game* que acompaña a esta edición. La sexta versión es producto de la retroalimentación y de las sugerencias de los usuarios, de algunas nuevas ideas de nuestra parte y de una nueva elaboración de la programación; por lo demás, representa un esfuerzo progresivo para mejorar continuamente la simulación. Esta última versión incluye una opción revisada de la compensación de los ejecutivos, el empleo de eurodólares en vez de marcos alemanes, mejoras modestas en el *Manual del jugador* y una variedad de ajustes en la programación.

Lo que distingue a esta simulación *The Business Strategy Game* tiene cinco características que la hacen un auxiliar muy efectivo para la enseñanza-aprendizaje y los cursos de administración estratégica: 1) *el producto y la industria*: la producción y la venta de calzado deportivo es un negocio que los estudiantes pueden comprender y con el cual se identifican fácilmente; 2) *el ambiente de la industria global*: los estudiantes adquieren una idea muy cercana de lo que es la competencia global y de los tipos de aspectos estratégicos que deben abordar los administradores en las industrias globales; 3) *la calidad realista del ejercicio de simulación*: hemos diseñado la simulación para que resulte tan fiel como sea posible a los mercados del mundo real, las condiciones competitivas y las relaciones de ingreso-costo-utilidad; 4) *el amplio grado de libertad estratégica que tienen los estudiantes en la administración de sus compañías*: no hemos escatimado esfuerzos para hacer que el juego esté libre de prejuicios en lo que concierne a una estrategia *versus* otra, y 5) *la planeación de cinco años y la habilidad de toma de* *decisiones se incorpora como una parte integral del ejercicio de administrar una compañía*. Estas características, que conforman un paquete, establecen un puente valioso entre el concepto y la práctica, el salón de clases y la administración en la vida real y la lectura de conocimientos convencionales de la administración. Encontrará diversas oportunidades para utilizar los ejemplos y los acontecimientos en *The Business Strategy Game* y relacionarlos con la lectura del texto.

El valor que añade una simulación Nuestras propias experiencias con los juegos de simulación, junto con horas de pláticas con los usuarios, nos han convencido de que los juegos de simulación son el *mejor ejercicio disponible* para ayudar a los estudiantes a comprender cómo se ajustan las piezas funcionales de un negocio y proporcionarles una experiencia superior integrada. En primer lugar, el ejercicio de manejar una compañía simulada a lo largo de varios periodos de toma de decisiones ayuda a desarrollar el criterio de negocios de los estudiantes. Estas simulaciones proporcionan una situación de caso real, en la que los acontecimientos se despliegan y las circunstancias cambian a medida que progresa el juego. Su atractivo especial es la capacidad de lograr que los estudiantes se involucren personalmente en el tema que se está tratando. *The Business Strategy Game* es muy típico a este respecto. Al trazar sus estrategias competitivas en cada periodo de decisión, los estudiantes aprenden a correr riesgos. Deben responder a las condiciones cambiantes del mercado, reaccionar a los movimientos de la competencia y elegir entre los cursos de acción alternativos. Obtienen una valiosa práctica en la lectura de las señales de cambio en la industria, en la detección de oportunidades del mercado, en la evaluación de las amenazas para su empresa, en sopesar las ventajas entre obtener utilidades inmediatas y obtenerlas más adelante y en la evaluación de las consecuencias a largo plazo de las decisiones a corto plazo. Trazan una dirección a largo plazo, establecen objetivos estratégicos y financieros y ponen a prueba diferentes estrategias en busca de una ventaja competitiva. Se hacen cargo de la planeación y la toma de decisiones con una perspectiva estratégica. Y puesto que deben vivir con las decisiones que toman, experimentan lo que significa ser responsables de ellas y del logro de resultados satisfactorios. Todo esto sirve para capacitar a los estudiantes en una toma de decisiones ética y mejorar sus conocimientos de negocios y su criterio administrativo.

En segundo lugar, los estudiantes pueden aprender mucho al trabajar con números, explorar opciones y tratar de reunir las decisiones de producción, marketing, finanzas y recursos humanos en una estrategia coherente. Empiezan a vislumbrar formas de aplicar el conocimiento de los cursos previos y de averiguar qué es lo que realmente hace que un negocio funcione. La intención es ayudarlos a integrar una gran cantidad de material, a entender las decisiones desde el punto de vista de la compañía como un todo y la importancia de pensar estratégicamente en la posición competitiva y los futuros prospectos. Debido a que un juego de simulación, por su naturaleza misma, es un ejercicio práctico, las lecciones aprendidas se graban con profundidad en la mente de los estudiantes y el impacto es mucho más perdurable que lo que se recuerda de las conferencias. En tercer lugar, los instintos emprendedores de los estudiantes se desarrollan a medida que se ven atrapados por el espíritu competitivo del juego. La diversión resultante ayuda a mantener un nivel extraordinariamente elevado de motivación y participación emocional del estudiante.

Acerca de la simulación Diseñamos *The Business Strategy Game* en torno al calzado deportivo debido a que la producción y la venta de este tipo de calzado es un negocio que los estudiantes pueden comprender fácilmente y a que este mercado exhibe las características de muchas industrias competitivas a nivel global, es decir, un crecimiento rápido seguido de una gran madurez, un consumo del producto a nivel mundial, una competencia entre las compañías de varios continentes, una producción localizada en ubicaciones de salarios bajos y un mercado en donde pueden coexistir una variedad de enfoques competitivos y de estrategias de negocios. La simulación permite que las compañías fabriquen y vendan sus marcas en Norteamérica, Europa y Asia; además, existe la opción de competir por el suministro de calzado de marcas privadas con las cadenas de minoristas estadounidenses. La competencia es directa, pues cada equipo de estudiantes debe igualar su ingenio estratégico con el de los equipos de otras compañías. Las compañías pueden enfocar sus esfuerzos de marketing de marca en un mercado geográfico, o tres, o pueden restar importancia a las ventas de marcas y especializarse en la producción de marcas privadas (una estrategia atractiva para los productores de costo bajo). Asimismo, pueden establecer una base de producción en un país o fabricar en los tres mercados geográficos. El liderazgo de bajo costo, las estrategias de diferenciación, las estrategias del productor con el mejor costo y las estrategias de enfoque son todas opciones competitivas viables. También pueden posicionar sus productos en el extremo bajo del mercado, en el superior o apegarse al intermedio en el precio, la calidad y el servicio; pueden tener una línea de productos amplia o limitada, redes de distribuidores grandes o pequeñas y publicidad amplia o limitada. Las participaciones de mercado se basan en la forma en la cual el esfuerzo competitivo de cada compañía se compara con el de los rivales. Las condiciones de la demanda, las tarifas y los índices de salarios varían de un área geográfica a otra. La materia prima que se utiliza en la producción se adquiere en un mercado mundial de productos, a precios que fluctúan en respuesta a las condiciones de la oferta y la demanda. Si el volumen de ventas de una compañía es inesperadamente bajo, la administración tiene la opción de liquidar el exceso de inventarios a precios con un considerable descuento.

La compañía que administran los estudiantes tiene plantas para su operación, una fuerza laboral a la que hay que compensar, gastos de distribución e inventarios que el estudiante debe controlar. Igualmente, debe tomar decisiones concernientes al gasto del capital, emprender campañas de marketing y ventas, considerar los pronósticos de ventas y las altas y bajas en las tasas de cambio, así como tomar en cuenta el mercado de acciones. Los estudiantes tendrán que entrelazar las decisiones funcionales concernientes a producción, distribución, marketing, finanzas y recursos humanos en un plan de acción coherente. Deben reaccionar al mercado cambiante y a las condiciones competitivas, tomar medidas para tratar de crear una ventaja competitiva y decidir cómo defenderse contra las acciones agresivas de los competidores. Asimismo, tratar de maximizar la riqueza de los accionistas por medio de un incremento en el pago de dividendos y una apreciación del precio de las acciones. Se reta a cada equipo de estudiantes para que utilice sus habilidades empresariales y estratégicas con el fin de convertirse en el siguiente Nike o Reebok y aprovechar la oleada de crecimiento hasta llegar a la cima de la industria a nivel mundial. Todo el ejercicio es representativo de un mercado competitivo global, en el que otras compañías tratan de superar la competencia y el desempeño de sus rivales, aspectos que son tan realistas y verídicos en la práctica de negocios como nos fue posible lograrlo.

Se han incorporado características de análisis y planeación que permiten que los estudiantes: 1) establezcan un plan estratégico de cinco años; 2) midan el impacto financiero a largo plazo de las decisiones actuales; 3) realicen el estudio de números necesario para realizar informes a corto plazo en lugar de a largo plazo; 4) evalúen las consecuencias de ingreso-costo-utilidades para las acciones estratégicas alternativas, y 5) desarrollen diferentes escenarios para su estrategia. Los cálculos en la parte inferior de cada pantalla de decisiones proporcionan proyecciones actualizadas instantáneas de ingresos sobre ventas, utilidades, ganancia sobre el capital, flujo de efectivo y otros resultados clave en la medida que se lleva a cabo la entrada de decisiones. La sensibilidad de los resultados financieros y de la operación para las diferentes entradas se observa fácilmente en la pantalla y en las impresiones detalladas de las proyecciones. Con la funcionalidad y rapidez de las computadoras personales actuales, el estudio de números pertinente se hace en una fracción de segundo. El juego está diseñado de principio a fin para guiar a los estudiantes hacia una toma de decisiones basada en "Mi análisis muestra..." y queda muy lejos de la trampa de arenas movedizas que implica la toma de decisiones basada en "Yo creo", "Eso suena bien", "Tal vez dará resultado" y otros enfoques similares sin fundamento.

The Business Strategy Game está programado para correr en cualquier PC equipada con Windows 3.1x, Windows 95/98 o Windows NT y es adecuado tanto para el nivel profesional como para los cursos de maestría en administración de empresas. El juego tiene cabida en una gran variedad de configuraciones de computadora (en lo que concierne a microprocesadores, monitores e impresoras) y corre muy bien en una red.

Características de la nueva versión Esta última versión es evolucionista, no revolucionaria, los cambios son mínimos en comparación con las transformaciones emprendidas en las ediciones anteriores. Hemos actualizado el empleo de marcos alemanes a eurodólares, con el propósito de reflejar los cambios monetarios que se están llevando a cabo en gran parte de Europa, y hemos mejorado considerablemente el elemento de bonificaciones por medio de opción de acciones para los ejecutivos. Además, hemos instituido una variedad de cambios de programación entre bastidores, con el fin de eliminar fallas detectadas en versiones anteriores, pero desde luego conservando el conjunto de mejoras y elementos que introdujimos en las dos últimas versiones: El pronóstico de la demanda, la opción de liquidación del inventario, la aprobación de celebridades, la característica opcional de compensación de los ejecutivos (opcional), los extensos cálculos de apoyo de las decisiones en pantalla y la habilidad de *qué sucedería si*, el formato mejorado del plan estratégico de cinco años y la flexibilidad de calificación adicional.

Como antes, los instructores cuentan con numerosas formas de intensificar la competencia y mantener un ambiente animado en la medida que progresa el juego. Hay opciones para aumentar o disminuir las tasas de interés, alterar los costos y emitir flashes de noticias especiales anunciando nuevos niveles de aranceles, cambios en el costo de los materiales, dificultades en el envío u otras nuevas consideraciones para animar un poco las cosas y lograr que las condiciones de negocios se dinamicen. La incorporación del tablero de resultados del desempeño de la compañía mantiene a los estudiantes constantemente informados acerca de cuál es la posición de la compañía y cómo se está desempeñando. Los rápidos avances en la tecnología de las PC continúan reduciendo los tiempos de procesamiento. No se necesitan más de 45 minutos para que usted o un estudiante asistente procesen los resultados en una PC antigua y bastarán cuanto más 30 minutos si se utiliza una PC con un chip Pentium 166 o más rápido.

Un *Manual del instructor* anexo para *The Business Strategy Game* describe la forma de integrar el ejercicio de simulación en su curso, proporciona indicadores sobre cómo administrar el juego e incluye instrucciones paso a paso para el procesamiento.

La opción del libro de lecturas

Para los instructores que deseen incluir en el curso muestras de la literatura sobre administración estratégica, está disponible un libro de apoyo, *Readings in Strategic Management*, que contiene 43 secciones. De las 43 lecturas 34 son nuevas en esta última edición. Las 43 selecciones son fáciles de leer y adecuadas para estudiantes de nivel profesional y del curso de maestría en administración de empresas. La mayor parte de las selecciones son artículos tomados de los principales periódicos, añadiendo un tratamiento más a fondo a las áreas de temas importantes que se cubren en el texto y colocando a los estudiantes en la frontera del pensamiento académico y la investigación sobre el tema. Algunos de los artículos se obtuvieron de fuentes proporcionadas por practicantes y hacen hincapié en la forma en que los instrumentos y conceptos particulares se relacionan directamente con compañías y prácticas administrativas reales.

Con el fin de lograr que el estrecho vínculo entre las lecturas seleccionadas y los 11 capítulos de teoría del texto sea fácilmente identificable por los estudiantes, hemos agrupado las lecturas en cinco categorías. Seis artículos examinan el papel del administrador como el principal estratega y encargado de la puesta en práctica de las estrategias y profundizan en los temas cubiertos en los capítulos 1 y 2. Once artículos conciernen al análisis estratégico y a la formación de la estrategia a nivel de la unidad de negocios y le añaden más alcance y profundidad al material presentado en los capítulos 3 al 6. Hay cinco artículos que abordan la estrategia en compañías diversificadas, que son muy apropiados para emplearse con la información de los capítulos 7 y 8. Diecisiete lecturas se relacionan con varios aspectos de la implementación y ejecución de la estrategia, por lo que resultan complementos adecuados para el material de los capítulos 9, 10 y 11. Cuatro artículos más se enfocan en la estrategia, los valores y la ética.

El paquete de lecturas constituye, pues, un vehículo efectivo y eficiente para reforzar y ampliar el enfoque del texto y los casos. Es una serie excepcionalmente sólida de artículos recién publicados.

El paquete para el instructor de esta edición

Está disponible un complemento muy eficaz de auxiliares para la instrucción, que ayudará en el empleo exitoso de esta edición. El *Manual del instructor*, de dos tomos, contiene sugerencias para emplear los materiales del texto, varios enfoques del diseño del curso y su organización, un compendio de muestra, esbozos alternativos, una serie totalmente revisada y ampliada de 940 preguntas de elección múltiple y de ensayo y una extensa nota sobre la enseñanza para cada caso. También un banco de datos computarizado para generar exámenes, una serie de transparencias a color que describen las figuras y las tablas en los 11 capítulos y un software en PowerPoint que contiene una serie completa de presentaciones visuales para el salón de clases, equipada con capacidad de proyección para la pantalla individual de la computadora. Los discos de PowerPoint también pueden ser utilizados para hacer proyecciones en blanco y negro en caso de que usted haga uso de un retroproyector para complementar sus conferencias. Este paquete incluye más de 500 presentaciones visuales que cubren a fondo el material presentado en los 11 capítulos, ofreciendo así una gran cantidad de material de dónde escoger cuando cree un respaldo para sus conferencias en el salón de clases (deliberadamente creamos las presentaciones visuales suficientes para cada capítulo con el fin de ofrecerle una variedad de elecciones para organizar una presentación que se ajuste tanto a sus preferencias como a las limitaciones del tiempo).

Combinados, el libro de texto, los tres suplementos y el paquete para el instructor proporcionan un compendio integrado muy completo de materiales de enseñanza. El paquete le ofrece una libertad excepcional para el diseño del curso, le permite aprovechar las últimas técnicas de enseñanza por medio de la computadora, le provee una variedad de auxiliares visuales y abundantes opciones pedagógicas con el fin de lograr que las asignaciones para el estudiante sean variadas e interesantes. Hemos tratado de proporcionarle todos los materiales del texto y los recursos complementarios para crear e impartir un curso que armonice con los aspectos contemporáneos de la administración estratégica y logre una entusiasta aprobación de los estudiantes.

Agradecimientos

La reedición de este libro se ha beneficiado con las aportaciones de muchas personas. Los estudiantes, lectores y revisores nos han proporcionado generosamente un incontable número de comentarios atinados y sugerencias útiles. Nuestra deuda intelectual con los académicos, escritores y administradores practicantes que han trazado nuevas sendas en el terreno de la estrategia será obvia para cualquier lector familiarizado con la literatura de la administración estratégica.

En particular, estamos en deuda con los investigadores de los casos, que a su vez participaron en la redacción de los mismos, y con las compañías cuya cooperación los hizo posibles. Les expresamos a cada uno de ellos nuestro muy especial agradecimiento. Nunca insistiremos demasiado en la importancia que tienen los casos, investigados en forma oportuna y cuidadosa, para un estudio justificativo de los aspectos y las prácticas de la administración estratégica. Desde el punto de vista del investigador, los casos resultan inapreciables para exponer en las clases genéricas de aspectos estratégicos a los cuales se enfrentan las compañías, en la formulación de hipótesis acerca de la conducta estratégica y en la obtención de generalizaciones con base en la experiencia. Desde el punto de vista pedagógico, proporcionan a los estudiantes la práctica esencial en el diagnóstico y la evaluación de situaciones estratégicas, en el aprendizaje de la forma de utilizar los instrumentos y los conceptos del análisis de la estrategia, en la elección entre varias opciones estratégicas, en la creación de planes de acción estratégicos y en la deducción de formas exitosas para poner en práctica y ejecutar la estrategia elegida. Sin un flujo constante de casos nuevos, bien investigados y bien concebidos, la disciplina de la administración estratégica se deterioraría rápidamente, perdiendo gran parte de su valor y su atractivo. Por consiguiente, no hay duda de que la investigación de los casos constituye una contribución importante a la erudición.

Los siguientes miembros de los grupos de enfoque proporcionaron invaluables sugerencias y consejos concernientes a las formas de mejorar esta edición:

Steve Barndt, Pacific Lutheran University
J. Michael Geringer, California Polytechnic University
Mingfang Li, California State University-Northridge
Richard W. Stackman, University of Washington-Tacoma
Stephen Tallman, Cranfield School of Management
Gerardo R. Ungson, University of Oregon

También estamos en deuda con David Aviel, Maria A. Corso, David Flynn, J. Leslie Jankovich, Eveann Lovero, Vince Luchsinger, James Boulgarides, Betty Diener, Daniel F. Jennings, David Kuhn, Kathryn Martell, Wilbur Mouton, Bobby Vaught, Tuck Bounds, Lee Burk, Ralph Catalanello, William Crittenden, Stan Mendenhall, John Moore, Will Mulvaney, Sandra Richard, Ralph Roberts, Thomas Tuck, Gordon VonStroh, Fred Zimmerman, S. A. Billion, Charles Byles, Gerald L. Geisler, Rose Knots, Joseph Rosenstein, James B. Thurman, Ivan Able, W. Harvey Hegarty, Roger Evered, Charles B. Saunders, Rhae M. Swisher, Claude I. Shell, R. Thomas Lenz, Michael C. White, Dennis Callahan, R. Duane Ireland, William E. Burr II, C. W. Millard, Richard Mann, Kurt Christensen, Neil W. Jacobs, Louis W. Fry, D. Robley Wood, George J. Gore y William R. Soukup. Estos revisores nos brindaron una ayuda considerable en varias etapas del texto.

Por supuesto, nosotros somos responsables de cualquier error que pudiese tener el texto, de las deficiencias en su cobertura o presentación y de errores de omisión. Como siempre, apreciamos las sugerencias y opiniones del lector acerca del libro. Sus comentarios de la cobertura y el contenido serán muy bien recibidos, lo mismo aquellos que pudieran referirse a errores específicos. En cualquier caso, favor de enviarnos un fax al (205) 348-6695, un e-mail a **athompso@cba.ua.edu** o escribirnos a P.O. Box 870225, Department of Management and Marketing, The University of Alabama, Tuscaloosa, Alabama 35487-0225.

Arthur A. Thompson
A. J. Strickland

CONTENIDO

* Éstos son casos con ejercicios en Strat-Tutor.

PARTE

I

LOS CONCEPTOS Y LAS TÉCNICAS DE LA ADMINISTRACIÓN ESTRATÉGICA

1 EL PROCESO DE LA ADMINISTRACIÓN ESTRATÉGICA

Una perspectiva general

Este libro versa sobre las tareas administrativas de crear, implementar y ejecutar las estrategias de la compañía. *La estrategia de una compañía es el "plan de acción" que tiene la administración para posicionar a la compañía en la arena de su mercado, competir con éxito, satisfacer a los clientes y lograr un buen desempeño del negocio.* La estrategia consiste en toda una variedad de medidas competitivas y enfoques de negocios que emplean los administradores en el manejo de una compañía. Al crear un curso estratégico, la administración establece que "entre todas las trayectorias y acciones que habríamos podido elegir, hemos decidido seguir esta dirección y confiar en estas formas particulares de hacer negocios". Por consiguiente, una estrategia implica elecciones administrativas entre varias alternativas y señala el compromiso organizacional con mercados específicos, enfoques competitivos y formas de operar.

"*Gato de Cheshire*" —comenzó ella [Alicia]— "por favor, ¿podrías decirme qué camino debo seguir desde aquí?"

"Eso depende mucho de a dónde quiere ir", respondió el gato.

Lewis Carroll

Sin una estrategia, la organización es como un barco sin timón, que avanza en círculos.

Joel Ross y Michael Kami

Mi trabajo es asegurarme de que la compañía tenga una estrategia y de que todos la sigan.

Kenneth H. Olsen
Ex director ejecutivo, Digital Equipment Corporation

Los administradores idean las estrategias de la compañía debido a dos necesidades apremiantes. Una es la necesidad de *modelar en forma proactiva* cómo se llevarán a cabo los negocios de una compañía. El hecho de permitir pasivamente que la estrategia vaya a la deriva, como el producto secundario de enfoques de negocios progresivos, de propuestas ocasionales para el mejoramiento y de ajustes periódicos para el desarrollo de los acontecimientos, es un boleto seguro para acciones estratégicas inconsistentes, la mediocridad competitiva y resultados de negocios deficientes. Por ello, es responsabilidad de la administración ejercer un liderazgo emprendedor y comprometer a la empresa para que lleve a cabo sus negocios en una forma astuta y calculada para producir un buen desempeño. Una estrategia proporciona un mapa de rutas conforme al cual debe operar, una prescripción para hacer negocios, un plan de acción para crear la lealtad del cliente y ganar una ventaja competitiva sustentable sobre los rivales. La segunda necesidad es modelar las decisiones y acciones independientes iniciadas por los departamentos, los administradores y los empleados en toda la compañía en un plan de acción *coordinado*. Cuando falta una estrategia, los administradores no cuentan con un marco de referencia para entretejer las iniciativas diferentes para la acción en un todo coherente, ni con un plan para unir las operaciones entre los departamentos en un esfuerzo de equipo.

De manera que la creación, la implementación puesta en práctica y la ejecución de la estrategia son funciones administrativas esenciales. Entre todas las cosas que hacen los administradores, no hay nada que afecte de manera más radical el éxito de una compañía que la forma en que su equipo administrativo traza la dirección que ésta seguirá a largo plazo, desarrolla medidas estratégicas y enfoques de negocios competitivamente efectivos y pone en práctica lo que es necesario hacer internamente para producir una buena ejecución de la estrategia, día tras día. De hecho, *una buena estrategia y una adecuada ejecución de la misma son las señales más confiables de una buena administración*. Los administradores no obtendrán una estrella dorada por el diseño de una estrategia potencialmente brillante, pero si no logran establecer los medios organizacionales para llevarla a cabo en una forma eficaz, es decir, si la puesta en práctica y la ejecución son débiles, ello disminuirá el potencial de la estrategia y disminuirá la satisfacción del cliente y el desempeño de la compañía. Y la ejecución competente de una estrategia mediocre difícilmente merece un aplauso por los esfuerzos de la administración. Para calificar como una compañía administrada en forma eficaz, esa compañía debe exhibir una excelente ejecución de una buena estrategia. De lo contrario, debemos desconfiar de cualquier afirmación sobre una administración talentosa.

La ejecución competente de una estrategia bien concebida no sólo es una receta comprobada para el éxito organizacional, sino que también es la mejor prueba de la excelencia administrativa.

Debemos reconocer que una buena estrategia, combinada con una elevada ejecución no *garantiza* que una compañía evitará periodos de desempeño mediocre o incluso inferior. En ocasiones se requieren varios años para que los esfuerzos de la administración en la creación de la estrategia y la puesta en práctica de la estrategia muestren buenos resultados. Algunas veces las organizaciones de primera, con prácticas superiores y administradores de reputación intachable, tienen problemas de desempeño debido a cambios sorprendentemente bruscos en las condiciones del mercado o a desaciertos internos. Pero ni la razón de "necesitamos más tiempo" ni la continuidad de los acontecimientos imprevistos son excusas para un desempeño mediocre año tras año. Una de las responsabilidades del equipo administrativo es ajustarse a las condiciones inesperadamente difíciles, iniciando defensas estratégicas y enfoques de negocios que puedan vencer la adversidad. De hecho, la esencia de la creación de una buena estrategia es desarrollar una posición de mercado suficientemente poderosa y una organización capaz de producir un desempeño exitoso, a pesar de acontecimientos imprevistos, de la poderosa competencia y de las dificultades internas. Por consiguiente, la razón fundamental para el empleo de estándares gemelos en la creación de una buena estrategia y una buena ejecución para determinar si una compañía está bien administrada, es muy precisa: mientras mejor concebida esté la estrategia de una compañía y mientras mejor se ejecute, más probabilidades hay de que tendrá un desempeño sólido y un éxito competitivo en el mercado.

LAS CINCO TAREAS DE LA ADMINISTRACIÓN ESTRATÉGICA

El proceso de creación de la estrategia y la puesta en práctica de ésta se compone de cinco tareas administrativas correlacionadas:

1. *Desarrollar una visión estratégica de lo que será la configuración de la compañía y de hacia dónde se dirige la organización*, con el fin de proporcionar una dirección a largo plazo, delinear en qué clase de empresa está tratando de convertirse la compañía e infundir en la organización el sentido de una acción con un propósito determinado.
2. *Determinar objetivos*, es decir, convertir la visión estratégica en resultados específicos del desempeño que deberá lograr la compañía.
3. *Crear una estrategia*, con el fin de lograr los resultados deseados.
4. *Poner en práctica y ejecutar la estrategia elegida de una manera eficiente y efectiva.*
5. *Evaluar el desempeño e iniciar ajustes correctivos en la visión, la dirección a largo plazo, los objetivos, la estrategia o la puesta en práctica, en vista de la experiencia real, de las condiciones cambiantes, de las nuevas ideas y de las nuevas oportunidades.*

FIGURA 1.1 Las cinco tareas de la administración estratégica

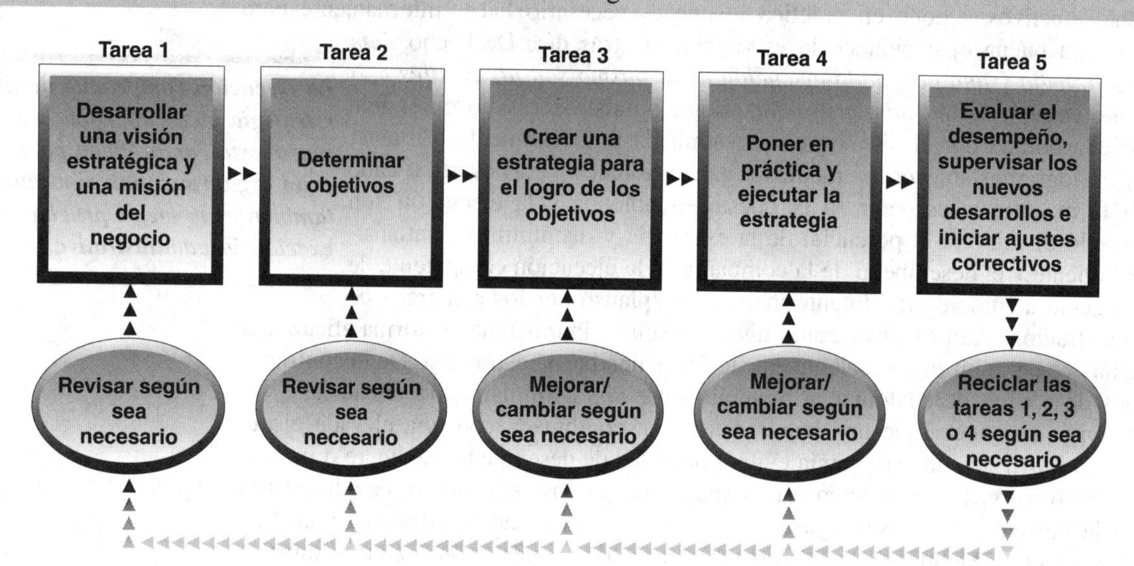

La figura 1.1 muestra este proceso. Los cinco componentes descritos arriba definen lo que queremos decir con el término *administración estratégica.* Examinemos el marco de referencia de estas cinco tareas con suficiente detalle para preparar el escenario de los temas que abordaremos en los próximos capítulos.

Desarrollo de una visión estratégica y de la misión del negocio

Inicialmente, en el proceso de creación de la estrategia los administradores de la compañía necesitan plantear el aspecto de "¿cuál es nuestra visión para la compañía, hacia dónde se debe dirigir, qué clase de empresa estamos tratando de desarrollar y cuál debe ser su futura configuración de negocios?". El hecho de llegar a una conclusión cuidadosamente razonada de la dirección a largo plazo de la compañía impulsa a los administradores a estudiar pormenorizadamente el negocio actual y a desarrollar una idea más clara de si es necesario un cambio y cómo hacerlo dentro de los próximos cinco a 10 años. Los puntos de vista de la administración acerca de "hacia dónde pensamos ir desde aquí, en qué negocio queremos estar, qué necesidades del cliente deseamos satisfacer, qué habilidades vamos a desarrollar", trazan el curso para que la organización aspire a un propósito y una identidad organizacionales y los cree.

Lo que una compañía trata de hacer en la actualidad por sus clientes a menudo se califica como la *misión* de la compañía. Una exposición de la misma a menudo es útil para ponderar el negocio en el cual se encuentra la compañía y las necesidades de los clientes a quienes trata de servir. Pero el simple hecho de establecer con claridad lo que está haciendo el día de hoy no dice nada del futuro de la compañía, ni incorpora el sentido de un cambio necesario y de una dirección a largo plazo. Hay un imperativo administrativo todavía mayor, el de considerar qué deberá hacer la compañía para satisfacer las necesidades de sus clientes el día de mañana y cómo deberá evolucionar la configuración de negocios para que pueda crecer y prosperar. Por consiguiente, los administradores están obligados a ver más allá del negocio actual y pensar estratégicamente en el impacto de las nuevas tecnologías, de las necesidades y expectativas cambiantes de los clientes, de la aparición de nuevas condiciones del mercado y competitivas, etc. Deben hacer algunas consideraciones fundamentales acerca de hacia dónde quieren llevar a la compañía y desarrollar una visión de la clase de empresa en la cual creen que se debe convertir. En otras palabras, el concepto de la administración de la misión *actual* de la compañía se debe complementar con un concepto de la estructura del negocio, la línea de productos y la base de clientes *futuros*. Mientras más rápidamente esté cambiando el medio ambiente de negocios de una compañía, mayor será el avance por inercia con el *statu quo* mismo que se traduce en una invitación al desastre, y mayor será el imperativo administrativo para considerar la futura trayectoria estratégica de la empresa en vista de las condiciones cambiantes y de las nacientes oportunidades de mercado.

El punto de vista de la administración acerca de la clase de compañía que está tratando de crear y de la clase de posición de negocios que desea delimitar en los años por venir, constituye una *visión estratégica*. En caso de que la exposición de la misión de una compañía no sólo establezca una definición clara del negocio actual, sino que también indique hacia dónde se dirige la compañía y en qué se convertirá en los años próximos, conlleva a que los conceptos de la misión de la compañía (o exposición de la misión) y la visión estratégica se fusionen; en otras palabras, una visión estratégica y una misión del negocio orientadas hacia el futuro equivalen esencialmente a lo mismo. En la práctica, las exposiciones de la misión real de la compañía tienden a mostrar más interés en "lo que es ahora nuestro negocio" que en "lo que será nuestro negocio más adelante", de manera que la distinción conceptual entre la misión de la compañía y su visión estratégica es pertinente. El desarrollo de una visión estratégica del futuro es un requisito previo para un liderazgo estratégico efectivo. Un administrador no puede tener éxito como líder de una organización o como creador de una estrategia sin haber llegado primero a algunas conclusiones sensatamente razonadas acerca de hacia dónde necesita dirigirse la empresa, de los cambios que se requieren en la configuración del negocio y de las capacidades organizacionales indispensables para satisfacer las futuras necesidades de los clientes y poder competir con éxito. Con una visión estratégica clara y bien concebida, el administrador podrá guiar verdaderamente la toma de decisiones administrativas, un curso que deberá seguir la organización y una base para modelar la estrategia y las políticas de operación de la misma.

Una visión estratégica es un mapa de rutas del futuro de una compañía, de la dirección que lleva, de la posición que pretende ocupar y de las capacidades que planea desarrollar.

En la Cápsula ilustrativa 1 se presentan algunos ejemplos de las exposiciones de la misión y la visión de la compañía.

Establecimiento de objetivos

El propósito del establecimiento de objetivos es convertir los lineamientos administrativos de la visión estratégica y de la misión del negocio en indicadores de desempeño específicos, algo por medio de lo cual se pueda evaluar el progreso de la organización. Los administradores exitosos establecen objetivos para el desempeño de la compañía que requieren elasticidad y un esfuerzo disciplinado. Los retos que implica la búsqueda de objetivos de desempeño temerarios y agresivos impulsan a que una organización sea más inventiva y dé muestras de cierta urgencia para mejorar tanto su desempeño financiero como su posición de negocios, y a ser más intencional y concentrada en sus acciones. El establecimiento de objetivos que requieren una verdadera flexibilidad organizacional ayuda a erigir un muro refractario contra el avance por inercia y los mejoramientos de un nivel bajo en el desempeño organizacional. Como lo expresa Mitchell Leibovitz, director ejecutivo de Pep Boys-Manny, Moe and Jack: "Si usted quiere tener resultados sobresalientes, debe tener objetivos sobresalientes."

El establecimiento de objetivos es algo que deben contemplar *todos* los administradores. Cada unidad en una compañía necesita objetivos de desempeño concretos y mensurables, que contribuyan de una manera significativa al logro de los objetivos generales de la compañía. Cuando los objetivos generales de la compañía se expresan en objetivos específicos para cada unidad

Los objetivos son criterios para dar seguimiento al desempeño y al progreso de una organización.

CÁPSULA ILUSTRATIVA 1 Ejemplos de las exposiciones de la misión y la visión de una compañía

McDonald's Corporation
La visión de McDonald's es dominar la industria global de servicios de alimentos. El dominio global significa establecer el estándar de desempeño para la satisfacción del cliente, al mismo tiempo que se incrementan la participación de mercado y la lucratividad por medio de nuestras estrategias de conveniencia, valor y ejecución.

Otis Elevator
Nuestra misión es proporcionar a cualquier cliente un medio para mover personas y cosas en cualquier dirección y en distancias cortas, con mayor confiabilidad que cualquier empresa similar en el mundo.

Microsoft Corporation
Nuestra visión impulsa todo lo que hacemos: una computadora en cada escritorio y en cada hogar, que utilice el mejor software como instrumento que confiere poder.

Avis Rent-a-Car
Nuestro negocio es el arrendamiento de automóviles. Nuestra misión es la satisfacción total del cliente.

The Body Shop
Pretendemos lograr el éxito comercial al satisfacer las necesidades de nuestros clientes mediante la oferta de productos de alta calidad, con un servicio excepcional e información pertinente, a fin de que los clientes hagan elecciones informadas y responsables.

American Red Cross
La misión de la American Red Cross es mejorar la calidad de la vida humana, incrementar la confianza en uno mismo y la preocupación por los demás, así como ayudar a las personas a evitar las urgencias, prepararse para ellas y hacerles frente.

Kodak
Ser la mejor del mundo en lo que se refiere a la producción de imágenes químicas y electrónicas.

Ritz-Carlton Hotels
En los Hoteles Ritz-Carlton nuestra misión más elevada es la genuina atención a nuestros clientes y su comodidad.

Nos comprometemos a proporcionar un servicio personal y las mejores instalaciones para nuestros huéspedes, quienes disfrutarán de un ambiente cálido y relajado, pero a la vez refinado.

La experiencia de Ritz-Carlton aviva los sentidos, infunde bienestar y satisface incluso los deseos y necesidades inesperados de nuestros huéspedes.

Intel
Intel proporciona a la industria de la computación chips, tableros, sistemas y software. Los productos de Intel se utilizan como "bases" para la creación de sistemas de computación avanzados dirigidos a los usuarios de PC's. La misión de Intel es ser la principal proveedora de bases para la industria de computación en todo el mundo.

Compaq Computer
Ser la principal proveedora de PC's y de servidores para todo tipo de clientes.

Long John Silver's
Ser la mejor cadena estadounidense de restaurantes de servicio rápido. En cada visita le proporcionamos a nuestros clientes excelentes pescados, mariscos y pollo de calidad a precios razonables, en una forma rápida, eficiente y amistosa.

Bristol-Myers Squibb
La misión de Bristol-Myers Squibb es prolongar y mejorar la vida humana, proporcionando los mejores productos para el cuidado personal y de la salud. Pretendemos ser la compañía más diversificada y más prominente del ramo.

organizacional y se responsabiliza de su logro a los administradores de nivel inferior, se crea en toda la empresa un ambiente orientado a los resultados. Hay muy poca o nula confusión interna acerca de lo que se debe lograr. La situación ideal implica un esfuerzo de equipo en el que cada unidad organizacional se preocupa por producir resultados en su área de responsabilidad, los cuales habrán de contribuir al logro de los indicadores de desempeño de la compañía y de su visión estratégica.

Desde una perspectiva global de la compañía, se requieren dos tipos muy diferentes de criterios de desempeño: los que se relacionan con el *desempeño financiero* y los que se relacionan con el *desempeño estratégico*. El logro de resultados financieros aceptables es decisivo. Sin ellos peligra la aspiración de una compañía al logro de su visión, así como su bienestar a largo plazo y su supervivencia. Ni los accionistas ni las entidades crediticias le proporcionarán fondos de amortización adicionales a una empresa que no puede presentar resultados financieros satisfactorios. Aun así, el logro de un desempeño financiero satisfactorio no es suficiente. También se debe prestar atención al bienestar estratégico de una compañía, a su competitividad y su posición de negocios general a largo plazo. A menos que el desempeño de una compañía refleje un mejoramiento en sus fortalezas competitivas y una sólida posición de mercado a largo plazo, su progreso será poco alentador y habrá desconfianza en su habilidad de mantener ese buen desempeño financiero.

La necesidad tanto de un buen desempeño financiero como de un buen desempeño estratégico requiere que la administración establezca objetivos financieros y estratégicos. Los *objetivos financieros* son la señal de un compromiso con resultados tales como aumento de las ganancias, una utilidad aceptable sobre la inversión (o valor económico agregado [VEA]), crecimiento de dividendos, apreciación del precio de las acciones (o valor de mercado agregado [VMA]), buen flujo de efectivo y crédito comercial.[1] En contraste, los *objetivos estratégicos* dirigen sus esfuerzos hacia resultados tales como participación positiva de mercado adicional, situarse a la delantera de los competidores clave en la calidad del producto, el servicio al cliente o la innovación, lograr costos generales más bajos que los de los rivales, incrementar la reputación de la compañía con los clientes, lograr una posición firme en los mercados internacionales, ejercer un liderazgo tecnológico, conquistar una ventaja competitiva sustentable y lograr oportunidades de crecimiento atractivas. Los objetivos estratégicos pretenden que la administración no sólo presente un buen desempeño financiero, sino que también mejoren las fortalezas competitivas de la organización y los prospectos de negocios a largo plazo.

Tanto los objetivos financieros como los estratégicos deben basarse en el tiempo, es decir, deben implicar objetivos del desempeño tanto a corto como a largo plazo. Los objetivos a corto plazo enfocan la atención organizacional en la necesidad de mejoramiento y resultados inmediatos del desempeño. Los objetivos a largo plazo sirven al valioso propósito de incitar a los administradores a considerar lo que se debe hacer para colocar a la compañía en una posición en la cual se desempeñe bien a largo plazo. Como regla, cuando es necesario hacer trueques entre el logro de objetivos a largo plazo y de corto plazo, deben tener preeminencia los objetivos a largo plazo. Una compañía muy

---

[1] El valor económico agregado (VEA) es la utilidad y el exceso del costo de la deuda y del capital social de la compañía. De una manera más específica, se define como la utilidad de la operación menos los impuestos sobre la renta, menos el costo de la deuda, menos una tolerancia para el costo del capital social. Por ejemplo, si una compañía tiene utilidades de operación de 200 millones de dólares, paga impuestos de 75 millones, gastos de intereses de 25 millones, tiene un capital de los accionistas de 400 millones con un costo estimado del capital del 15 por ciento (lo que se traduce en un costo del capital social de 60 millones), entonces el VEA de la compañía es de 200 millones de dólares menos 75 millones, menos 25 millones, menos 60 millones, es decir 40 millones de dólares. El VEA de 40 millones se puede interpretar como si significara que la administración de la compañía ha generado utilidades en exceso del hito del 15 por ciento del costo del capital necesario para justificar o respaldar la inversión de los accionistas de 400 millones de dólares, todo lo cual representa una riqueza creada para los propietarios superior a lo que podrían esperar si hicieran una inversión de un riesgo comparable en otra parte. Las compañías como Coca-Cola, AT&T y Briggs & Stratton utilizan el VEA como una medida del desempeño de sus utilidades.

El valor de mercado agregado (VMA) se define como el monto por el cual el valor total de la compañía ha sido apreciado más arriba del monto en dólares que los accionistas han invertido realmente en la compañía. El VMA es igual al precio actual de las acciones de la compañía, multiplicado por el número de acciones en circulación, menos la inversión de capital de los accionistas, lo cual representa el valor que la administración le ha agregado a la riqueza de los accionistas debido a su manejo del negocio. Por ejemplo, si el precio por acción de una compañía es de 50 dólares, si hay 1 000 000 de acciones en circulación y si la inversión de capital de los accionistas es de 40 millones de dólares, entonces el VMA es de 10 millones (50 millones en valor de mercado de las acciones existentes, menos 40 millones en inversión de capital); en otras palabras, la administración ha tomado la inversión de 40 millones de dólares de los accionistas en la compañía y la ha apalancado en un valor actual de 50 millones, creando 10 millones adicionales en valor de los accionistas. Si se quiere maximizar el valor de los accionistas, la administración debe seleccionar una estrategia y una dirección a largo plazo que maximicen el valor de mercado de las acciones comunes de la compañía. En los años recientes, el VMA y el VEA han ganado una amplia aceptación como medidas válidas del desempeño financiero de una compañía.

CÁPSULA ILUSTRATIVA 2 Objetivos estratégicos y financieros de corporaciones conocidas

Banc One Corporation
Ser una de las tres principales compañías bancarias en términos de la participación de mercado en todos los mercados significativos a los cuales servimos.

Domino's Pizza
Entregar una pizza caliente y de calidad en 30 minutos o menos, a un precio justo y con una utilidad razonable.

Ford Motor Company
Satisfacer a nuestros clientes proporcionando automóviles y camiones de calidad, desarrollando nuevos productos, reduciendo el tiempo necesario para llevar los nuevos vehículos al mercado, mejorando la eficiencia de todos nuestros procesos y plantas y confiando en nuestro trabajo de equipo con empleados, sindicatos, distribuidores y proveedores.

Exxon
Ofrecerles a los accionistas una inversión segura con utilidades superiores.

Alcan Aluminum
Ser el productor de costo más bajo de aluminio y superar el desempeño de las utilidades promedio sobre el capital del índice de acciones de Standard & Poor.

General Electric
Convertirnos en la empresa más competitiva del mundo, manteniendo el número uno o el dos en la participación de mercado que tenga la compañía en cada uno de sus negocios. Lograr un promedio de 10 turnos de inventario y un margen de utilidad de operación corporativa de 16 por ciento para 1998.

Bristol-Myers Squibb
Enfocarnos a nivel global en aquellos negocios referidos al cuidado personal y de la salud, con el propósito de ser el número uno o dos por medio de la entrega de un valor superior al cliente.

Atlas Corporation
Convertirnos en un productor de oro de bajo costo y de tamaño mediano, produciendo un exceso de 125 000 onzas de oro al año y creando reservas de oro de 1 500 000 onzas.

3M
Lograr un crecimiento anual en las ganancias por acción de 10 por ciento o más en promedio; utilidades sobre el capital de los accionistas de un 20-25 por ciento; utilidades sobre el capital empleado del 27 por ciento o más, y lograr que por lo menos 30 por ciento de las ventas provenga de productos introducidos durante los cuatro últimos años.

rara vez prospera debido a acciones repetidas de la administración que alientan un mejor desempeño a corto plazo que a largo plazo.

En la Cápsula ilustrativa 2 se muestran algunos ejemplos de las clases de objetivos estratégicos y financieros que establecen las compañías.

Creación de una estrategia

La estrategia de una compañía representa las respuestas de la administración a aspectos tan importantes como si debe estar concentrada en un solo negocio o desarrollar un grupo diversificado; si debe complacer a una amplia gama de clientes o enfocarse en un nicho de mercado particular; si debe desarrollar una línea de productos amplia o limitada; si debe buscar una ventaja competitiva basada en el bajo costo, en la superioridad del producto o en capacidades organizacionales únicas; cómo debe responder a las preferencias cambiantes del comprador; qué tan grande debe ser el mercado geográfico que tratará de cubrir; cómo reaccionará a las nuevas condiciones del mercado y competitivas; cómo logrará el crecimiento a largo plazo. Por consiguiente, una estrategia refleja las elecciones administrativas entre las diversas opciones y es una señal del compromiso organizacional con productos, mercados, enfoques competitivos y formas de operar particulares de la empresa.

La estrategia de una organización consiste en las acciones y enfoques de negocios que emplea la administración para lograr el desempeño organizacional promedio.

La creación de una estrategia exitosa debe ser una tarea administrativa prioritaria en cada organización. Para empezar, existe una apremiante necesidad de que los administradores sean proactivos al modelar la forma en la cual se llevarán a cabo los negocios de la compañía. Una de las responsabilidades de la administración es ejercer un liderazgo estratégico y comprometer a la

FIGURA 1.2 La estrategia real de una compañía es en parte planeada y en parte reactiva a las circunstancias cambiantes

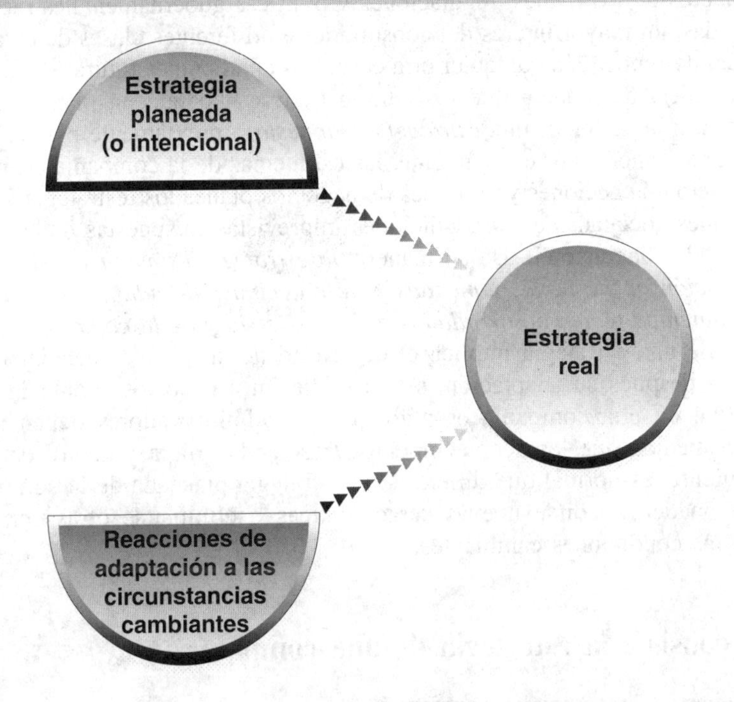

empresa a hacer sus negocios en cierta forma en vez de otra. Sin una estrategia, los administradores no tienen ninguna prescripción para hacer negocios, ningún mapa de rutas para lograr una ventaja competitiva, ningún plan de acción para satisfacer a los clientes o lograr sus objetivos. Como ya se mencionó, la ausencia de una estrategia es boleto seguro para que la organización vaya a la deriva, a una mediocridad competitiva y un desempeño inferior. Además, existe una necesidad igualmente importante de modelar las decisiones de negocios y las acciones competitivas que se emprenden en varias partes de la compañía en un *patrón* coordinado y compatible. Necesariamente, las actividades de una compañía implican conjuntar y coordinar los esfuerzos y las decisiones de un buen número de departamentos, administradores y empleados. Todas las acciones e iniciativas que se emprenden en áreas tales como producción, mercadotecnia, servicio al cliente, recursos humanos, sistemas de información, investigación y desarrollo y finanzas, deben respaldarse mutuamente si se quiere que surja un plan de acción a nivel global de la compañía con capacidad para hacer buenos negocios. Cuando no existe una estrategia corporativa, los administradores no tienen ningún marco de referencia para entretejer las diferentes decisiones en un todo coherente, ni una razón fundamental amplia que una las operaciones departamentales en un esfuerzo de equipo.

La creación de una estrategia hace que entre en juego el aspecto administrativo crítico de *cómo* lograr los resultados propuestos, en vista de la situación y de los prospectos de la compañía. Los objetivos son los "fines" y la estrategia es el "medio" para lograrlos. Los *cómo* de la estrategia de una compañía por lo común son una mezcla de acciones deliberadas e intencionales y de reacciones adecuadas, a desarrollos no anticipados y a nuevas presiones competitivas.[2] Como se ilustra en la figura 1.2, la estrategia es algo más de lo que los administradores han delineado con anticipación y

[2] Henry Minzberg y J. A. Waters, "Of Strategies, Deliberate and Emergent", *Strategic Management Journal*, 6, 1985, pp. 257-272.

La estrategia es tanto proactiva (intencional) como reactiva (de adaptación).

forman parte de un plan más amplio. Siempre surgen nuevas circunstancias, ya sea desarrollos tecnológicos importantes, introducciones exitosas de productos de los rivales, regulaciones y políticas gubernamentales recién instauradas, un mayor interés del consumidor en diferentes clases de características del desempeño, o cualquier otra cosa. Las condiciones futuras del negocio son bastante volátiles, de manera que los administradores no pueden planear anticipadamente cada acción ni seguir una *estrategia propuesta* o previamente planeada sin alterarla de alguna manera. Por consiguiente, las estrategias de la compañía acaban por ser una combinación de acciones y enfoques de negocios planeados (estrategia intencional) y de reacciones adecuadas a las condiciones imprevistas (respuestas de estrategia "no planeada" o "de adaptación"). De tal manera, *la estrategia es mejor considerada como una combinación de acciones planeadas y de reacciones de adaptación inmediatas a los acontecimientos recién desarrollados de la industria y de la competencia.* La tarea de creación de una estrategia implica el desarrollo de un plan de acción o estrategia intencional y después su adaptación, según se lleven a cabo los acontecimientos. La estrategia real de una compañía es algo que los administradores deben modelar y remodelar a medida que los acontecimientos trasciendan fuera y dentro de la misma. Por consiguiente, es normal que difiera de la estrategia planeada de la administración, puesto que pueden añadirse nuevas características o eliminarse otras con el fin de adaptarla a las condiciones cambiantes.

¿En qué consiste la estrategia de una compañía?

Las estrategias de la compañía conciernen al *cómo*: cómo lograr el crecimiento del negocio, cómo satisfacer a los clientes, cómo superar la competencia de los rivales, cómo responder a las condiciones cambiantes del mercado, cómo administrar cada parte funcional del negocio y desarrollar las capacidades organizacionales necesarias, cómo lograr los objetivos estratégicos y financieros. Estos aspectos del cómo tienden a ser específicos de la compañía, adaptados a su situación y a sus objetivos de desempeño. En el mundo de los negocios, las compañías tienen un amplio grado de libertad estratégica. Se pueden diversificar en forma amplia o limitada en industrias relacionadas o no, por medio de adquisiciones, empresas colectivas, alianzas estratégicas o inicios internos. Incluso cuando una compañía decide concentrarse en un solo negocio, las condiciones prevalecientes del mercado por lo común ofrecen una libertad suficiente en la creación de estrategias para que los competidores cercanos puedan evitar fácilmente su imitación; unas buscan un liderazgo de bajo costo, otras hacen hincapié en atributos particulares de sus productos o servicios, y algunas más se concentran en el desarrollo de capacidades únicas para satisfacer las necesidades y preferencias especiales de segmentos reducidos de compradores. Algunas sólo compiten a nivel local o regional, y otras lo hacen globalmente. De manera que las descripciones del contenido de la estrategia de una compañía necesariamente deben incluir los diversos aspectos del negocio para que sean completas.

Las estrategias de la compañía son en parte visibles y en parte ocultas a la vista de los observadores externos.

La figura 1.3 describe las clases de acciones y enfoques que reflejan la estrategia general de una compañía. Debido a que muchas son visibles para los observadores externos, la mayor parte de la estrategia de una compañía se puede deducir de sus acciones y sus declaraciones públicas. Sin embargo, existe una parte no revelada de la estrategia acerca de la cual las personas ajenas a la compañía sólo pueden especular, es decir, aquellas acciones y medidas que los administradores de la compañía están considerando. A menudo los gerentes, por muy buenas razones, deciden no revelar ciertos elementos de su estrategia hasta que llega el momento oportuno.

Para lograr una mejor comprensión del contenido de las estrategias de la compañía, véase la perspectiva general de la estrategia de McDonald's en la Cápsula ilustrativa 3.

FIGURA 1.3 Comprensión de la estrategia de una compañía; qué es lo que se debe buscar

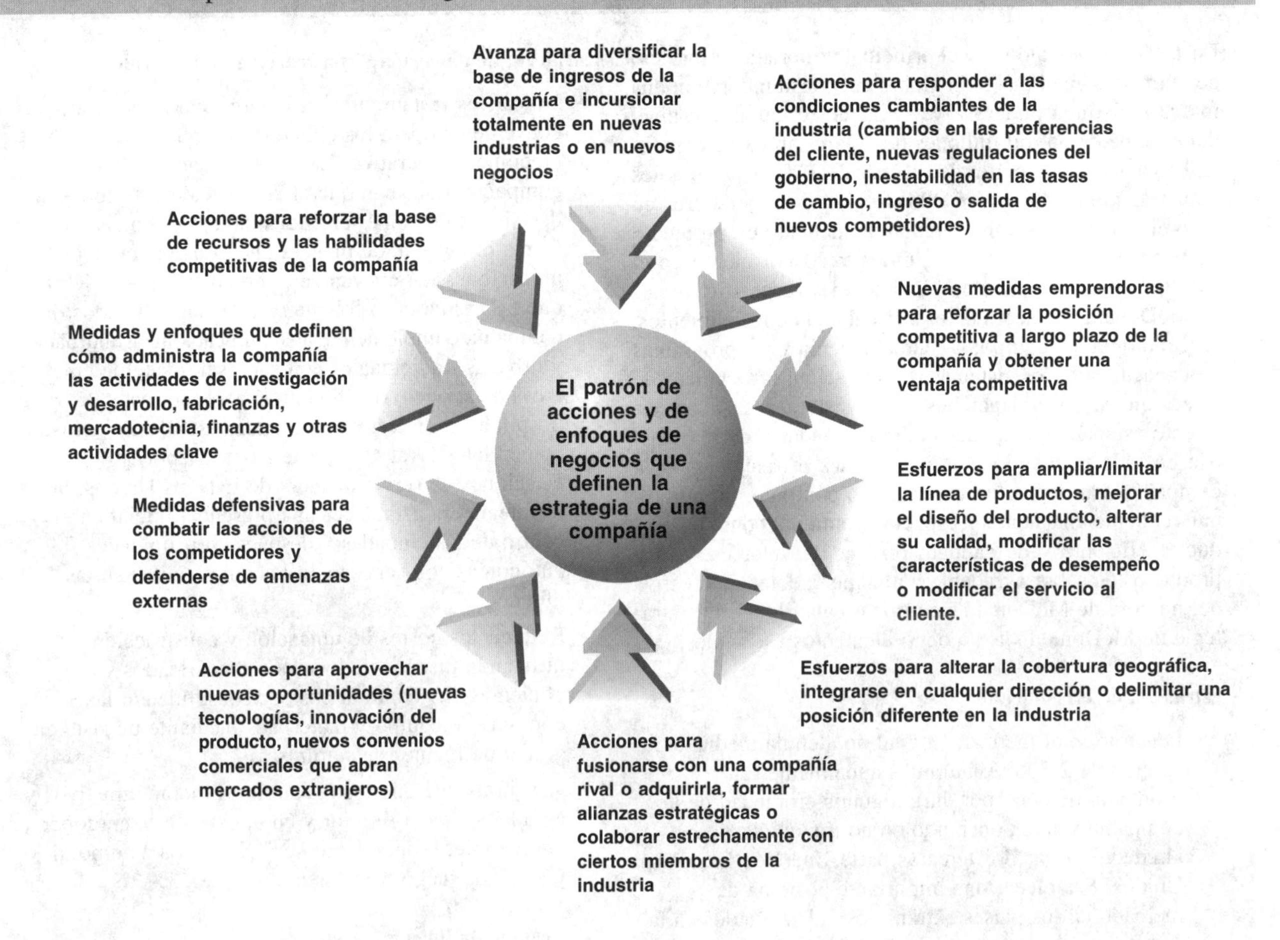

Estrategia y espíritu emprendedor La creación de una estrategia es un ejercicio de espíritu emprendedor y un pensamiento estratégico *de fuera hacia dentro.* El reto para los administradores de la compañía es mantener sus estrategias estrechamente vinculadas con *impulsores externos*, tales como las preferencias cambiantes del comprador, las últimas acciones de los rivales, las nuevas capacidades tecnológicas, la aparición de oportunidades de mercado atractivas y las condiciones de negocios que han surgido recientemente. Las estrategias de la compañía no pueden vincularse al medio ambiente actual y futuro de la misma a menos que los administradores den muestra de un espíritu emprendedor de primera clase en el estudio de las tendencias del mercado, en escuchar a los clientes, en mejorar la competitividad de la compañía y en guiar sus actividades hacia cualesquiera nuevas direcciones que dicten las condiciones del mercado y las preferencias del cliente. Por lo tanto, la creación de una buena estrategia es inseparable de un espíritu emprendedor del negocio. No es posible que una exista sin el otro.

La creación de una estrategia es fundamentalmente una actividad de espíritu emprendedor, impulsada por el mercado y por el cliente; la temeridad, la creatividad en el negocio, la atención para detectar las nacientes oportunidades de mercado, una observación perspicaz de las necesidades del cliente y un deseo de correr riesgos, son aspectos inherentes de la tarea de crear las estrategias de la compañía.

Una compañía se expone a dos riesgos cuando sus administradores no muestran un espíritu emprendedor en la creación de estrategias. Uno de ellos es una estrategia anticuada. Mientras más rápido ocurre un cambio en los negocios de una compañía, más apremiante es que sus administradores muestren un espíritu emprendedor en el diagnóstico de las condiciones cambiantes y en la institución de cualesquiera ajustes estratégicos que estén indicados. El avance a la deriva con una estrategia del *statu quo* tiende a ser más arriesgado que hacer modificaciones. Los administradores

CÁPSULA ILUSTRATIVA 3 Ejemplo de una estrategia: McDonald's

En 1997, McDonald's era el principal minorista de servicio de alimentos en el mercado global del consumidor, con una marca registrada poderosa y ventas de restaurante a nivel del sistema de 35 mil millones de dólares aproximadamente. Las dos terceras partes de sus más de 22 000 restaurantes eran franquicias de casi 5 000 propietarios/operadores en todo el mundo. Las ventas habían aumentado un promedio de 6 por ciento en Estados Unidos y 20 por ciento en el exterior durante los últimos 10 años. Las especificaciones de McDonald's concernientes a la calidad de los alimentos, la tecnología del equipo, la mercadotecnia y los programas de capacitación, los sistemas de operación, las técnicas de selección de las ubicaciones y los sistemas de abastecimiento estaban considerados como estándares de la industria en todo el mundo. Las prioridades estratégicas de la compañía eran lograr un crecimiento continuo, proporcionar al cliente una atención especial, continuar como un productor eficiente y de calidad, ofrecer un valor elevado y productos de sabor agradable y una mercadotecnia efectiva del nombre de McDonald's en una escala global. La estrategia de McDonald's tenía ocho elementos esenciales:

Estrategia de crecimiento

- Penetrar en el mercado al cual no atendía mediante la adición de 2 500 restaurantes anualmente (un promedio de ocho por día), algunos propiedad de la compañía y otros operando como franquicias, con alrededor de las dos terceras partes fuera de Estados Unidos. Establecer una importante posición de mercado en los países extranjeros, adelantándose a la competencia.
- Promover visitas más frecuentes de los clientes por medio de la adición de platillos atractivos en el menú, de especialidades de bajo precio, de alimentos de valor extra y de áreas de juego para los niños.

Estrategia de las franquicias

- Otorgarles franquicias únicamente a empresarios talentosos y altamente motivados, con integridad y experiencia en el negocio, y capacitarlos para convertirlos en propietarios activos de las ubicaciones de McDonald's (no se otorgaban franquicias a corporaciones, sociedades o inversionistas pasivos).

Estrategia de ubicación y construcción de los locales

- Ubicar los restaurantes en lugares que ofrecieran conveniencia para los clientes y un potencial de crecimiento lucrativo. Las investigaciones de la compañía indicaban que el 70 por ciento de todas las decisiones de comer en McDonald's se tomaban en forma impulsiva, de manera que la meta era elegir ubicaciones tan convenientes como fuera posible para que las visitaran los clientes. En Estados Unidos, la compañía complementaba sus ubicaciones suburbanas y urbanas tradicionales con sucursales satélite en áreas de servicio de alimentos, aeropuertos, hospitales, universidades, grandes establecimientos comerciales (Wal-Mart, The Home Depot) y estaciones de servicio; fuera de Estados Unidos, la estrategia era establecer una presencia inicial en el centro de las ciudades y después abrir unidades autónomas con servicio en los automóviles en las afueras.
- Reducir los costos de ubicación y construcción utilizando diseños de locales estandarizados y eficientes en cuanto al costo y consolidando las compras de equipo y materiales mediante un sistema global de fuentes de suministro.
- Asegurarse de que los restaurantes fueran atractivos y agradables en el interior y en el exterior y, en donde era factible, proporcionar servicio en los automóviles y áreas de juego para los niños.

Estrategia de la línea de productos

- Ofrecer un menú limitado.
- Mejorar el atractivo del sabor de los alimentos ofrecidos (en especial las selecciones de emparedados).
- Ampliar las ofertas de productos hacia nuevas categorías de alimentos de preparación rápida (pollo, mexicanos, pizzas, emparedados para adultos, etc.) e incluir un mayor número de platillos saludables para los clientes.
- Hacer extensas pruebas para asegurar una calidad elevada consistente y un gran atractivo para el cliente, antes de incluir nuevos platillos en el menú, a nivel de todo el sistema.

con espíritu poco emprendedor por lo común se oponen al riesgo y no se inclinan a iniciar un curso estratégico diferente por creer que la estrategia actual puede producir resultados aceptables durante algún tiempo. Son propensos a interpretar en forma errónea las tendencias y a concederles muy poca importancia a los cambios sutiles en las necesidades y la conducta de los clientes. A menudo ignoran las señales de los cambios inminentes como si carecieran de importancia ("no creemos que eso en realidad nos

CÁPSULA ILUSTRATIVA 3 (conclusión)

Operaciones de los restaurantes

- Imponer estándares estrictos concernientes a la calidad de los alimentos, la limpieza del local y del equipo, los procedimientos de operación del restaurante y un servicio amistoso y cortés al cliente.
- Desarrollar nuevos sistemas de equipo y producción que mejoren la habilidad de servir alimentos calientes y de buen sabor, con más rapidez y con mayor precisión.

Promoción de ventas, mercadotecnia y comercialización

- Mejorar la imagen de calidad, servicio, limpieza y valor de McDonald's a nivel global, por medio de una intensa publicidad en los medios y de promociones de mercancía en los mismos locales, fondeadas con cuotas vinculadas a un porcentaje de los ingresos de ventas en cada restaurante.
- Utilizar a Ronald McDonald para crear una mayor identificación de la marca entre los niños y el prefijo Mc para reforzar la relación entre los platillos del menú y McDonald's.
- Proyectar una actitud de felicidad y de interés en los niños.

Recursos humanos y capacitación

- Ofrecer índices de salarios equitativos y no discriminadores en cada ubicación; enseñar las habilidades en el trabajo; recompensar el desempeño, tanto individual como de equipo; crear oportunidades de hacer carrera; tener horarios de trabajo flexibles para los empleados que son estudiantes.
- Contratar grupos de empleados con hábitos de trabajo positivos y actitudes corteses y capacitarlos para que actúen en formas que impresionen a los clientes; promover rápidamente a los empleados prometedores.
- Proporcionarles una capacitación apropiada sobre la satisfacción de los clientes y el manejo de un negocio de alimentos rápidos a los franquiciatarios, administradores de restaurantes y administradores auxiliares. (Los instructores en los campus de la Universidad de las Hamburguesas en Illinois, Alemania, Inglaterra, Australia y Japón capacitan cada año a más de 5 000 estudiantes en 22 idiomas.)

Responsabilidad social y actitud ciudadana con la comunidad

- Asumir un papel activo en la comunidad, apoyar las obras de caridad locales y los proyectos comunitarios, ayudar a crear un espíritu de buenos vecinos, promover la excelencia educacional.
- Patrocinar los Hogares Ronald McDonald (a finales de 1995 había 168 hogares en 12 países que les proporcionaban un hogar provisional a las familias de niños gravemente enfermos que recibían tratamiento en los hospitales cercanos).
- Promover la diversidad de la fuerza laboral, la acción afirmativa voluntaria y las franquicias propiedad de minorías (más de 25 por ciento de los franquiciatarios de McDonald's eran mujeres y minorías).
- Adoptar y fomentar prácticas ambientalmente amistosas.
- Proporcionar a los clientes información sobre el contenido alimenticio de los productos de McDonald's.

Fuente: Reporte anual de la compañía.

afecte"), o bien cuando emprenden acciones se mueven tan lentamente que por lo común la compañía responde en forma tardía a los cambios del mercado. Hay una fuerte resistencia a un cambio estratégico temerario y temor a desviarse mucho de los enfoques comprobados y reales de la compañía, a menos que se vean absolutamente obligados a hacerlo. Las estrategias que están cada vez más lejos de la realidad del mercado y de los clientes debilitan la competitividad y el desempeño de una compañía.

El segundo riesgo al ejercer un espíritu poco emprendedor en la creación de estrategias es el pensamiento de dentro hacia fuera. Los gerentes con habilidades emprendedoras deficientes, o de espíritu emprendedor de naturaleza cautelosa, por lo común enfocan la mayor parte de su energía y tiempo hacia el interior: a resolver problemas internos, a mejorar los procesos y procedimientos organizacionales y a hacerse cargo de las tareas administrativas cotidianas. Las acciones estratégicas que deciden llevar a cabo suelen responder a consideraciones internas, lo que resulta filosóficamente cómodo y aceptable para varias coaliciones políticas internas. A menudo acaban por transigir las consideraciones externas para ajustar las internas, lo que da por resultado estrategias que son reflejo de un

La creación de una buena estrategia es más de fuera hacia dentro que a la inversa.

pensamiento estratégico orientado hacia el interior y de la necesidad de responder a las condiciones externas cambiantes del mercado y de los clientes. Las estrategias de dentro hacia fuera, aun cuando no están desconectadas de los requerimientos externos, por lo general no llegan a ser verdaderamente impulsadas por el mercado o por el cliente, lo que una vez más prepara el escenario para una competitividad débil, una habilidad deteriorada para ejercer el liderazgo y un desempeño inferior.

La forma temeraria en que los administradores adoptan nuevas oportunidades estratégicas, lo mucho que hacen hincapié en superar las innovaciones de la competencia y la frecuencia con que defienden las acciones para mejorar el desempeño organizacional, son buenos parámetros de su espíritu emprendedor. Los creadores de estrategias con espíritu emprendedor se sienten inclinados a tomar las primeras medidas, a responder en forma rápida y oportuna a los nuevos requerimientos. Están dispuestos a correr riesgos prudentes y a iniciar estrategias innovadoras. En contraste, los empresarios reacios se oponen al riesgo; tienden a tomar medidas al final, esperanzados en las oportunidades que se les presentan para ponerse al corriente pronto, y están alerta a evitar cualquier "error" que pudieran haber cometido quienes tomaron las primeras medidas. Prefieren un cambio estratégico incremental a las medidas estratégicas más temerarias y más comprensivas.

En la creación de la estrategia, todos los administradores, no sólo los ejecutivos *senior*, deben correr riesgos prudentes y ejercer un espíritu emprendedor. Este espíritu se ve involucrado cuando un administrador de servicio al cliente de un distrito, como parte del compromiso de la compañía de proporcionar un mejor servicio al cliente, crea una estrategia para apresurar el tiempo de respuesta un 25 por ciento en las llamadas de servicio y dedica 15 000 dólares a equipar todos los camiones de servicio con teléfonos móviles. El espíritu emprendedor está involucrado cuando un administrador de almacén contribuye al énfasis estratégico de una compañía en la calidad total, al planear cómo reducir la frecuencia de errores cuando se llenan los pedidos de los clientes de uno en cada 100 a uno en cada 10 000. Igualmente un administrador de ventas muestra un espíritu emprendedor estratégico cuando decide llevar a cabo una promoción especial y reducir los precios de ventas un 5 por ciento para disminuir la participación de mercado de sus rivales. Un administrador de fabricación ejerce un espíritu emprendedor estratégico cuando, como parte del énfasis a nivel global de la compañía en una mayor competitividad de costo, decide obtener un componente importante con un proveedor de costo más bajo de Corea del Sur, en vez de fabricarlo internamente. Las estrategias de la compañía no pueden estar verdaderamente impulsadas por el mercado y por el cliente, a menos que las actividades relacionadas con la estrategia de todos los administradores en toda la empresa tengan un carácter de espíritu emprendedor de fuera hacia dentro, orientado a mejorar la satisfacción del cliente y al logro de una ventaja competitiva sustentable.

Por qué evolucionan las estrategias de una compañía Los frecuentes ajustes y modificaciones de la estrategia de una compañía, primero en un departamento o un área funcional y después en otro, son normales. En ocasiones se requieren cambios cuantitativos en la estrategia: cuando un competidor toma una medida impactante, cuando ocurren adelantos tecnológicos o cuando surge una crisis y, súbitamente, los administradores se ven obligados a hacer alteraciones radicales en la estrategia. Debido a que las medidas estratégicas y los nuevos enfoques para la acción son continuos a nivel de todo el negocio, la estrategia de una organización se forma a lo largo de un periodo y después se reforma a medida que empieza a aumentar el número de cambios. La estrategia actual generalmente es una mezcla de enfoques de temporada, nuevas acciones y reacciones y medidas potenciales en la etapa de planeación. Exceptuando las situaciones de crisis (en las que a menudo se toman rápidamente muchas medidas estratégicas para producir una estrategia sustancialmente nueva de la noche a la

La estrategia de una compañía es dinámica, se forma parte por parte y después se reforma a medida que los administradores vislumbran rutas para el mejoramiento o una necesidad de adaptar los enfoques de negocios a las condiciones cambiantes.

mañana) y de inicio de una compañía (en las que la estrategia se traduce sobre todo en forma de planes y acciones propuestos), es común que los elementos clave de la estrategia de una compañía surjan parte por parte, a medida que ocurren los acontecimientos y la empresa intenta mejorar su posición y su desempeño.

La estrategia de una compañía rara vez está bien creada y es tan duradera como para seguir sin alterarse durante largo tiempo. Incluso los planes de negocios mejor trazados se deben adaptar a las condiciones cambiantes del mercado, alterándose conforme a las necesidades y preferencias del cliente, a las maniobras estratégicas de las empresas rivales, a la experiencia de lo que está dando o no resultado, a las oportunidades y amenazas que surgen, a acontecimientos imprevistos y a nuevas maneras de pensar acerca de cómo mejorar la estrategia. Ésta es la razón por la cual la creación de estrategias es un proceso continuo, en el que un administrador se obliga a revalorar la propia con regularidad, afinándola y remodelándola según sea necesario.

Sin embargo, cuando los administradores deciden cambiar la estrategia con tal rapidez y en una forma tan fundamental que su plan de acción del negocio es objeto de una revisión importante cada año, es muy probable que se muevan con un espíritu emprendedor deficiente y que realicen un análisis imperfecto de la situación y una "creación de la estrategia" inadecuada. Los cambios cuantitativos en la estrategia pueden ser necesarios en ocasiones, en especial en una situación de crisis o durante periodos de cambios extraordinariamente rápidos en la industria, pero no se pueden hacer sobre una base regular sin crear una secuela de zigzag en el mercado, generando una confusión indebida entre clientes y empleados y minando el desempeño. Las estrategias bien creadas tienen una vida de varios años por lo menos y sólo requieren modificaciones mínimas para que estén en armonía con las circunstancias cambiantes.

Estrategia y plan estratégico El desarrollo de una visión y una misión estratégicas, el establecimiento de objetivos y la decisión acerca de una estrategia son tareas básicas para determinar la dirección. Delinean el rumbo de la organización, sus objetivos de desempeño a corto y largo plazos y las medidas competitivas y los enfoques internos de la acción que se utilizarán para lograr los propósitos. Juntos, constituyen un *plan estratégico*. En algunas compañías, en especial en aquellas comprometidas con revisiones regulares de la estrategia y con el desarrollo de planes estratégicos explícitos, se hace circular entre los administradores y empleados un documento que describe el plan estratégico de la compañía (aun cuando ciertas partes del mismo se omitan o expresen en términos generales, pues si su revelación es demasiado sensible antes de que se pongan en práctica, da lugar a riesgos innecesarios). En otras compañías, el plan estratégico no se transcribe para su amplia distribución, sino que más bien existe en forma de acuerdos y compromisos orales entre los administradores acerca de hacia dónde debe dirigirse la empresa, qué debe lograr y cómo debe proceder.

Los objetivos organizacionales son la parte del plan estratégico que se explica y se comunica con más frecuencia de una manera muy clara a administradores y empleados. Algunas compañías exponen en forma detallada los elementos clave de sus planes estratégicos en el reporte anual de la compañía a los accionistas o en declaraciones proporcionadas a los medios de negocios, mientras que otras se abstienen en forma deliberada de una franca exposición pública de sus estrategias por razones de sensibilidad competitiva.

Sin embargo, los planes estratégicos rara vez anticipan todos los acontecimientos pertinentes para la estrategia que trascenderán en los meses y años futuros. Los acontecimientos imprevistos, las oportunidades o amenazas inesperadas, más la constante aparición de nuevas propuestas, alientan a los administradores a modificar las acciones planeadas y forjar reacciones "no planeadas". El aplazamiento de la recreación de la estrategia hasta el momento de trabajar en el plan estratégico del próximo año es a la vez absurdo e innecesario. Los administradores que limitan la creación de sus estrategias al ciclo de planeamiento programado con regularidad (cuando no pueden evitar la presentación de algo) tienen un concepto obstinado de lo que son sus responsabilidades concernientes a la creación de estrategias. Ésta, llevada a cabo una vez al año bajo condiciones de "tener que hacerlo", no es una prescripción para el éxito administrativo.

Puesta en práctica y ejecución de la estrategia

La tarea administrativa de poner en práctica y ejecutar la estrategia elegida implica una evaluación de lo que se necesitará para que la estrategia dé resultado y así llegar en el momento oportuno al desempeño programado; aquí la habilidad administrativa consiste en idear lo necesario para establecer la estrategia, ejecutarla en forma eficiente y producir buenos resultados. La administración del proceso de la puesta en práctica y la ejecución de la estrategia es principalmente una tarea administrativa práctica, cerca de la escena, que incluye los siguientes aspectos principales:

- Crear una organización capaz de llevar a cabo con éxito la estrategia.
- Desarrollar presupuestos que guíen los recursos hacia aquellas actividades internas que son decisivas para el éxito estratégico.
- Establecer políticas y procedimientos de operación que respalden la estrategia.
- Motivar a las personas para que aspiren con energía a los objetivos que se han fijado y, de ser necesario, modificar sus obligaciones y su conducta en el trabajo con el fin de que se ajusten mejor a los requerimientos de una ejecución exitosa de la estrategia.
- Vincular la estructura de recompensas con el logro de los resultados que se han fijado como objetivo.
- Crear una cultura de compañerismo y un ambiente de trabajo conducentes a la puesta en práctica y ejecución exitosas de la estrategia.
- Instalar sistemas de información, comunicación y operación que permitan que el personal de la compañía desempeñe sus papeles estratégicos de una manera efectiva cotidianamente.
- Instituir los mejores programas y prácticas para un mejoramiento continuo.
- Ejercer el liderazgo interno necesario para impulsar la puesta en práctica y seguir mejorando la forma en la cual se está ejecutando la estrategia.

La meta de quien pone en práctica la estrategia debe ser la creación de "ajustes" firmes entre la forma en que se hacen las cosas internamente para tratar de ejecutar la estrategia y lo que se necesitará para que tenga éxito. Mientras más se ajusten los métodos de la puesta en práctica a los requerimientos de la estrategia, mejor será la ejecución y mayores serán las probabilidades de que se logren los objetivos del desempeño. Los ajustes más importantes se dan entre la estrategia y las capacidades organizacionales, entre la estrategia y el sistema de recompensas, entre la estrategia y los sistemas de apoyo internos y entre la estrategia y la cultura de la organización (esta última surge de los valores y compromisos que comparten los miembros de la organización, del enfoque de la compañía a la administración de las personas y de las conductas arraigadas, las prácticas de trabajo y las maneras de pensar). El ajuste de las formas en las cuales la organización lleva a cabo las acciones internamente, con lo que se necesita para el éxito estratégico, ayuda a unir la organización después del logro de la estrategia.

La tarea de implementar la estrategia constituye generalmente la parte de la administración estratégica más complicada y la que lleva más tiempo. Interviene virtualmente en todas las facetas de la administración y se debe iniciar desde diversos puntos de la organización. La agenda para la acción del encargado de la puesta en práctica surge de una cuidadosa evaluación de lo que debe hacer la organización para llevar a cabo el plan estratégico con eficiencia. Cada administrador debe pensar a fondo en la respuesta que debe dar a "¿qué se debe hacer en mi área para que pueda llevar a cabo mi parte del plan estratégico de mejor manera?". Los cambios internos necesarios para establecer el plan estratégico dependen del grado en que se hagan, de qué tanto se desvían las prácticas y las competencias internas de lo que requiere la estrategia y de lo bien igualadas que estén la estrategia y la cultura organizacional. En la medida que se identifican los cambios y las acciones necesarios, la administración se debe cerciorar de que se atiendan todos los detalles de la puesta en práctica y debe ejercer la presión necesaria sobre la organización para convertir los objetivos en resultados. Dependiendo de la cantidad de cambios internos involucrados, la puesta en práctica total puede llevar desde varios meses hasta varios años.

La puesta en práctica de la estrategia es fundamentalmente una actividad orientada a la acción; las actividades de desarrollo de competencias y habilidades, de preparación de presupuestos, de creación de políticas, de motivación, de creación de una cultura y de guía, son todas parte del proceso.

Evaluación del desempeño, supervisión de nuevos desarrollos e iniciación de ajustes correctivos

La evaluación del desempeño y del progreso de la organización siempre le incumbe a la administración. La obligación de ésta es mantenerse en la parte superior de la jerarquía, decidir si las cosas se están haciendo bien al interior de la compañía y supervisar de cerca los desarrollos externos. Un desempeño inferior o escaso progreso, así como las nuevas circunstancias externas relevantes, requieren acciones y ajustes correctivos. Tal vez sea necesario alterar la dirección a largo plazo, redefinir el negocio y limitar, ampliar o revisar radicalmente la visión de la administración acerca del futuro curso de la organización. Tal vez sea necesario graduar los niveles de los objetivos del desempeño en vista de la experiencia pasada y de los prospectos futuros. Tal vez es necesario modificar la estrategia debido a los cambios en la dirección a largo plazo, a que se han establecido nuevos objetivos, a que algunos elementos no están funcionando bien o a las condiciones cambiantes del mercado y de las preferencias del cliente.

De la misma manera, uno o más aspectos de la puesta en práctica y la ejecución tal vez no están resultando tan bien como se pretendía. Las revisiones de presupuestos, los cambios en la política, la reorganización, los ajustes de personal, las actividades y los procesos de trabajo reformados, los esfuerzos para cambiar la cultura y las prácticas de compensación revisadas, son por lo común acciones administrativas típicas que tal vez sea necesario emprender para apresurar la puesta en práctica de la estrategia o mejorar su puesta en práctica. *La ejecución eficiente de la estrategia siempre es el producto de una gran cantidad de aprendizaje organizacional.* Por consiguiente, las revisiones del progreso, las constantes búsquedas de formas de mejorar continuamente y los ajustes correctivos, son normales.

La visión, los objetivos, la estrategia y el enfoque de la compañía a la puesta en práctica nunca son concluyentes; la evaluación del desempeño, la supervisión de los cambios en el medio ambiente que la rodea y los ajustes son partes normales y necesarias del proceso de administración estratégica.

POR QUÉ LA ADMINISTRACIÓN ESTRATÉGICA ES UN PROCESO, NO UN ACONTECIMIENTO

La marcha de los acontecimientos externos e internos garantiza que la visión, los objetivos y la estrategia de una compañía y los enfoques para la puesta en práctica se vuelvan a estudiar, se reconsideren y a la larga se revisen. Ésta es la razón por la cual la tarea de evaluar el desempeño e iniciar ajustes correctivos, es tanto el final como el principio del *ciclo* de la administración estratégica. Evaluar y ajustar significa que las decisiones y acciones relacionadas con la estrategia previa están sujetas a modificaciones, a medida que cambian las condiciones en el medio ambiente y que surgen ideas para el mejoramiento. Siempre se presenta la disyuntiva entre seguir adelante o cambiar la visión, los objetivos, la estrategia y los enfoques de la puesta en práctica de la compañía. Por consiguiente, la administración estratégica es un proceso *continuo* que nunca termina, no un acontecimiento que inicia y finaliza y que, una vez que se lleva a cabo, puede hacerse a un lado sin riesgo alguno durante un tiempo. Los administradores tienen la responsabilidad siempre presente de detectar cuándo los nuevos desarrollos requieren una respuesta estratégica y cuándo no. Su labor es seguir el progreso, detectar a tiempo los problemas, vigilar los vientos de cambio del mercado y del cliente e iniciar los ajustes.

Características del proceso

Aun cuando la formación de una visión estratégica, la determinación de objetivos, la creación de una estrategia, la puesta en práctica y ejecución del plan estratégico y la evaluación del desempeño describen lo que implica la administración estratégica, el desempeño real de estas cinco tareas no está dividido en una forma nítida en compartimientos separados con una secuencia ordenada. Hay una gran interacción y retroalimentación entre las cinco tareas, como se muestra en la figura 1.1. Por ejemplo, la consideración de qué acciones estratégicas se deben emprender plantea problemas acerca de cómo se puede poner en práctica la estrategia en una forma satisfactoria. La decisión acerca de la misión y la visión se convierte de manera gradual en la determinación de objetivos (ambas implican prioridades direccionales). La determinación de objetivos implica la consideración del desempeño actual, las opciones estratégicas disponibles para mejorarlo y lo que la organización puede lograr realmente ante las presiones y los retos. La decisión acerca de una estrategia va unida a determinaciones sobre la dirección a largo plazo y sobre el establecimiento de todos los objetivos en la totalidad de las áreas financieras y estratégicas clave. Obviamente, las tareas para determinar la dirección, desarrollar una misión, deslindar objetivos y crear la estrategia, se deben integrar y llevar a cabo como un paquete, no individualmente.

La administración estratégica es un proceso; las fronteras entre las cinco tareas son conceptuales, no son vallas que impidan que algunas de ellas o todas se desempeñen juntas.

En segundo lugar, las cinco tareas de la administración estratégica no se llevan a cabo aisladas de otras obligaciones y responsabilidades del administrador, como prestar atención a las operaciones cotidianas, enfrentar las crisis, asistir a juntas, repasar la información, atender los problemas del personal y aceptar asignaciones y deberes cívicos especiales. Por consiguiente, aun cuando el trabajo de administrar la estrategia es la función administrativa más importante en lo que concierne al éxito o al fracaso organizacional, no es todo lo que deben hacer o por lo que se deben preocupar los administradores.

En tercer lugar, la creación y la puesta en práctica de la estrategia le imponen condiciones erráticas al tiempo de un administrador. El cambio no ocurre en una forma ordenada o predecible. Los acontecimientos se pueden desarrollar en forma rápida o gradual; pueden surgir solos o en sucesión, y puede resultar sencillo o arduo diagnosticar sus implicaciones para el cambio estratégico. De ahí que la tarea de revisar y ajustar el plan de acción estratégico puede requerir mucho tiempo, de la gerencia algunos meses del año y muy poco tiempo otros. Una cuestión práctica es que se requiere de habilidad estratégica para saber *cuándo* instituir los cambios estratégicos y qué es lo que se debe hacer.

Por último, este aspecto relevante de la administración estratégica, que día tras día consume tanto tiempo, implica tratar de obtener de cada individuo el mejor desempeño que respalde la estrategia e intentar perfeccionar la que está en funciones, afinando su contenido y su ejecución. Los administradores por lo común dedican la mayor parte de sus esfuerzos a mejorar ciertos aspectos de la estrategia actual, en vez de desarrollar e instituir cambios radicales. Los cambios excesivos pueden resultar perturbadores para los empleados y confusos para los clientes, además de que suelen ser innecesarios. La mayor parte del tiempo, se pueden obtener mejores resultados optimizando la ejecución de la estrategia actual. La persistencia en lograr que una estrategia sólida funcione mejor a menudo es la clave para el éxito en su administración.

¿QUIÉN DESEMPEÑA LAS CINCO TAREAS DE LA ADMINISTRACIÓN ESTRATÉGICA?

El director ejecutivo de una organización, como el capitán de un barco, es el administrador más visible y más importante de la estrategia. El cargo de director ejecutivo implica constituirse como el principal encargado que habría de determinar la dirección y los objetivos, del creador e implementador de la estrategia a nivel de toda la empresa. La responsabilidad fundamental de *guiar* las tareas de formular y poner en práctica un plan estratégico para toda la organización recae en el director ejecutivo, aun cuando por lo común otros administradores *senior* también tienen importantes papeles de liderazgo. Lo que el director ejecutivo comúnmente considera importante se refleja en la estrategia de la compañía y, por lo general, pone un sello personal de aprobación en las decisiones y acciones estratégicas importantes.

Los vicepresidentes de producción, mercadotecnia, finanzas, recursos humanos y de otros departamentos clave, también tienen importantes responsabilidades en la creación de la estrategia y en su puesta en práctica. El vicepresidente de producción suele tener un papel destacado en el desarrollo de la estrategia de producción de la compañía; el vicepresidente de mercadotecnia supervisa el esfuerzo de la estrategia de su departamento; el de finanzas se ocupa de idear una estrategia financiera apropiada, y así sucesivamente. Por lo común, los administradores *senior* un nivel abajo del director ejecutivo, también están involucrados en proponer elementos clave de la estrategia general de la compañía y desarrollar nuevas iniciativas estratégicas importantes, trabajando en estrecha colaboración con el director ejecutivo para llegar a un consenso y coordinar varios aspectos de la estrategia de una manera más efectiva. Sólo en las compañías más pequeñas, administradas por el propietario, la tarea de creación e implementación y poner la estrategia es tan reducida que la puede llevar a cabo un solo administrador.

Pero las posiciones administrativas con la responsabilidad de crear la estrategia e implementarla de ninguna manera están restringidas a los directores ejecutivos, los vicepresidentes y los empresarios propietarios. Cada unidad organizacional importante en una compañía, ya sea de negocios, una división, el personal de una planta, un grupo de apoyo o una oficina de distrito, generalmente tienen un papel importante o de apoyo en el plan de acción estratégico de la compañía. Y el administrador encargado de esa unidad organizacional, con la guía de sus superiores, acaba por hacerse cargo de todo o parte de la creación de la estrategia para la unidad y por decidir cómo poner en práctica cualesquiera de las elecciones estratégicas que se tomen. Mientras tanto, los administradores que se encuentran abajo en la jerarquía organizacional obviamente tienen un papel más limitado y específico en la creación de la estrategia y en la puesta en práctica de la misma que los gerentes más cercanos al nivel superior; *cada administrador es un creador de estrategias y un encargado de su puesta en práctica para el área que supervisa.*

Cada administrador de la compañía tiene un papel de creador de la estrategia y de encargado de su puesta en práctica; es erróneo considerar la administración estratégica como responsabilidad exclusiva de un ejecutivo senior.

Una de las principales razones por las cuales los administradores de niveles medio y bajo son parte del equipo de creación de la estrategia y de su puesta en práctica es que, mientras más geográficamente dispersas y diversificadas son las operaciones de una organización, más difícil es que los ejecutivos *senior* en la matriz creen e implementen todos los programas y acciones necesarios. Los administradores en la oficina corporativa rara vez saben lo suficiente acerca de la situación en cada área geográfica y en cada unidad de operación como para dirigir cada tarea que se toma en el terreno. Es una práctica común que los administradores de nivel superior asignen alguna responsabilidad en la creación de la estrategia a los subordinados administrativos que están al frente de la subunidad organizacional en donde se deben lograr los resultados específicos. La delegación del papel de creadores de la estrategia en los administradores que están en el campo y que se encargan de cualesquiera medidas estratégicas en sus áreas, determina el éxito o el fracaso estratégicos. Cuando los administradores que ponen en práctica la estrategia también son sus arquitectos, es difícil culpar a alguien más o poner excusas si no se logran los resultados propuestos. Y debido a que han participado en el desarrollo de la estrategia que están tratando de implementar, es probable que tengan un interés y apoyo considerables para lograrla, condición esencial para su ejecución efectiva.

En las compañías diversificadas, en las cuales es necesario administrar las estrategias de varios negocios diferentes, por lo común hay cuatro niveles de administradores:

- El director ejecutivo y otros ejecutivos *senior* a nivel corporativo, quienes tienen la responsabilidad primordial y la autoridad personal de la toma de decisiones estratégicas importantes que afectan a la empresa en su totalidad y al grupo de negocios individuales hacia los cuales se ha diversificado la empresa.
- Los administradores que tienen la responsabilidad de las utilidades y las pérdidas de una unidad de negocios específica, y en quienes se delega un importante papel de liderazgo en la formulación y la puesta en práctica de la estrategia para esa unidad.
- Los jefes de áreas funcionales y los jefes de departamento dentro de una unidad de negocios determinada, quienes tienen autoridad directa sobre una parte importante del negocio (fabricación, mercadotecnia y ventas, investigación y desarrollo, personal) y cuyo papel es apoyar la estrategia general de la unidad de negocios con acciones estratégicas en sus propias áreas.
- Los administradores de las principales unidades de operación (plantas, distritos de ventas, oficinas locales), quienes tienen la responsabilidad de desarrollar los esfuerzos estratégicos en sus áreas, así como de poner en práctica y ejecutar su parte del plan estratégico general en el nivel inferior.

Las empresas de un solo negocio no necesitan más de tres de estos niveles (un administrador general de la estrategia, administradores en el área funcional y administradores de nivel operativo). En una compañía grande de un solo negocio, el equipo de administradores se compone del director ejecutivo, quien es el principal estratega y ejerce con una autoridad definitiva tanto sobre la estrategia como sobre su puesta en práctica; de los vicepresidentes y jefes de departamento a cargo de las actividades clave (investigación y desarrollo, producción, mercadotecnia, finanzas, recursos humanos, etc.), y además, tantos administradores de unidades de operación de las diversas plantas, oficinas de ventas, centros de distribución y departamentos de apoyo del personal como se requiera para el manejo de la esfera de acción de las operaciones de la compañía. Sin embargo, las empresas con derechos de propiedad, las sociedades y las empresas administradas por el propietario comúnmente tienen sólo uno o dos administradores, debido a que en las empresas en pequeña escala sólo unas cuantas personas clave pueden manejar la creación e implementación de la estrategia.

Los puestos administrativos que implican la formulación y la puesta en práctica de la estrategia también abundan en las organizaciones no lucrativas. En los gobiernos federal y estatal, los jefes de las oficinas locales, de distrito y regionales desempeñan el papel de administradores de la estrategia en sus esfuerzos por responder a las necesidades de las áreas en donde prestan sus servicios (un administrador de distrito en Portland puede necesitar una estrategia ligeramente distinta de la de un administrador en Orlando). En el gobierno municipal, los jefes de varios departamentos (bomberos, policía, agua y alcantarillado, parque y áreas recreativas, salud, etc.) son administradores de la estrategia, debido a que tienen la autoridad y jerarquía para supervisar las operaciones de sus departamentos y, por consiguiente, pueden influir en los objetivos departamentales, en la formulación de una estrategia para lograr dichos objetivos y en la forma de poner en práctica la estrategia.

De esta manera, los puestos administrativos con actividades de creación de la estrategia e implementación de la misma son la norma, más que la excepción.[3] El trabajo de crear y poner en práctica la estrategia involucra virtualmente a todos los puestos administrativos en una forma o en otra, y en un momento o en otro. La administración estratégica es básica para la tarea de administrar, no sólo la abordan los administradores en un nivel superior.

¿La creación de una estrategia es una responsabilidad individual o una tarea de grupo?

En la actualidad, muchas compañías involucran a equipos de administradores y empleados clave en ejercicios de creación de estrategias, en parte debido a que muchos aspectos estratégicos afectan las líneas funcionales y departamentales tradicionales, en parte para aprovechar las ideas y habilidades de resolución de problemas de individuos con diferentes antecedentes, experiencia y perspectivas, y en parte para conferir a un mayor número de personas el interés por participar en la estrategia y adquirir un compromiso sincero con su puesta en práctica. Frecuentemente estos equipos incluyen a administradores de línea y de personal de diferentes disciplinas y unidades departamentales, a algunos miembros *junior* seleccionados del personal por su habilidad creativa y a veteranos a punto de jubilarse, los cuales tienen fama de ser observadores perspicaces, de decir las cosas como son, y de dar consejos prudentes. Y no es raro que esos equipos involucren a clientes y proveedores en la evaluación de la situación de mercado futura y en la deliberación de las diversas opciones de estrategias. Una de las causas principales de una estrategia imperfecta es una percepción deficiente de lo que los clientes realmente necesitan y desean; otra es no analizar a la compañía como parte de un medio ambiente más vasto y no reconocer el valor de acercarse a los proveedores y clientes clave para colaborar estrechamente con ellos (y tal vez incluso hacer lo mismo con competidores selectos) en pro de obtener una ventaja competitiva.[4]

Electronic Data Systems introdujo recientemente una revisión de su estrategia que dura un año, involucró a 2 500 de sus 55 000 empleados y estaba coordinada por un núcleo de 150 administradores y miembros del personal de todo el mundo.[5] J. M. Smucker, un fabricante de mermeladas y jaleas, formó un equipo de 140 empleados (el 7 por ciento de su fuerza laboral de 2 000 miembros), quienes dedicaron 25 por ciento de su tiempo, durante un periodo de seis meses, a buscar formas de revitalizar el crecimiento de la compañía; el equipo, que solicitó aportaciones de todos los empleados, presentó 12 iniciativas para duplicar el ingreso de la compañía durante los cinco años siguientes. Nokia Group, una compañía de telecomunicaciones con base en Finlandia, involucró a 250 empleados en una reciente revisión de la estrategia acerca de cómo convergen diferentes tecnologías de comunicaciones, el impacto que ello causaría en el negocio y las respuestas estratégicas necesarias.

La participación variada en ejercicios de creación de la estrategia en una compañía por lo común otorga una poderosa ventaja.

[3] Los papeles de creación de la estrategia y de su puesta en práctica a nivel medio se exponen a fondo y se documentan en Steven W. Floyd y Bill Woolridge, *The Strategic Middle Manager*, San Francisco, Jossey-Bass Publishers, 1996, capítulos 2 y 3.

[4] Véase James F. Moore, *The Death of Competition,* Nueva York, HarperBusiness, 1996, capítulo 3.

[5] "Strategic Planning", *Business Week*, 26 de agosto de 1996, pp. 51-52.

La idea de involucrar a diversos equipos de personas para analizar en forma minuciosa las situaciones complejas y encontrar soluciones impulsadas por el mercado y el cliente se está volviendo cada vez más necesaria en muchos negocios. No sólo hay variados aspectos estratégicos de suma importancia y complejidad como para que los maneje un solo administrador, sino que a menudo son de una naturaleza interfuncional e interdepartamental, por lo que se requiere de las contribuciones de muchos expertos en varias disciplinas y la colaboración de administradores de diferentes partes de la organización para llevar a cabo acciones estratégicas sensatas. Es necesario hacer a un lado la idea de que los estrategas de una organización se muestran en el nivel superior y quienes se encargan de poner en práctica la estrategia en los niveles inferiores; frecuentemente los conceptos clave de la estrategia se originan en los niveles medio e inferior de la organización, y los administradores *senior* respaldan lo que surge de esos niveles, proporcionando los recursos necesarios para la puesta en práctica.

¿Hay un papel para los planificadores estratégicos de tiempo completo?

Si los administradores *senior* y de nivel medio tienen los papeles principales en la creación de la estrategia y su puesta en práctica de la estrategia en las áreas de su responsabilidad, complementados por equipos de estrategia multidisciplinarios y por una amplia participación de los empleados en ciertas circunstancias, ¿existe la necesidad de planificadores estratégicos o miembros del personal de tiempo completo con experiencia en el análisis estratégico? La respuesta es que quizás en algunas compañías, pero aun así, las tareas del personal de planeación deben consistir principalmente en ayudar a recopilar y organizar la información que los creadores de la estrategia deciden que necesitan, en proporcionar apoyo a los administradores de línea en la revisión de sus planes estratégicos y en coordinar el proceso de revisión y aprobación de los ejecutivos en el nivel superior de los planes estratégicos desarrollados para todas las partes de la compañía. El personal de planeación estratégica puede ayudar a los administradores de línea y a los equipos estratégicos a cristalizar los aspectos que se deben abordar; además, proporcionar datos, llevar a cabo estudios de la industria y de las condiciones competitivas —según lo soliciten los creadores de la estrategia— y realizar evaluaciones del desempeño de la compañía. Pero los planificadores no deben tomar decisiones estratégicas, preparar planes (para que alguien más los ponga en práctica) ni hacer recomendaciones para llevar a cabo una acción que usurpe las responsabilidades de creación de la estrategia de los administradores de línea o de los equipos de trabajo autónomos a cargo de unidades de operación o de actividades específicas.

Cuando se les pide a los planificadores que vayan más allá de proporcionar ayuda y de preparar un plan estratégico para que sea considerado por la administración, es posible que ocurra cualquiera de cuatro consecuencias adversas. En primer lugar, los administradores deficientes con gusto pondrán en manos de los planificadores los problemas estratégicos difíciles, para que sean ellos quienes se encarguen de la planificación, un resultado dudoso, debido a que engaña a los administradores y los hace pensar que no deben ser responsables de la creación de una estrategia para su propia unidad organizacional, o de actuar en aspectos relacionados con sus áreas de responsabilidad.

En segundo lugar, los planificadores, por muy expertos que puedan ser en el análisis estratégico y en la redacción de reportes enérgicos, no pueden saber tanto de los pormenores de la situación como los administradores que se encuentran en el campo de acción y que son responsables de estar al tanto de las cosas en su área asignada cotidianamente. Esto coloca a los miembros del personal de planeación en una seria desventaja cuando se trata de idear recomendaciones sensatas para la acción y de tomar en cuenta las dificultades prácticas de la implementación que recomiendan.

En tercer lugar, el hecho de asignar a los planificadores la responsabilidad de la creación de la estrategia y a los administradores de línea de su puesta en práctica, hace que resulte difícil determinar la responsabilidad de los resultados deficientes. Los planificadores pueden culpar de los malos resultados a una puesta en práctica deficiente; los administradores de línea pueden afirmar que el problema se debe a una mala estrategia.

En cuarto lugar, cuando los administradores de línea no reciben ninguna urgencia ni tienen un interés de participación en la agenda estratégica propuesta, existe un gran riesgo de que sólo aparenten estar de acuerdo, de que tal vez hagan algunos esfuerzos simbólicos en la implementación y que después dejen que la mayor parte de las recomendaciones de los planificadores mueran debido a la inactividad. Delegar la creación de la estrategia en un personal de planeación estratégica corre el riesgo de que los administradores de línea y los ejecutivos *senior* no vean la urgencia o la necesidad de seguir adelante con lo propuesto. El escepticismo o el desacuerdo acerca de las recomendaciones iniciales fomentan la inactividad. En ausencia de un acuerdo decidido con las acciones recomendadas por los planificadores, es probable que su trabajo se venga abajo a través de las grietas y los ejercicios de planeación estratégica se lleguen a considerar como una actividad burocrática improductiva. Estos resultados incrementan las probabilidades de que una compañía vaya a la deriva sin una enérgica dirección estratégica de arriba hacia abajo y con decisiones fragmentadas y descoordinadas. La creación de la estrategia no es pues una función del personal.

Principio de la administración estratégica

La creación de la estrategia es una labor de los administradores de línea, no del personal de planificadores, quienes ponen en práctica la estrategia deben ser sus creadores.

Estas cuatro consecuencias son inaceptables. Los esfuerzos de crear una estrategia son objeto de críticas por ser ineficaces, los administradores de línea no desarrollan las habilidades o la disciplina para pensar en forma estratégica acerca del negocio y la compañía tropieza con el riesgo mucho mayor de un vacío en su creación de la estrategia. Por otra parte, cuando se espera que las personas sean las principales creadoras de la estrategia y las principales encargadas de la puesta en práctica de la estrategia en las áreas que dirigen, sus propios esfuerzos de creación e implementación acaban por verse sometidos a prueba. Muy pronto ven la necesidad de tener un plan estratégico factible (¡las revisiones de su desempeño anual y quizás incluso sus futuras carreras en la organización están en riesgo si sus estrategias resultan erróneas y no logran los resultados previstos!) Cuando la responsabilidad de la creación de la estrategia reside en las mismas personas encargadas de la implementación no hay duda de quién es el responsable de los resultados. Además, si se delega la autoridad de la creación y la puesta en práctica de la estrategia en las personas que están más cerca de la acción, la toma de decisiones queda en manos de aquellos que *deben* saber mejor qué es lo que se debe hacer. Es necesario colocar en puestos de menor responsabilidad a las personas que continuamente demuestran ser incapaces de crear y poner en práctica estrategias positivas y lograr los resultados deseados.

El papel estratégico del consejo de administración

Puesto que la responsabilidad principal de crear y poner en práctica la estrategia le corresponde a los administradores clave, el papel estratégico primordial del consejo de administración de una organización es ejercer vigilancia y cerciorarse de que las cinco tareas de la administración estratégica se lleven a cabo en una forma que beneficie a los accionistas (en el caso de empresas que son propiedad de los inversionistas) o de los detentadores de intereses (en el caso de las organizaciones no lucrativas). Los recientes incrementos en el número de demandas legales presentadas por los accionistas y el aumento en los costos de seguros de responsabilidad para los directores y funcionarios, han recalcado que los miembros del consejo corporativo sí tienen la responsabilidad final respecto a las acciones estratégicas emprendidas. Además, quienes detentan grandes bloques de acciones (fondos mutuos y fondos de pensión), las autoridades reguladoras y la prensa financiera, están exigiendo que los miembros del consejo, en especial los directores externos, sean más activos en su supervisión de la estrategia de la compañía.

Principio de la administración estratégica

El papel del consejo de administración en el proceso de administración estratégica consiste en evaluar en forma crítica y aprobar los planes de acción estratégica, pero muy rara vez en desarrollar los detalles.

Un procedimiento estándar es que los ejecutivos enteren a los miembros del consejo acerca de medidas estratégicas importantes y que sometan al consejo los planes estratégicos de la compañía para su aprobación oficial. Pero los directores rara vez desempeñan un papel decisivo y práctico en la formulación o en la puesta en práctica de la estrategia. La mayoría de los directores externos carecen de una experiencia específica en la industria; su conocimiento de la compañía es limitado (en especial si son miembros del consejo relativamente nuevos). Por lo común, los consejos de administración se reúnen una vez al mes (o menos) durante seis a ocho horas. Difícilmente se puede esperar que tengan un conocimiento detallado de todos los aspectos estratégicos o que conozcan los pormenores de las opciones. Ese papel práctico es innecesario para una buena vigilancia. La tarea inmediata de los directores es la de ser *críticos de apoyo,* ejerciendo su propio criterio independiente acerca de si las propuestas se han analizado en la forma adecuada y de si las acciones estratégicas propuestas parecen ofrecer una promesa mayor que las alternativas disponibles.[6] Si la administración ejecutiva presenta propuestas bien respaldadas ante el consejo, hay muy poca razón para que los miembros la desafíen en forma agresiva y traten de desglosar todo lo expuesto; las preguntas perceptivas e inquisitivas por lo común son suficientes para comprobar si el caso para las propuestas es apremiante y poder ejercer una vigilancia cuidadosa. Sin embargo, si la compañía está experimentando una erosión gradual de sus utilidades y su participación de mercado, y ciertamente cuando hay un colapso brusco en las utilidades, los miembros del consejo tienen la obligación de ser proactivos, expresar sus preocupaciones acerca de la validez de la estrategia e iniciar un debate de la trayectoria estratégica de la compañía, sosteniendo pláticas individuales con los ejecutivos clave y con otros miembros del consejo, y tal vez intervenir directamente como grupo con el fin de modificar tanto la estrategia como el liderazgo ejecutivo de la compañía.

El verdadero papel práctico de los directores es evaluar el calibre de las habilidades de creación de la estrategia y su puesta en práctica por los ejecutivos *senior*. El consejo siempre es responsable de determinar si el director ejecutivo actual está desempeñando un buen trabajo en la administración estratégica (como una base para otorgar aumentos de salario y bonificaciones y decidir acerca de una retención o una destitución). En años recientes, en Apple Computer, General Motors, IBM, American Express, Kmart, W.R. Grade y Compaq Computer, los directores de las compañías concluyeron que los altos ejecutivos no estaban adaptando la estrategia de sus compañías con la rapidez suficiente y en forma completa a los vastos cambios en sus mercados. Presionaron a los directores ejecutivos para que renunciaran y establecieron un nuevo liderazgo, con el fin de proporcionar el ímpetu necesario para una renovación estratégica. Los consejos también deben ejercer la diligencia debida en la evaluación de las habilidades de liderazgo estratégico de otros ejecutivos *senior* en línea para suceder al director ejecutivo. Cuando se retira el director ejecutivo en turno, el consejo debe elegir un sucesor, ya sea alguien dentro de la compañía (con frecuencia nombrado por el director ejecutivo) o decidir que se necesita una persona externa para cambiar quizá en forma radical el curso estratégico de la compañía.

---

[6] Para una buena exposición del papel del consejo de administración en la supervisión del proceso de creación de la estrategia y su puesta en práctica, véase Gordon Donaldson, "A New Tool for Boards: The Strategic Audit", en *Harvard Business Review* 73, núm. 4, julio-agosto de 1995, pp. 99-107.

Por consiguiente, el papel estratégico del consejo de administración es doble: 1) examinar continuamente la validez de la dirección y de la estrategia a largo plazo de una compañía, por lo común dejando en libertad a los altos ejecutivos, pero siempre supervisando, ofreciendo críticas constructivas y preparándose para intervenir si las circunstancias lo requieren y 2) evaluar las habilidades de liderazgo estratégico del director ejecutivo y de otras personas dentro de la compañía, en línea para suceder al director ejecutivo en turno, haciendo en forma proactiva cambios en el personal siempre que se considere que el desempeño de la organización no es tan bueno como debería. De tal manera, la supervisión y la vigilancia del consejo entran en juego en una forma importante en el campo de la estrategia.

LOS BENEFICIOS DE UN ENFOQUE ESTRATÉGICO EN LA ADMINISTRACIÓN

El mensaje de este libro es que el desempeño de un buen trabajo administrativo requiere inherentemente un pensamiento estratégico positivo y una buena administración. En la actualidad, los gerentes deben pensar estratégicamente en la posición de su compañía y en el impacto de las condiciones cambiantes. Deben supervisar muy de cerca la situación externa, lo suficiente para saber qué clase de cambios estratégicos deben iniciar. Dicho de una manera sencilla, es necesario que los aspectos fundamentales de la administración estratégica impulsen su enfoque a la administración de las organizaciones. El director ejecutivo de una compañía expresó esto muy bien:

> En general, nuestros competidores están familiarizados con los mismos conceptos, técnicas y enfoques fundamentales que seguimos nosotros y son igualmente libres de aspirar a ellos. Casi siempre, la diferencia entre su nivel de éxito y el nuestro se debe a la minuciosidad y la autodisciplina con las cuales nosotros y ellos desarrollamos y ejecutamos nuestras estrategias para el futuro.

Las ventajas de un pensamiento estratégico de primera clase y de una administración consciente de la estrategia (en oposición a la improvisación irresponsable, al sentimiento básico y fundamental y a la esperanza de tener suerte), incluyen 1) proporcionar a toda la organización una mejor guía sobre el punto decisivo de "qué es lo que estamos tratando de hacer y de lograr"; 2) hacer que los administradores estén más alerta a los vientos del cambio, a las nuevas oportunidades y a los desarrollos amenazadores; 3) proporcionarles a los gerentes una razón fundamental para evaluar los requerimientos del presupuesto en competencia para invertir en capital y en nuevo personal, una razón básica que argumenta poderosamente en favor de encauzar los recursos hacia áreas que apoyan la estrategia y que producen resultados; 4) ayudar a unificar las numerosas decisiones relacionadas con la estrategia que toman los gerentes a nivel de toda la organización, y 5) crear una postura administrativa más proactiva y contrarrestar las tendencias a que las decisiones sean de reacción y a la defensiva.

La ventaja de ser proactivos es que las estrategias innovadoras pueden ser la clave para un mejor desempeño a largo plazo. La historia de los negocios muestra que las empresas con un elevado desempeño a menudo inician y guían, no sólo reaccionan y se defienden. Inician ofensivas estratégicas para superar las innovaciones y las maniobras de sus rivales y asegurar una ventaja competitiva, y después utilizan su ventaja de mercado para lograr un desempeño financiero superior. La búsqueda agresiva de una estrategia creativa y oportuna puede impulsar a una empresa hacia una posición de liderazgo, allanando el camino para que sus productos/servicios se conviertan en el estándar de la industria. Las empresas de un logro elevado casi siempre son el producto de una administración astuta y activa, más que el resultado de coyunturas afortunadas o de una prolongada racha de buena suerte.

TÉRMINOS QUE SE DEBEN RECORDAR

En los capítulos siguientes nos referiremos una y otra vez a *la misión, la visión, los objetivos, la estrategia, el plan estratégico* y a otros términos comunes en el lenguaje de la estrategia. En la práctica, estos términos generan mucha confusión debido a que los administradores, consultores y académicos a menudo los emplean de una manera imprecisa y en ocasiones en forma intercambiable. No existe un solo vocabulario común. Con el fin de reducir la confusión y promover un significado preciso, incluiremos las siguientes definiciones a lo largo de nuestra presentación.

Visión estratégica: un punto de vista de la dirección futura de la organización y de la estructura del negocio; un concepto que sirve de guía para lo que se está tratando de hacer y en lo que se quiere convertir la organización.

Misión de la organización: la respuesta de la organización, adaptada a la situación, a la pregunta "¿cuál es nuestro negocio y qué estamos tratando de lograr en nombre de nuestros clientes?". Una exposición de la misión bosqueja ampliamente las actividades de la organización y la configuración actual del negocio. Mientras que el enfoque de una visión estratégica está puesto en el futuro de la compañía, el enfoque de la misión de una compañía *está puesto* en el presente. (Si la exposición de la misión se refiere tanto a la futura trayectoria que pretende seguir la organización como al propósito organizacional actual, entonces la exposición de la misión incluye la visión estratégica y no hay una necesidad administrativa *separada* de una visión.)

Objetivos financieros: los objetivos que ha establecido la gerencia para el desempeño financiero de la organización.

Objetivos estratégicos: los objetivos que ha establecido la administración para reforzar la posición de negocios general de la organización y su vitalidad competitiva.

Objetivos a largo plazo: los resultados que se deben lograr ya sea dentro de los tres a cinco años siguientes, o bien sobre una base constante, año tras año.

Objetivos a corto plazo: los objetivos de desempeño de la organización a corto plazo; la cantidad de mejoras a corto plazo indica la rapidez con la cual la administración está tratando de lograr los objetivos a largo plazo.

Estrategia: el patrón de acciones y de enfoques de negocios que emplean los administradores para complacer a los clientes, crear una posición de mercado atractiva y lograr los objetivos organizacionales; la estrategia real de una compañía es en parte planeada y en parte reduce las circunstancias cambiantes.

Plan estratégico: una exposición que delinea la misión de una organización y su futura dirección, los objetivos de desempeño a corto y largo plazos y la estrategia.

Formulación de la estrategia: la función de toda la administración de la determinación de la dirección, de conceptualizar la misión de una organización, establecer los objetivos del desempeño y crear una estrategia. El producto final de la formulación de una estrategia es un plan estratégico.

Puesta en práctica de la estrategia: toda la gama de actividades administrativas asociadas con el establecimiento de la estrategia elegida, la supervisión de su búsqueda y el logro de los resultados que son el objetivo.

En las páginas siguientes, sondearemos en una forma más intensiva las tareas de los administradores relacionadas con la estrategia y los métodos del análisis estratégico. Cuando llegue al final del libro, distinguirá dos factores propios de las organizaciones mejor administradas que el resto: 1) la creación de una estrategia superior y un espíritu emprendedor y 2) la puesta en práctica y la ejecución competentes de la estrategia elegida. No hay forma de escapar del hecho de que la calidad de la creación de la estrategia administrativa y su puesta en práctica tienen un impacto significativo sobre el desempeño organizacional. Una compañía que carece de una dirección bien definida, que tiene objetivos vagos o modestos y una estrategia confusa o imperfecta, o que no parece ejecutar su estrategia de una manera competente, es una compañía cuyo desempeño probablemente es insuficiente, cuyo negocio corre un riesgo a largo plazo y cuya administración es deficiente. En breve, mientras mejor concebida esté la estrategia de una compañía y mientras más eficiente sea su ejecución, mayores serán las probabilidades de que se desempeñe de manera óptima en sus mercados y en verdad merezca la reputación de contar con una administración talentosa.

LECTURAS SUGERIDAS

Andrews, Kenneth R., *The Concept of Corporate Strategy*, 3a. ed., Homewood, Richard D. Irwin, Ill., 1987, capítulo 1.

Collins, James C. y Jerry I. Porras, "Building Your Company's Vision", *Harvard Business Review* 74, núm. 5, septiembre-octubre de 1996, pp. 65-77.

Farkas, Charles M. y Suzy Wetlaufer, "The Ways Chief Executive Officers Lead", *Harvard Business Review* 74, núm. 3, mayo-junio de 1996, pp. 110-122.

Hamel, Gary, "Strategy as Revolution", *Harvard Business Review* 74, núm. 4, julio-agosto de 1996, pp. 69-82.

Lipton, Mark, "Demystifying the Development of an Organizational Vision", *Sloan Management Review*, verano de 1996, pp. 83-92.

Mintzberg, Henry, "Rethinking Strategic Planning: Pitfalls and Fallacies", *Long Range Planning* 27, núm. 3, 1994, pp. 12-19.

_______, "Rethinking Strategic Planning: New Roles for Planners", *Long Range Planning* 27, núm. 3, 1994, pp. 22-29.

_______, "Crafting Strategy", *Harvard Business Review* 65, núm. 4, julio-agosto de 1987, pp. 66-75.

Porter, Michael E., "What is Strategy?", *Harvard Business Review* 74, núm. 6, noviembre-diciembre de 1996, pp. 61-78.

Yip, George S., *Total Global Strategy: Managing for Worldwide Competitive Advantage*, Englewood Cliffs, N. J., Prentice-Hall, capítulo 1.

2 LAS TRES TAREAS EN LA CREACIÓN DE LA ESTRATEGIA

Desarrollo de una visión estratégica, determinación de objetivos y creación de una estrategia

En este capítulo analizamos más a fondo las tres tareas de la creación de la estrategia: el desarrollo de una visión estratégica y de una misión del negocio, la determinación de los objetivos del desempeño y la creación de una estrategia para producir los resultados deseados. También examinamos las clases de decisiones estratégicas que se toman en cada nivel de la administración, los principales factores determinantes de la estrategia de una compañía y los cuatro enfoques administrativos que se utilizan con mayor frecuencia en la formación de un plan estratégico.

Lo último que necesita IBM justo en este momento es una visión (julio de 1993). Lo que más necesita IBM justo en este momento es una visión (marzo de 1996).

Louis V. Gerstner, Jr.
Director ejecutivo, IBM Corporation

¿Cómo puede usted dirigir si no sabe hacia dónde se dirige?

George Newman
El Consejo de Deliberaciones

La labor de la administración no es ver a la compañía como lo que es... sino como lo que puede llegar a ser.

John W. Teets
Director ejecutivo, Greyhound Corporation

Una estrategia es un compromiso para emprender una serie de acciones en vez de otra.

Sharon M. Oster
Profesora, Yale University

DESARROLLO DE UNA VISIÓN ESTRATÉGICA Y DE UNA MISIÓN: LA PRIMERA TAREA DE LA DETERMINACIÓN DE LA DIRECCIÓN

Desde el principio, la administración *senior* de una compañía debe ver hacia el futuro y abordar el aspecto de "¿hacia dónde nos dirigimos desde aquí, en cuáles necesidades del cliente y segmentos del comprador necesitamos concentrarnos y cuál debe ser la configuración de negocios de la compañía en los próximos cinco o diez años?". Los puntos de vista y las conclusiones de la administración acerca de la trayectoria futura de la organización, del enfoque que debe tener en el cliente, de la posición en el mercado que debe tratar de ocupar y de las actividades de negocios que emprenderá, constituyen una *visión estratégica* para la compañía. Una visión estratégica indica las aspiraciones de la administración para la organización, proporcionando una vista panorámica de "en qué negocios deseamos estar, hacia dónde nos dirigimos y la clase de compañía que estamos tratando de crear". Explica en forma detallada una dirección y describe el punto de destino.

CÁPSULA ILUSTRATIVA 4 La visión estratégica de Delta Airlines

A finales de 1993, Ronald W. Allen, director ejecutivo de Delta, describió la visión y la misión de negocios de la compañía de la siguiente manera:

...queremos que Delta sea la **aerolínea preferida a nivel mundial**.

A nivel mundial, porque somos y pretendemos seguir siendo un competidor innovador, agresivo, ético y exitoso, que ofrece un acceso al mundo de conformidad con los estándares más elevados de servicio al cliente. Seguiremos buscando oportunidades para ampliar nuestra capacidad por medio de nuevas rutas y de creativas alianzas globales.

Una aerolínea, porque pretendemos permanecer en el negocio que conocemos mejor, el de la transportación aérea y servicios relacionados. No nos desviaremos de nuestras raíces. Creemos en los prospectos a largo plazo para un crecimiento lucrativo en la industria de las aerolíneas y seguiremos enfocando el tiempo, la atención y la inversión en el mejoramiento de nuestro lugar, ese medio ambiente de negocios.

Preferida, porque valoramos la lealtad de nuestros clientes, embarcadores e inversionistas. Para los pasajeros y fletadores seguiremos proporcionando el mejor servicio y valor. Para nuestro personal, un lugar de trabajo con mayores retos, satisfactorio y orientado a resultados, que reconozca y aprecie sus contribuciones. Para nuestros accionistas, una utilidad financiera consistente y una recuperación superior.

Fuente: *Sky Magazine*, diciembre de 1993, p. 10.

¿Por qué tener una misión o una visión estratégicas?

Una visión estratégica y emprendedora es un requisito previo para un liderazgo estratégico efectivo. Un administrador no puede funcionar de una manera efectiva, ya sea como líder o como creador de una estrategia, sin un concepto de los negocios orientado hacia el futuro, es decir, qué necesidades del cliente se debe esforzar en satisfacer, qué actividades de negocios debe buscar y qué clase de posición de mercado a largo plazo debe desarrollar frente a sus competidores. De manera que el desarrollo de una visión estratégica no es un ejercicio de fraguar palabras con el fin de crear un lema agradable para la compañía; más bien es un ejercicio de pensar estratégicamente sobre el futuro de una compañía, desarrollando un concepto viable de los futuros negocios y colocando a la empresa en una trayectoria estratégica con la cual la administración esté profundamente comprometida. Es un ejercicio para encontrar una imagen coherente y poderosa de lo que pueden y deben ser los negocios de la compañía dentro de los próximos cinco o 10 años. Cuando la visión estratégica de la administración transmite algo importante de la posición de negocios que pretende delimitar para la compañía y cuál es la trayectoria que debe seguir, entonces la visión es verdaderamente capaz de *guiar* la toma de decisiones de la administración, de *modelar* la estrategia de la compañía y de *causar un impacto* sobre cómo administrarla. Dichos resultados tienen un *valor administrativo real*. La Cápsula ilustrativa 4 presenta la visión estratégica de Delta Airlines.

La creación de una estrategia efectiva se inicia con un concepto de lo que la organización debe y no debe hacer y proporciona una visión de hacia dónde necesita dirigirse la organización.

Las visiones estratégicas trazan el futuro de una compañía El término de *visión estratégica* está inherentemente más orientado hacia el futuro que los términos que se utilizan a menudo, tales como *propósito del negocio* o *exposición de la misión*. Las exposiciones de la misión o del propósito del negocio que la mayor parte de las compañías incluyen en sus reportes anuales tienden a abordar más el presente ("¿cuál es nuestro negocio?") que las aspiraciones y la dirección a largo plazo de la organización (hacia dónde nos dirigimos, qué cosas nuevas pretendemos buscar, cuál queremos que sea nuestra configuración de negocios dentro de cinco o 10 años, en qué clase de compañía estamos tratando de convertirnos y qué clase de posición de mercado a largo plazo pretendemos lograr). Sin embargo, una exposición del propósito/la misión orientada al aquí y ahora, que ponga de relieve los límites del negocio actual de la compañía, es una lógica posición ventajosa desde la cual podemos observar el camino, decidir cuáles deben ser la configuración de negocios y el enfoque al cliente de la empresa y trazar una trayectoria estratégica que deba seguir la compañía. Como regla, las visiones estratégicas deben plantear un horizonte de tiempo de una década o más.

Las visiones estratégicas son específicas de la compañía, no genéricas Las exposiciones de las visiones estratégicas y de la misión de la compañía deben ser altamente personalizadas, únicas para la organización a la que van dirigidas. No es nada extraño que las compañías en la misma industria sigan, en forma significativa o incluso radical, diferentes trayectorias estratégicas. Por ejemplo, la misión actual y la dirección futura de un banco de Nueva York como Citicorp, activo a nivel global, tienen muy poco en común con las de un banco provinciano de propiedad local, aun cuando ambos están en la industria bancaria. IBM, con su negocio de computadoras de *mainframe*, su línea de computadoras personales y sus negocios de software y de servicios, no sigue el mismo curso estratégico a largo plazo que Compaq Computer (que se concentra en PC y servidores), aun cuando ambas son líderes en la industria de computadoras personales. *En general, toda la idea detrás del desarrollo de una exposición de la visión estratégica/misión es distinguir a una organización de otras en su industria y proporcionarle una identidad, un énfasis de negocios y una trayectoria para el desarrollo que sean propios y especiales.*

Las exposiciones formuladas en forma genérica, en un lenguaje para todos y que podrían aplicarse igualmente a diversas compañías y líneas de negocios, no son útiles desde el punto de vista administrativo, no proporcionan una imagen mental de hacia dónde se dirige la compañía y no les ofrecen una guía a los administradores para decidir cuáles actividades de negocios deben buscar y cuáles desechar, qué estrategias tienen más sentido o cómo manejar la compañía. Tampoco le proporcionan a los empleados e inversionistas una información útil de la dirección a largo plazo y la futura configuración de negocios de la compañía. Las exposiciones de la misión/visión formuladas con palabras ambiguas o vagas pueden tener cierto valor para las relaciones públicas, pero no ayudan a los administradores a administrar. *Las mejores exposiciones de la visión se formulan de una manera que aclare la dirección en la cual debe avanzar una organización.*

Las compañías que carecen de una visión no están seguras de cuál es la posición de negocios que están tratando de delimitar.

La misión o la visión no es obtener utilidades En ocasiones, las compañías expresan su propósito de negocios o su misión en términos de obtener una utilidad. Esto es una equivocación; planteado de una manera correcta, las utilidades son un *objetivo* y un *resultado* de lo que hace la compañía. El deseo de obtener una utilidad no dice nada del escenario en el cual se buscan las utilidades. Las misiones o visiones basadas en la obtención de una utilidad no pueden distinguir un tipo de empresa que busca utilidades de otro; los negocios y la dirección a largo plazo de Sears evidentemente son diferentes de los negocios y la dirección a largo plazo de Toyota, aun cuando ambas se esfuerzan en obtener utilidades. Una compañía que propone que su misión/propósito de negocios/visión estratégica son obtener utilidades, da por sentado lo que queda por probar, "¿qué haremos para obtener utilidades?". Con el fin de comprender el negocio de una compañía y su futura dirección, debemos conocer la respuesta de la administración a "¿obtener utilidades haciendo qué y para quién?".

Los elementos de una visión estratégica Hay tres partes diferentes en la tarea de desarrollar una visión estratégica a futuro de los negocios de una compañía:

- Definir en qué negocio se encuentra *actualmente* la compañía.
- Decidir el curso estratégico *a largo plazo* que debe seguir la compañía.
- Comunicar la visión en formas que sean claras, excitantes e inspiradoras.

Definición del negocio actual de la compañía

No es tan fácil como podría parecer encontrar una definición estratégicamente perspicaz del negocio en el cual se encuentra actualmente una compañía. ¿IBM está en el negocio de computadoras (una definición orientada al producto), en el negocio de procesamiento de información y datos (un tipo de definición de servicio al cliente o de necesidades del cliente) o en el negocio de la electrónica avanzada (una definición basada en la tecnología)? ¿America OnLine se encuentra en el negocio de servicios por computadora, en el de la información, en el de conectar a las personas con Internet, en el de contenido en línea o en el del entretenimiento? ¿AT&T está en el negocio de larga distancia, en el de telefonía o en el de telecomunicaciones? ¿Coca-Cola está en el negocio de refrescos (en cuyo caso la atención estratégica de la administración puede estar concentrada en superar las ventas y la competencia con Pepsi, 7UP, Dr Pepper, Canada Dry y Schweppes) o en el de bebidas (en cuyo caso la administración también necesita pensar estratégicamente en posicionar los productos Coca-Cola para competir con jugos de frutas, tes instantáneos, agua embotellada, bebidas deportivas, leche y café)? El hecho de adoptar la perspectiva de los refrescos o la de las bebidas no es una cuestión trivial para la administración de Coca-Cola, tan solo en parte debido a que Coca-Cola es la matriz de los productos de jugos como Minute Maid y Hi-C. Con una visión enfocada en la industria de bebidas y no en la de refrescos, más vale que la administración de Coca-Cola se concentre en cómo convencer a los adultos jóvenes de que obtengan su dosis matutina de cafeína bebiendo Coca-Cola en vez de café.

El negocio de una compañía se define conforme a las necesidades que está tratando de satisfacer, qué grupos de consumidores tiene como objetivo, las tecnologías que utilizará y las funciones que desempeñará al servir al mercado que es su objetivo.

Cómo incluir los aspectos del qué, quién y cómo en la definición del negocio Para llegar a una definición del negocio que sea estratégicamente reveladora, es necesario incluir tres elementos:[1]

1. Las necesidades del cliente, o *qué* es lo que se está tratando de satisfacer.
2. Los grupos de clientes o a *quién* se está tratando de satisfacer.
3. Las tecnologías utilizadas y las funciones desempeñadas, es decir, *cómo* se está tratando de satisfacer las necesidades de los clientes.

La definición de un negocio en términos de qué se debe satisfacer, a quién se debe satisfacer y cómo se conducirá la organización para producir la satisfacción, delimita lo que hace una compañía y el negocio en el cual se encuentra. El simple hecho de saber qué productos o servicios proporciona una empresa nunca es suficiente. Los productos o servicios en sí mismos no son importantes para los clientes; un producto o un servicio se convierten en un negocio cuando satisfacen una necesidad o un deseo. Sin la necesidad o el deseo, no hay negocio. Los grupos de clientes vienen al caso porque indican el mercado al cual se va a servir, el territorio geográfico que se va a cubrir y los tipos de compradores que busca la empresa.

La tecnología y las funciones desempeñadas son importantes porque indican *cómo* podrá satisfacer la compañía las necesidades del cliente y qué tanto de la cadena de producción y distribución de la industria abarcarán sus actividades. Por ejemplo, los negocios de una empresa pueden estar *totalmente integrados*, cubriendo toda la gama de actividades industriales que se deben desempeñar para llevar un producto o un servicio hasta los usuarios finales. Las principales compañías petroleras internacionales como Exxon, Mobil, BP, Royal Dutch Shell y Chevron arriendan sitios de perforación, hacen pozos, extraen petróleo, transportan crudo en sus propios barcos y ductos hasta sus propias refinerías y venden gasolina y otros productos refinados a través de sus propias

[1] Derek F. Abell, *Defining the Business: The Starting Point of Strategic Planning*, Englewood Cliffs, N.J., Prentice Hall, 1980, p. 169.

redes de distribución y gasolineras. Sus operaciones abarcan todas las etapas de la cadena de producción y distribución de la industria.

Otras empresas delimitan posiciones *parcialmente integradas*, participando únicamente en etapas seleccionadas de la industria. Por ejemplo, Goodyear fabrica neumáticos y opera una cadena de tiendas de su propiedad, pero no se ha integrado a las plantaciones de hule y otros componentes de la fabricación de neumáticos. General Motors, la fabricante de automóviles y camiones más integrada del mundo, fabrica entre 60 y 70 por ciento de las partes y componentes que utiliza en el ensamble de vehículos GM. Pero recurre a fuentes externas que le proporcionen una fracción mayor de sus partes y componentes de sistemas y confía totalmente en una red de distribuidores independientes franquiciados que manejan las funciones de ventas y servicio. Muchas empresas más están *especializadas*, concentrándose en una sola etapa de la cadena total de producción y distribución de una industria. Wal-Mart, Home Depot, Toys-R-Us, Lands' End y The Limited son esencialmente empresas de una etapa. Sus operaciones se enfocan en el extremo de menudeo de la cadena de producción y distribución; no fabrican los artículos que venden. Delta Airlines es un proyecto de una sola etapa; no fabrica los aviones que vuela y no opera los aeropuertos en donde aterrizan sus aviones. Ha tomado una decisión consciente de limitar sus actividades de negocios a transportar a los viajeros de un lado a otro por medio de aviones jet comerciales.

Un ejemplo de una compañía que realiza un excelente trabajo al cubrir las tres bases de qué, quién y cómo es Russell Corporation, el mayor fabricante de uniformes deportivos de Estados Unidos:

> Russell Corporation es un diseñador, fabricante y comercializador internacional, verticalmente integrado, de uniformes deportivos, ropa para actividades atléticas, camisetas tejidas, ropa informal, ropa deportiva bajo licencia, calcetines deportivos e informales y de una extensa línea de telas ligeras tejidas y teñidas. Las operaciones de fabricación de la compañía incluyen el proceso completo de transformar las fibras en prendas de vestir y telas terminadas. Los productos se venden a distribuidores de artículos deportivos, tiendas de departamentos y especializadas en el ramo, mayoristas, tiendas de artículos de golf para profesionales, librerías universitarias, impresoras de serigrafía, distribuidores, casas de ventas por correo y otros fabricantes de prendas de vestir.

Los conceptos que utiliza McDonald's para definir su negocio son un menú limitado, alimentos de preparación rápida, buen sabor y calidad uniforme, servicio rápido y preciso, buenos precios, atención excepcional al cliente, ubicaciones convenientes y cobertura del mercado global. Su misión de negocios está desarrollada alrededor de "servir con rapidez un menú limitado de comida caliente y apetitosa en un restaurante limpio y agradable por un buen precio" a una amplia base de clientes que disfrutan de los alimentos de preparación rápida en todo el mundo (McDonald's sirve aproximadamente a 30 millones de clientes diariamente en alrededor de 20 000 restaurantes de más de 90 países).

Es un reto tratar de explicar en una sola frase las necesidades a las cuales se sirve, el mercado al cual se está destinado y las funciones desempeñadas; las definiciones del negocio y las exposiciones de la misión de muchas empresas no logran ilustrar de una manera explícita las tres bases. Por consiguiente, las definiciones de negocios de algunas compañías son mejores que otras en términos de la forma en que se conectan a averiguar lo que es realmente la empresa y de la posición estratégica que están tratando de delimitar.[2]

---

[2] Para una exposición más extensa de los retos que implica desarrollar una visión bien concebida, así como de algunos ejemplos más concretos, véase James C. Collins y Jerry I. Porras, "Building Your Company's Vision", en *Harvard Business Review* 74, núm. 5, septiembre-octubre 1996, pp. 65-77; Robert A. Burgelman y Andrew S. Grove, "Strategic Dissonance", en *California Management Review* 38, núm. 2, invierno de 1996, pp. 8-25, y Ron McTavish, "One More Time: What Business Are You In?", en *Long Range*

¿Una definición del negocio amplia o limitada? Merck, una de las principales compañías farmacéuticas, ha definido de una forma muy amplia su negocio como "proporcionarle a la sociedad productos y servicios superiores, innovaciones y soluciones que satisfagan las necesidades del cliente y que mejoren la calidad de vida". Sin embargo, un concepto tan amplio no ofrece una guía estratégica práctica. Con una definición así, Merck podría aspirar a trayectorias estratégicas ilimitadas, desarrollando un innovador *software* para computadoras, produciendo y comercializando bocadillos que satisfagan ampliamente a los consumidores, fabricando atractivos vehículos deportivos de uso práctico o proporcionando servicios de preparación de impuestos, negocios que están fuera de su especialidad y de su propósito actual. Puede resultar tentador tratar de ir en varias direcciones de negocios al mismo tiempo, pero existe el riesgo de caer en una falta de enfoque en el negocio y en una dilución del esfuerzo. Son muy pocos los negocios que fracasan debido a que están claramente enfocados en una oportunidad de mercado; pero muchos lo hacen debido a que tratan de aspirar a demasiadas cosas a la vez.

Para que tengan un valor administrativo, las visiones estratégicas, las definiciones del negocio y las exposiciones de la misión deben ser lo bastante limitadas para delimitar el campo real de interés de negocios de la compañía. Considere las siguientes definiciones, basadas en una esfera de acción amplia-limitada:

Definición amplia	Definición limitada
• Bebidas	• Bebidas no alcohólicas
• Productos infantiles	• Juguetes
• Muebles	• Muebles de hierro forjado para jardín
• Entrega de correo a nivel global	• Entrega de paquetería urgente
• Viajes y turismo	• Cruceros por el Caribe

Sin embargo, las definiciones amplias o limitadas se dan en relación con el enfoque y el propósito de negocios de una compañía. El hecho de estar en el "negocio de muebles" probablemente sea un concepto demasiado amplio para el propósito de una compañía de ubicarse como el principal fabricante de muebles de hierro forjado en Norteamérica. Por otra parte, la definición de juguetes representa una esfera de acción muy limitada para una compañía en pleno crecimiento como Toys-R-Us, la cual, en su deseo de aprovechar el potencial de ofrecer a los padres más de lo que sus hijos necesitan, se ha aventurado mas allá de los juguetes y ha abierto las tiendas Kids-R-Us, que cuentan con una amplia colección de ropa para niños y Books-R-Us, tiendas especializadas en libros para niños y programas de lectura. El servicio postal de Estados Unidos opera con una definición amplia, proporcionar servicios de entrega de correo a nivel global a toda clase de remitentes. Sin embargo, Federal Express opera con una definición de negocios limitada que se basa en

Las compañías diversificadas tienen definiciones más amplias de sus misiones y de sus negocios que las empresas de un solo negocio.

Planning 28, núm. 2, abril de 1995, pp. 49-60. Para una exposición de algunas formas alternativas en las cuales una compañía se puede posicionar por sí misma en el mercado, véase Michael E. Porter, "What is Strategy", en *Harvard Business Review* 74, núm. 6, noviembre-diciembre de 1996, pp. 65-67. Porter argumenta que las tres posiciones estratégicas básicas se basan en *a*) la gama de necesidades del cliente a las cuales se va a servir, *b*) la variedad de productos que se van a ofrecer (cualquiera en el espectro de uno a muchos), y *c*) los medios a través de los cuales se tiene acceso al cliente. Los términos que Porter utiliza son posicionamiento basado en las necesidades, posicionamiento basado en la variedad y posicionamiento basado en el acceso. Para un estudio empírico del éxito ejecutivo en la formulación y la puesta en práctica de la visión de una compañía y de las dificultades con las cuales se tropieza, véase Laurie Larwood *et al.*, "Structure and Meaning of Organizational Vision", en *Academy of Management Journal* 38, núm. 3, junio de 1995, pp. 740-769.

el manejo de entrega de paquetería urgente para clientes que tienen imprevistos y límites de tiempo muy restringidos.

Es comprensible que las empresas diversificadas utilicen definiciones de negocios más amplias que las empresas de un solo negocio. Por ejemplo, Times Mirror Corp. se describe ampliamente como una compañía de medios e información (que cubre mucho territorio), pero después delimita sus áreas de negocios en términos absolutamente explícitos:

> Times Mirror es una compañía de medios e información, que se dedica principalmente a la publicación de periódicos, libros, revistas, etc., y a la difusión por cable y televisión.

Exposición de la misión para departamentos funcionales También hay un lugar destinado a las exposiciones de la misión para funciones clave (investigación y desarrollo, marketing, finanzas) y para las unidades de apoyo (recursos humanos, capacitación, sistemas de información). Cada departamento se puede beneficiar con una declaración consensual explicando su contribución a la misión de la compañía, su papel y actividades principales y la dirección en la cual necesita avanzar. Los administradores funcionales y departamentales que piensan a fondo y debaten con sus subordinados y superiores acerca de aquello en lo que deben enfocarse sus unidades tienen una visión más clara de cómo guiar a la unidad. Tres ejemplos de compañías reales indican la forma en la cual una exposición funcional de la misión pone de relieve el *papel* y la *esfera de acción* organizacional de la unidad:

- La misión del departamento de recursos humanos es contribuir al éxito organizacional, desarrollando líderes efectivos, creando equipos de desempeño elevado y maximizando el potencial de los individuos.
- La misión del departamento corporativo de reclamaciones es minimizar el costo total de la responsabilidad, de la compensación a trabajadores y de las reclamaciones por daños a la propiedad, por medio de técnicas competitivas de contención de costos y de programas de prevención de pérdidas y de control.
- La misión de la seguridad corporativa es proporcionar servicios para la protección del personal corporativo y de los activos a través de medidas preventivas y de investigación.

Decisión de la visión estratégica a largo plazo para la compañía

La tarea de abordar lo que puede y debe ser el negocio de una compañía en los próximos cinco o 10 años es una de las más intimidantes. Requiere un análisis racional de lo que debería estar haciendo la compañía con el fin de prepararse para los cambios por venir en su negocio actual, y de aprovechar las nuevas oportunidades de mercado recién desarrolladas. También requiere buenos instintos emprendedores, creatividad y un sentido intuitivo de lo que es capaz la compañía cuando se enfrenta a presiones y retos. La visión estratégica de la administración debe ser realista acerca de las condiciones de mercado, competitivas, tecnológicas, económicas, reguladoras y sociales a las cuales es probable que se enfrente, y también ser realista acerca de los recursos y capacidades de la compañía. Una visión estratégica no debe ser una ilusión o una fantasía. De hecho, debe ser lo bastante imperativa para modelar las acciones de la compañía e impartirle energía a su estrategia.

El reto para una actividad emprendedora en el desarrollo de una visión estratégica es pensar de una manera creativa cómo preparar a la compañía para el futuro.

A menudo, la consideración que proporciona el impulso es cómo posicionar mejor a la empresa para que tenga éxito en vista de los cambios que están produciéndose. Una actitud alerta a los vientos del cambio reduce las probabilidades de que la compañía quede atrapada en un negocio estático o en decadencia, o de dejar escapar nuevas oportunidades atractivas de crecimiento debido a la inactividad. Los buenos empresarios y estrategas tienen una visión aguda para hacer cambios hacia lo que el cliente desea y necesita, para los nuevos desarrollos tecnológicos, las oportunidades de pe-

CÁPSULA ILUSTRATIVA 5 La temeraria decisión de Intel de alterar en forma radical su visión estratégica

En ocasiones hay un cambio de gran magnitud en el medio ambiente de una compañía que altera considerablemente sus prospectos futuros e impone una revisión radical de su dirección y su curso estratégico. Andrew Grove, presidente de Intel, llama a tales ocasiones "puntos de curvatura estratégica". Grove e Intel encontraron ese punto de curvatura a mediados de los años ochenta. En esa época, los chips de memoria eran el principal negocio de Intel y los fabricantes japoneses, decididos a dominar ese mercado, redujeron sus precios 10 por ciento más abajo de lo que cobraban Intel y otros fabricantes estadounidenses de chips; cada vez que las compañías estadounidenses igualaban la reducción de precios de los japoneses, los fabricantes nipones respondían con otra reducción de 10 por ciento. La administración de Intel exploró varias opciones estratégicas para enfrentarse a la agresiva determinación de precios de sus rivales, construyendo una fábrica gigante de chips de memoria para superar la ventaja de costos de los productores japoneses, invirtiendo en investigación y desarrollo para encontrar un chip de memoria más avanzado y replegándose hacia nichos del mercado para los chips de memoria en los que los japoneses no estaban interesados. Grove concluyó que ninguna de esas opciones ofrecía una buena expectativa y que la mejor solución a largo plazo era abandonar el negocio de los chips de memoria aun cuando generaba el 70 por ciento de los ingresos de Intel.

Después, Grove procedió a dedicar todas las energías de Intel al negocio de desarrollar microprocesadores aún más poderosos para las computadoras personales (Intel los había inventado a principios de los setenta, pero recientemente se había concentrado en los chips de memoria debido a la intensa competencia y al exceso en la capacidad del mercado para microprocesadores).

La temeraria decisión de Grove de retirarse de los chips de memoria, de absorber una pérdida de 173 millones de dólares en 1986 y dedicarse totalmente a los microprocesadores, produjo una nueva visión estratégica para Intel: convertirse en el proveedor preeminente de microprocesadores para la industria de las computadoras personales, haciendo de la PC un artículo fundamental en el trabajo y el hogar, por lo que fue líder incuestionable en el impulso de la tecnología de la PC. La visión de Grove para Intel y el curso estratégico que trazó posteriormente han producido resultados espectaculares. Hoy día, 85 por ciento de las PC's tienen a "Intel en su interior", y en 1996 Intel fue una de las cinco compañías más lucrativas de Estados Unidos, obteniendo utilidades de 5 200 millones de dólares libres de impuestos, sobre ingresos de 20.8 millones de dólares.

netrar en mercados extranjeros atractivos y otras señales importantes de negocios en crecimiento o disminución. Prestan una atención rápida a los problemas y quejas de los usuarios con los productos y servicios actuales de la industria. Escuchan con cuidado cuando un cliente dice: "Si tan sólo..." Estos indicios y fragmentos de información los estimulan a pensar en forma creativa y estratégica en las formas de abrir nuevos terrenos. La evaluación de nuevas oportunidades de clientes, mercado y tecnología finalmente conduce a los juicios empresariales de cuál camino se debe seguir y qué tipo de posición estratégica se debe delimitar en el mercado. El trabajo del creador de la estrategia es evaluar los riesgos y los prospectos de trayectorias alternativas y tomar decisiones que definan la dirección con el fin de posicionar a la empresa para que tenga éxito en los años venideros. *Una visión bien elegida y una misión del negocio a largo plazo preparan a una compañía para el futuro.*

Muchas organizaciones exitosas necesitan cambiar de dirección, no sólo para sobrevivir sino para mantener su éxito.

Comunicación de la visión estratégica

La forma de comunicar la visión estratégica a los administradores y empleados de nivel inferior es casi tan importante como la solidez estratégica del concepto de negocios y la dirección a largo plazo de la organización. La comunicación en un solo sentido pocas veces es adecuada; sin embargo, el diálogo con los empleados, que permite dar y recibir, funciona mejor. Las personas necesitan creer que la administración sabe hacia dónde está intentando llevar a la compañía, hacia dónde se dirigen sus mercados y qué cambios se esperan en el futuro. Cuando la administración puede describir una imagen de la trayectoria futura de la compañía en palabras que inspiren a los empleados e inciten u originen un esfuerzo organizacional dedicado, entonces la visión estratégica sirve

Una visión estratégica bien articulada crea entusiasmo para el curso futuro que ha trazado la administración y plantea un reto que inspira y compromete a los miembros de la organización.

como un poderoso instrumento motivacional; la misión simple, clara y dominante de la Cruz Roja Internacional es un buen ejemplo: "servir a los más vulnerables". El lenguaje suave, las trivialidades y el tedioso estilo empalagoso se deben evitar escrupulosamente, ya que pueden resultar contraproducentes. Los administradores necesitan comunicar la visión en palabras que induzcan la aceptación de los empleados, que desarrollen el orgullo de sentirse parte de la compañía y creen un poderoso sentido del propósito organizacional. Las personas se sienten orgullosas de pertenecer a una compañía que aspira a un curso estratégico significativo, que trata de ser la mejor del mundo desde el punto de vista de la competencia y que beneficia a los clientes. Por tanto, la expresión de la visión estratégica en un lenguaje atractivo que llegue a las personas y capte su atención, que cree una imagen vívida en sus mentes y que provoque emoción y entusiasmo, tiene un enorme valor motivacional; eleva los pensamientos por encima de la rutina diaria del negocio.

El hecho de tener un negocio dinámico le da energía a la estrategia de la compañía, une a la fuerza de trabajo, estimula un esfuerzo adicional y hace que las personas "vivan" el negocio, en vez de que simplemente se presenten a trabajar.[3] En las organizaciones con una visión y una dirección a largo plazo recién revisadas, es de particular importancia que los ejecutivos proporcionen una explicación racional expedita de la nueva trayectoria estratégica y del porqué la compañía debe empezar a delimitar una futura posición de negocios diferente. A menos que las personas comprendan la forma en la cual está cambiando el medio ambiente de negocios de una compañía y por qué se ha trazado una nueva trayectoria, una nueva visión y una misión de negocios a largo plazo, hacen muy poco para obtener el compromiso de los empleados y su cooperación incondicional. La falla de los empleados en comprender o aceptar la necesidad de redirigir los esfuerzos organizacionales con frecuencia produce una resistencia al cambio y hace que resulte más difícil la maniobra de la organización por una nueva trayectoria recién elegida. Por tanto, la explicación y la justificación de la nueva visión estratégica en términos persuasivos que todos puedan entender y en los cuales puedan convenir, es un paso necesario para orientar la organización en una nueva dirección y para que pueda avanzar a través del nuevo curso.

La exposición de la visión con palabras adecuadas proporciona a los empleados un mayor sentido del propósito, de tal manera que se vean como si estuviesen "construyendo una catedral" en vez de sólo "colocar las piedras".

Las exposiciones mejor expresadas de la misión y de la visión del futuro de una compañía son simples y fáciles de comprender; transmiten un significado inconfundible, generan entusiasmo por el curso futuro de la empresa y producen el esfuerzo y la dedicación personal de todos en la organización. Se deben presentar y después repetir una y otra vez como un reto organizacional meritorio, capaz de beneficiar a los clientes de una manera valiosa y significativa; de hecho, es muy importante que la misión y la visión hagan hincapié en los beneficios para los clientes, no en los rendimientos para los accionistas. Sobra decir que la compañía pretende beneficiar a sus accionistas por los esfuerzos de proporcionar un valor real a sus clientes. Una visión precisa, clara, que se repita con frecuencia y que inspire, tiene el poder de lograr que se gire en la dirección deseada y de iniciar una nueva marcha organizacional. Cuando esto ocurre, se completa con éxito el primer paso en la determinación de la dirección organizacional. La Cápsula ilustrativa 6 es un buen ejemplo de una visión y una misión de la compañía, orientadas a la inspiración.

Una exposición de la visión estratégica y de la misión, bien concebida y expresada con palabras adecuadas, tiene un valor administrativo real: 1) cristaliza las propias

[3] Tom Peters, *Thriving on Chaos,* Nueva York, Harper & Row, Perennial Library Edition, 1988, pp. 486-487, y Andrall E. Pearson, "Corporate Redemption and The Seven Deadly Sins", en *Harvard Business Review* 70, núm. 3, mayo-junio de 1992, pp. 66-68.

CÁPSULA ILUSTRATIVA 6 Misión y visión dé negocios de NovaCare

NovaCare es una compañía para el cuidado de la salud, que se especializa en proporcionar servicios de rehabilitación de pacientes en hospitales particulares, sobre la base de contratos. La terapia de rehabilitación es una industria de 12 000 millones de dólares, de los cuales el 35 por ciento se proporciona mediante contratos. En 1996, NovaCare era una compañía de 800 millones de dólares con 17 000 empleados y 2 300 ubicaciones en 43 estados.

La compañía expuso su misión y su visión de negocios como sigue:

> NovaCare está comprometida con las personas para establecer una diferencia... mejorando el futuro de todos los pacientes... abriendo nuevos territorios en nuestras profesiones... logrando la excelencia... mejorando la capacidad humana... cambiando el mundo en el que vivimos.
>
> Estamos a la vanguardia con nuestro entusiasmo, optimismo, paciencia, impulso y compromiso.
>
> Trabajamos juntos para mejorar la calidad de vida de nuestros pacientes mediante la recuperación de las habilidades perdidas y la enseñanza de otras nuevas. Mejoramos las expectativas para el paciente y su familia. Reconstruimos la esperanza, la confianza, el respeto de sí mismos y el deseo de seguir adelante.
>
> Aplicamos nuestra experiencia clínica para beneficiar a nuestros pacientes por medio de técnicas creativas y progresivas. Nuestros estándares éticos y de desempeño requieren que dediquemos todos nuestros esfuerzos al logro de los mejores resultados posibles.
>
> Nuestros clientes son proveedores nacionales y locales de cuidados para la salud, que comparten nuestro objetivo de mejorar la calidad de vida de nuestros pacientes. En cada comunidad, nuestros clientes nos consideran como socios que les proporcionan el mejor cuidado posible. La reputación que tenemos se basa en nuestra responsabilidad, los elevados estándares y los sistemas efectivos de control de calidad. Nuestra relación es abierta y proactiva.
>
> Somos defensores de nuestras profesiones y de nuestros pacientes mediante una participación activa en las comunidades profesionales, reguladoras, educativas y de investigación a nivel nacional, estatal y local.
>
> Nuestro enfoque del cuidado de la salud satisface nuestra responsabilidad de proporcionar a los inversionistas un elevado porcentaje de utilidades mediante el crecimiento y los rendimientos uniformes.
>
> Nuestro personal es nuestro activo más valioso. Estamos comprometidos con el desarrollo personal y profesional y con la carrera de cada empleado. Nos sentimos orgullosos de lo que hacemos y estamos dedicados a nuestra compañía. Fomentamos el trabajo de equipo y creamos un ambiente que propicia una comunicación productiva entre todas las disciplinas.
>
> NovaCare es una compañía de personas en busca de esta Visión.

Fuente: Reporte anual de la compañía y página en la red.

opiniones de los ejecutivos senior acerca de la dirección a largo plazo de la empresa y de la futura estructura de negocios; 2) reduce el riesgo de una administración carente de visión y de una toma de decisiones carente de normas; 3) transmite un propósito organizacional que despierta la aceptación y el compromiso de los empleados y que los motiva para esforzarse al máximo y contribuir a lograr que la visión sea una realidad; 4) proporciona una señal que los administradores de un nivel inferior pueden utilizar con el fin de desarrollar misiones departamentales, determinar objetivos y crear estrategias funcionales que estén en sincronía con la dirección y la estrategia de la compañía, y 5) ayuda a la organización a prepararse para el futuro.

ESTABLECIMIENTO DE OBJETIVOS: LA SEGUNDA TAREA EN LA DETERMINACIÓN DE LA DIRECCIÓN

Los objetivos representan un compromiso de la administración con el logro de indicadores de desempeño específicos dentro de un lapso de tiempo específico.

La determinación de objetivos convierte a la visión estratégica y al curso direccional en indicadores de desempeño específicos. Los objetivos representan un compromiso administrativo para lograr efectos y resultados específicos. Son un llamado a la acción y a los resultados. A menos que la dirección a largo plazo y la misión de negocios de una compañía se traduzcan en indicadores de desempeño específicos y que los administradores se sientan presionados para mostrar un progreso hacia el logro de esos objetivos, es probable que las exposiciones de la misión y de la visión acaben como palabras agradables, decorados de escaparates y sueños no realizados. Las experiencias de numerosas compañías y administradores nos enseñan que *las compañías cuyos administradores determinan objetivos para cada área de resultados clave y después presionan para seguir adelante, con acciones orientadas directamente al logro de esos resultados del desempeño, por lo común superan el desempeño de las compañías cuyos administradores muestran sus buenas intenciones, se esfuerzan al máximo y después esperan lo mejor.*

Para que los objetivos funcionen como criterios del desempeño y del progreso organizacionales, se deben expresar en términos *cuantificables* o mensurables y deben incluir un *límite de tiempo para su logro*. Deben explicar en forma detallada *cuánto* de *qué clase* de desempeño y para *cuándo*. Esto significa evitar las generalidades como "maximizar las utilidades", "reducir los costos", "volverse más eficientes" o "incrementar las ventas", lo que no especifica ni cuánto ni cuándo. Como observó en una ocasión Bill Hewlett, cofundador de Hewlett-Packard: "Usted no puede administrar lo que no puede medir... Y lo que se mide se hace."[4] El hecho de explicar en forma detallada los objetivos de una organización en términos mensurables y después hacer responsables a los administradores de lograr sus objetivos asignados dentro de un lapso de tiempo específico, sustituye la toma de decisiones estratégica con un propósito para acciones sin objeto y la confusión sobre lo que se debe lograr, y proporciona una serie de hitos para juzgar el desempeño y el progreso de una organización.

Qué clases de objetivos se deben determinar

Los objetivos son necesarios para cada uno de los resultados clave que los administradores consideren importantes para el éxito.[5] Existen dos tipos de áreas de resultados clave que hay que destacar: aquellas relacionadas con el *desempeño financiero* y aquellas relacionadas con el *desempeño estratégico*. El logro de objetivos del desempeño aceptables es algo obligado; de lo contrario, la posición financiera de la organización puede alarmar a los acreedores y a los accionistas, perjudicar su habilidad de solventar iniciativas necesarias y tal vez incluso poner en riesgo su supervivencia misma. El logro de un desempeño estratégico aceptable es esencial para mantener y mejorar la posición de mercado y la competitividad de la compañía a largo plazo. A continuación se muestran algunas clases representativas de indicadores del desempeño estratégico y financiero:

Cada compañía necesita tanto objetivos estratégicos como objetivos financieros.

[4] Como se cita en Charles H. House y Raymond L. Price, "The Return Map: Tracking Product Teams", en *Harvard Business Review 60*, núm. 1, enero-febrero de 1991, p. 93.

[5] La literatura de la administración abunda en referencias a *metas* y *objetivos*. Estos términos se emplean en una variedad de formas, muchas de ellas en conflicto. Algunos escritores emplean el término de metas para referirse a los resultados a largo plazo que trata de lograr una organización y el término de objetivos para los resultados de desempeño inmediatos, a corto plazo. Otros invierten el empleo, refiriéndose a los objetivos como los resultados deseados a largo plazo y a las metas como los resultados deseados a corto plazo. Y aun hay quienes emplean el término de metas para referirse a los objetivos de desempeño amplios a nivel de toda la organización y el término de objetivos para designar aquellos que son específicos y que están determinados por las divisiones de operación y los departamentos financieros para respaldar el logro de los objetivos de desempeño generales de la compañía. En nuestra opinión, se logra muy poco con las distinciones semánticas entre metas y objetivos. Lo importante es reconocer que los resultados que trata de lograr una empresa varían tanto en el alcance organizacional como en el límite de tiempo. Casi siempre, las organizaciones necesitan tener objetivos de desempeño a nivel de toda la compañía y objetivos de desempeño de la división o del departamento, tanto a corto como a largo plazos. Es intrascendente distinguir entre objetivos y metas. Para evitar una confusión semántica, nosotros empleamos el término de *objetivos* para referirnos a los indicadores de desempeño y a los resultados que trata de lograr una organización. Utilizamos el adjetivo *de largo alcance* (o a largo plazo) y *de corto alcance* (o a corto plazo) para identificar el tiempo pertinente y tratamos de describir los objetivos en palabras que indiquen su esfera de acción y su nivel supuestos en la organización.

Indicadores financieros	Indicadores estratégicos
• Crecimiento en los ingresos • Crecimiento en las ganancias • Dividendos más altos • Márgenes de utilidad más amplios • Utilidades más elevadas sobre el capital invertido • Desempeño de un valor económico agregado atractivo (VEA)[6] • Calificaciones positivas de bonos y crédito • Mayores flujos de efectivo • Un precio creciente de las acciones • Incrementos atractivos y sustentables en el valor de mercado agregado (VMA)[7] • Reconocimiento como una compañía "apreciada por su estabilidad en la Bolsa" • Una base de ingresos más diversificada • Ganancias estables durante periodos de recesión	• Una mayor participación de mercado • Tiempos de diseño para el mercado más rápidos que los de los rivales • Calidad del producto superior a la de los rivales • Costos más bajos en relación con los competidores clave • Línea de productos más amplia o más atractiva que la de los rivales • Una reputación con los clientes más sólida que la de los rivales • Servicio superior al cliente • Reconocimiento como líder en la tecnología y/o la innovación del producto • Cobertura geográfica más amplia que la de los rivales • Niveles de satisfacción del cliente más elevados que los de los rivales

La Cápsula ilustrativa 7 presenta los objetivos estratégicos y financieros de cuatro empresas muy conocidas.

Objetivos estratégicos *versus* objetivos financieros: ¿Cuáles tienen precedencia? Aun cuando una empresa le asigna una elevada prioridad al logro de los objetivos, tanto financieros como estratégicos, ¿qué sucede cuando surge una situación en la cual se debe hacer un trueque? ¿Una compañía que se encuentra bajo presión para pagar su deuda debe decidir poner fin a las inversiones o posponerlas como medidas estratégicas que ofrecen una promesa para reforzar los negocios futuros y la posición competitiva de la empresa? ¿Una empresa que se encuentra bajo presión para mejorar sus utilidades a corto plazo, debe reducir los programas de investigación y desarrollo que la podrían ayudar a lograr una ventaja competitiva sobre sus rivales clave en los años futuros? Las presiones a los administradores para que opten por un mejor desempeño financiero a corto plazo y

---

[6] El valor económico agregado (VEA) es la utilidad sobre y por encima del promedio ponderado de la compañía después del costo de impuestos del capital; de una manera específica, se define como la utilidad de operación, menos los impuestos sobre ingresos, menos el costo promedio ponderado del capital. Las compañías como Coca-Cola, AT&T, Briggs & Stratton y Eli Lilly utilizan el VEA como una medida del desempeño de las utilidades. Para mayores detalles sobre el VEA, consulte la nota de pie de página en el capítulo 1.

[7] El valor de mercado agregado (VMA) se define como el monto por el cual el valor total de la compañía se ha apreciado por encima del monto en dólares que realmente han invertido los accionistas en la compañía. El VMA es igual al precio real de las acciones de una compañía, multiplicado por el número de acciones en circulación, menos la inversión de capital de los accionistas, lo cual representa el valor que la administración le ha añadido a la riqueza de los accionistas en su manejo del negocio. Si se quiere maximizar el valor del accionista, la administración debe elegir una estrategia y una dirección a largo plazo que maximicen el valor de mercado de las acciones comunes de la compañía.

CÁPSULA ILUSTRATIVA 7 Ejemplos de objetivos corporativos: McDonald's, 3M Corp., Anheuser-Busch y McCormick & Company

McDonald's

- Lograr el 100 por ciento de la satisfacción total del cliente... todos los días... en cada restaurante y para cada cliente.

Anheuser-Busch

- Convertir a todas nuestras compañías en líderes de la calidad en sus industrias, al mismo tiempo que superamos las expectativas del cliente.
- Lograr una participación del 50 por ciento en el mercado de cervezas de Estados Unidos.
- Establecer y mantener una posición de liderazgo en el mercado internacional de cerveza.
- Proporcionar a todos nuestros empleados un trabajo satisfactorio que ofrezca un reto, que cumpla con las condiciones laborales y que ofrezca oportunidades para el desarrollo personal, el progreso y una compensación competitiva.
- Proporcionar a nuestros accionistas utilidades superiores, logrando ganancias anuales de dos dígitos por crecimiento de la acción, incrementando los dividendos conforme al crecimiento de las ganancias, comprando acciones cuando hay una buena oportunidad, buscando expansiones lucrativas de la cerveza a nivel internacional y generando ganancias de calidad y utilidades del flujo de efectivo.

3M Corporation

- El 30 por ciento de las ventas anuales de la compañía debe provenir de productos con menos de cuatro años de antigüedad.

McCormick & Company

- Lograr un 20 por ciento de utilidades sobre el capital.
- Lograr un índice neto de crecimiento de ventas del 10 por ciento anual.
- Mantener un índice promedio de ganancias por acción de 15 por ciento anual.
- Mantener la deuda con capital total en el 40 por ciento o menos.
- Pagar entre 25 y 35 por ciento del ingreso neto en dividendos.
- Hacer adquisiciones selectivas que complementen nuestros negocios actuales y que puedan mejorar nuestras utilidades totales.
- Eliminar aquellas partes de nuestro negocio que no generen o no puedan generar utilidades adecuadas, o que no se ajusten a nuestra estrategia de negocios.

Fuente: Reportes anuales de las compañías.

Los objetivos estratégicos necesitan enfocarse en el competidor, a menudo tratando de eliminar a un rival al que se considera como el mejor en la industria en una categoría particular.

sacrifiquen o reduzcan las iniciativas estratégicas orientadas al desarrollo de una posición competitiva se vuelven especialmente pronunciadas cuando 1) una empresa está luchando en el aspecto financiero; 2) los compromisos de recursos para medidas benéficas desde un punto de vista estratégico se apartan considerablemente de lo básico durante varios años, y 3) las medidas estratégicas propuestas son arriesgadas y tienen un resultado competitivo o básico inseguro.

Sin embargo, hay ciertos riesgos de que la administración se dé por vencida debido al tiempo y, una vez más, al atractivo de las ganancias inmediatas cuando eso significa igualar medidas estratégicas que crearían una posición de negocios más poderosa, o prescindir de ellas. Una compañía que constantemente deja pasar las oportunidades de reforzar su posición competitiva a largo plazo, con el fin de obtener mejores ganancias financieras a corto plazo, corre el riesgo de diluir su competitividad, de perder el ímpetu en sus mercados y de perjudicar su habilidad de impedir los retos de rivales ambiciosos. El panorama de los negocios está plagado de ex líderes del mercado que le conceden más importancia a mejorar las utilidades del siguiente trimestre que a reforzar su posición de mercado a largo plazo. El peligro de hacer un trueque de las ganancias de la posición de mercado a largo plazo por ganancias a corto plazo en los aspectos básicos, es mayor cuando un líder del mercado consciente de las utilidades tiene competidores que invierten sin cesar para obtener una participación de mercado, que se esfuerzan en volverse lo bastante grandes y poderosos para

Principio de la administración estratégica

La creación de una posición competitiva más poderosa a largo plazo beneficia a los accionistas en una forma más perdurable que el mejoramiento de las ganancias a corto plazo.

superar la competencia del líder en una lucha cara a cara. No es necesario ver más allá de los esfuerzos pacientes y persistentes de las compañías japonesas por ganarles terreno en el mercado a sus rivales europeos y estadounidenses, más centrados en las utilidades, para apreciar el peligro latente de permitir que dominen los objetivos financieros a corto plazo. La ruta más segura para proteger y mantener las ganancias de una compañía trimestre tras trimestre y año tras año es que sus administradores emprendan acciones estratégicas que refuercen la competitividad y la posición de negocios de la compañía.

El concepto del propósito estratégico

Los objetivos estratégicos de una compañía son importantes por otra razón: indican el *propósito estratégico* que va a delimitar una posición de negocios particular.[8] El propósito estratégico de una compañía grande puede ser el liderazgo en la industria a escala nacional o global; el de una compañía pequeña puede ser dominar un nicho del mercado; el de una empresa prometedora puede ser superar a los líderes del mercado; el de una compañía innovadora en el aspecto de la tecnología puede ser convertirse en pionera de un descubrimiento prometedor y crear toda una nueva perspectiva de los productos, que cambie la forma de trabajar y vivir de las personas, algo que muchas compañías emprendedoras están tratando de hacer en la actualidad por medio de Internet.

Concepto básico

Una compañía muestra su propósito estratégico cuando aspira de una manera inflexible a un objetivo estratégico y concentra sus acciones y energías competitivas en el logro de ese objetivo.

El horizonte de tiempo que es la base del propósito estratégico de una compañía es *a largo plazo.* Las compañías ambiciosas casi invariablemente empiezan con propósitos estratégicos que están fuera de proporción con sus capacidades y sus posiciones de mercado inmediatas. Pero se fijan objetivos estratégicos agresivos a largo plazo y aspiran a ellos de una manera inflexible, en ocasiones incluso obsesivamente, a lo largo de un periodo de 10 a 20 años. En los sesenta, Komatsu, la principal compañía japonesa de equipo excavador, poseía menos de la tercera parte del volumen de Caterpillar, tenía muy poca presencia en el mercado fuera de Japón y sus ingresos dependían en su mayor parte de los pequeños tractores niveladores. Pero el propósito estratégico de Komatsu era "cercar a Caterpillar" a la larga, con una línea de productos más amplia, y después competir a nivel global con dicha compañía. Para finales de los ochenta, Komatsu calificaba en segundo lugar en la industria, con una poderosa presencia de ventas en Norteamérica, Europa y Asia, más una línea de productos que incluía robots y semiconductores industriales, así como una amplia colección de equipo excavador.

A menudo, el propósito estratégico de una compañía asume un carácter heroico, sirviendo como una arenga para que administradores y empleados por igual se esfuercen al máximo y se desempeñen en la mejor forma posible. El propósito estratégico de Canon para su equipo de copiadoras era "derrotar a Xerox". El grito de batalla motivador de Komatsu era "derrotar a Caterpillar". Cuando Yamaha le dio alcance a Honda en el mercado de motocicletas, Honda respondió con "Yamaha wo tsubusu" ("Aplastaremos, derrotaremos y eliminaremos a Yamaha"). El propósito estratégico del proyecto espacial Apolo, del gobierno de Estados Unidos, era lograr que una persona pisara la Luna antes que la Unión Soviética. Durante los años ochenta, el propósito estratégico de Wal-Mart fue "darle alcance a Sears" como el minorista más grande de Estados Unidos

[8] El concepto del propósito estratégico se describe con más detalle en Gary Hamel y C. K. Prahalad, "Strategic Intent", en *Harvard Business Review* 89, núm. 3, mayo-junio de 1989, pp. 63-76; esta sección se basa en su exposición pionera. Véase también Michael A. Hitt *et al.*, "Understanding Strategic Intent in the Global Marketplace", en *Academy of Management Executive* 9, núm. 2, mayo de 1995, pp. 12-19. Para una exposición de las diferentes formas en las cuales las compañías se pueden posicionar en el mercado, véase Michael E. Porter, "What is Strategy?", en *Harvard Business Review* 74, núm. 6, noviembre-diciembre de 1996, pp. 65-67.

(una hazaña que logró en 1991). La batalla constante de Netscape con Microsoft por cuál *software* del *browser* de Internet predominaría, impulsó a los empleados a colgar banderas que decían "Derrotar a Microsoft" en las oficinas de Netscape. En esos casos, el propósito estratégico señala un compromiso arraigado con el triunfo, es decir, destituir al líder de la industria o seguir siendo el líder de la industria (y volverse más dominante en el proceso), o de lo contrario superar las circunstancias desfavorables con el fin de ganar una posición de negocios significativamente más poderosa. Las pequeñas empresas bien administradas, que están decididas a lograr objetivos estratégicos ambiciosos que excedan a su capacidad y sus recursos actuales, a menudo resultan ser competidoras más formidables que las compañías más grandes, ricas en recursos, pero con propósitos estratégicos modestos.

La necesidad de objetivos de gran alcance y de corto alcance

La determinación de objetivos debería resultar en indicadores de desempeño de corto y largo alcance. En ausencia de una crisis inminente, o de una razón apremiante para reforzar la posición a largo plazo y el desempeño futuro de una compañía, los administradores se inclinan por el corto plazo y a concederle mayor prioridad a lo que se debe hacer con el fin de lograr las cifras planeadas para el año en curso. Por supuesto, el problema con el hecho de concederles mayor prioridad a los objetivos a corto plazo es el potencial para que se descuiden las acciones orientadas a mejorar la posición de negocios de la compañía y mantener su habilidad de generar buenos resultados a largo plazo. La determinación de indicadores de desempeño temerarios y de largo alcance y la presión sobre los administradores para que entreguen resultados, ayuda a equilibrar las prioridades entre los resultados y las acciones a corto plazo y las acciones calculadas para asegurar la competitividad y el desempeño financiero de la compañía a lo largo del camino. Un fuerte compromiso para el logro de objetivos de largo alcance obliga a los administradores a que empiecen a emprender acciones *ahora*, con el fin de llegar a los niveles de desempeño deseados *más adelante*. (¡Una compañía cuyo objetivo es duplicar sus ventas dentro de cinco años, no puede esperar hasta el tercer o cuarto año de su plan estratégico para empezar a incrementar sus ventas y su base de clientes!)

Al explicar en forma detallada los resultados a corto plazo que se van a lograr, los objetivos de gran alcance indican la *rapidez* con la cual la administración quiere que progrese la organización, así como el *nivel de desempeño* que se pretende lograr durante los dos o tres periodos siguientes. Los objetivos de corto alcance pueden ser idénticos a los de gran alcance en cualquier momento en que una organización se desempeñe en el nivel a largo plazo que es su objetivo. Por ejemplo, si una compañía tiene un objetivo progresivo de crecimiento del 15 por ciento de las utilidades cada año y en la actualidad lo está logrando, entonces coinciden los objetivos de largo alcance y de corto alcance en lo que concierne a las utilidades. La situación más importante en donde los objetivos de corto alcance difieren de los de gran alcance ocurre cuando los administradores están tratando de mejorar el desempeño organizacional y no pueden llegar al objetivo de largo alcance/progresivo en sólo un año. De manera que los objetivos de corto alcance sirven como peldaños o hitos.

¿Qué tanto alcance deben implicar los objetivos?

Para empezar, los objetivos se deben determinar en un nivel lo bastante elevado para producir resultados por lo menos en forma incremental, mejores que el desempeño actual. Pero los mejoramientos incrementales no necesariamente son suficientes, en especial si los niveles de desempeño actuales son de un nivel inferior. Como mínimo, los objetivos financieros de una compañía deben apuntar lo suficientemente alto como para generar los recursos para ejecutar en una forma eficiente la estrategia elegida. Pero una mentalidad de "lo suficiente para salir adelante" no es la forma de abordar la determinación de objetivos. Para hacerlo de manera apropiada, se requiere considerar el desempeño posible en vista de las condiciones externas: qué desempeño están logrando otras compañías similares, qué desempeño se requerirá para satisfacer a los accionistas y qué desempeño es capaz de lograr la organización cuando se ve presionada. Desde un punto de vista ideal, los objetivos deberían servir como un instrumento administrativo para que en verdad *impulse a una organización para lograr todo su potencial*; esto significa determinarlos en un nivel lo bastante elevado para que sean un *reto*, para que den energía a la organización y a su estrategia.

***Los objetivos de desempeño de la compañía requieren un* alcance organizacional.**

Sin embargo, hay una escuela de pensamiento que propone que los objetivos se deben determinar en forma temeraria y agresiva y en un nivel elevado, por encima de los que muchos miembros organizacionales considerarían "realistas". La idea aquí es que se liberan una creatividad y una energía organizacionales mayores cuando los objetivos de gran alcance requieren el logro de niveles de desempeño más allá del alcance de los recursos y las capacidades inmediatas de la empresa. Una de las compañías más ávidas en la determinación de objetivos temerarios y audaces, que retan a la organización para hacer su mayor esfuerzo y lograrlos, es General Electric, supuestamente la corporación mejor administrada del mundo. Jack Welch, director ejecutivo de GE, cree en la determinación de objetivos de gran alcance que parecen "imposibles" y después reta a la organización para que aspire a ellos. Durante los años sesenta, setenta y ochenta, los márgenes de operación de GE oscilaron alrededor del 10 por ciento y su razón de ventas con inventario fue de un promedio de alrededor de cinco rotaciones por año. En 1991, Welch determinó objetivos de gran alcance para 1995 de por lo menos un 16 por ciento de margen de operación y de 10 rotaciones de inventario. La carta de Welch a los accionistas en el reporte anual de la compañía decía:

> El año de 1995 llegó y se fue y, a pesar del heroico esfuerzo de nuestros 220 000 empleados, fallamos en ambas medidas, logrando un 14.4 por ciento de margen de operación y casi siete rotaciones. Pero al tratar de lograr esos objetivos "imposibles", aprendimos a hacer las cosas con mayor rapidez que si hubiésemos aspirado a metas "dobles" y ahora tenemos la suficiente confianza para determinar nuevos objetivos de gran alcance, por lo menos de un 16 por ciento de margen de operación y de más de 10 rotaciones para 1998.

La filosofía de GE es que la determinación de objetivos agresivos de gran alcance presiona a las organizaciones para ir más allá de ser tan buenas como es factible, a ser tan buenas como es posible. La administración de GE cree que el hecho de presionar a la compañía para que logre lo imposible mejora la calidad del esfuerzo de la organización, promueve un espíritu de que es posible hacerlo y desarrolla la propia confianza. Por consiguiente, esto demuestra que los objetivos se deben determinar a niveles *por encima* de lo que es factible, con muy poco esfuerzo adicional; hay cierto mérito en determinar objetivos de gran alcance que requieren algo que se aproxime a un grado heroico de esfuerzo organizacional.

Los objetivos son necesarios en todos los niveles organizacionales

Para que el pensamiento estratégico y la toma de decisiones impulsada por la estrategia impregnen la cultura organizacional, se deben establecer objetivos de desempeño no sólo para la organización como un todo, sino para cada uno de los negocios separados, las líneas de productos, las áreas funcionales y los departamentos de la organización. Sólo cuando cada uno de los objetivos estratégicos y financieros respaldan el logro de los objetivos estratégicos y financieros de la compañía, el proceso de determinación de objetivos está lo suficientemente completo para concluir que cada parte de la organización conoce su papel estratégico y las varias unidades organizacionales están listas para ayudar a toda la organización a avanzar a lo largo de la trayectoria estratégica elegida.

La necesidad de una determinación de objetivos de arriba hacia abajo Con el fin de apreciar por qué el proceso de determinación de objetivos de una compañía necesita ser más de arriba hacia abajo que a la inversa, considere el siguiente ejemplo. Suponga que los ejecutivos *senior* de una corporación diversificada establecen un objetivo corporativo de 5 millones de dólares de utilidades para el próximo año. Además, que después de una charla entre la administración corporativa y los administradores generales de los cinco negocios de la empresa, a cada negocio le asignan un objetivo de utilidades de gran alcance de un millón para finales del año (es decir, si las cinco divisiones de negocios contribuyen con un millón de dólares cada una en utilidades, la corporación puede llegar a su objetivo de cinco millones de dólares de utilidades). Por consiguiente, se ha convenido en un resultado concreto y se ha traducido a compromisos de acción mensurables en dos niveles en la jerarquía administrativa. Además, suponga que el administrador general de la unidad de negocios X, después de un análisis y una exposición con los administradores de áreas funcionales, concluye que para llegar al objetivo de un millón de dólares de utilidades se requiere vender 100 000 unidades a un precio promedio de 50 dólares y producirlas a un costo promedio de 40 dólares (un margen de utilidad de 10 dólares multiplicado por 100 000 unidades es igual a un millón de dólares de utilidades). En consecuencia, el administrador general y el administrador de fabricación convienen en un objetivo de producción de 100 000 unidades a un costo de 40 dólares por unidad; y el administrador general y el de mercadotecnia en un objetivo de ventas de 100 000 unidades y en un objetivo para el precio de venta de 50 dólares. A su vez, el administrador de mercadotecnia desglosa el objetivo de ventas de 100 000 unidades en objetivos de ventas para cada territorio, para cada artículo en la línea del producto y para cada vendedor. Es lógico que los objetivos y la estrategia a nivel de toda la organización se establezcan primero, de manera que puedan *guiar* la determinación de los objetivos y de la estrategia en los niveles inferiores. La determinación de objetivos y la planeación de la estrategia de arriba hacia abajo guían a las unidades en un nivel inferior hacia objetivos y estrategias que están guiadas por los de toda la empresa.

Principio de la administración estratégica

La determinación de objetivos debe ser un proceso más de arriba hacia abajo que de abajo hacia arriba, con el fin de guiar a los administradores que se encuentran en un nivel inferior y a las unidades organizacionales hacia resultados que apoyen el logro de los objetivos totales de negocios y de la compañía.

Un proceso de arriba hacia abajo para determinar los objetivos de desempeño a nivel de toda la compañía, que ha sido orientado primero y después insiste en que los objetivos del desempeño financiero y estratégico establecidos para las unidades de negocios, las divisiones, los departamentos funcionales y las unidades de operación estén directamente relacionados con el logro de los objetivos de la compañía, tiene dos ventajas poderosas. En primer lugar, ayuda a producir una *cohesión* entre los objetivos y las estrategias de diferentes partes de la organización. En segundo lugar, ayuda a *unificar los esfuerzos internos* para que la compañía avance por el curso estratégico elegido. Si la alta administración, en interés de involucrar a un amplio espectro de miembros organizacionales, permite que la determinación de objetivos se inicie en los niveles inferiores de la organización, sin el beneficio de tener como guía los objetivos de desempeño a nivel de toda la compañía, entonces las unidades organizacionales en el nivel inferior no tienen ninguna base para relacionar sus objetivos de desempeño con los de la compañía. El hecho de permitir que los objetivos a nivel de toda la organización sean el producto de cualesquiera prioridades y objetivos que surjan desde abajo, simplemente deja demasiado espacio para que los objetivos y las estrategias de las unidades organizacionales a un nivel inferior carezcan de coordinación unos con otros y de lo que tiene sentido desde el punto de vista de los negocios para la compañía como un todo. La determinación de objetivos de abajo hacia arriba, con muy poca o ninguna guía del nivel superior, casi siempre señala una ausencia de liderazgo estratégico de parte de los ejecutivos *senior*.

CREACIÓN DE UNA ESTRATEGIA: LA TERCERA TAREA EN LA DETERMINACIÓN DE LA DIRECCIÓN

Las organizaciones necesitan estrategias que las guíen acerca de cómo lograr los objetivos y cómo buscar la misión de negocios y la visión estratégica de la organización. La creación de la estrategia concierne al *cómo*: cómo lograr los objetivos del desempeño, cómo superar la competencia de los rivales, cómo lograr una ventaja competitiva sustentable, cómo reforzar la posición de negocios a largo plazo de la empresa, cómo lograr que la visión estratégica de la administración sea una realidad para la compañía. Es necesaria una estrategia para la compañía como un todo, para cada negocio en el cual se encuentra y para cada parte funcional de cada negocio, como investigación y desarrollo, compras, producción, ventas y mercadotecnia, finanzas, servicio al cliente, sistemas de información, etc. La estrategia general de una organización surge del *patrón de acciones ya iniciadas y de los planes que tienen los administradores para nuevas medidas*. Al crear una estrategia a partir de muchas opciones factibles, un administrador actúa como forjador de respuestas para el cambio en el mercado, un buscador de nuevas oportunidades y un sintetizador de los diferentes enfoques y medidas que se adoptan en diversos momentos en varias partes de la organización.[9]

Concepto básico

La estrategia de una organización versa sobre el plan de acción para que la compañía avance hacia una posición de negocios atractiva y desarrolle una ventaja competitiva sustentable.

Sin embargo, en la creación de la estrategia es necesario mantener la atención en las facetas importantes del plan de acción de la administración para manejar la empresa, es decir, en aquellas acciones que determinan qué posición de mercado está tratando de delimitar la compañía y que aseguran que ésta tenga éxito. Los aspectos de un bajo nivel de prioridad (si se debe incrementar el presupuesto de publicidad y los dividendos, ubicar una nueva planta en el país X o en el país Y) y las labores administrativas rutinarias (si se deben comprar o arrendar los vehículos de la compañía, cómo reducir la rotación de la fuerza de ventas) no son básicos para la estrategia, aun cuando es necesario abordarlos. La estrategia está orientada inherentemente a la acción: concierne a lo que se debe hacer y cuándo. A menos de que haya una acción, algo suceda o que alguien haga algo, el pensamiento y la planeación estratégicos simplemente se desperdician y, en última instancia, no valen nada.

La estrategia de una organización evoluciona a lo largo del tiempo. Se desconoce el futuro, de manera que la administración no puede planear con anticipación la estrategia de la compañía sin tener una razón para cambiar una parte u otra a medida que pasa el tiempo. La reacción y la respuesta ante acontecimientos impredecibles en el medio ambiente que la rodea es una parte normal y necesaria del proceso de creación de la estrategia. Siempre hay algo nuevo ante lo cual es necesario reaccionar y siempre hay alguna ventana estratégica que se abre, ya sea debido a nuevos desarrollos competitivos, a tendencias del presupuesto en las necesidades y expectativas del comprador, a incrementos o disminuciones inesperados en los costos, a fusiones y adquisiciones entre los principales actores de la industria, a nuevas regulaciones, al hecho de que las barreras comerciales suban o bajen, o a otros incontables acontecimientos que hacen que resulte necesario alterar primero un aspecto y después otro de la estrategia actual.[10] Ésta es la razón por la cual la tarea de crear una estrategia nunca termina. Y también es la razón por la cual la estrategia real de la compañía resulta ser una mezcla de planes e intencionales administrativos y de reacciones adecuadas a los nuevos desarrollos.

[9] Henry Mintzberg, "The Strategy Concept II: Another Look at Why Organizations Need Strategies", en *California Management Review* 30, núm. 1, otoño de 1987, pp. 25-32.

[10] Henry Mintzberg y J. A. Waters, "Of Strategies, Deliberate and Emergent", en *Strategic Management Journal*, 6, 1985, pp. 257-272.

Aun cuando la mayor parte del tiempo la estrategia de una compañía evoluciona incrementalmente, hay ocasiones en que puede ser revolucionaria porque rompe con las reglas y redefine la industria y la forma en la cual opera. Una estrategia puede desafiar los convencionalismos fundamentales volviendo a concebir un producto o un servicio (como la creación de una cámara desechable para un solo uso, o de una cámara digital), mediante la redefinición del mercado (el creciente potencial para el comercio electrónico en Internet permite que las compañías vendan sus productos en cualquier parte y en cualquier momento, en vez de verse restringidas a poner sus productos a disposición del cliente en ubicaciones particulares durante los horarios de compras normales), o volviendo a trazar las fronteras de la industria (en la actualidad, los consumidores pueden obtener sus tarjetas de crédito con Shell Oil o General Motors, sus cuentas de cheques en Charles Schwab, una hipoteca para su vivienda en Merrill Lynch o comprar una comida familiar para llevar a casa en Boston Market o en el supermercado).[11]

La **estrategia real** *de una compañía resulta ser, por lo común, al mismo tiempo más y menos que la* **estrategia planeada,** *a medida que se añaden nuevas características y se eliminan otras en respuesta a la aparición de nuevas condiciones.*

La pirámide de la creación de la estrategia

Como destacamos en el capítulo inicial, la creación de una estrategia no es sólo una tarea para los ejecutivos *senior*. En las grandes empresas, las decisiones acerca de qué enfoques de negocios se deben adoptar y qué nuevas medidas se deben iniciar involucran a los ejecutivos *senior* en la oficina corporativa, a los jefes de las unidades de negocios y de las divisiones de productos, a los jefes de las principales áreas funcionales dentro de un negocio o de una división (fabricación, mercadotecnia y ventas, finanzas, recursos humanos, etc.), a los administradores de las plantas, de productos, de ventas de distrito y regionales, y a los supervisores del nivel inmediato. En las empresas diversificadas, las estrategias se inician en cuatro niveles organizacionales diferentes. Hay una estrategia para la compañía y para sus negocios como un todo (*estrategia corporativa*); otra para cada negocio hacia el cual se ha diversificado la compañía (*estrategia de negocios*); otra para cada unidad funcional específica dentro de un negocio (*estrategia funcional*), por ejemplo, cada negocio por lo común tiene una estrategia de producción, una de mercadotecnia, una de finanzas, etc., y por último, hay una todavía más limitada para las unidades de operación básicas, como plantas, distritos y regiones de ventas y departamentos dentro de las áreas funcionales (*estrategia de operación*). La figura 2.1 muestra las pirámides de la creación de la estrategia tanto para una compañía diversificada como para una de un solo producto. En estas últimas hay tres niveles de estrategias (estrategia de negocios, estrategia funcional y estrategia de operación), a menos que la diversificación se vuelva una consideración activa. La tabla 2.1 pone de relieve las clases de acciones estratégicas que distinguen a cada uno de los cuatro niveles de la creación de la estrategia.

Estrategia corporativa

La estrategia corporativa es el plan de acción administrativo general para una compañía diversificada. *La estrategia corporativa se extiende a nivel de toda la compañía, cubriendo todos sus negocios diversificados. Se compone de medidas que establecen una posición de negocios* en diferentes industrias y de los enfoques que se emplean para manejar el grupo de negocios de la compañía. La figura 2.2 describe los elementos clave que identifican la estrategia corporativa de una compañía diversificada. La creación de

---

[11] Para una exposición concienzuda de las estrategias revolucionarias, véase Gary Hamel, "Strategy as Revolution", en *Harvard Business Review* 74, núm. 4, julio-agosto de 1996, pp. 69-82.

FIGURA 2.1 . La pirámide de la creación de la estrategia

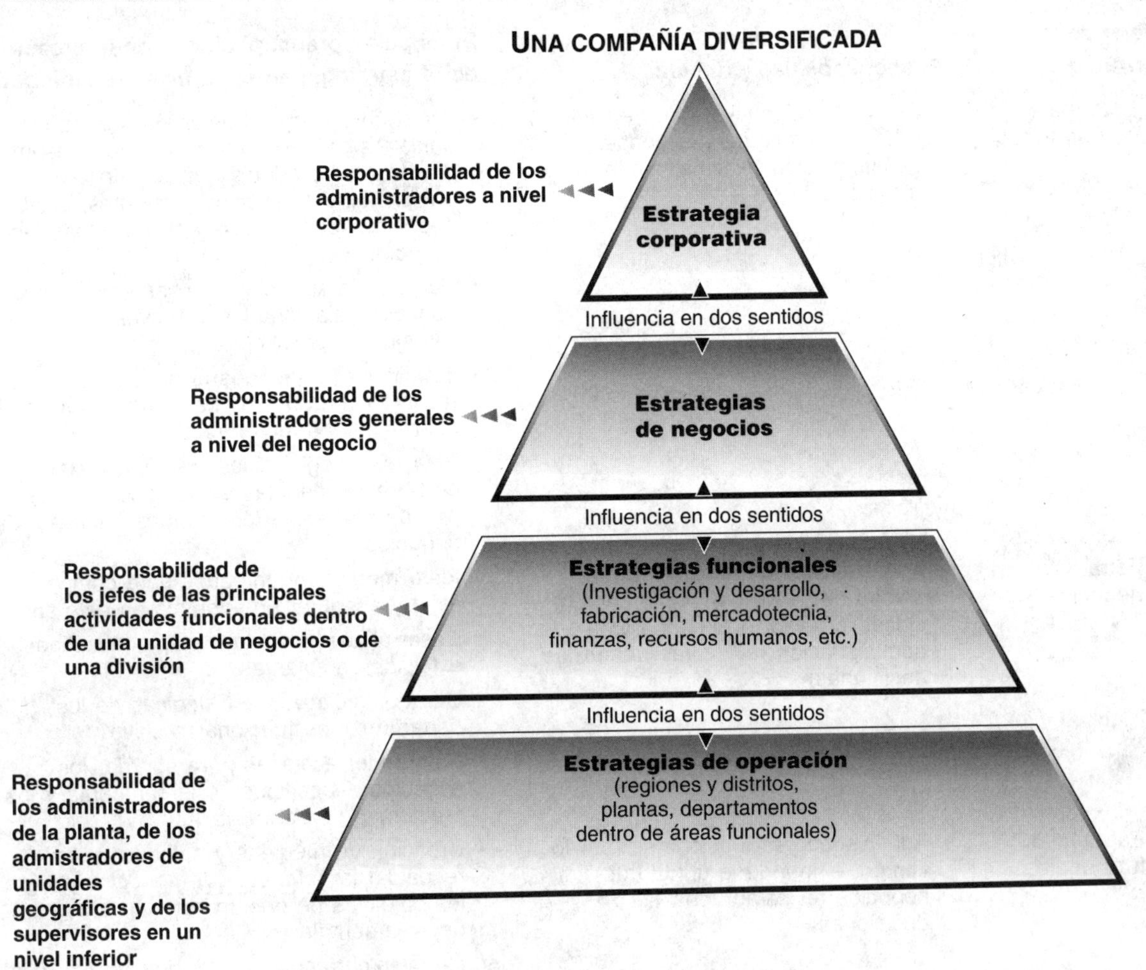

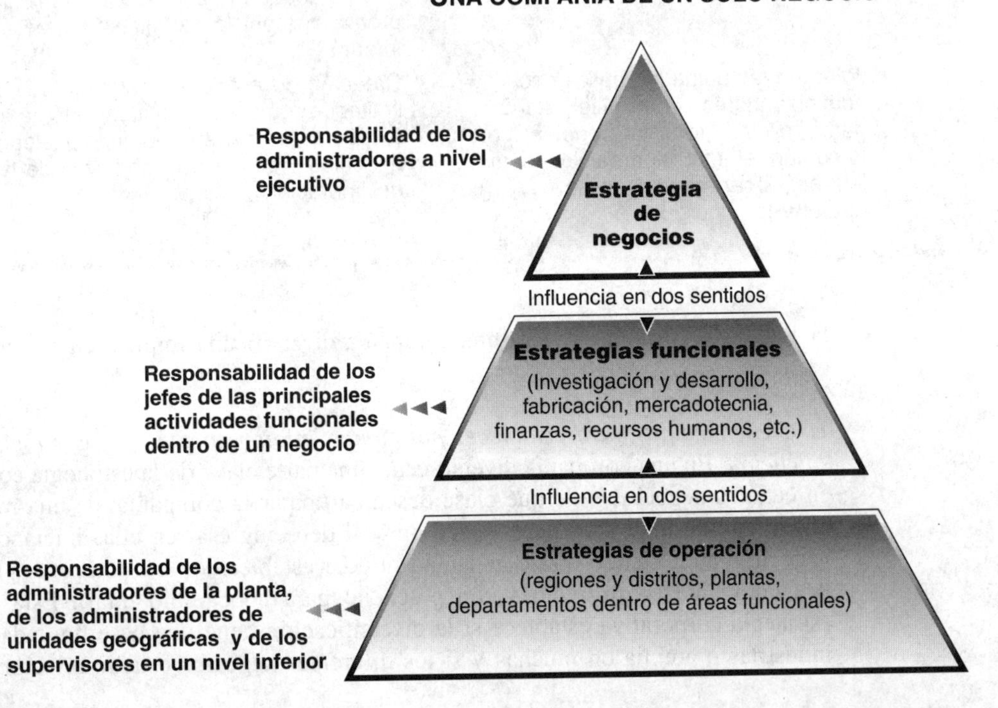

TABLA 2.1 Cómo se tiende a compartir la tarea de la creación de la estrategia

Nivel de la estrategia	Responsabilidad principal	Principales preocupaciones en la creación de la estrategia en cada nivel administrativo
• Estrategia corporativa	• El director ejecutivo, otros ejecutivos clave (por lo común, el consejo de administración revisa/aprueba las decisiones)	• Creación y administración de una cartera de unidades de negocios de elevado desempeño (llevar a cabo adquisiciones, reforzar las posiciones de negocios existentes, eliminar negocios que ya no se ajustan a los planes de administración) • Capturar la sinergia entre las unidades de negocios relacionadas y convertirla en una ventaja competitiva • Establecer prioridades de inversión y guiar los recursos corporativos hacia negocios con las oportunidades más atractivas • Revisar/corregir/unificar los principales enfoques y medidas estratégicos propuestos por los administradores de las unidades de negocios
• Estrategias de negocios	• Administrador general/jefe de la unidad de negocios (por lo común, un ejecutivo *senior* o el consejo de administración revisan/aprueban las decisiones)	• Idear medidas y enfoques para competir con éxito y asegurar una ventaja en este sentido • Desarrollar respuestas a las condiciones externas cambiantes • Unir las iniciativas estratégicas de los departamentos funcionales clave • Emprender acciones para abordar los aspectos específicos de la compañía y los problemas de operación
• Estrategias funcionales	• Administradores funcionales (por lo común, el jefe de la unidad de negocios revisa/aprueba las decisiones)	• Creación de medidas y enfoques para respaldar la estrategia de negocios y lograr los objetivos de desempeño funcionales/departamentales • Revisión/corrección/unificación de las medidas y los enfoques relacionados con la estrategia, propuestos por los administradores en un nivel inferior
• Estrategias de operación	• Jefes de las unidades de campo/administradores en un nivel inferior dentro de las áreas funcionales (por lo común, el jefe del área funcional/jefe del departamento revisa y aprueba las decisiones)	• Creación de enfoques/medidas todavía más limitados y más específicos, orientados a respaldar las estrategias funcionales y de negocios y al logro de objetivos de la unidad de operación

la estrategia corporativa para una compañía diversificada implica cuatro clases de iniciativas:

1. *Crear medidas para establecer posiciones en diferentes negocios y lograr la diversificación.* En una compañía diversificada, una parte clave de la estrategia corporativa es en cuántos negocios y de qué clase desea participar la compañía; de una manera específica, en qué industrias debe intervenir y si debe ingresar en ellas iniciando un nuevo negocio o adquiriendo otra compañía (un líder establecido, una compañía prometedora, una compañía en problemas con potencial para un cambio total). Esta parte de la estrategia corporativa establece si la diversificación tiene una base limitada en algunas industrias o amplia en muchas y si los diferentes negocios estarán relacionados o no.

FIGURA 2.2 Identificación de la estrategia corporativa de una compañía diversificada

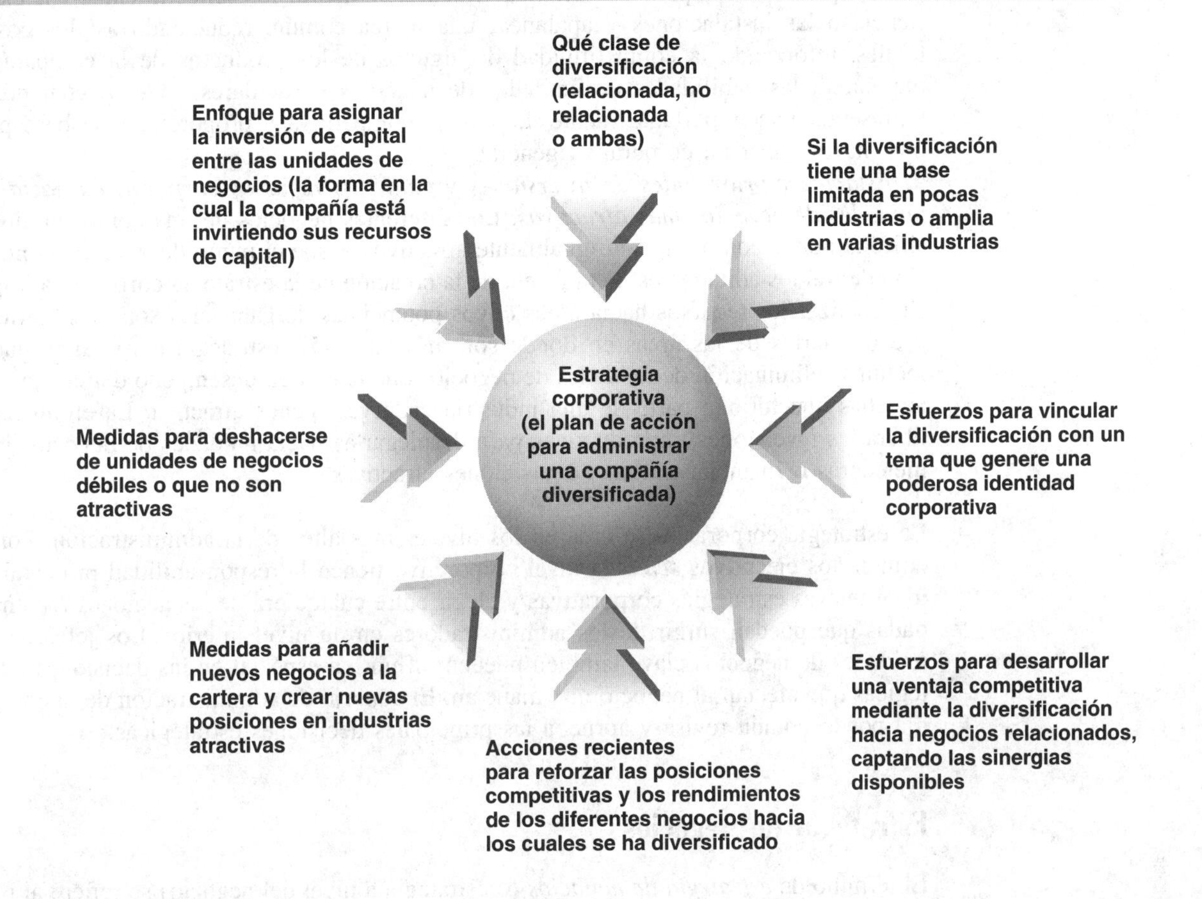

Concepto básico

La* estrategia corporativa *concierne a la forma en la cual una compañía diversificada pretende establecer posiciones de negocios en diferentes industrias y las acciones y los enfoques empleados para mejorar el desempeño del grupo de negocios hacia los cuales se ha diversificado.

2. *Iniciar acciones para mejorar el desempeño combinado de los negocios hacia los cuales se ha diversificado.* A medida que se crean posiciones en las industrias elegidas, la creación de estrategia corporativa se concentra en las formas de reforzar las posiciones competitivas y las utilidades a largo plazo de los negocios en los cuales ha invertido la empresa. Las matrices corporativas pueden ayudar a sus subsidiarias de negocios a tener más éxito, financiando cierta capacidad adicional mediante mejoramientos en la eficiencia, proporcionando las capacidades de las cuales carecen y un conocimiento administrativo práctico, adquiriendo otra compañía en la misma industria y fusionando las dos operaciones en un negocio más poderoso y/o adquiriendo nuevos negocios que complementen vigorosamente los negocios existentes. La estrategia general de la administración para mejorar el desempeño a nivel de toda la compañía por lo común implica estrategias de crecimiento rápido en los negocios más prometedores, manteniendo en condiciones florecientes los otros negocios fundamentales, iniciando esfuerzos de cambio en los negocios con un desempeño débil pero que tienen potencial, y eliminando los que ya no son atractivos o que no se ajustan a los planes de gran alcance de la administración.

3. *Buscar formas de captar la sinergia entre unidades de negocios relacionadas y convertirla en una ventaja competitiva.* Cuando una compañía se diversifica hacia negocios con tecnologías relacionadas, con características de operación similares, con canales de distribución o clientes comunes, o con alguna otra relación sinérgica, gana un potencial de ventaja competitiva que no está abierto para una compañía que se diversifica hacia negocios no relacionados totalmente. La diversificación relacionada ofrece oportunidades para transferir habilidades, compartir los conocimientos y la experiencia o las instalaciones y apalancar una marca común, reduciendo así los costos totales, reforzando la competitividad de algunos de los productos de la compañía o mejorando las habilidades de unidades de negocios particulares, todo lo cual puede representar una importante fuente de ventaja competitiva y proporcionar la base para una mayor ganancia corporativa general.

4. *Establecer prioridades de inversiones y guiar los recursos corporativos hacia las unidades de negocios más atractivas.* Los diferentes negocios de una compañía diversificada por lo común no son igualmente atractivos desde el punto de vista de la inversión de fondos adicionales. Esta faceta de la creación de la estrategia corporativa implica canalizar los recursos hacia áreas cuyos potenciales de ganancias son más elevados y a desviarlos de las áreas en donde son más bajos. La estrategia corporativa puede incluir la eliminación de unidades de negocios que tienen un desempeño deficiente o de aquellas que forman parte de una industria cada vez menos atractiva. La eliminación libera las inversiones improductivas para desplegarlas hacia unidades de negocios prometedoras o financiar nuevas adquisiciones atractivas.

La estrategia corporativa se crea en los niveles más altos de la administración. Por lo común, los ejecutivos *senior* a nivel corporativo tienen la responsabilidad principal de idear nuevas estrategias corporativas y elegir entre cualquiera de las acciones recomendadas que puedan surgir de los administradores en un nivel inferior. Los jefes de las unidades de negocios clave también pueden influir, en especial en las decisiones estratégicas que afectan al negocio que manejan. El consejo de administración de la compañía por lo común revisa y aprueba las principales decisiones estratégicas.

Estrategia de negocios

El término de *estrategia de negocios* (o estrategia a nivel del negocio) se refiere al plan de acción que pone en marcha la administración para un solo negocio. Se refleja en el patrón de enfoques y medidas creados por la administración con el fin de producir un desempeño exitoso *en una línea de negocios específica.* Los elementos fundamentales de la estrategia de negocios se ilustran en la figura 2.3. Para una compañía autónoma de un solo negocio, la estrategia corporativa y la estrategia de negocios son una y la misma, debido a que sólo hay un negocio para el cual desarrollar una estrategia. La distinción entre estrategia corporativa y estrategia de negocios es pertinente sólo en el caso de las empresas diversificadas.

Concepto básico

La* estrategia de negocios *concierne a las acciones y los enfoques creados por la administración con el fin de producir un desempeño exitoso en una línea de negocios específica; el aspecto fundamental de la estrategia de negocios es cómo desarrollar una posición competitiva más poderosa a largo plazo.

El impulso fundamental de la estrategia de negocios consiste en cómo crear y reforzar la posición competitiva a largo plazo de la compañía en el mercado. Con este fin, la estrategia de negocios se interesa principalmente en: 1) desarrollar una respuesta a los cambios que están teniendo lugar en la industria, la economía en general, las áreas reguladora y política y otras pertinentes; 2) crear medidas competitivas y enfoques al mercado que conducen a una ventaja sustentable; 3) crear competencias y habilidades valiosas; 4) unir las iniciativas estratégicas de los departamentos funcionales, y 5) abordar determinados problemas estratégicos a los cuales se enfrenta el negocio de la compañía.

Es obvio que la estrategia de negocios abarca diversas medidas y nuevos enfoques que los administradores consideran prudentes en vista de las fuerzas del mercado, las tendencias económicas, las necesidades y demografía de los compradores, los nuevos requerimientos de la legislación y otros factores externos. *Una buena estrategia está bien equiparada con la situación externa*; a medida que el medio ambiente cambia en formas específicas, se hacen los ajustes en la estrategia sobre la base que sea necesaria.

FIGURA 2.3 Identificación de la estrategia para una compañía de un solo negocio

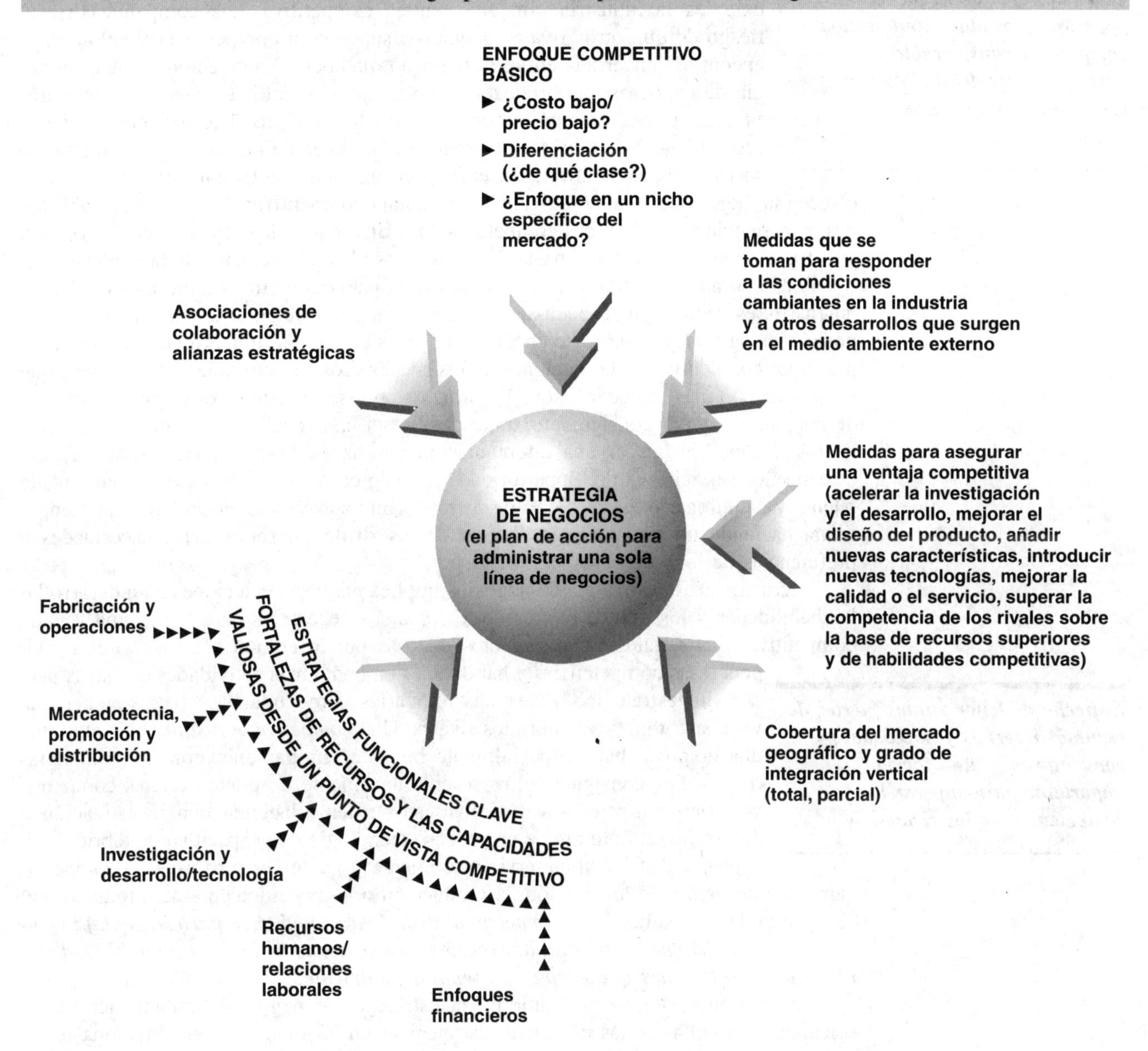

El hecho de si la respuesta de una compañía a un cambio externo es rápida o lenta tiende a ser una función del lapso de tiempo que se pueden desplegar los acontecimientos antes de que los administradores puedan evaluar sus implicaciones y de cuánto tiempo más se requiere para desarrollar una respuesta estratégica. Por supuesto, algunos cambios externos requieren muy poca respuesta o ninguna, mientras que otros requieren alteraciones significativas en la estrategia. En ocasiones cambian en formas que plantean un formidable obstáculo estratégico, por ejemplo, los fabricantes de cigarros se enfrentan a un reto difícil al tratar de mantener su posición frente a los crecientes esfuerzos por combatir el tabaquismo.

Lo que distingue a una estrategia de negocios poderosa de una débil es la habilidad del estratega *para forjar una serie de medidas y enfoques capaces de producir una ventaja competitiva sustentable*. Con una ventaja competitiva, una compañía tiene bue-

Una estrategia de negocios es poderosa si produce una ventaja competitiva considerable y sustentable; es débil si da por resultado una desventaja competitiva.

nos prospectos para obtener una utilidad superior al promedio y para tener éxito en la industria. Sin una ventaja competitiva, una compañía corre el riesgo de que otros rivales poderosos superen su competencia y entonces se encontrará encerrada en un desempeño mediocre. La creación de una estrategia de negocios que produzca una ventaja competitiva sustentable tiene tres facetas: 1) decidir cuáles son los atributos del producto/servicio (costos y precios más bajos, un mejor producto, una línea de productos más amplia, un servicio superior al cliente, énfasis en un nicho particular del mercado) que ofrecen la mejor oportunidad de ganar una ventaja competitiva; 2) desarrollar habilidades, experiencia y capacidades competitivas que distingan a la compañía de sus rivales, y 3) tratar de aislar el negocio hasta donde sea posible de los efectos de la competencia.

Por lo común, la estrategia de una compañía para competir es tanto ofensiva como defensiva, es decir, algunas acciones son agresivas y equivalen a retos directos para las posiciones de mercado de los competidores; otras en cambio tratan de contrarrestar las presiones competitivas y las acciones de los rivales. Los tres enfoques competitivos que se utilizan con más frecuencia son: 1) esforzarse por ser el productor de costo más bajo de la industria (y por consiguiente, tratar de obtener una ventaja competitiva por encima de los rivales); 2) buscar una diferenciación basada en ventajas tales como calidad, desempeño, servicio, estilo, superioridad tecnológica, o un valor extraordinariamente bueno, y 3) enfocarse en un nicho de mercado limitado y obtener una ventaja competitiva, haciendo un trabajo mejor que el de los rivales al servir a las necesidades y preferencias de los miembros del nicho.

Internamente, la estrategia de negocios implica emprender acciones para desarrollar las habilidades y los puntos fuertes de los recursos necesarios para lograr una ventaja competitiva. Las estrategias de negocios exitosas por lo común pretenden desarrollar poderosas competencias y habilidades en una o más actividades decisivas para el éxito estratégico y después utilizarlas como una base para obtener una ventaja competitiva sobre los rivales. Una *competencia distintiva* es algo que una empresa hace especialmente bien en comparación con las compañías rivales. Por consiguiente, representa una fuente de puntos fuertes competitivos. Las competencias distintivas se pueden relacionar con investigación y desarrollo, el dominio de un proceso tecnológico, la capacidad de fabricación, ventas y distribución, servicio al cliente y cualquier otro aspecto competitivamente importante de la creación, la producción o la mercadotecnia del producto o el servicio de la compañía. *Una competencia distintiva es una base para la ventaja competitiva, debido a que representa la experiencia y los conocimientos o la habilidad que los rivales no tienen y que no pueden igualar fácilmente.*

El hecho de tener puntos fuertes de recursos internos y habilidades competitivas es una forma importante para superar la competencia de los rivales.

En un frente interno más amplio, la estrategia de negocios también debe estar orientada a la unión de las iniciativas estratégicas en las diversas áreas funcionales del negocio (compras, producción, investigación y desarrollo, finanzas, recursos humanos, ventas y mercadotecnia, distribución y servicio al cliente). Las acciones estratégicas son necesarias en cada área funcional para *respaldar* el enfoque competitivo de la compañía y la estrategia de negocios general. La unidad y la coordinación estratégicas a través de las diversas áreas funcionales le añaden poder a la estrategia de negocios.

Esta última también se extiende a los planes de acción para abordar cualquiera de los aspectos especiales relacionados con la estrategia, que son propios de la posición competitiva de la compañía y de su situación interna (si se debe añadir una nueva capacidad, reemplazar una planta obsoleta, incrementar los fondos de investigación y desarrollo para una tecnología prometedora, reducir los gravosos gastos de intereses, formar alianzas estratégicas y asociaciones de colaboración, o crear competencias y habilidades valiosas desde el punto de vista competitivo). Ese ajuste de la estrategia según las necesidades, con el fin de que se adapte a la situación específica de una compañía, es una de las razones por las cuales cada compañía de la misma industria emplea diferentes estrategias de negocios.

La responsabilidad principal de la estrategia de negocios le corresponde al administrador a cargo del negocio. Incluso si éste no ejerce su autoridad en el proceso de creación de la estrategia, prefiriendo delegar gran parte de la tarea en otros, es responsable de la estrategia y de los resultados que produzca. El director del negocio, como el principal estratega, tiene por lo menos otras dos responsabilidades. La primera es cerciorarse de que las estrategias de apoyo en cada una de las principales áreas funcionales del negocio estén bien concebidas y sean compatibles unas con otras. La segunda es lograr que, de ser necesario, una autoridad de nivel superior (el consejo de administración y/o los funcionarios a nivel corporativo) apruebe las medidas estratégicas y se mantenga informada acerca de los nuevos desarrollos importantes, de las desviaciones del plan y de las revisiones potenciales de la estrategia. En las compañías diversificadas, los jefes de las unidades de negocios pueden tener la obligación adicional de asegurarse de que los objetivos y la estrategia a nivel del negocio se ajusten a los objetivos y a los temas de la estrategia a nivel corporativo.

Estrategia funcional

El término de *estrategia funcional* se refiere al plan de acción administrativo para una actividad funcional, un proceso de negocios o un departamento clave particulares dentro de un negocio. Por ejemplo, una estrategia de mercadotecnia representa el plan de acción administrativo para manejar esta parte del negocio. La estrategia de desarrollo de un nuevo producto de una compañía representa el plan de acción administrativo para mantener vigorosa su línea de productos y en armonía con lo que están buscando los compradores. Una compañía necesita una estrategia funcional para cada actividad de negocios y para cada unidad organizacional pertinente desde el punto de vista competitivo; por ejemplo, para investigación y desarrollo, marketing, servicio al cliente, distribución, finanzas, recursos humanos, tecnología de la información, etc. Las estrategias funcionales, aun cuando tienen una esfera de acción más limitada que las de negocios, le añaden detalles pertinentes a su plan de acción general al determinar las tareas, los enfoques y las prácticas que deben llevarse a cabo en la administración de un departamento funcional, de un proceso de negocios o de una actividad clave particulares. Pretenden establecer o reforzar las competencias específicas y las habilidades competitivas calculadas para mejorar la posición de mercado de la compañía y su reputación con los clientes. El papel principal de una estrategia funcional es respaldar la estrategia de negocios y el enfoque competitivo generales de la compañía. Las estrategias funcionales bien ejecutadas le proporcionan a la empresa competencias, habilidades y fortalezas de recursos que son valiosos desde el punto de vista competitivo. Una función relacionada es la creación de un calendario administrativo para lograr los objetivos y la misión del área funcional. Por consiguiente, la estrategia funcional en el área de producción/fabricación representa el plan de acción de *cómo* se administrarán las actividades de fabricación con el fin de respaldar la estrategia de negocios y lograr los objetivos y la misión del departamento de fabricación. La estrategia funcional en el área de finanzas consiste en cómo se administrarán las actividades financieras con el fin de respaldar la estrategia de negocios y lograr los objetivos y la misión del departamento de finanzas.

Concepto básico

La* estrategia funcional *concierne al plan de acción administrativo para manejar una actividad funcional o un proceso importantes dentro de un negocio, como investigación y desarrollo, producción, marketing, servicio al cliente, distribución, finanzas, recursos humanos, etc., un negocio necesita tantas estrategias funcionales como actividades tiene que sean decisivas para la estrategia.

La responsabilidad principal de concebir estrategias para cada uno de los diversos procesos y funciones de negocios por lo común se delega en los jefes de los respectivos departamentos funcionales y en los administradores de las actividades, a menos que el jefe de la unidad de negocios decida ejercer una poderosa influencia. Desde un punto de vista ideal, en la creación de la estrategia el administrador de una función de negocios o de una actividad particulares trabaja en estrecha colaboración con los subordinados clave y a menudo está en contacto con los jefes de otras funciones o procesos. Si los administradores funcionales o de la actividad trazan la estrategia en forma independiente unos de otros, o del jefe de la unidad, le abren la puerta a estrategias no coordinadas o en conflicto. Las estrategias funcionales compatibles, de colaboración y que se refuerzan mutuamente, son esenciales para que la estrategia general del negocio tenga el máximo impacto. Obviamente, una estrategia de mercadotecnia, una de producción, una de finanzas, una de servicio al cliente, una de desarrollo de nuevos productos y una de recursos humanos del negocio deben estar en armonía en vez de servir a sus propios propósitos más limitados. La coordinación y la uniformidad entre las diversas estrategias funcionales y del proceso de la actividad se logran mejor durante la etapa de deliberación. Si se envían hacia lo más alto de la línea estrategias funcionales incompatibles para su aprobación final, le corresponde al jefe del negocio detectar los conflictos y resolverlos.

Estrategia de operación

Las *estrategias de operación* conciernen a iniciativas y enfoques estratégicos todavía más limitados para la administración de las unidades de operación clave (plantas, distritos de ventas, centros de distribución) y para manejar las tareas de operación cotidiana que tienen un significado estratégico (campañas publicitarias, compra de materiales, control de inventarios, mantenimiento, envíos). Las estrategias de operación, aun cuando son de alcance limitado, le añaden mayores detalles e integridad a las estrategias funcionales y al plan de negocios general. La responsabilidad principal de las estrategias de operación por lo común se delega en los administradores de primera línea, que están sujetos a la revisión y aprobación de los administradores de mayor rango.

Concepto básico

Las estrategias de operación conciernen a la forma de administrar las unidades organizacionales de primera línea dentro de un negocio (plantas, distritos de ventas, centros de distribución) y a la forma de desempeñar estratégicamente tareas de operación significativas (compra de materiales, control de inventarios, mantenimiento, envíos, campañas publicitarias).

Aun cuando la estrategia de operación está en la parte inferior de la pirámide de creación de la estrategia, no se debe menospreciar su importancia. Por ejemplo, una planta importante que falla en su estrategia de lograr cierto volumen de producción, del costo por unidad y de sus objetivos de calidad, puede socavar el logro de los objetivos de ventas y utilidades de la compañía y hacer un caos con los esfuerzos estratégicos de toda la compañía para crear una imagen de calidad en los clientes. No es posible juzgar la importancia estratégica de una acción determinada desde el nivel organizacional o administrativo en el que se inicia.

Los administradores de primera línea son parte del equipo de creación de estrategias de una organización, debido a que muchas unidades de operación tienen objetivos de desempeño críticos para la estrategia y deben contar con planes de acción para lograrlos. Un administrador regional necesita una estrategia ajustada a la situación y a los objetivos particulares de la región. El administrador de una planta necesita una estrategia para lograr los objetivos de esa planta, para llevar a cabo la parte que la planta tiene en el plan de acción de fabricación total de la compañía y para abordar cualquiera de los problemas relacionados con la estrategia que existan en la planta. El administrador de publicidad de una compañía necesita una estrategia para lograr una exposición máxima al auditorio y un impacto del presupuesto de anuncios sobre las ventas. Los dos ejemplos siguientes ilustran la forma en la cual la estrategia de operación respalda las estrategias de un nivel más elevado:

- Una compañía con una estrategia de negocios de precio bajo y volumen elevado y una necesidad de lograr costos de fabricación bajos inicia un esfuerzo a nivel de toda la compañía para mejorar en un 10 por ciento la productividad de los trabajadores. Con el fin de contribuir a mejorar la productividad: 1) el administrador de contratación de empleados desarrolla una estrategia para entrevistar a quienes solicitan el trabajo y hacerles una prueba, que es lo bastante concienzuda para descartar a aquellos candidatos que no sean los más altamente calificados y motivados; 2) el administrador de los sistemas de información desarrolla una forma de utilizar la tecnología de la oficina para mejorar la productividad de los empleados; 3) el administrador de compensación de empleados idea un plan de incentivos creativo para recompensar el incremento en la producción de los empleados de fabricación, y 4) el administrador de compras inicia un programa para obtener herramientas y equipo nuevos que incrementen la eficiencia en una forma más rápida y menos costosa.

- Un distribuidor de equipo de plomería hace hincapié en la entrega rápida y en una anotación de pedidos precisa como la clave de su enfoque de servicio al cliente. Para apoyar esta estrategia, el administrador del almacén desarrolla una estrategia para almacenar el inventario, que permite que se surta el 99.9 por ciento de todos los pedidos sin volver a ordenar algún artículo, e instituye una estrategia para el personal del almacén que permite que cualquier pedido se envíe en el transcurso de 24 horas.

Unión del esfuerzo de creación de la estrategia

La exposición anterior hace hincapié en que *el plan estratégico de una compañía es un conjunto de estrategias* ideadas por administradores de distintos niveles en la organización. Mientras más grande es la empresa, más puntos de iniciativa estratégica tiene. El esfuerzo de la administración para determinar la dirección no está completo hasta que las capas separadas de la estrategia se unen en un patrón de apoyo coherente. Desde un punto de vista ideal, las partes y las capas deben ajustar como las piezas de un rompecabezas. Los objetivos y las estrategias unificados no surgen de un proceso no dirigido en el cual los administradores determinan objetivos y crean estrategias en forma independiente. De hecho, los administradores a nivel funcional y de la operación tienen el deber de trabajar en armonía para determinar objetivos fundamentales del desempeño e inventar acciones estratégicas en la primera línea que ayuden a lograr los objetivos de negocios y a incrementar el poder de los mismos.

Los objetivos y las estrategias que están unificados de arriba hacia abajo en la jerarquía organizacional requieren un esfuerzo de equipo.

La tarea de armonizar los objetivos y las estrategias parte por parte y nivel por nivel puede resultar tediosa y frustrante, pues requiere numerosas consultas y juntas, procesos periódicos de revisión y aprobación de la estrategia, la experiencia de intentarlo con base en pruebas, errores y meses (en ocasiones años) de creación de un consenso y de un esfuerzo de colaboración. La política de lograr un consenso estratégico y la lucha por mantener a todos los administradores y departamentos enfocados en lo que es mejor para la empresa total (en oposición a lo que es mejor para sus departamentos o sus carreras) a menudo es un gran obstáculo para unificar los distintos objetivos y estrategias y producir el grado deseado de cooperación y colaboración.[12] Un consenso amplio es particularmente difícil cuando hay cabida para puntos de vista opuestos y para desacuerdos. Las exposiciones de la administración sobre una misión y una visión para la organización, de una dirección, objetivos y estrategias a largo plazo, a menudo provocan acalorados debates y grandes diferencias de opinión.

La consistencia entre la estrategia de negocios y las estrategias funcionales y de operación proviene de los esfuerzos de colaboración de los administradores a nivel funcional y de la operación para determinar objetivos del desempeño e inventar acciones estratégicas en sus respectivas áreas de responsabilidad, que contribuyan directamente al logro de los **objetivos de negocios** ***y al mejoramiento de la ejecución de la*** **estrategia de negocios.**

[12] Los administradores funcionales en ocasiones se interesan más en hacer lo que es mejor para sus propias áreas —creando imperios y consolidando su poder personal y su influencia organizacional— que en cooperar con otros administradores funcionales con el fin de unirse para respaldar la estrategia de negocios total. Como resultado, es fácil que el área funcional apoye estrategias que causan conflictos, obligando así al administrador general a nivel del negocio a dedicar más tiempo y energía a arbitrar los conflictos y crear un apoyo unificador.

FIGURA 2.4 La red de visiones estratégicas, misiones, objetivos y estrategias en la pirámide de la creación de la estrategia

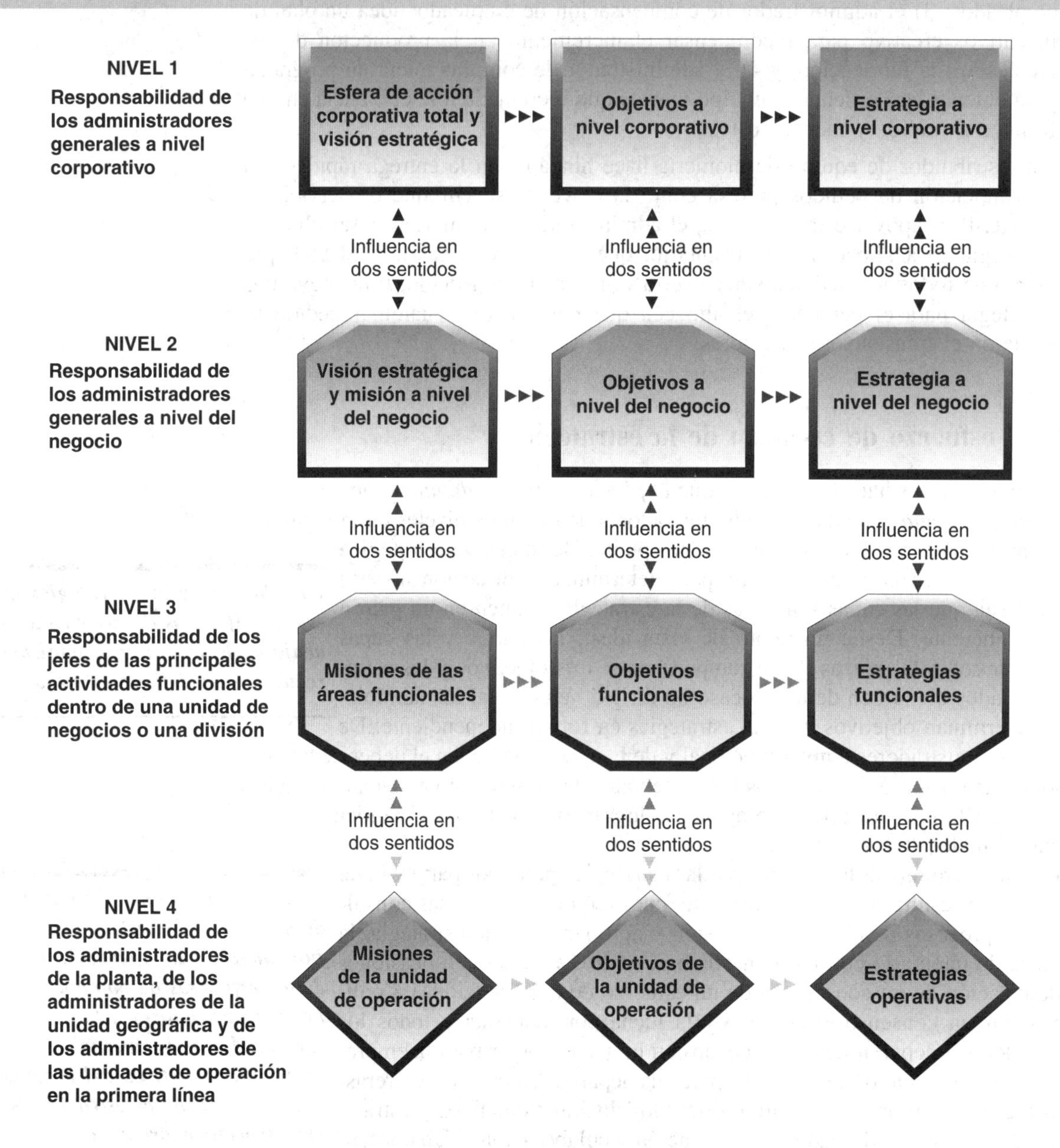

La figura 2.4 describe la red de objetivos y estrategias en toda la jerarquía administrativa. Las flechas en dos sentidos indican que hay influencias simultáneas de abajo hacia arriba y de arriba hacia abajo sobre las misiones, los objetivos y las estrategias en cada nivel. Además, hay influencias en dos sentidos entre los negocios relacionados de una compañía diversificada y entre los procesos, funciones y actividades de operación relacionados dentro de un negocio. Estos eslabones verticales y horizontales, si se administran en una forma que promueva la coordinación, pueden ayudar a unificar las actividades de determinación de la dirección y de creación de la estrategia de muchos administradores, en un patrón que se refuerza mutuamente. Mientras más rígida sea la forma en la cual se impone la coordinación, más poderosos son los eslabones en las misiones, los objetivos y las estrategias de las diversas unidades organizacionales. Los eslabones poderosos son una salvaguarda para impedir que las unidades organizacionales se desvíen del curso estratégico que se ha trazado para la compañía.

Sin embargo, como un aspecto práctico, es necesario bosquejar y comunicar con claridad las visiones estratégicas corporativas y del negocio, los objetivos y las estrategias hacia abajo en toda la línea, antes de que se pueda lograr un gran progreso en la determinación de la dirección y en la creación de la estrategia en los niveles funcional y de operación. La dirección y la guía deben fluir desde el nivel corporativo hasta el nivel de negocios y de éste a los niveles de operación básicos funcionales y de operación. La desorganización estratégica que ocurre en una organización cuando los administradores *senior* no determinan la dirección de arriba hacia abajo y no ejercen un liderazgo estratégico poderoso, es semejante a lo que le sucedería al desempeño de la ofensiva de un equipo de futbol si el defensa decidiera no indicar una jugada para el equipo y, en vez de ello, dejara que cada jugador eligiera cualquier jugada que creyera mejor en su posición respectiva. En los negocios, lo mismo que en los deportes, todos los creadores de la estrategia en una compañía forman parte del mismo equipo. Están obligados a desempeñar sus tareas de creación de la estrategia en una forma que beneficie a toda la compañía, no en una forma que sea conveniente para sus intereses personales o departamentales. La estrategia de una compañía tiene pleno poder sólo cuando sus numerosas partes están unidas. Esto significa que el proceso de creación de la estrategia debe proceder más de arriba hacia abajo que de abajo hacia arriba. Los administradores de nivel inferior no pueden crear una buena estrategia sin comprender la dirección de la compañía y las estrategias a un nivel superior.

LOS FACTORES QUE MODELAN LA ESTRATEGIA DE UNA COMPAÑÍA

Hay muchas consideraciones situacionales que forman parte de la creación de la estrategia. La figura 2.5 describe los principales factores que modelan los enfoques estratégicos de una compañía. La interacción de estos factores y la influencia que tiene cada uno sobre el proceso de creación de la estrategia, varían de una situación a otra. Son muy pocas las elecciones estratégicas que se hacen en el mismo contexto, ya que incluso en la misma industria los factores situacionales difieren lo suficiente de una compañía a otra, de manera que las estrategias de los rivales resultan ser bastante distinguibles una de la otra, en vez de ser imitaciones. Ésta es la razón por la cual el juicio de los varios factores situacionales, tanto externos como internos, es el punto de partida en la creación de la estrategia.

Consideraciones de la sociedad, políticas, reguladoras y de la ciudadanía

Lo que una empresa puede y no puede hacer en el aspecto de la estrategia siempre está restringido por lo que es legal, por lo que cumple con las políticas y los requerimientos reguladores del gobierno y por lo que está de conformidad con las expectativas de la sociedad y con los estándares de una buena comunidad ciudadana. Las presiones externas también provienen de otras fuentes, grupos de interés especial, reportes de investigación, temor a una acción política indeseable y el estigma de la opinión negativa. Las preocupaciones de la sociedad por la salud y la nutrición, el abuso del alcohol y de las drogas, la contaminación ambiental, el acoso sexual, la reducción del volumen corporativo y el impacto de los cierres de plantas sobre la comunidad local, han hecho que muchas compañías moderen o revisen ciertos aspectos de sus estrategias. Las preocupaciones de los estadounidenses por los trabajos perdidos debido a las importaciones extranjeras y el debate

Los factores sociales, políticos y de la ciudadanía, limitan las acciones estratégicas que debe emprender una compañía.

FIGURA 2.5 Factores que modelan la elección de la estrategia de una compañía

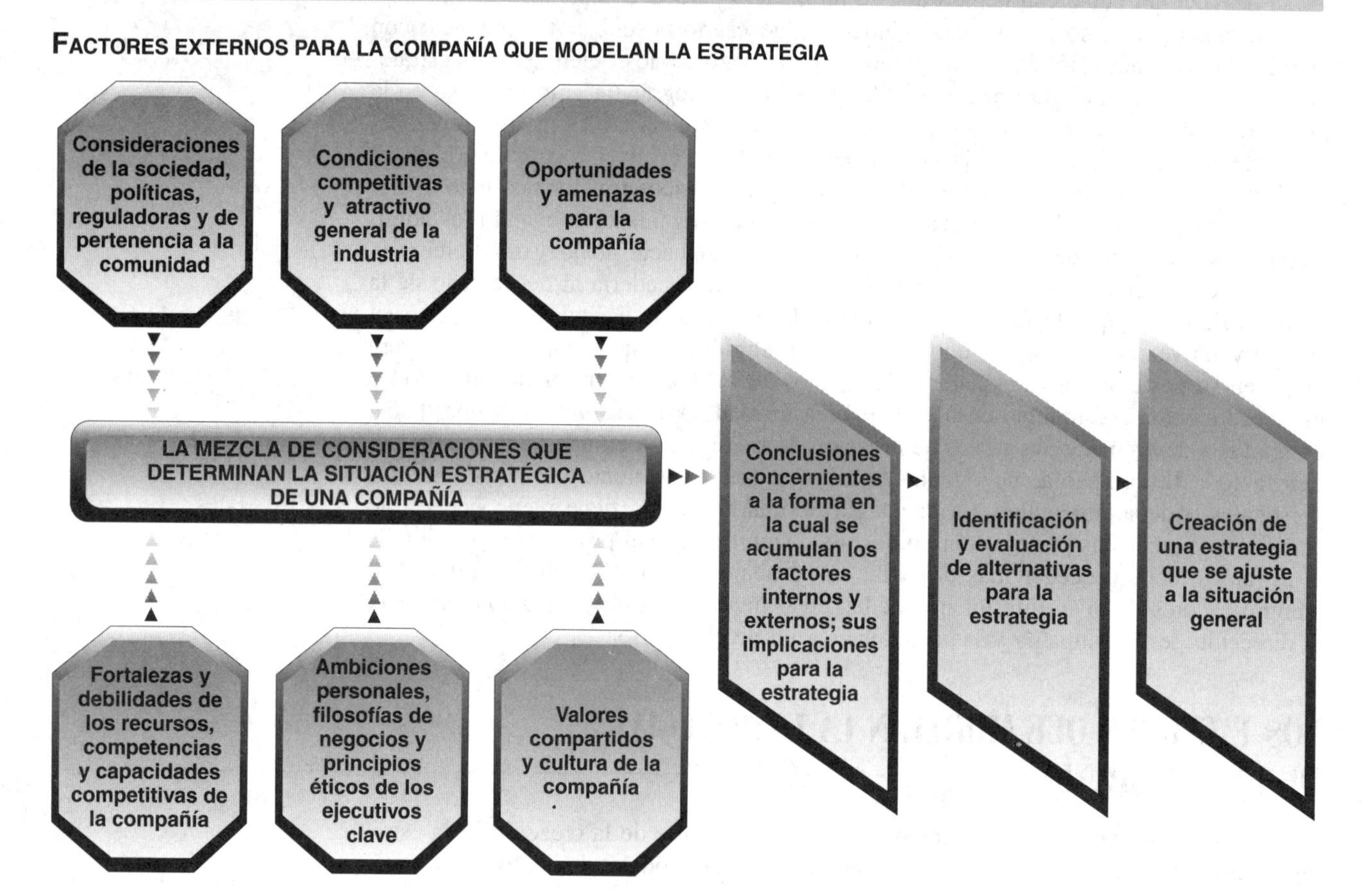

político de cómo curar el déficit comercial crónico de Estados Unidos, son fuerzas impulsoras para las compañías japonesas y europeas que tienen sus plantas en Estados Unidos. La creciente conciencia del consumidor acerca de los riesgos de las grasas saturadas y el colesterol han impulsado a la mayor parte de las compañías de productos alimenticios a eliminar los ingredientes con un alto contenido en grasa y a sustituirlos por ingredientes con niveles bajos de grasa, a pesar de los costos adicionales.

El desglose en factores de los valores y prioridades de la sociedad, de las preocupaciones comunitarias y del potencial de una legislación y unos requerimientos reguladores onerosos, es una parte regular del análisis de la situación externa en un número de compañías cada vez mayor. La intensa presión pública y la cobertura adversa en los medios hacen que dicha práctica se torne prudente. La tarea de lograr que la estrategia de una organización sea socialmente responsable significa: 1) llevar a cabo las actividades organizacionales dentro de los límites de lo que se considera benéfico para el público en general; 2) responder de una manera positiva a las prioridades y las expectativas que surgen en la sociedad; 3) demostrar una disposición de emprender una acción anticipándose a una confrontación reguladora; 4) equilibrar los intereses de los accionistas con los intereses de la sociedad como un todo, y 5) ser buenos ciudadanos en la comunidad.

La responsabilidad social corporativa aparece en las exposiciones de la misión de la compañía. Por ejemplo, John Hancock concluye su exposición de la misión con la siguiente frase:

> Al aspirar a esta misión, nos esforzaremos por ejemplificar los estándares más elevados de la ética de negocios y de la integridad personal, y reconoceremos nuestra obligación corporativa con el bienestar social y económico de nuestra comunidad.

En Union Electric, una compañía de servicios públicos con base en St. Louis, la siguiente exposición es la política corporativa oficial:

> Como una empresa privada a la cual le han confiado un servicio público esencial, reconocemos nuestra responsabilidad cívica en las comunidades a las cuales servimos. Nos esforzaremos por impulsar el crecimiento y el bienestar de estas comunidades y participaremos en las actividades cívicas que cumplan con esa meta, debido a que creemos que esto significa a la vez ser buenos ciudadanos y operar un buen negocio.

Condiciones competitivas y atractivo general de la industria

Las condiciones competitivas de una industria y su atractivo general son factores importantes para la determinación de la estrategia. Ésta se debe ajustar a la naturaleza y la combinación de factores competitivos que están en juego, es decir, precio, calidad del producto, características de desempeño, servicio, garantías, etc. Cuando las condiciones competitivas se intensifican de una manera significativa, una compañía debe responder con acciones estratégicas con el fin de proteger su posición. Los puntos débiles competitivos de parte de uno o más rivales pueden señalar la necesidad de una ofensiva estratégica. Además, las nuevas medidas de las compañías rivales, los cambios en la economía de precio-costo-utilidades de la industria y los recientes avances tecnológicos a menudo alteran los requerimientos para el éxito competitivo e imponen una reconsideración de la estrategia. Por consiguiente, el medio ambiente de la industria, como existe ahora y como se espera que sea más adelante, tiene una relación directa con la mejor opción de estrategia competitiva de una compañía y con el aspecto de en dónde debe concentrar sus esfuerzos. *La estrategia de una compañía no puede producir un éxito real en el mercado, a menos que esté bien igualada con la situación competitiva y de la industria.* Cuando una empresa concluye que el medio ambiente de su industria se ha vuelto poco atractivo y que es mejor invertir los recursos de la compañía en otra parte, puede iniciar una estrategia que no fomente la inversión y abandonar a la larga la industria. Por consiguiente, un estratega debe ser un estudioso de la industria y de las condiciones competitivas.

Principio de la administración estratégica

La estrategia de una compañía debe adaptarse para que se ajuste a las condiciones de la industria y competitivas.

Las oportunidades de mercado y las amenazas externas para la compañía

Las oportunidades particulares de negocios abiertas para una compañía y los amenazantes desarrollos externos a los cuales se enfrenta son influencias clave sobre la estrategia. Ambos señalan la necesidad de una acción estratégica. La estrategia de una compañía debe estar orientada en forma deliberada a capturar sus mejores oportunidades de crecimiento, en especial aquellas que ofrecen una mayor promesa para el desarrollo de una ventaja competitiva sustentable y que mejoran las ganancias. De la misma manera, la estrategia debe estar dirigida a proporcionar una defensa contra las amenazas externas para el bienestar y el desempeño futuro de la compañía. Para que la estrategia tenga éxito, debe estar bien igualada con las oportunidades de mercado y con los desarrollos externos amenazantes; por lo común, esto significa crear medidas agresivas para aprovechar las oportunidades de mercado más prometedoras y para crear medidas defensivas con el fin de proteger la posición competitiva y las ganancias a largo plazo de la compañía.

Principio de la administración estratégica

Una estrategia bien concebida está orientada a la captura de las mejores oportunidades de crecimiento de una compañía y a defenderla contra las amenazas externas para su bienestar y su desempeño futuro.

Fortaleza de los recursos, competencias y habilidades competitivas de la compañía

Una de las consideraciones internas esenciales al modelar la estrategia es si una compañía tiene o puede adquirir los recursos, competencias y habilidades necesarios para ejecutar la estrategia de una manera eficiente. Los recursos, las competencias y las habilidades competitivas de una compañía son consideraciones importantes para la creación de la estrategia, debido a: 1) las fortalezas competitivas que proporcionan para aprovechar una oportunidad particular; 2) la ventaja competitiva que le pueden proporcionar a una empresa en el mercado, y 3) el potencial que tienen para convertirse en la piedra angular de la estrategia. La mejor ruta para la ventaja competitiva se encuentra cuando una empresa tiene recursos y competencias valiosos desde el punto de vista de la competencia y cuando los rivales no pueden desarrollar capacidades comparables, excepto a un costo elevado y/o durante un periodo prolongado.

Principio de la administración estratégica

La estrategia de una compañía se debe basar en las fortalezas de sus recursos y en aquello que hace bien (sus competencias y habilidades competitivas); de la misma manera, es arriesgado crear una estrategia cuyo éxito depende de recursos y habilidades de los cuales carece la compañía.

Incluso si una organización no tiene competencias y habilidades sobresalientes (y muchas no las tienen), los administradores deben adaptar la estrategia para que se ajuste a los recursos y habilidades particulares de la empresa. Es absurdo desarrollar un plan estratégico que no se pueda ejecutar con los recursos y capacidades que reúna la empresa. En resumen, *la estrategia debe estar bien igualada con las fortalezas y debilidades de recursos de una compañía y con sus capacidades competitivas.* La experiencia muestra que las estrategias ganadoras están decididamente orientadas a aprovechar las fortalezas de recursos de una compañía y a neutralizar las deficiencias en sus recursos y las brechas en sus capacidades. Las fortalezas de recursos de una organización hacen que resulte atractivo buscar ciertas estrategias y oportunidades de mercado; de la misma manera, las deficiencias, las brechas en capacidades y conocimientos prácticos importantes y los puntos débiles en su posición de mercado competitiva actual, hacen que resulte arriesgado buscar ciertas estrategias u oportunidades (o incluso que sean inaceptables). En consecuencia, los recursos, las competencias y las capacidades que tiene una compañía y lo valiosos que resultan desde el punto de vista competitivo, son una consideración muy importante en la creación de la estrategia.

Las ambiciones personales, filosofías de negocios y creencias éticas de los administradores

Las ambiciones, las filosofías de negocios y los valores éticos personales de los administradores por lo común quedan impresos en las estrategias que crean.

Los administradores no evalúan de manera desapasionada el curso estratégico que se debe seguir. A menudo, sus elecciones están bajo la influencia de sus propias visiones de cómo competir y cómo posicionar a la empresa, y de la imagen y la reputación que quieren que tenga la compañía. Tanto la observación casual como los estudios formales indican que las ambiciones, los valores, las filosofías de negocios, las actitudes hacia el riesgo y los valores éticos de los administradores son influencias importantes sobre la estrategia.[13] En ocasiones, esta influencia es consciente y deliberada; otras veces puede ser

[13] El papel de los valores personales, las ambiciones individuales y las filosofías administrativas en la creación de la estrategia se ha reconocido y documentado desde hace mucho tiempo. Las fuentes clásicas son William D. Guth y Renato Tagiuri, "Personal Values and Corporate Strategy", en *Harvard Business Review* 43, núm. 5, septiembre-octubre de 1965, pp. 123-132; Kenneth R. Andrews, *The Concept of Corporate Strategy*, 3a. ed., Homewood, Ill., Richard D. Irwin, 1987, capítulo 4, y Richard F. Vancil, "Strategy Formulation in Complex Organizations", en *Sloan Management Review* 17, núm. 2, invierno de 1986, pp. 4-5.

inconsciente. Como observó un experto al explicar la pertinencia de los factores personales para la estrategia: "las personas deben poner en ello su corazón".[14]

Vale la pena mencionar varios ejemplos de la forma en la cual las filosofías de negocios y los valores personales toman parte en la creación de la estrategia. Ben Cohen y Jerry Greenfield, cofundadores y principales accionistas de Ben and Jerry's Homemade Ice Cream, han insistido firmemente en que la estrategia de la compañía debe apoyar las causas sociales de su elección e incluir una poderosa misión social. Los administradores japoneses son enérgicos defensores de las estrategias que adoptan un punto de vista a largo plazo y que están orientadas al desarrollo de una participación de mercado y una posición competitiva. En contraste, algunos ejecutivos estadounidenses y europeos han sido objeto de críticas por insistir demasiado en las utilidades a corto plazo, a costa de un posicionamiento competitivo a largo plazo, debido a las presiones por satisfacer las expectativas de los inversionistas en cuanto a sus ganancias trimestrales y semestrales. Las compañías japonesas también exhiben una filosofía muy diferente en lo que concierne al papel de los proveedores. Su estrategia preferida para los proveedores es hacer arreglos a largo plazo con sus proveedores clave, debido a que creen que el hecho de trabajar en estrecha colaboración con el mismo proveedor, año tras año, mejora la calidad y la confiabilidad de las partes, facilita la entrega justo a tiempo y reduce los costos de llevar un inventario. En las compañías estadounidenses y europeas, el enfoque estratégico tradicional ha sido enfrentar a los proveedores unos contra otros y hacer negocios a corto plazo con quienquiera que ofrezca el mejor precio y prometa una calidad aceptable.

Las actitudes hacia el riesgo también tienen una gran influencia sobre la estrategia. Quienes evitan el riesgo se sienten inclinados hacia estrategias "conservadoras" que minimizan el riesgo, tienen un rendimiento rápido y producen utilidades seguras a corto plazo. Quienes aceptan el riesgo se inclinan más hacia las estrategias oportunistas, en las cuales las medidas visionarias pueden producir un mayor rendimiento a largo plazo. Quienes aceptan el riesgo prefieren la innovación y las ofensivas estratégicas temerarias a las medidas defensivas para proteger el *statu quo*.

Los valores administrativos también modelan la calidad ética de la estrategia de una empresa. Los administradores con poderosas convicciones éticas se esfuerzan al máximo en cerciorarse de que sus compañías observen un estricto código ético en todos los aspectos del negocio. Prohíben de una manera expresa las prácticas de aceptar o dar comisiones, hablar mal de los productos de los rivales y comprar influencia política por medio de contribuciones. Los casos en los cuales la acción estratégica de una compañía está en contra de los estándares éticos elevados, incluyen el cobro de excesivas tasas de interés sobre saldos de tarjetas de crédito, el empleo de tácticas de ventas inescrupulosas, la venta ininterrumpida de productos cuando existe la sospecha de que tienen problemas de seguridad y el empleo de ingredientes cuando se sabe que son peligrosos.

La influencia de los valores compartidos y de la cultura de la compañía sobre la estrategia

Las políticas, prácticas, tradiciones, creencias filosóficas y las formas de hacer las cosas se combinan para crear una cultura distintiva. Por lo común, mientras más poderosa es la cultura de una compañía, más probabilidades hay de que esa cultura modele las acciones estratégicas que decide emplear, en ocasiones dominando incluso la elección de medidas estratégicas. Esto se debe a que los valores y creencias orientados a la cultura están tan arraigados en el pensamiento y en las acciones estratégicos de la admi-

[14] Kenneth R. Andrews, *The Concept of Corporate Strategy*, p. 63.

Los valores y la cultura de una compañía pueden dominar las clases de medidas estratégicas que incluye o rechaza.

nistración, que condicionan la forma en la cual la empresa responde a los acontecimientos externos. Esas empresas tienen una tendencia impulsada por la cultura acerca de cómo manejar los aspectos estratégicos y qué clases de medidas estratégicas considerará o rechazará. Las poderosas influencias culturales explican en parte por qué las compañías se ganan una reputación por características estratégicas tales como liderazgo en el avance tecnológico y la innovación del producto, dedicación a una ejecución superior, propensión a las negociaciones financieras detalladas, deseo de crecer rápidamente mediante la adquisición de otras compañías, orientación más poderosa hacia las personas y ambiente laboral agradable o por un énfasis fuera de lo común en el servicio al cliente y en la satisfacción total del cliente.

En años recientes, cada vez son más las compañías que han articulado las creencias y los valores fundamentales que son la base de sus enfoques de negocios. Una compañía expresó sus creencias y valores fundamentales de la siguiente manera:

> Estamos impulsados por el mercado. Creemos que la excelencia funcional, combinada con el trabajo de equipo entre las funciones y los centros de utilidades, es esencial para el logro de una ejecución superior. Creemos que las personas son esenciales para todo lo que logramos. Creemos que la honestidad, la integridad y la justicia deben ser la piedra angular de nuestras relaciones con consumidores, clientes, proveedores, accionistas y empleados.

Sam Walton, el fundador de Wal-Mart, era un firme creyente en la frugalidad, el trabajo arduo, el mejoramiento constante, la dedicación a los clientes y el genuino interés en los empleados. El compromiso de la compañía con estos valores está profundamente arraigado en su estrategia de precios bajos, buenos valores, servicio amistoso, productividad mediante el empleo inteligente de la tecnología y negociaciones prudentes con los proveedores.[15] En Hewlett-Packard, los valores básicos de la compañía, conocidos internamente como "el estilo de HP", incluyen compartir el éxito con los empleados, mostrarles confianza y respeto, proporcionar a los clientes productos y servicios del mayor valor y soluciones efectivas para sus problemas, hacer que las utilidades de los accionistas sean una elevada prioridad, evitar el empleo de la deuda a largo plazo para financiar el crecimiento, iniciativa y creatividad individuales, trabajo de equipo y formar parte de la comunidad corporativa con calidad.[16] Tanto en Wal-Mart como en Hewlett-Packard, los sistemas de valores están profundamente arraigados y los administradores y empleados los comparten ampliamente. Siempre que esto sucede, los valores y las creencias son algo más que una expresión de trivialidades agradables; se convierten en una forma de vida dentro de la compañía y modelan su estrategia.[17]

EL VÍNCULO DE LA ESTRATEGIA CON LA ÉTICA

La estrategia debe ser ética. Tiene que implicar acciones justas pues de lo contrario no pasará la prueba del escrutinio moral. Esto significa algo más que conformarse con lo que es legal. Los estándares éticos y morales van más allá de las prohibiciones de la ley y del lenguaje de "no deberás", hasta los aspectos del deber y el lenguaje de "lo debes

[15] Sam Walton y John Huey, *Sam Walton: Made in America*, Nueva York, Doubleday, 1992, y John P. Kotter y James L. Heskett, *Corporate Culture and Performance,* Nueva York, Free Press, 1992, pp. 17 y 36.

[16] John P. Kotter y James L. Heskett, *Corporate Culture and Performance*, pp. 60-61.

[17] Para otro ejemplo del impacto de los valores y las creencias, véase Richard T. Pascale, "Perspectives on Strategy: The Real Story behind Honda's Success", en Glenn Carroll y David Vogel, *Strategy and Organization: A West Coast Perspective,* Marshfield, Mass., Pitman Publishing, 1984, p. 60.

hacer y no lo debes hacer". La ética concierne al deber humano y a los principios en los cuales se basa este deber.[18]

Cada acción estratégica que emprenda una compañía debe ser ética.

Todo negocio tiene una obligación ética con cada uno de los cinco grupos de los cuales se compone: propietarios/accionistas, empleados, clientes, proveedores y la comunidad en general. Cada uno de estos grupos afecta a la organización y resulta afectado por ella. Cada uno de estos grupos es un tenedor de intereses en la empresa, con ciertas expectativas acerca de lo que ésta debe hacer y de la forma en la cual lo debe hacer.[19] Por ejemplo, los propietarios/accionistas esperan con toda justicia una utilidad sobre su inversión. Aun cuando los inversionistas puedan diferir individualmente en sus preferencias respecto a obtener utilidades a corto plazo, *versus* obtener utilidades más adelante, a sus tolerancias para un mayor riesgo y a su entusiasmo por ejercer una responsabilidad social, los ejecutivos de negocios tienen la obligación moral de tratar de administrar en forma lucrativa la inversión de los propietarios.

Una compañía tiene obligaciones éticas con los propietarios, empleados, clientes, proveedores, comunidades en donde opera y público en general.

La obligación de una compañía con los empleados surge de la valía y la dignidad de los individuos que dedican sus energías al negocio y que dependen de él para su bienestar económico. La creación de una estrategia con principios requiere que las decisiones relacionadas con los empleados se tomen de manera equitativa y consecuente, interesándose en el debido proceso y en el impacto que tiene el cambio estratégico en las vidas de los empleados. En el mejor de los casos, la estrategia elegida debe promover los intereses de los empleados en lo que concierne a compensación, oportunidades de carrera, seguridad en el trabajo y condiciones de trabajo en general. En el peor de los casos, la estrategia elegida no debe colocar en desventaja a los empleados. Incluso en situaciones de crisis, en donde no es posible evitar el impacto adverso para los empleados, los negocios tienen la obligación ética de minimizar cualesquiera privaciones que se deban imponer en forma de reducciones en la fuerza laboral, cierres de plantas, transferencias de trabajo, reubicaciones, nueva capacitación y pérdida de ingresos.

La obligación con el cliente surge de las expectativas que surgen con la compra de un bien o servicio. Una valoración inadecuada de esta obligación condujo a leyes de responsabilidad del producto y a un sinnúmero de agencias reguladoras para proteger a los consumidores. Sin embargo, todavía abunda toda clase de aspectos éticos relacionados con la estrategia. ¿Un vendedor le debe informar voluntariamente al cliente que existe la sospecha de que el producto que vende contiene ingredientes que, aun cuando cuentan con la aprobación oficial para su empleo, pueden tener efectos potencialmente nocivos? ¿Es ético que los fabricantes de bebidas alcohólicas patrocinen eventos universitarios, a pesar de que muchos estudiantes son menores de 21 años? ¿Es ético que los fabricantes de cigarros se anuncien (aun cuando es legal)? ¿Es ético que los fabricantes obstruyan los esfuerzos para retirar productos cuando hay la sospecha de que tienen partes defectuosas o diseños imperfectos? ¿Es ético que los supermercados y las tiendas de departamentos de menudeo atraigan a los clientes con publicidad de precios de "oferta", pero que después les asignen precios más elevados a artículos básicos?

La obligación ética de una compañía con sus proveedores surge de la relación de mercado que existe entre ellos. Son socios y adversarios a la vez. Son socios en el sentido de que la calidad de las partes de los proveedores afecta la calidad del propio producto de una empresa. Son adversarios en el sentido de que el proveedor quiere el precio y la utilidad más elevados que pueda obtener, mientras que el comprador quiere un precio más bajo, mejor calidad y un servicio más rápido. Una compañía se enfrenta

[18] Harry Downs, "Business Ethics: the Stewardship of Power", documento de trabajo proporcionado a los autores.

[19] *Idem.*

a varios aspectos éticos en sus relaciones con los proveedores. ¿Es ético comprarles bienes a proveedores extranjeros que emplean mano de obra infantil y/o pagan salarios inferiores al estándar y/o tienen condiciones de trabajo de explotación en sus instalaciones? ¿Es ético amenazar con dejar de hacer negocios con un proveedor, a menos de que convenga en no hacer negocios con los competidores clave? ¿Es ético revelarle el precio que cotiza un proveedor a otro proveedor rival? ¿Es ético aceptar obsequios de los proveedores? ¿Es ético pagar en efectivo a un proveedor? ¿Es ético *no* avisar con anticipación a los proveedores actuales de la intención de descontinuar el empleo de lo que han estado proporcionando y cambiar a componentes proporcionados por otra empresa?

La obligación ética de una compañía con la comunidad en general surge de su *statu quo* como parte de la comunidad y como una institución de la sociedad. Las comunidades y la sociedad son razonables al esperar que los negocios sean buenos ciudadanos, que paguen su parte justa de impuestos para protección policiaca y contra incendios, eliminación de desperdicios, calles y carreteras, etc., y que se preocupen por el impacto que puedan tener sus actividades sobre el ambiente, la sociedad y las comunidades en donde operan. Por ejemplo, ¿es ético que una empresa de licores anuncie sus productos en la televisión en horarios no aptos para los niños y los menores de 21 años? ¿Es ético incluso que se anuncien en la televisión en cualquier horario? Hace algunos años, se descubrió que una compañía petrolera había gastado 2 millones de dólares en conservación ambiental y 4 millones de dólares anunciando su virtud y sus buenas acciones, mismas que parecen deliberadamente manipuladoras y engañosas. La conducta ética de una compañía se demuestra en última instancia por el hecho de si se abstiene de actuar de una manera contraria al bienestar de la sociedad y por el grado hasta el cual apoya las actividades de la comunidad, alienta a los empleados a participar en dichas actividades, maneja los aspectos de salud y seguridad de sus operaciones, acepta la responsabilidad de superar la contaminación ambiental, se relaciona con los organismos reguladores y con los sindicatos de empleados y exhibe elevados estándares éticos.

Cumplimiento de las responsabilidades éticas La administración, y no los grupos que constituyen la empresa, es responsable de la misma. Por consiguiente, las percepciones de la administración acerca de sus obligaciones y de los reclamos de sus grupos son las que impulsan la estrategia ética y su forma. Desde un punto de vista ideal, los administradores consideran las decisiones estratégicas desde el punto de vista de cada grupo y, cuando surgen conflictos, llegan a un equilibrio racional, objetivo y equitativo entre los intereses de los cinco grupos. Si cualquiera de los cinco grupos concluye que la administración no está cumpliendo con su obligación, tiene sus propias instancias para apelar: los inversionistas preocupados pueden protestar durante la asamblea de accionistas, recurrir al consejo de administración o vender sus acciones; los empleados preocupados se pueden sindicalizar y entablar negociaciones colectivas o buscar empleo en otra parte; los clientes pueden preferir otros competidores; los proveedores pueden encontrar otros compradores, o bien, buscar otras alternativas de mercado; la comunidad y la sociedad pueden hacer cualquier cosa, desde organizar marchas de protesta e incitar boicots para estimular una acción política y gubernamental.[20]

Una administración que en verdad se interesa en la ética de negocios y en la responsabilidad social se comporta de manera proactiva, más que reactiva, al vincular la acción estratégica y la ética; se aparta de oportunidades de negocios dudosas desde el punto de vista moral o ético (por ejemplo, a finales de 1996, Anheuser-Busch anunció que ya no pasaría sus comerciales de cerveza en MTV); no hace negocios con proveedores que se dedican a actividades que la compañía no condona; fabrica productos que los clientes pueden utilizar sin ningún riesgo; opera en un ambiente de trabajo seguro para los empleados; recluta y contrata empleados cuyos valores y conducta son iguales

[20] *Idem.*

CÁPSULA ILUSTRATIVA 8 El compromiso de Harris Corporation con sus tenedores de intereses

Harris Corporation es un importante proveedor de información, comunicaciones, productos de semiconductores, sistemas y servicios para clientes comerciales y gubernamentales en todo el mundo. La compañía utiliza avanzadas tecnologías para proporcionar soluciones innovadoras y efectivas en relación con el costo para el procesamiento y la comunicación de datos, voz, texto e información en video. En 1996 tenía ventas de 3 600 millones de dólares y empleaba a casi 23 000 personas. En un reporte anual reciente, la compañía expresó su compromiso de satisfacer las expectativas de sus tenedores de intereses:

Clientes. Para los clientes, nuestro objetivo es lograr cada vez mejores niveles de satisfacción, proporcionando productos y servicios de calidad con beneficios distintivos y sobre una base oportuna y continua en todo el mundo. Nuestras relaciones con los clientes serán francas y éticas y se llevarán a cabo en una forma que garantice la confianza.

Accionistas. Para nuestros accionistas, que son los propietarios de nuestra compañía, el objetivo es lograr un crecimiento sustentable en las ganancias por acción. La apreciación resultante del precio por acción, combinada con los dividendos, les debe proporcionar a nuestros accionistas una utilidad total sobre la inversión que sea competitiva con oportunidades de inversión similares.

Empleados. Los miembros del personal de Harris son nuestro activo más valioso y nuestro objetivo es que cada empleado esté personalmente involucrado en el éxito del negocio y participe en él. La compañía tiene el compromiso de crear un ambiente propicio para que todos los empleados utilicen totalmente su creatividad y su talento; de proporcionar una compensación equitativa, buenas condiciones de trabajo y la oportunidad para un desarrollo y un crecimiento personales, que estarán limitados sólo por la habilidad y el deseo individuales.

Proveedores. Los proveedores son parte vital de nuestros recursos. Nuestro objetivo es desarrollar y mantener asociaciones mutuamente benéficas con los proveedores que comparten nuestro compromiso de lograr crecientes niveles de satisfacción del cliente por medio de mejoramientos continuos en la calidad, el servicio, la puntualidad y el costo. Nuestras relaciones con los proveedores serán sinceras, éticas e incluirán los principios más elevados de la práctica de compras.

Comunidades. Nuestro objetivo es ser un ciudadano corporativo responsable. Esto incluye el apoyo de las actividades cívicas, educacionales y de negocios apropiadas, respeto hacia el ambiente y alentar a los empleados de Harris a practicar una buena ciudadanía y apoyar los programas comunitarios. Nuestra mayor contribución para nuestras comunidades es tener éxito, de manera que podamos mantener empleos estables y crear nuevos trabajos.

Fuente: Reporte anual de 1988.

a los principios y estándares éticos de la compañía; actúa para reducir cualquier contaminación ambiental que llegue a causar; se interesa en su forma de hacer negocios y en si sus acciones reflejan integridad y elevados estándares éticos. La Cápsula ilustrativa 8 describe los compromisos éticos de Harris Corporation con sus tenedores de intereses.

Pruebas de una estrategia triunfadora

¿Cuáles son los criterios para eliminar las estrategias? ¿Cómo puede juzgar un administrador cuál opción estratégica es mejor para la compañía? ¿Cuáles son los estándares para determinar si una estrategia tiene éxito o no? Hay tres pruebas que se pueden utilizar para evaluar los méritos de una estrategia y medir su eficacia:

1. *La prueba del ajuste*. Una buena estrategia está adaptada para que se ajuste a la situación interna y externa de la compañía, debido a que sin un rígido ajuste situacional existirá la duda de si responde de manera apropiada a los requerimientos para el éxito en el mercado.
2. *La prueba de la ventaja competitiva*. Una buena estrategia conduce a una ventaja competitiva sustentable. Mientras mayor sea ésta, más poderosa y efectiva resulta la estrategia.
3. *La prueba del desempeño*. Una buena estrategia mejora el desempeño de la compañía. Hay dos clases de mejoras del desempeño que son reveladoras de la adecuación

de una estrategia: las ganancias económicas y las ganancias en las fortalezas competitivas y en la posición de mercado a largo plazo de la compañía.

Las opciones estratégicas que obviamente no pasan una o más de estas pruebas pueden ser eliminadas de una consideración posterior. La opción estratégica que satisface mejor las tres pruebas puede ser considerada como la alternativa estratégica más atractiva. Una vez que se hace el compromiso estratégico y que ha transcurrido el tiempo suficiente para ver los resultados, estas mismas pruebas se pueden utilizar para determinar si la elección estratégica califica como una estrategia triunfadora. Mientras más se ajusta una estrategia a la situación, crea una ventaja competitiva sostenible y mejora el desempeño de la compañía, por lo que califica como triunfadora.

Principio de la administración estratégica

Una estrategia triunfadora se debe ajustar a la situación de la empresa, crear una ventaja competitiva sostenible y mejorar el desempeño de la compañía.

Por supuesto, hay algunos criterios adicionales para juzgar los méritos de una estrategia particular: que esté completa y que cubra todas las bases, la consistencia interna entre todas las partes, la claridad, el grado de riesgo involucrado y la flexibilidad. Estos criterios son complementos útiles y ciertamente es necesario tomarlos en cuenta, pero de ninguna manera pueden reemplazar a las tres pruebas propuestas anteriormente.

ENFOQUES PARA EL DESEMPEÑO DE LA TAREA DE CREACIÓN DE LA ESTRATEGIA

Las compañías y los administradores se dedican a la tarea de desarrollar planes estratégicos en una forma diferente. En las pequeñas compañías administradas por el propietario, la creación de la estrategia por lo común ocurre de una manera informal, debido a que surge de las experiencias, las observaciones y las evaluaciones personales, los intercambios verbales, los debates y los criterios emprendedores de algunas personas clave en el nivel superior; probablemente también estén involucrados alguna recopilación de datos y varios análisis de cifras. A menudo la estrategia resultante existe en la mente del empresario y en entendimientos verbales con los subordinados clave, pero no se reduce a redactar y presentar un documento formal llamado plan estratégico.

Sin embargo, las grandes compañías tienden a desarrollar sus planes estratégicos de una manera más formal (en ocasiones utilizando procedimientos, formas y guías prescritos) y un intenso estudio de aspectos particulares, lo que implica la amplia participación de los administradores en muchos niveles organizacionales e incontables juntas para sondear, interrogar, aclarar las cosas y trabajar con ahínco en todas las partes de la estrategia. Mientras más grande y diversa es una empresa, mayor es el número de administradores que piensan que es mejor tener un proceso estructurado con guías, estudios, debates y planes por escrito que obtengan la aprobación del nivel superior.

Junto con las variaciones en el proceso organizacional de formular la estrategia, hay variaciones en la forma en que los administradores participan personalmente en el análisis de la situación de la empresa y en la deliberación acerca de cuál estrategia se debe buscar. Los cuatro estilos básicos de creación de la estrategia que utilizan los administradores son:[21]

El enfoque del estratega experto Algunos administradores asumen el papel del principal estratega, emprendedor, que ejerce sin la ayuda de nadie una *poderosa* influencia sobre las evaluaciones de la situación, las alternativas de la estrategia y sus detalles. Esto no quiere decir que el administrador desempeñe personalmente todo el trabajo, sino que se

[21] Esta exposición se basa en David R. Brodwin y L. J. Bourgeois, "Five Steps to Strategic Action", en Glenn Carroll y David Vogel, *Strategy and Organization: A West Coast Perspective*, pp. 168-178.

convierte en el principal arquitecto de la estrategia y esgrime una mano proactiva al modelar algunas o todas las partes principales de ésta. Los estrategas expertos actúan como los comandantes de la estrategia y tienen un considerable interés de propiedad en la estrategia elegida.

El enfoque de delegar en otros Aquí, el administrador a cargo delega partes y tal vez toda la tarea de la creación de la estrategia en otros. Puede tratarse de un grupo de subordinados de confianza, en una fuerza de tareas interfuncional o en equipos de trabajo autónomos que tienen autoridad sobre un proceso o una función particulares. Después, se mantiene personalmente en contacto con la forma en la cual están progresando las deliberaciones, ofrece una guía cuando es apropiado, sonríe o frunce el ceño a medida que le presentan de manera informal las recomendaciones para someterlas a prueba y conocer su reacción, y se reserva la aprobación final hasta que le presentan formalmente las propuestas de la estrategia, una vez que se consideran, se modifican (de ser necesario) y se decide que están listas para ser puestas en práctica. Aun cuando quienes delegan la tarea de la estrategia pueden dejar muy poca huella en las partes individuales de las propuestas de estrategias que les presentan para su aprobación, a menudo deben desempeñar un papel integrador para que los elementos ideados por otros estén en armonía y para desglosar cualquiera de las partes que no hayan sido delegadas. También deben responsabilizarse de los esfuerzos que lleven a cabo los subordinados en la creación de la estrategia, con el fin de cerciorarse de que han depositado su confianza en las personas idóneas para realizar las tareas de creación de la estrategia. Este estilo de creación de la estrategia permite una participación y una entrada más amplias de muchos administradores y áreas, y además les concede cierta flexibilidad en la selección de ideas que surgen desde el nivel inferior. Uno de los puntos débiles de la delegación es que su éxito depende en gran parte de los criterios de negocios y de la capacidad de creación de estrategias de aquellos en quienes se delega esta tarea; por ejemplo, los esfuerzos de los subordinados para crear la estrategia pueden demostrar que están demasiado orientados a corto plazo y que son reactivos, abordando más la forma de enfrentarse a los problemas actuales que el posicionamiento de la empresa y la adaptación de sus recursos para captar oportunidades de largo plazo. Además, los subordinados quizá no tienen suficiente poder para abordar los principales componentes cambiantes de la estrategia actual.[22] Un segundo punto débil que implica formar un grupo de subordinados para que desarrollen la estrategia es que conlleva una señal equivocada: el desarrollo de la estrategia no es lo bastante importante como para garantizar que requiera el tiempo y la atención personal del jefe. Además, un administrador puede acabar por sentirse demasiado alejado del proceso para ejercer un liderazgo estratégico si las deliberaciones del grupo acaban en desacuerdos o si se desvían, lo cual prepara el escenario para la determinación de una dirección sin una guía y/o para una estrategia mal concebida.

El enfoque de colaboración Éste es un enfoque intermedio, mediante el cual el administrador solicita la ayuda de sus compañeros y subordinados clave para llegar a un consenso sobre la estrategia. Ésta surge como el producto colectivo de todos los interesados y, por lo común, el administrador a cargo guía personalmente el esfuerzo de colaboración, que resulta adecuado para las situaciones en que existe la necesidad de recurrir a las ideas y las capacidades de solución de problemas de personas con antecedentes, conocimientos y perspectivas diferentes, y en donde tiene sentido asignarles a tantas

[22] Para un caso pertinente en el que los cambios necesarios en la estrategia eran demasiado grandes como para que los abordara un grupo organizado de subordinados, véase Thomas M. Hout y John C. Carter, "Getting It Done: New Roles for Senior Executives", en *Harvard Business Review* 73, núm. 6, noviembre-diciembre de 1995, pp. 140-144.

personas como sea posible un papel de participación en la creación de la estrategia que ayuda a lograr su compromiso entusiasta con la implementación. La idea de involucrar equipos de personas para que analicen situaciones complejas y encuentren soluciones impulsadas por el mercado y por el cliente, se está volviendo cada vez más necesaria en muchos negocios. Hay diversos aspectos estratégicos que no sólo tienen demasiado alcance o son de una naturaleza muy complicada para que los maneje un solo administrador, sino que a menudo son de una naturaleza interfuncional o interdepartamental, lo que requiere las contribuciones de muchos expertos y la colaboración de los administradores de diferentes niveles de la organización, con el fin de decidir acciones estratégicas sensatas. Un punto valioso de este estilo de creación de la estrategia es que el grupo de personas encargadas de ello puede incluir a las mismas personas que estarán a cargo de su puesta en práctica. La idea de conferir a las personas un interés de influencia en la creación de la estrategia que más adelante deben ayudar a implantar no sólo es motivacional, sino que también significa que es posible hacerlos responsables del establecimiento de la estrategia y de lograr que funcione, debido a que la excusa que se utiliza a menudo de "no fue idea mía hacer esto" no será válida.

El enfoque del defensor En este estilo, el administrador no tiene demasiado interés personal en los detalles de la estrategia ni en la tarea —que lleva mucho tiempo— de guiar a los participantes en una sesión de participación o en un ejercicio de colaboración de "sabiduría del grupo". Aquí, las partes esenciales de la estrategia de la compañía se originan con los "hacedores" y los "corredores rápidos". Los ejecutivos hacen las veces de jueces, evaluando las propuestas para la estrategia que necesitan su aprobación. Este enfoque funciona bien en las grandes corporaciones diversificadas, en las que el director ejecutivo no puede dirigir personalmente la creación de la estrategia en cada una de las muchas divisiones de negocios. Para que los ejecutivos de la matriz aprovechen el hecho de contar con personas capaces de vislumbrar las oportunidades estratégicas, deben delegar la iniciativa de la creación de la estrategia en los administradores a nivel de la unidad de negocios. Los ejecutivos corporativos muy bien pueden articular temas estratégicos como pautas a nivel de toda la organización para un buen pensamiento estratégico, pero la clave para la creación de una buena estrategia es estimular y recompensar las nuevas iniciativas estratégicas concebidas por alguien que cree en la oportunidad y que desea en forma tan intensa la aprobación como para buscarla. Con este enfoque, la estrategia total acaba por ser la suma de las iniciativas defendidas que son aprobadas.

Estos cuatro enfoques administrativos básicos en la formación de una estrategia aclaran varios aspectos sobre la forma en la cual las compañías llegan a una estrategia planeada. Cuando el administrador a cargo es el principal arquitecto de la estrategia, la elección de cuál curso estratégico debe guiar es producto de su propia visión sobre cómo posicionar a la empresa y sobre las ambiciones, valores, filosofías de negocios y criterio emprendedor del administrador acerca de qué medidas se deben tomar posteriormente. La creación de una estrategia altamente centralizada funciona bien cuando el administrador a cargo tiene una visión poderosa y perspicaz de hacia dónde se debe dirigir y cómo llegar allí. El principal punto débil del enfoque del estratega experto es que la estrategia depende en gran parte de las capacidades de creación de estrategias de una sola persona y de la perspicacia en su actitud emprendedora. También falla en las grandes empresas donde son necesarias muchas iniciativas estratégicas y donde la tarea de la creación de la estrategia es demasiado compleja para que se haga cargo de ella una sola persona.

De los cuatro enfoques básicos que pueden utilizar los administradores en la creación de una estrategia, ninguno es inherentemente superior; cada uno tiene fortalezas y debilidades y cada uno funciona en la situación "apropiada".

Por otra parte, el enfoque de grupo para la creación de la estrategia también tiene sus riesgos. En ocasiones, la estrategia que surge del consenso del grupo es un compromiso a medias, carente de una iniciativa temeraria y creativa. En otras ocasiones, representa un consenso político y es obra de subordinados de influencia, departamentos funcionales poderosos o coaliciones de quienes tienen un interés común en promover su versión particular de lo que debería ser la estrategia. Es probable que la política y el ejercicio del poder entren en juego en situaciones en donde no hay un consenso sobre qué estrategia se debe adoptar; esto abre la posibilidad de que surja una solución política. El enfoque de colaboración también conduce a una solución política, debido a que los departamentos y los individuos poderosos tienen una amplia oportunidad para tratar de llegar a un consenso acerca de su enfoque estratégico favorito. El principal punto débil del enfoque de delegar en otros es la ausencia potencial de una dirección adecuada de arriba hacia abajo y de un liderazgo estratégico.

El punto fuerte del enfoque del defensor también es su punto débil. El valor de la defensa es que alienta a las personas en niveles organizacionales inferiores para que estén alerta a las oportunidades de mercado lucrativas, a proponer estrategias innovadoras que las aprovechen y a asumir la responsabilidad de las nuevas iniciativas de negocios. A los individuos que tienen propuestas estratégicas atractivas les brindan la flexibilidad y los recursos para que las pongan a prueba, lo que ayuda a renovar la habilidad de una organización para la innovación y el crecimiento. Por otra parte, no es probable que una serie de acciones defendidas, debido a que surgen de muchos lugares en la organización y a que pueden ir en muchas direcciones, formen un patrón o un resultado coherente de una dirección estratégica clara para la compañía como un todo, sin algún liderazgo poderoso de arriba hacia abajo. El director ejecutivo debe asegurarse de que lo que se defiende le añada poder a la estrategia total de la organización; de lo contrario, las iniciativas estratégicas pueden seguir direcciones que no tienen vínculos o una razón de ser amplia. Otro punto débil del enfoque de la defensa es que los altos ejecutivos estarán más decididos a proteger sus reputaciones de ser prudentes que a apoyar estrategias en ocasiones revolucionarias, en cuyo caso las ideas innovadoras se pueden extinguir debido a la ortodoxia corporativa.[23] Generalmente causa molestia que un empleado de nivel inferior defienda una idea contraria a lo que piensa la cadena de mando.

De esta manera, los cuatro estilos de manejar la creación de la estrategia tienen puntos fuertes y débiles. Los cuatro pueden tener éxito o fracasar, dependiendo de si se utilizan en las circunstancias apropiadas, de lo bien que se administre el enfoque y de las habilidades y criterios de creación de estrategia de los individuos involucrados.

PUNTOS CLAVE

La tarea de la administración al determinar la dirección implica trazar la futura trayectoria estratégica de la compañía, establecer objetivos y desarrollar una estrategia. Al principio del proceso de determinación de la dirección, los administradores necesitan abordar la pregunta de "¿cuál es nuestro negocio y qué llegará a ser?". Los puntos de vista y las conclusiones de la administración sobre el curso futuro de la organización, la posición de mercado que debe tratar de ocupar y las actividades de negocios que debe emprender, constituyen una *visión estratégica* para la compañía. Ésta indica las aspiraciones de la administración para la organización, proporcionando una perspectiva panorámica de "en qué negocio queremos estar, hacia dónde nos dirigimos y la clase de compañía que estamos tratando de crear". Explica en todos sus detalles la dirección y describe el punto de destino. Las visiones efectivas son claras, presentan un reto y son inspiradoras; preparan a una empresa para el futuro y tienen sentido en el mercado. Una exposición de la misión/visión bien concebida y expresada sirve como faro para la dirección a largo plazo, ayuda a canalizar los esfuerzos de la organización a lo largo de la trayectoria que la administración se ha comprometido a seguir, desarrolla un poderoso sentido de identidad organizacional y logra la aceptación de los empleados.

[23] Véase Gary Hamel, "Strategy as Revolution", pp. 80-81.

El segundo paso en la determinación de la dirección es el establecimiento de los objetivos *estratégicos* y *financieros* que deberá lograr la organización. Los objetivos convierten la misión y la visión estratégica de la compañía en metas de desempeño específicas. Los objetivos deben explicar con precisión cuánto y para cuándo, y deben requerir una cantidad significativa de alcance organizacional. Además, son necesarios en todos los niveles de la organización.

El tercer paso en la determinación de la dirección implica el desarrollo de estrategias para el logro de los objetivos establecidos en cada área de la organización. Es necesaria una estrategia corporativa para el logro de los objetivos a nivel corporativo; las estrategias de negocios son necesarias para el logro de los objetivos de desempeño de la unidad de negocios, las funcionales son necesarias para el logro de los objetivos de desempeño establecidos para cada departamento funcional, y las operativas son necesarias para el logro de los objetivos establecidos en cada unidad de operación y geográfica. De hecho, el plan estratégico de una organización es un conjunto de estrategias unificadas y entrelazadas. Como se muestra en la tabla 2.1, en cada nivel de creación de la estrategia administrativa se abordan diferentes aspectos. Por lo común, la tarea de la creación de la estrategia se da más de arriba hacia abajo que de abajo hacia arriba. Las estrategias en un nivel inferior deben respaldar y complementar la estrategia en un nivel superior y contribuir al logro de los objetivos a un nivel más elevado de toda la compañía.

La estrategia está modelada por consideraciones externas e internas. Las principales consideraciones externas son de la sociedad, políticas, reguladoras y de la comunidad, las condiciones competitivas y el atractivo general de la industria, así como las oportunidades de mercado y las amenazas para la compañía. Las principales consideraciones internas son las fortalezas y debilidades de la compañía y sus capacidades competitivas, las ambiciones, filosofía y ética personales de los administradores, y la cultura y los valores compartidos de la compañía. Además, una buena estrategia conduce a una ventaja competitiva sostenible y a un mejor desempeño de la compañía.

Esencialmente, hay cuatro formas básicas de administrar el proceso de desarrollo de la estrategia de una organización: el enfoque del estratega experto, en el cual el administrador a cargo es el principal arquitecto de la estrategia; el enfoque de delegar en otros, el enfoque de colaboración y el enfoque del defensor. Los cuatro tienen puntos fuertes y débiles. Los cuatro pueden tener éxito o fracasar, dependiendo de lo bien que se administre el enfoque y las capacidades y los criterios para la creación de estrategias de los individuos involucrados.

LECTURAS SUGERIDAS

Campbell, Andrew y Laura Nash, *A Sense of Mission: Defining Direction for the Large Corporation*, Reading, Mass., Addison-Wesley, 1993.

Collins, James C. y Jerry I. Porras, "Building Your Company's Vision", en *Harvard Business Review* 74, núm. 5, septiembre-octubre de 1996, pp. 65-77.

Drucker, Peter, "The Theory of the Business", en *Harvard Business Review* 72, núm. 5, septiembre-octubre de 1994, pp. 95-104.

Hamel, Gary y C. K. Prahalad, "Strategic Intent", en *Harvard Business Review* 67, núm. 3, mayo-junio de 1989, pp. 63-76.

________, "Strategy as Stretch and Leverage", en *Harvard Business Review* 71, núm. 2, marzo-abril de 1993, pp. 75-84.

Hamel, Gary, "Strategy as Revolution", en *Harvard Business Review* 74, núm. 4, julio-agosto de 1996, pp. 69-82.

Hammer, Michael y James Champy, *Reengineering the Corporation*, Nueva York, HarperBusiness, 1993, capítulo 9.

Ireland, R. Duane y Michael A. Hitt, "Mission Statements: Importance, Challenge, and Recommendations for Development", en *Business Horizons,* mayo-junio de 1992, pp. 34-42.

Kahaner, Larry, "What You Can Learn from Your Competitors' Mission Statements", en *Competitive Intelligence Review* 6, núm. 4, invierno de 1995, pp. 35-40.

Lipton, Mark, "Demystifying the Development of an Organizational Vision", en *Sloan Management Review,* verano de 1996, pp. 83-92.

McTavish, Ron, "One More Time: What Business Are You In?", en *Long Range Planning* 28, núm. 2, abril de 1995, pp. 49-60.

Mintzberg, Henry, "Crafting Strategy", en *Harvard Business Review* 65, núm. 4, julio-agosto de 1987, pp. 66-77.

Porter, Michael E., "What Is Strategy?", en *Harvard Business Review* 74, núm. 6, noviembre-diciembre de 1996, pp. 61-78.

Wilson, Ian, "Realizing the Power of Strategic Vision", en *Long Range Planning* 25, núm. 5, 1992, pp. 18-28.

3

ANÁLISIS INDUSTRIAL Y COMPETITIVO

La creación de una estrategia es un ejercicio impulsado por el análisis, no una tarea en la cual los administradores se pueden guiar por la opinión, los buenos instintos y el pensamiento creativo. Los criterios acerca de la estrategia que se debe buscar necesitan fluir directamente de un análisis sensato del ambiente externo y de la situación interna de una compañía. Las dos consideraciones más importantes son: 1) las condiciones de la industria y competitivas (que son la esencia del ambiente externo de una compañía de un solo negocio) y 2) las capacidades competitivas, las fortalezas y debilidades internas y la posición de mercado de una compañía.

La figura 3.1 ilustra lo que entra en juego al evaluar la situación de una compañía y decidir una estrategia. La secuencia analítica se da desde la evaluación estratégica de la situación externa e interna de la compañía hasta la identificación de los aspectos que serán evaluados entre varias opciones para la elección de la estrategia. El diagnóstico preciso de la situación de la compañía es una preparación administrativa necesaria para decidir una dirección sensata a largo plazo, la determinación de objetivos apropiados y la creación de una estrategia ganadora. Sin una comprensión perceptiva de los aspectos estratégicos del macroambiente y el microambiente de una compañía, son mayores las probabilidades de que los administradores elijan un plan de acción estratégico que no se ajuste bien a la situación, que tenga pocos prospectos de crear una ventaja competitiva y de mejorar el desempeño de la compañía.

> El análisis es el punto de partida crítico del pensamiento estratégico.
> **Kenichi Ohmae**
>
> Tomar conciencia del ambiente no es un proyecto especial que se debe emprender únicamente cuando el peligro del cambio se vuelve ensordecedor...
> **Kenneth R. Andrews**
>
> No hay nada que aclare mejor la mente que la presencia constante de un competidor que lo quiere borrar del mapa.
> **Wayne Calloway**
> *Ex director ejecutivo, PepsiCo*

Este capítulo estudia las técnicas del *análisis de la industria y competitivo*, término que se utiliza comúnmente para referirse a la evaluación de los aspectos pertinentes, desde el punto de vista estratégico, del *macroambiente* o *ecosistema de negocios* de una compañía. En el capítulo siguiente damos cuenta de los métodos de *análisis de la situación de la compañía* y la forma de evaluar los aspectos del diseño de la estrategia del *microambiente* inmediato de una empresa.

LOS MÉTODOS DEL ANÁLISIS DE LA INDUSTRIA Y COMPETITIVO

Cada compañía difiere ampliamente en sus características económicas, sus situaciones competitivas y sus prospectos de utilidades futuras. El carácter económico y competitivo de la industria camionera tiene muy poca semejanza con el del menudeo de descuento. Los rasgos económicos y competitivos del negocio de alimentos de preparación rápida tienen muy poco en común con los del que proporciona productos o servicios por medio de Internet. El negocio de televisión por cable está regido por condiciones de la

FIGURA 3.1 La forma en que el pensamiento y el análisis estratégico conducen a elecciones estratégicas positivas

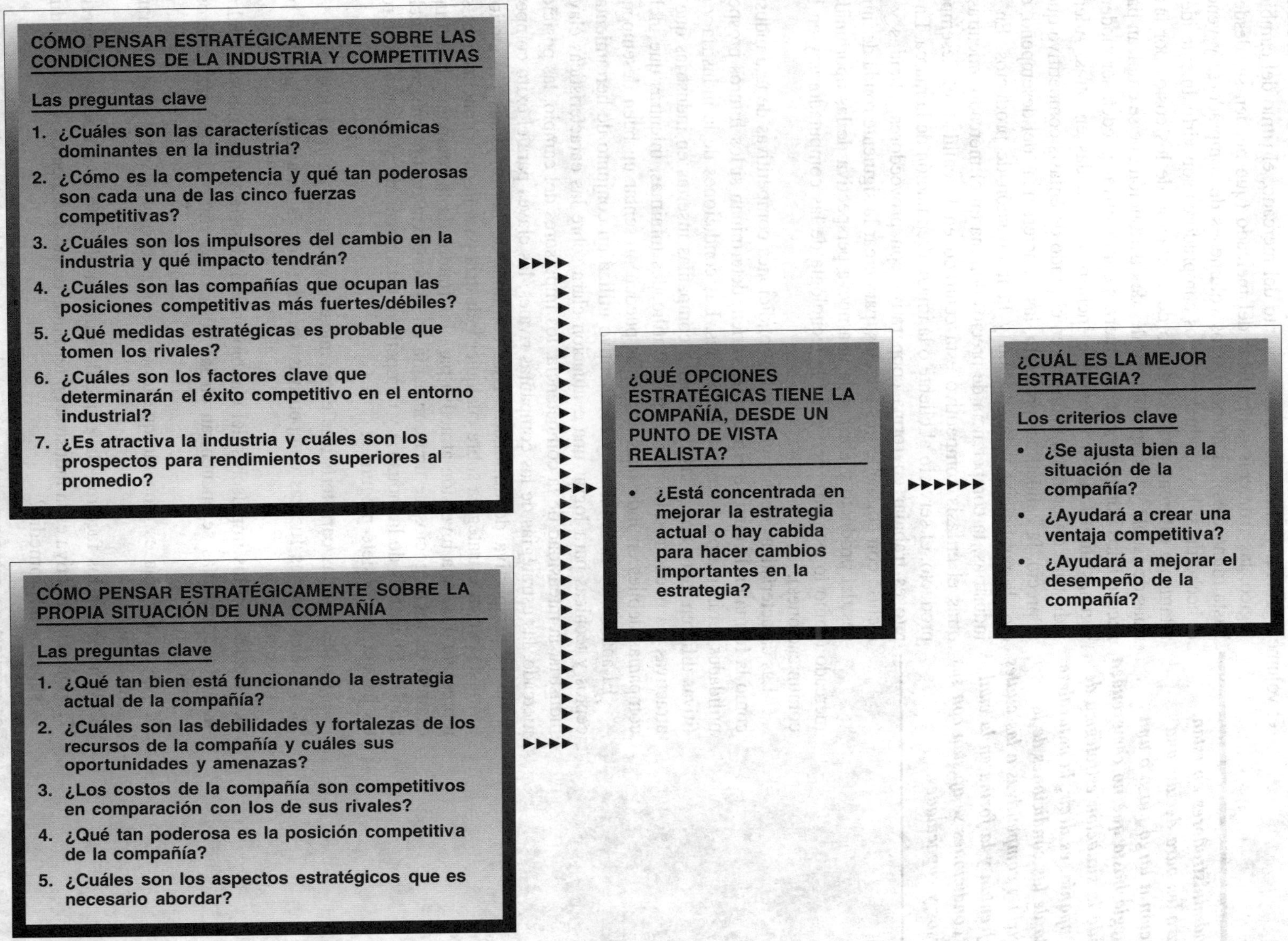

CÓMO PENSAR ESTRATÉGICAMENTE SOBRE LAS CONDICIONES DE LA INDUSTRIA Y COMPETITIVAS

Las preguntas clave

1. ¿Cuáles son las características económicas dominantes en la industria?
2. ¿Cómo es la competencia y qué tan poderosas son cada una de las cinco fuerzas competitivas?
3. ¿Cuáles son los impulsores del cambio en la industria y qué impacto tendrán?
4. ¿Cuáles son las compañías que ocupan las posiciones competitivas más fuertes/débiles?
5. ¿Qué medidas estratégicas es probable que tomen los rivales?
6. ¿Cuáles son los factores clave que determinarán el éxito competitivo en el entorno industrial?
7. ¿Es atractiva la industria y cuáles son los prospectos para rendimientos superiores al promedio?

CÓMO PENSAR ESTRATÉGICAMENTE SOBRE LA PROPIA SITUACIÓN DE UNA COMPAÑÍA

Las preguntas clave

1. ¿Qué tan bien está funcionando la estrategia actual de la compañía?
2. ¿Cuáles son las debilidades y fortalezas de los recursos de la compañía y cuáles sus oportunidades y amenazas?
3. ¿Los costos de la compañía son competitivos en comparación con los de sus rivales?
4. ¿Qué tan poderosa es la posición competitiva de la compañía?
5. ¿Cuáles son los aspectos estratégicos que es necesario abordar?

¿QUÉ OPCIONES ESTRATÉGICAS TIENE LA COMPAÑÍA, DESDE UN PUNTO DE VISTA REALISTA?

- ¿Está concentrada en mejorar la estrategia actual o hay cabida para hacer cambios importantes en la estrategia?

¿CUÁL ES LA MEJOR ESTRATEGIA?

Los criterios clave

- ¿Se ajusta bien a la situación de la compañía?
- ¿Ayudará a crear una ventaja competitiva?
- ¿Ayudará a mejorar el desempeño de la compañía?

industria y competitivas que difieren en forma radical de las del negocio de bebidas no alcohólicas.

El carácter económico de cada industria particular varía conforme a varios factores: el volumen general y el índice de crecimiento del mercado, el ritmo del cambio tecnológico, las fronteras geográficas del mercado (que pueden ser desde locales hasta mundiales), el número y los volúmenes de compradores y vendedores, el hecho de si los productos de los compradores son virtualmente idénticos y altamente diferenciados, el grado de afectación de los costos por las economías de escala y los tipos de canales de distribución que se emplean para tener acceso a los compradores. Las fuerzas competitivas pueden ser moderadas en algunas industrias, o intensas e incluso despiadadas en otras. Además, las industrias difieren ampliamente en el grado de énfasis competitivo que le dan al precio, la calidad del producto, las características del desempeño, el servicio, la publicidad y promoción y la innovación de productos. En algunas industrias, la competencia de precios domina en el mercado, mientras que en otras el énfasis competitivo está centrado en la calidad, el desempeño del producto, el servicio al cliente o la imagen/reputación de la marca. En otras el reto es trabajar en forma cooperativa con proveedores, clientes y tal vez incluso con competidores selectos, para crear la siguiente ronda de innovaciones del producto y abrir toda una nueva perspectiva de las oportunidades de mercado (como lo estamos viendo en la tecnología de las computadoras y en las telecomunicaciones).

Los administradores no están preparados para decidir una dirección a largo plazo o una estrategia hasta que no comprenden a fondo la situación estratégica de la compañía, es decir, la naturaleza exacta de las condiciones de la industria y competitivas a las cuales se enfrentan y la forma en la cual estas condiciones se ajustan con sus recursos y capacidades.

Las características económicas y las condiciones competitivas de una industria, así como la forma en la cual se espera que varíen, determinan si los futuros prospectos de utilidades serán malos, buenos o excelentes. Las condiciones de la industria y competitivas difieren tanto que a las principales compañías insertas en industrias que no son atractivas les puede resultar difícil ganar utilidades mínimas, mientras que incluso las compañías débiles en industrias atractivas pueden presentar un buen desempeño.

El análisis de la industria y competitivo utiliza un conjunto de herramientas, conceptos y técnicas para lograr una evaluación clara sobre las características clave de la industria, la intensidad de la competencia, los impulsores del cambio, las posiciones de mercado, las estrategias de las compañías rivales, las claves para el éxito competitivo y la futura perspectiva de utilidades. Este conjunto de herramientas proporciona una forma de pensar estratégica sobre cualquier industria para llegar a conclusiones sobre si representa o no una inversión atractiva para los fondos de la compañía. Esto implica el examen de los negocios de una compañía en el contexto de un ambiente mucho más amplio. El análisis de la industria y competitivo está orientado al desarrollo de respuestas perspicaces a siete preguntas:

1. ¿Cuáles son las características económicas dominantes en la industria?
2. ¿Cuáles son las fuerzas competitivas operantes en la industria y qué tan poderosas son?
3. ¿Cuáles son los impulsores del cambio en la industria y qué impacto tendrán?
4. ¿Qué compañías se encuentran en las posiciones competitivas más poderosas/débiles?
5. ¿Qué compañía es probable que tome medidas competitivas y cuáles serían estas medidas?
6. ¿Cuáles son los factores clave que determinan el éxito o el fracaso competitivos?
7. ¿Qué tan atractiva es la industria en términos de sus prospectos para un rendimiento superior al promedio?

Las respuestas a estas preguntas generan la comprensión del ambiente que rodea a una empresa y, de manera conjunta, constituyen la base para ajustar la estrategia a las condiciones cambiantes de la industria y las realidades competitivas.

Pregunta 1: ¿Cuáles son las características económicas dominantes en la industria?

Debido a que las industrias difieren de una manera significativa en su carácter y estructura, el análisis de la industria y competitivo se inicia con una perspectiva general de sus características económicas. Como una definición de trabajo, empleamos la palabra *industria* para referirnos a un grupo de empresas cuyos productos tienen tantos atributos comunes que compiten por los mismos compradores. Los factores que hay que considerar al hacer un perfil de las características económicas de una industria son bastante similares:

- Volumen del mercado.
- Esfera de acción de la rivalidad competitiva (local, regional, nacional, internacional o global).
- Índice de crecimiento del mercado y posición de la industria en el ciclo de crecimiento (desarrollo temprano, crecimiento y arranque rápidos, madurez temprana, saturada, estática o en declinación).
- Número de rivales y sus volúmenes relativos, es decir, ¿la industria está constituida por muchas compañías pequeñas, o concentrada y dominada por unas pocas empresas grandes?
- El número de compradores y sus volúmenes relativos.
- La frecuencia de una integración hacia atrás y hacia adelante.
- Los tipos de canales de distribución utilizados para tener acceso a los compradores.
- El ritmo del cambio tecnológico, tanto en la innovación del proceso de producción como en la introducción de nuevos productos.
- Si el (los) producto(s) o servicio(s) de las empresas rivales son altamente diferenciados o esencialmente idénticos.
- Si las compañías pueden lograr economías de escala en compras, fabricación, transporte, mercadotecnia o publicidad.
- Si ciertas actividades de la industria se caracterizan por costos poderosos de aprendizaje y experiencia, de manera que el precio por unidad disminuye a medida que aumenta la producción acumulativa (y, por consiguiente, la experiencia de "aprender haciendo las cosas").
- Si los índices elevados de utilización de la capacidad son decisivos para el logro de la eficiencia de producción de bajo costo.
- Requerimientos de recursos y facilidad de ingreso y salida.
- Si los rendimientos de la industria son superiores/inferiores a lo normal.

La tabla 3.1 proporciona una muestra del perfil de carácter económico de la industria del ácido sulfúrico.

Las características económicas de una industria ayudan a enmarcar la ventana del enfoque estratégico que puede tener una compañía.

Las características económicas de una industria son importantes debido a las implicaciones que tienen para la estrategia. Por ejemplo, en las industrias de capital intensivo, en donde la inversión en una sola planta puede significar varios cientos de millones de dólares, una empresa puede diseminar la carga de los costos fijos elevados mediante la búsqueda de una estrategia que promueva un nivel elevado de utilización de los activos fijos y que genere más ingresos por cada dólar de inversión en activos fijos. Las aerolíneas comerciales tratan de elevar la productividad del ingreso de sus jets, de un costo de varios millones de dólares, reduciendo el tiempo de espera en tierra (con el fin de tener más vuelos por día con el mismo avión) y utilizando descuentos en múltiples niveles para ocupar asientos

TABLA 3.1 Una muestra del perfil de las características económicas dominantes en la industria del ácido sulfúrico

Volumen del mercado: 400-500 millones de dólares de ingreso anual; volumen total de cuatro millones de toneladas

Campo de rivalidad competitiva: principalmente regional; los productores venden rara vez fuera de un área de 250 millas de radio desde la planta, debido al alto costo del transporte a largas distancias.

Índice de crecimiento del mercado: 2-3 por ciento anual.

Etapa en el ciclo de vida: madura.

Número de compañías en la industria: alrededor de 30 compañías con 110 ubicaciones de plantas y una capacidad de 4.5 millones de toneladas. Las participaciones de mercado varían de un nivel bajo del 3 por ciento a uno elevado del 21 por ciento.

Clientes: alrededor de 2 000 compradores; la mayor parte son empresas químicas.

Grado de integración vertical: mixto; cinco de las 10 compañías más grandes están integradas hacia atrás en operaciones mineras y también hacia adelante, en el sentido de que las divisiones químicas industriales hermanas compran más del 50 por ciento de la producción de sus plantas; todas las demás compañías están dedicadas exclusivamente a la producción de ácido sulfúrico.

Facilidad de ingreso/salida: existen barreras moderadas en forma de requerimientos de capital para la construcción de una nueva planta de un volumen eficiente mínimo (el costo equivale a 10 millones de dólares) y de la habilidad para desarrollar una base de clientes dentro de un radio de 250 millas de la planta.

Tecnología/Innovación: la tecnología de la producción es estándar y los cambios han sido lentos; los más significativos están ocurriendo en los productos; anualmente se introducen de uno a dos productos químicos de especialidad recién formulados, dando razón de casi todo el crecimiento de la industria.

Características del producto: altamente estandarizados; las marcas de diferentes productores son esencialmente idénticas (los compradores perciben muy poca diferencia de un vendedor a otro).

Economías de escala: moderadas; todas las compañías tienen virtualmente los mismos costos de fabricación, pero existen economías de escala en el envío de múltiples furgonadas al mismo cliente y en la compra de grandes cantidades de materia prima.

Efectos del aprendizaje y la experiencia: no son un factor en esta industria.

Utilización de la capacidad: la eficiencia en la fabricación es más elevada entre el 90 y el 100 por ciento de la capacidad valuada; más abajo del 90 por ciento de utilización, los costos por unidad son significativamente más elevados.

Rentabilidad de la industria: inferior al promedio; la naturaleza de bien de consumo del producto de la industria da por resultado una intensa reducción de precios cuando baja la demanda, pero los precios se afirman durante periodos de mayor demanda. Las utilidades siguen la fuerza de la demanda para los productos de la industria.

que de otra manera permanecerían vacíos. En las industrias que se caracterizan por el mejoramiento continuo del producto, las compañías deben dedicar tiempo y dinero suficientes en investigación y desarrollo, con el fin de mantener su pericia técnica y su capacidad innovadora al parejo de los competidores; una estrategia de innovación continua del producto se convierte en una condición para la supervivencia.

En industrias como la de semiconductores, los poderosos efectos *del aprendizaje y la experiencia* hacen que los costos de fabricación por unidad disminuyan alrededor de 20 por ciento cada vez que se duplica el volumen de producción *acumulativa*. Con un efecto menor del 20 por ciento de la curva de la experiencia, si el primer millón de chips tiene un costo de 100 dólares cada uno, con un volumen de producción de dos millones

FIGURA 3.2 Comparación de los efectos de la curva de experiencia para reducciones del costo de 10, 20 y 30 por ciento por cada duplicación del volumen de producción acumulativa

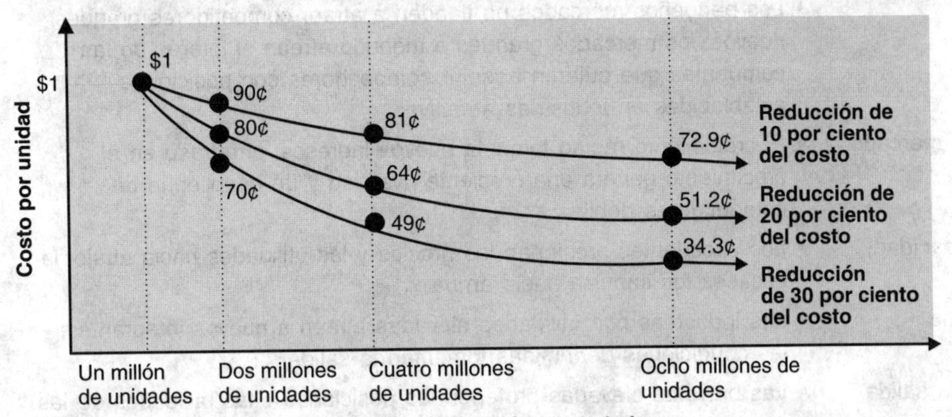

el costo por unidad sería de 80 dólares (el 80 por ciento de 100 dólares), con un volumen de producción de cuatro millones el costo por unidad sería de 64 dólares (el 80 por ciento de 80) y así sucesivamente. Cuando la industria se caracteriza por considerables economías de experiencia en sus operaciones de fabricación, una compañía que inicia por primera vez la producción de una nueva mercancía y desarrolla una estrategia exitosa para capturar la mayor participación del mercado, obtiene una ventaja competitiva sostenible como la productora de costo más bajo.[1] Mientras mayor es el efecto de la curva de experiencia, mayor es la ventaja de costos de la compañía debido al mayor volumen acumulativo de producción, como se muestra en la figura 3.2.

La tabla 3.2 presenta algunos ejemplos adicionales de la forma en la cual las características económicas de una industria son adecuadas para la creación de la estrategia administrativa.

Concepto básico

Cuando las poderosas economías basadas en el aprendizaje y la experiencia dan por resultado una disminución de los costos por unidad a medida que aumenta el volumen de producción acumulativa, una estrategia para llegar a ser el fabricante de mayor volumen puede producir la ventaja competitiva de convertirse en el productor de costo más bajo de la industria.

Pregunta 2: ¿Cómo es la competencia y qué tan poderosas son cada una de las cinco fuerzas competitivas?

Una parte importante del análisis de la industria y competitivo es ahondar en el proceso competitivo, con el fin de descubrir las principales fuentes de presión competitiva y qué tan poderosa es cada una de ellas. Este paso analítico es esencial, debido a que los administradores no pueden idear una estrategia exitosa sin la comprensión cabal del carácter competitivo de la industria.

El modelo de las cinco fuerzas de la competencia Aun cuando la presión competitiva en varias industrias nunca es exactamente igual, el proceso competitivo funciona de una

[1] Hay un gran número de estudios del volumen de las reducciones de costo asociadas con la experiencia; la reducción promedio del costo asociada con una duplicación del volumen de producción acumulativo es aproximadamente del 15 por ciento, pero hay una amplia variación de una industria a otra. Para una buena exposición de las economías de la experiencia y el aprendizaje, véase Pankaj Ghemawat, "Building Strategy on the Experience Curve", en *Harvard Business Review* 64, núm. 2, marzo-abril de 1985, pp. 143-149.

TABLA 3.2 Ejemplos de la importancia estratégica de las características económicas clave de una industria

Característica económica	Importancia estratégica
• Volumen del mercado	• Los pequeños mercados no tienden a atraer competidores grandes/nuevos; los mercados grandes a menudo atraen el interés de las compañías que quieren adquirir competidores con posiciones establecidas en industrias atractivas.
• Índice de crecimiento del mercado	• El crecimiento rápido fomenta nuevos ingresos; el retraso en el crecimiento genera una creciente rivalidad y un despliegue de competidores débiles.
• Exceso o escasez de capacidad	• Los excedentes presionan los precios y las utilidades hacia abajo; la escasez los impulsa hacia arriba.
• Rentabilidad de la industria	• Las industrias con utilidades elevadas atraen a nuevos integrantes; las condiciones deprimidas fomentan la salida.
• Barreras para el ingreso/la salida	• Las barreras elevadas protegen las posiciones y las utilidades de las empresas establecidas; las barreras bajas hacen que las empresas establecidas sean vulnerables al ingreso.
• El producto es un artículo de suma importancia para los compradores	• Un mayor número de compradores buscará precios más bajos.
• Productos estandarizados	• Los compradores tienen más poder, debido a que es más fácil cambiar de un vendedor a otro.
• Cambio tecnológico rápido	• Aumenta el factor del riesgo; las inversiones en instalaciones/equipo de tecnología se pueden volver obsoletas antes de que acabe su vida útil.
• Requerimientos de capital	• Los grandes requerimientos hacen que las decisiones de inversión sean críticas; la habilidad de escoger el momento oportuno crea una barrera para el ingreso y la salida.
• Integración vertical	• Incrementa los requerimientos de capital; a menudo crea diferencias competitivas y de costo entre las empresas totalmente integradas *versus* las parcialmente integradas.
• Economías de escala	• Incrementa el volumen y la participación de mercado necesarios para ser competitivas en cuanto al costo.
• Innovación rápida del producto	• Abrevia el ciclo de vida del producto; incrementa el riesgo debido a las oportunidades de avances rápidos.

manera bastante similar, lo que nos permite el empleo de un marco de referencia analítico común para medir la naturaleza y la intensidad de las fuerzas competitivas. Como ha demostrado de forma convincente el profesor Michael Porter, de la Harvard Business School, el estado de la competencia en una industria es una combinación de cinco fuerzas competitivas:[2]

1. La rivalidad entre las compañías que compiten en la industria.
2. Los intentos de mercado de algunas compañías en otras industrias para atraer a los clientes hacia sus propios productos *sustitutos*.

[2] Para un tratamiento a fondo del modelo de cinco fuerzas por su creador, véase Michael E. Porter, *Competitive Strategy: Techniques for Analizing Industries and Competitors*, Nueva York, Free Press, 1980, capítulo 1.

3. El ingreso potencial de nuevos competidores.
4. El poder de negociación y apalancamiento que pueden ejercer los proveedores.
5. El poder de negociación y apalancamiento que pueden ejercer los compradores del producto.

El *modelo de las cinco fuerzas* de Porter, como se describe en la figura 3.3, es un poderoso instrumento para diagnosticar de manera sistemática las principales presiones competitivas en el mercado y evaluar cada una de ellas. No sólo es la técnica de análisis de la competencia que se utiliza con más frecuencia, sino que también es relativamente fácil de entender y aplicar.

La rivalidad entre las compañías que compiten en la industria Por lo común, la más poderosa de las cinco fuerzas competitivas es la que consiste en lograr una posición y la preferencia del comprador entre las empresas rivales. En algunas industrias, la rivalidad está centrada en la competencia de precios, dando por resultado precios inferiores al costo de producción por unidad lo que impone pérdidas a la mayoría de los rivales. En otras industrias, la competencia de precios es mínima y la rivalidad está enfocada en factores como las características del desempeño, la innovación de productos, la calidad y la durabilidad, las garantías, el servicio después de la venta y la imagen de la marca.

La manipulación competitiva entre los rivales se intensifica cuando uno o más competidores ven una oportunidad de satisfacer mejor las necesidades de los clientes, o se encuentran bajo presión para mejorar su desempeño. *La intensidad de la rivalidad entre las compañías en competencia es una función de la energía con la cual emplean tácticas tales como bajar los precios, añadir características más llamativas al producto, mejorar los servicios al cliente, ofrecer garantías más prolongadas, promociones especiales e introducción de nuevos productos.* La rivalidad puede ser desde amistosa hasta despiadada, dependiendo de con qué frecuencia y qué tan agresivamente las compañías emprenden nuevas medidas que amenazan las ganancias de los rivales. Generalmente, los contendientes en la industria son sagaces en añadir nuevos atractivos a sus productos, lo que incrementa la motivación para el comprador y trata de explotar los puntos débiles del enfoque de mercado de los demás.

No importa si la rivalidad es moderada o intensa, cada compañía tiene el derecho de idear una estrategia exitosa para competir; desde un punto de vista ideal, una que produzca una ventaja competitiva sobre los rivales y refuerce su presencia en los compradores. El principal problema en la mayor parte de las industrias es que el *éxito de la estrategia de cualquier empresa depende en parte de qué tipo de maniobras ofensivas y defensivas emplean sus rivales, y de los recursos que éstos pueden emplear para respaldar sus esfuerzos estratégicos.* En otras palabras, la "mejor" estrategia para una empresa para el logro de una ventaja competitiva depende de las capacidades y las estrategias competitivas de las compañías rivales. Por consiguiente, cuando una empresa toma una medida estratégica, a menudo sus rivales contraatacan ofensiva o defensivamente. Este patrón de acción y reacción convierte la rivalidad en una contienda del tipo de "juegos de guerra" que se lleva a cabo conforme a las reglas de la competencia limpia. De hecho, desde una perspectiva de la creación de la estrategia, los mercados competitivos son campos de batalla económicos, en donde el flujo y el reflujo en la lucha competitiva varía conforme a las medidas estratégicas de los rivales. En la práctica, el resultado de mercado casi siempre está regido por las estrategias de los jugadores más importantes.

Principio de los mercados competitivos

La manipulación competitiva entre las empresas rivales es un proceso dinámico y en constante cambio, a medida que las empresas inician nuevas medidas ofensivas y defensivas y que el énfasis cambia de una combinación de herramientas y tácticas competitivas a otra.

La lucha competitiva entre los vendedores rivales no sólo adopta diferentes intensidades, sino que las presiones que se originan de la rivalidad entre las compañías también varía a lo largo del tiempo. El énfasis relativo que asignan las compañías rivales a aspectos tales como precio, calidad, características de desempeño, servicio al cliente, garantías, publicidad, redes de distribuidores, innovación de nuevos productos, etc., cambian a medida que

FIGURA 3.3 El modelo de las cinco fuerzas de la competencia: un instrumento analítico clave

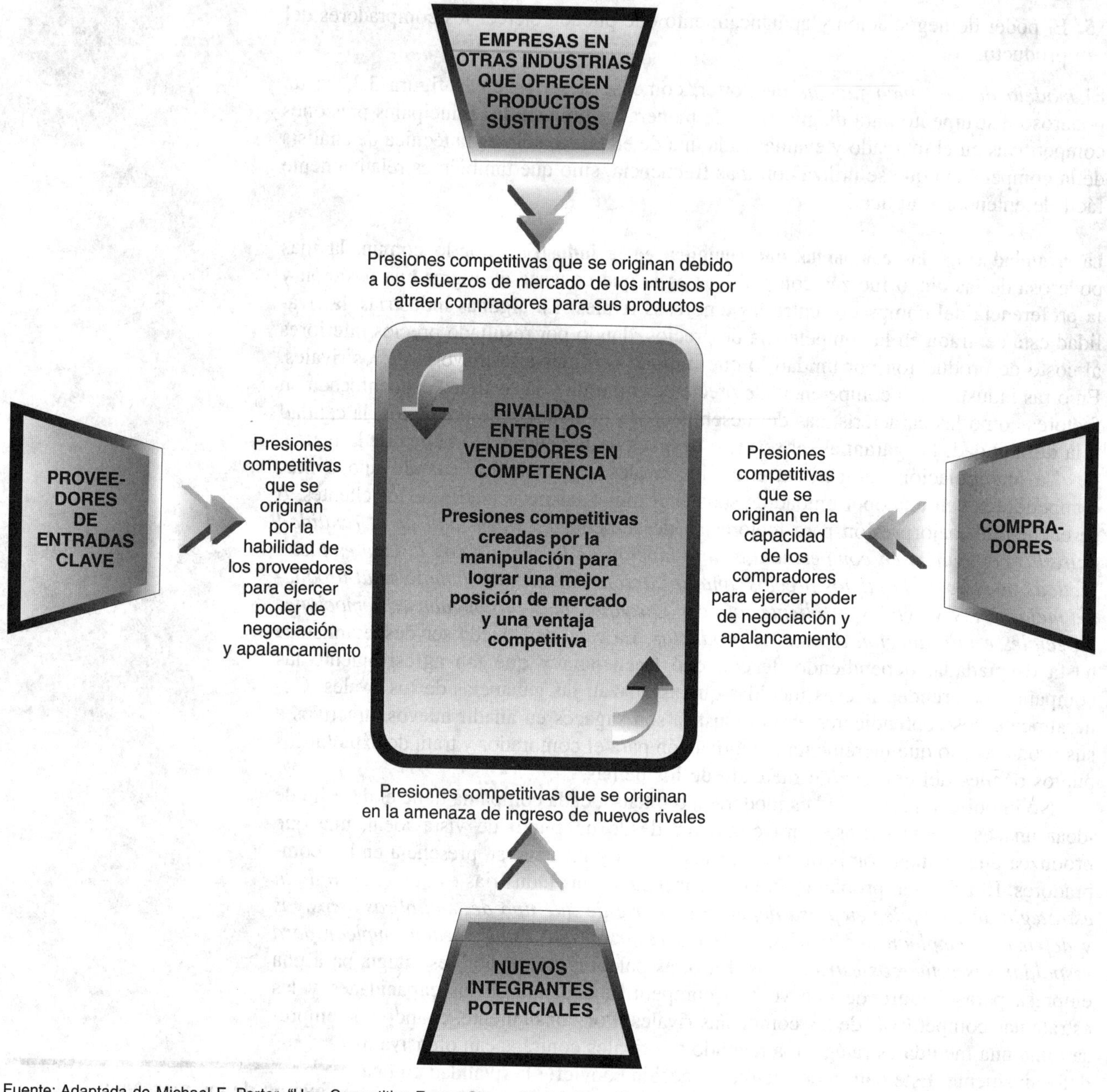

Fuente: Adaptada de Michael E. Porter, "How Competitive Forces Shape Strategy", en *Harvard Busines Review* 57, núm. 2, marzo-abril de 1979, pp. 137-145.

intentan diferentes tácticas para allegarse la atención de los compradores, y que los competidores inician nuevas maniobras ofensivas y defensivas. Por consiguiente, la rivalidad es dinámica; el panorama competitivo actual está cambiando constantemente, a medida que las compañías actúan y reaccionan, en ocasiones con gran rapidez, y otras veces en forma metódica y a medida que cambian de una combinación de tácticas competitivas a otra.

Sin importar cuál sea la industria, hay varios factores comunes que parecen influir en el ritmo de la rivalidad entre los vendedores en competencia:[3]

1. *La rivalidad se intensifica a medida que aumenta el número de competidores y que éstos encuentran cierta igualdad en lo concerniente al volumen y capacidad.* Hasta cierto punto, mientras mayor es el número de competidores, mayor es la probabilidad de nuevas iniciativas estratégicas creativas. Además, cuando los rivales son similares en cuanto al volumen y la capacidad, por lo común pueden competir sobre una base relativamente justa, lo que hace que resulte más difícil que una o dos empresas "ganen" la batalla competitiva y dominen el mercado.

2. *La rivalidad por lo común es más poderosa cuando la demanda del producto aumenta lentamente.* En un mercado de rápida expansión, existe la tendencia a que haya suficientes negocios para que todos puedan crecer; de hecho, se pueden requerir todos los recursos financieros y competitivos de una empresa para mantenerse apenas a la par con la demanda del comprador, y mucho menos para ganarles clientes a los rivales. Pero cuando el crecimiento se vuelve más lento, o cuando la demanda del mercado baja en forma inesperada, las empresas orientadas a la expansión y/o las empresas con un exceso de capacidad, a menudo reducen los precios y despliegan otras tácticas de incremento de ventas, iniciando así una batalla por la participación de mercado, la cual puede dar por resultado la eliminación de las empresas débiles y menos eficientes. Entonces, la industria se consolida en un número menor de rivales, aunque sean más poderosos individualmente.

3. *La rivalidad es más intensa cuando las condiciones de la industria tientan a los competidores a emplear reducciones de precios u otras armas competitivas, con el fin de incrementar el volumen por unidad.* Siempre que los costos fijos dan razón de una gran fracción del costo total, los costos por unidad tienden a ser más bajos en la capacidad total o casi total, debido a que los costos fijos se pueden repartir sobre más unidades de producción. La capacidad no utilizada impone la penalidad de un incremento significativo en el costo, debido a que hay menos unidades que lleven la carga del costo fijo. En tales casos, si la demanda del mercado se debilita y la utilización de la capacidad empieza a disminuir, la presión para aumentar los costos por unidad a menudo impulsa a las empresas rivales a hacer concesiones de precios, descuentos especiales, rebajas y otras tácticas que incrementan las ventas, lo que por consiguiente intensifica la rivalidad. De la misma manera, cuando un producto es perecedero, de temporada o que resulta costoso tener en inventario, se desarrollan presiones competitivas cuando una o más empresas deciden enviar el exceso de sus existencias al mercado.

4. *La rivalidad es más poderosa cuando el costo del cliente para cambiar de marca es bajo.* Mientras más bajo es el costo del cambio, más fácil resulta que los vendedores rivales traten de atraer a los clientes de otros.

5. *La rivalidad es más poderosa cuando uno o más competidores se sienten descontentos con su posición de mercado e inician medidas para mejorar su posición a costa de sus rivales.* Las empresas que están perdiendo terreno o tienen problemas financieros, a menudo reaccionan de una manera agresiva, introduciendo nuevos productos, incrementando la publicidad, adquiriendo compañías rivales más pequeñas con el fin de reforzar su capacidad, etc. Estas acciones pueden provocar una nueva ronda de maniobras y una competencia más intensa en su lucha por la participación del mercado.

6. *La rivalidad se incrementa en proporción de los rendimientos de una medida estratégica.* Mientras más satisfactoria es una oportunidad, más probable es que algunas empresas busquen una estrategia agresiva para aprovecharla. El volumen de los rendi-

[3] Estos indicadores de lo que se debe buscar cuando se evalúa la intensidad de la rivalidad intercompañía se basan en Michael E. Porter, *Competitive Strategy*, pp. 17-21.

mientos varía en parte con la rapidez de la respuesta. Cuando los competidores responden lentamente (o no lo hacen), el iniciador de una nueva estrategia competitiva puede cosechar beneficios durante ese periodo y tal vez ganar una ventaja que no pueda ser superada con facilidad. Mientras mayores son los beneficios de la medida inicial, más probabilidades hay de que algún competidor acepte el riesgo y la intente.

7. *La rivalidad tiende a ser más intensa cuando es más peligroso salir de un negocio que permanecer en él y competir.* Mientras más elevadas son las barreras para el ingreso, más poderoso es el incentivo para que los rivales permanezcan en el mercado y compitan de la mejor manera posible, aun cuando tal vez tendrán utilidades más bajas o incluso incurrirán en pérdidas.

8. *La rivalidad se vuelve más volátil e impredecible mientras más diversificados están los competidores en términos de sus visiones, propósitos, objetivos, estrategias, recursos y países de origen.* Un grupo diverso de vendedores a menudo posee uno o más disidentes dispuestos a desequilibrar el barco con medidas y enfoques de mercado nada convencionales, generando así un ambiente más animado y menos predecible. Las inversiones de los rivales a través de las fronteras para lograr bases más fuertes en los mercados domésticos de los demás, incrementa la rivalidad, en especial cuando tienen costos más bajos o productos muy atractivos.

9. *La rivalidad se incrementa cuando compañías poderosas adquieren compañías débiles en la industria e inician medidas agresivas y bien fundamentadas con el fin de transformar a las empresas recién adquiridas en importantes competidores en el mercado.* Un esfuerzo concertado para convertir a un rival débil en un líder del mercado, casi siempre implica poner en marcha iniciativas estratégicas para mejorar considerablemente la oferta del producto del competidor, despertar el interés del comprador y ganar una participación de mercado mayor. Si estas acciones tienen éxito, presionan a los rivales para que respondan con sus propias medidas.

Hay dos facetas de la rivalidad competitiva que sobresalen: 1) el inicio de una poderosa estrategia competitiva de una compañía intensifica las presiones sobre las compañías restantes y 2) la naturaleza de la rivalidad está modelada en parte por las estrategias de los principales competidores y en parte por la energía con que las empresas rivales emplean armas competitivas para tratar de superar las maniobras de otras. Al medir las presiones competitivas creadas por la rivalidad entre los competidores, la labor del estratega es identificar las armas y tácticas actuales de la rivalidad competitiva y mantenerse informado acerca de cuáles tácticas son las más y las menos exitosas, con el fin de comprender las "reglas" conforme a las cuales se enfrentan los rivales en la industria y decidir cuándo es probable que la fuerza de la rivalidad se intensifique o disminuya.

Los criterios de cuánta presión va a ejercer en las ganancias la rivalidad entre las compañías es la clave para concluir si y por qué la rivalidad entre ellas será despiadada, poderosa, moderada o discreta. Se considera que la rivalidad es intensa cuando las acciones de los competidores impulsan hacia abajo las utilidades de la industria; moderada cuando la mayor parte de las compañías pueden ganar utilidades aceptables, y discreta cuando la mayor parte de las compañías pueden ganar utilidades superiores al promedio de su inversión. Los brotes crónicos de competencia despiadada entre los vendedores rivales hacen que una industria sea terriblemente competitiva.

La fuerza competitiva del ingreso potencial Los nuevos competidores potenciales que ingresan en el mercado traen consigo una nueva capacidad de producción, el deseo de tener un lugar seguro en el mercado y, en ocasiones, considerables recursos.[4] Qué tan

[4] Michael E. Porter, "How Competitive Forces Shape Strategy", en *Harvard Business Review* 57, núm. 2, marzo-abril de 1979, p. 138.

seria es su amenaza competitiva de ingreso en un mercado particular depende de dos clases de factores: las *barreras para el ingreso* y la *reacción esperada de las empresas al nuevo ingreso*. Existe una barrera para el ingreso siempre que a un recién llegado le resulta difícil abrirse paso en el mercado y/o los factores económicos lo ponen en desventaja. Hay varios tipos de barreras para el ingreso:[5]

1. *Economías de escala*. Las economías de escala desalientan el ingreso debido a que obligan a los competidores potenciales ya sea a ingresar sobre una base en gran escala (una medida costosa y tal vez arriesgada) o bien a aceptar una desventaja de costo (y rendimientos más bajos). El hecho de tratar de superar las economías de escala ingresando desde un principio sobre una base en gran escala, puede tener problemas de exceso de capacidad a largo plazo para el nuevo integrante (hasta que aumente el volumen de ventas) y, por consiguiente, amenazar las participaciones de mercado de las empresas establecidas que ejercen represalias en forma agresiva (con reducciones de precios, un incremento en la publicidad y la promoción de ventas y otras acciones de bloqueo similares). En cualquier forma, un participante potencial se desalienta ante el prospecto de utilidades más bajas. Quienes inician pueden tropezar con barreras relacionadas con la escala no sólo en la producción, sino también en publicidad, mercadotecnia y distribución, financiamiento, servicio al cliente después de la venta, compra de materia prima e investigación y desarrollo.
2. *Incapacidad de tener acceso a conocimientos prácticos de nueva tecnología y especializados*. Muchas industrias requieren capacidad y habilidades que no están fácilmente disponibles para un recién llegado. Las patentes clave pueden impedir el ingreso en forma efectiva, lo mismo que la carencia de personal técnicamente hábil y la incapacidad de llevar a cabo complicadas técnicas de fabricación. Las empresas existentes a menudo protegen con sumo cuidado el conocimiento práctico que les concede una ventaja. A menos de que los nuevos integrantes puedan tener acceso a dichos conocimientos de fórmula secreta, carecerán de la capacidad de competir con igualdad de oportunidades.
3. *La existencia de efectos en la curva del aprendizaje y experiencia*. Cuando los costos más bajos por unidad son parcialmente o en su mayor parte resultado de la experiencia en la fabricación del producto y de otros beneficios de la curva de aprendizaje, los nuevos integrantes se enfrentan a una desventaja de costo al competir con empresas con más conocimientos prácticos.
4. *Preferencias de la marca y lealtad del cliente*. Los compradores a menudo están apegados a marcas establecidas. Por ejemplo, los consumidores japoneses son muy leales a las marcas japonesas de vehículos automotores, productos electrónicos, cámaras y películas. Por tradición, los consumidores europeos han sido leales a las marcas europeas de los principales electrodomésticos. Un nivel elevado de lealtad a la marca significa que un participante potencial debe desarrollar una red de distribuidores y comerciantes y después estar preparado para gastar dinero suficiente en publicidad y promoción de ventas para superar las lealtades del cliente y crear su propia clientela. El reconocimiento de la marca y el desarrollo de la lealtad del cliente puede ser un proceso lento y costoso. Además, si a un cliente le resulta difícil o costoso cambiar a una nueva marca, un competidor potencial debe persuadir a los compradores de que su marca vale la pena por los costos. Para superar la barrera del costo del cambio, los nuevos integrantes quizá deberán ofrecer a los compradores un descuento o un margen extra de calidad y servicio. Todo esto puede significar márgenes de utilidad más bajos, algo que incrementa el riesgo para las compañías que apenas empiezan y que dependen desde el principio de utilidades considerables.

[5] Michael E. Porter, *Competitive Strategy*, pp. 7-17.

5. *Requerimientos de recursos.* Mientras mayores sean la inversión total en dólares y otros requerimientos de recursos para ingresar con éxito en el mercado, más limitado será el grupo de participantes potenciales. Los requerimientos de capital más obvios están asociados con la planta y el equipo de fabricación, las instalaciones de distribución, el capital de trabajo para financiar los inventarios y el crédito a los clientes, la publicidad de introducción y la promoción de ventas para establecer una clientela y las reservas de efectivo para cubrir las pérdidas iniciales. Otras barreras de recursos incluyen el acceso a la tecnología, los conocimientos prácticos especializados y los requerimientos de investigación y desarrollo, los requerimientos de la fuerza laboral y los requerimientos de servicio al cliente.

6. *Desventajas de costo independientes del volumen.* Las empresas establecidas pueden tener ventajas de costo que no están disponibles para los participantes potenciales. Estas ventajas pueden incluir acceso a una materia prima mejor y más económica, patentes y tecnología de fórmula secreta, beneficios de los efectos de la curva de aprendizaje y experiencia, plantas existentes construidas y equipadas años antes a costos más bajos, ubicaciones favorables y costos más bajos de los préstamos solicitados.

7. *Acceso a los canales de distribución.* En el caso de los bienes para el consumidor, un integrante potencial se puede enfrentar a la barrera de lograr el acceso a los consumidores. Los distribuidores mayoristas se pueden mostrar reacios a aceptar un producto que carece del reconocimiento del cliente. Tal vez será necesario establecer de la nada una red de distribuidores minoristas. Habrá que convencer a los minoristas para que le concedan a una nueva marca espacio para su exhibición y un periodo de prueba. Mientras más restringidos tengan los productores establecidos los canales de distribución, más difícil será el ingreso. Para superar esta barrera, los integrantes potenciales quizá se verán obligados a "comprar" el acceso a la distribución, ofreciendo mejores márgenes a comerciantes y distribuidores, u otorgando concesiones de publicidad y otros incentivos. Como consecuencia, las utilidades de un integrante potencial se pueden reducir, a menos y hasta que su producto gane la aceptación suficiente para que los distribuidores y comerciantes quieran manejarlo.

8. *Políticas reguladoras.* Las agencias gubernamentales pueden limitar o incluso impedir el ingreso, requiriendo licencias y permisos. Las industrias reguladas, como la televisión por cable, las telecomunicaciones, los servicios públicos de electricidad y gas, la difusión por radio y televisión, la venta de licores al menudeo y los ferrocarriles, tienen un ingreso controlado por el gobierno. En los mercados internacionales, los gobiernos anfitriones por lo común limitan el ingreso extranjero y deben aprobar todas las solicitudes de inversiones extranjeras. Las rígidas regulaciones de seguridad y los estándares de contaminación ambiental son barreras para el ingreso, debido a que incrementan los costos.

9. *Aranceles y restricciones comerciales internacionales.* Por lo común, los gobiernos nacionales emplean restricciones arancelarias y comerciales (reglas contra inundaciones de productos del mercado, requerimientos locales del contenido y cuotas), con el fin de erigir barreras para el ingreso de empresas extranjeras. En 1996, debido a los aranceles impuestos por el gobierno de Corea del Sur, un Ford Taurus les costaba a los compradores sudcoreanos más de 40 000 dólares. El gobierno de la India requiere que el 90 por ciento de las partes y los componentes que se utilizan en las plantas hindúes de ensamble de camiones se fabriquen en la India. Y para proteger a los fabricantes europeos de chips contra la competencia de bajo costo de Asia, los gobiernos europeos instituyeron una rígida fórmula para calcular el piso de los precios para los chips de memoria de las computadoras.

El hecho de si las barreras para el ingreso en una industria se deben considerar altas o bajas depende de los recursos y las competencias que posea el grupo de integrantes potenciales. Las barreras para el ingreso por lo común son más altas para las nuevas empresas que para las compañías provenientes de otras industrias, o para los participantes establecidos en la industria que tratan de ingresar en nuevos mercados geográficos. De hecho, los nuevos integrantes en un mercado geográfico a menudo son empresas que tratan de ampliar su cobertura de mercado. Una compañía que ya está bien establecida en un mercado geográfico puede tener los recursos, competencias y habilidades necesarios para salvar las barreras de ingreso en un nuevo mercado geográfico atractivo. Al evaluar los peligros potenciales del ingreso, es necesario verificar 1) qué tan grandes son las barreras de ingreso para cada tipo de integrante potencial, es decir, nuevas empresas que apenas inician, candidato en otras industrias y participantes actuales en la industria que tratan de ingresar en mercados geográficos adicionales, y 2) qué tan atractivos son los prospectos de utilidades para los nuevos participantes. Un nivel elevado de utilidades actúa como atractivo para los integrantes potenciales, motivándolos a comprometer los recursos necesarios para salvar las barreras de ingreso.[6]

Incluso si un participante potencial tiene o puede adquirir las competencias y los recursos necesarios para intentar el ingreso, todavía se enfrenta al aspecto de cómo reaccionarán las empresas establecidas.[7] ¿Ofrecerán sólo una resistencia pasiva o se defenderán en forma agresiva utilizando reducciones de precios, una creciente publicidad, nuevos mejoramientos del producto y cualquier otra cosa que le pueda causar dificultades a un nuevo integrante (así como a otros rivales)? Un competidor potencial puede cambiar de opinión cuando las empresas financieramente poderosas envían señales claras de que defenderán con energía sus posiciones de mercado contra los recién llegados. También se pueden desalentar cuando las empresas establecidas deciden apalancar a sus distribuidores y clientes con el fin de conservar sus negocios.

Principio de los mercados competitivos

Los peligros de un nuevo ingreso son más poderosos cuando las barreras son bajas, hay un considerable grupo de candidatos, las empresas establecidas no pueden o no están dispuestas a combatir con energía los esfuerzos de un recién llegado por lograr una posición en el mercado y el competidor potencial puede esperar utilidades atractivas.

La mejor prueba de si un ingreso potencial representa una fuerza competitiva poderosa o débil, es investigar si el crecimiento y los prospectos de utilidades de la industria son lo bastante atractivos como para inducir un ingreso adicional. Cuando la respuesta es negativa, el ingreso potencial es una fuerza competitiva débil. Cuando es afirmativa y hay candidatos para el ingreso con experiencia y recursos suficientes, entonces el ingreso potencial es una más de las presiones competitivas en el mercado. Mientras más poderosa es la amenaza del ingreso, más impulsadas se sienten las empresas establecidas a defender sus posiciones contra los recién llegados.

Un punto adicional: la amenaza del ingreso cambia a medida que los prospectos de la industria mejoran o decaen y a medida que suben o bajan las barreras para el ingreso. Por ejemplo, la expiración de una patente clave puede incrementar de una manera considerable los peligros de nuevos ingresos. Un descubrimiento tecnológico puede crear una ventaja en la economía de escala donde antes no existía ninguna. Las nuevas acciones de las empresas establecidas para incrementar la publicidad, reforzar las relaciones con comerciantes y distribuidores, intensificar la investigación y el desarrollo o mejorar la calidad del producto, pueden hacer que los obstáculos para el ingreso sean mayores. En los mercados internacionales, las barreras para el ingreso de empresas extranjeras bajan a medida que se reducen los aranceles, a medida que los mayoristas y minoristas buscan artículos extranjeros de costo más bajo y a medida que los compradores domésticos se muestran más dispuestos a comprar marcas extranjeras.

Presiones competitivas de productos sustitutos Con mucha frecuencia, las empresas de una industria están en estrecha competencia con las de otra debido a que sus productos

[6] Cuando las utilidades son suficientemente atractivas, las barreras para el ingreso no logran desalentarlo; cuando mucho, limitan el grupo de candidatos en empresas con las competencias y los recursos requeridos y con la creatividad para modelar una estrategia para competir con las empresas establecidas. George S. Yip, "Gateways to Entry", en *Harvard Business Review* 60, núm. 5, septiembre-octubre de 1982, pp. 85-93.

[7] Michael E. Porter, "How Competitive Forces Shape Strategy", p. 140, y *Competitive Strategy*, pp. 14-15.

son buenos sustitutos. Los productores de anteojos compiten con los fabricantes de lentes de contacto. Los productores de estufas de leña con sustitutos como calentadores de queroseno y eléctricos portátiles. La industria del azúcar compite con compañías que producen edulcorantes artificiales y miel de maíz con un elevado contenido en fructosa. Los productores de botellas y frascos de vidrio se enfrentan a una poderosa competencia con los fabricantes de recipientes de plástico, envases de cartón y latas de metal. Los fabricantes de aspirinas compiten contra los fabricantes de sustitutos de calmantes para el dolor. Los periódicos, con la televisión, para ofrecer noticias (la televisión ha llegado a dominar como la fuente preferida de noticias de última hora) y con las fuentes de Internet en cuanto a la difusión de resultados deportivos, cotizaciones de acciones y oportunidades de trabajo. La magnitud de las presiones competitivas de los productos sustitutos depende de tres factores: 1) si hay disponibles sustitutos de un precio atractivo; 2) qué tan satisfactorios son en términos de calidad, desempeño y otros atributos pertinentes, y 3) la facilidad con la que los compradores pueden preferir los sustitutos.

Los sustitutos fácilmente disponibles y de precio atractivo crean una presión competitiva, al asignarles un techo a los precios que puede cobrar una industria por su producto sin ofrecer a los clientes un incentivo para optar por los sustitutos y arriesgarse a una disminución de las ventas.[8] Al mismo tiempo, este techo frena las utilidades de los miembros de la industria, a menos de que encuentren formas de reducir los costos. Cuando los sustitutos son más económicos que el producto de la industria, los miembros de ésta se encuentran bajo una gran presión competitiva para reducir sus precios y encontrar formas de absorber las reducciones del precio con reducciones del costo.

La disponibilidad de sustitutos inevitablemente invita a los clientes a comparar la calidad y el desempeño, así como el precio. Por ejemplo, los fabricantes de lanchas para esquiar se enfrentan a una poderosa competencia de las acuamotos, debido a que los amantes de los deportes acuáticos han encontrado que las acuamotos tienen excitantes características de desempeño que las convierten en sustitutos satisfactorios. Los usuarios de botellas y frascos de vidrio sopesan constantemente el desempeño de los trueques por recipientes de plástico, envases de cartón y latas de metal. La competencia de los productos sustitutos impulsa a los participantes en la industria a intensificar sus esfuerzos para convencer a los clientes de que su producto tiene atributos superiores.

Principio de los mercados competitivos

La amenaza competitiva planteada por los productos sustitutos es poderosa cuando éstos se encuentran fácilmente disponibles y tienen un precio atractivo, cuando los compradores creen que los sustitutos tienen características comparables o mejores y cuando los costos del cambio son bajos para los compradores.

Otro factor determinante de la fuerza de la competencia de los sustitutos es lo difícil o lo costoso que les resulta a los clientes optar por un sustituto.[9] Los costos típicos del cambio incluyen una prima de precio extra, si la hay, los costos del equipo adicional que se pueda requerir, el tiempo y el costo de poner a prueba la calidad y confiabilidad del sustituto, el costo de terminar las relaciones con el antiguo proveedor y establecer otras nuevas, los pagos por la ayuda técnica para lograr el cambio y los costos de volver a capacitar a los empleados. Si los costos del cambio son elevados, los vendedores de los sustitutos deben ofrecer un importante beneficio del costo o del desempeño, con el fin de atraer a los clientes de la industria. Cuando los costos del cambio son bajos, es mucho más fácil que los vendedores de sustitutos convenzan a los compradores de que cambien a sus productos.

De manera que, como norma, mientras más bajo sea el precio de los sustitutos, mejores su calidad y desempeño y menores los costos del cambio para el usuario, serán más intensas las presiones competitivas ejercidas por los productos sustitutos. Algunos buenos indicadores de la fuerza competitiva de los productos sustitutos son el índice al cual aumentan sus ventas y utilidades, las incursiones que han llevado a cabo en el mercado y sus planes para ampliar su capacidad de producción.

[8] Michael E. Porter, "How Competitive Forces Shape Strategy", p. 142, y *Competitive Strategy*, pp. 23-24.

[9] Porter, *Competitive Strategy*, p. 10.

El poder de los proveedores El hecho de si los proveedores de una industria son una fuerza competitiva poderosa o débil depende de las condiciones de mercado en la industria del proveedor y de la importancia del producto que proporcionan.[10] Las presiones competitivas relacionadas con el comprador tienden a ser mínimas siempre que los artículos proporcionados son bienes comunes que están disponibles en el mercado abierto gracias a un gran número de proveedores con una amplia capacidad. Después, es fácil obtener cualquier cosa necesaria recurriendo a una lista de buenos proveedores, tal vez dividiendo las compras entre varios, con el fin de promover la competencia por los pedidos. En tales casos, los proveedores tienen un poder de mercado sólo cuando los artículos suministrados escasean y los usuarios están tan ansiosos por asegurarse de obtener lo que necesitan, que convienen en términos más favorables para los proveedores. Éstos también se encuentran relegados a una postura de negociación más débil siempre que hay buenos sustitutos y que el cambio no es costoso ni difícil. Por ejemplo, las embotelladoras de bebidas no alcohólicas pueden verificar el poder de negociación de los proveedores de latas de aluminio sobre el precio o la entrega, utilizando más envases de plástico y botellas de vidrio.

Los proveedores también tienden a tener menos apalancamiento para negociar el precio y otros términos de la venta cuando la industria en la que están suministrando sus productos es un cliente *importante*. En tales casos, el bienestar de los proveedores está estrechamente vinculado con el de sus clientes principales. De manera que los proveedores tienen un gran incentivo para proteger y mejorar la competitividad de sus clientes por medio de precios razonables, una calidad excepcional y avances continuos en la tecnología y el desempeño de los artículos proporcionados.

Por otra parte, cuando el artículo constituye una fracción considerable de los costos del producto de una industria, es crítico para el proceso de producción y/o afecta en una forma significativa la calidad, los proveedores tienen más influencia sobre el proceso competitivo. Esto es particularmente cierto cuando sólo unas pocas compañías grandes controlan a la mayoría de los proveedores disponibles y tiene poder de presión sobre la determinación del precio. De la misma manera, un proveedor (o un grupo de proveedores) tiene facultad de coacción sobre las negociaciones mientras más difícil o costoso es que los usuarios cambien a proveedores alternativos. Es más difícil obtener concesiones de los grandes proveedores con buena reputación y con una creciente demanda para sus entradas, que de los proveedores que están luchando por ampliar su base de clientes o que utilizan más plenamente su capacidad de producción.

Principio de los mercados competitivos

Los proveedores de un grupo de empresas rivales son una poderosa fuerza competitiva siempre que tengan el suficiente poder de negociación para colocar a ciertos rivales en una desventaja competitiva basada en los precios que pueden exigir, la calidad y el desempeño de los artículos que proporcionan, o la confiabilidad de sus entregas.

Los proveedores también son más poderosos cuando pueden proporcionar un componente más económico que si lo fabricaran los propios miembros de la industria. Por ejemplo, la mayoría de los productores de equipo eléctrico para exteriores (podadoras de césped, cultivadoras rotatorias, barredoras de nieve, etc.), encuentran que les resulta más económico obtener los motores pequeños con fabricantes externos en vez de fabricarlos ellos mismos, debido a que la cantidad que necesitan es demasiado pequeña para justificar la inversión, dominar el proceso y capturar el volumen de ventas suficiente para lograr las economías de escala, volverse eficientes en todas las técnicas de fabricación y mantener costos bajos. De manera que los proveedores de motores pequeños se encuentran en posición de determinar el precio del producto más abajo de lo que le costaría su fabricación al usuario, pero lo suficientemente arriba de sus propios costos para generar un margen de utilidad atractivo. En tales casos, la postura de negociación de los proveedores es poderosa *hasta* que el volumen de partes que necesita un usuario resulta lo bastante considerable para justificar una integración hacia atrás en la fabricación del componente. Mientras más factible sea la amenaza de la integración hacia atrás, hacia el negocio

[10] *Ibid.*, pp. 27-28.

del proveedor, más apalancamiento tienen los usuarios para negociar términos favorables con los proveedores.

Hay otros dos casos en los cuales la relación entre los miembros de la industria y los proveedores representa una fuerza competitiva. Uno de ellos es que los proveedores, por una u otra razón, no pueden proporcionar productos de una calidad elevada o uniforme. Por ejemplo, si los proveedores de un fabricante le proporcionan componentes que tienen múltiples defectos, o que fallan prematuramente, pueden incrementar los costos por garantía y de los productos defectuosos del fabricante, de tal manera que sus utilidades, su reputación y su posición competitiva se ven seriamente perjudicadas. El segundo caso es que uno o más miembros de la industria desarrollan estrechas relaciones de trabajo con los proveedores clave, en un intento de asegurar precios más bajos, una calidad mejor, componentes innovadores, entregas justo a tiempo y costos reducidos de inventarios y logística; esos beneficios se pueden traducir en una ventaja competitiva para los miembros de la industria que desempeñan un mejor trabajo en la administración de sus relaciones con proveedores clave.

El poder de los compradores Lo mismo que en el caso de los proveedores, la fuerza competitiva de los compradores puede variar de poderosa a débil. Los compradores tienen un considerable apalancamiento en las negociaciones en casos diversos.[11] La más obvia es cuando los compradores son grandes empresas y adquieren gran parte de la producción de una industria. Por lo común, las compras en grandes cantidades le proporcionan a un comprador el apalancamiento suficiente para obtener concesiones de precios y otros términos favorables. Los minoristas a menudo tienen un apalancamiento en las negociaciones en la compra de productos, debido a la necesidad de los fabricantes de una amplia exposición de menudeo y de un espacio favorable en los anaqueles. Los minoristas pueden tener en existencia una o incluso varias marcas, pero rara vez todas las disponibles, de manera que la competencia entre los vendedores por el negocio de minoristas populares o de volumen elevado, proporciona a los minoristas un apalancamiento significativo en las negociaciones. En Estados Unidos y Gran Bretaña, las cadenas de supermercados tienen el suficiente apalancamiento para requerir que los fabricantes de productos alimenticios hagan pagos de cantidades globales con el fin de obtener espacio para sus nuevos productos en los anaqueles. Los fabricantes de vehículos automotores tienen un poder de negociación considerable cuando compran neumáticos para el equipo original, no sólo debido a que compran en grandes cantidades, sino también a que los fabricantes de neumáticos creen que ganan una ventaja al proporcionar los de repuesto a los propietarios de vehículos si su marca es el equipo original. Los compradores de "prestigio" tienen cierto grado de influencia en sus negociaciones con los vendedores, debido a que la reputación de un vendedor mejora si tiene compradores de prestigio en su lista de clientes.

Principio de los mercados competitivos

Los compradores son una fuerza competitiva poderosa cuando pueden ejercer un apalancamiento en las negociaciones en lo concerniente a precio, calidad, servicio u otros términos de venta.

Incluso si los compradores no hacen compras en grandes cantidades ni ofrecen al vendedor una exposición de mercado importante o de prestigio, pueden tener cierto grado de apalancamiento para negociar en las siguientes circunstancias:

- *Si los costos de los compradores de cambiar a marcas o sustitutos competitivos son relativamente bajos.* En cualquier momento en que los compradores tienen la flexibilidad necesaria para satisfacer sus necesidades cambiando de marcas o recurriendo a varios vendedores, ganan un espacio de negociación adicional con los vendedores. Cuando los productos de los vendedores son virtualmente idénticos, es relativamente fácil que los compradores cambien de un vendedor a otro con un costo muy bajo, o sin ningún costo. Sin embargo, si los productos de los

[11] *Ibid.*, pp. 24-27.

vendedores son altamente diferenciados, los compradores tal vez serán menos capaces de cambiar sin considerables pérdidas por el cambio.

- *Si el número de compradores es reducido.* Mientras menor es el número de compradores, menos fácil será que los vendedores encuentren alternativas cuando pierden un cliente. El prospecto de perder un cliente a menudo hace que un vendedor esté más dispuesto a hacer concesiones de una clase u otra.
- *Si los compradores están bien informados sobre los productos, precios y costos del vendedor.* Mientras más información posean los compradores, mejor será su posición para negociar.
- *Si los compradores plantean una amenaza creíble de una integración hacia atrás en el negocio de los vendedores.* Los minoristas pueden ganar poder de negociación fabricando y promoviendo sus propias marcas de etiqueta privada, junto con las marcas registradas de los fabricantes. Las compañías como Campbell's Soup, Anheuser-Busch, Coors y Heinz se han integrado hacia atrás en la fabricación de latas de metal, con el fin de ganar poder de negociación en la compra de latas a otros fabricantes poderosos.
- *Si los compradores tienen poder discrecional acerca de si compran el producto.* El poder adquisitivo de los fabricantes de computadoras personales en las compras que hacen con Intel y Microsoft disminuye considerablemente debido a la importancia crítica de los chips de Intel y del *software* de Microsoft en la fabricación de computadoras personales atractivas para los usuarios. O bien, si los consumidores se sienten descontentos con los precios de los nuevos vehículos automotores, pueden demorar la compra o, en vez de ello, adquirir un vehículo usado.

Un último punto: no es probable que todos los compradores del producto de una industria tengan igual poder de negociación con los clientes; algunos pueden ser menos sensibles que otros al precio, la calidad o el servicio. Por ejemplo, los fabricantes de prendas de vestir se enfrentan a un poder significativo del cliente cuando les venden a cadenas de menudeo como Wal-Mart o Sears, pero pueden exigir precios mucho mejores cuando venden a tiendas de ropa pequeñas, administradas por el propietario. Los minoristas independientes de neumáticos tienen menos poder de negociación en la compra de neumáticos de repuesto que los fabricantes de vehículos automotores en la compra de neumáticos para equipo original, y también son menos sensibles a la calidad; los fabricantes de vehículos automotores son muy cuidadosos de la calidad y el desempeño de los neumáticos, debido a los efectos sobre el desempeño del vehículo.

Implicaciones estratégicas de las cinco fuerzas competitivas El modelo de las cinco fuerzas expone en forma muy completa lo que es la competencia en un mercado determinado, es decir, la fortaleza de cada uno de estos puntos competitivos, la naturaleza de las presiones competitivas que incluye cada fuerza y la estructura general de la competencia. Como regla, mientras más poderoso es el impacto colectivo de las fuerzas competitivas, menores son las utilidades combinadas de las empresas participantes. La situación competitiva más despiadada ocurre cuando las cinco fuerzas crean condiciones de mercado lo bastante difíciles para imponer rendimientos inferiores al promedio, o incluso pérdidas para todas las empresas o la mayor parte de ellas. La estructura de una industria obviamente "no es atractiva" desde el punto de vista de obtener utilidades si la rivalidad entre los vendedores es muy poderosa, si las barreras bajas para el ingreso permiten que los nuevos rivales logren una posición en el mercado, si la competencia de los sustitutos es poderosa y si tanto los proveedores como los clientes pueden ejercer un considerable apalancamiento en las negociaciones.

La estrategia competitiva de una compañía es más efectiva a medida que proporciona adecuadamente una buena defensa contra las cinco fuerzas competitivas, altera las presiones competitivas en favor de la compañía y ayuda a crear una ventaja competitiva sustentable.

Por otra parte, cuando las fuerzas competitivas no son poderosas, la estructura de la industria es "favorable" o "atractiva" desde el punto de vista de la ganancia de utilidades superiores. El medio ambiente "ideal" desde la perspectiva de obtener utilidades se da cuando tanto los proveedores como los clientes se encuentran en posiciones débiles de negociación, cuando no hay buenos sustitutos, cuando las barreras para el ingreso son relativamente altas y cuando la rivalidad entre los vendedores establecidos sólo es moderada. Sin embargo, incluso cuando alguna de las cinco fuerzas competitivas es poderosa, una industria puede ser atractiva para aquellas empresas cuya posición de mercado y estrategia proporcionan una defensa suficientemente buena contra las presiones competitivas para preservar su capacidad de obtener utilidades superiores al promedio.

Para luchar con éxito contra las fuerzas competitivas, los administradores deben idear estrategias que 1) aíslen a la empresa tanto como sea posible de las cinco fuerzas competitivas; 2) influyan en las presiones competitivas para cambiar en la dirección que favorezca a la compañía, y 3) creen una posición de ventaja poderosa y segura. Los administradores no pueden esperar el desarrollo de estrategias competitivas ganadoras sin antes identificar cuáles son las presiones competitivas existentes, sin medir la fuerza relativa de cada una y sin comprender de manera profunda y completa toda la estructura competitiva de la industria. El modelo de las cinco fuerzas es un instrumento poderoso para lograr esta comprensión. Cualquier otra cosa con un valor menor hace que la estrategia carezca de la perspicacia competitiva necesaria para idear una estrategia exitosa.

Pregunta 3: ¿Cuáles son los impulsores del cambio en la industria y qué impacto tendrán?

Las características económicas y la estructura competitiva de una industria dicen mucho de su naturaleza y de las condiciones competitivas, pero muy poco de la forma en la cual puede estar cambiando el medio ambiente. Todas las industrias se caracterizan por tendencias y nuevos avances que producen en forma gradual o rápida cambios lo bastante importantes para requerir una respuesta estratégica de las empresas participantes. La hipótesis popular de que las industrias atraviesan por fases evolucionistas o por etapas del ciclo de vida ayuda a explicar los cambios en la industria, pero aun así es incompleta.[12] Las etapas del ciclo de vida están muy relacionadas con los cambios en el índice de crecimiento de la industria total (ésa es la razón por la cual los términos como crecimiento rápido, madurez temprana, saturación y decadencia se utilizan para describir las etapas). Sin embargo, hay más causas del cambio en la industria, además de la posición de ésta en la curva de crecimiento.

Las condiciones de la industria cambian debido a que hay fuerzas importantes que impulsan a los participantes (competidores, clientes o proveedores) para que alteren sus acciones; **las fuerzas impulsoras son las causas fundamentales** *del cambio en la industria y en las condiciones competitivas.*

El concepto de las fuerzas impulsoras Aun cuando es importante juzgar en qué etapa de crecimiento se encuentra una industria, resulta aún mejor identificar los factores que causan ajustes fundamentales en la industria y la competencia. Las condiciones de la industria y la competencia cambian *debido a que están en movimiento fuerzas que crean incentivos o presiones para el cambio*.[13] Las fuerzas dominantes se conocen como fuerzas impulsoras, debido a que tienen la mayor influencia sobre la clase de cambios que tendrán lugar en las estructuras y en el medio ambiente de la industria. El

[12] Para una exposición más amplia de los problemas con la hipótesis del ciclo de vida, véase Michael E. Porter, *Competitive Strategy*, pp. 157-162.

[13] Michael E. Porter, *Competitive Strategy*, p. 10.

análisis de las fuerzas impulsoras consta de dos pasos: su identificación y la evaluación del impacto que tendrán en la industria.

Las fuerzas impulsoras más comunes Hay muchos acontecimientos que pueden afectar a una industria con la fuerza suficiente para calificarlos como fuerzas impulsoras. Algunos son parecidos, pero la mayor parte tienen cabida en una de varias categorías básicas:[14]

- *Cambios en el índice de crecimiento a largo plazo de la industria.* Los cambios hacia arriba o hacia abajo en el crecimiento son una fuerza para el cambio de la industria, debido a que afectan el equilibrio entre la oferta de la industria y la demanda del comprador, el ingreso y la salida, y lo difícil que será que una empresa obtenga ventas adicionales. Un ascenso rápido en la demanda a largo plazo atrae nuevos integrantes al mercado y alienta a las empresas establecidas a invertir para poseer una capacidad adicional. Un mercado en declinación puede hacer que algunas compañías salgan de la industria y que las restantes cierren sus plantas menos eficientes y reduzcan sus operaciones.
- *Cambios en quienes compran el producto y en la forma en que lo utilizan.* Los cambios en la demografía del comprador y las nuevas formas de utilizar el producto pueden alterar el estado de la competencia, al imponer ciertos ajustes en las ofertas de servicio al cliente (crédito, asistencia técnica, mantenimiento y reparación), abriendo el camino para vender el producto de la industria por medio de diferentes distribuidores y agencias de menudeo, impulsando a los productores a ampliar/reducir sus líneas de productos y haciendo que entren en juego diferentes enfoques de ventas y promoción. La creciente popularidad de Internet en el trabajo y en el hogar está creando nuevas oportunidades para realizar compras electrónicas, servicios de corretaje en línea, de correo electrónico, de publicidad, de datos y de proveedores de Internet. La demografía cambiante generada por expectativas de vida más prolongadas ha propiciado el crecimiento de mercados para complejos residenciales de golf, servicios de planeación para la jubilación, fondos mutualistas y cuidado de la salud.
- *Innovación del producto.* La innovación del producto puede trastornar la estructura de la competencia al ampliar la base de clientes de una industria, revitalizar el crecimiento y ampliar el grado de diferenciación del producto entre los vendedores rivales. Las introducciones exitosas de nuevos productos refuerzan la posición de mercado de las compañías innovadoras, por lo común a costa de las que se aferran a sus antiguos productos o se retrasan en la consecución de sus propias versiones del nuevo producto. Las industrias en las que la innovación del producto es una fuerza impulsora clave incluyen equipo de copiado, cámaras y equipo fotográfico, clubes de golf, juegos electrónicos de video, juguetes, medicamentos de prescripción, alimentos congelados, computadoras personales y *software*.
- *Cambio tecnológico.* Los avances en la tecnología pueden alterar en una forma impresionante el panorama de una industria, posibilitando la fabricación de productos nuevos y/o mejores a un costo más bajo, y abrir nuevas fronteras para toda la industria. Los avances tecnológicos también pueden producir cambios significativos en los requerimientos de capital, los volúmenes mínimos eficientes de las plantas, los beneficios de la integración vertical y los efectos de la curva de aprendizaje o de experiencia. Por ejemplo, el ritmo de los avances en el comercio electrónico a través de Internet, está cambiando rápidamente la forma

[14] Lo que sigue se basa en una exposición en Michael E. Porter, *Competitive Strategy*, pp. 164-183.

en la cual se llevan a cabo los negocios en muchas industrias (cotización de acciones, ventas y distribución de *software* y pedidos por correo de menudeo, para nombrar sólo algunas) y está anunciando "la era de la información".

- *Innovación de mercadotecnia.* Cuando las empresas tienen éxito en la introducción de nuevas formas de vender sus productos, pueden despertar el interés del comprador, ampliar la demanda de la industria, incrementar la diferenciación del producto o bajar los costos por unidad; a su vez, cualquiera de estos aspectos, o todos, pueden alterar las posiciones competitivas de las empresas rivales e imponer revisiones estratégicas. Internet se está convirtiendo en el vehículo para toda clase de innovaciones de mercadotecnia.
- *Ingreso o salida de las principales empresas.* El ingreso de una o más compañías extranjeras en un mercado antes dominado por empresas domésticas, casi siempre trastorna las condiciones competitivas. De la misma manera, cuando una empresa doméstica establecida en otra industria trata de ingresar, ya sea mediante una adquisición o iniciando su propio negocio, por lo común aplica sus capacidades y sus recursos de alguna manera innovadora que impulsa a la competencia en nuevas direcciones. El ingreso de una empresa importante a menudo produce un "nuevo juego de pelota", con jugadores clave y nuevas reglas para competir. De manera similar, la salida de una empresa importante cambia la estructura competitiva, al reducir el número de líderes del mercado (tal vez incrementando el dominio de los restantes) y causar una precipitación para capturar a los clientes de la empresa saliente.
- *Difusión de conocimientos técnicos prácticos.* A medida que se difunde el conocimiento sobre cómo desempeñar una actividad, o ejecutar las hojas de cálculo de la tecnología de fabricación, se erosiona cualquier ventaja competitiva con base en la tecnología que poseían las empresas originalmente. La difusión de esos conocimientos prácticos se puede llevar a cabo por medio de periódicos científicos, publicaciones comerciales, recorridos por la planta, comunicaciones verbales entre proveedores y clientes y contratación de empleados bien informados que trabajaban en otras empresas. También puede ocurrir cuando los poseedores de conocimientos tecnológicos les otorgan licencias a otros para utilizarlos a cambio de una cuota de regalías, o forman un equipo con una compañía interesada en convertir la tecnología en una nueva empresa de negocios. Con mucha frecuencia, los conocimientos tecnológicos se pueden adquirir simplemente mediante la compra de una compañía que tiene las habilidades, patentes y capacidad de fabricación deseadas. En los años recientes, la transferencia de tecnología a través de las fronteras nacionales ha surgido como una de las fuerzas impulsoras más importantes en la globalización de los mercados y en la competencia. A medida que aumenta el número de compañías que logran el acceso a los conocimientos tecnológicos, mejoran sus capacidades de fabricación en un esfuerzo a largo plazo para competir directamente con las compañías establecidas. Algunos ejemplos incluyen automóviles, neumáticos, electrónica para el consumidor, telecomunicaciones y computadoras.
- *Incremento en la globalización de la industria.* Las industrias avanzan hacia la globalización por varias razones. Una o más empresas prominentes a nivel nacional pueden iniciar estrategias agresivas a largo plazo para ganar una posición de mercado dominante a nivel global; la demanda del producto de la industria puede aparecer de manera inesperada en un número de países cada vez mayor; las barreras comerciales pueden bajar; la transferencia de tecnología puede abrir la puerta para que un mayor número de compañías en un mayor número de países ingrese a la industria en una escala importante; las diferencias significativas en los costos de mano de obra entre los países pueden crear una poderosa razón para ubicar las plantas en países con salarios bajos donde la mano de obra

es intensiva (por ejemplo, los salarios en China, Taiwán, Singapur, México y Brasil, son de alrededor de la cuarta parte de los de Estados Unidos, Alemania y Japón); las empresas con volúmenes a escala mundial, en oposición a los volúmenes a escala nacional, pueden lograr importantes economías; las compañías multinacionales capaces de transferir sus conocimientos prácticos de producción, mercadotecnia y administración de un país a otro, a un costo muy bajo, en ocasiones pueden ganar una ventaja competitiva significativa sobre los competidores domésticos. Como consecuencia, la competencia global por lo común cambia el patrón de la competencia entre los participantes clave de una industria, favoreciendo a algunos y perjudicando a otros. Lo anterior hace de la globalización una fuerza impulsora en las industrias: 1) donde las economías de escala son tan grandes que las compañías rivales necesitan vender sus productos en muchos países, con el fin de lograr el volumen suficiente para bajar costos; 2) donde la producción de bajo costo es una consideración crítica (lo que hace que sea imperativo ubicar las instalaciones de las plantas en países donde se pueden lograr los costos más bajos); 3) donde una o más compañías orientadas al crecimiento presionan demasiado para obtener una buena posición competitiva en mercados atractivos de tantos países como sea posible, y 4) basadas en recursos naturales (por ejemplo, los suministros de petróleo crudo, cobre y algodón están dispersos geográficamente en todo el mundo).

- *Cambios en el costo y la eficiencia.* El aumento o la disminución de las diferencias en los costos y la eficiencia entre los competidores clave, tiende a alterar de una manera considerable el estado de la competencia. La economía de bajo costo del correo electrónico y del fax ha significado una creciente presión competitiva sobre las operaciones relativamente ineficaces de costo elevado del Servicio Postal de Estados Unidos, debido a que es más económico y mucho más rápido enviar una página por fax que una carta por correo de primera clase. En la industria de energía eléctrica, los costos más bajos para generar electricidad en plantas de ciclo combinado recién construidas, han presionado a las antiguas plantas de combustión de carbón y de gas para bajar sus costos de producción si quieren seguir siendo competitivas; además, las compañías de energía solar y eólicas se han visto obligadas a buscar en forma agresiva adelantos tecnológicos con el fin de bajar sus costos lo suficiente para sobrevivir frente a las plantas de ciclo combinado, cuyos costos y eficiencia han mejorado grandemente.

- *Las emergentes preferencias del comprador por productos diferenciados en vez de un producto genérico (o de un producto estandarizado en vez de productos altamente diferenciados).* En ocasiones, un creciente número de compradores deciden que un producto estándar del tipo de "un tamaño se ajusta a todo", a un precio de presupuesto, constituye una oportunidad mejor que las marcas con una prima de precio, características suntuarias y servicios personalizados. Un desarrollo así tiende a cambiar el patrocinio de los vendedores de productos diferenciados más costosos hacia vendedores de productos similares más económicos y a crear un mercado caracterizado por una intensa competencia de precios. Los cambios hacia una mayor estandarización del producto pueden dominar a tal grado un mercado, que los productores rivales se limitan a impulsar los costos fuera de las utilidades y a seguir siendo competitivos respecto al precio. Por otra parte, un cambio para alejarse de los productos estandarizados ocurre cuando los vendedores pueden lograr un mayor seguimiento y lealtad de los compradores, introduciendo nuevas características, haciendo cambios en el estilo, ofreciendo opciones y accesorios y creando diferencias en la imagen mediante la publicidad y el empacado. De esta manera, lo que impulsa el cambio es la competencia entre rivales para diferenciarse en una forma inteligente unos de otros. La competencia evoluciona en forma diferente, dependiendo de si las fuerzas del mercado están incrementando o disminuyendo el énfasis en la diferenciación del producto.

- *Influencias reguladoras y cambios en la política del gobierno.* Las acciones reguladoras y gubernamentales a menudo pueden obligar a cambios significativos en las prácticas de la industria y en los enfoques estratégicos. La desregulación ha sido una poderosa fuerza en favor de la competencia en las industrias de aerolíneas, bancaria, de gas natural, telecomunicaciones y servicios públicos de electricidad. Los esfuerzos del gobierno para reformar Medicare y los seguros médicos se han convertido en poderosas fuerzas impulsoras en la industria del cuidado de la salud. En los mercados internacionales los gobiernos anfitriones pueden impulsar los cambios competitivos abriendo sus mercados domésticos a la participación extranjera o cerrándolos con el fin de proteger a las compañías domésticas.
- *Preocupaciones, actitudes y estilos de vida cambiantes de la sociedad.* Los aspectos sociales emergentes y las actitudes y los estilos de vida cambiantes pueden propiciar variantes en la industria. La creciente actitud contra el tabaquismo ha surgido como el principal impulsor del cambio en esa industria. Las consideraciones del consumidor respecto a aspectos tales como contenido de sal, azúcar, aditivos químicos, grasas saturadas, colesterol y valor alimenticio, han obligado a los productores de alimentos a reformar las técnicas de procesamiento de alimentos, a redirigir los esfuerzos de investigación y desarrollo hacia el empleo de ingredientes más saludables y a competir para encontrar productos saludables y de un sabor agradable. Las preocupaciones por la seguridad han transformado los productos con características que no ofrecen un riesgo en un activo competitivo en las industrias automotriz, de juguetes y de equipo eléctrico para exteriores, por mencionar algunas. El creciente interés en el aspecto físico ha dado por resultado la aparición de nuevas industrias en las áreas de equipo para hacer ejercicio, ciclismo de montaña, prendas de vestir, gimnasios deportivos y centros recreativos, suplementos vitamínicos y alimenticios y programas de dieta supervisados por médicos. Las preocupaciones sociales sobre la contaminación del aire y el agua han obligado a las industrias a añadir en sus estructuras de costo gastos para controlar la contaminación. El cambio en las preocupaciones, las actitudes y los estilos de vida de la sociedad por lo común favorece a aquellos participantes que responden con mayor rapidez y de una manera más creativa con productos orientados a las nuevas tendencias y condiciones.
- *Reducciones en la incertidumbre y en el riesgo de negocios.* Una industria joven por lo común se caracteriza por una estructura de costos que no ha sido probada y por una incertidumbre sobre el volumen potencial del mercado, de cuánto tiempo y dinero se necesitará para superar los problemas tecnológicos y cuáles serán los canales de distribución en los que se debe incorporar. Las industrias nacientes tienden a atraer a las compañías con una actitud emprendedora y dispuesta a correr riesgos. Sin embargo, a lo largo del tiempo, si los pioneros de la industria tienen éxito y se desvanece la incertidumbre de la viabilidad del producto, habrá más empresas conservadoras que se sientan atraídas a ingresar en el mercado. A menudo, estos últimos integrantes son empresas más grandes y financieramente poderosas que quieren invertir en industrias atractivas y en crecimiento. El menor grado de riesgo de negocios y de incertidumbre también afecta la competencia en los mercados internacionales. En las primeras etapas de ingreso de una compañía a los mercados extranjeros, prevalece una actitud conservadora y las empresas limitan su exposición a un nivel inferior, utilizando estrategias menos arriesgadas como exportación, licencias y empresas colectivas para lograr el ingreso. De manera que, a medida que se acumula la experiencia y disminuye las percepción de los niveles de riesgo, las compañías toman medi-

das temerarias, construyendo plantas y haciendo adquisiciones con el fin de crear posiciones competitivas poderosas en el mercado local y empezando a vincular las estrategias en cada país para crear una estrategia global.

El gran número de *fuerzas impulsoras potenciales* diferentes explica por qué no hay que considerar el cambio en la industria sólo en términos del modelo de las etapas de crecimiento y por qué una comprensión total de las *causas* que son la base de la aparición de nuevas condiciones competitivas es parte fundamental del análisis de la industria.

La tarea del análisis de las fuerzas impulsoras es separar las causas principales del cambio en la industria de las menos importantes; por lo común, no más de tres o cuatro factores califican como fuerzas impulsoras.

No obstante que muchas fuerzas de cambio pueden estar operando en una industria determinada, no es probable que haya más de tres o cuatro que califiquen como fuerzas *impulsoras*, en el sentido de que actuarán como los *principales factores determinantes* del porqué y el cómo está cambiando la industria. Por consiguiente, los analistas estratégicos se deben resistir a la tentación de calificar todo lo que cambia como fuerzas impulsoras; la tarea analítica es la evaluación cuidadosa de las fuerzas de la industria y del cambio competitivo, con el fin de separar los principales factores de los menos importantes.

El vínculo entre las fuerzas impulsoras y la estrategia Un análisis riguroso de las fuerzas impulsoras de una industria es requisito previo para la creación de una estrategia sólida. Sin una conciencia cabal de cuáles son los factores externos que producirán los mayores cambios potenciales en el negocio de la compañía en los próximos tres años, los administradores estarán mal preparados para crear una estrategia que se ajuste estrechamente a las condiciones emergentes. Asimismo, si no están seguros de las implicaciones de cada fuerza impulsora, o si sus puntos de vista son incompletos o no tienen una base firme, les resultará difícil crear una estrategia que responda a las fuerzas impulsoras y a sus consecuencias en la industria. De manera que el análisis de las fuerzas impulsoras no es algo que se deba tomar a la ligera; tiene un valor práctico para la creación de la estrategia y es básico para la tarea de pensar en el aspecto de hacia dónde se dirige el negocio y la forma de prepararse para los cambios.

Los administradores pueden utilizar la exploración ambiental para detectar tendencias florecientes e indicios del cambio que podrían desarrollarse y convertirse en nuevas fuerzas impulsoras.

Técnicas para el monitoreo del entorno empresarial Una forma para tratar de detectar a tiempo las fuerzas impulsoras futuras es explorar de una manera sistemática el medio ambiente en busca de indicios. El monitoreo del entorno empresarial implica el estudio y la interpretación del alcance de los acontecimientos sociales, políticos, económicos, ecológicos y tecnológicos, en un esfuerzo por detectar las tendencias y condiciones nacientes que se podrían convertir en fuerzas impulsoras. El monitoreo del entorno empresarial implica un marco de tiempo superior a los tres años próximos; por ejemplo, podría implicar criterios sobre la demanda de energía en el año 2010, la clase de electrodomésticos y controles electrónicos computarizados que tendrá la "casa del futuro", cómo se comunicarán las personas a larga distancia dentro de 10 años o lo que sucederá con los niveles de ingreso y los hábitos de consumo de los jubilados en el siglo XXI si sigue en aumento la expectativa de vida promedio. De manera que el monitoreo del entorno empresarial trata de detectar el primero de una clase de acontecimientos y nuevos enfoques e ideas que se están popularizando y extrapolar sus implicaciones dentro de cinco a 20 años en el futuro. *El propósito y el valor del monitoreo del entorno empresarial es incrementar la conciencia de los administradores sobre los desarrollos potenciales que podrían tener un impacto importante en las condiciones de la industria y visualizar nuevas oportunidades o amenazas.*

El monitoreo del entorno empresarial se puede lograr estudiando los acontecimientos actuales, construyendo escenarios y empleando el método Delphi (una técnica para llegar a un consenso entre un grupo de expertos bien informados). Los métodos de monitoreo del entorno empresarial son altamente cualitativos y subjetivos. El atractivo del monitoreo del entorno empresarial, a pesar de su naturaleza especulativa, es que ayuda a los administradores a ampliar su horizonte de planeación, traducir indicios vagos de oportunidades o amenazas futuras en problemas estratégicos más claros (para los cuales pueden empezar a desarrollar respuestas) y pensar de una manera estratégica sobre los desarrollos futuros del ambiente que los rodea.[15] Las compañías que emprenden un monitoreo formal incluyen a General Electric, AT&T, Coca-Cola, General Motors, Du Pont y Shell Oil.

Pregunta 4: ¿Cuáles son las compañías que ocupan las posiciones competitivas más fuertes/débiles?

El mapeo de los grupos estratégicos es una técnica para mostrar las posiciones competitivas que ocupan las empresas rivales en la industria.

El siguiente paso en el examen de la estructura competitiva de una industria es estudiar las posiciones de mercado de las compañías rivales. Una técnica para revelar las posiciones competitivas de los participantes en una industria es el mapa de los grupos estratégicos[16] Este instrumento analítico es el puente entre el estudio de la industria como un todo y la posición de cada empresa por separado. Es más útil cuando una industria tiene tantos competidores que no resulta práctico examinar a cada uno de ellos.

El análisis de los grupos estratégicos ayuda a identificar con precisión a los competidores más cercanos de una empresa.

Empleo de mapas estratégicos para evaluar las posiciones competitivas de las empresas rivales Un grupo estratégico se compone de aquellas empresas rivales con enfoques y posiciones competitivas similares en el mercado.[17] Las compañías en el mismo grupo estratégico pueden ser semejantes unas con otras en cualquiera de estas formas: tener una amplitud comparable de su línea de productos, estar verticalmente integradas unas con otras, emplear esencialmente los mismos atributos del producto para atraer a tipos similares de compradores, hacer hincapié en los mismos canales de distribución, depender de idénticos enfoques tecnológicos y/o vender en la misma gama de precio/calidad. Una industria sólo posee un grupo estratégico cuando todos los integrantes buscan esencialmente estrategias idénticas y tienen posiciones de mercado comparables. En el otro extremo, hay tantos grupos estratégicos como competidores cuando cada rival busca un enfoque competitivo diferente y ocupa una posición sustancialmente diferente en el mercado.

El procedimiento para elaborar un mapa de los grupos estratégicos y decidir cuáles son las empresas que pertenecen a cada grupo estratégico consiste en:

- Identificar las características que diferencian a las empresas en la industria; las variables comunes son precio/calidad (elevados, promedio, bajos), cobertura geográfica (local, regional, nacional, global), grado de integración vertical (ninguna, parcial, total), amplitud de la línea de productos (amplia, limitada), empleo de canales de distribución (uno, varios, todos) y grado de servicio ofrecido (básico, limitado, servicio completo).
- Ubicar a las empresas en un mapa de dos variables, utilizando pares de estas características de diferenciación.

[15] Para una exposición adicional de la naturaleza y el empleo del análisis ambiental, véase Roy Amara y Andrew J. Lipinski, *Business Planning for an Uncertain Future: Scenarios and Strategies*, Nueva York, Pergamon Press, 1983; Harold E. Klein y Robert U. Linneman, "Environmental Assessment: An International Study of Corporate Practice", en *Journal of Business Strategy* 5, núm. 1, verano de 1984, pp. 55-75; y Arnoldo C. Hax y Nicolas S. Majluf, *The Strategy Concept and Process*, Englewood Cliffs, N.J., Prentice-Hall, 1991, capítulos 5 y 8.

[16] Michael E. Porter, *Competitive Strategy*, capítulo 7.

[17] *Ibid.*, pp. 129-130.

- Asignar las empresas que tienen estrategias similares al mismo grupo estratégico.
- Trazar círculos alrededor de cada grupo estratégico, haciéndolos corresponder para que sean proporcionados al volumen de participación respectiva del grupo de los ingresos de ventas totales de la industria.

Esto produce un *mapa bidimensional de los grupos estratégicos* como el de la industria de joyería que se muestra en la Cápsula ilustrativa 9.

Es necesario observar varias pautas al trazar en el mapa las posiciones de los grupos en el espacio estratégico total de la industria.[18] En primer lugar, las dos variables seleccionadas como ejes para el mapa *no* deben estar altamente correlacionadas; si lo están, los círculos en el mapa quedarán en una diagonal y los creadores de la estrategia no se enterarán de nada más acerca de las posiciones relativas de los competidores que si sólo consideraran una de las variables. Por ejemplo, si las compañías con líneas amplias de productos utilizan múltiples canales de distribución, en tanto que las compañías con líneas limitadas utilizan un solo canal de distribución, entonces el examen de las líneas de productos amplias *versus* las limitadas revela casi lo mismo sobre quién está posicionado en dónde, que si se examinara un solo canal de distribución *versus* múltiples canales, es decir, una de las variables es redundante. En segundo lugar, las variables elegidas como ejes para el mapa deben exponer las diferencias mayores en la forma en la cual los rivales se posicionan para competir. Por supuesto, esto significa que los analistas deben identificar las características que diferencian a las empresas rivales y utilizar esas diferencias como variables para los ejes y como la base para decidir a qué grupo estratégico pertenece cada empresa. En tercer lugar, las variables utilizadas como ejes no deben ser cuantitativas ni continuas, más bien pueden ser variables discretas o definidas en términos de clases y combinaciones. En cuarto lugar, el trazo del tamaño de los círculos en el mapa en forma proporcional a las ventas combinadas de las empresas en cada grupo estratégico, permite que el mapa refleje el tamaño relativo de cada grupo estratégico. En quinto lugar, si es posible utilizar más de dos variables competitivas como ejes para el mapa, es posible trazar varios mapas distintos para ofrecer diferentes exposiciones a las relaciones del posicionamiento competitivo que están presentes en la estructura de la industria. Debido a que no hay necesariamente un mapa mejor para describir la forma en la cual las empresas están posicionadas en el mercado, es aconsejable experimentar con diferentes pares de variables competitivas.

Lo que se puede aprender de los mapas de grupos estratégicos Se debe indagar si *las fuerzas impulsoras y las presiones competitivas de la industria favorecen a algunos grupos estratégicos y perjudican a otros.*[19] Las empresas en grupos estratégicos que resultan afectadas en forma adversa pueden tratar de cambiar a un grupo situado más favorablemente; lo difícil de esa medida depende de si las barreras para el ingreso en el grupo estratégico de su objetivo son altas o bajas. Los intentos de las empresas rivales para ingresar en un nuevo grupo estratégico casi siempre incrementan la competencia. Si se sabe que ciertas empresas están tratando de cambiar sus posiciones, entonces la adición de flechas a los círculos, mostrando la dirección hacia donde se dirigen, ayuda a aclarar la perspectiva de la manipulación competitiva entre los rivales.

Otra consideración es *si el potencial de utilidades de diferentes grupos estratégicos varía debido a los puntos fuertes y débiles competitivos en cada posición de mercado del grupo.* Las diferencias en los rendimientos pueden ocurrir debido a los distintos grados de apalancamiento en las negociaciones de productos sustitutos fuera de la industria, a los diferentes grados de rivalidad competitiva entre los grupos estratégicos y a los distintos índices de crecimiento de los principales segmentos de compradores de

[18] *Ibid.*, pp. 152-154.

[19] *Ibid.*, pp. 130, 132-138 y 154-155.

CÁPSULA ILUSTRATIVA 9 Mapa del grupo estratégico de los competidores en la industria de joyería de menudeo

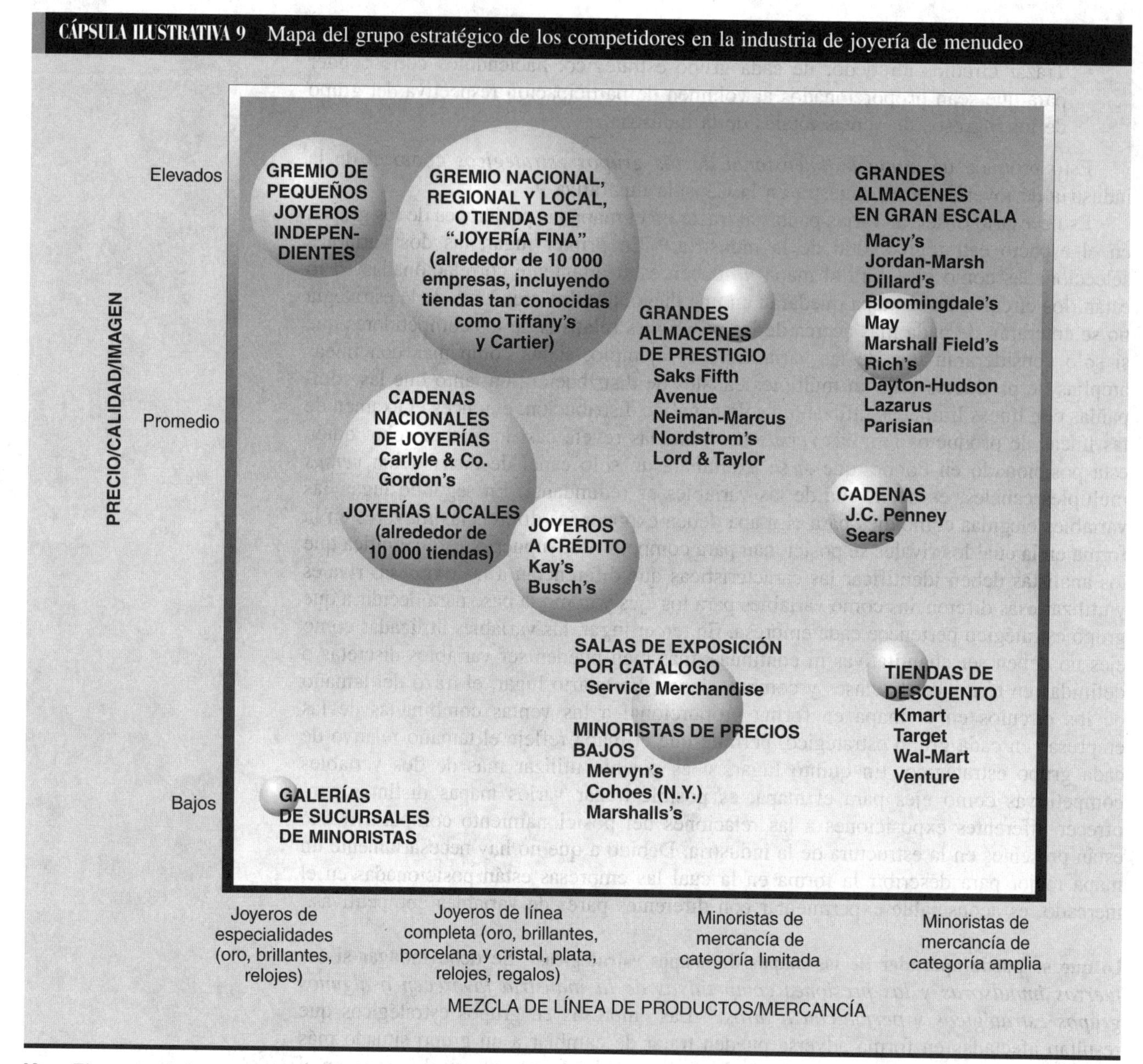

Nota: El tamaño de los círculos es aproximadamente proporcional a las participaciones de mercado de cada grupo de competidores.

cada grupo. Las fuerzas impulsoras y las competitivas no afectan a cada grupo estratégico de una manera uniforme.

Por lo común algunos grupos estratégicos están posicionados en una forma más favorable que otros.

Generalmente, mientras los grupos estratégicos están más cerca unos de otros en el mapa, más poderosa tiende a ser la rivalidad competitiva entre las empresas miembro. Ciertamente las empresas que forman parte del mismo grupo estratégico son las rivales más cercanas, pero las que le siguen se encuentran en los grupos inmediatamente adyacentes.[20] A menudo, las empresas de grupos estratégicos que están muy apartados en el mapa apenas compiten.

[20] Los grupos estratégicos actúan como puntos de referencia adecuados para las estrategias de las empresas y para predecir las futuras estrategias y la evolución de la estructura competitiva de una industria.

Por ejemplo, tanto Tiffany's como Wal-Mart venden joyería de oro y plata, pero los precios y la calidad de sus productos son muy diferentes como para generar cualquier competencia real entre ellas. Por la misma razón, Timex no es un competidor rival significativo de Rolex y Subaru no es un competidor cercano de Lincoln o de Mercedes-Benz.

Pregunta 5: ¿Qué medidas estratégicas es probable que tomen los rivales?

A menos que una compañía preste atención a lo que están haciendo los competidores, acaba por funcionar a ciegas. Una empresa no puede esperar superar las maniobras de sus rivales sin verificar sus acciones, sin comprender sus estrategias y sin anticipar las medidas que probablemente tomen después. Lo mismo que en los deportes, es esencial estudiar a los rivales. Las estrategias que utilizan los rivales y las acciones que quizá emprendan después tienen una relación directa con las mejores medidas estratégicas de una compañía, es decir, si necesita defenderse de acciones específicas emprendidas por los rivales o si las medidas de los rivales proporcionan una apertura para un nuevo impulso ofensivo.

Los estrategas exitosos se esfuerzan al máximo en estudiar a los competidores, comprender sus estrategias, observar sus acciones, medir sus fortalezas y debilidades y tratar de anticipar las medidas que tomarán después.

Comprensión de las estrategias de los competidores La mejor fuente de información sobre la estrategia de un competidor proviene del examen de lo que está haciendo y de lo que declara la administración sobre los planes de la compañía (la figura 3.2 indica qué es lo que se debe buscar para identificar la estrategia de negocios de una compañía). Es posible comprender algún indicador adicional considerando el escenario del mercado geográfico del rival, su propósito estratégico, su objetivo respecto a la participación de mercado, su posición competitiva en el mapa de grupos estratégicos de la industria, su voluntad de correr riesgos, su enfoque básico de la estrategia competitiva y si las medidas más recientes del competidor son en su mayor parte ofensivas o defensivas.[21] Algunas buenas fuentes de esa información incluyen el reporte anual de la compañía y los archivos 10-K, los discursos recientes de sus gerentes, los reportes de los analistas de valores, los artículos en los medios de negocios, los comunicados de prensa de la compañía, la información en Internet, las exposiciones en las ferias comerciales internacionales, los proveedores, las visitas a la página de la compañía en la red y las charlas con los clientes, proveedores y antiguos empleados de un rival. Muchas compañías tienen una unidad de información competitiva que recopila la información de los rivales y que está disponible en la red interna de la compañía.

Es ventajoso saber más acerca de sus competidores de lo que ellos saben acerca de usted.

Sin embargo, la recopilación de la información competitiva de los rivales en ocasiones puede encontrarse en la delgada línea entre una indagación honesta y la conducta ilegal, los subterfugios y la conducta poco ética. Por ejemplo, es legal llamar a los rivales para obtener información acerca de los precios, las fechas de introducción de nuevos productos o los niveles de salarios, pero no es ético describir con falsedad a la propia compañía. El hecho de obtener información de los representantes de los rivales

Véase Avi Fiegenbaum y Howard Thomas, "Strategic Groups as Reference Groups: Theory, Modeling and Empirical Examination of Industry and Competitive Strategy", en *Strategic Management Journal* 16, 1995, pp. 461-476. Para un estudio de la forma en la cual el análisis de grupos estratégicos ayuda a identificar las variables que conducen a una ventaja competitiva sostenible, véase S. Ade Olusoga, Michael P. Mokwa y Charles H. Noble, "Strategic Groups, Mobility Barriers, and Competitive Advantage", en *Journal of Business Research* 33, 1995, pp. 153-164.

[21] Para una exposición de las formas legales de recopilar información competitiva acerca de las compañías rivales, véase Larry Kahaner, *Competitive Intelligence*, Nueva York, Simon & Schuster, 1996.

en las exposiciones comerciales es ético sólo si se porta un gafete con el nombre, igual que los demás. En 1991, en un esfuerzo para saber algo más acerca de los planes estratégicos de un competidor, Avon logró obtener materiales de desecho de su principal rival, Mary Kay Cosmetics, haciendo que los miembros de su personal revisaran los botes de basura de la matriz de MKC.[22] Cuando los funcionarios de MKC se enteraron de la acción y presentaron una demanda, Avon afirmó que no había hecho nada ilegal (en 1988 la Suprema Corte decretó que cualquiera podía recoger la basura que se dejara en una propiedad pública, en este caso una acera). Avon incluso presentó una cinta de video grabada en el momento en que se recogió la basura de MKC y ganó el juicio, pero la legalidad de la acción de ningún modo significa que fue ética.

La tabla 3.3 proporciona un plan de clasificación fácil de aplicar para obtener un perfil de los objetivos y las estrategias de las compañías rivales. Estos perfiles, junto con un mapa de grupos estratégicos, proporcionan un diagnóstico adecuado de las estrategias y las medidas recientes de los rivales y se complementan con cualquier información disponible de cada competidor.

Evaluación de quiénes serán los principales competidores en la industria Por lo común resulta obvio quiénes son los principales competidores *actuales*, pero esas mismas empresas no necesariamente se encuentran bien posicionadas para el futuro. Algunas pueden estar perdiendo terreno o tener un equipo deficiente para competir en el futuro. Las compañías más pequeñas pueden empezar a participar en la contienda, preparándose para una ofensiva contra los rivales más grandes, pero vulnerables. Los competidores desde hace largo tiempo por el liderazgo en el mercado tal vez se deslicen rápidamente hacia abajo en las clasificaciones y otros acaben por ser objeto de una adquisición. Los líderes del mercado el día de hoy no necesariamente serán los líderes del mañana.

La compañía que siempre posee más y mejor información acerca de sus competidores está mejor posicionada para prevalecer si lo demás permanece igual.

El hecho de si un competidor está posicionado favorable o desfavorablemente para ganar terreno en el mercado depende del porqué existe ese potencial para que tenga un desempeño mejor o peor. Por lo común, la firmeza con la cual una compañía mantiene su participación de mercado actual es una función de su vulnerabilidad ante las fuerzas impulsoras y las presiones competitivas, si tiene una ventaja o una desventaja competitivas y de si es el blanco probable de un ataque ofensivo de otros participantes en la industria. La determinación precisa de los rivales que están preparados para ganar una posición de mercado y cuáles parecen destinados a perderla, ayuda al estratega a anticipar qué tipo de medidas es probable que tomen después.

Predicción de las medidas inmediatas de los competidores Ésta es la parte más difícil y, sin embargo, la más útil del análisis del competidor. Los indicios certeros de las medidas que puede tomar una compañía específica provienen del estudio del propósito estratégico, de la verificación de su desempeño en el mercado y de la presión bajo la cual se encuentra para mejorar su desempeño financiero. La probabilidad de que una compañía siga adelante con su estrategia actual por lo común depende de cómo se desempeña y de sus prospectos para el éxito continuo haciendo sólo ajustes mínimos. Es posible que los rivales con problemas se estén desempeñando tan mal que las nuevas medidas estratégicas, ya sea ofensivas o defensivas, sean virtualmente seguras. Los rivales agresivos con un propósito estratégico ambicioso son poderosos candidatos para hallar oportunidades de mercado que van surgiendo y para explotar a los rivales más débiles.

Puesto que los administradores por lo general operan con base en hipótesis del futuro de la industria y la situación de su propia empresa, la comprensión del propósito

[22] Larry Kahaner, *Competitive Intelligence*, pp. 84-85.

TABLA 3.3 Categorización de los objetivos y las estrategias de los competidores

Esfera de acción competitiva	Propósito estratégico	Objetivo de la participación en el mercado	Posición competitiva/ Situación	Postura estratégica	Estrategia competitiva
• Local • Regional • Nacional • Múltiples países • Global	• Ser el líder dominante • Alcanzar al líder actual de la industria • Estar entre los líderes de la industria (los cinco mejores) • Avanzar hacia los 10 mejores • Avanzar uno o dos puntos en la clasificación de la industria • Alcanzar a un rival en particular (no necesariamente el líder) • Mantener su posición • Simplemente sobrevivir	• Una expansión agresiva, tanto por medio de adquisiciones como de un crecimiento interno • Una expansión por medio del crecimiento interno (mejorar la participación en el mercado a costa de las empresas rivales) • Expansión por medio de adquisiciones • Mantener la participación actual (mediante el crecimiento a un índice igual al promedio de la industria) • Renunciar a la participación si es necesario para lograr objetivos de utilidades a corto plazo (hacer hincapié en la rentabilidad, no en el volumen)	• Se está volviendo más poderosa; en movimiento • Bien arraigada; capaz de mantener su posición actual • Detenida a la mitad del grupo • Aspira a una posición de mercado diferente (trata de avanzar de una posición débil a otra más poderosa) • Está luchando; pierde terreno • Se retira a una posición que puede defender	• Ofensiva en su mayor parte • Defensiva en su mayor parte • Una combinación de ofensa y defensa • Corre riesgos en forma agresiva • Seguidora, conservadora	• Lucha por el liderazgo de costo más bajo • Se enfoca en su mayor parte en un nicho del mercado —Extremo elevado —Extremo bajo —Geográfico —Compradores con necesidades especiales —Otros • Busca una diferenciación con base en —Calidad —Servicio —Superioridad tecnológica —Amplitud de la línea de productos —Imagen y reputación —Más valor por el dinero —Otros atributos

Nota: Debido a que una estrategia de enfoque puede estar orientada a cualquiera de varios nichos del mercado y a que una estrategia de diferenciación puede estar armonizada con cualquiera de varios atributos, es mejor ser explícitos acerca de qué clase de estrategia de enfoque o de diferenciación está buscando una empresa determinada. No todas las estrategias de enfoque buscan el mismo nicho de mercado ni todas las de diferenciación buscan los mismos atributos.

estratégico de los administradores de la compañía rival se puede obtener de sus declaraciones públicas acerca de la dirección de la industria y de lo que necesitarán para tener éxito, de lo que declaran acerca de la situación de su empresa, de lo que se comenta acerca de sus acciones actuales y anteriores y de sus estilos de liderazgo pasados. Otro aspecto que se debe considerar es si un rival tiene la flexibilidad necesaria para hacer cambios estratégicos importantes o si está concentrado en seguir su misma estrategia básica con ajustes mínimos.

Los administradores que no estudian a fondo a los competidores se arriesgan a no ver con claridad las acciones "sorpresivas" de sus rivales.

Para tener éxito en la predicción de las siguientes medidas de un competidor es necesario tener una buena idea de su situación, de la forma de pensar de sus administradores y de sus opciones. El desempeño del trabajo necesario de detective puede resultar tedioso y consumir mucho tiempo, debido a que la información llega de muchas fuentes y fragmentada. Pero el estudio a fondo de los competidores para anticipar sus siguientes movimientos permite que los administradores preparen medidas contrarias efectivas (¡a tal punto que incluso derroten a un rival y acaben con él!).

Pregunta 6: ¿Cuáles son los factores clave para el éxito competitivo?

Los *factores clave para el éxito* (FCE) de una industria son aquellos aspectos que afectan más la capacidad de los miembros de la industria para prosperar en el mercado, es decir, elementos particulares de la estrategia, atributos del producto, recursos, competencias, habilidades competitivas y resultados de negocios que significan la diferencia entre utilidades y pérdidas. *Los factores clave para el éxito conciernen a lo que cada miembro de la industria debe hacer de una manera competente o concentrarse en su logro con el fin de tener éxito tanto en el aspecto competitivo como en el financiero.* Los FCE son tan importantes que todas las empresas de la industria les deben prestar una gran atención, debido a que son los *requisitos previos* para el éxito en la industria. Las respuestas a las siguientes tres preguntas ayudan a identificar los factores clave de una empresa triunfadora:

Los factores clave para el éxito en la industria conciernen a los atributos del producto, las competencias, las habilidades competitivas y los logros de mercado que tienen la mayor relación directa con los rendimientos de la compañía.

- ¿Sobre qué base eligen los clientes entre las marcas en competencia de las compañías?
- ¿Qué debe hacer una empresa para tener éxito en el aspecto competitivo; cuáles son los recursos y habilidades competitivas que necesita?
- ¿Qué se necesita para que las empresas logren una ventaja competitiva sostenible?

En la industria cervecera, los factores clave para el éxito significan la utilización total de la capacidad de elaboración (para mantener bajos los costos de fabricación), una poderosa red de distribuidores mayoristas (para tener acceso a tantas agencias de menudeo como sea posible) y una publicidad inteligente (para inducir a los consumidores de cerveza a comprar una marca particular). En la industria del vestido, los FCE significan diseños atractivos y combinaciones de colores (para crear el interés del comprador) y una eficiencia de fabricación de bajo costo (para permitir precios de menudeo atractivos y amplios márgenes de utilidad). En las latas de estaño y aluminio, debido a que el costo del envío de latas vacías es sustancial, uno de los factores clave es tener plantas ubicadas cerca de los clientes que son los usuarios finales, de manera que la producción de la planta se pueda vender dentro de distancias de envío que resulten económicas (la participación de mercado regional es más importante que la participación nacional). La tabla 3.4 proporciona una lista de los tipos de factores clave para el éxito que son más comunes.

La determinación de los factores clave para el éxito en la industria es una prioridad máxima. Los administradores necesitan comprender la situación de la industria para saber qué es prioritario para el éxito competitivo y qué es menos importante. Necesitan saber qué clase de recursos son valiosos. El diagnóstico erróneo de los factores de la industria que son críticos para un éxito competitivo a largo plazo, incrementa grandemente el riesgo de una estrategia mal dirigida, que haga demasiado hincapié en los objetivos competitivos menos importantes y que subestime las habilidades competitivas prioritarias. Por otra parte, una compañía con una comprensión perceptiva de los FCE puede lograr una ventaja competitiva sostenible si concentra su estrategia en los FCE de la industria y dedica sus energías a ser mejor que los rivales en uno o más de estos factores. De hecho, *los factores clave para el éxito representan oportunidades doradas para lograr una ventaja competitiva*; las compañías que sobresalen en un FCE particular disfrutan de una posición de mercado más poderosa. De manera que el empleo de uno o más de los FCE de la industria como piedra angular de la estrategia de la

Principio de la administración estratégica
Una estrategia sensata incluye esfuerzos para ser competente en todos los factores clave de la industria y sobresalir en por lo menos un factor.

TABLA 3.4 Tipos comunes de factores clave para el éxito

FCE relacionados con la tecnología

Experiencia en investigación científica (importante en terrenos tales como el farmacéutico, de medicamentos, exploración espacial y en otras industrias de "alta tecnología")
Capacidad técnica para hacer mejoramientos innovadores en los procesos de producción
Capacidad de innovación del producto
Experiencia en una tecnología determinada
Capacidad de utilizar Internet para difundir información, tomar pedidos, entregar productos o servicios

FCE relacionados con la fabricación

Eficiencia en la producción de costo bajo (lograr economías de escala, capturar los efectos de la curva de la experiencia)
Calidad en la fabricación (un menor número de defectos, escasa necesidad de reparaciones)
Nivel elevado de utilización de los activos fijos (importante en las industrias de capital intensivo/industrias de costo fijo elevado)
Ubicaciones de costo bajo de las plantas
Acceso a proveedores adecuados de mano de obra calificada
Nivel elevado de productividad laboral (importante para artículos que requieran una elevada participación de mano de obra)
Diseño e ingeniería de productos de bajo costo (reduce los costos de fabricación)
Flexibilidad para fabricar una gama de modelos y tamaños/hacerse cargo de los pedidos de los clientes

FCE relacionados con la distribución

Una poderosa red de distribuidores/comerciantes mayoristas (o una capacidad de distribución electrónica a través de Internet)
Obtener amplio espacio en los anaqueles de los minoristas
Contar con sucursales de menudeo propiedad de la compañía
Costos de distribución bajos
Entrega rápida

FCE relacionados con mercadotecnia

Ayuda técnica rápida y precisa
Servicio cortés al cliente
Archivo fiel de los pedidos de los clientes (muy pocos pedidos atrasados o errores)
Amplitud de la línea de productos y selección de productos
Habilidades de comercialización
Estilo/empacado atractivos
Garantías para el cliente (importantes en los pedidos por correo de menudeo, en las compras de artículos costosos, en las introducciones de nuevos productos)
Publicidad inteligente

FCE relacionados con las habilidades

Talento superior de la fuerza laboral (importante en los servicios profesionales como contabilidad y banca de inversiones)
Conocimientos prácticos del control de calidad
Experiencia en diseño (importante en las industrias de alta costura y prendas de vestir y a menudo una de las claves para una fabricación de bajo costo)
Experiencia en tecnología particular
Habilidad para desarrollar productos innovadores y mejoramientos del producto
Habilidad para llevar los productos recién concebidos más allá de la fase de investigación y desarrollo y enviarlos con rapidez al mercado

Habilidad organizacional

Sistemas de información superiores (importantes en las industrias de líneas aéreas, renta de automóviles, tarjetas de crédito y alojamiento)
Habilidad para responder con rapidez a las condiciones cambiantes del mercado (toma de decisiones modernizada, tiempos de espera breves para llevar los nuevos productos al mercado)
Habilidad superior en la utilización de Internet y otros aspectos del comercio electrónico para hacer negocios
Mayor experiencia y conocimientos prácticos administrativos

Otros tipos de FCE

Imagen/reputación favorables con los compradores
Bajo costo general (no sólo en la fabricación)
Ubicaciones convenientes (importantes en muchos negocios de menudeo)
Empleados amables y corteses en todas las posiciones de contacto con los clientes
Acceso a capital para financiamiento (importante en las nuevas industrias con elevados grados de riesgo de negocios y en industrias de capital intensivo)
Protección de patentes

compañía y el hecho de tratar de lograr una ventaja competitiva sostenible, sobresaliendo en un FCE particular, es un enfoque fructífero.[23]

Los factores clave para el éxito varían de una industria a otra, e incluso de tiempo en tiempo dentro de la misma industria, a medida que cambian las fuerzas impulsoras y las condiciones competitivas. Sólo muy rara vez una industria posee más de tres o cuatro factores clave para el éxito en cualquier momento determinado. E incluso entre esos tres o cuatro, uno o dos por lo común exceden en importancia a los otros. Por consiguiente, los administradores se deben resistir a la tentación de incluir aquellos que sólo tienen una importancia mínima en su lista de factores clave para el éxito; el propósito de la identificación de los FCE es hacer juicios sobre los aspectos fundamentales y los menos importantes. La recopilación de una lista de todos los factores importantes incluso hace que desmerezca un poco el propósito de centrar la tarea de la administración en los factores críticos.

Pregunta 7: ¿Es atractiva la industria y cuáles son sus prospectos para un rendimiento superior al promedio?

El paso final del análisis de la industria y competitivo es utilizar las respuestas a las seis preguntas anteriores para llegar a conclusiones sobre el atractivo o la falta de éste en la industria, tanto a corto como a largo plazos. Los factores importantes para la compañía que deben considerar los administradores incluyen:

- El potencial de crecimiento de la industria.
- Si en la actualidad la competencia permite rendimientos adecuados y si las fuerzas competitivas se volverán más poderosas o más débiles.
- Si las fuerzas impulsoras prevalecientes tendrán un impacto favorable o desfavorable sobre los rendimientos en la industria.
- La posición competitiva de la compañía en la industria y si es probable que su posición se vuelva más poderosa o más débil (el hecho de ser un líder bien arraigado o un competidor poderosamente posicionado en una industria que por lo demás carece de atractivo puede producir buenas ganancias; por otra parte, el hecho de tener que emprender una lucha cuesta arriba contra rivales mucho más poderosos puede hacer que una industria que por lo demás es atractiva se vuelva poco lucrativa).
- El potencial de la compañía para aprovechar la vulnerabilidad de los rivales más débiles (tal vez convirtiendo una situación que no es atractiva *en la industria* en una oportunidad potencialmente satisfactoria para *la compañía*).
- Si la compañía está aislada o es capaz de defenderse contra los factores que hacen que la industria no sea atractiva.
- Lo bien que se ajustan las capacidades competitivas de la compañía con los factores clave para el éxito de la industria.
- Los grados de riesgo y de incertidumbre en el futuro de la industria.
- La severidad de los problemas/aspectos a los cuales se enfrenta la industria como un todo.
- Si la participación continua en la industria se suma a la capacidad de la empresa para tener éxito en otras industrias en las cuales puede tener intereses.

---

[23] Algunos expertos debaten el valor de creación de la estrategia de los factores clave para el éxito. El profesor Ghemawat afirma que "toda la idea de identificar un factor del éxito y después perseguirlo parece tener algo en común con la imprudente búsqueda medieval de la *piedra filosofal*, una sustancia que transmutaría en oro todo lo que tocara". Pankaj Ghemawat, *Commitment: The Dynamic of Strategy*, Nueva York, Free Press, 1991, p. 11.

Como una condición general, *si los prospectos totales de utilidades de una industria son superiores al promedio, se puede considerar que la industria es atractiva.* Sin embargo, es un error pensar que las industrias son atractivas o no para todos los participantes y para todos los integrantes potenciales. El atractivo es relativo, no absoluto, y las conclusiones en un sentido o en otro son a juicio del participante, es decir, el atractivo de la industria siempre se debe evaluar desde el punto de vista de una compañía particular. Las industrias que no son atractivas para quienes están fuera pueden serlo para quienes se encuentran dentro. El ambiente de la industria que no es atractivo para los competidores débiles puede serlo para los competidores poderosos. Las compañías que están fuera pueden estudiar el ambiente de una industria y concluir que no es un negocio atractivo para que participen en él; asimismo, pueden ver muchas oportunidades lucrativas en otras partes, debido a sus recursos y competencias particulares. Pero una compañía que ya está favorablemente posicionada en la industria puede estudiar el mismo ambiente de negocios y concluir que la industria es atractiva, debido a que posee los recursos y las capacidades competitivas necesarios para quitarles las ventas y la participación de mercado a otros rivales más débiles, crear una poderosa posición de liderazgo y ganar buenas utilidades.

Una compañía que se encuentra bien situada en una industria que por lo demás no es atractiva, puede, bajo ciertas circunstancias, ganar utilidades extraordinariamente buenas.

Una evaluación de que la industria es fundamentalmente atractiva sugiere que los participantes establecidos emplean estrategias que refuerzan sus posiciones competitivas a largo plazo en el negocio y amplían sus esfuerzos de ventas e invierten en instalaciones y habilidades adicionales según sea necesario. Si la industria y la situación competitiva carecen relativamente de atractivo, un mayor número de participantes exitosos pueden decidir que invertirán con cautela, que buscarán formas de proteger su competitividad y los rendimientos a largo plazo y que tal vez compren empresas más pequeñas si los precios son apropiados; a largo plazo, las compañías poderosas pueden llevar a cabo una diversificación hacia negocios más atractivos. Las compañías débiles en industrias que no son atractivas pueden considerar una fusión con un rival, con el fin de mejorar su participación de mercado y sus ganancias o, como una alternativa, empezar a buscar fuera de la industria oportunidades de diversificación atractivas.

CÓMO HACER UN ANÁLISIS DE LA INDUSTRIA Y COMPETITIVO COMPLETO

La tabla 3.5 proporciona un *formato* para presentar los descubrimientos y conclusiones pertinentes del análisis de la industria y competitivo. Incluye las siete preguntas que expusimos anteriormente y guías para que quienes aspiran a ser analistas practiquen el pensamiento estratégico y hagan la evaluación necesarias para obtener conclusiones sobre el estado de la industria y del ambiente competitivo.

Hay dos cosas que se deben tener en cuenta cuando se hace un análisis competitivo y de la industria. En primer lugar, la tarea de analizar la situación externa de una compañía no es un ejercicio mecánico, semejante a una fórmula, en el cual se insertan hechos y datos y se obtienen conclusiones definitivas. El análisis estratégico siempre deja un espacio para las diferencias de opiniones acerca de cómo se combinan los factores y cómo serán las futuras condiciones de la industria y competitivas. Es posible que haya varios escenarios de evolución, de lo atractiva que una industria será y de qué tan buena es la perspectiva de las utilidades. Sin embargo, aun cuando ninguna metodología puede garantizar un diagnóstico concluyente, no tiene sentido tomar atajos en el análisis estratégico y confiar en opiniones y observaciones casuales. Los administradores se convierten en mejores estrategas cuando saben cuáles son las preguntas analíticas que deben plantear, cuando poseen las habilidades para interpretar los indicios de la dirección en la cual soplan los vientos de la industria y competitivos, y cuando pueden

TABLA 3.5 Muestra de la forma para hacer un análisis breve de la industria y competitivo

1. **Características económicas dominantes en el medio ambiente de la industria** (volumen e índice de crecimiento del mercado, esfera de acción geográfica, número y volúmenes de compradores y vendedores, ritmo del cambio y la innovación tecnológicos, economías de escala, efectos de la curva de la experiencia, requerimientos de capital, etcétera)

2. **Análisis de la competencia**
   - Rivalidad entre los vendedores en competencia (una fuerza poderosa, moderada o débil/armas de la competencia)
   - Amenaza de ingreso potencial (una fuerza poderosa, moderada o débil/evaluación de las barreras para el ingreso)
   - Competencia de los sustitutos (una fuerza poderosa, moderada o débil/por qué)
   - Poder de los proveedores (una fuerza poderosa, moderada o débil/por qué)
   - Poder de los clientes (una fuerza poderosa, moderada o débil/por qué)

3. **Fuerzas impulsoras**

4. **Posición competitiva de las principales compañías/ grupos estratégicos**
   - Favorablemente posicionados/por qué
   - Desfavorablemente posicionados/por qué

5. **Análisis del competidor**
   - Enfoques estratégicos/medidas predecibles de los competidores clave
   - A quién observar y por qué

6. **Factores clave para el éxito**

7. **Prospectos y atractivo general de la industria**
   - Factores que hacen que la industria sea atractiva
   - Factores que hacen que la industria no sea atractiva
   - Aspectos/problemas especiales de la industria
   - Perspectiva de las utilidades (favorable/ desfavorable)

utilizar las técnicas de análisis de la situación para encontrar respuestas e identificar los problemas estratégicos. Ésta es la razón por la cual nos concentramos en sugerir las preguntas que se deben hacer, en explicar los conceptos y los enfoques analíticos e indicar la clase de cosas que se deben buscar.

En segundo lugar, es necesario hacer análisis completos de la industria y competitivos cada dos o tres años; durante el intervalo, los administradores están obligados a actualizar y reexaminar continuamente sus conocimientos a medida que suceden los hechos. No hay ningún sustituto para ser un buen estudiante de la industria y de las condiciones competitivas y mantenerse al tanto de lo que está sucediendo. De no tomarse en cuenta lo anterior los administradores no estarán preparados para iniciar ajustes estratégicos de una manera inteligente y oportuna.

PUNTOS CLAVE

El pensamiento estratégico acerca de la situación externa de una compañía implica sondear en busca de respuestas a las siete preguntas siguientes:

1. *¿Cuáles son las características económicas dominantes en la industria?* Las industrias difieren en forma significativa respecto a características tales como el volumen y el índice de crecimiento del mercado, la esfera de acción geográfica de la rivalidad competitiva, el número y los volúmenes relativos tanto de compradores como de vendedores, la facilidad del ingreso y de la salida, el hecho de si los vendedores están integrados verticalmente, la rapidez con la cual está cambiando la tecnología básica, el grado de los efectos de las economías de escala y de la curva de la experiencia, si los productos de los rivales están estandarizados o diferenciados y las ganancias generales. Las características económicas de una industria son importantes debido a las implicaciones que tienen para la creación de la estrategia.

2. *¿Cómo es la competencia y qué tan poderosas son cada una de las cinco fuerzas competitivas?* Las fortalezas de la competencia son una combinación de cinco aspectos: la rivalidad entre los vendedores, la presencia de sustitutos atractivos, el potencial para el nuevo ingreso, el apalancamiento que tienen los principales proveedores y el poder de negociación de los clientes. La tarea del análisis de la competencia es comprender las presiones competitivas asociadas con cada fuerza, determinar si constituyen una fuerza competitiva poderosa o débil en el mercado y después pensar estratégicamente acerca de qué clase de estrategia competitiva, dadas las "reglas" de la competencia en la industria, necesitará emplear la compañía para *a*) aislar a la empresa hasta donde sea posible de las cinco fuerzas competitivas, *b*) influir en las reglas competitivas de la industria en favor de la compañía y *c*) ganar una ventaja competitiva.

3. *¿Cuáles son los impulsores del cambio en la industria y qué impacto tendrán?* Las condiciones de la industria y competitivas cambian debido a que están en movimiento fuerzas que crean incentivos o presiones para el cambio. Las fuerzas impulsoras más comunes son los cambios en el índice de crecimiento a largo plazo de la industria y en la composición de los compradores, las innovaciones del producto, el ingreso o la salida de las principales empresas, la globalización, los cambios en el costo y la eficiencia, las preferencias del comprador por productos o servicios estandarizados *versus* diferenciados, las influencias reguladoras y los cambios en la política gubernamental y en los factores de la sociedad y del estilo de vida, y las reducciones en la incertidumbre y el riesgo de negocios. Un análisis certero y oportuno de las fuerzas impulsoras y de sus implicaciones para la industria es requisito previo para la creación de una estrategia sensata.

4. *¿Cuáles son las compañías que ocupan las posiciones competitivas más fuertes/débiles?* El mapa de grupos estratégicos es un instrumento valioso, si no es que necesario, para comprender las similitudes, diferencias, fortalezas y debilidades inherentes a las posiciones de mercado de las compañías rivales. Los rivales en el (los) mismo(s) grupo(s) estratégico(s) o en grupos cercanos son competidores fuertes, mientras que las compañías en grupos estratégicos distantes por lo común plantean muy poca o ninguna amenaza inmediata.

5. *¿Qué medidas estratégicas es probable que tomen los rivales?* Este paso analítico implica la identificación de las estrategias de los competidores, de los rivales que probablemente sean los competidores más poderosos y los más débiles, la evaluación de sus opciones competitivas y la predicción de las medidas por las que es probable se decidan. El estudio a fondo de los competidores para anticipar sus acciones, ayuda a preparar medidas preventivas eficaces (tal vez incluso a derrotar a un rival y acabar con él) y permite que los administradores tomen en cuenta esas acciones probables cuando diseñan el mejor curso de acción para su propia compañía. Los administradores que no estudian a fondo a la competencia corren el riesgo de no ver con claridad las acciones "sorpresivas". Una compañía no puede suponer que superará las maniobras de sus rivales sin investigar sus acciones y anticipar cuáles medidas tomarán después.

6. *¿Cuáles son los factores clave que determinarán el éxito competitivo o el fracaso?* Los factores clave para el éxito (FCE) son los elementos particulares de la estrategia, los atributos del producto, las capacidades competitivas y los resultados de negocios que significan la diferencia entre utilidades y pérdidas y, en última instancia, entre el éxito competitivo o el fracaso. Los FCE conciernen a lo que cada miembro de la industria debe hacer de una manera competente o concentrarse en su logro con el fin de tener éxito, tanto en el aspecto competitivo como en el financiero; son los *requisitos previos* para un buen desempeño en la industria. Con frecuencia, una compañía puede ganar una ventaja competitiva sostenible si dirige su estrategia hacia los FCE de la industria y dedica sus energías a ser mejor que sus rivales al tener éxito en esos factores. Las compañías que sólo perciben en forma indistinta cuáles son los factores realmente críticos para el éxito competitivo a largo plazo, tienen menos probabilidades de contar con estrategias exitosas.

7. *¿Es atractiva la industria y cuáles son sus prospectos para rendimientos superiores al promedio?* La respuesta a esta pregunta es un importante impulsor de la estrategia de una compañía. Una evaluación de que la industria y el ambiente competitivo son fundamentalmente atractivos, por lo común sugiere el empleo de una estrategia calculada para desarrollar una poderosa posición competitiva en el negocio, intensificar los esfuerzos de ventas e invertir en instalaciones y habilidades adicionales según sea necesario. Si la industria carece relativamente de atractivo, quienes están fuera y consideran el ingreso pueden cambiar de opinión y buscar oportunidades en otra parte, las compañías débiles en la industria se pueden fusionar o ser adquiridas por un rival, y las compañías poderosas pueden restringir sus inversiones posteriores y emplear estrategias de reducción de costos y/o estrategias de innovación del producto con el fin de mejorar su competitividad a largo plazo y proteger las ganancias. En ocasiones, una industria que en general no es atractiva puede serlo para una compañía situada favorablemente, con las capacidades y los recursos necesarios para quitarles el negocio a los rivales más débiles.

Un buen análisis de la industria y competitivo es un requisito previo para la creación de una estrategia eficaz. Si se lleva a cabo de una manera competente proporciona la comprensión del macroambiente de una compañía, necesaria para ajustar de una manera inteligente la estrategia con la situación externa de la compañía.

LECTURAS SUGERIDAS

D'Aveni, Richard A., *Hypercompetition*, Nueva York, Free Press, 1994, capítulos 5 y 6.

Ghemawat, Pankaj, "Building Strategy on the Experience Curve", en *Harvard Business Review* 64, núm. 2, marzo-abril de 1985, pp. 143-149.

Kahaner, Larry, "What You Can Learn from Your Competitors' Mission Statements", en *Competitive Intelligence Review* 6, núm. 4, invierno de 1995, pp. 35-40.

Langley, Ann, "Between 'Paralysis by Analysis' and 'Extinction by Instinct'", en *Sloan Management Review,* primavera de 1995, pp. 63-75.

Linneman, Robert E. y Harold E. Klein, "Using Scenarios in Strategic Decision Making", *Business Horizons* 28, núm. 1, enero-febrero de 1985, pp. 64-74.

Porter, Michael E., "How Competitive Forces Shape Strategy", *Harvard Business Review* 57, núm. 2, marzo-abril de 1979, pp. 137-145.

________, *Competitive Strategy: Techniques for Analyzing Industries and Competitors*, Nueva York, Free Press, 1980, capítulo 1.

________, *Competitive Advantage*, Nueva York, Free Press, 1985, capítulo 2.

Yip, George S., *Total Global Strategy: Managing for Worldwide Competitive Advantage*, Englewood Cliffs, N.J., Prentice-Hall, 1992, capítulo 10.

Zahra, Shaker A. y Sherry S. Chaples, "Blind Spots in Competitive Analysis", en *Academy of Management Executive* 7, núm. 2, mayo de 1993, pp. 7-28.

4 EVALUACIÓN DE LOS RECURSOS Y LAS CAPACIDADES COMPETITIVAS DE LA COMPAÑÍA

En el capítulo anterior, describimos las formas de utilizar los instrumentos de la industria y el análisis competitivo para evaluar la situación externa de una compañía. En este capítulo exponemos las técnicas para evaluar sus capacidades de recursos, su posición de costo relativa y su fortaleza competitiva en comparación con sus rivales. El análisis de la situación de la compañía prepara el terreno para ajustar la estrategia, *tanto* con las circunstancias de su mercado externo *como* con sus recursos internos y sus capacidades competitivas. El enfoque del análisis de la compañía está orientado por cinco preguntas:

1. ¿Qué tan bien está funcionando la estrategia actual de la compañía?
2. ¿Cuáles son las fortalezas y debilidades de los recursos de la compañía y sus oportunidades y amenazas externas?
3. ¿Los precios y costos de la compañía son competitivos?
4. ¿Qué tan poderosa es la posición competitiva de la compañía en relación con la de sus rivales?
5. ¿A qué problemas estratégicos se enfrenta la compañía?

Para abordar estas preguntas, introduciremos cuatro nuevas técnicas analíticas: el análisis FODA, el de la cadena de valor, el costo estratégico y la evaluación de la fortaleza competitiva. Estas técnicas son instrumentos estratégicos básicos para la administración, debido a que exponen las fortalezas y debilidades de la compañía, sus mejores oportunidades de mercado, las amenazas externas para su futura rentabilidad y su posición competitiva en relación con la de sus rivales. El análisis perspicaz de la situación de la compañía es una condición previa para identificar los problemas estratégicos que necesita abordar la administración y ajustar la estrategia a sus recursos y capacidades competitivas, así como a las condiciones de la industria y competitivas.

> Las empresas tienen éxito a largo plazo en un mercado competitivo debido a que pueden hacer mejor que sus competidores ciertas cosas que valoran sus clientes.
>
> **Robert Hayes, Gary Pisano y David Upton**
>
> El mayor error que cometen los administradores cuando evalúan sus recursos es no hacerlo en relación con los de sus competidores.
>
> **David J. Collis y Cynthia A. Montgomery**
>
> Sólo las empresas que pueden desarrollar continuamente nuevos activos estratégicos con mayor rapidez y en una forma más económica que sus competidores, ganarán utilidades superiores a largo plazo.
>
> **C. C. Markides y P. J. Williamson**

PREGUNTA 1: ¿QUÉ TAN BIEN ESTÁ FUNCIONANDO LA ESTRATEGIA ACTUAL DE LA COMPAÑÍA?

Al evaluar qué tan bien está funcionando la estrategia actual de una compañía, un administrador debe empezar con lo que es la estrategia (véase la figura 2.3 en el capítulo 2 para recordar los componentes clave de la estrategia de negocios). Lo primero que se debe aclarar es el enfoque competitivo de la compañía, es decir, 1) si lucha por ser un líder de bajo costo o hace hincapié en formas de diferenciar su oferta del producto y 2) si concentra sus esfuerzos en servir a un amplio espectro de clientes o a un nicho específico del mercado. Otra consideración para el diseño de la estrategia es la esfera de acción competitiva de la empresa dentro de la industria, es decir, en cuántas etapas opera en la cadena de producción-distribución de la industria (una, varias o todas), cuáles son su cobertura geográfica del mercado, el volumen y la composición de su base de clientes. Las estrategias funcionales de la compañía en producción, mercadotecnia, finanzas, recursos humanos, tecnología de la información, innovación de productos, etc., también caracterizan la estrategia de la compañía. Además, ésta tal vez ha iniciado algunas medidas estratégicas recientes (por ejemplo, una reducción de precios, estilos y modelos recién diseñados, una publicidad intensificada, el ingreso en una nueva área geográfica o una fusión con un competidor), que son una parte integral de su estrategia y pretenden asegurar una posición competitiva mejorada y, desde un punto de vista óptimo, una ventaja competitiva. La estrategia se puede establecer mejor sondeando la lógica que sustenta cada medida competitiva y cada enfoque funcional.

Aun cuando hay cierto mérito en la evaluación de la estrategia desde un punto de vista cualitativo (su integridad, coherencia interna, razón de ser y adecuación), la mejor evidencia cuantitativa de qué tan bien está funcionando la estrategia de la compañía proviene del estudio de su desempeño estratégico y financiero reciente y la historia de los resultados de la estrategia. Los dos mejores indicadores empíricos de la estrategia de una compañía refieren: 1) si la compañía está logrando los objetivos financieros y estratégicos y 2) si su desempeño es superior al promedio de la industria. Los déficit persistentes en el desempeño de la compañía y un rendimiento débil en relación con los rivales, son indicadores confiables de que tiene problemas, ya sea debido a una estrategia que no funciona bien o a una ejecución algo menos que competente (o ambas cosas). En ocasiones, los objetivos de la compañía no son lo bastante explícitos (en especial para las personas ajenas a ella) como para establecer un hito contra el cual comparar el desempeño real, pero casi siempre es factible evaluarlo estudiando los siguientes:

Mientras más poderosos son el desempeño financiero y la posición de mercado de una compañía, más probabilidades hay de que tenga una estrategia bien concebida y bien ejecutada.

- Si la clasificación de la participación de mercado de la empresa en la industria aumenta, es estable o disminuye.
- Si los márgenes de utilidad aumentan o disminuyen y cuáles son sus dimensiones en relación con las empresas rivales.
- Las tendencias en las utilidades netas de la industria, la utilidad sobre la inversión, el valor económico agregado y cómo se comparan con las mismas tendencias en la rentabilidad para otras compañías en la industria.
- Si la fortaleza financiera y la clasificación de crédito generales de la compañía están mejorando o declinando.
- Las tendencias en el precio de las acciones de la compañía y si la estrategia está dando por resultado ganancias satisfactorias en el valor para el accionista (en relación con las ganancias en el VMA de otras compañías de la misma industria).
- Si las ventas de la compañía aumentan con mayor rapidez o más lentamente que las del mercado como un todo.

- La imagen y la reputación de la compañía con sus clientes.
- Si la compañía está considerada como un líder en tecnología, innovación y calidad del producto, servicio al cliente u otros factores pertinentes en los cuales basan los consumidores su elección de marcas.

Mientras más poderoso es el desempeño actual de una compañía, menos probable es que necesite cambios radicales en su estrategia. Mientras más débiles son el desempeño financiero y la posición de mercado, más probabilidades hay de que se cuestione su estrategia actual. Un desempeño débil casi siempre es una señal de una estrategia mal concebida, de una ejecución deficiente, o de ambas cosas.

PREGUNTA 2: ¿CUÁLES SON LAS FORTALEZAS Y DEBILIDADES DE LOS RECURSOS DE LA COMPAÑÍA Y SUS OPORTUNIDADES Y AMENAZAS EXTERNAS?

La evaluación de las fortalezas y debilidades de los recursos de una empresa y sus oportunidades y amenazas externas, lo que comúnmente se conoce como *análisis FODA*, proporciona una buena perspectiva de la posición de negocios de una empresa. El análisis FODA se basa en el principio fundamental de que *los esfuerzos en el diseño de la estrategia deben estar orientados a producir un buen ajuste entre la capacidad de recursos de la compañía y su situación externa*. Es esencial una perspectiva clara de las capacidades y deficiencias de recursos, de sus oportunidades de mercado y de las amenazas externas para el futuro bienestar de la compañía. De otra manera, la tarea de concebir una estrategia de hecho se convierte en una proposición arriesgada.

Identificación de las fortalezas y capacidades de recursos de la compañía

Una *fortaleza* es algo en lo cual es competente una compañía o bien, una característica que le proporciona mayor competitividad. Una fortaleza puede asumir varias formas:

- *Una habilidad o una destreza importante*; conocimientos prácticos de la fabricación de costo bajo, conocimientos tecnológicos, un récord comprobado de fabricación libre de defectos, pericia en proporcionar de una manera uniforme un buen servicio al cliente, habilidades en el desarrollo de productos innovadores, excelentes habilidades de comercialización masiva o conocimientos únicos de publicidad y promociones.
- *Activos físicos valiosos*; plantas y equipo moderno, ubicaciones atractivas de sus propiedades, instalaciones para distribución a nivel mundial, depósitos de recursos naturales o efectivo disponible.
- *Activos humanos valiosos*; fuerza laboral capaz y experimentada, empleados talentosos en las áreas clave, empleados motivados, conocimientos administrativos, o la cultura y los conocimientos colectivos arraigados en la organización y desarrollados a lo largo del tiempo.
- *Activos organizacionales valiosos*; sistemas comprobados de control de calidad, tecnología patentada, patentes clave, derechos sobre minerales, base de clientes leales, balance general y clasificación de crédito sólidos, red interna de la compañía para tener acceso a la información e intercambiarla tanto internamente como con los proveedores y clientes clave, sistemas de diseño y fabricación con ayuda de computadoras, sistemas para hacer negocios en la Red Mundial, o direcciones de correo electrónico de numerosos clientes de la compañía.

- *Activos intangibles valiosos*; imagen de la marca, reputación de la compañía, buena voluntad del comprador, nivel elevado de lealtad de los empleados o ambiente de trabajo y cultura de la organización positiva.
- *Capacidades competitivas*; tiempos breves de desarrollo para llevar los nuevos productos al mercado, capacidad de fabricación desarrollada según los requerimientos; una amplia red de distribuidores, asociaciones poderosas con los proveedores clave, una organización de investigación y desarrollo con la capacidad de mantener los conductos de la organización rebosantes de productos innovadores, agilidad organizacional para responder a las condiciones cambiantes del mercado y a las oportunidades que se presentan o sistemas modernos para hacer negocios por medio de Internet.
- *Un logro o un atributo que coloquen a la compañía en una posición de ventaja en el mercado*; costos generales bajos, liderazgo en la participación de mercado, un producto mejor, una selección más amplia de productos, un difundido reconocimiento del nombre o un mejor servicio al cliente.
- *Alianzas o empresas cooperativas*; asociaciones con otros que tengan pericia o capacidad para mejorar la propia competitividad de la compañía.

Las fortalezas de la compañía tienen diversos orígenes. En ocasiones se relacionan con habilidades y conocimientos bastante específicos (como conocimientos de los gustos y los hábitos de compra del consumidor, o capacitación de los empleados que están en contacto con los clientes para que sean cordiales y serviciales) y a veces fluyen de diferentes recursos que se agrupan con el fin de crear una capacidad competitiva (como la innovación continua del producto, lo que tiende a ser el resultado de una combinación de conocimientos de las necesidades del consumidor, conocimientos tecnológicos, investigación y desarrollo, diseño e ingeniería del producto, fabricación efectiva en relación con el costo y pruebas de mercado). La regularidad con la que los empleados de diferentes partes de la organización unen sus conocimientos y pericia, sus habilidades para aprovechar y desarrollar los activos físicos e intangibles de la organización y la efectividad con la cual colaboran, pueden crear capacidades competitivas imposibles de lograr por un solo departamento o unidad organizacional.

Concepto básico
Una compañía está posicionada para tener éxito si dispone de un buen complemento de recursos.

En conjunto, las fortalezas de una compañía, es decir, sus habilidades y experiencia, sus activos, sus capacidades competitivas y sus logros en el mercado, determinan el complemento de los *recursos* con los cuales compite. Estos recursos, en combinación con las condiciones de la industria y competitivas, son grandes impulsores del buen desempeño de la compañía en un mercado competitivo dinámico.[1]

Identificación de las fortalezas y debilidades de recursos de la compañía

Una *debilidad* significa alguna carencia de la compañía, algún bajo desempeño (en comparación con otras) o una condición que la coloca en desventaja. Las debilidades

[1] En la década pasada se llevaron a cabo numerosas investigaciones sobre el papel que desempeñan los recursos y las capacidades competitivas de una compañía en el diseño de una estrategia y la determinación de la rentabilidad de la compañía. Los descubrimientos y las conclusiones se unificaron en lo que se llama el punto de vista de la empresa basado en sus recursos. Entre los artículos más importantes se encuentran los de Birger Wernerfelt, "A Resource-Based View of the Firm", en *Strategic Management Journal*, septiembre-octubre de 1984, pp. 171-180; Jay Barney, "Firm Resources and Sustained Competitive Advantage", en *Journal of Management*, 17, núm. 1, 1991, pp. 99-120; Margaret A. Peteraf, "The Cornerstones of Competitive Advantage: A Resource-Based View", en *Strategic Management Journal*, marzo de 1993, pp. 179-191; Birger Wernerfelt, "The Resource-Based View of the Firm: Ten Years After", en *Strategic Management Journal*, 16, 1995, pp. 171-174 y Jay B. Barney, "Looking Inside for Competitive Advantage", en *Academy of Management Executive*, 9, núm. 4, noviembre de 1995, pp. 49-61.

internas se pueden relacionar con *a*) las deficiencias en las habilidades o en la pericia que son competitivamente importantes y *b*) una carencia de activos físicos, humanos, organizacionales o intangibles que son importantes desde el punto de vista de la competitividad, o capacidades competitivas ausentes o débiles en las áreas clave. *Por consiguiente, las debilidades internas son deficiencias en el complemento de recursos de una compañía.* Una carencia puede determinar que una compañía sea o no competitivamente vulnerable, dependiendo de qué tan importante sea en relación con el mercado y si puede ser superada por medio de los recursos y las fortalezas que posee la compañía.

Concepto básico

Las fortalezas de recursos de una compañía representan activos competitivos; las debilidades, pasivos competitivos.

La tabla 4.1 indica las clases de factores que deben ser considerados al determinar las fortalezas y debilidades de los recursos de una compañía. La evaluación de las capacidades y deficiencias de recursos de una compañía es semejante a la preparación de un *balance general estratégico*, en el cual las fortalezas de los recursos representan los *activos competitivos* y las debilidades los *pasivos competitivos*. Obviamente, la condición ideal es que sus fortalezas/activos competitivos superen a sus debilidades/pasivos por un amplio margen, ¡un balance de 50-50 definitivamente no es la condición deseada!

Una vez que los administradores han identificado las fortalezas y debilidades de recursos de una compañía, es necesario evaluar cuidadosamente las dos recopilaciones en lo que concierne a sus implicaciones competitivas y el diseño de la estrategia. Algunas fortalezas son más *importantes competitivamente* que otras, debido a que son fundamentales para el desarrollo de una estrategia poderosa, para contribuir a una posición de mercado y en determinar la rentabilidad. De la misma manera, ciertas debilidades pueden resultar fatales si no se solucionan, mientras que otras son intrascendentes, se corrigen con facilidad o son compensadas con las fortalezas de la compañía. La debilidad de recursos sugiere una necesidad de revisar su base: ¿cuáles son las deficiencias de recursos que es necesario remediar? ¿La compañía tiene brechas importantes en sus recursos que es necesario corregir? ¿Qué debe hacerse para aumentar la futura base de recursos de la compañía?

Identificación de las competencias y capacidades de la compañía

Competencias centrales: un valioso recurso de la compañía Uno de los recursos más valiosos que tiene una compañía es la capacidad de desempeñar óptimamente una actividad pertinente para la competitividad. Una actividad competitiva interna que una compañía desempeña mejor que otras se conoce como una *competencia central*. Lo que las distingue es que la competencia central es *decisiva* para la competitividad y la rentabilidad de una compañía, más que periférica. Una competencia central se puede relacionar con la experiencia demostrada en el desempeño de una actividad, con la esfera de acción y la profundidad de los conocimientos tecnológicos de una compañía, o con una *combinación* de habilidades específicas que resultan en una capacidad competitivamente valiosa. Con frecuencia, una competencia central es el producto de una colaboración efectiva entre las diferentes partes de la organización, de la unión de los recursos individuales. Por lo común, *las competencias centrales residen en el personal de una compañía, no en sus activos en el balance general*. Tienden a basarse en las habilidades, el conocimiento y las capacidades.

Concepto básico

Una competencia central es una actividad que la compañía desempeña bien en relación con otras actividades internas; una competencia distintiva es una actividad que una compañía desempeña bien en relación con los competidores.

En la práctica, las compañías exhiben diferentes tipos de competencias centrales: habilidades en la fabricación de un producto de alta calidad, conocimientos sobre la creación y la operación de un sistema para tomar los pedidos de los clientes rápidamente y con precisión, el desarrollo justo a tiempo de nuevos productos, la capacidad de proporcionar servicio de soporte después de la venta, habilidades en la selección de buenas ubicaciones de menudeo, innovación en el diseño de características populares

TABLA 4.1 Análisis FODA; qué es lo que se debe buscar cuando se evalúan las fortalezas, debilidades, oportunidades y amenazas de una compañía

Fortalezas potenciales de los recursos y capacidades competitivas

- Una poderosa estrategia, respaldada por buenas habilidades y conocimientos específicos en las áreas clave
- Una condición financiera poderosa; amplios recursos financieros para desarrollar el negocio
- Imagen poderosa de la marca/reputación de la compañía
- Liderazgo del mercado ampliamente reconocido y base de clientes atractiva
- Capacidad para aprovechar las economías de escala y/o los efectos de la curva de aprendizaje y/o de experiencia
- Tecnología patentada/capacidades tecnológicas superiores/patentes importantes
- Ventajas de costo
- Publicidad y promoción poderosas
- Capacidades de innovación del producto
- Habilidades comprobadas en los procesos de mejoramiento del producto
- Reputación de un buen servicio al cliente
- Mejor calidad del producto en relación con los rivales
- Amplia cobertura geográfica y capacidad de distribución
- Alianzas/empresas conjuntas con otras compañías

Debilidades potenciales de los recursos y deficiencias competitivas

- No hay una dirección estratégica clara
- Instalaciones obsoletas
- Un balance general débil; cargado con un exceso de deuda
- Costos generales por unidad más elevados en relación con los competidores clave
- Ausencia de ciertas habilidades y competencias clave/ausencia de una profundidad administrativa
- Rentabilidad inferior a la normal debido a...
- Afectada por problemas de operación internos
- Rezago en investigación y desarrollo
- Línea de productos limitada en relación con los rivales
- Imagen de marca o reputación débiles
- Red de agentes o de distribución más débil en relación con los rivales
- Habilidades de mercadotecnia inferiores en relación con los rivales
- Escasez de recursos para financiar iniciativas estratégicas prometedoras
- Capacidad subutilizada de la planta
- Rezagos en la calidad del producto

Oportunidades potenciales de la compañía

- Servir a grupos de clientes adicionales o abrirse hacia nuevos mercados geográficos o segmentos del producto
- Ampliar la línea de productos de la compañía para satisfacer una gama más amplia de necesidades del cliente
- Transferir las habilidades o el conocimiento tecnológico de la compañía a nuevos productos o negocios
- Integrarse hacia adelante o hacia atrás
- Disminución de las barreras comerciales en mercados extranjeros atractivos
- Oportunidades para ganar a los rivales la participación de mercado
- Capacidad para crecer rápidamente debido a considerables incrementos en la demanda del mercado
- Adquisición de empresas rivales
- Alianzas o empresas conjuntas que amplíen la cobertura de mercado y la capacidad competitiva
- Oportunidades para aprovechar las nuevas tecnologías
- Oportunidades de mercado para ampliar la marca registrada de la compañía o su reputación hacia nuevas áreas geográficas

Amenazas externas potenciales para el bienestar de la compañía

- Probable ingreso de competidores potenciales
- Pérdida de ventas debido a productos sustitutos
- Demoras en el crecimiento del mercado
- Cambios adversos en las tasas de cambio de divisas y en las políticas comerciales de los gobiernos extranjeros
- Nuevos requerimientos reguladores costosos
- Vulnerabilidad a una recesión en el ciclo de negocios
- Un creciente poder de negociación de los clientes o proveedores
- Cambio en las necesidades y gustos del consumidor, lo que hace que se alejen del producto
- Cambios demográficos adversos
- Vulnerabilidad a las fuerzas impulsoras de la industria

del producto, habilidades en la comercialización y la exhibición, destreza en una tecnología de punta, una metodología bien concebida para conocer las necesidades y los gustos de los clientes y para detectar las nuevas tendencias del mercado, habilidad para trabajar con los clientes en nuevas aplicaciones y empleos del producto y experiencia en la integración de múltiples tecnologías, con el fin de crear familias enteras de nuevos productos.

Dicho de una manera sencilla, *una competencia central proporciona a una compañía capacidad competitiva* y, por consiguiente, califica como una fortaleza y un recurso genuinos. Una compañía puede tener más de una competencia central, pero es muy rara la que puede afirmar legítimamente que tiene varias.

Principio de la administración estratégica

Una competencia distintiva faculta a una compañía para desarrollar una ventaja competitiva.

Competencias distintivas: un recurso competitivamente superior de la compañía El hecho de si una competencia central de una compañía representa una competencia *distintiva* depende de lo que sus competidores son capaces de hacer, es decir, ¿es una competencia superior desde el punto de vista competitivo o sólo una competencia interna de la compañía? *Una competencia distintiva es una actividad importante que una compañía desempeña bien en comparación con sus competidores.*[2] Casi todas las compañías desempeñan una actividad competitiva importante *lo suficientemente mejor que otras actividades* para poder afirmar que esa actividad es una competencia central. Pero una evaluación interna de lo que hace mejor una compañía no se traduce en una competencia distintiva, a menos que desempeñe esa actividad en una forma *competitivamente superior.* Por ejemplo, la mayoría de los minoristas creen que tienen competencias fundamentales en la selección del producto y en su comercialización dentro de la tienda, pero muchos de los que desarrollan estrategias basadas en esas competencias se meten en problemas, debido a que se encuentran con rivales superiores en estas áreas. En consecuencia, *una competencia central se convierte en una base para la ventaja competitiva sólo cuando es una competencia distintiva.*

La competencia distintiva de Sharp Corporation en la tecnología de pantalla plana ha permitido que domine el mercado mundial en las presentaciones de cristal líquido (PCL). Las competencias distintivas de Toyota, Honda y Nissan en la fabricación de bajo costo y de alta calidad y en los ciclos breves de diseño al mercado para sus nuevos modelos, representan una considerable ventaja competitiva en el mercado global de vehículos. La competencia distintiva de Intel en el desarrollo rápido de nuevas generaciones de chips de semiconductores cada vez más poderosos para las computadoras personales ha colocado a la compañía en una posición dominante en la industria de computadoras personales. La competencia distintiva de Motorola en la fabricación virtualmente libre de defectos (calidad seis sigma, es decir, un índice de errores de alrededor de uno en un millón), ha contribuido de una manera significativa al liderazgo mundial de la compañía en el equipo de telefonía celular. La competencia distintiva de Rubbermaid en el desarrollo de productos innovadores de hule y plástico para el hogar y el uso comercial la ha convertido en líder indiscutible en su industria.

La importancia de una competencia distintiva para el diseño de la estrategia se debe: 1) a la valiosa capacidad competitiva que le proporciona a una compañía, 2) a su potencial para ser piedra angular de la estrategia, y 3) a la ventaja competitiva que puede producir potencialmente en el mercado. Siempre es más fácil crear una ventaja competitiva cuando una empresa tiene una competencia distintiva en el desempeño de actividades que son importantes para el éxito en el mercado, cuando las compañías rivales no tienen competencias equivalentes y cuando a los rivales les resulta costoso y les lleva mucho tiempo imitar a la competencia. Por consiguiente, una competencia distintiva es un activo especialmente valioso, que conlleva el potencial de llegar a ser el

[2] Para una exposición más detallada del concepto de las competencias centrales, véase C. K. Prahalad y Gary Hamel, "The Core Competence of the Corporation", en *Harvard Business Review*, 68, núm. 3, mayo-junio de 1990, pp. 79-93.

mecanismo principal para el éxito de una compañía, a menos que sea superada por los recursos más poderosos de los rivales.

Determinación del valor competitivo de los recursos de una compañía No hay dos compañías iguales en lo que concierne a sus recursos. No poseen los mismos conjuntos de habilidades, activos (físicos, humanos, organizacionales e intangibles), capacidades competitivas y logros en el mercado, una condición que da por resultado que diversas compañías tengan diferentes fortalezas y debilidades en sus recursos. *Las diferencias en los recursos de una compañía son una razón importante por la cual algunas son más rentables y competitivas que otras.* El éxito de una compañía es más seguro cuando cuenta con recursos amplios y apropiados con los cuales pueda competir y, en especial, cuando tiene una fortaleza, un activo, una capacidad o un logro valiosos, que poseen el potencial de producir una ventaja competitiva.

Para que un recurso particular de una compañía, trátese de una competencia distintiva, un activo (físico, humano, organizacional o intangible), un logro o una capacidad competitiva, califique como base para una ventaja competitiva sostenible debe pasar cuatro pruebas del valor competitivo:[3]

1. *¿Es difícil imitar el recurso?* Mientras más difícil y costoso sea imitar el recurso, mayor es su potencial de valor competitivo. Los recursos innovadores limitan la competencia, de ahí que cualquier flujo de utilidades que puedan generar sea más sostenible. Los recursos pueden ser difíciles de copiar debido a su singularidad (una fantástica ubicación de las propiedades, la protección de una patente), debido a que se deben desarrollar a través de un seguimiento en el tiempo en procesos que son difíciles de acelerar (una marca registrada, el dominio de una tecnología) y a que implican considerables requerimientos de capital (una nueva planta para fabricar chips de semiconductores, eficiente en relación con su costo, puede costar de mil a dos mil millones de dólares).
2. *¿Cuánto tiempo dura el recurso?* Mientras más dure un recurso, mayor es su valor. Algunos recursos lo pierden muy pronto debido a la velocidad a la que avanza la tecnología o las condiciones de la industria. El valor de los recursos de FedEx para entrega de paquetería urgente disminuye rápidamente debido a las máquinas de fax y al correo electrónico. El valor de los conocimientos básicos de programación del *software* de Netscape para el *browser* de Internet se deprecia rápidamente, debido a la increíble velocidad con la cual avanza la tecnología de Internet.
3. *¿El recurso es realmente superior desde un punto de vista competitivo?* Las compañías deben cuidarse de suponer que sus competencias centrales son competencias distintivas, o que su marca registrada es más poderosa que la de sus rivales. ¿Quién puede decir realmente si las capacidades de mercadotecnia de Coca-Cola son mejores que las de Pepsi-Cola, o si la marca registrada de Mercedes-Benz es más poderosa que la de BMW o la de Lexus?
4. *¿Los recursos se pueden ver superados por los diferentes recursos/capacidades de los rivales?* Muchas aerolíneas comerciales (American Airlines, Delta Airlines, United Airlines, Singapore Airlines) han tenido éxito debido a sus recursos y capacidades para ofrecer servicios de transportación aérea seguros, convenientes y confiables, y otorgar a los pasajeros una variedad de pasatiempos. Sin embargo, Southwest Airlines ha sido constantemente más rentable, debido al desarrollo de capacidades para proporcionar servicios seguros, confiables, con menos extras, y con tarifas radicalmente más bajas. Los recursos de Intel y Microsoft han superado a los de IBM en las computadoras personales; la larga experiencia y el prestigio de la marca registrada de IBM han dismi-

[3] Véase David J. Collis y Cynthia A. Montgomery, "Competing on Resources: Strategy in the 1990s", en *Harvard Business Review* 73, núm. 4, julio-agosto de 1995, pp. 120-123.

nuido como factor dominante en la elección de compra de las PC's; el hecho de que una PC tenga la etiqueta de "Intel Adentro" y la capacidad de aceptar los últimos programas de Windows se ha convertido en una consideración importante para la compra, más aún que la marca registrada.

La inmensa mayoría de las compañías no está bien dotada con recursos competitivamente valiosos, y mucho menos con recursos superiores desde el punto de vista competitivo, capaces de salir victoriosos en las cuatro pruebas. La mayor parte de los negocios tienen una mezcla de fortalezas, activos, competencias y capacidades, uno o dos bastante valiosos, algunos buenos y muchos de satisfactorios a mediocres. Sólo unas cuantas compañías, por lo común las líderes o las futuras líderes de la industria, poseen un recurso superior de gran valor competitivo. Además, casi todas tienen pasivos competitivos: debilidades internas, carencia de activos, falta de pericia o capacidades y deficiencias de recursos.

Principio de la administración estratégica

Los estrategas exitosos tratan de aprovechar lo que hace mejor una compañía, su experiencia, las fortalezas de sus recursos y sus capacidades competitivas más poderosas.

Incluso si una compañía no posee un recurso competitivamente superior, no ha perdido su potencial para desarrollar una ventaja competitiva. *En ocasiones, una compañía deriva una vitalidad competitiva de gran significado, incluso una ventaja competitiva, de una colección de recursos que van desde buenos hasta adecuados y que, combinados, tienen un poder competitivo.* Las computadoras laptop de Toshiba son las líderes del mercado, un indicador irrefutable de que Toshiba es competente en este aspecto. Sin embargo, no se puede comprobar que las laptop de Toshiba sean más rápidas que las de sus rivales y tampoco que tengan características de desempeño superiores a las de las marcas rivales (pantallas más grandes, más memoria, una vida más larga de la energía de las baterías, un mejor dispositivo apuntador, etc.), ni Toshiba proporciona servicios de apoyo técnico claramente superiores. Y definitivamente, las laptop de Toshiba no son más económicas, modelo por modelo, que las marcas comparables. Pero aun cuando las laptop de Toshiba no siempre ocupan el primer lugar en las calificaciones de desempeño ni tienen el atractivo de un precio bajo, la superioridad competitiva se debe a una *combinación* de fortalezas y capacidades de recursos "positivos", como sus asociaciones con proveedores de componentes para laptop, su eficiente capacidad de ensamble, su destreza en el diseño, sus habilidades en la elección de componentes de calidad, su creación de una amplia selección de modelos, la atractiva mezcla de características incorporadas de desempeño que se encuentra en cada modelo cuando se comparan con el precio, la confiabilidad superior al promedio de sus laptop (basada en las calificaciones de los compradores) y sus excelentes servicios de apoyo técnico (también basados en las calificaciones de los compradores). El veredicto del mercado es que, *tomando en consideración todos los aspectos,* las laptop de Toshiba son mejores que las de marcas rivales.

Desde una perspectiva del diseño de la estrategia, las fortalezas de recursos de una compañía son muy significativas, debido a que pueden constituir la piedra angular de la estrategia y la base para la creación de una ventaja competitiva. Si una compañía no tiene recursos y capacidades competitivas amplios alrededor de los cuales diseñar una estrategia atractiva, los administradores necesitan emprender una acción correctiva para optimizar los recursos y las capacidades organizacionales existentes y añadir otros. Al mismo tiempo, los administradores deben tratar de corregir las debilidades competitivas que hacen que la compañía sea vulnerable, que mantienen bajo su nivel de rentabilidad o que la descalifican para la búsqueda de una oportunidad atractiva. Aquí, el principio del diseño de la estrategia es muy simple: *se debe ajustar a las capacidades de los recursos de una compañía, tomando en cuenta tanto sus fortalezas como sus debilidades.* Es temerario aspirar a un plan estratégico que resulte perjudicado por las debilidades de la compañía, o que no se pueda ejecutar de una manera competente. Como regla, los administradores deben desarrollar sus estrategias alrededor del aprovechamiento y el apalancamiento de las capacidades de la compañía, de *sus recursos más valiosos* y evitar las estrategias que impongan penosas exigencias en áreas donde la compañía es más débil o tiene una capacidad no comprobada. Las compañías lo bastante afortunadas para tener una competencia distintiva, u otro recurso competitivamente superior, deben ser prudentes al comprender que su valor se erosionará a través del tiempo y debido a la competencia.[4] De manera que la atención al desarrollo de una poderosa base de recursos para el futuro y al mantenimiento de la superioridad de una competencia distintiva ya establecida, son requerimientos que siempre están presentes.

Selección de las competencias y capacidades en las cuales es necesario concentrarse Las empresas tienen éxito a través del tiempo debido a que pueden hacer mejor que sus rivales ciertas cosas a las que sus clientes otorgan un gran valor. La esencia del diseño de una estrategia astuta es seleccionar las competencias y capacidades en las cuales es necesario concentrarse y apuntalar la estrategia. En ocasiones, la compañía ya tiene establecidas competencias y capacidades valiosas, y a veces debe ser proactiva en el desarrollo y la creación de nuevas competencias y capacidades para complementar y reforzar su base de recursos ya existente. Otras veces, es necesario desarrollar internamente las competencias y capacidades deseadas y en ocasiones es mejor obtenerlas de fuentes externas, colaborando con los proveedores clave y formando alianzas estratégicas.

Identificación de las oportunidades de mercado de una compañía

La oportunidad de mercado es un factor importante en la conformación de la estrategia de una compañía. De hecho, los administradores no pueden adaptar la estrategia en forma apropiada a la situación de la compañía sin identificar primero cada oportunidad, sin evaluar el potencial de crecimiento y utilidades que ofrece cada una y sin idear iniciativas estratégicas para captar las oportunidades de mercado más prometedoras. Dependiendo de las condiciones de la industria, las oportunidades de una compañía pueden ser abundantes o escasas y variar desde muy atractivas (lo que hace "imperativo" aprovecharlas) hasta marginalmente interesantes (en un lugar inferior en la lista de prioridades estratégicas de la compañía). La tabla 4.1 presenta una lista de verificación de los aspectos a los cuales se debe prestar atención cuando se identifican las oportunidades de mercado de una compañía.

Al evaluar las oportunidades de mercado de una compañía y calificar su atractivo, los administradores deben tener cuidado de no considerar cada oportunidad de la *industria* como una oportunidad para la *compañía*. No todas las compañías en una industria están equipadas con los recursos para contender por las oportunidades que se dan, algunas compañías tienen más habilidad que otras para buscar oportunidades particulares y algunas pueden estar irremediablemente descalificadas para tratar de luchar por una parte de la acción. Los estrategas prudentes están alerta para saber cuándo las fortalezas y debilidades de una compañía hacen que sea más capaz que otras para buscar ciertas oportunidades de mercado. Los estrategas prudentes también están alerta a las oportunidades que no se ajustan especialmente bien con los recursos existentes, pero que aun así ofrecen un potencial de crecimiento atractivo si la compañía toma medidas agresivas para desarrollar o adquirir las capacidades de las cuales carece. *Las oportunidades de mercado más pertinentes para una compañía son aquellas que ofrecen avenidas importantes para un crecimiento rentable, en donde una compañía tiene el mayor potencial para adquirir una ventaja competitiva y que se ajustan bien a las capacidades de recursos financieros y organizacionales que ya posee la compañía o que puede generar.*

Principio de la administración estratégica

Una compañía hará bien en dejar pasar una oportunidad de mercado particular, a menos que pueda desarrollar las capacidades de recursos necesarias para capturarla.

[4] Collis y Montgomery, "Competing on Resources: Strategy in the 1990s", p. 124.

CÁPSULA ILUSTRATIVA 10 El repliegue de TCI hacia una visión y una estrategia de conformidad con sus recursos y oportunidades de mercado

A principios de 1997, Tele-Communications Inc., la principal transmisora de televisión por cable en Estados Unidos, con 14 millones de suscriptores, expresó que sus planes de transformarse en una supercarretera de la información y en una central de fuerza multimedia, que proporcionara servicios de televisión por cable, telefónicos, de acceso a Internet y una variedad de servicios de datos futuristas y de telecomunicaciones a todos sus clientes en sus territorios de franquicias, era demasiado vasta e impracticable para que la compañía la llevara a cabo de manera rentable y dentro del tiempo anunciado. John Malone, director ejecutivo de la compañía y considerado como uno de los visionarios de mayor influencia respecto de la forma en que las nuevas tecnologías de la carretera de la información podrían transformar el mundo de los medios y las comunicaciones, declaró:

> Simplemente estábamos persiguiendo demasiados conejos al mismo tiempo. La compañía se volvió muy ambiciosa acerca de lo que podía hacer en forma simultánea.
>
> Si ustedes leen nuestro reporte del año pasado, pensarán que somos una empresa con una tercera parte de datos, una tercera parte de servicios telefónicos y una tercera parte de entretenimiento en video, en vez de dedicarnos un 100 por ciento a los juegos en video y a dos experimentos. Por el momento, tenemos ingresos de cero en el servicio telefónico residencial, un ingreso disminuido de Internet de alta velocidad y 6 000 millones de ingresos de los juegos en video.
>
> Mi trabajo consiste en reventar la burbuja. Debemos ser realistas.

Durante años, Malone y TCI estuvieron midiendo el potencial para desplegar las tecnologías de telecomunicaciones recién descubiertas a través de las conexiones por cable de la compañía, con el fin de proporcionar una deslumbrante variedad de productos y servicios de información y telecomunicaciones, en competencia directa con las compañías telefónicas. La primera generación de estos servicios se presentaría en 1996 y 1997, mediante una nueva caja de cable digital instalada en los televisores residenciales, que tendría acceso a 500 canales, proporcionaría a los televidentes guía en la pantalla y ofrecería sonido e imagen de mejor calidad. Sin embargo, la fabricación de las cajas tropezó con problemas y sólo se podían producir en pequeñas cantidades. Mientras tanto, una agresiva inversión en una nueva infraestructura tecnológica (1 600 millones de dólares en 1996) para proporcionar la variedad más amplia de productos/servicios, significó una presión para el flujo de efectivo de TCI, e impulsó a las agencias calificadoras de bonos a colocar a la compañía en sus listas de alerta, previendo un posible descenso en las calificaciones de crédito. El precio de las acciones de TCI no iba a ninguna parte dentro del poderoso mercado accionario. Además, la nueva Acta de Telecomunicaciones, convertida en ley en 1996, creó un remolino de maniobras estratégicas de las compañías telefónicas locales y de larga distancia, que trataban de posicionarse para competir a nivel nacional, tanto en el negocio telefónico como en los productos y servicios de la supercarretera de la información, un desarrollo que significó que los operadores de cable se enfrentaran de pronto a todo un nuevo grupo de competidores más grandes y con abundantes recursos.

La nueva visión más limitada de TCI estaba centrada en el negocio de televisión por cable (bajo el ataque de proveedores alternativos que utilizaban la tecnología de satélites, así como de la capacidad del cable de fibra óptica que estaban instalando las compañías telefónicas), y en impulsar la visión de proveedora de la supercarretera de la información y de multimedias, condicionada a oportunidades tecnológicas claras para aprovechar las inversiones realizadas para modificar los sistemas de cable existentes y proporcionar una variedad más amplia de productos y servicios. La estrategia de racionalización implicó una presentación más lenta de la nueva caja de cable digital (con el fin de darle tiempo al proveedor para apresurar la producción y fabricar componentes de calidad), pruebas de mercado continuas del servicio telefónico, una reducción de la inversión en las capacidades de comunicación en dos sentidos, hasta que se redujeran los niveles de deuda de la compañía y los flujos de efectivo se incrementan y fuera obvio que las nuevas tecnologías serían tanto efectivas en relación con su costo como competitivas contra las tecnologías de fibra óptica e inalámbricas que estaban instalando los rivales. TCI también decidió desviar parte de los negocios de la compañía hacia compañías independientes (activos de programación de Liberty Media, una operación de satélite, operaciones internacionales y operaciones telefónicas) y volver a darle vida al languideciente precio de las acciones de la compañía.

Fuente: Basada en la información de "Malone Says TCI Push Into Phones, Internet Isn't Working for Now", en *The Wall Street Journal*, 2 de enero de 1997, pp. A1 y A3.

Identificación de las amenazas para la futura rentabilidad de una compañía

A menudo, hay ciertos factores en el ambiente externo de una compañía que plantean una *amenaza* para su rentabilidad y su posición de mercado: la aparición de tecnologías más económicas, la introducción de productos nuevos o mejores que los de los rivales, el ingreso de competidores extranjeros de costo bajo en el mercado, las nuevas regulaciones más onerosas para la compañía que para sus competidores, la vulnerabilidad a un incremento en las tasas de interés, el potencial de una mala adquisición, los cambios demográficos desfavorables, los cambios adversos en las tasas de cambio de divisas y otros factores por el estilo. Es posible que las amenazas externas no planteen nada más que un grado moderado de adversidad (todas las compañías se enfrentan a ciertos elementos amenazadores en el curso de sus actividades de negocios) o tal vez no son tan graves como para hacer que la situación y las perspectivas sean demasiado difusas. La labor de la administración es identificar las amenazas para el bienestar futuro de la compañía y evaluar cuáles acciones estratégicas se pueden emprender con el fin de neutralizar o disminuir su impacto.

La tabla 4.1 presenta una lista de las amenazas potenciales para la rentabilidad y la posición de mercado futuras de una empresa. Las oportunidades y amenazas indican la necesidad de una acción estratégica. El ajuste de la estrategia a la situación de una compañía implica: 1) la búsqueda de oportunidades de mercado adecuadas para las capacidades de recursos de la compañía y 2) el desarrollo de una base de recursos que la proteja de las amenazas externas para sus negocios.

Principio de la administración estratégica

Los estrategas exitosos tratan de captar las mejores oportunidades de crecimiento de una compañía y crear defensas contra las amenazas externas a su posición competitiva y su desempeño futuro.

Por consiguiente, el análisis FODA es algo más que un ejercicio de preparación de cuatro puntos. La parte importante del análisis implica la *evaluación* de las fortalezas, debilidades, oportunidades y amenazas de una compañía y *llegar a conclusiones* sobre: 1) cómo desplegar mejor sus recursos en vista de su situación interna y externa, y 2) cómo desarrollar su futura base de recursos. ¿A cuáles oportunidades se les debe otorgar una prioridad máxima en lo que toca a la asignación de recursos?

PREGUNTA 3: ¿LOS PRECIOS Y COSTOS DE LA COMPAÑÍA SON COMPETITIVOS?

Los administradores de la compañía a menudo se sorprenden cuando un competidor reduce el precio a niveles "increíblemente bajos", o cuando un nuevo integrante del mercado ofrece un precio muy bajo. Sin embargo, el competidor tal vez no está tratando de "invadir el mercado con productos de precio bajo", comprar su participación de mercado o tomar una medida desesperada para ganar ventas; tal vez simplemente tiene costos considerablemente más bajos. *Una de las señales más reveladoras de si la posición de negocios de una compañía resulta poderosa o precaria, es si sus precios y costos son competitivos con los de sus rivales en la industria*. Las comparaciones de precio-costo son especialmente críticas en una industria de bienes de consumo, en donde el valor que se proporciona a los compradores es el mismo de un vendedor a otro, la competencia de precios por lo común es la fuerza que rige al mercado y las compañías con costos bajos tienen la ventaja. Pero incluso en las industrias donde los productos están diferenciados y la competencia está centrada alrededor de los distintos atributos de las marcas competidoras y del precio, las compañías rivales deben mantener sus costos *controlados* y asegurarse de que cualquier costo adicional en el que incurran crea un valor agregado para el comprador y no resulta en precios que sus clientes pueden considerar altos.

La evaluación de si los costos de una compañía son competitivos con los de sus rivales más cercanos es una parte necesaria y decisiva del análisis de la situación de la compañía.

Los distintos competidores por lo común no incurren en los mismos costos cuando proporcionan sus productos a los usuarios finales. Las disparidades en el costo pueden variar desde insignificantes hasta competitivamente significativas, lo cual se puede deber a cualquiera de los siguientes factores:

- Diferencias en los precios pagados por la materia prima, los componentes, la energía y otros artículos comprados a los proveedores.
- Diferencias en la tecnología básica y en la antigüedad de las plantas y el equipo. (Debido a que las compañías rivales por lo común invierten en plantas y partes de equipo clave en épocas difíciles, sus instalaciones tienen eficiencias tecnológicas un tanto diferentes y distintos costos fijos [depreciación, mantenimiento, impuestos sobre la propiedad y seguros]. Las instalaciones más antiguas por lo común son menos eficientes, pero si su reconstrucción fuera menos costosa, o si se adquirieran a precios de ganga, *todavía* podrían ser razonablemente competitivas en cuanto al costo con las instalaciones modernas.)
- Diferencias en los costos de producción de un rival a otro, debido a las diversas eficiencias de las plantas, a los distintos efectos de la curva de aprendizaje y experiencia, a los diferentes índices de salarios y niveles de productividad, y a otros aspectos por el estilo.
- Diferencias en los costos de mercadotecnia y en los gastos de ventas y promoción.
- Diferencias en los costos de transportación de las entradas y en los costos de envío de las salidas.
- Diferencias en los costos del canal de distribución hacia adelante (los costos y los márgenes de ganancia bruta de distribuidores, mayoristas y minoristas asociados con la obtención del producto, desde el punto de fabricación hasta las manos de los usuarios finales).
- Diferencias en la exposición de las empresas rivales a los efectos de la inflación, de los cambios en las tasas de cambio de divisas y en las de impuestos (una ocurrencia frecuente en las industrias globales, en los cuales los competidores tienen operaciones en diversos países con condiciones económicas y políticas gubernamentales de impuestos diferentes.

Principio de los mercados competitivos

Mientras más altos son los costos de una compañía en comparación con los de sus rivales cercanos, resulta más competitivamente vulnerable.

Para que una compañía tenga éxito competitivo, sus costos deben ser similares a los de sus rivales cercanos. Aun cuando está justificada cierta disparidad de costos, siempre y cuando los productos o servicios de las compañías competidoras cercanas estén suficientemente diferenciados, la posición de mercado de una empresa con costos elevados se vuelve cada vez más vulnerable mientras más excedan sus costos a los de sus rivales cercanos.

Análisis del costo estratégico y cadenas de valor

Los competidores deben estar al tanto de la forma en la que se comparan sus costos con los de sus rivales. Aun cuando todas las empresas llevan a cabo un análisis del costo *interno* con el fin de mantenerse por encima de sus propios costos y poder cambiar en el futuro, el análisis del costo *estratégico* va un paso más adelante al explorar cómo se comparan sus costos con los de sus rivales.

Los negocios de las compañías se componen de un *conjunto de actividades* que se emprenden en el curso del diseño, la producción, la mercadotecnia, la entrega y el respaldo de su producto o servicio. Cada una de estas actividades originan en ciertos costos. Los costos combinados de todas estas actividades definen la estructura de costos interna de la compañía. Además, el costo de cada actividad contribuye a descubrir si la posición de costo total de la compañía en relación con la de sus rivales es favorable o desfavorable. La tarea del análisis del costo estratégico consiste en comparar los costos de una compañía *actividad por actividad* con los de los rivales clave y descubrir cuáles actividades internas son fuente de una ventaja o una desventaja. La posición de costo relativa de una compañía permite comprender cómo se comparan los costos totales de sus actividades al hacer negocios con los costos totales de las actividades que desempeñan sus rivales.

Concepto básico

El análisis del costo estratégico implica la comparación de la forma en la cual los costos por unidad de una compañía se pueden comparar con los costos por unidad de los competidores clave, actividad por actividad, señalando así cuáles actividades clave son el origen de una ventaja o desventaja de costo.

El concepto de la cadena de valor de una compañía El principal instrumento del análisis del costo estratégico es una *cadena de valor* que identifica las actividades, las funciones y los procesos de negocios separados que se desempeñan en el curso del diseño, la producción, la mercadotecnia, la entrega y el respaldo del producto o servicio.[5] La cadena empieza con el suministro de materia prima y continúa a lo largo de la producción de partes y componentes, la fabricación y el ensamble, la distribución al mayoreo y el menudeo hasta el usuario final del producto o servicio.

La *cadena de valor de una compañía* muestra el conjunto de actividades y funciones entrelazadas que desempeña internamente (véase la figura 4.1). Asimismo, incluye un margen de utilidad debido a que el margen de ganancia bruta sobre el costo del desempeño de las actividades de la empresa que crean un valor, por lo común es parte del precio (o costo total) que pagan los compradores; es decir, la creación de un valor que excede al costo es un objetivo fundamental del negocio. El desglose de las operaciones de una compañía en actividades y procesos de negocios pertinentes desde el punto de vista estratégico expone los principales elementos de su estructura de costos de la compañía. Cada actividad en la cadena de valor incurre en costos y limita los activos; la asignación de los costos de operación y los activos de la compañía a cada actividad proporciona estimados de su costo. Con mucha frecuencia las actividades se relacionan, de manera que la forma en la cual se desempeña una actividad puede extenderse para afectar los costos de otras (por ejemplo, los productores japoneses de videocaseteras lograron reducir los precios de 1 300 dólares en 1977 a menos de 300 dólares en 1984, al detectar el impacto de un primer paso en la cadena de valor, el diseño del producto, sobre un último paso, la producción y decidir que reducirían considerablemente el número de partes)".[6]

Concepto básico

La cadena de valor de una compañía identifica las principales actividades que crean un valor para los clientes y las actividades de apoyo relacionadas.

Por qué difieren a menudo las cadenas de valor de las compañías rivales La cadena de valor de una compañía y la forma en la cual desempeña cada actividad reflejan la evolución de su propio negocio y de sus operaciones internas, la estrategia, los enfoques que utiliza en su ejecución y la economía fundamental de las actividades mismas.[7] En consecuencia, es normal que las cadenas de valor de las compañías rivales difieran, tal vez considerablemente, una condición que complica la tarea de evaluar las posiciones de costo relativas de los rivales. Por ejemplo, las compañías en competencia pueden diferir en su grado de integración vertical. La comparación de la cadena de valor de un rival totalmente integrado con la de un rival parcialmente integrado, requiere un ajuste

[5] Los análisis de las cadenas de valor y del costo estratégico se describen con mayores detalles en Michael E. Porter, *Competitive Advantage*, Nueva York: Free Press, 1985, capítulos 2 y 3; Robin Cooper y Robert S. Kaplan, "Measure Costs Right: Make the Right Decisions", en *Harvard Business Review* 66, núm. 5, septiembre-octubre de 1988, pp. 96-103, y John K. Shank y Vijay Govindarajan, *Strategic Cost Management*, Nueva York: Free Press, 1993, en especial los capítulos 2-6 y 10.

[6] M. Hegert y D. Morris, "Accounting Data for Value Chain Analysis", en *Strategic Management Journal* 10, 1989, p. 183.

[7] Porter, *Competitive Advantage*, p. 36.

FIGURA 4.1 Cadena de valor representativa de la compañía

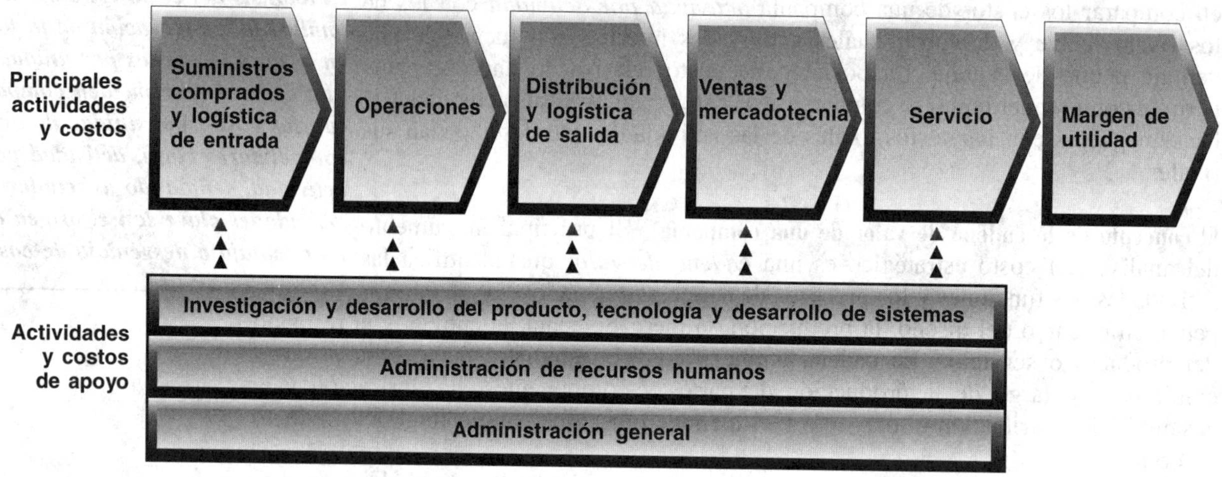

Principales actividades y costos

- **Compra de suministros y logística de entrada.** Las actividades, los costos y los activos asociados con la compra de combustible, energía, materia prima, componentes de partes, mercancía y artículos consumibles a los vendedores; recepción, almacenamiento y distribución de insumos de los proveedores; inspección y administración del inventario.
- **Operaciones.** Las actividades, los costos y los activos asociados con la conversión de las entradas a la forma del producto final (producción, ensamble, empacado, mantenimiento del equipo, instalaciones, operaciones, seguridad de la calidad, protección ambiental).
- **Distribución y logística de salida.** Las actividades, los costos y los activos asociados con la distribución física del producto a los compradores (almacenamiento de productos acabados, procesamiento de pedidos, retiro y empacado de pedidos, envío, operaciones de los vehículos de reparto, establecimiento y mantenimiento de una red de agentes y distribuidores).
- **Ventas y mercadotecnia.** Las actividades, los costos y los activos asociados con los esfuerzos de la fuerza de ventas, publicidad y promoción, investigación y planeación del mercado y apoyo a agentes/distribuidores.
- **Servicio.** Las actividades, los costos y los activos asociados con la asistencia técnica a los compradores, entrega de partes de repuesto, mantenimiento y reparaciones, asistencia técnica, indagaciones del comprador y quejas.

Actividades y costos de apoyo

- **Investigación y desarrollo del producto, tecnología y desarrollo de sistemas.** Las actividades, los costos y los activos asociados con la investigación y el desarrollo del producto, proceso de investigación y desarrollo, mejoramiento en el diseño del proceso, diseño del equipo, desarrollo de software para computadoras, sistemas de telecomunicaciones, diseño e ingeniería por medio de la computadora, nuevas capacidades de la base de datos y desarrollo de sistemas de apoyo computarizados.
- **Administración de recursos humanos.** Las actividades, los costos y los activos asociados con el reclutamiento, la contratación, la capacitación, el desarrollo y la compensación de toda clase de empleados; actividades de relaciones laborales; desarrollo de capacidades y competencias centrales basadas en los conocimientos.
- **Administración general.** Las actividades, los costos y los activos asociados con la administración general, contabilidad y finanzas, asuntos legales y de regulaciones; seguridad, sistemas de información administrativa, establecimiento de alianzas estratégicas y colaboración con socios estratégicos y otras funciones "generales".

Fuente: Adaptada de Michael E. Porter, *Competitive Advantage,* Nueva York: The Free Press, 1985, pp. 37-43.

de las diferencias en la esfera de acción de las actividades desempeñadas; obviamente, los costos *internos* para un fabricante que produce la totalidad de sus partes y componentes serán mayores que los de un productor que compra las partes y los componentes necesarios a proveedores externos y que sólo desempeña las operaciones de ensamble.

Asimismo, hay una razón legítima para esperar diferencias en la cadena de valor y en el costo entre una compañía que busca una estrategia de costo bajo/precio bajo y un rival posicionado en el extremo superior del mercado con un producto de calidad y prestigio que posee características sobresalientes. En el caso de la empresa de bajo costo, los costos de ciertas actividades a lo largo de la cadena de valor de la compañía deben ser relativamente bajos, mientras que es comprensible que la empresa en el extremo superior gaste más en el desempeño de aquellas actividades que crean la calidad agregada y las características extra.

Además, las diferencias de costo y precio entre las compañías rivales pueden tener sus orígenes en las actividades que desempeñan los proveedores o los aliados de los canales hacia adelante involucrados en hacer llegar el producto a los usuarios finales. Los proveedores o los aliados de los canales hacia adelante pueden tener estructuras de costo excesivamente elevadas o márgenes de utilidad que ponen en peligro la competitividad de costos de una compañía, incluso cuando los costos de las actividades que se desempeñan internamente son competitivos. Por ejemplo, cuando se determina la competitividad de costos de Michelin en comparación con las de Goodyear y Bridgestone en los neumáticos de repuesto, debemos indagar más allá de si los costos de fabricación de Michelin son superiores o inferiores a los de Goodyear o de Bridgestone. Si un comprador debe pagar 400 dólares por un juego de neumáticos Michelin y sólo 350 por neumáticos Goodyear o Bridgestone, la desventaja de precio de 50 dólares de Michelin se puede deber no sólo a los costos de fabricación más elevados (que *tal vez* reflejan los costos adicionales de los esfuerzos estratégicos de Michelin para desarrollar un neumático de mayor calidad con mejores características de desempeño), sino también a: 1) las diferencias en lo que los fabricantes de neumáticos pagan a sus proveedores por los materiales y componentes necesarios para la fabricación y 2) las diferencias en la eficiencia de operación, los costos y los márgenes de ganancia bruta de los distribuidores de mayoreo y los agentes de menudeo de Michelin, en comparación con los de Goodyear y Bridgestone. Por consiguiente, la determinación de si los precios y los costos de una compañía son competitivos desde el punto de vista del usuario final, requiere un estudio de las actividades y los costos de los proveedores y de los aliados de los canales hacia adelante competitivamente pertinentes, así como de los costos de las actividades que se desempeñan al interior.

La competitividad de costos de una compañía depende no sólo de los costos de las actividades que desempeña internamente (su propia cadena de valor), sino también de los costos en las cadenas de valor de sus proveedores y aliados de los canales hacia delante.

Los sistemas de la cadena de valor para toda la industria Como lo aclara el ejemplo de la industria de neumáticos, la cadena de valor de una compañía está arraigada en el sistema de actividades mayor, que incluye las cadenas de valor de sus proveedores aguas arriba y de sus clientes o aliados aguas abajo, dedicados a la tarea de hacer llegar su producto/servicio a los usuarios finales.[8] La evaluación precisa de la competitividad de una compañía en los mercados del usuario final requiere que los administradores comprendan todo el sistema de la cadena de valor para entregar un producto o un servicio a los usuarios finales, no sólo la cadena de valor de su propia compañía. Por lo menos, esto implica considerar las cadenas de valor de los proveedores y los aliados de los canales hacia adelante (si los hay), como se muestra en la figura 4.2. Las cadenas de valor de los proveedores vienen al caso debido a que desempeñan actividades e incurren en costos en la creación y entrega de los componentes adquiridos que se utilizan en la propia cadena de valor de una compañía; el costo y la calidad de estas entradas influyen en las propias capacidades de costo y/o diferenciación de la compañía. Cualquier cosa que pueda hacer una compañía para reducir los costos o mejorar la efectividad de sus proveedores, puede incrementar su propia competitividad, una razón muy poderosa para trabajar en colaboración con los proveedores. Las cadenas de valor de los canales hacia adelante son pertinentes debido a que: 1) los costos y los márgenes de las compañías aguas abajo son parte del precio que paga el usuario final y 2) las actividades que desempeñan los aliados de los canales hacia adelante afectan la satisfacción del usuario. Existen pode-

[8] Porter, *Competitive Advantage*, p. 34.

FIGURA 4.2 El sistema de la cadena de valor

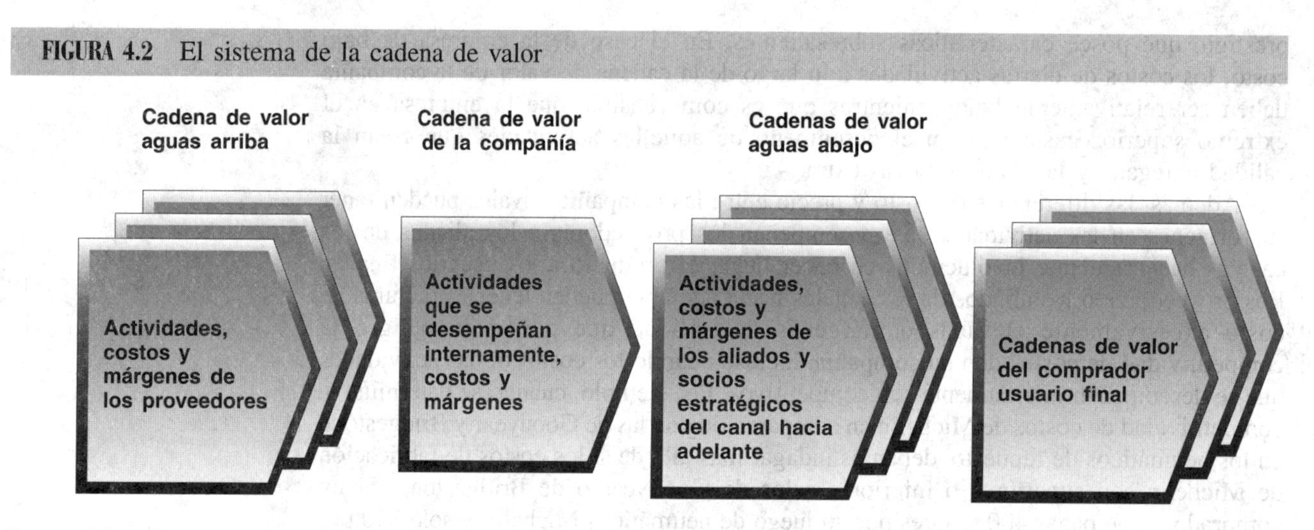

Fuente*:* Adaptada de Michael E. Porter, *Competitive Advantage,* Nueva York: The Free Press, 1985, p. 35.

rosas razones para que una compañía trabaje en estrecha colaboración con los aliados del canal hacia adelante, con el fin de revisar o reinventar sus cadenas de valor en formas que mejoren su mutua competitividad. Además, una compañía debe ser capaz de mejorar su competitividad emprendiendo actividades que causen un impacto benéfico *tanto* en su propia cadena de valor *como* en las de sus clientes. Por ejemplo, algunos productores de latas de aluminio construyeron sus plantas al lado de las cervecerías y entregaban directamente las latas, por medio de bandas transportadoras elevadas, en la línea de llenado de la cervecería. Esto dio por resultado considerables ahorros en los costos de programación de la producción, envío e inventario, tanto para los productores de latas como para las cervecerías.[9] La lección que debemos aprender aquí es que la posición de costo relativa de una compañía y su competitividad general están vinculadas con el sistema de la cadena de valor de toda la industria y también con las de sus clientes.

Aun cuando las cadenas de valor en las figuras 4.1 y 4.2 son representativas, la estructura de la actividad de las cadenas y la relativa importancia de las actividades dentro de ellas varía según la industria y la posición de la compañía. Las cadenas de valor de los productos difieren de las cadenas de valor de los servicios. Los principales elementos de la cadena de valor de la industria de pulpa y papel (siembra de árboles, tala, molinos de pulpa, fabricación de papel, impresión y edición) difieren de los principales elementos de la cadena de la industria de electrodomésticos (partes y componentes, fabricación, ensamble, distribución de mayoreo, ventas de menudeo). La cadena de valor de la industria de bebidas no alcohólicas (procesamiento de ingredientes básicos, fabricación de jarabes, llenado de botellas y latas, distribución de mayoreo y menudeo) difiere de la configuración de la cadena de valor de la industria de *software* para computadoras (programación, carga de discos, mercadotecnia, distribución). Un productor de grifos para baños y cocinas depende en gran parte de las actividades de los distribuidores mayoristas y de desarrollar un suministro de minoristas para ganarle las ventas a los constructores de viviendas y a los aficionados a hacer las cosas por sí mismos. Las actividades y los costos más importantes de un mayorista conciernen a los bienes adquiridos, la logística de entrada y la logística de salida. Las actividades y los costos más importantes de un hotel conciernen a operaciones, registro de entrada y salida de los huéspedes, mantenimiento y limpieza, servicio de comedores y a las

[9] Hegert y Morris, "Accounting Data for Value Chain Analysis", p. 180.

habitaciones, convenciones, juntas y contabilidad. Las actividades y los costos más importantes de una empresa contable global giran alrededor del servicio al cliente y de la administración de recursos humanos (contratación y capacitación de personal profesional altamente competente). La logística de salida es una actividad de suma importancia en Domino's Pizza, pero comparativamente insignificante en Blockbuster. Las ventas y la mercadotecnia son actividades dominantes en Nike, pero tienen menor importancia en los servicios públicos de electricidad y gas. En consecuencia, las cadenas de valor genéricas, como las que presentamos en las figuras 4.1 y 4.2, son ilustrativas, no absolutas, y tal vez será necesario adaptarlas a las circunstancias particulares de una compañía.

Desarrollo de datos para el análisis del costo estratégico Una vez que se han identificado los principales elementos de la cadena de valor, el siguiente paso en el análisis del costo estratégico implica el desglose de los datos contables departamentales de una empresa en los costos del desempeño de actividades específicas.[10] El grado apropiado del desglose depende de la economía de las actividades y de lo valiosas que son para desarrollar comparaciones de costo a nivel de toda la compañía para las actividades definidas en forma limitada, en oposición a las definidas en forma amplia. Una buena guía es desarrollar estimados de costo separados para las actividades que tienen diferentes economías y las que representan una proporción significativa o creciente del costo.[11]

La contabilidad tradicional identifica los costos de conformidad con amplias categorías de gastos, sueldos y salarios, beneficios para empleados, suministros, viajes, depreciación, investigación y desarrollo y otros cargos fijos. La determinación de *costos con base en la actividad* implica la definición de categorías de gastos basados en las actividades específicas que se desempeñan y después la asignación de los costos a la actividad apropiada responsable de crear el costo. En la tabla 4.2 se muestra un ejemplo.[12] Tal vez el 10 por ciento de las compañías que han explorado la factibilidad de la determinación de costos con base en la actividad han adoptado ese enfoque contable. Para comprender a fondo los costos de las actividades a todo lo largo de la cadena de valor de la industria, también es necesario desarrollar estimados del costo de las actividades en las cadenas de valor de proveedores y clientes.

Con el fin de comparar la posición de costo de la empresa con la de los rivales, se deben estimar los costos para las mismas actividades de cada rival, un arte avanzado en la información competitiva. Pero a pesar de lo tedioso del desarrollo de estimados actividad por actividad y de la imprecisión de algunos estimados de los rivales, el resultado de los costos de tareas y funciones internas particulares y de la competitividad de costo de la compañía hacen que la determinación con base en la actividad sea un instrumento valioso para el análisis estratégico.[13] La Cápsula ilustrativa 11 muestra una comparación simplificada de la cadena de valor de dos prominentes fabricantes de cerveza: Anheuser-Busch (líder de la industria en Estados Unidos) y Adolph Coors (tercera fabricante de cerveza estadounidense).

La aplicación más importante del análisis de la cadena de valor es exponer la forma en la cual la posición de costo de una empresa particular se compara con la de sus rivales. Lo que se necesita son estimados del costo de un competidor en comparación

---

[10] Para una exposición de los retos contables en el cálculo de los costos de las actividades de la cadena de valor, véase Shank y Govindarajan, *Strategic Cost Management*, pp. 62-72 y capítulo 5, y Hegert y Morris, "Accounting Data for Value Chain Analysis", pp. 175-188.

[11] Porter, *Competitive Advantage*, p. 45.

[12] Para una exposición basada en la contabilidad de costos, véase Cooper y Kaplan, "Measure Costs Right: Make the Right Decisions", pp. 96-103; Shank y Govindarajan, *Strategic Cost Management*, capítulo 11; y Joseph A. Ness y Thomas G. Cucuzza, "Tapping the Full Potential of ABC", en *Harvard Business Review* 73, núm. 4, julio-agosto de 1995, pp. 130-138.

[13] Shank y Govindarajan, *Strategic Cost Management*, p. 62.

TABLA 4.2 La diferencia entre la contabilidad de costos tradicional y la basada en la actividad

Categorías de la contabilidad de costos tradicional en el presupuesto departamental		Costo del desempeño de actividades departamentales específicas utilizando la contabilidad de costos por actividad	
Sueldos y salarios	$350 000	Evaluar las capacidades del proveedor	$135 750
Beneficios para los empleados	115 000	Procesar las órdenes de compra	82 100
Suministros	6 500	Apresurar las entregas del proveedor	23 500
Viajes	2 400	Apresurar el procesamiento interno	15 840
Depreciación	17 000	Verificar la calidad de los artículos comprados	94 300
Otros cargos fijos	124 000	Verificar las entregas que llegan contra las órdenes de compra	48 450
Gastos varios de la operación	25 250	Resolver problemas	110 000
		Administración interna	130 210
	$640 150		$640 150

Fuente: Adaptada de la información en Terence P. Paré, "A New Tool for Managing Costs", en *Fortune*, 14 de junio de 1993, pp. 124-129.

con otro para proporcionar un producto o un servicio a un grupo de clientes bien definido o a un segmento del mercado. La magnitud de la ventaja/desventaja de costo de una compañía puede variar de un artículo a otro en la línea del producto, de un grupo de clientes a otro (si se utilizan diferentes canales de distribución) y de un mercado geográfico a otro (si los factores del costo varían entre las regiones geográficas).

Benchmarking de los costos de las actividades clave

El benchmarking del desempeño de las actividades de una compañía con el de sus rivales y de las mejores prácticas de otras compañías proporciona una evidencia sólida de su competitividad de costos.

En la actualidad, muchas compañías emplean el benchmarking de los costos del desempeño de una actividad determinada con los costos de los competidores (y/o con los de una empresa no competidora en otra industria, que desempeña en forma eficiente y efectiva casi la misma actividad o el mismo proceso de negocios). El proceso de comparación está centrado en las comparaciones a nivel de toda la compañía del desempeño de las funciones y los procesos básicos en la cadena de valor, es decir, cómo se compran los materiales, cómo se paga a los proveedores, cómo se procesan las nóminas, la rapidez con la cual la compañía puede llevar los nuevos productos al mercado, cómo se desempeña la función del control de calidad, cómo se envían los pedidos de los clientes y cómo se lleva a cabo el mantenimiento.[14] *Los objetivos del proceso de comparación consisten en comprender las mejores prácticas en el desempeño de una actividad, aprender la forma en la cual se logran realmente los costos más bajos y emprender una acción para mejorar la competitividad de costos de una compañía, siempre que el benchmarking revela que los costos de desempeño de una actividad no son similares a los de otras compañías.*

[14] Para más detalles, véase Gregory H. Watson, *Strategic Benchmarking: How to Rate Your Company's Performance Against the World's Best*, Nueva York: John Wiley, 1993, y Robert C. Camp, *Benchmarking: The Search for Industry Best Practices That Lead to Superior Performance,* Milwaukee: ASQC Quality Press, 1989. Véase también Alexandra Biesada, "Strategic Benchmarking", en *Financial World*, 29 de septiembre de 1992, pp. 30-38.

CÁPSULA ILUSTRATIVA 11 Cadenas de valor para las cervezas Anheuser-Busch y Adolph Coors

A continuación aparecen en la tabla los estimados del costo promedio para las marcas combinadas de cerveza producidas por Anheuser-Busch y Coors. El ejemplo muestra los costos de la materia prima, los de fabricación y los de distribución del canal hacia adelante. Los datos son de 1982.

	Desglose del costo promedio estimado para las marcas combinadas de Anheuser-Busch		Desglose del costo promedio estimado para las marcas combinadas de Adolph Coors	
Actividades y costos de la cadena de valor	**Por paquete de 6 latas de 12 onzas**	**Por el equivalente en barril**	**Por paquete de 6 latas de 12 onzas**	**Por el equivalente en barril**
1. Costos de fabricación				
Costos directos de producción:				
Ingredientes de la materia prima	$0.1384	$ 7.63	$0.1082	$ 5.96
Mano de obra directa	0.1557	8.58	0.1257	6.93
Salarios del personal no sindicalizado	0.0800	4.41	0.0568	3.13
Empacado	0.5055	27.86	0.4663	25.70
Depreciación de la planta y el equipo	0.0410	2.26	0.0826	4.55
Subtotal	0.9206	50.74	0.8396	46.27
Otros gastos:				
Publicidad	0.0477	2.63	0.0338	1.86
Otros costos de mercadotecnia y gastos administrativos generales	0.1096	6.04	0.1989	10.96
Intereses	0.0147	0.81	0.0033	0.18
Investigación y desarrollo	0.0277	1.53	0.0195	1.07
Costos totales de fabricación	$1.1203	$ 61.75	$1.0951	$ 60.34
2. Utilidad de la operación del fabricante	0.1424	7.85	0.0709	3.91
3. Precio de venta neto	1.2627	69.60	1.1660	64.25
4. Más impuestos federales y estatales sobre el consumo pagados por el cervecero	0.1873	10.32	0.1782	9.82
5. Precio de venta bruto del fabricante para el distribuidor/mayorista	1.4500	79.92	1.3442	74.07
6. Margen promedio sobre el costo del fabricante	0.5500	30.31	0.5158	28.43
7. Precio promedio de mayoreo cobrado al minorista (incluyendo los impuestos en la partida 4 anterior, pero excluyendo otros impuestos)	$ 2.00	$110.23	$ 1.86	$102.50
8. Más otros impuestos estatales y locales gravados sobre las ventas de mayoreo y menudeo (esto varía de una localidad a otra)	0.60		0.60	
9. Margen promedio de ganancia bruta del 20 por ciento sobre el costo de mayoreo	0.40		0.38	
10. Precio promedio de menudeo para el consumidor	$ 3.00		$ 2.84	

Nota: La diferencia en las estructuras del costo promedio para Anheuser-Busch y Adolph Coors se debe, en un grado considerable, a la mayor proporción de ventas de cerveza de calidad superior de Anheuser-Busch. Michelob, la marca de calidad superior de Anheuser-Busch, fue la de mayor venta en su categoría y su preparación es un poco más costosa que la de las cervezas de precio de primera calidad y popular.

Fuente: Recopilada por Tom McLean, Elsa Wischkaemper y Arthur A. Thompson, Jr., de una extensa variedad de documentos y entrevistas en el campo.

CÁPSULA ILUSTRATIVA 12 El benchmarking de Ford Motor Company en su actividad de cuentas por pagar

En la década de los ochenta, el departamento de cuentas por pagar de Ford en Estados Unidos empleaba a más de 500 personas. Los empleados pasaban la mayor parte de su tiempo ordenando las relativamente escasas situaciones en donde no se igualaban tres documentos, la orden de compra expedida por el departamento respectivo, el documento de recibo preparado por los empleados en el punto de recepción y la factura enviada por el vendedor/proveedor a cuentas por pagar. En ocasiones, la resolución de las discrepancias llevaba semanas y requería los esfuerzos de muchas personas. Los administradores de Ford creían que si se automatizaban algunas funciones que se llevaban a cabo en forma manual, el número de empleados se podría reducir a 400. Antes de proceder, los administradores de Ford decidieron hacer una visita a Mazda, una compañía en la cual Ford había adquirido recientemente el 25 por ciento. Con gran sorpresa de su parte, vieron que Mazda manejaba su función de cuentas por pagar empleando únicamente a cinco personas. Siguiendo el ejemplo de Mazda, los encargados del benchmarking de Ford crearon un sistema sin facturas, en el que los pagos a los proveedores se producían automáticamente en el momento en que se recibía la mercancía. Después de una reingeniería, el sistema permitió que Ford redujera su personal de cuentas por pagar a menos de 200, un número mucho mayor que el de Mazda, pero mejor de lo que habría resultado sin el benchmarking de la actividad de cuentas por pagar.

Fuentes: Michael Hammer y James Champy, *Reengineering the Corporation*, Nueva York: HarperBusiness, 1993, pp. 39-43, y Jeremy Main, "How to Steal the Best Ideas Around", en *Fortune*, 19 de octubre de 1992, p. 106.

En 1979, Xerox se convirtió en pionera en el empleo de los procesos de comparación, cuando los fabricantes japoneses empezaron a vender copiadoras de tamaño mediano a un precio de 9 600 dólares, una suma inferior a los costos de producción de Xerox.[15] Aun cuando la administración sospechaba que los competidores japoneses estaban inundando el mercado con productos de un precio más bajo, envió a un equipo de administradores de línea a Japón, incluyendo al administrador de fabricación, con el fin de que estudiaran los procesos y costos de los competidores. Por fortuna, Fuji-Xerox, en su empresa conjunta en Japón, conocía muy bien a los competidores. El equipo averiguó que los costos de Xerox eran excesivos debido a considerables ineficacias en sus procesos de fabricación y en sus prácticas de negocios; el estudio resultó ser útil en los esfuerzos para lograr la competitividad en el costo e impulsó a Xerox a iniciar un programa a largo plazo de comparación de 67 de sus procesos de trabajo clave con las compañías que tenían las "mejores prácticas" en el desempeño de estos procesos. Muy pronto, Xerox decidió no restringir sus esfuerzos en los procesos de comparación con sus rivales en equipo de oficina, sino ampliarlos a cualquier compañía considerada como de "clase mundial" en el desempeño de una actividad pertinente para el negocio. La Cápsula ilustrativa 12 describe una de las experiencias de Ford Motor con los procesos de comparación.

En ocasiones, el benchmarking del costo se puede lograr recopilando información de los reportes publicados, los grupos del ramo y las empresas de investigación de la industria, y hablando con analistas, clientes y proveedores bien informados (los de empresas conjuntas a menudo son aliados bien dispuestos en el benchmarking). Sin embargo, el benchmarking por lo común requiere investigación de campo en las instalaciones de las compañías competidoras y no competidoras, con el fin de observar cómo se hacen las cosas, formular preguntas, comparar las prácticas y procesos y tal vez intercambiar datos sobre la productividad, niveles de personal, requerimientos de tiempo y otros componentes del costo. Sin embargo, el benchmarking implica obtener información delicada sobre los costos más bajos y no se puede esperar que los rivales sean totalmente francos, aun si convienen en permitir recorridos de sus instalaciones y en responder a las preguntas. Pero el creciente interés de las compañías en los

[15] Jeremy Main, "How to Steal the Best Ideas Around", en *Fortune*, 19 de octubre de 1992, pp. 102-103.

CÁPSULA ILUSTRATIVA 13 El benchmarking y la conducta ética

Debido a que las acciones entre los socios en el benchmarking pueden involucrar datos delicados desde el punto de vista de la competitividad, quizás cuestiones sobre la posible restricción del comercio o una conducta de negocios impropia, el SPI Council on Benchmarking y The International Benchmarking Clearinghouse instaron a las personas y a las organizaciones involucradas en el benchmarking a cumplir con un código de conducta de negocios ética. El código se basa en los siguientes principios y pautas:

- Al hacer benchmarking con los competidores, establezca por adelantado reglas de procedimiento, por ejemplo: "No queremos hablar de aquellos aspectos que nos proporcionarán a cualquiera de nosotros una ventaja competitiva, más bien queremos ver en dónde podemos mejorar mutuamente u obtener algún beneficio". No hable de los costos con los competidores si éstos son un elemento en la determinación del precio.
- No les pida a los competidores datos delicados ni haga que el socio en el benchmarking tenga la impresión de que debe proporcionar datos delicados con el fin de que el proceso siga adelante. Esté preparado para proporcionar el mismo nivel de información que solicita. No comparta una información patentada sin la previa autorización de las autoridades apropiadas o de ambas partes.
- Recurra a una tercera parte ética que recopile datos competitivos y oculte la fuente, con el apoyo de un abogado en el caso de las comparaciones competitivas directas.
- Consulte con un abogado cualquier duda acerca de los procedimientos de recopilación de datos, por ejemplo, antes de ponerse en contacto con un competidor directo.
- Cualquier información obtenida de un socio en el benchmarking se debe tratar como una información interna y privilegiada. Cualquier empleo externo debe contar con la autorización del socio.
- No debe:
  - Desacreditar el negocio o las operaciones del competidor ante una tercera parte.
  - Tratar de limitar la competencia o de lograr un negocio por medio de la relación en el benchmarking.
  - Presentarse usted mismo como si trabajara para otro patrón.
- Demuestre un compromiso con la eficiencia y la efectividad del proceso preparándose en la forma adecuada en cada paso, en particular durante el contacto inicial. Sea profesional, honesto y cortés. Apéguese a la agenda, mantenga el enfoque en los aspectos de benchmarking.

Fuentes: The SPI Council on Benchmarking, The International Benchmarking Clearinghouse y la presentación durante la conferencia del AT&T Benchmarking Group, Des Moines, Iowa, octubre de 1993.

benchmarking de los costos y en la identificación de las mejores prácticas ha impulsado a las organizaciones de consultoría (por ejemplo Andersen Consulting, A. T. Kearney, Best Practices Benchmarking & Consulting y Towers Perrin) y a varios consejos y asociaciones recién constituidos (como International Benchmarking Clearinghouse y Strategic Planning Institute's Council on Benchmarking) a recopilar datos de los benchmarking, hacer estudios de estos procesos y distribuir información de las mejores prácticas y de los costos del desempeño entre sus clientes/miembros, sin identificar las fuentes. La dimensión ética del benchmarking se expone en la Cápsula ilustrativa 13. Más de 80 por ciento de las 500 compañías de *Fortune* en la actualidad practican alguna forma de proceso de comparación benchmarking.

El benchmarking es el mejor instrumento para que un administrador determine si la compañía está desempeñando con eficiencia ciertas funciones y actividades particulares, si sus costos se ajustan a los de sus competidores y cuáles son las actividades y los procesos que se deben mejorar. Es una forma de saber cuáles compañías son más competentes en el desempeño de ciertas actividades y funciones para después imitarlas, o mejor todavía, optimizar sus técnicas. Los administradores de Toyota obtuvieron la idea de las entregas por medio del inventario "justo a tiempo" estudiando la forma en la cual los supermercados en Estados Unidos reabastecían sus anaqueles. Southwest Asia redujo el tiempo de rotación de sus aviones en cada escala programada estudiando al personal de los pits en el circuito de carreras automovilísticas.

Opciones estratégicas para lograr una competitividad de costos

El análisis de la cadena de valor y el benchmarking pueden revelar mucho acerca de la competitividad de costos de una empresa. Una de las percepciones fundamentales del análisis del costo estratégico es que la competitividad de una compañía depende de lo bien que administra su cadena de valor en relación con lo bien que los competidores administran las suyas.[16] El examen de la estructura de la propia cadena de valor de una compañía y su comparación con la de sus rivales indica la ventaja/desventaja de costo y cuáles son los componentes del costo responsables de eso. Dicha información es vital en el diseño de estrategias para eliminar una desventaja de costo o para crear una ventaja de costo.

Las acciones estratégicas para eliminar una desventaja de costo se deben vincular con la ubicación en la cadena de valor en donde se originan las diferencias en el costo.

En la figura 4.2 puede observarse que las diferencias importantes en los costos de las empresas competidoras pueden ocurrir en tres áreas principales: en la parte de los proveedores en la cadena de valor de la industria, en los propios segmentos de actividad de una compañía o en la porción del canal hacia adelante en la cadena de la industria. Si la carencia de competitividad de costos de una empresa se debe a las secciones anteriores (aguas arriba) o posteriores (aguas abajo) de la cadena de valor, entonces el restablecimiento de la competitividad de costos tal vez se deberá extender más allá de las propias operaciones internas de la empresa. Cuando la desventaja de costo de una empresa se debe a los costos de los artículos comprados a los proveedores (el segmento aguas arriba de la cadena de la industria), los administradores de la compañía pueden seguir cualquiera de estos pasos estratégicos:[17]

- Negociar precios más favorables con los proveedores.
- Colaborar con los proveedores para lograr costos más bajos.
- Integrarse hacia atrás para tener el control sobre los costos de los artículos comprados.
- Tratar de utilizar insumos sustitutos de un precio más bajo.
- Desempeñar una mejor labor en la administración de los eslabones entre las cadenas de valor de los proveedores y la propia cadena de valor de la compañía; por ejemplo, la estrecha coordinación entre una compañía y sus proveedores puede permitir entregas "justo a tiempo" que bajen los costos del inventario y de la logística interna de una compañía y también que sus proveedores economicen en sus costos de almacenamiento, envío y programación de la producción, un resultado en el que ambos resultan ganadores (en vez de un juego de suma cero, en donde las ganancias de una compañía son iguales a las concesiones del proveedor).[18]
- Tratar de compensar la diferencia reduciendo los costos en otras partes de la cadena.

Las opciones estratégicas de una compañía para eliminar las desventajas de costo hacia adelante del sistema de la cadena de valor, incluyen:[19]

- Presionar a los distribuidores y a otros aliados en el canal hacia adelante para que reduzcan sus márgenes de ganancia bruta.

---

[16] Shank y Govindarajan, *Strategic Cost Management*, p. 50.

[17] Porter, *Competitive Advantage*, capítulo 3.

[18] En los años recientes, la mayor parte de las compañías han tomado medidas agresivas para colaborar y asociarse con proveedores clave, con el fin de implementar una mejor administración de la cadena de suministro, a menudo logrando ahorros de costo del 5 al 25 por ciento. Para llevar a cabo un análisis sobre la forma de desarrollar una estrategia de suministro que ahorre costos, véase Shashank Kulkarni, "Purchasing: A Supply-side Strategy", en *Journal of Business Strategy* 17, núm. 5, septiembre-octubre de 1996, pp. 17-20.

[19] Porter, *Competitive Advantage*, capítulo 3.

- Colaborar estrechamente con los aliados/clientes del canal hacia adelante, con el fin de identificar oportunidades para reducir los costos en las cuales ambos resulten beneficiados. Un fabricante de chocolate aprendió que al enviar su volumen de chocolate en forma líquida en carros tanque, en vez de en barras moldeadas de 10 libras, les ahorraba a los fabricantes de barras el costo del desempacado y el derretido y eliminaba sus propios costos de moldear barras y empacarlas.
- Cambiar a una estrategia de distribución más económica, incluyendo una integración hacia adelante.
- Tratar de compensar la diferencia reduciendo los costos en un punto anterior en la cadena del costo.

Cuando el origen de la desventaja de costo de una empresa es interno, los administradores pueden utilizar cualquiera de los nuevos enfoques estratégicos para restaurar la paridad del costo:[20]

1. Modernizar la operación de las actividades de un costo elevado.
2. Planear una reingeniería de los procesos de negocios y de las prácticas laborales (con el fin de fomentar la productividad de los empleados, mejorar la eficiencia de las actividades clave, incrementar la utilización de los activos de la empresa y, por otra parte, desempeñar un mejor trabajo en la administración de los impulsores del costo).
3. Eliminar totalmente algunas actividades que ocasionan costos, reformando el sistema de la cadena de valor (por ejemplo, cambiando a un enfoque tecnológico radicalmente diferente, o tal vez evitando las cadenas de valor de los aliados del canal hacia adelante y vendiéndoles directamente a los usuarios finales).
4. Reubicar las actividades de costo elevado en áreas geográficas en donde se puedan desempeñar de manera más económica.
5. Verificar si ciertas actividades se pueden asignar a fuentes externas, como los vendedores, o si las pueden desempeñar algunos contratistas en una forma más económica que si se llevaran a cabo internamente.
6. Invertir en mejoramientos tecnológicos que ahorran costos (automatización, robotización, técnicas de fabricación flexibles, controles computarizados).
7. Innovar alrededor de los componentes de costo onerosos, a medida que se hacen nuevas inversiones en la planta y el equipo.
8. Simplificar el diseño del producto, de manera que se pueda fabricar en una forma más económica.
9. Compensar la desventaja del costo interno mediante ahorros en las porciones anteriores y posteriores del sistema de la cadena de valor.

De las actividades de la cadena de valor a las capacidades competitivas y a la ventaja competitiva

La correcta administración de las actividades en la cadena de valor de una compañía es una clave para el desarrollo de competencias y capacidades valiosas, y para apalancarlas en una ventaja competitiva sostenible. Con raras excepciones, los productos o servicios de una empresa no son la base para una ventaja competitiva sostenible, es muy fácil que una compañía inventiva reproduzca, mejore o encuentre un sustituto para ellos.[21] Más bien, la ventaja competitiva de una compañía por lo común se basa en

[20] *Ibid.*

[21] James Brian Quinn, *Intelligent Enterprise*, Nueva York, Free Press, 1993, p. 54.

El desarrollo de la capacidad para desempeñar mejor que los rivales las actividades de la cadena de valor que son decisivas desde el punto de vista competitivo, es una fuente confiable de la ventaja competitiva.

sus habilidades, conocimientos y capacidades en relación con los de sus rivales y, de una manera más específica, en la esfera de acción y la profundidad de su capacidad para desempeñar mejor que sus rivales las actividades decisivas desde el punto de vista de la competencia, a lo largo de la cadena de valor.

Las competencias valiosas y las capacidades competitivas surgen de la experiencia, las habilidades aprendidas, las rutinas organizacionales y las prácticas de operación de una compañía y de sus esfuerzos de enfoque en el desempeño de uno o más componentes relacionados de la cadena de valor, no son simplemente una consecuencia del conjunto de recursos. FedEx ha desarrollado e integrado en forma deliberada sus recursos, con el fin de desarrollar las capacidades internas necesarias para proporcionar a los clientes servicios de entrega vigente garantizados. La capacidad de McDonald's de ofrecer hamburguesas con una calidad virtualmente idéntica en alrededor de 20 000 sucursales de todo el mundo refleja una impresionante capacidad de duplicar sus sistemas de operación en muchas ubicaciones, mediante reglas y procedimientos detallados y una capacitación intensiva de los operadores de la franquicia y de los administradores de las sucursales. Merck y Glaxo, dos de las compañías farmacéuticas más competitivamente capaces del mundo, desarrollaron sus posiciones estratégicas alrededor de un desempeño experto de algunas actividades clave: un amplio programa de investigación y desarrollo para lograr ser las primeras en descubrir un nuevo medicamento, un enfoque cuidadosamente elaborado de las patentes, la habilidad para obtener la aprobación clínica rápida y completa de los organismos reguladores y capacidades extraordinariamente poderosas de distribución y ventas.[22]

El desarrollo de capacidades competitivas valiosas por lo común implica la integración individual de los conocimientos y habilidades de los empleados, el apalancamiento de las economías del aprendizaje y la experiencia, la coordinación efectiva de las actividades relacionadas con la cadena de valor, el equilibrio entre la eficiencia y la flexibilidad y esforzarse en adquirir pericia que domine sobre los rivales en una o más de las actividades de la cadena de valor que son decisivas para la satisfacción del cliente y para el éxito en el mercado. Las capacidades valiosas mejoran la competitividad de una compañía. Aquí, la lección del diseño de la estrategia es que la ventaja competitiva sostenible puede fluir de la concentración de los recursos y el talento de la compañía en una o más de las actividades sensibles desde el punto de vista competitivo de la cadena de valor, la ventaja competitiva es el resultado del desarrollo de capacidades distintivas para servir a los clientes, es decir, las capacidades que los compradores valoran en un alto grado y que los rivales de la compañía no poseen y no pueden o no quieren igualar.

PREGUNTA 4: ¿QUÉ TAN PODEROSA ES LA POSICIÓN COMPETITIVA DE LA COMPAÑÍA EN RELACIÓN CON LA DE SUS RIVALES?

El empleo de los instrumentos de las cadenas de valor, del análisis del costo estratégico y del benchmarking para determinar la competitividad de costos de una compañía es necesario, pero no suficiente. Es fundamental hacer una evaluación más amplia de la posición y fortaleza competitivas de una compañía. Los aspectos particulares que ameritan un examen incluyen: 1) si se puede esperar que la posición de mercado actual de la compañía mejore o se deteriore si se continúa con la estrategia actual (permitiendo un ajuste); 2) cómo está clasificada la empresa en *relación con sus rivales clave* en cada factor del éxito de cada industria y en cada medida pertinente de su fortaleza competi-

[22] Quinn, *Intelligent Enterprise,* p. 34.

TABLA 4.3 Las señales de la fortaleza y debilidades en la posición competitiva de una compañía

Señales de fortaleza competitiva	Señales de debilidad competitiva
• Fortalezas de recursos importantes, competencias centrales y capacidades competitivas • Una competencia distintiva en alguna actividad competitivamente importante en la cadena de valor • Poderosa participación de mercado (o una participación de mercado importante) • Una estrategia que determina el ritmo o distintiva • Base y lealtad crecientes de los clientes • Visibilidad en el mercado superior al promedio • Formación en un grupo estratégico favorable • Bien posicionada en segmentos atractivos del mercado • Productos muy diferenciados • Ventajas de costo • Márgenes de utilidad superiores al promedio • Capacidad tecnológica e innovadora superiores al promedio • Una administración emprendedora alerta y creativa • Capacidad para aprovechar las oportunidades que aparecen en el mercado	• Se enfrenta a desventajas competitivas • Está perdiendo terreno frente a las empresas rivales • Crecimiento en ingresos inferior al promedio • Escasez de recursos financieros • Deterioro de su reputación con los clientes • Rezago en la capacidad de desarrollo e innovación del producto • Posicionamiento en un grupo estratégico destinado a perder terreno • Debilidad en áreas donde hay mayor potencial de mercado • Producción de costo elevado • Dimensiones reducidas para ser un factor importante en el mercado • Posición precaria para enfrentar las amenazas que surgen • Calidad deficiente del producto • Carece de capacidades, recursos y capacidades competitivas en áreas clave • Capacidad de distribución más débil que la de los rivales

tiva y de su capacidad de recursos; 3) si la empresa disfruta de una ventaja competitiva sobre sus rivales clave o si en la actualidad está en desventaja, y 4) la capacidad de la empresa para defender su posición de mercado en vista de las fuerzas impulsoras y de las presiones competitivas de la industria y de las medidas anticipadas de los rivales.

La evaluación sistemática de si la posición competitiva total de una compañía es poderosa o débil en relación con sus rivales cercanos, es un paso esencial en el análisis de la situación de la compañía.

La tabla 4.3 ofrece una lista de algunos indicadores acerca de si la posición competitiva de una empresa mejora o se deteriora. Pero los administradores de la compañía deben hacer algo más que simplemente identificar las áreas de mejoramiento o deterioro competitivo. Deben juzgar si la compañía tiene una ventaja o una desventaja neta frente a los competidores clave y si se puede esperar que la posición de mercado y el desempeño mejoren o se deterioren bajo la estrategia actual.

Los administradores pueden empezar la tarea de evaluar la fortaleza competitiva de la compañía utilizando las técnicas de benchmarking, con el fin de confrontar la fortaleza competitiva de la compañía con la de sus rivales en la industria, no sólo en lo que concierne al costo sino también en medidas tan importantes como calidad del producto, servicio y satisfacción al cliente, fortaleza financiera, capacidades tecnológicas, tiempo del ciclo del producto (la rapidez con que se pueden llevar los nuevos productos de la idea al diseño y al mercado) y de la posesión de recursos y capacidades competitivamente importantes. No basta con hacer un benchmarking de los costos de las actividades e identificar las mejores prácticas; una compañía debe hacer un benchmarking con sus competidores respecto a todos los aspectos de su negocio que considere importantes desde el punto de vista estratégico y competitivo.

Evaluaciones de la fortaleza competitiva

La forma más reveladora para determinar la fuerza con la cual una compañía mantiene su posición competitiva es evaluar cuantitativamente si la compañía es más poderosa o débil que sus rivales cercanos en cada uno de los factores clave del éxito en la industria y en cada indicador pertinente de la capacidad y de la ventaja competitiva potenciales. Gran parte de la información para la evaluación de la fortaleza competitiva proviene de los pasos analíticos previos. El análisis de la industria y competitivo revela los factores clave para el éxito y los factores determinantes que hacen diferencia entre los triunfadores y los perdedores. Los datos del análisis y del benchmarking del competidor proporcionan la información necesaria para juzgar las fortalezas y capacidades de los rivales clave.

El primer paso es hacer una lista de los factores clave para el éxito en la industria y de los factores determinantes más reveladores de la ventaja o desventaja competitiva (por lo común basta con seis a diez medidas). El segundo paso es calificar a la empresa y a sus rivales clave en cada indicador de fortalezas. Lo mejor es utilizar escalas de calificación de 1 a 10, aun cuando las calificaciones de poderosa (+), débil (–) o casi igual (=) pueden ser apropiadas cuando la información es escasa y la asignación de calificaciones numéricas comunica una falsa precisión. El tercer paso es sumar las calificaciones de la fortaleza individual general, con el fin de obtener una medida de la fortaleza competitiva para cada competidor. El cuarto paso es llegar a conclusiones acerca del volumen y el grado de ventaja o desventaja competitiva neta de la compañía, y tomar nota de una manera específica de aquellas medidas de la fortaleza en donde la compañía es más poderosa o débil.

Las calificaciones altas de la fortaleza competitiva señalan una poderosa posición competitiva y la posesión de una ventaja competitiva; las calificaciones bajas señalan una posición débil y una desventaja competitiva.

La tabla 4.4 proporciona dos ejemplos de la evaluación de la fortaleza competitiva. El primero emplea una *escala de calificaciones no ponderada.* Con estas calificaciones se supone que cada medida del factor clave del éxito/fortaleza competitiva es *igualmente importante* (una suposición bastante dudosa). Cualquier compañía que tiene la calificación más alta de su fortaleza en una medida determinada, tiene una ventaja implícita en ese factor; la magnitud de su ventaja se revela en el margen de diferencia entre su calificación y las asignadas a los rivales. La suma de las calificaciones de las fortalezas de una compañía en todas las medidas produce una calificación total. Mientras más alta es la calificación de la fortaleza más poderosa es su posición competitiva. Mientras mayor es el margen de diferencia entre la calificación total de una compañía y las calificaciones más bajas de los rivales, mayor es la ventaja competitiva neta implícita. Por consiguiente, la calificación total de 61 de ABC (véase la parte media de la tabla 4.4) señala una ventaja competitiva neta mayor sobre el Rival 4 (con una calificación de 32) que sobre el Rival 1 (con una calificación de 58).

Sin embargo, para la metodología es mejor utilizar un sistema de calificación ponderado, debido a que es improbable que las diferentes medidas de la fortaleza competitiva sean igualmente importantes. Por ejemplo, en la industria de bienes de consumo, el hecho de tener costos por unidad más bajos que los rivales casi siempre es el factor más importante de la fortaleza competitiva. Pero en una industria con una poderosa diferenciación del producto, las medidas más significativas de la fortaleza competitiva pueden ser la conciencia de la marca, la cantidad de publicidad, la reputación de calidad y la capacidad de distribución. En un *sistema de calificación ponderada,* a cada medida de la fortaleza competitiva se le asigna un valor basado en su importancia percibida para modelar el éxito competitivo. El valor más grande podría ser tan alto como .75 (tal vez incluso más) cuando una variable competitiva particular es abrumadoramente decisiva, o tan bajo como .20 cuando dos o tres medidas de la fortaleza son más importantes que el resto. Los indicadores de una fortaleza competitiva menor pueden tener indicadores de .05 o de .10. No importa si las diferencias entre los valores son grandes o pequeñas, *la suma debe ser de 1.0.*

Un análisis ponderado de la fortaleza competitiva es conceptualmente más poderoso que un análisis no ponderado, debido a las debilidades inherentes en la suposición de que todas las medidas de la fortaleza son igualmente importantes.

TABLA 4.4 Ilustración de evaluaciones no ponderadas y ponderadas de la fortaleza competitiva

A. Muestra de una evaluación no ponderada de la fortaleza competitiva

Escala de la calificación: 1 = Muy débil; 10 = Muy poderosa

Medida del factor clave para el éxito/fortaleza	ABC Co.	Rival 1	Rival 2	Rival 3	Rival 4
Desempeño de la calidad/producto	8	5	10	1	6
Reputación/imagen	8	7	10	1	6
Capacidad de fabricación	2	10	4	5	1
Habilidades tecnológicas	10	1	7	3	8
Capacidad de la red de distribuidores/distribución	9	4	10	5	1
Capacidad de innovación de productos	9	4	10	5	1
Recursos financieros	5	10	7	3	1
Posición de costo relativa	5	10	3	1	4
Capacidades de servicio al cliente	5	7	10	1	4
Calificación no ponderada de la fortaleza total	61	58	**71**	**25**	32

B. Muestra de una evaluación ponderada de la fortaleza competitiva

Escala de la calificación: 1 = Muy débil; 10 = Muy poderosa

Medida del factor clave para el éxito/fortaleza	Peso	ABC Co.	Rival 1	Rival 2	Rival 3	Rival 4
Desempeño de la calidad/producto	0.10	8/0.80	5/0.50	10/1.00	1/0.10	6/0.60
Reputación/imagen	0.10	8/0.80	7/0.70	10/1.00	1/0.10	6/0.60
Capacidad de fabricación	0.10	2/0.20	10/1.00	4/0.40	5/0.50	1/0.10
Habilidades tecnológicas	0.05	10/0.50	1/0.05	7/0.35	3/0.15	8/0.40
Capacidad de la red de distribuidores/distribución	0.05	9/0.45	4/0.20	10/0.50	5/0.25	1/0.05
Capacidad de innovación de productos	0.05	9/0.45	4/0.20	10/0.50	5/0.25	1/0.05
Recursos financieros	0.10	5/0.50	10/1.00	7/0.70	3/0.30	1/0.10
Posición de costo relativa	0.35	5/1.75	10/3.50	3/1.05	1/0.35	4/1.40
Capacidades de servicio al cliente	0.15	5/0.75	7/1.05	10/1.50	1/0.15	4/1.60
Total de pesos	1.00					
Calificación no ponderada de la fortaleza total		6.20	8.20	7.00	2.15	4.90

Las calificaciones ponderadas de la fortaleza se calculan una vez que se decide la forma en la cual una compañía acumula cada medida de su fortaleza (utilizando la escala de calificación de 1 a 10) y multiplicando la calificación asignada por el valor asignado (una calificación de 4 multiplicada por un valor de .20 da una calificación sopesada de .80). Una vez más, la compañía con la calificación más alta en una medida determinada tiene una ventaja competitiva implícita en esa medida y la magnitud de su ventaja se refleja en la diferencia entre su calificación y las de sus rivales. El valor asignado a la medida indica qué tan importante es la ventaja. La suma de las calificaciones ponderadas de la fortaleza de una compañía para todas las medidas de una calificación nos da la fortaleza total. Las comparaciones de las calificaciones totales ponderadas de la fortaleza indican cuáles competidores están en las posiciones competitivas más poderosas y más débiles, cuál tiene una ventaja competitiva neta y qué tan grande es esa ventaja.

La parte inferior de la tabla 4.4 presenta una evaluación de la fortaleza competitiva para ABC Company, utilizando un sistema de calificación ponderada. Observe que los planes de calificación no ponderada y ponderada producen un orden diferente. En el sistema ponderado, la fortaleza de ABC Company bajó del segundo al tercer lugar y el Rival 1 subió del tercer lugar al primero, debido a las calificaciones altas de su fortaleza en los dos factores más importantes. De esta manera, el hecho de calificar la importancia de las medidas de la fortaleza puede significar una diferencia considerable en el resultado de la evaluación.

Las evaluaciones de la fortaleza competitiva pueden proporcionar conclusiones útiles de la situación competitiva de una compañía. Las calificaciones muestran cómo se compara una compañía con sus rivales factor por factor o capacidad por capacidad. Además, las calificaciones de la fortaleza competitiva total indican si la compañía se encuentra en una posición de ventaja o desventaja en comparación con cada rival. Se puede decir que la empresa con la calificación más alta de su fortaleza competitiva tiene una ventaja competitiva neta sobre cada uno de sus rivales.

Es esencial saber en dónde una compañía es competitivamente poderosa y en dónde es débil cuando se diseña una estrategia para reforzar su posición competitiva a largo plazo. Como regla general, una compañía debe tratar de convertir sus fortalezas en una ventaja competitiva sostenible y emprender acciones estratégicas para protegerse de sus debilidades. Asimismo, las calificaciones de la fortaleza competitiva indican cuáles compañías rivales pueden ser vulnerables a un ataque competitivo y las áreas en donde son más débiles. Cuando una compañía tiene fortalezas competitivas importantes en áreas en las cuales uno o más rivales son débiles, tiene sentido considerar medidas ofensivas para aprovechar esas debilidades de los rivales.

Las fortalezas y las ventajas competitivas permiten que una compañía mejore su posición de mercado a largo plazo.

PREGUNTA 5: ¿A QUÉ PROBLEMAS ESTRATÉGICOS SE ENFRENTA LA COMPAÑÍA?

La última tarea analítica es concentrarse en los aspectos que necesita abordar la administración en la formación de un plan de acción estratégica efectivo. Aquí, los administradores se deben basar en todos los análisis previos, estudiar en perspectiva la situación general de la compañía y pensar en dónde necesitan enfocar su atención estratégica. Este paso no se debe tomar a la ligera. Sin una idea específica de cuáles son los problemas, los administradores no están preparados para empezar a diseñar una estrategia. Una buena estrategia debe ofrecer un plan para enfrentar todos los aspectos que es necesario abordar.

La identificación y la comprensión a fondo de los problemas estratégicos a los que se enfrenta una compañía son requisitos previos para el diseño de una estrategia efectiva.

Con el fin de determinar con precisión los aspectos para la agenda de la acción estratégica de la compañía, los administradores deberían considerar lo siguiente:

- ¿La estrategia actual ofrece defensas atractivas contra las cinco fuerzas competitivas, en particular aquellas cuya fortaleza se espera que se intensifique?
- ¿La estrategia actual se debe ajustar para responder mejor a las fuerzas impulsoras que están operando en la industria?
- ¿La estrategia actual se ajusta a los *futuros* factores clave del éxito en la industria?
- ¿La estrategia actual aprovecha en la forma adecuada las fortalezas de los recursos de la compañía?
- ¿Cuáles oportunidades de la compañía ameritan una máxima prioridad? ¿A cuáles se les debe asignar la prioridad más baja? ¿Cuáles son las más adecuadas para la fortaleza de recursos y las capacidades de la compañía?
- ¿Qué necesita hacer la compañía para corregir sus debilidades de recursos y protegerse de las amenazas externas?

- ¿Hasta qué grado es vulnerable la compañía a los esfuerzos competitivos de uno o más rivales y qué puede hacer para reducir esta vulnerabilidad?
- ¿La compañía tiene una ventaja competitiva o se debe esforzar para compensar su desventaja competitiva?
- ¿Cuáles son las fortalezas y debilidades en la estrategia actual?
- ¿Son necesarias acciones adicionales para mejorar la posición de costo de la compañía, para aprovechar las oportunidades que surgen y para reforzar la posición competitiva de la compañía?

Las respuestas a estas preguntas son un indicador de si la compañía puede continuar con la misma estrategia básica, haciendo ajustes mínimos, o si se requiere una revisión considerable.

Mientras más se equipare la estrategia de una compañía con su ambiente externo y con sus fortalezas de recursos y capacidades, menos necesidad habrá de contemplar grandes cambios en la estrategia. Por otra parte, cuando la estrategia actual no es adecuada para la trayectoria futura, los administradores deben conceder la máxima prioridad a la tarea de diseñar una mejor estrategia.

La tabla 4.5 proporciona un formato para hacer el análisis de la situación de la compañía. Incluye los conceptos y las técnicas analíticos que expusimos en este capítulo y proporciona una forma sistemática y concisa de reportar los resultados del análisis de la situación de la compañía.

PUNTOS CLAVE

Hay cinco preguntas que deben ser consideradas cuando se hace un análisis de la situación de la compañía:

1. *¿Qué tan bien está funcionando la estrategia actual?* Esto implica la evaluación de la estrategia, tanto desde un punto de vista cualitativo (integridad, coherencia interna, razón de ser y si es adecuada para la situación) como desde un punto de vista cuantitativo (los resultados estratégicos y financieros que produce la estrategia). Mientras mejor es el desempeño actual de una compañía, menos probable es la necesidad de hacer cambios estratégicos radicales. Mientras más débil es el desempeño de una compañía y/o más rápidos son los cambios en su situación externa (que se pueden deducir del análisis de la industria y competitivo), más se debe dudar de la eficacia de la estrategia actual.

2. *¿Cuáles son las fortalezas y debilidades de la compañía y sus oportunidades y amenazas externas?* Un análisis FODA proporciona una perspectiva general de la situación de una empresa y es un componente esencial del diseño de una estrategia alineada con la situación de la compañía. Las fortalezas de recursos, las competencias y las capacidades competitivas de una compañía son importantes, debido a que representan los bloques de construcción más lógicos y atractivos para la estrategia; las debilidades de los recursos son importantes debido a que pueden indicar situaciones vulnerables que requieren una corrección. Las oportunidades y amenazas externas entran en juego porque una buena estrategia necesariamente pretende capturar las oportunidades más atractivas para la compañía y defenderla de las amenazas externas.

3. *¿Los precios y los costos de la compañía son competitivos?* Para descubrir si la situación de una compañía es poderosa o precaria debe analizarse si sus precios y costos son competitivos con los de sus rivales en la industria. El análisis del costo estratégico y el de la cadena de valor son instrumentos esenciales para el benchmarking de los precios y costos de una compañía con los de sus rivales, para determinar si está desempeñando de una manera efectiva sus funciones y actividades relacionadas con el costo, para saber si sus costos están a la par que los de los competidores y para decidir qué actividades y procesos de negocios internos deben llevarse a cabo con el fin de lograr

TABLA 4.5 Análisis de la situación de la compañía

1. Indicadores del desempeño estratégico

Indicador del desempeño	**19____**	**19____**	**19____**	**19____**	**19____**
Participación de mercado	____	____	____	____	____
Crecimiento de las ventas	____	____	____	____	____
Margen de utilidad neta	____	____	____	____	____
Ganancias sobre la inversión de capital	____	____	____	____	____
¿Otros?	____	____	____	____	____

2. Fortalezas de recursos internos y capacidades competitivas

Debilidades internas y deficiencias de recursos

Oportunidades externas

Amenazas externas para el bienestar de la compañía

3. Evaluación de la fortaleza competitiva

Escala de la calificación: 1 = Muy débil; 10 = Muy poderosa

Medida del factor clave para el éxito/fortaleza competitiva	**Peso**	**Empresa A**	**Empresa B**	**Empresa C**	**Empresa D**	**Empresa E**
Desempeño de la calidad/producto	____	____	____	____	____	____
Reputación/imagen	____	____	____	____	____	____
Capacidad de fabricación	____	____	____	____	____	____
Habilidades tecnológicas y conocimientos prácticos	____	____	____	____	____	____
Capacidad de la red de distribuidores/distribución	____	____	____	____	____	____
Capacidad de innovación de productos	____	____	____	____	____	____
Recursos financieros	____	____	____	____	____	____
Posición de costo relativa	____	____	____	____	____	____
Capacidad de servicio al cliente	____	____	____	____	____	____
¿Otros?	____	____	____	____	____	____
Calificación de la fortaleza total	____	____	____	____	____	____

4. Conclusiones concernientes a la posición competitiva

(¿Mejorando/en deterioro? ¿Ventajas/desventajas competitivas?

5. Principales aspectos estratégicos que debe abordar la compañía

una mejora. El análisis de la cadena de valor nos muestra el grado de competencia con el cual una compañía administra sus actividades en relación con sus rivales, es una clave para el desarrollo de competencias valiosas y de capacidades competitivas y para apalancarlas después en una ventaja competitiva sostenible.

4. *¿Qué tan poderosa es la posición competitiva de la compañía?* Aquí, las evaluaciones implican la probabilidad de que la posición de la compañía mejore o se deteriore si se continúa con la estrategia actual, cómo se ajusta la compañía a los FCE de sus rivales en la industria y con otros factores determinantes del éxito competitivo y, si es el caso, por qué la compañía tiene una ventaja o desventaja competitivas. Las evaluaciones cuantitativas de las fortalezas competitivas, utilizando la metodología que presentamos en la tabla 4.4, indican en qué aspectos una compañía es poderosa o débil competitivamente y proporcionan un conocimiento de su capacidad para defender su posición de mercado o mejorarla. Como regla, la estrategia competitiva de una compañía debe ser desarrollada alrededor de sus fortalezas competitivas y tratar de apuntalar las áreas en donde es competitivamente vulnerable. Además, las áreas en donde las fortalezas de la compañía se igualan con las debilidades de un competidor representan el mejor potencial para nuevas iniciativas ofensivas.

5. *¿A qué problemas estratégicos se enfrenta la compañía?* El propósito de este paso analítico es desarrollar una agenda completa de diseño de la estrategia, utilizando los resultados tanto del análisis de la situación de la compañía como del análisis de la industria y competitivo. El énfasis aquí es llegar a conclusiones sobre las fortalezas y debilidades de la estrategia y formular los aspectos que es necesario considerar.

Un buen análisis de la situación de la compañía, lo mismo que de la industria y competitivo, son decisivos para el diseño de una estrategia eficaz. La evaluación de los recursos y competencias de la compañía, si se lleva a cabo de manera competente, expone los elementos poderosos y débiles en la estrategia actual, señala las capacidades y debilidades e indica la capacidad para proteger o mejorar su posición competitiva en vista de las fuerzas impulsoras, las presiones competitivas y la fortaleza de sus rivales. Los administradores necesitan dicha comprensión para idear una estrategia que se ajuste correctamente a la situación.

LECTURAS SUGERIDAS

Collis, David J. y Cynthia A. Montgomery, "Competing on Resources: Strategy in the 1990s", en *Harvard Business Review* 73, núm. 4, julio-agosto de 1995, pp. 118-128.

Fahey, Liam y H. Kurt Christensen, "Building Distinctive Competencies into Competitive Advantages". Reimpreso en Liam Fahey, *The Strategic Planning Management Reader*, Englewood Cliffs, N.J., Prentice-Hall, 1986, pp. 113-118.

Prahalad, C. K. y Gary Hamel, "The Core Competence of the Corporation", en *Harvard Business Review* 90, núm. 3, mayo-junio de 1990, pp. 79-83.

Shank, John K. y Vijay Govindarajan, *Strategic Cost Management: The New Tool for Competitive Advantage*, Nueva York, Free Press, 1993.

Stalk, George, Philip Evans y Lawrence E. Shulman, "Competing on Capabilities: The New Rules of Corporate Strategy", en *Harvard Business Review* 70, núm. 2, marzo-abril de 1992, pp. 57-69.

Watson, Gregory H., *Strategic Benchmarking: How to Rate Your Company's Performance Against the World's Best*, Nueva York, John Wiley & Sons, 1993.

5 ESTRATEGIA Y VENTAJA COMPETITIVA

Las estrategias de negocios exitosas se basan en la ventaja competitiva sostenible. Una compañía tiene una *ventaja competitiva* sobre sus rivales cuando es capaz de atraer a los clientes y defenderse de las fuerzas competitivas. Existen muchas formas para obtener ventaja competitiva: el desarrollo de un producto que se convierte en el estándar de la industria, la fabricación del producto mejor logrado en el mercado, proporcionar un servicio superior al cliente, el logro de costos más bajos que los de los rivales, el hecho de tener una ubicación geográfica más conveniente, el desarrollo de tecnologías patentadas, la incorporación de características y estilos con un mayor atractivo para el consumidor, el hecho de tener la capacidad de llevar nuevos productos al mercado con mayor rapidez que los rivales y poseer más experiencia tecnológica, el desarrollo de competencias únicas en técnicas de fabricación adaptadas a las necesidades, el desempeño de un trabajo mejor que el de los rivales en la administración de la cadena de suministro, el desarrollo de una marca más conocida y una mejor reputación y el hecho de proporcionar a los consumidores más valor por su dinero (una combinación de calidad, buen servicio y precio aceptable). *La inversión agresiva en la creación de una ventaja competitiva sostenible es el factor contribuyente más confiable de una compañía para lograr una rentabilidad superior al promedio.*

La estrategia de negocios exitosa consiste en diseñar en forma creativa la actividad que usted desempeña, no en desarrollar simplemente aquella que encuentra.
Adam M. Brandenburger y Barry J. Nalebuff

La esencia de la estrategia radica en crear las ventajas competitivas del mañana con mayor rapidez de la que los competidores imitan las que usted posee el día de hoy.
Gary Hamel y C. K. Prahalad

La estrategia competitiva significa ser diferente. Tomar la elección deliberada de desempeñar las actividades de una manera distinta o llevar a cabo actividades diferentes de las de los rivales, con el fin de proporcionar una mezcla única de valores.
Michael E. Porter

Las estrategias para apoderarse de la colina no necesariamente la retienen.
Amar Bhide

Para tener éxito en la creación de una ventaja competitiva, la estrategia de una compañía debe estar orientada a proporcionar a los compradores lo que perciben como un valor superior, es decir, un buen producto a un precio más bajo, o un producto mejor por el cual vale la pena pagar más. Esto se traduce en desempeñar las actividades de la cadena de valor de una manera diferente de la de los rivales y en desarrollar competencias y capacidades de recursos que no se igualan fácilmente.

Este capítulo aborda la manera en la cual una compañía puede lograr o defender una ventaja competitiva.[1] Empezamos por describir con cierta profundidad los tipos básicos de estrategias competitivas. Después vienen las secciones que examinan los pros y los contras de una estrategia de integración vertical y los méritos de las estrategias de cooperación. También incluimos secciones importantes que analizan el empleo de medidas ofensivas para crear una ventaja competitiva y el empleo de medidas defen-

[1] El trabajo definitivo sobre este tema es de Michael E. Porter, *Competitive Advantage*, Nueva York: Free Press, 1985. El tratamiento en este capítulo se basa en gran parte en la contribución pionera de Porter.

sivas de protección. En la sección final estudiamos la importancia de la oportunidad de las medidas estratégicas, es decir, cuándo es ventajoso ser quien da el primer paso y cuándo es mejor ser un seguidor o el último en tomar una medida.

LAS CINCO ESTRATEGIAS COMPETITIVAS GENÉRICAS

La estrategia competitiva de una compañía consiste en los enfoques e iniciativas de negocios que lleve a cabo para atraer clientes y satisfacer sus expectativas, en resistir las presiones competitivas y en reforzar su posición de mercado.[2] El objetivo competitivo, dicho de una manera sencilla, es desempeñar un trabajo considerablemente mejor al proporcionar a los compradores lo que buscan y permitir que la compañía obtenga una ventaja competitiva al superar la competencia de los rivales. La esencia de la estrategia competitiva de una compañía consiste en sus iniciativas internas para entregar a los clientes un valor superior. Pero también incluye medidas ofensivas y defensivas para combatir las maniobras de los rivales clave, acciones para cambiar los recursos de un lado a otro con el fin de mejorar las capacidades competitivas y la posición de mercado de la empresa a largo plazo, y esfuerzos tácticos para responder a cualquiera de las condiciones que prevalezcan en el mercado en ese momento.

El objetivo de la estrategia competitiva es derrotar a las compañías rivales mediante el desempeño de un trabajo significativamente mejor al proporcionar a los compradores lo que buscan.

Las compañías en todo el mundo son imaginativas en su concepción de ideas para conquistar la confianza de los clientes, superar la competencia de los rivales y obtener una ventaja de mercado. Debido a que las iniciativas estratégicas y las maniobras de mercado de una compañía por lo común se adecuan a la situación específica y al ambiente de la industria, hay incontables variaciones en las estrategias que emplean las compañías; estrictamente hablando, hay tantas estrategias competitivas como competidores. Sin embargo, cuando eliminamos los detalles para llegar a la esencia real, las diferencias mayores y más importantes entre las estrategias competitivas se reducen a: 1) si el mercado objetivo de una compañía es amplio o limitado y 2) si se busca una ventaja competitiva vinculada con los costos bajos o con la diferenciación del producto. Hay cinco enfoques importantes en:[3]

1. *Una estrategia de liderazgo de bajo* costo. Atraer a un amplio espectro de clientes, buscando ser el proveedor de bajo costo general de un producto o un servicio.
2. *Una estrategia de amplia diferenciación.* Trata de diferenciar la oferta del producto de la compañía de la de los rivales, en formas que atraigan a un amplio segmento de compradores.
3. *Una estrategia de proveedor del mejor costo.* Ofrecer a los clientes más valor por su dinero, combinando un énfasis en el bajo costo con la mejora en la diferenciación; el objetivo es tener costos y precios mejores (más bajos) en relación con los fabricantes de productos con calidad y características similares.
4. *Una estrategia de enfoque o de nicho del mercado basada en un costo más bajo.* Concentrarse en un segmento más limitado de compradores y superar la competencia de los rivales sirviendo a los miembros del nicho a un costo más bajo que los rivales.

[2] La estrategia competitiva tiene una esfera de acción más limitada que la estrategia de negocios. La estrategia competitiva versa exclusivamente sobre el plan de acción de la administración para competir con éxito y proporcionar a los clientes un valor superior. La estrategia de negocios se interesa no sólo en cómo competir, sino también en la forma en la cual la administración pretende abordar toda la gama de aspectos estratégicos a los que se enfrenta el negocio.

[3] El plan de clasificación es una adaptación del presentado en Michael E. Porter, *Competitive Strategy: Techniques for Analyzing Industries and Competitors*, Nueva York, Free Press, 1980, capítulo 2, en especial las pp. 35-39 y 44-46.

FIGURA 5.1 Las cinco estrategias competitivas genéricas

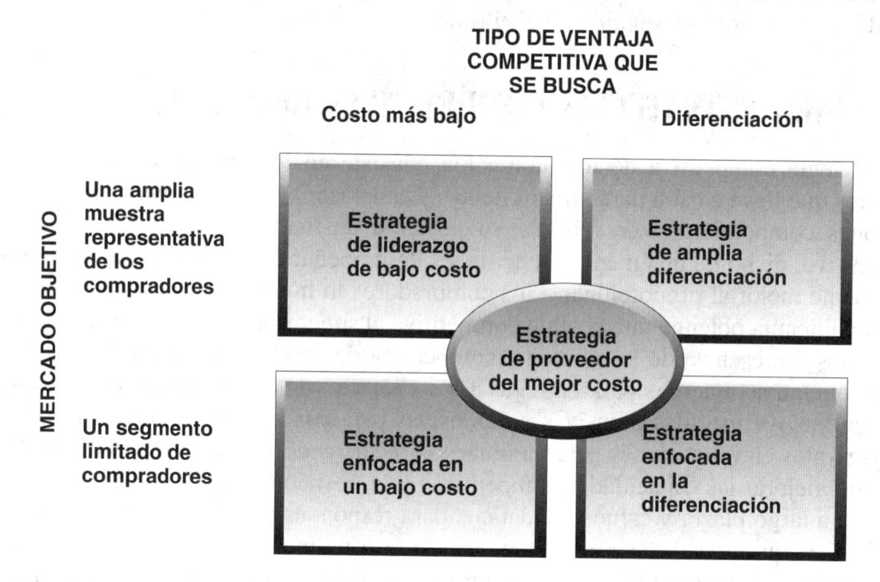

Fuente: Adaptada de Michael E. Porter, *Competitive Strategy*, Nueva York: Free Press, 1980, pp. 35-40.

5. *Una estrategia de enfoque o de nicho del mercado basada en la diferenciación.* Concentrarse en un segmento más limitado de compradores y superar la competencia ofreciendo a los miembros del nicho un producto o un servicio adecuados a sus necesidades, que satisfagan sus gustos y requerimientos mejor que las ofertas de los rivales.

Cada uno de estos cinco enfoques competitivos genéricos delimita una posición de mercado diferente, como se muestra en la figura 5.1. Cada uno implica enfoques diferentes de la competencia y la operación del negocio. La lista de la tabla 5-1 pone de relieve las características sobresalientes de estas cinco estrategias competitivas genéricas (en bien de la simplicidad, las dos clases de estrategias de enfoque se combinan bajo un rubro, puesto que sólo difieren fundamentalmente en una característica: la base de la ventaja competitiva).

Estrategias del proveedor de bajo costo

La base de la ventaja competitiva para un líder de bajo costo es tener costos generales más bajos que los competidores. Los líderes de bajo costo exitosos son excepcionalmente competentes para encontrar formas de impulsar los costos fuera de sus negocios.

La búsqueda por ser el proveedor de costo más bajo general de la industria es un poderoso enfoque competitivo en un mercado en el que los compradores son sensibles al precio. La meta es operar el negocio en forma eficiente en relación con el costo y establecer una ventaja de costo sostenible sobre los rivales. El objetivo estratégico de un proveedor de bajo costo es una *ventaja de costo en relación con los competidores*, no el costo más bajo que sea posible. Al aspirar a un liderazgo de bajo costo, los administradores deben tener cuidado de incluir las características y servicios que los compradores consideran esenciales; un producto demasiado llano y sin ningún extra debilita la competitividad en vez de reforzarla. Además, es muy importante lograr la ventaja de costo en formas que sus rivales encuentren difíciles de copiar o igualar. El valor de una ventaja de costo depende de su sostenibilidad. Si los rivales encuentran que es relativamente fácil y/o económico imitar los métodos de bajo costo del líder, entonces la ventaja tiene una vida tan corta que no llega a ser valiosa.

TABLA 5.1 Características distintivas de las estrategias competitivas genéricas

Tipo de característica	Liderazgo de bajo costo	Diferenciación amplia	Proveedor del mejor costo	Enfoque de bajo costo y enfoque de diferenciación
Objetivo estratégico	• Una amplia muestra representativa del mercado.	• Una amplia muestra representativa del mercado.	• Compradores conscientes del valor.	• Un nicho limitado del mercado, en donde las necesidades y preferencias del comprador son distintivamente diferentes de las del resto del mercado.
Base de la ventaja competitiva	• Costos más bajos que los de los competidores.	• La capacidad de ofrecer a los compradores algo diferente de lo que ofrecen los competidores.	• Proporcionar a los compradores más valor por su dinero.	• Un costo más bajo al servir al nicho (enfoque de bajo costo) o una capacidad de ofrecer a los compradores del nicho algo ajustado a sus requerimientos y gustos (enfoque de diferenciación).
Línea de productos	• Un buen producto básico con menos extras (calidad aceptable y selección limitada).	• Muchas variaciones del producto, amplia selección, destacan de manera importante las características de diferenciación seleccionadas.	• Atributos de buenos a excelentes y de varias a muchas características superiores.	• Adecuados a las necesidades especializadas del segmento objetivo.
Énfasis en la producción	• Una búsqueda continua de reducciones del costo, sin sacrificar una calidad aceptable y las características esenciales.	• Inventar formas de crear un valor para los compradores; luchar por la superioridad del producto.	• Incluir características y atributos superiores a un bajo costo.	• Adecuados al nicho.
Énfasis en la mercadotecnia	• Tratar de convertir en una virtud las características que conducen a un bajo costo.	• Incluir cualesquiera características por las que están dispuestos a pagar los clientes. • Cobrar un precio adicional para cubrir los costos extra de las características de diferenciación.	• Determinar un precio inferior al de las marcas de los rivales con características comparables.	• Comunicar las características únicas de quien hace el enfoque para satisfacer los requerimientos especializados del comprador.
Mantenimiento de la estrategia	• Precio económico/buen valor. • Todos los elementos de la estrategia están orientados a contribuir con una ventaja de costo sostenible; la clave es administrar los costos para que se mantengan bajos, año tras año, en cada área del negocio.	• Comunicar los puntos de diferencia en formas creíbles. • Hacer hincapié en un mejoramiento y una innovación constantes, con el fin de mantenerse a la delantera de los competidores que tratan de imitar. • Concentrarse en algunas características clave de la diferenciación; informar acerca de ellas para desarrollar una reputación y una imagen de la marca.	• Una experiencia única en la administración para mantener los costos bajos y, de manera simultánea, mejorar el producto/servicio.	• Seguir totalmente dedicado a servir al nicho mejor que otros competidores; no perjudicar la imagen y los esfuerzos de la empresa ingresando en segmentos con requerimientos sustancialmente diferentes del comprador o añadiendo otras categorías de productos para mejorar el atractivo para el mercado.

Un líder de bajo costo tiene dos opciones para lograr un desempeño superior de utilidades. La primera es utilizar la ventaja del bajo costo para determinar un precio menor que el de los competidores y atraer a los compradores sensibles al precio, en un número suficiente para incrementar las utilidades totales.[4] La segunda es abstenerse por completo de una reducción de precios, limitarse a la participación de mercado actual y utilizar la ventaja del bajo costo para lograr un margen de utilidad más elevado sobre cada unidad vendida, aumentando así las utilidades totales de la empresa y la ganancia total sobre la inversión.

La Cápsula ilustrativa 14 describe la estrategia de ACX Technologies para lograr un liderazgo de bajo costo en las latas de aluminio.

Cómo descubrir una ventaja de costo. Para lograr esto, los costos acumulativos de una empresa, a todo lo largo de la cadena de valor, deben ser más bajos que los costos acumulativos de los competidores. Hay dos formas de conseguirlo:[5]

- Hacer un trabajo mejor que los rivales en el desempeño de las actividades internas de la cadena de valor y en la administración de los factores que impulsan los costos de dichas actividades.
- Reformar la cadena de valor de la empresa para permitir que algunas actividades que generan costos sean eliminadas totalmente.

Veamos cada una de estas dos posibilidades.

Control de los impulsores del costo La posición de costo de una empresa es el resultado de la conducta de los costos en cada actividad de la cadena de valor total. Puede intervenir cualquiera de nueve impulsores del costo diferentes para determinar los costos de una compañía en una actividad particular de la cadena de valor:[6]

1. *Economías o deseconomías de escala.* Los costos de una actividad particular de la cadena de valor a menudo están sujetos a economías o deseconomías de escala. Las economías de escala se originan siempre que las actividades se pueden desempeñar en una forma menos onerosa en mayores volúmenes y debido a la capacidad de distribuir ciertos costos, como investigación, desarrollo y publicidad, entre un volumen mayor de ventas. La administración inteligente de estas actividades sujetas a economías o deseconomías de escala puede ser una fuente importante de ahorro en los costos. Por ejemplo, por lo común se pueden lograr economías de fabricación simplificando la línea del producto, programando corridas de producción más largas para un menor número de modelos y utilizando partes y componentes comunes en diferentes modelos. En las industrias globales, la fabricación de productos separados para el mercado de cada país, en vez de vender un producto estándar a nivel mundial, tiende a aumentar los costos por unidad, debido al tiempo perdido en la adecuación para cada modelo, a las corridas de producción más cortas y a la incapacidad de llegar a una escala de producción más económica para el modelo de cada país. Las economías o deseconomías de escala también se originan en la forma en la cual una compañía administra sus ventas y actividades de marketing. Una fuerza de ventas geográficamente organizada puede

---

[4] El truco para lograr una determinación de precios más baja para los rivales es mantener la magnitud de la reducción del precio menor que la magnitud de la ventaja de costo de la empresa (y por consiguiente, cosechar los beneficios tanto de un mayor margen de utilidad por unidad vendida como las utilidades adicionales sobre las ventas incrementales), o bien generar el suficiente volumen adicional para incrementar las utilidades totales, a pesar de los márgenes de utilidad más escasos (un volumen mayor puede compensar los márgenes más reducidos, siempre y cuando las reducciones del precio produzcan suficientes ventas extra).

[5] Michael E. Porter, *Competitive Advantage*, Nueva York, Free Press, 1985, p. 97.

[6] La lista y las explicaciones se condensaron de Porter, *Competitive Advantage*, pp. 70-107.

CÁPSULA ILUSTRATIVA 14 La estrategia de ACX Technologies para convertirse en un productor de bajo costo de latas de aluminio

ACX Technologies empezó como una idea de William Coors, director ejecutivo de la compañía cervecera Adolph Coors, para reciclar un mayor número de latas usadas. Las operaciones típicas de fabricación de latas de aluminio implicaban la producción de láminas gruesas de aluminio en una fundidora, utilizando mineral de bauxita combinado con un 50 por ciento de desperdicio de aluminio, incluyendo latas usadas; las láminas de aluminio se transferían a una laminadora para lograr el grosor requerido. Después se moldeaban mediante un estampado de lámina de aluminio delgado en una lata sin costura, con la parte superior abierta para ser llenadas.

La idea de Coors era producir la lámina de aluminio utilizando 95 por ciento de latas recicladas. Empezó por comprar los derechos de la tecnología que su compañía había ayudado a desarrollar en Europa; ésta empleaba hornos eléctricos de costo más bajo para fundir directamente el desperdicio de aluminio, evitando el proceso de fundición que requería una considerable inversión de capital y grandes volúmenes de producción para ser competitivo. Después, Coors construyó una planta en Colorado, que podía triturar y fundir las latas usadas y vaciar el aluminio caliente en un moldeador continuo, con el fin de hacer que la lámina de aluminio fuera adecuada para las cubiertas y lengüetas de las latas que son utilizadas para las bebidas. Se requirieron varios años para desarrollar aleaciones con los atributos deseados y refinar el proceso; originalmente, Coors pensaba que eso se podría lograr en menos de dos años.

A mediados del año 1991, Coors anunció que construiría una nueva fábrica en Texas, con un costo de 200 millones de dólares, para fabricar la lámina de aluminio de la parte principal de la lata, el producto con las especificaciones más rigurosas, pero también el empleo principal número uno para el aluminio en Estados Unidos. Se esperaba que la producción se iniciara para mediados de 1992, pero los problemas y demoras pronto postergaron la fecha para el otoño de 1993. Las ventajas de costo bajo de la nueva lata se originaron en varios factores:

- Una menor inversión de capital.
- La utilización de 95 por ciento de latas de aluminio recicladas como materia básica, lo que redujo los costos de materia prima en una proporción de 10 a 15.
- Menores requerimientos de electricidad; la tecnología del arco eléctrico utilizaba sólo alrededor de una quinta parte de la electricidad requerida por la tecnología de la fundidora de bauxita.
- Tarifas eléctricas comparativamente más bajas en la ubicación en Texas.
- Costos reducidos de mano de obra en comparación con la tecnología de fundición de bauxita.

En general, se esperaba que los costos de producción fueran entre 20 y 30 por ciento más bajos que los de los productores de latas de aluminio que utilizaban la lámina producida tradicionalmente, dependiendo de los precios de mercado prevalecientes para la lámina de aluminio y su desperdicio. Además, la fábrica tenía mayor flexibilidad que los productores tradicionales para variar sus aleaciones, con el fin de satisfacer las diferentes especificaciones de los clientes.

Mientras tanto, en diciembre de 1992, durante la construcción de la planta en Texas, Coors decidió escindir todas las operaciones de latas de aluminio (junto con una operación de papel para empaques que fabricaba cajas de polietileno patentadas con gráficas metálicas de elevada calidad; algunos ejemplos son las cajas de Cascade y las barras de jabón Lever 2000; una unidad de cerámica que fabricaba materiales para aplicaciones de alta tecnología, y varios negocios experimentales) y formar una nueva compañía de propiedad pública, llamada ACX Technologies. En 1992, la nueva compañía tuvo ingresos de 570 millones de dólares, de los cuales alrededor de 28 por ciento fue por ventas a Coors. El desglose de los ingresos en 1992 fue como sigue: aluminio para latas, 37 por ciento; materiales de cerámica, 32 por ciento, y negocios experimentales, 14 por ciento (incluyendo molinos de maíz húmedo, biotecnología, artículos electrónicos para la protección personal y polímeros biodegradables).

En el verano de 1993, la planta de Texas estaba empezando a operar y los fabricantes de latas probaron la calidad de su lámina de aluminio. Coors fue la primera en calificar la producción de ACX como apropiada para su empleo; a finales de 1993, otros cuatro usuarios calificaban lo adecuado de la producción de la planta para sus productos. ACX esperaba que la planta enviara cerca de 50 millones de libras de aluminio para finales de 1993 y 100 millones o más en 1994, a medida que los nuevos clientes hicieran sus pedidos. Los analistas creían que ACX, debido a su ventaja de costo, podría aumentar su volumen anual a una cantidad entre 1 000 y 1 500 millones de libras en 10 años, a medida que perfeccionara el proceso y obtuviera la aceptación, gracias a su calidad.

Las acciones de la compañía se emitieron a un precio de 10.75 dólares en diciembre de 1992, cuando empezó a cotizar en la bolsa de valores. Durante los primeros 20 días, el precio aumentó a 21.75 dólares. Más adelante, en 1993, se cotizaban a un precio de 46 dólares, en mayo de 1994 se cotizaron entre 30 y 40 dólares.

Fuentes: Basada en la información publicada por The Robinson-Humphrey Company y en Marc Charlier, "ACX Strives to Become Aluminum's Low-Cost Producer", en *The Wall Street Journal*, 29 de septiembre de 1993, p. B2.

realizar economías a medida que aumenta el volumen de ventas regionales, debido a que un vendedor puede lograr pedidos mayores en cada visita de ventas y/o debido a la reducción en el tiempo del recorrido entre cada visita; por otra parte, una fuerza de ventas organizada por línea de productos puede tropezar con deseconomías si los vendedores pasan mucho tiempo en su recorrido para visitar a clientes localizados a grandes distancias unos de otros. El mejoramiento de la participación de mercado regional o local puede disminuir los costos de ventas y mercadotecnia por unidad, mientras que si se opta por una participación nacional mayor, ingresando en nuevas regiones, eso puede crear deseconomías de escala, a menos y hasta que la penetración en el mercado llegue a proporciones eficientes.

2. *Efectos de las curvas del aprendizaje y de la experiencia.* El costo de desempeño de una actividad puede disminuir a lo largo del tiempo, debido a las economías de experiencia y aprendizaje. El ahorro de costo basado en la experiencia puede provenir de mucho más que el solo aprendizaje del personal acerca de cómo desempeñar sus tareas de una manera más eficiente y de la depuración de las nuevas tecnologías. Otras fuentes valiosas de las economías de aprendizaje/experiencia incluyen las formas de mejorar la disposición de la planta y los flujos de trabajo, modificar los diseños del producto para mejorar la eficiencia de fabricación, rediseñar la maquinaria y el equipo para lograr una mayor velocidad de operación y adecuar según las necesidades las partes y los componentes para modernizar el ensamble. El aprendizaje también puede reducir el costo de construcción y operación de nuevas sucursales de menudeo, plantas e instalaciones de distribución. Además, hay algunos beneficios del aprendizaje cuando se obtienen muestras de los productos rivales y los ingenieros de diseño que estudian cómo están hechos, comparando las actividades de la compañía con el desempeño aquellas que son similares en otras compañías y entrevistando a proveedores, consultores y ex empleados de las empresas rivales para aprovechar sus conocimientos. El aprendizaje tiende a variar con el cuidado que dedica la administración al aprovechamiento de los beneficios de la experiencia, tanto de la empresa como de las personas ajenas a ella. Los administradores astutos hacen un esfuerzo consciente no sólo para aprovechar los beneficios del aprendizaje, sino también para lograr que esos beneficios se patenten, construyendo o modificando el equipo interno de producción, tratando de retener a los empleados bien informados (con el fin de reducir el riesgo de que emigren a las empresas rivales), limitando la difusión de la información del ahorro de costos por medio de publicaciones para los empleados que puedan caer en manos de los rivales e incluyendo cláusulas estrictas que prohíben la divulgación en los contratos de empleo.

3. *El costo de las entradas de recursos clave.* El costo de desempeñar las actividades de la cadena de valor depende en parte de lo que debe pagar una empresa por las entradas de recursos clave. No todos los competidores incurren en los mismos costos por los artículos comprados a los proveedores, o los recursos utilizados en el desempeño de las actividades de la cadena de valor. Lo adecuado de la administración de los costos para adquirir los insumos a menudo es un importante impulsor de aquéllos. Los costos de los insumos son una función de tres factores:

- *Mano de obra sindicalizada* versus *no sindicalizada*. A menudo, una clave para la fabricación de bajo costo es evitar el empleo de trabajadores sindicalizados, no sólo para eludir el pago de salarios elevados (porque algunos prominentes fabricantes de costo bajo, como Nucor y Cooper Tire son famosos por sus sistemas de compensación por incentivos, que permiten que sus trabajadores no sindicalizados ganen más que los compañeros sindicalizados en compañías rivales), sino más bien para escapar de las reglas del trabajo sindicalizado que sofocan la productividad.
- *Poder de negociación respecto de los proveedores.* Muchas empresas grandes (Wal-Mart, Home Depot y los principales fabricantes de vehículos automotores del mundo) han utilizado la influencia de su poder de negociación comprando grandes volúmenes, con el fin de lograr que sus proveedores les den buenos

precios. Las diferencias en el poder de compra entre rivales pueden ser una fuente importante de ventaja o desventaja de costo.

- *Variables en la ubicación.* Las ubicaciones difieren en sus niveles de salarios, las tasas de impuestos, los costos de energía, envíos de entradas y salidas y costos de fletes, etcétera. Es posible que existan oportunidades para reducir los costos reubicando las plantas, las oficinas de campo, los almacenes y las operaciones en la oficina matriz.

4. *Vínculos con otras actividades en la cadena de valor de la compañía o la industria.* Cuando el costo de una actividad resulta afectado por la forma en la cual se desempeñan otras, los costos se pueden reducir asegurándose que las actividades vinculadas se desempeñen de una manera cooperativa y coordinada. Por ejemplo, cuando los costos de control de calidad o los del inventario de materiales de una compañía están vinculados con las actividades de los proveedores, se pueden reducir trabajando en colaboración con los proveedores clave en el diseño de partes y componentes, procedimientos que aseguren la calidad, entrega justo a tiempo y suministro integrado de materiales. Los costos del desarrollo de un nuevo producto a menudo se pueden reducir haciendo que las fuerzas de trabajo interfuncionales (tal vez incluyendo a representantes de los proveedores y de los clientes clave) trabajen conjuntamente en investigación y desarrollo, diseño del producto, planes de fabricación y lanzamiento al mercado. Los vínculos con los canales de salida tienden a centrarse en la ubicación de los almacenes, el manejo de materiales, los envíos de salida y el empaque (por ejemplo, los fabricantes de clavos aprendieron que aquellos entregados en variedades previamente empacadas de una, cinco y diez libras, en vez de cajas de 100 libras, podían reducir los costos de mano de obra de un distribuidor de artículos de ferretería cuando entrega los pedidos individuales de los clientes). La lección aquí es que la coordinación efectiva de las actividades vinculadas ofrece un potencial para la reducción de los costos.

5. *Compartir las oportunidades con otras unidades organizacionales o de negocios dentro de la empresa.* A menudo, diferentes líneas de productos o unidades de negocios dentro de una empresa pueden compartir los mismos sistemas de procesamiento de pedidos y facturación, utilizar una fuerza de ventas común para llegar a los clientes, compartir el almacén y las instalaciones de distribución o confiar en un servicio al cliente y en un equipo de apoyo técnico comunes. Esa combinación de actividades similares y el hecho de compartir recursos entre unidades hermanas puede generar considerables ahorros de costo. Al compartir éstos es posible lograr economías de escala, abreviar la curva del aprendizaje para dominar una nueva tecnología y/o promover una utilización mayor de la capacidad. Además, los conocimientos prácticos adquiridos en una división o en un área geográfica se pueden utilizar para ayudar a disminuir los costos en otra; el hecho de compartir los conocimientos a lo largo de las líneas organizacionales tiene un considerable potencial de ahorro de costos cuando las actividades son similares y los conocimientos se transfieren fácilmente de una unidad a otra.

6. *Los beneficios de la integración vertical en comparación con el empleo de fuentes externas.* La integración total o parcial hacia las actividades, ya sea de los proveedores o de los aliados en el canal de salida, puede permitir que una empresa evite a los proveedores o compradores debido a su poder de negociación. La integración vertical hacia adelante o hacia atrás también tiene un potencial si la fusión o la estrecha coordinación de actividades adyacentes en la cadena de valor de la industria ofrecen ahorros de costo significativos. Por otra parte, en ocasiones resulta más económico recurrir a fuentes externas para ciertas funciones y actividades y ponerlas en manos de especialistas externos que, en virtud de su experiencia y volumen, pueden desempeñar la actividad o la función en una forma más económica.

7. *Las consideraciones al elegir el momento oportuno, asociadas con las ventajas y desventajas de quien da el primer paso.* En ocasiones, la primera marca importante en el mercado puede establecer y mantener su nombre a un costo más bajo que las marcas que aparecen más tarde; el hecho de ser quien da el primer paso resulta más económico que ser el último. En ocasiones, por ejemplo cuando la tecnología se desarrolla rápidamente, los últimos compradores pueden beneficiarse si esperan para instalar un equipo de la segunda o tercera generación que es a la vez más económico y más eficiente; los usuarios de la primera generación a menudo incurren en costos adicionales asociados con la depuración y el aprendizaje de utilizar una tecnología inmadura e imperfecta. De la misma manera, las compañías que son seguidoras en los esfuerzos de desarrollo de nuevos productos, en vez de ir a la vanguardia, en ocasiones evitan muchos de los costos en los cuales incurrieron los pioneros en el desempeño de una actividad de investigación y desarrollo que abre la brecha y en la apertura de nuevos mercados.

8. *El porcentaje de utilización de la capacidad.* La utilización de la capacidad es un importante impulsor del costo para las actividades de la cadena de valor que tienen considerables costos fijos asociados. Los índices más elevados de utilización de la capacidad permiten que la depreciación y otros costos fijos se distribuyan entre un mayor número de unidades, lo que consecuentemente baja los costos fijos por unidad. Mientras mayores sean los requerimientos de capital del negocio y/o más elevado sea el porcentaje de los costos fijos como porcentaje de los costos totales, más importante se vuelve este impulsor del costo, debido a que existe una severa penalidad por la utilización menor de la capacidad existente. En tales casos, si se encuentran formas de operar cercanas a la máxima capacidad sobre una base anual, eso puede ser una fuente importante en la ventaja de costo.[7]

9. *Elecciones estratégicas y decisiones de operación.* Los costos de una compañía se pueden impulsar hacia arriba o hacia abajo debido a una variedad bastante amplia de decisiones administrativas:

- Incrementar/reducir el número de productos o variedades ofrecidos.
- Añadir/eliminar los servicios proporcionados a los compradores.
- Incorporar más/menos características de desempeño y calidad en el producto.
- Pagar salarios y beneficios más elevados/más bajos a los empleados en relación con los rivales y con las empresas de otras industrias.
- Aumentar/disminuir el número de los diferentes canales de salida utilizados en la distribución del producto de la empresa.
- Extender/abreviar los tiempos de entrega a los clientes.
- Dar más/menos énfasis que los rivales al empleo de incentivos de compensación para motivar a los empleados y mejorar la productividad de los trabajadores.
- Aumentar/disminuir las especificaciones para los productos comprados.

Los administradores decididos a lograr la posición de líder de costo más bajo deben desarrollar una profunda comprensión de la forma en la cual los nueve factores anteriores impulsan los costos de cada actividad en la cadena de valor. Después, no sólo deben emplear sus conocimientos para reducir los costos de cada actividad en la que se pueden identificar los ahorros, sino que lo deben hacer con el ingenio y el compromiso suficientes, de manera que la compañía acabe por tener una ventaja de costo sostenible sobre sus rivales.

La superación del desempeño de los rivales en el control de los factores que impulsan los costos es un ejercicio administrativo muy exigente.

[7] Una empresa puede mejorar la utilización de su capacidad: *a*) sirviendo a una combinación de cuentas con volúmenes pico a todo lo largo del año; *b*) encontrando usos fuera de temporada para sus productos; *c*) sirviendo a clientes privados que pueden utilizar en forma intermitente el exceso de capacidad; *d*) seleccionando compradores con demandas estables o aquellas que son opuestas al ciclo normal de pico/valle; *e*) dejando que los competidores sirvan a los segmentos de compradores cuyas demandas fluctúan más, y *f*) compartiendo su capacidad con unidades hermanas que tienen diferentes patrones de producción de temporada (producir vehículos automotores para viajar sobre la nieve para la temporada de invierno y esquíes jet para los deportes acuáticos durante el verano).

Renovación de la estructura de la cadena de valor Es posible que surjan considerables ventajas de costo si se encuentran formas innovadoras de reestructurar los procesos y las tareas, de reducir los extras y de proporcionar lo básico en una forma más económica. Las principales formas en las cuales las compañías pueden lograr una ventaja de costo mediante una reconfiguración de sus cadenas de valor incluyen:

- Simplificar el diseño del producto (utilizando técnicas de diseño por computadora, reduciendo el número de partes, estandarizando los componentes en todos los modelos y estilos y cambiando a un diseño del producto cuya fabricación sea sencilla).
- Eliminar los extras y ofrecer únicamente un producto básico, suprimiendo así las actividades y los costos de múltiples características y opciones.
- Cambiar por un proceso tecnológico más sencillo, que requiera menos capital o más moderno y flexible (diseño y fabricación computarizados, sistemas de fabricación que favorezcan tanto la eficiencia de costo bajo como el ajuste del producto según las necesidades).
- Encontrar las formas de eliminar el empleo de materia prima o de componentes de costo elevado.
- Utilizar las ventas directas al usuario final y enfoques de mercadotecnia que reduzcan los costos y márgenes a menudo considerables de mayoristas y minoristas (los costos y los márgenes en las porciones de mayoreo y menudeo de la cadena de valor a menudo representan el 50 por ciento del precio pagado por los consumidores finales).
- Reubicar las instalaciones más cerca de los proveedores, de los clientes o de ambos, para reducir los costos de entrada y salida.
- Olvidarse del enfoque de "algo para todos" y concentrarse en un producto/servicio limitado para satisfacer una necesidad especial, pero importante, del comprador que es el objetivo, eliminando así las actividades y los costos de numerosas versiones del producto.
- Una reingeniería de los procesos de negocios fundamentales para consolidar los pasos de fabricación y eliminar las actividades de bajo valor agregado (muchos proveedores de costo bajo son expertos en operar con poco personal corporativo y gastos generales corporativos excepcionalmente bajos).
- Utilizar tecnologías de comunicaciones electrónicas para eliminar el papeleo (sistemas de facturación y transferencia electrónica de fondos que no utilizan papel), reducir los costos de impresión y copiado, agilizar las comunicaciones por medio del correo electrónico, reducir los gastos de viajes por medio de teleconferencias, distribuir información a través de las redes internas de la compañía y establecer relaciones con los clientes utilizando sitios y páginas web en la Red —las compañías de todo el mundo están utilizando estas tecnologías para reestructurar su forma de hacer negocios. Ford Motor's ha adoptado en forma entusiasta las videoconferencias y las tecnologías de diseño y fabricación computarizadas; su nuevo "automóvil global", que se vende como el Contour en Estados Unidos, fue desarrollado por un equipo de diseñadores en ubicaciones Ford en todo el mundo, quienes utilizaban una red de computadoras en línea para compartir ideas, crear los diseños reales, integrarlos a los diseños de los componentes y partes (chasis, motor, transmisión, carrocería e instrumentación) y fabricar y someter a prueba los prototipos por medio de simulaciones en la computadora. Internet se está convirtiendo rápidamente en un canal atractivo para la venta al menudeo de nuevos productos de *software* (al bajar directamente el nuevo *software*, se eliminan los costos de producir y empacar discos y después enviarlos y distribuirlos a todo lo largo de los canales de mayoreo y menudeo).

En ocasiones, las compañías pueden lograr impresionantes ventajas de costo creando nuevos sistemas en la cadena de valor o reestructurando las existentes y eliminando las actividades que producen un costo y que ofrecen escaso valor al cliente. Por ejemplo, tanto Hallmark como American Greetings venden un *software* para CD-ROM que permite que los clientes seleccionen o diseñen electrónicamente una tarjeta, mecanografíen el nombre y la dirección del destinatario y hagan *clic* en un icono de "pedido"; a partir de ese momento, los técnicos de computadoras de la compañía se hacen cargo de todo, imprimiendo y enviando la tarjeta para que llegue por correo regular o electrónico en la fecha apropiada. Quienes adquieren las tarjetas, si así lo desean, pueden elegir todas las que quieran enviar durante un año y recibir una confirmación de la compañía de que la tarjeta apropiada ya va en camino. Esas cadenas de valor electrónicas pueden alterar de una manera radical la forma en la cual se diseñan, producen, distribuyen, venden y entregan las tarjetas conmemorativas.

Dell Computer renovó la cadena de valor en la fabricación y venta de PC's, por lo que se convirtió en una pionera en la industria. Mientras que la mayoría de los fabricantes de PC's producen sus modelos en volumen y los venden por medio de comerciantes y distribuidores independientes, Dell los distribuye directamente a los clientes, fabricando sus PC's a medida que éstos las piden y enviándolas directamente en el transcurso de pocos días después de recibir el pedido. El enfoque de Dell a la cadena de valor ha demostrado ser efectivo en relación con el costo para enfrentar el breve ciclo de vida del producto en la industria de las PC's (en el transcurso de algunos meses aparecen nuevos modelos equipados con chips más rápidos y con nuevas características). La estrategia de Dell para fabricar sobre pedido le permite evitar la posibilidad de juzgar mal la demanda de sus diversos modelos y verse abrumada por componentes que muy pronto serán obsoletos y con grandes inventarios de bienes; su estrategia de venta directa elimina los costos y márgenes en la cadena de valor de los comerciantes y distribuidores (aun cuando algunos de esos costos se equilibran con el costo para Dell de las actividades de marketing directas y de apoyo al cliente, funciones que de otra manera desempeñarían los comerciantes y distribuidores). En 1996, los envíos de PC's de Dell aumentaron 58 por ciento en comparación con un crecimiento de 30 por ciento para Compaq Cumputer, líder en la industria, y de 15 por ciento para la industria total. En varias industrias se están haciendo esfuerzos por reestructurar la cadena de valor, con el fin de eliminar las ineficacias y los costos de llevar los bienes y servicios desde el productor hasta los usuarios finales. La Cápsula ilustrativa 15 proporciona ejemplos adicionales de las ventajas de costo en la reestructuración de la cadena de valor.

Las claves para el éxito con el logro de un liderazgo de bajo costo Los administradores decididos a seguir una estrategia de proveedor de bajo costo deben hacer un escrutinio de cada actividad que crea un costo y determinar qué es lo que lo genera. Después, deben emplear sus conocimientos acerca de los impulsores del costo para administrar en sentido descendente los costos de cada actividad. También deben ser proactivos en la reestructuración de la cadena de valor, en los procesos de reingeniería del negocio y en la eliminación de los pasos del trabajo que no son esenciales; algunas compañías han logrado reducir los costos de las actividades de reingeniería de un 30 a un 70 por ciento, en comparación con el 5 a 10 por ciento logrado con modificaciones y ajustes creativos.

Los proveedores de bajo costo exitosos por lo común logran su ventaja buscando ahorros en forma exhaustiva a todo lo largo de la cadena de valor. Se exploran todas las avenidas para reducir los costos y no se pasa por alto ningún área que tenga potencial; el éxito de los fabricantes japoneses se debe en gran parte a su persistente búsqueda de reducciones de costo continuas en todos los aspectos de sus operaciones. Por lo común, los productores de bajo costo tienen culturas corporativas conscientes del costo, que se caracterizan por una amplia participación de los empleados en los esfuerzos de control, por esfuerzos constantes para comparar los costos con quienes tienen mejor desempeño en una actividad, por un escrutinio intensivo de los gastos de operación y las demandas

CÁPSULA ILUSTRATIVA 15 Cómo ganar una ventaja de costo por medio de la reestructuración de la cadena de valor: Iowa Beef Packers, FedEx, Southwest Airlines y los empresarios de Internet

Iowa Beef Packers, FedEx y Southwest Airlines han logrado poderosas posiciones competitivas mediante la reestructuración de las cadenas de valor tradicionales en sus industrias.

En el empaque de carnes, la cadena de costo tradicional implicaba la cría de ganado en granjas y ranchos dispersos, el envío de los animales vivos a plantas de matadero sindicalizadas y que requieren una mano de obra intensiva y después el transporte de las reses en canal a los minoristas, cuyos departamentos de carnicería las cortaban en trozos más pequeños que eran empacados para su venta en las pequeñas carnicerías. Iowa Beef Packers reformó la cadena tradicional con una estrategia radicalmente diferente; se construyeron grandes plantas automatizadas que emplean a trabajadores no sindicalizados cerca de los suministros de ganado económicamente transportable y después la carne se corta en la planta de procesamiento en trozos más pequeños de alto rendimiento (en ocasiones en envolturas de plástico selladas, listos para su compra), se guardan en cajas y se envían a los minoristas. Los gastos de la transportación de entrada del ganado de IBP, que tradicionalmente representaba un costo importante, se redujeron de manera significativa al evitar las pérdidas de peso que ocurrían cuando los animales vivos se enviaban a grandes distancias; los principales costos del envío de salida se redujeron al no tener que enviar las reses en canal, con su elevado factor de desperdicio. La estrategia de Iowa Beef tuvo tanto éxito que se convirtió en la empacadora de carne más grande de Estados Unidos, sobrepasando a los antiguos líderes de la industria: Swift, Wilson y Armour.

FedEx redefinió de una manera innovadora la cadena de valor para la entrega rápida de pequeños paquetes. Las empresas tradicionales como Emery y Airborne Express operaban recogiendo paquetes de carga de diversos tamaños, enviándolos a sus puntos de destino por medio de aerolíneas comerciales y después los entregaban al destinatario. Federal Express optó por abarcar únicamente el mercado de entrega urgente de paquetes pequeños y documentos. Éstos se recogían en los puntos de recepción locales durante las últimas horas de la tarde y se enviaban en aviones propiedad de la compañía durante las primeras horas de la noche a un centro en Memphis, en donde todas las noches, de las 11.00 p.m. a las 3.00 a.m., los paquetes eran separados para volverse a cargar en los aviones de la compañía, que volaban durante las primeras horas de la mañana hacia sus puntos de destino, en donde el personal los entregaba a la mañana siguiente utilizando camiones de la compañía. La estructura de costo lograda por FedEx es lo bastante baja como para garantizar la entrega de la noche a la mañana de un paquete pequeño en cualquier parte de Estados Unidos, a un precio tan bajo como 13 dólares.

Southwest Airlines ha ajustado su cadena de valor según las necesidades, para ofrecer un servicio conveniente y de costo bajo a los pasajeros. Ha dominado los cambios en las salas de espera (15 minutos, en comparación con 45 minutos de los rivales); debido a que los tiempos de cambio más breves permiten que los aviones vuelen más horas por día, Southwest puede programar un mayor número de vuelos diarios con menos aviones. Southwest no ofrece comidas durante los vuelos, asientos asignados, transporte del equipaje a las aerolíneas de conexión, ni asientos y servicios de primera clase, eliminando así todas las actividades que producen costos asociados con estas características. El boletaje automatizado en sus mostradores anima a los clientes a prescindir de los agentes de viajes (lo que permite el ahorro de pago de comisiones y los costos de mantener un sistema computarizado de reservaciones en línea, fácilmente disponible para todos los agentes de viajes) y también reduce la necesidad de gran número de éstos. Los rivales de Southwest, que ofrecen un servicio completo, tienen costos más elevados porque deben desempeñar todas las actividades asociadas con servicio de alimentos, asientos reservados, clases de servicio superiores, verificación de equipaje en vuelos de conexión y sistemas de reservaciones computarizados.

En la actualidad los empresarios de Internet están al frente de una revolución en las cadenas de valor para proporcionar servicios de correo tradicionales, proporcionar toda clase de información a los negocios y los hogares, celebrar entrevistas por medio de cámaras y computadoras mientras los asistentes se encuentran sentados frente a los escritorios de sus oficinas, proporcionar servicios telefónicos de larga distancia a través de Internet, comprar bienes y servicios, cotizar acciones, etcétera. Están empleando "cadenas de valor virtuales" y explotando las nuevas economías de hacer negocios en el *espacio* del mercado de World Wide Web y en los servicios comerciales en línea. Las páginas de la red se están convirtiendo rápidamente en salas de exposición de menudeo y en un nuevo canal de menudeo, en donde las transacciones de negocios se pueden llevar a cabo con más rapidez y en una forma mejor y menos costosa que en el mundo físico del mercado. El cambio al correo electrónico, el fax y la transferencia electrónica de fondos (que utiliza cadenas de valor digitales o virtuales) está minando el negocio del Servicio Postal en Estados Unidos (que estima que 25 por ciento de sus ingresos está en peligro).

Fuente: Basada en la información de Michael E. Porter, *Competitive Advantage*, Nueva York, Free Press, 1985, p. 109, y de Jeffrey F. Rayport y John J. Sviokla, "Exploiting the Virtual Value Chain", en *Harvard Business Review* 73, núm. 6, noviembre-diciembre de 1995, pp. 75-85.

del presupuesto, por programas para promover el mejoramiento continuo del costo, por ventajas y refinamientos limitados para los ejecutivos y por instalaciones adecuadas, pero no lujosas.

Aun cuando los proveedores de bajo costo son defensores de la frugalidad, por lo común son agresivos en su inversión en recursos y capacidades que prometen impulsar los costos fuera del negocio. Por ejemplo, Wal-Mart emplea una avanzada tecnología en todas sus operaciones; sus instalaciones de distribución son un escaparate automatizado, utiliza sistema de computadoras en línea para solicitar los bienes a los proveedores y administrar los inventarios, sus tiendas están equipadas con sistemas perfeccionados de seguimiento de las ventas y verificación, y opera un sistema de comunicaciones a través de un satélite privado, que envía diariamente los datos del punto de venta a 4 000 vendedores.

Las compañías que emplean estrategias de liderazgo de bajo costo incluyen a Lincoln Electric en equipo de soldadura de arco, Briggs and Straton en motores de gasolina pequeños, BIC en bolígrafos, Black & Decker en herramienta eléctrica, Stride Rite en calzado, Beaird-Poulan en sierras de cadena, Ford en camiones de equipo pesado, General Electric en los principales electrodomésticos, Toys-R-Us en menudeo de descuento y Southwest Airline en viajes en aerolíneas comerciales.

Las defensas competitivas del liderazgo de bajo costo El hecho de ser el proveedor de bajo costo en una industria proporciona algunas defensas atractivas contra las cinco fuerzas competitivas.

- Al enfrentarse a los retos de los *competidores rivales*, la compañía de bajo costo se encuentra en la mejor posición para competir sobre la base del precio, para utilizar el atractivo del más bajo con el fin de apropiarse de las ventas (y de la posición de mercado) de los rivales, para seguir siendo rentable en vista de la poderosa competencia y para sobrevivir a la guerra de precios y ganar utilidades superiores al promedio (basándose en mayores márgenes de utilidad o en un mayor volumen de ventas). El bajo costo es una poderosa defensa en los mercados en donde muchos compradores son sensibles al precio y en donde prospera la competencia.
- Al defenderse del poder de los *compradores*, los bajos costos proporcionan a la compañía una protección parcial del margen de utilidad, debido a que los clientes poderosos muy rara vez pueden negociar una reducción del precio más allá del nivel de supervivencia del siguiente vendedor más eficiente en lo que concierne al costo.
- Al combatir la palanca de negociación de los *proveedores*, el productor de bajo costo está más aislado que sus competidores de los proveedores poderosos si la principal fuente de su ventaja de costo es una mayor eficiencia interna. (Un proveedor de bajo costo cuya ventaja se debe a que puede comprar componentes a precios favorables a proveedores externos, podría ser vulnerable a las acciones de los proveedores poderosos.)
- En lo que concierne a los *competidores potenciales*, el líder de bajo costo puede utilizar la reducción de precios para hacer que a un nuevo rival le resulte difícil atraer a los clientes; el poder de la determinación del precio del proveedor de bajo costo actúa como una barrera para los nuevos integrantes.
- Al competir con *sustitutos*, un líder de bajo costo está mejor posicionado para utilizar el precio bajo como una defensa contra las compañías que tratan de hacer incursiones en el mercado con un producto o un servicio sustitutos.

La habilidad de una compañía de bajo costo para determinar el precio base de la industria y todavía obtener una utilidad erige barreras de protección alrededor de su posición de mercado. En cualquier momento en que la competencia de precios se convierte en una fuerza importante en el mercado, los rivales menos eficientes son los más agobiados. Las empresas en una posición de bajo costo en relación con sus rivales tienen una ventaja competitiva al venderles con una baja utilidad a los compradores sensibles al precio.

Un líder de bajo costo está en la mejor posición para ganar el negocio de los compradores sensibles al precio, determinar la base en el precio del mercado y todavía obtener una utilidad.

Cuándo funciona mejor una estrategia de proveedor de bajo costo Una estrategia competitiva basada en un liderazgo de bajo costo es particularmente poderosa cuando

1. La competencia de precios entre los vendedores rivales es especialmente intensa.
2. El producto de la industria se encuentra estandarizado o es un bien fácilmente disponible con un sinnúmero de vendedores (condición que permite que los compradores busquen el mejor precio).
3. Existen pocas maneras de lograr una diferenciación del producto que tenga un valor para los compradores (dicho de otra manera, las diferencias entre las marcas no les importan mucho a los compradores), lo que hace que éstos sean muy sensibles a las diferencias de precios.
4. La mayoría de los compradores utilizan el producto en la misma forma, con los requerimientos comunes del usuario, un producto estandarizado puede satisfacer sus necesidades. En este caso, el precio de venta bajo, no las características o la calidad, se convierte en el factor dominante para que los compradores elijan el producto de un vendedor.
5. Los compradores incurren en un cambio de costos bajos al preferir un vendedor por otro, lo que les proporciona la flexibilidad para optar por vendedores de precio más bajo que tienen productos igualmente buenos.
6. Los compradores son importantes y tienen un poder de negociación significativo para reducir los precios.

En los mercados donde los rivales compiten principalmente en el precio, el costo bajo en relación con los competidores es la única ventaja competitiva que importa.

Como norma, mientras más sensibles al precio son los compradores y más inclinados se sienten a fundamentar sus decisiones de compra en el vendedor que ofrece el mejor precio, más atractiva se vuelve una estrategia de bajo costo.

Los peligros latentes de una estrategia de proveedor de bajo costo Sin embargo, tal vez el mayor peligro de una estrategia de proveedor de bajo costo es dejarse llevar por una reducción de precios demasiado agresiva y obtener una utilidad baja, en vez de una más elevada. Una ventaja de bajo costo/bajo precio resulta en una rentabilidad superior sólo si: 1) los precios se reducen menos que el volumen de la ventaja de costo o 2) las ganancias adicionales en las ventas por unidad son lo bastante grandes como para producir una mayor utilidad total, a pesar de los márgenes bajos por unidad vendida; ¡una compañía con una ventaja de costo de 5 por ciento no puede bajar sus precios 20 por ciento, acabar con una ganancia por volumen de sólo 10 por ciento y todavía esperar obtener utilidades más elevadas!

Un segundo peligro es no hacer hincapié en las vías de la ventaja de costo que se pueden mantener patentadas o que relegan a los rivales a la necesidad de ponerse a la par. El valor de una ventaja de costo depende de su sostenibilidad. Ésta, a su vez, depende de que la compañía logre su ventaja de costo en formas que a sus rivales les resulta difícil copiar o igualar.

Un tercer peligro es la obsesión por la reducción del costo. El costo bajo no se puede buscar de una manera tan entusiasta, al grado de que la oferta de una empresa acabe por ser demasiado espartana, sin que posea ningún extra que genere un atractivo para el comprador. Además, una compañía que presiona demasiado para bajar sus costos debe tener cuidado de no interpretar en forma errónea o ignorar los cambios sutiles, pero significativos, del mercado, como el creciente interés del comprador por características o servicios adicionales, la disminución de la sensibilidad del comprador

La oferta de un productor de bajo costo siempre debe incluir los atributos suficientes para que resulte atractiva a los compradores potenciales.

al precio o los nuevos desarrollos que alteran la forma en la cual los compradores utilizan el producto. Un fanático del bajo costo se arriesga a quedarse atrás si los compradores optan por una calidad mejorada, características de desempeño innovadoras, servicio más rápido y otras características de diferenciación.

Incluso si se evitan estos errores, un enfoque competitivo de bajo costo todavía implica cierto riesgo. Los adelantos tecnológicos pueden abrir posibilidades de reducciones de costo para los rivales, que anulen las pasadas inversiones de un líder de bajo costo y sus ganancias en la eficiencia, obtenidas con un gran esfuerzo. Las considerables inversiones en la reducción del costo pueden encerrar a una empresa tanto en su tecnología como en su estrategia actuales, dejándola vulnerable a las nuevas tecnologías y al interés del cliente en algo más que no sea un precio más bajo.

Estrategias de diferenciación

La esencia de una estrategia de diferenciación es ser sostenible y única en formas que sean valiosas para los clientes.

Las estrategias de diferenciación son un enfoque de competencia atractivo cuando las preferencias del comprador son demasiado diversas para que sean satisfechas totalmente por un producto estandarizado, o cuando los requerimientos del comprador son demasiado diversos para ser satisfechos por los vendedores con capacidades idénticas. Para tener éxito con una estrategia de diferenciación, una compañía debe estudiar con sumo cuidado las necesidades y la conducta de los compradores, con el fin de saber qué es lo que consideran importante, qué es lo que piensan que tiene un valor agregado y cuánto están dispuestos a pagar por eso. Después, la compañía debe incluir los atributos deseados seleccionados por el comprador que determinan la viabilidad de su oferta y la distinguen de los rivales, o bien, desarrollar capacidades *únicas* para cumplir con los requerimientos del comprador. La ventaja competitiva resulta una vez que un número suficiente de compradores se apega a los atributos, las características o las capacidades diferenciadas. Mientras más poderoso es para el comprador el atractivo de la oferta diferenciada, más vinculados se sienten los *clientes* con la compañía y más poderosa es la ventaja competitiva resultante.

La diferenciación exitosa permite que una empresa

- Exija un precio extra por su producto y/o
- Incremente las ventas por unidad (debido a que las características de diferenciación atraen a compradores adicionales) y/o
- Se gane la lealtad del cliente a su marca (debido a que algunos compradores se sienten atraídos por las características de diferenciación y vinculados con la compañía y sus productos).

La diferenciación incrementa la rentabilidad siempre que el precio extra que impone el producto supera los costos adicionales de lograr la diferenciación. Las estrategias de diferenciación de una compañía fracasan cuando los compradores no valoran las características únicas de la marca lo suficiente como para comprarla, en vez de adquirir la marca de un rival, y/o cuando los rivales pueden copiar o igualar fácilmente el enfoque de una compañía a la diferenciación.

Tipos de diferenciación Las compañías pueden buscar una diferenciación desde muchos ángulos; un sabor único (Dr Pepper y Listerine), un sinnúmero de características (America Online), un servicio confiable (FedEx en su entrega de paquetería urgente), disponibilidad de refacciones (Caterpillar garantiza una entrega de refacciones en 48 horas a cualquier cliente en cualquier parte del mundo, o de lo contrario la refacción se proporciona en forma gratuita), más por el mismo precio (McDonald's y Wal-Mart), diseño de ingeniería y desempeño (Mercedes en automóviles), prestigio y distinción

(Rolex en relojes), confiabilidad del producto (Johnson & Johnson en productos para bebé), fabricación de calidad (Karastan en alfombras y Honda en automóviles), liderazgo tecnológico (3M Corporation en productos adhesivos y revestimientos), una gama completa de servicios (Merrill Lynch), una línea completa de productos (Campbell's Soup) y una imagen y reputación superiores (Gucci, Ralph Lauren y Channel en moda y accesorios, Ritz-Carlton en hoteles y Mont Blanc y Cross en instrumentos para escribir).

Las características de diferenciación que son fáciles de imitar no pueden producir una ventaja competitiva sostenible.

Los enfoques más atractivos para la diferenciación son aquellos que a los rivales les resulta difícil o costoso imitar. De hecho, los competidores ingeniosos en ocasiones pueden reproducir casi cualquier producto, característica o atributo; si American Airlines crea un programa para viajeros frecuentes, Delta puede hacer lo mismo; si Ford ofrece una garantía de 30 000 millas para los amortiguadores de sus nuevos automóviles, también lo pueden hacer Chrysler y Nissan. Ésta es la razón por la cual la diferenciación *sostenible* por lo común debe estar vinculada con capacidades internas, competencias centrales y capacidades únicas. Cuando una compañía tiene competencias y capacidades que no pueden igualar fácilmente los competidores y cuando su experiencia puede ser utilizada para el desempeño de actividades en la cadena de valor en donde exista un potencial de diferenciación, entonces tiene un poderoso fundamento para una diferenciación sostenible. Como regla, la diferenciación proporciona una ventaja competitiva más duradera y rentable cuando se encuentra basada en la innovación de un producto, en la superioridad técnica, en la calidad y la confiabilidad del producto y en un amplio servicio al cliente. Los compradores perciben estos atributos como algo que tiene un valor; además, las competencias y las capacidades competitivas requeridas para producirlos tienden a ser más difíciles de imitar para que los rivales superen su rentabilidad.

En dónde crear los atributos de diferenciación a lo largo de la cadena de valor La diferenciación no es algo que sea idea de los departamentos de mercadotecnia y publicidad, ni se limita a los comodines de calidad y servicio. La diferenciación trata de comprender qué es lo que valora el cliente, en qué parte de la cadena de valor se deben crear los atributos y cuáles son los recursos y habilidades necesarios para producir las características únicas de la marca. Las posibilidades para una diferenciación existen virtualmente en todas las actividades a lo largo de la cadena de valor de una industria, más comúnmente en:

1. *Las actividades de compra y adquisición* que en última instancia afectan el desempeño o la calidad del producto final de la compañía. (McDonald's obtiene calificaciones altas en sus papas fritas a la francesa, en parte debido a que tiene especificaciones muy estrictas acerca de las papas que compra a los proveedores.)
2. *Las actividades de investigación y desarrollo del producto* orientadas a mejorar los diseños y características de desempeño del producto, a empleos finales y aplicaciones más amplios, a tiempos de espera más cortos en el desarrollo de nuevos modelos, a victorias más frecuentes por ser el primero en el mercado, a una variedad más extensa de productos y una seguridad adicional para el usuario, a una mayor capacidad de reciclado o a una protección ambiental mejorada.
3. *Las actividades relacionadas con la investigación y el desarrollo de la producción y con la tecnología* que permiten la fabricación conforme a los pedidos del cliente a un costo eficaz, que hacen que los métodos de producción sean más seguros en lo que concierne al ambiente o que mejoran la calidad, confiabilidad y apariencia del producto. (Los fabricantes de vehículos han desarrollado sistemas de fabricación flexibles que permiten que se fabriquen diferentes modelos en la misma línea de ensamble y que se les equipe con diversas opciones a medida que salen de la línea de ensamble.)
4. *Las actividades de fabricación* que reducen los defectos del producto impiden una falla prematura, prolongan la vida del producto, permiten mejores coberturas de la

garantía, mejoran la economía de uso, lo que resulta en una mayor conveniencia para el usuario final, o mejoran la apariencia del producto. (La ventaja de calidad que han logrado los fabricantes de vehículos japoneses se debe en parte a su competencia distintiva en el desempeño de las actividades en la línea de ensamble.)

5. *Las actividades de logística de salida y distribución* que permiten una entrega más rápida, una toma de pedidos más precisa y menos existencias agotadas en el almacén y en los anaqueles.
6. *Las actividades de mercadotecnia, ventas y servicio al cliente* que pueden dar como resultado una ayuda técnica superior a los compradores, servicios de mantenimiento y reparación más rápidos, más y mejor información sobre el producto, más y mejores instructivos para el usuario final, mejores condiciones de crédito, un procesamiento más rápido de los pedidos, visitas de venta más frecuentes o una mayor comodidad para el cliente.

Los administradores necesitan comprender a fondo las opciones de diferenciación que crean un valor y las actividades que impulsan las características distintas para idear una estrategia de diferenciación sólida y evaluar sus enfoques.[8]

El logro de una ventaja competitiva basada en la diferenciación La piedra angular de una estrategia de diferenciación exitosa es crear un valor para el comprador en formas que no puedan igualar los rivales. Hay cuatro enfoques con base en la diferenciación para la creación de un valor para el comprador. El primero es incluir atributos del producto y características del usuario que reducen los costos generales del comprador cuando adquiere el producto de la compañía; la Cápsula ilustrativa 16 presenta una lista de las opciones para lograr que el producto de una compañía sea más económico. Un segundo enfoque es incluir características que aumenten el desempeño para el comprador; la Cápsula ilustrativa 17 contiene las vías para la diferenciación que mejoran el desempeño del producto y el valor para el comprador.

La base de un diferenciador para lograr una ventaja competitiva es una oferta de producto/servicio cuyos atributos difieren en forma significativa de los productos de los rivales, o bien un conjunto de capacidades para ofrecer un valor al cliente, que no pueden igualar los competidores.

Un tercer enfoque es incluir características que incrementen la satisfacción del cliente en formas no económicas o intangibles El nuevo diseño del neumático Aquatread de Goodyear atrae a los automovilistas preocupados por la seguridad, que piensan en lo resbaladizo de las carreteras en época de lluvia. La campaña de Wal-Mart para ofrecer productos "hechos en Estados Unidos" atrae a los clientes preocupados por la pérdida de trabajos en ese país debido a los fabricantes extranjeros. Rolls-Royce, Tiffany's y Gucci tienen ventajas competitivas vinculadas con los deseos de los compradores de posición social, imagen, prestigio, moda, elegancia, acabado superior y todas las cosas buenas de la vida. L. L. Bean hace que sus clientes de pedidos por correo se sientan seguros en sus compras al ofrecer una garantía incondicional, sin límite de tiempo: "Garantizamos que todos nuestros productos proporcionarán un 100 por ciento de satisfacción en todos sentidos. Nos puede devolver cualquier artículo que nos haya comprado, en cualquier momento, si no lo deja satisfecho. Lo reemplazaremos, le reembolsaremos el precio de su compra, o lo acreditaremos a su tarjeta de crédito, según lo desee."

Un cuarto enfoque es competir sobre la base de las capacidades, entregar un valor a los clientes por medio de capacidades competitivas que los rivales no pueden igualar o que carecen de los medios para hacerlo.[9] *El reto del diseño de la estrategia es*

---

[8] Porter, *Competitive Advantage*, p. 124.

[9] Para una exposición más detallada, véase George Stalk, Philip Evans y Lawrence E. Schulman, "Competing on Capabilities: The New Rules of Corporate Strategy", en *Harvard Business Review* 70, núm. 2, marzo-abril de 1992, pp. 57-69.

CÁPSULA ILUSTRATIVA 16 Características de diferenciación que reducen los costos del comprador

Una compañía no necesita recurrir a reducciones del precio para lograr que a un comprador le resulte más económico adquirir su producto. Una alternativa es incluir en el paquete de producto/servicio de la compañía características y atributos que

- Reduzcan el desperdicio para el comprador y el de materia prima. Ejemplo de una característica de diferenciación: componentes cortados a la medida.
- Disminuyan los costos de mano de obra del comprador (menos tiempo, menos capacitación, menores requerimientos de capacidad). Ejemplos de características de diferenciación: ensamble a presión, reemplazo modular de componentes gastados.
- Reduzcan el tiempo de inactividad o el tiempo pasivo del comprador. Ejemplos de características de diferenciación: mayor confiabilidad del producto, disponibilidad de refacciones o necesidades de mantenimiento menos frecuentes.
- Reduzcan los costos de inventario del comprador. Ejemplo de una característica de diferenciación: entrega justo a tiempo.
- Disminuyan los costos del control de contaminación o los de eliminación de desperdicios del comprador. Ejemplo de una característica de diferenciación: recoger el desperdicio para su empleo en el reciclado.
- Mejoren los costos de obtención y procesamiento de pedidos del comprador. Ejemplo de una característica de diferenciación: procedimientos de pedidos y facturación computarizados en línea.
- Aminoren los costos de mantenimiento y reparación del comprador. Ejemplo de una característica de diferenciación: confiabilidad superior del producto.
- Disminuyan los costos de instalación, entrega o financiamiento del comprador. Ejemplo de una característica de diferenciación: pago a 90 días igual que en efectivo.
- Reduzcan la necesidad del comprador de otras entradas (energía, equipo de seguridad, personal de seguridad, personal de inspección, otras herramientas y maquinaria). Ejemplo de una característica de diferenciación: equipo de energía eficiente respecto al empleo de combustible.
- Incrementen el valor del trueque de modelos usados.
- Disminuyan los costos de reemplazo o reparación del comprador si el producto falla inesperadamente más adelante. Ejemplo de una característica de diferenciación: cobertura más prolongada de la garantía.
- Reduzcan la necesidad de personal técnico del comprador. Ejemplo de una característica de diferenciación: apoyo y ayuda técnicos gratuitos.
- Mejoren la eficiencia del proceso de producción del comprador. Ejemplos de características de diferenciación: velocidades de procesamiento más rápidas, mejor integración con el equipo auxiliar.

Fuente: Adaptada de Michael E. Porter, *Competitive Advantage*, Nueva York: Free Press, 1985, pp. 135-37.

seleccionar las capacidades de diferenciación que se deben desarrollar. La diferenciación exitosa impulsada por las capacidades empieza con una profunda comprensión de lo que necesitan los clientes y acaba con el desarrollo de las capacidades organizacionales para satisfacer esas necesidades mejor que los rivales. Los fabricantes de automóviles japoneses tienen la capacidad de llevar los nuevos modelos al mercado con mayor rapidez que los fabricantes de automóviles estadounidenses y europeos, lo que les permite satisfacer las preferencias cambiantes del cliente por un estilo de vehículo en vez de otro. CNN tiene la capacidad de cubrir los sucesos noticiosos con mayor rapidez y en una forma más completa que otras redes de noticias importantes. Microsoft, con sus tres sistemas de operación para PC's (DOS, Windows 95 y Windows NT), sus grandes equipos de proyecto con programadores talentosos y antiburocráticos que tienen éxito en el desarrollo de complejos productos y sistemas y con su comprensión y conocimientos de mercadotecnia, tiene mayores capacidades para diseñar, crear, distribuir, anunciar y vender una variedad de productos de *software* para aplicaciones en PC's, que cualquiera de sus rivales. Las capacidades de Microsoft son especialmente adecuadas para los mercados de ritmo rápido con ciclos de vida breves del producto y con una competencia centrada en torno al desarrollo de las características del producto.

CÁPSULA ILUSTRATIVA 17 Características de diferenciación que aumentan el desempeño

Para mejorar el desempeño que obtiene un comprador del empleo de su producto/servicio, una compañía puede incluir características y atributos que

- Ofrezcan a los compradores una mayor confiabilidad, durabilidad, conveniencia o facilidad de utilización.
- Hagan que el producto/servicio de la compañía sean más higiénicos, seguros, silenciosos o posean menos necesidades de mantenimiento que las marcas rivales.
- Excedan los estándares ambientales o reguladores.
- Satisfagan las necesidades y los requerimientos de los compradores de una manera más completa, en comparación con las ofertas de los competidores.
- Ofrezcan a los compradores la opción de añadir algo al producto o mejorarlo más adelante, a medida que lleguen al mercado nuevas versiones.
- Proporcionen a los compradores más flexibilidad para ajustar sus propios productos a las necesidades de sus clientes.
- Desempeñen un trabajo mejor para enfrentar el futuro crecimiento del comprador y los requerimientos de una expansión.

Fuente: Adaptada de Michael E. Porter, *Competitive Advantage*, Nueva York: Free Press, 1985, pp. 135-38.

Valor real, valor percibido y señales de valor Los compradores muy rara vez pagan por un valor que no perciben, no importa cuáles puedan ser los extras reales.[10] Por consiguiente, el precio adicional que impone una estrategia de diferenciación refleja *el valor real* entregado al comprador y *el valor percibido* por el comprador (incluso si no se entrega realmente). El valor real y el valor percibido difieren siempre que los compradores tienen un problema para evaluar su experiencia con el producto. El conocimiento incompleto de parte de los compradores a menudo hace que juzguen los valores basándose en *señales* tales como el precio (cuando éste connota la calidad), el empaque atractivo, las extensas campañas publicitarias (por ejemplo, lo conocido que resulta el producto), el contenido y la imagen del anuncio, la calidad de los folletos y presentaciones de ventas, las instalaciones del vendedor, la lista de clientes, la participación de mercado de la empresa, el tiempo que la empresa ha estado en el negocio y el profesionalismo, la apariencia y la personalidad de los empleados. Esas señales del valor pueden ser tan importantes como el valor real: 1) cuando la naturaleza de la diferenciación es subjetiva o difícil de cuantificar; 2) cuando los compradores hacen una compra por primera vez; 3) cuando la recompra es poco frecuente, y 4) cuando los compradores no son sofisticados.

Una empresa cuya estrategia de diferenciación sólo entrega un valor extra modesto, pero que lo señala con claridad, puede imponer un precio más elevado que una empresa que realmente entrega un valor más elevado pero señalado en forma deficiente.

Cómo controlar el costo de la diferenciación Una vez que los administradores de una compañía identifican el enfoque para la creación de un valor para el comprador y el establecimiento de una diferenciación basada en la ventaja competitiva tiene más sentido, dados la situación de la compañía y lo que hacen los rivales, deben desarrollar las capacidades e incorporar los atributos que crean un valor a un costo aceptable. La diferenciación por lo común origina costos. El truco para una diferenciación rentable es mantener los costos más abajo del precio extra que pueden imponer los atributos de la misma en el mercado (incrementando así el margen por unidad vendida), o bien compensar los márgenes de utilidad más bajos con el suficiente volumen adicional para incrementar las utilidades totales (mayores volúmenes pueden compensar márgenes

[10] Esta exposición se basa en Porter, *Competitive Advantage*, pp. 138-142. Aquí, los puntos de vista de Porter son particularmente importantes para la formulación de estrategias de diferenciación, debido a que ponen de relieve la pertinencia de los "intangibles" y las "señales".

más reducidos siempre y cuando la diferenciación añada suficientes ventas extra). Generalmente tiene sentido incluir características de diferenciación extra que no son costosas, pero que se suman a la satisfacción del cliente. FedEx instaló sistemas que permiten que los clientes hagan un seguimiento de los paquetes en tránsito si se conectan con el sitio de FedEx en World Wide Web y proporcionan su número de factura aérea; algunos hoteles y moteles ofrecen extras como cafeteras en las habitaciones, para comodidad de los huéspedes, o sirven un café de cortesía por la mañana en sus vestíbulos; muchas sucursales de McDonald's cuentan con áreas de juego para los niños.

Qué es lo que hace que una estrategia de diferenciación sea atractiva La diferenciación amortigua las estrategias de los rivales cuando da como resultado una creciente lealtad del cliente a la marca o al modelo de una compañía y una mayor disposición de pagar un poco más (¡tal vez mucho!) por eso. Además, la diferenciación exitosa: 1) erige barreras para el ingreso, en forma de lealtad del cliente y de características únicas que a los recién llegados les resulta difícil obtener; 2) disminuye el poder de negociación de los compradores, puesto que los productos de otros vendedores son menos atractivos, y 3) ayuda a la empresa a desviar la atención de los sustitutos que no tienen características o atributos comparables. Si la diferenciación permite que una compañía cobre un precio más elevado y tenga mayores márgenes de utilidad, se encuentra en una posición más sólida para oponerse a los esfuerzos de vendedores poderosos que desean lograr un precio más elevado para los artículos que proporcionan. Por consiguiente, lo mismo que en el caso del liderazgo del costo, la diferenciación exitosa crea líneas de defensa para enfrentarse a las cinco fuerzas competitivas.

En su mayor parte, las estrategias de diferenciación funcionan mejor en los mercados en donde: 1) hay muchas formas de diferenciar las ofertas de la compañía de las de los rivales y muchos compradores perciben que esas diferencias tienen un valor; 2) las necesidades del comprador y el empleo que le da al artículo o al servicio son diversos; 3) muy pocas empresas rivales siguen un enfoque de diferenciación similar, y 4) el cambio tecnológico es rápido y la competencia gira en torno a las características del producto.

Los peligros latentes de una estrategia de diferenciación Por supuesto, no hay ninguna garantía de que la diferenciación producirá una ventaja competitiva importante. Si los compradores perciben poco valor en los atributos y capacidades únicos en los cuales hace hincapié una compañía, entonces su estrategia de diferenciación tendrá una acogida "indiferente" en el mercado. Además, los intentos por diferenciar están condenados al fracaso si los competidores pueden imitar rápidamente la mayor parte o todos los atributos atractivos del producto. La imitación rápida significa que una empresa nunca logrará una diferenciación real, puesto que las marcas competidoras cambian en forma semejante cada vez que la compañía da un nuevo paso para distinguir su oferta de la de sus rivales. Por consiguiente, para crear una ventaja competitiva por medio de la diferenciación, la empresa debe buscar fuentes perdurables de singularidad que a los rivales les resulte difícil superar. Otros peligros y errores comunes en la búsqueda de una diferenciación incluyen:[11]

Cualquier elemento de la diferenciación que funciona bien tiende a atraer a los imitadores.

- Tratar de diferenciar con base en algo que no disminuye el costo del comprador ni mejora su bienestar, según lo percibe él mismo.
- Exagerar la diferenciación, de manera que el precio sea demasiado elevado en relación con los competidores o que la variedad de atributos de la diferenciación exceda las expectativas de los compradores.

[11] Porter, *Competitive Advantage*, pp. 160-162.

- Tratar de cobrar un precio demasiado elevado (mientras mayor es la diferencia de precio, más difícil es evitar que los compradores cambien a los competidores que ofrecen un precio más bajo).
- Ignorar la necesidad de promover el valor y depender únicamente de los atributos intrínsecos del producto para lograr la diferenciación.
- No comprender o identificar lo que los compradores consideran como un valor.

Una estrategia del productor de bajo costo puede derrotar a una estrategia de diferenciación cuando los compradores se sienten satisfechos con un producto básico y no creen que valga la pena pagar un precio más elevado por los atributos "extra".

La estrategia de ser un proveedor de mejor costo

Esta estrategia está orientada a proporcionar a los clientes *más valor por su dinero*. Combina un énfasis estratégico en el bajo costo con un énfasis estratégico en calidad, servicio, características y desempeño *algo más que mínimamente aceptables*. La idea es crear un valor superior tratando de satisfacer o superar las expectativas del comprador acerca de los atributos fundamentales de calidad, servicio, características y desempeño, y superando sus expectativas de precio. La meta es convertirse en el proveedor de bajo costo de un producto o un servicio con atributos de *buenos a excelentes* y después utilizar la ventaja de costo para superar el precio de las marcas con atributos comparables. Ese enfoque competitivo se califica como la *estrategia del proveedor del mejor costo* (el más bajo), debido a que el productor lo tiene, en relación con los productores cuyas marcas tienen atributos comparables de calidad, servicio, características y desempeño.

La ventaja competitiva de un proveedor del mejor costo proviene de igualar a los rivales cercanos en los aspectos de calidad, servicio, características y desempeño y de derrotarlos en el costo. Para convertirse en un proveedor de mejor costo, una compañía debe igualar la calidad y las características además de proporcionar a un costo más bajo que el de sus rivales, igualar el desempeño del producto a un costo más bajo y así sucesivamente. Lo que distingue a un proveedor de mejor costo exitoso es que tiene los recursos, conocimientos y capacidades para incluir atributos superiores del servicio o del producto a un costo más bajo. Los productores de mejor costo que tienen más éxito poseen competencias y capacidades para impulsar hacia abajo los costos por unidad y, de manera simultánea, mejorar el producto. (Véase la Cápsula ilustrativa 18.)

El enfoque competitivo más poderoso que puede buscar una compañía es luchar sin cesar para convertirse en el productor de costo cada vez más bajo de un producto de calidad cada vez más elevada y, a la larga, tratar de convertirse en el productor absoluto de costo más bajo de la industria y, en forma simultánea, en el del mejor producto de la industria en general.

Una estrategia de proveedor de mejor costo tiene un gran atractivo desde el punto de vista del posicionamiento competitivo. Produce un valor superior para el cliente, el equilibrar el énfasis estratégico en el bajo costo con el énfasis estratégico en la diferenciación. En efecto, es una estrategia *híbrida* que permite que una compañía combine la ventaja competitiva tanto del bajo costo como de la diferenciación, para entregar un valor superior al comprador. En los mercados en donde la diversidad de compradores hace que la diferenciación sea la norma, y en donde muchos compradores son sensibles al precio y al valor, una estrategia del productor de mejor costo puede resultar más ventajosa que una simple estrategia del productor de bajo costo o de diferenciación orientada a la superioridad del producto. Esto se debe a que el proveedor de mejor costo se puede posicionar cerca de la parte media del mercado, ya sea con un producto de mediana calidad a un precio inferior al promedio, o bien con un producto muy bueno a un precio medio. A menudo, la mayoría de los compradores prefieren un producto en una gama intermedia y no el económico básico de un productor de bajo costo o el costoso de una diferenciador superior.

CÁPSULA ILUSTRATIVA 18 Estrategia del productor del mejor costo para la línea Lexus de Toyota

Toyota Motor Co. está considerado como un productor de bajo costo entre los fabricantes de vehículos en todo el mundo. A pesar del énfasis en la calidad del producto, Toyota ha logrado un absoluto liderazgo de bajo costo debido a sus considerables capacidades en las técnicas de fabricación eficientes y a que sus modelos están posicionados en el extremo de bajo a medio del espectro de precios, en el que los elevados volúmenes de producción permiten bajos costos por unidad. Pero cuando Toyota decidió introducir sus nuevos modelos Lexus para competir en el mercado de automóviles de lujo, empleó una estrategia clásica del productor del mejor costo. La estrategia de Toyota tenía tres características:

- Transferir su experiencia en la fabricación de modelos de alta calidad y bajo costo a la fabricación de automóviles de lujo de calidad superior, con costos más bajos que los de otros fabricantes de automóviles de lujo, en especial Mercedes y BMW. Los ejecutivos de Toyota razonaron que las capacidades de fabricación de la empresa permitirían incluir características de desempeño de alta tecnología y una calidad superior en los modelos Lexus, a un costo menor que el de otros fabricantes de automóviles de lujo.
- Utilizar sus costos de fabricación relativamente más bajos para obligar a bajar los precios de Mercedes y BMW, que tenían modelos cuyos precios oscilaban en la escala de 40 000 a 75 000 dólares (y algunos a un precio todavía más alto). Toyota creía que con su ventaja de costo podría asignar un precio a los modelos Lexus atractivamente equipados en la escala de 38 000 a 42 000 dólares, atrayendo a los compradores sensibles al precio de Mercedes y BMW y tal vez induciendo a los propietarios de un Lincoln o un Cadillac, preocupados por la calidad, a cambiar por un Lexus.
- Establecer una nueva red de distribuidores Lexus, independientes de los distribuidores de Toyota, dedicados a proporcionar un nivel de servicio al cliente personalizado y atento, sin paralelo en la industria.

Asignaron a los modelos de la serie Lexus 400 un precio en la escala de 48 000 a 55 000 dólares y competían contra la serie 300/400E de Mercedes, la serie 535i/740 de BMW, el Infinity Q45, el Cadillac Seville, el Jaguar y el Lincoln Continental de Nissan. La serie de precio más bajo de Lexus 300, con un precio asignado en la escala de 30 000 a 38 000 dólares, competía contra el Cadillac Eldorado, el Acura Legend, el Infinity J30, el Buick Park Avenue, la serie Clase C de Mercedes, la serie 315 de BMW y la línea Aurora de Oldsmobile.

La estrategia del productor de mejor costo de Lexus tuvo tanto éxito que Mercedes introdujo una nueva serie Clase C, con un precio en la escala de 30 000 a 35 000 dólares, para volverse más competitivo. Los modelos Lexus LS 400 y Lexus SC 300/400 calificaron en primero y segundo lugares, respectivamente, en la popular encuesta de calidad de J.D. Power & Associates para los automóviles 1993; el modelo Lexus ES 330, a nivel de ingreso, calificó en octavo lugar.

Estrategias de enfoque o de nicho del mercado

Lo que distingue a las estrategias de enfoque de las de bajo costo o de diferenciación es la atención concentrada en una parte limitada del mercado total. Los objetivos del segmento o del nicho se pueden definir por sus características geográficas únicas, por los requerimientos especializados en la utilización del producto o por los atributos especiales del mismo que sólo atraen a los miembros del nicho. La meta de una estrategia de enfoque es desempeñar un trabajo eficaz para servir a los compradores en el nicho del mercado que es el objetivo en una forma mejor que los competidores. *La base de un enfoque para la ventaja competitiva es 1) costos más bajos que los de los competidores al servir al nicho del mercado o 2) la capacidad para ofrecer a los miembros del nicho algo que ellos consideran mejor*. Una estrategia de enfoque basada en el bajo costo depende de la existencia de un segmento del mercado cuyos requerimientos son menos costosos en comparación con el resto del mercado. Una estrategia de enfoque basada en la diferenciación depende de que haya un segmento de compradores que deseen o necesiten atributos especiales del producto o capacidades especiales de la compañía.

Algunos ejemplos de empresas que emplean alguna versión de una estrategia de enfoque incluyen a Netscape (especialista en *software* de *browsers* para World Wide Web), Porsche (especialista en automóviles deportivos), Cannondale (especialista en bicicletas para montaña de calidad superior), las aerolíneas de conexión como Horizon, Comair y Atlantic Southeast (especializadas en vuelos cortos de poco tráfico que unen a los principales aeropuertos con ciudades más pequeñas a una distancia de 100 a 250 millas), Jiffy Lube International (especialista en cambios rápidos de aceite, lubricación y mantenimiento sencillo para vehículos automotores) y Bandag (especialista en recubrimiento de neumáticos para camiones que promueve tales servicios en una forma agresiva en más de 1 000 estaciones de camiones). Las microcervecerías, las panaderías locales, las posadas que ofrecen alojamiento y desayuno y las boutiques de menudeo administradas por el propietario, empresas todas que han aumentado sus operaciones para servir a segmentos más limitados o a clientes locales. La Cápsula ilustrativa 19 describe la estrategia de enfoque en el bajo costo de Motel 6 y la estrategia de enfoque de diferenciación de Ritz-Carlton.

Las estrategias de enfoque en el bajo costo son bastante comunes. Los productores de bienes de marca propia pueden bajar los costos de desarrollo del producto, marketing, distribución y publicidad al concentrarse en la fabricación de artículos genéricos que imitan la mercancía de marca registrada y vender directamente a las cadenas de menudeo que desean una marca básica de la casa para venderla con descuento a los compradores sensibles al precio. Las casas de corretaje de acciones con descuento han bajado sus costos al enfocarse especialmente en clientes que están dispuestos a prescindir de la investigación previa a la inversión, la asesoría y los servicios financieros que ofrecen empresas de servicio completo como Merrill Lynch, a cambio de un 30 por ciento o más de ahorros en comisiones sobre sus transacciones de compra y venta. La búsqueda de una ventaja de costo mediante el enfoque funciona bien cuando una empresa puede bajar sus costos de una manera significativa, al concentrar sus energías y recursos en un segmento del mercado muy bien definido.

En el otro extremo del espectro del mercado, quienes utilizan el enfoque, como Godiva Chocolates, Chanel, Rolls-Royce, Häagen-Dazs y W.L. Gore (fabricante de Gore-Tex), emplean estrategias de diferenciación exitosas orientadas a los compradores de altos recursos. De hecho, la mayor parte de los mercados tienen un segmento de compradores dispuestos a pagar un considerable precio extra por los artículos más finos disponibles, abriendo así la ventana para que algunos competidores busquen estrategias de enfoque basadas en la diferenciación, orientadas a la parte superior del mercado. Otro diferenciador de éxito es un "minorista de alimentos de moda" llamado Trader Joe's, una cadena de 74 tiendas quc combina el servicio de platillos preparados para gastrónomos con el de almacén de alimentos.[12] Los clientes compran en Trader Joe's tanto por curiosidad como por buscar productos de abarrotes convencionales; la tienda tiene toda clase de delicias culinarias fuera de lo común, como salsa de frambuesa, hamburguesas de salmón y arroz frito en jazmín, así como los productos estándar que se encuentran normalmente en los supermercados. Lo que distingue a Trader Joe's no es sólo la combinación de novedades alimenticias y productos de abarrotes a un precio competitivo, sino la oportunidad que brinda para convertir un viaje de compras, por lo demás prosaico, en una extravagante búsqueda del tesoro.

Cuándo es atractivo el enfoque Una estrategia de enfoque basada en el bajo costo o en la diferenciación, se vuelve cada vez más atractiva a medida que se satisfacen las siguientes condiciones:

[12] Gary Hamel. "Strategy as Revolution", en *Harvard Business Review* 74, núm. 4, julio-agosto de 1996, p. 72.

CÁPSULA ILUSTRATIVA 19 Estrategias de enfoque en la industria de alojamiento; Motel 6 y Ritz-Carlton

Motel 6 y Ritz-Carlton compiten en los extremos opuestos de la industria de alojamiento. Motel 6 emplea una estrategia de enfoque orientada al bajo costo; Ritz-Carlton una estrategia de enfoque basada en la diferenciación.

Motel 6 atrae a los viajeros sensibles al precio que buscan un lugar limpio y sencillo para pasar la noche. Para ser un proveedor de bajo costo de alojamiento por una noche, Motel 6: 1) selecciona sitios relativamente económicos para la construcción de sus unidades, por lo común cerca de las salidas de las carreteras interestatales y en ubicaciones muy transitadas, pero lo bastante alejadas como para evitar el pago de precios elevados por la ubicación; 2) sólo construye las instalaciones básicas (sin restaurante ni bar y muy rara vez con piscina); 3) se basa en diseños arquitectónicos estándar que incluyen materiales económicos y técnicas de construcción de bajo costo, y 4) el mobiliario y la decoración de las habitaciones son sencillos. Sin restaurantes, bares y toda clase de servicios extras, una unidad de Motel 6 puede operarse simplemente con el personal de la recepción, personal para la limpieza de las habitaciones y mantenimiento básico del edificio y el terreno. Con el fin de promover el concepto de Motel 6 entre los viajeros que no tienen más requerimientos para pasar la noche, la cadena utiliza anuncios singulares y fáciles de reconocer que transmite por la radio, producidos por Tom Bodett, una personalidad muy conocida a nivel nacional; los anuncios describen la limpieza de las habitaciones de Motel 6, la ausencia de instalaciones extra, su ambiente amistoso y sus tarifas bajas y confiables (por lo común inferiores a 30 dólares por noche).

En contraste, el Ritz-Carlton atrae a los viajeros exigentes y a los vacacionistas dispuestos a pagar por el mejor alojamiento y un servicio personal de clase mundial. Los hoteles Ritz-Carlton ofrecen: 1) excelentes ubicaciones y un buen número de habitaciones con vistas panorámicas; 2) diseños arquitectónicos adecuados al lugar; 3) excelentes restaurantes con menús para gastrónomos preparados por chefs consumados; 4) vestíbulos y salones-bar decorados con elegancia; 5) piscinas, instalaciones deportivas y opciones para pasar el tiempo libre; 6) habitaciones de calidad superior; 7) una variedad de servicios para el huésped y opciones de distracción apropiadas para la ubicación, 8) numeroso personal formado profesionalmente y bien capacitado, que se esfuerza al máximo para que los clientes vivan una experiencia placentera.

Ambas compañías concentran su atención en un segmento limitado del mercado total. La base de la ventaja competitiva de Motel 6 es tener costos más bajos que los competidores para proporcionar un alojamiento básico y económico a los viajeros con un presupuesto limitado. La ventaja de Ritz-Carlton es su capacidad de proporcionar un alojamiento superior y un servicio personal sin paralelo a una clientela con recursos. Cada una puede tener éxito, a pesar de las estrategias opuestas, debido a que el mercado de alojamiento se compone de diversos segmentos con diversas preferencias y capacidades de pago.

- El nicho del mercado objetivo resulta lo bastante grande como para ser rentable.
- El nicho tiene un buen potencial de crecimiento.
- El nicho no es decisivo para el éxito de los principales competidores.
- La empresa que emplea el enfoque tiene las capacidades y los recursos necesarios para servir de una manera efectiva al nicho.
- Quien utiliza el enfoque se puede defender de quienes representan una amenaza, basándose en la lealtad del cliente y en su capacidad superior para servir a los compradores del nicho.

Las competencias y capacidades especializadas de una empresa que utiliza el enfoque para servir al nicho del mercado objetivo proporcionan una base para defenderse contra las cinco fuerzas competitivas. Los rivales de múltiples segmentos tal vez no tienen la capacidad para satisfacer las expectativas del cliente que es el objetivo de la empresa. El ingreso al segmento de una empresa enfocada se hace más difícil debido a sus capacidades únicas para servir al nicho del mercado; la barrera de tratar de igualar sus capacidades desalienta a los competidores potenciales. Las capacidades de la empresa enfocada para servir al nicho también son un obstáculo que deben superar los fabricantes de productos sustitutos. El mecanismo de negociación de los clientes poderosos pierde un poco su eficacia debido a su propia renuencia a cambiar su negocio a compañías rivales menos capaces para satisfacer sus expectativas.

El enfoque funciona mejor: 1) cuando a los competidores de segmentos múltiples les resulta costoso o difícil satisfacer las necesidades especializadas del nicho del mercado objetivo; 2) cuando ningún otro rival busca especializarse en el mismo segmento; 3) cuando una empresa no tiene los recursos ni las capacidades para tratar de obtener una parte mayor del mercado total, y 4) cuando la industria posee muchos nichos y segmentos diferentes, lo que permite que la empresa que utiliza el enfoque elija un nicho atractivo, adecuado a las fortalezas de sus recursos y capacidades.

El riesgo de una estrategia de enfoque El enfoque implica varios riesgos. Uno de ellos es la probabilidad de que los competidores encuentren formas efectivas de igualar a la empresa enfocada. Un segundo riesgo es que las preferencias y necesidades de los compradores del nicho cambian hacia los atributos del producto deseados por la mayoría. Una erosión de las diferencias entre los segmentos de compradores baja las barreras para el ingreso en el nicho de mercado de la empresa enfocada y proporciona a los rivales una invitación abierta para competir por sus clientes. Un tercer riesgo es que el segmento se vuelve tan atractivo que muy pronto se ve inundado de competidores, astillando así las utilidades del segmento.

ESTRATEGIAS DE INTEGRACIÓN VERTICAL Y VENTAJA COMPETITIVA

La integración vertical expande la esfera de acción competitiva de la empresa dentro de la misma industria. Implica la expansión de la gama de actividades de la empresa hacia atrás, a las fuentes de suministro, y/o hacia adelante, a los usuarios finales del producto acabado. Por consiguiente, si un fabricante invierte en instalaciones con el fin de producir ciertos componentes, en vez de comprarlos a proveedores externos, esencialmente permanece en la misma industria de antes. El único cambio es que posee unidades de negocios en dos etapas de producción en el sistema de la cadena de valor de la industria. De manera similar, si un fabricante de pinturas decide integrarse hacia adelante, abriendo 100 tiendas de menudeo para vender sus productos directamente a los consumidores, sigue en el negocio de pintura, aun cuando su esfera de acción competitiva se extiende hacia adelante en la cadena de la industria.

Las estrategias de integración vertical se pueden orientar a una *integración total* (participando en todas las etapas de la cadena de valor de la industria) o a una *integración parcial* (creando posiciones sólo en algunas etapas de la cadena de valor total). Una empresa puede lograr la integración vertical iniciando sus propias operaciones en otras etapas en la cadena de actividades de la industria o adquiriendo una compañía que ya está desempeñando las actividades que quiere incluir.

Las ventajas estratégicas de la integración vertical

La única buena razón para invertir los recursos de la compañía en una integración vertical es reforzar su posición competitiva.[13] A menos que la integración vertical produzca los suficientes ahorros de costo para justificar la inversión extra, o que ofrezca una ventaja competitiva basada en la diferenciación, no tiene una retribución real en lo que concierne a las utilidades o a la estrategia.

Integración hacia atrás La integración hacia atrás genera ahorros de costo cuando el volumen es lo bastante grande como para obtener las mismas economías de escala que

[13] Véase Kathryn R. Harrigan, "Matching Vertical Integration Strategies to Competitive Conditions", en *Strategic Management Journal*, núm. 6, noviembre-diciembre de 1986, pp. 535-556; para una exposición de las ventajas y desventajas de la integración vertical, véase John Stuckey y David White, "When and When *Not* to Vertically Integrate", en *Sloan Management Review*, primavera de 1993, pp. 71-83.

tienen los proveedores y cuando es posible igualar o exceder la eficiencia de producción de los proveedores sin detrimento de la calidad. El mejor potencial para lograr una reducción de costos por medio de la integración hacia atrás es posible cuando los proveedores tienen considerables márgenes de utilidad, cuando el artículo que se está proporcionando es un componente importante del costo y cuando es posible dominar las capacidades tecnológicas necesarias. La integración vertical hacia atrás puede producir una ventaja competitiva basada en la diferenciación cuando una compañía, al desempeñar internamente las actividades que antes desempeñaban fuentes externas, acaba con una oferta de un producto/servicio de mejor calidad, mejora su servicio al cliente, o de alguna otra manera mejora el desempeño de su producto final. En ocasiones, la integración hacia un mayor número de etapas a lo largo de la cadena de valor puede contribuir a las capacidades de diferenciación de una compañía, al permitir que desarrolle o refuerce sus competencias fundamentales, que domine mejor las capacidades clave o las estrategias decisivas para la tecnología, o al añadir características que ofrecen un mayor valor al cliente.

Una estrategia de integración vertical tiene atractivo* sólo *si refuerza de una manera significativa la posición competitiva de una empresa.

La integración hacia atrás también le puede evitar a una compañía la incertidumbre que implica depender de proveedores de componentes o servicios de apoyo decisivos y disminuir su vulnerabilidad ante los proveedores poderosos que aumentan los precios indiscriminadamente. La acumulación de existencias, los contratos de precio fijo, las fuentes externas múltiples, las asociaciones cooperativas a largo plazo o el empleo de entradas sustitutas, no siempre son formas atractivas para enfrentar condiciones inciertas de suministro, o proveedores económicamente poderosos. Las compañías que ocupan un lugar bajo en la lista de prioridades del proveedor pueden tener problemas con los envíos cada vez que escasean los suministros. Si esto ocurre a menudo y crea un caos en las actividades de producción y de relaciones con el cliente de la propia compañía, la integración hacia atrás puede ser una solución estratégica ventajosa.

Integración hacia adelante El ímpetu estratégico para la integración hacia adelante tiene casi las mismas raíces. En muchas industrias, los agentes de ventas independientes, los mayoristas y los minoristas manejan marcas competidoras del mismo producto. No tienen ninguna lealtad a la marca de alguna compañía y tienden a impulsar "lo que se vende bien" o lo que les da a ganar mayores utilidades. Los canales de ventas y distribución que no son confiables pueden dar origen a costosas acumulaciones de inventario y a una frecuente utilización inferior de la capacidad, lo que mina las economías de una producción constante y casi al nivel de la capacidad total. En tales casos, un fabricante puede encontrar que, desde el punto de vista competitivo, es ventajoso integrarse hacia adelante en el mayoreo y/o el menudeo, las redes de franquicias de distribuidores y/o una cadena de tiendas de menudeo, si pueden lograr índices más elevados de utilización de la capacidad o desarrollar una imagen más poderosa de la marca. También hay ocasiones en que la integración hacia adelante en la actividad de venta directa a los usuarios finales puede producir importantes ahorros de costo y permitir precios de venta más bajos, al eliminar muchos de los costos de los canales de mayoreo y menudeo.

En el caso de un productor de materia prima, la integración hacia adelante en la fabricación puede permitir una mayor diferenciación del producto y proporcionar una vía para superar la competencia orientada al precio de un negocio. A menudo, en las primeras fases de la cadena de valor de una industria, los bienes intermedios son productos en el sentido de que tienen esencialmente especificaciones técnicas idénticas, sin importar quién sea el productor (como sucede con el petróleo crudo, las aves de corral, la lámina de acero, el cemento y las fibras textiles). La competencia en los mercados de productos de materia prima por lo común es intensamente competitiva en lo que concierne al precio, y el cambio en la balanza entre la oferta y la demanda da origen a utilidades volátiles. Sin embargo, mientras más cerca están del consumidor final las actividades en la cadena, mayores son las oportunidades para que una empresa salga del ambiente competitivo como el de los productos y diferencie su producto final mediante el diseño, el servicio, las características de calidad, el empaque, la promoción, etcétera. La diferenciación del producto a menudo reduce la importancia del precio en comparación con otras actividades que crean un valor y mejoran los márgenes de utilidad.

Las desventajas estratégicas de la integración vertical

Sin embargo, la integración vertical tiene algunas desventajas considerables. Incrementa las inversiones de capital de una empresa en la industria, lo que aumenta el riesgo del negocio (¿qué sucede si la industria está en problemas?) y tal vez restringe los recursos financieros a otras actividades más importantes. Una empresa integrada verticalmente tiene intereses establecidos en la protección de sus inversiones actuales en tecnología y en instalaciones de producción. Debido a los elevados costos que implica abandonar dichas inversiones antes de que se desgasten, las empresas totalmente integradas tienden a adoptar las nuevas tecnologías con más lentitud que las empresas parcialmente integradas o no integradas. En segundo lugar, una integración hacia adelante o hacia atrás quizás dificulte las actividades de una empresa, ya que debe confiar en sus propios recursos y fuentes de suministro internos (que finalmente resultan más costosos que recurrir a fuentes externas), lo que puede resultar en una menor flexibilidad para ajustarse a la demanda del comprador de una mayor variedad de productos.

La gran desventaja de la integración vertical es que dificulta las actividades de una empresa dentro de la industria; a menos que la operación a lo largo de un mayor número de etapas en la cadena de valor cree una ventaja competitiva, es una medida estratégica cuestionable.

En tercer lugar, la integración vertical puede plantear el problema de equilibrar la capacidad en cada etapa de la cadena de valor. La escala de operación más eficiente en cada eslabón de actividad en la cadena puede variar considerablemente. La autosuficiencia en cada interacción es la excepción, no la regla. Cuando la capacidad interna no es suficiente para abastecer a la siguiente etapa, la diferencia se debe adquirir externamente. Cuando la capacidad interna es excesiva, resulta necesario encontrar clientes para el excedente. Y si se generan productos secundarios, es necesario deshacerse de ellos.

En cuarto lugar, la integración hacia adelante o hacia atrás a menudo requiere destrezas y capacidades de negocios radicalmente diferentes. La fabricación de partes y componentes, las operaciones de ensamble, la distribución de mayoreo y menudo son negocios diferentes, con distintos factores clave para el éxito. Los administradores de una compañía de fabricación deben considerar con sumo cuidado si tiene sentido, en el aspecto de los negocios, invertir tiempo y dinero en el desarrollo de conocimientos y capacidades de venta para integrarse hacia adelante en el mayoreo o el menudeo. Muchos fabricantes aprenden a su propia costa que el hecho de ser propietarios y operadores de redes de mayoreo y menudeo es causa de muchos dolores de cabeza, se ajusta mal a lo que hacen mejor y no siempre añade a su negocio la clase de valor que ellos deseaban. La integración hacia atrás en la fabricación de partes y componentes tampoco es tan sencilla ni tan rentable como a veces parece. Por ejemplo, los fabricantes de computadoras personales con frecuencia tienen problemas para obtener una entrega a tiempo de los últimos chips de semiconductores a precios favorables. Sin embargo, la mayoría de ellos no tiene los recursos ni las capacidades para integrarse hacia atrás en la fabricación de chips; el negocio de semiconductores es tecnológicamente complejo e implica considerables recursos de capital y un esfuerzo continuo de investigación y desarrollo, además el dominio del proceso de fabricación se lleva mucho tiempo.

En quinto lugar, la integración vertical hacia atrás en la producción de partes y componentes puede reducir la flexibilidad de fabricación de una compañía, prolongando el tiempo que se requiere para hacer el diseño y los cambios en el modelo y llevar los nuevos productos al mercado. Las compañías que alteran los diseños y los modelos con frecuencia, en respuesta a las preferencias cambiantes del comprador, a menudo encuentran que la integración vertical en la fabricación de partes y componentes es abrumadora, debido a los costos que generan los nuevos diseños y herramientas y al tiempo requerido para llevar a cabo cambios coordinados. Las partes y los componentes de fuentes externas a menudo son más económicos y menos complicados que si se fabricaran internamente, lo que permite que una compañía sea más ágil para adaptar sus ofertas de productos a las preferencias del comprador. Casi todos los fabricantes de automóviles del mundo, a pesar de su experiencia y conocimientos en la tecnología automotriz y en la fabricación, han concluido que están en mejor posición, desde el punto de vista de la calidad, el costo y la flexibilidad del diseño, si adquieren muchos de sus componentes y partes a especialistas en su fabricación que si ellos mismos tratan de abastecer sus necesidades.

Estrategias de desagrupación y fuentes externas En los años recientes, algunas compañías verticalmente integradas han encontrado que la operación en muchas etapas de la cadena de valor de la industria es tan abrumadora, que han adoptado estrategias de *desintegración vertical* (o desagrupación). La desintegración implica retirarse de ciertas etapas/actividades en el sistema de la cadena de valor y dejar a vendedores externos el suministro de los productos, los servicios de apoyo o las actividades funcionales necesarios. La decisión de recurrir a fuentes externas en los segmentos de la cadena de valor de las actividades que antes se desempeñaban internamente, tiene sentido desde el punto de vista estratégico cuando:

- Los especialistas externos pueden desempeñar una actividad en una forma mejor o más económica.
- La actividad no es decisiva para lograr una ventaja competitiva sostenible y no perjudica las competencias centrales de la empresa, sus capacidades o sus conocimientos técnicos. Se ha vuelto muy común recurrir a fuentes externas de mantenimiento, procesamiento de datos, contabilidad y otras actividades de apoyo administrativo, empleando compañías que se especializan en estos servicios.
- Reduce la exposición de la compañía al riesgo de los cambios en la tecnología y/o las preferencias cambiantes del comprador.
- Moderniza las operaciones de la compañía en formas que mejoran la flexibilidad organizacional, reducen los ciclos de tiempo, apresuran la toma de decisiones y reducen los costos de coordinación.
- Permite que una compañía se concentre en su negocio central.

A menudo es posible obtener muchas de las ventajas de la integración vertical y evitar sus desventajas forjando estrechas asociaciones de cooperación a largo plazo con los proveedores clave y aprovechando las habilidades que han desarrollado. En años pasados, las relaciones de muchas compañías con los proveedores se daban a una distancia prudente y la naturaleza de los artículos proporcionados se especificaba en contratos detallados a corto plazo.[14] Aun cuando una compañía podía contratar al mismo proveedor repetidas veces, no había ninguna expectativa de que eso sucediera; por lo común, el precio era el factor determinante para firmar contratos y las compañías maniobraban para tener cierto apalancamiento sobre los proveedores, con el fin de obtener los precios más bajos posibles. La amenaza de cambiar de proveedores era el arma principal. Para que esto fuera creíble, se preferían los contratos a corto plazo con múltiples proveedores, en vez de contratos a largo plazo con uno solo, con el fin de promover una intensa

[14] Robert H. Hayes, Gary P. Pisano y David M. Upton, *Strategic Operations: Competing Through Capabilities*, Nueva York, Free Press, pp. 419-422.

competencia entre ellos. Hoy día, esos enfoques se abandonan en favor de los tratos con un menor número de proveedores altamente capaces, a quienes se trata como *socios estratégicos* a largo plazo. Las relaciones de cooperación y las alianzas con proveedores clave están reemplazando a las contractuales y exclusivamente orientadas al precio. Hay un mayor esfuerzo combinado para coordinar las actividades relacionadas de la cadena de valor y desarrollar capacidades importantes mediante una estrecha colaboración.

Ponderación de los pros y los contras de la integración vertical

De manera que, en general, una estrategia de integración vertical puede tener tanto fortalezas como debilidades importantes. La dirección en la que se incline la balanza de la integración vertical depende de: 1) si puede mejorar el desempeño de las actividades decisivas para la estrategia en formas que disminuyan el costo o incrementen la diferenciación; 2) su efecto sobre los costos de inversión, la flexibilidad y los tiempos de respuesta, y los gastos administrativos generales asociados con la coordinación de las operaciones a lo largo de un mayor número de etapas, y 3) si crea una ventaja competitiva. El aspecto de la integración vertical depende de las habilidades y actividades de la cadena de valor que es necesario desempeñar internamente con el fin de que una compañía tenga éxito y las que se pueden delegar sin ningún riesgo en proveedores externos. En ausencia de beneficios reales, no es probable que la integración vertical sea una opción atractiva de la estrategia competitiva.

ESTRATEGIAS DE COOPERACIÓN Y VENTAJA COMPETITIVA

Muchas compañías han empezado a formar alianzas estratégicas y relaciones de cooperación con otras para complementar sus propias iniciativas estratégicas y reforzar su competitividad en los mercados domésticos e internacionales. Las alianzas estratégicas son convenios de cooperación entre empresas, que van más allá de los tratos normales entre una compañía y otra, pero que no llegan a ser una fusión o una sociedad total ni tienen vínculos de propiedad.[15] Las alianzas y/o los convenios de cooperación pueden implicar esfuerzos de investigación conjuntos, compartir la tecnología, la utilización de las mismas instalaciones de producción, la venta de los productos del aliado o una unión de fuerzas para fabricar componentes y ensamblar productos acabados.

Aun cuando existen algunas empresas que pueden diseñar solas sus estrategias, cada vez es más común que lo hagan en colaboración con proveedores, distribuidores, fabricantes de productos complementarios y, en ocasiones, incluso con algunos competidores.

Las compañías participan en alianzas o establecen convenios de cooperación por varias razones estratégicas que las benefician.[16] Las cinco más importantes son colaborar en la tecnología o el desarrollo de nuevos productos prometedores, mejorar la eficiencia de la cadena de suministro, generar economías de escala en la producción y/o el marketing, llenar las brechas en sus conocimientos técnicos y de fabricación, y lograr o mejorar el acceso al mercado. Los aliados aprenden mucho unos de otros al hacer investigaciones conjuntas, compartir los conocimientos tecnológicos y colaborar en nuevas tecnologías y productos complementarios. Los fabricantes buscan alianzas con proveedores de partes y componentes con el fin de ganar las eficiencias de una mejor administración de la cadena de suministro y apresurar el envío de nuevos productos al mercado. Al unir sus fuerzas en la producción de

[15] Sin embargo, algunas alianzas estratégicas sí implican la propiedad minoritaria de uno o, en ocasiones, de ambos miembros de la alianza. Véase C. A. Bartlett y S. Ghoshal, *Managing Across Borders: The Transnational Solution*, Boston, Harvard Business School Press, 1989, p. 65, y Kenichi Ohmae, "The Global Logic of Strategic Alliances", en *Harvard Business Review* 89, núm. 2, marzo-abril de 1989, pp. 143-154.

[16] Porter, *The Competitive Advantage of Nations*, p. 66; véase también Jeremy Main, "Making Global Alliances Work", en *Fortune*, 17 de diciembre de 1990, pp. 121-126.

componentes, el ensamble de modelos o la venta de sus productos, las compañías pueden obtener ahorros que no pueden lograr con sus propios volúmenes reducidos; también pueden optimizar su control de calidad y sus procedimientos de producción al estudiar los métodos de fabricación de sus aliados. A menudo, las alianzas se forman para compartir las instalaciones de distribución y la red de distribuidores, o para promover conjuntamente productos complementarios, reforzando así su acceso a los compradores.

Las alianzas no sólo pueden compensar las desventajas competitivas, sino también dar por resultado que las compañías aliadas dirijan sus energías estratégicas más hacia los mutuos rivales y menos hacia sus aliados. El hecho de quién se asocia con quién afecta el patrón de la rivalidad en la industria. Muchas compañías que ocupan un segundo lugar, queriendo preservar su independencia, recurren a alianzas, en vez de fusionarse, para tratar de cerrar la brecha competitiva entre ellas y las compañías más poderosas; *se basan en la colaboración con otras para mejorar sus propias capacidades, desarrollar nuevos recursos estratégicos valiosos y competir eficientemente*. Los líderes de la industria buscan alianzas de cooperación con el fin de mantener a raya a los rivales ambiciosos y generar nuevas oportunidades.

La cooperación estratégica es un enfoque muy favorecido y, de hecho, necesario en industrias como las de electrónica, semiconductores, *hardware* y *software* para computadoras y telecomunicaciones, en las cuales los avances tecnológicos ocurren a un ritmo impresionante, junto con muchas rutas y adelantos diferentes que surgen en la tecnología y que se expanden para afectar a otras (a menudo borrando las fronteras de la industria). Siempre que las industrias experimentan un cambio tecnológico de alta velocidad en muchas áreas simultáneamente, las empresas encuentran que es esencial tener relaciones de cooperación con otras empresas, con el fin de mantenerse en el borde de la tecnología y del desempeño del producto, incluso en su propia área de especialización. Cooperan en el desarrollo de la tecnología, compartiendo información sobre investigación y desarrollo que es de interés mutuo, generando nuevos productos que se complementan entre sí y creando redes de comerciantes y distribuidores para los mismos. La ventaja competitiva surge cuando una compañía adquiere recursos y capacidades valiosos por medio de alianzas y convenios de cooperación que de otra manera no podría obtener sola; esto requiere una colaboración real entre los socios, con el fin de crear juntos un nuevo valor, el cual no se logra simplemente intercambiando ideas e información a distancia prudente. A menos que los socios valoren las capacidades, recursos y contribuciones que cada uno aporta a la alianza y que el arreglo de colaboración produzca resultados en los cuales todos resulten beneficiados, está condenada al fracaso.

Las alianzas y los convenios de cooperación entre las compañías pueden conducir a una ventaja competitiva que de otra manera quedaría fuera del alcance de las mismas.

Las estrategias cooperativas y las alianzas para penetrar en los mercados internacionales también son comunes entre las empresas domésticas y extranjeras. Asimismo, esas asociaciones son útiles para reunir los recursos y las capacidades necesarios con el propósito de hacer negocios en un mayor número de mercados extranjeros. Por ejemplo, las compañías estadounidenses, europeas y japonesas que quieren desarrollar una posición firme en el mercado chino de rápido crecimiento, han buscado asociaciones con compañías chinas que las ayuden a abordar las regulaciones gubernamentales, les proporcionen su conocimiento de los mercados locales y una guía para adaptar sus productos a los consumidores chinos y las apoyen para desarrollar capacidades de fabricación locales y actividades de distribución, marketing y promocionales.

General Electric ha llevado a cabo más de 100 alianzas cooperativas en una amplia gama de áreas; IBM ha participado en más de 400 alianzas estratégicas.[17] Las

---

[17] Michael A. Hitt, Beverly B. Tyler, Camilla Hardee y Daewoo Park, "Understanding Strategic Intent in the Global Marketplace", en *Academy of Management Executive* 9, núm. 2, mayo de 1995, p. 13.

Las alianzas y los arreglos de cooperación, independientemente de si unen a compañías de diferentes partes de la cadena de valor de la industria o de distintas partes del mundo, hoy día son una realidad en los negocios.

alianzas son tan importantes para la estrategia de Corning, que la compañía se describe como "una red de organizaciones". Microsoft y Netscape han empleado agresivamente las estrategias de cooperación, formando incontables alianzas con los proveedores de tecnologías y productos complementarios para desarrollar y reforzar sus posiciones competitivas. En la industria de PC's, las alianzas de cooperación son muy comunes debido a que existen diversas compañías que suministran los diferentes componentes de las PC's y el *software* para que funcionen; un grupo de compañías proporciona los microprocesadores, otro fabrica las *motherboard*, otro los monitores, otro los teclados, otro más las impresoras, etcétera. Además, sus instalaciones están dispersas en Estados Unidos, Japón, Taiwán, Singapur y Malasia. La estrecha colaboración para el desarrollo de productos, logística, producción y la oportunidad de los lanzamientos de nuevos productos al mercado funciona para favorecer a casi todos los miembros de la industria.

El talón de Aquiles de las alianzas y las estrategias de cooperación radica en el peligro de que, a la larga, una compañía llegue a depender de otras en lo que se refiere a la experiencia y las capacidades *esenciales*. Para ser un líder del mercado (y tal vez incluso un contendiente serio en el mercado), una compañía debe desarrollar sus propias capacidades en aquellas áreas en las que el control estratégico interno resulta central para proteger su competitividad y crear una ventaja competitiva. Además, la adquisición de conocimientos y capacidades esenciales de un aliado en ocasiones sólo ofrece un potencial limitado (debido a que los socios de una compañía protegen sus capacidades y conocimientos más valiosos); en esos casos, la adquisición o la fusión con una compañía que posee los conocimientos y recursos deseados es una mejor solución.

EMPLEO DE LAS ESTRATEGIAS OFENSIVAS PARA ASEGURAR LA VENTAJA COMPETITIVA

La ventaja competitiva por lo común se adquiere empleando una estrategia ofensiva eficaz que los rivales no puedan frustrar fácilmente.

La ventaja competitiva casi siempre se logra por medio de medidas estratégicas ofensivas exitosas, es decir, las medidas calculadas para que produzcan una ventaja de costo, una ventaja de diferenciación o una ventaja de recursos y capacidades. Las estrategias defensivas pueden proteger la ventaja competitiva, pero muy rara vez son la base para la creación de la misma. El tiempo que se requiere para que una ofensiva exitosa cree una ventaja varía de acuerdo con las circunstancias competitivas.[18] El *periodo de desarrollo*, que se muestra en la figura 5-2, puede ser breve si los recursos y las capacidades requeridos ya existen o si la ofensiva produce una respuesta inmediata del comprador (como puede ocurrir con una considerable reducción del precio, una campaña de publicidad imaginativa o un nuevo producto que demuestra ser un éxito sensacional). No obstante el desarrollo puede tomar mucho más tiempo si se requiere la aceptación del consumidor respecto de un producto innovador o si la empresa necesita varios años para depurar una nueva tecnología y añadir una nueva capacidad en línea. Desde un punto de vista ideal, una medida ofensiva desarrolla rápidamente la ventaja competitiva; mientras más tiempo se lleve, existen más probabilidades de que los rivales detecten la medida, calculen su potencial e inicien una respuesta para hacerle frente. La magnitud de la ventaja competitiva (que se indica en la escala vertical en la figura 5-2) puede ser grande (como en la industria farmacéutica, en la cual las patentes de un nuevo medicamento

[18] Ian C. MacMillan, "How Long Can You Sustain a Competitive Advantage?", reimpreso en Liam Fahey, *The Strategic Planning Management Reader*, Englewood Cliffs, N.J., Prentice-Hall, 1989, pp. 23-24.

FIGURA 5.2 El desarrollo y la erosión de la ventaja competitiva

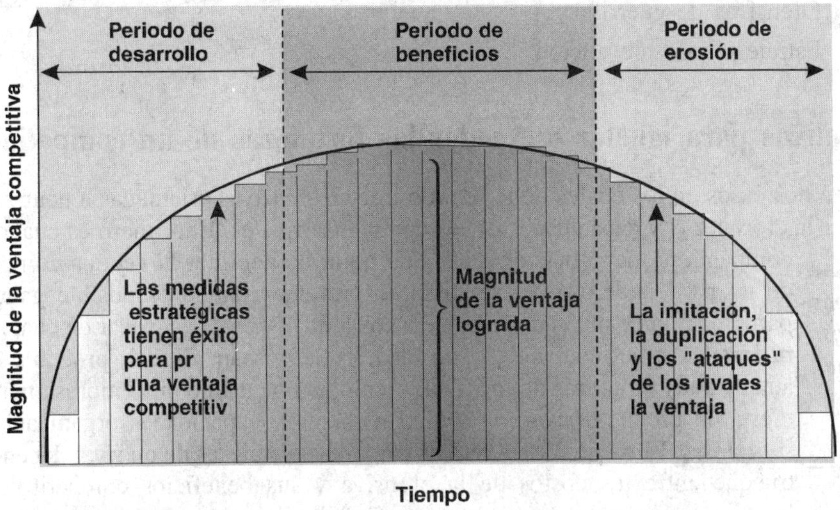

importante producen una ventaja sustancial) o pequeña (como en la industria del vestido, en la que los nuevos diseños populares se pueden imitar rápidamente).

Después de una ofensiva competitiva acertada existe un *periodo de beneficios* durante el cual es posible gozar de los frutos de dicha ventaja. El periodo de beneficios depende de cuánto tiempo les lleva a los rivales iniciar contraofensivas y empezar a cerrar la brecha. Un periodo de beneficios prolongado proporciona a la empresa un tiempo valioso para ganar utilidades superiores al promedio y recuperar la inversión que hizo en la creación de la ventaja. Las mejores ofensivas estratégicas producen considerables ventajas competitivas y prolongados periodos de beneficios.

A medida que los rivales responden con contraofensivas para cerrar la brecha competitiva, se inicia el *periodo de erosión*. Es de esperar que los rivales competentes y hábiles contrataquen con iniciativas para superar cualquier desventaja del mercado a la que se enfrentan; no permanecerán ociosos ni aceptarán en forma pasiva y sin luchar que los superen en la competencia.[19] Por consiguiente, para sostener la ventaja competitiva una empresa debe hacer un seguimiento con medidas ofensivas y defensivas. Los preparativos para la siguiente ronda de medidas estratégicas se deben llevar a cabo durante el periodo de beneficios, de manera que ya estén establecidos los recursos necesarios cuando los competidores intensifican sus esfuerzos para reducir la ventaja del líder. A menos que la empresa se mantenga un paso adelante de los rivales, iniciando una serie tras otra de medidas ofensivas y defensivas para proteger su posición de mercado y conservar el favor de los clientes, la ventaja de mercado se erosionará.

Existen seis tipos básicos de ofensivas estratégicas:[20]

- Iniciativas para igualar o exceder las fortalezas del competidor.
- Iniciativas para aprovechar las debilidades del competidor.

[19] Ian C. MacMillan, "Controlling Competitive Dynamics by Taking Strategic Initiative", en *The Academy of Management Executive* 2, núm. 2, mayo de 1988, p. 111.

[20] Philip Kotler y Ravi Singh, "Marketing Warfare in the 1980s", en *The Journal of Business Strategy* 1, núm. 3, invierno de 1981, pp. 30-41; Philip Kotler, *Marketing Management*, 5a. ed., Englewood Cliffs, N.J., Prentice-Hall, 1984, pp. 401-406; e Ian C. MacMillan, "Preemptive Strategies", en *Journal of Business Strategy* 14, núm. 2, otoño de 1983, pp. 16-26.

- Iniciativas simultáneas en numerosos frentes.
- Ofensivas con fines de contender.
- Ofensivas de guerrilla.
- Estrategias de prevención.

Iniciativas para igualar o exceder las fortalezas de un competidor

Existen dos casos en los cuales tiene sentido iniciar ofensivas orientadas a neutralizar o superar las fortalezas y capacidades de las compañías rivales. El primero es cuando una compañía no tiene más elección que tratar de debilitar la ventaja competitiva de un rival poderoso. El segundo se presenta cuando es posible ganar una participación de mercado rentable a costa de los rivales, a pesar de cualesquiera fortalezas de recursos y capacidades que posean. Es más probable que el ataque a las fortalezas de los rivales tenga éxito cuando una empresa tiene una oferta de producto *superior* o bien recursos y capacidades organizacionales *superiores*. El mérito de un reto directo a las fortalezas de un rival depende del trueque entre los costos de la ofensiva y sus beneficios competitivos. En ausencia de buenos prospectos para una rentabilidad adicional y de una posición competitiva más sólida, esa ofensiva no es prudente.

Una de las estrategias ofensivas más poderosas consiste en desafiar a los rivales con un producto igualmente bueno o mejor a un precio más bajo.

La ruta clásica para atacar a un rival poderoso consiste en una oferta igualmente buena a un precio más bajo.[21] Esto puede producir ganancias en la participación de mercado si el competidor tiene razones poderosas para no recurrir por su cuenta a la reducción de precios y si el retador convence a los compradores de que su producto es igualmente bueno. Sin embargo, una estrategia así incrementa las utilidades totales sólo cuando las ganancias en las ventas por unidad son suficientes como para compensar el efecto de los precios más bajos y de los márgenes más limitados por unidad vendida. Una base más potente y más sostenible para iniciar un reto agresivo respecto del precio es lograr *primero* una ventaja de costo y después atacar a los competidores con un precio más bajo.[22] La reducción de precios respaldada por una ventaja de costo puede continuar indefinidamente. Sin una ventaja de costo, la reducción del precio sólo funciona si el agresor tiene más recursos financieros y puede sobrevivir a sus rivales en una guerra de agotamiento.

El desafío a competidores más poderosos y arraigados por medio de una reducción de precios es arriesgado, a menos que el agresor tenga una ventaja de costo o mayor fortaleza financiera.

Otras opciones estratégicas para atacar las fortalezas de un competidor incluyen un avance repentino hacia la siguiente generación de tecnologías para hacer que los productos y/o los procesos de producción del rival sean obsoletos, añadir nuevas características que atraen a los clientes del rival, publicar estadísticas, construir una nueva planta con una capacidad importante muy cerca del rival, ampliar la línea de productos con el fin de igualar a la competencia modelo por modelo y desarrollar capacidades de servicio al cliente que el rival no posee. Como norma, cuando se reta a un rival respecto de los factores competitivos que él domina, significa una lucha cuesta arriba. El éxito puede tardar en llegar y por lo común depende del desarrollo de una ventaja de costo o de servicio, de un producto con características de diferenciación atractivas o de capacidades competitivas únicas (tiempos rápidos desde el diseño hasta el mercado, mayores conocimientos técnicos o agilidad para responder a los requerimientos cambiantes de los clientes).

[21] Kotler, *Marketing Management*, p. 402.

[22] *Ibid*., p. 403.

Iniciativas para aprovechar las debilidades del competidor

En este enfoque ofensivo, una compañía trata de hacer incursiones en el mercado dirigiendo su atención competitiva hacia las debilidades de los rivales. Existen varias formas de lograr ganancias competitivas a costa de dichas debilidades:

- Concentrarse en regiones geográficas donde un rival tiene una participación de mercado débil o realiza un menor esfuerzo competitivo.
- Prestar atención especial a los segmentos de compradores que un rival descuida o al que no puede servir debido a que está débilmente equipado.
- Tratar de atraer a los clientes de los rivales cuyos productos están rezagados en calidad, características o desempeño; en tales casos, un retador con un producto mejor a menudo puede convencer a los clientes preocupados por el desempeño para que prefieran su marca.
- Realizar ventas especiales dirigidas a los clientes de los rivales que proporcionan un servicio al cliente inferior al promedio; para un retador orientado al servicio puede ser relativamente fácil atraer a los clientes decepcionados de un rival.
- Tratar de adelantarse a los rivales que tienen una publicidad débil y escaso reconocimiento de marca; un retador con poderosas capacidades de marketing y una marca reconocida a menudo puede atraer a los clientes de los rivales menos conocidos.
- Introducir nuevos modelos o versiones del producto que aprovechen las brechas en las líneas de productos de los rivales clave; en ocasiones, "los productos que llenan esas brechas" resultan ser un éxito en el mercado y se desarrollan hasta convertirse en nuevos segmentos; un testimonio de ello son las minivans de Chrysler. Esta iniciativa da buenos resultados cuando las nuevas versiones de un producto satisfacen ciertas necesidades de los clientes hasta entonces desatendidas.

Como norma, las iniciativas que explotan las debilidades de un competidor tienen más probabilidades de éxito que aquellas que retan sus fortalezas, en especial si las debilidades representan sectores vulnerables importantes y si se toma por sorpresa al rival.[23]

Iniciativas simultáneas en numerosos frentes

En ocasiones, una compañía puede observar algún mérito en iniciar una impresionante ofensiva competitiva que implica múltiples iniciativas (reducciones de precios, incrementos en la publicidad, introducciones de productos, muestras gratis, cupones, promociones en las tiendas, rebajas) a lo largo de un extenso frente geográfico. Esas campañas enérgicas pueden desconcertar a un rival, desviando su atención en muchas direcciones y obligándolo a proteger simultáneamente muchos aspectos en su base de clientes. Microsoft emplea una impresionante ofensiva para superar las maniobras de sus rivales y asegurar un papel prominente en Internet para sus productos de *software*.[24] Asignó 160 millones de dólares y 500 de sus programadores más talentosos a la tarea de

[23] Para una exposición del empleo de la sorpresa, véase William E. Rothschild, "Surprise and the Competitive Advantage", en *Journal of Business Strategy* 4, núm. 3, invierno de 1984, pp. 10-18.

[24] Un relato más detallado de la impresionante ofensiva de Microsoft se presenta en Brent Schendler, "Software Hardball", en *Fortune*, 30 de septiembre de 1996, pp. 106-116.

introducir rápidamente versiones mejoradas de Internet Explorer (para alcanzar al *browser* Navigator Web de Netscape), incluyó el Explorer en el paquete de Windows 95 con el propósito de permitir que los usuarios de Internet puedan acceder a éste en forma gratuita, negoció con America Online y CompuServe para utilizar el Explorer de Internet, puso a trabajar a varios miles de programadores en una variedad de proyectos relacionados con Internet (con presupuestos de investigación y desarrollo de más de 500 millones de dólares), asignó otro grupo numeroso de programadores a la tarea de retroajustar la línea de productos de Microsoft con el fin de que armonice mejor con Internet, participó en una empresa conjunta con NBC para crear un nuevo canal de cable llamado MSNBC, invirtió 1 000 millones de dólares en acciones comunes de Comcast (la segunda proveedora de televisión por cable más grande de Estados Unidos), con el fin de proporcionarle los mecanismos que permitieran alcanzar con mayor rapidez las tecnologías para agilizar la transferencia de datos entre cable e Internet, y formó alianzas con NBC, ESPN, Disney, Dreamworks y otros para que asignaran contenidos a Microsoft Network y MSNBC. Las ofensivas de múltiples facetas tienen más probabilidades de éxito cuando un retador no sólo ofrece un producto o un servicio especialmente atractivos, sino que también tiene una marca registrada y una reputación para lograr una distribución y una exposición de menudeo amplias. Como resultado puede inundar el mercado con su publicidad y sus ofertas promocionales y tal vez inducir a un considerable número de compradores para que se decidan por su marca.

Ofensivas con fines de contender

Las ofensivas con fines de contender tratan de evitar los retos directos vinculados con agresivas reducciones de precios, una intensificación de la publicidad o costosos esfuerzos para superar la diferenciación de los rivales. Por el contrario, la idea es maniobrar *alrededor* de los competidores, conquistar un territorio del mercado que no está ocupado o que es menos disputado y cambiar las reglas del juego competitivo en favor del agresor. Algunos ejemplos de ofensivas con fines de contender incluyen iniciativas para crear posiciones poderosas en áreas geográficas en donde los rivales cercanos tienen muy poca presencia en el mercado o ninguna y tratar de crear nuevos segmentos mediante la introducción de productos con diferentes atributos y características de desempeño para satisfacer mejor las necesidades de compradores seleccionados y avanzar rápidamente hacia la siguiente generación de tecnologías. Una exitosa ofensiva con fines de contender permite que una compañía gane una considerable ventaja sobre el que da el primer paso en un terreno nuevo y obliga a los competidores a tratar de alcanzarla.

Ofensivas de guerrilla

Las ofensivas de guerrilla son particularmente adecuadas para los pequeños retadores que no tienen ni los recursos ni la presencia suficientes en el mercado como para preparar un ataque frontal contra los líderes.[25] Una ofensiva de guerrilla utiliza el principio de atacar y huir, tratando de apoderarse selectivamente de las ventas y la participación de mercado en dondequiera y siempre que el más débil toma despreve-

[25] Para un estudio interesante de la forma en la cual las pequeñas empresas pueden emplear con éxito las tácticas estilo guerrilla, véase Ming-Jer Chen y Donald C. Hambrick, "Speed, Stealth, and Selective Attack: How Small Firms Differ from Large Firms in Competitive Behavior", en *Academy of Management Journal* 38, núm. 2, abril de 1995, pp. 453-482.

nidos a los rivales o detecta un espacio para atraer a sus clientes. Existen varias formas de iniciar un ofensiva de guerrilla:[26]

1. Buscar grupos de compradores que no son importantes para los principales rivales.
2. Buscar a los compradores cuya lealtad a la marca de los rivales es más débil.
3. Enfocarse en áreas donde los rivales se han extendido demasiado y han dispersado más sus recursos (algunas posibilidades incluyen buscar a clientes seleccionados en áreas geográficas aisladas, mejorar los programas de entrega en momentos en que las entregas de los rivales se demoran, añadir calidad cuando los rivales tienen problemas de control de calidad y mejorar los servicios técnicos cuando los compradores están confundidos por la proliferación de modelos y características opcionales de los competidores).
4. Realizar pequeñas incursiones al azar entre los clientes de los líderes, con tácticas tales como una baja de precio ocasional (para lograr un pedido considerable o quitar a los rivales una cuenta clave).
5. Sorprender a los rivales clave con andanadas esporádicas, pero intensas, de actividad promocional, con el fin de atraer a los compradores que de otra manera habrían seleccionado las marcas rivales.
6. Si los rivales emplean tácticas desleales o no éticas y la situación lo amerita, iniciar acciones legales acusándolos de violación a las reglamentaciones antimonopolio, infracción de patentes o publicidad desleal.

Estrategias de prevención

Las estrategias de prevención implican dar el primer paso para asegurar una posición ventajosa de la cual están excluidos los rivales o que no pueden implantar. Lo que hace que una medida sea "preventiva" es su naturaleza única, es decir, quienquiera que ataque primero está preparado para adquirir activos competitivos que los rivales no pueden igualar fácilmente. Una empresa puede mejorar sus capacidades competitivas con varias medidas preventivas:[27]

- Ampliar la capacidad de producción anticipándose a la demanda del mercado, con la esperanza de desalentar a los rivales de hacer lo mismo con expansiones propias. Cuando se "disuade mediante falsas apariencias" a los rivales de la posibilidad de añadir capacidad por temor a crear un exceso de oferta a largo plazo y tener que luchar con las malas economías de plantas subutilizadas a un nivel inferior de su capacidad, quien emplea una estrategia de prevención tiene la posibilidad de ganar una mayor participación de mercado a medida que aumenta la demanda y obtener la capacidad de producción para aceptar nuevos pedidos.
- Restringir las mejores fuentes de materia prima (o la mayor parte) a los proveedores de mejor calidad y/o más confiables por medio de contratos a largo plazo

[26] Para mayores detalles, véase Ian C. MacMillan, "How Business Strategists Can Use Guerrilla Warfare Tactics", en *Journal of Business Strategy* 1, núm. 2, otoño de 1980, pp. 63-65; Kathryn R Harrigan, *Strategic Flexibility*, Lexington, Mass., Lexington Books, 1985, pp. 30-45, y Liam Fahey, "Guerrilla Strategy: The Hit-and-Run Attack", en Fahey, *The Strategic Management Planning Reader*, pp. 194-197.

[27] El empleo de medidas preventivas se trata en una forma muy amplia en Ian C. MacMillan, "Preemptive Strategies", en *Journal of Business Strategy* 14, núm. 2, otoño de 1983, pp. 16-26. Lo que sigue en esta sección se basa en el artículo de MacMillan.

o con una integración vertical hacia atrás. Esta medida puede relegar a los rivales a una lucha por las segundas mejores posiciones de suministro.

- Asegurar las mejores ubicaciones geográficas. Una ventaja atractiva para quien da el primer paso a menudo se puede asegurar con medidas para obtener el sitio más favorable en una vía pública muy transitada, en un nuevo cruce o intersección, en un nuevo centro comercial, en un lugar de gran belleza natural, cerca de un transporte económico, de los suministros de materia prima o de sucursales del mercado, etcétera.
- Obtener el negocio de clientes de prestigio.
- Crear una imagen "psicológica" en la mente de los consumidores que sea única y difícil de imitar y que establezca un atractivo y una incitación. Algunos ejemplos incluyen la frase marbete de Nike: "Simplemente hazlo"; el conocido tema de Avis: "Nos esforzamos más"; la garantía de Frito-Lay a los minoristas de "ofrecemos un servicio de un 99.5 por ciento", y la imagen de seguridad y permanencia del "fragmento de roca" de Prudential.
- Asegurar un acceso exclusivo o dominante a los mejores distribuidores en cierta área.

Para tener éxito, una medida preventiva no necesita impedir totalmente que los rivales sigan el ejemplo; simplemente necesita proporcionarle a una empresa una posición "de primera" que no se pueda entrampar fácilmente. El excelente contrato de Fox de cuatro años y 6 200 millones de dólares para televisar los partidos de la NFL (que despejó a CBS), representó una osada medida estratégica para transformar a Fox en una red importante, junto con ABC, CBS y NBC. DeBeers se convirtió en el primer distribuidor mundial de diamantes al adquirir la producción de las minas más importantes. Las agresivas expansiones de la capacidad de Du Pont en el dióxido de titanio, aun cuando no impidieron que todos los competidores se expandieran, sí los desalentó lo suficiente como para brindarle una posición de liderazgo en la industria.

Elección de a quién atacar

Las empresas agresoras necesitan analizar a cuáles de sus rivales deben atacar, así como la forma de superar su competencia. Cualquiera de cuatro tipos de empresas pueden ser objetivos apropiados:[28]

1. *Los líderes del mercado.* Los ataques a un líder del mercado tienen más sentido cuando éste, en términos del volumen y la participación de mercado, no es un "verdadero líder" en el servicio de excelencia. Las señales de vulnerabilidad del líder incluyen compradores descontentos, una línea de productos inferior a la que poseen varios rivales, una estrategia competitiva que carece de fortaleza real basada en un liderazgo de bajo costo o en la diferenciación, un poderoso compromiso emocional con una tecnología anticuada de la cual fue pionero, plantas y equipo obsoletos, cierta preocupación por la diversificación hacia otras industrias y una rentabilidad mediocre o en declive. Las ofensivas para erosionar las posiciones de los líderes del mercado ofrecen una alternativa real cuando el retador puede reformar su cadena de valor o hacer una innovación para ganar una nueva ventaja basada en el costo o en la diferenciación.[29] Los ataques dirigidos a los líderes no necesitan dar por resultado que el agresor se convierta en el nuevo líder para que se juzgue que han tenido éxito; un retador puede "ganar" simplemente si le quita al líder las

[28] Kotler, *Marketing Management*, p. 400.
[29] Porter, *Competitive Advantage*, p. 518.

ventas suficientes como para convertirse en un poderoso subcampeón. Es aconsejable tener cautela cuando se reta a líderes del mercado poderosos, hay un riesgo significativo de dilapidar recursos valiosos en un esfuerzo vano o en iniciar una lucha intensa y no rentable por la participación de mercado a nivel de toda la industria.

2. *Empresas que ocupan el segundo lugar*. Las empresas que ocupan el segundo lugar son un objetivo especialmente atractivo cuando las fortalezas de los recursos y las capacidades competitivas de un retador son adecuadas para explotar sus puntos débiles.
3. *Empresas que luchan y que están a punto de hundirse*. La decisión de atacar a un rival muy presionado en formas que minen todavía más su fortaleza financiera y su posición competitiva puede debilitar su determinación y apresurar su salida del mercado.
4. *Pequeñas empresas locales y regionales*. Debido a que estas empresas por lo común tienen experiencia y recursos limitados, un rival con amplias capacidades está bien posicionado para atraer a sus clientes más grandes y mejores, en particular aquellos que están creciendo rápidamente, que tienen requerimientos cada vez más complejos y que tal vez ya están pensando en contratar a un proveedor de servicio completo.

Elección de la base para el ataque Como mínimo, la ofensiva estratégica de una empresa debe estar vinculada con sus activos competitivos más potentes, es decir, sus competencias centrales, sus fortalezas de recursos y sus capacidades competitivas. De lo contrario, los prospectos para el éxito se debilitan. La parte central de la ofensiva puede ser una tecnología de la nueva generación, una capacidad competitiva recién desarrollada, un producto innovador, la introducción de características de desempeño atractivas, una ventaja de costo en la fabricación o la distribución o alguna clase de ventaja de diferenciación. Si los recursos y las fortalezas competitivas del rival equivalen a una ventaja competitiva sobre los contrincantes, tanto mejor.

Por lo menos, una ofensiva debe estar vinculada con las fortalezas de recursos de una empresa, pero es mejor si se basa en una ventaja competitiva.

EMPLEO DE ESTRATEGIAS DEFENSIVAS PARA PROTEGER LA VENTAJA COMPETITIVA

En un mercado competitivo, todas las empresas están sujetas a los ataques de los rivales. Las ofensivas del mercado pueden provenir tanto de los nuevos integrantes de la industria como de las empresas establecidas que tratan de mejorar sus posiciones de mercado. El propósito de la estrategia defensiva es disminuir el riesgo de un ataque, debilitar su efecto e influir en los rivales para que dirijan sus esfuerzos hacia otros contrincantes. Aun cuando la estrategia defensiva por lo común no mejora la ventaja competitiva de una empresa, sí la ayuda a reforzar su posición, la protege de la imitación de sus recursos y capacidades más valiosos y preserva cualquiera de sus ventajas competitivas.

El propósito principal de una estrategia defensiva es proteger la ventaja competitiva y reforzar la posición competitiva de la empresa.

Una compañía puede proteger su ventaja competitiva en varias formas. Una de ellas consiste en tratar de bloquear las rutas que puedan seguir los rivales cuando preparan una ofensiva. Las opciones incluyen:[30]

- Contratar empleados adicionales para ampliar o profundizar las competencias o capacidades de la compañía en las áreas clave (para vencer a los rivales que tratan de imitar sus capacidades y recursos).

[30] Porter, *Competitive Advantage*, pp. 489-494.

- Mejorar la flexibilidad de los activos de recursos y las competencias (de manera que se puedan desplegar rápidamente o adaptarse para hacer frente a las condiciones cambiantes del mercado y que de esa manera estén en mejores condiciones que los rivales para nuevos avances).
- Ampliar la línea de productos de la empresa para cerrar los nichos y las brechas vacantes a los posibles retadores.
- Introducir modelos o marcas que igualen las características que ya tienen o que podrían tener los modelos de la competencia.
- Mantener bajos los precios de los modelos similares a las ofertas de los competidores.
- Firmar contratos de exclusividad con comerciantes y distribuidores para impedir que los competidores trabajen con ellos.
- Otorgar a comerciantes y distribuidores descuentos por volumen, para evitar que experimenten con otros proveedores.
- Ofrecer a los usuarios del producto una capacitación gratuita o a un costo bajo.
- Tratar de desalentar a los compradores de que prueben las marcas de los competidores proporcionando cupones y obsequiando muestras a los compradores propensos a experimentar, y publicitando nuevos productos o cambios de precio inminentes, con el fin de inducir a los compradores potenciales a que pospongan el cambio a otra marca.
- Aumentar la cantidad del financiamiento a comerciantes y distribuidores.
- Reducir los tiempos de entrega de refacciones.
- Prolongar la cobertura de las garantías.
- Participar en tecnologías opcionales.
- Proteger los conocimientos patentados en el diseño del producto, tecnologías de fabricación y otras actividades de la cadena de valor.
- Contratar toda o la mayor parte de la producción de los mejores proveedores, con el fin de que a los rivales les resulte difícil obtener partes y componentes de igual calidad.
- Evitar a proveedores que trabajan con los competidores.
- Comprar reservas de recursos naturales anticipándose a las necesidades actuales, para que los competidores no tengan acceso a ellos.
- Atacar los productos o las prácticas de los rivales en procedimientos reguladores.

Estas medidas no sólo refuerzan la posición actual de una compañía, sino que además presentan a los competidores un blanco en movimiento. La protección del *statu quo* no es suficiente. Una buena defensa implica adaptarse rápidamente a las condiciones cambiantes de la industria y, en ocasiones, ser quien dé el primer paso para bloquear o prevenir las medidas de los posibles agresores. Un blanco móvil es preferible a una defensa fija.

Un segundo enfoque a la estrategia defensiva implica enviar señales a los competidores de que existe la verdadera amenaza de una poderosa represalia si atacan. La meta es disuadir del ataque a los retadores, o por lo menos desviarlos hacia opciones que representan menos peligro para el defensor. Es posible enviar señales a los competidores de las siguientes maneras:[31]

- Anunciar públicamente el compromiso de la administración de mantener la participación de mercado actual de la empresa.

[31] *Ibid.*, pp. 495-497. La lista que ofrecemos aquí es selectiva. Porter ofrece un mayor número de opciones.

- Anunciar públicamente los planes para sostener una capacidad de producción adecuada con el fin de satisfacer y posiblemente sobrepasar el crecimiento pronosticado para el volumen de la industria.
- Divulgar con anticipación la salida de un nuevo producto, un adelanto tecnológico o la introducción planeada de marcas o modelos importantes, con la esperanza de que los rivales demoren sus propias medidas hasta comprobar que las acciones anunciadas realmente se llevan a cabo.
- Comprometer públicamente a la compañía con la política de igualar los términos o precios de la competencia.
- Mantener una reserva de efectivo y valores comerciables.
- Responder ocasionalmente y con firmeza a las medidas de los competidores débiles con el propósito de exaltar la imagen de la empresa como una defensora enérgica.

Otra forma de disuadir a los rivales es tratar de disminuir el aliciente de utilidades para los rivales que inician una ofensiva. Cuando la rentabilidad de una empresa o de una industria es tentadoramente elevada, los rivales están más dispuestos a enfrentar las elevadas barreras defensivas y combatir con poderosas represalias. Un defensor puede desviar los ataques, en especial de los nuevos integrantes, prescindiendo en forma deliberada de algunas utilidades a corto plazo y utilizando métodos contables que confundan la rentabilidad.

VENTAJAS Y DESVENTAJAS DE QUIEN DA EL PRIMER PASO

A *menudo* es igual de importante decidir *cuándo* tomar una medida estratégica y *cuál* debe ser ésta. La oportunidad tiene una importancia fundamental cuando existen *ventajas o desventajas para quien da el primer paso.*[32] La decisión de ser el primero en iniciar una medida estratégica puede tener una utilidad elevada cuando: 1) el hecho de ser la pionera ayuda a crear la imagen y reputación de la empresa con los compradores; 2) los compromisos anteriores con los suministros de materia prima, nuevas tecnologías, canales de distribución, etcétera, pueden producir una ventaja de costo absoluta sobre los rivales; 3) los clientes son muy leales a las empresas pioneras al hacer compras repetidas, y 4) el primer paso constituye una estrategia de prevención, que hace que la imitación sea muy difícil o improbable. Mientras mayores son las ventajas de dar el primer paso, más atractivo es hacerlo.

Debido a las ventajas y desventajas de quien da el primer paso, la ventaja competitiva a menudo está vinculada a* cuándo *se toma una medida y* cuál *es ésta.

Sin embargo, el enfoque de esperar a ver qué sucede no siempre trae consigo una penalidad competitiva. El hecho de ser quien da el primer paso puede implicar mayores riesgos que cuando ese paso se da más adelante. Las desventajas para quien da el primer paso (o las ventajas para quien lo hace después) surgen cuando: 1) el liderazgo pionero es mucho más costoso que el hecho de ser un seguidor y el líder obtiene efectos mínimos en la curva de la experiencia; 2) el cambio tecnológico es tan rápido que las primeras inversiones muy pronto son obsoletas (por consiguiente permite que las empresas seguidoras obtengan ventajas de la siguiente generación de productos y de los procesos más eficientes); 3) es fácil que los recién llegados irrumpan en el mercado debido a que la lealtad del cliente a las empresas pioneras es débil, y 4) quienes llegan al último pueden imitar fácilmente o incluso superar las capacidades adquiridas con grandes esfuerzos y los conocimientos desarrollados por los líderes del mercado durante la primera fase competitiva. Por lo tanto, la elección adecuada del momento oportuno

---

[32] Porter, *Competitive Strategy*, pp. 232-233.

es importante para decidir dar el primer paso, ser un seguidor rápido o ser un seguidor cauteloso.

PUNTOS CLAVE

El reto de la estrategia competitiva, no importa si es de bajo costo general, de amplia diferenciación, de enfoque en el bajo costo o de enfoque en la diferenciación, es crear una ventaja competitiva para la empresa. La ventaja competitiva proviene de posicionar a una empresa en el mercado de tal manera que tenga una ventaja para enfrentar las fuerzas competitivas y atraer a los compradores.

Una estrategia del proveedor de costo más bajo da buenos resultados en situaciones en las que:

- El producto de la industria es esencialmente el mismo de un vendedor a otro (las diferencias de la marca son mínimas).
- Muchos compradores son sensibles al precio y buscan el precio más bajo.
- Existen pocas formas para lograr la diferenciación del producto que tengan mucho valor para los compradores.
- La mayoría de los compradores utilizan el producto en la misma forma y, por consiguiente, tiene requerimientos de utilización comunes.
- Los costos en los que incurren los compradores al cambiar de un vendedor o una marca a otro son bajos (o incluso nulos).
- Los compradores son importantes y tienen un poder significativo para negociar los términos del precio.

Para lograr una ventaja de costo, una compañía debe ser más hábil para administrar de los impulsores del costo y/o encontrar formas innovadoras de ahorro de costos para reformar su cadena de valor. Los proveedores de bajo costo exitosos por lo común logran sus ventajas de costo descubriendo de una manera imaginativa y persistente los ahorros de costo a lo largo de la cadena de valor. Son competentes para encontrar formas de impulsar los costos fuera de sus negocios.

Las estrategias de diferenciación tratan de producir una ventaja competitiva incorporando atributos y características que no tienen los rivales a la oferta de productos/servicios de una compañía, o desarrollando competencias y capacidades que valoran los compradores y que tampoco poseen los rivales. Cualquier cosa que pueda hacer una empresa para crear un valor representa una base potencial para la diferenciación. Si ésta es exitosa por lo común va unida a bajar el costo para el comprador cuando utiliza el producto, mejorar el desempeño que obtiene o incrementar su satisfacción psicológica. Para que sea sostenible, la diferenciación por lo común debe estar vinculada con una experiencia interna, competencias centrales y recursos únicos que le proporcionan a una compañía las capacidades que sus rivales no pueden igualar fácilmente. La diferenciación vinculada únicamente con las características físicas muy rara vez es perdurable, debido a que los competidores hábiles son expertos en reproducir, mejorar o encontrar sustitutos para casi cualquier característica o rasgo que atraiga a los compradores.

Las estrategias de proveedor del mejor costo combinan un énfasis estratégico en el bajo costo con un énfasis en algo más que la calidad, el servicio, las características o el desempeño mínimos. La meta es crear una ventaja competitiva proporcionando a los compradores más valor por su dinero; lo cual se logra igualando a los rivales cercanos en los atributos clave de calidad, servicio, características y desempeño, y derrotándolos en los costos de incluir esos atributos en el producto o el servicio. Para tener éxito con una estrategia de proveedor del mejor costo, una compañía debe tener una experiencia única en incluir atributos mejorados al producto o servicio a un costo más bajo que sus rivales; la capacidad de administrar los costos por unidad para bajarlos y, en forma simultánea, mejorar el producto/servicio.

La ventaja competitiva del enfoque se gana ya sea logrando costos más bajos al servir al nicho del mercado objetivo o desarrollando una capacidad para ofrecer a los compradores del nicho algo atractivo y diferente de lo que ofrecen los competidores rivales, en otras palabras, *se basa en el costo* o *en la diferenciación*. El enfoque da mejores resultados cuando:

- Las necesidades del comprador o su empleo del producto son diversos.
- Ningún otro rival está tratando de especializarse en el mismo segmento.
- Una empresa carece de la capacidad para aspirar a una parte más amplia del mercado total.
- Los segmentos de compradores difieren ampliamente en volumen, índice de crecimiento, rentabilidad e intensidad de las cinco fuerzas competitivas, por lo cual algunos segmentos son más atractivos que otros.

La integración vertical hacia adelante o hacia atrás tiene sentido desde el punto de vista estratégico sólo si refuerza la posición competitiva de una compañía, ya sea por medio de una reducción del costo o la creación de una ventaja basada en la diferenciación. De lo contrario, las desventajas de la integración vertical (una creciente inversión, un mayor riesgo de negocios, una creciente vulnerabilidad a los cambios tecnológicos y menor flexibilidad para hacer cambios en el producto) superan a las ventajas (mejor coordinación de los flujos de producción y de los conocimientos tecnológicos de una etapa a otra, un empleo más especializado de la tecnología, un mayor control interno sobre las opresiones, mayores economías de escala y un igualamiento de la producción con las ventas y el marketing). Existen formas de lograr las ventajas de la integración vertical sin tropezar con las desventajas.

Es posible utilizar una variedad de medidas estratégicas para obtener una ventaja competitiva. Las ofensivas estratégicas pueden estar orientadas ya sea a las fortalezas o a las debilidades de un competidor; implicar ofensivas con fines de contender o iniciativas simultáneas en muchos frentes; estar diseñadas como acciones de guerrilla o como estrategias de prevención. El objetivo de la ofensiva puede ser un líder del mercado, una empresa que ocupa el segundo lugar o las empresas más pequeñas y/o más débiles en la industria.

Los enfoques estratégicos para defender la posición de una compañía por lo común incluyen: 1) tomar medidas que refuerzan la posición actual de la compañía; 2) presentar a los competidores un blanco en movimiento para evitar una vulnerabilidad a lo "pasado de moda", y 3) disuadir a los rivales para que ni siquiera traten de atacar.

La elección del momento oportuno para las medidas estratégicas es importante. Quienes dan el primer paso en ocasiones ganan una ventaja estratégica; otras veces, por ejemplo cuando la tecnología se desarrolla con rapidez, resulta más económico y fácil ser un seguidor que un líder.

LECTURAS SUGERIDAS

Aaker, David A., "Managing Assets and Skills: The Key to a Sustainable Competitive Advantage", en *California Management Review* 31, núm. 2, invierno de 1989, pp. 91-106.

Barney, Jay B., *Gaining and Sustaining Competitive Advantage*, Reading, Mass., Addison-Wesley, 1997, en especial los capítulos 6, 7, 9, 10 y 14.

Cohen, William A., "War in the Marketplace", en *Business Horizons* 29, núm. 2, marzo-abril de 1986, pp. 10-20.

Coyne, Kevin P., "Sustainable Competitive Advantage—What It Is, What It Isn't", en *Business Horizons* 29, núm. 1, enero-febrero de 1986, pp. 54-61.

D'Aveni, Richard A. *Hypercompetition: The Dynamics of Strategic Maneuvering*, Nueva York, Free Press, 1994, capítulos 1, 2, 3 y 4.

Hamel, Gary, "Strategy as Revolution", en *Harvard Business Review* 74, núm. 4, julio-agosto de 1996, pp. 69-82.

Harrigan, Kathryn R., "Guerrilla Strategies of Underdog Competitors", en *Planning Review* 14, núm. 16, noviembre de 1986, pp. 4-11.

________, "Formulating Vertical Integration Strategies", en *Academy of Management Review* 9, núm. 4, octubre de 1984, pp. 638-652.

________, "Matching Vertical Integration Strategies to Competitive Conditions", en *Strategic Management Journal* 7, núm. 6, noviembre-diciembre de 1986, pp. 535-556.

Hout, Thomas, Michael E. Porter y Eileen Rudden, "How Global Companies Win Out", en *Harvard Business Review* 60, núm. 5, septiembre-octubre de 1982, pp. 98-108.

MacMillan, Ian C., "Preemptive Strategies", en *Journal of Business Strategy* 14, núm. 2, otoño de 1983, pp. 16-26.

________, "Controlling Competitive Dynamics by Taking Strategic Initiative", en *The Academy of Management Executive* 2, núm. 2, mayo de 1988, pp. 111-118.

Porter, Michael E., *Competitive Advantage*, Nueva York, Free Press, 1985, caps. 3, 4, 5, 7, 14 y 15.

________, "What Is Strategy", en *Harvard Business Review* 74, núm. 6, noviembre-diciembre de 1996, pp. 61-78.

Rothschild, William E., "Surprise and the Competitive Advantage", en *Journal of Business Strategy* 4, núm. 3, invierno de 1984, pp. 10-18.

Schnarrs, Steven P., *Managing Imitation Strategies: How Later Entrants Seize Markets from Pioneers*, Nueva York, Free Press, 1994.

Stuckey, John y David White, "When and When *Not* to Vertically Integrate", en *Sloan Management Review*, primavera de 1993, pp. 71-83.

Venkatesan, Ravi, "Strategic Outsourcing: To Make or Not to Make", en *Harvard Business Review* 70, núm. 6, noviembre-diciembre de 1992, pp. 98-107.

CONSISTENCIA DE LA ESTRATEGIA CON LA SITUACIÓN DE UNA COMPAÑÍA

6

La tarea de lograr que la estrategia sea consistente con la situación de una compañía es complicada, debido a los muchos factores internos y externos que deben considerar los administradores. Sin embargo, aun cuando el número y la variedad de consideraciones es necesariamente prolijo, los impulsores más importantes que modelan las mejores opciones estratégicas de una compañía tienen cabida en dos categorías amplias:

- La naturaleza de la industria y las condiciones competitivas.
- Los recursos y las capacidades competitivas de la propia empresa, su posición de mercado y sus mejores oportunidades.

Las *condiciones dominantes que dan forma a las estrategias de la industria y las condiciones competitivas* giran alrededor de en qué etapa de su ciclo de vida se encuentra la industria (naciente, de rápido crecimiento, madura, en declive), de la estructura de la industria (fragmentada en lugar de controlada), de la relativa fortaleza de las cinco fuerzas competitivas, del efecto de las fuerzas impulsoras de la industria y de la esfera de acción de la rivalidad competitiva (en particular si el mercado de la compañía es competitivo a nivel global). Las *consideraciones específicas fundamentales de la compañía* son: 1) si la compañía es una líder de la industria, una empresa prometedora o una perdedora que lucha para sobrevivir y 2) el conjunto de fortalezas y debilidades, las capacidades competitivas y las oportunidades de mercado de la compañía. Pero incluso estas pocas categorías ocurren en demasiadas combinaciones como para que las podamos cubrir aquí. Sin embargo, podemos demostrar lo que implica la tarea de igualar la estrategia con la situación, considerando los retos del diseño de la estrategia que existen en seis tipos clásicos de ambientes de la industria:

1. La competencia en industrias emergentes y de rápido crecimiento.
2. La competencia en mercados de alta velocidad.
3. La competencia en industrias que están madurando.
4. La competencia en industrias paralizadas o en declive.

La mejor estrategia para una empresa determinada es una estructura única, que refleje sus circunstancias particulares.

Michael E. Porter

La competencia en el mercado es como la guerra. Hay lesionados y muertos y gana la mejor estrategia.

John Collins

Usted no elige llegar a ser global. El mercado lo decide por usted; lo obliga a hacerlo.

Alain Gómez
Director ejecutivo, Thomson, S.A.

...ya no existe una industria exclusivamente doméstica.

Robert Pelosky
Morgan Stanley

Es mejor que usted decida que sus productos son obsoletos a permitir que lo haga un competidor.

Michael A. Cusamano
y Richard W. Selby

5. La competencia en industrias fragmentadas.
6. La competencia en mercados internacionales.

y en tres tipos clásicos de situaciones de la compañía:

1. Las empresas en posiciones de líderes en la industria.
2. Las empresas en posiciones de segundo lugar.
3. Las empresas que son competitivamente débiles o que están abrumadas por una crisis.

ESTRATEGIAS PARA COMPETIR EN INDUSTRIAS EMERGENTES

Una industria emergente es aquella que se encuentra en la primera etapa de formación. La mayor parte de las compañías en una industria emergente están iniciando, añadiendo personal, adquiriendo o construyendo instalaciones, ajustando la producción o tratando de ampliar la distribución y de ganarse la aceptación del comprador. A menudo existen importantes problemas de diseño del producto y tecnológicos que también se deben resolver. Las industrias emergentes les plantean a los administradores ciertos retos únicos en el diseño de la estrategia:[1]

- Debido a que el mercado es nuevo y no se ha probado, hay muchas incertidumbres sobre cómo funcionará, la rapidez de su crecimiento y las dimensiones que tendrá. Las empresas deben luchar para obtener información acerca de los competidores, con qué rapidez están ganando sus productos la aceptación del consumidor y las experiencias de los usuarios; debido a que la industria es nueva, no existen organizaciones ni asociaciones comerciales que recopilen y distribuyan la información entre los miembros. Los pocos datos históricos disponibles son virtualmente inútiles para hacer proyecciones de ventas y utilidades, debido a que el pasado es una guía poco confiable para el futuro.
- Gran parte de los conocimientos tecnológicos tienden a estar patentados y muy bien protegidos, debido a que algunas empresas pioneras los han desarrollado internamente; algunas empresas pueden solicitar patentes con el fin de asegurarse una ventaja competitiva.
- A menudo existen criterios en conflicto acerca de cuál de varias tecnologías en competencia ganará o de cuáles atributos del producto tendrán la preferencia del comprador. Hasta que las fuerzas del mercado aclaren las cosas, las grandes diferencias en la calidad y el desempeño del producto son típicas y la rivalidad se centra alrededor de los esfuerzos de cada empresa para llegar a los mercados y ratificar su propio enfoque estratégico a la tecnología, el diseño del producto, el marketing y la distribución.
- Las barreras para el ingreso tienden a ser relativamente bajas, incluso para las compañías emprendedoras que apenas inician; es probable que ingresen compañías externas bien financiadas y que buscan una oportunidad, si la industria tiene la expectativa de un crecimiento explosivo.
- Los poderosos efectos de la curva de la experiencia frecuentemente resultan en significativas reducciones de costo, a medida que aumenta el volumen.
- Debido a que todos los compradores son usuarios por primera vez, la tarea del marketing es inducir la compra inicial y superar las preocupaciones del cliente

[1] Michael E. Porter, *Competitive Strategy*, Free Press, Nueva York, 1980, pp. 216-223.

sobre las características del producto, la confiabilidad en su desempeño y la publicidad negativa de las empresas rivales.

- Muchos compradores potenciales esperan que mejoren rápidamente los productos de la primera generación, de manera que demoran la compra hasta que maduren la tecnología y el diseño del producto.
- En ocasiones, las empresas tienen problemas para encontrar el suministro necesario de materia prima y componentes (hasta que los proveedores se ajustan para satisfacer las necesidades de la industria).
- Muchas compañías, al encontrarse escasas de fondos para respaldar las actividades de investigación y desarrollo y salir adelante durante los años difíciles, hasta que el producto logre la aceptación, acaban por fusionarse con competidores o son adquiridas por compañías externas más poderosas que quieren invertir en un mercado en crecimiento.

Los dos problemas estratégicos críticos a los que se enfrentan las empresas en una industria emergente son: 1) cómo financiar las operaciones de arranque e iniciales hasta que empiecen las ventas y 2) qué segmentos del mercado y qué ventajas competitivas deben buscar al tratar de lograr una posición de líder.[2] Las estrategias competitivas adaptadas ya sea al bajo costo o a la diferenciación, por lo común son viables. Este enfoque debe ser considerado cuando los recursos financieros son limitados y la industria tiene demasiados requerimientos tecnológicos a los cuales debe aspirar de inmediato. Debido a que una industria emergente no tiene "reglas del juego" establecidas y a que sus participantes emplean una variedad muy diversa de enfoques estratégicos, una empresa bien financiada y con una poderosa estrategia puede modelar las reglas y convertirse en líder reconocido de la industria.

El éxito estratégico en una industria emergente requiere una osada actitud emprendedora, una buena disposición para ser el pionero y correr riesgos, una idea intuitiva de lo que le agrada a los compradores, una respuesta rápida a las nuevas tendencias y un oportuno diseño de estrategias.

Uno de los problemas de la estrategia de negocios que plantea más retos es enfrentarse a todos los riesgos y oportunidades de una industria emergente. Para tener éxito, las compañías por lo común deben seguir una o más de las siguientes rutas:[3]

1. Tratar de ganar la primera carrera para lograr el liderazgo en la industria con una actitud emprendedora osada y una estrategia creativa. Las estrategias amplias o de diferenciación enfocada, adaptadas a la superioridad del producto, por lo común ofrecen la mejor oportunidad para una primera ventaja competitiva.
2. Presionar para perfeccionar la tecnología, mejorar la calidad del producto y desarrollar características de desempeño atractivas.
3. A medida que se despeja la incertidumbre tecnológica y que surge una tecnología dominante, adoptarla de inmediato. (Sin embargo, aun cuando hay cierto mérito en ser la abanderada de la industria en tecnología y la pionera en el "diseño dominante del producto", las empresas deben tener cuidado de no confiar demasiado en su propio enfoque tecnológico o su diseño del producto, en especial cuando existen muchas tecnologías competidoras, cuando la investigación y el desarrollo son costosos y cuando los desarrollos tecnológicos pueden avanzar rápidamente en nuevas direcciones imprevistas.)
4. Formar alianzas estratégicas con los proveedores clave con el fin de tener acceso a capacidades especializadas, capacidades tecnológicas y materiales o componentes críticos.

---

[2] Charles W. Hofer y Dan Schendel, *Strategy Formulation: Analytical Concepts*, West Publishing, St. Paul Minn., 1978, pp. 164-165.

[3] Philip Kotler, *Marketing Management*, 5a. ed., Prentice-Hall, Englewood Cliffs, N.J., 1984, p. 366, y Porter, *Competitive Strategy*, cap. 10.

5. Tratar de retener cualquiera de las ventajas de quien da el primer paso, confiando desde un inicio en tecnologías prometedoras, aliándose con los proveedores más capaces, expandiendo la selección de productos, mejorando el estilo, capturando los efectos de la curva de la experiencia y posicionándose bien en nuevos canales de distribución.
6. Buscar nuevos grupos de clientes, nuevas aplicaciones para el usuario, e ingresar en nuevas áreas geográficas (tal vez utilizando empresas conjuntas si los recursos financieros son limitados).
7. Hacer que a quienes compran por primera vez les resulte más fácil y económico probar la primera generación de productos de la industria. Después, a medida que el producto sea familiar para una vasta porción del mercado, empezar a desviar el énfasis publicitario hacia la creación de una conciencia del producto, el incremento en la frecuencia de su utilización y el desarrollo de la lealtad a la marca.
8. Utilizar reducciones de precio para atraer al siguiente estrato de compradores sensibles al precio.
9. Prever el ingreso de compañías externas bien financiadas y con estrategias agresivas a medida que empiezan a aumentar las ventas de la industria y que disminuye el riesgo percibido de invertir en la industria. Tratar de prepararse para el ingreso de poderosos competidores, pronosticando: *a*) quiénes serán los nuevos integrantes (basándose en las barreras para el ingreso actuales y futuras) y *b*) los tipos de estrategias que probablemente empleen.

El valor a corto plazo de lograr un crecimiento y el liderazgo en la participación de mercado debe estar equilibrado con la necesidad a largo plazo de crear una ventaja competitiva perdurable y una sólida posición de mercado.[4] Los nuevos integrantes, atraídos por el potencial de crecimiento y utilidades, pueden saturar el mercado. Los recién llegados agresivos, que aspiran al liderazgo, se pueden convertir rápidamente en actores importantes por medio de la adquisición de o la fusión con operaciones de competidores más débiles. Las compañías jóvenes en mercados de rápido crecimiento se enfrentan a tres obstáculos estratégicos: 1) administrar su propia expansión rápida; 2) defenderse de los competidores que tratan de frenar su éxito, y 3) desarrollar una posición competitiva que vaya más allá de su producto o de su mercado iniciales. Las compañías prometedoras pueden consolidarse seleccionando a individuos bien informados como miembros de su consejo de administración, contratando administradores emprendedores y con experiencia en la conducción de nuevos negocios a lo largo de las etapas de arranque e inicio, concentrados en superar las innovaciones de la competencia y tal vez por medio de la fusión con otra empresa, o adquiriéndola, con el fin de obtener una experiencia adicional y una base de recursos más poderosa.

ESTRATEGIAS PARA COMPETIR EN MERCADOS DE ALTA VELOCIDAD

Algunas compañías se encuentran en mercados que se caracterizan por un cambio tecnológico muy rápido, ciclos de vida breves del producto (debido al ritmo con el cual se introduce la nueva generación de éstos), el ingreso de rivales importantes, las frecuentes incursiones de nuevas medidas competitivas de los rivales (incluyendo fusiones y adquisiciones para crear una posición de mercado más poderosa, si no es que dominante) y los requerimientos y expectativas rápidamente cambiantes del cliente, especialmente cuando todo eso ocurre al mismo tiempo. La alta velocidad es la condición prevaleciente en la microelectrónica, el *hardware* y el *software* para computadoras

[4] Hofer y Schendel, *Strategy Formulation*, pp. 164-165.

personales, las telecomunicaciones, la arena ciberespacial de Internet o las redes internas de la compañía, así como el cuidado de la salud.

Los ambientes de mercados de alta velocidad plantean un gran reto en el diseño de la estrategia.[5] Debido a que las noticias de uno u otro desarrollo competitivo importante son un acontecimiento diario, el simple hecho de verificar, evaluar y reaccionar a ellos es una tarea imponente. El éxito competitivo en los mercados de cambio rápido tiende a depender de la incorporación de los siguientes elementos en las estrategias de la compañía:

1. *Invertir en forma agresiva en la investigación y el desarrollo con el fin de mantenerse al día en los conocimientos tecnológicos.* La decisión de tener la experiencia y la capacidad para mejorar el estado de los conocimientos tecnológicos y traducir los avances a productos innovadores (manteniéndose al día de cualesquiera avances y características pioneros de los rivales) es una necesidad en los mercados de alta tecnología. Sin embargo, a menudo es importante enfocar el esfuerzo de investigación y desarrollo en unas cuantas áreas críticas, no sólo para evitar una dispersión excesiva de los recursos de la compañía, sino también para profundizar la experiencia organizacional, dominar la tecnología, capturar totalmente los efectos de la curva de la experiencia y convertirse en el líder dominante en una tecnología particular o en una categoría del producto.[6]

2. *Desarrollar la capacidad organizacional para responder rápidamente a los nuevos acontecimientos importantes.* Los tiempos de reacción rápidos son esenciales debido a que es imposible predecir o prever todos los cambios. Además, un competidor debe cambiar cuidadosa y rápidamente los recursos para responder a las acciones de los rivales, a los nuevos avances tecnológicos, a las necesidades cambiantes del cliente o a las oportunidades de tomar medidas contra los competidores más lentos. La flexibilidad de los recursos tiende a ser un factor clave para el éxito, lo mismo que la capacidad de *adaptar* las competencias y capacidades existentes, de *crear nuevas competencias y capacidades* y de igualar a los rivales en cualesquiera enfoques tecnológicos y características del producto que puedan iniciar con éxito. En ausencia de capacidades organizacionales tales como rapidez, agilidad, flexibilidad e innovación para encontrar formas nuevas y mejores de complacer a los clientes, una compañía pierde muy pronto su competitividad. Ser una seguidora rápida, si no la que hace el primer movimiento, es decisivo.

3. *Confiar en asociaciones estratégicas con proveedores externos y compañías que fabrican productos relacionados para desempeñar aquellas actividades en la cadena de valor total de la industria en donde tengan experiencias y capacidades especializadas.* En muchas industrias de alta velocidad, la tecnología se ramifica con el fin de crear tantas nuevas trayectorias y categorías de productos que ninguna compañía tenga recursos y competencias para aspirar a todas ellas. La especialización (para promover la profundidad técnica necesaria) y las estrategias de enfoque (para preservar la agilidad organizacional y apalancar la experiencia de la empresa) son esenciales. Las compañías desarrollan su posición competitiva no sólo reforzando su propia base de recursos, sino también asociándose con proveedores que fabrican partes y componentes de vanguardia

---

[5] Los aspectos estratégicos que deben abordar las compañías en ambientes de mercado rápidamente cambiantes se exploran a fondo en Richard A. D'Aveni, *Hyper-Competition: Managing the Dynamics of Strategic Maneuvering*, Free Press, Nueva York, 1994. Véase también Richard A. D'Aveni, "Coping with Hypercompetition Utilizing the New 7S's Framework", en *Academy of Management Executive* 9, núm. 3, agosto de 1995, pp. 45-56 y Bala Chakravarthy, "A New Strategy Framework for Coping with Turbulence", en *Sloan Management Review,* invierno de 1997, pp. 69-82.

[6] Para una comprensión de la creación de una ventaja competitiva por medio de la investigación y el desarrollo y de la innovación tecnológica, véase Shaker A. Zahra, Sarah Nash y Deborah J. Bickford, "Transforming Technological Pioneering into Competitive Advantage", en *Academy of Management Executive* 9, núm. 1, febrero de 1995, pp. 32-41.

y colaborando con los principales fabricantes de productos relacionados. Por ejemplo, los fabricantes de computadoras personales confían mucho en los fabricantes de chips más rápidos, de monitores y pantallas, de discos duros y de unidades de disco y en quienes desarrollan el *software* para que ellos sean la fuente de la mayor parte de los avances innovadores en las computadoras personales. Los fabricantes de PC se concentran en el *ensamble*; ninguno de ellos se ha integrado en el negocio de partes y componentes, debido a que la forma más efectiva de proporcionar un producto de vanguardia es recurrir a fuentes externas de proveedores tecnológicamente sofisticados que proporcionen los componentes más modernos y más avanzados. La estrategia de recurrir a fuentes externas también permite la flexibilidad para reemplazar a los proveedores que se han rezagado en tecnología, características del producto o que dejan de ser competitivos en el precio. Además, quienes desarrollan el *software* para computadoras colaboran con los diversos fabricantes de *hardware*, con el fin de tener productos de *software* a la vanguardia de la tecnología listos para el mercado cuando se introduce la siguiente generación de productos de *hardware*.

En los mercados de ritmo rápido, la experiencia a fondo, la rapidez, la agilidad, la innovación, el oportunismo y la flexibilidad de los recursos son capacidades organizacionales críticas.

Cuando un ambiente de mercado de rápida evolución involucra muchas áreas tecnológicas y categorías de productos, los competidores tienen muy poca elección, como no sea emplear algún tipo de estrategia de enfoque y concentrarse en ser los líderes en una categoría particular. Los conocimientos de vanguardia y la capacidad para ser el primero en llegar al mercado son activos competitivos muy valiosos. Además, el ritmo de la competencia exige que una compañía tenga tiempos de reacción rápidos y flexibles y recursos adaptables; la agilidad organizacional es un activo importante. También lo es la capacidad de colaborar con los proveedores, combinando y armonizando sus recursos en una forma efectiva con los propios recursos de la empresa. El reto radica en encontrar un buen equilibro entre el desarrollo de una base interna abundante que, por una parte, impida que la empresa esté a merced de sus proveedores y aliados y, por la otra, mantenga la agilidad organizacional al confiar en los recursos y la experiencia de fuentes externas.

ESTRATEGIAS PARA COMPETIR EN INDUSTRIAS QUE ESTÁN MADURANDO

El crecimiento rápido o un cambio en un mercado de ritmo rápido no son eternos. Sin embargo, la transición al ambiente de crecimiento más lento en una industria que está madurando no inicia con un plan que se pueda predecir fácilmente y es posible anticiparse a la transición mediante avances tecnológicos adicionales, innovaciones del producto u otras fuerzas impulsoras que rejuvenecen la demanda del mercado. No obstante, cuando los índices de crecimiento disminuyen, la transición a un mercado maduro por lo común produce cambios fundamentales en el ambiente competitivo de la industria:[7]

1. *La disminución del crecimiento de la demanda del comprador genera una mayor competencia directa por la participación de mercado.* Las empresas que quieren seguir un curso de crecimiento rápido empiezan a buscar formas de quitarles los clientes a sus competidores. La aparición de tácticas de reducción de precios, incremento de la publicidad y otras tanto o más agresivas para ganar una participación de mercado son muy comunes.
2. *Los compradores cada vez son más sofisticados, a menudo imponen una negociación más difícil en la secuencia de las compras.* Puesto que los compradores tienen

[7] Porter, *Competitive Strategy*, pp. 238-240.

experiencia con el producto y están familiarizados con las marcas de la competencia, son más capaces de evaluarlas y pueden utilizar su conocimiento para negociar un mejor producto con los vendedores.

3. *La competencia a menudo produce un mayor énfasis en el costo y el servicio.* A medida que todos los vendedores empiezan a ofrecer los atributos del producto que prefieren los compradores, las elecciones del comprador dependen cada vez más de cuál es el vendedor que ofrece la mejor combinación de precio y servicio.
4. *Las empresas tienen un problema de "excedente" cuando aumentan su capacidad de producción.* Los índices de crecimiento más lentos de la industria significan retrasos en la expansión de la capacidad. Cada empresa debe verificar los planes de expansión de sus rivales y elegir el momento oportuno para hacer sus propias adiciones a la capacidad, con el fin de reducir el exceso de oferta de la industria. Con un crecimiento más lento, el error de añadir demasiada capacidad súbitamente puede afectar en forma adversa las utilidades de la compañía en el futuro.
5. *Es más difícil encontrar innovaciones del producto y nuevas aplicaciones para su empleo final.* A los productores les resulta cada vez más difícil crear nuevas características atractivas, empleos adicionales para el producto y mantener el interés del comprador.
6. *Se incrementa la competencia internacional.* Las empresas domésticas orientadas al crecimiento empiezan a buscar oportunidades de ventas en los mercados extranjeros. Algunas compañías, en su búsqueda por reducir los costos, reubican sus plantas en países con índices de salarios más bajos. La mayor estandarización del producto y la difusión de la tecnología reducen las barreras para el ingreso y hacen posible que las empresas extranjeras emprendedoras se conviertan en serias contendientes en un mayor número de países. El liderazgo de la industria pasa a las compañías que crean poderosas posiciones competitivas en la mayor parte de los principales mercados geográficos del mundo y que obtienen mayores participaciones de mercado a nivel global.
7. *La rentabilidad de la industria disminuye temporal o permanentemente.* El crecimiento más lento, la creciente competencia, los compradores más exigentes y los periodos ocasionales de exceso de capacidad presionan los márgenes de utilidad de la industria. Las empresas más débiles y las menos eficientes por lo común son las que resultan afectadas con mayor severidad.
8. *La competencia más severa conduce a fusiones y adquisiciones entre los antiguos competidores, expulsa de la industria a las empresas más débiles y, en general, produce la consolidación de la industria.* Las empresas ineficientes y con estrategias competitivas débiles pueden lograr resultados respetables en una industria de rápido crecimiento con auge de las ventas. Pero la intensificación de la competencia, que resulta de la madurez de la industria, expone las debilidades competitivas y lanza a los competidores de segunda y tercera clases a una contienda en la cual sobrevive el más fuerte.

A medida que el nuevo carácter competitivo de la madurez de la industria empieza a tomar fuerza, surgen varias medidas estratégicas que pueden iniciar las empresas con el fin de reforzar sus posiciones competitivas.[8]

Recorte en la línea de productos Una extensa variedad de modelos, características y opciones del producto tiene un valor competitivo durante la etapa de crecimiento, cuando las necesidades de los compradores todavía evolucionan. Pero esa variedad puede

---

[8] La siguiente exposición se basa en Porter, *Competitive Strategy*, pp. 241-246.

En una industria que está madurando, el énfasis estratégico debe darse en medidas que incrementen la eficiencia y preserven las utilidades: recortar la línea de productos, mejorar los métodos de producción, reducir los costos, acelerar los esfuerzos de promoción de ventas, expandirse a nivel internacional y adquirir empresas en dificultades.

llegar a ser demasiado costosa en la medida en que la competencia de precios es más severa y se reducen los márgenes de utilidad. Mantener demasiadas versiones del producto impide que las empresas logren las economías de corridas de producción largas. Además, los precios de las versiones de venta más baja tal vez no cubren sus costos reales. La eliminación de los productos marginales de la línea, baja los costos y permite una mayor concentración en los artículos cuyos márgenes son más elevados y/o cuando la empresa tiene una ventaja competitiva.

Un mayor énfasis en las innovaciones del proceso Los esfuerzos para "reiventar" el proceso de fabricación pueden tener un resultado cuádruple: costos más bajos, una mejor calidad de la producción, mayor capacidad para producir versiones múltiples del producto o ajustadas a las necesidades y ciclos más breves desde el diseño hasta el mercado. La innovación del proceso puede implicar una mecanización de las actividades de costo elevado, la renovación de las líneas de producción para optimizar la eficiencia de la mano de obra, el desarrollo de una flexibilidad en el proceso de ensamble, que permita producir fácilmente versiones del producto ajustadas a las necesidades, la creación de equipos de trabajo autónomos, una reingeniería de la porción de fabricación de la cadena de valor y un creciente empleo de tecnología avanzada (automatización, controles computarizados y vehículos guiados automáticamente). Las empresas japonesas se han convertido en expertas en introducir innovaciones en el proceso de fabricación transformándose en productoras de bajo costo de productos de elevada calidad.

Un enfoque más poderoso en la reducción del costo La competencia de precios más rígida ofrece a las empresas un incentivo adicional para reducir sus costos por unidad. Esos esfuerzos pueden cubrir un frente amplio: las compañías pueden presionar a los proveedores para que les den mejores precios, cambiar a componentes de menor precio, desarrollar más diseños económicos del producto, eliminar de la cadena de valor las actividades de valor bajo, modernizar los canales de distribución y llevar a cabo una reingeniería de los procesos internos.

Incrementar las ventas a los clientes actuales En un mercado maduro, la decisión de crecer quitándole clientes a los rivales puede no ser tan atractiva como la de incrementar las ventas a los clientes leales. Las estrategias para incrementar las compras de estos clientes pueden implicar proporcionar artículos complementarios y servicios auxiliares y encontrar formas para que los clientes utilicen el producto más frecuentemente. Por ejemplo, las tiendas de alimentos preparados han impulsado las ventas promedio por cliente añadiendo renta de videos, cajeros automáticos y mostradores.

La compra de empresas rivales a precios de ganga En ocasiones, las instalaciones y los activos de los rivales que se encuentran en dificultades se pueden adquirir a un precio bajo. Las adquisiciones a precio de ganga pueden ayudar a crear una posición de bajo costo si también están presentes algunas oportunidades para una mayor eficiencia en la operación. Además, la base de clientes de una empresa adquirida puede proporcionar una cobertura más amplia del mercado. Las mejores adquisiciones son aquellas que incrementan la fortaleza competitiva de la empresa adquirente.

Expansión internacional A medida que madura su mercado doméstico, una empresa puede tratar de ingresar en mercados extranjeros en donde existe un potencial atractivo de crecimiento y las presiones competitivas no son especialmente fuertes. Varios fabricantes en países altamente industrializados encontraron atractiva la expansión internacional, debido a que el equipo que ya no era adecuado para las operaciones domésticas se podía utilizar en las plantas de los mercados extranjeros menos desarrollados (una condición que bajó los costos del ingreso). Esas posibilidades surgen cuando: 1) los compradores extranjeros tienen necesidades menos complejas y aplicaciones para el empleo final más sencillas y anticuadas, y 2) los competidores extranjeros son pequeños y no emplean tecnología de producción de vanguardia. Las estrategias para una expansión a nivel internacional también tienen sentido cuando las capacidades, la reputación y el producto de una empresa doméstica se puede transferir fácilmente a mercados extranjeros. Aun cuando el mercado estadounidense de bebidas no alcohólicas es maduro, Coca-Cola sigue siendo una compañía en crecimiento que intensifica sus esfuerzos para penetrar en mercados extranjeros en donde las ventas de esas bebidas aumentan rápidamente.

Desarrollo de capacidades nuevas o más flexibles Las presiones más rígidas de la rivalidad en un mercado que está en maduración, o maduro, a menudo se pueden combatir reforzando la base de recursos y las capacidades competitivas de la compañía, reforzando la competencias existentes para dificultar su imitación o esforzándose en hacer que las competencias centrales sean más flexibles y adaptables a los requerimientos y las expectativas cambiantes del cliente. Microsoft ha respondido al reto de los competidores ampliando su grupo ya de por sí numeroso de programadores con talento. Chevron ha desarrollado un equipo para detectar las mejores prácticas y un mapa de los recursos con las mejores prácticas que le permita optimizar su rapidez y su efectividad para transferir el perfeccionamiento de la eficiencia de una de sus refinerías de petróleo a las demás.

Peligros estratégicos

Tal vez el mayor error estratégico que puede cometer una compañía a medida que madura una industria, es seguir un curso intermedio entre el bajo costo, la diferenciación y el enfoque; es decir, combinar sus esfuerzos para lograr un bajo costo con otros para incorporar características de diferenciación y enfocarse en un mercado objetivo limitado. Ese tipo de arreglos estratégicos por lo común resultan en que una empresa acabe "atrapada a la mitad" con una estrategia confusa, escaso compromiso para lograr una ventaja competitiva basada ya sea en el bajo costo o en la diferenciación, una imagen promedio con los compradores y muy pocas oportunidades de integrarse a las filas de los líderes. Otros peligros estratégicos incluyen demasiada lentitud para adaptar las competencias y capacidades existentes a las expectativas cambiantes del cliente, concentrarse más en la rentabilidad a corto plazo que en crear o mantener una posición competitiva a largo plazo, responder tardíamente a las reducciones de precios, encontrarse atrapada en un exceso de capacidad a medida que el crecimiento disminuye, dilapidar los recursos en esfuerzos de mercadotecnia para fomentar el crecimiento de las ventas y no buscar una reducción de costos con la suficiente prontitud y agresividad.

Uno de los mayores errores que puede cometer una empresa en una industria que está madurando es buscar una avenencia entre el bajo costo, la diferenciación y el enfoque, de manera que acaba con una estrategia confusa, una identidad de mercado mal definida, ninguna ventaja competitiva y muy pocos prospectos para convertirse en líder.

ESTRATEGIAS PARA LAS EMPRESAS EN INDUSTRIAS ESTANCADAS O EN DECLIVE

Muchas empresas operan en industrias en donde la demanda apenas crece, se mantiene fija o incluso disminuye. Aun cuando la explotación del negocio para obtener el mayor flujo de efectivo, vender o preparar el cierre de las operaciones son estrategias obvias de final del juego para los competidores con escasos prospectos a largo plazo, los competidores poderosos pueden lograr un buen desempeño en un ambiente de mercado estancado. La demanda estancada en sí no basta para hacer que una industria deje de ser atractiva. La venta de la empresa puede o no ser práctica y el cierre de operaciones siempre es un último recurso Los negocios que compiten en industrias de lento crecimiento o en declive deben aceptar la difícil realidad de un ambiente de mercado estancado y resignarse a objetivos de desempeño compatibles con las oportunidades existentes. Los criterios del flujo de efectivo y de utilidad sobre la inversión son más apropiados que las medidas de desempeño orientadas al crecimiento, pero de ninguna manera se debe descartar el incremento en las ventas y en la participación de mercado. Los competidores más fuertes tal vez le pueden quitar las ventas a los rivales más débiles y la adquisición o la salida de las empresas más débiles crea oportunidades para que las restantes obtengan una mayor participación de mercado.

El logro de una ventaja competitiva en industrias estancadas o en decadencia por lo común requiere buscar uno de tres enfoques competitivos; el enfoque en segmentos del mercado en crecimiento dentro de la industria, la diferenciación con base en una mejor calidad y una frecuente innovación del producto, o transformarse en un productor de bajo costo.

En general, las compañías estancadas pueden utilizar alguno de los tres temas estratégicos siguientes:[10]

1. *Buscar una estrategia de enfoque identificando, creando y explotando los segmentos en crecimiento dentro de la industria.* Los mercados estancados o en decadencia, lo mismo que los demás, se componen de numerosos segmentos o nichos. Con frecuencia, uno o más de esos segmentos crecen rápidamente, a pesar del estancamiento en la industria como un todo. Un competidor alerta, que es el primero en concentrarse en segmentos atractivos y el crecimiento del mercado, puede escapar del estancamiento en las ventas y en las utilidades y posiblemente lograr una ventaja competitiva.
2. *Hacer hincapié en la diferenciación con base en el mejoramiento de la calidad y la innovación del producto.* Ya sea la calidad mejorada o la innovación pueden rejuvenecer la demanda al crear nuevos segmentos importantes de crecimiento o inducir a los compradores a cambiar. La innovación exitosa del producto abre una ruta para la competencia, además de igualar o mejorar los precios de los rivales. Esa diferenciación puede tener la ventaja adicional de que a las empresas rivales les resulte difícil o costoso imitarla.
3. *Trabajar con diligencia y persistencia para bajar los costos.* Cuando no es posible contar con que los incrementos en las ventas aumenten las ganancias, las compañías pueden mejorar sus márgenes de utilidad y sus ganancias sobre la inversión haciendo hincapié en el mejoramiento continuo de la productividad y en la reducción de costos año tras año. Las acciones potenciales que ahorran costos incluyen: *a*) recurrir a fuentes externas para las funciones y actividades que pueden desempeñar en una forma más económica; *b*) rediseñar totalmente los procesos internos del negocio; *c*) consolidar las instalaciones de producción utilizadas en un nivel inferior a su capacidad; *d*) añadir canales de distribución con el fin de asegurar el volumen de unidades necesario para una producción de bajo costo; *e*) eliminar las agencias de distribución de volumen bajo y costo elevado, y *f*) suprimir de la cadena de valor las actividades que sólo tienen un beneficio marginal.

Estos tres temas estratégicos no se excluyen mutuamente.[11] La introducción de nuevas versiones de un producto puede *crear* un segmento de rápido crecimiento del mercado. De manera similar, la búsqueda inexorable de mayor eficiencia en la operación permite reducciones del precio que pueden atraer al mercado una vez más a los compradores susceptibles al precio. Observe que los tres temas son derivaciones de las estrategias competitivas genéricas, ajustadas para adecuarse a las circunstancias de un ambiente industrial difícil.

---

[9] R. G. Hamermesh y S. B. Silk, "How to Compete in Stagnant Industries", en *Harvard Business Review* 57, núm. 5, septiembre-octubre de 1979, p. 161.

[10] *Ibid.*, p. 162.

[11] *Ibid.*, p. 165.

CÁPSULA ILUSTRATIVA 20 Estrategia de Yamaha en la industria de pianos

Desde hace varios años, la demanda de pianos ha disminuido; a mediados de la década de los ochenta, el detrimento fue de un 10 por ciento anual. Los padres de familia modernos no le conceden la misma importancia a que sus hijos tomen clases de música como lo hicieron las generaciones anteriores. En un esfuerzo por revitalizar su negocio de pianos, Yamaha hizo una investigación de mercado para enterarse del empleo que se les daba a los pianos en los hogares que contaban con uno. La encuesta reveló que la abrumadora mayoría de los 40 millones de pianos que había en los hogares estadounidenses, europeos y japoneses se utilizaba muy rara vez. En muchos de los casos ya no existían las razones por las cuales se adquirieron los pianos. Los niños habían dejado de tomar clases, o bien, ya habían crecido y abandonado el hogar; los adultos que seguían viviendo en esos hogares muy rara vez tocaban el piano, si es que lo hacían y sólo un pequeño porcentaje de ellos eran buenos pianistas. Casi todos los pianos tenían la función de un mueble más y estaban en buenas condiciones, a pesar de que no los afinaban con regularidad. La encuesta también reveló que los niveles de ingresos de los propietarios de pianos eran superiores al promedio.

Los estrategas vieron los pianos en esos hogares de ingresos superiores como una oportunidad de mercado potencial. La estrategia que surgió implicaba la venta de un aditamento que convertiría el piano en un instrumento que podría tocar automáticamente una vasta selección de música grabada en discos blandos de 3.5 pulgadas (de la misma clase que se utiliza para guardar datos de la computadora). El aditamento para la conversión del piano tenía un precio de 2 500 dólares. Al mismo tiempo, Yamaha introdujo el Disklavier, un modelo de piano acústico vertical que podía tocar y *grabar* ejecuciones hasta de 90 minutos de duración; el Disklavier tenía un precio al menudeo de 8 000 dólares. A finales de 1988, Yamaha ofrecía 30 discos pregrabados a un precio de 29.95 dólares cada uno y desde entonces ha producido un flujo continuo de nuevas selecciones. Yamaha creía que estos nuevos productos de alta tecnología tenían el potencial de invertir la tendencia descendente en las ventas de pianos.

Las industrias en declive más atractivas son aquellas en las cuales las ventas se erosionan lentamente, existe una gran demanda inherente y quedan algunos nichos atractivos. Los errores estratégicos más comunes que cometen las compañías en los mercados estancados y en decadencia son: 1) encontrarse atrapadas en una guerra de fricciones que no es rentable; 2) desviar con suma rapidez demasiado efectivo fuera del negocio (erosionando todavía más el desempeño), y 3) ser demasiado optimistas sobre el futuro de la industria e invertir mucho en mejoras, en espera de que la situación se corrija.

La cápsula ilustrativa 20 describe el enfoque creativo adoptado por Yamaha para invertir la declinación de la demanda de pianos.

ESTRATEGIAS PARA COMPETIR EN INDUSTRIAS FRAGMENTADAS

Varias industrias están pobladas por cientos, incluso miles, de compañías pequeñas y medianas, muchas de ellas de propiedad privada y ninguna con una considerable participación de las ventas totales de la industria.[12] La característica competitiva sobresaliente de una industria fragmentada es la ausencia de líderes de mercado con participaciones muy grandes o con un amplio reconocimiento del comprador. Algunos ejemplos de industrias fragmentadas incluyen edición de libros, invernaderos, desarrollo de bienes raíces, banca, catálogos de ventas por correo, transporte de mercancía, restaurantes y cadenas de alimentos de preparación rápida, contaduría pública, fabricación y venta al menudeo de prendas de vestir, cajas de cartón, hoteles y moteles, cabañas y muebles.

Cualquiera de las siguientes razones pueden explicar por qué el lado de la oferta de una industria está fragmentado:

- Las barreras de ingreso bajas permiten que las pequeñas empresas lo hagan con rapidez y en forma económica.

[12] Esta sección se resumió de Porter, *Competitive Strategy*, capítulo 9.

- Las tecnologías incorporadas en la cadena de valor de la industria se expanden hacia tantas nuevas áreas y a lo largo de tantas rutas diferentes, que la especialización es esencial tan sólo para mantenerse al parejo en cualquier área de experiencia.
- La ausencia de grandes economías de escala en la producción permite que las pequeñas compañías compitan sobre una base de costo igual con las grandes empresas.
- Los compradores requieren cantidades relativamente pequeñas de productos ajustados a sus necesidades (como en el caso de las formas de negocios, el diseño de interiores y la publicidad); debido a que la demanda de cualquier versión particular de un producto es pequeña, los volúmenes de ventas no son adecuados para respaldar la producción, la distribución o el marketing en una escala que ofrezca ventajas a una empresa grande.
- El mercado para el producto/servicio de la industria se está volviendo global, lo que permite que los competidores en un número de países cada vez mayor se sientan atraídos hacia un mismo terreno competitivo del mercado (como en el caso de la fabricación de prendas de vestir).
- La demanda del mercado es tan grande y tan diversa que se necesita un gran número de empresas para ajustarse a los requerimientos del comprador (restaurantes, energía, prendas de vestir, productos de cómputo y *software* para computadoras).
- La industria es tan nueva que ninguna empresa ha desarrollado todavía su base de recursos y sus capacidades competitivas como para lograr una participación de mercado significativa.

Algunas empresas fragmentadas se consolidan de una manera natural a medida que maduran. La competencia más severa que acompaña al crecimiento más lento afecta a las empresas débiles e ineficaces, lo que conduce a una mayor concentración de los vendedores más grandes y más visibles. Otras mantienen su competitividad en un grado mínimo, debido a que es algo inherente a la naturaleza de sus negocios. Y otras más continúan atrapadas en un estado fragmentado, debido a que las empresas existentes carecen de recursos o de iniciativa para emplear una estrategia lo bastante poderosa como para impulsar la consolidación de la industria.

La rivalidad competitiva en una industria fragmentada puede variar desde moderada hasta intensa. Las barreras bajas provocan que el ingreso de nuevos competidores sea una amenaza constante. La competencia de los sustitutos puede o no ser un factor importante. El tamaño relativamente pequeño de las compañías en industrias fragmentadas las coloca en una posición débil para negociar con los proveedores y compradores poderosos, aun cuando en ocasiones se pueden convertir en miembros de una cooperativa, utilizando su apalancamiento combinado para negociar mejores términos de ventas y compras. En un ambiente así, lo mejor que puede esperar una empresa es cultivar una base de clientes leales y un crecimiento un poco más rápido que el promedio de la industria. Las estrategias competitivas con base en el bajo costo o la diferenciación del producto son viables, a menos de que el producto de la industria sea altamente estandarizado (como arena, bloques de concreto, cajas de cartón, etcétera). El enfoque en un nicho del mercado bien definido o en un segmento de compradores, por lo común ofrece un mayor potencial para una ventaja competitiva que esforzarse por un atractivo de mercado más amplio. Las opciones adecuadas en una industria fragmentada incluyen:

- *Construcción y operación de instalaciones de "fórmula"*. Este enfoque estratégico se emplea con frecuencia en los restaurantes y negocios al menudeo que operan en múltiples ubicaciones. Implica la construcción en ubicaciones favorables de sucursales estandarizadas a un costo mínimo para después pulir la forma de operar todas las sucursales de una manera eficiente. McDonald's, Home

Depot y 7-Eleven han seguido esta estrategia a la perfección, ganando excelentes utilidades en sus respectivas industrias.

- *Convertirse en un operador de bajo costo.* Cuando la competencia de precios es intensa y los márgenes de utilidad se encuentran bajo presión constante, las compañías pueden hacer hincapié en operaciones sin ningún extra que se caracterizan por gastos generales bajos, mano de obra de elevada productividad y bajo costo, presupuestos de capital reducidos y la búsqueda minuciosa de la eficiencia total de la operación.
- *Incrementar el valor para el cliente mediante la integración.* La integración hacia atrás o hacia adelante en actividades adicionales de la cadena de valor puede ofrecer oportunidades para lograr costos más bajos o mejorar el valor proporcionado a los clientes. Un ejemplo es un proveedor que se hace cargo de la fabricación de varias partes relacionadas, de ensamblarlas en un sistema modular de componentes y de proporcionar al fabricante final algo que se inserta o se agrega fácilmente al producto terminado. Otro ejemplo es un fabricante que abre una serie de centros de distribución regionales para proporcionar a los minoristas del área, un servivio de entrega las 24 horas del día.
- *Especialización por tipo de producto.* Cuando los productos de una industria fragmentada incluyen una gama de estilos o servicios, una estrategia para enfocarse en una categoría de producto/servicio puede ser muy efectiva. Algunas empresas en la industria de muebles se especializan sólo en un tipo de particular, como camas de latón, ratán y mimbre, muebles para jardín o Early American. En la reparación de automóviles, las compañías se especializan en reparación de transmisiones, trabajo de carrocería o cambios de aceite rápidos.

En las industrias fragmentadas, los competidores por lo común disfrutan de una amplia libertad estratégica para: 1) competir ampliamente o enfocarse y 2) buscar una ventaja competitiva basada ya sea en el bajo costo o en la diferenciación.

- *Especialización por tipo de cliente.* Una empresa puede delimitar un nicho de mercado en una industria fragmentada complaciendo a aquellos clientes que: 1) se interesan en atributos únicos del producto, características ajustadas a sus necesidades, servicio amable y otros "extras"; 2) son los menos sensibles al precio y 3) tienen el menos ventajas para negociar (debido a que son pequeños o compran pequeñas cantidades).
- *Enfoque en un área geográfica limitada.* Aun cuando una empresa en una industria fragmentada no puede obtener una participación considerable de las ventas totales a nivel de toda la industria, puede dominar en un área local/regional. La concentración de los esfuerzos de la compañía en un territorio limitado puede producir una mayor eficiencia en la operación, entrega rápida y servicios al cliente, promover una poderosa conciencia de la marca y permitir una saturación de la publicidad, al mismo tiempo que evita las deseconomías de ampliar su operaciones hacia un área mucho más vasta. Los supermercados, los bancos y los minoristas de artículos deportivos operan con éxito en múltiples ubicaciones dentro de un área geográfica limitada.

En las industrias fragmentadas, las empresas por lo general disfrutan de libertad estratégica para buscar objetivos de mercado amplios o limitados y ventajas competitivas con base en el bajo costo o la diferenciación. Muchos enfoques estratégicos diferentes pueden existir unos al lado de otros.

ESTRATEGIAS PARA COMPETIR EN MERCADOS INTERNACIONALES

Las compañías se sienten motivadas para expandirse hacia los mercados internacionales por cualquiera de las siguientes razones:

- *Buscar nuevos clientes para sus productos o servicios.* La venta en mercados de otros países puede impulsar ingresos y utilidades elevados y proporcionar una ruta para índices de crecimiento atractivos y sostenibles a largo plazo.
- *Una necesidad competitiva de lograr costos más bajos.* Muchas compañías se sienten impulsadas a vender en más de un país debido a que el volumen de ventas en sus propios mercados domésticos ya no es suficiente como para sostener totalmente las economías de escala de fabricación; además, la ubicación de plantas o de otras operaciones en países en donde los costos de mano de obra, materiales o tecnología son más bajos, a menudo puede mejorar considerablemente la competitividad de costo de una empresa.
- *Aprovechar las fortalezas de sus competencias y recursos.* Una compañía con competencias y capacidades valiosas puede apalancarlas en una posición de ventaja en mercados extranjeros, así como en su mercado doméstico.
- *Obtener depósitos valiosos de recursos naturales en otros países.* En las industrias basadas en recursos naturales (como petróleo y gas, minerales, caucho y madera), las compañías a menudo encuentran que es necesario buscar el acceso a suministros atractivos de materia prima en países extranjeros.
- *Repartir su riesgo de negocios a lo largo de una base de mercado más amplia.* Una compañía reparte su riesgo de negocios operando en varios países extranjeros diferentes, en vez de depender totalmente de las operaciones en su mercado doméstico.

Cualquiera que sea la motivación para operar en un país extranjero, las estrategias para competir a nivel internacional deben estar impulsadas por la situación. Se debe prestar atención especial a la forma en la cual difieren los mercados nacionales en lo concerniente a los hábitos y necesidades del comprador, los canales de distribución, el potencial de crecimiento a largo plazo, las fuerzas impulsoras y las presiones competitivas. Además de las diferencias de mercado básicas de un país a otro, existen otras cuatro consideraciones sobre situaciones que son únicas de las operaciones internacionales: variaciones del costo entre los países, tasas de cambio fluctuantes, políticas comerciales del gobierno anfitrión y patrón de la competencia internacional.

La competencia en los mercados internacionales plantea un mayor reto para el diseño de la estrategia que la competencia únicamente en el mercado doméstico de la compañía.

Variaciones de costo de un país a otro Las diferencias en índices de salarios, productividad, tasas de inflación, costos de energía, tasas de impuestos, regulaciones gubernamentales y otros aspectos semejantes, crean considerables variaciones en los costos de fabricación de un país a otro. Las plantas en algunos países tienen considerables ventajas de costo en la fabricación, debido a los costos más bajos de las entradas (en especial de la mano de obra), a regulaciones gubernamentales relajadas o a recursos naturales únicos. En tales casos, los países de más bajo costo se convierten en importantes sitios de producción y la mayor parte de ésta se exporta a los mercados de otras partes del mundo. La compañías que tienen instalaciones en esos lugares (o que les compran sus productos a fabricantes por contrato en esos países) poseen una ventaja competitiva. El papel de los costos bajos de fabricación es más evidente en los países con salarios bajos como Taiwán, Corea del Sur, China, Singapur, Malasia, Vietnam, México y Brasil, que se han convertido en refugios para la producción de bienes con un elevado contenido de mano de obra.

Otra consideración importante del costo de fabricación en la competencia internacional es el concepto de la *participación de fabricación*, que difiere de la participación de la marca o de mercado. Por ejemplo, aun cuando menos del 40 por ciento de las grabadoras de video que se venden en Estados Unidos son de marcas japonesas, las compañías de este país se encargan del 100 por ciento de la fabricación; todos los vendedores les compran sus grabadoras de video a los fabricantes japoneses.[13] En el caso de los hornos de microondas, las marcas japonesas tienen menos del 50 por ciento de participación de mercado en Estados Unidos, pero la participación de fabricación de las compañías japonesas es superior al 85 por ciento. *La participación de fabricación es significativa debido a que es un mejor indicador que la participación de mercado de quién es el productor de más bajo costo en la industria.* En una industria competitiva a nivel global, en la que algunos competidores están resueltos a lograr el dominio total, el hecho de ser el productor de costo más bajo de todo el mundo es una poderosa ventaja competitiva. El logro de la posición de productor de bajo costo a menudo requiere que una compañía tenga la mayor participación de fabricación de todo el mundo, con su producción centralizada en una o varias plantas supereficientes. Sin embargo, las importantes economías de marketing y distribución asociadas con las operaciones multinacionales, también pueden proporcionar un liderazgo de bajo costo.

Tasas de cambio fluctuantes La volatilidad de las tasas de cambio complica en gran medida el aspecto de las ventajas de costo geográficas. Las tasas de cambio de las divisas a menudo fluctúan de un 20 a un 40 por ciento anual. Los cambios de esta magnitud pueden borrar totalmente la ventaja de bajo costo de un país o transformar una ubicación de costo elevado en una de costo competitivo. Un dólar estadounidense fuerte hace que a las compañías de ese país les resulte más atractivo fabricar en los países extranjeros. Un dólar a la baja puede eliminar gran parte de la ventaja de costo que tienen los fabricantes extranjeros sobre los fabricantes estadounidenses, e incluso incitar a las compañías de otros países a establecer plantas de producción en Estados Unidos.

Políticas comerciales del gobierno anfitrión Los gobiernos nacionales promulgan toda clase de medidas que afectan el comercio internacional y la operación de compañías extranjeras en sus mercados. Los gobiernos anfitriones pueden imponer aranceles y cuotas de importación, establecer requerimientos locales sobre el contenido de los bienes que fabrican dentro de sus fronteras las compañías con base en el extranjero y regular los precios de los bienes importados. Además, los extranjeros se pueden enfrentar a toda una red de regulaciones concernientes a estándares técnicos, certificación del producto, aprobación previa de los proyectos que requieren un gasto de capital, retiro de fondos del país y propiedad minoritaria (en ocasiones mayoritaria) de los ciudadanos locales. Algunos gobiernos también proporcionan subsidios y préstamos con un interés bajo a las compañías domésticas, para ayudarlas a competir con las extranjeras. Otros gobiernos, ansiosos por obtener nuevas plantas y trabajos, ofrecen su ayuda a las compañías extranjeras en forma de subsidios, acceso privilegiado al mercado y asistencia técnica.

Competencia de múltiples países *versus* competencia global

Existen diferencias importantes en los patrones de la competencia internacional de una industria a otra.[14] En un extremo se encuentran la *competencia de múltiples países* o *competencia multidoméstica*, en la que el mercado de cada país es autocontenido; los compradores en varios países tienen diferentes expectativas y poseen distintos estilos y características; la competencia en cada mercado nacional es independiente de la competencia en otros mercados nacionales y el grupo de rivales que compiten en cada país

[13] C. K. Prahalad e Yves L. Doz, *The Multinational Mission*, Free Press, Nueva York, 1987, p. 60

[14] Michael E. Porter, *The Competitive Advantage of Nations*, Free Press, Nueva York, 1990, pp. 53-54.

La* competencia en múltiples países (*o* multidoméstica) *existe cuando la competencia en un mercado nacional es independiente de la de otro mercado nacional, es decir, cuando no existe un "mercado internacional" sino sólo una colección de mercados nacionales autocontenidos.

difiere de un lugar a otro. Por ejemplo, existe una industria bancaria en Francia, una en Brasil y una en Japón, pero las condiciones de mercado y las expectativas del comprador de los serviciós bancarios difieren notablemente entre los tres países. Los principales competidores bancarios en Francia difieren de los de Brasil o de Japón, y la batalla que ocurre entre los principales bancos en Francia no está relacionada con la rivalidad que existe en Brasil o Japón. Debido a que el mercado de cada país es autocontenido en la competencia entre múltiples países, la reputación, la base de clientes y la posición competitiva de una compañía en un país tiene muy poca o ninguna relación con su capacidad para competir con éxito en otro. Como consecuencia, el poder de la estrategia de una compañía en un país y cualquier ventaja competitiva que produzca están limitadas en gran parte a ese lugar y no se extienden a los demás países en donde opera. *En el caso de la competencia en múltiples países, no hay un "mercado internacional", sólo una colección de mercados nacionales autocontenidos.* Las industrias que se caracterizan por una competencia en múltiples países incluyen cerveza, seguros de vida, prendas de vestir, fabricación de metales, muchos tipos de productos alimenticios (café, cereales, alimentos enlatados, alimentos congelados) y muchos tipos al menudeo.

En el otro extremo está la *competencia global*, en la que los precios y las condiciones competitivas entre los mercados de los países están poderosamente vinculados unos con otros y el término de mercado internacional o global tiene un significado real. En una industria global, la posición competitiva de una compañía en un país afecta y a la vez resulta afectada por su posición en otros países. Las compañías rivales compiten unas con otras en muchos países diferentes, pero en especial en aquellos en donde los volúmenes de ventas son grandes y en donde el hecho de tener una presencia competitiva es de importancia estratégica para crear una poderosa posición global en la industria. En la competencia global, la ventaja total de una empresa deriva de sus operaciones mundiales totales; la ventaja competitiva de la cual disfruta en su base doméstica está vinculada con las ventajas que se derivan de sus operaciones en otros países (tener plantas en lugares con un nivel de salarios bajo, una capacidad de servir a los clientes corporativos con operaciones multinacionales de su propiedad y una reputación de la marca que es transferible de un país a otro). *La fortaleza de mercado de un competidor global es directamente proporcional a su cartera de ventajas competitivas con base en un país.* La competencia global existe en automóviles, aparatos de televisión, neumáticos, equipo de telecomunicaciones, copiadoras, relojes y aviones comerciales.

La* competencia global *existe cuando las condiciones competitivas en todos los mercados nacionales están vinculadas con la fuerza suficiente para constituir un verdadero mercado internacional y cuando los principales competidores intervienen directamente en muchos países diferentes.

En la competencia en múltiples países, las empresas rivales lo hacen por el liderazgo en el mercado nacional. En las industrias competitivas a nivel global, las empresas rivales compiten por el liderazgo mundial.

Una industria puede tener segmentos que son competitivos a nivel global y otros en donde la competencia se da país por país.[15] Por ejemplo, en la industria de hoteles y moteles, los segmentos de precios bajo y medio se caracterizan por una competencia en múltiples países, debido a que los competidores sirven principalmente a los viajeros dentro del mismo país. Sin embargo, en los segmentos de negocios y de lujo la competencia es más globalizada. Las compañías como Nikki, Marriott, Sheraton y Hilton tienen ubicaciones internacionales y utilizan sistemas de reservaciones a nivel mundial y estándares comunes de calidad y servicio para obtener ventajas competitivas con los viajeros frecuentes.

En el caso de los lubricantes, el segmento de motores marítimos es competitivo a nivel global, debido a que los barcos se trasladan de un puerto a otro y requieren el mismo aceite en donde quiera que hacen escala. Las reputaciones de la marca tienen un alcance global y los productores exitosos de lubricantes para motores marítimos (Exxon, British Petroleun y Shell) operan a nivel global. Sin embargo, en el caso de los lubrican-

[15] *Ibid.*, p. 61.

tes para motores de automóviles domina la competencia en múltiples países. Cada país tiene condiciones climatológicas y patrones para conducir diferentes, la producción está sujeta a economías de escala limitadas, los costos de envío son elevados y los canales de distribución al menudeo difieren en forma marcada de un país a otro. Por consiguiente, las empresas domésticas como Quaker State y Pennzoil en Estados Unidos o Castrol en Gran Bretaña, pueden ser líderes en sus mercados domésticos sin competir a nivel global.

Todas estas consideraciones, junto con las diferencias culturales y políticas obvias entre los países, modelan el enfoque estratégico de una compañía en los mercados internacionales.

Tipos de estrategias internacionales

Una compañía que participa en los mercados internacionales tiene siete opciones estratégicas:

1. *Otorgar una concesión a empresas extranjeras para que utilicen la tecnología o los productos de la compañía y los distribuyan* (en cuyo caso los ingresos internacionales serán iguales a los ingresos de las regalías del contrato de concesión).
2. *Mantener una base de producción nacional (en un país) y exportar los bienes a los mercados extranjeros*, utilizando canales de distribución ya sean propiedad de la compañía o integrados hacia adelante, propiedad de extranjeros.
3. *Seguir una estrategia de múltiples países*, variando el enfoque estratégico de la compañía (poco o mucho) de un país a otro, conforme a las diferentes necesidades del comprador y a las condiciones competitivas. Aun cuando la compañía puede utilizar el mismo tema competitivo básico (bajo costo, diferenciación, mejor costo), en los mercados de la mayor parte de los países, o en todos, los atributos del producto se ajustan a las preferencias y expectativas de los compradores locales, y la base de clientes objetivo puede variar desde un enfoque amplio en algunos países hasta uno limitado en otros. Además, las medidas estratégicas en un país se toman independientemente de las de otro; la coordinación estratégica entre los países es una prioridad más baja que el ajuste de la estrategia de la compañía con el mercado del país anfitrión y con las condiciones competitivas.
4. *Seguir una estrategia global de bajo costo* y esforzarse por ser un proveedor de bajo costo para los compradores en la mayor parte o en todos los mercados estratégicamente importantes del mundo. Los esfuerzos estratégicos de la compañía se coordinan a nivel mundial, con el fin de lograr una posición de bajo costo en relación con los competidores.
5. *Seguir una estrategia de diferenciación global* mediante la cual el producto de la compañía se diferencia con los mismos atributos en todos los países, con el fin de crear una imagen y un lema competitivos compatibles a nivel mundial. Las medidas estratégicas de la compañía se coordinan entre todos los países, para lograr una diferenciación compatible a nivel mundial.
6. *Seguir una estrategia de enfoque global*, sirviendo al mismo nicho identificable en cada uno de los mercados de los países estratégicamente importantes. Las acciones estratégicas se coordinan a nivel global para lograr un enfoque competitivo basado en el bajo costo o en la diferenciación en el nicho objetivo a nivel mundial.
7. *Seguir una estrategia global de proveedor del mejor costo* y esforzarse por igualar a los rivales en los mismos atributos del producto y de derrotarlos en el costo y el precio *a nivel mundial*.Las medidas estratégicas de la empresa en el mercado de cada país se coordinan con el propósito de lograr una posición congruente del mejor costo en todo el mundo.

Las concesiones tienen sentido cuando una empresa con un acervo de conocimientos técnicos valiosos o con un producto patentado único, no tiene ni la capacidad interna ni los recursos necesarios para competir de una manera efectiva en los mercados extranjeros. Al otorgarles una concesión de la tecnología o de los derechos de producción a empresas con base en el extranjero, la compañía por lo menos obtiene el ingreso por regalías.

La utilización de plantas domésticas como una base de producción para la exportación de bienes a mercados extranjeros, es una excelente estrategia inicial para lograr ventas a nivel internacional. Minimiza tanto el riesgo como los requerimientos de capital y es una forma conservadora de "hacer la prueba en aguas internacionales". Con una estrategia de exportación, un fabricante puede limitar su participación en mercados externos, celebrando contratos con mayoristas extranjeros experimentados en la importación, para que manejen toda la función de distribución y markenting en sus países o regiones. Si es mejor mantener un control sobre esas funciones, el fabricante puede establecer sus propias organizaciones de distribución y ventas en algunos o en todos los mercados extranjeros objetivo. En cualquier forma, una empresa minimiza sus inversiones directas en países extranjeros, gracias a su estrategia de producción y exportación con base doméstica. Esas estrategias por lo común son las preferidas de las compañías coreanas e italianas; los productos se diseñan y se fabrican a nivel doméstico y sólo las actividades de marketing se desempeñan en el extranjero. El hecho de que esta estrategia se pueda implantar con éxito a largo plazo, depende de la relativa competitividad de costo de una base de producción en el país de origen. En algunas industrias, las empresas ganan economías de escala y beneficios adicionales en la curva de la experiencia, debido a la centralización de su producción en una o varias plantas gigantescas, cuya capacidad excede a la demanda en cualquier mercado de un país; obviamente, para sostener esas economías, una compañía debe exportar a mercados en otros países. Sin embargo, esta estrategia es vulnerable cuando los costos de fabricación en el país de origen son mucho más elevados que en los países extranjeros en donde los rivales tienen plantas. Los pros y los contras de una estrategia de múltiples países *versus* una estrategia global, son un poco más complejos.

¿Una estrategia de múltiples países o una estrategia global?

Una estrategia de múltiples países es apropiada para las industrias en la que domina la competencia entre varios países, pero una estrategia global funciona mejor en los mercados que son globalmente competitivos o que se empiezan a globalizar.

La necesidad de abordar una estrategia de múltiples países deriva de las diferencias, en ocasiones grandes, de las condiciones culturales, económicas, políticas y competitivas entre los diferentes países. Mientras más diversas son las condiciones del mercado nacional, más poderosa es la necesidad de una *estrategia de múltiples países*, en donde la compañía ajusta su enfoque estratégico a la situación del mercado de cada país anfitrión. Generalmente, las compañías que emplean una estrategia de múltiples países utilizan el mismo tema competitivo básico (bajo costo, diferenciación o mejor costo) en cada país, haciendo cualesquiera variaciones específicas del país necesarias para satisfacer mejor a los clientes y posicionarse contra los rivales locales. Se pueden orientar a mercados amplios que son su objetivo y enfocarse de una manera más aguda en un nicho particular que en otros. Mientras mayores sean las variaciones de un país a otro, la estrategia internacional total de una compañía se convierte en una colección de sus estrategias en cada país.[16]

Aun cuando las estrategias de múltiples países son más adecuadas para las industrias en los que domina la competencia entre varios países, las estrategias globales son

[16] Sin embargo, es posible vincular las estrategias en diferentes países haciendo un esfuerzo para transferir ideas, tecnologías, competencias y capacidades que funcionan con éxito en el mercado de un país al mercado de otro, siempre que dicha trasferencia parezca ventajosa. Se puede pensar en las operaciones en

más adecuadas para las industrias competitivas a nivel global. Una *estrategia global* es aquella en la que el enfoque de una compañía hacia la competencia es casi igual en todos los países. Aun cuando existan diferencias *mínimas* de un país a otro para adaptarse a las condiciones específicas en los países anfitriones, el enfoque fundamental de la compañía (bajo costo, diferenciación o mejor costo) sigue siendo el mismo en todo el mundo. Además, una estrategia global implica: 1) integrar y coordinar las medidas estratégicas de la compañía en todo el mundo y 2) vender en todo los países donde haya una demanda significativa. La tabla 6.1 proporciona una comparación punto por punto de las estrategias de múltiples países *versus* las globales. La cuestión de cuál de esas dos estrategias se debe buscar es el problema estratégico más importante al que se enfrentan las empresas cuando compiten en los mercados internacionales.

La fortaleza de una estrategia de múltiples países radica en que iguala el enfoque competitivo de la compañía con las circunstancias del país anfitrión. Una estrategia de múltiples países es esencial cuando existen diferencias significativas de un país a otro en lo que concierne a las necesidades y los hábitos de compra de los clientes (véase la Cápsula ilustrativa 21), cuando los compradores en un país insisten en productos especiales sobre pedido o altamente adecuados a sus necesidades, cuando las regulaciones requieren que los productos que se venden localmente cumplan con especificaciones de fabricación o estándares de desempeño estrictos y cuando las restricciones comerciales son tan diversas y complicadas que impiden un enfoque de mercado uniforme y coordinado a nivel mundial. Sin embargo, una estrategia de múltiples países tiene dos grandes desventajas: es muy difícil transferir y exportar las competencias y los recursos de una compañía a través de las fronteras de los diversos países y no promueve el desarrollo de una ventaja competitiva única y solidificada. La orientación principal de una estrategia de múltiples países es una actitud que responde a las condiciones locales del país, no al desarrollo de competencias y capacidades competitivas que en última instancia pueden producir una ventaja sobre otros rivales internacionales y sobre las compañías domésticas de los países anfitriones.

Una estrategia global, debido a que es más uniforme de un país a otro, se puede concentrar en el desarrollo de fortalezas de recursos para asegurar una ventaja sostenible basada en el bajo costo o en la diferenciación, tanto sobre los rivales internacionales como los domésticos. Siempre que las diferencias de un país a otro son lo bastante pequeñas para ajustarse dentro de la estructura de una estrategia global, es preferible una estrategia global a una de múltiples países, debido a que los rivales no pueden igualar fácilmente los esfuerzos de una compañía a nivel mundial para desarrollar competencias y capacidades poderosas y valiosas desde el punto de vista de la competencia.

Estrategia global y ventaja competitiva

Una empresa puede ganar una ventaja competitiva (o compensar las desventajas domésticas) con una estrategia global en dos formas.[17] Una de ellas aprovecha la capacidad de un competidor global para desplegar sus actividades de investigación y desarrollo, fabricación de partes, ensamble, centros de distribución, ventas y marketing, centros de servicio al cliente y otras actividades entre los países, de tal manera que baje sus costos o logre una mayor diferenciación del producto. Una segunda forma se basa en la capacidad de un competidor global para profundizar o ampliar sus fortalezas de recur-

---

cada país como si fueran "experimentos" que dan por resultado un aprendizaje o habilidades que ameritan su transferencia a los mercados de otros países. Para mayores detalles sobre la utilidad de una estrategia "transaccional", véase C. A. Bartlett y S. Ghoshal, *Managing Across Borders: The Transnational Solution*, Harvard Business School Press, Boston, 1989.

[17] *Ibid.*, p. 54.

TABLA 6-1 Diferencias entre las estrategias de múltiples países y las globales

	Estrategia de múltiples países	Estrategia global
Arena estratégica	• Países y áreas comerciales seleccionados como objetivo	• La mayor parte de los países que constituyen mercados críticos para el producto, por lo menos en Norteamérica, la Comunidad Europea y la Costa del Pacífico (Australia, Japón, Corea del Sur y el Sureste de Asia).
Estrategia de negocios	• Estrategias adaptadas según las necesidades para ajustarse a las circunstancias de la situación de cada país anfitrión; muy poca o ninguna coordinación de la estrategia entre los países.	• La misma estrategia básica en todo el mundo; variaciones mínimas de un país a otro en donde es esencial.
Estrategia de la línea de productos	• Adaptada a las necesidades locales.	• En su mayor parte, los mismos atributos y variedad de modelos/estilos en todo el mundo.
Estrategia del producto	• Plantas dispersas en muchos países anfitriones.	• Plantas ubicadas sobre la base de una ventaja competitiva máxima (en los países de bajo costo, cerca de los principales mercados, geográficamente dispersas para minimizar los costos de envío o empleo de algunas plantas a escala mundial para maximizar las economías de escala, según sea más apropiado).
Fuente de suministro de materia prima y componentes	• Se prefiere a los proveedores en los países anfitriones (instalaciones locales que satisfagan las necesidades del comprador local; el gobierno anfitrión puede requerir que se recurra a algunas fuentes locales).	• Proveedores atractivos ubicados en cualquier parte del mundo.
Mercadotecnia y distribución	• Adaptadas a las prácticas y la cultura de cada país anfitrión.	• Una mayor coordinación a nivel mundial; una adaptación mínima a las situaciones del país anfitrión, si así se requiere.
Organización de la compañía	• Crear compañías subsidiarias para el manejo de las operaciones en cada país anfitrión; cada subsidiaria opera en forma más o menos autónoma para ajustarse a las condiciones del país anfitrión.	• Todas las decisiones estratégicas importantes se coordinan estrechamente en las oficinas principales globales; se utiliza una estructura organizacional global para unificar las operaciones en cada país.

CÁPSULA ILUSTRATIVA 21 Estrategias de múltiples países: Microsoft en *software* para PC's y Nestlé en café instantáneo

Con el fin de servir mejor a las necesidades de los usuarios en los países extranjeros, Microsoft modifica muchos de sus productos de *software* para que reflejen los idiomas locales. Por ejemplo, en Francia todos los mensajes y la documentación del usuario están en francés y las referencias monetarias se dan en francos franceses. En el Reino Unido, las referencias monetarias están dadas en libras británicas y los mensajes y la documentación del usuario reflejan ciertos convencionalismos de Gran Bretaña. Varios productos de Microsoft han sido modificados para más de 30 idiomas.

Nestlé es la compañía de productos alimenticios más grande del mundo, con más de 50 000 millones de dólares de ingresos, una penetración de mercado en los principales continentes y con plantas en más de 70 países. Un integrante destacado en la línea de productos alimenticios de Nestlé es su café, que da razón de más de 5 000 millones de dólares en ventas y de 600 millones de dólares en utilidades de operación. Nestlé es el productor de café más grande del mundo. Produce 200 tipos de café instantáneo, desde las mezclas más ligeras para el mercado de Estados Unidos hasta los expresos oscuros para Latinoamérica. Para mantener su café instantáneo al gusto del consumidor en diferentes países (y en áreas dentro de algunos países), Nestlé opera cuatro laboratorios de investigación del café para experimentar con nuevas mezclas en aroma, sabor y color. La estrategia es igualar las mezclas que se venden en cada país con los gustos y preferencias de los consumidores de café en ese país, introduciendo nuevas mezclas para desarrollar nuevos segmentos cuando aparece una oportunidad y alterando las mezclas según sea necesario para responder a los gustos y hábitos variables del comprador.

En Gran Bretaña, Nestlé llevó a cabo una extensa campaña publicitaria para desarrollar una amplia base de consumidores de café instantáneo. En Japón, donde el Nescafé se consideraba un artículo de lujo, la compañía hizo que sus mezclas japonesas estuvieran disponibles en envases atractivos, apropiados para guardarlos como un obsequio. En 1993, Nestlé empezó a introducir Nescafé —su café instantáneo— y Coffee-Mate —la crema en polvo— en varias ciudades grandes de China. Desde 1992, la marca Nescafé de la compañía ha sido líder en el segmento de café instantáneo virtualmente en todos los mercados nacionales, con excepción de Estados Unidos, en donde califica como la número dos, después de Maxwell House.

Fuente: Reportes anuales de la compañía y Shawn Tully, "Nestlé Shows How to Gobble Markets", en *Fortune*, 16 de enero de 1989, pp. 74-78 y "Nestlé: A Giant in a Hurry", en *Business Week*, 22 de marzo de 1993, pp. 50-54.

sos y sus capacidades y coordinar sus actividades dispersas en formas que un competidor exclusivamente doméstico no puede lograr.

Actividades de ubicación. Para utilizar la ubicación con el fin de crear una ventaja competitiva, una empresa global debe considerar dos aspectos: 1) si debe concentrar cada actividad que desempeña en uno o dos países o extenderla a varios y 2) en qué países ubicar ciertas actividades particulares. Las actividades tienden a estar concentradas en una o dos ubicaciones cuando se obtienen considerables economías de escala en su desempeño, cuando existen ventajas en ubicar las actividades relacionadas en la misma área para coordinarlas mejor y cuando una curva muy marcada de aprendizaje o experiencia está asociada con el desempeño de una actividad en una sola ubicación. Por consiguiente, en algunas industrias las economías de escala en la fabricación de partes o en el ensamble son tan extensos que una compañía establece una planta grande desde la cual sirve al mercado mundial. Cuando las prácticas del inventario justo a tiempo producen grandes ahorros de costo y/o cuando la empresa de ensamble tiene arreglos de asociación a largo plazo con sus proveedores clave, las plantas de fabricación de partes pueden estar agrupadas alrededor de las plantas de ensamble final.

Una estrategia global permite que una empresa busque una ventaja competitiva sostenible ubicando sus actividades en los países que ofrecen más ventajas y coordinando sus acciones estratégicas en todo el mundo; un competidor únicamente doméstico no tiene esas oportunidades.

Por otra parte, en varios casos la dispersión de las actividades es más ventajosa que su concentración. Las actividades relacionadas con el comprador, tales como distribución a los comerciantes, ventas y publicidad y servicio después de la venta, por lo común deben tener lugar cerca de los compradores. Esto significa ubicar físicamente la capacidad de desempeñar esas actividades en el mercado de cada país en donde una empresa global tiene clientes importantes (a menos que sea posible servir rápidamente a los compradores en varios países adyacentes desde una ubicación central cercana).

Por ejemplo, las empresas que fabrican equipo para la minería y perforación de pozos petroleros mantienen sus operaciones en muchas ubicaciones nacionales para respaldar a los clientes con reparaciones rápidas del equipo y asistencia técnica. Las grandes empresas de contadores públicos tienen numerosas oficinas internacionales para servir a las operaciones extranjeras de sus clientes corporativos multinacionales. Un competidor global que dispersa de una manera efectiva las actividades relacionadas con el comprador puede ganar una ventaja competitiva basada en el servicio en los mercados mundiales sobre los rivales cuyas actividades relacionadas con el comprador están más concentradas; ésta es la razón por la cual las Seis Grandes empresas de contadores públicos han tenido tanto éxito en relación con las empresas que ocupan un segundo lugar. La dispersión de las actividades en varias ubicaciones también es ventajosa cuando los elevados costos de transportación, las deseconomías de gran magnitud y las barreras comerciales hacen que resulte demasiado costoso operar desde una ubicación central. Muchas compañías distribuyen sus productos desde múltiples ubicaciones para abreviar los tiempos de entrega a los clientes. Además, la dispersión de las actividades para protegerse de los riesgos de las tasas de cambio fluctuantes, las interrupciones en el suministro (debido a huelgas, fallas mecánicas y demoras en la transportación) y los desarrollos políticos adversos tienen sus ventajas. Esos riesgos son mayores cuando las actividades están concentradas en una sola ubicación.

La razón clásica para ubicar una actividad en determinado país es bajar los costos.[18] Aun cuando una empresa global tiene poderosas razones para dispersar las actividades relacionadas con el comprador hacia muchas ubicaciones, las actividades como obtención de materiales, fabricación de partes, ensamble de productos acabados, investigación tecnológica y desarrollo de nuevos productos, con frecuencia se desempeñan en dondequiera que exista una ventaja. Los componentes se pueden fabricar en México, la investigación tecnológica se lleva a cabo en Frankfurt, los nuevos productos se desarrollan y se someten a pruebas en Phoenix y las plantas de ensamble se ubican en España, Brasil, Taiwán y Carolina del Sur. El capital se puede reunir en cualquier país en donde esté disponible en los mejores términos.

Sin embargo, el bajo costo no es la única consideración para la ubicación. Una unidad de investigación puede estar situada en determinado país debido a la agrupación de personal técnicamente capacitado. Un centro de servicio al cliente o una oficina de ventas se pueden abrir en un país para ayudar a desarrollar relaciones poderosas con los clientes clave. Una planta de ensamble puede estar ubicada en un país a cambio de que el gobierno anfitrión permita una importación más libre de componentes que se fabrican en las plantas centralizadas y de gran escala que se ubican en otras partes.

Consolidación de la base de recursos y coordinación de las actividades a través de las fronteras Una estrategia global permite que una empresa apalanque sus competencias centrales y sus fortalezas de recursos para competir con éxito en los mercados de otros países. El hecho de basarse en el empleo de los mismos tipos de competencias, capacidades y fortalezas de los recursos en cada país contribuye al desarrollo de competencias y capacidades más amplias/profundas y lo ideal es que ayuden a una compañía a lograr una *profundidad dominante* en algunas áreas valiosas (ya sea que se trate del desempeño competente de ciertas actividades de la cadena de valor, de una experiencia técnica superior, de conocimientos de marketing o de algún otro activo competitivo). La profundidad dominante de una capacidad valiosa, un recurso o una actividad de la cadena de valor es una base poderosa para una ventaja competitiva sostenible. Una compañía tal vez no puede lograr una profundidad dominante con una estrategia exclusivamente doméstica, debido a que la base de clientes de un país simplemente puede ser demasiado pequeña para respaldar esa acumulación de recursos.

---

[18] *Ibid.*, p. 57.

La alineación y la coordinación de las actividades de la compañía ubicadas en diferentes países contribuye a una ventaja competitiva sostenible en distintas formas. Si una empresa aprende la forma de ensamblar su producto con más eficiencia en su planta brasileña, el conocimiento y la experiencia acumulados se pueden transferir a su planta de ensamble en España. Igualmente el conocimiento obtenido de la venta de un producto en Gran Bretaña se puede utilizar para introducir el producto en Nueva Zelandia y Australia. Una compañía puede cambiar su producción de un país a otro para aprovechar las fluctuaciones de las tasas de cambio, mejorar su apalancamiento con los gobiernos de los países anfitriones y responder a los índices de salario, los costos de energía o las restricciones comerciales cambiantes. Una compañía puede mejorar la reputación de su marca incluyendo firmemente los mismos atributos de diferenciación en sus productos en todos los mercados mundiales en donde compite. La reputación de calidad que estableció Honda en todo el mundo, primero con sus motocicletas y después con sus automóviles, le proporcionó una ventaja competitiva para posicionar sus podadoras de césped en el extremo superior del mercado; la marca Honda le dio a la compañía una credibilidad instantánea con los compradores.

Un competidor global puede elegir en dónde y cómo retar a sus rivales. Puede decidir que ejercerá represalias contra los más agresivos en el mercado del país en donde el rival tiene su mayor volumen de ventas o sus mejores márgenes de utilidad, con el fin de reducir los recursos financieros del rival para la competencia en los mercados de otros países. Puede decidir que iniciará una ofensiva de reducción de precios contra los rivales débiles en sus mercados domésticos, obteniendo una mayor participación de mercado y subsidiando cualesquiera pérdidas a corto plazo con las utilidades ganadas en los mercados de otros países.

Una compañía que sólo opera en su país de origen no puede buscar las oportunidades de una ventaja competitiva que ofrece la ubicación de las actividades en los países de más bajo costo, utilizando las ventas adicionales en los mercados extranjeros para ampliar/profundizar las competencias y capacidades de la compañía y coordinar las actividades a través de las fronteras. Cuando una compañía doméstica tiene una desventaja competitiva con las compañías globales, una de sus opciones es cambiar de una estrategia doméstica a una estrategia global.

El empleo de alianzas estratégicas para mejorar la competitividad global

Las alianzas estratégicas y los convenios de cooperación son medios potencialmente fructíferos para que las empresas en la misma industria compitan a escala global, al mismo tiempo que conservan su independencia. Por lo común, esos arreglos implican esfuerzos de investigación conjunta, compartir tecnología, el empleo alternado de instalaciones de producción, la venta de los productos de la otra empresa o la unión de fuerzas para fabricar componentes o ensamblar productos acabados. Históricamente, las empresas orientadas a la exportación en los países industrializados han buscado alianzas con empresas en países menos desarrollados, para importar y vender sus productos localmente; esos arreglos a menudo eran necesarios para obtener la aprobación del gobierno local e ingresar en el mercado de un país menos desarrollado o cumplir con cualesquiera requerimientos gubernamentales concernientes a la propiedad local. Más recientemente, las compañías de diferentes partes del mundo han formado alianzas estratégicas y arreglos de asociación con el fin de reforzar su capacidad mutua para servir a continentes enteros y avanzar hacia una participación de mercado global. Tanto las compañías japonesas como las estadounidenses se ocupan activamente en la formación de alianzas con compañías europeas para reforzar su capacidad de competir en los 12 países de la Comunidad Económica Europea y aprovechar la apertura de los

Las alianzas estratégicas pueden ayudar a las compañías en las industrias competitivas a nivel global a reforzar sus posiciones competitivas, al mismo tiempo que conservan su independencia.

mercados de Europa Oriental. Muchas compañías estadounidenses y europeas se están aliando con compañías asiáticas en sus esfuerzos por ingresar en los mercados de China, India y otros países asiáticos. La Cápsula ilustrativa 22 describe el exitoso empleo de las alianzas estratégicas por parte de Toshiba y las empresas conjuntas para buscar tecnologías y mercados de productos relacionados.

Los arreglos de cooperación entre las compañías domésticas y extranjeras tienen un atractivo estratégico por otras razones, además del acceso al mercado.[19] Una de ellas es obtener economías de escala en la producción y/o el marketing; las reducciones en el costo pueden significar la diferencia que permite que una compañía sea competitiva. Al unir sus fuerzas en la producción de componentes, el ensamble de los modelos y la venta de sus productos, las compañías pueden lograr ahorros de costo que no lograrían con sus pequeños volúmenes de ventas. Una segunda razón es llenar las brechas en la experiencia técnica y/o el conocimiento de los mercados locales (hábitos de compra y preferencias de los consumidores por ciertos productos, costumbres locales, etcétera). Los aliados aprenden mucho unos de otros en el desempeño de investigaciones conjuntas, compartiendo los conocimientos tecnológicos y estudiando los métodos de fabricación de sus asociadas. Una tercera razón es compartir las instalaciones de distribución y las redes de distribuidores, reforzando así mutuamente su acceso a los compradores. Y por último, las compañías aliadas pueden dirigir más sus energías competitivas hacia los rivales mutuos; al formar equipos, ambas pueden ser más poderosas y capaces de cerrar la brecha entre ellas y las principales compañías.

Sin embargo, las alianzas entre compañías domésticas y extranjeras tienen sus riesgos. La colaboración entre compañías independientes, cada una con diferentes motivos y tal vez con objetivos en conflicto, no es fácil.[20] Requiere muchas reuniones de numerosas personas que trabajen de buena fe durante un periodo para aclarar lo que se va a compartir, lo que deberá seguir siendo de su propiedad y cómo funcionarán los arreglos de cooperación. Los aliados transfronterizos por lo común deben superar las barreras del idioma y de la cultura; los costos de la comunicación, el desarrollo de la confianza y la coordinación son elevados en términos del tiempo de la administración. A menudo, una vez que el botón se corta del rosal, los socios descubren que tienen profundas diferencias de opiniones sobre cómo proceder y objetivos y estrategias en conflicto. Las tensiones se acumulan, las relaciones de trabajo se enfrían y los beneficios esperados nunca se materializan.[21] Muchas veces, los aliados encuentran que les resulta difícil colaborar de una manera efectiva en áreas competitivamente sensibles, lo que plantea dudas sobre la mutua confianza y los intercambios directos de información y experiencia. También es posible que surjan conflictos entre los egos y las culturas de las compañías. Las personas clave de quienes depende el éxito o el fracaso pueden tener muy poca química personal, ser incapaces de trabajar juntas o formar una asociación, o pueden ser incapaces de llegar a un consenso. Por ejemplo, la alianza entre Northwest Airlines y KLM Royal Dutch Airlines, que vinculaba sus centros en Detroit y Amsterdam, dio como resultado una amarga enemistad entre los principales funcionarios de ambas compañías (quienes, según algunos reportes, se niegan a dirigirse la palabra) y precipitó una batalla por el control de Northwest planeado por KLM; la disputa estaba arraigada en un conflicto de filosofías sobre cómo administrar el negocio de una aerolínea (el estilo

Las alianzas estratégicas son más efectivas para combatir la desventaja competitiva que para obtener una ventaja competitiva.

---

[19] Porter, *The Competitive Advantage of Nations*, p. 66; véase también Jeremy Main, "Making Global Alliances Work", en *Fortune*, 17 de diciembre de 1990, pp. 121-126.

[20] Para una excelente exposición de las experiencias de las compañías con las alianzas y las asociaciones, véase Rosabeth Moss Kanter, "Collaborative Advantage: The Art of the Alliance", en *Harvard Business Review* 72, núm. 4, julio-agosto de 1994, pp. 96-108.

[21] Jeremy Main, "Making Global Alliances Work", p. 125.

CÁPSULA ILUSTRATIVA 22 Empleo de las alianzas estratégicas por parte de Toshiba y las empresas conjuntas

A lo largo de los años Toshiba, la compañía de electrónica más antigua y la tercera más grande de Japón (después de Hitachi y Matsushita), ha convertido sus arreglos de concesión de tecnología, empresas conjuntas y alianzas estratégicas en las piedras angulares de su estrategia corporativa. Al emplear esas asociaciones para complementar sus propias capacidades de fabricación e innovación del producto, se ha convertido en una fabricante de 37 000 millones de dólares de productos eléctricos y electrónicos, desde electrodomésticos hasta chips de memoria para computadoras, equipo de telecomunicaciones y equipo para la generación de energía eléctrica.

Fumio Sato, director ejecutivo de Toshiba, argumenta que las empresas conjuntas y las alianzas estratégicas son un componente necesario de la estrategia para una compañía de electrónica de alta tecnología con ambiciones globales:

> Ya no vivimos en una época en la cual una sola compañía puede dominar cualquier tecnología o negocio. La tecnología se ha vuelto tan avanzada y los mercados tan complejos, que usted simplemente ya no puede esperar ser el mejor en todo el proceso.

Entre las dos docenas de las principales empresas conjuntas y alianzas estratégicas de Toshiba están

- Una empresa conjunta de cinco años de antigüedad con Motorola, para diseñar y fabricar chips de memoria dinámicos de acceso aleatorio (DRAM) para Toshiba y microprocesadoras para Motorola. Inicialmente, los dos socios invirtieron 125 millones de dólares cada uno en la empresa y desde entonces han invertido otros 480 millones de dólares cada uno.
- Una empresa conjunta con IBM para fabricar pantallas de panel plano de cristal líquido a color para las computadoras portátiles.
- Otras dos empresas conjuntas con IBM para desarrollar chips de memoria para computadoras (uno de ellos de memoria "instantánea" que recuerda los datos incluso después de desconectar la energía).
- Una alianza con Ericsson —con base en Suecia— uno de los fabricantes más grandes del mundo en equipo de telecomunicaciones, para desarrollar un nuevo equipo móvil.
- Una asociación con Sun Microsystems, la principal fabricante de estaciones de trabajo con base en microprocesadores, para proporcionar a Sun versiones portátiles de las estaciones de trabajo e incorporar su equipo en los productos de Toshiba para el control de plantas, dirigir el tráfico en las carreteras y supervisar los procesos de fabricación automatizados.
- Una alianza estratégica de 1 000 millones de dólares con IBM y Siemens para desarrollar y producir la siguiente generación de DRAM, un solo chip capaz de guardar 256 millones de bits de información (aproximadamente 8 000 páginas mecanografiadas).
- Una alianza con Apple Computer para desarrollar reproductoras multimedia con base en un CD-ROM que se conectan en un aparato de televisión.
- Un proyecto conjunto con la división de entretenimiento de Time Warner para diseñar una avanzada tecnología interactiva de televisión por cable.

Otras alianzas y empresas conjuntas con General Electric, United Technologies, National Semiconductor, Samsung (Corea), LSI Logic (Canadá) y con compañías europeas como Olivetti, SCS-Thomson, Rhone-Poulenc, Thomson Consumer Electronics y GEC Alstholm están fabricando productos como máquinas de fax, copiadoras, equipo médico, computadoras, baterías recargables, electrodomésticos y equipo para la generación de energía nuclear y de vapor. Hasta ahora, ninguna de las relaciones de Toshiba con sus socios se ha deteriorado, a pesar de los conflictos potenciales entre proyectos relacionados con los competidores (Toshiba tiene asociaciones con otros nueve fabricantes de chips para desarrollar o producir semiconductores). Toshiba le atribuye esto a su enfoque hacia las alianzas: elegir con cuidado a los socios, actuar con franqueza acerca de sus relaciones con otras compañías, definir con cuidado el papel y los derechos de cada socio en el pacto original (incluyendo quién obtiene qué, si la alianza no da resultado) y cultivar relaciones agradables y buenas amistades con cada socio. La administración de Toshiba sostiene que las alianzas estratégicas y las empresas conjuntas son una forma efectiva para que la compañía avance rápidamente hacia nuevos negocios, para compartir los costos de diseño y desarrollo de nuevos productos ambiciosos con socios competentes y para lograr un mayor acceso a los mercados geográficos importantes fuera de Japón.

Fuente: Basada en Breton R. Schlender, "How Toshiba Makes Alliances Work", en *Fortune*, 4 de octubre de 1993, pp. 116-20.

estadounidense *versus* el europeo), en las diferencias básicas entre las dos compañías y en una lucha por el poder ejecutivo sobre quién debería decir la última palabra.[22]

Sin embargo, lo más importante es el peligro de depender a largo plazo de otra compañía en lo que concierne a la experiencia y las capacidades esenciales. Para convertirse en un contendiente serio en el mercado, una compañía debe desarrollar capacidades internas en la mayor parte de las áreas que son decisivas para reforzar su posición competitiva y crear una ventaja en este sentido. Cuando el aprendizaje de los conocimientos prácticos y las habilidades de una de las aliadas sólo ofrece un potencial limitado (debido a que los socios mantienen en secreto sus habilidades y experiencia más valiosas), la adquisición de una compañía o la fusión con ella se utilizan mejor como una forma transicional para combatir la desventaja competitiva en los mercados internacionales; muy rara vez se puede confiar en ellas como formas para crear una ventaja competitiva. La Cápsula ilustrativa 23 narra las experiencias de algunas compañías con las alianzas estratégicas a través de las fronteras.

Las compañías pueden obtener lo máximo de una alianza estratégica si observan cinco pautas:[23]

1. Elegir un socio compatible; tomarse el tiempo para construir poderosos puentes de comunicación y confianza y no esperar resultados inmediatos.
2. Elegir un aliado cuyos productos y fortalezas de mercado *complementen* los propios productos y la base de clientes de la compañía, en vez de competir directamente con ellos.
3. Aprender con rapidez y a fondo la tecnología y la administración de un socio; transferir con prontitud las ideas y prácticas valiosas hacia las propias operaciones.
4. No compartir con un socio la información sensible desde el punto de vista competitivo.
5. Considerar la alianza como algo temporal (de cinco a diez años); prolongarla más tiempo si es benéfica, pero no titubear en terminarla y seguir adelante cuando ya no da resultado.

Intención estratégica, santuarios de utilidades y subsidios cruzados

Es posible distinguir a los competidores en los mercados internacionales no sólo por sus estrategias, sino también por sus objetivos a largo plazo y por su intención estratégica. Sobresalen cuatro tipos de competidores:[24]

- Las empresas cuya intención estratégica es el *dominio global* o, por lo menos, de un rango elevado entre los líderes del mercado global (esas empresas por lo común tienen operaciones en la mayor parte o en todos los mercados de los países más grandes y más importantes del mundo y están buscando estrategias globales de bajo costo, del mejor costo o de diferenciación).
- Empresas cuyo objetivo estratégico principal es *lograr o mantener el dominio doméstico* en su mercado local, pero que buscan ventas internacionales en varios o en muchos mercados extranjeros como un "negocio adicional" para fomentar el crecimiento corporativo; las ventas internacionales de esas empresas por lo común son inferiores al 20 por ciento de las ventas corporativas totales.

---

[22] Los detalles de los desacuerdos se reportan en Shawn Tully, "The Alliance from Hell", en *Fortune*, 24 de junio de 1996, pp. 64-72.

[23] *Ibid.*

[24] Prahalad y Doz, *The Multinational Mission*, p. 52.

CÁPSULA ILUSTRATIVA 23 Experiencias de algunas compañías con alianzas estratégicas a través de las fronteras

Como observó recientemente el presidente del consejo de British Aerospace, una alianza estratégica con una compañía extranjera es "una de las formas más rápidas y más económicas de desarrollar una estrategia global". AT&T formó empresas conjuntas con muchas de las compañías telefónicas y de electrónica más grandes del mundo. Boeing, el principal fabricante de aviones comerciales del mundo, se asoció con Kawasaki, Mitsubishi y Fuji para producir un jet de largo alcance y muy amplio espacio para su entrega en 1995. General Electric y Snecma, un fabricante francés de motores jet, tienen una sociedad de 50-50 para fabricar motores jet destinados a los aviones que fabrican Boeing, McDonell Douglas y Airbus Industrie (Airbus, el principal fabricante europeo de aviones comerciales, se formó mediante una alianza de compañías aerospaciales de Gran Bretaña, España, Alemania y Francia). La alianza GE/Snecma se considera un modelo, debido a que existe desde hace 17 años y ha producido pedidos por 10 300 motores, que suman un total de 38 000 millones de dólares.

Desde principios de los ochenta se han formado cientos de alianzas estratégicas en la industria de vehículos automotores, a medida que los fabricantes de automóviles y camiones y los proveedores de partes automotrices tomaban medidas agresivas con el fin de lograr posiciones más sólidas para competir a nivel global. No sólo se han formado alianzas entre los fabricantes de automóviles que son poderosos en una región del mundo con los fabricantes poderosos en otra región, sino también entre los fabricantes de vehículos y los proveedores de partes (en especial con aquellos que ofrecen partes de alta calidad y tienen poderosas capacidades tecnológicas). En 1984, General Motors y Toyota formaron una asociación de 50-50, llamada New United Motor Manufacturing Inc. (NUMMI), con el objetivo de producir automóviles para ambas compañías en una antigua planta de GM en Tremont, California. El valor estratégico de la Alianza GM-Toyota consistía en que esta última aprendiera a tratar con los proveedores y trabajadores en Estados Unidos (como un preludio de la construcción de sus propias plantas en esa nación), mientras que GM aprendería de los enfoques de Toyota hacia la fabricación y la administración. Cada compañía envió a sus administradores a la planta de NUMMI para que aprendieran y absorbieran el mayor número de conocimientos posibles y después transfirieron a sus "graduados" de NUMMI a puestos en los que podían ser decisivos para ayudar a sus compañías aplicando lo que habían aprendido. Toyota se movió con rapidez para aprovechar sus experiencias en NUMMI. Para 1991 había inaugurado dos plantas gigantescas propias en Estados Unidos, construía una tercera y producía en sus plantas estadounidenses el 50 por ciento de los vehículos que vendía en Estados Unidos. Mientras tanto General Motors incorporaba gran parte de su aprendizaje en NUMMI a las prácticas administrativas y los métodos de fabricación que utilizaba en su planta Saturn recién abierta en Tennessee, de modo que progresó más lentamente que Toyota. Por lo general, se considera que las compañías estadounidenses y europeas son menos hábiles que las japonesas para transferir el aprendizaje de las alianzas estratégicas hacia sus propias operaciones.

Muchas alianzas fracasan o se terminan cuando uno de los socios acaba por adquirir la parte del otro. Una encuesta realizada en 1990 reveló que de 150 compañías involucradas en alianzas terminales, tres cuartas partes habían sido adquiridas por los socios japoneses. Una alianza de nueve años entre Fujitsu e International Computer Ltd., una importante empresa de tecnología británica, terminó cuando Fujitsu adquirió el 80 por ciento de ICL. Según un observador, Fujitsu manipuló deliberadamente a ICL hasta obligarla a no tener otra mejor elección que venderle su parte. Fujitsu empezó como proveedor de componentes para las computadoras *mainframe* de ICL y a lo largo de los nueve años siguientes amplió su posición, hasta el punto en que fue su único proveedor de nueva tecnología. Cuando la matriz de ICL vio que el negocio de computadoras *mainframe* empezaba a disminuir decidió venderlo y Fujitsu fue el único comprador que pudo encontrar.

Fuente: Jeremy Main, "Making Global Alliances Work", en *Fortune*, 17 de diciembre de 1990, pp. 121-126.

- *Empresas multinacionales que emplean estrategias de múltiples países* para incrementar sus ingresos de ventas internacionales; la intención estratégica de esas empresas por lo común es ampliar las ventas en los mercados extranjeros a un ritmo lo bastante rápido como para producir un ingreso respetable y un aumento de las utilidades.
- *Empresas exclusivamente domésticas* cuya intención estratégica no va más allá de crear una poderosa posición competitiva en el mercado de su país; esas empresas basan sus estrategias competitivas en las condiciones del mercado doméstico y observan los acontecimientos en el mercado internacional sólo para conocer su efecto sobre la situación doméstica.

Cuando los cuatro tipos de empresas compiten frontalmente en el mismo mercado, el campo de acción no es necesariamente parejo para todos los participantes. Consideremos el caso de una compañía estadounidense exclusivamente doméstica, en competencia con una compañía japonesa que opera en los mercados de muchos países y aspira al dominio global. Debido a sus ventas y su base de utilidades en múltiples países, la compañía japonesa tiene la opción de bajar sus precios en el mercado estadounidense para obtener una participación de mercado a costa de la compañía de ese país, subsidiando cualquier pérdida con las utilidades obtenidas en Japón y en sus otros mercados extranjeros. Si la compañía estadounidense, con todos sus negocios en el mercado de ese país, iguala las reducciones de precio, expone todos sus ingresos y su base de utilidades a una erosión. Sus utilidades pueden disminuir y su fortaleza competitiva se puede minar gradualmente, aun siendo líder en el mercado de Estados Unidos. Sin embargo, si la compañía estadounidense es una competidora multinacional y también opera en Japón y otras partes del mundo, en represalia puede combatir los precios japoneses en Estados Unidos con reducciones de precios en Japón (el principal santuario de utilidades de su competidor) y en otros países en donde compite con la misma compañía japonesa.

Lo que queremos observar aquí es que una compañía sólo doméstica puede tener dificultades para competir en igualdad con rivales multinacionales o globales que tienen las utilidades ganadas en los mercados de otros países para respaldar una ofensiva de reducción de precios. Cuando los competidores globales o multinacionales agresivos ingresan en el mercado de una compañía exclusivamente doméstica, una de las mejores defensas de ésta es cambiar a una estrategia multinacional o global que le proporcione las mismas capacidades de subsidio cruzado que tienen los rivales.

Santuarios de utilidades y mercados críticos Los *santuarios de utilidades* son mercados en países en los que una compañía obtiene considerables utilidades debido a su posición de mercado poderosa o protegida. Por ejemplo, Japón es un santuario de utilidades para la mayor parte de las compañías japonesas, debido a que las barreras comerciales erigidas alrededor de éstas por el gobierno de ese país bloquean efectivamente a las compañías extranjeras, impidiéndoles que compitan por una participación mayor de las ventas. Protegidas de la amenaza de la competencia extranjera en su mercado doméstico, las compañías japonesas les pueden cobrar sin ningún riesgo precios más altos a sus clientes japoneses y, por consiguiente, ganar utilidades considerables muy atractivas sobre las ventas que hacen en Japón. En la mayor parte de los casos, el santuario de utilidades más grande y decisivo de una compañía, desde el punto de vista estratégico, es su mercado doméstico, pero las compañías multinacionales también tienen santuarios de utilidades en los mercados de aquellos países en donde disfrutan de poderosas posiciones competitivas, de grandes volúmenes de venta y de márgenes de utilidad atractivos.

Los santuarios de utilidades son recursos competitivos valiosos de las industrias globales. Las compañías con santuarios de utilidades grandes y protegidos tienen una ventaja competitiva sobre aquellas que no tienen un santuario confiable. Las compañías con múltiples santuarios de utilidades tienen una ventaja competitiva sobre aquellas con un solo santuario; no sólo tienen una base de mercado más amplia y diversa, sino que sus múltiples santuarios de utilidades les proporcionan varias entradas financieras y la flexibilidad de reciclar las utilidades y los flujos de efectivo generados en sus fortalezas de mercado para respaldar nuevas ofensivas estratégicas, con el fin de ganar una participación en los mercados de otros países. La ventaja de los recursos de los múltiples santuarios de utilidades le proporciona a un competidor global o multinacional la capacidad de iniciar una ofensiva en el mercado contra un competidor doméstico cuyo único santuario de utilidades es su propio mercado.

Un país determinado es el* santuario de utilidades *de una compañía cuando ésta, debido a su poderosa posición competitiva o a las políticas comerciales gubernamentales proteccionistas, deriva una parte considerable de sus utilidades totales de las ventas en ese país.

Para defenderse de la fortaleza de los competidores globales con múltiples santuarios de utilidades, las compañías no necesitan competir en todos los mercados extranjeros, ni siquiera en la mayor parte de ellos, pero sí en todos los *mercados críticos*, es decir, los mercados en los países

- Que son los santuarios de utilidades de los competidores clave.
- Que tienen grandes volúmenes de ventas.
- Que cuentan con clientes de prestigio, cuyo negocio, desde un punto de vista estratégico, es importante.
- Que ofrecen márgenes de utilidad excepcionalmente buenos, debido a las débiles presiones competitivas.[25]

Mientras más críticos sean los mercados en los que participa una compañía, mayor es su capacidad de fundar sus recursos y fortaleza competitiva en esos mercados para lograr un subsidio cruzado en sus esfuerzos para defenderse de las ofensivas iniciadas por los competidores que aspiran a un dominio global.

El poder competitivo del subsidio cruzado El subsidio cruzado, respalda los esfuerzos competitivos que se realizan en un mercado con los recursos y las utilidades de las operaciones que se llevan a cabo en otros mercados, es una poderosa arma competitiva. Veamos el caso de una empresa global con múltiples santuarios de utilidades, decidida a lograr el dominio del mercado global a largo plazo y que trata de mejorar su participación de mercado a costa de un competidor exclusivamente doméstico y de otro multinacional. El competidor global puede cobrar un precio lo bastante bajo como para atraer a los clientes de un competidor exclusivamente doméstico; al mismo tiempo que gana una participación de mercado, crea un mayor reconocimiento de nombre y *cubre cualquiera de las pérdidas con las utilidades obtenidas en sus otros mercados críticos*. Puede ajustar la magnitud de su reducción de precios para avanzar y capturar rápidamente una participación de mercado, o bajar los precios un poco para llevar a cabo incursiones graduales en el mercado durante una década o más, con el fin de no apresurar a las empresas domésticas y tal vez con ello provocar acciones proteccionistas del gobierno. Cuando se ve atacada de esta manera, la mejor esperanza a corto plazo para una compañía doméstica es iniciar reducciones de costos inmediatas y tal vez considerables y, si la situación lo justifica, solicitar la protección del gobierno en forma de barreras de aranceles, cuotas de importación y sanciones por inundación del mercado. A largo plazo, la compañía doméstica debe encontrar formas de competir sobre una base más igualitaria, tarea que resulta difícil cuando debe cobrar un precio para cubrir los costos totales por unidad más un margen de utilidad, mientras que el competidor global puede cobrar un precio tan sólo suficiente para cubrir los costos incrementales de vender en el santuario de utilidades de la compañía doméstica. Las mejores defensas a largo plazo para una compañía doméstica son formar alianzas estratégicas con empresas extranjeras o competir a escala internacional, aun cuando en ocasiones es posible impulsar los costos fuera del negocio lo suficiente como para sobrevivir con una estrategia exclusivamente doméstica. Sin embargo, como regla, la competencia únicamente a nivel doméstico es peligrosa en una industria poblada por competidores globales que emplean tácticas de subsidio cruzado.

Un competidor global competente, con múltiples santuarios de utilidades, puede iniciar y por lo general ganar una ofensiva competitiva contra un competidor doméstico cuyo único santuario de utilidades es su mercado doméstico.

Para defenderse de los competidores internacionales agresivos y decididos a lograr el dominio global, un competidor exclusivamente doméstico por lo común debe abandonar este enfoque, convertirse en un competidor multinacional e idear una estrategia en este sentido.

Aun cuando una compañía con una estrategia multinacional tiene cierta defensa de subsidios cruzados contra una compañía con una estrategia global, su vulnerabilidad se debe a su probable desventaja de costo y a las oportunidades limitadas para lograr una ventaja competitiva. Es casi seguro que un competidor global con una considerable participación de fabricación y plantas de vanguardia a escala mundial, sea un productor

[25] *Ibid.*, p. 61.

de más bajo costo que un estratega de múltiples países con muchas plantas pequeñas y corridas de producción cortas, que fabrican productos especializados país por país. Por consiguiente, las compañías que buscan una estrategia de múltiples países necesitan ventajas basadas en la diferenciación y en el enfoque, combinadas con una actitud local responsable, con el fin de defenderse de un competidor global. Una defensa así es adecuada en las industrias con suficientes diferencias nacionales significativas como para impedir el empleo de una estrategia global. Pero si un rival internacional puede dar cabida a las necesidades locales necesarias dentro de una estrategia global y todavía conservar una ventaja de costo, entonces puede derrotar a una estrategia de múltiples países.[26]

ESTRATEGIAS PARA LOS LÍDERES DE LA INDUSTRIA

Las posiciones competitivas de los líderes de la industria por lo general varían desde más firmes que el promedio hasta poderosas. Por lo común, los líderes son muy conocidos y los que están notablemente arraigados tienen estrategias comprobadas (unidas ya sea a un liderazgo de bajo costo o la diferenciación). Algunos de los líderes más conocidos de la industria son Anheuser-Busch (cerveza), Intel (microprocesadores), McDonald's (alimentos de preparación rápida), Gillette (navajas para afeitar), Campbell Soup (sopas enlatadas), Gerber (alimentos para bebé), AT&T (servicio telefónico de larga distancia), Eastman Kodak (película fotográfica) y Levi Strauss (pantalones vaqueros). La principal preocupación estratégica de un líder gira alrededor de cómo mantener una posición de liderazgo, tal vez convirtiéndose en el líder *dominante* en oposición a *un* líder. La búsqueda del liderazgo en la industria y de una gran participación de mercado es, en sí misma, de suma importancia, debido a la ventaja competitiva y la rentabilidad que resultan por el hecho de ser la compañía más grande de la industria.

Existen tres posturas estratégicas contrastantes que están abiertas para los líderes de la industria y las empresas dominantes:[27]

1. Estrategia de mantenerse a la ofensiva. Esta estrategia se basa en el principio de que la mejor defensa es una buena ofensiva. Los líderes orientados a la ofensiva hacen hincapié en ser los primeros en tomar medidas para mantener su ventaja competitiva (costo más bajo o diferenciación) y reforzar su reputación como *el* líder. Un proveedor de bajo costo busca en forma agresiva la reducción del costo, mientras que un diferenciador intenta constantemente nuevas formas de distinguir su producto de las otras marcas y convertirse en el modelo contra el cual se juzguen los productos de los rivales. El tema de la estrategia de mantenerse a la ofensiva es la búsqueda inexorable del mejoramiento y la innovación continuos. La lucha por ser el primero con nuevos productos, mejores características de desempeño, perfeccionamiento de la calidad, servicios mejorados al cliente o en las formas de reducir los costos de producción, no sólo ayuda a un líder a evitar la complacencia, sino que también mantiene a los rivales a la defensiva, luchando por mantenerse al márgen. Las opciones ofensivas tam-

Las industrias líderes pueden reforzar sus posiciones competitivas a largo plazo con estrategias unidas a una ofensiva agresiva, una defensiva agresiva o uniendo las fuerzas de los rivales más pequeños para que sigan al líder.

[26] Una forma en la cual un competidor global puede atacar a un competidor en múltiples países es desarrollando las capacidades para fabricar productos ajustados al mercado de cada país en sus plantas a escala mundial; muchos fabricantes se han vuelto expertos en el diseño de líneas de ensamble con la flexibilidad de producir versiones ajustadas a las necesidades de un producto fabricado en forma masiva, es decir, las llamadas técnicas de producción masiva flexible. La ventaja de ésta es que permite un ajuste del producto según las necesidades y, *al mismo tiempo*, una producción masiva de bajo costo.

[27] Kotler, *Marketing Management*, capítulo 23; Michael E. Porter, *Competitive Advantage*, Free Press, Nueva York, 1985, capítulo 14, e Ian C. MacMillan, "Seizing Competitive Iniciative", en *The Journal of Business Strategy* 2, núm. 4, primavera de 1982, pp. 43-57.

bién pueden incluir iniciativas para ampliar la demanda general de la industria, descubriendo nuevos empleos para el producto, atrayendo a nuevos usuarios y promoviendo su utilización más frecuente. Además, un líder ofensivo astuto está alerta, buscando formas más sencillas y económicas que faciliten que los clientes potenciales cambien su preferencia de los productos de las empresas que están en segundo lugar a sus propios productos. A menos que la participación de mercado de un líder sea tan dominante que plantee la amenaza de una acción antimonopolio (una participación de mercado inferior al 60 por ciento suele ser "segura"), la estrategia de mantenerse a la ofensiva significa tratar de crecer *con mayor rapidez* que la industria como un todo y ganarle a los rivales su participación de mercado. Un líder cuyo crecimiento no es igual o superior al promedio de la industria, está perdiendo terreno frente a los competidores.

2. Estrategia de fortalecerse y defenderse. La esencia de "fortalecerse y defenderse" es hacer que a las nuevas empresas les resulte más difícil el ingreso y a los rivales más difícil ganar terreno. Las metas de una defensa poderosa son conservar la participación de mercado actual, reforzar su posición y proteger cualquier ventaja competitiva que tenga la empresa. Las acciones defensivas específicas pueden incluir:

- Tratar de aumentar la apuesta competitiva para los rivales y los nuevos integrantes incrementando los gastos de publicidad, niveles más elevados de servicio al cliente y mayores desembolsos para investigación y desarrollo.
- Introducir más versiones o marcas del producto para igualar los atributos de los competidores o llenar nichos vacíos a los que éstos podrían ingresar.
- Añadir servicios personalizados y otros "extras" que aumenten la lealtad del cliente y hagan que les resulte más difícil o más costoso cambiar a los productos rivales.
- Mantener precios razonables y una calidad atractiva.
- Desarrollar una nueva capacidad anticipándose a la demanda del mercado, con el fin de desalentar a los competidores más pequeños que piensan incrementar su propia capacidad.
- Invertir lo suficiente para seguir siendo competitivos en relación con el costo y progresar en el aspecto tecnológico.
- Patentar las tecnologías alternativas factibles.
- Firmar contratos exclusivos con los mejores proveedores, distribuidores e intermediarios.

Una estrategia de fortalecerse y defenderse es más adecuada para las empresas que han logrado el dominio en la industria y no se quieren arriesgar a una acción antimonopolio. También da resultado cuando una empresa desea explotar su posición actual para obtener utilidades y flujos de efectivo, debido a que los prospectos de crecimiento de la industria son bajos o porque las ganancias adicionales en la participación de mercado no parecen lo bastante rentables como para buscarlas. Pero una estrategia de fortalecerse y defenderse siempre implica crecer con la misma rapidez del mercado (para impedir una disminución en la participación) y requiere la reinversión del capital suficiente en el negocio para proteger la capacidad de competencia del líder.

3. Estrategia de seguir al líder. Con esta estrategia, el líder utiliza su fuerza competitiva (en forma ética y legítima) para alentar a las empresas que ocupan un segundo lugar a que sean seguidores satisfechos en vez de rivales agresivos. El líder actúa en forma competitiva y agresiva cuando los rivales más pequeños causan problemas con reducciones de precios o inician nuevas ofensivas de mercado que amenazan su posición. Las respuestas específicas pueden incluir igualar de inmediato o tal vez exceder las reducciones de precio del rival, utilizando intensas campañas promocionales para combatir las medidas de los retadores que tratan de ganar una participación de mercado y ofreciendo mejores tratos a los clientes importantes de las empresas disidentes. Los líderes también pueden convencer a los distribuidores de que no tengan en existencia los productos de los rivales, proporcionarles a los vendedores una información documentada acerca de las debilidades de los productos de un agresor o tratar de llenar cualquiera de las posiciones vacantes en sus propias empresas haciendo ofertas atractivas a los mejores ejecutivos de los rivales más agresivos. Cuando un líder respode de manera constante con tácticas firmes y amenazantes ante cualquier tipo de medida que busque perjudicar su negocio, envía señales muy claras de que los ataques ofensivos a su posición se combatirán frontalmente y quizá no darán resultado. Sin embargo, los líderes que buscan este enfoque estratégico deben elegir sus batallas. Por ejemplo, tiene sentido asumir una posición de no intervenir cuando los rivales más pequeños atacan entre ellos mismos sus bases de clientes en formas que no afectan al líder.

ESTRATEGIAS PARA LAS EMPRESAS QUE OCUPAN UN SEGUNDO LUGAR

Las empresas que ocupan un segundo lugar tienen participaciones de mercado menores que la(s) (de) (los) líder(es) de la industria. Algunas son *retadoras de mercado* prometedoras, que emplean estrategias de ofensiva para obtener una participación y desarrollar una posición de mercado más poderosa. Otras se comportan como *seguidoras satisfechas*, dispuestas a mantener sus posiciones actuales debido a que las utilidades son adecuadas. Las empresas seguidoras no tienen ningún problema estratégico urgente al cual deban enfrentarse, más allá de "La clase de cambios estratégicos que están iniciando los líderes y lo que debemos hacer para seguir su ejemplo".

Una empresa que ocupa un segundo lugar muy rara vez puede retar con éxito a un líder por medio de una estrategia de imitación.

Una empresa retadora que se interesa en mejorar su posición de mercado necesita una estrategia orientada hacia el desarrollo de una ventaja competitiva propia. *Una empresa que ocupa un segundo lugar rara vez puede mejorar su posición competitiva imitando las estrategias de las empresas más importantes. En la estrategia de ofensiva una regla fundamental es evitar el ataque frontal al líder por medio de una estrategia de imitación, sin importar cuáles sean los recursos y la fuerza para resistir de la empresa que ocupa la posición inferior.*[28] Además, si un retador tiene el 5 por ciento de participación de mercado y necesita el 20 por ciento para ganar utilidades atractivas, necesita competir con un enfoque más creativo que simplemente "esforzarse más".

En las industrias donde el gran volumen produce costos por unidad *significativamente* más bajos y concede a los competidores con una participación significativa una ventaja de costo *importante*, las empresas con una participación pequeña sólo tienen dos opciones estratégicas viables: iniciar medidas de ofensiva para ganar ventas y participación de mercado (de manera que puedan desarrollar los volúmenes de producción necesarios para acercarse a las economías de escala de las cuales disfrutan los rivales más importantes) o retirarse del negocio (en forma gradual o rápida). Las estrategias competitivas que emplean la mayor parte de las empresas que ocupan una posición inferior para desarrollar una participación de mercado se basan en: 1) una combinación de acciones que impulse los costos hacia abajo y reduzca los precios para atraer a los clientes de los rivales más débiles que tienen costos más elevados y 2) emplear estrategias de diferenciación fundadas en la calidad, la superioridad tecnológica, el mejor servicio al cliente, el mejor costo o una innovación. El logro de un liderazgo de bajo costo por lo común sólo es posible para una empresa que ocupa una posición inferior cuando uno de los líderes del mercado ya no está sólidamente posicionado como el productor de bajo costo de la industria. Pero aun así, una empresa con una

[28] Porter, *Competitive Advantage*, p. 514.

participación pequeña puede reducir cualquier desventaja de costo eliminando las actividades marginales de la cadena de valor, encontrando formas de administrar mejor los factores de costo y mejorar las operaciones de una manera eficiente, o fusionarse con o adquirir empresas rivales (los volúmenes de producción combinados pueden proporcionar la escala necesaria para lograr economías relacionadas con el volumen).

Cuando los efectos de las economías de escala o de la curva de la experiencia son pequeños y una mayor participación de mercado no produce una ventaja de costo, las compañías que ocupan el segundo lugar tienen más flexibilidad estratégica y pueden considerar cualquiera de los seis enfoques siguientes:[29]

1. **Estrategia del nicho vacante**. Esta versión de una estrategia de enfoque implica concentrarse en el cliente y en las aplicaciones del empleo final que los líderes del mercado han pasado por alto o han descuidado. Un nicho vacante ideal es el que tiene un volumen y una esfera de acción suficientes para ser rentable, cierto potencial de crecimiento que es adecuado para los propios recursos y capacidades de la empresa y no es interesante para las empresas importantes. Dos ejemplos en los que las estrategias del nicho vacante han producido resultados exitosos son las aerolíneas alimentadoras regionales, que sirven a ciudades con escasos pasajeros para atraer el interés de las principales aerolíneas, y los productores de alimentos naturales (como Health Valley, Hain y Tree of Life) que sirven a las tiendas locales de alimentos naturales, un segmento del mercado que tradicionalmente han ignorado Pillsbury, Kraft General Foods, Heinz, Nabisco, Campbell-Soup y otras empresas importantes de productos alimenticios.
2. **Estrategia de especialista**. Una empresa especialista enfoca su esfuerzo competitivo en un segmento del mercado: un solo producto, un empleo final particular o compradores con necesidades especiales. La meta es desarrollar una ventaja competitiva por medio de un producto único, de la experiencia en productos especiales o de servicios especializados al cliente. Las compañías más pequeñas que utilizan con éxito una estrategia de enfoque de especialista incluyen a Formby's (experto en tintes y acabados para muebles de madera, sobre todo para barniz), Liquid Paper Co. (líder en líquidos correctores para escritos), Canada Dry (famoso por su *ginger ale*, agua quinada y agua mineral gaseosa) y American Tobacco (líder en tabaco para mascar y rapé).
3. **Estrategia de superioridad del producto**. El meollo aquí es utilizar una estrategia de enfoque basada en la diferenciación, combinada con una calidad superior del producto o con atributos únicos. Los esfuerzos de ventas y mercadeo están orientados directamente a los compradores preocupados por la calidad e interesados en el desempeño. La artesanía fina, la calidad de prestigio, las frecuentes innovaciones del producto y/o un estrecho contacto con los clientes para solicitar su colaboración en el desarrollo de un producto mejor, por lo común apuntalan este enfoque de "un producto superior". Algunos ejemplos incluyen a Beefeater y Tanqueray en ginebra, Tiffany en diamantes y joyería, Chicago Cutlery en cuchillos para cocina de calidad superior, Baccarat en cristal fino, Cannondale en bicicletas para montaña, Bally en calzado y Patagonia en ropa para los amantes de las actividades al aire libre.
4. **Estrategia del seguidor satisfecho**. Las empresas seguidoras se abstienen deliberadamente de iniciar medidas estratégicas que establezcan tendencias e intentos agresivos para atraer a los clientes de los líderes. Los seguidores prefieren enfoques que no provoquen represalias competitivas, a menudo optan por estrategias de enfoque y diferenciación que los mantienen fuera del camino de los líderes. Reaccionan y responden, más que iniciar y agredir. Prefieren la actitud defensiva a la ofensiva. Y muy rara vez están en desacuerdo con los líderes en lo que concierne al precio. Union Camp (en productos de papel) ha sido una seguidora de mercado exitosa que se ha concentrado de

---

[29] Para mayores detalles, véase Kotler, *Marketing Management*, pp. 397-412; R. G. Hamermesh, M. J. Anderson Jr. y J. E. Harris, "Strategies for Low Market Share Businesses", en *Harvard Business Review* 56, núm. 3, mayo-junio de 1978, pp. 95-102; y Porter, *Competitive Advantage*, cap. 15.

manera deliberada en los empleos y aplicaciones selectos del producto para grupos de clientes específicos, y se enfoca en investigación y desarrollo, en las utilidades más que en la participación de mercado y en la administración cautelosa pero eficiente.

5. Estrategia de crecimiento mediante una adquisición. Una forma de reforzar la posición de una compañía es fusionarse con una empresa más débil, o adquirirla, con el fin de formar una empresa que tenga más fortaleza competitiva y una mayor participación de mercado. Las aerolíneas comerciales como Northwest, US Airways y Delta deben el crecimiento de su participación de mercado durante la década pasada a la adquisición de aerolíneas regionales más pequeñas. De la misma manera, las Seis Grandes empresas de contadores públicos ampliaron su cobertura nacional e internacional fusionándose con o adquiriendo empresas de contadores públicos certificados, tanto domésticas como extranjeras.

6. Estrategia de una imagen distintiva. Algunas compañías que ocupan un segundo lugar diseñan su estrategia por medio de formas que las distinguen de sus competidores. Es posible emplear una variedad de enfoques estratégicos: crear una reputación de tener los precios más bajos, ofrecer una calidad de prestigio a buen precio, esforzarse en proporcionar un servicio superior al cliente, diseñar atributos únicos del producto, ser líder en la introducción de nuevos productos o idear publicidad extraordinariamente atractiva. Algunos ejemplos incluyen la estrategia de Dr Pepper para llamar la atención sobre su sabor distintivo y el particular empleo del color rosa por parte de Mary Kay Cosmetics.

En las industrias en que el volumen grande definitivamente es un factor clave para el éxito, las empresas con participaciones de mercado bajas deben superar algunos obstáculos: 1) menor acceso a las economías de escala en fabricación, distribución o promoción de ventas; 2) dificultades para lograr el reconocimiento del cliente; 3) incapacidad de pagar una publicidad a gran escala en los medios masivos de comunicación, y 4) dificultades para captar los fondos para la demanda de capital.[30] No obstante, *es erróneo considerar que las empresas que ocupan un segundo lugar son necesariamente menos rentables o incapaces de mantenerse firmes frente a las más grandes*. Muchas empresas con pequeñas participaciones de mercado ganan buenas utilidades y gozan de buena reputación entre sus clientes. A menudo, las desventajas del menor volumen pueden ser superadas y es posible establecer una posición competitiva rentable: 1) mediante un enfoque en unos cuantos segmentos del mercado en donde las fortalezas de recursos y las capacidades de la compañía pueden producir una ventaja competitiva; 2) mediante el desarrollo de una experiencia técnica que será muy apreciada por los clientes; 3) colocando productos nuevos en el mercado adelantándose a los rivales y desarrollando la reputación de liderazgo del producto, y 4) adaptarse a las condiciones cambiantes del mercado y a las expectativas del cliente con más agilidad e innovación que algunos líderes del mercado torpes y lentos para iniciar un cambio. Las compañías que ocupan un segundo lugar tienen una excelente oportunidad para lograr considerables ganancias en la participación de mercado si encabezan un importante adelanto tecnológico, si son las primeras en llevar al mercado un producto nuevo o extraordinariamente mejorado o si los líderes sufren un tropiezo o se vuelven complacientes. De lo contrario, estas compañías deben tratar a los líderes con paciencia y cautela y establecer sus ventas a un ritmo más moderado.

ESTRATEGIAS PARA LOS NEGOCIOS DÉBILES

Una empresa que se encuentra en una posición competitiva de desventaja o en declive tiene cuatro opciones estratégicas básicas. Si consigue los recursos financieros necesa-

[30] Hamermesh, Anderson y Harris, "Strategies for Low Market Share Businesses", p. 102.

rios, puede iniciar una estrategia de cambio a la *ofensiva*, con base en el bajo costo o una "nueva" diferenciación, invirtiendo en el esfuerzo el dinero y el talento suficientes para avanzar uno o dos puntos en las clasificaciones de la industria con el fin de llegar a ser una respetable líder del mercado en el transcurso de cinco años, poco más o menos. Puede emplear una estrategia de *fortalecerse y defenderse*, empleando variaciones de su estrategia actual y luchando arduamente para mantener las ventas, la participación de mercado, la rentabilidad y la posición competitiva en sus niveles actuales. Puede optar por una *estrategia de abandono inmediato* y salir del negocio, ya sea vendiendo o cerrando las operaciones si no puede encontrar un comprador. O emplear una *estrategia de cosechar*, manteniendo la reinversión al mínimo y emprendiendo acciones para maximizar los flujos de efectivo a corto plazo, como preparación para una salida del mercado sin sobresaltos. La esencia de las tres primeras opciones se explica por sí sola. La cuarta amerita una exposición más amplia.

Las opciones estratégicas para una compañía competitivamente débil incluyen iniciar una ofensiva modesta para mejorar su posición, defenderla, ser adquirida por otra compañía o emplear una estrategia de cosecha.

Una *estrategia de cosecha* sigue un curso intermedio entre preservar el *statu quo* y salir tan pronto como sea posible. La cosecha es una estrategia de disminución o declinación, que implica sacrificar la posición de mercado a cambio de mayores flujos de efectivo o de utilidades a corto plazo. El objetivo financiero es reunir la mayor cantidad posible de efectivo para utilizarlo en otras tentativas de negocios. El presupuesto de operación se recorta a un nivel mínimo; la reinversión en el negocio también es mínima. Los gastos de capital para nuevo equipo se posponen o se les concede prioridad inferior (a menos que las necesidades de un reemplazo sean muy urgentes); en vez de ello, se hacen esfuerzos para prolongar la vida del equipo existente y salir adelante con las instalaciones actuales tanto tiempo como sea posible. El precio se puede aumentar en forma gradual, los gastos de promoción se reducen poco a poco, la calidad se minimiza en formas poco evidentes, los servicios al cliente que no son esenciales se reducen, etcétera. Aun cuando estas acciones pueden derivar en la disminución de las ventas y en la participación de mercado, si los gastos en efectivo se pueden reducir todavía con mayor rapidez, las utilidades tras el pago de impuestos y los flujos de efectivo aumentan (por lo menos temporalmente). El negocio disminuye gradualmente, pero no antes de que se pueda cosechar una cantidad considerable de efectivo.

La cosecha es una opción estratégica razonable para los negocios débiles en las siguientes circunstancias:[31]

1. Cuando los prospectos a largo plazo de la industria no son atractivos.
2. Cuando la revitalización del negocio sería demasiado costosa o, en el mejor de los casos, marginalmente rentable.
3. Cuando cada vez resulta más costoso mantener o defender la participación de mercado de la empresa.
4. Cuando la reducción del esfuerzo competitivo no produce una disminución inmediata o rápida en las ventas.
5. Cuando la empresa puede reciclar los recursos liberados en áreas de mayor oportunidad.
6. Cuando el negocio *no* es un componente crítico o fundamental de la línea de negocios total de una compañía diversificada (la cosecha en un negocio secundario es preferible, desde el punto de vista estratégico, a la cosecha en una línea principal o en un negocio fundamental).

[31] Phillip Kotler, "Harvesting Strategies for Weak Products", en *Business Horizons* 21, núm. 5, agosto de 1978, pp. 17-18.

7. Cuando el negocio no aporta otras características deseadas (estabilidad en las ventas, prestigio, un producto que complementa a otros en la línea de ofertas de la compañía) a la cartera de negocios total de una compañía diversificada.

Estrategias de cambio de posición para los negocios en crisis

Las estrategias de repunte son necesarias cuando un negocio que vale la pena rescatar está en crisis; el objetivo es detener e invertir las fuentes de la debilidad competitiva y financiera tan rápido como sea posible. La primera tarea de la administración consiste en diagnosticar lo que hay en el fondo de un mal desempeño. ¿Se trata de una inesperada depresión de las ventas ocasionada por una economía débil? ¿De una estrategia competitiva elegida en forma errónea? ¿De la ejecución deficiente de una estrategia que de otra manera daría resultado? ¿De los elevados costos de operación? ¿De carencias importantes en los recursos? ¿De una deuda excesiva? ¿Es posible salvar el negocio o la situación es irremediable? La comprensión de lo que anda mal en el negocio y de la seriedad de sus problemas es esencial, debido a que diferentes diagnósticos conducen hacia diversas estrategias de cambio de posición.

Algunas de las causas más comunes de los problemas en un negocio incluyen: el endeudamiento excesivo, sobrestimar el potencial de incremento de las ventas, ignorar los efectos de la disminución de utilidades debido a un esfuerzo demasiado agresivo por "comprar" una participación de mercado a traves de grandes reducciones de precio, estar abrumado por los elevados costos fijos debido a que no es posible utilizar la capacidad de la planta; confiar demasiado en los esfuerzos de investigación y desarrollo para mejorar la posición competitiva y la rentabilidad y no encontrar innovaciones efectivas; confiar en las conjeturas tecnológicas aventuradas; ser demasiado optimista sobre la capacidad de penetrar en nuevos mercados; hacer cambios frecuentes en la estrategia (debido a que la estrategia previa no dio resultado), y verse abrumado por las ventajas competitivas que disfrutan los rivales más exitosos. El remedio para esta clase de problemas y para cambiar la posición de la empresa implica cualquiera de las siguientes acciones:

- La venta de activos con el fin de reunir efectivo para salvar la parte restante del negocio.
- Revisión de la estrategia existente.
- Iniciar esfuerzos para mejorar los ingresos.
- Buscar una reducción de costos.
- Utilizar una combinación de estos esfuerzos.

Venta de activos Las estrategias de reducción/disminución de los activos son esenciales cuando el flujo de efectivo es crítico y las formas más prácticas de generar efectivo son: 1) mediante la venta de algunos activos de la empresa y 2) mediante la disminución (eliminando los productos marginales de la línea de productos, cerrando o vendiendo las plantas más antiguas, reduciendo la fuerza laboral, retirándose de los mercados distantes, disminuyendo el servicio al cliente, etcétera). En ocasiones, las compañías abatidas por una crisis venden sus activos no tanto para aligerar la carga a las operaciones que están sufriendo pérdidas y detener la salida de efectivo, sino para reunir fondos con el fin de salvar y reforzar las actividades restantes del negocio.

Revisión de la estrategia Cuando una estrategia deficiente es la causa de un desempeño débil, la tarea de corregirla puede proceder a lo largo de cualquiera de varias rutas: 1) cambiar a un nuevo enfoque competitivo para reconstruir la posición de mercado de la empresa; 2) corregir las operaciones internas, las capacidades de recursos y las estrategias funcionales para respaldar mejor la misma estrategia de negocios general; 3) fusionarse con otra empresa en la industria y forjar una nueva estrategia que combine las fortalezas de la empresa recién fusionada, y 4) hacer un recorte a un grupo reducido de productos y clientes más identificados con las capacidades de recursos de la empresa. La ruta más atractiva depende de las condiciones prevalecientes en la industria, de las fortalezas y debilidades de los recursos de la empresa, de sus capacidades competitivas y de la severidad de la crisis. Los análisis de la situación de la industria, de los principales competidores y de la posición competitiva, las competencias y los recursos de la propia empresa, son requisitos previos para la acción. Como regla, una revisión exitosa de la estrategia debe estar vinculada con las complicaciones de las fortalezas y las capacidades competitivas que la empresa pude lograr en el corto plazo y orientada a sus mejores oportunidades de mercado.

Mejorar los ingresos Los esfuerzos del cambio de posición para incrementar los ingresos están orientados a generar un creciente volumen de ventas. Hay varias opciones: reducciones de precio, un incremento en la promoción, una fuerza de ventas más numerosa, servicios adicionales al cliente y el logro rápido de los mejoramientos del producto. Los intentos para incrementar los ingresos y los volúmenes de ventas son necesarios: 1) cuando hay muy poco o ningún espacio en el presupuesto de operación para reducir los gastos y llegar a un punto de equilibrio y 2) cuando la clave para restaurar la rentabilidad es un incremento en la utilización de la capacidad existente. Si la demanda del comprador no es especialmente sensible al precio debido a las características de diferenciación, la forma más rápida de mejorar los ingresos a corto plazo puede ser aumentar los precios en lugar de optar por el recorte de precios a través de mayores volúmenes de producción.

Reducir los costos Las estrategias de cambio de posición para reducir los costos funcionan mejor cuando la cadena de valor y la estructura de costo de una empresa en problemas son suficientemente flexibles como para permitir una cirugía radical, cuando se pueden identificar y corregir las incompetencias operativas, cuando los costos de la empresa están obviamente inflados y existen muchos lugares en donde es posible lograr ahorros rápidos y cuando la empresa está relativamente cerca de su punto de equilibrio. En forma paralela puede destacarse cada vez más la reducción de los gastos administrativos generales, la eliminación de actividades no esenciales y de poco valor agregado, la modernización de la planta y el equipo para lograr una mayor productividad, demorar los gastos de capital no indispensables y reestructurar la deuda para reducir los costos de los intereses y prolongar el plazo de amortización.

Combinación de esfuerzos Las estrategias de cambio combinadas por lo común son esenciales en situaciones severas que requieren acciones rápidas en un frente amplio. De la misma manera, estas acciones por lo común entran en juego cuando se contrata a nuevos administradores y se les concede libertad para efectuar los cambios que consideren apropiados. Mientras más difíciles son los problemas, más probable es que las soluciones impliquen múltiples iniciativas estratégicas.

Los esfuerzos de cambio de posición tienden a ser iniciativas de alto riesgo y a menudo fracasan. Un estudio de 64 compañías, que hizo época, no encontró cambios de posición exitosos en la mayor parte de las empresas en problemas en ocho industrias básicas.[32] Muchos de esos negocios en problemas esperaron demasiado para iniciar un cambio de posición. Otros encontraron que carecían tanto de efectivo como del talento

---

[32] William K. Hall, "Survival Strategies in a Hostile Environment", en *Harvard Business Review* 58, núm. 5, septiembre-octubre de 1980, pp. 75-85. Véase también Frederick M. Zimmerman, *The Turnaround Experience: Real-World Lessons in Revitalizing Corporations*, McGraw-Hill, Nueva York, 1991, y Gary J. Castrogiovanni, B. R. Baliga y Roland E. Kidwell, "Curing Sick Businesses: Changing CEOs in Turnaround Efforts", en *Academy of Management Executive* 6, núm. 3, agosto de 1992, pp. 26-41.

empresarial necesarios para competir en una industria de crecimiento lento. Los rivales mejor posicionados simplemente resultaron ser demasiado poderosos como para derrotarlos en una contienda frontal prolongada. Incluso cuando tuvieron éxito, muchas de las compañías en problemas atravesaron por una serie de intentos de repunte y cambios administrativos antes de que finalmente restauraran la viabilidad competitiva y la rentabilidad a largo plazo.

TRECE PRINCIPIOS PARA IDEAR ESTRATEGIAS DE NEGOCIOS EXITOSAS

A través de los años las experiencias de negocios han demostrado una y otra vez que es posible evitar los cursos de acción desastrosos si se respetan los principios para idear una buena estrategia. La sabiduría adquirida de las experiencias pasadas se puede concentrar en 13 mandamientos que, si se observan fielmente, pueden ayudar a los estrategas a idear mejores planes estratégicos de acción.

1. *Asignar máxima prioridad al diseño y la ejecución de medidas estratégicas que mejoren la posición competitiva a largo plazo de la compañía.* Una posición competitiva cada vez más poderosa da resultados año tras año, pero la notoriedad del cumplimiento de los objetivos del desempeño financiero para un trimestre y un año se desvanece rápidamente. Los accionistas nunca se sienten satisfechos por completo con los administradores que permiten que el desempeño financiero a corto plazo descarte las iniciativas estratégicas que reforzarán la posición y la fortaleza de la compañía a largo plazo. La mejor forma de proteger la rentabilidad a largo plazo de una compañía es fortalecer su competitividad también a largo plazo.
2. *Comprender que una estrategia competitiva clara y congruente, cuando se diseña y se ejecuta bien, crea una reputación y una posición distintiva en la industria; una estrategia que se cambia con frecuencia, orientada a capturar oportunidades de mercado momentáneas, produce beneficios pasajeros.* El oportunismo financiero de corto plazo, en ausencia de cualquier uniformidad estratégica a largo plazo, tiende a producir la peor clase de utilidades: recompensas únicas que jamás se repiten. A la larga, una compañía que tiene una estrategia competitiva bien concebida y congruente, orientada a asegurar una posición de mercado cada vez más poderosa, superará el desempeño y derrotará al rival cuyas decisiones estratégicas están impulsadas por un deseo de cumplir con las expectativas a corto plazo de Wall Street. En una empresa en funcionamiento, las acciones de la competencia se deben dar a largo plazo, no a corto plazo.
3. *Evitar las estrategias de "quedarse atrapado a la mitad", que representan avenencias entre costos más bajos y una mayor diferenciación y entre un atractivo de mercado amplio y uno limitado.* Las estrategias para llegar a la mitad del camino muy rara vez producen una ventaja competitiva sostenible o una posición competitiva distintiva; la estrategias de productor de mejor costo, bien ejecutadas, son la única excepción cuando una avenencia entre el bajo costo y la diferenciación tiene éxito. Por lo común, las compañías con estrategias de avenencia o de llegar a la mitad del camino acaban con costos, características, calidad, atractivo, imagen y reputación promedio, una clasificación intermedia en la industria y muy pocos prospectos de ascender en la escala de los líderes de la industria.
4. *Invertir en la creación de una ventaja competitiva sostenible.* Es el factor contribuyente más confiable para una rentabilidad superior al promedio.
5. *Implantar una ofensiva agresiva para crear una ventaja competitiva y una defensa agresiva para protegerla.*

6. *Evitar las estrategias que sólo pueden tener éxito en las circunstancias más optimistas.* Espere que los rivales utilicen medidas contraofensivas y también tiempos en los que las condiciones del mercado serán desfaborables.
7. *Ser cauteloso en la búsqueda de una estrategia rígida o inflexible que encierra a la compañía a largo plazo, con muy poco espacio para maniobrar; las estrategias inflexibles se pueden volver obsoletas debido a las condiciones cambiantes del mercado.* Aun cuando la uniformidad estratégica a largo plazo por lo común es una virtud, ciertas adaptaciones de la estrategia a las circunstancias cambiantes son normales y necesarias. Además, las estrategias para lograr una calidad superior o el costo más bajo se deben interpretar como *en relación con los competidores* y/o *de conformidad con las necesidades y expectativas del cliente*, en vez de basarse en una obstinada lucha para lograr la calidad superior absoluta o el producto del costo más bajo a cualquier precio.
8. *No subestimar las reacciones y el compromiso de las empresas rivales.* Los rivales son más peligrosos cuando se ven acorralados y sienten su bienestar amenazado.
9. *Evitar el ataque a rivales capaces y hábiles sin tener una ventaja competitiva sólida y una amplia fortaleza financiera.*
10. *Considerar que el ataque a las debilidades competitivas por lo común es más rentable y menos arriesgado que el ataque a las fortalezas competitivas.*
11. *Ser sensato en la reducción de precios si no existe una ventaja de costo establecida.* Sólo un productor de bajo costo puede ganar con la reducción de precios a largo plazo.
12. *Estar consciente de que las medidas agresivas para quitarles a los rivales su participación de mercado a menudo provocan represalias en forma de una "carrera de armas" de mercadeo y/o de guerras de precio*, en detrimento de las utilidades de todos los integrantes. Los movimientos agresivos que tienen como propósito capturar una mayor participación de mercado, son una invitación a la competencia criminal, particularmente en mercados con grandes inventarios y capacidad de producción excesiva.
13. *Esforzarse por abrir brechas muy significativas en las características de calidad, servicio o desempeño cuando se busca una estrategia de diferenciación.* Las diferencias mínimas entre las ofertas de productos de los rivales pueden no ser visibles o importantes para los compradores.

PUNTOS CLAVE

No basta comprender que las opciones básicas para la estrategia competitiva de una compañía son el liderazgo de bajo costo general, una amplia diferenciación, el mejor costo, el enfoque de bajo costo y el enfoque de diferenciación, y que existe una variedad de iniciativas y acciones ofensivas, defensivas, del que da el primer paso y del seguidor, de dónde elegir. Los administradores también deben comprender que la variedad de opciones estratégicas está limitada y modelada por: 1) la naturaleza de la industria y las condiciones competitivas y 2) las capacidades competitivas, la posición de mercado y las mejores oportunidades de la propia empresa. Algunas opciones estratégicas son más adecuadas que otras para ciertos ambientes competitivos y específicos de la industria, y para ciertas situaciones específicas de la compañía. Este capítulo describe la tarea de múltiples facetas del ajuste de la estrategia con las situaciones externa e interna de una empresa, considerando seis tipos clásicos de ambientes de la industria y tres de situaciones de la compañía.

En lugar de de tratar de resumir los principales puntos expuestos sobre la elección de estrategias para esas ocho series de circunstancias (de hecho, los principios pertinentes no se pueden condensar en tres o cuatro frases cada uno), pensamos que es más útil concluir bosquejando un marco de referencia más amplio para adecuar la estrategia con la situación de *cualquier* industria o compañía. La tabla 6-2 proporciona un resumen de la lista de verificación de las consideraciones situacionales y las opciones estratégicas más importantes. El ajuste de la estrategia con la situación empieza con una perspectiva general del ambiente de la industria y de la posición competitiva de la empresa en la industria (columnas 1 y 2 de la tabla 6-2):

1. ¿En qué tipo básico de ambiente de la industria opera la compañía (emergente, de rápido crecimiento, de alta velocidad, maduro, fragmentado, global, de productos de consumo)? ¿Qué opciones y posturas estratégicas por lo común son más adecuadas para este tipo genérico de ambiente?
2. ¿Qué posición tiene la empresa en la industria (poderosa *versus* débil *versus* abrumada por una crisis; líder *versus* el segundo lugar *versus* perdedora)? ¿Cómo influye la posición de la empresa en sus opciones estratégicas, dada la etapa de desarrollo de la industria y, en particular, qué cursos de acción debe descartar?

Después, los estrategas necesitan dividir en factores las principales consideraciones situacionales internas y externas (columna 3) y decidir cómo se suman. Esto debe limitar las opciones básicas de participación de mercado e inversión (columna 4) y las opciones estratégicas (columna 5) de la empresa.

El último paso es adaptar según las necesidades los enfoques estratégicos genéricos elegidos (columnas 4 y 5) para que se ajusten *tanto* al ambiente de la industria *como* a la posición de la empresa frente a los competidores. Aquí, es importante asegurarse de: 1) que los aspectos de la estrategia ajustados a las necesidades estén bien adecuados a las competencias y las capacidades competitivas de la empresa y 2) que la estrategia aborde todos los problemas estratégicos a los cuales se enfrenta la empresa.

Al descartar las estrategias débiles y sopesar los pros y los contras de las más atractivas, las respuestas a las siguientes preguntas a menudo apuntan hacia el "mejor" curso de acción, considerando todo los demás elementos.

- ¿Qué clase de ventaja competitiva puede lograr la compañía *desde un punto de vista realista*?, ¿puede poner en práctica las medidas y los enfoques para lograr esa ventaja?
- ¿La compañía tiene las capacidades y los recursos necesarios para tener éxito en esos enfoques y medidas? De no ser así, ¿los puede adquirir?
- Una vez creada, ¿cómo se puede proteger la ventaja competitiva? ¿Qué estrategias de defensa es necesario emplear? ¿Contraatacarán los rivales? ¿Qué se necesitará para frustrar sus esfuerzos?
- ¿Hay algunos rivales particularmente vulnerables? ¿La empresa debe preparar una ofensiva para aprovechar esas vulnerabilidades? ¿Qué medidas ofensivas es necesario emplear?
- ¿Qué medidas estratégicas adicionales son necesarias para enfrentar a las fuerzas impulsoras de la industria, las amenazas y debilidades específicas y cualesquiera otros aspectos/problemas únicos de la empresa?

A medida que se desarrolla la elección de medidas estratégicas, existen varios escollos que se deben evitar:

- El diseño de un plan estratégico demasiado ambicioso que ponga en peligro los recursos y capacidades de la compañía.
- La selección de una estrategia que represente la desviación radical o el abandono de los puntos fundamentales del éxito previo de la compañía; no es necesario rechazar un cambio radical en la estrategia, sino que se debe buscar sólo después de una cuidadosa evaluación del riesgo.

TABLA 6-2 Adaptación de la estrategia con la situación (una lista de verificación de estrategias opcionales y situaciones genéricas)

Ambientes de la industria	Posiciones/ situaciones de la compañía	Consideraciones situacionales	Participación de mercado y opciones de inversión	Opciones de estrategias
• Industria emergente joven • De rápido crecimiento • De alta velocidad/ cambio rápido • Consolidación a un grupo más reducido de competidores • Madura/de crecimiento lento • Envejeciendo/en declive • Fragmentada • Internacional/global • Orientada a productos de consumo	• Líder dominante –Global/ multinacional –Nacional –Regional –Local • Líder • Retadora agresiva • Seguidora satisfecha • Débil/en problemas, candidato para un cambio de posición o para salir de la industria • "Atrapada a la mitad"/ninguna estrategia clara ni imagen de mercado	• Externas –Fuerzas impulsoras –Presiones competitivas –Medidas anticipadas de los rivales clave –Factores clave para el éxito –Atractivo de la industria • Internas –Desempeño actual de la compañía –Fortalezas y debilidades –Oportunidades y amenazas –Posición de costo –Fortaleza competitiva –Aspectos y problemas estratégicos	• Crecer y desarrollar –Obtener una mayor participación de mercado mediante un crecimiento más rápido que el del total de la industria –Una inversión considerable para generar un potencial de crecimiento • Fortalecerse y defenderse –Proteger la participación de mercado; crecer por lo menos con tanta rapidez como el total de la industria –Invertir los recursos suficientes para mantener la fortaleza competitiva y la posición de mercado • Recortar y retirarse –Renunciar a las posiciones débiles que tiene cuando se ve obligada a hacerlo, pero luchar arduamente para defender los mercados fundamentales y la base de clientes –Maximizar el flujo de efectivo a corto plazo –Minimizar la reinversión de capital en el negocio • Reacondicionarse y reposicionarse –Buscar un cambio de posición • Abandonar/liquidar –Vender –Cerrar	• Enfoque competitivo –Bajo costo general –Diferenciación –Mejor costo –Enfoque de bajo costo –Enfoque de diferenciación • Iniciativas de ofensiva –Fortalezas del competidor –Debilidades del competidor –Con fines de contender –Guerra de guerrilla –Estrategias preventivas • Iniciativas de defensiva –Fortalecer/proteger –Ejercer represalias –Cosechar • Iniciativas internacionales –Otorgar concesiones –Exportar –De múltiples países –Globales • Iniciativas de integración vertical –Hacia adelante –Hacia atrás

TABLA 6.3 Ejemplo de un formato para un plan estratégico de acción

1. **Visión estratégica y misión**
2. **Objetivos estratégicos**
   - A corto plazo
   - A largo plazo
3. **Objetivos financieros**
   - A corto plazo
   - A largo plazo
4. **Estrategia de negocios general**
5. **Estrategias funcionales de apoyo**
   - Producción
   - Marketing/ventas
   - Finanzas
   - Personal/recursos humanos
   - Otras
6. **Acciones recomendadas**
   - Inmediatas
   - De mayor alcance

- La elección de una estrategia que va en contra de la naturaleza de la cultura de la organización o que está en conflicto con los valores y filosofía de los ejecutivos de más antigüedad.
- No estar dispuestos a *comprometerse sinceramente* con una de las cinco estrategias competitivas; la elección y selección de características de estrategias diferentes por lo común produce tantos compromisos entre bajo costo, mejor costo, diferenciación y enfoque, que la compañía no puede lograr ninguna clase de ventaja y acaba varada a mitad del camino.

La tabla 6-3 proporciona un formato genérico que permite bosquejar un plan estratégico de acción para una empresa de un solo negocio.

LECTURAS SUGERIDAS

Bleeke, Joel A., "Strategic Choices for Newly Opened Markets", en *Harvard Business Review* 68, núm. 5, septiembre-octubre de 1990, pp. 158-165.

Bolt, James F. "Global Competitors: Some Criteria for Sucess", en *Business Horizons* 31, núm. 1, enero-febrero de 1988, pp. 34-41.

Cooper, Arnold C. y Clayton G. Smith, "How Established Firms Respond to Threatening Technologies", en *Academy of Management Executive* 6, núm. 2, mayo de 1992, pp. 55-57.

D'Aveni, Richard A., *Hypercompetition: Managing the Dynamics of Strategic Maneuvering*, Free Press, Nueva York, 1994, caps. 3 y 4.

Gordon, Geoffrey L., Roger J. Calantrone y C. Anthony di Benedetto, "Mature Markets and Revitalization Strategies: An American Fable", en *Business Horizons,* mayo-junio de 1991, pp. 39-50.

Lei, David, "Strategies for Global Competition", en *Long Range Planning* 22, núm. 1, febrero de 1989, pp. 102-109.

Mayer, Robert J., "Winning Strategies for Manufacturers in Mature Industries", en *Journal of Business Strategy* 8, núm. 2, otoño de 1987, pp. 23-31.

Ohmae, Kenichi, "The Global Logic of Strategic Alliances", en *Harvard Business Review* 67, núm. 2, marzo-abril de 1989, pp. 143-154.

Porter, Michael E., *Competitive Strategy: Techniques for Analyzing Industries and Competitors*, Free Press, Nueva York, 1980, caps. 9-13.

————, *The Competitive Advantage of Nations*, Free Press, Nueva York, 1990, cap. 2.

Rackham, Neil, Lawrence Friedman y Richard Ruff, *Getting Partnering Right: How Market Leaders Are Creating Long-Term Competitive Advantage*, McGraw-Hill, Nueva York, 1996.

Sugiura, Hideo, "How Honda Localizes Its Global Strategy", en *Sloan Management Review* 33, otoño de 1990, pp. 77-82.

Yip, George S., *Total Global Strategy*, Englewood Cliffs, N.J., Prentice-Hall, 1992, caps 1, 2, 3, 5 y 7.

Zimmerman, Frederick M., *The Turnaround Experience: Real-World Lessons in Revitalizing Corporations*, McGraw-Hill, Nueva York, 1991.

7 ESTRATEGIA Y VENTAJA COMPETITIVA EN COMPAÑÍAS DIVERSIFICADAS

En este capítulo y el siguiente, avanzamos un nivel en la jerarquía del diseño de la estrategia, desde el análisis estratégico de una empresa de un solo negocio hasta el de una empresa diversificada. Debido a que una compañía diversificada es un conjunto de negocios individuales, el diseño de la estrategia corporativa es un ejercicio con una perspectiva más amplia que el diseño de la estrategia para una línea de negocios. En una empresa de un solo negocio, la administración debe ocuparse de cómo competir con éxito únicamente en un ambiente de la industria, pero en una compañía diversificada, los administradores deben encontrar un plan de acción estratégico para varias divisiones de negocios diferentes que compiten en diversos ambientes de la industria; su reto es diseñar una estrategia para múltiples industrias y múltiples negocios.

El diseño de la estrategia corporativa para una compañía diversificada se compone de cuatro elementos:

> ...adquirir o no adquirir; he ahí el problema.
> **Robert J. Terry**
>
> La estrategia es una búsqueda de un plan de acción que desarrolle la ventaja competitiva de un negocio y la incremente.
> **Bruce D. Henderson**
>
> El ajuste entre una matriz y sus negocios es una espada de dos filos; un buen ajuste puede crear un valor, uno malo lo puede destruir.
> **Andrew Campbell, Michael Goold, y Marcus Alexander**

1. *Tomar las medidas necesarias para ingresar en nuevos negocios.* La primera preocupación al diversificarse es a qué nuevas industrias se debe ingresar y si se debe hacer iniciando un nuevo negocio desde la base o adquiriendo una compañía en la que ya está en la industria objetivo. La elección de hacia cuáles industrias se debe diversificar determina la decisión de si el esfuerzo de diversificación de la compañía se basa en unas cuantas industrias o en muchas. La elección de cómo ingresar en cada industria objetivo (iniciando una nueva operación o mediante la adquisición de un líder establecido, una compañía prometedora o una en problemas con potencial para cambiar), modela la posición que la compañía delimitará inicialmente para sí misma al ingresar en cada una de las industrias elegidas.

2. *Iniciar acciones para mejorar el desempeño combinado de los negocios hacia los cuales se ha diversificado la empresa.* A medida que se crean posiciones en las industrias elegidas, el diseño de la estrategia corporativa se concentra en dos formas de consolidar a largo plazo las posiciones competitivas y las utilidades de negocios en los que ha invertido la empresa. Las matrices corporativas pueden ayudar a sus subsidiarias de negocios a tener más éxito, proporcionándoles recursos financieros, habilidades, conocimientos tecnológicos o experiencia administrativa que no tienen, con el fin de que desempeñen mejor las actividades de la cadena de valor, sugiriéndoles nuevas rutas para reducir los costos, adquiriendo otra compañía en la misma industria y fusionando las dos operaciones en un negocio más poderoso y/o adquiriendo nuevos negocios que complementen los existentes. Por lo común, se buscan estrategias de crecimiento rápido en los negocios más prometedores de una compañía diversificada, se inician esfuerzos para cambiar de posición los negocios con un desempeño débil, pero con potencial, y se eliminan los que ya no son atractivos o que no se ajustan a los planes de largo alcance de la visión estratégica de la administración para la compañía.

3. *Encontrar formas de capturar la sinergia entre unidades de negocios relacionadas y convertirla en una ventaja competitiva.* Cuando una compañía se diversifica hacia negocios con tecnologías relacionadas, actividades similares en la cadena de valor, los mismos canales de distribución, clientes comunes o alguna otra relación sinergista, adquieren el potencial de una ventaja competitiva que no está disponible para una compañía que se diversifica hacia negocios no relacionados. La diversificación relacionada ofrece oportunidades para transferir habilidades y compartir experiencia e instalaciones, reduciendo así los costos generales, consolidando la competitividad de algunos productos de la compañía o mejorando las capacidades de las unidades de negocios, todo lo cual puede representar una fuente de ventaja competitiva.

4. *Establecer prioridades de inversión y encauzar los recursos corporativos hacia las unidades de negocios más atractivas.* Los diferentes negocios de una compañía diversificada por lo común no tienen un atractivo igual desde el punto de vista de invertir fondos adicionales. La gerencia debe 1) decidir sobre las prioridades de la inversión de capital en los diferentes negocios de la compañía, 2) canalizar los recursos hacia áreas en donde el potencial de ganancias es elevado y 3) eliminar las unidades de negocios que crónicamente tienen un mal desempeño o que están en industrias que cada vez son menos atractivas. La eliminación de los negocios que tienen un desempeño bajo o que se encuentran en industrias poco atractivas libera las inversiones improductivas para redesplegarlas hacia unidades de negocios prometedoras o financiar nuevas adquisiciones atractivas.

Estas cuatro tareas son tan exigentes y llevan tanto tiempo que quienes toman las decisiones a nivel corporativo, por lo general no se enfrascan en los detalles de diseñar y poner en práctica las estrategias a nivel de los negocios, sino que prefieren delegar la responsabilidad en los jefes de cada unidad.

En este capítulo describimos los distintos enfoques que puede adoptar una compañía para diversificarse, explicamos la forma en la cual puede utilizar la diversificación para crear o incrementar la ventaja competitiva para sus unidades de negocios y estudiamos las opciones estratégicas que tiene una compañía ya diversificada para mejorar el desempeño general de sus unidades de negocios. En el capítulo 8 examinaremos las técnicas y los procedimientos para evaluar el atractivo de la cartera de negocios de una compañía diversificada.

CUÁNDO DIVERSIFICARSE

Casi todas las compañías inician como pequeñas empresas de un solo negocio que sirven a un mercado local o regional. Durante los primeros años su línea de productos tiende a ser limitada, su base de recursos escasa y su posición competitiva vulnerable. Por lo común, el énfasis estratégico de una compañía joven se da en el crecimiento del negocio, es decir, incrementar las ventas, mejorar la participación de mercado y cultivar una clientela leal. Las utilidades se reinvierten y se asume una nueva deuda para ampliar las instalaciones, añadir recursos y desarrollar capacidades competitivas con tanta rapidez como lo permitan las condiciones. El precio, la calidad, el servicio y la promoción se ajustan con mayor precisión a las necesidades del cliente. Tan pronto como sea práctico, la línea de productos se amplía para satisfacer las necesidades cambiantes del cliente y obtener oportunidades de ventas en aplicaciones relacionadas con su empleo final.

Las oportunidades para llevar a cabo una expansión geográfica por lo general se buscan más adelante. La secuencia natural de la expansión procede de los mercados locales a los regionales, nacionales e internacionales, aun cuando el grado de penetración puede ser desigual de un área a otra, debido al diverso potencial de utilidades. Por supuesto, la expansión geográfica se puede detener antes de alcanzar proporciones globales o incluso nacionales, debido a la intensa competencia, a la falta de recursos o a que no parece atractivo ampliar más la cobertura de mercado de la empresa.

En alguna parte a lo largo del camino, el potencial de una integración vertical, ya sea hacia atrás con las fuentes de suministro o hacia adelante con el consumidor final, se puede convertir en una consideración estratégica. Por lo general, la integración hacia adelante o hacia atrás en un mayor número de actividades a lo largo de la cadena de valor de la industria sólo tiene sentido si mejora en forma significativa la rentabilidad y la fortaleza competitiva de una compañía.

Las condiciones que hacen que la diversificación sea atractiva

Las compañías con escasos prospectos de crecimiento en su negocio actual y con competencias y capacidades que se pueden transferir fácilmente a otros negocios, así como con los recursos y la profundidad administrativa para ampliarse hacia otros segmentos de la industria, son las principales candidatas para diversificarse. Mientras una compañía aproveche oportunidades de crecimiento rentables en su industria actual, no tiene ninguna urgencia de diversificarse. Pero cuando empiezan a disminuir las oportunidades de crecimiento en el negocio que sirve como soporte principal de la compañía, la diversificación es la opción más viable para revitalizar los prospectos de la empresa. La diversificación también debe ser considerada cuando una empresa posee competencias centrales, capacidades competitivas y fortalezas de recursos adecuados para competir con éxito en otras industrias.

La decisión de* cuándo *diversificarse depende parcialmente de las oportunidades de crecimiento de una compañía en su industria actual y en parte de las oportunidades disponibles para utilizar sus recursos, su experiencia y sus capacidades en otros segmentos del mercado.

La decisión de diversificarse hacia nuevos negocios plantea la siguiente pregunta: "¿Qué clase de diversificación y hasta qué grado?". Las posibilidades estratégicas están abiertas. Una compañía se puede diversificar hacia negocios relacionados o no. Puede ampliar sus negocios en las áreas donde las competencias y capacidades existentes son factores clave para el éxito y activos competitivos valiosos. Puede buscar oportunidades de ingresar en otros mercados de productos donde sus conocimientos tecnológicos actuales se puedan aplicar y donde es posible que produzcan una ventaja competitiva. Se puede diversificar en menor grado (menos de 10 por ciento de sus ingresos y utilidades totales) o en un amplio espectro (hasta 50 por ciento). Puede ingresar en uno o dos nuevos negocios grandes, o en un mayor número de pequeños negocios. Las empresas conjuntas con otras organizaciones para ingresar en nuevos terrenos son otra posibilidad.

Por qué el apresurar la diversificación no necesariamente es una buena estrategia Las compañías que se concentran en un solo negocio pueden resultar exitosas durante muchas décadas sin tener que recurrir a la diversificación. McDonald's, Delta Airlines, Coca-Cola, Domino's Pizza, Apple Computer, Wal-Mart, Federal Express, Timex, Campbell Soup, Anheuser-Busch, Xerox, Gerber y Polaroid se ganaron su reputación en un solo negocio. En el sector que no se encuentra orientado a las utilidades, el énfasis continuo en una sola actividad ha demostrado tener éxito para la Cruz Roja, el Ejército de Salvación, Christian Children's Fund, las Niñas Exploradoras, Phi Beta Kappa y American Civil Liberties Union. Coca-Cola, queriendo escapar a la madurez del mercado de bebidas no alcohólicas en Estados Unidos, abandonó la mayor parte de sus primeros esfuerzos para diversificarse (hacia las industria de vinos y entretenimiento) cuando comprendió que las oportunidades de posicionar los productos de Coca-Cola en los mercados extranjeros (en especial en China, la India y otras partes de Asia) le permitirían incrementar sus ventas y sus utilidades con índices de entre 15 y 20 por ciento en las próximas décadas.

No es necesario que la diversificación se convierta en una prioridad estratégica hasta que una compañía empieza a carecer de oportunidades de crecimiento atractivas en su negocio principal.

La concentración en un solo negocio tiene importantes ventajas organizacionales, administrativas y estratégicas.

La concentración en una sola línea de negocios (de una manera total o con una pequeña dosis de diversificación) tiene ventajas importantes. Deja de ser claro "quiénes somos y qué es lo que hacemos". Las energías de la organización *total* están dirigidas a *una* trayectoria de negocios, creando menos oportunidades de que, debido a las exigencias de varios negocios diferentes, el tiempo de la administración *senior* se diluya o se trate de abarcar demasiado con los recursos actuales. La compañía puede dedicar toda la fuerza de sus recursos a ampliarse hacia mercados geográficos a los que no atiende y mejorar lo que hace. Hay mayores probabilidades de que surjan buenas ideas sobre le forma de optimizar la tecnología de producción, satisfacer mejor las necesidades del cliente con nuevas características del producto y mejorar las eficiencias o capacidades de diferenciación a lo largo de la cadena de valor. Todos los administradores de la empresa, en especial los altos ejecutivos, pueden tener un contacto directo con el negocio central y un profundo conocimiento de las operaciones. La mayoría de los ejecutivos *senior* por lo común han ascendido desde los niveles inferiores y tienen una experiencia directa en las operaciones de campo. En las empresas ampliamente diversificadas, los administradores corporativos muy rara vez tienen la oportunidad de trabajar en más de uno o dos de los negocios de la compañía. Mientras más exitosa resulta una empresa de un solo negocio, más capaz es de transformar su experiencia acumulada, su competencia distintiva y la reputación de su marca registrada en una ventaja competitiva sostenible y una posición de liderazgo en la industria.

Los riesgos de concentrarse en un solo negocio Por supuesto, el mayor riesgo de concentrarse en un solo negocio es poner todas las expectativas de una empresa en una sola industria. Si el mercado se llega a saturar, si deja de ser atractivo desde el punto de vista competitivo, si las nuevas tecnologías hacen que un producto se vuelva obsoleto o si las preferencias del comprador cambian con demasiada rapidez, entonces los prospectos de la compañía se pueden desvanecer muy pronto. No es nada extraño que las necesidades cambiantes del cliente, la innovación tecnológica o los nuevos productos sustitutos debiliten en forma paulatina a una empresa de un solo negocio o la derroten por completo; por ejemplo, consideremos lo que las capacidades de procesamiento de palabras de las computadoras personales han hecho con el negocio de máquinas de escribir, lo que la tecnología de discos compactos hacen al mercado de casetes y discos flexibles de 3.5 pulgadas, y lo que las compañías que ofrecen productos alimenticios de buen sabor, con un bajo contenido en grasa o libres de ella, hacen con las ventas de las compañías que dependen de productos que sí contienen grasa.

Factores que señalan cuándo ha llegado el momento de diversificarse Los juicios sobre cuándo diversificarse se deben hacer caso por caso, sobre la base de la propia situación de una compañía, es decir, del potencial de crecimiento restante en su negocio actual, del atractivo de las oportunidades para transferir sus competencias y capacidades a nuevos segmentos de negocios, de cualesquiera oportunidades de ahorro de costos que se puedan explotar por el hecho de pertenecer a negocios estrechamente relacionados, de si posee los recursos para apoyar un esfuerzo de diversificación y si tiene la amplitud y profundidad administrativas para operar en una empresa de múltiples negocios. De hecho, debido a que las compañías en la misma industria ocupan diferentes posiciones de mercado y tienen distintas fortalezas y debilidades de recursos, es muy explicable que elijan diferentes enfoques a la diversificación y que los inicien en distintos momentos.

CREACIÓN DE UN VALOR PARA EL ACCIONISTA: LA PRINCIPAL JUSTIFICACIÓN PARA DIVERSIFICARSE

La diversificación hacia nuevos negocios es justificable sólo si incrementa el valor para el accionista. Con el fin de mejorar este último aspecto, es necesario lograr algo más que simplemente repartir el riesgo del negocio de la compañía en más de una industria. Los accionistas pueden diversificar fácilmente el riesgo por su propia cuenta, comprando acciones de compañías en diferentes industrias. Estrictamente hablando, *la diversificación no crea un valor para el accionista, a menos que un grupo de negocios diversificados se desempeñe mejor bajo una sola estructura corporativa que si operara como negocios independientes, separados.* Por ejemplo, si la compañía A se diversifica adquiriendo la compañía B y las utilidades consolidadas de A y B en los años futuros no demuestran ser mayores de lo que cada una habría ganado por su cuenta, entonces la diversificación de A hacia el negocio de B no les proporciona un valor agregado a sus accionistas Los accionistas de A habrían podido lograr el mismo resultado de 2 + 2 = 4 simplemente comprando acciones de la compañía B. La diversificación no crea un valor para el accionista, a menos que produzca un efecto de 2 + 2 = 5, en donde el negocio hermano se desempeña mejor como parte de la misma empresa que como compañía independiente.

Con el fin de crear un valor para el accionista, una compañía diversificada debe ingresar en negocios que, bajo una administración común, se puedan desempeñar mejor de lo que podrían hacerlo como empresas separadas.

Tres pruebas para juzgar una medida de diversificación

El problema con un proceso de comparación tan estricto para saber si la diversificación ha mejorado el valor para el accionista es que requiere de una especulación sobre cómo se habrían desempeñado solos los negocios de una compañía diversificada. Las comparaciones del desempeño real con la hipótesis de cuál habría podido ser el desempeño en otras circunstancias nunca son muy satisfactorias y, además, representan evaluaciones posteriores a los hechos. Los estrategas deben basar sus decisiones de diversificación en las expectativas *futuras*. Sin embargo, no se deben abandonar los intentos para medir el impacto de las medidas de diversificación particulares sobre el valor para el accionista. Los estrategas corporativos pueden hacer evaluaciones anteriores a los hechos de si una diversificación particular puede incrementar el valor para el accionista utilizando tres pruebas:[1]

1. **La prueba del atractivo:** la industria elegida para la diversificación debe ser lo bastante atractiva como para producir de una manera uniforme buenas utilidades sobre la inversión. El hecho de si una industria es atractiva depende sobre todo de la presencia de condiciones competitivas favorables y de que el ambiente del mercado conduzca a utilidades a largo plazo. Algunos indicadores como un crecimiento rápido o un buen producto no son sustitutos confiables del atractivo de la industria.
2. **La prueba del costo de ingreso:** el costo de ingresar en la industria objetivo no debe ser tan elevado que erosione el potencial de buenas utilidades. Sin embargo, aquí puede prevalecer una situación sin salida. Mientras más atractiva es la industria, más costoso puede ser ingresar en ella. Las barreras de ingreso para las compañías que se inician casi siempre son altas; si la barreras fueran bajas, una afluencia de nuevos integrantes erosionaría muy pronto el potencial para obtener utilidades elevadas. Y la adquisición de una compañía que ya está en el negocio a menudo

[1] Michael E. Porter, "From Competitive Advantage to Corporate Strategy", en *Harvard Business Review* 45, núm. 3, mayo-junio de 1987, pp. 46-49.

implica un elevado costo de adquisición, debido al poderoso atractivo de la industria.

3. **La prueba de estar en mejor posición:** la compañía que se diversifica debe ofrecer un potencial de ventaja competitiva al nuevo negocio en el que ingresa, o bien éste debe añadir un potencial de ventaja competitiva al negocio actual de la compañía. La oportunidad de crear una ventaja competitiva sostenible en donde antes no existía significa que también hay oportunidad para una rentabilidad adicional y un valor agregado para el accionista. La prueba de la mejor posición implica el examen de nuevos negocios potenciales para determinar si en la cadena de valor tienen ajustes competitivamente valiosos con los negocios existentes de la compañía, es decir, ajustes que ofrecen oportunidades para reducir los costos, transferir capacidades o tecnología de un negocio a otro, crear nuevas habilidades valiosas, o apalancar los recursos existentes. Sin esas adecuaciones debemos ser escépticos acerca del potencial que implica que el negocio se desempeñe mejor junto que separado.

Las medidas de diversificación que satisfacen las tres pruebas tienen el mayor potencial de crear un valor a largo plazo para el accionista. Las medidas de diversificación que sólo pasan una o dos pruebas son dudosas.

ESTRATEGIAS DE DIVERSIFICACIÓN

Una vez que se ha tomado la decisión de diversificarse, se debe hacer una elección entre hacerlo hacia negocios *relacionados* o *no relacionados*, o alguna combinación de ambos. Los negocios están vinculados cuando existen relaciones competitivamente valiosas entre las actividades de sus cadenas de valor y no lo están cuando no hay similitudes comunes en sus respectivas cadenas de valor. La figura 7-1 muestra las trayectorias que puede seguir una compañía para cambiar de una empresa de un solo negocio a una diversificada. Las estrategias de integración vertical pueden o no entrar en la perspectiva, dependiendo de si una integración hacia adelante o hacia atrás consolida la posición competitiva de una empresa. Una vez que se ha llevado a cabo la diversificación, la tarea de la administración es averiguar cómo debe administrar el conjunto de negocios en los que ha invertido la compañía, las seis opciones estratégicas fundamentales que se muestran en el último cuadro de la figura 7-1.

Podemos comprender mejor los aspectos estratégicos a los que se enfrentan los gerentes corporativos en la creación y la administración de un grupo de negocios, si consideramos seis estrategias relacionadas con la diversificación:

1. Estrategias para ingresar en nuevas industrias; adquisición, inicio y empresas conjuntas.
2. Estrategias de diversificación relacionada.
3. Estrategias de diversificación no relacionada.
4. Estrategias de desinversión y liquidación.
5. Estrategias de cambio de posición corporativa, economía y reestructuración.
6. Estrategias de diversificación multinacional.

Las tres primeras son formas de diversificarse; las tres últimas sirven para consolidar las posiciones y el desempeño de compañías que ya se han diversificado.

Estrategias para ingresar en nuevos negocios

El ingreso en nuevos negocios puede asumir cualquiera de tres formas: adquisición, inicio interno y empresas conjuntas.

FIGURA 7.1 Alternativas de la estrategia corporativa

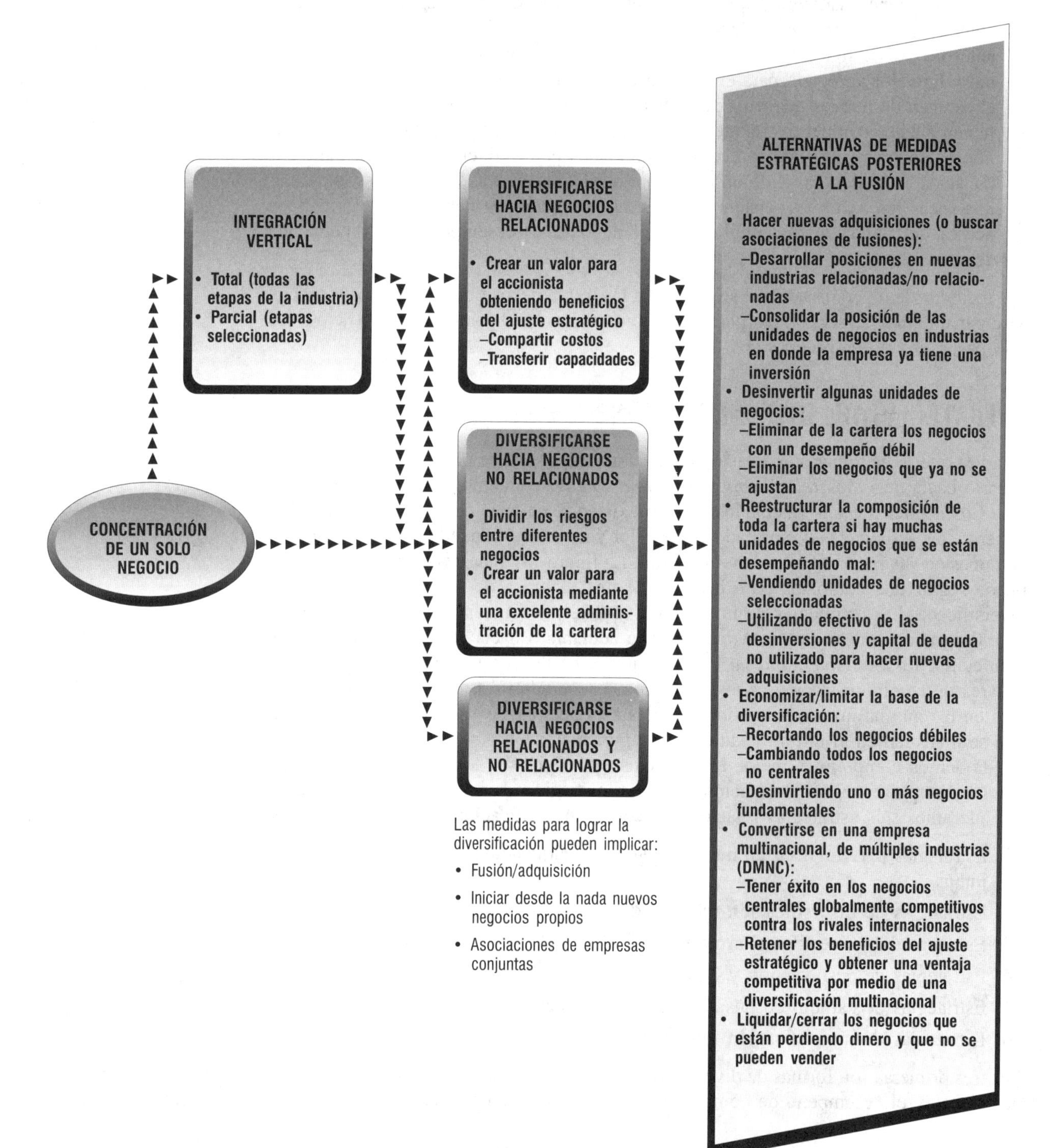

Adquisición de un negocio existente La adquisición es la forma más popular de diversificarse hacia otra industria. No sólo es una forma más rápida de ingresar en el mercado objetivo al tratar de iniciar una operación totalmente nueva desde la base, sino que ofrece una forma efectiva de salvar barreras para el ingreso, tales como adquirir experiencia tecnológica, establecer relaciones con proveedores, volverse lo bastante grande para igualar la eficiencia y los costos por unidad de los rivales, tener que gastar considerables sumas en publicidad y promociones de introducción para conquistar una visibilidad en el mercado y un reconocimiento de la marca y obtener una distribución adecuada.[2] En muchas industrias, la decisión de seguir la ruta del inicio interno y tratar de desarrollar los conocimientos, recursos, escala de operación y reputación de mercado necesarios para convertirse en un competidor efectivo puede llevar años. La adquisición de una empresa ya establecida permite que el nuevo integrante proceda directamente a la tarea de crear una poderosa posición de mercado en la industria objetivo.

Sin embargo, encontrar la compañía adecuada para adquirirla, a veces representa un reto.[3] El gran dilema al que se enfrenta una compañía orientada a la adquisición es pagar un precio extra por una compañía exitosa o adquirir a precio de ganga una compañía que lucha por su permanencia. Si la empresa adquiriente tiene escaso conocimiento de la industria, pero capital suficiente, a menudo es mejor adquirir una empresa capaz y poderosamente posicionada, a menos que el precio sea prohibitivo y no pase la prueba del costo de ingreso. Por otra parte, cuando el adquiriente ve formas prometedoras de transformar una empresa débil y tiene los recursos, conocimientos y tiempo para hacerlo, una compañía que se encuentra en la lucha puede ser la mejor inversión a largo plazo.

Uno de los grandes obstáculos para ingresar en industrias atractivas mediante una adquisición es la dificultad de encontrar una compañía adecuada a un precio que satisfaga la prueba del costo de ingreso.

La prueba del costo de ingreso requiere que las expectativas de utilidades de un negocio adquirido proporcione una ganancia atractiva sobre el costo de adquisición y sobre cualquier nueva inversión de capital necesaria para mantener o ampliar sus operaciones. Un precio elevado de adquisición puede hacer que resulte improbable o difícil pasar esa prueba. Por ejemplo, supongamos que el precio para adquirir una compañía es de tres millones de dólares y que el negocio tiene utilidades de 200 000 dólares libres de impuestos sobre una inversión de capital de un millón de dólares (una ganancia anual de 20 por ciento). La simple aritmética requiere que las utilidades del negocio adquirido se tripliquen para que el comprador gane la misma utilidad de 20 por ciento sobre los tres millones de dólares del precio de adquisición que los propietarios anteriores obtenían por su inversión de un millón. El incremento de las ganancias de la empresa adquirida de 200 000 a 600 000 dólares anuales podría llevar varios años y requerir una inversión adicional sobre la cual el adquiriente también debería ganar un 20 por ciento de utilidad. Puesto que los propietarios de un negocio exitoso y en crecimiento por lo común exigen un precio que refleje los futuros prospectos de utilidades, es fácil que una adquisición así no pase la prueba del costo de ingreso. Un presunto diversificador no puede contar con que será capaz de adquirir una compañía en una industria atractiva a un precio que todavía le permita obtener buenas utilidades sobre su inversión.

Inicio interno La diversificación mediante un *inicio interno* implica la creación de una nueva compañía bajo la estructura corporativa, para que compita en la industria desea-

[2] En los años recientes, las adquisiciones hostiles han propiciado un acalorado debate y en ocasiones un enfoque mal empleado a la adquisición. El término adquisición hostil se refiere al intento (a menudo sorpresivo) de una empresa para adquirir la propiedad de o el control sobre otra empresa en contra de los deseos de la administración de la última (y tal vez de algunos de sus accionistas).

[3] Michael E. Porter, *Competitive Strategy: Techniques for Analyzing Industries and Competitors*, Nueva York, Free Press, 1989, pp. 354-355.

da. Una organización recién constituida no sólo debe superar las barreras del ingreso, sino también invertir en capacidad de producción, desarrollar fuentes de abastecimiento, contratar y capacitar empleados, crear canales de distribución, formar una base de clientes, etc. Por lo general, la formación de una compañía para su ingreso en una nueva industria es más atractiva cuando: 1) se cuenta con tiempo para impulsar el negocio desde la base; 2) es probable que las empresas ya existentes sean lentas o ineficaces en su respuesta a los esfuerzos de un nuevo integrante para abrir el mercado; 3) el ingreso interno tiene costos más bajos que el ingreso por medio de una adquisición; 4) la compañía ya posee internamente la mayor parte o todas las capacidades necesarias para competir de manera efectiva, 5) la adición de una nueva capacidad de producción no causará un impacto adverso en el equilibrio de oferta-demanda en la industria, y 6) la industria objetivo está constituida por muchas empresas relativamente pequeñas, de manera que la compañía que ingresa no necesita competir frontalmente contra rivales más grandes y poderosos.[4]

Las principales desventajas para ingresar en una industria y formar internamente una nueva compañía son los costos de superar las barreras del ingreso y el tiempo extra que se requiere para desarrollar una posición competitiva poderosa y rentable.

Empresas conjuntas Las empresas conjuntas resultan útiles para lograr el acceso a un nuevo negocio, por lo menos en tres tipos de situaciones.[5] En primer lugar, una empresa conjunta es una buena forma de hacer algo que una sola organización no puede resolver económicamente o es arriesgado. En segundo lugar, las empresas conjuntas resultan convenientes cuando la unión de los recursos y competencias de dos o más organizaciones produce una organización con mayores recursos y activos competitivos para que sea una poderosa contendiente en el mercado. En esos casos, cada socio contribuye con habilidades o recursos especiales que el otro no posee y que son importantes para el éxito. En tercer lugar, las empresas conjuntas con socios extranjeros en ocasiones son la única forma, o la mejor, de superar las cuotas de importación, los aranceles, los intereses políticos nacionalistas y los obstáculos culturales. La realidad económica, competitiva y las políticas nacionales a menudo requieren que una compañía extranjera se asocie con una compañía doméstica, con el fin de tener acceso al mercado nacional en el cual está ubicado el socio extranjero. Los socios domésticos ofrecen a las compañías extranjeras los beneficios del conocimiento local, personal administrativo y de marketing y acceso a los canales de distribución. Sin embargo, esas empresas colectivas a menudo plantean problemas complicados sobre cómo dividir los esfuerzos entre los socios y quién tiene el control efectivo.[6] Los conflictos entre socios extranjeros y domésticos pueden surgir al decidir utilizar fuentes externas locales para el suministro de componentes, cuánta producción se debe exportar, si los procedimientos de operación se deben adaptar a los estándares de la compañía extranjera o a las preferencias locales, quién tiene el control de los flujos de efectivo y la forma de distribuir las utilidades.

ESTRATEGIAS DE DIVERSIFICACIÓN RELACIONADA

Una estrategia de diversificación relacionada implica una diversificación hacia negocios cuyas cadenas de valor tienen "ajustes estratégicos" competitivamente valiosos con los del (los) negocio(s) actual(es) de la compañía. El *ajuste estratégico* entre los diferentes negocios existe siempre que sus cadenas de valor son lo bastante similares para que ofrezcan oportunidades de compartir las experiencias, ejercer un mayor apalancamiento

[4] *Ibid.*, pp. 344-345.

[5] Peter Drucker, *Management: Tasks, Responsibilities, Practices*, Nueva York, Harper & Row, 1974, pp. 720-724. Las alianzas estratégicas ofrecen casi los mismos beneficios que las empresas conjuntas, pero representan un compromiso más débil para ingresar en un nuevo negocio.

[6] Michael E. Porter, *Competitive Strategy*, p. 340.

en las negociaciones con proveedores comunes, fabricar conjuntamente partes y componentes, compartir una fuerza de ventas común, utilizar las mismas instalaciones de distribución, los mismos distribuidores mayoristas o minoristas, combinar las actividades de servicio posteriores a la venta, explotar el empleo común de una marca registrada conocida, transferir conocimientos o capacidades competitivamente valiosos de un negocio a otro, o combinar actividades similares de la cadena de valor con el fin de lograr costos más bajos. Los ajustes estratégicos pueden existir a lo largo de las respectivas cadenas de valor de los negocios, en las relaciones con proveedores, en las actividades de investigación, desarrollo y tecnología, en la fabricación, ventas y marketing, o en las actividades de distribución.

La diversificación relacionada implica una diversificación hacia negocios con ajustes y paralelismos competitivamente valiosos en sus cadenas de valor.

Lo que hace que una diversificación relacionada sea una estrategia atractiva es la oportunidad de convertir el ajuste estratégico de las relaciones entre las cadenas de valor de diferentes negocios en una ventaja competitiva. Cuando una compañía se diversifica hacia negocios que ofrecen oportunidades de: 1) transferir la experiencia, las capacidades o la tecnología de un negocio a otro; 2) combinar las actividades relacionadas de negocios separados en una sola operación y reducir costos; 3) apalancar la reputación de la marca registrada de una compañía en el nuevo negocio, y/o 4) llevar a cabo las actividades relacionadas de la cadena de valor en una forma de colaboración tal que cree capacidades competitivas valiosas, logre una ventaja competitiva sobre los rivales que no se han diversificado o que lo han hecho en formas que no les proporcionan el acceso a esos beneficios estratégicos.[7] Mientras mayor es la relación entre los negocios de una compañía diversificada, mayores son las oportunidades para transferir capacidades y/o combinar las actividades de la cadena de valor con costos más bajos y/o colaborar con el fin de crear nuevas fortalezas de recursos y capacidades y/o utilizar una marca registrada común, es decir, mayor es la oportunidad para crear una ventaja competitiva.[8]

Lo que hace que la diversificación relacionada sea atractiva es la oportunidad de convertir los ajustes estratégicos en ventajas competitivas.

Además, *una empresa diversificada que explota estos paralelismos de la cadena de valor y retiene los beneficios del ajuste estratégico puede lograr un desempeño consolidado mayor que la suma de lo que pueden obtener los negocios si siguen estrategias independientes*. Los ajustes estratégicos competitivamente valiosos (suponiendo que la administración pueda retener de una manera efectiva los beneficios de los paralelismos de la cadena de valor) convierten la diversificación relacionada en un fenómeno de 2 + 2 = 5. La ventaja competitiva que fluye de los ajustes estratégicos a lo largo de las cadenas de valor de los negocios relacionados proporciona una base para que se desempeñen mejor juntos que como empresas separadas. Mientras mayores son los beneficios del ajuste estratégico, más capaz es la diversificación relacionada de tener un desempeño de 2 + 2 = 5, lo que satisface la prueba de la mejor posición para la creación de un valor destinado al accionista.

La diversificación relacionada en la práctica real Algunos de los enfoques que se utilizan más comúnmente en la diversificación relacionada son:

[7] Michael E. Porter, *Competitive Advantage*, Nueva York, Free Press, 1985, pp. 318-319 y pp. 337-353. Kenichi Ohmae, *The Mind of the Strategist*, Nueva York, Penguin Books, 1981, pp. 121-124, y Porter, "From Competitive Advantage to Corporate Strategy", pp. 53-57. Para un estudio empírico que confirma que los ajustes estratégicos pueden mejorar el desempeño (en el entendido de que las fortalezas de recursos resultantes sean competitivamente valiosas y de que a los rivales les resulte difícil duplicarlas), véase Constantinos C. Markides y Peter J. Williamson, "Corporate Diversification and Organization Structure: A Resource-Based View", en *Academy of Management Journal* 39, núm. 2, abril de 1996, pp. 340-367.

[8] Para una exposición de la importancia estratégica de la coordinación entre los negocios y una comprensión de cómo funciona, véase Jeanne M. Liedtka, "Collaboration across Lines of Business for Competitive Advantage", en *Academy of Management Executive* 10, núm. 3, mayo de 1996, pp. 20-34.

CÁPSULA ILUSTRATIVA 24 Esfuerzos de Koch Industries para vincular su estrategia de diversificación con sus competencias y capacidades centrales

En Koch Industries, una de las cinco compañías privadas más grandes de Estados Unidos, el desarrollo de una visión de la compañía y de su estrategia implicó un análisis de sus competencias y capacidades y una decisión de cómo igualarlas con las oportunidades de mercado percibidas. Un ejecutivo observó: "Pensamos que estábamos en el negocio del petróleo, pero descubrimos que nuestra experiencia real se encuentra en el negocio de acopio, transportación, procesamiento y comercialización". Mientras la compañía desarrollaba esas competencias con el petróleo crudo, la comprensión de la administración acerca de las capacidades de la compañía condujo a una expansión hacia líquidos de gas y después hacia su acopio, transportación, procesamiento y comercialización. La participación en las operaciones de gas guió a Koch hacia la transportación y comercialización de amoniaco, operaciones más estrechamente relacionadas con el negocio de gas que las operaciones de estaciones de servicio. Las adquisiciones más recientes han involucrado la transferencia de las capacidades fundamentales de Koch al acopio de grano y forraje para el ganado, actividades de negocios que se basan en la experiencia de la compañía en el acopio, la transportación, el procesamiento y la comercialización.

Fuente: Tyler Cowen y Jerry Ellig, "Market-Based Management at Koch Industries: Discovery, Dissemination, and Integration of Knowledge", en *Competitive Intelligence Review* 6, núm. 4, invierno de 1995, p. 7.

- Ingresar en negocios en donde se pueden compartir la fuerza de ventas, la publicidad, la marca registrada y las instalaciones de distribución (un fabricante de galletas dulces y saladas que se diversifica hacia el negocio de bocadillos).
- Explotar las tecnologías y la experiencia técnica relacionadas (un creador de *software* para computadoras de *mainframe* que se diversifica hacia el *software* para redes de PC, redes internas de compañías y PCs de usuarios individuales).
- Transferir los conocimientos y la experiencia de un negocio a otro (un operador exitoso de restaurantes italianos que adquiere una cadena que se especializa en comida mexicana).
- Transferir la marca registrada y la reputación de la organización entre los consumidores hacia un nuevo producto/servicio (un fabricante de neumáticos que adquiere una cadena de centros de servicio que se especializan en reparación de frenos y reemplazo de mofles y amortiguadores.
- Adquirir nuevos negocios que ayuden de una manera única a la posición de la empresa en sus negocios existentes (una difusora por cable que compra un equipo deportivo o una compañía productora de películas con el fin de ofrecer una programación original).

Los ejemplos de diversificaciones relacionadas abundan. BIC Pen, que fue la pionera de los bolígrafos desechables económicos, utilizó sus competencias centrales en la fabricación de bajo costo y la venta masiva como base para diversificarse hacia el negocio de encendedores y navajas de afeitar desechables, ambas operaciones que, para tener éxito, requirieron una producción de bajo costo y un marketing orientado al consumidor. Sony, una de las principales compañías de electrónica empleó una diversificación relacionada con la tecnología y con el marketing cuando decidió ingresar en la industria de juegos de video y transferir sus competencias y capacidades en tecnología electrónica, sus conocimientos de marketing y la credibilidad de su marca registrada a la venta de reproductoras de juegos de video y al marketing de estos juegos. La línea de productos de Procter & Gamble incluye la mantequilla de cacahuate Jif, las harinas para pasteles Duncan Hines, el café Folger's, el detergente para ropa Tide, el aceite vegetal Crisco, el dentífrico Crest, el jabón Ivory, el papel higiénico Charmin y el champú Head & Shoulders, todos ellos negocios diferentes con competidores y requerimientos de producción distintos. Pero aun así, los productos de Procter & Gamble representan una diversificación relacionada, debido a que todos se mueven a lo largo de los mismos sistemas de distribución de mayoreo, se venden en escenarios de menudeo y a los mismos compradores, se anuncian y se promueven de la misma manera y utilizan las mismas capacidades de marketing y venta. La Cápsula ilustrativa 25 muestra las carteras de negocios de varias compañías que han buscado una estrategia de diversificación relacionada.

Los ajustes estratégicos entre negocios relacionados ofrecen el potencial de la ventaja competitiva de a) costos más bajos; b) una transferencia eficiente de capacidades clave, experiencia tecnológica o conocimientos administrativos de un negocio a otro; c) la capacidad de compartir una marca registrada común, y/o d) un mejoramiento de las fortalezas de recursos y de las capacidades competitivas.

Ajuste estratégico, economías de enfoque y ventaja competitiva

Una estrategia de diversificación relacionada es atractiva desde varios ángulos. Permite que una empresa conserve cierto grado de unidad en sus actividades de negocios, que coseche los beneficios de la transferencia de capacidades y/o costos más bajos y/o empleo de una marca registrada común y/o capacidades competitivas más poderosas, y aun así distribuya los riesgos del inversionista a lo largo de una base de negocios más amplia.

La diversificación hacia negocios en donde es posible compartir la tecnología, las instalaciones, las actividades funcionales o los canales de distribución puede dar como resultado costos más bajos, debido a las economías de enfoque. Las *economías de enfoque* existen siempre que resulta menos costoso que dos negocios operen bajo una administración centralizada, en vez de que lo hagan como negocios independientes. Estas economías pueden surgir de las oportunidades de ahorro de costos al compartir recursos o combinar actividades en cualquier parte a lo largo de las cadenas de valor de los respectivos negocios y de la utilización compartida de una marca registrada. Mientras mayores son las economías de enfoque, mayor es el potencial para crear una ventaja competitiva basada en los costos más bajos.

Las* economías de enfoque *surgen de la capacidad de eliminar costos mediante la operación de dos o más negocios bajo la misma estructura corporativa; las oportunidades de ahorro de costo pueden surgir de las correlaciones en cualquier parte a lo largo de las cadenas de valor de los negocios.

Tanto el traslado de capacidades como la combinación de actividades de la cadena de valor estrechamente relacionadas permite que el diversificador obtenga más utilidades de la operación conjunta de diferentes negocios que las que podrían ganar los negocios como empresas independientes y autosustentables. La clave para las oportunidades de traslado de capacidades y economías de enfoque en el ahorro de costos radica en la diversificación hacia negocios con un ajuste estratégico. Aun cuando las relaciones de ajuste estratégico pueden ocurrir a todo lo largo de la cadena de valor, la mayor parte de ellas tiene cabida en una de cuatro categorías.

Ajustes tecnológicos Los diferentes negocios tienen un *ajuste tecnológico* cuando hay potencial para compartir una tecnología común, explotar toda la gama de oportunidades de negocios asociadas con una tecnología particular o transferir los conocimientos tecnológicos de un negocio a otro. Los negocios con beneficios de tecnologías compartidas se pueden desempeñar mejor juntos que separados, debido a que el ahorro de costos potencial en el desarrollo de la tecnología y la investigación para crear nuevos productos, los tiempos más breves para llevarlos al mercado, una importante complementariedad o interdependencia entre los productos resultantes, conduce a un incremento en las ventas de ambos y/o el potencial para transferir tecnología entre los negocios permite un desempeño más efectivo o eficiente de las actividades relacionadas con dicha tecnología.

Ajustes de operación Los diferentes negocios tienen *ajustes de operación* cuando existen oportunidades para combinar actividades o transferir habilidades/capacidades en la obtención de materiales, en investigación y desarrollo, en el mejoramiento de los procesos de producción, en los componentes de fabricación, en el ensamble de bienes terminados o el desempeño de funciones administrativas de apoyo. Las oportunidades

CÁPSULA ILUSTRATIVA 25 Ejemplos de compañías con carteras de negocios relacionados

A continuación se presentan las carteras de negocios de tres compañías que han buscado alguna forma de diversificación relacionada. ¿Puede identificar los ajustes estratégicos y las relaciones de la cadena de valor que existen entre esos negocios?

Gillete

- Hojas y navajas de afeitar
- Artículos de tocador (Right Guard, Foamy, Dry Idea, Soft & Dry, White Rain)
- Productos Jafra para el cuidado de la piel
- Cepillos de dientes y productos para el cuidado dental Oral-B
- Instrumentos para escribir y productos de escritorio (plumas Paper Mate, plumas Parker, plumas Waterman, líquidos correctores Liquid Paper)
- Máquinas de afeitar, cafeteras, relojes despertadores, batidoras, secadoras para el cabello y cepillos eléctricos de dientes Braun

Compañías Philip Morris

- Cigarros (Marlboro, Virginia Slims, Benson & Hedges, Merit y muchas otras marcas)
- Miller Brewing Company (Miller Genuine Draft, Miller Lite, Icehouse, Red Dog)
- Kraft General Foods (Maxwell House, Sanka, Oscar Mayer, Kool-Aid, Jell-O, cereales Post, alimentos congelados Birds-Eye, quesos Kraft, Crystal Light, pizzas Tombstone)
- Mission Viejo Realty

Johnson & Johnson

- Productos para bebé (talco, champú, aceite, loción)
- Band-Aids y productos para el cuidado de heridas
- Stayfree, Carefree y Sure & Natural
- Medicamentos que no son de prescripción (Tylenol, Pepcid AC, Mylanta, Motrin, Monistat-7)
- Medicamentos de prescripción
- Productos quirúrgicos y para hospitales
- Productos dentales
- Lentes de contacto Acuvue
- Productos para el cuidado de la piel

Fuente: Reportes anuales de las compañías.

relacionadas con la posibilidad de compartir por lo general ofrecen ahorros de costo; algunas derivan de las economías que combinan actividades en una operación a escala mayor (*economías de escala*) y algunas derivan de la capacidad de eliminar costos al desempeñar ciertas actividades conjuntas, en vez de hacerlo de manera independiente (economías de enfoque). Mientras mayor es la proporción del costo que representa una actividad compartida, más significativos son los ahorros del costo compartido y mayor la ventaja que puede resultar. Con el ajuste de la operación, las oportunidades de transferencia de las capacidades más importantes por lo general se relacionan con situaciones en donde la administración de la cadena de suministro o la experiencia de fabricación en un negocio tienen aplicaciones beneficiosas en otro.

Ajustes de distribución y relacionados con el cliente Cuando las cadenas de valor de diferentes negocios se traslapan de tal manera que los productos son utilizados por los mismos clientes, se entregan a través de distribuidores y minoristas comunes o se venden y se promueven en formas similares, entonces el negocio tiene un *ajuste estratégico relacionado con el mercado*. Hay una variedad de oportunidades de ahorro sobre los costos que se derivan del mismo: el empleo de una sola fuerza de ventas para todos los productos relacionados, en vez de ventas separadas para cada negocio, la publicidad de productos relacionados en los mismos anuncios y folletos, el empleo de una marca registrada común, la coordinación de envíos y entregas, la combinación de organizaciones de servicio posterior a la venta y las reparaciones, la coordinación del procesamiento y facturación de pedidos, el empleo de alicientes promocionales comunes (cupones de descuento, muestras gratuitas, ofertas de prueba, ofertas especiales de temporada, etc.) y la combinación de redes de distribuidores. Esos ajustes en la cadena de valor por lo común permiten que una empresa economice en sus costos de marketing, ventas y distribución.

Además de las economías de enfoque, el ajuste relacionado con el mercado puede incluir oportunidades para transferir habilidades de venta, promocionales, publicitarias y de diferenciación del producto de un negocio a otro. Además, la marca registrada y la reputación de una compañía en un producto a menudo se pueden transferir a otros. El nombre de Honda en el negocio de motocicletas y automóviles le proporcionó una credibilidad y un reconocimiento instantáneos cuando ingresó en el negocio de podadoras de césped, sin necesidad de invertir considerables sumas de dinero. La reputación de Canon en equipo fotográfico fue un activo competitivo que ayudó a la diversificación de la compañía hacia el equipo de copiado. El nombre de Panasonic en electrodomésticos para el consumidor (radios, televisores, etc.) se transfirió fácilmente a los hornos de microondas, lo que hizo que le resultara más sencillo y económico diversificarse hacia ese mercado.

Ajustes administrativos Este tipo de ajuste surge cuando diferentes unidades de negocios tienen problemas empresariales, administrativos o de operación semejantes, lo que permite que los conocimientos administrativos en una línea de negocios se transfieran a otra. Las transferencias de experiencia administrativa pueden ocurrir en cualquier punto de la cadena de valor. Ford transfirió sus conocimientos de administración de financiamiento y crédito para automóviles a la industria de ahorros y préstamos cuando adquirió algunas asociaciones que estaban en problemas durante la crisis de la industria de ahorros y préstamos. Wal-Mart transfirió sus conocimientos administrativos en las ventas de descuento a Sam's Wholesale Club, su división recién creada, lo que le permitió ingresar con éxito en el negocio de descuento de mayoreo.

Cómo obtener los beneficios del ajuste estratégico

Una cosa es diversificarse hacia industrias que tienen un ajuste estratégico y otra obtener realmente los beneficios de hacerlo. Para retener las economías de enfoque, las actividades relacionadas se deben fusionar y coordinar en una sola unidad de operación, y después obtener los ahorros de costo. Las funciones y la coordinación fusionadas pueden implicar costos de organización y la administración debe determinar si el beneficio de algún control estratégico centralizado es lo bastante grande como para garantizar el sacrificio de la autonomía de la unidad de negocios. De la misma manera, cuando la transferencia de capacidades o de tecnología es la piedra angular del ajuste estratégico, los administradores deben encontrar una forma de lograr que sea efectiva, sin retirar del negocio demasiado personal hábil y con experiencia. Mientras más vinculada esté la estrategia de diversificación de una compañía con la transferencia de capacidades o tecnología, más necesario será desarrollar un grupo lo bastante numeroso y talentoso de personal especializado, no sólo para proporcionar las capacidades o la tecnología al nuevo negocio, sino también para dominar las capacidades o tecnología suficientes para crear una ventaja competitiva.

Una compañía con los conocimientos necesarios para ampliar su base de activos estratégicos con mayor rapidez y a un costo más bajo que sus rivales, obtiene una ventaja competitiva sostenible.

Hay un beneficio adicional que fluye cuando las compañías se convierten en expertas en obtener ajustes estratégicos entre los negocios; el potencial para que la empresa amplíe su conjunto de recursos y activos estratégicos y cree otros nuevos *con mayor rapidez y en forma más económica* que los rivales que no están diversificados en negocios relacionados.[9] Otras de la razones por las cuales algunas empresas que buscan

[9] Constantinos C. Markides y Peter J. Williamson, "Related Diversification, Core Competences and Corporate Performance", en *Strategic Management Journal* 15, verano de 1994, pp. 149-165.

una diversificación relacionada a la larga se desempeñan mejor que otras, es que son más capaces de explotar los vínculos entre sus negocios relacionados; esos conocimientos se traducen a largo plazo en la capacidad de *acelerar* la creación de nuevas competencias centrales y ventajas competitivas valiosas. En un mundo competitivamente dinámico, la capacidad de acumular activos estratégicos con mayor rapidez que los rivales es una forma poderosa y confiable para que una compañía diversificada obtenga utilidades superiores a largo plazo.

ESTRATEGIAS DE DIVERSIFICACIÓN NO RELACIONADA

Una estrategia de diversificación no relacionada implica hacerlo hacia cualesquiera industrias y negocios que ofrezcan una ganancia financiera atractiva; la explotación de las relaciones de ajuste estratégico es secundaria.

A pesar de los beneficios estratégicos asociados con la diversificación relacionada, algunas empresas optan por una diversificación no relacionada, es decir, por diversificarse hacia *cualquier industria* que ofrezca buenas utilidades. *En la diversificación no relacionada no se hace un esfuerzo deliberado para buscar negocios que tengan un ajuste estratégico con los otros negocios de la empresa.* Aun cuando las compañías que buscan una diversificación no relacionada pueden tratar de que algunas de las diversificaciones pasen las pruebas del atractivo de la industria y del costo de ingreso, las condiciones necesarias para la prueba de la mejor situación son ignoradas o se relegan a una posición secundaria. Las decisiones para diversificarse hacia una industria *versus* otra son el producto de la búsqueda de compañías adecuadas; la premisa básica de la diversificación no relacionada es que cualquier compañía que se pueda adquirir bajo términos financieros convenientes y con prospectos de utilidades satisfactorios representa un buen negocio para la diversificación. Se requiere mucho tiempo y esfuerzo para investigar y encontrar candidatos para una adquisición, utilizando criterios tales como:

- Si el negocio puede cumplir con los objetivos corporativos de rentabilidad y ganancia sobre la inversión.
- Si el nuevo negocio requerirá inversiones de capital para reemplazar activos fijos, fondear la expansión y proporcionar capital de trabajo.
- Si el negocio se encuentra en una industria con potencial de crecimiento significativo.
- Si el negocio es lo bastante grande para contribuir de una manera significativa a la línea básica de la empresa matriz.
- Si hay potencial de dificultades sindicales o de regulaciones gubernamentales adversas en lo que se refiere a la seguridad del producto o al ambiente.
- Si la industria es demasiado vulnerable a una recesión, una inflación, tasas de interés elevadas o cambios en la política gubernamental.

En ocasiones, las compañías con estrategias de diversificación no relacionada se concentran en identificar candidatos para una adquisición que ofrezcan oportunidades rápidas de ganancias, debido a su "situación especial". Hay tres tipos de negocios que pueden tener ese atractivo:

- *Compañías cuyos activos están tasados en menos de su valor real*; es posible que existan oportunidades para adquirir dichas compañías en menos de su valor de mercado total y lograr considerables ganancias mediante la reventa de sus activos y negocios a un precio mucho mayor que el de compra.
- *Compañías que están en problemas financieros*; esos negocios a menudo se pueden adquirir a un precio de ganga y cambiar sus operaciones con ayuda de los recursos y los conocimientos administrativos de las matrices y después conservadas como inversiones a largo plazo (debido a su potencial de ganancias o

flujos de efectivo elevados), o bien vender con una utilidad, lo que resulte más atractivo.

- *Compañías que tienen brillantes prospectos de crecimiento, pero cuyo capital de inversión es escaso*; las compañías con poco capital y abundantes oportunidades por lo común son candidatos muy codiciados para una diversificación de una empresa financieramente poderosa y que anda en busca de oportunidades.

Las compañías que buscan una diversificación no relacionada por lo común ingresan en nuevos negocios adquiriendo una compañía establecida, en vez de formar una empresa nueva dentro de sus propias estructuras corporativas. Su premisa es que el crecimiento por medio de una adquisición se traduce en un valor mejorado para el accionista. El no pasar la prueba para la mejor situación se considera justificable, siempre y cuando la diversificación no relacionada resulte en un crecimiento sostenible en los ingresos y las ganancias corporativos y siempre y cuando ninguno de los negocios adquiridos acabe con un mal desempeño.

La Cápsula ilustrativa 26 muestra las carteras de negocios de varias compañías que han buscado una diversificación no relacionada. A esas empresas por lo común se las designa como *conglomerados*, debido a que no hay un tema estratégico en su estructura de diversificación y sus intereses de negocios varían ampliamente entre diversas industrias.

Ventajas y desventajas de la diversificación no relacionada

La diversificación no relacionada o conglomerada tiene atractivo desde varios ángulos financieros:

1. El riesgo de negocios se distribuye entre una serie de industrias diversas, una forma excelente de diversificar el riesgo financiero en comparación con la diversificación relacionada, debido a que las inversiones de la compañía se pueden distribuir entre negocios con tecnologías, fuerzas competitivas, características del mercado y bases de clientes totalmente diferentes.[10]
2. Los recursos financieros de la compañía se pueden emplear con una ventaja máxima al invertir en cualesquiera industrias que ofrezcan los mejores prospectos de utilidades (en oposición a considerar únicamente las oportunidades en industrias relacionadas). De manera específica, los flujos de efectivo de los negocios de la compañía con menos prospectos de crecimiento y utilidades se pueden desviar a la adquisición y expansión de negocios con mayor potencial de crecimiento y utilidades.
3. La rentabilidad de la compañía puede ser un poco más estable debido a que los tiempos difíciles en una industria pueden ser compensados parcialmente con los buenos tiempos en otra; desde un punto de vista ideal, los cambios cíclicos descendentes en algunos negocios de la compañía se equilibran con los cambios cíclicos ascendentes en otros negocios hacia los cuales se ha diversificado la compañía.
4. Según el grado hasta el cual los administradores a nivel corporativo sean excepcionalmente sagaces para detectar compañías a precio de ganga con un gran potencial de utilidades, es posible mejorar la riqueza del accionista.

---

[10] Aun cuando esos argumentos tienen un atractivo lógico, hay algunas investigaciones que muestran que, desde una perspectiva financiera, la diversificación relacionada es menos arriesgada que la diversificación no relacionada; véase Michael Lubatkin y Sayan Chatterjee, "Extending Modem Portfolio Theory into the Domain of Corporate Diversification: Does It Apply?", en *Academy of Management Journal* 37, núm. 1, febrero de 1994, pp. 109-136.

CÁPSULA ILUSTRATIVA 26 Compañías diversificadas con carteras de negocios no relacionados

Union Pacific Corporation

- Operaciones de ferrocarriles (Union Pacific Railroad Company)
- Exploración de petróleo y gas
- Minería
- Sistemas de información y control de transportación de microondas y fibra óptica
- Administración de la eliminación de desechos peligrosos
- Camiones (Overnite Transportation Company)
- Refinerías de petróleo
- Bienes raíces

Rockwell International

- Productos de automatización industrial (Reliance Electric, Allen-Bradley, Sprecher & Schuh, Datamyte, Rockwell, Dodge, Electro Craft)
- Sistemas electrónicos para la aviación comercial
- Semiconductores
- Modems para PC
- Sistemas electrónicos para la defensa
- Aeroespacial (Motores principales reutilizables para transbordadores espaciales Rocketdyne, co-revelador del lanzador reutilizable X-33 y X-34 para satélites y cargas explosivas pesadas)
- Sistemas automotrices para trabajo pesado (ejes, frenos, embragues, transmisiones)
- Sistemas automotrices ligeros (techos deslizables transparentes, puertas, controles de acceso, controles de ajuste de asientos, sistemas de suspensión, motores eléctricos, volantes)
- Sistemas de prensa para impresión de periódicos

Cooper Industries

- Llaves de tuercas Crescent y limas Nicholson
- Bujías de encendido Champion
- Equipo de minería Gardner-Denver

United Technologies, Inc.

- Motores para avión Pratt & Whitney
- Equipo de calefacción y aire acondicionado para transportes
- Ascensores Otis
- Sistemas de defensa Norden
- Controles Hamilton Standard
- Componentes automotrices

Textron, Inc.

- Helicópteros Bell
- Paul Revere Insurance
- Aviones Cessna
- Carritos de golf E-Z
- Sistema de ingreso de proyectiles
- Partes automotrices interiores y exteriores Textron
- Sujetadores de especialidad
- Avco Financial Services
- Equipo Jacobsen para el cuidado del césped
- Tanques y vehículos blindados

The Walt Disney Company

- Parques temáticos
- Producción de películas (tanto para niños como para adultos)
- Videos
- Ropa infantil
- Juguetes y animales de peluche
- Difusión por televisión (la red ABC y The Disney Channel)

American Standard

- Productos de aire acondicionado (Trane, American Standard)
- Productos para plomería (American Standard, Ideal Standard, Standard, Porcher)
- Productos automotrices (frenos y sistemas de control para vehículos comerciales y de servicio público)

Fuente: Reportes anuales de las compañías.

Aun cuando el ingreso en negocios no relacionados a menudo satisface las pruebas del atractivo y del costo de ingreso (y en ocasiones incluso la prueba de la mejor situación), una estrategia de diversificación no relacionada tiene sus desventajas. Uno de los talones de Aquiles de la diversificación conglomerada es la gran exigencia que impone a la administración a nivel corporativo para tomar decisiones sensatas en lo que toca a los negocios fundamentalmente diferentes que operan en industrias y en ambientes competitivos distintos. Mientras mayor es el número de negocios a los que se dedica una compañía y más diversos son, más difícil es que los ejecutivos a nivel corporativo supervisen cada subsidiaria y detecten a tiempo los problemas, que tengan una experiencia real en la evaluación del atractivo de cada negocio y juzguen las acciones y los planes estratégicos propuestos por los administradores a nivel del negocio. Como lo expresó el presidente de una compañía diversificada:

> nos vamos a asegurar de que nuestros negocios centrales estén bien administrados con el fin de obtener ganancias seguras a largo plazo. Simplemente no podemos quedarnos sentados y contemplar las cifras. Debemos saber cuáles son los verdaderos problemas en los centros financieros. De otra manera, no estamos ni siquiera en posición de supervisar a nuestros administradores en las decisiones importantes.[11]

Las dos desventajas principales de la diversificación no relacionada son las dificultades para administrar de una manera competente varios negocios diferentes y el hecho de no contar con la ventaja competitiva adicional que proporciona el ajuste estratégico.

Con una amplia diversificación, los administradores corporativos deben ser lo bastante sagaces y talentosos para: 1) distinguir una buena adquisición de una mala; 2) seleccionar administradores capaces para que dirijan cada uno de los muchos negocios diferentes; 3) discernir las propuestas estratégicas importantes de los administradores de unidades de negocios, y 4) saber lo que se debe hacer si una unidad de negocios sufre un tropiezo.[12] Debido a que los negocios tienden a encontrarse en circunstancias difíciles, una buena forma de medir el riesgo de una diversificación hacia áreas no relacionadas es preguntarse: "Si el nuevo negocio estuviera en problemas, ¿sabemos cómo salir de ellos?" Cuando la respuesta es no, la diversificación no relacionada puede conllevar un riesgo financiero significativo y los prospectos de utilidades del negocio son más arriesgados.[13] Como aconsejó un ex presidente del consejo de una de las 500 compañías de *Fortune*, "Nunca adquiera un negocio si no sabe cómo administrarlo". Sólo se necesitan uno o dos grandes errores estratégicos (juzgar erróneamente el atractivo de la industria, tropezar con problemas inesperados en un negocio recién adquirido o ser demasiado optimistas sobre las dificultades de cambiar totalmente la situación de una subsidiaria que está luchando) para hacer que las ganancias corporativas se desplomen y baje el precio de las acciones de la compañía matriz.

En segundo lugar, sin el potencial de la ventaja competitiva del ajuste estratégico, el desempeño consolidado de una cartera de múltiples negocios no relacionados tiende a no ser mejor que la suma de lo que podrían lograr las unidades de negocios si fueran independientes, y puede ser peor, según el grado en el que los administradores corporativos intervengan imprudentemente en las operaciones de las unidades de negocios o si las unen a las políticas corporativas. Tal vez, con excepción del respaldo financiero que puede proporcionar una matriz corporativa con abundancia de efectivo, una estrategia de diversificación relacionada no hace nada en favor de la fortaleza competitiva de las unidades de negocios individuales. Cada negocio se esfuerza en tratar de crear una ventaja competitiva; la naturaleza no relacionada de los negocios afines no ofrece un terreno común para la reducción de costos ni para la transferencia de capacidades y tecnología. En una empresa muy diversificada, el valor que agregan los administradores corporativos depende principalmente de su competencia para decidir qué nuevos negocios se deben agregar, de cuáles es necesario deshacerse, de la forma de desplegar mejor los recursos financieros disponibles con el fin de crear un conjunto más amplio de negocios con nivel elevado de desempeño y de la guía que proporcionan a los administradores de sus subsidiarias.

---

[11] Carter F. Bales, "Strategic Control: The President's Paradox", en *Business Horizons* 20, núm. 4, agosto de 1977, p. 17.

[12] Para un repaso de las experiencias de las compañías que han buscado con éxito una diversificación no relacionada, véase Patricia L. Anslinger y Thomas E. Copeland, "Growth through Acquisitions: A Fresh Look", en *Harvard Business Review* 74, núm. 1, enero-febrero de 1996, pp. 126-135.

[13] Por supuesto, la administración puede estar dispuesta a suponer que el problema no surgirá antes de que haya tenido tiempo de aprender el negocio lo bastante bien para salir adelante casi en cualquier dificultad. Pero hay investigaciones que muestran que esto es muy arriesgado desde una perspectiva financiera; véase, por ejemplo, Lubatkin y Chatterjee, "Extending Modem Portfolio Theory into the Domain of Corporate Diversification: Does It Apply?", pp. 132-133.

En tercer lugar, aun cuando en teoría la diversificación no relacionada ofrece el potencial de una mayor estabilidad de ventas y utilidades a lo largo del ciclo del negocio, en la práctica los intentos de una diversificación anticíclica son deficientes. Son muy pocos los negocios atractivos que tienen ciclos opuestos de altas y bajas; la inmensa mayoría resultan igualmente afectados por los buenos y malos tiempos económicos. No hay ninguna evidencia convincente de que las utilidades consolidadas de las empresas muy diversificadas sean más estables o estén menos sujetas a una caída en los periodos de recesión y estrés económico que las utilidades de empresas menos diversificadas.

A pesar de estas desventajas, la diversificación no relacionada en ocasiones puede ser una estrategia corporativa deseable. Ciertamente amerita una consideración el caso de una empresa que necesita diversificarse con el fin de alejarse de una industria en peligro o que no es atractiva y no tiene competencias o capacidades distintivas que pueda transferir a una industria adyacente. También hay una razón de ser para una simple diversificación, según el grado hasta el cual los propietarios tienen una preferencia decidida por invertir en varios negocios no relacionados y no en los relacionados con la familia de empresas. De lo contrario, el argumento en favor de la diversificación no relacionada depende de los prospectos, caso por caso, para obtener una ganancia financiera.

Un aspecto clave en la diversificación no relacionada es qué tan lejos se puede lanzar la red para crear la cartera de negocios. En otras palabras, ¿una compañía debe invertir en unos cuantos o en muchos negocios no relacionados? ¿Qué tanta diversificación del negocio pueden manejar con éxito los administradores? Una forma razonable de resolver el problema de qué tanta diversificación es necesaria, consiste en preguntar: "¿cuál es la diversificación mínima que se requiere para lograr un crecimiento y una rentabilidad aceptables?" y "¿cuál es la mayor diversificación que se puede controlar, dada su complejidad?"[14] La cantidad de diversificación óptima por lo común se da entre estos dos extremos.

Diversificación no relacionada y valor para el accionista

La diversificación no relacionada es fundamentalmente un enfoque impulsado por las finanzas, con el fin de crear un valor para el accionista, mientras que la diversificación relacionada está impulsada fundamentalmente por la estrategia. *La diversificación relacionada representa un enfoque estratégico en la creación de un valor para el accionista*, debido a que se lleva a cabo sobre la base de explotar los vínculos entre las cadenas de valor de diferentes negocios con los costos más bajos, de transferir las capacidades y la experiencia tecnológica entre ellos y de lograr otros beneficios del ajuste estratégico. El objetivo es convertir los ajustes estratégicos entre los negocios de la empresa en una medida extra de la ventaja competitiva, que va más allá de lo que pueden lograr las subsidiarias del negocio por sí mismas. La ventaja competitiva adicional que logra una empresa mediante una diversificación relacionada es el impulsor para crear un valor mayor para el accionista.

La diversificación no relacionada es un enfoque financiero en la creación de un valor para el accionista; la diversificación relacionada, en contraste, representa un enfoque estratégico.

En contraste, *la diversificación no relacionada es principalmente un enfoque estratégico con el fin de crear un valor para el accionista*, debido a que se predica sobre la base de un despliegue inteligente de los recursos financieros corporativos y la capacidad de los ejecutivos para detectar oportunidades de negocios atractivas. Debido a que la diversificación no relacionada no ofrece oportunidades de ajuste estratégico relevantes, los estrategas corporativos no pueden crear un valor para el accionista mediante la

[14] Peter Drucker, *Management: Tasks, Responsibilities, Practices*, pp. 692-693.

adquisición de compañías que creen o incrementen una ventaja competitiva para sus subsidiarias de negocios; en un conglomerado, la ventaja competitiva no va más allá de lo que cada subsidiaria puede lograr independientemente por medio de su propia estrategia competitiva. En consecuencia, para que una diversificación no relacionada resulte en un incremento en el valor para el accionista (superior al efecto de 2 + 2 = 4 que podrían producir las subsidiarias si operaran en una forma independiente), los estrategas corporativos deben mostrar capacidades *superiores* en la creación y administración de una cartera de intereses de negocios diversificados. De una manera específica, esto significa:

- Desempeñar un trabajo superior en la diversificación hacia nuevos negocios que puedan producir buenas utilidades (que pasen la prueba del atractivo).
- Desempeñar un trabajo superior al negociar precios favorables para la adquisición (pasar la prueba del costo de ingreso).
- Ser lo bastante sagaces para vender oportunamente las subsidiarias de negocios.
- Retirar de manera prudente y oportuna los recursos financieros corporativos de los negocios en los que las oportunidades de obtener utilidades son débiles y encauzarlos hacia aquellos en los que se da un crecimiento rápido de las ganancias y hay elevadas utilidades sobre la inversión.
- Desempeñar un trabajo competente en la supervisión de las subsidiarias de negocios de la empresa (proporcionando a los administradores capacidades expertas de resolución de problemas, sugerencias creativas para la estrategia y una guía para la toma de decisiones), de tal manera que los negocios se desempeñen a un nivel más elevado del que podrían lograr de otra manera (una posible forma de pasar la prueba de la situación más adecuada).

Para que los estrategas corporativos creen un valor destinado al accionista que no se dé mediante ajustes estratégicos y una ventaja competitiva, deben ser lo bastante inteligentes para producir resultados financieros en un grupo de negocios que excedan lo que pueden producir los administradores a nivel de un solo negocio.

Dependiendo del grado hasta el cual los ejecutivos corporativos puedan crear y poner en práctica una estrategia de diversificación no relacionada que produzca los resultados suficientes para que una empresa supere de manera uniforme el desempeño de otras en la generación de dividendos y ganancias de capital para los accionistas, hay que demostrar que realmente se ha mejorado el valor para los mismos. Sin embargo, el logro uniforme de esos resultados requiere contar con ejecutivos con un talento superior. Sin ello, la diversificación no relacionada es una forma muy dudosa y poco confiable al tratar de crear un valor para el accionista; es mayor el número de quienes han intentado y fracasado, que el de quienes han tenido éxito.

ESTRATEGIAS DE DESINVERSIÓN Y LIQUIDACIÓN

Incluso una estrategia corporativa inteligente para la diversificación puede dar como resultado la adquisición de unidades de negocios que, al paso del tiempo, simplemente no dan resultado. No es posible evitar por completo los desajustes, debido a que es difícil prever los resultados del ingreso en una nueva línea de negocios. Además, el atractivo de la industria a largo plazo cambia con el paso del tiempo; lo que antes era una buena medida de diversificación hacia una industria atractiva, más adelante puede fallar. Es probable que ocurra un desempeño inferior de algunas unidades de negocios, lo que plantea ciertas dudas sobre si conservarlas o eliminarlas. Otras unidades de negocios, a pesar de que tienen un desempeño financiero adecuado, tal vez no se combinan tan bien como se pensaba originalmente con el resto de la empresa.

Es necesario considerar la eliminación de un negocio cuando los estrategas corporativos concluyen que ya ha dejado de ajustarse o que ya no es una inversión atractiva.

En ocasiones, resulta que una medida de diversificación que parece sensata desde un punto de vista estratégico, carece de un *ajuste cultural*.[15] Varias compañías farmacéuticas han tenido esta experiencia. Cuando se diversificaron hacia la industria de cosméticos y perfumes, descubrieron que su personal tenía muy poca comprensión hacia la naturaleza "frívola" de esos productos, en comparación con la tarea mucho más noble de desarrollar medicamentos milagrosos para curar a los enfermos. La ausencia de valores compartidos y compatibilidad cultural entre la investigación médica y la experiencia en la preparación química de las compañías farmacéuticas, y la orientación de moda/marketing del negocio de cosméticos, significó la ruina de lo que de otra manera hubiera sido una diversificación hacia negocios con un potencial para compartir tecnología, ajustar el desarrollo del producto y cierto traslape en los canales de distribución.

Cuando una línea de negocios particular pierde su atractivo, por lo común la mejor solución es venderlo. En general, hay que desprenderse de esos negocios con tanta rapidez como sea práctico. La decisión de prolongar la situación no sirve a ningún propósito, a menos de que sea necesario ponerlo en mejor forma para venderlo. Mientras más unidades de negocios hay en la cartera de una empresa unificada, mayores son las probabilidades de que se pueda desprender de las que tienen un mal desempeño, de las "ineficientes" y de las que no encajan bien. Una guía útil para determinar si y cuándo se debe desinvertir de las que tienen un mal desempeño es hacer esta pregunta: "Si no estuviésemos en este negocio, ¿desearíamos ingresar en él?"[16] Cuando la respuesta es no, o probablemente no, hay que considerar la desinversión.

La desinversión puede asumir cualquiera de estas dos formas: La matriz puede cambiar el giro de un negocio como una compañía financiera y administrativamente independiente, en la cual puede o no conservar la propiedad parcial. O bien, la matriz puede vender la unidad de inmediato, en cuyo caso es necesario encontrar un comprador. Como regla, la desinversión no se debe abordar desde el ángulo de "¿A quién le podemos vender este negocio y cuánto es lo máximo que podemos obtener por él?"[17] En vez de eso, es más prudente preguntar "¿En qué clase de organización se ajustaría bien este negocio y bajo qué condiciones se consideraría un buen trato?" Es probable que las organizaciones en donde el negocio se ajuste bien paguen un precio más elevado.

De todas las alternativas estratégicas, la liquidación es la más desagradable y dolorosa, en especial para una empresa de un solo negocio, en donde la organización deja de existir. En el caso de una industria múltiple, es menos traumático que la empresa liquide una de sus líneas de negocios. Las dificultades de la eliminación de actividades, del cierre de la planta, etc., aun cuando no se deben minimizar, todavía mantienen una organización en marcha, tal vez en mejores condiciones después del recorte. En las situaciones desesperadas, un esfuerzo de liquidación a tiempo por lo común es mejor para los intereses del propietario y de los accionistas, que una quiebra inevitable. La prolongación de la lucha por una causa perdida agota los recursos de la organización y deja menos para su liquidación; también puede perjudicar la reputación de los administradores y arruinar sus carreras. Por supuesto, el problema es saber distinguir entre cuándo es posible lograr un cambio de posición y cuándo no. Es fácil que los administradores permitan que sus emociones y su orgullo prevalezcan sobre un criterio sensato cuando un negocio tiene tantos problemas que la probabilidad de un cambio de posición exitoso es remota.

---

[15] *Ibid.*, p. 709.

[16] *Ibid.*, p. 94.

[17] *Ibid.*, p. 719.

ESTRATEGIAS DE CAMBIO DE POSICIÓN CORPORATIVA, ECONOMÍA Y REESTRUCTURACIÓN DE LA CARTERA

Las estrategias de cambio de posición corporativa, economía y reestructuración de la cartera entran en juego cuando la administración de una compañía diversificada debe mejorar la condición de una cartera de negocios en dificultades. El mal desempeño se puede deber a grandes pérdidas en una o más unidades de negocios que perjudican el desempeño financiero general de la compañía, a un número desproporcionado de negocios en industrias que no son atractivas, a una mala economía que causa un impacto adverso sobre muchas de las unidades de negocios de la empresa, a una deuda excesiva o a adquisiciones mal elegidas que no responden a las expectativas.

Las *estrategias de cambio de posición corporativa* se enfocan en esfuerzos para lograr que los negocios de una compañía diversificada que están perdiendo dinero vuelvan a ser rentables, en vez de deshacerse de ellos. El propósito es que los números de toda la compañía vuelvan a estar en negro, remediando los problemas de aquellos negocios que son responsables del descenso general del desempeño. Las estrategias de cambio de posición son más apropiadas cuando las razones del mal desempeño se den a corto plazo, los negocios en problemas se encuentran en industrias atractivas y la desinversión de las unidades que están perdiendo dinero no tiene un sentido estratégico a largo plazo.

Las *estrategias de economía corporativa* implican una reducción de la esfera de acción de la diversificación a un menor número de negocios. La economía por lo común se lleva a cabo cuando la administración corporativa concluye que la compañía está en demasiados negocios y necesita reducir su base. En ocasiones las empresas diversificadas economizan debido a que no pueden lograr que ciertos negocios sean rentables después de varios años frustrantes de intentarlo, o porque carecen de fondos para respaldar las necesidades de inversión de sus subsidiarias. Sin embargo, lo más común es que los ejecutivos corporativos concluyan que los esfuerzos de diversificación de la empresa han ido demasiado lejos y que la clave para mejorar el desempeño a largo plazo es concentrarse en desarrollar posiciones poderosas en un menor número de negocios. La economía por lo común se logra deshaciéndose de los negocios que son demasiado pequeños para ofrecer una contribución considerable a las ganancias, o tienen muy poco o ningún ajuste estratégico con los negocios en los cuales desea concentrarse la compañía. La desinversión de esos negocios libera recursos que pueden ser utilizados para reducir la deuda, apoyar la expansión de los negocios restantes, o hacer adquisiciones que consoliden la posición competitiva de la compañía en uno o más de los negocios restantes.

Las *estrategias de reestructuración de la cartera* implican una cirugía radical en la mezcla y el porcentaje de los tipos de negocios en la cartera. Por ejemplo, a lo largo de un periodo de dos años, una compañía se deshizo de cuatro negocios, cerró las operaciones de otras cuatro y añadió 25 nuevas líneas de negocios a su cartera, 16 mediante adquisiciones y nueve mediante inicios internos. Otras compañías han elegido anular la fusión de sus negocios y dividirlos en dos o más compañías independientes; por ejemplo, AT&T se dividió en tres compañías (una para larga distancia y otros servicios de telecomunicaciones que conserva el nombre de AT&T, una para la fabricación de equipo de telefonía, llamada Lucent Technologies, y una más para sistemas de computadora llamada NCR, que esencialmente representa la desinversión de la anterior adquisición de AT&T de NCR). La reestructuración puede estar motivada por cualquiera de estas condiciones:

1. Cuando la revisión de una estrategia revela que los prospectos de desempeño a largo plazo de la empresa han dejado de ser atractivos, debido a que la cartera

contiene demasiadas unidades de negocios de lento crecimiento, en decadencia o que compiten débilmente.

2. Cuando uno o más de los negocios principales de la empresa son víctimas de los tiempos difíciles.
3. Cuando un nuevo director ejecutivo asume su cargo y decide cambiar la dirección de la compañía.
4. Cuando surgen tecnologías o productos de "vanguardia" y se necesita una reorganización completa de la cartera para crear una posición en una nueva industria potencialmente grande.
5. Cuando la empresa tiene una oportunidad única de hacer una adquisición tan grande que debe vender varias unidades de negocios existentes para financiar la nueva adquisición.
6. Cuando los principales negocios en la cartera se vuelven cada vez menos atractivos, obligando a una reorganización completa de la cartera, con el fin de producir un desempeño corporativo satisfactorio a largo plazo.
7. Cuando los cambios en los mercados y en las tecnologías de ciertos negocios avanzan en direcciones tan diferentes que es mejor dividir a la compañía en partes separadas, en vez de seguir bajo la misma estructura corporativa.

La reestructuración de la cartera implica la reforma de la estructura de negocios de una compañía diversificada mediante una serie de desinversión y nuevas adquisiciones.

Los candidatos para una desinversión no sólo incluyen a los negocios que tienen un desempeño débil o altas y bajas, o los que están en industrias que no son atractivas, sino también aquellos que ya no se ajustan (aun cuando pueden ser rentables y estar en industrias atractivas). Muchas compañías ampliamente diversificadas, decepcionadas por el desempeño de algunas adquisiciones y que sólo tienen un éxito relativo al supervisar a tantas unidades de negocios no relacionadas, se reestructuran con el fin de poder concentrarse en un pequeño núcleo de negocios por lo menos parcialmente relacionados. Las unidades de negocios incompatibles con los criterios de diversificación relacionada recién establecidos se desprenden y las unidades restantes se reagrupan y se alinean, con el fin de obtener un mayor número de beneficios del ajuste estratégico y se hacen nuevas adquisiciones para consolidar la posición de la compañía matriz en las industrias donde ha decidido concentrarse.[18]

En una época más reciente, la reestructuración de la cartera se ha centrado en la anulación de la fusión, es decir, la división de una compañía ampliamente diversificada en varias compañías independientes. Algunos ejemplos notables de compañías que buscan la anulación de la fusión incluyen ITT, Westinghouse y Britain's Imperial Chemical and Hanson, plc. Antes de empezar la desinversión y la anulación de su fusión en 1995, Hanson poseía compañías con más de 20 000 millones de dólares de ingresos en negocios tan diversos como cerveza, equipo para hacer ejercicio, herramientas, grúas para la construcción, tabaco, cemento, productos químicos, minería de carbón, electricidad, saunas y jacuzzis, utensilios de cocina, piedra y grava, ladrillo y asfalto; es muy comprensible que a los analistas y los inversionistas les resultara muy difícil comprender a la compañía y sus estrategias. Para principios de 1977, Hanson había reducido sus fusiones a una empresa de 3 800 millones de dólares, limitando su enfoque a los negocios de grava, piedra triturada, cemento, asfalto, ladrillo y grúas para la construcción; los negocios restantes se dividieron en cuatro grupos y se desprendieron. En la Cápsula ilustrativa 26 (véase la p. 244) se presenta otro ejemplo de una reestructuración de la cartera.

[18] La evidencia de que la reestructuración y el recorte corporativos a un negocio más limitado producen un desempeño corporativo mejorado está contenida en C. Markides, "Diversification, Restructuring and Economic Performance", en *Strategic Management Journal* 16, febrero de 1995, pp. 101-118.

Las estrategias de las compañías ampliamente diversificadas para anular la fusión y desconglomerarse han sido impulsadas por la creciente preferencia entre los ejecutivos y los inversionistas de las compañías para desarrollar la diversificación alrededor de la creación de poderosas posiciones competitivas en unas cuantas industrias bien seleccionadas. De hecho, la decepción de los inversionistas con el enfoque del conglomerado a la diversificación ha sido tan marcada (es evidente en el hecho de que los conglomerados a menudo tienen razones de precio-ganancias *menores* que las compañías con estrategias de diversificación relacionada), que algunas compañías ampliamente diversificadas han reestructurado sus carteras y economizado para evitar que las consideren como un conglomerado.

ESTRATEGIAS DE DIVERSIFICACIÓN MULTINACIONAL

Las características que distinguen a una estrategia de diversificación multinacional son la *diversidad de los negocios* y la *diversidad de los mercados nacionales.*[19] La administración de una corporación diversificada multinacional (CMDN) no sólo debe concebir y ejecutar un número considerable de estrategias, por lo menos una para cada industria, con tantas variaciones multinacionales como lo dicten las condiciones del mercado de cada país, sino que también se enfrenta al reto adicional de concebir buenas formas de coordinar las acciones estratégicas de las empresas en todas las industrias y todos los países. Este esfuerzo puede hacer algo más que simplemente dedicar toda la fuerza de los recursos y las capacidades corporativas a la tarea de crear una poderosa posición competitiva en cada negocio y en cada mercado nacional. *El aprovechamiento de las oportunidades para una coordinación estratégica entre los negocios y los países proporciona una ruta para obtener una ventaja competitiva sotenible, que no está abierta para una compañía que sólo compite en un país o un negocio.*[20]

La aparición de la diversificación multinacional

Hasta los sesenta, las compañías multinacionales (CMN) operaban subsidiarias en una forma bastante autónoma en cada país anfitrión, cada una sirviendo a los requerimientos especiales de su propio mercado nacional.[21] Las tareas de la administración en las oficinas generales de la compañía incluían principalmente funciones de finanzas, transferencia de tecnología y coordinación de las exportaciones. Aun cuando sus productos y servicios estaban ajustados a las condiciones del mercado en cada país, una compañía multinacional podía lograr una ventaja competitiva aprendiendo a transferir la tecnología, los conocimientos de fabricación, la identificación de la marca registrada y las capacidades de marketing y administración de un país a otro en una forma bastante eficiente, lo que le daba una ventaja sobre los competidores más pequeños del país anfitrión. Los procedimientos administrativos estandarizados ayudaban a minimizar los costos generales y, una vez que se establecía una organización inicial para administrar a las subsidiarias extranjeras, el ingreso en mercados nacionales adicionales se podía lograr con costos incrementales bajos.

Sin embargo, durante los setenta las preferencias del comprador por muchos productos empezaron a converger lo suficiente para que fuera factible vender versiones comunes del producto en los mercados de diferentes países. Ya no era esencial y ni siquiera era deseable tener estrategias y productos ajustados a las preferencias del

[19] C.K. Prahalad e Yves L. Doz, *The Multinational Mission*, Nueva York, Free Press, 1987, p. 2.

[20] *Ibid.*, p. 15.

[21] Yves L. Doz, *Strategic Management in Multinational Companies*, Nueva York, Pergamon Press, 1985, p. 1.

cliente y a las condiciones competitivas prevalecientes en los mercados de cada país específico. Además, a medida que las compañías japonesas, europeas y estadounidenses buscaban una expansión internacional, como secuela de la liberalización del comercio y de la apertura de oportunidades de mercado, tanto en los países industrializados como en los menos desarrollados, se encontraron con una competencia directa en un país tras otro.[22] Así empezó a surgir la competencia global, en la cual las principales compañías en una industria competían directamente en la mayor parte de los principales mercados del mundo.

A medida que la competencia del mercado en un número de industrias cada vez mayor cambiaba de nacional a internacional y global, las CMN se vieron impulsadas a integrar sus operaciones a través de las fronteras nacionales, en busca de mejores eficiencias y costos de fabricación más bajos. En vez de fabricar por separado una gama completa de productos en cada país, las plantas se volvieron más especializadas en sus operaciones de producción, con el fin de ganar las economías de corridas de producción más largas, permitir el empleo de equipo automatizado más rápido y capturar los efectos de la curva de experiencia. Las subsidiarias del país obtenían el resto de la gama de productos que necesitaban de sus plantas hermanas en otros países. Las ganancias en las eficiencias de fabricación debidas a la conversión de las plantas a instalaciones de vanguardia a escala mundial, hicieron algo más que compensar los costos del envío, en especial en vista de las otras ventajas que ofrecían las estrategias globalizadas. Con una estrategia global, una CMN podía ubicar sus plantas en países con costos laborales más bajos, una consideración clave en las industrias cuyos productos tienen una mayor participación de mano de obra. Con una estrategia global, una CMN también podía aprovechar las diferencias en los impuestos, determinando los precios de transferencia en sus operaciones integradas para producir utilidades más elevadas en los países con tasas de impuestos bajas y utilidades más bajas en los países con tasas de impuestos más altas. La coordinación de la estrategia global también incrementó la capacidad de las CMN para aprovechar las diferencias de un país a otro en las tasas de interés, las tasas de cambio, los términos del crédito, los subsidios del gobierno y las garantías de exportación. Estas ventajas hicieron que cada vez fuera más difícil que una compañía que fabricaba y vendía su producto sólo en un país tuviera éxito en una industria poblada por competidores multinacionales decididos a lograr el dominio global.

Durante la década de los ochenta empezó a surgir otra fuente de la ventaja competitiva: el empleo de las ventajas del ajuste estratégico de la diversificación relacionada para desarrollar en forma simultánea posiciones competitivas más poderosas en varias industrias globales relacionadas. Una CMN diversificada (una CMND) era competitivamente superior a una CMN de un solo negocio en los casos en donde existía un ajuste estratégico entre las industrias globalmente competitivas. La diversificación relacionada demostró ser más capaz de producir una ventaja competitiva cuando la experiencia de una compañía multinacional en una tecnología fundamental se podía aplicar en diferentes industrias (por lo menos una era global) y en la cual había importantes economías de enfoque y ventajas de la marca registrada por el hecho de encontrarse en una familia de negocios relacionados.[23] La Cápsula ilustrativa 27 describe la forma en la cual Honda ha aprovechado la tecnología de los motores de gasolina y su nombre reconocido mundialmente al diversificarse hacia una variedad de productos que operan con motores de gasolina.

Una corporación multinacional puede obtener una ventaja competitiva al diversificarse hacia industrias globales que tienen tecnologías relacionadas, o relaciones en la cadena de valor que producen economías de enfoque.

[22] *Ibid.*, pp. 2-3.

[23] C.K. Prahalad e Yves L. Doz, *The Multinational Mission*, pp. 62-63.

Fuentes de la ventaja competitiva para una CMND

Una estrategia de diversificación relacionada hacia las industrias en la que prevalece la competencia global, abre varias rutas para obtener una ventaja competitiva, que no están disponibles para un competidor exclusivamente doméstico o un competidor de un solo negocio.

1. Una compañía multinacional diversificada puede lograr una ventaja competitiva transfiriendo su experiencia en una tecnología fundamental a otras líneas de negocios que se pueden beneficiar con sus conocimientos y sus capacidades técnicas.
2. Una compañía multinacional diversificada con experiencia en una tecnología fundamental y una familia de negocios que utilizan esa tecnología puede capturar una ventaja competitiva mediante un esfuerzo de investigación y desarrollo en colaboración y estratégicamente coordinado para todos los negocios relacionados como un grupo.
3. Una compañía multinacional diversificada con negocios que utilizan a los mismos distribuidores y comerciantes de menudeo en todo el mundo: *a*) se puede diversificar hacia nuevos negocios utilizando las mismas capacidades de distribución en todo el mundo, con un gasto relativamente mínimo, y las economías relacionadas con la distribución como fuente de una ventaja de costo sobre sus rivales menos diversificados; *b*) puede aprovechar su capacidad de distribución a nivel mundial al diversificarse hacia negocios que tienen oportunidades atractivas de incremento de las ventas en los mismos mercados de los países en donde su capacidad de distribución ya se encuentra establecida, y *c*) puede ganar un apalancamiento adicional en las negociaciones con minoristas para tener un espacio atractivo en los anaqueles con cualquiera de los nuevos productos y negocios a medida que aumenta el número de su familia de negocios y que las ventas mejoran para el minorista. Por ejemplo, Sony tiene un potencial atractivo de ventaja competitiva al diversificarse hacia la industria de juegos de video y enfrentar a gigantes como Nintendo y SEGA, debido a que: *a*) tiene capacidades de distribución bien establecidas en el ramo de la electrónica para el consumidor en todo el mundo, que puede utilizar para los productos de juegos de video; *b*) tiene la capacidad para tratar de vender juegos de video en los mercados de todos los países en donde opera actualmente, y *c*) tiene la influencia de marketing necesaria para persuadir a los minoristas de que les den a sus juegos de video una buena ubicación en las tiendas de menudeo.
4. Una compañía multinacional diversificada puede apalancar su marca registrada si se diversifica hacia negocios adicionales que puedan utilizar su marca ya establecida, reteniendo las economías de enfoque y los beneficios de marketing. Por ejemplo, Sony no necesita gastar tanto en publicidad y promoción de sus nuevos productos de juegos de video al competir con las ofertas de Nintendo y SEGA, debido a que su marca registrada ya tiene una poderosa reputación en la electrónica a nivel mundial.
5. Una compañía multinacional diversificada puede utilizar los recursos financieros y organizacionales que tiene en otros países para subsidiar un ataque competitivo contra la posición de mercado de un competidor en un solo país.
6. Una compañía multinacional diversificada puede utilizar los recursos financieros de otras líneas de negocios para subsidiar una ofensiva competitiva contra una compañía multinacional de un solo negocio o contra una compañía doméstica.

CÁPSULA ILUSTRATIVA 27 La ventaja competitiva de Honda

Experiencia en la tecnología de motores de gasolina

A primera vista, cualquiera que vea la línea de productos de Honda, automóviles, motocicletas, podadoras de césped, generadores de energía, motores fuera de borda, trineos de motor, barredoras de nieve y cultivadoras para jardines podría concluir que la empresa ha buscado una diversificación no relacionada. Pero en la base de la obvia diversidad de sus productos hay algo en común: la tecnología de los motores de gasolina.

La estrategia de Honda implica la transferencia de la experiencia de la compañía en la tecnología de motores de gasolina a otros productos adicionales, la explotación de sus capacidades en la fabricación de bajo costo y alta calidad, el empleo en todos los productos de la marca registrada de Honda, muy conocida y respetada, y la promoción de varios productos en el mismo promocional (uno de ellos cuestionaba a los consumidores en tono de broma: "¿Cómo puede guardar seis Honda en una cochera para dos automóviles?" y después mostraba una cochera en donde se veían un automóvil, una motocicleta, un trineo de motor, una podadora de césped, un generador de energía y un motor fuera de borda, todos marca Honda). La relación en las cadenas de valor de los productos Honda en su línea de negocios proporciona a la compañía una ventaja competitiva en forma de economías de enfoque, de oportunidades productivas para transferir su tecnología y sus capacidades de un negocio a otro y del empleo económico de una marca registrada común.

Tecnología de los motores

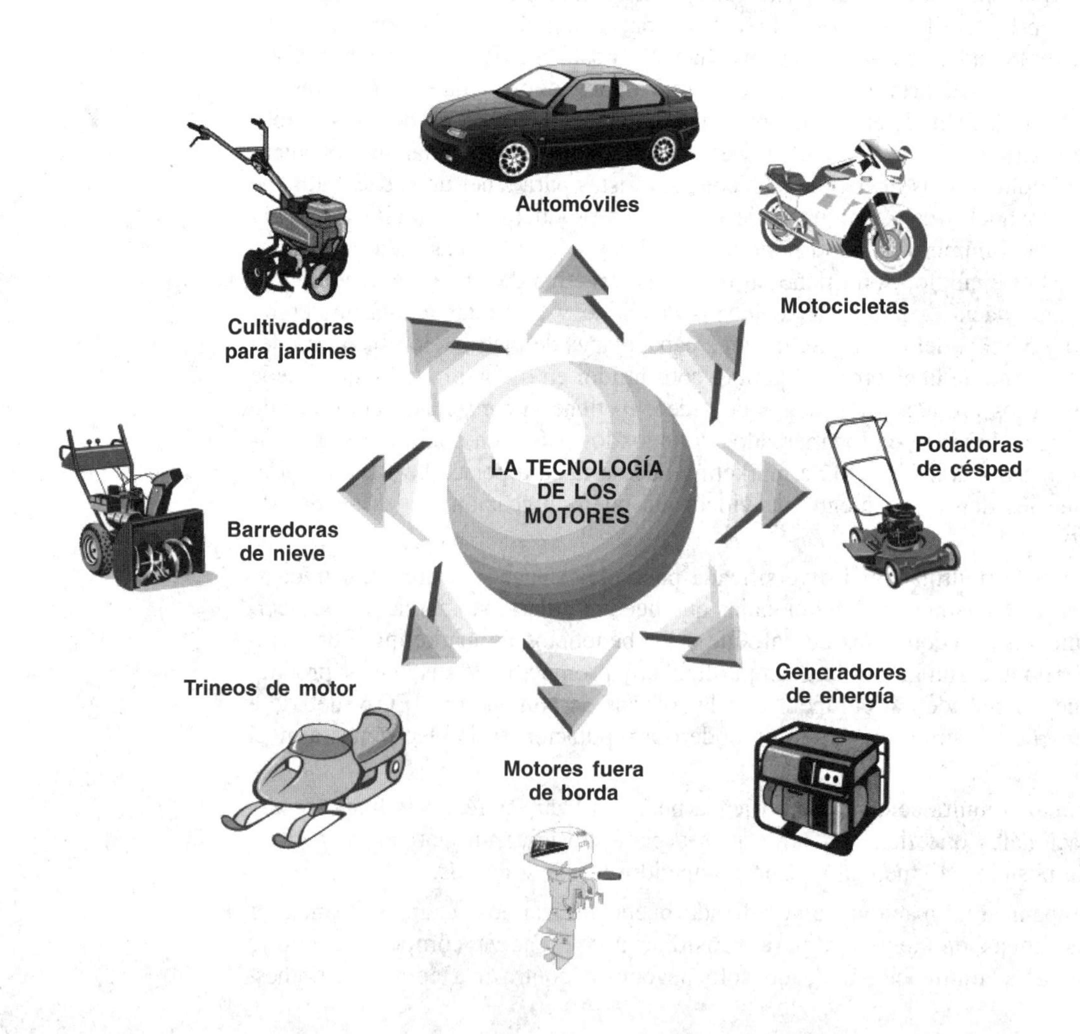

Fuente: Adaptada de C.K. Prahalad e Yves L. Doz, *The Multinational Mission*, Free Press, Nueva York, 1987, p. 62.

Hay una creciente evidencia de que todas estas ventajas son lo bastante significativas como para que den por resultado que una CMND logre utilidades más elevadas y tenga un riesgo de negocios total más bajo.[24]

El poder competitivo del esfuerzo de colaboración en investigación, desarrollo y transferencia de la tecnología Al canalizar los recursos corporativos directamente hacia un esfuerzo *combinado* de investigación y desarrollo/tecnología, en vez de permitir que cada unidad de negocios fondee y dirija su propio esfuerzo de investigación y desarrollo como mejor considere, la CMND puede combinar su experiencia y sus esfuerzos en todo el mundo para incrementar la tecnología fundamental, buscar rutas tecnológicas prometedoras en la creación de nuevos negocios y el desarrollo de nuevos productos, generar economías de fabricación basadas en la tecnología dentro y entre las líneas de productos/negocios, apresurar la optimización del producto en todos los niveles de los negocios existentes y desarrollar nuevos productos que complementen e incrementen las ventas de los que ya existen. Por otra parte, si las actividades de investigación y desarrollo se descentralizan y se dejan totalmente bajo la dirección de cada unidad de negocios, es más probable que las inversiones en investigación y desarrollo/tecnología se orienten de una manera limitada a las propias oportunidades del producto o del mercado de cada negocio. Es poco probable que un esfuerzo de investigación y desarrollo dividido produzca el alcance y la profundidad del ajuste estratégico como lo haría un esfuerzo amplio y coordinado a nivel de toda la compañía para difundir y explotar toda su experiencia tecnológica.[25]

El poder competitivo de la distribución relacionada y el empleo de una marca registrada común Una CMND que se ha diversificado hacia industrias globales con canales de distribución y oportunidades relacionados para utilizar una marca registrada común, tiene un potencial importante para obtener una ventaja competitiva, del que carecen un competidor de un solo negocio o de un solo país. Una vez más, consideremos la fortaleza competitiva que obtiene Sony de su diversificación en industrias de bienes para el consumidor globalmente competitivas, tales como televisores, equipo estereofónico, radios, videocaseteras, cámaras de video, monitores y equipo de multimedios para computadoras personales, discos compactos y juegos de video, todos los cuales se distribuyen y venden a través de los mismos tipos de distribuidores y comerciantes de menudeo en el mundo entero, todos capaces de aprovechar la marca registrada Sony. El enfoque de Sony a la diversificación le ha permitido desarrollar capacidades de distribución a nivel mundial en los productos electrónicos, obtener economías de enfoque logístico relacionadas con la distribución y establecer niveles elevados de conciencia de marca para sus productos en todos los países del mundo.[26] Un competidor de un solo negocio se encuentra en desventaja al competir contra Sony, debido a que no tiene la capacidad de ésta para transferir la reputación de su marca de una línea de negocios a otra y lograr economías en publicidad, y a que no puede igualar dicha influencia para negociar un espacio favorable en las tiendas de menudeo. Un competidor únicamente doméstico se encuentra en desventaja respecto a los costos si su volumen de ventas nacionales es demasiado pequeño como para lograr las economías de escala que permite el volumen global de ventas de Sony. Además, las capacidades ya establecidas de distribución *global* de Sony y el reconocimiento *global* de su marca le proporcionan una importante ventaja de costo sobre un competidor de un solo país que tiene el prospecto de ampliarse por primera vez hacia los mercados de países extranjeros y de

Una corporación multinacional también puede obtener una ventaja competitiva si se diversifica hacia industrias globales con canales de distribución relacionados y con oportunidades para el empleo común de una marca muy conocida.

[24] Véase, por ejemplo, W. Chan Kim, Peter Hwang y Willem P. Burgers, "Multinational Diversification and the Risk-Return Tradeoff", en *Strategic Management Journal* 14, mayo de 1993, pp. 275-286.

[25] *Idem.*

[26] *Ibid.*, p. 64.

posicionarse mejor como competidor global de Sony. Asimismo, las economías de enfoque de Sony (tanto relacionadas con la distribución como con la marca registrada) proporcionan una ventaja de costo sobre un competidor de un solo negocio (que no tiene economías de enfoque existentes) que tal vez trata de diversificarse hacia un negocio en el cual ya se encuentra psoicionado Sony.

El poder competitivo de utilizar subsidios cruzados para superar la competencia de una compañía de un solo negocio Tanto una compañía doméstica de un solo negocio como una compañía multinacional de un solo negocio están ubicadas débilmente para defender sus posiciones de mercado contra una CMND decidida a establecer una posición competitiva sólida a largo plazo en su mercado y dispuesta a recibir menos utilidades a corto plazo con el fin de lograrlo. Una compañía doméstica de un solo negocio tiene únicamente un santuario de utilidades, su mercado doméstico. Una compañía multinacional de un solo negocio puede tener santuarios de utilidades en los mercados de varios países, pero todos en el mismo negocio. Cada uno de ellos es vulnerable a una CMND que inicia una importante ofensiva estratégica en sus santuarios de utilidades y que baja sus precios y/o hace un gasto extravagante en publicidad con el fin de obtener una participación de mercado. La capacidad de una CMND de trabajar arduamente para alejar a los competidores con precios muy bajos durante algunos años, puede reflejar una ventaja de costo derivada de su estrategia de diversificación relacionada, o bien de su disposición para hacer un subsidio cruzado en favor de sus utilidades más bajas o incluso de sus pérdidas con las ganancias de sus santuarios de utilidades en los mercados de otros países y/o de otros negocios. Por ejemplo, Sony, al buscar una diversificación relacionada combinada con un ajuste estratégico de su producto, su distribución y su tecnología y al administrar las familias de sus productos en una escala global, tiene la capacidad de ejercer una poderosa presión competitiva sobre compañías como Zenith (que fabrica televisores y pequeños sistemas para computadoras) y Magnavox (que fabrica televisores, videocaseteras, equipo estereofónico y monitores para computadoras personales). Sony puede bajar los precios de sus televisores o hacer promociones especiales utilizando las ganancias de sus mercados en otros países, o gastar pródigamente en publicidad durante varios años, minando de una manera persistente y a lo largo del tiempo las participaciones de mercado de Zenith y Magnavox en el ramo de televisores. Al mismo tiempo, puede confiar en sus considerables recursos en investigación y desarrollo, en su capacidad de transferir la tecnología de una familia de productos a otra y en su experiencia en la innovación del producto para introducir características atractivas y una mejor calidad de imagen. Esas acciones competitivas no sólo mejoran la imagen de su propia marca, sino que hacen que a Zenith y Magnavox les resulte muy difícil igualar sus precios, publicidad, esfuerzos de desarrollo del producto y todavía obtener utilidades aceptables. Sony puede centrar su atención en tratar de convertirse en una compañía con utilidades atractivas una vez que ha ganado la lucha por la participación de mercado y logrado una posición competitiva.[27] En la Cápsula ilustrativa 7 se describen algunos aspectos adicionales del poder competitivo de las empresas muy diversificadas.

Un grupo de negocios bien diversificados y una base de mercado multinacional proporcionan a una CMND el poder y la fortaleza de recursos necesarios para subsidiar una ofensiva de mercado a largo plazo contra competidores de un solo mercado o de un solo negocio con las ganancias de uno o más de sus santuarios de utilidades en el mercado de un país y/o con las ganancias en otros negocios.

Aun cuando el subsidio cruzado es una poderosa arma competitiva, sólo se puede emplear con parquedad, debido a su impacto adverso sobre la rentabilidad corporativa total.

Los efectos combinados de estas ventajas son muy poderosos Por consiguiente, las compañías con una estrategia de 1) diversificarse hacia industrias *relacionadas* y 2) competir *globalmente* en cada una de estas industrias, pueden recurrir a cualquiera de varias oportunidades para lograr una ventaja competitiva con el fin de vencer a un rival exclusivamente doméstico o a uno de un solo negocio. El mayor

[27] *Idem.*

CÁPSULA ILUSTRATIVA 28 Mitsubishi: el poder competitivo de una *keiretsu* japonesa

Mitsubishi es la *keiretsu* —una familia de compañías afiliadas— más grande de Japón. Con ventas combinadas de 184 000 millones de dólares en 1995, la *keiretsu* de Mitsubishi se compone de 28 compañías centrales: Mitsubishi Corp. (la compañía comercial), Mitsubishi Heavy Industries (el fabricante más grande del grupo, dedicado a construcción naval, aparatos de aire acondicionado, elevadores de carga, robots, turbinas de gas), Mitsubishi Motors, Mitsubishi Steel, Mitsubishi Aluminum, Mitsubishi Oil, Mitsubishi Petrochemical, Mitsubishi Gas Chemical, Mitsubishi Plastics, Mitsubishi Cable, Mitsubishi Electric, Mitsubishi Construction, Mitsubishi Paper Mills, Mitsubishi Mining and Cement, Mitsubishi Rayon, Nikon, Asahi Glass, Kirin Brewery, Mitsubishi Bank (el quinto banco más grande del mundo y el principal de sus compañías), Tokio Marine y Fire Insurance (una de las compañías de seguros más grandes del mundo) y ocho más. Además de este grupo central, hay otras subsidiarias y afiliadas relacionadas con Mitsubishi.

Las 28 compañías centrales de la *keiretsu* de Mitsubishi están vinculadas mediante una propiedad cruzada con las acciones de las otras (el porcentaje de acciones de cada compañía central propiedad de otros miembros varía de 17 a 100 por ciento, con un promedio de 27 por ciento), mediante un entrelazamiento de sus directores (una práctica común es que los funcionarios de una compañía formen parte del consejo de administración de otros miembros de la *keiretsu*) y por medio de empresas conjuntas y relaciones de negocios a largo plazo. En muchos casos utilizan los productos y servicios de las otras; entre los proveedores de la planta Diamond Star de Mitsubishi Motors en Bloomington, Illinois, se cuentan 25 proveedores Mitsubishi o relacionados con Mitsubishi. Es común que todos ellos unan sus fuerzas para hacer adquisiciones; cinco compañías Mitsubishi formaron un equipo para adquirir una planta de cemento en California. Mitsubishi Corp. compró una compañía de productos químicos en Pittsburgh, a un precio de 880 millones de dólares, con la ayuda financiera de Mitsubishi Bank y de Mitsubishi Trust, y después vendió partes a Mitsubishi Gas Chemical, Mitsubishi Rayon, Mitsubishi Petrochemical y Mitsubishi Kasei. Mitsubishi Bank y en ocasiones otras empresas financieras de Mitsubishi operan como una de las principales fuentes de financiamiento para nuevas empresas y como una red de seguridad financiera si los miembros de la *keiretsu* encuentran condiciones de mercado difíciles o tienen problemas financieros.

A pesar de estos vínculos, Mitsubishi no tiene una estrategia preeminente. Cada compañía opera en forma independiente, buscando su propia estrategia y sus propios mercados. En ocasiones, los miembros del grupo descubren que buscan los mismos mercados, compitiendo unos con otros. Y las compañías miembros de la familia por lo común no obtienen un trato preferente de otros miembros; por ejemplo, Mitsubishi Heavy Industries perdió al competir con Siemens por el suministro de turbinas de gas a una nueva planta de energía, Diamond Energy, una subsidiaria de propiedad total que Mitsubishi Corp. construyó en Virginia. Pero la operación independiente no les impide reconocer sus intereses mutuos, cooperar voluntariamente sin controles formales o recurrir a los miembros de la *keiretsu* para formar asociaciones de negocios en ciertas empresas cuando se percibe que tienen una importancia estratégica.

potencial de ventaja competitiva de una CMND proviene de la concentración de sus esfuerzos de diversificación en industrias en los que hay oportunidades de transferir y compartir la tecnología y en los que hay importantes economías de enfoque y beneficios de la marca registrada. Mientras la estrategia de diversificación de una compañía produzca más esta clase de beneficios del ajuste estratégico, más poderoso se vuelve un competidor y mayores son las probabilidades de que sus utilidades y el desempeño de su crecimiento sean mejores. La confianza en las ventajas del ajuste estratégico para superar la competencia de los rivales es inherentemente más atractiva que el hecho de recurrir al subsidio cruzado.

Aun cuando una CMND puede emplear tácticas de subsidio cruzado para abrirse paso en nuevos mercados atractivos o superar la competencia de un rival particular, su capacidad de emplear el subsidio cruzado está limitada por la necesidad de mantener niveles respetables de rentabilidad general. Una cosa es utilizar *ocasionalmente* una *porción* de utilidades y flujos de efectivo de los negocios existentes para cubrir pérdidas *razonables* a corto plazo con el fin de lograr el ingreso en un nuevo negocio o en el mercado de un nuevo país; o iniciar una ofensiva competitiva contra ciertos rivales. Otra muy diferente es emplear *con regularidad* tácticas de subsidio cruzado para subsidiar incursiones competitivas en nuevas áreas y *debilitar el desempeño general de la compañía* sobre una base *continua*. Una CMND se encuentra bajo las mismas presiones que

CÁPSULA ILUSTRATIVA 28 (conclusión)

Un consejo de directores, compuesto por 49 presidentes del consejo y presidentes de compañías, se reúne mensualmente, por lo común el segundo viernes del mes. Aun cuando la agenda formal por lo general incluye una exposición de proyectos conjuntos filantrópicos, relaciones públicas y una conferencia magistral sobre algún tema de actualidad, los participantes reportan casos en los que se exponen los problemas o las oportunidades estratégicas que conciernen a varios miembros del grupo y se toman decisiones importantes. Es común que una compañía Mitsubishi involucrada en un negocio importante (que inicia su primera incursión en los mercados estadounidense o europeos, o que desarrolla una nueva tecnología) solicite la ayuda de otros miembros. En tales casos, se espera que los miembros del grupo que puedan emprender acciones de negocios que contribuyan a soluciones, lo hagan así. Las juntas del consejo de directores también sirven para consolidar lazos personales, intercambiar información, identificar intereses mutuos y determinar las acciones de seguimiento de parte de los subordinados. Otras formas que emplea Mitsubishi para fomentar una red activa de contactos informales, la actitud de compartir información, cooperación y relaciones de negocios entre las compañías miembro incluyen la reuniones regulares de los ejecutivos de Mitsubishi-America y Mitsubishi-Europa, e incluso un club de solteros en el que los empleados de las compañías miembro pueden conocer a sus presuntos cónyuges.

En los años recientes, las compañías Mitsubishi introdujeron varios productos para el consumidor en Estados Unidos y otras partes, todos con el logotipo de tres diamantes derivado del escudo de la familia samurai fundadora; automóviles y camiones fabricados por Mitsubishi Motors, televisores de pantalla panorámica y teléfonos celulares fabricados por Mitsubishi Electric y aparatos de aire acondicionado producidos por Mitsubishi Heavy Industries. Los ejecutivos de Mitsubishi creen que el empleo del logotipo común ha producido una imagen adicional de la marca; por ejemplo, en Estados Unidos los esfuerzos de Mitsubishi Motors por anunciar y vender sus automóviles y camiones ayudó a mejorar la imagen de marca de los televisores Mitsubishi. En varias categorías de productos, una o más compañías Mitsubishi operan en etapas a todo lo largo de la cadena de valor de la industria, desde producción de componentes hasta ensamble, envío, almacenamiento y distribución.

En las otras cinco de las seis *keiretsu* más grandes de Japón existen prácticas similares: Dai-Ichi Kangin, con 47 compañías centrales, Mitsui Group, con 24 compañías centrales (incluyendo Toyota y Toshiba); Sanwa, con 44 compañías centrales, Sumitomo, con 20 compañías centrales (incluyendo NEC, fabricante de equipo de telecomunicaciones y computadoras personales), y Fuyo, con 20 compañías centrales (incluyendo Nissan y Canon). La mayoría de los observadores conviene en que el modelo *keiretsu* de Japón proporciona a las compañías de ese país importantes ventajas competitivas en los mercados internacionales. Según un profesor japonés de economía, de la Universidad de Osaka: "Al utilizar el poder del grupo, pueden participar en una competencia implacable".

Fuente: Basada en la información de "Mighty Mitsubishi Is on the Move" y "Hands Across America: The Rise of Mitsubishi", *Business Week*, 24 de septiembre de 1990, pp. 98-107.

cualquier otra compañía para obtener de una manera continua utilidades aceptables en la totalidad de su cartera de negocios. En algún momento, cada negocio y cada mercado en los cuales ingresa necesitan proporcionar una contribución a las utilidades o convertirse en un candidato para abandonar. Como regla general, *el subsidio cruzado se justifica sólo si hay un buen prospecto de que el deterioro de la rentabilidad corporativa se compensa por una competitividad más poderosa y una mejor rentabilidad general a largo plazo.*

ESTRATEGIAS DE COMBINACIÓN DE DIVERSIFICACIÓN RELACIONADA-NO RELACIONADA

No hay nada que impida que una compañía se diversifique hacia negocios tanto relacionados como no relacionados. De hecho, en la práctica la estructura de negocios de las compañías diversificadas varía considerablemente. Algunas compañías diversificadas son en realidad *empresas de un negocio principal*, es decir, un negocio "central" importante da razón del 50 al 80 por ciento de los ingresos totales y un conjunto de pequeños negocios relacionados o no da razón del resto. Algunas compañías diversificadas lo están *en forma limitada* alrededor de unos cuantos negocios (de dos a cinco) *relaciona-*

dos o *no relacionados*. Algunas compañías diversificadas lo están *ampliamente* y tienen un conjunto muy variado de negocios ya sea *relacionados* o *no relacionados*. Y algunas empresas de múltiples negocios se han diversificado hacia áreas no relacionadas, pero tienen un conjunto de negocios relacionados dentro de cada área, lo que proporciona una cartera de negocios que se compone de *varios grupos no relacionados de negocios relacionados*. Las compañías tienen amplio espacio para ajustar sus estrategias de diversificación con el fin de que se adapten a sus propias preferencias en lo que toca al riesgo y mejor a cualquier visión estratégica.

Además, los mercados geográficos de los negocios individuales dentro de una compañía diversificada pueden variar de locales a regionales, nacionales, multinacionales y globales. Por consiguiente, una compañía diversificada puede estar compitiendo a nivel local en algunos negocios, a nivel nacional en otros y a nivel global en algunos más.

PUNTOS CLAVE

La mayor parte de las compañías tienen sus raíces de negocios en una sola industria. Aun cuando tal vez desde entonces se han diversificado hacia otras industrias, una parte considerable de sus ingresos y de sus utilidades por lo común todavía proviene del negocio original o "central". La diversificación se convierte en una estrategia atractiva cuando una compañía encuentra que ya no tiene oportunidades de crecimiento rentable en su negocio central (incluyendo las de integrarse hacia atrás o hacia adelante para consolidar su posición competitiva). El propósito de la diversificación es crear un valor para el accionista. Esto sucede cuando un grupo de negocios diversificados se puede desempeñar mejor bajo los auspicios de una sola matriz corporativa que como un negocio independiente y autosustentable. El hecho de si una medida de diversificación particular puede incrementar el valor para el accionista depende de la prueba del atractivo, de la prueba del costo de ingreso y de la prueba de la mejor situación.

Hay dos enfoques fundamentales para la diversificación, hacia negocios relacionados y hacia negocios no relacionados. La razón fundamental para la diversificación relacionada es *estratégica*: diversificarse hacia negocios con un ajuste estratégico, aprovechar las relaciones del ajuste estratégico para obtener una ventaja competitiva y después utilizar esa ventaja para lograr el impacto deseado de 2 + 2 = 5 sobre el valor para el accionista. Los negocios tienen un ajuste estratégico cuando sus cadenas de valor ofrecen un potencial: 1) para realizar economías de enfoque o eficiencias de ahorro de costo asociadas con el hecho de compartir tecnología, instalaciones, agencias de distribución o combinar las actividades relacionadas en la cadena de valor; 2) para una transferencia eficiente de capacidades clave, experiencia tecnológica o conocimientos administrativos; 3) para utilizar una marca registrada común, y/o 4) para consolidar los recursos y las capacidades competitivas de una empresa.

La premisa básica de la diversificación no relacionada es que cualquier negocio que tiene buenos prospectos de utilidades y que puede ser adquirida bajo términos financieros favorables es un buen candidato para una diversificación. La diversificación no relacionada es básicamente un enfoque *financiero* a la diversificación; el ajuste estratégico es una consideración secundaria, en comparación con la expectativa de una ganancia financiera. La diversificación no relacionada renuncia al potencial de la ventaja competitiva del ajuste estratégico, a cambio de ventajas tales como: 1) dividir el riesgo de negocios entre una variedad de empresas y 2) lograr oportunidades para una ganancia financiera rápida (si los candidatos a una adquisición tienen activos tasados en menos de su valor real, un precio de ganga y un buen potencial con una administración apropiada, o si necesitan el respaldo de una matriz financieramente poderosa para aprovechar las oportunidades atractivas). En teoría, la diversificación no relacionada también ofrece una mayor estabilidad de ganancias durante el ciclo del negocio, lo que es una tercera ventaja. Sin embargo, el logro constante de estos tres resultados requiere ejecutivos corporativos lo bastante sagaces como para evitar las considerables desventajas de la diversificación no relacionada. Mientras mayor es el número de negocios de una compañía conglomerada y más diversos son esos negocios, es más probable que los ejecutivos corporativos se sientan con la responsabilidad de inofrmarse lo suficiente acerca de cada negocio para distinguir una buena adquisición de una arriesgada, seleccionar administradores capaces de manejar cada negocio, saber cuándo son adecuadas las principales propuestas estratégicas de las unidades de negocios o decidir con prudencia qué deben hacer cuando una unidad de negocios sufre un tropiezo. A menos que los ejecutivos corporativos sean excepcionalmente sagaces y talentosos, la diversificación no relacionada es un enfoque dudoso y poco confiable para crear un valor para el accionista comparándolo con la diversificación relacionada.

Una vez que se logra la diversificación, la tarea de la administración corporativa es administrar la cartera de negocios de la empresa para lograr un desempeño máximo a largo plazo. Las seis opciones para mejorar el desempeño de una compañía diversificada incluyen: 1) hacer nuevas adquisiciones; 2) eliminar las unidades de negocios que tienen un desempeño débil o que ya no se ajustan; 3) reestructurar la composición de la cartera cuando el desempeño general es deficiente y las futuros prospectos son sombríos; 4) hacer economías con una base de diversificación más limitada; 5) buscar una diversificación multinacional, y 6) liquidar los negocios que están perdiendo dinero y tienen muy poco potencial para cambiar de posición.

La opción más popular para salir de un negocio que no es atractivo, o que no se ajusta, es venderlo; lo ideal es encontrar un comprador para el cual el negocio tiene un ajuste atractivo. En ocasiones, el negocio se puede eliminar mediante un cambio de giro, para convertirlo en una empresa financiera y administrativamente independiente en la cual la compañía matriz puede o no conservar un interés de propiedad.

Las estrategias de cambio de posición corporativa, de economía o de reestructuración se utilizan cuando la administración corporativa necesita dejar en buenas condiciones una cartera de negocios en problemas. El mal desempeño se puede deber a pérdidas considerables en uno o más negocios, lo que disminuye el nivel de desempeño corporativo general, a un exceso de unidades de negocios en industrias poco atractivas, a la carga de una deuda excesiva o a adquisiciones mal elegidas que no están a la altura de las expectativas. Las estrategias de cambio de posición corporativa tratan de devolver la rentabilidad a los negocios que están perdiendo dinero, en vez de eliminarlos. La economía implica reducir las oportunidades de diversificación a un menor número de negocios, eliminando los que son demasiado pequeños para que aporten una contribución considerable a los rendimientos corporativos, o los que no se ajustan a la base de negocios más limitada en donde la administración corporativa desea concentrar los recursos y las capacidades de la compañía. Las estrategias de reestructuración implican cambios radicales en la cartera, la eliminación de algunos negocios y la adquisición de otros, con el fin de crear un grupo de negocios con un potencial de desempeño mejorado.

Las estrategias de diversificación multinacional se caracterizan por una diversidad de negocios y de mercados nacionales. A pesar de la complejidad de tener que idear y administrar tantas estrategias (por lo menos una para cada industria, con tantas variaciones para los mercados de los países como sean necesarias), la diversificación multinacional puede ser una estrategia ventajosa desde el punto de vista competitivo. Las CMND pueden utilizar las ventajas del ajuste estratégico de la diversificación relacionada (economías de enfoque, transferencia de tecnología y capacidades y marcas registradas compartidas) para desarrollar de una manera simultánea posiciones competitivamente poderosas en varias industrias globales relacionadas. Si se explotan esas ventajas en una forma competente, pueden permitir que una CMND supere con el tiempo la competencia de un rival doméstico de un solo negocio o de un rival multinacional de un solo negocio. Una compañía doméstica de un solo negocio sólo tiene un santuario de utilidades, su mercado doméstico. Una compañía multinacional de un solo negocio puede tener santuarios de utilidades en varios países, pero todos están en el mismo negocio. Ambas son vulnerables a una CMND que inicia campañas ofensivas en sus santuarios de utilidades. Una CMND puede utilizar la ventaja de un costo más bajo derivada de sus economías de enfoque para que sus precios sean inferiores a los de sus rivales y así ganar una participación de mercado a costa de ellos. Incluso sin una ventaja de costo, una CMND puede decidir que determinará precios inferiores a los de sus rivales y subsidiará sus márgenes de utilidad más bajos (o incluso sus pérdidas) con las utilidades obtenidas en sus otros negocios. Una CMND bien financiada y administrada de manera competente puede minar la fortaleza financiera y competitiva de sus rivales únicamente domésticos y multinacionales de un solo negocio. Una CMND logra el mayor potencial de una ventaja competitiva al diversificarse hacia industrias *relacionadas*, en las que puede retener considerables economías de enfoque, compartir su tecnología y su experiencia y apalancar el empleo de una marca registrada muy conocida.

LECTURAS SUGERIDAS

Barney, Jay B., *Gaining and Sustaining Competitive Advantage*, Reading, Mass., Addison-Wesley, 1997, caps. 11 y 13.

Campbell, Andrew, Michael Goold y Marcus Alexander, "Corporate Strategy: The Quest for Parenting Advantage", en *Harvard Business Review* 73, núm. 2, marzo-abril de 1995, pp. 120-132.

________, "The Value of the Parent Company", en *California Management Review* 38, núm. 1, otoño de 1995, pp. 79-97.

Goold, Michael y Kathleen Luchs, "Why Diversify? Four Decades of Management Thinking", en *Academy of Management Executive* 7, núm. 3, agosto de 1993, pp. 7-25.

Hoffman, Richard C., "Strategies for Corporate Turnarounds: What Do We Know about Them?", en *Journal of General Management* 14, núm. 3, primavera de 1989, pp. 46-66.

Liedtka, Jeanne M., "Collaboration across Lines of Business for Competitive Advantage", en *Academy of Management Executive* 10, núm. 2, mayo de 1996, pp. 20-34.

Prahalad, C. K. e Yves L. Doz, *The Multinational Mission*, Nueva York, Free Press, 1987, caps. 1 y 2.

8 EVALUACIÓN DE LAS ESTRATEGIAS DE LAS COMPAÑÍAS DIVERSIFICADAS

Una vez que una compañía se ha diversificado y tiene operaciones en varias industrias diferentes, hay tres aspectos que dominan en la agenda de los principales creadores de la estrategia:

- ¿Qué tan atractivo es el grupo de negocios a los cuales se dedica la compañía?
- Suponiendo que la compañía continúe con su línea de negocios actual, ¿qué tan buena es su perspectiva de desempeño para los próximos años?
- Si las dos respuestas anteriores no son satisfactorias: *a*) ¿la compañía debe eliminar los negocios con un nivel bajo de desempeño o que no son atractivos?; *b*) ¿qué acciones debe emprender para consolidar el potencial de crecimiento y de utilidades de los negocios en los cuales pretende seguir?, y *c*) ¿la compañía debe ingresar en negocios adicionales para mejorar sus prospectos de desempeño a largo plazo?

Si podemos saber en dónde estamos y algo acerca de cómo llegamos allí, podríamos ver hacia dónde nos dirigimos y, si los resultados que encontraremos naturalmente en nuestro curso son inaceptables, podemos hacer un cambio oportuno.

Abraham Lincoln

Las estrategias corporativas de la mayor parte de las compañías han disipado el valor para el accionista en vez de crearlo.

Michael Porter

El logro de un desempeño superior mediante la diversificación se basa en gran parte en la relación.

Philippe Very

El diseño y la puesta en práctica de los planes de acción para mejorar el atractivo general y la fortaleza competitiva de la línea de negocios de una compañía es la principal tarea estratégica de los administradores a nivel corporativo.

El análisis estratégico de las compañías diversificadas se basa en los conceptos y métodos que se utilizan para las compañías de un solo negocio. Pero también hay nuevos aspectos que se deben considerar y enfoques analíticos adicionales que se deben dominar. El procedimiento para estudiar la estrategia de una compañía diversificada, analizar el atractivo de las industrias hacia las cuales se ha diversificado, evaluar la fortaleza competitiva y el potencial de desempeño de los negocios y decidir qué acciones estratégicas se deben emprender después, implica los siguientes pasos:

1. *Identificar la estrategia corporativa actual*, es decir, si la compañía está buscando una diversificación relacionada o no relacionada (o una combinación de ambas), la naturaleza y el propósito de cualesquiera adquisiciones y eliminaciones recientes y la clase de compañía diversificada que está tratando de crear la administración corporativa.
2. *Hacer la prueba del atractivo de la industria*, es decir, evaluar el atractivo a largo plazo de cada industria en la cual se encuentra la compañía.

3. *Hacer la prueba de la fortaleza competitiva*, es decir, evaluar la fortaleza competitiva de las unidades de negocios de la compañía para ver cuáles son contendientes poderosas en sus respectivas industrias.
4. *Hacer la prueba del ajuste estratégico*, es decir, determinar el potencial de ventaja competitiva de cualesquiera relaciones y ajustes estratégicos de la cadena de valor entre las unidades existentes.
5. *Hacer la prueba del ajuste de los recursos*, es decir, determinar si las fortalezas de recursos de la empresa son iguales a los requerimientos de recursos de su línea de negocios actual.
6. *Clasificar los negocios desde el nivel más elevado hasta el más bajo, sobre la base tanto de su desempeño histórico como de sus prospectos futuros.*
7. *Clasificar las unidades de negocios en términos de la prioridad para la asignación de recursos* y decidir si la postura estratégica para cada unidad de negocios debe ser de una expansión agresiva, de fortificarse y defenderse, de reacondicionar y reposicionarse, o de cosechar/eliminar. (La tarea de iniciar estrategias específicas de la unidad de negocios para mejorar la posición competitiva de la unidad de negocios por lo común se delega en los administradores a nivel del negocio y los administradores a nivel corporativo hacen sugerencias y tienen la autoridad para dar la aprobación final.)
8. *Idear nuevas medidas estratégicas para mejorar el desempeño corporativo general*, es decir, cambiar la estructura de la cartera por medio de adquisiciones y eliminaciones, mejorar la coordinación entre las actividades de las unidades de negocios relacionadas para lograr una mayor posibilidad de compartir los costos y los beneficios de transferir las habilidades y guiar los recursos corporativos hacia las áreas que ofrecen mayores oportunidades.

El resto de este capítulo describe este proceso de ocho pasos e introduce las técnicas analíticas necesarias para llegar a evaluaciones sensatas de la estrategia corporativa.

IDENTIFICACIÓN DE LA ESTRATEGIA CORPORATIVA ACTUAL

El análisis de la situación y perspectivas de una compañía diversificada debe empezar con una comprensión de su estrategia y su estructura de negocios actuales. Según la figura 2-2 del capítulo 2, se puede lograr una buena comprensión de la estrategia corporativa de una compañía diversificada estudiando:

Es necesario que la evaluación de la cartera de negocios de una empresa diversificada inicie con una clara identificación de la estrategia de diversificación de la empresa.

- El grado hasta el cual se ha diversificado la empresa (medido por la proporción de ventas totales y utilidades de operación con las cuales ha contribuido cada unidad de negocios y por el hecho de si la base de la diversificación es amplia o limitada).
- Si la empresa está buscando una diversificación relacionada o no relacionada, o una combinación de ambas.
- Si la esfera de acción de las operaciones de la compañía es en su mayor parte doméstica, cada vez más multinacional o global.
- Cualesquiera medidas para añadir nuevos negocios a la cartera y crear posiciones en nuevas industrias.
- Cualesquiera medidas para eliminar las unidades de negocios débiles o que no son atractivas.
- Las medidas recientes para mejorar el desempeño de las unidades de negocios clave y/o consolidar las posiciones de los negocios existentes.

- Los esfuerzos de la administración para retener los beneficios del ajuste estratégico y utilizar las relaciones de la cadena de valor entre sus negocios, con el fin de crear una ventaja competitiva.
- El porcentaje de gastos totales de capital asignados a cada unidad de negocios en los años anteriores (un poderoso indicador de las prioridades de asignación de recursos de la compañía).

El logro de una idea clara de la estrategia corporativa actual y de su razón de ser prepara el escenario para sondear las fortalezas y debilidades en su cartera de negocios y llegar a conclusiones sobre cualesquiera refinamientos o alteraciones importantes en la estrategia, según sea apropiado.

EVALUACIÓN DEL ATRACTIVO DE LA INDUSTRIA: TRES PRUEBAS

Una consideración principal cuando se evalúan la estructura de negocios de una compañía diversificada y el calibre de su estrategia, es el atractivo de las industrias hacia las cuales se ha diversificado. Mientras más atractivas son esas industrias, mejores son los prospectos de utilidades a largo plazo de la compañía. El atractivo de la industria se debe evaluar desde tres ángulos:

Mientras más atractivas son las industrias hacia las cuales se ha diversificado una compañía, mejores son sus prospectos de desempeño.

1. *El atractivo de cada industria representada en la cartera de negocios.* La administración debe examinar cada industria hacia la cual se ha diversificado la empresa, con el fin de determinar si representa un buen negocio para que la compañía ingrese en él. ¿Cuáles son los prospectos de la industria para un crecimiento a largo plazo? ¿Las condiciones competitivas y las oportunidades de mercado que están surgiendo ofrecen buenos prospectos para una rentabilidad a largo plazo? ¿Los requerimientos de la industria respecto al capital, la tecnología y otros recursos están bien ajustados con las capacidades de la compañía?
2. *El atractivo de cada industria en relación con las demás.* El problema aquí es: "¿cuáles industrias en la cartera son las más atractivas y cuáles las menos atractivas?" La comparación del atractivo de las industrias y su clasificación de la más atractiva a la menos atractiva son un requisito previo para decidir la forma de asignar mejor los recursos corporativos.
3. *El atractivo de todas las industrias como un grupo.* La pregunta aquí es: "¿qué tan atractiva es la combinación de industrias?" Una compañía cuyos ingresos y utilidades provienen principalmente de los negocios en industrias que no son atractivas, probablemente necesita considerar la reestructuración de su cartera.

Evaluación del atractivo de cada industria hacia la cual se ha diversificado la compañía

Todas las consideraciones del atractivo de la industria que expusimos en el capítulo 3 entran en juego cuando se evalúa el atractivo a largo plazo de las industrias hacia las cuales se ha diversificado una compañía:

- *Volumen del mercado e índice de crecimiento proyectado*; las industrias grandes son más atractivas que las pequeñas y las de crecimiento rápido tienden a ser más atractivas que las de crecimiento lento, si todo lo demás no varía.
- *La intensidad de la competencia*; las industrias en las cuales las presiones competitivas son relativamente débiles resultan más atractivas que las industrias en las que las presiones competitivas son poderosas.

- *Las oportunidades y amenazas latentes*; las industrias con oportunidades prometedoras y amenazas mínimas en el horizonte cercano son más atractivas que las industrias con oportunidades modestas y amenazas imponentes.
- *Factores de temporada y cíclicos*; las industrias en las que la demanda es relativamente constante durante todo el año y que no son indebidamente vulnerables a las altas y bajas económicas son más atractivas que las industrias en las que hay grandes cambios en la demanda del comprador durante el año o a lo largo de los años.
- *Requerimientos de capital y otros requerimientos de recursos especiales*; las industrias con requerimientos bajos de capital (o en cantidades al alcance de la compañía) son relativamente más atractivas que las industrias en las que los requerimientos de inversión podrían exceder los recursos financieros corporativos. De la misma manera, las industrias que *no* requieren una tecnología especializada, competencias difíciles de desarrollar o capacidades únicas (a menos que esos requerimientos se ajusten bien con las propias capacidades de una compañía diversificada), son más atractivas que las industrias en las que los requerimientos de recursos sobrepasan a éstos y a las capacidades de una empresa.
- *Ajustes estratégicos y ajustes de los recursos con los negocios actuales de la empresa*; una industria es más atractiva para una empresa particular si su cadena de valor y sus requerimientos de recursos se ajustan bien a las actividades de la cadena de valor de otras industrias hacia las cuales se ha diversificado la compañía y a las capacidades de recursos de la compañía.
- *Rentabilidad de la industria*; las industrias con márgenes de utilidad favorables y elevados índices de utilidad sobre la inversión por lo general son más atractivas que las industrias en las que las utilidades han sido históricamente bajas, o en las que los riesgos del negocio son elevados.
- *Factores sociales, políticos, reguladores y ambientales*; las industrias con problemas significativos en áreas tales como salud del consumidor, seguridad o contaminación ambiental, o que están sujetas a una intensa regulación, son menos atractivas que las industrias en las que esos problemas no son peores que los que enfrentan la mayor parte de los negocios.
- *Grado de riesgo y de incertidumbre*; las industrias en las que hay menos incertidumbre y riesgos de negocios son más atractivas que las industrias que se caracterizan por la incertidumbre y en las cuales es común el fracaso de los negocios.

Lo satisfactorios que puedan ser los resultados de cada industria en lo que concierne a estos factores determina cuántas pueden pasar la prueba del atractivo. La situación ideal es que todas las industrias representadas en la cartera de negocios de la compañía sean atractivas.

Medición del atractivo de cada industria en relación con las demás

Sin embargo, no basta con que una industria sea atractiva. Es necesario asignar los recursos corporativos a aquellas industrias con las *mayores* oportunidades a largo plazo. Para lograr una asignación inteligente de los recursos, es útil clasificar a las industrias en la cartera de negocios de la compañía desde la más atractiva hasta la menos atractiva, un proceso que requiere medidas cuantitativas.

El primer paso para desarrollar una medida cuantitativa del atractivo a largo plazo de una industria es seleccionar una serie de medidas del atractivo de la industria (como las que se mencionan a continuación). Después, se asigna un valor relativo a cada medida; una metodología débil es suponer que las diversas medidas son de igual importancia. Aun cuando obviamente está involucrado el criterio para decidir qué valor relativo se debe asignar a cada medida, tiene sentido asignar los valores relativos más altos a aquellas que son importantes para lograr la visión o el objetivo de la compañía y que se igualan bien con las necesidades y capacidades de la misma. La suma de los valores relativos debe ser 1.0. Después, cada industria se califica en cada una de las medidas del atractivo que se han elegido, utilizando una escala de calificación de 1 a 5, o de 1 a 10 (en donde *una calificación alta significa un nivel elevado de atractivo y una calificación baja un nivel bajo de atractivo, o una ausencia de atractivo*). Las calificaciones ponderadas del atractivo se calculan multiplicando la calificación de la industria en cada factor por el valor relativo de éste. Por ejemplo, una calificación de 8 multiplicada por un valor relativo de .30 nos da una calificación ponderada de 2.40. La suma de las calificaciones ponderadas para todos los factores del atractivo proporciona una medida cuantitativa de éste a largo plazo en la industria. El procedimiento se muestra a continuación:

Factor del atractivo de la industria	**Valor relativo**	**Calificación**	**Calificación ponderada del atractivo de la industria**
Volumen del mercado y crecimiento proyectado	.15	5	0.75
Intensidad de la competencia	.30	8	2.40
Oportunidades y amenazas nacientes en la industria	.05	2	0.10
Requerimientos de recursos	.10	6	0.60
Ajuste estratégico con otros negocios de la compañía	.15	4	0.60
Factores sociales, políticos, reguladores y ambientales	.05	7	0.35
Rentabilidad de la industria	.10	4	0.40
Grado de riesgo	.10	5	0.50
Suma de los valores relativos asignados	1.00		
Calificación del atractivo de la industria			5.70

Una vez que se han calculado las calificaciones del atractivo de cada una de las industrias en la cartera corporativa, la tarea de clasificarlas de más a menos atractivas es muy sencilla.

El cálculo de las calificaciones del atractivo de la industria presenta dos dificultades. Una de ellas es decidir cuáles son los valores relativos apropiados para las medidas del atractivo de la industria. La otra es obtener datos confiables conforme a los cuales asignar calificaciones precisas y objetivas. Sin una buena información, las calificaciones necesariamente se vuelven subjetivas y su validez depende de si la administración ha sondeado lo suficiente las condiciones de la industria para hacer juicios confiables. En general, una compañía puede encontrar los datos estadísticos necesarios para comparar sus industrias en factores tales como volumen del mercado, índice de crecimiento, influencias de temporada y cíclicas y rentabilidad de la industria. La medida del atractivo en el cual el criterio tiene mayor peso es comparar las industrias en lo que concierne a la intensidad de la competencia, los requerimientos de recursos, los ajustes estratégicos, el grado de riesgo y las consideraciones sociales, reguladoras y ambientales. No siempre es fácil concluir si la competencia en una industria es más poderosa o más débil que en otra, debido a los diferentes tipos de influencias competitivas y a la diferencia en su relativa importancia. No obstante, las calificaciones del atractivo son un método razonablemente confiable para calificar a las industrias de una compañía diversificada de la más a la menos atractiva; se cuenta una historia valiosa acerca de cómo y por qué algunas industrias hacia las cuales se ha diversificado una compañía son más atractivas que otras.

El atractivo de la mezcla de industrias como un todo

Para que una compañía diversificada tenga un desempeño poderoso, una porción considerable de sus ingresos y sus utilidades debe provenir de las unidades de negocios que se juzga están en industrias atractivas, aquellas con calificaciones del atractivo relativamente altas. Es de una importancia particular que los principales negocios de la compañía estén en industrias con una buena perspectiva de crecimiento y una rentabilidad superior al promedio. El hecho de que una gran fracción de los ingresos y las utilidades de la compañía provengan de industrias que están creciendo lentamente, o que tienen utilidades bajas sobre la inversión, tiende a disminuir el nivel de desempeño general. Las unidades de negocios en las industrias menos atractivas son candidatos potenciales para su desaparición, a menos que estén posicionadas lo suficientemente bien como para superar los aspectos no atractivos del ambiente de su industria, o de que sean un componente estratégicamente importante de la cartera.

EVALUACIÓN DE LAS FORTALEZAS COMPETITIVAS DE CADA UNA DE LAS UNIDADES DE NEGOCIOS DE LA COMPAÑÍA

Aquí, la tarea es evaluar si cada unidad de negocios en la cartera corporativa está bien posicionada en su industria y si ya es o puede llegar a ser una contendiente poderosa en el mercado. La evaluación de la fortaleza y la posición competitiva de cada unidad de negocios no sólo revela sus probabilidades de tener éxito, sino que también proporciona una base para comparar la relativa fortaleza competitiva de las diferentes unidades de negocios, con el fin de determinar cuáles son las más poderosas y cuáles las más débiles. Las medidas cuantitativas de la fortaleza competitiva y de la posición de mercado de cada unidad de negocios se pueden calcular utilizando un procedimiento similar al de la medición del atractivo de la industria.[1] La evaluación de la fortaleza competitiva de las subsidiarias de negocios de una compañía diversificada se deben basar en factores tales como:

- *Participación de mercado relativa*; las unidades de negocios con participaciones de mercado *relativas* elevadas tienen mayor fortaleza competitiva que aquellas con participaciones más bajas. La *participación de mercado relativa* de una unidad de negocios se define como la razón de su participación de mercado con la participación de mercado de la empresa rival más grande en la industria; y la participación de mercado se mide en volumen por unidad, no en dólares. Por ejemplo, si el negocio A tiene una participación del 15 por ciento del volumen

[1] El procedimiento también es paralelo a la metodología para hacer evaluaciones de la fortaleza competitiva que presentamos en el capítulo 4 (véase la tabla 4-4).

total de la industria y la rival más grande que A tiene un 30 por ciento, la participación de mercado relativa de A es de 0.5. Si el negocio B tiene una participación de mercado del 40 por ciento y su rival más grande tiene el 30 por ciento, la participación de mercado relativa de B es 1.33.[2] El empleo de la participación de mercado *relativa* en vez de la participación de mercado *real* o *absoluta* es superior desde el punto de vista analítico, debido a que una participación de mercado del 10 por ciento es mucho más poderosa si la participación del líder es del 12 por ciento que si es del 50 por ciento; el empleo de la participación de mercado relativa retiene esta diferencia.[3]

- *Capacidad de competir en el costo*; las unidades de negocios que son muy competitivas en el costo tienden a estar más poderosamente posicionadas en sus industrias que las que luchan por lograr una paridad de costo con sus principales rivales.
- *Capacidad de igualar a los rivales en la industria en la calidad y/o el servicio*; la competitividad de una compañía depende en parte de que sea capaz de satisfacer las expectativas del comprador en lo que concierne a características, desempeño del producto, confiabilidad, servicio y otros atributos importantes.
- *Capacidad de ejercer un apalancamiento en las negociaciones con los proveedores o clientes clave*; el hecho de tener un apalancamiento en las negociaciones es una fuente de la ventaja competitiva.
- *Tecnología y capacidades de innovación*; las unidades de negocios reconocidas por su liderazgo tecnológico y su récord de innovaciones por lo común son poderosas competidoras en su industria.
- *Lo bien que se ajustan los activos competitivos y las competencias de la unidad de negocios con los factores de la industria que son la clave para el éxito*; mientras más se ajustan las fortalezas de una unidad de negocios con los factores de la industria que son la clave para el éxito, más poderosa tiende a ser su posición competitiva.
- *Reconocimiento y reputación de la marca registrada*; una marca registrada poderosa casi siempre es un activo competitivo valioso.
- *Rentabilidad en relación con los competidores*; las unidades de negocios que constantemente obtienen utilidades superiores al promedio sobre la inversión y tienen mayores márgenes de utilidad que sus rivales, por lo común tienen posiciones competitivas más poderosas que aquellas con una rentabilidad inferior al promedio de su industria.

---

[2] Dada esta definición, sólo las unidades de negocios que son líderes de la participación de mercado en sus respectivas industrias tendrán participaciones de mercado relativas mayores de 1.0. Las unidades de negocios que le siguen a sus rivales en la participación de mercado tendrán razones inferiores a 1.0. Mientras más abajo de 1.0 es la participación de mercado relativa de una unidad de negocios, más débiles son su fortaleza competitiva y su posición de mercado en relación con la líder de la industria en la participación de mercado.

[3] Algo de igual importancia es la probabilidad de que la participación de mercado relativa refleje el costo relativo basado en la experiencia en fabricar el producto y las economías de la producción en gran escala. Los negocios con grandes participaciones de mercado relativas pueden operar con costos más bajos por unidad que las empresas con una participación baja, debido a las ganancias tecnológicas y de eficiencia que van unidas a una producción mayor y al volumen de ventas. Como lo expusimos en el capítulo 3, el fenómeno de los costos más bajos por unidad puede ir más allá de los efectos de las economías de escala; a medida que se incrementa el volumen de producción acumulativo, el conocimiento adquirido de la creciente experiencia de la empresa en la producción puede conducir al descubrimiento de eficiencias adicionales y de formas de reducir los costos todavía más. Para mayores detalles sobre la forma en la cual la relación entre la experiencia y el volumen de producción acumulativa da por resultado costos más bajos por unidad, véase la figura 3-1 en el capítulo 3. Un considerable efecto de la curva de la experiencia en la cadena de valor de una industria determina una prima estratégica para la participación de mercado: el competidor que logra la mayor participación de mercado tiende a obtener importantes ventajas de costo, lo que a su vez se puede utilizar para bajar los precios y obtener clientes, ventas, participación de mercado y utilidades adicionales. Estas condiciones son un factor que contribuye de manera importante a la fortaleza competitiva que tiene una compañía en el negocio.

Otros indicadores de la fortaleza competitiva incluyen el conocimiento de los clientes y de los mercados, las capacidades de producción, las habilidades en la administración de la cadena de suministro, las capacidades de marketing, amplios recursos financieros y conocimientos comprobados en la administración del negocio. Los analistas deben elegir entre calificar a cada unidad de negocios sobre los mismos factores genéricos o calificar la fortaleza de la unidad de negocios en aquellas medidas de la fortaleza que son más pertinentes para su industria. Cualquier enfoque se puede defender, aun cuando el empleo de medidas de la fortaleza específicas para cada industria es conceptualmente más poderoso, debido a que las medidas pertinentes de la fortaleza competitiva, junto con su relativa importancia, varían de una industria a otra.

Como se hizo en la evaluación del atractivo de la industria, es necesario asignarles valores relativos a cada una de las medidas de la fortaleza, con el fin de indicar su relativa importancia (el empleo de diferentes valores relativos para las diferentes unidades de negocios es conceptualmente más poderoso cuando la importancia de las medidas de la fortaleza difieren significativamente de un negocio a otro). Como antes, la suma de los valores relativos debe ser 1.0. Después, cada unidad de negocios se califica en cada una de las medidas de la fortaleza elegidas, utilizando una escala de calificación de 1 a 5 o de 1 a 10 (en donde *una calificación alta significa un nivel elevado de fortaleza y una calificación baja un nivel bajo de fortaleza*). Las calificaciones ponderadas de la fortaleza se calculan multiplicando la calificación de la unidad de negocios en cada medida de la fortaleza por el valor relativo asignado. Por ejemplo, una calificación de 6 de la fortaleza, multiplicada por un valor relativo de .25, nos da una calificación ponderada de la fortaleza de 1.50. La suma de las calificaciones ponderadas para todas las medidas de la fortaleza proporciona una medida cuantitativa de la fortaleza competitiva total de una unidad de negocios. El procedimiento se muestra a continuación:

Medida de la fortaleza competitiva	Valor relativo	Calificación de la fortaleza	Calificación ponderada de la fortaleza
Participación de mercado relativa	.20	5	1.00
Costos en relación con los de los competidores	.25	8	2.00
Capacidad de igualar o vencer a los rivales en los atributos clave del producto	.10	2	0.20
Apalancamiento para las negociaciones con compradores/proveedores	.10	6	0.60
Tecnología y capacidades de innovación	.05	4	0.20
Qué tan bien se ajustan los recursos con los factores clave para el éxito en la industria	.15	7	1.05
Reputación/imagen de la marca registrada	.05	4	0.20
Rentabilidad en relación con los competidores	.10	5	0.50
Suma de los valores relativos asignados	1.00		
Calificación de la fortaleza competitiva			5.75

Las unidades de negocios con calificaciones de la fortaleza competitiva total relativamente altas (superiores a 6.7 en una escala de calificación de 1 a 10) son poderosas contendientes en el mercado en sus industrias. Los negocios con calificaciones totales relativamente bajas (inferiores a 3.3 en una escala de calificaciones de 1 a 10) se encuentran en posiciones competitivas débiles.[4] Las evaluaciones que hace la administración de cuáles negocios en la cartera son contendientes poderosos o débiles en el mercado son una consideración valiosa para decidir hacia dónde encauzar los recursos. *Por lo general, se sirve mejor a los intereses del accionista concentrando los recursos corporativos en los negocios que pueden contender por el liderazgo del mercado en sus industrias.*

Empleo de una matriz de nueve cuadros para representar simultáneamente el atractivo de la industria y la fortaleza competitiva

En la matriz de atractividad-fortaleza, la ubicación de cada negocio se traza utilizando medidas cuantitativas del atractivo a largo plazo de la industria y de la fortaleza/posición competitiva del negocio.

Las calificaciones del atractivo de la industria y de la fortaleza del negocio se pueden utilizar para representar gráficamente las posiciones estratégicas de cada negocio en el cual se encuentra una compañía diversificada. El atractivo a largo plazo de la industria se traza en el eje vertical y la fortaleza competitiva en el eje horizontal. Al dividir el eje vertical en tres regiones (atractivo elevado, promedio y bajo) y el eje horizontal en tres regiones (fortaleza competitiva poderosa, promedio y débil) surge un grid de nueve cuadros. El nivel elevado de atractivo está asociado con calificaciones de 6.7 o superiores en una escala de calificaciones de 1 a 10, el nivel promedio de atractivo se asigna a las calificaciones de 3.3 a 6.7 y así sucesivamente; de la misma manera, la fortaleza competitiva poderosa se define con una calificación superior a 6.7, la fortaleza promedio implica calificaciones de 3.3 a 6.7 y así sucesivamente, como se muestra en la figura 8-1. Cada unidad de negocios en la cartera corporativa se traza en el grid resultante de nueve cuadros, basándose en su calificación del atractivo total y en su calificación de la fortaleza y después se muestra como una "burbuja", en donde el tamaño de cada burbuja o círculo se da en escala, según el porcentaje de ingresos que genera en relación con los ingresos corporativos totales.

La matriz de atractividad-fortaleza ayuda a asignar las prioridades de inversión a cada una de las unidades de negocios de la compañía. Los negocios en los tres cuadros de la parte superior izquierda, en donde el atractivo a largo plazo de la industria y la fortaleza/posición competitiva del negocio son favorables, tienen una prioridad máxima para una inversión. La prescripción estratégica para los negocios que tienen cabida en estos tres cuadros es "crecer y desarrollar" y los negocios en el cuadro más elevado-poderoso tienen derecho de reclamar la mayor cantidad de los fondos de inversión. Después, en orden de prioridad, vienen los negocios posicionados en los tres cuadros diagonales que se extienden desde la parte inferior izquierda hasta la parte superior derecha. A estos negocios por lo común se les asigna una prioridad media. Ameritan una reinversión constante para mantener y proteger sus posiciones en la industria; sin embargo, si uno de esos negocios tiene una oportunidad extraordinariamente atractiva, puede lograr una prioridad de inversión más elevada y se le puede conceder la aprobación para emplear un enfoque estratégico más agresivo. La prescripción estratégica para los negocios en los tres cuadros de la parte inferior derecha de la matriz por lo común

[4] Si los analistas carecen de datos suficientes para hacer clasificaciones detalladas de la fortaleza, pueden confiar en su conocimiento de la situación competitiva de cada unidad de negocios para clasificar su posición competitiva como "poderosa", "promedio" o "débil". Si son dignas de confianza, esas evaluaciones subjetivas de la fortaleza de la unidad de negocios pueden sustituir a las medidas cuantitativas.

FIGURA 8.1 Una matriz de nueve cuadros representativa del atractivo de la industria y de la fortaleza competitiva

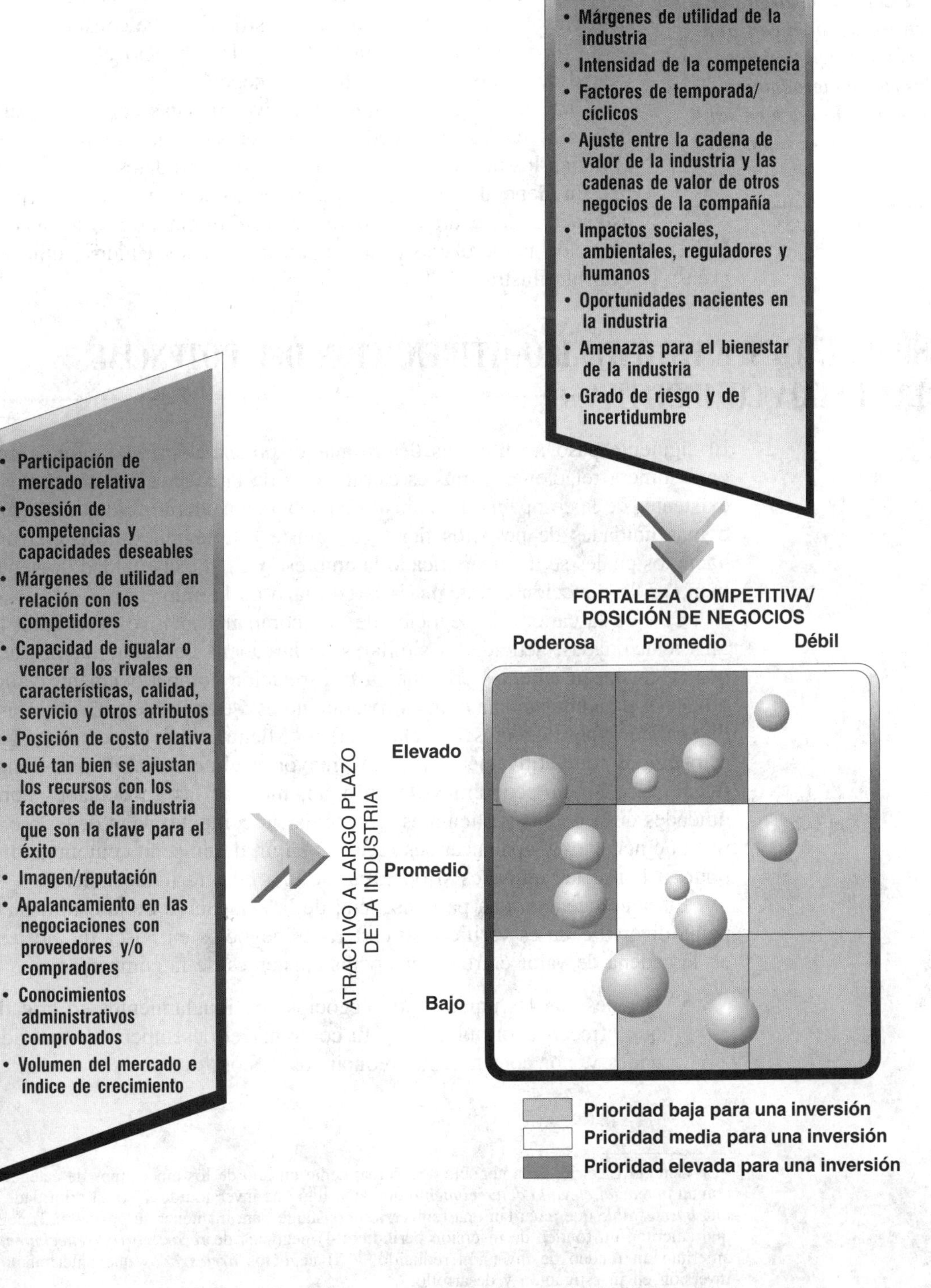

es cosechar o eliminar (en los casos excepcionales en donde existe un buen potencial para un cambio de posición, es posible hacer "una revisión y un reposicionamiento", utilizando algún tipo de enfoque de cambio de posición).[5]

El grid de nueve cuadros de la matriz atractividad-fortaleza proporciona una poderosa lógica para concentrar los recursos en aquellos negocios que disfrutan de un grado más elevado de atractivo y de ventaja competitiva, para ser muy selectivos al hacer inversiones en negocios que ocupan posiciones intermedias y retirar recursos de los negocios que tienen un nivel bajo de atractivo y de fortaleza, a menos que ofrezcan un potencial excepcional para un cambio de posición. Ésa es la razón por la cual una compañía diversificada debe considerar tanto el atractivo de la industria como la fortaleza del negocio al asignarles recursos y capital de inversión a sus diferentes negocios.

Una compañía puede obtener mayores utilidades a largo plazo si invierte en un negocio con una posición competitiva poderosa en una industria moderadamente atractiva, que si lo hace en un negocio débil en una industria atractiva.

Cada vez más, las compañías diversificadas concentran sus recursos en industrias en las que pueden ser poderosas contendientes en el mercado, y eliminan los negocios que no son buenos candidatos para convertirse en líderes. En General Electric, todo el impulso de la estrategia corporativa y de la asignación de recursos corporativos está orientado a colocar los negocios de GE en la posición número uno o dos, tanto en Estados Unidos como a nivel global (véase la Cápsula ilustrativa 29).

ANÁLISIS DEL AJUSTE ESTRATÉGICO; VERIFICACIÓN DEL POTENCIAL PARA LA VENTAJA COMPETITIVA

El siguiente paso analítico es determinar el potencial para la ventaja competitiva de cualesquiera relaciones y ajustes estratégicos de la cadena de valor entre los negocios existentes de la compañía. Los ajustes se deben considerar desde dos ángulos: 1) si una o más unidades de negocios tienen un ajuste estratégico valioso con otros negocios hacia los cuales se ha diversificado la empresa y 2) si cada unidad de negocios engrana bien con la dirección estratégica a largo plazo de la empresa.

Cuando la cartera de negocios de una compañía incluye subsidiarias con tecnologías relacionadas, actividades similares de la cadena de valor, canales de distribución que se traslapan, clientes comunes u otra relación competitivamente valiosa, logra un potencial para una ventaja competitiva que no está disponible para una compañía que se diversifica hacia negocios no relacionados. Mientras más negocios tenga con ajustes estratégicos competitivamente valiosos, mayor es el potencial de una compañía diversificada para lograr economías de enfoque, mejorar las capacidades competitivas de unidades de negocios particulares, consolidar la competitividad de su producto y de su línea de negocios y apalancar sus recursos en un desempeño combinado mayor del que podrían lograr las unidades si operaran de una manera independiente.

En consecuencia, una parte esencial de la evaluación de la estrategia de una compañía diversificada es verificar su cartera de negocios en busca de ajustes importantes en la cadena de valor entre los negocios existentes de la compañía:

- ¿Cuáles son las unidades de negocios con igualamientos en la cadena de valor que ofrecen oportunidades para combinar el desempeño de actividades relacionadas y, por consiguiente, reducir los costos?

[5] En General Electric, cada negocio acabó realmente en uno de los cinco tipos de categorías: 1) negocios con un *potencial elevado de crecimiento* que ameritan una inversión de máxima prioridad, 2) negocios con una *base estable* que ameritan una reinversión constante para mantener su posición; 3) negocios de *apoyo* que ameritan un fondeo de inversión periódico; 4) negocios de *recorte o rejuvenecimiento selectivo* que ameritan un fondeo de inversión reducido, y 5) negocios *arriesgados* que ameritan una considerable inversión en investigación y desarrollo.

CÁPSULA ILUSTRATIVA 29 El enfoque de General Electric a la administración de la diversificación

Cuando Jack Welch se convirtió en director ejecutivo de General Electric en 1981, inició un esfuerzo de estrategia corporativa para reformar la cartera de negocios diversificados de la compañía. Desde el principio, les planteó a los administradores de las unidades de negocios el reto de convertirlas en la número uno o dos en su industria; si fallaban, las unidades de negocios deberían capturar una decidida ventaja tecnológica que se pudiera traducir en una ventaja competitiva, o de lo contrario se enfrentarían a una posible eliminación.

Para 1990, GE era una compañía diferente. Bajo el estímulo de Welch, GE eliminó operaciones con un valor de 9 000 millones de dólares, operaciones de televisión, electrodomésticos pequeños, un negocio de minería y otro de chips para computadora. Gastó un total de 24 000 millones de dólares en la adquisición de nuevos negocios, especialmente RCA, Roper (un fabricante de electrodomésticos grandes, cuyo cliente principal era Sears) y Kidder Peabody (una empresa de banca de inversión de Wall Street). Internamente, muchas de las operaciones de negocios más pequeñas de la compañía se colocaron bajo la dirección de "unidades de negocios estratégicas" más grandes. Pero lo más significativo es que en 1989, doce de las catorce unidades de negocios estratégicas de GE eran líderes del mercado en Estados Unidos y, a nivel global, las unidades de servicios financieros y de comunicaciones de la compañía servían a mercados demasiado fragmentados como para clasificarlos.

Durante la década de los noventa, después de eliminar los negocios más débiles y desarrollar los existentes hasta convertirlos en importantes contendientes, Welch emprendió iniciativas para mejorar increíblemente la productividad y reducir la magnitud de la burocracia de GE. Welch argumentó que para que GE siguiera teniendo éxito en el mercado global, la compañía debía presionar mucho para lograr una continua reducción de costos en cada uno de sus negocios, abreviar los procedimientos burocráticos para reducir los tiempos de respuesta a las condiciones cambiantes del mercado y mejorar en una forma impresionante sus márgenes de utilidad. En 1997, GE tenía el nivel más elevado de aprovechamiento del mercado de cualquier compañía en el mundo.

Unidades de negocios estratégicas de GE	Posición de mercado en Estados Unidos	Posición de mercado en el mundo
Motores para avión	Primer lugar	Primer lugar
Transmisión (NBC)	Primer lugar	No aplica
Interruptores automáticos	Empatado en primer lugar con otros dos	Empatado en primer lugar con otros tres
Electrónica para la defensa	Segundo lugar	Segundo lugar
Motores eléctricos	Primer lugar	Primer lugar
Plásticos para ingeniería	Primer lugar	Primer lugar
Automatización de fábricas	Segundo lugar	Tercer lugar
Sistemas industriales y de energía	Primer lugar	Primer lugar
Iluminación	Primer lugar	Segundo lugar
Locomotoras	Primer lugar	Empatado en primer lugar
Electrodomésticos grandes	Primer lugar	Empatado en segundo lugar
Imágenes para diagnóstico médico	Primer lugar	Primer lugar

Fuente: Adaptado para la información publicada en Stratford P. Sherman, "Inside the Mind of Jack Welch", *Fortune*, marzo 27, 1989, pp. 39-50.

- ¿Cuáles son las unidades de negocios con ajustes en la cadena de valor que ofrecen oportunidades para transferir habilidades o tecnologías de un negocio a otro?
- ¿Cuáles son las unidades de negocios que ofrecen oportunidades para emplear una marca registrada común y lograr un apalancamiento mayor con los distribuidores/comerciantes, con el fin de obtener un espacio más favorable en los anaqueles para los productos de la compañía?
- ¿Cuáles son las unidades de negocios con ajustes en la cadena de valor que ofrecen oportunidades para crear nuevas capacidades competitivas valiosas o apalancar los recursos existentes?

La figura 8-2 ilustra el proceso de identificación de las cadenas de valor de cada negocio y después busca ajustes competitivamente valiosos en las mismas. Sin varios de esos ajustes, debemos ser escépticos acerca del potencial de que los negocios de la compañía se desempeñen mejor juntos que separados y de si su enfoque a la diversificación en verdad es capaz de mejorar el valor para el accionista.

Un segundo aspecto del ajuste estratégico que acompaña a la verificación es si cualesquiera negocios en la cartera no se ajustan bien con la dirección general a largo plazo y con la visión estratégica de la compañía. En ocasiones un negocio, a pesar de tener ciertos ajustes en la cadena de valor, no engrana bien con los mercados estratégicos, los grupos de clientes o las categorías de productos en las cuales se concentra la administración, en otras palabras, no se ajusta estratégicamente a la perspectiva total de los negocios de la compañía. En esos casos, es probable que se considere la eliminación del negocio, aun cuando tal vez está haciendo una contribución positiva a las utilidades y los flujos de efectivo de la compañía. Los negocios que no tienen un valor estratégico real a menudo acaban por recibir el mismo trato que un hijastro indeseable y son una distracción para la alta administración. Las únicas razones para conservar esos negocios se refieren a si tienen un desempeño excepcionalmente bueno o si ofrecen oportunidades de crecimiento superiores, es decir, si son valiosos en el aspecto *financiero*, aun cuando no lo sean desde el punto de vista estratégico.

ANÁLISIS DEL AJUSTE DE RECURSOS: DETERMINACIÓN DE LO ADECUADO DE LOS RECURSOS DE LA EMPRESA CON LOS REQUERIMIENTOS DE LA UNIDAD DE NEGOCIOS

Los negocios en la alineación de una compañía diversificada deben exhibir un buen *ajuste de sus recursos*, así como un buen ajuste estratégico. El ajuste de los recursos existe cuando: 1) los negocios contribuyen a las fortalezas de recursos de una compañía, ya sea financiera o estratégicamente, y 2) una compañía tiene recursos para apoyar en forma apropiada los requerimientos de sus negocios como un grupo, sin presionarse demasiado. Una dimensión importante del ajuste de los recursos es si la línea de negocios de la compañía está bien igualada con sus recursos financieros.

Verificación del ajuste de recursos: negocios de insuficiencia de efectivo y de efectivo permanente

Los diferentes negocios tienen flujos de efectivo y características de inversión diferentes. Por ejemplo, las unidades de negocios en industrias con un crecimiento rápido a menudo tienen "insuficiencias de efectivo" y se califican así debido a que sus flujos de efectivo anuales no son lo bastante grandes para cubrir sus requerimientos de capital anuales. Para seguir el paso de la creciente demanda, los negocios de rápido crecimiento con frecuencia buscan considerables inversiones anuales de capital a lo largo de varios años, para instalaciones y equipo nuevos, el desarrollo de nuevos productos o mejoramientos en la tecnología y obtener un capital de trabajo adicional para respaldar la expansión del inventario y una base de operaciones más grande. Un negocio en una industria de rápido crecimiento llega a tener una insuficiencia de efectivo todavía mayor cuando posee una participación de mercado relativamente baja y busca una estrategia con el fin de crecer más que el mercado y lograr una participación en este campo suficiente para convertirse en un líder en la industria. Cuando un negocio de crecimiento rápido no puede generar el suficiente flujo de efectivo de sus operaciones para financiar internamente sus requerimientos de capital, la matriz corporativa debe proporcio-

Un negocio que tiene una "insuficiencia de efectivo" es uno cuyos flujos de efectivo internos son inadecuados para fondear totalmente sus necesidades de capital de trabajo y de nuevas inversiones de capital.

FIGURA 8.2 Comparación de las cadenas de valor para identificar los ajustes estratégicos entre las unidades de negocios de una compañía diversificada

Actividades de la cadena de valor

Materiales comprados y logística de entrada

Tecnología

Operaciones

Ventas y marketing

Distribución

Servicio

Negocio A

Negocio B

Negocio C

Negocio D

Negocio E

Oportunidades para combinar las actividades de compras y lograr un mayor apalancamiento con los proveedores

Oportunidades para compartir la tecnología, transferir las capacidades técnicas y combinar la investigación y el desarrollo

Oportunidades para combinar/compartir las actividades de ventas y marketing, utilizar canales de distribución comunes, apalancar el empleo de una marca registrada común y/o combinar las actividades de servicio posteriores a la venta

No hay oportunidades para un ajuste estratégico

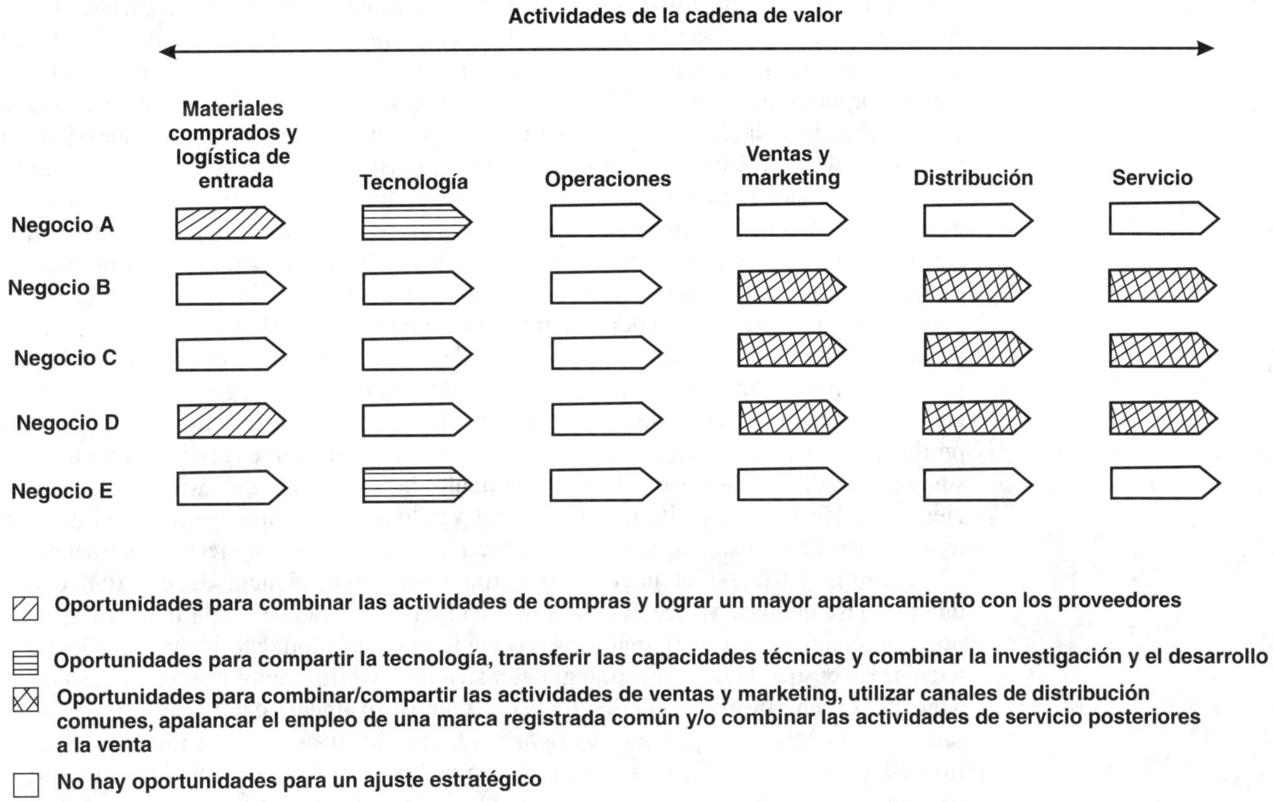

nar los recursos financieros necesarios. La administración corporativa debe decidir si, desde el punto de vista financiero y estratégico, vale la pena fondear los requerimientos de inversión tal vez considerables de un negocio con una insuficiencia de efectivo.

Sin embargo, las unidades de negocios con posiciones de liderazgo en las industrias de crecimiento lento y con modestos requerimientos de capital también pueden tener un "efectivo permanente", en el sentido de que generan considerables excedentes de efectivo, superiores a lo que se necesita para la reinversión de capital y otras iniciativas para mantener su posición de liderazgo. No es nada extraño que los negocios que son líderes del mercado en industrias en las que los requerimientos de capital son modestos, generen considerables flujos de efectivo positivos, *superiores a lo que se necesita para reinvertir en las operaciones*. Los negocios que tienen un efectivo permanente, aun cuando a menudo son menos atractivos desde el punto de vista del crecimiento, son valiosos desde la perspectiva de los recursos financieros. El excedente de los flujos de efectivo que generan se puede utilizar para el pago de dividendos corporativos, financiar adquisiciones y proporcionar fondos para invertir en los negocios prometedores de la compañía que tienen una insuficiencia de efectivo. Desde el punto de vista financiero y estratégico, tiene sentido que las compañías diversificadas mantengan en buenas condiciones sus negocios de efectivo permanente, reforzando y defendiendo su posición de mercado para preservar su capacidad de generar efectivo a largo plazo y, por consiguiente, mantener una fuente continua de flujos de efectivo positivos que se pueden transferir a otros negocios.

Un negocio que tiene un "efectivo permanente" es una parte valiosa de la cartera de negocios de una compañía diversificada, debido a que genera efectivo para financiar nuevas adquisiciones, fondear los requerimientos de capital de los negocios con una insuficiencia de efectivo y pagar dividendos.

La consideración de un grupo de negocios como un conjunto de flujos de efectivo y requerimientos de efectivo (actuales y futuros), es un importante paso hacia adelante en la comprensión de los aspectos financieros de la estrategia corporativa. La evaluación de los requerimientos de efectivo de los diferentes negocios en la cartera de una compañía y la determinación de cuáles tienen una insuficiencia de efectivo y cuáles un efectivo permanente ponen de relieve las oportunidades para cambiar los recursos financieros corporativos entre las subsidiarias de negocios, con el fin de perfeccionar el desempeño de toda la cartera corporativa, explican por qué las prioridades para la asignación de los recursos corporativos pueden diferir de un negocio a otro y proporcionan explicaciones racionales convincentes tanto para las estrategias de invertir y ampliarse como para la eliminación. Por ejemplo, una compañía diversificada puede utilizar el exceso de efectivo generado por las unidades de negocios que tienen un efectivo permanente, haciendo que con el tiempo esos negocios con insuficiente efectivo se conviertan en "estrellas" independientes con poderosas posiciones competitivas en mercados atractivos y de un elevado índice de crecimiento.[6] Los negocios estrella son el efectivo permanente del futuro; cuando los mercados de los negocios estrella empiezan a madurar y su crecimiento se vuelve más lento, su fortaleza competitiva debe producir flujos de efectivo generados por ellos mismos más que suficientes para cubrir sus necesidades de inversión. Por consiguiente, la "secuencia del éxito" es de insuficiencia de efectivo a estrella joven (pero tal vez todavía con una insuficiencia de efectivo), a estrella que se sostiene por sí misma y a un negocio de efectivo permanente.

Por otra parte, si el negocio que tiene una insuficiencia de efectivo ofrece una promesa dudosa (ya sea debido a un nivel bajo de atractivo de la industria o a una posición competitiva débil), entonces se convierte en un candidato lógico para la eliminación. La búsqueda de una estrategia agresiva de invertir y ampliarse en el caso de un negocio con una insuficiencia de efectivo y competitivamente débil muy rara vez tiene sentido si la compañía posee otras oportunidades atractivas y si presiona los recursos financieros de la matriz corporativa para seguir bombeando más capital hacia el negocio, con el fin de mantenerlo a la par con el crecimiento de ritmo rápido del mercado y desarrollar una posición competitiva poderosa. Esos negocios son un desgaste financiero y carecen de un ajuste adecuado de recursos. Por lo común, la eliminación de los negocios menos atractivos y que tienen una insuficiencia financiera es la mejor alternativa, *a menos que*: 1) tengan ajustes estratégicos valiosos con otras unidades de negocios o 2) las infusiones de capital necesarias de la matriz corporativa sean modestas en relación con los fondos disponibles y haya una buena oportunidad de lograr el crecimiento del negocio para convertirlo en un contribuyente sólido de la línea básica.

Además de las consideraciones del flujo de efectivo, un negocio tiene un buen ajuste financiero cuando contribuye al logro de los objetivos del desempeño corporativo (crecimiento de las utilidades, utilidades superiores al promedio sobre la inversión, reconocimiento como líder de la industria, etc.) y cuando incrementa el valor para el accionista. Un negocio exhibe un ajuste financiero deficiente si absorbe una parte desproporcionada de los recursos financieros de la compañía, si es un contribuyente inferior al promedio o inconsistente para los aspectos básicos, si es indebidamente arriesgado y si una falla pondría en peligro a toda la empresa, o si es demasiado

---

[6] Un negocio estrella, como indica su nombre, es uno con una importante participación de mercado, una reputación ampliamente respetada, un récord sólido de rentabilidad y excelentes oportunidades futuras de crecimiento y rentabilidad. Los negocios estrella varían en cuanto a la posición de su alcancía de efectivo. Algunos pueden cubrir sus necesidades de inversión con flujos de efectivo generados por ellos mismos; otros requieren infusiones de capital de sus matrices corporativas para mantenerse a la par con el rápido crecimiento de la industria. Por lo común, los negocios estrella poderosamente posicionados en industrias en donde el crecimiento empieza a ser más lento, tienden a sostenerse con sus propios recursos en términos del flujo de efectivo y le exigen muy poco a la tesorería de la matriz corporativa. Sin embargo, las estrellas jóvenes pueden requerir considerables inversiones de capital que van *más allá de lo que pueden generar por sí mismas* y todavía así tener insuficiencias de efectivo.

pequeño para hacer una contribución significativa a las ganancias, aun cuando se desempeñe bien. Además, la cartera de negocios de una compañía diversificada carece de un ajuste financiero si sus recursos se reparten en forma excesiva entre demasiados negocios. Pueden ocurrir severas presiones financieras si una compañía solicita préstamos tan considerables para financiar nuevas adquisiciones, que debe recortar los nuevos gastos de capital para cumplir con las obligaciones de los intereses y liquidar la deuda. Algunas compañías diversificadas se han encontrado en una situación financiera tan prolongada o tan excesivamente apalancada que se han visto obligadas a vender algunos negocios con el fin de reunir el dinero necesario para cumplir con sus obligaciones de deuda existentes y fondear los gastos de capital esenciales para los negocios restantes.

Las subsidiarias de negocios que no exhiben un buen ajuste estratégico y de sus recursos deben considerarse como candidatos para su eliminación, a menos de que su desempeño financiero sea sobresaliente.

Verificación de los ajustes de los recursos competitivos y administrativos

La estrategia de una compañía diversificada debe estar orientada a producir un buen ajuste entre sus capacidades de recursos y los requerimientos competitivos y administrativos de sus negocios.[7] Es más probable que la diversificación dé como resultado un valor adicional para el accionista cuando la compañía tiene o puede desarrollar las capacidades competitivas y administrativas necesarias para tener éxito en cada uno de los negocios/industrias hacia los cuales se ha diversificado. La ausencia de un buen ajuste de los recursos con una o más unidades de negocios es lo bastante seria como para convertir a esos negocios en candidatos para una eliminación. De la misma manera, cuando los recursos y las capacidades de una compañía son adecuados para competir en nuevas industrias, tiene sentido considerar seriamente la adquisición de compañías en esas industrias y la expansión de la línea de negocios.

La verificación de los ajustes de los recursos competitivos y administrativos de la cartera de negocios de una compañía diversificada implica lo siguiente:

- Determinar si las fortalezas de recursos de la compañía (habilidades, experiencia tecnológica, capacidades competitivas) están bien ajustadas con los factores clave para el éxito de los negocios hacia los cuales se ha diversificado.
- Determinar si la compañía tiene la profundidad y la experiencia administrativa adecuadas para enfrentarse a la variedad de problemas administrativos y de operación planteados por su línea de negocios actual (más aquellos en los cuales piensa ingresar).
- Determinar si las capacidades competitivas en uno o más negocios se pueden transferir a otros (las capacidades que a menudo son buenas candidatos para la transferencia incluyen tiempos breves de desarrollo para llevar los nuevos productos al mercado, asociaciones poderosas con los proveedores clave, una organización de investigación y desarrollo capaz de generar simultáneamente oportunidades tecnológicas y del producto en varias arenas diferentes de la industria, un alto grado de agilidad organizacional para responder a las condiciones cambiantes del mercado y a las oportunidades nacientes, o sistemas de vanguardia para hacer negocios a través de Internet).
- Determinar si la compañía necesita invertir en mejorar sus recursos o capacidades para mantenerse a la delantera de los esfuerzos de los rivales (o por lo menos

[7] Para una excelente exposición de cómo evaluar estos ajustes, véase Andrew Campbell, Michael Goold y Marcus Alexander, "Corporate Strategy: The Quest for Parenting Advantage", en *Harvard Business Review* 73, núm. 2, marzo-abril de 1995, pp. 120-132.

a la par de ellos) con el fin de mejorar su base de recursos. En un mundo con un cambio de ritmo rápido y competitivo, los administradores deben estar alerta a la necesidad de invertir continuamente en los recursos de la compañía y de mejorarlos, por muy poderosos que sean sus recursos actuales. El valor de todos los recursos se deprecia a medida que los competidores los imitan o ejercen represalias con una combinación de recursos diferente (y tal vez más atractiva).[8] El mejoramiento de los recursos y las competencias a menudo significa ir más allá de simplemente reforzar lo que ya es capaz de hacer la compañía; puede implicar la adición de nuevas capacidades de recursos (como la habilidad de administrar un grupo de diversas plantas de fabricación internacionales, o de desarrollar una experiencia tecnológica en disciplinas relacionadas o complementarias, una red interna de vanguardia de la compañía, o una página innovadora en la Red que atraiga muchas visitas y proporcione a todas las unidades de negocios una mayor exposición en el mercado), el desarrollo de competencias que permitan que la compañía ingrese en otra industria atractiva o la ampliación de la gama de capacidades de la compañía que igualen ciertas capacidades competitivamente valiosas de los rivales.

El complemento de recursos y capacidades a disposición de una empresa determina sus fortalezas competitivas. Mientras más vinculada esté la estrategia de diversificación de una compañía con el apalancamiento de sus recursos y capacidades en nuevos negocios, más debe desarrollar un conjunto de recursos suficientes para proporcionar a esos negocios la capacidad suficiente para crear una ventaja competitiva. De lo contrario, sus fortalezas acaban por repartirse entre muchos negocios y entonces se pierde la oportunidad de lograr una ventaja competitiva.

Algunas palabras de advertencia Muchas estrategias de diversificación desarrolladas alrededor de la transferencia de las capacidades de recursos hacia nuevos negocios nunca están a la altura de lo que prometen, debido a que el proceso de transferencia no es tan sencillo como podría parecer. El desarrollo de una capacidad de recursos en un negocio casi siempre implica muchos intentos y errores, y una gran cantidad de aprendizaje organizacional; por lo común es el producto de una estrecha colaboración de muchas personas que trabajan juntas durante cierto periodo. El primer paso en la transferencia de las capacidades de recursos desarrolladas de esta manera a otro negocio implica cambiar a los nuevos negocios a las personas que tienen los conocimientos. Después, esas personas no sólo deben aprender los detalles del nuevo negocio lo suficientemente bien para saber cuál es la mejor forma de integrar la capacidad en la operación del negocio receptor, sino que también deben ser expertas en la puesta en práctica de todo el aprendizaje organizacional necesario del negocio donador. Como una cuestión práctica, la transferencia de una capacidad de recursos de un negocio a otro no se puede hacer sin que el negocio receptor lleve a cabo un considerable aprendizaje organizacional y forme un equipo propio para apresurar la ejecución de la capacidad transferida. Se necesita tiempo, dinero y esfuerzo para que la capacidad transferida se ponga en práctica y sea totalmente operacional. En ocasiones ocurren problemas imprevistos, lo que da como resultado demoras debilitantes, gastos prohibitivos o la incapacidad de parte del negocio receptor para ejecutar la capacidad de una manera eficiente. Como consecuencia, el desempeño del nuevo negocio nunca está a la altura de las expectativas.

Una segunda razón del fracaso de una medida de diversificación hacia un nuevo negocio con un ajuste de recursos aparentemente bueno, es que las causas del éxito de

[8] David J. Collis y Cynthia A. Montgomery, "Competing on Resources: Strategy in the 90s", en *Harvard Business Review* 73, num. 4, julio-agosto de 1995, p. 124.

una empresa en un negocio en ocasiones son bastante intrincadas y es difícil duplicar los medios de recrearlas.[9] Con frecuencia se es demasiado optimista sobre la facilidad con la cual una compañía que ha tenido éxito en un negocio puede ingresar en uno nuevo con requerimientos de recursos similares y tener un segundo éxito. Marks & Spencer, el famoso minorista británico, a pesar de sus impresionantes capacidades de recursos (la habilidad de elegir excelentes ubicaciones para sus tiendas, de tener una cadena de proveedores que ofrece tanto costos bajos como una mercancía de alta calidad, de contar con empleados leales, una excelente reputación con los clientes y una considerable experiencia administrativa) que la han convertido en una de las principales minoristas de Gran Bretaña durante 100 años, ha fracasado repetidas veces en sus esfuerzos para diversificarse hacia el menudeo de tiendas departamentales en Estados Unidos.

La diversificación hacia negocios con un ajuste de capacidades de recursos aparentemente bueno, en sí, no es suficiente para producir el éxito.

Una tercera razón del fracaso de una diversificación, a pesar del aparente ajuste de recursos, es juzgar erróneamente la dificultad de superar las fortalezas de recursos y las capacidades de los rivales a quienes será necesario enfrentar en un nuevo negocio. Por ejemplo, Philip Morris, aun cuando había desarrollado poderosas capacidades de marketing para el consumidor en sus negocios de cigarros y cervezas, falló en el de bebidas no alcohólicas y acabó por deshacerse de su adquisición de 7Up después de varios años frustrantes, debido a las dificultades para competir contra rivales poderosamente arraigados y con considerables recursos, como Coca-Cola y PepsiCo.

CLASIFICACIÓN DE LAS UNIDADES DE NEGOCIOS SOBRE LA BASE DEL DESEMPEÑO PASADO Y DE LOS PROSPECTOS FUTUROS

Una vez que los negocios de una compañía diversificada se han clasificado sobre la base del atractivo de la industria, la fortaleza competitiva, el ajuste estratégico y el ajuste de los recursos, el siguiente paso es evaluar cuáles negocios tienen los mejores prospectos de desempeño y cuáles los peores. Las consideraciones más importantes son el crecimiento de las ventas, el de las utilidades, su contribución a las ganancias de la compañía y la utilidad sobre el capital invertido en el negocio (cada vez son más las compañías que evalúan el desempeño del negocio sobre la base del valor económico agregado, es decir, la utilidad sobre el capital invertido por encima del costo de capital de la empresa). En ocasiones, la generación del flujo de efectivo es una consideración importante, en especial en el caso de los negocios de efectivo permanente y con un potencial para cosechar.

La información sobre el desempeño pasado de cada negocio se puede obtener de los informes financieros.[10] Aun cuando el desempeño pasado no es necesariamente un buen predictor del desempeño futuro, sí señala cuáles negocios han tenido un desempeño sólido y cuáles uno débil. Las evaluaciones del atractivo de la industria y de la fortaleza competitiva deben proporcionar una base sólida para juzgar los prospectos futuros. Por lo común, las unidades de negocios poderosas en industrias atractivas tienen mejores prospectos que las débiles en industrias que no son atractivas.

Las perspectivas de crecimiento y utilidades para los negocios principales o fundamentales de una compañía diversificada por lo general determinan si la cartera como un todo es capaz de un desarrollo poderoso, mediocre o débil. Los negocios que no son fundamentales y tienen récords inferiores al promedio son candidatos lógicos para una

[9] David J. Collis y Cynthia A. Montgomery, "Competing on Resources: Strategy in the 90s", pp. 121-122.

[10] El desempeño financiero por línea de negocios generalmente está contenido en el reporte anual de una compañía, por lo común en las notas de los estados financieros corporativos. El desempeño por línea de negocios también se puede encontrar en el reporte 10-K que las compañías de propiedad pública presentan anualmente ante la Securities and Exchange Commission.

eliminación. Las subsidiarias de negocios con los prospectos más brillantes de utilidades y de crecimiento por lo general deben encabezar la lista para obtener el apoyo de los recursos corporativos.

DECISIÓN SOBRE LAS PRIORIDADES DE ASIGNACIÓN DE RECURSOS Y SOBRE UNA DIRECCIÓN ESTRATÉGICA GENERAL PARA CADA UNIDAD DE NEGOCIOS

Al utilizar la información y los resultados de los pasos de las evaluaciones anteriores, los estrategas corporativos pueden decidir cuáles deben ser las prioridades para asignar los recursos a las diversas unidades de negocios y una dirección estratégica general para cada una de ellas. Aquí, la tarea es llegar a algunas conclusiones sobre cuáles unidades de negocios deben tener la máxima prioridad para obtener el apoyo de los recursos corporativos y de nuevos recursos de capital y cuáles deben tener la prioridad más baja. Al hacer la clasificación, debe prestarse una atención especial al hecho de cómo se pueden utilizar los recursos y las capacidades *corporativas* para mejorar la competitividad de las unidades de negocios particulares.[11] Las oportunidades para la transferencia de capacidades/tecnología, combinar las actividades con el fin de reducir los costos o invertir nuevo capital financiero, adquieren una importancia especial cuando una empresa diversificada tiene unidades de negocios en posiciones competitivas algo menos que deseables, cuando el mejoramiento en alguna área clave para el éxito podría significar una gran diferencia para el desempeño de una unidad de negocios particular y cuando un negocio con insuficiencia de efectivo necesita el apoyo financiero para crecer y convertirse en una estrella en lo que concierne a su desempeño.

El mejoramiento del desempeño financiero a largo plazo de una compañía diversificada implica concentrar los recursos en los negocios que tienen prospectos de buenos a excelentes y sólo asignar recursos mínimos a los negocios con prospectos inferiores al promedio.

El proceso de clasificar a los negocios de la prioridad más alta a la más baja también debe aclarar el concepto de la administración sobre cuál debe ser el enfoque estratégico básico para cada unidad de negocios: *invertir y crecer* (expansión agresiva), *fortalecerse y defender* (proteger la posición actual reforzando y añadiendo capacidades de recursos en las áreas necesarias), *reacondicionar y reposicionar* (hacer cambios importantes en la estrategia competitiva para impulsar al negocio hacia una posición diferente y finalmente más poderosa en la industria) o *cosechar-eliminar*. Al decidir si se debe eliminar una unidad de negocios, los administradores corporativos se deben basar en varios criterios de evaluación: atractivo de la industria, fortaleza competitiva, ajuste estratégico con otros negocios, ajuste de los recursos, potencial de desempeño (utilidades, ganancia sobre el capital empleado, valor económico agregado, contribución al flujo de efectivo), compatibilidad con la visión estratégica y con la dirección a largo plazo de las compañías y capacidad de contribuir a un valor mejorado para el accionista.

Para lograr niveles de desempeño todavía más elevados de la cartera de negocios de una compañía diversificada, los administradores corporativos deben hacer una labor efectiva de desviación de recursos fuera de las áreas con un nivel bajo de oportunidad y dirigirlos hacia las áreas con un nivel más elevado. La eliminación de los negocios marginales es una de las mejores formas de liberar los activos improductivos para transferirlos a otros negocios. El excedente de fondos de los negocios con efectivo permanente y de los que están cosechando también se suma a la tesorería corporativa. Las opciones para asignar los recursos financieros de una compañía diversificada incluyen 1) invertir en formas de consolidar o ampliar los negocios existentes; 2) hacer

[11] David J. Collis y Cinthya A. Montgomery, "Competing on Resources: Strategy in the 90s", pp. 126-128; Hofer y Schendel, *Strategy Formulation: Analytical Concepts*, p. 80, y Michael E. Porter, *Competitive Advantage*, Free Press, Nueva York, 1985, capítulo 9.

adquisiciones para establecer posiciones en nuevas industrias; 3) fondear negocios de investigación y desarrollo de gran alcance; 4) liquidar la deuda a largo plazo existente; 5) incrementar los dividendos, y 6) readquirir acciones de la compañía. Las tres primeras son acciones *estratégicas* que añaden un valor para el accionista; las tres últimas son medidas *financieras* que incrementan el valor para el accionista. Desde un punto de vista ideal, una compañía tendrá fondos suficientes para hacer lo necesario, tanto estratégica como financieramente. De no ser así, los empleos estratégicos de los recursos corporativos deben tener precedencia, a menos que exista una razón apremiante para consolidar el balance general de la empresa o para desviar los recursos financieros con el fin de apaciguar a los accionistas.

DISEÑO DE UNA ESTRATEGIA CORPORATIVA

Los pasos analíticos anteriores preparan el escenario para diseñar medidas estratégicas con el fin de mejorar el desempeño total de una compañía diversificada. El aspecto básico de "qué es lo que se debe hacer" depende de las conclusiones obtenidas sobre el atractivo estratégico y financiero del grupo de negocios hacia los cuales se ha diversificado la compañía.[12] Aquí, las consideraciones clave son:

- ¿La compañía tiene suficientes negocios en industrias muy atractivas?
- ¿La proporción de industrias maduras o en decadencia es tan grande que el crecimiento corporativo será lento?
- ¿Los negocios de la compañía son demasiado vulnerables a las influencias de temporada o recesionarias?
- ¿La empresa está abrumada con demasiados negocios en posiciones competitivas de promedio a débiles?
- ¿Hay un amplio ajuste estratégico entre los diferentes negocios de la compañía?
- ¿La cartera contiene negocios en los cuales la compañía no necesita estar realmente?
- ¿Hay un amplio ajuste estratégico entre las unidades de negocios de la compañía?
- ¿La compañía tiene suficientes negocios de efectivo permanente para financiar a los que tienen una insuficiencia de efectivo y un potencial para convertirse en estrellas en su desempeño?
- ¿Se puede contar con que los negocios principales o fundamentales de la compañía generen utilidades y/o flujos de efectivo confiables?
- ¿La estructura de la cartera de negocios coloca a la compañía en una buena posición para el futuro?

Las respuestas a estas preguntas indican si los estrategas corporativos deben considerar la eliminación de ciertos negocios, hacer nuevas adquisiciones, rediseñar la estructura de la cartera, alterar el patrón de asignación de los recursos corporativos o apegarse a la línea de negocios existentes y buscar las oportunidades que ofrecen.

La prueba del desempeño

Una buena prueba del atractivo estratégico y financiero de la cartera de negocios de una empresa diversificada es si la compañía puede lograr sus objetivos de desempeño con su

[12] Barry Hedley, "Strategy and the Business Portfolio", en *Long Range Planning* 10, núm. 1, febrero de 1977, p. 13; y Hofer y Schendel, *Strategy Formulation*, pp. 82-86.

línea de negocios y sus capacidades de recursos actuales. De ser así, no están indicados ningunos cambios corporativos importantes. Sin embargo, si es probable una falla en el desempeño, los estrategas corporativos pueden emprender varias acciones para cerrar la brecha:[13]

1. *Alterar los planes estratégicos para algunos negocios en la cartera (o para todos).* Esta opción implica renovar los esfuerzos corporativos para lograr un mejor desempeño de sus unidades de negocios actuales. Los administradores corporativos pueden presionar a los administradores a nivel del negocio para que hagan cambios estratégicos que produzcan un mejor desempeño de la unidad y para que tal vez proporcionen un apoyo de los recursos corporativos a un nivel más alto de lo planeado para esos esfuerzos. Sin embargo, la búsqueda de un mejor desempeño a corto plazo, recortando cuidadosamente las iniciativas de recursos orientadas a mejorar la posición competitiva a largo plazo del negocio, tiene un valor dudoso; eso simplemente es un trueque de un mejor desempeño a largo plazo por un mejor desempeño financiero a corto plazo. En cualquier caso, hay límites para lo mucho que se puede presionar un desempeño extra a corto plazo.
2. *Añadir nuevas unidades de negocios a la cartera corporativa.* El mejoramiento del desempeño general haciendo nuevas adquisiciones y/o iniciando nuevos negocios internamente plantea algunos problemas estratégicos nuevos. La expansión de la cartera corporativa significa estudiar de cerca: *a*) si adquirir negocios relacionados o no relacionados, *b*) qué volumen de adquisiciones hacer; *c*) cómo se ajustará(n) la(s) nueva(s) unidad(es) a la estructura corporativa actual; *d*) cuáles características específicas se deben buscar en un candidato para una adquisición, y *e*) si las adquisiciones se pueden financiar sin perjudicar a las unidades de negocios actuales en sus requerimientos de inversión. Sin embargo, la adición de nuevos negocios es una importante opción estratégica que utilizan con frecuencia las compañías diversificadas para huir de un desempeño lento de ganancias.
3. *Eliminar los negocios con un desempeño débil o que están perdiendo dinero.* Los candidatos más probables para una eliminación son los negocios en una posición competitiva débil, en una industria relativamente carente de atractivo o en una industria que no "se ajusta". Por supuesto, los fondos de las eliminaciones se pueden utilizar para el financiamiento de nuevas adquisiciones, liquidar la deuda corporativa o fondear nuevos impulsos estratégicos en los negocios restantes.
4. *Formar alianzas estratégicas y asociaciones de colaboración para tratar de alterar las condiciones responsables de los potenciales de desempeño inferiores al promedio.* En algunas situaciones, las alianzas de cooperación con empresas domésticas o extranjeras, con proveedores, clientes o grupos de intereses especiales, pueden ayudar a mejorar los prospectos de desempeño adversos.[14] La institución de convenios para compartir recursos con proveedores, competidores seleccionados o empresas con productos complementarios y colaborar estrechamente en iniciativas mutuamente ventajosas son rutas que cada vez se utilizan más para mejorar la competitividad y el potencial de desempeño de los negocios de una compañía. La formación o el respaldo de un grupo de acción política puede ser una forma efectiva de encontrar soluciones para los problemas de importación, la falta de incentivos de impuestos y los onerosos requerimientos reguladores.
5. *Mejorar la base de recursos de la compañía.* El logro de un mejor desempeño muy bien podría depender de los esfuerzos corporativos para desarrollar nuevas fortale-

---

[13] Hofer y Schendel, *Strategy Formulation: Analytical Concepts*, pp. 93-100.

[14] Para una excelente exposición de los beneficios de las alianzas entre competidores en industrias globales, véase Kenichi Ohmae, "The Global Logic of Strategic Alliances", en *Harvard Business Review* 67, núm. 2, marzo-abril de 1989, pp. 143-154.

zas de recursos que ayudarán a las unidades de negocios seleccionadas a igualar las capacidades competitivamente valiosas de sus rivales o, mejor todavía, permitir que logren una ventaja competitiva. Una de las principales formas en las cuales los administradores a nivel corporativo de las compañías diversificadas pueden contribuir a un valor agregado para el accionista es guiar el desarrollo de capacidades importantes y dirigir nuevas clases de recursos corporativos para transferirlos a varios negocios de la compañía.

6. *Objetivos de desempeño corporativo de un nivel bajo.* Las circunstancias adversas del mercado o la suerte declinante en una o más unidades de negocios pueden hacer que sea imposible lograr los objetivos de desempeño a nivel de toda la compañía. También puede suceder lo mismo con la determinación de objetivos demasiado ambiciosos. El cierre de la brecha entre el desempeño real y el deseado puede requerir una revisión descendente de los objetivos corporativos, con el fin de que sean más acordes con la realidad. La determinación de un nivel más bajo de objetivos del desempeño por lo común es una opción que se acepta como un "último recurso".

Identificación de oportunidades de diversificación adicionales

Una de las principales preocupaciones en el diseño de la estrategia corporativa es si seguir diversificándose y, de ser así, cómo identificar las clases "adecuadas" de industrias y negocios para ingresar en ellos. En el caso de las empresas que buscan una diversificación no relacionada, el aspecto de hacia dónde diversificarse después se basa más en detectar una buena oportunidad financiera y disponer de los recursos necesarios para aprovecharla, que en los criterios de la industria o estratégicos. Las decisiones de diversificarse hacia negocios no relacionados adicionales por lo común se basan en consideraciones tales como si la empresa tiene la capacidad financiera para hacer otra adquisición, si las nuevas adquisiciones son muy necesarias para mejorar el desempeño corporativo general, si es necesario actuar de inmediato cuando surgen oportunidades de nuevas adquisiciones antes de que las compren otras empresas, si es el momento oportuno para hacer otra adquisición (la administración corporativa puede estar muy ocupada manejando la cartera de negocios actual) y si la administración corporativa cree que posee el alcance y la profundidad de experiencia necesarios para supervisar un negocio adicional.

Las empresas que tienen estrategias de diversificación no relacionada buscan negocios que ofrezcan utilidades financieras atractivas, sin importar en qué industrias se encuentren.

La diversificación adicional en las empresas que tienen estrategias de diversificación relacionada implica la identificación de industrias atractivas que tengan un buen ajuste estratégico o de recursos con uno o más de sus negocios existentes.

Sin embargo, en el caso de una estrategia de diversificación relacionada, la búsqueda de nuevas industrias hacia las cuales diversificarse está orientada a identificar otros negocios: 1) cuyas cadenas de valor tengan ajustes con uno o más negocios de la cartera de la compañía y 2) cuyos requerimientos de recursos estén bien ajustados con las capacidades de recursos corporativos de la empresa.[15] Una vez que se han identificado las oportunidades de un ajuste estratégico y de un ajuste de los recursos en nuevas industrias *atractivas*, los estrategas corporativos deben distinguir entre las oportunidades en que existe el potencial de una ventaja competitiva importante (mediante ahorros de costo, transferencia de tecnologías o capacidades, el apalancamiento de una marca registrada muy conocida, etc.). El volumen del potencial de la ventaja competitiva depende de si los ajustes son competitivamente significativos y de los costos y dificultades de fusionar o coordinar las correlaciones de la unidad de negocios para capturar los ajustes.[16] A menudo, un

[15] Michael E. Porter, *Competitive Advantage*, pp. 370-371.

[16] *Ibid.*, pp. 371-372.

análisis cuidadoso revela que, aun cuando hay muchos eslabones y correlaciones reales y potenciales en la unidad de negocios, sólo unos pocos tienen la suficiente importancia estratégica para generar una ventaja competitiva significativa.

PAUTAS PARA ADMINISTRAR EL PROCESO DE DISEÑO DE LA ESTRATEGIA CORPORATIVA

Aun cuando el análisis formal y las sesiones de inspiración súbita de la empresa por lo común apuntalan el proceso de diseño de la estrategia corporativa, hay algo más respecto a de dónde proviene la estrategia corporativa y cómo evoluciona. Muy rara vez hay una formulación extraordinaria y exhaustiva de la estrategia corporativa total. En lugar de ello, la estrategia corporativa en las principales empresas surge de una manera incremental del despliegue de muchos acontecimientos internos y externos diferentes, del resultado de sondear el futuro, de experimentar, recopilar más información, percibir los problemas, crear una conciencia de las diversas opciones, detectar nuevas oportunidades, desarrollar respuestas a crisis inesperadas, comunicar un consenso a medida que surge y adquirir una idea de todos los factores estratégicamente pertinentes, de su importancia y de sus correlaciones.[17]

El análisis estratégico no es algo que los ejecutivos de las compañías diversificadas hacen de inmediato. Esas revisiones importantes en ocasiones se programan, pero la investigación indica que las principales decisiones estratégicas surgen de una manera gradual, en vez de un análisis periódico a toda escala, seguido de una decisión inmediata. Por lo común, los altos ejecutivos abordan las principales decisiones estratégicas dando un paso a la vez, a menudo empezando desde amplias concepciones intuitivas y después embelleciendo, armonizando y modificando su pensamiento original a medida que se recopila más información, que un análisis formal confirma o modifica sus juicios sobre la situación y que se desarrollan la confianza y el consenso sobre la clase de medidas estratégicas que es necesario tomar. Con frecuencia, la atención y los recursos se concentran en unos pocos impulsos estratégicos que esclarecen e integran la dirección corporativa, sus objetivos y sus estrategias.

PUNTOS CLAVE

El análisis estratégico en las compañías diversificadas en un proceso de ocho pasos:

Paso 1: *Tener una idea clara sobre la estrategia actual.* Determinar si el énfasis estratégico de la compañía se da en la diversificación relacionada o en la no relacionada; si la esfera de acción de las operaciones de la compañía es en su mayor parte doméstica o cada vez más multinacional, qué medidas se han tomado recientemente para añadir nuevos negocios y crear posiciones en nuevas industrias, el motivo principal de las eliminaciones recientes, la naturaleza de cualesquiera esfuerzos para capturar ajustes estratégicos y crear una ventaja competitiva basada en las economías de enfoque y/o en la transferencia de recursos y el patrón de la asignación de recursos a las diversas unidades de negocios. Este paso prepara el escenario para una evaluación a fondo de la necesidad de hacer cambios estratégicos.

Paso 2: *Evaluar el atractivo a largo plazo de cada industria en la cual se encuentra la compañía.* Es necesario evaluar el atractivo de la industria desde tres ángulos: el atractivo de cada industria por sí sola, el atractivo de cada industria en relación con las demás y el atractivo de todas las industrias como un grupo. Las medidas cuantitativas del atractivo de la industria, utilizando la metodología que hemos presen-

[17] *Ibid.*, pp. 58 y 196.

tado, son un procedimiento razonablemente confiable de clasificar a las industrias de una compañía diversificada de la más atractiva a la menos atractiva; nos cuentan una historia valiosa de cómo y por qué algunas industrias hacia las cuales se ha diversificado una compañía son más atractivas que otras. Las dos partes más difíciles del cálculo de las calificaciones del atractivo de la industria son decidir sobre los valores relativos apropiados para las medidas del mismo y saber lo suficiente de cada industria para asignarle calificaciones precisas y objetivas.

Paso 3: *Evaluar las posiciones competitivas relativas y las fortalezas de negocios de cada una de las unidades de negocios de la compañía.* Una vez más, las calificaciones cuantitativas de la fortaleza competitiva son preferibles a los juicios subjetivos. El propósito de calificar la fortaleza competitiva de cada negocio es obtener una comprensión clara de cuáles son contendientes poderosos en sus industrias y cuáles son débiles, y de las razones fundamentales de su fortaleza o su debilidad. Una de las formas más efectivas de unir las conclusiones del atractivo de la industria con las de la fortaleza competitiva es trazar una matriz del atractivo de la industria y de la fortaleza competitiva que muestre las posiciones de cada negocio en un grid de nueve cuadros.

Paso 4: *Determinar el potencial de ventaja competitiva de cualesquiera relaciones de la cadena de valor y los ajustes estratégicos entre las unidades de negocios existentes.* Un negocio es más atractivo desde el punto de vista *estratégico* cuando tiene relaciones de la cadena de valor con otras unidades de negocios que ofrecen oportunidades para transferir capacidades o tecnología, reducir los costos generales, compartir instalaciones o una marca registrada común, todo lo cual puede representar una ruta significativa para producir ventajas competitivas más allá de lo que cualquier negocio individual puede lograr. Mientras más negocios haya con ajustes estratégicos competitivamente valiosos, mayor es el potencial de una compañía diversificada para lograr economías de enfoque, mejorar las capacidades competitivas de las unidades de negocios particulares y/o consolidar la competitividad de sus líneas de productos y de negocios, apalancando así los recursos en un desempeño combinado superior al que podrían lograr las unidades si operaran de manera independiente.

Paso 5: *Determinar si las fortalezas de recursos de la empresa se ajustan a los requerimientos de recursos de su línea de negocios actual.* Los negocios en la línea de una compañía diversificada deben exhibir un buen *ajuste de recursos*, así como un buen ajuste estratégico. El ajuste de recursos existe cuando: 1) los negocios contribuyen a las fortalezas de recursos de una compañía, ya sea financiera o estratégicamente, y 2) una compañía tiene los recursos para apoyar en forma adecuada los requerimientos de sus negocios como un grupo, sin presionarse demasiado. Una dimensión importante del ajuste de los recursos concierne a si la línea de negocios de la compañía está bien ajustada con sus recursos financieros. La evaluación de los requerimientos de efectivo de los diferentes negocios en la cartera de una compañía diversificada y la determinación de cuáles tienen insuficiencias de efectivo y cuáles efectivo permanente, ponen de relieve las oportunidades para cambiar los recursos financieros corporativos entre las subsidiarias de negocios; con el fin de mejorar el desempeño de toda la cartera corporativa, explica por qué las prioridades para la asignación de los recursos corporativos pueden diferir de un negocio a otro y proporciona explicaciones racionales convincentes para las estrategias tanto de inversión y ampliación, como de eliminación.

Paso 6: *Calificar el desempeño pasado de las diferentes unidades de negocios desde el mejor hasta el peor y calificar sus prospectos de desempeño futuro desde el mejor hasta el peor.* Las consideraciones más importantes al juzgar el desempeño de las unidades de negocios son el crecimiento de las ventas, el crecimiento de las utilidades, su contribución a las ganancias de la compañía y la utilidad sobre el capital invertido en el negocio. En ocasiones, la generación del flujo de efectivo es una consideración importante. Por lo común, las unidades de negocios poderosas en industrias atractivas tienen prospectos de desempeño significativamente mejores que los negocios débiles o los negocios en industrias que no son atractivas.

Paso 7: *Calificar a las unidades de negocios en términos de la prioridad para la asignación de recursos y decidir si la postura estratégica para cada unidad de negocios debe ser una expansión agresiva, fortalecerse y defenderse, reacondicionar y reposicionar o cosechar/eliminar.* Al calificar, se debe prestar una atención especial al hecho de si se pueden utilizar los recursos y las capacidades corporativos para mejorar la competitividad de las unidades de negocios particulares y cómo hacerlo. Las opciones para asignar los recursos financieros de una compañía diversificada incluyen: 1) invertir en formas que consoliden o amplíen los negocios existentes; 2) hacer adquisiciones para establecer posiciones en nuevas industrias; 3) fondear iniciativas de investigación y desarrollo de gran alcance; 4) liquidar la deuda a largo plazo existente; 5) incrementar los dividendos, y 6) readquirir las acciones de la compañía. Desde un punto de vista ideal, una compañía tendrá la fortaleza financiera para lograr lo que necesita estratégica y financieramente; de no ser así, por lo común deben tener precedencia los empleos estratégicos de los recursos corporativos.

Paso 8: *Utilizar el análisis anterior para diseñar una serie de medidas tendientes a mejorar el desempeño corporativo total.* Las acciones típicas incluyen: 1) hacer adquisiciones, iniciar nuevos negocios internamente y eliminar los marginales o los que ya no se ajustan a la dirección y la estrategia a largo plazo de la compañía, 2) idear medidas para consolidar las posiciones competitivas a largo plazo de los negocios de la compañía; 3) aprovechar las oportunidades de ajuste estratégico y de ajuste de recursos y convertirlas en una ventaja competitiva a largo plazo, y 4) desviar los recursos corporativos de las áreas con un nivel bajo de oportunidad y encauzarlos hacia las áreas de un nivel elevado de oportunidad.

LECTURAS SUGERIDAS

Campbell, Andrew, Michael Goold y Marcus Alexander, "Corporate Strategy: The Quest for Parenting Advantage", en *Harvard Business Review* 73, núm. 2, marzo-abril de 1995, pp. 120-132.

Haspeslagh, Phillippe C., y David B. Jamison, *Managing Acquisitions: Creating Value through Corporate Renewal*, Free Press, Nueva York, 1991.

Naugle, David G., y Garret A. Davies, "Strategic-Skill Pools and Competitive Advantage", en *Business Horizons* 30, núm. 6, noviembre-diciembre de 1987, pp. 35-42.

Porter, Michael E., "From Competitive Advantage to Corporate Strategy", en *Harvard Business Review* 65, núm. 3, mayo-junio de 1987, pp. 43-59.

PUESTA EN PRÁCTICA DE LA ESTRATEGIA: CREACIÓN DE CAPACIDADES DE RECURSOS Y ESTRUCTURACIÓN DE LA ORGANIZACIÓN

9

Una vez que los administradores han decidido una estrategia, se procede a convertirla en acciones y buenos resultados. La puesta en práctica de una estrategia y el hecho de lograr que la organización la ejecute bien, requieren un conjunto diferente de tareas y habilidades administrativas. Aun cuando el diseño de una estrategia es en gran parte una actividad empresarial impulsada por el mercado, la puesta en práctica es principalmente una actividad impulsada por la organización, que gira alrededor de la administración de las personas y de los procesos de negocios. Mientras el diseño de una estrategia exitosa depende de la visión del negocio, de un análisis inteligente y competitivo de la industria y de un buen ajuste de los recursos, la puesta en práctica exitosa depende del buen desempeño para guiar a los demás y trabajar con y a través de ellos, de asignar recursos, desarrollar y consolidar capacidades competitivas, establecer políticas que apoyen la estrategia y ajustar la forma en la cual la organización desempeña sus actividades fundamentales con los requerimientos para una buena ejecución de la estrategia. La puesta en práctica es una tarea orientada a la acción, con el fin de lograr que sucedan las cosas, que pone a prueba la capacidad de un administrador para dirigir el cambio organizacional, desarrollar capacidades organizacionales valiosas, lograr un mejoramiento continuo en el proceso de negocios, crear una cultura corporativa que apoye la estrategia y cumplir los objetivos del desempeño, o bien, superarlos.

> Diseñamos bellamente las estrategias, pero las ponemos en práctica de una manera patética.
>
> **Ejecutivo de una empresa de partes para automóviles**
>
> Las estrategias son intelectualmente sencillas; su ejecución no lo es.
>
> **Lawrence A. Bossidy**
> *Director ejecutivo, Allied-Signal*
>
> No basta con el simple hecho de poder concebir nuevas estrategias temerarias. El administrador general también debe ser capaz de traducir su visión estratégica en pasos concretos que "logren que se hagan las cosas".
>
> **Richard G. Hamermesh**

Los administradores experimentados son enfáticos al declarar que es mucho más fácil desarrollar un plan estratégico sólido, que lograr que suceda. Según un ejecutivo, "para nosotros ha sido bastante fácil decidir hacia dónde queríamos ir. La parte difícil es lograr que la organización actúe conforme a las nuevas prioridades".[1] Lo que hace

[1] Como se cita en Steven W. Floyd y Bill Wooldridge, "Managing Strategic Consensus: The Foundation of Effective Implementation", en *Academy of Management Executive* 6, núm. 4, noviembre de 1992, p. 27.

que la puesta en práctica sea un reto administrativo más difícil y que se lleva más tiempo que el diseño de la estrategia, es la gran variedad de actividades administrativas a las cuales se debe prestar atención, las muchas formas en las cuales pueden proceder los administradores, las exigentes capacidades requeridas para administrar a las personas, la perseverancia necesaria para emprender y poner en movimiento una variedad de iniciativas, la resistencia al cambio que es necesario superar y las dificultades de integrar los esfuerzos de muchos grupos de trabajo diferentes en un todo que funcione sin ningún tropiezo. *El solo hecho de que los administradores anuncien una nueva estrategia no significa que sus subordinados estén de acuerdo con ella, o que cooperen para ponerla en práctica.* Algunos pueden ser escépticos sobre los méritos de la estrategia, considerando que es contraria a los mejores intereses de la organización, que es improbable que tenga éxito o que es una amenaza para sus propias carreras. Además, el personal de la compañía puede interpretar la nueva estrategia de una manera diferente, sentirse inseguro acerca de la suerte de sus departamentos y tener diferentes ideas acerca de los cambios internos que se necesitarán para la ejecución de la nueva estrategia. Las actitudes prevalecientes durante largos años, los intereses creados, la inercia y las prácticas organizacionales arraigadas no encajan bien cuando los administradores deciden una nueva estrategia y empiezan a ponerla en práctica, en especial cuando sólo unas cuantas personas se han involucrado en su diseño y se ha convencido a un número suficiente de miembros de la organización del motivo fundamental del cambio estratégico para desarraigar el *statu quo*. Se requiere un liderazgo administrativo experto para vencer los focos de duda y desacuerdo, crear un consenso sobre cómo proceder, lograr el compromiso y la cooperación y poner en su lugar e integrar todas las partes de la puesta en práctica. Dependiendo de qué tanta creación de un consenso y de qué grado de cambio organizacional estén involucrados, el proceso de la puesta en práctica puede llevar de varios meses a varios años.

La tarea del encargado de la puesta en práctica de la estrategia es convertir el plan estratégico en una acción y seguir adelante con lo que se necesita hacer para lograr la visión y los objetivos que se han fijado.

Las compañías no ponen en práctica la estrategia, lo hacen las personas.

UN MARCO DE REFERENCIA PARA LA PUESTA EN PRÁCTICA DE LA ESTRATEGIA

La puesta en práctica de la estrategia implica convertir el plan estratégico de la organización en una acción y después en resultados. Lo mismo que el diseño de la estrategia, es un trabajo para todo el equipo administrativo, no sólo para unos cuantos administradores *senior*. Aun cuando el director ejecutivo de la organización y los directores de las divisiones de negocios, los departamentos y las unidades de operación clave son en última instancia los responsables de cerciorarse de que la estrategia se ponga en práctica con éxito, el proceso de la puesta en práctica por lo común causa un impacto en cada parte de la estructura organizacional, desde la unidad organizacional más grande hasta el grupo de trabajo más pequeño en la línea del frente. Cada administrador debe meditar a fondo la respuesta a la siguiente cuestión: "¿Qué se debe hacer en mi área para poner en práctica el plan estratégico y qué debo hacer para lograrlo?" En este sentido, *todos los administradores se convierten en encargados de la puesta en práctica de la estrategia en las áreas que les competen y todos los empleados son participantes.*

Cada administrador tiene un papel activo en el proceso de la puesta en práctica y la ejecución del plan estratégico de la empresa.

Una de las claves para la puesta en práctica exitosa es que la administración comunique el motivo del cambio organizacional con tanta claridad y en una forma tan persuasiva que surja un compromiso decidido en todos los niveles para llevar a cabo la estrategia y cumplir con los objetivos del desempeño. La condición ideal es que los administradores despierten el entusiasmo suficiente por la estrategia para convertir el proceso de la puesta en práctica en una cruzada a nivel de toda la compañía. La forma en la cual la administración maneja la puesta en práctica es exitosa cuando la compañía logra el desempeño estratégico y financiero que es su objetivo y muestra un buen progreso en el logro de su visión estratégica a largo plazo.

Por desgracia, no existen listas de verificación de diez pasos ni trayectorias comprobadas, sino unas cuantas pautas concretas para abordar el trabajo; la puesta en práctica de la estrategia es la parte menos planeada y más abierta de la administración estratégica. La mejor evidencia de lo que se debe y no se debe hacer proviene de las experiencias reportadas y las "lecciones aprendidas" de los administradores y de las compañías, y los conocimientos que ofrecen son contradictorios. Lo que ha funcionado bien para algunos administradores, cuando lo han intentado otros ha resultado poco operativo. No sólo algunos administradores son más eficientes que otros al emplear este o aquel enfoque recomendado para el cambio organizacional, sino que cada caso de puesta en práctica de la estrategia tiene lugar en un contexto organizacional diferente. Las prácticas de negocios y las circunstancias competitivas, los ambientes y las culturas de trabajo, las políticas, los incentivos de compensación y las mezclas de personalidades y de historias organizacionales diferentes requieren un enfoque ajustado según las necesidades a la puesta en práctica de la estrategia, basado en las situaciones y circunstancias de las compañías individuales y en el mejor criterio y la capacidad del encargado para utilizar en forma experta las técnicas del cambio particular.

La puesta en práctica de la estrategia es más un arte que una ciencia.

LAS PRINCIPALES TAREAS DE LA PUESTA EN PRÁCTICA DE LA ESTRATEGIA

Aun cuando los enfoques de los administradores se deben ajustar a la situación, es necesario cubrir ciertas bases, sin importar cuáles sean las circunstancias de la organización:

- Desarrollar una organización con las competencias, capacidades y fortalezas de recursos para llevar a cabo la estrategia con éxito.
- Desarrollar presupuestos para encauzar amplios recursos hacia aquellas actividades de la cadena de valor que son decisivas para el éxito estratégico.
- Establecer políticas y procedimientos que respalden la estrategia.
- Instituir las mejores prácticas y presionar para el logro de mejoramientos continuos en la forma en la cual se desempeñan las actividades de la cadena de valor.
- Instalar sistemas de información, comunicaciones y operación que permitan que el personal de la compañía pueda desempeñar con éxito sus papeles estratégicos, día tras día.
- Vincular las recompensas y los incentivos con el logro de los objetivos del desempeño y de una buena ejecución de la estrategia.
- Crear un ambiente de trabajo y una cultura corporativa que respalden a la estrategia.
- Ejercer el liderazgo interno necesario para impulsar la puesta en práctica y mejorar la forma en la cual se ejecuta la estrategia.

Estas tareas administrativas, que se describen en la figura 9-1, surgen repetidas veces en el proceso de puesta en práctica de la estrategia, sin importar los aspectos específicos de la situación. Una o dos de estas tareas por lo común son más decisivas o llevan más tiempo que otras, dependiendo de lo radicalmente diferentes que sean los cambios de estrategia que se deban poner en práctica, de las condiciones financieras y las capacidades competitivas de la organización, de si hay debilidades de recursos importantes que se deban corregir o nuevas competencias que se deban desarrollar, del grado hasta el cual la compañía ya es capaz de cumplir con los requerimientos de

FIGURA 9-1 Los ocho componentes administrativos importantes de la puesta en práctica de la estrategia

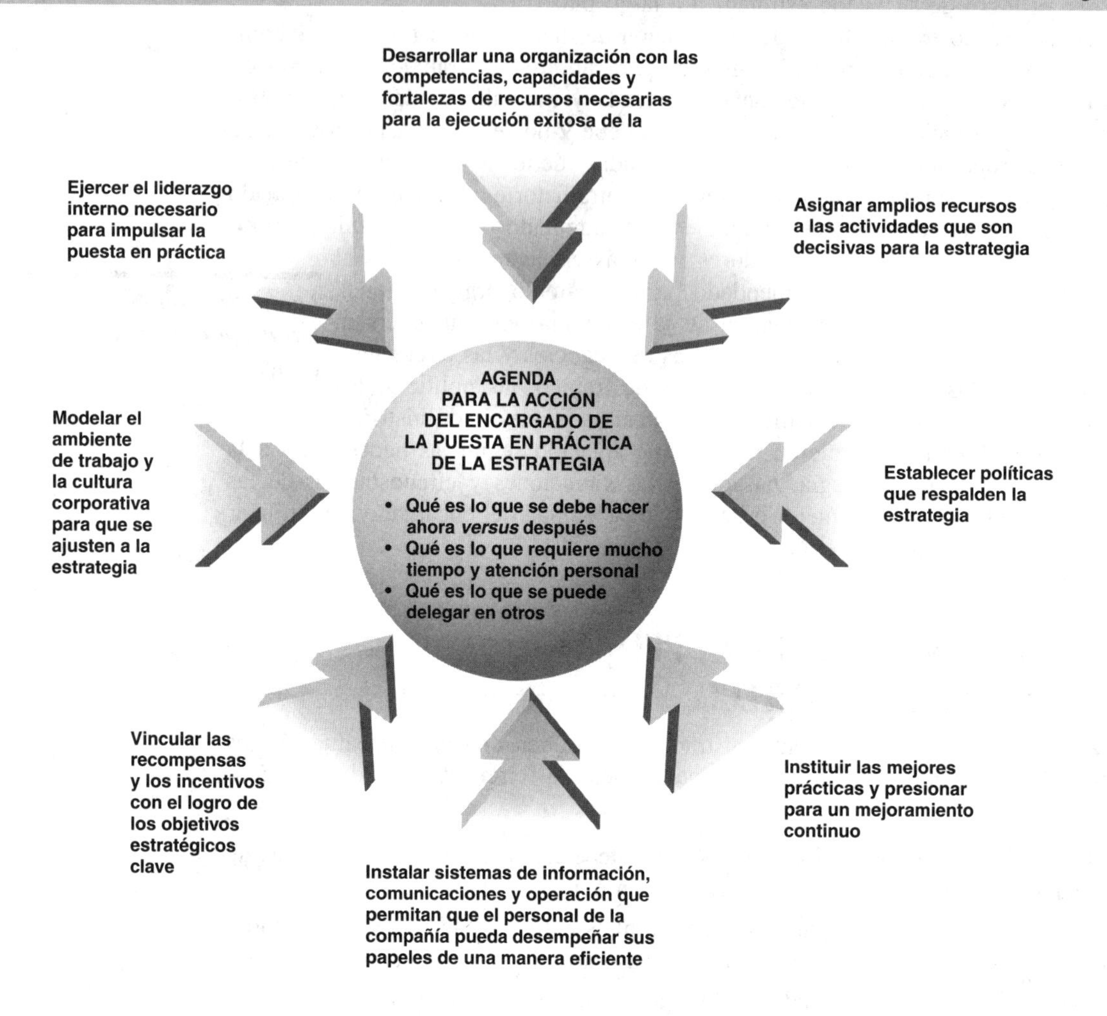

recursos para crear una ventaja competitiva sostenible, de la fortaleza de los patrones de conducta arraigados que se deban cambiar, de las relaciones personales y organizacionales en la historia de la empresa, de cualesquiera presiones para lograr resultados rápidos y mejoramientos financieros a corto plazo y tal vez de otros factores importantes.

Al planear una agenda para la acción, los encargados de la puesta en práctica *deben empezar con una evaluación para sondear qué es lo que la organización debe hacer de una manera diferente para llevar a cabo con éxito la estrategia* y después considerar cómo hacer los cambios internos necesarios tan rápidamente como sea posible. Las acciones del encargado de la puesta en práctica de la estrategia se deben centrar en ajustar la forma en la cual la organización desempeña sus actividades de la cadena de valor y lleva a cabo sus negocios internos, con lo que se requiere para una ejecución óptima de la estrategia. Es necesario hacer una serie de "ajustes". Las capacidades y los recursos organizacionales se deben ajustar con sumo cuidado con los requerimientos de la estrategia, en especial si la que se ha elegido se fundamenta en una ventaja basada en la competencia o en los recursos. En este sentido, los recursos financieros se deben asignar con el fin de proporcionar a los departamentos las personas y los presupuestos de operación necesarios para que desempeñen sus funciones estratégicas en una forma efectiva. La estructura de recompensas, políticas, sistemas de información y prácticas de operación de la compañía debe presionar en favor de la ejecución de la estrategia, en vez de simplemente desempeñar un papel pasivo o, todavía peor, de actuar como obstáculo. Igual importancia reviste la necesidad de que los administradores hagan las cosas de una manera y con un estilo que creen y fomenten un ambiente de trabajo y una cultura corporativa que respalden la estrategia. Mientras más poderosos son esos ajustes, mayores son las probabilidades de una puesta en práctica exitosa. Los esfuerzos sistemáticos de la administración para igualar la forma en la cual hace sus negocios la organización con las necesidades de una buena ejecución de la estrategia, ayudan a unir la organización y producen un esfuerzo de equipo para cumplir con los objetivos del desempeño o superarlos. Los encargados de la puesta en práctica de una estrategia exitosa tienen el don de diagnosticar lo que deben hacer sus organizaciones para ejecutar bien la estrategia elegida y son creativos para encontrar formas de desempeñar de una manera efectiva las actividades de la cadena de valor.

GUÍA DEL PROCESO DE LA PUESTA EN PRÁCTICA

Un factor determinante de una puesta en práctica exitosa de la estrategia es lo bien que la administración guía el proceso. Los administradores pueden emplear cualquiera de varios estilos de liderazgo para impulsar el proceso de la puesta en práctica. Pueden desempeñar un papel activo, visible, de hacerse cargo, o bien uno modesto, de baja intensidad, tras bambalinas. Pueden tomar decisiones en forma autoritaria o sobre la base de un consenso; delegar mucho o poco; involucrarse personalmente en los detalles de la puesta en práctica o permanecer a un lado y capacitar a otros; proceder rápidamente (lanzando iniciativas para la puesta en práctica en muchos frentes) o en forma deliberada (siguiendo satisfechos con el progreso gradual durante largo tiempo). La forma en la cual los administradores guían la tarea de la puesta en práctica tiende a ser una función de: 1) su experiencia y sus conocimientos del negocio; 2) si son nuevos en el trabajo o veteranos; 3) su red de relaciones personales con otros en la organización; 4) sus propias capacidades de diagnóstico, administrativas, interpersonales y de resolución de problemas; 5) la autoridad que les han conferido; 6) el estilo de liderazgo con el cual se sienten cómodos, y 7) su punto de vista del papel que necesitan desempeñar para lograr que se hagan las cosas.

Aun cuando el director ejecutivo y otros funcionarios *senior* por lo común deben guiar las iniciativas, los administradores a nivel superior deben confiar en el apoyo y la cooperación activos de los administradores a niveles medio e inferior para impulsar los cambios en la estrategia y cerciorarse de que las actividades clave se desempeñen bien sobre una base diaria. Los administradores a niveles medio e inferior no sólo son responsables de iniciar y supervisar el proceso de la puesta en práctica en sus áreas de competencia, sino que también deben ayudar a que sus subordinados mejoren continuamente la forma en la cual se desempeñan las actividades de la cadena de valor decisivas para la estrategia y que produzcan resultados en la línea del frente que permitan cumplir con los objetivos de la compañía. Lo exitosos que son los administradores a niveles medio e inferior determina la eficiencia con que la compañía ejecuta la estrategia sobre una base diaria; su papel en el equipo de puesta en práctica de la estrategia de ninguna manera es mínimo.

La labor de los administradores a niveles medio e inferior es impulsar las acciones necesarias para la puesta en práctica en las líneas del frente y cerciorarse de que la estrategia se ejecute bien sobre una base diaria.

La agenda para la acción de los encargados de la puesta en práctica a nivel *senior*, en especial en las grandes organizaciones con unidades de operación geográficamente dispersas, implica en su mayor parte comunicarles a otros el motivo del cambio, crear un consenso de cómo proceder, instalar a aliados poderosos en posiciones en las que puedan impulsar la puesta en práctica en las unidades organizacionales clave, instar a los empleados para que sigan adelante con el proceso y delegar en ellos cierta autoridad, establecer medidas del progreso y límites de tiempo, reasignar los recursos y presidir

La verdadera habilidad en la puesta en práctica de la estrategia es ser competente para averiguar qué es lo que se necesitará para ejecutar la estrategia de una manera eficiente.

personalmente el proceso del cambio estratégico. Por consiguiente, mientras más grande es la organización, el éxito del principal encargado de la puesta en práctica depende más de la estrategia de cooperación y de las habilidades de puesta en práctica de los administradores de la operación que pueden impulsar los cambios necesarios en los niveles organizacionales más bajos. En las pequeñas organizaciones, el principal encargado de la estrategia no necesita trabajar por medio de los administradores a nivel medio y puede tratar directamente con los administradores y empleados de la línea del frente. Puede dirigir personalmente los pasos para la acción y la secuencia de la puesta en práctica, observar directamente la forma en la cual está progresando la puesta en práctica y decidir con qué intensidad y rapidez debe impulsar el proceso. En cualquier forma, *la característica más importante del liderazgo es un poderoso sentido de confianza de "lo que se debe hacer" para lograr los resultados deseados.* El conocimiento de "lo que se debe hacer" proviene de una comprensión inteligente del negocio y de las circunstancias de la organización.

En el resto de este capítulo y en los dos siguientes, examinaremos los detalles del papel del administrador como el principal encargado de la puesta en práctica de la estrategia. La exposición está estructurada alrededor de los ocho componentes administrativos del proceso de puesta en práctica de la estrategia. Este capítulo explora las tareas de la administración para crear una organización capaz. El capítulo 10 estudia las asignaciones del presupuesto, las políticas, las mejores prácticas, los sistemas de apoyo internos y una estructura de recompensas estratégicamente apropiada. El capítulo 11 aborda la creación de una cultura corporativa que respalde a la estrategia y ejerza un liderazgo estratégico.

DESARROLLO DE UNA ORGANIZACIÓN CAPAZ

La ejecución eficiente de la estrategia depende en gran parte de un personal competente, de competencias y capacidades competitivas más que adecuadas y de una organización efectiva. Por consiguiente, el desarrollo de una organización capaz siempre es una prioridad de la puesta en práctica de la estrategia. Hay tres tipos de desarrollo de la organización que son de máxima importancia:

- Seleccionar a personas capaces para las posiciones clave.
- Asegurarse de que la organización posea las habilidades, las competencias centrales, los talentos administrativos, los conocimientos técnicos, las capacidades competitivas y las fortalezas de recursos que necesita.
- Organizar los procesos de negocios, las actividades de la cadena de valor y la toma de decisiones de tal manera que conduzcan a una ejecución exitosa de la estrategia.

Selección de personas para las posiciones clave

La formación de un equipo administrativo capaz es una de las primeras piedras angulares de la tarea para desarrollar una organización. Los encargados de la puesta en práctica de la estrategia deben determinar la clase de equipo administrativo fundamental que necesitan para su ejecución y después encontrar a las personas adecuadas para ocupar cada puesto. En ocasiones, el equipo administrativo existente es adecuado; otras veces es necesario reforzarlo o ampliarlo, promoviendo a personas calificadas dentro de la empresa o convocando a personas externas cuya experiencia, capacidades y estilo de liderazgo se ajusten a la situación. En las situaciones de cambio de posición y de crecimiento rápido y en los casos en los cuales una compañía no tiene empleados con la

La formación de un poderoso equipo administrativo con la química personal y la combinación de capacidades adecuadas, es uno de los primeros pasos de la puesta en práctica de la estrategia.

experiencia y los conocimientos administrativos necesarios, un enfoque estándar es llenar esos huecos administrativos contratando a personas ajenas a la empresa.

La formación de un grupo ejecutivo fundamental empieza con la decisión de qué combinación de antecedentes, experiencias, conocimientos, valores, creencias, estilos administrativos y personalidades es necesaria para consolidar la ejecución exitosa de la estrategia y contribuir a ella. Lo mismo que con cualquier ejercicio de creación del equipo, es importante reunir un grupo de administradores compatibles que posean todo el conjunto de habilidades necesarias para hacer las cosas. La química personal y la base del talento deben ser adecuadas para la estrategia elegida. La elección de un equipo administrativo sólido es una función esencial del desarrollo de la organización, a menudo el primer paso que se debe emprender en la puesta en práctica de la estrategia.[2] Hasta que no se hayan llenado las vacantes clave con personas capaces, es difícil que la puesta en práctica de la estrategia avance a toda velocidad.

Pero no basta con un buen equipo administrativo. La tarea de dotar a la organización con un personal talentoso se debe internar mucho más en las filas organizacionales. Las compañías como Electronic Data Systems (EDS), Microsoft y McKinsey & Co. (una de las compañías de consultoría en administración más importantes del mundo) hacen un esfuerzo concertado para contratar y conservar a los talentos más brillantes; el hecho de contar con un grupo de personas con poderosas habilidades técnicas es esencial para sus negocios. EDS requiere graduados universitarios que tengan por lo menos un promedio de 3.5 puntos (en una escala de 4.0), simplemente para que califiquen para una entrevista; Microsoft busca a los programadores más talentosos del mundo para escribir los códigos de sus programas; McKinsey contrata a graduados en la maestría de administración de negocios sólo en las diez escuelas de negocios más importantes. Las empresas contables consideradas como las Seis Grandes seleccionan a los candidatos no sólo sobre la base de su experiencia contable, sino también sobre la base de si poseen las habilidades personales para relacionarse bien con los clientes y colegas. Southwest Airlines hace todo lo posible por contratar a personas que se divierten y pueden ser amenas en el trabajo; Southwest utiliza métodos desarrollados especialmente, incluyendo entrevistas con los clientes, para determinar si los aspirantes a puestos en los que hay un contacto con el cliente tienen las características de una personalidad extrovertida que se ajustan a su estrategia de crear para los pasajeros un ambiente ameno y divertido durante el vuelo y se esfuerza al máximo para que volar con Southwest sea una experiencia agradable. La compañía es tan selectiva que sólo le ofrece trabajo a alrededor del 3 por ciento de los candidatos entrevistados.

Desarrollo de competencias centrales y capacidades competitivas

Dos de los aspectos más importantes en el desarrollo de la organización son: 1) dotar a las unidades de operación de un personal con el talento, las capacidades y la experiencia técnica especializados necesarios para darle a la empresa una ventaja competitiva sobre sus rivales en el desempeño de una o más actividades decisivas de la cadena de valor y 2) desarrollar capacidades organizacionales competitivamente valiosas. Cuando la facilidad de la imitación hace que resulte difícil o imposible derrotar a los rivales sobre la base de una estrategia superior, la otra ruta principal para lograr el liderazgo en la industria es superar su ejecución (vencerlos con una puesta en práctica superior, con más recursos, un talento superior, mejores capacidades o más poderosas y una mayor atención a los detalles). La ejecución superior de la estrategia es esencial en las situaciones en que las empresas rivales tienen estrategias muy similares y pueden duplicar

---

[2] Para un marco de referencia analítico en el análisis del equipo de la alta administración,véase Donald C. Hambrick, "The Top Management Team: Key to Strategic Success", *California Management Review* 30, núm. 1, otoño de 1987, pp. 88-108.

Principio de la administración estratégica

El desarrollo de competencias centrales, fortalezas de recursos y capacidades clave que los rivales no pueden igualar constituye un cimiento sólido para una ventaja competitiva sostenible.

fácilmente las maniobras estratégicas de las demás. El desarrollo de competencias centrales, fortalezas de recursos y capacidades organizacionales que los rivales no pueden igualar es una de las mejores formas de superar su ejecución. Ésa es la razón por la cual una de las tareas más importantes de la administración para la puesta en práctica de la estrategia es desarrollar competencias y capacidades organizacionales competitivamente ventajosas.

Desarrollo y consolidación de las competencias centrales Las competencias centrales se pueden relacionar con cualquier factor pertinente desde el punto de vista estratégico. La competencia central de Honda es su profunda experiencia en tecnología de motores de gasolina y diseño de motores pequeños. La de Intel es el diseño de complejos chips para computadoras personales. Las de Procter & Gamble residen en sus excelentes capacidades de marketing y distribución y en las de investigación y desarrollo en cinco tecnologías fundamentales: grasas, aceites, productos químicos para la piel, suavizantes y emulsionadores.[3] Las de Sony son su experiencia en la tecnología electrónica y su habilidad para traducir esa experiencia en productos innovadores (radios y cámaras de video miniatura, televisores y videocaseteras con características únicas y computadoras personales con un diseño atractivo). Casi siempre, las competencias centrales de una compañía surgen en forma incremental a medida que avanza, ya sea para mejorar capacidades que contribuyeron a éxitos anteriores o para responder a los problemas de los clientes, a nuevas oportunidades tecnológicas y del mercado y a las medidas ofensivas de los rivales.[4] Los administradores prudentes de una compañía tratan de prever los próximos cambios en los requerimientos del cliente o del mercado y desarrollan en forma proactiva nuevas competencias y capacidades que ofrecen una ventaja competitiva.

Hay cuatro características que conciernen a las competencias centrales y a las capacidades competitivas importantes para la tarea del encargado de la puesta en práctica de la estrategia de desarrollo de la organización:[5]

- Las competencias centrales muy rara vez consisten en habilidades limitadas o en esfuerzos de trabajo de un solo departamento. Más bien son compuestos de habilidades y actividades que se desempeñan en diferentes ubicaciones en la cadena de valor de la empresa y que, cuando se vinculan, crean una capacidad organizacional única.
- Debido a que las competencias centrales por lo común residen en los esfuerzos combinados de diferentes grupos de trabajo y departamentos, no se puede esperar que los supervisores y directores de los departamentos individuales consideren que el desarrollo de las competencias centrales de toda la corporación es su responsabilidad.
- La clave para apalancar las competencias centrales de una compañía en una ventaja competitiva a largo plazo es concentrar más esfuerzos y más talento que los rivales en profundizar y consolidar las competencias.
- Debido a que las necesidades de los clientes cambian en formas a menudo impredecibles y a que los conocimientos y las capacidades necesarios para el éxito competitivo no siempre se pueden pronosticar con precisión, es necesario que las bases de las competencias seleccionadas de una compañía sean lo bastante amplias y flexibles para responder a un futuro que se desconoce.

La naturaleza de múltiples capacidades y actividades de las competencias centrales hace que su desarrollo y consolidación sean un ejercicio en: 1) la administración de

[3] James Brian Quinn, *Intelligent Enterprise*, Free Press, Nueva York, 1992, p. 76.

[4] *Idem.*

[5] James Brian Quinn, *Intelligent Enterprise*, pp. 52-53, 55, 73 y 76.

habilidades humanas, de las bases del conocimiento y del intelecto, y 2) la coordinación y el establecimiento de redes para los esfuerzos de diferentes grupos de trabajo y departamentos en cada lugar relacionado en la cadena de valor. Es un ejercicio que pueden dirigir mejor los administradores *senior* que aprecian la importancia de la puesta en práctica de la estrategia para crear competencias/capacidades valiosas y que tienen la influencia para exigir la cooperación necesaria entre los individuos, grupos, departamentos y aliados externos. Además, los encargados de desarrollar la organización deben concentrar los recursos y la atención suficientes en las actividades relacionadas con la competencia central, con el fin de lograr la *profundidad dominante* necesaria para obtener una ventaja competitiva.[6] Esto no significa necesariamente que se deba gastar más dinero en las actividades relacionadas con la competencia del que gastan los competidores actuales o potenciales. Sí significa enfocar en ellas más talento de una manera más consciente y hacer comparaciones internas y externas para avanzar hacia la posición de mejor empresa en la industria, si no es que en todo el mundo. Para lograr el dominio con escasos recursos financieros, las compañías como Cray en computadoras grandes, Lotus en *software* y Honda en motores pequeños, apalancaron la experiencia de su grupo de talentos volviendo a formar con frecuencia equipos de elevada intensidad y reutilizando a personas clave en proyectos especiales.[7] Al apalancar los conocimientos y las capacidades internos, en vez de los activos físicos o la posición de mercado, las claves comunes para el éxito son una selección superior, capacitación, poderosas influencias culturales, redes de cooperación, motivación, delegación de la autoridad, incentivos importantes, flexibilidad organizacional, límites de tiempo breves y buenas bases de datos, no los considerables presupuestos de operación.[8] Una de las claves del éxito de Microsoft en el *software* para computadoras es contratar a los programadores más brillantes y talentosos y motivarlos, tanto con buenos incentivos monetarios como con el reto de trabajar en importantes proyectos de diseño de *software* (aun cuando Microsoft también asigna a pequeños ejércitos de esos programadores para que trabajen en proyectos de una alta prioridad o con límites de tiempo breves).

Las competencias centrales no cobran vida ni llegan a fructificar estratégicamente sin una atención consciente de la administración.

Los encargados de la puesta en práctica de la estrategia no se pueden permitir el lujo de volverse complacientes una vez que las competencias centrales se han establecido y están funcionando. Un reto constante del desarrollo de la organización es ampliarlas, profundizarlas o modificarlas en respuesta a los cambios constantes del cliente y del mercado. Pero es una tarea que vale la pena desempeñar. Las competencias centrales que están bien armonizadas y que se mantienen actualizadas conforme a las circunstancias cambiantes pueden proporcionar una importante ventaja en la ejecución. Las empresas rivales no pueden duplicar fácilmente las competencias centrales y las capacidades organizacionales distintivas; por consiguiente, es probable que cualquier ventaja competitiva que resulta de ellas sea perdurable. La atención dedicada por la administración a la tarea de desarrollar habilidades y capacidades internas estratégicamente pertinentes siempre es una de las claves para una puesta en práctica efectiva de la estrategia.

Desarrollo y consolidación de las capacidades organizacionales Mientras que la esencia de un diseño sagaz de la estrategia es seleccionar las competencias y capacidades para apuntalarla, la esencia de una buena puesta en práctica de la estrategia es *desarrollar y consolidar* las competencias y capacidades para ejecutar la estrategia elegida de una manera eficiente. En ocasiones, la compañía ya las tiene establecidas, en cuyo caso la tarea de la puesta en práctica de la estrategia sólo implica esfuerzos para consolidarlas

[6] *Ibid.*, p. 73.

[7] *Idem.*

[8] *Ibid.*, pp. 73-74.

El desarrollo de la organización que tiene éxito en la implantación de nuevas capacidades competitivas valiosas y en la consolidación de las existentes puede permitir que una empresa supere la competencia de sus rivales sobre la base de recursos superiores.

y mantenerlas, con el fin de promover una mejor ejecución. Sin embargo, la administración debe ser proactiva en el desarrollo de *nuevas* competencias y capacidades para complementar la base de recursos existentes de la compañía y promover una ejecución más eficiente de la estrategia. Aquí es útil pensar en las compañías como un conjunto de competencias y capacidades en evolución y el reto consiste en desarrollar nuevas capacidades y consolidar las existentes para lograr una ventaja competitiva mediante una ejecución superior de la estrategia.

Un problema es si las competencias y capacidades deseadas se deben desarrollar internamente o si tiene más sentido asignarlas a fuentes externas, asociándose con proveedores clave o formando alianzas estratégicas. Las decisiones de recurrir a fuentes externas o desarrollar una capacidad interna a menudo giran sobre el aspecto de lo que se puede delegar sin riesgos en proveedores externos *versus* cuáles capacidades internas son decisivas para el éxito a largo plazo de la compañía. Sin embargo, en cualquier forma se requieren acciones para la puesta en práctica. El hecho de recurrir a fuentes externas implica la identificación de los proveedores más atractivos y el establecimiento de relaciones de colaboración. El desarrollo interno de las capacidades significa contratar a un nuevo personal con las habilidades y la experiencia pertinentes para la capacidad deseada, vincular las habilidades y los conocimientos individuales para formar una capacidad organizacional (las capacidades de un grupo son en parte una función de las relaciones de trabajo entre sus miembros), desarrollar los niveles deseados de eficiencia por medio de la repetición ("la práctica produce la perfección") y vincular todas las actividades de la cadena de valor relacionadas con la capacidad.[9] Los vínculos poderosos con actividades relacionadas son importantes. La capacidad de hacer algo realmente complejo (como el diseño y la fabricación de un vehículo deportivo o la creación de un *software* que permite transacciones seguras con tarjeta de crédito a través de Internet), por lo común involucra varias habilidades, disciplinas tecnológicas, competencias y capacidades, algunas de las cuales se desempeñan internamente, mientras que otras las proporcionan los proveedores/aliados. Una parte importante del desarrollo de la organización es pensar en qué habilidades y actividades es necesario vincular y lograr que se refuercen mutuamente y después forjar la colaboración y la cooperación necesarias, tanto internamente como con los proveedores de recursos externos.

Los administradores crean capacidades organizacionales mediante la integración de las habilidades y los conocimientos de diferentes personas y grupos en formas competitivamente valiosas y ajustan y recalibran continuamente los componentes para igualar los nuevos requerimientos estratégicos a lo largo del tiempo.

Todo esto debe poner de relieve una vez más que el desarrollo de capacidades es un ejercicio que lleva mucho tiempo y que es difícil duplicar. Tampoco es fácil comprar capacidades (excepto a través de fuentes externas que ya las tienen y que convienen en proporcionarlas) ni imitarlas observando simplemente a los demás (así como una persona no se puede convertir en un buen golfista observando a Tiger Woods cuando juega golf, una compañía no puede establecer una nueva capacidad creando un departamento y asignándole la tarea de emular una capacidad que poseen los rivales). El desarrollo de una capacidad requiere una serie de pasos organizacionales:

- En primer lugar, la organización debe desarrollar la *habilidad* de hacer algo, aun cuando sea en forma imperfecta o ineficaz. Esto significa seleccionar a personas con las habilidades y la experiencia necesarias, mejorar o ampliar las habilidades individuales según sea necesario y después moldear los esfuerzos y los productos del trabajo de los individuos en un esfuerzo cooperativo de grupo, con el fin de crear una *habilidad* organizacional.
- Después, a medida que se desarrolla la experiencia, de tal manera que la organización pueda desempeñar la actividad uniformemente bien y a un costo acepta-

[9] Robert H. Hayes, Gary P. Pisano y David M. Upton, *Strategic Operations: Competing through Capabilities*, Free Press, Nueva York, 1996, pp. 503-507.

ble, la habilidad se empieza a traducir en una *competencia* y/o una *capacidad*.

- En caso de que la organización llegue a ser tan competente (puliendo, refinando y profundizando continuamente sus habilidades y conocimientos) que resulte mejor que sus rivales en esa actividad, la capacidad se convierte en una *competencia distintiva*, con el potencial de lograr una ventaja competitiva.

El desarrollo de capacidades, ya sea internamente o en colaboración con otros, lleva tiempo y requiere considerables habilidades de organización.

En ocasiones es posible abreviar estos pasos obteniendo la capacidad deseada mediante esfuerzos de colaboración con aliados externos o adquiriendo una compañía que tiene la capacidad necesaria. De hecho, una necesidad apremiante de obtener rápidamente ciertas capacidades es una de las razones para adquirir otra compañía, una adquisición orientada al desarrollo de una capacidad mayor, que en todos los aspectos puede ser tan competitivamente valiosa como una adquisición orientada a sumar los productos/servicios de la compañía adquirida a la línea de negocios de la adquirente. Las adquisiciones motivadas por las capacidades son esenciales: 1) cuando una oportunidad puede desaparecer con mayor rapidez de la que se puede crear internamente una capacidad necesaria, y 2) cuando las condiciones de la industria, la tecnología o los competidores avanzan a un ritmo tan rápido que el tiempo es esencial.

Las competencias y capacidades organizacionales surgen del establecimiento y el mantenimiento de relaciones de trabajo de colaboración entre los individuos y los grupos en diferentes departamentos y entre una compañía y sus aliados externos.

El papel estratégico de la capacitación de los empleados La capacitación y su repetición son partes importantes del proceso de puesta en práctica de la estrategia cuando una compañía cambia a una estrategia que requiere habilidades, enfoques administrativos y métodos de operación diferentes. La capacitación también tiene una importancia estratégica en los esfuerzos organizacionales para desarrollar competencias basadas en las habilidades. Y es una actividad clave en los negocios en donde los conocimientos técnicos cambian con tanta rapidez que una compañía pierde su capacidad de competir, a menos que su personal capacitado tenga conocimientos y experiencia de vanguardia. Los encargados exitosos de la puesta en práctica de la estrategia se cercioran de que la función de la capacitación esté fondeada correctamente y de que se hayan establecido programas de capacitación efectivos. Si la estrategia elegida requiere nuevas habilidades, una capacidad tecnológica más profunda o el desarrollo y el empleo de nuevas capacidades, la capacitación se debe establecer cerca del primer lugar en la agenda para la acción, debido a que es necesario proporcionarla desde el principio del proceso de puesta en práctica de la estrategia.

Ajuste de la estructura de la organización con la estrategia

Hay muy pocas reglas sin excepción para organizar el esfuerzo de trabajo en una forma que apoye a la estrategia. El diagrama de organización de cada empresa es idiosincrásico y refleja los patrones organizacionales previos, criterios ejecutivos de cómo arreglar mejor las relaciones de los reportes, las políticas de a quién asignarle qué tareas y las diversas circunstancias internas. Además, cada estrategia está basada en su propio conjunto de factores clave para el éxito. De manera que lo apropiado es una estructura de la organización adecuada según las necesidades. Las siguientes pautas son útiles para ajustar la estructura a la estrategia:

- Identificar con precisión las actividades de la cadena de valor, las competencias y las capacidades competitivas que son importantes para una ejecución exitosa de la estrategia.
- Determinar si algunas actividades de la cadena de valor (en especial las de apoyo que no son críticas, pero tal vez algunas principales seleccionadas) se pueden

asignar a fuentes externas que las desempeñarán en una forma más eficiente que si se desempeñan internamente.

- Determinar cuáles actividades/capacidades críticas para la estrategia requieren una estrecha colaboración con proveedores, aliados de los canales de salida (distribuidores, agentes o franquiciatarios), fabricantes de productos complementarios o incluso competidores.
- Hacer que las actividades y capacidades principales de la cadena de valor se desempeñen/desarrollen internamente y que las unidades organizacionales críticas para la estrategia sean los principales componentes en la estructura de la organización.
- Determinar los grados de autoridad necesarios para administrar cada unidad organizacional, encontrando un equilibrio entre la toma de decisiones centralizada bajo la autoridad coordinadora de un solo administrador y la delegación de la toma de decisiones en el nivel organizacional más bajo capaz de tomar decisiones oportunas, informadas y competentes.
- Si no es posible que todas las facetas de una actividad/capacidad interna queden bajo la autoridad de un solo administrador, establecer formas de tender un puente entre las líneas departamentales y lograr la coordinación necesaria.
- Determinar cómo se van a administrar las relaciones con personas ajenas a la empresa y asignar la responsabilidad de tender los puentes organizacionales necesarios.

Determinar con precisión las actividades y las capacidades competitivas críticas para la estrategia En cualquier negocio, algunas actividades en la cadena de valor siempre son más importantes para el éxito que otras. Desde una perspectiva estratégica, cierta porción del trabajo de una organización implica tareas administrativas rutinarias (preparar la nómina, administrar los programas de beneficios para los empleados, manejar las quejas, proporcionar seguridad corporativa, mantener una flotilla de vehículos). Otras son funciones de apoyo (procesamiento de datos, contabilidad, capacitación, relaciones públicas, investigación del mercado, compras). Entre las actividades principales de la cadena de valor están ciertos procesos de negocios críticos que se deben desempeñar, ya sea muy bien o en una forma estrechamente coordinada, con el fin de que la organización desarrolle las capacidades necesarias para el éxito estratégico. Por ejemplo, las empresas de hoteles/moteles deben ser competentes en el registro rápido de llegadas y salidas, el mantenimiento de las habitaciones, el servicio de alimentos y la creación de un ambiente agradable. Un fabricante de barras de chocolate debe ser hábil en la compra de grano de cocoa de calidad a precios bajos, en una producción eficiente (una fracción de un centavo en los ahorros en el costo por barra puede significar un mejoramiento de siete cifras en los resultados finales), en la venta y en las actividades promocionales. En el corretaje de acciones con descuento, las actividades críticas para la estrategia son un acceso rápido a la información, una ejecución precisa de las órdenes, llevar los registros y procesar las transacciones con eficiencia y un buen servicio al cliente. En los productos químicos de especialidad, las actividades críticas son investigación y desarrollo, innovación del producto, llevar rápidamente los nuevos productos al mercado, un marketing efectivo y experiencia en ayudar a los clientes. En la industria electrónica, donde la tecnología avanza con mucha rapidez, el ciclo de una compañía para llevar nuevos productos de vanguardia al mercado es la capacidad organizacional crítica. Las actividades y capacidades críticas para la estrategia varían conforme a los aspectos particulares, la estructura de la cadena de valor y los requerimientos competitivos de una empresa.

Hay dos preguntas que ayudan a identificar cuáles son las actividades de una organización que son críticas para la estrategia: "¿Qué funciones se deben desempeñar extremadamente bien, o de una manera oportuna, para lograr una ventaja competitiva sostenible?"[10] y "¿en cuáles actividades de la cadena de valor un mal desempeño pondría seriamente en peligro el éxito estratégico?" Las respuestas por lo general indican las actividades y las capacidades organizacionales críticas en las que se deben concentrar los esfuerzos de desarrollo de la organización.

Razones para considerar la asignación de ciertas actividades de la cadena de valor a fuentes externas Con demasiada frecuencia, los administradores dedican excesivas cantidades de tiempo, energía psíquica y recursos a luchar con los grupos de apoyo funcionales y con otras burocracias internas, desviando su atención de las actividades críticas para la estrategia de la compañía. Una forma de evitar esas distracciones es reducir el número de actividades del personal de apoyo interno y, en vez de ello, recurrir en mayor medida a vendedores externos para lo necesario.

Cada actividad de apoyo en la cadena de valor de una empresa y dentro de sus grupos de personal tradicionales se puede considerar como un "servicio".[11] De hecho, la mayor parte de los gastos generales son simplemente servicios que la compañía decide reducir internamente. Sin embargo, muchos de esos servicios por lo común se contratan con vendedores externos. Lo que hace que el hecho de recurrir a fuentes externas sea atractivo es que alguien ajeno a la empresa, al concentrar a los especialistas y la tecnología en su área de experiencia, con frecuencia puede desempeñar esos servicios *tan bien o mejor y por lo común en una forma más económica* que una compañía que desempeña esas actividades sólo para ella misma. Pero hay otras razones para considerar la posibilidad de recurrir a fuentes externas. Desde un punto de vista estratégico, la asignación a fuentes externas de actividades de apoyo que no son críticas (y tal vez la de actividades importantes seleccionadas en la cadena de valor) puede reducir las burocracias internas, nivelar la estructura de la organización, mejorar el enfoque estratégico de la compañía e incrementar la respuesta competitiva.[12] Las experiencias de compañías que obtienen muchos servicios de apoyo con vendedores externos indican que *la asignación a fuentes externas de las actividades que no son críticas para el desarrollo de aquellas capacidades organizacionales necesarias para el éxito competitivo a largo plazo, permite que una compañía concentre sus propios recursos y energías en aquellas actividades de la cadena de valor en las cuales puede crear un valor único y ser la mejor en la industria (o, mejor todavía, la mejor del mundo), y en los que necesita un control estratégico para desarrollar competencias centrales, lograr una ventaja competitiva y administrar las relaciones clave entre cliente, proveedor y distribuidor.*

La asignación a fuentes externas de las actividades en la cadena de valor que no son críticas, e incluso de actividades importantes seleccionadas, tiene muchas ventajas.

Los críticos argumentan que el hecho de recurrir a fuentes externas puede causar un vacío en una compañía, dejándola a merced de proveedores externos y desprovista de las competencias y capacidades organizacionales necesarias para ser dueña de su propio destino.[13] Sin embargo, varias compañías han confiado con éxito en proveedores externos de componentes, diseñadores del producto, canales de distribución, agencias publicitarias y servicios financieros para que desempeñen actividades significativas de la cadena de valor. Durante años, Polaroid Corporation le compró su medio de películas a Eastman Kodak, sus componentes electrónicos a Texas Instruments y sus cámaras a Timex y otros, mientras se concentraba en producir sus propios paquetes únicos de película de autorrevelado y diseñaba su siguiente generación de cámaras y películas.

[10] Peter F. Drucker, *Management: Tasks, Responsibilities, Practices*, Harper & Row, Nueva York, 1974, pp. 530 y 535.

[11] James Brian Quinn, *Intelligent Enterprise*, p. 32.

[12] *Ibid.*, pp. 33 y 89. Véase también James Brian Quinn y Frederick G. Hilmer, "Strategic Outsourcing", *Sloan Management Review*, verano de 1994, pp. 43-55.

[13] *Ibid.*, pp. 39-40.

Nike se concentra en el diseño, el marketing y la distribución a minoristas, mientras que le asigna a fuentes externas virtualmente toda la producción de sus zapatos y ropa deportiva. Muchas compañías mineras le asignan a fuentes externas el trabajo geológico, los exámenes de calidad de los metales y la perforación. Ernest and Julio Gallo Winery le asigna a fuentes externas el 95 por ciento de su producción de uvas, dejando que los agricultores corran el riesgo del clima y del cultivo de vides, entre otros, mientras se concentra en la producción de vinos y en la función de ventas y marketing.[14] Las principales aerolíneas le asignan a fuentes externas sus comidas durante el vuelo, aun cuando la calidad de los alimentos es importante para la percepción que tienen los viajeros de la calidad total del servicio. Eastman Kodak, Ford, Exxon, Merrill Lynch y Chevron les han asignado sus actividades de procesamiento de datos a empresas de servicio para computadoras, debido a que creen que los especialistas externos pueden desempeñar mejor los servicios necesarios a un costo más bajo o con una calidad igual o mejor. Chrysler se ha transformado de ser una productora de costo elevado a una de bajo costo, abandonando la producción interna de muchas partes y componentes y asignándola a proveedores más eficientes; la mayor dependencia de las fuentes externas también ha permitido que Chrysler abrevie el tiempo que requiere para llevar los nuevos modelos al mercado. *La asignación a fuentes externas de ciertas actividades de la cadena de valor tiene sentido desde el punto de vista estratégico siempre que los proveedores externos las pueden desempeñar a un costo más bajo y/o con un valor agregado mayor que si la compañía compradora las desempeña internamente.*[15]

Razones para considerar una asociación con otros para lograr capacidades competitivamente valiosas Pero hay otra razón de igual importancia para buscar ayuda externa. *Las asociaciones estratégicas, las alianzas y la estrecha colaboración con proveedores, distribuidores, fabricantes de productos y servicios complementarios, e incluso con competidores selectos, puede incrementar el arsenal de capacidades de una compañía y contribuir a una mejor ejecución de la estrategia.* Las asociaciones con empresas ajenas a la compañía pueden dar por resultado la introducción más rápida de la nueva tecnología en línea, una entrega más rápida y/o niveles de inventario más bajos de partes y componentes, proporcionar ayuda técnica mejor y más rápida a los clientes, una capacidad de distribución geográfica más amplia, el desarrollo de múltiples agencias de distribución, conocimientos tecnológicos más profundos, una fabricación económica ajustada a las necesidades de servicios más extensos después de la venta, etc. Al desarrollar, mejorar continuamente y después apalancar estas clases de capacidades organizacionales, una compañía desarrolla las fortalezas de recursos necesarias para el éxito competitivo y establece una capacidad mejorada para hacer ciertas cosas para sus clientes que les ofrecen un valor a los clientes y que los rivales no pueden igualar totalmente.

Bill Gates de Microsoft y Andrew Grove de Intel se reúnen periódicamente para explorar la forma en la cual sus organizaciones pueden compartir información, trabajar en paralelo y formar un equipo para mantener el estándar de "Wintel" que satura el ambiente de la industria de las PC. Los fabricantes de automóviles trabajan en estrecha colaboración con sus proveedores para coordinar el diseño y el funcionamiento de partes y componentes, incorporar nuevas tecnologías, integrar mejor las partes y los componentes individuales para fabricar los sistemas de enfriamiento de los motores, los sistemas de transmisión, los sistemas eléctricos, etc., todo lo cual ayuda a abreviar el tiempo del ciclo para los nuevos modelos, optimizar la calidad y el desempeño de sus

---

[14] *Ibid.*, p.43.

[15] *Ibid.*, p. 47. La creciente tendencia de las compañías a recurrir a fuentes externas para sus actividades importantes y las muchas razones para desarrollar alianzas y asociaciones de cooperación y colaboración con otras compañías se detalla en James F. Moore, *The Death of Competition*, HarperBusiness, Nueva York, 1996, en especial el capítulo 3.

vehículos y mejorar la eficiencia total de la producción. Los productores de bebidas no alcohólicas (Coca-Cola y Pepsico) y los productores de cerveza (Anheuser-Busch y Miller Brewing) estrechan las relaciones con sus embotelladoras/distribuidores para consolidar el acceso a los mercados locales y crear la lealtad, el apoyo y el compromiso para los programas de marketing corporativos, sin lo cual se debilitarían sus propias ventas y su crecimiento. De una manera similar, las empresas de alimentos de preparación rápida, como McDonald's y Taco Bell, han encontrado que es esencial trabajar en estrecha colaboración con los franquiciatarios en los aspectos de limpieza de las sucursales, calidad uniforme del producto y del ambiente en la sucursal, de la cortesía y la cordialidad del personal y en otros aspectos de las operaciones. A menos que los franquiciatarios produzcan la suficiente satisfacción del cliente como para atraer negocios repetidos sobre una base constante, las ventas y la posición competitiva de una cadena de alimentos de preparación rápida se ven afectadas rápidamente. *Las asociaciones estratégicas, las alianzas y la estrecha colaboración con proveedores, distribuidores, fabricantes de productos/servicios complementarios y competidores, tienen sentido desde el punto de vista estratégico siempre que el resultado sea mejorar los recursos y las capacidades organizacionales.*

Cómo lograr que las actividades/capacidades críticas para la estrategia sean los principales componentes de la organización interna La razón fundamental para lograr que las actividades y capacidades críticas para la estrategia sean los principales componentes en la estructuración de un negocio es apremiante: si las actividades/capacidades decisivas para el éxito estratégico son contar con los recursos, la influencia en la toma de decisiones y el impacto organizacional necesarios, deben ser la parte principal en el plan organizacional. Es obvio que una estrategia nueva o modificada conduzca a actividades clave, competencias o capacidades nuevas o diferentes y, por consiguiente, que requieran arreglos organizacionales nuevos o diferentes; sin ellos, el desajuste resultante entre la estrategia y la estructura les puede abrir la puerta a problemas en la puesta en práctica y el desempeño.[16]

Principio de la administración estratégica

El intento de llevar a la práctica una nueva estrategia con una antigua estructura organizacional por lo común es imprudente.

[16] La importancia de ajustar el diseño y la estructura organizacionales con las necesidades particulares de la estrategia se llevó por primera vez a un primer plano en un estudio notable de 70 grandes corporaciones que realizó el profesor Alfred Chandler de la Universidad de Harvard. La investigación de Chandler reveló que los cambios en la estrategia de una organización ocasionan nuevos problemas administrativos que, a su vez, requieren una estructura nueva o remodelada para que la nueva estrategia se pueda poner en práctica con éxito. Encontró que la estructura tiende a seguir la estrategia de crecimiento de la empresa, pero a menudo no hasta que la ineficacia y los problemas de operación internos provoquen un ajuste estructural. Las experiencias de estas empresas siguieron un patrón secuencial uniforme: diseño de una nueva estrategia, aparición de nuevos problemas administrativos, disminución en la rentabilidad y el desempeño, un cambio a una estructura organizacional más apropiada y después la recuperación hasta llegar a niveles más rentables y a una ejecución mejorada de la estrategia. Esos administradores deben reevaluar la organización interna de su compañía siempre que los cambios estratégicos se dan en gran parte por una cuestión de sentido común. Es probable que una estrategia nueva o diferente ocasione actividades clave, competencias y capacidades nuevas o diferentes y que, por consiguiente, requiera arreglos organizacionales internos nuevos o diferentes: si no se esperan ajustes organizacionales factibles, el desajuste resultante entre la estrategia y la estructura puede ocasionar problemas en la puesta en práctica y el desempeño. Para mayores detalles, véase Alfred Chandler, *Strategy and Structure*, Cambridge, MIT Press, Mass., 1962.

Aun cuando el énfasis aquí se pone en el diseño de la estructura de la organización alrededor de las necesidades de una ejecución efectiva de la estrategia, vale la pena observar que la estructura puede influir en la elección de la estrategia y de hecho lo hace. Una buena estrategia debe ser factible. Cuando la estructura actual de una organización está tan en desacuerdo con los requerimientos de una estrategia particular, al grado de que sería necesario cambiar totalmente a la organización para ponerla en práctica, la estrategia tal vez no es factible y no se debe seguir considerando. En tales casos, la estructura modela la elección de la estrategia. Sin embargo, lo importante aquí es que, una vez que se ha elegido la estrategia, la estructura debe ser modificada para que se ajuste a la estrategia si, de hecho, no existe ya un ajuste aproximado. Lógicamente, cualesquiera influencias de la estructura sobre la estrategia deben tener lugar antes del punto de la selección de la estrategia, no después.

Principio de la administración estratégica

El ajuste de la estructura a la estrategia requiere convertir las actividades críticas y las unidades organizacionales críticas para la estrategia en los principales componentes de la estructura de la organización.

Los ejecutivos *senior* muy rara vez envían una señal más poderosa de lo que tiene una importancia estratégica, como no sea hacer que las unidades de negocios clave y las actividades críticas sean componentes relevantes del desarrollo organizacional y, además, asignar a los administradores de esas unidades una posición visible y de influencia en el orden de preferencia organizacional. Cuando las unidades de negocios clave descienden a nivel de divisiones o departamentos menos importantes o, lo que es todavía peor, se ven suplantadas por ellos, por lo común acaban con menos recursos y menos influencia de la que merecen en la estructura de poder de la organización. Cuando la alta administración no dedica la atención suficiente a organizarse en una forma que produzca un desempeño efectivo de las actividades y los procesos críticos para la estrategia y que desarrolle las capacidades necesarias, se debilita todo el esfuerzo de la puesta en práctica de la estrategia. De manera que es esencial que los principales procesos de negocios y actividades que crean un valor y producen el éxito sean prominentes en la estructura de la organización de una compañía y estén profundamente arraigados en la forma en la cual la organización realiza su trabajo. Cualquier otra cosa corre el riesgo de producir un serio desajuste entre la estructura y la estrategia.

Al insertar las actividades rutinarias y de apoyo del personal en la estructura básica, los administradores de la compañía deben guiarse por las relaciones estratégicas entre las funciones principales y de apoyo incluidas en la cadena de valor. Las actividades pueden estar relacionadas con el flujo de trabajo a lo largo de la cadena de valor, el tipo de clientes a quienes se sirve, los canales de distribución que se utilizan, las capacidades técnicas y los conocimientos necesarios para desempeñarlas, su contribución al desarrollo de una competencia fundamental o de una capacidad competitiva, su papel en un proceso de trabajo que abarca líneas departamentales tradicionales y en la forma en la cual se crea el valor para el consumidor, su secuencia en la cadena de valor, las oportunidades de transferencia de capacidades o tecnología que ofrecen y el potencial para combinarlas o coordinarlas de tal manera que reduzcan los costos totales, por mencionar sólo algunas de las más obvias. Si las necesidades de una ejecución exitosa de la estrategia son impulsar el diseño organizacional, entonces las relaciones que se deben estudiar son aquellas que: 1) vinculan el desempeño de una unidad de trabajo con el de otra y 2) se pueden transformar en capacidades competitivamente valiosas.

La especialización funcional puede dar por resultado que parte de las actividades pertinentes desde el punto de vista estratégico acaben dispersas entre muchos departamentos diferentes.

Los administradores necesitan estar particularmente alertas al hecho de que, *en las estructuras tradicionales organizadas funcionalmente, ciertas partes de las actividades y capacidades pertinentes desde el punto de vista estratégico a menudo acaban dispersas entre muchos departamentos*. Un ejemplo es el proceso de tomar con precisión y rapidez los pedidos de los clientes. Éste inicia cuando un cliente hace un pedido, termina cuando se entregan los bienes y por lo común incluye alrededor de una docena de pasos que desempeñan diferentes personas en diferentes departamentos.[17] En ocasiones, servicio al cliente recibe el pedido, lo registra y verifica que esté completo y que sea preciso. Después se puede enviar al departamento de finanzas, en donde alguien verifica el crédito. Tal vez se necesita otra persona que apruebe los términos del crédito o un financiamiento especial. En ventas se calculan y verifican los precios correctos. Cuando el pedido llega a control del inventario, alguien debe determinar si se tienen en existencia los productos. De no ser así, se puede expedir un pedido para su entrega posterior, o bien se puede enviar a planeación de la producción, de manera que se incluya en el programa de producción. Cuando los bienes están listos, operaciones del almacén prepara un programa de envío. El personal del departamento de tráfico deter-

[17] Michael Hammer y James Champy, *Reengineering the Corporation*, HarperBusiness, Nueva York, 1993, pp. 26-27.

CÁPSULA ILUSTRATIVA 30 Organización del proceso en Lee Memorial Hospital y St. Vincent's Hospital

En los hospitales de cuidados intensivos como el Lee Memorial en Fort Myers, Florida y St. Vincent's en Melbourne, Australia, la atención médica se proporciona mediante equipos interdisciplinarios de doctores, enfermeras, técnicos de laboratorio, etc., que están organizados en torno a las necesidades de los pacientes y de sus familiares, en vez de departamentos funcionales dentro del hospital; estos hospitales han creado pabellones de atención enfocada o específicos para un tratamiento al interior de los mismos, con el fin de atender la mayor parte de las necesidades de un paciente, desde la admisión hasta que lo dan de alta. Ya no se transporta a los pacientes en sillas de ruedas de un departamento a otro para todos los procedimientos y pruebas; en vez de eso, los equipos cuentan con los recursos dentro de cada unidad de cuidado enfocada, con el fin de proporcionarle al paciente una atención total. Aun cuando los hospitales tienen cierta preocupación acerca de la ineficacia funcional en el empleo de ciertas instalaciones, la organización del proceso ha dado por resultado un costo de operación considerablemente más bajo, una recuperación más rápida del paciente y una mayor satisfacción por parte de éste y de quienes proporcionan los cuidados.

Fuente: Iain Somerville y John Edward Mroz, "New Competencies for a New World", en *The Organization of the Future,* editado por Frances Hesselbein, Marshall Goldsmith y Richard Beckard, Jossey-Bass, San Francisco, 1997, p. 71.

mina el medio de envío (ferrocarril, camión, avión o barco) y elige la ruta y el transportista. Manejo del producto lo recoge en el almacén, verifica la entrega contra el pedido y empaca los bienes para su envío. Tráfico le entrega los bienes al transportista, que asume la responsabilidad de la entrega al cliente. Cada entrega de un departamento al siguiente implica colas y tiempos de espera. Aun cuando una organización así incorpora el principio de Adam Smith de la división del trabajo ("cada persona involucrada tiene una responsabilidad específica de desempeñar una sola tarea"), principio que permite un rígido control administrativo ("todos los que participan en el proceso son responsables ante un administrador respecto a la eficiencia y el apego a los procedimientos"), *nadie supervisa todo el proceso y su resultado.*[18] La entrega del pedido en forma precisa y a tiempo, a pesar de su pertinencia para una ejecución efectiva de la estrategia, no es el trabajo de una sola persona ni el trabajo de cualquier departamento funcional, es una habilidad que se deriva de las partes combinadas del trabajo de muchas personas en diferentes unidades.[19] Otras actividades críticas para la estrategia, a menudo fragmentadas, incluyen la retroalimentación por parte de los clientes y que permiten modificar el producto para satisfacer sus necesidades, disminución del tiempo de traslado de los nuevos productos al mercado —tarea fragmentada en investigación y desarrollo, ingeniería, compras, fabricación y marketing—, mejoramiento de la calidad del producto, administración de las relaciones con los proveedores clave y desarrollo de las habilidades para hacer negocios a través de Internet.

Los administradores deben tomar precauciones contra los diseños organizacionales que fragmentan en forma indebida las actividades estratégicamente pertinentes. Los esfuerzos para dividir el trabajo crítico para la estrategia entre muchos departamentos especializados contribuye a una obsesión por la actividad (desempeñar las tareas asignadas en la forma prescrita), en vez de por el resultado (costos más bajos, tiempos más breves de desarrollo del producto, mayor calidad del producto, satisfacción del cliente y ventaja competitiva). Todos esos pasos de un departamento a otro prolongan el tiempo de terminación y con frecuencia aumentan los costos de los gastos generales, debido a que la coordinación de las partes fragmentadas puede consumir horas de esfuerzo de parte de muchas personas. *Una solución obvia es retirar las partes de los procesos que son críticas para la estrategia de los sitios funcionales y crear departamentos del*

[18] *Idem.*
[19] *Ibid.*, pp. 27-28.

proceso completo, capaces de desempeñar todos los pasos interfuncionales necesarios para producir un resultado crítico para la estrategia. (Véase la Cápsula ilustrativa 30 para un ejemplo de la organización del proceso.) En los años recientes, muchas compañías que han llevado a cabo una reingeniería de sus flujos de trabajo, cambiando de las estructuras funcionales por las del proceso, han buscado esta solución en donde era factible hacerlo.[20] Sin embargo, cierta fragmentación es necesaria e incluso deseable. La centralización funcional tradicional opera en forma ventajosa para las actividades de apoyo como finanzas y contabilidad, administración de recursos humanos e ingeniería, y en actividades principales tales como investigación y desarrollo, fabricación y marketing.

De manera que los componentes organizacionales principales dentro de un negocio por lo común son una combinación de los departamentos funcionales tradicionales y de los departamentos del proceso completo. En las empresas con operaciones en varios países, los componentes básicos también pueden incluir unidades organizacionales geográficas, cada una de las cuales tiene la responsabilidad de las pérdidas y las utilidades en su área. En las empresas verticalmente integradas, los principales componentes son las unidades divisionales, cada una de las cuales desempeña uno (o más) de los principales pasos de procesamiento a lo largo de la cadena de valor (producción de materia prima, fabricación de componentes, ensamble, distribución de mayoreo, operaciones de tiendas de menudeo); cada división en la secuencia de la cadena de valor puede operar como un centro de utilidades para propósitos de la medición del desempeño. Los componentes típicos de una compañía diversificada son sus negocios individuales y por lo común cada unidad de negocios opera como un centro de utilidades independiente y la matriz corporativa desempeña las funciones de apoyo para todos los negocios.

Determinación del grado de autoridad y de independencia que se debe conceder a cada unidad y a cada empleado Las compañías deben decidir cuánta autorización les deben conceder a los administradores de cada unidad organizacional (en especial a los directores de las subsidiarias de negocios, de los departamentos funcionales y de los departamentos del proceso) y qué tanta libertad en la toma de decisiones concederles a los empleados en el desempeño de sus trabajos. En una organización altamente centralizada, los altos ejecutivos conservan la autoridad sobre la mayor parte de las decisiones estratégicas y de la operación y controlan rígidamente a los directores de las unidades de negocios y de los departamentos; se concede una autoridad discrecional comparativamente mínima a los administradores subordinados y a los empleados. Una debilidad de la organización centralizada es que su naturalcza vertical y jerárquica tiende a detener la toma de decisiones hasta que el proceso de revisión y aprobación sigue su curso a través de los niveles de la burocracia administrativa. Además, para que opere correctamente, la toma de decisiones centralizada requiere que los administradores en el nivel superior recopilen y procesen cualesquiera conocimientos pertinentes para la decisión. Cuando el conocimiento pertinente reside en los niveles organizacionales más bajos, es técnico o detallado, o difícil de expresar, resulta complicado poner todos los hechos y los matices delante de quien toma la decisión y además eso lleva mucho tiempo; el conocimiento no se puede "copiar" de una mente a otra. En muchos casos, es mejor delegar la autoridad para la toma de decisiones en las personas que están más familiarizadas con la situación y capacitarlas para que ejerzan un criterio sólido, en vez de tratar de transmitir los conocimientos y la información a lo largo de la línea hasta la persona que tiene la autoridad para tomar decisiones.

El hecho de que un número reducido de administradores omniscientes en el nivel superior microadministren el negocio tiene serias desventajas.

[20] Para un repaso detallado de las experiencias de una compañía con la reingeniería, véase Donna B. Stoddard, Sirkka L. Jarvenpaa y Michael Littlejohn. "The Reality of Business Reengineering: Pacific Bell's Centrex Provisioning Process", en *California Management Review* 38, núm. 3, primavera de 1996, pp. 57-76.

En una organización altamente descentralizada, los administradores y cada vez más) muchos empleados no administrativos tienen la autoridad para actuar por cuenta propia en sus áreas de responsabilidad; los administradores de la planta tienen la autoridad para ordenar nuevo equipo según sea necesario y hacer arreglos con los proveedores de partes y componentes; los administradores (o los equipos) del proceso tienen la autoridad para administrar y mejorar el proceso que les han asignado, y los empleados que tienen contacto con los clientes cuentan con la autoridad para hacer lo necesario con el fin de complacerlos. Por ejemplo, en Starbucks, los empleados tienen la autoridad de ejercer su iniciativa para promover la satisfacción del cliente. Hay una anécdota del empleado de una tienda que, cuando se cayó la línea del sistema computarizado de las cajas registradoras, les ofreció con entusiasmo "café gratis" a los clientes que esperaban en la fila.[21] En una compañía diversificada que opera conforme al principio de la toma de decisiones descentralizada, los directores de las unidades de negocios tienen amplia autoridad para administrar la subsidiaria con una interferencia mínima de la matriz corporativa y, además, el director del negocio les concede a los directores del departamento funcional y del proceso una libertad considerable en la toma de decisiones.

El propósito de la descentralización no es delegar las decisiones en los niveles inferiores, sino conferir la autoridad de la toma de decisiones a aquellos equipos o personas que están más cerca de la situación o mejor enterados de ella.

La delegación de una autoridad mayor en los administradores y empleados subordinados crea una estructura más horizontal de la organización, es decir, con menos niveles. Mientras que los administradores y empleados en una estructura vertical centralizada deben ascender en la escala de autoridad en busca de una respuesta, en una estructura horizontal descentralizada desarrollan sus propias respuestas y planes de acción tomando decisiones y siendo responsables en parte de los resultados de su trabajo. La toma de decisiones centralizada por lo común abrevia los tiempos de respuesta organizacionales y además estimula nuevas ideas, un pensamiento creativo, la innovación y una mayor participación por parte de los administradores y empleados subordinados.

En los años recientes, ha ocurrido un cambio decidido de las estructuras autoritarias y jerárquicas a estructuras más planas y descentralizadas, que hacen hincapié en la delegación de autoridad en los empleados. La nueva preferencia se basa en tres principios:

1. *Ahora que la economía mundial está cambiando rápidamente de la Era Industrial a la Era de los Sistemas de Conocimientos/Información, las estructuras jerárquicas tradicionales desarrolladas alrededor de una especialización funcional se deben someter a una cirugía radical, con el fin de poner mayor énfasis en el desarrollo de capacidades interfuncionales competitivamente valiosas*; las mejores compañías deben ser capaces de actuar y reaccionar con rapidez, y crear, seleccionar y mover rápidamente la información hasta el punto en que se necesita; en breve, las compañías deben reinventar sus arreglos organizacionales.
2. *La autoridad para la toma de decisiones se debe delegar en los empleados a nivel inferior de la administración que son capaces de tomar decisiones oportunas, informadas y competentes*, es decir, en aquellas personas (administradores o no) que están más enteradas de la situación y de los problemas y que están más capacitadas para sopesar todos los factores. En lo que concierne a la administración estratégica, la descentralización significa que los administradores de cada unidad organizacional no sólo deben guiar el diseño de la estrategia de su propia unidad, sino también la toma de decisiones sobre cómo ponerla en práctica. Por consiguiente, la descentralización requiere seleccionar a administradores capaces para que estén al frente de cada unidad organizacional y hacerlos responsables de diseñar y

[21] Iain Somerville y John Edward Mroz, "New Competencies for a New World", en *The Organization of the Future*, Frances Hesselbein, Marshall Goldsmith y Richard Beckard (eds.), Jossey-Bass, San Francisco, 1997, p. 70.

ejecutar estrategias apropiadas para sus unidades. Es necesario destituir a los administradores que constantemente producen resultados insatisfactorios y tienen récords deficientes en el diseño y la puesta en práctica de la estrategia.

3. *Es necesario delegar la autoridad en los empleados a un nivel inferior de la administración, con el fin de que ejerzan su criterio en los asuntos correspondientes a su trabajo.* El motivo de delegar la autoridad en los empleados para que tomen decisiones y sean responsables de su desempeño, se basa en la creencia de que una compañía que recurre la inteligencia combinada de todos sus empleados puede superar el desempeño de una compañía en donde la administración del personal significa traducir las decisiones de los ejecutivos sobre lo que se debe hacer y cómo en acciones de quienes desempeñan el trabajo. Para asegurarse de que las decisiones de quienes tienen la autoridad estén tan bien informadas como sea posible, es necesario un gran esfuerzo para poner al alcance de todos los datos exactos y oportunos y asegurarse de que comprendan los vínculos entre su desempeño y el de la compañía. La eliminación de los niveles corporativos, aunada a los sistemas de comunicación electrónicos actuales, hacen que sea factible una mayor delegación de la autoridad. Ahora es posible crear "una compañía cableada", en la que las personas de todos los niveles organizacionales tienen un acceso electrónico directo a los datos y a otros empleados, administradores, proveedores y clientes; pueden tener un rápido acceso a la información (a través de Internet o de la red interna de la compañía), verificarla con sus superiores o con alguien más, según sea necesario, y emprender una acción responsable. Por lo común, hay genuinas ganancias en la moral cuando las personas están bien informadas y se les permite que operen en una forma autodirigida. Pero también hay un reto en la organización: cómo ejercer un control adecuado sobre los empleados en quienes se ha delegado la autoridad, de manera que el negocio no corra un riesgo al mismo tiempo que se obtienen beneficios de la delegación de autoridad.[22]

La puesta en práctica exitosa de la estrategia implica delegar la autoridad en otros, con el fin de que actúen y hagan todo lo necesario para establecer la estrategia y ejecutarla de una manera eficiente.

Una de las principales excepciones en la descentralización de las decisiones relacionadas con la estrategia y con la proporción de una mayor libertad de operación a los administradores en un nivel inferior, surge en las compañías diversificadas con negocios relacionados. En tales casos, los beneficios del ajuste estratégico a menudo se capturan mejor centralizando la autoridad de la toma de decisiones, o bien, exigiendo una estrecha cooperación y una toma de decisiones compartida.[23] Por ejemplo, si los negocios con procesos y tecnologías del producto traslapados tienen sus propios departamentos de investigación y desarrollo y cada uno busca sus propios proyectos, prioridades y agendas estratégicas, es difícil que la matriz corporativa evite la duplicación de esfuerzos, capture ya sea economías de escala o economías de enfoque, o amplíe la visión de los esfuerzos de investigación y desarrollo de la compañía para incluir trayectorias tecnológicas, familias de productos, aplicaciones para el usuario final y grupos de clientes nuevos. De la misma manera, la centralización del control sobre las actividades relacionadas de negocios separados tiene sentido cuando hay

La centralización de la autoridad para la puesta en práctica de la estrategia a nivel corporativo tiene mérito cuando es necesario que las actividades relacionadas de los negocios relacionados están estrechamente coordinadas.

[22] Un requerimiento serio es ejercer un control adecuado en los negocios que necesitan tiempos de respuesta breves y ser creativos. Por ejemplo, Kidder, Peabody & Co., perdió 350 millones de dólares cuando un comerciante supuestamente asentó en sus libros utilidades ficticias; Sears aceptó un castigo después de reconocer que los empleados en su departamento de servicio automotriz recomendaban a los clientes reparaciones innecesarias. Para una exposición de los problemas y las posibles soluciones, véase Robert Simons, "Control in an Age of Empowerment", en *Harvard Business Review* 73, marzo-abril de 1995, pp. 80-88.

[23] Para una exposición de la importancia de la coordinación entre los negocios, véase Jeanne M. Liedtka, "Collaboration across Lines of Business for Competitive Advantage", en *Academy of Management Executive* 10, núm. 2, mayo de 1996, pp. 20-34.

oportunidades para compartir una fuerza de ventas común, utilizar canales de distribución comunes, confiar en una organización de servicio en el campo para manejar las solicitudes de ayuda técnica de los clientes, proporcionar servicios de mantenimiento y reparación, etc. Y por las razones que antes expusimos, también es necesario establecer límites sobre la independencia de los administradores funcionales cuando algunas partes del proceso estratégico están ubicadas en diferentes unidades organizacionales y requieren una estrecha coordinación para lograr la máxima efectividad.

Reporte de las relaciones y de la coordinación entre las unidades La forma clásica de coordinar las actividades de las unidades organizacionales es posicionarlas de tal manera que las que están más estrechamente relacionadas se reporten con una sola persona (el director de un departamento funcional, un administrador del proceso o el director de un área geográfica). Los administradores en un nivel superior del orden de preferencia por lo general tienen autoridad sobre un mayor número de unidades organizacionales y, por consiguiente, la influencia para coordinar y unificar las actividades de las unidades bajo su supervisión. En esas estructuras, el funcionario de operaciones y los administradores a nivel del negocio acaban por ser los puntos centrales de la coordinación. Cuando una empresa busca una estrategia de diversificación relacionada, la coordinación de las actividades relacionadas de los negocios independientes a menudo requiere centralizar la autoridad de un solo funcionario a nivel corporativo. Además, las compañías con estrategias de diversificación relacionadas o no, por lo común centralizan las funciones del personal de apoyo tales como relaciones públicas, finanzas y contabilidad, beneficios para los empleados y sistemas de información a nivel corporativo.

Pero, como lo ilustra el ejemplo del registro de pedidos de los clientes, no siempre es factible posicionar verticalmente todas las partes de un proceso crítico para la estrategia y/o todas las unidades organizacionales correlacionadas bajo la autoridad de un solo ejecutivo. Es necesario complementar las relaciones formales de reporte. Las opciones para unificar los esfuerzos estratégicos de las unidades organizacionales correlacionadas incluyen el empleo de equipos de coordinación, de fuerzas laborales interfuncionales, de relaciones duales de reportes, de una red organizacional informal, de una cooperación voluntaria, de una compensación por incentivos vinculada con las medidas de desempeño del grupo y de una gran insistencia a nivel ejecutivo en el trabajo de equipo y en la cooperación interdepartamental (incluyendo la destitución de los administradores recalcitrantes que obstruyen los esfuerzos de colaboración).[24] Véase la Cápsula ilustrativa 31 para un ejemplo más detallado del establecimiento de los arreglos organizacionales necesarios y la creación de los resultados deseados.

La clave para entretejer las actividades de apoyo en el diseño de la organización, es establecer arreglos de reportes y coordinación que:

- Maximicen la forma en la cual las actividades de apoyo contribuyen a un mejoramiento en el desempeño de las actividades principales en la cadena de valor de la empresa.
- Refrenen los costos de las actividades de apoyo y minimicen el tiempo y la energía que las unidades de negocios deben dedicar a hacer negocios unas con otras.

---

[24] En ABB, una compañía de 30 000 millones de dólares con base en Europa que fabrica equipo de generación de energía y eléctrico y ofrece una amplia gama de servicios de ingeniería, un alto ejecutivo reemplazó de inmediato a los administradores de varias plantas que no estaban totalmente comprometidos en una estrecha colaboración para eliminar la duplicación en los esfuerzos de desarrollo del producto y de producción entre las plantas en varios países. Antes de eso el ejecutivo, al observar que las negociaciones entre los administradores sobre cuáles laboratorios y plantas se debían cerrar estaban detenidas, se había reunido con todos los administradores, les había pedido que encontraran una solución y les había expuesto cuáles opciones eran inaceptables, dándoles un límite de tiempo para encontrar una solución. Cuando varios de los administradores que asistieron a la junta no respondieron con el trabajo de equipo que se les había pedido, fueron reemplazados.

CÁPSULA ILUSTRATIVA 31 Coordinación de la tecnología entre las unidades en 3M Corp.

3M, compañía experta en tecnología, colabora de manera abierta y en cooperación con más de cien laboratorios alrededor del mundo, sin recurrir a tácticas proteccionistas de áreas estratégicas o a la discriminación de inventos ajenos. La administración de 3M ha tenido éxito en la creación de un ambiente de trabajo colegial que da por resultado que los científicos recurran unos a otros en busca de ayuda y consejo y de una transferencia rápida de la tecnología.

La administración estableció un consejo técnico, constituido por los directores de los principales laboratorios; el consejo se reúne mensualmente y organiza una reunión anual de tres días con el fin de exponer las formas de mejorar la transferencia de la tecnología entre las unidades y otros aspectos de interés común. Además, la administración creó un foro técnico de base más amplia, constituido por científicos y expertos elegidos como representantes, con el fin de facilitar las comunicaciones básicas entre los empleados de todos los laboratorios. Una de las responsabilidades del foro es organizar en grupos a los empleados de todos los laboratorios que tienen intereses técnicos similares; los miembros de los grupos asisten a seminarios regulares con expertos que no son de la compañía. También hay una feria de la tecnología de tres días, durante la cual los científicos de 3M muestran a sus colegas sus últimos descubrimientos y amplían su red de relaciones personales.

Como resultado de estos esfuerzos de colaboración, 3M ha desarrollado una cartera de más de 100 tecnologías y ha creado la capacidad de utilizarlas en forma rutinaria en aplicaciones del producto en tres divisiones diferentes que sirven cada una a múltiples mercados.

Fuente: Adaptado de Sumantra Ghoshal y Christopher A. Bartlett, "Changing the Role of Top Management: Beyond Structure to Process", en *Harvard Business Review* 73, núm. 1, enero-febrero de 1995, pp. 93-94.

Asignación de la responsabilidad de la colaboración con personas ajenas a la compañía Es necesario asignar a alguna persona o a algún grupo la autoridad y responsabilidad de colaborar con cada uno de los grupos externos involucrados en la ejecución de la estrategia. Esto significa exigir que los administradores que tienen la responsabilidad de formar asociaciones o alianzas estratégicas particulares generen los beneficios pretendidos. Si las estrechas relaciones con los proveedores son críticas, entonces es necesario asignar a la autoridad y a la administración de la cadena de suministro una posición formal en el diagrama de la organización de la compañía y una posición significativa en el orden de preferencia. Si las relaciones entre distribuidor, comerciante y franquiciatario son importantes, se debe asignar a alguien la tarea de construir los puentes de cooperación y fomentar las relaciones. Si el trabajo en paralelo con los proveedores de productos y servicios complementarios contribuye a un mejoramiento de la capacidad organizacional, entonces es necesario hacer arreglos de cooperación organizacional de alguna clase y administrarlos para que su efecto sea positivo. No basta con el simple nombramiento de administradores de la relación y con delegar en ellos la autoridad; es necesario que existan vínculos múltiples en niveles igualmente múltiples, con el fin de asegurar la comunicación, la coordinación y el control apropiados.[25]

La clave para las alianzas y las asociaciones de cooperación es administrar de una manera efectiva la relación y capturar la ganancia potencial en la capacidad de recursos, no hacer el trato.

El reto en la organización es encontrar formas de abarcar las fronteras de las organizaciones independientes y producir los esfuerzos de colaboración necesarios para mejorar las capacidades competitivas y las fortalezas de recursos de la compañía.[26] *La formación de alianzas y relaciones de cooperación ofrece oportunidades inmediatas y abre la puerta a futuras posibilidades, pero no se logra nada valioso hasta que la relación crece, se desarrolla y florece.* A menos que la administración se cerciore de que ocurra la creación de ese puente y se hagan considerables esfuerzos para crear relaciones de trabajo productivas, el poder de la compañía para ejecutar su estrategia se debilita.

[25] Rosabeth Moss Kanter, "Collaborative Advantage: The Art of the Alliance", en *Harvard Business Review* 72, núm. 4, julio-agosto de 1994, pp. 105-106.

[26] Para un excelente repaso de las formas de administrar de una manera efectiva la relación entre los socios de la alianza, véase Kanter, *op. cit.*, pp. 96-108.

Las ventajas y desventajas estratégicas de diferentes estructuras organizacionales

Hay cinco programas de los componentes básicos para igualar la estructura con la estrategia: 1) funcional y/o de especialización del proceso; 2) organización geográfica; 3) divisiones de negocios descentralizadas; 4) unidades estratégicas de negocios, y 5) estructuras de matriz, que se caracterizan por líneas de autoridad duales y por una prioridad estratégica. Cada uno tiene ventajas y desventajas y cada uno se debe complementar con arreglos organizacionales formales e informales para coordinar totalmente el esfuerzo de trabajo, desarrollar competencias centrales y crear capacidades competitivas.

Estructuras de organización funcional y del proceso Las estructuras organizacionales basadas en departamentos funcionalmente especializados y procesos críticos para la estrategia decididamente son la forma más popular de igualar la estructura con la estrategia en las empresas de un solo negocio. Sin embargo, la forma exacta que adopta la especialización funcional y del proceso varía según la naturaleza de la cadena de valor. Por ejemplo, un fabricante de instrumentos técnicos se puede organizar en torno a los aspectos de investigación y desarrollo, ingeniería, producción, servicios técnicos, control de calidad, marketing, personal y finanzas y contabilidad. Un hotel puede tener una organización basada en las operaciones de la recepción, aseo, mantenimiento del edificio, servicio de alimentos, servicios de convenciones y eventos especiales, servicios a los huéspedes, personal y capacitación, y contabilidad. Un minorista de descuento puede dividir sus unidades organizacionales en compras, almacenamiento y distribución, operaciones en la tienda, publicidad, ventas y promoción, servicio al cliente y servicios administrativos corporativos. En la figura 9-2 presentamos un diagrama de los enfoques organizacionales funcionales y del proceso.

El hecho de convertir las funciones o los procesos especializados en los principales componentes organizacionales funciona bien siempre y cuando las actividades críticas para la estrategia se igualen bien con las especialidades funcionales y/o los procesos de negocios, haya una necesidad mínima de coordinación interdepartamental y la administración en el nivel superior pueda evitar las rivalidades departamentales y crear un espíritu de trabajo de equipo, confianza y cooperación interna. Las unidades departamentales que tienen experiencia en el desempeño de cada faceta ofrecen una forma atractiva de: 1) aprovechar cualquiera de los beneficios de la curva de aprendizaje/experiencia u oportunidades de economías de escala de la división del trabajo y del empleo de tecnología y equipo especializados, y 2) desarrollar una considerable experiencia en una función o un proceso importantes para el negocio. Cuando la profundidad dominante en una o más especialidades funcionales o procesos de negocios mejora la eficiencia de la operación y/o crea una competencia valiosa, se convierte en una base para una ventaja competitiva (un costo más bajo o una mayor capacidad organizacional).

Las estructuras funcionales tradicionales que antes dominaban en las empresas de un solo negocio tienen tres grandes desventajas: una excesiva falta de visión funcional, el potencial para la fragmentación de los procesos de negocios críticos para la estrategia a lo largo de las líneas funcionales y la dificultad de desarrollar competencias y capacidades interfuncionales. Los especialistas funcionales se inclinan a enfocarse hacia el interior en los asuntos departamentales y hacia arriba en las prioridades de sus jefes, pero no hacia afuera en el negocio, el cliente o la industria.[27] Los miembros de los departamentos funcionales por lo común tienen poderosas lealtades departamentales y

[27] Michael Hammer y James Champy, *Reengineering the Corporation*, p. 28.

FIGURA 9-2 Estructuras organizacionales funcionales y del proceso

A. Los componentes de una estructura organizacional funcional "típica"

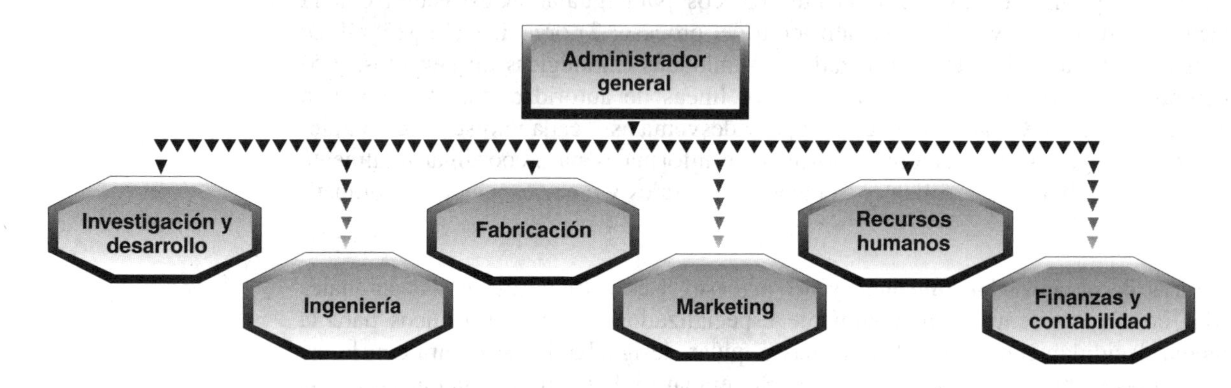

B. Los componentes de una estructura organizacional orientada al proceso

VENTAJAS ESTRATÉGICAS

- Control centralizado de los resultados estratégicos.
- Más adecuada para estructurar un solo negocio.
- Adecuada para los negocios en donde los componentes de la cadena de valor que son críticos para la estrategia consisten en actividades específicas de la disciplina u orientadas al proceso.
- Promueve una experiencia funcional a fondo.
- Adecuada para el desarrollo de capacidades y competencias funcionales y/o relacionadas con el proceso.
- Conduce al aprovechamiento de los efectos de la curva de aprendizaje/experiencia asociados con la especialización funcional o con la especialización del proceso.
- Mejora la eficiencia de la operación en donde las tareas son rutinarias y repetitivas.
- Puede ser una base para la ventaja competitiva cuando la profundidad dominante en una función o en un proceso es un factor clave para el éxito.
- La organización del proceso proporciona una forma de evitar la fragmentación de las actividades críticas para la estrategia a través de los departamentos funcionales.

DESVENTAJAS ESTRATÉGICAS

- La especialización funcional conduce a la fragmentación de los procesos críticos para la estrategia.
- El énfasis en la especialización funcional erige barreras organizacionales para la creación de competencias centrales interfuncionales y para una estrecha colaboración entre las líneas departamentales.
- Puede conducir a una rivalidad y un conflicto interfuncionales, en vez de a un espíritu de equipo y una cooperación.
- Las burocracias administrativas de múltiples niveles y la toma de decisiones centralizada retrasan los tiempos de respuesta.
- El desarrollo de la organización alrededor de departamentos funcionales con administradores que poseen experiencia interfuncional, debido a que la escala de promociones se da en la parte superior de los rangos dentro de la misma área funcional.
- Le impone la responsabilidad de utilidades al nivel superior.
- Los especialistas funcionales a menudo le conceden más importancia a lo que es mejor para el área funcional que a lo que es mejor para todo el negocio.
- La falta de visión funcional a menudo opera en contra de la actitud emprendedora creativa y de la rápida adaptación a las condiciones cambiantes del mercado.
- La especialización funcional erige barreras para la creación de competencias interfuncionales y para la estrecha colaboración departamental.

protegen los intereses de sus departamentos. Hay una tendencia natural a que cada departamento funcional presione en busca de soluciones y decisiones que mejoren su bienestar y su influencia. Todo esto crea un ambiente organizacional en donde los departamentos funcionales operan como silos o tubos de chimenea vertical y se convierten en un terreno fértil para las burocracias, la creación de imperios, la toma de decisiones autoritaria y las perspectivas limitadas. Además, la preocupación de los departamentos funcionales por el desarrollo de una experiencia más profunda y por el mejoramiento del desempeño funcional opera contra la posibilidad de idear respuestas creativas a los principales cambios del cliente, del mercado y tecnológicos; los directores funcionales a menudo actúan con rapidez para oponerse a ideas o alternativas que no son compatibles con los intereses funcionales. Las estructuras funcionales clásicas también empeoran los problemas de la fragmentación del proceso siempre que la cadena de valor de una empresa incluye actividades críticas para la estrategia que, por su naturaleza misma, son interfuncionales más que específicas de la disciplina. De la misma manera, es difícil desarrollar competencias centrales y capacidades interfuncionales en un ambiente dominado por imperios funcionales poderosamente arraigados que "no hablan el mismo idioma" y prefieren dedicarse a lo suyo sin una interferencia externa.

Una gran debilidad de los departamentos funcionales es que se inclinan a desarrollar poderosas mentalidades funcionales y abordan los problemas estratégicos desde una perspectiva funcional, más que del negocio.

Las políticas interdepartamentales, la creación de imperios funcionales, la falta de visión funcional, la fragmentación del proceso y la necesidad de desarrollar competencias y capacidades interfuncionales le pueden imponer una carga administrativa que requiere mucho tiempo al administrador general, quien es la única persona en un diagrama de la organización funcionalmente dominado con la autoridad para frenar las rivalidades y exigir la cooperación interdepartamental. En una estructura funcionalmente dominada, gran parte del tiempo y de la energía del administrador general se dedican a mantener abiertas las líneas de comunicación entre los departamentos, mitigar las rivalidades departamentales, convencer a quienes tienen una mentalidad de *tubo de chimenea* de los méritos de soluciones más amplias, idear formas de asegurar la cooperación y trabajar para modelar las competencias centrales y las capacidades interfuncionales deseables. Con el fin de lograr la coordinación interfuncional necesaria para el éxito estratégico, un administrador general debe 1) complementar la estructura de la organización funcional creando departamentos completos del proceso para manejar las actividades críticas para la estrategia que atraviesan las líneas funcionales, o bien 2) ser firme e inflexible al insistir en que los directores de los departamentos funcionales sean miembros del equipo y en que los especialistas funcionales colaboren y cooperen.

Cada vez más durante la última década, las compañías han encontrado que en vez de seguir dispersando partes de un proceso de negocios entre varios departamentos funcionales y luchar para integrar sus esfuerzos, es mejor hacer una reingeniería del esfuerzo de trabajo y crear departamentos del proceso, atrayendo a las personas que desempeñaban las partes en los departamentos funcionales hacia un grupo que trabaja unido para desempeñar todo el proceso.[28] Esto fue lo que hizo Bell Atlantic al ignorar sus procedimientos burocráticos para conectar el teléfono de un cliente con su servidor de larga distancia.[29] En la estructura funcional de Bell Atlantic, cuando un cliente de negocios solicitaba una conexión entre su sistema telefónico y un servidor de larga distancia para obtener servicios de datos, la solicitud viajaba de un departamento a otro y se requerían de dos a tres semanas para completar todos los pasos del procesamiento interno. Al hacer una reingeniería del proceso, Bell Atlantic sacó de los departamentos funcionales a los trabajadores que se encargaban de partes del proceso y los organizó en equipos que, al trabajar juntos, podían manejar la mayor parte de las solicitudes de los

[28] *Ibid.*, p. 66.

[29] *Ibid.*, pp. 66-67.

clientes en cuestión de días y en ocasiones de horas. Debido a que el trabajo era recurrente, es decir, a que era necesario procesar diariamente solicitudes similares de los clientes, los equipos se agruparon en forma permanente en un departamento de procesos. En la industria electrónica, en donde los ciclos de vida del producto a menudo son menos de un año, los compañías han formado departamentos de procesos encargados de reducir el tiempo requerido para el desarrollo de nuevas tecnologías y llevar los productos al mercado. Sin embargo, algunas compañías se han detenido en la creación de departamentos de procesos y, en vez de eso, han nombrado administradores del proceso o equipos interdisciplinarios para que supervisen la coordinación de los procesos fragmentados y de las actividades críticas para llevar a cabo la estrategia. Aun cuando los medios para unificar el desempeño de los procesos y de las actividades críticas de la estrategia han variado, en la actualidad muchas compañías han incorporado alguna forma de organización del proceso para contrarrestar las debilidades de una estructura puramente funcional. Los métodos de la reingeniería de los procesos fragmentados y la creación de flujos de trabajo más completos en el proceso, así como los resultados que puede producir la reingeniería, se presentan en la Cápsula ilustrativa 32.

Formas de organización geográfica La organización sobre la base de áreas o territorios geográficos es una forma estructural común para las empresas que operan en diversos mercados o que sirven a una extensa área geográfica. Como lo indica la figura 9-3, la organización geográfica tiene sus ventajas y desventajas, pero la razón principal de su popularidad es que promueve el desempeño mejorado.

En el sector privado, los minoristas de descuento, las compañías de energía, las empresas cementeras, las cadenas de restaurantes y las empresas de productos lácteos por lo común utilizan una estructura territorial. En el sector público, las organizaciones como el Internal Revenue Service, la Social Security Administration, los tribunales federales, el Servicio Postal de Estados Unidos, la policía estatal y la Cruz Roja han adoptado estructuras territoriales con el fin de que las clientelas geográficamente dispersas tengan un acceso directo a ellas. Las empresas multinacionales utilizan estructuras geográficas para administrar la diversidad que encuentran al operar a través de las fronteras nacionales, a menudo fragmentándose en una división doméstica y una internacional o, cuando las operaciones internacionales son bastante grandes, en divisiones para cada continente o cada país importante.

Una estructura de organización geográfica es adecuada para las empresas que buscan diferentes estrategias en distintas regiones geográficas.

Raymond Corey y Steven Star citan a Pfizer International como un buen ejemplo de una compañía cuyos requerimientos estratégicos hacen que la descentralización geográfica resulte ventajosa:

> Pfizer International operaba plantas en 27 países y vendía en más de 100. Sus líneas de productos incluían productos farmacéuticos (antibióticos y otros medicamentos de prescripción ética), agrícolas y veterinarios (complementos alimenticios y vacunas para animales e insecticidas), productos químicos (refinados, farmacéuticos a granel, petroquímicos y plásticos) y para el consumidor (cosméticos y artículos de tocador).
>
> Diez administradores de área geográfica se reportaban directamente al presidente de Pfizer International y ejercían la supervisión de línea sobre los administradores del país. Según una descripción de los puestos de la compañía, "la responsabilidad de cada administrador del área era planear, desarrollar y llevar a cabo los negocios de Pfizer International en las áreas extranjeras asignadas conforme a las políticas y las metas de la compañía".
>
> Los administradores del país tenían la responsabilidad de las utilidades. En la mayor parte de los casos, un solo administrador se ocupaba de todas las actividades de Pfizer en su país. En algunos de los países más grandes y desarrollados de Europa, había administradores del país diferentes para los productos farmacéuticos y agrícolas y para las líneas de productos para el consumidor.

CÁPSULA ILUSTRATIVA 32 Reingeniería: cómo la llevan a cabo las compañías y los resultados que han obtenido

La reingeniería de los procesos de negocios críticos para la estrategia, con el fin de reducir la fragmentación a lo largo de las líneas departamentales tradicionales y los gastos generales burocráticos, ha demostrado ser un instrumento legítimo para el diseño de la organización. No es una moda pasajera ni otro programa del mes ideado por la administración. La organización del proceso es un principio tan válido como la especialización funcional. La ejecución de la estrategia mejora cuando las partes de las actividades críticas para la estrategia y los procesos de negocios fundamentales los desempeñan diferentes departamentos y se integran y coordinan en forma apropiada.

Las compañías que han llevado a cabo una reingeniería de sus procesos de negocios han acabado por comprimir pasos y tareas que antes eran separados en trabajos que desempeña una sola persona, y por integrar los trabajos en actividades de equipo. Después sigue una reorganización, una consecuencia natural de la síntesis de las tareas y del rediseño del trabajo. Las experiencias de las compañías que han llevado a cabo con éxito una reingeniería y que han reestructurado sus operaciones en formas que respaldan la estrategia sugieren atacar la fragmentación del proceso y la reducción de los gastos generales de la siguiente manera:

- Desarrollando un diagrama de flujo del proceso de negocios total, incluyendo sus interacciones con otras actividades de la cadena de valor.
- Tratando de simplificar primero el proceso, eliminando tareas y pasos en donde sea posible y analizando cómo modernizar el desempeño de lo restante.
- Determinando qué partes del proceso se pueden automatizar (por lo común aquellas que son repetitivas, que llevan tiempo y que no requieren pensar mucho en ellas o requieren pocas decisiones); considerando la introducción de tecnologías avanzadas que se puedan mejorar, con el fin de lograr la siguiente generación de capacidades, y que proporcionen una base para ganancias adicionales en la productividad a lo largo del proceso.
- Llevando a cabo una reingeniería y después reorganizándola.
- Evaluando cada actividad en el proceso para determinar si es o no crítica para la estrategia. Las actividades críticas para la estrategia son candidatas a convertirse en hitos para lograr una posición de mejor desempeño en la industria o en el mundo.
- Sopesando los pros y los contras de asignar a fuentes externas las actividades que no son críticas o que contribuyen muy poco a las capacidades organizacionales y las competencias centrales.
- Diseñando una estructura para desempeñar las actividades que quedan: reorganizar dentro de la nueva estructura al personal y a los grupos que desempeñan esas actividades.

La reingeniería puede producir impresionantes ganancias en la productividad y en la capacidad organizacional cuando se lleva a cabo en la forma apropiada. En la sección de procesamiento de pedidos de la división de interruptores automáticos de General Electric, el tiempo transcurrido desde el recibo del pedido hasta la entrega se redujo de tres semanas a tres días al consolidar seis unidades de producción en una, reduciendo una variedad de pasos anteriores de inventario y manejo, automatizando el sistema de diseño para reemplazar un proceso de diseño ajustado a las necesidades desempeñadas por humanos y reduciendo los niveles organizacionales entre administradores y trabajadores de tres a uno. La productividad aumentó 20 por ciento en un año y los costos de fabricación por unidad bajaron un 30 por ciento.

Northwest Water, una compañía de servicios públicos británica, utilizó la reingeniería para eliminar 45 estaciones de trabajo que servían como base para las cuadrillas que instalaban y reparaban las líneas de agua y de albañales y el equipo. Las nuevas cuadrillas trabajaban directamente desde sus vehículos, recibiendo asignaciones y reportando la terminación del trabajo desde las terminales de computadora en sus camiones. Los miembros de las cuadrillas ya no son empleados, sino contratistas que trabajan para Northwest Water. Estos esfuerzos de reingeniería no sólo eliminaron la necesidad de las estaciones de trabajo, sino que también permitieron que Northwest Water eliminara un gran porcentaje del personal burocrático y de la organización de supervisión que controlaba a las cuadrillas.

No es posible pasar por alto la conclusión de que la reingeniería, combinada con sistemas de comunicación electrónica, con la delegación de la autoridad y con el empleo de equipos de trabajo autónomos, ofrece a los administradores de una compañía nuevas opciones importantes para el diseño de la organización. Las jerarquías organizacionales pueden ser más planas y es posible eliminar los niveles intermedios de la administración. La responsabilidad y la autoridad para la toma de decisiones se pueden impulsar hacia los niveles inferiores y hacia el exterior, a los puntos en la organización donde hay un contacto con el cliente. Los procesos críticos para la estrategia se pueden unificar y desempeñar con mayor rapidez y a un costo más bajo y es posible lograr que sean más responsivos a las preferencias y las expectativas cambiantes del cliente. Si se utilizan en la forma apropiada, estos nuevos enfoques al diseño pueden producir considerables ganancias en la creatividad organizacional y en la productividad de los empleados.

Fuentes: Basado en la información de James Brian Quinn, *Intelligent Enterprise*, Free Press, Nueva York, 1992, p. 162; T. Stuart, "GE Keeps Those Ideas Coming", en *Fortune*, 12 de agosto de 1991; Gene Hall, Jim Rosenthal y Judy Wade, "How to Make Reengineering Really Work", en *Harvard Business Review* 71, núm. 6, noviembre-diciembre de 1993, pp. 119-131, y Ann Majchrzak y Qianwei Wang, "Breaking the Functional Mind-Set in Process Organizations", en *Harvard Business Review* 74, núm. 5, septiembre-octubre de 1996, pp. 93-99.

FIGURA 9-3 Una estructura organizacional geográfica representativa

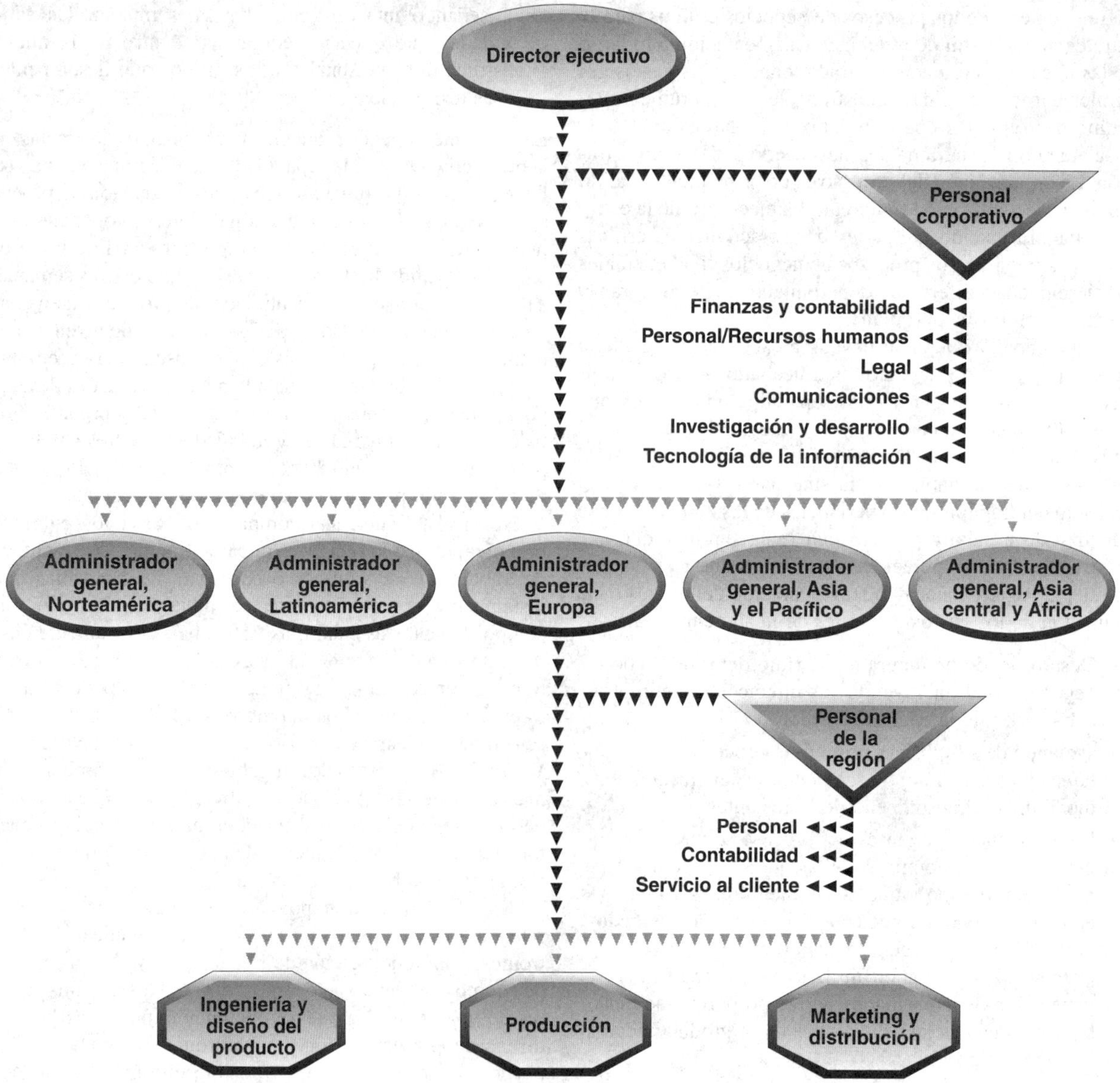

Director ejecutivo

Personal corporativo

Finanzas y contabilidad
Personal/Recursos humanos
Legal
Comunicaciones
Investigación y desarrollo
Tecnología de la información

Administrador general, Norteamérica
Administrador general, Latinoamérica
Administrador general, Europa
Administrador general, Asia y el Pacífico
Administrador general, Asia central y África

Personal de la región

Personal
Contabilidad
Servicio al cliente

Ingeniería y diseño del producto
Producción
Marketing y distribución

VENTAJAS ESTRATÉGICAS

- Permite el ajuste de la estrategia a las necesidades de cada mercado geográfico.
- Delega la responsabilidad de utilidades/pérdidas en el nivel estratégico más bajo.
- Mejora la coordinación funcional dentro del mercado objetivo.
- Aprovecha las economías de las operaciones locales.
- Las unidades regionales son un excelente terreno de capacitación para los administradores generales en el nivel superior.

DESVENTAJAS ESTRATÉGICAS

- Plantea el problema de qué tanta uniformidad geográfica debe imponer la matriz *versus* qué tanta diversidad geográfica se debe permitir.
- Una mayor dificultad para mantener una imagen/reputación uniforme de la compañía de un área a otra cuando los administradores del área geográfica ejercen demasiada libertad estratégica.
- Añade otro nivel de la administración para dirigir las unidades geográficas.
- Puede resultar en una duplicación de los servicios del personal en la matriz y en los niveles geográficos, creando una desventaja de costo.

Excepto por el hecho de que la matriz en Nueva York ejercía el control sobre los precios de ciertos productos para el mercado, en especial los precios de productos farmacéuticos que se utilizan mucho, los administradores del área y del país disfrutaban de una considerable autonomía en sus respectivas áreas geográficas. Esto era apropiado debido a que cada área y algunos países dentro de las áreas, ofrecen ambientes de mercado y reguladores únicos. En el caso de los productos farmacéuticos, agrícolas y veterinarios (las líneas más importantes de Pfizer International), las leyes nacionales afectaban las fórmulas, las dosis, el etiquetado, la distribución y a menudo el precio. Las restricciones comerciales afectaban el flujo de los productos farmacéuticos y químicos a granel y de los productos envasados y, de hecho, podían requerir el establecimiento de plantas de fabricación para abastecer a los mercados locales. La competencia también variaba en forma significativa de un área a otra.[30]

En Anderson Consulting, los componentes básicos de la organización son los grupos de práctica individuales que integran las oficinas geográficas dispersas en todo el mundo.

Unidades de negocios descentralizadas La agrupación de actividades a lo largo de las líneas del negocio y del producto ha sido un modelo de organización favorecido entre las empresas diversificadas durante los últimos 75 años, empezando con los esfuerzos pioneros de Du Pont y General Motors en la década de los años veinte. Las divisiones separadas de negocios/productos surgieron debido a que la diversificación hizo que el trabajo de los administradores funcionalmente especializados se volviera muy complejo. Imagínese los problemas que tendrían un ejecutivo de fabricación y su personal si, por ejemplo, estuvieran a cargo de 50 plantas diferentes que utilizaran 30 tecnologías distintas para fabricar 30 productos diferentes en ocho negocios/industrias distintos. En una empresa de múltiples negocios, la secuencia organizacional práctica se da del área corporativa a la de negocios y a la funcional dentro de un negocio, en vez de darse del área corporativa a la funcional (combinada para todos los negocios).

Por consiguiente, aun cuando los departamentos funcionales, los del proceso y las divisiones geográficas son los componentes básicos de la organización en una empresa de un solo negocio, en una corporación de múltiples negocios los componentes básicos son los negocios individuales.[31] La autoridad sobre cada unidad de negocios por lo común se delega en un administrador a nivel general. El enfoque es dejar a los administradores generales de la empresa a cargo de cada unidad de negocios, concederles la autoridad para formular y poner en práctica una estrategia de negocios, motivarlos con incentivos basados en el desempeño y hacerlos responsables de los resultados. Después, cada unidad de negocios opera como un centro de utilidades autosustentable y está organizada alrededor de cualquiera de los departamentos funcionales del proceso y unidades geográficas adecuadas para la estrategia de negocios, las actividades clave y los requerimientos de la operación.

En una empresa diversificada, los componentes organizacionales básicos son sus unidades de negocios; cada negocio opera como un centro de utilidades autosustentable.

Sin embargo, las unidades de negocios totalmente independientes plantean un problema para las compañías que buscan una diversificación relacionada: *no hay un mecanismo para coordinar las actividades relacionadas entre las unidades de negocios y compartir/transferir/desarrollar fortalezas de recursos mutuamente beneficiosas*. Como lo implica su calificación, las divisiones fragmentan, creando unidades potencialmente aisladas con barreras que inhiben la posibilidad de compartir fortalezas de recursos mutuamente beneficiosas. Puede ser difícil lograr que los administradores de las unida-

[30] Raymond Corey y Steven H. Star, *Organization Strategy: A Marketing Approach*, Harvard Business School, Boston, 1971, pp. 23-24.

[31] Más de 90 por ciento de las 500 empresas de *Fortune* emplea una estructura organizacional de unidad de negocios o divisional.

des de negocios independientes y de las unidades de negocios conscientes de su autonomía coordinen las actividades relacionadas y colaboren en formas que apalanquen las fortalezas de recursos y mejoren las capacidades organizacionales. Se inclinan a argumentar sobre cuál es su terreno y se resisten a que los hagan responsables de actividades que están fuera de su control.

Para obtener los beneficios del ajuste estratégico y del ajuste de recursos en una compañía diversificada, la matriz corporativa debe superponer algunos medios organizacionales internos para atravesar las fronteras y coordinar las actividades de las unidades de negocios relacionadas. Una opción es centralizar las funciones relacionadas a nivel corporativo; por ejemplo, establecer un departamento corporativo de investigación y desarrollo (si hay ajustes de la tecnología y del desarrollo del producto), crear una fuerza de ventas corporativa especial para que visite a los clientes que les compran a varias unidades de negocios de la compañía, combinar las redes de comerciantes y las organizaciones de las fuerzas de ventas de los negocios estrechamente relacionados, fusionar las funciones de procesamiento de pedidos y envío que tienen clientes comunes, o consolidar la producción de componentes y productos relacionados en un menor número de plantas más eficientes. Además, los funcionarios corporativos pueden desarrollar arreglos de bonificaciones que ofrezcan a los administradores de las unidades de negocios un incentivo para trabajar juntos. Si las relaciones del ajuste estratégico implican transferencias de capacidades o de tecnología entre los negocios, la matriz corporativa puede ordenar la transferencia de personas con la experiencia y los conocimientos requeridos de un negocio a otro, o formar equipos internegocios para abrir el flujo de tecnología patentada, de conocimientos administrativos y de capacidades relacionadas entre los negocios.

Principio de la administración estratégica

La estructura de una unidad de negocios descentralizada puede bloquear el éxito de una estrategia de diversificación relacionada, a menos que se ideen arreglos organizacionales específicos para coordinar las actividades relacionadas de los negocios relacionados.

En la figura 9-4 se muestra una estructura de organización típica de una línea de negocios, junto con los pros y los contra relacionados con la estrategia de esta forma organizacional.

Unidades estratégicas de negocios En las compañías ampliamente diversificadas, el número de unidades de negocios descentralizadas puede ser tan grande que el lapso de control resulta demasiado para un solo director ejecutivo. Entonces puede ser útil agrupar los negocios relacionados y delegar la autoridad sobre ellos en un ejecutivo *senior* que depende directamente del director ejecutivo. Aun cuando esto impone un nivel de administración entre los administradores a nivel del negocio y el director ejecutivo, puede mejorar la planeación estratégica y la coordinación, a nivel de la alta administración, de los diversos intereses de negocios. Esto explica tanto la popularidad del concepto del vicepresidente del grupo entre las compañías de múltiples negocios como la creación de unidades estratégicas de negocios.

Una *unidad estratégica de negocios* (UEN) es una agrupación de subsidiarias de negocios basada en elementos estratégicos importantes comunes para todas. Los elementos pueden ser un grupo de competidores que se traslapan, las actividades estrechamente relacionadas de la cadena de valor, una necesidad común de competir a nivel global, un énfasis en la misma clase de ventaja competitiva (costo bajo o diferenciación), factores clave para el éxito comunes u oportunidades de crecimiento relacionadas tecnológicamente. En General Electric, una pionera en el concepto de las UEN, 190 negocios se agruparon en 43 UEN y después se combinaron todavía más en seis "sectores".[32] En Union Carbide, 15 grupos

Concepto básico

Una unidad estratégica de negocios (UEN) es una agrupación de negocios relacionados bajo la supervisión de un ejecutivo senior.

[32] William K. Hall, "SBUs: Hot, New Topic in the Management of Diversification", en *Business Horizons* 21, núm. 1, febrero de 1978, p. 19. Para una excelente exposición de los problemas de la puesta en práctica del concepto de la UEN en 13 compañías, véase Richard A. Bettis y William K. Hall, "The Business Portfolio Approach—Where It Falls Down in Practice", en *Long Range Planning* 16, núm. 2, abril de 1983, pp. 95-104.

FIGURA 9-4 Estructura de la organización de una línea de negocios descentralizada

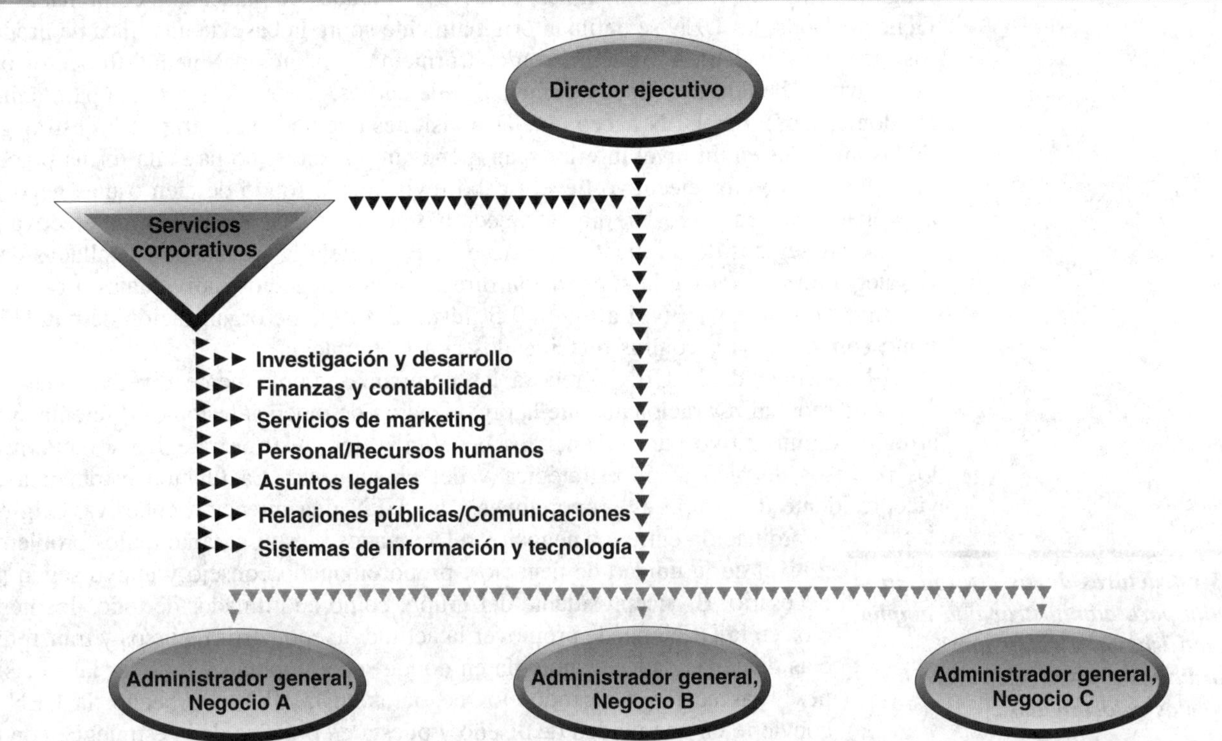

VENTAJAS ESTRATÉGICAS

- Ofrece un medio lógico y factible de descentralizar la responsabilidad y delegar la autoridad en las organizaciones diversificadas.
- Establece la responsabilidad del diseño y la puesta en práctica de la estrategia del negocio en estrecha proximidad con el ambiente único de cada negocio.
- Permite que cada unidad de negocios se organice alrededor de sus propias actividades clave de la cadena de valor, de sus procesos de negocios y de sus requerimientos funcionales.
- Deja en libertad al director ejecutivo para manejar los aspectos estratégicos corporativos.
- Asigna la responsabilidad clara de utilidades/pérdidas en manos de los administradores de las unidades de negocios.

DESVENTAJAS ESTRATÉGICAS

- Puede conducir a una costosa duplicación de las funciones del personal en los niveles corporativo y de la unidad de negocios, incrementando por consiguiente los costos de los gastos generales administrativos.
- Plantea un problema de cuáles decisiones se deben centralizar y cuáles descentralizar (los administradores del negocio necesitan la autoridad suficiente para desempeñar el trabajo, pero no tanta que la administración corporativa pierda el control de las decisiones clave a nivel del negocio.
- Puede conducir a una excesiva rivalidad en la división para obtener los recursos y la atención corporativos.
- La autonomía del negocio/división opera en contra del logro de la coordinación de actividades relacionadas en diferentes unidades de negocios, bloqueando por consiguiente hasta cierto grado la captura de los beneficios del ajuste estratégico y del ajuste de los recursos.
- La administración corporativa llega a depender en un alto grado de los administradores de las unidades de negocios.
- Los administradores corporativos pueden perder el contacto con las situaciones de las unidades de negocios y acabar por sorprenderse cuando surgen problemas por no saber gran cosa acerca de cómo resolverlos.

y divisiones se desintegraron en 150 "unidades de planeación estratégica" y después se reagruparon y se combinaron en nueve nuevas "unidades de planeación combinada". En General Foods, las UEN se definían originalmente sobre la base de una línea de productos, pero más adelante se redefinieron conforme a segmentos del menú (alimentos para el desayuno, bebidas, productos principales de carnes, postres y alimentos para animales domésticos). Las UEN hacen que las revisiones que hace la matriz de las estrategias de las unidades en un nivel inferior sean menos imponentes (no hay una forma práctica para que un director ejecutivo lleve a cabo revisiones a fondo de cien o más negocios diferentes). Sin embargo, un director ejecutivo puede revisar en una forma efectiva los planes estratégicos de un menor número de UEN y deja las revisiones detalladas de la estrategia de negocios y la supervisión directa de los negocios individuales a cargo de los directores de las UEN. La figura 9-5 ilustra la forma de organización de una UEN, junto con sus pros y contras relacionados con la estrategia.

El concepto de la UEN ofrece a las compañías ampliamente diversificadas una forma de reorganizar racionalmente la organización de muchos negocios diferentes y un arreglo administrativo para obtener los beneficios del ajuste estratégico y modernizar los procesos de planeación estratégica y del presupuesto. La función estratégica del vicepresidente del grupo es proporcionar a las UEN una dirección cohesiva, exigir la coordinación entre los negocios relacionados y estar al tanto de los problemas a nivel de la unidad de negocios, proporcionando consejo y apoyo según sea necesario. El vicepresidente del grupo, como coordinador de todos los negocios en la UEN, puede promover la actitud de compartir recursos y transferencias de capacidades/tecnología en donde sea apropiado y unificar las decisiones y las acciones de todos los negocios en la UEN. De hecho, la UEN se convierte en una unidad de diseño y puesta en práctica de la estrategia, con un campo de visión y operaciones más amplio que el de una sola unidad de negocios. Sirve como un mecanismo ampliamente diversificado de la compañía para capturar los beneficios del ajuste estratégico entre todos los negocios y contribuir a la ventaja competitiva que cada negocio en la UEN puede desarrollar por su cuenta. Además, ofrece una oportunidad para una "polinización cruzada" de las actividades de los negocios separados, creando idealmente la nueva capacidad suficiente para ampliar el alcance estratégico de una compañía hacia productos, tecnologías y mercados adyacentes.

Las estructuras de las UEN son un medio para administrar una amplia diversificación y exigir una coordinación estratégica entre los negocios relacionados.

Formas de organización de matriz Una organización de matriz es una estructura con dos (o más) canales de mando, dos líneas de autoridad de presupuesto y dos fuentes de desempeño y recompensas. La característica clave de la matriz es que la autoridad en un negocio/producto/proyecto/empresa y la autoridad en una función o en un proceso de negocios se sobreponen (para formar una matriz o un grid) y la responsabilidad de la toma de decisiones en cada unidad/cuadro de la matriz se comparte entre el administrador del equipo de negocio/producto/proyecto/empresa y el administrador funcional/del proceso, como se muestra en la figura 9-6. En una estructura de matriz, los subordinados tienen una *asignación dual continua*: con la línea del producto/proyecto/negocio/empresa y con su función/proceso base. La estructura resultante es un compromiso entre organizarse exclusivamente alrededor de la especialización funcional/del proceso o alrededor de la línea del producto, el proyecto, la línea de negocios o las divisiones de negocios especiales.

Las estructuras de matriz, aun cuando su administración es compleja y en ocasiones difícil, permiten que una empresa se organice al mismo tiempo en dos formas diferentes que respaldan la estrategia.

Una organización del tipo de matriz es una forma estructural genuinamente diferente y representa una "nueva forma de vida". Cambia el principio de la unidad de mando; dos canales para reportarse, dos jefes y la autoridad compartida crean una nueva clase de ambiente. En esencia, la matriz es un sistema de resolución del conflicto mediante el cual se negocian las prioridades estratégicas y de la operación, se comparte el poder y

FIGURA 9-5 Estructura de la organización de una UEN.

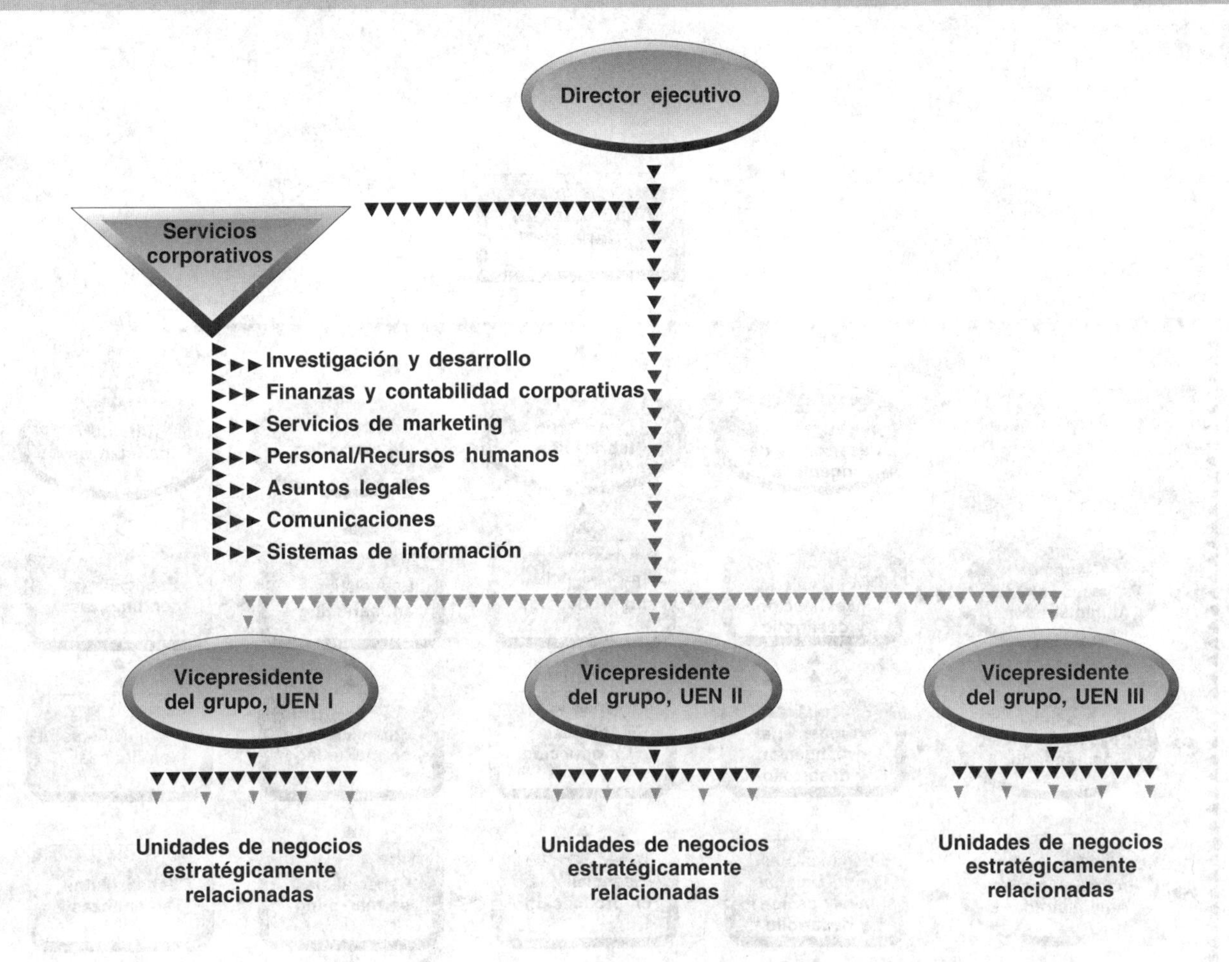

VENTAJAS ESTRATÉGICAS

- Ofrece una forma pertinente desde el punto de vista estratégico para organizar la cartera de la unidad de negocios de una compañía ampliamente diversificada.
- Facilita la coordinación de las actividades relacionadas dentro de una UEN, ayudando por consiguiente a capturar los beneficios de los ajustes estratégicos y de los ajustes de los recursos entre negocios relacionados.
- Promueve una cohesión y una colaboración mayores entre negocios separados pero relacionados.
- Permite que la planeación estratégica se lleve a cabo en el nivel más pertinente dentro de la empresa total.
- Hace que la tarea de la revisión estratégica a cargo de los altos ejecutivos sea más objetiva y efectiva.
- Ayuda a asignar los recursos corporativos a las áreas con las mejores oportunidades de crecimiento y utilidades.
- La posición de los vicepresidentes de grupo es un buen terreno de capacitación para los futuros directores ejecutivos.

DESVENTAJAS ESTRATÉGICAS

- Es fácil que la definición y la agrupación de los negocios en UEN sea tan arbitraria que ésta no sirva a ningún propósito, como no sea la conveniencia administrativa. Si los criterios para definir las UEN son racionalizaciones y tienen muy poco que ver con la esencia de la coordinación de la estrategia, entonces las agrupaciones pierden su verdadera importancia estratégica.
- Las UEN todavía pueden tener una falta de visión al trazar su futura dirección.
- Le añade otro nivel a la alta administración.
- Los papeles y la autoridad del director ejecutivo, del vicepresidente del grupo y del administrador de la unidad de negocios se deben delinear con cuidado, de lo contrario el vicepresidente del grupo se encuentra atrapado en medio con una autoridad mal definida.
- A menos que el director de la unidad de negocios tenga un carácter fuerte, es probable que haya muy poca coordinación o colaboración en la estrategia entre las unidades de negocios en la UEN.
- El reconocimiento del desempeño se vuelve confuso; hay una tendencia a concederle el crédito por las unidades de negocios exitosas al director ejecutivo, después al director de la unidad de negocios y por último al vicepresidente.

FIGURA 9-6 Matriz de la estructura de una organización

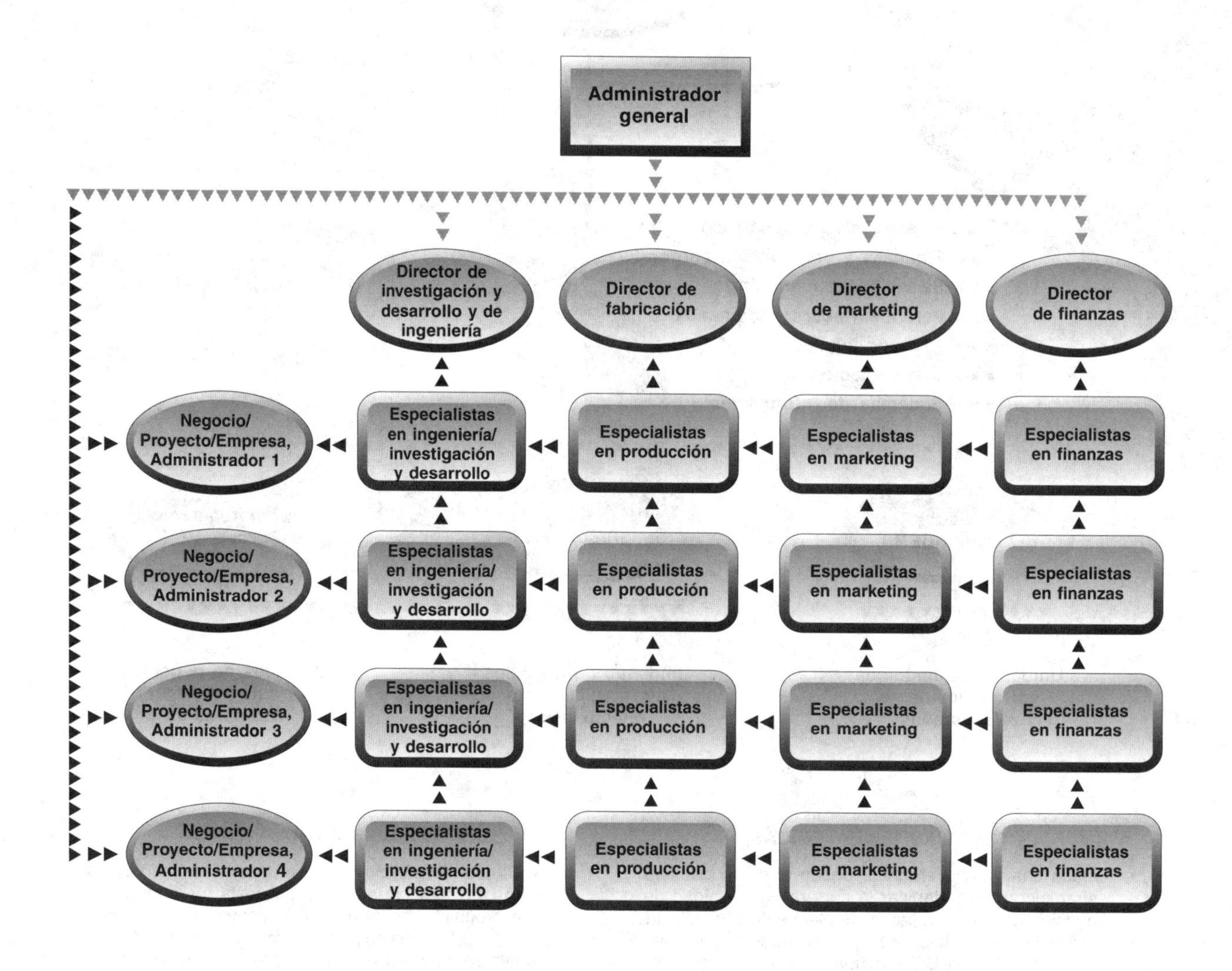

VENTAJAS ESTRATÉGICAS

- Le presta una atención formal a cada dimensión de la prioridad estratégica.
- Crea controles y equilibrios entre puntos de vista opuestos.
- Facilita la obtención de ajustes estratégicos funcionalmente basados en las compañías diversificadas.
- Promueve la toma de decisiones de trueque sobre la base de "lo que es mejor para la organización como un todo".
- Fomenta la cooperación, la creación de un consenso, la resolución de conflictos y la coordinación de actividades relacionadas.

DESVENTAJAS ESTRATÉGICAS

- Su administración es muy compleja.
- Es difícil mantener un "equilibrio" entre las dos líneas de autoridad.
- Tanta autoridad compartida puede dar por resultado un estancamiento en las transacciones y cantidades desproporcionadas de tiempo dedicado a las comunicaciones, a la creación de un consenso y a la colaboración.
- Es difícil moverse con rapidez y en forma decisiva sin verificar con muchas otras personas o sin obtener su aprobación.
- Promueve la burocracia organizacional e impide una actitud emprendedora creativa y la iniciativa.
- Opera con propósitos contrarios a los esfuerzos de delegar la autoridad en los administradores y empleados en niveles inferiores.

los recursos se asignan sobre la base del "caso más fuerte" para lo que en general es mejor para la unidad.[33]

El ímpetu para las organizaciones de matriz proviene del creciente empleo de estrategias que crean una necesidad simultánea de equipos del proceso, administradores de proyectos especiales, del producto, funcionales, del área geográfica, de nuevos negocios arriesgados y a nivel del negocio, todos con responsabilidades importantes. Cuando por lo menos dos variables (producto, cliente, tecnología, geografía, área funcional, proceso del negocio y segmento del mercado) tienen prioridades aproximadamente iguales, una organización de matriz puede ser una forma estructural efectiva. Una estructura de matriz promueve los controles y equilibrios internos entre los puntos de vista y las perspectivas en competencia, con administradores separados para las diferentes dimensiones de la iniciativa estratégica. Por consiguiente, un arreglo de matriz permite que cada una de varias consideraciones estratégicas se administre en forma directa y esté representada formalmente en la estructura de la organización. En ese sentido, ayuda a los administradores a nivel medio a tomar decisiones de trueques desde una perspectiva a nivel de toda la organización.[34] La otra gran ventaja de la organización de matriz es que puede ayudar a capturar el ajuste estratégico. Cuando los ajustes estratégicos en una compañía diversificada están relacionados con un área funcional específica (investigación y desarrollo, tecnología, marketing) o cruzan las líneas funcionales tradicionales, la organización de matriz puede ser un arreglo estructural razonable para coordinar la posibilidad de compartir actividades y la transferencia de capacidades. Las compañías que utilizan estructuras de matriz incluyen a General Electric, Texas Instruments, Citibank, Shell Oil, TRW, Bechtel, Boeing y Dow Chemical. La Cápsula ilustrativa 33 describe la forma en la cual una compañía ampliamente diversificada, con estrategias globales en cada uno de sus negocios, desarrolló una estructura de matriz para administrar sus operaciones en todo el mundo. Sin embargo, en la mayor parte de las compañías, el empleo de la organización de matriz está limitado a una *porción* de lo que hace la empresa, en vez de a todo su plan de organización.

Muchas compañías y muchos administradores evitan la organización de matriz debido a sus fuertes debilidades.[35] Es una estructura cuya administración resulta compleja; las personas acaban por sentirse confundidas o frustradas acerca de los mandos inmediatos y sus tareas. Las relaciones de trabajo entre las diferentes unidades organizacionales se vuelven más complicadas. Además, debido a que la matriz señala una necesidad de comunicación y consenso, es posible que el resultado sea una "obstrucción en las transacciones". Las personas en un área se sienten presionadas para hacer transacciones de negocios con personas en otra área y para abrirse paso a través de las burocracias. La acción se convierte en una parálisis debido a que, con la autoridad compartida, es difícil avanzar en una forma decisiva sin antes verificar con otras personas y obtener su autorización. Se pierde una gran cantidad de tiempo y energía física en las juntas y en las comunicaciones de un lado a otro. Los considerables costos de las transacciones y los tiempos más largos para tomar decisiones pueden dar por resultado que se logra muy poco trabajo con un valor agregado. Incluso así, en algunas situaciones los beneficios de la resolución de conflictos, de la creación de un consenso y de la coordinación superan a estas debilidades, como lo indica el ejemplo de ABB en la Cápsula ilustrativa 33.

---

[33] Para dos críticas excelentes de las organizaciones de matriz, véase Stanley M. Davis y Paul R. Lawrence, "Problems of Matrix Organizations", en *Harvard Business Review* 56, núm. 3, mayo-junio de 1978, pp. 131-142, y Erik W. Larson y David H. Gobeli, "Matrix Management: Contradictions and Insights", en *California Management Review* 29, núm. 4, verano de 1987, pp. 126-138.

[34] Stanley M. Davis y Paul R. Lawrence, "Problems of Matrix Organizations", p. 132.

[35] Thomas J. Peters y Robert H. Waterman, Jr., *In Search of Excellence*, Harper & Row, Nueva York, 1982, pp. 306-307.

CÁPSULA ILUSTRATIVA 33 Organización de matriz en una compañía global diversificada: el caso de Asea Brown Boveri.

Asea Brown Boveri (ABB) es una corporación multinacional diversificada cuya matriz está en Zurich, Suiza. ABB se constituyó en 1987 mediante la fusión de Asea, una de las empresas industriales más grandes de Suecia, y Brown Boveri, una importante compañía suiza. Ambas compañías fabricaban productos y equipo eléctrico. Después de la fusión, ABB adquirió o asumió posiciones minoritarias en 60 compañías, casi todas fuera de Europa. En 1996, ABB tenía ingresos anuales de 34 000 millones de dólares y empleaba a 210 000 personas en todo el mundo, incluyendo 130 000 en Europa Occidental, 30 000 en Norteamérica, 10 000 en Sudamérica y 10 000 en la India. La compañía era líder mundial en los mercados globales de productos eléctricos, en instalaciones y servicio eléctrico y en equipo de generación de energía, y la productora dominante en Europa. Las ventas europeas daban razón de 60 por ciento de los ingresos, mientras que Norteamérica daba razón del 30 por ciento y Asia del 15 por ciento.

Para administrar sus operaciones globales, ABB ideó una organización de matriz que apalancaba sus competencias centrales en tecnologías de energía eléctrica y su capacidad para lograr economías de escala globales mientras que, al mismo tiempo, maximizaba su visibilidad y su responsividad en el mercado nacional. En la parte superior de la estructura de la organización corporativa de ABB había un comité ejecutivo compuesto por el director ejecutivo y 12 colegas; el comité lo integraban suecos, suizos, alemanes y estadounidenses, y varios de ellos tenían su base fuera de Suiza. El grupo, que se reunía cada tres meses en varias ubicaciones en todo el mundo, era responsable de la estrategia y del desempeño corporativos de ABB.

A lo largo de una dimensión de la matriz global de ABB había alrededor de 50 áreas de negocios (AN), cada una representando un conjunto estrechamente relacionado de productos y servicios. Las AN estaban agrupadas en ocho "segmentos de negocios"; cada segmento estaba supervisado por un miembro diferente del comité ejecutivo. Cada AN tenía un líder encargado de la responsabilidad de: 1) idear y defender una estrategia global; 2) determinar estándares de calidad y costo para las fábricas de las AN en todo el mundo; 3) decidir qué fábricas exportarían a los mercados de qué países; 4) hacer una rotación del personal a través de las fronteras con el fin de compartir la experiencia tecnológica, crear equipos de nacionalidades mixtas para resolver los problemas de las AN y desarrollar una cultura de confianza y comunicación, y 5) reunir la experiencia y los fondos de investigación en beneficio de las AN en todo el mundo. Los líderes de las AN buscaban cualquier ubicación en el mundo que tuviera más sentido para sus AN.

A lo largo de otra dimensión de la matriz había un grupo de empresas nacionales con presidentes, consejos de administración, estados financieros y escalas para hacer carrera. Los presidentes de las empresas nacionales de ABB tenían la responsabilidad de maximizar el desempeño y la efectividad de todas las actividades de ABB dentro de las fronteras de su país. Los presidentes de cada país trabajaban en estrecha colaboración con los líderes de ABB para evaluar y mejorar lo que sucedía en las áreas de negocios de ABB en sus países.

Dentro de la matriz había 1 300 compañías "locales" de ABB, con un promedio de 200 empleados, cada una bajo la dirección de un presidente. El presidente de la compañía local se reportaba tanto con el presidente nacional en cuyo país operaba la compañía local como con el líder del AN a la cual se asignaban sus productos/servicios. Cada compañía local era subsidiaria de la empresa nacional de ABB en donde estaba ubicada. Por consiguiente, todas las compañías locales de ABB en Noruega eran subsidiarias de ABB Noruega, la compañía nacional de ese país; todas las operaciones de ABB en Portugal eran subsidiarias de ABB Portugal, y así sucesivamente. Se esperaba que los 1 300 presidentes de las compañías locales de ABB fueran excelentes administradores de los centros de utilidades, capaces de responder a dos jefes en una forma efectiva. El jefe global del presidente local era el administrador del AN que determinaba el papel de la compañía local en la estrategia global de ABB y, además, las reglas que una compañía local debía observar para apoyar esa estrategia. El jefe del país del presidente local era el director ejecutivo nacional, con quien era necesario cooperar en los aspectos locales.

ABB creía que su estructura de matriz le permitía perfeccionar su búsqueda de estrategias de negocios globales y, al mismo tiempo, maximizar su desempeño en el mercado de cada país en donde operaba. La matriz era una forma de constituirse en una compañía global e importante en el aspecto estratégico y, asimismo, de ser pequeña y local a nivel operacional. La toma de decisiones era descentralizada (a cargo de los líderes de las AN, los presidentes del país y los presidentes de las compañías locales), pero los reportes y el control eran centralizados (a través de los líderes de las AN, los presidentes del país y el comité ejecutivo). ABB se consideraba como una federación de compañías nacionales con un centro de coordinación global.

Sólo alrededor de 100 profesionales estaban ubicados en la matriz corporativa de ABB en Zurich. Un sistema de información administrativa recopilaba mensualmente los datos de todos los centros de utilidades, comparando el desempeño real con los presupuestos y los pronósticos. Los datos se recopilaban en las monedas locales, pero se traducían a dólares de Estados Unidos para permitir un análisis a través de las fronteras. Los estados financieros de ABB se reportaban en dólares estadounidenses y el idioma oficial de ABB era el inglés. En todas las juntas a nivel superior se hablaba en inglés.

Fuente: Recopilado de la información publicada en William Taylor, "The Logic of Global Business: An Interview with ABB´S Percy Barnevik", en *Harvard Business Review* 69, núm. 2, marzo-abril de 1991, pp. 90-105, y de los reportes anuales de la compañía.

Cómo complementar la estructura básica de la organización Ninguno de los diseños estructurales básicos es totalmente adecuado para organizar el esfuerzo de trabajo total en formas que respalden la estrategia. Es posible corregir algunas debilidades utilizando en forma simultánea dos o más diseños estructurales; muchas compañías son lo bastante grandes y diversas como para poseer UEN, unidades de negocios con departamentos funcionales y/o del proceso, estructuras organizacionales geográficas en uno o más negocios y unidades que emplean los principios de matriz. Pero en muchas compañías, la organización que respalde la estrategia requiere complementar la estructura formal con mecanismos de coordinación especiales y con esfuerzos para desarrollar capacidades organizacionales. Siete planes que se utilizan con más frecuencia para complementar los componentes básicos de la estructura son:

- *Equipos de proyectos especiales*; crear un grupo de trabajo separado y en gran parte autosuficiente para que supervise la terminación de una actividad especial (instalar un nuevo proceso tecnológico, presentar un nuevo producto, iniciar un nuevo negocio, fusionarse con otra compañía, supervisar la terminación de un contrato gubernamental o la construcción y la apertura de una nueva planta). Los equipos de proyectos son especialmente adecuados para situaciones a corto plazo y de una en su clase cuando la organización normal no está equipada para lograr los mismos resultados, además de desempeñar sus tareas regulares. (En 3M Corporation, los equipos de proyectos son los componentes organizacionales básicos para los 3 900 centros de utilidades de la compañía.)

- *Fuerzas de trabajo interfuncionales*; congregar a varios ejecutivos en el nivel superior y/o especialistas para resolver problemas que requieren una experiencia especializada de varias partes de la organización, coordinar las actividades relacionadas con la estrategia que cruzan las fronteras departamentales o explorar nuevas formas de apalancar las habilidades de diferentes especialistas funcionales en competencias centrales más amplias. Las fuerzas de trabajo parecen ser más efectivas cuando se componen de menos de 10 miembros, la membresía es voluntaria y la antigüedad de los miembros es proporcional a la importancia del problema; se mueven con rapidez para abordar su asignación cuando se emplean con parquedad, no se asigna ningún personal y la documentación es limitada.[36] Las compañías que las han utilizado con éxito las forman para resolver problemas apremiantes y producir algunas soluciones de una manera eficiente, y después las desbandan.

- *Equipos de negocios*; formar un grupo de individuos para administrar el lanzamiento de un nuevo producto, ingresar en un nuevo mercado geográfico o crear un nuevo negocio específico. Dow, General Mills, Westinghouse, General Electric y Monsanto utilizaron el enfoque de equipos de negocios para renovar un espíritu emprendedor. Las dificultades con los equipos de negocios incluyen decidir con quién se debe reportar el administrador del negocio; si el fondeo de los negocios debe provenir de los presupuestos corporativo, del negocio o departamental; cómo eliminar del negocio los intereses creados y burocráticos, y cómo coordinar un gran número de negocios diferentes.

- *Equipos de trabajo autónomos*; formar un grupo de personas de diferentes disciplinas, que trabajan juntas sobre una base semipermanente para mejorar continuamente el desempeño organizacional en áreas relacionadas con la estrategia, tales como abreviar el tiempo del ciclo del laboratorio al mercado, mejorar la calidad del producto, optimizar el servicio al cliente, reducir los tiempos de entrega, eliminar el agotamiento de existencias, reducir los costos de los materia-

[36] *Ibid.*, pp. 127-132.

les y componentes comprados, incrementar la productividad de la línea de ensamble, reducir el tiempo muerto del equipo y los gastos de mantenimiento o diseñar nuevos modelos. American Express redujo tres niveles de la jerarquía cuando desarrolló equipos autónomos para manejar todos los tipos de indagaciones de los clientes con una sola llamada y una resolución rápida.[37]

- *Equipos del proceso*; nombrar a especialistas funcionales para que desempeñen partes de un proceso de negocios reunidos en un equipo, en vez de asignarlos al departamento funcional que es su base. Es posible delegar en esos equipos la autoridad de la reingeniería del proceso, hacerlos responsables de los resultados y recompensarlos sobre la base del buen desempeño del proceso. Gran parte de la revitalización de Chrysler se debe a la impresionante reforma de su proceso de desarrollo de nuevos modelos, utilizando "equipos de plataforma".[38] Cada equipo de plataforma se compone de miembros de los departamentos de ingeniería, diseño, finanzas, compras y marketing. El equipo es responsable del diseño del automóvil de principio a fin, tiene amplio poder para tomar decisiones y es responsable del éxito o del fracaso de su diseño. Los equipos coordinan sus diseños con fabricación, de manera que sea más fácil fabricar los modelos y consultar con regularidad a los agentes de compras sobre la calidad de las partes. En un caso, los agentes de compras de Chrysler decidieron pagar un 30 por ciento más por una parte mejor, debido a que el ingeniero en el equipo de plataforma creía que el costo adicional se compensaría con el tiempo ahorrado durante el ensamble.
- *Administradores de contacto*; nombrar a alguien para que sirva como un solo punto de contacto con los clientes cuando las actividades relacionadas con el cliente tienen tantas facetas múltiples que es impráctico integrarlas para que las desempeñe una sola persona o un equipo.[39] La persona de contacto, que actúa como un amortiguador entre procesos internos y el cliente, responde a las preguntas de éste y coordina las soluciones a sus problemas como si fuera la responsable del desempeño de las actividades requeridas. Para llevar a cabo este papel, las personas de contacto necesitan tener acceso a toda la información que utilizan quienes realmente desempeñan las actividades y la capacidad de ponerse en contacto con dichas personas para hacerles preguntas y solicitudes de ayuda adicional cuando es necesario. Los mejores resultados se logran cuando las personas de contacto tienen la autoridad para utilizar su propio criterio con el fin de que las cosas se hagan en una forma que satisfaga a los clientes. Duke Power, una compañía de servicios públicos de electricidad con base en Charlotte, utiliza a representantes de servicio al cliente que tienen la autoridad para resolver los problemas de los clientes residenciales, al mismo tiempo que los protege de cualquier cosa que "ocurra tras bambalinas" para producir las soluciones.
- *Administradores de relaciones*; nombrar a personas que tienen la responsabilidad de organizar e integrar los esfuerzos de la compañía con el fin de desarrollar relaciones de trabajo sólidas con aliados y socios estratégicos. Los administradores de relaciones tienen muchos papeles y funciones: reunir a las personas apropiadas, promover una buena relación, cerciorarse de que se desarrollen planes para actividades específicas y de que se lleven a cabo, ayudar en los procedimientos de ajuste para vincular mejor a los socios y allanar las disimilitudes de la operación y fomentar lazos interpersonales. Es necesario establecer líneas de comunicación y mantenerlas abiertas, compartiendo la información lo

[37] James Brian Quinn, *Intelligent Enterprise*, p. 163.

[38] "Can Jack Smith Fix GM?", en *Business Week*, 1 de noviembre de 1993, pp. 130-131.

[39] Michael Hammmer y James Champy, *Reengineering the Corporation*, pp. 62-63.

suficiente para que la relación dé resultado y haya una franca exposición de conflictos, de los puntos nodales de los problemas y de las situaciones cambiantes.

Las capacidades organizacionales surgen de la coordinación y el establecimiento de una red efectiva de los esfuerzos de diferentes grupos de trabajo, departamentos y aliados externos, no de la forma en que están dispuestos los cuadros en el diagrama de la organización.

Las formas de desarrollar competencias centrales y capacidades organizacionales poderosas (o crear otras totalmente nuevas) son mucho más idiosincrásicas. No sólo las diferentes compañías y ejecutivos se enfrentan al reto en formas distintas, sino que las diferentes habilidades requieren distintas técnicas de organización. Por consiguiente, la generalización acerca de *cómo* desarrollar las habilidades es engañosa. Aquí basta decir que eso implica *un proceso de entretejer conscientemente los esfuerzos de los individuos y los grupos* y que es una tarea que la administración *senior* debe dirigir y en la cual se debe involucrar a fondo. La administración efectiva de los procesos internos, así como el desarrollo de un puente externo con los socios para crear y desarrollar capacidades y competencias valiosas, califica muy alto en la lista de "cosas que se deben hacer" de los ejecutivos *senior* en las compañías actuales.

Perspectivas sobre la organización del esfuerzo de trabajo y del desarrollo de capacidades Todos los diseños de los componentes básicos tienen sus fortalezas y debilidades. Para desempeñar un buen trabajo al ajustar la estructura con la estrategia, los encargados de la puesta en práctica de la estrategia deben elegir un diseño básico, modificarlo según sea necesario para que se ajuste a la estructura de negocios de la compañía y después complementarlo con mecanismos de coordinación y arreglos de comunicaciones para apoyar la ejecución de la estrategia de la empresa. El desarrollo de competencias centrales y capacidades competitivas es un *proceso* que casi siempre implica una estrecha colaboración entre los individuos y los grupos en diferentes departamentos y entre una compañía y sus aliados externos, que surge del establecimiento y el mantenimiento de relaciones de trabajo y cooperación entre las personas y los grupos con el fin de desempeñar las actividades en una forma más satisfactoria para el cliente, no de un nuevo arreglo de los cuadros en un diagrama organizacional. Aun cuando las compañías tal vez no establecen arreglos organizacionales "ideales" con el fin de evitar un desarreglo de ciertas relaciones de reporte existentes o de ajustarse a las personalidades de ciertos individuos involucrados, a ciertas políticas internas y a otras idiosincrasias, la meta de desarrollar una organización competitivamente capaz por lo común es predominante en la consideración de cómo preparar el diagrama de la organización.

No hay una estructura perfecta o ideal de la organización.

ESTRUCTURAS ORGANIZACIONALES DEL FUTURO

Muchas compañías actuales finalizan la tarea de remodelar sus estructuras jerárquicas tradicionales, antes desarrolladas alrededor de la especialización funcional y la autoridad centralizada. Esas estructuras todavía tienen sentido desde el punto de vista estratégico y organizacional, siempre y cuando: 1) las actividades se puedan dividir en tareas sencillas y repetitivas que se puedan dominar rápidamente y después desempeñarse con eficiencia en cantidades masivas; 2) haya beneficios importantes para una profunda experiencia funcional en cada disciplina administrativa, y 3) las necesidades del cliente estén lo bastante estandarizadas, de manera que sea fácil prescribir procedimientos para satisfacerlas. Pero las jerarquías tradicionales son una desventaja en los negocios en que las preferencias del cliente cambian de productos estandarizados a pedidos ajustados a las necesidades y características especiales, los ciclos de vida del producto son cada vez más breves, los métodos de producción masiva ajustados a las necesidades reemplazan a las técnicas de producción masiva estandarizada, los clientes quieren que los traten como individuos, el ritmo del cambio tecnológico se acelera y las

Durante la década pasada, las nuevas prioridades estratégicas y las condiciones competitivas rápidamente cambiantes produjeron cambios revolucionarios en la forma en la cual las compañías organizan el esfuerzo de trabajo.

condiciones del mercado son fluidas. Las jerarquías administrativas y las burocracias funcionalizadas de múltiples niveles, que requieren que las personas busquen las respuestas en el nivel superior de la estructura organizacional, tienden a empantanarse en esos ambientes. No le pueden proporcionar un servicio responsivo al cliente, ni adaptarse con la suficiente rapidez a las condiciones cambiantes. Los silos funcionales, el trabajo orientado a la tarea, la fragmentación del proceso, las jerarquías administrativas en varios niveles, la toma de decisiones centralizada, las grandes burocracias funcionales y de la administración a nivel medio, la gran cantidad de verificaciones y controles y los tiempos de respuesta prolongados, minan el éxito competitivo en los ambientes fluidos o volátiles. El éxito en los mercados rápidamente cambiantes depende de estrategias desarrolladas alrededor de competencias y capacidades organizacionales valiosas, tales como una respuesta rápida a las preferencias cambiantes del cliente, ciclos breves desde el diseño hasta el mercado, una calidad para hacer bien las cosas desde la primera vez, una producción de pedidos adecuada a las necesidades y de múltiples versiones, una entrega más rápida, servicio personalizado al cliente, registro exacto de los pedidos, asimilación rápida de las nuevas tecnologías, creatividad e innovación y reacciones rápidas a los desarrollos competitivos externos.

Estos nuevos componentes de la estrategia de negocios han impulsado una revolución en la organización corporativa durante la última década.[40] Gran parte del movimiento para reducir los niveles corporativos ha estado orientado a acabar con las burocracias funcionales y administrativas a nivel medio y a remodelar las estructuras autoritarias de la pirámide organizacional en estructuras más planas y descentralizadas. Los últimos diseños organizacionales para igualar la estructura con la estrategia se caracterizan por menos niveles de autoridad administrativa, unidades de negocios en pequeña escala, una reingeniería de los procesos de trabajo para reducir la fragmentación entre las líneas de departamentos,[41] el desarrollo de competencias y capacidades organizacionales más poderosas y la creación de otras nuevas según sea necesario, asociaciones de colaboración con personas ajenas a la empresa, un personal más reducido de apoyo corporativo, comunicaciones abiertas vertical y lateralmente (por medio del correo electrónico), tecnologías de computadora y telecomunicaciones para proporcionar un acceso a y una difusión rápida de la información y la responsabilidad de los resultados, más que por el énfasis en la actividad. Los nuevos temas organizacionales son más reducidos, planos, ágiles, responsivos e innovadores. Los nuevos instrumentos del diseño organizacional son los administradores y los trabajadores que tienen la autoridad para actuar conforme a su propio criterio, los procesos de reingeniería del trabajo, los equipos de trabajo independientes y las redes con personas ajenas a la empresa para mejorar las capacidades organizacionales existentes y crear otras nuevas. El reto del desarrollo de la nueva organización es superar la competencia de los rivales sobre la base de capacidades y fortalezas de recursos organizacionales superiores.

El paradigma del mando y del control de las estructuras de niveles verticales supone que las personas que realmente desempeñan el trabajo no disponen de tiempo ni se sienten inclinadas a supervisarlo y controlarlo y que carecen del conocimiento para

---

[40] La evidencia en este sentido está contenida en el sinnúmero de ejemplos reportados en Tom Peters, *Liberation Management*, Alfred A. Knopf, Nueva York, 1992; James Brian Quinn, *Intelligent Enterprise*, y Michael Hammer y James Champy, *Reengineering the Corporation*.

[41] Sin embargo, en ocasiones se necesita algo más que las estructuras de reingeniería y organización del proceso para eliminar la antigua manera funcional de pensar de los empleados; en particular, los administradores también deben trabajar para infundir una cultura de colaboración y fomentar un sentido colectivo de responsabilidad entre los miembros del equipo del proceso. La responsabilidad colectiva se puede arraigar basando las recompensas en el desempeño del grupo, haciendo una rotación de las asignaciones entre los miembros del equipo, celebrando reuniones periódicas a nivel de toda la unidad para exponer los mejoramientos del proceso y diseñando procedimientos del mismo que promuevan un alto grado de colaboración entre los empleados que desempeñan las diferentes partes. Véase Ann Majchrzak y Qianwei Wang, "Breaking the Functional Mind-set in Process Organizations", en *Harvard Business Review* 74, núm. 5, septiembre-octubre de 1996, pp. 93-99.

tomar decisiones informadas de cómo hacerlo mejor; de allí la necesidad de procedimientos prescritos, de una estrecha supervisión y de un control administrativo de la toma de decisiones. En las estructuras planas y descentralizadas, se supone que las personas que están más cerca del escenario son capaces de tomar decisiones oportunas e informadas cuando están capacitadas en la forma apropiada y se les proporciona el acceso a la información necesaria. Hay una creencia de que la toma de decisiones descentralizada abrevia los tiempos de respuesta y estimula nuevas ideas, un pensamiento creativo, la innovación y una mayor participación de parte de los administradores y los empleados subordinados. Por consiguiente, los trabajos definitivamente son más amplios; varias tareas se integran en un solo trabajo siempre que eso es posible. Las personas operan en una forma más independiente. La autoridad para la toma de decisiones se delega en el nivel más bajo capaz de emprender una acción competente y responsable en una forma oportuna. Se necesita un menor número de administradores, debido a que la decisión de cómo hacer las cosas se convierte en parte del trabajo de cada persona o de cada equipo y debido a que la tecnología electrónica hace que la información esté disponible más fácilmente y que las comunicaciones sean instantáneas.

Las organizaciones del futuro tendrán varias características nuevas:

- Menos fronteras entre los diferentes rangos verticales, entre las funciones y disciplinas, entre las unidades en diferentes ubicaciones geográficas y entre la compañía y sus proveedores, distribuidores/agentes, aliados estratégicos y clientes.
- Una capacidad para el cambio y el aprendizaje rápido.
- Esfuerzos de colaboración entre las personas en diferentes especialidades funcionales y ubicaciones geográficas, esenciales para la creación de competencias y capacidades organizacionales.
- Un empleo extenso de la tecnología digital; computadoras personales, teléfonos inalámbricos, videoconferencias y otros productos electrónicos de vanguardia.

La Cápsula ilustrativa 34 presenta los resultados de un estudio de las tendencias en los arreglos organizacionales de las compañías multinacionales y globales.

PUNTOS CLAVE

La labor de la puesta en práctica de la estrategia es convertir los planes estratégicos en acciones y buenos resultados. La prueba de una puesta en práctica exitosa radica en si el desempeño real de la organización se iguala con los objetivos manifestados en el plan estratégico o los excede. Las fallas en el desempeño señalan una estrategia débil, una puesta en práctica débil o ambas cosas.

Al decidir cómo poner en práctica la estrategia, los administradores deben determinar cuáles son las condiciones internas necesarias para ejecutar con éxito el plan estratégico. Después deben crear esas condiciones tan rápidamente como sea posible. El proceso de puesta en práctica y ejecución de la estrategia implica

- Desarrollar una organización con las competencias, capacidades y fortalezas de recursos necesarias para llevar a cabo la estrategia con éxito.
- Desarrollar presupuestos para encauzar amplios recursos hacia aquellas actividades de la cadena de valor que son críticas para el éxito estratégico.
- Establecer políticas y procedimientos que apoyen la estrategia.
- Instituir las mejores prácticas y presionar para un mejoramiento continuo en la forma en la cual se desempeñan las actividades de la cadena de valor.
- Instalar sistemas de información, comunicación y operación que permitan que el personal de la compañía cumpla con sus papeles estratégicos día tras día.

CÁPSULA ILUSTRATIVA 34 Enfoques organizacionales para los mercados internacionales y globales

En 1993, un estudio de 43 compañías grandes de productos para el consumidor, con base en Estados Unidos, realizado por McKinsey & Co., una importante empresa de consultoría administrativa, identificó las acciones organizacionales internas que tienen los vínculos más poderosos y más débiles con el rápido crecimiento de las ventas y las utilidades en los mercados internacionales y globales.

Acciones organizacionales poderosamente vinculadas con el éxito internacional

- Centralizar la toma de decisiones internacionales en cada área, excepto en el desarrollo de nuevos productos.
- Tener un programa de desarrollo administrativo a nivel mundial y un mayor número de extranjeros en los puestos administrativos *senior*.
- Requerir experiencia internacional para la promoción a la alta administración.
- Vincular a los administradores globales por medio de videoconferencias y correo electrónico.
- Hacer que los administradores del producto de las subsidiarias extranjeras se reporten con el administrador general de un país.
- Emplear a ejecutivos locales para dirigir las operaciones en los países extranjeros (sin embargo, esto está dejando de ser exclusivo de las compañías exitosas, debido a que casi todas han puesto en práctica dicha estrategia).

Acciones organizacionales débilmente vinculadas con el éxito internacional

- Crear divisiones globales.
- Formar unidades estratégicas de negocios internacionales.
- Establecer centros de excelencia (en donde una sola instalación de la compañía asume la responsabilidad global de un producto clave o de una tecnología que apenas está surgiendo [demasiado nueva para evaluar los pros y los contras]).
- Utilizar fuerzas de trabajo que trasciendan las fronteras para resolver problemas y asuntos relacionados.
- Crear sistemas de información administrativa integrados a nivel global.

Sin embargo, la lista de lo que se debe o no hacer en el aspecto organizacional dista mucho de ser decisiva. En general, el estudio encontró que la estructura organizacional interna "no es tan importante" en comparación con el hecho de ofrecer productos con precios y características atractivos. Es erróneo esperar buenos resultados sólo debido a una buena organización. Además, ciertos arreglos organizacionales, tales como los centros de excelencia, son demasiado nuevos para determinar si afectan de una manera positiva el crecimiento de las ventas y de las utilidades.

Fuente: Basado en la información publicada por Joann S. Lublin, "Study Sees U.S. Businesses Stumbling on the Road to Globalization", en *The Wall Street Journal*, 22 de marzo de 1993, p. B4B.

- Vincular las estrategias y los incentivos con el logro de los objetivos del desempeño y con una buena ejecución estratégica.
- Crear un ambiente de trabajo y una cultura corporativa que apoyen la estrategia.
- Ejercer el liderazgo interno necesario para impulsar la puesta en práctica de la estrategia y seguir mejorando la forma en la cual se ejecuta.

El reto de la puesta en práctica de la estrategia es crear una serie de ajustes: 1) entre la estrategia y las competencias, las capacidades y la estructura de la organización; 2) entre la estrategia y las asignaciones presupuestales, 3) entre la estrategia y la política; 4) entre la estrategia y los sistemas de apoyo internos; 5) entre la estrategia y la estructura de recompensas, y 6) entre la estrategia y la cultura corporativa. Mientras más rigurosos sean los ajustes, más poderosa se vuelve la ejecución de la estrategia y hay más probabilidades de que se logre realmente el desempeño objetivo.

La puesta en práctica de la estrategia no sólo es una función de la alta administración, sino una labor de todo el equipo administrativo. *Todos los administradores funcionan como encargados de la puesta en práctica de la estrategia* en sus respectivas áreas de autoridad y responsabilidad. *Todos los administradores* deben considerar qué acciones se deben emprender en sus áreas para lograr los resultados pretendidos; cada uno necesita una agenda para la acción.

Las tres acciones principales para el desarrollo de la organización son: 1) llenar los puestos clave con personas capaces; 2) desarrollar las competencias centrales, las fortalezas de recursos y las capacidades organizacionales necesarias para desempeñar de una manera eficiente las actividades de su cadena de valor, y 3) estructurar el esfuerzo de trabajo interno y combinarlo con los esfuerzos de colaboración de los aliados estratégicos. La selección de personas capaces para los puestos clave tiende a ser uno de los primeros pasos en la puesta en práctica de la estrategia, debido a que se necesita todo un complemento de administradores capaces para lograr que se establezcan los cambios y que funcionen sin ningún tropiezo.

El desarrollo de competencias centrales y capacidades competitivas críticas para la estrategia que no puedan imitar fácilmente los rivales es una de las mejores formas de superar la ejecución de los rivales que tienen estrategias similares y de ganar una ventaja competitiva. Las competencias centrales surgen de las habilidades y de las actividades desempeñadas en diferentes puntos en la cadena de valor que, cuando se eslabonan, crean una capacidad organizacional única. La clave para apalancar las competencias centrales de una compañía en una ventaja competitiva a largo plazo es concentrar más esfuerzos y más talento que los rivales en consolidar y profundizar las competencias y capacidades organizacionales. La naturaleza de múltiples habilidades y actividades de las competencias centrales y de las capacidades hace que el logro de la profundidad dominante sea un ejercicio en: 1) administrar las habilidades humanas, las bases del conocimiento y el intelecto, y 2) coordinar y crear una red de esfuerzos de diferentes grupos de trabajo, departamentos y aliados de colaboración. Es una tarea que la administración *senior* debe guiar y en la cual se debe involucrar, principalmente debido a que los administradores *senior* son quienes se encuentran en la mejor posición para guiar e imponer el establecimiento de redes y cooperación entre los individuos, grupos, departamentos y aliados externos.

Sin embargo, el desarrollo de las capacidades organizacionales es algo más que simplemente un esfuerzo para consolidar lo que ya está haciendo la compañía. Hay ocasiones en las cuales la administración debe ser *proactiva* en el desarrollo de *nuevas* competencias y capacidades para complementar la base de recursos existentes de la compañía y promover una ejecución más eficiente de la estrategia. Aquí es útil pensar en las compañías como si fueran un conjunto de competencias y capacidades en evolución en donde el reto del desarrollo de la organización es instrumentar nuevas capacidades y consolidar las existentes en una forma calculada para lograr una ventaja competitiva mediante una ejecución superior de la estrategia.

Un aspecto del desarrollo de capacidades es si las competencias y habilidades deseadas se deben implantar internamente o si tiene más sentido asignarlas a fuentes externas, asociándose con proveedores clave o formando alianzas estratégicas. Las decisiones de recurrir a fuentes externas o desarrollar una capacidad interna a menudo se basan en los aspectos de: 1) qué es lo que se puede delegar sin ningún riesgo en proveedores externos *versus* qué capacidades internas son decisivas para el éxito a largo plazo de la compañía, y 2) si las actividades que no son críticas se pueden asignar a fuentes externas que las desempeñen en una forma más efectiva o eficiente que si se desempeñan internamente. Sin embargo, de cualquier forma se requieren acciones para la puesta en práctica. Recurrir a fuentes externas significa emprender iniciativas para identificar a los proveedores más atractivos y establecer relaciones de colaboración. El desarrollo interno de las capacidades significa contratar a nuevo personal con habilidades y experiencia pertinentes para la competencia/capacidad organizacional deseada y después vincular las habilidades y los conocimientos individuales para formar una capacidad organizacional.

El ajuste de la estructura con la estrategia se centra en lograr que las actividades críticas para el diseño de la estrategia sean los principales componentes organizacionales, encontrar formas efectivas para tender un puente entre las líneas de autoridad organizacionales y coordinar los esfuerzos relacionados de las unidades internas separadas y de los individuos, y establecer una red efectiva de esfuerzos de las unidades internas y los socios de colaboración externos. Otras consideraciones importantes incluyen cuáles decisiones se deben centralizar y cuáles descentralizar.

Todas las estructuras de la organización tienen ventajas y desventajas estratégicas; *no existe una forma mejor de organización*. Por *tradición*, las estructuras funcionalmente especializadas de la organización han sido la forma más popular de organizar compañías de un solo negocio. La organización funcional da buenos resultados en donde las actividades críticas para la estrategia se igualan con las actividades específicas de la disciplina y se requiere de una cooperación interdepartamental mínima. Pero tiene considerables desventajas: falta de visión funcional y creación de imperios, rivalidades interdepartamentales, una excesiva fragmentación del proceso y jerarquías administrativas de niveles verticales. En los años recientes, la organización del proceso se ha utilizado para evitar muchas de las desventajas de la organización funcional.

Las estructuras de organización geográfica son las favoritas para las empresas que operan en diversos mercados geográficos o a través de extensas áreas geográficas. Las estructuras de UEN son adecuadas para las compañías que buscan una diversificación no relacionada. Las estructuras de matriz funcionan bien para las compañías que necesitan líneas de autoridad separadas y administradores para cada una de las diversas dimensiones estratégicas (productos, segmentos de compradores, departamentos funcionales, proyectos o negocios, tecnologías, procesos de negocios fundamentales, áreas geográficas) y que, no obstante, también necesitan una estrecha cooperación entre esos administradores, con el fin de coordinar actividades relacionadas de la cadena de valor, compartir o transferir capacidades y desempeñar conjuntamente ciertas actividades relacionadas.

No importa cuál estructura formal de la organización se elija, por lo común se debe complementar con fuerzas de trabajo interdisciplinarias, planes de compensación con incentivos vinculados a las medidas del desempeño conjunto, delegación de la autoridad en los equipos interfuncionales para desempeñar y unificar los procesos fragmentados y las actividades críticas para la estrategia, equipos de proyectos y negocios especiales, equipos de trabajo independientes, administradores de contacto, administradores de relaciones y esfuerzos especiales para entretejer el trabajo de diferentes individuos y grupos en las capacidades competitivas valiosas. El desarrollo de competencias centrales y de capacidades competitivas surge del establecimiento y del mantenimiento de relaciones de trabajo que implica una colaboración estrecha entre los individuos y los grupos de diferentes departamentos y entre una compañía y sus aliados externos, no de la forma en la cual se ordenan los cuadros en el diagrama de una organización.

Las nuevas prioridades estratégicas como los ciclos más breves desde el diseño hasta el mercado, la producción de múltiples versiones y el servicio personalizado al cliente promueven una revolución en el desarrollo de la organización, caracterizada por estructuras horizontales reducidas y planas que son responsivas e innovadoras. Esos diseños para igualar la estructura con la estrategia implican menos niveles de autoridad administrativa, unidades de negocios en pequeña escala, procesos de reingeniería del trabajo que reducen la fragmentación entre las líneas departamentales, creación de departamentos del proceso y de grupos de trabajo interfuncionales, administradores y empleados que tienen la autoridad para actuar según su criterio, asociaciones de colaboración con personas fuera de la empresa (proveedores, distribuidores/comerciantes, compañías con productos/servicios complementarios e incluso competidores selectos), una creciente asignación de las actividades que no son críticas a fuentes externas, un personal más reducido en las funciones de apoyo y el empleo de computadoras y tecnologías de telecomunicaciones para proporcionar un rápido acceso a la información.

LECTURAS SUGERIDAS

Aaker, David A., "Managing Assets and Skills: The Key to a Sustainable Competitive Advantage", en *California Management Review* 31, invierno de 1989, pp. 91-106.

Bartlett, Christopher A., y Sumantra Ghoshal, "Matrix Management: Not a Structure, a Frame of Mind", en *Harvard Business Review* 68, núm. 4, julio-agosto de 1990, pp. 138-145.

Hall, Gene, Jim Rosenthal y Judy Wade, "How to Make Reengineering Really Work", en *Harvard Business Review* 71, núm. 6, noviembre-diciembre de 1993, pp. 119-131.

Hambrick, Donald C., "The Top Management Team: Key to Strategic Success", en *California Management Review* 30, núm. 1, otoño de 1987, pp. 88-108.

Hammer, Michael, y James Champy, *Reengineering the Corporation*, HaperBusiness, Nueva York, 1993, caps. 2 y 3.

Howard, Robert, "The CEO as Organizational Architect: An Interview with Xero'x Paul Allaire", en *Harvard Business Review* 70, núm. 5, septiembre-octubre de 1992, pp. 107-119.

Kanter, Rosabeth Moss, "Collaborative Advantage: The Art of the Alliance", en *Harvard Business Review* 72, núm. 4, julio-agosto de 1994, pp. 96-108.

Katzenbach, Jon R., y Douglas K. Smith, "The Discipline of Teams", en *Harvard Business Review* 71, núm. 2, marzo-abril de 1993, pp. 111-124.

Larson, Erik W., y David H. Gobeli, "Matrix Management: Contradictions and Insights", en *California Management Review* 29, núm. 4, verano de 1987, pp. 126-127.

Markides, Constantinos C., y Peter J. Williamson, "Corporate Diversification and Organizational Structure: A Resource-Based View", en *Academy of Management Journal* 39, núm. 2, abril de 1996, pp. 340-367.

Pfeffer, Jeffrey, "Producing Sustainable Competitive Advantage through the Effective Management of People", en *Academy of Management Executive* 9, núm. 1, febrero de 1995, pp. 55-69.

Powell, Walter W., "Hybrid Organizational Arrangements: New Form or Transitional Development?", en *California Management Review* 30, núm. 1, otoño de 1987, pp. 67-87.

Prahalad, C. K. y Gary Hamel, "The Core Competence of the Corporation", en *Harvard Business Review* 68, mayo-junio de 1990, pp. 79-93.

Rackham, Neil, Lawrence Friedman y Richard Ruff, *Getting Partnering Right: How Market Leaders Are Creating Long-Term Competitive Advantage*, McGraw-Hill, Nueva York, 1996.

Quinn, James Brian, *Intelligent Enterprise*, Free Press, Nueva York, 1992, caps. 2 y 3.

Stalk, George, Philip Evans y Lawrence E. Shulman, "Competing on Capabilities: The New Rules of Corporate Strategy", en *Harvard Business Review* 70, núm. 2, marzo-abril de 1992, pp. 57-69.

Yip, George S., *Total Global Strategy: Managing for Worldwide Competitive Advantage*, Englewood Cliffs, Prentice-Hall, N.J., 1992, cap. 8.

10 PUESTA EN PRÁCTICA DE LA ESTRATEGIA: PRESUPUESTOS, POLÍTICAS, MEJORES PRÁCTICAS, SISTEMAS DE APOYO Y RECOMPENSAS

. . . Las compañías triunfadoras saben cómo desempeñar mejor su trabajo.
Michael Hammer y James Champy

Si usted habla del cambio, pero no cambia el sistema de recompensas y reconocimiento, nada cambia.
Paul Allaire
Director ejecutivo, Xerox Corporation

Si usted quiere que las personas motivadas desempeñen un buen trabajo, asígneles un buen trabajo.
Frederick Herzberg

. . . Usted debería pagar buenas bonificaciones por un desempeño de primera. . . ser el que mejor paga, no estar a la mitad o en el extremo inferior del grupo.
Lawrence Bossidy
Director ejecutivo, AlliedSignal

En el capítulo anterior hicimos hincapié en la importancia de desarrollar las capacidades de la organización y estructurar el esfuerzo de trabajo, con el fin de desempeñar las actividades fundamentales para la estrategia en una forma coordinada y competente. En este capítulo expondremos cinco tareas adicionales para la puesta en práctica de la estrategia:

1. Reasignar los recursos para igualar los requerimientos presupuestarios y de personal a la nueva estrategia.
2. Establecer políticas y procedimientos que apoyen la estrategia.
3. Instituir los mejores mecanismos y prácticas para un mejoramiento continuo.
4. Instalar sistemas de apoyo que permitan que el personal de la compañía lleve a cabo sus funciones estratégicas día tras día.
5. Emplear prácticas motivacionales y métodos de compensación por incentivos que aumenten el compromiso con una buena ejecución de la estrategia.

VINCULACIÓN DE LOS PRESUPUESTOS CON LA ESTRATEGIA

La puesta en práctica de la estrategia obliga a un administrador a participar en el proceso de elaboración del presupuesto. Las unidades organizacionales necesitan presupuestos lo bastante holgados como para llevar a cabo la parte que les corresponde del plan estratégico. Es necesario que exista una amplia conjunción de esfuerzos para consolidar las competencias y capacidades y/o desarrollar otras nuevas. Las unidades organizacionales, en especial aquellas encargadas del desempeño de actividades fundamentales para la estrategia, deben contar con el número suficiente de personal apropiado, se les debe asignar los fondos de operación suficientes para desempeñar su trabajo con eficiencia y deben tener fondos para invertir en los sistemas de operación necesarios. Quienes ponen en práctica la estrategia deben seleccionar las solicitudes de sus subordinados de nuevos proyectos de capital y mayores presupuestos de operación, distinguiendo entre lo que sería atractivo y lo que puede significar una contribución efectiva en relación con el costo de la ejecución de la estrategia y las capacidades competitivas mejoradas. Además, deben presentar a sus superiores un caso persuasivo y bien documentado de los recursos y activos competitivos —si los hay— que se necesitarán para llevar a cabo 30 partes correspondiente de la estrategia de la compañía.

Lo bien que un encargado de la puesta en práctica vincule las asignaciones del presupuesto con las necesidades de la estrategia puede promover u obstaculizar el proceso. Fondos insuficientes retrasan el progreso y dificultan la capacidad de las unidades organizacionales para ejecutar la parte que les corresponde del plan estratégico. Fondos excesivos desperdician los recursos organizacionales y reducen el desempeño financiero. Ambos resultados están en favor de que el encargado se involucre a fondo en el proceso de determinación del presupuesto, revisando con cuidado los programas y propuestas de presupuesto de las unidades de la organización que son fundamentales para la estrategia.

Principio de la administración estratégica

El hecho de privar a los grupos críticos de la estrategia de los fondos necesarios para llevar a cabo su parte puede minar el proceso de la puesta en práctica.

Las nuevas estrategias por lo común requieren considerables reasignaciones del presupuesto.

Los encargados de la puesta en práctica también deben estar dispuestos a trasladar los recursos de un área a otra para apoyar nuevas iniciativas y prioridades estratégicas. Un cambio en la estrategia casi siempre requiere reasignaciones del presupuesto. Las unidades importantes en la antigua estrategia ahora tal vez son demasiado grandes y con exceso de fondos. Las unidades que tienen un papel crítico pueden necesitar más personas, diferentes sistemas de apoyo, equipo nuevo, instalaciones adicionales e incrementos superiores al promedio en sus presupuestos de operación. Los encargados de la puesta en práctica necesitan ser activos y enérgicos al transferir los recursos, reducir algunas áreas, aumentar otras y fondear ampliamente las actividades que tienen un papel crítico en la nueva estrategia. Deben ejercer su poder de asignar recursos para hacer que sucedan las cosas y tomar las decisiones difíciles de poner fin a proyectos y actividades que ya no están justificados. El fondeo de la nueva estrategia *debe* impulsar la forma en la cual se hacen las asignaciones y el volumen de los presupuestos de operación de cada unidad. Si es insuficiente en las unidades y actividades decisivas para el éxito estratégico puede destruir todo el proceso de la puesta en práctica.

Una reasignación de fondos agresiva puede generar un resultado estratégico positivo. Por ejemplo, en Harris Corporation, en donde la estrategia era transferir rápidamente los resultados de la investigación a las unidades organizacionales que los podían convertir en áreas de productos comercialmente viables, la alta administración cambiaba con regularidad a los grupos de ingenieros, retirándolos de los proyectos de investigación y transfiriéndolos (como grupo) a nuevas divisiones de negocios comerciales. Boeing utilizó un enfoque similar para la reasignación de ideas y talento; según un funcionario de esta compañía, "lo podemos hacer (crear una nueva unidad importante) en dos semanas. No lo pudimos hacer en dos años en International Harvester".[1] Las acciones enérgicas para reasignar fondos y transferir personas a nuevas unidades indican un poderoso compromiso con la puesta en práctica del cambio estratégico y con frecuencia son necesarias para catalizar el proceso y darle credibilidad.

El perfeccionamiento de la puesta en práctica de la estrategia existente de una compañía muy rara vez requiere grandes movimientos de personal y dinero. Los ajustes necesarios por lo común se pueden lograr mediante incrementos del presupuesto superiores al promedio para las unidades en donde se están contemplando nuevas iniciativas

[1] Thomas J. Peters y Robert H. Waterman, Jr., *In Search of Excellence,* Harper & Row, Nueva York, 1980, p. 125.

e incrementos inferiores al promedio (o incluso pequeñas reducciones) para las unidades restantes. La principal excepción ocurre cuando un ingrediente importante de la estrategia corporativa/de negocios es crear competencias y capacidades totalmente nuevas, o generar nuevos productos y oportunidades de negocios dentro del presupuesto existente. Entonces, a medida que las nuevas propuestas y planes de negocios surgen desde abajo, es necesario tomar decisiones acerca de dónde provendrán los gastos de capital, los presupuestos de operación y el personal necesarios. Las compañías como 3M, GE y Boeing transfieren sus recursos y su personal de un área a otra según sea necesario, con el fin de respaldar el lanzamiento de nuevos productos y nuevas empresas de negocios. Delegan la autoridad en los "defensores del producto" y en pequeños grupos de aspirantes a empresarios, proporcionando apoyo financiero y técnico y estableciendo unidades organizacionales y programas que ayuden a que las nuevas empresas prosperen con mayor rapidez. Microsoft actúa con celeridad para deshacer algunos equipos de proyectos y crear otros con el fin de buscar nuevos proyectos de software o nuevas empresas, como MSN.

CREACIÓN DE POLÍTICAS Y PROCEDIMIENTOS QUE APOYEN LA ESTRATEGIA

Los cambios en la estrategia por lo común requieren algunos cambios en las prácticas de trabajo y en la forma en la cual se llevan a cabo las operaciones. Cuando se pide a las personas que alteren los procedimientos y la conducta establecidos, esto siempre perturba el orden interno de las cosas. Es normal que se desarrollen áreas de resistencia y que las personas muestren cierto grado de estrés y ansiedad sobre la forma en que los cambios los afectarán, en especial cuando esos cambios pueden eliminar trabajos. También es probable que surjan preguntas sobre qué actividades es necesario desempeñar en forma rígidamente prescrita y en dónde debe haber cierta libertad para una acción independiente.

La prescripción de políticas y procedimientos ayuda en varias formas a la tarea de la puesta en práctica de la estrategia:

1. Políticas y procedimientos nuevos o recién revisados que proporcionan una guía de arriba hacia abajo a los administradores de las operaciones, al personal de supervisión y a los empleados acerca de la forma en que es necesario hacer ciertas cosas y de la conducta que establece cierto grado de regularidad, estabilidad y confiabilidad de la forma en la cual la administración ha decidido que tratará de ejecutar la estrategia y operar el negocio sobre una base diaria.
2. Políticas y procedimientos que ayuden a alinear las acciones y la conducta con la estrategia en toda la organización, estableciendo límites sobre la acción independiente y canalizando las tendencias individuales y los esfuerzos del grupo en la trayectoria pretendida. Las políticas y los procedimientos contrarrestan las tendencias a que algunas personas se resistan a los enfoques comunes o los rechacen; la mayoría se abstiene de violar la política de la compañía o ignorar las prácticas establecidas sin antes obtener la aprobación, o sin una justificación poderosa.
3. Políticas y procedimientos de operación estandarizados que ayuden a imponer la coherencia necesaria en la forma en la cual se desempeñan las actividades particulares fundamentales para la estrategia en las unidades de operación geográficamente dispersas. Es necesaria la eliminación de diferencias significativas en las prácticas de operación y en los procedimientos de las unidades que desempeñan funciones comunes, para evitar el envío de mensajes confusos al personal interno y a los clientes que hacen negocios con la compañía en múltiples ubicaciones.
4. Debido a que el desmantelamiento de los antiguos procedimientos y políticas y la institución de otros nuevos altera la naturaleza del ambiente de trabajo interno, los

CÁPSULA ILUSTRATIVA 35 Políticas y procedimientos de fabricación de Nike

Cuando Nike decidió seguir una estrategia de utilizar fuentes externas y asignarles el 100 por ciento de su calzado para atletismo a fabricantes independientes (que por razones de costo bajo estaban ubicados en Taiwan, Corea del Sur, Tailandia, Indonesia y China), desarrolló una serie de políticas y prácticas de producción que rigen sus relaciones de trabajo con sus "socios de producción" (una expresión que Nike fomentó con sumo cuidado, debido a que implicaba responsabilidades conjuntas):

- El personal de Nike se encontraba establecido en todas las instalaciones de fabricación clave; cada representante tendía a permanecer en la misma fábrica durante varios años, con el fin de conocer al personal del socio y los procesos en todos sus detalles. Funcionaban como enlaces con la matriz, trabajando para ajustar los esfuerzos de investigación y desarrollo y el diseño de nuevos productos con las capacidades de la fábrica, así como para mantener los pedidos mensuales de nueva producción de conformidad con los últimos pronósticos de ventas.
- Nike instituyó un programa de seguridad de la calidad en cada fábrica, con el fin de imponer prácticas actualizadas y efectivas de control de calidad.
- La compañía se esforzó en minimizar las altas y bajas en los pedidos de producción mensuales en las ubicaciones de las fábricas, produciendo modelos de calidad superior y precio elevado (los volúmenes por lo común eran de 20 000 a 25 000 pares diarios); la política era mantener las variaciones mensuales en la cantidad de pedidos abajo del 20 por ciento. Estas fábricas producían exclusivamente zapatos Nike y se esperaba que desarrollaran en cooperación nuevos modelos y coinvirtieran en nuevas tecnologías.
- Se esperaba que la ubicación de las fábricas que producían en grandes cantidades los productos de nivel intermedio e inferior de Nike (por lo común de 70 000 a 85 000 pares por día), conocidas como "productoras de volumen"), manejaran ellas mismas la mayor parte de las altas y bajas en los pedidos mensuales; esas fábricas por lo común producían calzado para otros cinco u ocho compradores, lo que les daba la flexibilidad de hacer juegos malabares con los pedidos y estabilizar su producción.
- Una política estricta de Nike era pagar a tiempo las facturas de sus socios de producción, proporcionándoles flujos de efectivo predecibles.

Fuente: Basado en la información de James Brian Quinn, *Intelligent Enterprise,* Free Press, Nueva York, 1992, pp. 60-64.

encargados de la puesta en práctica de la estrategia pueden utilizar el proceso del cambio de política como una poderosa palanca para cambiar la cultura corporativa en formas que produzcan un ajuste efectivo con la nueva estrategia.

Por consiguiente, los administradores de la compañía deben tener inventiva para idear políticas y prácticas que puedan proporcionar un apoyo vital a la puesta en práctica efectiva de la estrategia. El manual de políticas de McDonald's, en un intento por guiar a los "miembros del equipo" hacia patrones de conducta más poderosos en la calidad y el servicio, explica con claridad ciertos procedimientos detallados, tales como: "los cocineros deben voltear las hamburguesas, nunca las deben lanzar al aire. Si nadie las ha comprado, las Big Mac se deben desechar diez minutos después de cocinadas y las papas fritas siete minutos después. Los cajeros deben establecer un contacto visual con cada cliente y sonreír". Caterpillar Tractor tiene una política de garantizar a sus clientes la entrega de partes en 24 horas, en cualquier parte del mundo. Hewlett-Packard requiere que el personal de investigación y desarrollo visite con regularidad a los clientes para enterarse de sus problemas y, en general, mantener los programas de investigación y desarrollo de la compañía orientados al cliente. Mrs. Fields' Cookies tiene una política de establecer cuotas de ventas *por hora* para cada sucursal; además, las galletas que no se han vendido en el transcurso de dos horas después de horneadas se retiren de la vitrina y se envían a organizaciones de caridad. La Cápsula ilustrativa 35 describe con ciertos detalles las prácticas de fabricación de Nike.

Las políticas y los procedimientos bien concebidos ayudan a la puesta en práctica; las políticas que no están sincronizadas son obstáculos.

En el proceso de la puesta en práctica de la estrategia hay un papel definido para las políticas y procedimientos nuevos y modificados. Las políticas y procedimientos bien elaborados ayudan a imponer la puesta en práctica de la estrategia al canalizar las acciones, la conducta, las decisiones y las prácticas en direcciones que mejoran la ejecución de la misma. Cuando las políticas y procedimientos no apoyan la estrategia, se convierten en una barrera u obstáculo para los cambios en las actitudes y en la conducta que están tratando de promover los encargados de la puesta en práctica. A menudo, las personas que se oponen a ciertos elementos de la estrategia o a ciertos enfoques de su puesta en práctica se ocultan detrás de políticas y procedimientos de operación de largos años o los defienden enérgicamente, en un esfuerzo para impedir la puesta en práctica o desviar su enfoque a lo largo de una ruta diferente. En cualquier momento en que una compañía altera su estrategia, los administradores deben analizar las políticas y los procedimientos de operación existentes, reconsiderar o descartar los que no están sincronizados y formular otros nuevos.

Nada de esto implica que las compañías necesiten abultados manuales de políticas para guiar la puesta en práctica de la estrategia y las operaciones diarias. Un exceso de políticas puede ser tan asfixiante como una política errónea, o tan caótico como si no hubiera ninguna. Lo más sensato es un enfoque intermedio: prescribir las políticas suficientes para dar a los miembros de la organización una dirección clara y establecer límites deseables sobre sus acciones y después facultarlos para que actúen dentro de ellos siempre que crean que tienen sentido. Esta libertad es especialmente apropiada cuando la creatividad y la iniciativa individuales son más esenciales para la ejecución de una buena estrategia que la estandarización y la conformidad estrictas.[2] Por consiguiente, la creación de un poderoso ajuste de apoyo entre la estrategia y la política puede significar más o menos políticas o diferentes políticas; o bien, políticas que requieren que las cosas se hagan de cierta manera o que conceda a los empleados libertad para desempeñar las actividades en la forma que ellos consideran más adecuada.

INSTITUCIÓN DE LAS MEJORES PRÁCTICAS Y DE UN COMPROMISO CON EL MEJORAMIENTO CONTINUO

Si se quiere que las actividades de la cadena de valor se desempeñen en la forma más efectiva y eficiente posible, cada departamento y unidad necesitan establecer un proceso de comparación de lo elevado en su desempeño en las tareas y actividades específicas, contra las compañías con el mejor desempeño en la industria o en el mundo. Un compromiso poderoso con la búsqueda y adopción de las mejores prácticas es decisivo para una puesta en práctica efectiva de la estrategia, en especial en el caso de las actividades fundamentales y que requieren mucha inversión en donde la mejor calidad o los costos más bajos causan un impacto en el desempeño básico.[3]

La identificación y el establecimiento de las mejores prácticas es sólo el camino, no el destino.

El movimiento de los procesos de comparación para investigar, estudiar y establecer las mejores prácticas ha estimulado una mayor conciencia de la administración sobre la importancia de la reingeniería (el rediseño de los procesos de negocios), del control de calidad total (CCT) y de otros programas de mejoramiento continuo. El CCT es una filosofía para administrar y establecer prácticas de negocios que hagan hincapié en el mejoramiento continuo en todas las fases de las operaciones, con un 100 por ciento de exactitud en el desempeño de las actividades, en la participación de los empleados en todos los niveles y en la delegación de autoridad en ellos, en el diseño del trabajo basado en el equipo, en los procesos de comparación y en satisfacer totalmente las expectativas del cliente. Una encuesta realizada en 1991 por The Conference Board

[2] *Ibid.*, p. 65.

[3] Para una exposición del valor de los procesos de comparación en la puesta en práctica de la estrategia, véase Yoshinobu Ohinata, "Benchmarking: The Japanese Experience", en *Long Range Planning* 27, núm. 4, agosto de 1994, pp. 48-53.

mostró que el 93 por ciento de las compañías de fabricación y el 60 por ciento de las de servicio habían puesto en práctica alguna forma de programa de mejoramiento de la calidad.[4] Otra encuesta encontró que el 55 por ciento de los ejecutivos estadounidenses y el 70 por ciento de los ejecutivos japoneses utilizaban la información del mejoramiento de la calidad por lo menos mensualmente, como parte de su evaluación del desempeño general.[5] Un estudio de Arthur D. Little reportó que el 93 por ciento de las 500 empresas más grandes de Estados Unidos había adoptado alguna forma de CCT para 1992. Los analistas le han atribuido la calidad de muchos productos japoneses a la aplicación dedicada de los principios del CCT. De hecho, *los procesos de mejoramiento de la calidad en la actualidad se han convertido en una parte importante a nivel global de la trama de la puesta en práctica de estrategias vinculadas con una fabricación libre de defectos, una calidad superior del producto, un servicio superior y su satisfacción al cliente total.*

El interés de la administración en los programas de mejoramiento de la calidad por lo común se origina en las áreas de producción de una compañía: fabricación y ensamble en las empresas de fabricación, transacciones de cajeros en los bancos, registro y envío de pedidos en las empresas de catálogo o interacción con el cliente en las organizaciones de servicio. Otras veces se inicia un promedio de los ejecutivos que asisten a presentaciones del CCT, que están informados de éste y hablan con personas de otras compañías que se han beneficiado con los programas de calidad total. Por lo común, los administradores interesados tienen problemas con la calidad y con la satisfacción del cliente que buscan resolver. Véase en la tabla 10-1 las diferentes clases de características en las cuales hacen hincapié los defensores del CCT y los criterios empleados en la selección de los ganadores del Premio de Calidad Malcolm Baldridge.

Aun cuando el CCT se concentra en la producción de artículos de calidad y en proporcionar un servicio de excelencia al cliente, para que tenga éxito se debe difundir a nivel de toda la organización, a los esfuerzos de los empleados en todos los departamentos, es decir, recursos humanos, facturación, investigación y desarrollo, ingeniería, contabilidad y registros y sistemas de información, que puedan carecer de incentivos menos apremiantes para mejorar impulsados por el cliente. Esto se debe a que la institución de programas de mejores prácticas y de mejoramiento continuo implican una reforma de la cultura corporativa y un cambio hacia una filosofía de calidad total y mejoramiento continuo que se infiltra en toda la organización. (Véase la tabla 10-2 que presenta las características comunes para la mayor parte de los programas de CCT.)[6] El CCT pretende infundir entusiasmo y un compromiso para hacer bien las cosas desde el nivel superior hasta el inferior de la organización. También implica una incansable búsqueda de mejoramiento continuo, los pequeños pasos diarios hacia adelante que los japoneses llaman *kaizen*. El CCT es una carrera que no termina. El objetivo administrativo es encender en las personas un ardiente deseo de emplear su ingenio e iniciativa para mejorar progresivamente la forma en la cual se desempeñan las tareas. Asimismo predica que no existe nada lo suficientemente bueno y que todos tienen la responsabilidad de participar en el mejoramiento continuo. (Véase la Cápsula ilustrativa 36, que describe el enfoque de Motorola a la participación de los empleados en el esfuerzo del CCT.)

El CCT implica una cultura de calidad total encauzada a mejorar continuamente el desempeño de cada tarea y de cada actividad de la cadena de valor.

El empleo efectivo de las técnicas de CCT/mejoramiento continuo es un activo competitivo valioso que puede producir importantes capacidades competitivas (en el

[4] Judy D. Olian y Sara L. Rynes, "Making Total Quality Work: Aligning Organizational Processes, Performance Measures, and Stakeholders", en *Human Resource Management* 30, núm. 3, otoño de 1991, p. 303.

[5] *Idem.*

[6] Para una exposición del cambio en el ambiente de trabajo y en la cultura que implica el CCT, véase Robert T. Amsden, Thomas W. Ferratt y Davida M. Amsden, "TQM: Core Paradigm Changes", en *Business Horizons* 39, núm. 6, noviembre-diciembre de 1996, pp. 6-14.

TABLA 10-1 Componentes de los enfoques populares para el CCT y criterios para el Premio Baldridge 1992

LOS 14 PUNTOS DE DEMING	LA TRILOGÍA DE JURAN	LOS 14 PASOS DE LA CALIDAD DE CROSBY
1. Constancia del propósito 2. Adoptar la filosofía 3. No confiar en la inspección masiva 4. No premiar a los negocios basándose en el precio 5. Mejoramiento constante 6. Capacitación 7. Liderazgo 8. Expulsar al temor 9. Derribar las barreras 10. Eliminar los lemas y las exhortaciones 11. Eliminar las cuotas 12. Enorgullecerse de la mano de obra 13. Educación y repetición de la capacitación 14. Plan de acciones	1. *Planeación de la calidad* • Establecer metas • Identificar a los clientes y sus necesidades • Desarrollar productos y procesos 2. *Control de la calidad* • Evaluar el desempeño • Comparar con las metas y adaptar 3. *Mejoramiento de la calidad* • Establecer la infraestructura • Identificar proyectos y equipos • Proporcionar recursos y capacitación • Establecer controles	1. Compromiso de la administración 2. Equipos de mejoramiento de la calidad 3. Medición de la calidad 4. Costo de la evaluación de la calidad 5. Conciencia de la calidad 6. Acción correctiva 7. Comité de cero defectos 8. Capacitación del supervisor 9. Día de cero defectos 10. Establecimiento de metas 11. Eliminación de la causa de errores 12. Reconocimiento 13. Consejos de calidad 14. Hágalo de nuevo

CRITERIOS PARA EL PREMIO BALDRIDGE 1992 (un total de 1 000 puntos)

1. *Liderazgo* (90 puntos)
   - Ejecutivo *senior*
   - Administrador de calidad
   - Responsabilidad pública
2. *Información y análisis* (80 puntos)
   - Alcance y control de la calidad y datos del desempeño
   - Comparaciones competitivas e hitos
3. *Planeación estratégica de la calidad* (60 puntos)
   - Calidad estratégica y proceso de planeación
   - Planes de calidad y de desempeño
4. *Desarrollo y administración de recursos humanos* (150 puntos)
   - Administración de los recursos humanos
   - Participación de los empleados
   - Educación y capacitación de los empleados
   - Desempeño y reconocimiento de los empleados
   - Bienestar y moral de los empleados
5. *Control de la calidad del proceso* (140 puntos)
   - Diseño e introducción de productos y servicios
   - Administración del proceso; producción y entrega
   - Administración del proceso; negocios y apoyo
   - Calidad del proveedor
   - Evaluación de la calidad
6. *Calidad y resultados operacionales* (180 puntos)
   - Calidad del producto y del servicio
   - Operaciones de la compañía
   - Proceso de negocios y servicios de apoyo
   - Calidad del proveedor
7. *Enfoque en el cliente y en su satisfacción* (300 puntos)
   - Relaciones con el cliente
   - Compromiso con los clientes
   - Determinación de la satisfacción del cliente
   - Resultados de la satisfacción del cliente
   - Comparaciones de la satisfacción del cliente
   - Futuros requerimientos y expectativas

Fuente: Como se presentó en Thomas C. Powell, "Total Quality Management as Competitive Advantage", en *Strategic Management Journal* 16, núm. 1, enero de 1995, p. 18, y basada en M. Walton, *The Deming Management Method,* Pedigree, Nueva York, 1986; J. Juran, *Juran on Quality by Design,* Free Press, Nueva York, 1992; Philip Crosby, *Quality Is Free: The Act of Making Quality Certain,* McGraw-Hill, Nueva York, 1979; y S. George, *The Baldridge Quality System,* Wiley, Nueva York, 1992.

TABLA 10-2 Doce aspectos comunes del CCT y de los programas de mejoramiento continuo

1. **Liderazgo comprometido:** un compromiso casi evangélico y firme a largo plazo de los administradores en el nivel superior con la filosofía, por lo común bajo un nombre como Administración total de la calidad, Mejoramiento continuo (MC) o Mejoramiento de la calidad (MC).
2. **Adopción y comunicación del CCT:** empleo de instrumentos como la declaración de la misión y temas o lemas.
3. **Relaciones más estrechas con el cliente:** determinar los requerimientos del cliente (tanto dentro como fuera de la empresa) y después satisfacer esos requerimientos sin importar lo que se necesite.
4. **Relaciones más estrechas con el proveedor:** trabajar conjuntamente y de una manera cooperativa con los proveedores (a menudo la única fuente externa de componentes clave), asegurarse de que proporcionen entradas que se ajusten a los requerimientos de los clientes para su empleo final.
5. **Establecer procesos de comparación:** investigación y observación de prácticas de operación competitivas.
6. **Incremento en la capacitación:** por lo común incluye los principios del CCT, capacidades del equipo y resolución de problemas.
7. **Organización abierta:** personal reducido, equipos de trabajo facultados, comunicaciones horizontales abierta y un relajamiento de la jerarquía tradicional.
8. **Delegación de autoridad en los empleados:** una creciente participación de los empleados en el diseño y la planeación y una mayor autonomía en la toma de decisiones.
9. **Mentalidad de cero defectos:** un sistema establecido para detectar los defectos a medida que ocurren, en vez de mediante una inspección y una repetición del trabajo.
10. **Fabricación flexible:** (sólo aplica a los fabricantes) puede incluir inventario justo a tiempo, fabricación celular, diseño para la facilidad de fabricación (DDF), control de procesos estadísticos (CPE) y diseño de experimentos (DDE).
11. **Mejoramiento del proceso:** desperdicio y ciclos de tiempo reducidos en todas las áreas mediante un análisis interdepartamental del proceso.
12. **Medición:** orientación a las metas y un celo por los datos, con una medición constante del desempeño, a menudo utilizando métodos estadísticos.

Fuente: Thomas C. Powell, "Total Quality Management as Competitive Advantage", en *Strategic Management Journal* 16, núm. 1, enero de 1995, p. 19.

diseño del producto, la reducción del costo, la calidad del producto y el servicio al cliente) y constituir una fuente de la ventaja competitiva.[7] Los mejoramientos incrementales continuos no sólo se suman a lo largo del tiempo y consolidan las capacidades organizacionales, sino que los programas de CCT/mejoramiento continuo tienen aspectos difíciles de imitar. Aun cuando es relativamente fácil que los rivales inicien procesos de comparación, mejoramientos del proceso y capacitación en la calidad, es muy difícil que establezcan una cultura de calidad total, que faculten a los empleados y que generen un compromiso profundo y genuino de la administración con la filosofía y las prácticas del CCT. El CCT requiere una inversión considerable de tiempo y esfuerzo de la administración pues algunos administradores y empleados se resisten a él por considerarlo una ideología o una moda pasajera. Es costoso (en términos de capacitación y reuniones) y muy rara vez produce resultados a corto plazo. El resultado a largo plazo depende en gran parte del éxito de la administración para infundir una cultura dentro de la cual puedan prosperar las filosofías y las prácticas del CCT.

Un activo competitivo valioso es tener la habilidad de generar mejoramientos continuos en actividades importantes de la cadena de valor.

[7] Thomas C. Powell, "Total Quality Management as Competitive Advantage", en *Strategic Management Journal* 16, 1995, pp. 15-37. Véase también Richard M. Hodgetts, "Quality Lessons from America's Baldridge Winners", en *Business Horizons* 37, núm. 4, julio-agosto de 1994, pp. 74-79, y Richard Reed, David J. Lemak y Joseph C. Montgomery, "Beyond Process; TQM Content and Firm Performance", en *Academy of Management Review* 21, núm. 1, enero de 1996, pp. 173-202.

CÁPSULA ILUSTRATIVA 36 Enfoque de Motorola al CCT y al trabajo de equipo

Motorola está calificada como una de las compañías más capaces en la medición del desempeño contra sus objetivos estratégicos y en la promoción de prácticas de calidad total que conducen a un mejoramiento continuo. En 1988, Motorola fue seleccionada como una de las ganadoras del Premio de Calidad Malcolm Baldridge y desde entonces ha mejorado más allá de estos esfuerzos que la hicieron acreedora del premio. En 1993, la compañía estimó que ahorraba alrededor de 2 200 millones de dólares anuales debido a su enfoque al CCT y al mejoramiento continuo orientado al equipo.

Un rasgo importante del enfoque de Motorola es un concurso con duración de un año que pone de relieve los éxitos de los equipos de empleados en todo el mundo para mejorar las prácticas internas de la compañía, fabricar mejores productos, ahorrar dinero, complacer a los clientes y compartir las mejores prácticas con otros grupos de la empresa. En 1992, el concurso, conocido como Total Customer Satisfaction Team Competition, atrajo inscripciones de casi 4 000 equipos e involucró a casi 40 000 de los 107 000 empleados de Motorola. Una selección preliminar redujo a los finalistas de 1992 a 24 equipos de todo el mundo que fueron invitados a Chicago en enero de 1993 para hacer una presentación de 12 minutos ante un grupo de 15 ejecutivos senior, incluyendo el director ejecutivo. Se otorgaron medallas de oro a doce equipos y de plata a otros doce. Los ganadores de la medalla de oro se mencionan más adelante.

Motorola no lleva la cuenta de los costos del concurso, debido a que "los beneficios son impresionantes". Ha enviado cientos de videos del concurso a otras compañías que desean conocer los detalles; no obstante, los consultores del CCT se muestran escépticos sobre si otras compañías han progresado lo suficiente para establecer una cultura de calidad basada en el equipo, como para beneficiarse con un concurso a nivel organizacional. Según dicen, el lado malo de esos concursos es el costo adicional (preparativos, viajes, presentación y juicios) y los riesgos de bajar la moral de quienes no resultan ganadores.

Equipos que ganaron la medalla de oro	Ubicación de trabajo	Logro
BEAP Goes On	Florida	Eliminó los obstáculos en la prueba de localizadores, utilizando robots.
The Expedition	Malasia	Diseñó y entregó un nuevo chip para Apple Computer en seis meses.
Operation Paging Storm	Singapur	Eliminó el defecto en la alineación de componentes en los papeles.
ET/EV=1	Illinois	Modernizó el proceso de pedidos de electrónica automotriz.
The Mission	Arizona	Desarrolló sistemas de calidad para el diseño de satélites de iridio.
Class Act	Illinois	Redujo el programa de capacitación de cinco años a dos, con mejores resultados.
Dyna-Attackers	Dublín	Redujo el tiempo de producción y el índice de defectos en una parte nueva de una batería.
Orient Express	Malasia	Redujo el tiempo de respuesta en los pedidos de montaje, de 23 días a 4.
The Dandles	Japón	Mejoró la eficiencia en las operaciones de las calderas.
Cool Blue Racers	Arizona	Redujo el tiempo de desarrollo del producto a la mitad para ganar un contrato de IBM.
IO Plastics Misload	Manila	Eliminó la filtración de resinas en el ensamble de moduladores.

Fuente: Basado en la información reportada en Barnaby J. Feder, "At Motorola, Quality Is a Team Sport", en *New York Times*, 21 de enero de 1993, pp. C1 y C6.

Las diferencias entre el CCT y la reingeniería del proceso Las mejores prácticas, la reingeniería del proceso y los esfuerzos de mejoramiento continuo como el CCT están orientados a mejorar la eficiencia y reducir los costos, a optimizar la calidad del producto y a proporcionar una mayor satisfacción del cliente. *La diferencia esencial entre la reingeniería del proceso y el CCT es que la reingeniería está orientada a ganancias cuánticas del orden del 30 al 50 por ciento o más, mientras que los programas de calidad total hacen hincapié en el progreso incremental, luchando por ganancias centímetro a centímetro una y otra vez.* Los dos enfoques al desempeño mejorado de la cadena de valor no se excluyen mutuamente; tiene sentido utilizarlos en combinación. La reingeniería se puede utilizar primero para producir un buen diseño básico que mejore considerablemente el proceso de negocios. Después se pueden emplear los programas de calidad total para resolver las fallas, perfeccionar el proceso y mejorar en forma gradual tanto la eficiencia como la efectividad. Ese enfoque de la puesta en práctica del cambio organizacional y estratégico es como una carrera de maratón, en donde usted corre los primeros cuatro tramos con la mayor rapidez posible y después disminuye gradualmente la velocidad durante el resto del trayecto.

La reingeniería busca mejoramientos cuánticos, uno a la vez; el CCT busca un mejoramiento incremental continuo.

Obtención de los beneficios potenciales Las investigaciones indican que algunas compañías se benefician con la reingeniería y el CCT, y otras no.[8] Por lo común, las principales beneficiarias son las compañías que consideran esos programas no como fines en sí, sino como instrumentos para poner en práctica y ejecutar la estrategia de la compañía en una forma más efectiva. Los resultados mínimos de las mejores prácticas, del CCT y de la reingeniería se llevan a cabo cuando los administradores de la compañía los ven como una meta que vale la pena o bien, como ideas renovadoras que podrían mejorar la situación; en la mayor parte de los casos dan por resultado esfuerzos ciegos a la estrategia, simplemente para administrar mejor. Aquí hay una lección importante. Es necesario que las mejores prácticas, el CCT y la reingeniería sean considerados y utilizados como parte de un esfuerzo con una perspectiva más amplia para ejecutar la estrategia de una manera eficiente. Sólo la estrategia puede indicar cuáles son las actividades fundamentales y cuáles los objetivos del desempeño que tienen más sentido. En ausencia de un marco de referencia estratégico, los administradores carecen del contexto en el cual pueden arreglar las cosas que realmente importan para el desempeño del negocio o de la unidad y el éxito competitivo.

Cuando las mejores prácticas, la reingeniería y el CCT no son parte de un esfuerzo en mayor escala para mejorar la ejecución de la estrategia y el desempeño del negocio, se deterioran y se convierten en esfuerzos ciegos a la estrategia, sólo para administrar mejor.

Para obtener lo máximo del proceso de comparación, las mejores prácticas, la reingeniería, el CCT y los instrumentos relacionados con fin de mejorar la competencia organizacional en la ejecución de la estrategia, los administradores deben iniciar con una atención clara a los indicadores de una ejecución exitosa de la estrategia: fabricación libre de defectos, entrega a tiempo, costos generales bajos, exceder las expectativas del cliente, tiempo más rápido del ciclo, crecientes innovaciones del producto o alguna otra medida específica del desempeño. La comparación de la mayor parte o de todas las actividades de la cadena de valor con el mejor desempeño en la industria y el mundo proporciona una base para establecer hitos internos del desempeño y objetivos de mayor alcance.

Después viene la tarea administrativa de desarrollar una cultura de calidad total e infundir el compromiso necesario para el logro de los objetivos y las medidas del desempeño que requiere la estrategia. Los pasos para la acción que pueden emprender los administradores incluyen:[9]

1. Un compromiso visible, inequívoco e inflexible con la calidad total y el mejoramiento continuo, incluyendo una visión de la calidad y metas específicas y mensurables de la misma.
2. Incitar a las personas a mostrar conductas que apoyen al CCT, iniciando programas organizacionales tales como:

[8] Véase, por ejemplo, Gene Hall, Jim Rosenthal y Judy Wade. "How to Make Reengineering Really Work", en *Harvard Business Review* 71, núm. 6, noviembre-diciembre de 1993, pp. 119-131.

[9] Judy D. Olian y Sara L. Rynes, "Making Total Quality Work", pp. 305-306 y 310-311 y Paul S. Goodman y Eric D. Darr, "Exchanging Best Practices Information through Computer-Aided Systems", en *Academy of Management Executive* 10, núm. 2, mayo de 1996, p. 7.

- Seleccionar a los aspirantes al puesto y contratar únicamente a aquellos cuyas actitudes y aptitudes sean apropiadas para un desempeño basado en la calidad.
- Una capacitación en calidad para la mayoría de los empleados.
- Utilizar equipos y ejercicios de desarrollo para reforzar y fomentar el esfuerzo individual (la expansión de una cultura de CT se facilita cuando los equipos se vuelven más interfuncionales, multidisciplinarios y autónomos).
- Reconocer y recompensar los esfuerzos individuales y del equipo con regularidad y de una manera sistemática.
- Insistir en la prevención (hacerlo bien la primera vez), no en la inspección (instituir formas de corregir los errores).

3. Facultar a los empleados de manera que los encargados proporcionan un servicio excelente o el mejoramiento de productos estén en manos de quienes hacen las cosas más que de quienes se encargan de la supervisión.
4. Utilizar sistemas de información en línea para proporcionar a todas las partes las prácticas actualizadas y las experiencias reales apresurando así la difusión y adopción de las mejores prácticas en toda la organización y también permitiendo que intercambien datos y opiniones de cómo mejorar/perfeccionar las mejores prácticas.
5. Predicar que el desempeño se puede y debe mejorar, debido a que los competidores no descansan sobre su pasado y los clientes siempre buscan algo mejor.

Si las medidas del desempeño objetivo son apropiadas para la estrategia y si los altos ejecutivos, los administradores a nivel medio, el personal profesional y los empleados de línea se convencen del proceso de mejoramiento continuo, entonces el ambiente de trabajo promoverá una ejecución eficiente de la estrategia y un buen desempeño en los aspectos básicos del negocio.

INSTALACIÓN DE SISTEMAS DE APOYO

Las estrategias de la compañía no se pueden poner en práctica ni ejecutar adecuadamente sin contar con varios sistemas de apoyo para las operaciones de negocios. American, United, Delta y otras aerolíneas importantes no pueden proporcionar un servicio de clase mundial sin un sistema de reservaciones computarizado, un sistema preciso y rápido de manejo del equipaje y un riguroso programa de mantenimiento de sus aviones. FedEx tiene un sistema computarizado de rastreo de paquetería que puede reportar al instante la ubicación de cualquier paquete determinado en su proceso de tránsito-entrega; cuenta con sistemas de comunicaciones que le permiten coordinar sus 21 000 camionetas en todo Estados Unidos, las cuales hacen un promedio de 720 000 paradas por día para recoger los paquetes de los clientes y además posee un vanguardista sistema controlador de vuelos que permite que un solo controlador dirija simultáneamente 200 aviones pasando por encima de sus planes de vuelo en caso de que haya mal tiempo o que se presenten urgencias especiales; todas estas operaciones son esenciales para la estrategia de FedEx de entregar al día siguiente un paquete que "absoluta y positivamente debe estar allí".[10]

Otis Elevator cuenta con un sofisticado sistema de apoyo llamado OtisLine para coordinar el mantenimiento en todo Estados Unidos.[11] Cuenta con operadores capacitados para recibir todas las llamadas reportando problemas, registra la información crítica en una pantalla de computadora y envía directamente al personal por medio de un sistema de localizadores al sitio donde se ha suscitado el problema. Basándose en las

[10] James Brian Quinn, *Intelligent Enterprise,* Free Press, Nueva York, 1992, pp. 114-115.

[11] *Ibid.*, p. 186.

llamadas de reporte de problemas, es posible identificar los patrones a nivel nacional; esta información se comunica al personal de diseño y fabricación, lo que permite alterar rápidamente las especificaciones de diseño o los procedimientos de fabricación, con el fin de corregir los problemas recurrentes. Además, gran parte de la información necesaria para las reparaciones se proporciona directamente, desde ascensores que están fallando hasta monitores de computadora instalados internamente, lo que disminuye todavía más el tiempo de interrupción del servicio.

Principio de la administración estratégica

Los sistemas de apoyo innovadores y de vanguardia pueden constituir una base para la ventaja competitiva si proporcionan a una empresa capacidades que los rivales no pueden igualar.

Procter & Gamble codifica más de 900 000 llamadas de indagación que recibe anualmente en su número 800 sin costo alguno para obtener a tiempo indicios de problemas con el producto y del cambio de gustos.[12] Arthur Andersen Worldwide tiene un sistema electrónico que eslabona a más de 82 000 personas en 360 oficinas de 76 países; el sistema es capaz de almacenar datos, voz y videos, además consiste en un tablero para anotar los problemas de los clientes y organizarse alrededor del conflicto específico de uno de ellos empleando a personas de todo el mundo, así como la capacidad de recopilar, indexar y distribuir archivos que contienen información sobre temas, clientes, soluciones y recursos particulares de la compañía.[13] El sistema de Andersen, llamado Intercambio de Conocimientos, captura las lecciones aprendidas y el trabajo e investigación diarios de la compañía y los pone a disposición del personal de Andersen las 24 horas del día. Las computadoras de Wal-Mart le transmiten los datos de las ventas diarias a Wrangler, un proveedor de pantalones de algodón; utilizando un modelo que interpreta los datos y aplicaciones de software que llevan a cabo esas interpretaciones, se envían cantidades específicas de tallas y colores a las tiendas desde determinados almacenes; el sistema disminuye los costos de logística inventario y conduce a que las existencias se agoten con menos frecuencia.[14] Domino's Pizza cuenta con sistemas computarizados en cada sucursal, que ayudan en las funciones de pedidos, inventario, nómina, flujo de efectivo y control del trabajo, dejando en libertad a los administradores para que dediquen más tiempo a la supervisión, el servicio al cliente y el desarrollo del negocio.[15] La mayor parte de las compañías telefónicas, de servicios públicos de electricidad y de sistemas de difusión por televisión cuentan con sistemas de supervisión en línea para detectar problemas en la transmisión en cuestión de segundos e incrementar la confiabilidad de sus servicios. Las compañías de software necesitan sistemas que les permitan distribuir sus productos a través de Internet. En Mrs. Fields' Cookies, los sistemas computarizados supervisan las ventas por hora y sugieren cambios en la mezcla del producto, tácticas promocionales o ajustes en la operación, con el fin de mejorar la respuesta al cliente. (Véase la Cápsula ilustrativa 37). Muchas compañías han instalado sistemas de software en sus redes internas para catalogar la información de las mejores prácticas, promover una transferencia más rápida de éstas y ejecutarlas a nivel de toda la organización.[16] Las compañías en todo el mundo se están apresurando a crear sistemas de datos en línea, a conectar a un mayor número de empleados con Internet y con las redes internas de la compañía, a utilizar el correo electrónico como el principal medio de comunicación interno y externo y a crear pági-

[12] *Ibid.*, p. 111.

[13] James Brian Quinn, Philip Anderson y Sydney Finkelstein, "Leveraging Intellect", en *Academy of Management Executive* 10, núm. 3, noviembre de 1996, p. 9.

[14] Stephan H. Haeckel y Richard L. Nolan, "Managing by Wire", en *Harvard Business Review* 75, núm. 5, septiembre-octubre de 1993, p. 129.

[15] James Brian Quinn, *Intelligent Enterprise*, p. 181.

[16] Esos sistemas apresuran el aprendizaje organizacional al proporcionar una comunicación rápida y eficiente, al crear una memoria organizacional para la recopilación y la retención de la información de las mejores prácticas y al permitir que las personas en toda la organización intercambien información y actualicen las soluciones. Véase Paul S. Goodman y Eric D. Darr, "Exchanging Best Practices Information through Computer-Aided Systems", pp. 7-17.

CÁPSULA ILUSTRATIVA 37 Administración de la información y sistemas de control en Mrs. Fields' Cookies, Inc.

Mrs. Fields' Cookies es una de las compañías especializadas en productos alimenticios más conocidas, con más de 800 sucursales en centros comerciales, aeropuertos y otras ubicaciones con un elevado nivel de tránsito peatonal en todo el mundo. El concepto de negocios para Mrs. Fields' Cookies, según lo expresa Debbi Fields, fundadora y directora ejecutiva de la compañía, es "servir galletas absolutamente frescas y calientes, como si usted hubiera llegado a mi casa y me hubiera encontrado sacando unas galletas del horno". La compañía promueve sus productos principalmente por medio de muestras: los empleados de las tiendas deambulan obsequiando muestras de galletas. Además, Fields hace visitas no anunciadas a sus tiendas, disfrazada como una compradora casual, para comprobar el entusiasmo y las técnicas de ventas de las cuadrillas de empleados, probar la calidad de las galletas que están horneando y observar la reacción de los clientes.

En 1978, cuando Debbi Fields abrió su segunda tienda en San Francisco, a 45 millas de distancia de la primera en Palo Alto, se enfrentó a los problemas de logística de mantener una administración y un control directos en ubicaciones remotas. Randy, el esposo de Debbi, desarrolló un programa de software para dar instrucciones y asesorar a los administradores de las tiendas y para proporcionar una forma de ejercer un control sobre las operaciones. Cada mañana, los administradores locales capturan la información en la PC de su tienda, el día de la semana, el mes (para captar los patrones de compra de la temporada), las actividades especiales en el centro comercial o los eventos locales que se espera influyan en los patrones de tránsito y el pronóstico del tiempo. El programa de software de Randy analiza esta información e imprime una meta de ventas diaria (desglosada por hora). Con las cuotas de ventas se incluye un programa por hora del número de lotes de galletas que se deben mezclar y hornear y de cuándo se deben ofrecer muestras gratis.

A medida que avanza el día, los administradores de las tiendas incluyen las cifras de ventas reales por hora y el número de clientes. Si éste es elevado pero las ventas son escasas, el sistema de software recomienda una oferta de muestras más agresiva o una venta más sugerente. Si es obvio que el día será un fracaso, la computadora revisa automáticamente las proyecciones de ventas reduciendo las cuotas por hora e indicando cuánto se debe reducir el horneado de galletas. Para facilitar que el administrador de la tienda programe a los empleados, también se proporcionan proyecciones de ventas con dos semanas de anticipación. Si el administrador de una tienda tiene un problema específico, puede indicarlo al sistema y enviarlo a la persona apropiada. El sistema deja a los administradores de las tiendas más tiempo para trabajar con sus empleados y lograr las metas de ventas, en vez de dedicarlo al manejo de las tareas administrativas.

Cuando Mrs. Fields' Cookies empezó a ampliarse hacia Europa y Asia, el departamento de tecnología de la información de la compañía modificó el software para tomar en cuenta los diferentes patrones de compras, las preferencias del comprador, las leyes laborales, los idiomas y los arreglos con proveedores en países extranjeros. También desarrolló una segunda generación de software, llamado Sistema de Información de Operaciones de Menudeo; el sistema de IOM tiene módulos para control de inventario, entrevistas y contratación, reparaciones y mantenimiento, arreglos de arrendamiento y correo electrónico. Todos los aspirantes a los puestos se deben sentar frente a la terminal de la tienda y responder a una serie de preguntas computarizadas como parte del proceso de la entrevista; las preguntas ayudan a los administradores de las tiendas a identificar a los candidatos con aptitudes que sean cordiales y amistosos, y con habilidad para disfrutar obsequiando muestras, horneando galletas y charlando con los clientes durante el curso de una venta.

Debido a que es bastante fácil modelar las variaciones cotidianas en el negocio de galletas y a que la rotación de empleados en las sucursales de menudeo como Mrs. Fields' es bastante elevada, el hecho de tener la capacidad de "administrar por cable" y dirigir las operaciones básicas de la tienda en una forma automática gran parte del tiempo, es un valioso auxiliar para la puesta en práctica y la ejecución de la estrategia. Debbi Fields también utiliza el sistema electrónico como un medio para proyectar su influencia y su entusiasmo hacia las tiendas, con más frecuencia de lo que lograría con sus visitas personales.

Fuente: Adaptado de Mike Korologos, "Debbi Fields", en *Sky Magazine*, julio de 1988, pp. 42-50 y Stephan H. Haeckel y Richard L. Nolan, "Managing by Wire", *Harvard Business Review* 75, núm. 5, septiembre-octubre de 1993, pp. 123-124.

nas en la red con el fin de participar en el mundo del comercio electrónico en rápida expansión.

Los sistemas de apoyo bien concebidos y de vanguardia no sólo facilitan una mejor ejecución de la estrategia, sino que refuerzan las capacidades organizacionales lo suficiente como para promover una ventaja competitiva sobre los rivales. Por ejemplo, una compañía con una estrategia de diferenciación basada en una calidad superior tiene una capacidad adicional si cuenta con sistemas para capacitar al personal en las técnicas de calidad y en el seguimiento de la calidad del producto, así como para asegurarse de que todos los artículos enviados cumplan con los estándares de calidad. Una compañía que se esfuerza por ser una proveedora de costo bajo es competitivamente más poderosa si cuenta con un sistema de proceso de comparación que identifique las oportunidades para impulsar los costos fuera del negocio. Las compañías de crecimiento rápido obtienen un apoyo importante de los sistemas de contratación que ayudan a atraer y contratar a un gran número de empleados calificados. En los negocios como la contabilidad pública y la consultoría administrativa, en los que un gran número de profesionales que son miembros del personal necesitan conocimientos técnicos actualizados, las compañías pueden obtener una ventaja competitiva si cuentan con sistemas superiores para capacitar a sus empleados con regularidad y proporcionarles información actualizada. Las compañías que confían en que los empleados de servicio al cliente, en quienes delegan la autoridad, actúan con prontitud y en una forma creativa para complacer a los clientes, deben tener sistemas de información de vanguardia que pongan al alcance de los empleados los datos esenciales y les proporcionen capacidad de comunicación instantánea. Las compañías jóvenes que quieren desarrollar un negocio que abarque una vasta área geográfica, crecer rápidamente, cotizar en la bolsa de valores y lograr una posición prominente en la industria, deben invertir más en sistemas organizacionales y en infraestructura que las compañías pequeñas que se conformen con desarrollar un negocio en una sola ubicación y a un ritmo prudente. En el ambiente de negocios actual, la ventaja competitiva es de una de las empresas más capaces para mover la información y crear sistemas que posibiliten utilizar los conocimientos en una forma efectiva.

Las compañías que han aprendido a utilizar el correo electrónico y los procesadores de texto en una forma eficiente y penetrante son mucho menos jerárquicas y tienden a responder con mayor rapidez a los acontecimientos que las compañías que confían en los métodos de comunicación tradicionales. Los usuarios ávidos del correo electrónico están disponibles para cualquiera y para todos, lo que da por resultado una forma más abierta y democrática de operar; además, la información no se selecciona ni se filtra. Debido a que se difunde rápidamente y a que muchas personas en diferentes áreas geográficas se pueden comunicar con facilidad, las compañías pueden entablar debates y desarrollar soluciones con mayor rapidez. Microsoft recurre en una forma excepcionalmente intensa al empleo del correo electrónico para distribuir información, exponer problemas, movilizar sus respuestas a los acontecimientos, poner a trabajar a toda prisa a su personal en los problemas que surgen y vuelven a desplegar sus recursos. Intel es otra compañía que utiliza el correo electrónico para mejorar su agilidad. Price Waterhouse utiliza un sistema en línea de procesador de texto para tomar propuestas de clientes que puedan enriquecer mediante la contribución del personal en cualquiera de sus oficinas en todo el mundo.

Instalación de sistemas de información adecuados, seguimiento del desempeño y controles

La información exacta es una guía esencial para la acción. Cada organización necesita sistemas para recopilar y almacenar datos, rastrear los indicadores clave del desempeño, identificar y diagnosticar los problemas y reportar la información crítica para la estrategia. Las compañías telefónicas cuentan con elaborados sistemas de información para medir la calidad de la señal, los tiempos de conexión, las interrupciones, las conexiones equivocadas, los errores en la facturación y otras medidas de confiabilidad. Con el fin de hacer un seguimiento y administrar la calidad del servicio a los pasajeros, las aerolíneas tienen sistemas de información que supervisan las demoras en las puertas, las salidas y llegadas a tiempo, los tiempos de manejo del equipaje, las quejas por el equipaje extraviado, los casos en que se agotan los alimentos y las bebidas, la sobreventa de espacios y las demoras y fallas en el mantenimiento. Muchas compañías le han proporcionado al personal que tiene contacto con el cliente un acceso electrónico ins-

La información precisa y oportuna permite que los miembros de la organización supervisen el progreso y emprendan acciones correctivas con prontitud.

tantáneo a bases de datos de clientes, de manera que puedan responder de una manera efectiva a las indagaciones de los clientes y ofrecerles servicios personalizados. Las compañías que confían en empleados en quienes han delegado la autoridad necesitan sistemas de medición y retroalimentación para supervisar el desempeño de los trabajadores y guiarlos para que actúen dentro de límites específicos de manera que se eviten sorpresas inoportunas.[17]

Los sistemas de información electrónica permiten que los administradores supervisen las iniciativas de la puesta en práctica y las operaciones diarias, encauzándolas a una conclusión exitosa en caso de que los primeros pasos no produzcan el progreso esperado o de que las cosas parezcan estar desviándose de su curso. Los sistemas de información deben cubrir cinco áreas amplias: 1) datos del cliente, 2) datos de las operaciones, 3) datos de los empleados, 4) datos de proveedores/socios/aliados de colaboración y 5) datos del desempeño financiero. Todos los indicadores clave del desempeño estratégico se deben medir con tanta frecuencia como sea posible. Muchas compañías de menudeo generan reportes de ventas diarios para cada tienda y mantienen un inventario al minuto y registros de ventas sobre cada artículo. Las plantas de fabricación por lo común generan reportes de producción diarios y hacen un seguimiento de la productividad de la mano de obra en cada turno. Muchos minoristas y fabricantes cuentan con sistemas de datos en línea que los conectan con sus proveedores y que supervisan los inventarios, el proceso de pedidos y facturación y hacen un seguimiento de los envíos. Los estados mensuales de utilidades y pérdidas y los resúmenes estadísticos, que desde hace mucho tiempo son la norma, se están reemplazando con gran rapidez con actualizaciones estadísticas diarias e incluso con una supervisión del desempeño al minuto, algo que hace posible la tecnología electrónica. Esos sistemas de control del diagnóstico permiten que los administradores detecten los problemas a tiempo, intervengan cuando sea necesario y ajusten ya sea la estrategia o la forma en la cual se pone en práctica. En ocasiones es difícil evaluar las primeras experiencias, pero producen los primeros datos sólidos y se deben analizar con cuidado como la base para una acción correctiva. Desde un punto de vista ideal, los reportes estadísticos deben señalar varianzas considerables o fuera de lo común de los estándares de desempeño previamente establecidos.

Las compañías eficientes utilizan sistemas electrónicos con ayuda de computadoras para compartir datos e información instantánea.

La información estadística proporciona al encargado de la puesta en práctica de la estrategia una idea de las cifras; los reportes y las reuniones le proporcionan una idea de los nuevos desarrollos y problemas y los contactos personales contribuyen con una idea de la dimensión de las personas. Todos ellos son buenos parámetros del desempeño general y buenos indicadores de cuáles cosas están bien y cuáles se encuentran fuera de su curso.

Ejercer controles adecuados sobre los empleados en quienes se delega la autoridad Un problema importante al que se enfrentan los administradores actuales es cómo asegurarse de que las acciones de los subordinados facultados se mantengan dentro de límites aceptables y no expongan a la organización a un riesgo excesivo.[18] Hay ciertos riesgos cuando se abandona a los empleados a sus propios recursos para que cumplan con los estándares de desempeño. Los medios abundan en reportes de empleados cuyas decisiones o conductas se desviaron, costándole a la compañía considerables sumas de dinero o causando embarazosas demandas legales. Los administradores no pueden dedicar todo su tiempo a asegurarse de que las decisiones y la conducta del personal estén dentro de las líneas blancas y, sin embargo, tienen una responsabilidad clara de instituir

---

[17] Para una exposición de la necesidad de poner límites apropiados a las acciones de los empleados con autoridad y de los posibles sistemas de control y supervisión que se pueden utilizar, véase Robert Simons, "Control in an Age of Empowerment", en *Harvard Business Review* 73, marzo-abril de 1995, pp. 80-88.

[18] Idem. Véase también David C. Band y Gerald Scanlan, "Strategic Control through Core Competencies", en *Long Range Planning* 28, núm. 2, abril de 1995, pp. 102-114.

verificaciones y equilibrios adecuados y protegerse de cualquier sorpresa. Uno de los propósitos principales de los sistemas de control del diagnóstico es llevar un seguimiento del desempeño, con el fin de aliviar a los administradores de la carga de una supervisión constante y dejarles tiempo para trabajar en otros aspectos importantes. Pero los controles del diagnóstico sólo son parte de la respuesta. Otro instrumento valioso del control es establecer límites claros sobre la conducta, sin indicar a los empleados qué es lo que deben hacer. Las reglas y los procedimientos estrictamente prescritos desalientan la iniciativa y la creatividad. Es mejor determinar qué es lo que *no* se debe hacer, permitiendo cierta libertad de acción dentro de límites especificados. Otro dispositivo de control son las juntas cara a cara para repasar la información, evaluar el progreso y el desempeño, reiterar las expectativas y exponer los siguientes pasos para la acción.

DISEÑO DE SISTEMAS DE RECOMPENSA QUE APOYEN LA ESTRATEGIA

Las estrategias no se pueden poner en práctica y ejecutar con una eficiencia real a menos que las unidades organizacionales y los individuos estén comprometidos con la tarea. Los administradores de la compañía por lo común tratan de lograr un compromiso, a nivel de toda la organización, de llevar a cabo el plan estratégico motivando a las personas y recompensándolas por un buen desempeño. Un administrador debe hacer algo más que simplemente comunicar lo importantes que son las nuevas prácticas estratégicas y los objetivos del desempeño para el bienestar futuro de la organización. No importa lo inspirada que sea, una plática muy rara vez logra producir los mejores esfuerzos de las personas durante mucho tiempo. *Para lograr el compromiso continuo y enérgico de los empleados, la administración debe ser ingeniosa en el diseño y el empleo de incentivos motivacionales, tanto monetarios como de otro tipo.* Mientras más comprenda un administrador qué es lo que motiva a sus subordinados y confíe en los incentivos motivacionales como un instrumento para la puesta en práctica de la estrategia, mayor será el compromiso de los empleados con una buena ejecución de sus tareas cotidianas en el plan estratégico de la compañía.

La función del sistema de recompensas es hacer que a los miembros de la organización les resulte personalmente satisfactorio y económicamente beneficioso ayudar a la compañía a ejecutar su estrategia en una forma competente, a complacer a los clientes y lograr la visión estratégica de la compañía.

Aun cuando los incentivos financieros (aumentos de salario, bonificaciones por el desempeño, opciones de acciones y paquetes de jubilación) son el principal componente de los sistemas de recompensas de la mayor parte de las compañías, los administradores por lo común emplean muchos incentivos no monetarios, tales como: palabras de elogio (o de crítica constructiva), un reconocimiento especial durante las reuniones de la compañía o en el boletín de la misma, más (o menos) seguridad en el trabajo, asignaciones interesantes, oportunidades de una transferencia a ubicaciones atractivas, un mayor (o menor) control del trabajo y autonomía en la toma de decisiones, y el atractivo de una promoción o la amenaza de verse "hecho a un lado" en un trabajo rutinario o que no lleva a ninguna parte. Además, los administradores eficientes están atentos al poder motivacional de proporcionar a las personas una oportunidad de formar parte de algo excitante, de experimentar una mayor satisfacción personal —retándolas con ambiciosos objetivos de desempeño— y de crear los lazos intangibles de la aceptación del grupo. Pero la estructura de motivación y recompensa se debe utilizar de una manera *creativa* y estar vinculada directamente con el logro de los resultados del desempeño necesarios para una buena ejecución de la estrategia.

Uno de los mayores retos de la puesta en práctica de la estrategia es emplear técnicas motivacionales que creen un compromiso sincero y actitudes triunfadoras entre los empleados.

Prácticas motivacionales que apoyan la estrategia

Los encargados exitosos de la puesta en práctica de la estrategia inspiran e incitan a los empleados para que se esfuercen al máximo. Logran que acepten la estrategia y se comprometan con una puesta en práctica adecuada. Estructuran los esfuerzos individuales en equipos y grupos de trabajo, con el fin de facilitar un intercambio de ideas y un ambiente de apoyo. Permiten que los empleados participen en la toma de decisiones para desempeñar sus tareas y tratan de lograr que los trabajos sean interesantes y satisfactorios. Idean enfoques motivacionales que apoyen la estrategia y los utilizan en una forma efectiva. Consideremos algunos ejemplos reales:

- En Mars Inc. (mejor conocida por sus caramelos y chocolates en barra), todos los empleados, incluyendo el presidente, reciben una bonificación semanal del 10 por ciento por llegar a tiempo a su trabajo cada día de esa semana. Este incentivo está diseñado para minimizar el ausentismo y los retardos y maximizar el tiempo de trabajo disponible para operar el equipo de alta velocidad que se emplea en la fabricación de caramelo (la utilización de cada minuto disponible de tiempo máquina para producir el mayor número de barras de caramelo, reduce los costos en una forma significativa).[19]
- En varias compañías japonesas, los empleados se reúnen con regularidad para escuchar discursos motivacionales, cantar canciones de la compañía y recitar la letanía corporativa. En Estados Unidos, Tupperware celebra una reunión semanal los lunes por la noche para honrar, aplaudir y alentar a sus vendedores que organizan presentaciones. Amway y Mary Kay Cosmetics celebran reuniones subliminales similares para sus fuerzas de ventas.[20]
- Nordstrom por lo común paga a sus vendedores de menudeo un salario por hora más elevado que los prevalecientes en otras cadenas de tiendas de departamentos y además les proporcionan una comisión sobre cada venta. Estimulados por una cultura que los alienta a esforzarse al máximo para complacer a los clientes, a ejercer su mejor criterio y a buscar y promover nuevas ideas de moda, los vendedores de Nordstrom a menudo obtienen el doble de ingresos que los empleados de ventas en otras tiendas de la competencia.[21] Las reglas de Nordstrom para sus empleados son muy sencillas: "Regla 1: Utilice su mejor criterio en todas las situaciones. No habrá otras reglas adicionales."
- Microsoft, al comprender que la creación de software es un esfuerzo altamente individual, entrevista a cientos de presuntos programadores para encontrar a los más adecuados para escribir el código de sus programas. Asigna a los individuos recién contratados a equipos de tres a siete personas, bajo guías experimentados, para que trabajen en la siguiente generación de programas de software. Aun cuando se puede esperar que los miembros del equipo tengan semanas de trabajo de 60 a 80 horas con el fin de cumplir con los límites de tiempo para llevar los nuevos programas al mercado, los mejores programadores tratan de ingresar en Microsoft y permanecer allí porque creen que el hecho de trabajar en esa compañía les permitirá compartir la excitación, el reto y las recompensas de trabajar en esta frontera (y sólo en parte debido a las escalas de pago muy atractivas y a su lucrativo programa de opción de acciones).[22]
- Lincoln Electric, una compañía altamente reconocida por su plan de pago por trabajo a destajo y de incentivos de bonificaciones, recompensa la productividad individual pagando a los empleados por cada pieza sin defectos que producen (los trabajadores deben corregir los problemas de calidad en su propio tiempo; los defectos se pueden atribuir al empleado que los causó). El plan de trabajo a

---

[19] Thomas J. Peters y Robert H. Waterman, Jr., *In Search of Excellence*, p. 269.

[20] *Ibid.*, p. xx.

[21] Jeffrey Pfeffer, "Producing Sustainable Competitive Advantage through the Effective Management of People", en *Academy of Management Executive* 9, núm. 1, febrero de 1995, pp. 59-60.

[22] James Brian Quinn, Philip Anderson y Sydney Finkelstein, "Leveraging Intellect", p. 8.

destajo motiva a los trabajadores para que presten atención tanto a la calidad como al volumen producido. Además, la compañía reserva una porción considerable de sus utilidades, por arriba de una base especificada, para las bonificaciones de los trabajadores. Con el fin de determinar la magnitud de la bonificación de cada trabajador, Lincoln Electric los califica en cuatro medidas de desempeño, todas de igual importancia: confiabilidad, calidad, producción, e ideas y cooperación. Mientras más elevado es el índice de méritos de un empleado, mayor es la bonificación por incentivo que gana; los trabajadores con la calificación más alta en los años en que hay buenas utilidades reciben bonificaciones hasta del 110 por ciento de su compensación por trabajo a destajo.[23]

- Una planta de ensamble de automóviles en California, dirigida por Toyota, hace hincapié en el igualitarismo simbólico. Todos los empleados (administradores y trabajadores) visten batas cortas azules, no hay espacios reservados en el estacionamiento para empleados, no hay un comedor para ejecutivos: todos comen en la misma cafetería de la planta, y sólo hay dos clasificaciones de trabajo para la mano de obra calificada y una clasificación para todos los demás trabajadores.[24]
- Monsanto, FedEx, AT&T, Advanced Micro Devices y muchas otras compañías han recurrido al poder motivacional de los equipos autónomos y han logrado muy buenos resultados. Los equipos operan debido a la supervisión de los miembros y a las expectativas de los compañeros de trabajo, que ejercen una presión sobre cada miembro del equipo.
- Varios productores de automóviles japoneses, creyendo que el hecho de proporcionar la seguridad de un empleo es un valioso factor que contribuye a la productividad del trabajador y a la lealtad a la compañía, eligen no despedir a los trabajadores de la fábrica, sino enviarlos a vender vehículos cuando el negocio decae durante un periodo. Por ejemplo, Mazda, durante una depresión en las ventas en la década de los años ochenta, decidió enviar a sus trabajadores de fábrica a vender sus modelos de puerta en puerta, una práctica común en Japón. A finales del año, cuando se otorgaron premios a los mejores vendedores, Mazda descubrió que sus diez mejores vendedores eran todos trabajadores de fábrica, en parte debido a que podían hablar del producto en una forma efectiva. Cuando el negocio mejoró y los trabajadores regresaron a la fábrica sus experiencias con los clientes generaron ideas útiles para mejorar las características y el estilo en la línea de productos de Mazda.[25]
- En GE Medical Systems, un programa llamado Quick Thanks! permite que un empleado nomine a cualquier colega para recibir como obsequio un certificado de 25 dólares canjeable en ciertos restaurantes y tiendas, en señal de agradecimiento por un trabajo bien hecho. Los empleados a menudo entregan el premio personalmente a sus compañeros de trabajo que lo merecieron (en un periodo reciente de 12 meses, se entregaron más de 10 000 premios de Quick Thanks!). Está comprobado que los compañeros que más se resisten a elogiar a sus colegas son los ejecutivos; para quien los recibe la aprobación y el agradecimiento de sus compañeros de trabajo son más importantes que los 25 dólares.[26]

Estos enfoques motivacionales acentúan lo positivo; otros combinan características positivas y negativas. Consideremos la forma en la cual Harold Geneen, ex presidente y director ejecutivo de ITT, supuestamente combinó el dinero, la tensión y el temor:

[23] Jeffrey Pfeffer, "Producing Sustainable Competitive Advantage through the Effective Management of People", p. 59.

[24] *Ibid.*, p. 63.

[25] *Ibid.*, p. 62.

[26] Steven Kerr, "Risky Business: The New Pay Game", en *Fortune*, 22 de julio de 1996, p. 95.

> Geneen ofrece a sus administradores los incentivos suficientes para que acepten el sistema. Los salarios en todos los niveles de ITT son superiores al promedio, según Geneen un 10 por ciento más elevados, de manera que muy pocas personas pueden renunciar sin perder algo. Como lo expresó un empleado: "Nos pagan sólo un poco más de lo que creemos que valemos." En el nivel superior, en el cual las exigencias son mayores, los salarios y las opciones de acciones son suficientes para compensar los rigores. Como alguien dijo, "los retiene gracias a sus limusinas".
>
> Al tenerlos [a los administradores] atados a él con cadenas de oro, Geneen puede inducir la tensión que impulsa a la máquina. "La clave del sistema", explica uno de sus administradores, "es el pronóstico de las utilidades. Una vez que se ha terminado, revisado y aceptado, el director administrativo tiene un compromiso personal con Geneen de cumplir con ese pronóstico. Así es como produce la tensión de la cual depende el éxito". La tensión se difunde por toda la compañía, induciendo ambición y tal vez regocijo, pero siempre con cierto temor: ¿qué sucederá si no se logra el objetivo?[27]

Cómo equilibrar las consideraciones motivacionales positivas y negativas Si el enfoque motivacional y la estructura de recompensas del encargado de la puesta en práctica de la estrategia inducen un exceso de estrés, de competitividad interna e inseguridad en el trabajo, los resultados pueden ser contraproducentes. El punto de vista prevaleciente es que el impulso de un administrador debe ser más positivo que negativo, debido a que cuando la cooperación se obtiene en una forma positiva y se recompensa, en vez de que sea impuesta por la fuerza bajo las órdenes de un jefe, las personas tienden a responder con un mayor grado de entusiasmo, esfuerzo, creatividad e iniciativa. Sin embargo, no es prudente eliminar por completo la presión por el desempeño y la ansiedad. No hay ninguna evidencia de que un ambiente de trabajo sin ninguna presión produzca una ejecución superior de la estrategia o un desempeño elevado continuo. Como lo expresó el director ejecutivo de un banco importante: "Aquí hay una política deliberada para crear cierto nivel de ansiedad. Los ganadores por lo común juegan como si estuvieran un paso atrás en la anotación."[28] Las organizaciones con un elevado nivel de desempeño necesitan personas ambiciosas que disfruten de la oportunidad de ascender por la escalera del éxito, amen los retos, prosperen en un ambiente orientado al desempeño y encuentren que cierto grado de competencia y presión es útil para satisfacer sus propios impulsos de obtener un reconocimiento personal y un sentimiento de logro y satisfacción propia. A menos que las consecuencias de la compensación, la carrera y la satisfacción en el trabajo estén vinculadas con la puesta en práctica exitosa de iniciativas estratégicas y con el cumplimiento de los objetivos del desempeño estratégico, muy pocas personas concederán importancia a la visión, los objetivos y la estrategia de la compañía.

Los enfoques motivacionales positivos por lo común dan mejor resultado que los negativos.

Vinculación del sistema de recompensas con los resultados relevantes del desempeño

La forma más confiable de mantener a las personas dedicadas a la ejecución competente de la estrategia y al logro de los objetivos de desempeño de la compañía, es recompensar *generosamente* a los individuos y los grupos que logran los objetivos asignados y negar las recompensas a quienes no lo hacen. *El empleo de incentivos y recompensas es el instrumento más poderoso que tiene la administración para lograr el compromiso de los empleados con una ejecución diligente y competente de la estrategia.* La falla en utilizar este instrumento con prudencia y energía debilita todo el proceso de la puesta en práctica y de la ejecución. Las decisiones sobre de los aumentos de salarios, la compen-

[27] Anthony Sampson, *The Sovereign State of ITT,* Stein and Day, Nueva York, 1973, p. 132.

[28] Según se cita en John P. Kotter y James L. Heskett, *Corporate Culture and Performance,* Free Press, Nueva York, 1992, p. 91.

sación por incentivos, las promociones, las asignaciones clave y las formas y los medios de otorgar reconocimientos, son los principales instrumentos del encargado de la puesta en práctica de la estrategia para atraer la atención y crear un compromiso. Esas decisiones muy rara vez escapan del escrutinio del empleado más cercano y dicen más que cualquier otro factor sobre lo que se espera y quién se considera que desempeña un buen trabajo. De manera que el sistema de incentivos y recompensas de una compañía acaba por ser el modo en el cual se ratifica emocionalmente la estrategia en forma de un compromiso real. Los incentivos basados en el desempeño hacen que a los empleados les interese realizar sus mejores esfuerzos para lograr los objetivos del desempeño y ejecutar la estrategia de una manera competente.[29]

Principio de la administración estratégica

Una estructura de recompensas diseñada en forma apropiada es el instrumento más poderoso que tiene la administración para la puesta en práctica de la estrategia.

La clave para la creación de un sistema de recompensas que promueva una buena ejecución de la estrategia es hacer que las medidas pertinentes del desempeño sean la *base dominante* para el diseño de incentivos, la evaluación de los esfuerzos individuales y de grupo y la distribución de las recompensas. Es necesario establecer objetivos de desempeño para cada unidad, cada administrador, cada equipo o grupo de trabajo y tal vez para cada empleado, es decir, los objetivos que miden si la puesta en práctica sigue su curso. Si la estrategia de la compañía es ser un proveedor de costo bajo, el sistema de incentivos debe recompensar las acciones y los logros que dan por resultado costos más bajos. Si la compañía tiene una estrategia de diferenciación sobre la base de una calidad y un servicio superiores, el sistema de incentivos debe recompensar los resultados como cero defectos, una necesidad poco frecuente de reparación del producto, cifras bajas de quejas del cliente y procesamiento y entrega rápidos de los pedidos. Si el crecimiento de una compañía requiere la innovación de productos, los incentivos deben estar vinculados a factores tales como los porcentajes de ingresos y utilidades provenientes de los productos recién introducidos.

Principio de la administración estratégica

La medida del encargado de la puesta en práctica de la estrategia para juzgar si los individuos, los equipos y las unidades organizacionales han desempeñado un buen trabajo debe ser si logran objetivos del desempeño compatibles con la ejecución efectiva de la estrategia.

Algunas de las compañías que tienen el mejor desempeño, como Banc One, Nucor Steel, Lincoln Electric, Electronic Data Systems, Wal-Mart, Remington Products y Mary Kay Cosmetics, le deben gran parte de su éxito a una buena ejecución de la estrategia y a que compiten en una forma eficiente. En Banc One (uno de los 10 bancos más grandes de Estados Unidos y también uno de los más rentables del mundo, con base en las utilidades sobre los activos), la producción de niveles firmemente elevados de satisfacción del cliente significa una gran diferencia en los buenos resultados en comparación con sus rivales; la satisfacción del cliente califica en un lugar alto en la lista de prioridades estratégicas de Banc One. Para incrementar el compromiso de los empleados con la tarea de agradar a los clientes, Banc One vincula las escalas de salarios en cada sucursal con la calificación de la satisfacción del cliente en esa sucursal; mientras más elevadas son las calificaciones de la sucursal, más elevadas sus escalas de pago. Al cambiar del tema de un salario igual por un trabajo igual a uno de un pago igual por un desempeño igual, Banc One ha enfocado la atención de los empleados de las sucursales en la tarea de complacer a sus clientes, e incluso de hacer que se sientan halagados.

La estrategia de Nucor es convertirse en *el* productor de costo más bajo de productos de acero. Debido a que los costos de la mano de obra son una fracción significativa del costo total en el negocio del acero, la estrategia de costo bajo de Nucor implica el logro de costos de mano de obra más bajos que los de sus competidores por tonelada de acero. La administración de Nucor diseñó un sistema de incentivos para promover un nivel elevado de productividad de los trabajadores y para que sus costos de mano de

[29] Para un punto de vista de los méritos de los incentivos, véase Alfie Kohn, "Why Incentive Plans Cannot Work", en *Harvard Business Review* 71, núm. 6, noviembre-diciembre de 1993, pp. 54-63.

obra por tonelada de acero sean inferiores a los de sus rivales. La administración ha organizado la fuerza laboral de cada planta en equipos de producción (y le asigna a cada uno el desempeño de funciones particulares) y, al trabajar con equipos, ha establecido objetivos de producción semanales para cada equipo. Las escalas de pago base se determinan en niveles comparables a los salarios para trabajos de fabricación similares en las áreas en donde Nucor posee plantas, pero los trabajadores pueden ganar una bonificación del 1 por ciento por cada 1 por ciento de su producción que exceda los niveles del objetivo. Si un equipo de producción se excede un 10 por ciento de su objetivo de producción semanal, los miembros del equipo reciben una bonificación de un 10 por ciento en su siguiente cheque; si un equipo se excede un 20 por ciento de su cuota, sus miembros obtienen una bonificación del 20 por ciento. Las bonificaciones se pagan cada dos semanas, basándose en los niveles de producción reales de las dos semanas anteriores. Los resultados del plan de incentivos de Nucor, de pago por trabajo a destajo, son impresionantes. La productividad de la mano de obra (en toneladas producidas por trabajador) es de un 20 por ciento más del promedio de las fuerzas laborales sindicalizadas en los productores de acero integrados más grandes de la industria, como U.S. Steel y Bethlehem Steel. Nucor tiene una ventaja de costo de alrededor de 30 a 60 dólares por tonelada (una parte considerable de la cual se debe a sus costos más bajos de mano de obra) y los trabajadores de Nucor son los mejor pagados en la industria del acero.

Como lo demuestra el ejemplo en la Cápsula ilustrativa 38, la compensación y la recompensa a los miembros de la organización basándose en criterios que no están directamente relacionados con la ejecución exitosa de la estrategia mina el desempeño de la organización y condona la pérdida de tiempo y de energía en direcciones menos pertinentes desde el punto de vista estratégico.

La importancia de basar los incentivos en el logro de resultados, no en el desempeño de las funciones asignadas Para crear un sistema de recompensas e incentivos que apoyen la estrategia, se debe hacer hincapié en recompensar a las personas por el logro de resultados, no por desempeñar en la forma debida las funciones asignadas. El enfoque de la atención y la energía de los empleados en "lo que se debe lograr", en oposición a "lo que se debe hacer", propicia que el ambiente de trabajo esté *orientado a los resultados*. Un error de la administración es vincular los incentivos y recompensas a un desempeño satisfactorio de las tareas y las actividades, con la esperanza de que los productos secundarios serán los resultados y logros de negocios deseados.[30] En cualquier trabajo, el desempeño de las tareas asignadas no equivale a lograr los resultados pretendidos. El hecho de trabajar arduamente, de mantenerse ocupados y desempeñar con diligencia las obligaciones asignadas no garantiza los resultados. (Como lo sabe cualquier estudiante, el simple hecho de que un instructor enseñe no significa que los estudiantes aprendan. La enseñanza y el aprendizaje son cosas diferentes; la primera es una actividad y el segundo es un resultado. La empresa de la educación sin duda asumiría una naturaleza diferente si se recompensara a los maestros por el resultado de lo que se aprendió, en vez de por la actividad de la enseñanza).

La compensación por incentivos para los altos ejecutivos generalmente está vinculada con la rentabilidad de la compañía (crecimiento de las ganancias, utilidad sobre la inversión de capital, utilidad sobre los activos totales, valor económico agregado), el desempeño del precio de las acciones de la compañía y tal vez con medidas tales como participación de mercado, calidad del producto o satisfacción del cliente, que indican si

---

[30] Véase Steven Kerr, "On the Folly of Rewarding A While Hoping for B", en *Academy of Management Executive* 9, núm. 1, febrero de 1995, pp. 7-14; "Risky Business: The New Pay Game", pp. 93-96 y Doran Twer, "Linking Pay to Business Objectives", en *Journal of Business Strategy* 15, núm. 4, julio-agosto de 1994, pp. 15-18.

CÁPSULA ILUSTRATIVA 38 Lo insensato del sistema de recompensas en la División de Reclamaciones de una importante compañía de seguros

Las pasadas prácticas de recompensa de la división de reclamaciones de seguros médicos de una importante compañía de seguros demuestran lo insensato de esperar una conducta, pero recompensar otra. Tratando de alentar a los empleados a ser puntuales en el pago de reclamaciones quirúrgicas, la compañía llevaba un seguimiento del número de cheques devueltos y cartas de quejas enviadas por los tenedores de pólizas. Sin embargo, a los empleados en el departamento de reclamaciones con frecuencia les resultaba difícil distinguir, basándose en los archivos médicos, cuál de dos procedimientos quirúrgicos, con diferentes beneficios autorizados, se había llevado a cabo y las cartas escritas solicitando una aclaración reducían considerablemente el número de reclamaciones pagadas en el transcurso de dos días después de su recibo (un estándar del desempeño en el cual hacía hincapié la compañía). En consecuencia, la norma de los empleados se convirtió muy pronto en "cuando haya una duda, debemos pagar".

Esta práctica empeoró debido al sistema de recompensas de la empresa, que requería incrementos por méritos del 5 por ciento para los empleados "sobresalientes", del 4 por ciento para los empleados "superiores al promedio" (se designaba así a la mayoría de los empleados que no calificaban como sobresalientes) y del 3 por ciento para el resto de los empleados. Muchos se mostraban indiferentes al potencial de una recompensa del 1 por ciento por evitar errores de pagos excesivos y por trabajar arduamente para que los calificaran como sobresalientes.

Sin embargo, los empleados no se mostraban indiferentes a una regla que declaraba que perdían todo su aumento por méritos en la siguiente revisión semestral si se ausentaban del trabajo o llegaban tarde tres o más veces durante ese tiempo. La compañía, aun cuando esperaba cierto desempeño, estaba recompensando la asistencia. Pero la regla de ausentismo y retardos no era tan estricta como podría parecer, debido a que la compañía contaba el "número de veces", no el "número de días"; una ausencia de una semana contaba como una ausencia de un día. Un empleado en peligro de tener una tercera ausencia en el transcurso de seis meses en ocasiones podía faltar al trabajo durante la segunda ausencia hasta que la primera tuviera más de seis meses de antigüedad; el factor limitante era que, después de cierto número de días, le pagaban al empleado beneficios por enfermedad en vez de su salario regular (para los empleados con 10 años de servicio o más, la compañía proporcionaba beneficios por enfermedad del 90 por ciento del salario normal, ¡libres de impuestos!).

Fuente: Steven Kerr, "On the Folly of Rewarding A, While Hoping for B", en *Academy of Management Executive* 9, núm. 1, febrero de 1995, p. 11.

Es insensato recompensar un resultado con la esperanza de lograr otro.

Lo que se debe lograr, es decir, las medidas del desempeño en las cuales se basan las recompensas y los incentivos, deben estar estrechamente relacionadas con los requerimientos de una ejecución exitosa de la estrategia y con el buen desempeño de una compañía.

la posición de mercado de la compañía, su competitividad general y sus prospectos futuros han mejorado. Sin embargo, los incentivos para los jefes de departamento, los equipos y los trabajadores individuales a menudo están vinculados con los resultados más estrechamente relacionados con su área de responsabilidad. En la fabricación, la compensación por incentivos puede estar vinculada con los costos de fabricación por unidad, la producción y el envío a tiempo, los índices de defectos, el número y el grado de interrupciones del trabajo debido a desacuerdos laborales y a descomposturas del equipo, etc. En marketing es posible que haya incentivos por el logro de objetivos de dólares de ventas o por el volumen de unidades, la participación de mercado, la penetración de ventas de cada grupo de clientes objetivo, la suerte de los productos recién introducidos, la frecuencia de quejas, el número de nuevas cuentas adquiridas y la satisfacción del cliente. El hecho de en qué medidas del desempeño se debe basar la compensación por incentivos depende de la situación, es decir, de la prioridad asignada a los varios objetivos financieros y estratégicos, de los requerimientos de un éxito estratégico y competitivo y de qué resultados específicos son necesarios en las diferentes facetas del negocio, con el fin de lograr que la ejecución de la estrategia siga su curso.

Pautas para el diseño de sistemas de compensación por incentivos Los conceptos y las experiencias de la compañía que expusimos anteriormente, ofrecen las siguientes pautas para la creación de un sistema de compensación por incentivos que ayude a impulsar la ejecución exitosa de la estrategia:

1. *La retribución por el desempeño debe ser una parte importante, no mínima, del paquete de compensación total*, por lo menos de un 10 a un 12 por ciento del salario base. Los incentivos que equivalen al 20 por ciento o más de la compensación total son medios importantes para atraer la atención y es probable que reagrupen el esfuerzo individual; los incentivos que equivalen a menos del 5 por ciento de la compensación total tienen un impacto motivacional comparativamente débil. Además, la retribución para quienes tienen un nivel elevado de desempeño debe ser considerablemente mayor que quienes tienen un desempeño promedio y la retribución para éstos debe ser considerablemente mayor que para aquellos que tienen un desempeño inferior al promedio.
2. *El plan de incentivos debe abarcar a todos los administradores y trabajadores*, no se debe restringir únicamente a la alta administración. Un cálculo erróneo muy serio es esperar que los administradores y los empleados en un nivel inferior trabajen arduamente con el fin de lograr los objetivos del desempeño, ¡sólo para que unos cuantos ejecutivos *senior* reciban bonificaciones lucrativas!
3. *El sistema de recompensas debe ser administrado con un cuidado escrupuloso y con justicia.* Si se establecen estándares de desempeño demasiado elevados, o si las evaluaciones del desempeño individual o del grupo no son exactas y no están bien documentadas, la insatisfacción y el descontento con el sistema superarán a cualesquiera beneficios positivos.
4. *Los incentivos deben estar estrechamente vinculados sólo con el logro de aquellos objetivos del desempeño comprendidos en el plan estratégico* y no con cualesquiera otros factores que se incluyan porque piense que son interesantes. La evaluación del desempeño basada en factores que no están estrechamente relacionados con la estrategia indica que el plan estratégico es incompleto (debido a que no se incluyeron objetivos importantes del desempeño) o que la agenda real de la administración no es lo que se declaró en el plan estratégico.
5. *Los objetivos del desempeño que se espera que logre cada individuo deben implicar resultados que el individuo mismo puede provocar.* El papel de los incentivos es aumentar el compromiso individual y canalizar la conducta en direcciones provechosas. Eso no sucederá cuando las medidas del desempeño con las cuales se juzga a un individuo están fuera de su campo de influencia.
6. *Hacer que el tiempo transcurrido entre la revisión del desempeño y el pago de la recompensa sea breve.* Un intervalo prolongado entre la revisión y el pago fomenta el descontento y opera en contra del principio de reforzar la causa y el efecto.
7. *Emplear con liberalidad las recompensas que no son monetarias; no confiar exclusivamente en el dinero.* El dinero, cuando se utiliza en forma apropiada, es un excelente motivador, pero los elogios, el reconocimiento especial, la distribución de asignaciones atractivas, etc., también pueden ser poderosos motivadores.
8. *Se debe evitar absolutamente eludir los sistemas para encontrar formas de recompensar a quienes no tienen un buen desempeño.* Es dudoso si se deben hacer excepciones en el caso de personas que han trabajado arduamente, que han ido más allá de lo necesario y que sin embargo no están a la altura, debido a circunstancias fuera de su control; los argumentos pueden ser en cualquier sentido. El problema con el hecho de hacer excepciones debido a circunstancias inescrutables, incontrolables o imprevistas es que, una vez que empiezan a surgir las "buenas" excusas para justificar las recompensas a quienes no tienen un buen desempeño, queda abierta la puerta para toda clase de razones "legítimas" del porqué el desempeño real no estuvo a la altura del desempeño objetivo. En breve, las personas en todos los niveles deben ser responsables de llevar a cabo las funciones del plan estratégico que les han asignado y saber que sus recompensas se basan en sus logros.

Una vez que se han diseñado los incentivos, se deben comunicar y explicar. Todos necesitan comprender cómo se calculan los incentivos y en qué forma los objetivos del desempeño del individuo o del grupo contribuyen a los objetivos del desempeño a nivel de toda la organización. Además, las razones de las fallas o de las desviaciones de los objetivos se deben explorar a fondo con el fin de determinar si las causas son un mal desempeño del individuo o del grupo, o circunstancias fuera del control de los responsables. La presión para lograr el desempeño estratégico y financiero objetivo y para mejorar continuamente la ejecución de la estrategia debe ser inflexible, es decir, debe prevalecer un estándar de "no hay excusas".[31] Pero la presión para el desempeño debe ir acompañada de recompensas merecidas y significativas. Sin una amplia retribución, el sistema se viene abajo y el encargado de la puesta en práctica de la estrategia se queda con la opción impracticable de dar órdenes a gritos y suplicar que las cumplan.

Algunas palabras de advertencia sobre el pago de incentivos basados en el desempeño En algunos países los pagos por incentivos van en contra de las costumbres y de las normas culturales. El profesor Steven Kerr cita una ocasión en la que habló en una clase de educación para ejecutivos de la necesidad de otorgar más pagos por incentivos y un administrador japonés protestó: "Usted no debe sobornar a sus hijos para que hagan sus deberes escolares, no debe sobornar a su esposa para que prepare la cena y no debe sobornar a sus empleados para que trabajen para la compañía."[32] El hecho de singularizar a los individuos y elogiarlos por un esfuerzo extraordinariamente bueno también puede ser un problema; la cultura japonesa considera que si se alaba en público a un individuo, eso es una afrenta para la armonía del grupo. En algunos países, los empleados muestran una preferencia por las recompensas que no son monetarias, como más tiempo libre, títulos importantes, acceso a centros turísticos para vacacionar y beneficios que no están sujetos a impuestos.

PUNTOS CLAVE

Un cambio en la estrategia casi siempre requiere reasignaciones del presupuesto. La readaptación del presupuesto para lograr que apoye más a la estrategia es una parte decisiva del proceso de puesta en práctica, debido a que cada unidad de la organización necesita contar con las personas, el equipo, las instalaciones y otros recursos para llevar a cabo su parte del plan estratégico (¡pero no más de lo que realmente necesita!). La puesta en práctica de una nueva estrategia a menudo implica cambiar los recursos de un área a otra, reduciendo el tamaño de las unidades que tienen un exceso de personal y de fondos, aumentando el de aquellas que son críticas para el éxito estratégico y eliminando proyectos y actividades que ya no están justificados.

En cualquier momento en que una compañía altera su estrategia, los administradores harán bien en revisar las políticas y los procedimientos de operación existentes, eliminar o corregir los que no están sincronizados y decidir si se necesitan otros adicionales. La prescripción de políticas y procedimientos de operación nuevos o recién revisados ayuda a la tarea de la puesta en práctica 1) al proporcionar una guía de arriba hacia abajo a los administradores de las operaciones, al personal de supervisión y a los empleados, concerniente a la forma en la cual es necesario hacer ciertas cosas; 2) al ponerles límites a las acciones y decisiones independientes; 3) al promover la uniformidad en la manera en que se desempeñan las actividades fundamentales para la estrategia en unidades de operación geográficamente dispersas y 4) al ayudar a crear un ambiente de trabajo y una cultura corporativa que apoyen la estrategia. Por lo común son innece-

[31] Tom Peters y Nancy Austin, *A Passion for Excellence,* Random House, Nueva York, 1985, p. xix.

[32] Steven Kerr, "Risky Business: The New Pay Game", p. 96. Para una crítica más general del porqué los incentivos por el desempeño son una mala idea, véase Alfie Kohn, "Why Incentive Plans Cannot Work", pp. 54-63.

sarios los abultados manuales de políticas. De hecho, cuando la creatividad y la iniciativa individuales son más importantes para una buena ejecución que la estandarización y el conformismo, es mejor conceder a las personas la libertad de hacer las cosas como lo consideren apropiado y hacerlas responsables de los buenos resultados, en vez de tratar de controlar su conducta con políticas y pautas para cada situación. Por consiguiente, la creación de un ajuste de apoyo entre la estrategia y la política puede significar muchas, pocas o diferentes políticas.

La ejecución competente de la estrategia implica un compromiso administrativo visible y firme con las prácticas más viables y con el mejoramiento continuo. Los procesos de comparación, las mejores prácticas, la reingeniería de los procesos de negocios fundamentales y los programas de control de calidad total están orientados a una eficiencia mejorada, costos más bajos, mejor calidad del producto y mayor satisfacción del cliente. *Todas estas técnicas son instrumentos importantes para aprender cómo ejecutar la estrategia en una forma más eficiente*. Los procesos de comparación proporcionan una base realista para determinar los objetivos del desempeño. La institución de prácticas de operación de "el mejor en la industria" o "el mejor del mundo" en la mayor parte o en todas las actividades de la cadena de valor, es esencial para crear un ambiente de trabajo orientado a la calidad y de un elevado nivel de desempeño. La reingeniería es una forma de lograr un progreso cuántico para ser de clase mundial, mientras que el CCT infunde un compromiso con el mejoramiento continuo. El empleo efectivo de las técnicas de CCT/mejoramiento continuo es un activo competitivo valioso en la cartera de recursos de una compañía, el cual puede producir capacidades competitivas importantes (al reducir los costos, apresurar el envío de nuevos productos al mercado o mejorar la calidad del producto, del servicio o la satisfacción del cliente) y ser una fuente de ventaja competitiva.

Las estrategias de la compañía no se pueden poner en práctica ni ejecutar correctamente sin varios sistemas de apoyo para llevar a cabo las operaciones de negocios. Los sistemas de apoyo bien concebidos y de vanguardia no sólo facilitan una mejor ejecución de la estrategia, sino que también refuerzan las capacidades organizacionales lo suficiente como para proporcionar una ventaja competitiva sobre los rivales. En esta era de computadoras, sistemas de supervisión y control computarizados, correo electrónico, Internet, redes internas de la compañía y comunicación inalámbrica, las compañías no pueden esperar que superarán la ejecución de sus competidores sin contar con sistemas de información modernos y capacidades de operación tecnológicamente sofisticadas que permitan una acción rápida, eficiente y efectiva de la organización.

Las prácticas motivacionales que apoyan la estrategia y los sistemas de recompensas son poderosos instrumentos administrativos para obtener la aceptación y el compromiso de los empleados. La clave para la creación de un sistema de recompensas que promueva una buena ejecución de la estrategia es lograr que las medidas pertinentes del desempeño sean la *base dominante* para diseñar incentivos, evaluar los esfuerzos individuales y de grupo y distribuir las recompensas. Las prácticas motivacionales positivas por lo común funcionan mejor que las negativas, pero hay un lugar para ambas. Además, también hay un lugar para los incentivos monetarios y no monetarios.

Para que un sistema de compensación por incentivos dé buenos resultados 1) la retribución monetaria debe ser un porcentaje importante del paquete de compensación, 2) el empleo de incentivos debe abarcar a todos los administradores y trabajadores, 3) el sistema se debe administrar con cuidado y justicia, 4) los incentivos deben estar vinculados con los objetivos del desempeño y se deben explicar detalladamente en el plan estratégico, 5) los objetivos del desempeño de cada individuo deben incluir resultados que la persona puede afectar personalmente, 6) las recompensas deben seguir de inmediato a la determinación de un buen desempeño, 7) las recompensas monetarias se deben complementar con un empleo liberal de recompensas no monetarias y 8) se debe evitar escrupulosamente eludir el sistema para recompensar a quienes no tienen un buen desempeño.

LECTURAS SUGERIDAS

Denton, Keith D., "Creating a System for Continuous Improvement", en *Business Horizons* 38, núm. 1, enero-febrero de 1995, pp. 16-21.

Grant, Robert M., Rami Shani y R. Krishnan, "TQM´s Challenge to Management Theory and Practice", en *Sloan Management Review*, invierno de 1994, pp. 25-35.

Haeckel, Stephan H., y Richard L. Nolan. "Managing by Wire", en *Harvard Business Review* 75, núm. 5, septiembre-octubre de 1993, pp. 122-132.

Herzberg, Frederick, "One More Time: How Do You Motivate Employees?", en *Harvard Business Review* 65, núm. 4, septiembre-octubre de 1987, pp. 109-120.

Kerr, Steven, "On the Folly of Rewarding A While Hoping for B", en *Academy of Management Executive* 9, núm. 1, febrero de 1995, pp. 7-14.

Kiernan, Matthew J., "The New Strategic Architecture: Learning to Compete in the Twenty-First Century", en *Academy of Management Executive* 7, núm. 1, febrero de 1993, pp. 7-21.

Kohn, Alfie, "Why Incentive Plans Cannot Work", en *Harvard Business Review* 71, núm. 5, septiembre-octubre de 1993, pp. 54-63.

Olian, Judy D. y Sara L. Rynes, "Making Total Quality Work: Aligning Organizational Processes, Performance Measures, and Stakeholders", en *Human Resource Management* 30, núm. 3, otoño de 1991, pp. 303-333.

Ohinata, Yoshinobu, "Benchmarking: The Japanese Experience", en *Long Range Planning* 27, núm. 4, agosto de 1994, pp. 48-53.

Pfeffer, Jeffrey, "Producing Sustainable Competitive Advantage through the Effective Management of People", *Academy of Management Executive* 9, núm. 1, febrero de 1995, pp. 55-69.

Quinn, James Brian, *Intelligent Enterprise,* Free Press, Nueva York, 1992, cap. 4.

Shetty, Y. K., "Aiming High: Competitive Benchmarking for Superior Performance", en *Long Range Planning* 26, núm. 1, febrero de 1993, pp. 39-44.

Simons, Robert, "Control in an Age of Empowerment", en *Harvard Business Review* 73, marzo-abril de 1995, pp. 80-88.

Wiley, Carolyn, "Incentive Plan Pushes Production", en *Personnel Journal*, agosto de 1993, pp. 86-91.

PUESTA EN PRÁCTICA DE LA ESTRATEGIA: CULTURA Y LIDERAZGO

En los dos capítulos anteriores examinamos seis tareas de la puesta en práctica de la estrategia: desarrollar una organización capaz, encauzar amplios recursos hacia las actividades y las unidades de operación fundamentales para la estrategia, establecer políticas que la apoyen, instituir las mejores prácticas y programas para el mejoramiento continuo, crear sistemas de apoyo interno para permitir una mejor ejecución y emplear prácticas motivacionales y compensación por incentivos apropiados. En este capítulo exploramos las dos tareas restantes de la puesta en práctica: crear una cultura corporativa que apoye a la estrategia y ejercer el liderazgo interno necesario para impulsar hacia adelante la puesta en práctica.

Un liderazgo débil puede arruinar la estrategia más sólida; la ejecución enérgica incluso de un plan deficiente a menudo puede producir la victoria.

Sun Zi

La capacidad de una organización para ejecutar su estrategia depende de su infraestructura "sólida" —su estructura y sus sistemas organizacionales— y de su infraestructura "suave" —su cultura y sus normas—.

Amar Bhide

La ética es el valor moral de hacer lo que sabemos que es correcto y de no hacer lo que sabemos que es incorrecto.

C. J. Silas
Director ejecutivo, Philips Petroleum

. . .Un líder vive en el campo, con su tropa.

H. Ross Perot

CREACIÓN DE UNA CULTURA CORPORATIVA QUE APOYE LA ESTRATEGIA

Cada compañía tiene su propia cultura única, que se distingue por su filosofía y sus principios de negocios, sus formas de abordar los problemas y de tomar decisiones, sus patrones arraigados de "cómo hacemos las cosas aquí", su sabiduría popular (las historias que se narran una y otra vez para ilustrar los valores de la compañía y lo que significan para los empleados), sus tabúes y prohibiciones políticas y su personalidad organizacional. La base de la cultura de Wal-Mart es la dedicación a la satisfacción del cliente, una búsqueda entusiasta de costos bajos, una poderosa ética de trabajo, la legendaria frugalidad de Sam Walton, las reuniones rituales los sábados por la mañana, que se celebran en la matriz, con el fin de intercambiar ideas y estudiar los problemas y el compromiso de los ejecutivos de la compañía de visitar las tiendas, charlar con los clientes y solicitar sugerencias de los empleados. En McDonald's, el mensaje constante de la administración es la abrumadora importancia de la calidad, el servicio, la limpieza y el valor; se capacita una y otra vez a los empleados sobre la necesidad de prestar atención a los detalles y a la perfección en todos los aspectos fundamentales del negocio. En Microsoft hay historias de las largas horas que trabajan los programadores, de los picos y valles emocionales cuando tropiezan con problemas de codificación y los superan, la alegría de terminar a tiempo un programa complejo, la satisfacción de trabajar en proyectos de vanguardia y las recompensas de ser parte de un equipo responsable del desarrollo de un software innovador. La Cápsula ilustrativa 39 describe la cultura en Nordstrom.

CÁPSULA ILUSTRATIVA 39 La cultura en Nordstrom

La cultura en Nordstrom, una tienda de departamentos de menudeo, famosa por su excepcional compromiso con los clientes, gira alrededor del lema de la compañía: "Responder a las peticiones irrazonables de los clientes." La actitud de estar a la altura del lema de la compañía es algo tan arraigado en la conducta de Nordstrom que los empleados aprenden a disfrutar de los retos que les plantean las peticiones de ciertos clientes. Por lo común, el cumplimiento de las exigencias de los clientes en una forma agradable implica algo más que una amable condescendencia y atención personal extra. En ocasiones significa pagar la boleta de estacionamiento de un cliente cuando el departamento de envoltura de regalos de la tienda se tarda un poco más de lo normal, o entregarle a un cliente en el aeropuerto un artículo que compró por teléfono y que necesita con urgencia.

En Nordstrom, la petición fuera de lo común de un cliente se considera como una oportunidad para un acto "heroico" de parte de un empleado y una forma de mejorar la reputación de un excelente servicio de la compañía. Nordstrom alienta estos actos al promover a los empleados famosos por brindar un servicio sobresaliente y lleva un libro de actos "heroicos", basando la compensación de los vendedores principalmente en las comisiones (no es nada extraño que los buenos vendedores en Nordstrom ganen el doble de lo que ganarían en otras tiendas de departamentos de ventas al menudeo).

Para las personas dinámicas, que disfrutan vendiendo al menudeo y complaciendo a los clientes, Nordstrom es una compañía de excelencia en donde pueden trabajar. Pero la cultura de Nordstrom elimina a aquellos que no pueden satisfacer los exigentes estándares y recompensa a aquellos que están preparados para hacer lo que simboliza la compañía.

Nordstrom promueve que los nuevos empleados, incluso aquellos con resguardos inicien en el piso de ventas. La promoción es estrictamente interna y cuando se abre una nueva tienda, contrata al personal clave entre quienes trabajan en otras tiendas en todo el país, para ayudar a consolidar la cultura y los valores de Nordstrom y asegurarse de que la nueva tienda trabaje al estilo de la compañía.

Fuente: Basado en la información de Tracy Gross, Richard Pascale y Anthony Athos, "Risking the Present for a Powerful Future", en *Harvard Business Review* 71, núm. 6, noviembre-diciembre de 1993, pp. 101-102 y Jeffrey Pfeffer, "Producing Sustainable Competitive Advantage through the Effective Management of People", en *Academy of Management Executive* 9, núm. 1, febrero de 1995, pp. 59-60 y 65.

¿De dónde proviene la cultura corporativa?

La cultura corporativa se refiere a los valores, creencias, tradiciones, estilo de operación y ambiente interno de trabajo de la compañía.

Las raíces principales de la cultura corporativa son los principios y la filosofía de cómo debe llevar a cabo sus negocios, es decir, las razones por las cuales hace las cosas como las hace. La cultura de una compañía se manifiesta en los valores y los principios que predica y practica la administración, en sus estándares éticos y sus políticas oficiales, en las relaciones con quienes detectan sus intereses (en especial en sus tratos con empleados, sindicatos, accionistas, vendedores y comunidades en donde opera), en sus tradiciones, en sus prácticas de supervisión, en las actitudes y conductas de los empleados, en los acontecimientos que las personas repiten de la organización, en las presiones que hay de los compañeros, en las políticas y en la "química" y las "vibraciones" que impregnan el ambiente de trabajo. Todas estas fuerzas, algunas de las cuales operan en una forma muy sutil, se combinan para definir la cultura de una organización.

Los principios y prácticas que se llegan a arraigar en la cultura de una compañía se pueden originar en cualquier lado; de parte de un individuo con influencia, un grupo de trabajo, un departamento o una división, desde el nivel inferior de la jerarquía organizacional hasta el superior.[1] Con frecuencia, muchos componentes de la cultura están asociados con uno de los fundadores o uno de los líderes pioneros, quienes los articularon como una filosofía de la compañía, como una serie de principios a los cuales se debería apegar la compañía, o como parte de sus políticas. En ocasiones, los elementos de la cultura surgen de la visión de la compañía, de su propósito estratégico y de los

[1] John P. Kotter y James L. Heskett, *Corporate Culture and Performance,* Free Press, Nueva York, 1992, p. 7.

componentes fundamentales de su estrategia (como un énfasis riguroso en el costo bajo, en el liderazgo tecnológico, o en una calidad superior). A lo largo del tiempo, estos apuntalamientos culturales se arraigan, se enlazan en la forma en la cual hace negocios la compañía y los administradores y empleados los llegan a compartir y después persisten a medida que se alienta a los nuevos empleados a que los adopten. Las compañías de rápido crecimiento corren el riesgo de crear una cultura al azar, en vez de mediante un diseño, si se apresuran a contratar a sus empleados principalmente debido a sus habilidades y credenciales técnicas y se olvidan de seleccionar a candidatos cuyos valores, filosofía y personalidades no son compatibles con la naturaleza, la visión y la estrategia que la administración de la compañía trata de cultivar.

La cultura de una compañía es el producto de fuerzas internas locales; se manifiesta en los valores, normas conductuales y formas de operar que prevalecen a nivel de toda la organización.

Una vez establecidas, las culturas de la compañía se pueden perpetuar en muchas formas: continuidad del liderazgo, investigación y selección de nuevos miembros del grupo según se ajusten con sus valores y sus personalidades (así como sobre la base de sus talentos y sus credenciales), una adoctrinación sistemática de los nuevos miembros respecto a los aspectos fundamentales de la cultura, los esfuerzos de los miembros *senior* del grupo para reiterar los valores fundamentales en sus conversaciones y declaraciones cotidianas, la repetición de las consignas de la compañía, los retos regulares para honrar a los miembros que exhiben los ideales culturales y la recompensa visible a aquellos que siguen las normas culturales y las penalizaciones a quienes no lo hacen.[2] Sin embargo, incluso las culturas estables no son estáticas. Las crisis y los nuevos retos evolucionan para convertirse en nuevas formas de hacer las cosas. La llegada de nuevos líderes y la rotación de los miembros clave, a menudo producen valores y prácticas nuevos o diferentes que alteran la cultura organizacional. La diversificación hacia nuevos negocios, la expansión hacia áreas geográficas diferentes, el crecimiento rápido que contribuye a que haya nuevos empleados y el creciente empleo de Internet, de las redes internas y del correo electrónico, pueden ser la causa de la evolución de la cultura de la compañía. De hecho, uno de los fenómenos más importantes en los negocios a finales de la década de los años noventa es el impacto histórico que el empleo tan difundido de las PC y de la tecnología de la información está teniendo sobre la cultura corporativa y sobre la forma en la cual se llevan a cabo los negocios internos y externos de una compañía.

Aun cuando es común hablar de cultura corporativa en singular, las compañías generalmente tienen múltiples culturas (o subculturas).[3] Los valores, las creencias y las prácticas pueden variar según el departamento, la ubicación geográfica, la división o la unidad de negocios. Las compañías globales son decididamente multiculturales. Las subculturas de una compañía pueden estar en conflicto, o por lo menos no engranar bien, si las unidades de negocios recién adquiridas todavía no las han asimilado, o si distintas unidades operan en diferentes países o tienen distintos estilos administrativos, filosofías de negocios y enfoques para la operación. El administrador de recursos humanos de una compañía farmacéutica global que aceptó una asignación en el Lejano Oriente descubrió, con gran sorpresa de su parte, que uno de sus mayores retos era persuadir a los administradores de su compañía en China, Corea, Malasia y Taiwan para que aceptaran promociones; sus valores culturales eran de una naturaleza tal que no estaban convencidos de competir con sus compañeros para lograr recompensas en sus carreras u obtener una ganancia personal, y tampoco les agradaba romper los lazos con sus comunidades locales para asumir responsabilidades a nivel internacional.[4] Muchas

[2] *Ibid.*, pp. 7-8.

[3] *Ibid.*, p. 5.

[4] John Alexander y Meena S. Wilson, "Leading across Cultures: Five Vital Capabilities", en *The Organization of the Future*, Frances Hasselbein, Marshall Goldsmith y Richard Beckard, Jossey-Bass, San Francisco, 1997, pp. 291-292.

compañías que se han fusionado con compañías extranjeras, o que las han adquirido, se han enfrentado a diferencias culturales del lenguaje y las costumbres.

El poder de la cultura

Las creencias, la visión, los objetivos y los enfoques y prácticas de negocios que apuntalan la estrategia de una compañía pueden o no ser compatibles con su cultura. Cuando lo son, la cultura se convierte en una valiosa aliada en la puesta en práctica y la ejecución de la estrategia. Cuando no lo son, por lo general a la compañía le resulta difícil poner en práctica con éxito la estrategia.[5]

Una cultura basada en valores, prácticas y normas conductuales que se ajusten con lo que se necesita para una buena ejecución de la estrategia de aliento a las personas para desempeñar sus trabajos en una forma que respalde la estrategia. Por ejemplo, una cultura en donde la frugalidad y la economía son valores que comparten ampliamente los miembros de la organización, conduce a la ejecución exitosa de una estrategia de liderazgo de costo bajo. Una cultura en donde la creatividad, la adopción del cambio y el reto al *statu quo* son temas importantes que conduce a una ejecución exitosa de una estrategia de liderazgo tecnológico y de innovación del producto. Una cultura desarrollada alrededor de principios tales como escuchar a los clientes, alentar a los empleados a enorgullecerse de su trabajo y otorgarles un alto grado de responsabilidad en la toma de decisiones conduce a la ejecución exitosa de una estrategia de proporcionar un servicio superior al cliente. Cuando la cultura de una compañía no está sincronizada con lo que se necesita para el éxito estratégico, la cultura se debe cambiar tan rápidamente como sea posible; mientras más arraigada está la cultura, mayor es la dificultad de poner en práctica estrategias nuevas o diferentes. Un conflicto considerable y prolongado entre la estrategia y la cultura debilita los esfuerzos administrativos para hacer que la estrategia dé resultado, e incluso los puede derrotar.

La cultura de una organización es un factor importante (o un obstáculo) para la ejecución exitosa de la estrategia.

Las culturas poderosas promueven una buena ejecución de la estrategia cuando hay un ajuste con la misma estrategia y perjudican la ejecución cuando no lo hay.

Una alineación rigurosa de la cultura y la estrategia pueden actuar en dos formas para canalizar la conducta e influir en los empleados para que desempeñen sus trabajos en una forma que respalde la estrategia:[6]

Una cultura profundamente arraigada y bien ajustada con la estrategia es una poderosa palanca para su ejecución exitosa.

1. *Un ambiente de trabajo en donde la cultura se releva con las condiciones para una buena ejecución de la estrategia, proporciona un sistema de reglas informales y presiones de los compañeros, que tienen que ver con la forma de hacer negocios y cómo desempeñar el propio trabajo.* Las culturas que apoyan a la estrategia modelan el estado de ánimo, el temperamento y la motivación de la fuerza de trabajo y afectan en una forma positiva la energía, los hábitos de trabajo y las prácticas de operación de la organización, el grado hasta el cual cooperan las unidades organizacionales y la forma en la cual se trata a los clientes. Las conductas culturalmente aprobadas prosperan, mientras que las culturalmente desaprobadas se reprimen y a menudo se penalizan. En una compañía en donde la estrategia y la cultura están mal alineadas, los valores y las filosofías de operación arraigadas no cultivan las formas de operar que apoyan la estrategia; a menudo, las clases mismas de conductas necesarias para ejecutar la estrategia con éxito se enredan con la cultura y atraen las críticas, en vez de atraer alabanzas y recompensas.
2. *Una cultura poderosa que apoye la estrategia alienta y motiva a las personas para que desempeñen sus trabajos en forma que conlleven una ejecución efectiva de la estrategia; proporciona una estructura, estándares y un sistema de valores en el cual operar,*

[5] *Idem.*

[6] *Ibid.*, pp. 15-16.

y promueve una poderosa identificación de los empleados con la visión, los objetivos de desempeño y la estrategia de la compañía. Todo esto hace que los empleados se sientan genuinamente mejor con sus trabajos, y su ambiente laboral de trabajo y los méritos de lo que está tratando de lograr la compañía. Estimula a los empleados para que acepten el reto de realizar la visión de la compañía, desempeñar sus trabajos en una forma competente y con entusiasmo y colaborar con otros en la ejecución de la estrategia.

Esto nos dice algo importante de la tarea de guiar la puesta en práctica de la estrategia: *cualquier cosa tan fundamental como la puesta en práctica de un plan estratégico implica mover la cultura de la organización para acercarla a los requerimientos de una ejecución eficiente de la estrategia.* La condición óptima es un ambiente de trabajo que proporcione energía a la organización en forma que apoye a la estrategia, promoviendo actitudes de "sí se puede hacer" y la aceptación del cambio cuando es necesario, reclutando y alentando a las personas con el fin de que desempeñen las actividades críticas en una forma superior y fomentando las competencias y habilidades organizacionales necesarias. Según comentó un observador:

> No ha sido sólo la estrategia la que ha dado como resultado que las grandes empresas japonesas triunfen en el mercado de automóviles estadounidense. Es una cultura que inspira a los trabajadores para sobresalir en ajustes y acabados, para producir molduras perfectas y puertas que no se cuelgan. Es una cultura en la cual Toyota puede utilizar uno de los instrumentos más sofisticados de la administración, el buzón de sugerencias y en dos años incrementar el número de sugerencias de los trabajadores de menos de 10 000 a más de un millón, con ahorros resultantes de 250 millones de dólares.[7]

Culturas poderosas *versus* débiles

Las culturas de la compañía varían mucho en el grado hasta el cual están arraigadas en las prácticas y normas de conducta de la compañía. La cultura de una compañía puede ser débil y fragmentada, en el sentido de que existen muchas subculturas, de que son muy pocos los valores y las normas conductuales que se comparten ampliamente y de que cuentan con escasas tradiciones. En las compañías con una cultura débil o fragmentada, hay muy poca cohesión y unión entre las unidades desde la perspectiva de los principios de negocios y del ambiente de trabajo; los altos ejecutivos no adoptan ninguna filosofía de negocios ni elogian el empleo de prácticas de operación particulares. Debido a una ausencia de valores comunes y de enfoques de negocios arraigados, los miembros de la organización por lo común no tienen un sentido de identidad profundamente arraigado con la visión y la estrategia de la compañía; en vez de ello muchos empleados consideran a la compañía como un lugar para trabajar y a su trabajo como una forma de ganarse la vida. Aun cuando tal vez tengan algunos lazos y cierta lealtad hacia su departamento, sus colegas, su sindicato o su jefe, la cultura débil de la compañía no engendra ninguna lealtad poderosa del empleado hacia lo que representa la compañía y ningún sentido de responsabilidad para impulsar de inmediato la ejecución de la estrategia. Como consecuencia, las culturas débiles no proporcionan ninguna ayuda para la puesta en práctica de la estrategia.

Compañías con una cultura poderosa Por otra parte, la cultura de una compañía puede ser poderosa y cohesiva, en el sentido de que la compañía lleva a cabo sus negocios conforme a una serie clara y explícita de principios y valores, de que la administración dedica un tiempo considerable a la comunicación de esos principios y valores y a explicar cómo se relacionan con su ambiente de negocios y de que los valores se

---

[7] Robert H. Waterman, Jr., "The Seven Elements of Strategic Fit", en *Journal of Business Strategy* 2, núm. 3, invierno de 1982, p. 70.

comparten ampliamente a nivel de toda la compañía, entre los ejecutivos *senior* y los empleados de un nivel inferior por igual.[8] Las compañías con una cultura poderosa por lo común tienen principios o normas de sus valores y los ejecutivos hacen hincapié con regularidad en la importancia de utilizar esos valores y principios como base para las decisiones y las acciones que se emprenden a nivel de toda la organización. En las compañías con una cultura poderosa, los valores y las normas conductuales están tan profundamente arraigados que no cambian mucho cuando un nuevo director ejecutivo asume la dirección, aun cuando se pueden erosionar a lo largo del tiempo si el director ejecutivo deja de fomentarlas.

En una compañía con una cultura poderosa, los valores y las normas de comportamiento son como el lirio: de abundantes raíces y difíciles de desolvar

Hay tres factores que contribuyen al desarrollo de las culturas poderosas: 1) un fundador o un líder poderoso que establece valores, principios y prácticas que son compatibles y sensatas en vista de las necesidades del cliente, de las condiciones competitivas y de los requerimientos estratégicos; 2) un compromiso sincero y perdurable de la compañía con la operación del negocio conforme a esas tradiciones establecidas, y 3) un genuino interés en el bienestar de los tres grupos principales de la organización, clientes, empleados y accionistas. La continuidad del liderazgo, el tamaño pequeño de los grupos y su membresía estable la concentración geográfica y el considerable éxito organizacional contribuyen todos a la aparición de una cultura poderosa.[9]

Durante la época en la cual se establece una cultura consistente casi siempre hay un buen ajuste entre la estrategia y la cultura (lo que explica en parte el éxito de la organización). Los desajustes entre la estrategia y la cultura en una compañía con una cultura poderosa tienden a ocurrir cuando el ambiente de la compañía atraviesa por un cambio demasiado rápido, incitando a una revisión drástica de la estrategia, que está en conflicto con la cultura arraigada. En esos casos, se debe iniciar un esfuerzo importante de transformación de la cultura. Tanto IBM como Apple Computer han atravesado por violentos cambios en su cultura organizacional, con el fin de adaptarse al nuevo ambiente de la industria de computadoras, en la actualidad impulsado por el llamado estándar Wintel; Microsoft (con sus sistemas de operación Windows para PC y sus programas de software para PC basados en Windows) e Intel (con sus generaciones sucesivas de microprocesador más rápidos para PC). La burocracia de IBM y la cultura del mainframe produjeron un conflicto en el cambio a un mundo dominado por las PC. El conflicto de la cultura de Apple surgió del poderoso sentimiento de la compañía de continuar con la tecnología Macintosh desarrollada internamente (incompatible con todas las demás marcas de computadoras), a pesar de la creciente preferencia por el equipo y el software compatibles con Wintel.

Una cultura poderosa es un activo valioso cuando se ajusta a los requerimientos de una buena ejecución de la estrategia y una temible responsabilidad cuando no es así.

Culturas de un desempeño bajo o nocivo

Hay varias características culturales nocivas que pueden minar el desempeño de los negocios de una compañía.[10] Una de ellas es un ambiente interno de carácter político que permite que los administradores influyentes operen sus feudos en una forma autónoma y se resistan a un cambio necesario. En las culturas políticamente dominadas, muchos problemas se resuelven sobre la base del terreno, del apoyo vocal o de la oposición de ejecutivos poderosos, del cabildeo personal de un ejecutivo clave y de las coaliciones entre los individuos o departamentos que tienen intereses creados en un resultado particular. Lo que es mejor para la compañía pasa a segundo término, después del engrandecimiento personal.

[8] Terrence E. Deal y Allen A. Kennedy, *Corporate Cultures,* Reading, Addison-Wesley, Mass., 1982, p. 22.

[9] Vijay Sathe, *Culture and Related Corporate Realities,* Homewood, Richard D. Irwin, Ill., 1985.

[10] John P. Kotter y James L. Heskett, *Corporate Culture and Performance*, capítulo 6.

Una segunda característica cultural nociva, que puede afectar a las compañías que de pronto se enfrentan a condiciones rápidamente cambiantes del negocio, es la hostilidad hacia el cambio y hacia las personas que defienden las nuevas formas de hacer las cosas. Los ejecutivos que no valoran a los administradores o a los empleados con iniciativa o con nuevas ideas, desalientan la experimentación y los esfuerzos para mejorar el *statu quo*. La actitud de evitar riesgos y de no arruinar las cosas se vuelve más importante para el progreso personal que los éxitos de la empresa y los logros innovadores. Esta característica se encuentra con más frecuencia en las compañías con burocracias de múltiples niveles de administración que han disfrutado de un éxito continuo en el mercado en los años pasados, pero cuyos ambientes de negocios se han visto afectados por el cambio rápido; General Motors, IBM, Sears e Eastman Kodak son ejemplos clásicos: las cuatro compañías se vieron gradualmente abrumadas por una burocracia sofocante que rechazaba la innovación. En la actualidad, están luchando para volver a los enfoques culturales que, en primer lugar, fueron la causa de su éxito.

Una tercera característica nociva es la promoción de los administradores que comprenden las estructuras complejas de la organización, la resolución de problemas, los presupuestos, los controles y la forma de manejar los detalles administrativos mejor de lo que comprenden la visión, las estrategias, las capacidades competitivas, la inspiración y la creación de la cultura. Aun cuando los primeros son expertos en las maniobras organizacionales, si ascienden a puestos ejecutivos *senior*, la compañía puede encontrar que le faltan las habilidades empresariales y el liderazgo necesarios para introducir nuevas estrategias, reasignar los recursos, desarrollar nuevas capacidades competitivas y modelar una nueva cultura, una condición que erosiona el desempeño a largo plazo.

Una cuarta característica de las culturas con un desempeño bajo es una aversión a buscar fuera de la compañía prácticas y enfoques superiores. En ocasiones, una compañía disfruta de un éxito de mercado tan grande y reina como líder de la industria durante tanto tiempo, que la administración se vuelve endogámica y arrogante. Cree que tiene todas las respuestas o que únicamente ella las puede desarrollar. El pensamiento aislado, las soluciones hacia el interior y un síndrome de "aquí se debe inventar" conllevan una disminución en el desempeño de la compañía. Kotter y Heskett citan a Avon, BankAmerica, Citicorp, Coors, Ford, General Motors, Kmart, Kroger, Sears, Texaco y Xerox como ejemplos de compañías que tuvieron culturas con un desempeño bajo a finales de los setenta y principios de los ochenta.[11]

Es muy difícil transformar las culturas con problemas, debido a la pesada ancla de los valores y hábitos profundamente arraigados y a que las personas se aferran emocionalmente a lo antiguo y lo familiar. En ocasiones, los ejecutivos tienen éxito en cambiar los valores y las conductas de pequeños grupos de administradores e incluso de departamentos o divisiones completos, sólo para encontrar que los cambios se erosionaron a lo largo del tiempo debido a las acciones del resto de la organización. Lo que la mayoría arraigada comunica, alaba y penaliza, mina la nueva cultura naciente e interrumpe su progreso. Los ejecutivos pueden reformar las gráficas de la organización, anunciar nuevas estrategias, contratar administradores externos, introducir nuevas tecnologías y abrir nuevas plantas, y sin embargo no logran cambiar las características culturales y las conductas arraigadas debido al escepticismo de las nuevas direcciones y a la resistencia disimulada hacia ellas.

Una vez que se establece una cultura, es difícil cambiarla.

Culturas de adaptación

En los ambientes de negocios rápidamente cambiantes, la habilidad para introducir nuevas estrategias y prácticas organizacionales es una necesidad si una compañía quiere

[11] *Ibid.*, p. 68.

tener un buen desempeño durante periodos prolongados.[12] La agilidad estratégica y la respuesta organizacional rápida a las nuevas condiciones requieren una cultura que acepte y apoye rápidamente los esfuerzos de la compañía para adaptarse al cambio ambiental, en vez de una cultura que se deba inducir e imponer con halagos para lograr que se acepte el cambio.

En las culturas de adaptación, los miembros comparten un sentimiento de confianza en que la organización se puede enfrentar a cualesquiera oportunidades o amenazas que puedan surgir; son receptivas a la idea de correr riesgos, experimentar, innovar y cambiar las estrategias y las prácticas siempre que sea necesario para satisfacer los intereses legítimos de los clientes, empleados, accionistas, proveedores y comunidades en donde opera la compañía. Por consiguiente, los miembros adoptan de buen grado un enfoque proactivo para identificar los problemas, evaluar las implicaciones y las opciones y poner en práctica soluciones factibles; hay un espíritu de hacer lo que es necesario para asegurar el éxito organizacional a largo plazo, *en el entendido de que, en el proceso, se mantengan los valores fundamentales y los principios de negocios*. Los administradores por lo común investigan el desarrollo del producto, evalúan abiertamente las nuevas ideas y corren riesgos prudentes para crear nuevas posiciones de negocios. Las estrategias y las prácticas de operación tradicionales se modifican según sea necesario, con el fin de que se ajusten a los cambios en el ambiente de negocios o de que los aprovechen. Los líderes de las culturas de adaptación son expertos en transformar las cosas apropiadas en las estrategias apropiadas, no en cambiar por el bien del cambio y no comprometer los valores fundamentales o los principios de negocios. Las culturas de adaptación apoyan a los administradores y los empleados en todos los niveles cuando proponen un cambio útil, o cuando ayudan a iniciarlo; de hecho, los ejecutivos buscan, capacitan y promueven de una manera consciente a los individuos que muestran estas características de liderazgo.

Las culturas de adaptación son las mejores aliadas del encargado de la puesta en práctica de la estrategia.

Una característica sobresaliente de las culturas de adaptación es que la alta administración, al mismo tiempo que armoniza las respuestas a las condiciones cambiantes, demuestra un interés genuino por el bienestar de todos los grupos clave, clientes, empleados, accionistas, principales proveedores y comunidades en donde opera la compañía, y trata de satisfacer simultáneamente todos sus intereses legítimos. No se ignora a ningún grupo y la imparcialidad con todos ellos es un principio en la toma de decisiones, un compromiso que a menudo se describe como "hacer lo correcto".[13] Se considera que la actitud de complacer a los clientes y proteger, si no es que mejorar el bienestar de la compañía, es la mejor forma de velar por los intereses de empleados, accionistas, proveedores y comunidades. La preocupación de la administración por el bienestar de los empleados es un factor importante para obtener su apoyo para el cambio; los empleados comprenden que los cambios en sus asignaciones de trabajo son parte del proceso de adaptación a las nuevas condiciones y que la seguridad de su trabajo no se verá amenazada por el proceso de adaptación al cambio, a menos que el negocio de la compañía cambie de dirección en forma inesperada. En los casos en que se vuelve necesaria la reducción de la fuerza de trabajo, la preocupación de la gerencia por los empleados dicta que los despidos se manejen en una forma humana. Los esfuerzos de la administración para lograr que el proceso de adaptación al cambio sea justo y para mantener al mínimo los impactos adversos, fomentan la aceptación del cambio y el apoyo de quienes detectan los intereses.

En las culturas con un menor grado de adaptación, en donde la norma es la resistencia al cambio, los administradores evitan los riesgos y prefieren seguir al líder cuando se trata de un cambio tecnológico y de la innovación de productos.[14] Creen que se

[12] Esta sección se basa en gran parte en John P. Kotter y James L. Heskett, *Corporate Culture and Performance*, capítulo 4.

[13] *Ibid.*, p. 52.

[14] *Ibid.*, p. 50.

deben mover con cautela y de una manera conservadora, tratando de no cometer "errores" y asegurándose de proteger o mejorar sus propias carreras, los intereses de sus grupos de trabajo inmediatos o sus proyectos favoritos.

Creación del ajuste entre estrategia y cultura

El *diseñador de la estrategia* tiene la responsabilidad de seleccionar una estrategia con partes "sagradas" o inalterables de la cultura corporativa prevaleciente. La tarea del *encargado de la puesta en práctica de la estrategia*, una vez que ésta se ha elegido es cambiar cualesquiera facetas de la cultura corporativa que obstaculicen la ejecución.

El cambio de la cultura de una compañía y su alineación con la estrategia se encuentran entre las tareas administrativas más difíciles; es más fácil hablar de ellas que llevarlas a cabo. El primer paso es diagnosticar cuáles son las facetas de la cultura actual que apoyan a la estrategia y cuáles no. Después, los administradores deben hablar en una forma franca y directa a todos los interesados en aquellos aspectos de la cultura que se deben cambiar. La tarea debe ir seguida rápidamente por acciones visibles para modificar la cultura, acciones que todos comprendan y que tienen el propósito de establecer una nueva cultura que armonice más con la estrategia.

Acciones simbólicas y acciones sustantivas Las acciones administrativas para reforzar el ajuste entre la cultura y la estrategia deben ser tanto simbólicas como sustantivas. Las acciones simbólicas son valiosas por las señales que envían sobre las clases de conducta y de desempeño que desean fomentar los encargados de la puesta en práctica de la estrategia. Las acciones simbólicas más importantes son aquellas que emprenden los altos ejecutivos para que sirvan como modelos: guiar los esfuerzos de reducción del costo disminuyendo los extras ejecutivos; hacer hincapié en la importancia de responder a los intereses de los clientes requiriendo que todos los funcionarios y ejecutivos dediquen cada semana una porción considerable de su tiempo a hablar con ellos y comprender sus necesidades, y adoptar un perfil elevado para alterar las políticas y prácticas que obstaculizan a la nueva estrategia. Otra categoría de acciones simbólicas incluye los eventos para designar y premiar a las personas cuyo desempeño y acciones ejemplifican lo que se requiere en la nueva cultura. Muchas universidades otorgan cada año premios a los maestros sobresalientes para simbolizar su aprecio hacia los instructores con talentos excepcionales en el salón de clases. Numerosos negocios ofrecen premios para el empleado del mes. La milicia tiene una vieja costumbre de premiar con listones y medallas las acciones ejemplares. Mary Kay Cosmetics ofrece a sus consultoras de belleza una variedad de premios, desde listones hasta automóviles color de rosa, por llegar a diferentes niveles de ventas.

Las mejores compañías y los mejores ejecutivos utilizan en forma experta símbolos, modelos de papeles, ocasiones conmemorativas y reuniones de grupo para reforzar el ajuste entre la estrategia y la cultura. Los líderes de costo bajo como Wal-Mart y Nucor son famosos por sus instalaciones espartanas, su frugalidad ejecutiva, su intolerancia al desperdicio y su celoso control de los costos. Los ejecutivos sensibles a su papel en la promoción de los ajustes entre la estrategia y la cultura tienen el hábito de aparecer en las funciones ceremoniales para elogiar a los individuos y los grupos que "siguen el programa". Elogian a los individuos que exhiben las normas culturales y recompensan a aquellos que logran los hitos estratégicos. Participan en los programas de capacitación de los empleados para hacer hincapié en las prioridades estratégicas, los valores, los principios éticos y las normas culturales. Cada reunión de un grupo se considera como una oportunidad para inculcar valores, elogian las buenas acciones, reforzar las normas culturales y promover los cambios que ayudan a la puesta en práctica de la estrategia. Los ejecutivos sensatos se aseguran de que los miembros de la organización inter-

Las ceremonias de premiación, los modelos de las funciones y los símbolos son una parte fundamental del esfuerzo de un encargado de la puesta en práctica de la estrategia para diseñar la cultura.

preten las decisiones actuales y los cambios en la política como compatibles con la nueva dirección estratégica de la compañía y como un apoyo de la misma.[15]

Además de estar al frente personal y simbólicamente, de guiar el impulso hacia nuevas conductas y de comunicar las razones para los nuevos enfoques, los encargados de la puesta en práctica de la estrategia deben convencer a todos los interesados de que el esfuerzo es algo más que cosmético. Las charlas y los planes se deben complementar con acciones sustantivas y con un movimiento real. Las acciones emprendidas deben ser creíbles, altamente visibles e indicativas del compromiso de la administración con las nuevas iniciativas estratégicas y con los cambios culturales asociados. Hay varias formas de lograrlo. Una de ellas es planear algunos éxitos rápidos que pongan de relieve los beneficios de los cambios en la estrategia y la cultura, haciendo así que el entusiasmo por los cambios sea contagioso. Sin embargo, los resultados instantáneos por lo común no son tan importantes como tener la voluntad y la paciencia para crear un equipo sólido y competente, comprometido con la estrategia. Las señales más poderosas de que la administración tiene un compromiso real de crear una nueva cultura incluyen: reemplazar a los administradores de la antigua cultura que son disfuncionales o que obstaculizan las nuevas iniciativas, tomar medidas de reorganización importantes que puedan alinear mejor la estructura con la estrategia, vincular los incentivos de compensación directamente con las nuevas medidas del desempeño estratégico y transferir considerables recursos de los proyectos y programas de la antigua estrategia a los proyectos y programas de la nueva.

Al mismo tiempo, los principales encargados de la puesta en práctica de la estrategia deben tener cuidado de *guiar con el ejemplo*. Es decir, si la estrategia de la organización implica un impulso para convertirse en un productor de costo bajo de la industria, los administradores *senior* deben dar muestra de frugalidad en sus propias acciones y decisiones: una decoración económica en la suite ejecutiva, cuentas de gastos y asignaciones para capacitación conservadoras, un personal reducido en la oficina corporativa, un escrutinio de las solicitudes de presupuesto, etc. Jan Carlzon, el director ejecutivo de SAS Airlines, reforzó simbólicamente la primacía del servicio de calidad a los clientes de negocios cuando voló en clase turista en vez de primera y le cedió su asiento a uno de los viajeros en lista de espera.[16]

Los ejecutivos senior deben guiar personalmente los esfuerzos para alinear la cultura con la estrategia.

El arraigo de los valores y la conducta necesarios para crear la cultura depende de un compromiso sincero y continuo del director ejecutivo, combinado con una persistencia en reforzar la cultura en cada oportunidad, tanto por medio de la palabra como con los hechos. Sin embargo, es esencial hablar personalmente con muchos grupos sobre las razones para el cambio; las transformaciones culturales muy rara vez se logran con éxito desde una oficina. Además, la creación y el mantenimiento de una cultura que apoye a la estrategia es un trabajo de todo el equipo administrativo. Un cambio cultural importante requiere iniciativas de muchas personas. Los funcionarios *senior*, los jefes de departamento y los administradores a un nivel medio deben reiterar los valores, "hacer lo que se dice" y traducir las normas culturales y la conducta deseadas en una práctica cotidiana. Además, los encargados de la puesta en práctica de la estrategia deben obtener el apoyo de los supervisores de primera línea y de los líderes de opinión de los empleados, convenciéndolos de los méritos de practicar y aplicar las normas culturales en los niveles más bajos en la organización. Hasta que una gran mayoría de los empleados se una a la nueva cultura y comparta un compromiso con sus valores y normas básicos, habrá un trabajo considerablemente mayor tanto para inculcar la cultura como para reforzar el ajuste entre ésta y la estrategia.

---

[15] Judy D. Olian y Sara L. Rynes, "Making Total Quality Work: Aligning Organizational Processes, Performance Measures, and Stakeholders", en *Human Resource Management* 30, núm. 3, otoño de 1991, p. 324.

[16] *Idem.*

La tarea de hacer que la cultura apoye a la estrategia no es un ejercicio a corto plazo. Se necesita tiempo para que surja y prevalezca una nueva cultura; es irreal esperar una transformación de la noche a la mañana. Mientras más grande es la organización y mayor el cambio cultural necesario para producir un ajuste entre la cultura y la estrategia, más tiempo se lleva. En las grandes compañías, el cambio de la cultura corporativa en forma significativa puede llevar de tres a cinco años como mínimo. De hecho, por lo común es más difícil remodelar una cultura profundamente arraigada que no apoya a la estrategia que inculcar desde el principio en una organización nueva una cultura que apoye a la estrategia.

Incorporación de estándares éticos y valores a la cultura

Una cultura corporativa poderosa, basada en principios de negocios éticos y en valores morales, es una fuerza vital que sustenta el éxito estratégico continuo. Muchos ejecutivos están convencidos de que una compañía se debe interesar en su forma de hacer negocios; de la contrario, se arriesgan la reputación de la compañía y, en última instancia, su desempeño. Los programas de ética y valores corporativos no son un decorado de escaparate; se adoptan para crear un ambiente de valores y convicciones que se mantienen con vigor y hacen de la conducta ética una forma de vida. Los valores honestos y los elevados estándares éticos fomentan la cultura corporativa en una forma muy positiva, denotan integridad, el principio de "hacer lo correcto" en bien de quienes enfrentan los intereses.

Una cultura corporativa ética tiene un impacto positivo sobre el éxito estratégico a largo plazo de una compañía; una cultura que no es ética lo puede minar.

Las compañías establecen valores y estándares éticos en varias formas.[17] Las compañías fundamentadas en una tradición basada en el folklor, confían en el adoctrinamiento verbal y en el poder de la tradición para inculcar los valores e imponer una conducta ética. Pero en la actualidad, muchas compañías establecen sus valores y sus códigos de ética en documentos por escrito. La tabla 11-1 indica la clase de temas que cubren dichas declaraciones. Las hechas por escrito tienen la ventaja de que manifiestan en forma explícita lo que pretende y espera la compañía y de que sirven como hitos para juzgar tanto las políticas y acciones de la misma como la conducta individual. Marcan un hito y definen la posición de la compañía. Las declaraciones del valor sirven como piedra angular para la creación de la cultura; un código de ética sirve como la piedra angular para el desarrollo de una conciencia corporativa.[18] La Cápsula ilustrativa 40 presenta el credo de Johnson & Johnson, el código de ética y de valores más publicado y más famoso entre las compañías estadounidenses. El director ejecutivo de J&J llama al credo "la fuerza unificadora de nuestra corporación". La Cápsula ilustrativa 41 presenta la promesa que les hace Brystol-Myers Squibb a todos sus intereses.

Los valores y los estándares éticos no sólo se deben declarar en forma explícita, sino que también se deben arraigar en la cultura corporativa.

Una vez que se han establecido formalmente los valores y los estándares éticos, se deben arraigar en las políticas, las prácticas y la conducta real de la compañía. La puesta en práctica de los valores y del código de ética implica varias acciones:

- Incluir la declaración de los valores y del código de ética en la capacitación de los empleados y en los programas educacionales.
- Una atención explícita a los valores y la ética en el reclutamiento y la contratación, con el fin de eliminar a los aspirantes que carecen de rasgos de carácter compatibles.

[17] The Business Roundtable, *Corporate Ethics: A Prime Asset*, febrero de 1988, pp. 4-10.

[18] Para una exposición de los beneficios estratégicos de las declaraciones formales de los valores corporativos, véase John Humble, David Jackson y Alan Thomson, "The Strategic Power of Corporate Values", en *Long Range Planning* 27, núm. 6, diciembre de 1994, pp. 28-42. Para un estudio de la posición de los códigos formales en las grandes corporaciones de Estados Unidos, véase Patrick E. Murphy, "Corporate Ethics Statements: Current Status and Future Prospects", en *Journal of Business Ethics* 14, 1995, pp. 727-740.

TABLA 11-1 Temas que por lo general se cubren en las declaraciones del valor y en los códigos de ética

Temas que se cubren en las declaraciones del valor	Temas que se cubren en los códigos de ética
• Importancia de los clientes y del servicio al cliente	• Honestidad y observancia de la ley
• Compromiso con la calidad	• Conflictos de intereses
• Compromiso con la innovación	• Imparcialidad en las prácticas de ventas y marketing
• Respeto hacia el empleado individual y hacia la obligación que tiene la compañía con los empleados	• Empleo de la información interna y venta de valores
• Importancia de la honestidad, la integridad y los estándares éticos	• Relaciones con los proveedores y prácticas de compras
• Obligación con los accionistas	• Pagos para obtener negocios/Acta de Prácticas corruptas extranjeras
• Obligación con los proveedores	• Adquisición y empleo de información de otros
• Ciudadanía corporativa	• Actividades políticas
• Importancia de proteger el ambiente	• Empleo de activos, recursos y propiedades de la compañía
	• Protección de información patentada
	• Determinación de precios, contratación y facturación

CÁPSULA ILUSTRATIVA 40 El credo de Johnson & Johnson

- Creemos que nuestra primera responsabilidad es con los médicos, las enfermeras, y los pacientes, las madres y todos aquellos que utilizan nuestros productos y servicios.
- Para satisfacer sus necesidades, todo lo que hacemos debe ser de una calidad elevada.
- Debemos esforzarnos constantemente en reducir nuestros costos, con el fin de mantener precios razonables.
- Los pedidos de los clientes se deben atender con prontitud y precisión.
- Nuestros proveedores y distribuidores deben tener la oportunidad de ganar una utilidad justa.
- Somos responsables ante nuestros empleados, los hombres y las mujeres que trabajan con nosotros en todo el mundo.
- Debemos considerar a todos los individuos.
- Debemos respetar su dignidad y reconocer su mérito.
- Todos deben tener el sentido de seguridad en sus trabajos.
- La compensación debe ser justa y adecuada y las condiciones de trabajo higiénicas, ordenadas y seguras.
- Los empleados se deben sentir en libertad para hacer sugerencias y presentar quejas.
- Debe haber una oportunidad igual de empleo, desarrollo y progreso para todos aquellos que están calificados.
- Les debemos proporcionar una administración competente y sus acciones deben ser justas y éticas.
- Somos responsables ante las comunidades en donde vivimos y trabajamos y también ante la comunidad mundial.
- Debemos ser buenos ciudadanos, apoyar las buenas obras a las organizaciones de beneficencia y pagar nuestra parte de impuestos.
- Debemos fomentar los mejoramientos cívicos y una salud y educación de calidad.
- Debemos mantener en buen orden la propiedad que tenemos el privilegio de utilizar, protegiendo el ambiente y los recursos naturales.
- Nuestra responsabilidad final es con nuestros accionistas.
- El negocio debe obtener una utilidad estable.
- Debemos experimentar con nuevas ideas.
- Debemos investigar, desarrollar programas innovadores y pagar por nuestros errores.
- Se debe adquirir equipo nuevo, proporcionar nuevas instalaciones y lanzar al mercado nuevos productos.
- Debemos crear reservas como una previsión para los tiempos adversos.
- Cuando operamos conforme a estos principios, los accionistas deben obtener una utilidad justa.

Fuente: Reporte anual de 1982.

CÁPSULA ILUSTRATIVA 41 La promesa de Bristol-Myers Squibb

A quienes utilizan nuestros productos. . .

Afirmamos el compromiso de Bristol-Myers Squibb con los estándares más elevados de excelencia, seguridad y confiabilidad en todo lo que hacemos. Prometemos ofrecer productos de la calidad más elevada y trabajar con diligencia para seguir mejorándolos.

A nuestros empleados y aquellos que se puedan unir a nosotros. . .

Les prometemos respeto personal, una compensación justa y trato igual. Reconocemos nuestra obligación de proporcionar un liderazgo capaz y humano en todos los niveles de la organización, con un ambiente de trabajo higiénico y seguro. A todos aquellos que califican para una promoción, haremos todos los esfuerzos para brindarles una oportunidad.

A nuestros proveedores y clientes. . .

Les prometemos una puerta abierta, un trato cortés, eficiente y ético y nuestra comprensión de su derecho a obtener una utilidad justa.

A nuestros accionistas. . .

Les prometemos una dedicación a nivel de toda la compañía a un crecimiento continuo de las utilidades, sustentado por finanzas sólidas, un nivel elevado de investigación y desarrollo e instalaciones sin par.

A las comunidades en donde tenemos plantas y oficinas. . .

Les prometemos una ciudadanía consciente, una ayuda para las causas meritorias y una acción constructiva en apoyo del progreso cívico y ambiental.

A los países en donde hacemos negocios. . .

Nos comprometemos a ser buenos ciudadanos y mostrar una absoluta consideración hacia los derechos de otros, al mismo tiempo que nos reservamos el derecho de defender los nuestros.

Por encima de todo, al mundo en donde vivimos. . .

Brystol-Myers Squibb se compromete con las políticas y prácticas que incluyen la responsabilidad absoluta, la integridad y la decencia requeridas de una libre empresa si quiere merecer y conservar la confianza de nuestra sociedad.

Fuente: Reporte anual de 1990.

- La comunicación de los valores y del código de ética a todos los empleados, explicando los procedimientos para su cumplimiento.
- La participación y supervisión de la administración, desde el director ejecutivo hasta los supervisores de primera línea.
- Las aprobaciones enérgicas del director ejecutivo.
- Un adoctrinamiento verbal.

En el caso de los códigos de ética, se debe prestar una atención especial a las secciones de la compañía que son particularmente sensibles y vulnerables, como compras, ventas y cabildeo político.[19] Los empleados que tratan con partes externas se encuentran en posiciones éticamente sensibles y a menudo se ven arrastrados hacia situaciones comprometedoras. Es necesario desarrollar procedimientos para imponer los estándares éticos y manejar las violaciones potenciales.

El esfuerzo para llevar a cabo un cumplimiento cabal debe penetrar en toda la compañía y extenderse hacia cada unidad organizacional. Se deben combinar las actitudes, el carácter y la historia de trabajo de los presuntos empleados. Cada empleado debe recibir una capacitación adecuada. Los administradores de línea en todos los niveles deben prestar una atención seria y continua a la tarea de explicar cómo aplican los valores y el código ético en sus áreas. Además, deben insistir en que los valores y los estándares éticos de la compañía se conviertan en una forma de vida. En general, la inculcación de valores y la insistencia en la conducta ética se deben considerar como un ejercicio continuo para crear y fomentar la cultura. El hecho de si el esfuerzo tiene éxito

[19] *Ibid.*, p. 7.

o fracasa depende en gran parte de lo bien que los valores y los estándares éticos corporativos estén visiblemente integrados a las prácticas administrativas y las acciones de la compañía en todos los niveles.

Construcción de un espíritu de elevado nivel de desempeño

Una cultura orientada a los resultados, que inspire a las personas para que se esfuercen al máximo, conduce a una ejecución superior de la estrategia.

La habilidad de inculcar un poderoso compromiso individual con el éxito estratégico y crear un ambiente en el cual haya una presión constructiva para el desempeño, es una de las más valiosas para la puesta en práctica de la estrategia. Cuando una organización se desempeña de una manera uniforme en o cerca de su capacidad límite, el resultado no sólo es un éxito mayor, sino también una cultura impregnada con el espíritu de un nivel elevado de desempeño. Éste no se debe confundir con el hecho de si los empleados se sienten "felices" o "satisfechos", o de si "todos se llevan bien". Una organización con el espíritu de un nivel elevado de desempeño hace hincapié en el logro y la excelencia. Su cultura está orientada a los resultados y su administración busca políticas y prácticas que inspiren a las personas a esforzarse al máximo.[20]

Las compañías con el espíritu de un nivel elevado de desempeño por lo común están intensamente orientadas a las personas y refuerzan su interés por los empleados individuales en todas las ocasiones y en todas las formas concebibles. Tratan a los empleados con dignidad y respeto, los capacitan a fondo, los alientan a utilizar su propia iniciativa y creatividad en el desempeño de su trabajo, determinan expectativas del desempeño claras y razonables, utilizan toda la gama de recompensas y castigos para imponer elevados estándares de desempeño, hacen responsables a los administradores en todos los niveles del desarrollo de las personas que se reportan con ellos y otorgan a los empleados la suficiente autonomía para sobresalir, superarse y contribuir. Para crear una cultura orientada a los resultados, una compañía debe convertir en defensores a los individuos que presentan desempeños sobresalientes:[21]

- En Boeing, General Electric y 3M Corporation, los altos ejecutivos se esmeran en elogiar a los individuos que creen a tal grado en sus ideas que ellos mismos se encargan de situarse por encima de la burocracia, de incluir sus proyectos a través del sistema y convertirlos en servicios mejorados, nuevos productos o incluso nuevos negocios. En estas compañías, se les brinda a los "defensores del producto" un nivel elevado de visibilidad, espacio para impulsar sus ideas y un poderoso apoyo ejecutivo. Los defensores cuyas ideas dan buen resultado por lo común reciben excelentes recompensas; aquellos cuyas ideas no dan resultado de cualquier modo tienen un trabajo seguro y se les brinda oportunidades para intentarlo de nuevo.
- Algunas compañías mejoran la importancia y la posición de los empleados individuales al referirse a ellos como miembros del reparto (Disney), miembros de la cuadrilla (McDonald's) o asociados (Wal-Mart y J. C. Penney). Las compañías como Mary Kay Cosmetics, Tupperware y McDonald's buscan activamente razones y oportunidades para entregar distintivos, botones, placas y medallas por la buena presentación de quienes tienen un desempeño promedio; la idea es expresar su agradecimiento y dar un impulso motivacional a los trabajadores que sobresalen en el desempeño de labores "ordinarias".

[20] Para una exposición más a fondo de lo que se necesita para crear un ambiente y una cultura que fomenten el éxito, véase Benjamin Schneider, Sarah K. Gunnarson y Kathryn Niles-Jolly, "Creating the Climate and Culture of Success", en *Organizational Dynamics,* verano de 1994, pp. 17-29.

[21] Thomas J. Peters y Robert H. Waterman, Jr., *In Search of Excellence,* Harper & Row, Nueva York, 1982, pp. xviii, 240 y 269, y Thomas J. Peters y Nancy Austin, *A Passion for Excellence,* Random House, Nueva York, 1985, pp. 304-307.

- McDonald's organiza un concurso para determinar quién prepara las mejores hamburguesas en toda la cadena. Empieza con una competencia para determinar quién es el mejor cocinero en cada tienda. Los ganadores de las tiendas compiten en campeonatos regionales y los ganadores regionales participan en el concurso "All-American". Los triunfadores reciben trofeos y parches de All-American para que los peguen en sus camisas.
- Milliken & Co., organiza reuniones corporativas de participación cada tres meses; asisten equipos de toda la compañía para intercambiar historias de éxito e ideas. Cien o más equipos hacen presentaciones de cinco minutos durante un periodo de dos días. Cada reunión tiene un tema principal; calidad, reducción del costo, etc. No se permiten críticas ni negativas y no existe tal cosa como una idea grandiosa o una pequeña. Se utilizan medidas cualitativas del éxito para medir el mejoramiento. Todos votan por la mejor presentación y se distribuyen varios grados ascendentes de premios. Sin embargo, todos reciben un certificado enmarcado por su participación.

Lo que hace que cobre vida el espíritu de un nivel elevado de desempeño es una compleja red de prácticas, palabras, símbolos, estilos, valores y políticas que se combinan y producen resultados extraordinarios con personas ordinarias. Los impulsores del sistema son la creencia en la palabra del individuo, un poderoso compromiso de la compañía con la seguridad en el trabajo y las promociones internas, prácticas administrativas que alientan a los empleados a ejercer su iniciativa individual y su creatividad en el desempeño de sus trabajos y el orgullo en hacer bien "las pequeñas cosas".[22] Una compañía que trata bien a sus empleados por lo general se beneficia debido a un creciente trabajo de equipo, a una moral más alta y a una mayor lealtad de los empleados.

Aun cuando el hecho de insistir en el espíritu de un nivel elevado de desempeño casi siempre acentúa lo positivo, también hay reforzadores negativos. Es necesario destituir a los administradores cuyas unidades tienen continuamente un mal desempeño. Además de los beneficios organizacionales, se debe reasignar a los administradores un desempeño débil por su propio bien; las personas que se encuentran en un puesto que no pueden desempeñar por lo común se sienten frustradas, abrumadas por la ansiedad, acosadas o descontentas.[23] Además, los subordinados tienen el derecho de que la administración se lleva a cabo con competencia, dedicación y con un sentido de logro. A menos que su jefe tenga un buen desempeño, ellos mismos no se pueden desempeñar bien. Además, se debe eliminar a los trabajadores con un desempeño débil y a las personas que rechazan el énfasis cultural en la dedicación y en un nivel elevado de desempeño. Las prácticas de contratación deben estar orientadas a emplear únicamente a aspirantes motivados y ambiciosos, cuyos hábitos de trabajo y actitudes armonicen bien con una cultura corporativa orientada a los resultados.

CÓMO EJERCER EL LIDERAZGO ESTRATÉGICO

La letanía de una buena administración estratégica es muy sencilla; formular un plan estratégico sensato, ponerlo en práctica, ejecutarlo al máximo, ¡y triunfar! Pero es más fácil decirlo que hacerlo. El ejercicio de un liderazgo de tomar responsabilidades, ser una "bujía de encendido", hacer las cosas a fondo y lograr que éstas se hagan incitando

[22] Jeffrey Pfeffer, "Producing Sustainable Competitive Advantage through the Effective Management of People", en *Academy of Management Executive* 9, núm. 1, febrero de 1995, pp. 55-69.

[23] Peter Drucker, *Management: Tasks, Responsibilities, Practices,* Harper & Row, Nueva York, 1974, p. 457.

a otros para que las lleven a cabo son tareas difíciles.[24] Además, el administrador de una estrategia debe desempeñar diferentes papeles de liderazgo: visionario, principal empresario y estratega, principal administrador y encargado de la puesta en práctica de la estrategia, creador de la cultura, adquirente y asignador de recursos, creador de habilidades, integrador del proceso, capacitador, encargado de resolver las crisis, supervisor, vocero, negociador, motivador, árbitro, creador de un consenso, creador y encargado de la puesta en práctica de la política, mentor y líder.[25] En ocasiones es útil ser autoritario y altivo; a veces es mejor ser un oyente perceptivo y mostrarse transigente en la toma de decisiones; en ocasiones funciona mejor un enfoque poderosamente participativo y colegial y a veces el papel apropiado es el de capacitador y consejero. Muchas ocasiones requieren un papel altamente visible y extensos compromisos de tiempo, mientras que otras implican un breve desempeño ceremonial y los detalles se delegan en los subordinados.

En su mayor parte, los principales esfuerzos para el cambio deben estar impulsados por la visión y se deben guiar desde el nivel superior. El cambio principal debe empezar con el diagnóstico de la situación y después decidir la forma de manejarlo. Hay seis funciones de liderazgo que dominan la agenda para la acción del encargado de la puesta en práctica de la estrategia:

1. Mantenerse en la cima de lo que está sucediendo y de lo bien que están resultando las cosas.
2. Promover una cultura en la cual se le dé "energía" a la organización para lograr la estrategia y desempeñarla en un nivel elevado.
3. Hacer que la organización responda a las condiciones cambiantes, estar alerta a las nuevas oportunidades, tener múltiples ideas innovadoras y mantenerse a la delantera en el desarrollo de competencias y capacidades competitivamente valiosas.
4. Crear un consenso, refrenar las "luchas de poder" y abordar la política del diseño y la puesta en práctica de la estrategia.
5. Imponer estándares éticos.
6. Impulsar las acciones correctivas para mejorar la ejecución de la estrategia y el desempeño general de la organización.

Cómo mantenerse en la cima cuando las cosas van bien

Para mantenerse en la cima cuando el proceso de la puesta en práctica marcha correctamente, un administrador necesita desarrollar una amplia red de contactos y fuentes de información, tanto formales como informales. Los canales regulares incluyen charlas con los subordinados clave, presentaciones y juntas, revisiones de los últimos resultados de la operación, charlas con los clientes, observar las reacciones competitivas de las empresas rivales, recurrir a los medios secretos de información, escuchar a los empleados de un nivel inferior y observar directamente la situación. Sin embargo, parte de la información es más digna de confianza que el resto y los puntos de vista y las perspec-

[24] Para una excelente encuesta de los problemas y escollos al hacer la transición a una nueva estrategia y a formas fundamentalmente nuevas de hacer negocios, véase John P. Kotter, "Leading Change: Why Transformation Efforts Fail", en *Harvard Business Review* 73, núm. 2, marzo-abril de 1995, pp. 59-67. Véase también Thomas M. Hout y John C. Carter, "Getting It Done: New Roles for Senior Executives", en *Harvard Business Review* 73, núm. 6, noviembre-diciembre de 1995, pp. 133-145 y Sumantra Ghoshal y Christopher A. Bartlett, "Changing the Role of Top Management: Beyond Structure to Processes", en *Harvard Business Review* 73, núm. 1, enero-febrero de 1995, pp. 86-96.

[25] Para un reporte perspicaz y revelador sobre la forma en la cual un director ejecutivo guía el proceso del cambio organizacional, véase Noel Tichy y Ram Charan, "The CEO as Coach: An Interview with Allied Signal's Lawrence A. Bossidy", en *Harvard Business Review* 72, núm. 2, marzo-abril de 1995, pp. 68-78.

tivas ofrecidos por diferentes personas pueden variar mucho. Las presentaciones y la información de los subordinados pueden representar "la verdad, pero no toda la verdad". Las malas noticias o los problemas se pueden minimizar, o en algunos casos ni siquiera son reportados debido a que los subordinados demoran la transmisión de la información sobre las fallas y los problemas con la esperanza de que, al disponer de más tiempo, eso le dejará espacio para cambiar las cosas. Por consiguiente, los administradores de la estrategia se deben asegurar de contar con la información exacta y tener una "idea" de la situación existente. Una forma de hacerlo es mediante visitas regulares "al campo" y hablando con numerosas personas en muchos niveles diferentes. La técnica de "administrar recorriendo el lugar" (AREL) se practica en una variedad de estilos:[26]

La AREL es una de las técnicas más efectivas que utilizan los líderes para mantenerse informados sobre cómo progresa la puesta en práctica y la ejecución de la estrategia.

- En Hewlett-Packard se celebran reuniones semanales para tomar cerveza en cada división, a las que asisten tanto los ejecutivos como lo empleados, con el fin de crear una oportunidad regular para mantenerse en contacto. Los fragmentos de información fluyen directamente entre los empleados en un nivel inferior y los ejecutivos, lo que se facilita en parte debido a que "el estilo HP" es que todos se dirijan por su nombre a las personas en todos los niveles. Bill Hewlett, uno de los cofundadores de HP, tenía la reputación en toda la compañía de salir de su oficina y "recorrer la planta" saludando a las personas, escuchando lo que pensaban y haciendo preguntas. Descubrió que eso era tan valioso que convirtió a la AREL en una práctica para todos los administradores de HP.
- Ray Kroc, el fundador de McDonald´s, visitaba con regularidad las unidades de las tiendas y hacía su propia inspección personal de CSHV (Calidad, Servicio, Higiene y Valor), temas que predicaba con regularidad. Hay quienes afirman que si veía basura tirada en el estacionamiento de una unidad, se detenía y se bajaba de su limusina para recogerla él mismo y después amonestaba al personal de la tienda.
- El director ejecutivo de una pequeña compañía de fabricación dedica gran parte de su tiempo a recorrer la fábrica en un carrito de golf, saludando a los trabajadores y bromeando con ellos, escuchándolos y dirigiéndose a los 2 000 empleados por su nombre. Además, pasa mucho tiempo con los funcionarios del sindicato, invitándolos a los juntas y manteniéndolos informados de lo que está sucediendo.
- Los ejecutivos de Wal-Mart han seguido durante muchos años la práctica de pasar dos o tres días cada semana visitando las tiendas para hablar con los administradores y empleados. Sam Walton, el fundador de Wal-Mart, insistía: "La clave es salir a la tienda y escuchar lo que tienen que decir los asociados. Nuestras mejores ideas provienen de los empleados y los encargados de reabastecer los anaqueles."
- Jack Welch, director ejecutivo de General Electric, no sólo pasa varios días cada mes visitando personalmente las operaciones de GE y hablando con los clientes principales, sino que también arregla su programa de manera que pueda pasar algún tiempo hablando virtualmente con toda clase de administradores que participan en cursos en el famoso centro de desarrollo del liderazgo en la matriz de GE en Crotonville, Nueva York. Como lo expresa Welch, "estoy aquí cada día o me dirijo a la fábrica oliendo, palpando, tocando todo y retando a las personas".[27]

---

[26] Thomas J. Peters y Robert H. Waterman Jr., *In Search of Excellence*, pp. xx, 15, 120-123, 191, 242-243, 246-247, 287-290. Para una amplia exposición de los beneficios de AREL, véase Thomas J. Peters y Nancy Austin, *A Passion for Excellence*, capítulos 2, 3 y 19.

[27] Como se cita en Ann M. Morrison, "Trying to Bring GE to Life", en *Fortune*, 25 de enero de 1982, p. 52.

- Algunos directores ejecutivos activistas se esmeran en celebrar juntas clave en el campo, en las premisas de un cliente importante o en las instalaciones de una unidad de negocios con un problema inquietante, para sacar a sus administradores de las zonas en donde se sienten seguros y crear un marco de referencia compartido, suficiente para un diálogo constructivo, desacuerdos y debates abiertos y una solución colectiva.

La mayoría de los administradores le conceden una gran importancia al hecho de pasar algún tiempo en el campo, observando directamente la situación y sosteniendo charlas informales con numerosas personas y en diferentes niveles organizacionales. Creen que es esencial tener una "idea" de la situación, recopilar directamente su propia información y no simplemente confiar en la información recopilada o reportada por otros. Los ejecutivos exitosos están conscientes de lo que significa pasar demasiado tiempo en sus oficinas o en juntas, de los peligros de rodearse de personas que no ofrecen críticas ni perspectivas diferentes y del riesgo de obtener gran parte de su información por medio de intermediarios, corregida y revisada y en ocasiones muy antigua. Como lo expresa un funcionario de Hewlett-Packard en la publicación *The HP Way* de la compañía:

> Una vez que una división o un departamento han desarrollado un plan propio, es decir, una serie de objetivos de trabajo, es importante que los administradores y supervisores lo mantengan en condiciones operantes. Aquí es donde intervienen la observación, la medición, la retroalimentación y la guía. Es nuestra "administración recorriendo el lugar". Así es como usted averigua si está siguiendo el camino correcto y si está avanzando a la velocidad adecuada y en la dirección correcta. Si usted no supervisa constantemente la forma en la cual están operando las personas, no sólo tenderán a desviarse del camino, sino que también empezarán a creer que, en primer lugar, usted no hablaba en serio acerca del plan. Tiene el beneficio extra de hacer que usted se levante de su sillón y empiece a recorrer su área. Con recorrer el lugar me refiero literalmente a andar por todas partes y charlar con las personas. Todo se hace sobre una base muy informal y espontánea, pero es importante cubrir todo el territorio en el curso del tiempo. Usted empieza por mostrarse accesible y abordable, pero lo principal es que todos comprendan que está allí para escuchar. La segunda razón para la AREL es que resulta vital para mantener a las personas informadas de lo que está sucediendo en la compañía, en especial de las cosas que son importantes para ellos. La tercera razón es simplemente porque resulta divertido.

Esos contactos le proporcionan al administrador una idea de cómo están progresando las cosas y ofrecen una oportunidad para pronunciar palabras de aliento, levantar el ánimo, desviar la atención de las antiguas prioridades hacia las nuevas, crear cierto grado de excitación y proyectar un ambiente de informalidad y diversión, todo lo cual impulsa la puesta en práctica en una forma positiva e intensifica la energía organizacional que sustenta la ejecución de la estrategia.

Fomento de un ambiente y una cultura que apoyen a la estrategia

Los encargados de la puesta en práctica de la estrategia deben estar al frente, promoviendo un ambiente y una cultura organizacionales que apoyen a la estrategia. Cuando se llevan a cabo importantes cambios estratégicos, la mejor forma de que el administrador emplee su tiempo es *guiando personalmente los cambios* y promoviendo los ajustes culturales necesarios. A menudo el progreso gradual no es suficiente. El incrementalismo conservador muy rara vez conduce a importantes adaptaciones culturales; lo más común es que el gradualismo resulte derrotado por la obstinación de las culturas arraigadas y por la habilidad de los intereses creados para frustrar o minimizar el impacto de un cambio gradual. Sólo con un liderazgo osado y con la acción concertada en muchos frentes, una compañía puede tener éxito al abordar una tarea tan grande y difícil como un importante

Los cambios exitosos en la cultura deben estar guiados personalmente por la alta administración; no es una tarea que se pueda delegar en otros.

cambio cultural. Cuando sólo se lleva a cabo una armonización estratégica, se necesita menos tiempo y esfuerzo para alinear los valores y la cultura con la estrategia, pero todavía hay un papel importante que debe desempeñar el administrador para presionar y estimular los mejoramientos continuos.

El factor más visible que distingue a los esfuerzos exitosos para cambiar la cultura de los intentos fracasados, es el liderazgo competente en el nivel superior. Una acción administrativa eficaz para igualar la cultura y la estrategia tiene varios atributos:[28]

- La filosofía de que los tenedores de intereses son los reyes, vincula la necesidad del cambio con la necesidad de servir a los mejores intereses a largo plazo de todos los grupos clave.
- Una apertura a las nuevas ideas.
- Un desafío al *statu quo* con preguntas básicas: ¿les estamos dando a los clientes lo que realmente necesitan y desean? ¿Cómo podemos ser más competitivos en el costo? ¿Por qué no es posible reducir a la mitad el tiempo del ciclo de diseño al mercado? ¿Qué nuevas habilidades competitivas y fortalezas de recursos necesitamos? ¿Cómo podemos lograr que la compañía crezca, en vez de reducirse? ¿En dónde estará la compañía dentro de cinco años si sólo continúa con sus negocios actuales?
- La creación de eventos en donde todos en la administración se ven obligados a escuchar a clientes coléricos, accionistas descontentos y empleados enemistados, con el fin de mantener informada a la administración y ayudarla a evaluar en una forma realista las fortalezas y debilidades de la organización.
- Persuadir a los individuos y grupos para que se comprometan con la nueva dirección e incitarlos a ser enérgicos para lograr que suceda, a pesar de los obstáculos.
- Repetir los nuevos mensajes una y otra vez, explicando la razón fundamental del cambio y convenciendo a los escépticos de que no todo está bien y de que los cambios fundamentales en la cultura y en las prácticas de operación son esenciales para el bienestar a largo plazo de la organización.
- Reconocer y recompensar generosamente a quienes exhiben las nuevas normas culturales y guían los esfuerzos exitosos para el cambio; esto ayuda a ampliar la coalición para el cambio.

Se requiere mucho poder para imponer un cambio cultural importante, para superar la resistencia de las culturas arraigadas, y ese poder por lo común reside sólo en el nivel superior. Además, la interdependencia de los valores, las estrategias, las prácticas y las conductas dentro de la organización hace que resulte difícil cambiar cualquier aspecto fundamental sin cambios simultáneos en una escala más amplia. Por lo común, las personas que tienen el poder para efectuar un cambio de esa magnitud pertenecen al nivel superior.

Sólo la alta administración tiene el poder y la influencia organizacional para lograr un cambio cultural importante.

Tanto las palabras como los hechos desempeñan una parte importante en la guía del cambio cultural. Las palabras inspiran a las personas, infunden espíritu e impulso, definen las normas culturales y los valores que apoyan a la estrategia, aclaran las razones para el cambio estratégico y organizacional, legitiman nuevos puntos de vista y nuevas prioridades, estimulan y refuerzan el compromiso y despiertan la confianza en la nueva estrategia. Los hechos le añaden credibilidad a las palabras, crean símbolos que apoyan a la estrategia, ponen ejemplos, le dan significado y contenido al lenguaje y enseñan a la organización la clase de conducta que se necesita y se espera.

[28] *Ibid.*, pp. 84, 144 y 148.

Los símbolos y las imágenes altamente visibles son necesarios para complementar las acciones. Un administrador de General Motors explicó la forma en la cual el simbolismo y el estilo administrativo explican la sorprendente diferencia en el desempeño entre dos plantas grandes:[29]

> En la planta con un desempeño muy deficiente, el administrador probablemente se aventuraba a recorrer las instalaciones una vez a la semana, siempre de traje. Sus comentarios eran distantes y superficiales. En South Gate (la planta con mejor desempeño) el administrador estaba todo el tiempo en las instalaciones. Vestía una chaqueta de la UAW y una gorra de béisbol. A propósito, ¿cuál planta creen ustedes que estaba impecable? ¿Cuál parecía un basurero?

Como regla, mientras mayor es el grado del cambio estratégico que se lleva a cabo y mientras mayor es el cambio en las normas culturales necesarias para ajustarse a una nueva estrategia, más visibles y claras deben ser las palabras y las acciones del encargado de la puesta en práctica de la estrategia. Además, las acciones y las imágenes, tanto sustantivas como simbólicas, se deben repetir con regularidad, no sólo limitarse a los discursos ceremoniales y las ocasiones especiales. En tales casos, el mantenimiento de un perfil elevado y la "administración recorriendo el lugar" son especialmente útiles.

Lo que dice y hace el líder de la estrategia siembra las semillas del cambio cultural y tiene una relación significativa con la puesta en práctica y la ejecución de la estrategia, desde el nivel superior hasta el inferior.

En las compañías globales, los líderes deben aprender una forma de funcionar eficiente con la diversidad en las culturas y en las normas conductuales y las expectativas de las personas que insisten fervientemente en que sean tratadas como individuos o grupos distintivos; un enfoque de liderazgo de una talla que les queda a todos no dará resultado. El liderazgo intercultural efectivo requiere una sensibilidad a las diferencias culturales, un discernimiento de cuándo se debe dar cabida a la diversidad y cuándo se pueden reducir las diferencias.[30]

Cómo mantener en la organización interna una actitud responsable e innovadora

Aun cuando la formulación y la puesta en práctica de la estrategia son responsabilidad de un administrador, una sola persona no puede desempeñar la tarea de generar nuevas ideas, identificar nuevas oportunidades y responder a las condiciones cambiantes. Es una tarea a nivel de toda la organización, en particular en las grandes corporaciones. Una de las partes más difíciles del liderazgo estratégico es generar nuevas ideas de las masas, administradores y empleados por igual y promover un espíritu emprendedor y oportunista que permita la adaptación continua a las condiciones cambiantes. Un ambiente interno flexible, responsivo e innovador es decisivo en las industrias de alta tecnología de rápido movimiento, en los negocios en donde los productos tienen ciclos de vida cortos y el crecimiento depende de la innovación de productos, en las compañías con carteras de negocios muy diversificadas (en donde las oportunidades son variadas y dispersas), en los mercados en donde la diferenciación exitosa del producto depende de superar las innovaciones de la competencia y en situaciones en donde el liderazgo de costo bajo depende del mejoramiento continuo y de nuevas formas de impulsar los costos fuera del negocio. La administración no puede imponer un ambiente interno de trabajo simplemente exhortando a las personas a ser "creativas".

Mientras más rápidamente cambia el ambiente de negocios de una compañía, más atención deben prestar los administradores a mantener en la organización una actitud innovadora y responsiva.

[29] Como se cita en Thomas J. Peters y Robert H. Waterman Jr., *In Search of Excellence*, p. 262.

[30] Para una exposición de esta dimensión del liderazgo, véase John Alexander y Meena S. Wilson, "Leading across Cultures: Five Vital Capabilities", pp. 287-294.

La identificación y la delegación de la autoridad en los defensores ayuda a promover un ambiente de innovación y experimentación.

Delegación de autoridad en los defensores Un enfoque útil del liderazgo es esforzarse al máximo en fomentar, alentar y apoyar a las personas que están dispuestas a defender nuevas tecnologías, nuevas prácticas de operación, mejores servicios, nuevos productos y aplicaciones y que están ansiosas por poner en práctica sus ideas. Un año después de haberse hecho cargo de Siemens-Nixdorf Information Systems, Gerhard Schulmeyer logró las primeras utilidades de la compañía fusionada, después de que había perdido cientos de millones de dólares anualmente desde 1991; le acreditó el cambio de posición a la creación de 5 000 "agentes del cambio", casi el 15 por ciento de la fuerza de trabajo, quienes se ofrecieron como voluntarios para desempeñar papeles activos en la agenda de transformación de la compañía, al mismo tiempo que seguían desempeñando sus trabajos regulares. Como regla, los mejores defensores son persistentes, competitivos, tenaces, dedicados y fanáticos de la idea y de asegurarse que se lleve a cabo hasta alcanzar el éxito.

Para promover un ambiente en donde los defensores de la innovación se puedan desarrollar y prosperar, los administradores de la estrategia necesitan hacer varias cosas. En primer lugar, alentar a los individuos y a los grupos a ser creativos, a celebrar sesiones informales de lluvia de ideas a dejar volar su imaginación en todas direcciones y a presentar propuestas. La cultura debe fomentar e incluso celebrar la experimentación y la innovación. Se debe esperar que todos contribuyan con ideas, que den muestras de iniciativa y busquen un mejoramiento continuo. El truco está en mantener con vida un sentido de urgencia en el negocio, de manera que las personas vean el cambio y la innovación como una necesidad. En segundo lugar, es necesario tolerar a las personas con ideas disidentes o propuestas fuera de lo común y darles espacio para operar. Por encima de todo, no se debe considerar a los supuestos defensores que apoyan ideas radicales o diferentes como individuos disociadores o inoportunos. En tercer lugar, los administradores deben promover los "intentos" y estar dispuestos a tolerar los errores y fracasos. La mayor parte de las ideas no siempre resultan, pero la organización aprende algo de un buen intento, incluso cuando fracasa. En cuarto lugar, los administradores de la estrategia deben estar dispuestos a utilizar toda clase de formas organizacionales para apoyar las ideas y la experimentación; equipos de empresas, fuerzas operantes, "brotes de desempeño" entre diferentes grupos que trabajan en enfoques competitivos, proyectos informales "de contrabando" compuestos de voluntarios, etc. En quinto lugar, los administradores de la estrategia se deben cerciorar de que las recompensas de los defensores exitosos sean considerables y visibles y de que se aliente a las personas que defienden una idea que no tuvo éxito a que lo intenten de nuevo, en vez de castigarlas o hacerlas a un lado. En efecto, la tarea del liderazgo es crear una cultura de adaptación e innovación que responda a las condiciones cambiantes, en vez de temer a las nuevas condiciones o tratar de minimizarlas. Las compañías con culturas innovadoras incluyen a Sony, 3M, Motorola y Levi Strauss. Las cuatro inspiran en sus empleados visiones estratégicas de notoriedad y de clase mundial en lo que hacen.

Un reto constante del desarrollo de la organización es ampliar, profundizar o modificar las capacidades y fortalezas de recursos de la organización en respuesta a los continuos cambios del cliente y del mercado.

El resultado ideal del liderazgo es que la administración desarrolle de una manera proactiva nuevas competencias y capacidades para complementar la base de recursos existente de la compañía y promover una ejecución más eficiente de la estrategia.

Guía del proceso para desarrollar nuevas capacidades A menudo, la respuesta efectiva a las preferencias del cliente y a las condiciones competitivas cambiantes requiere la intervención de la alta administración para establecer nuevas capacidades y fortalezas de recursos. La administración *senior* por lo común debe guiar el esfuerzo, debido a que las competencias centrales y las capacidades competitivas a menudo provienen de los esfuerzos combinados de diferentes grupos de trabajo, departamentos y aliados de colaboración. Las tareas de administrar las habilidades humanas, las bases de conocimientos y el intelecto y después integrarlos para forjar competencias y capacidades competitivamente valiosas se armonizan mejor cuando se encargan de ellas los administradores *senior*, que pueden apreciar la importancia de la puesta en práctica de su estrategia y que tienen la influencia para imponer las redes y la cooperación necesarias entre los individuos, los grupos, los departamentos y los aliados externos.

Los administradores eficientes tratan de anticiparse a los cambios en los requerimientos de los clientes y del mercado y desarrollar de una manera proactiva nuevas competencias y capacidades que ofrezcan una ventaja competitiva sobre los rivales. Los administradores *senior* se encuentran en la mejor posición para ver la necesidad y el potencial de nuevas capacidades y después desempeñar un papel importante para desarrollar esas capacidades y reforzar los recursos de la compañía. El desarrollo de nuevas competencias y capacidades antes que los rivales, con el fin de lograr una ventaja competitiva, representa un liderazgo estratégico de la mejor clase, pero la ocurrencia más frecuente es reforzar la base de recursos de la compañía como una reacción a las capacidades recién desarrolladas de los rivales pioneros.

Cómo abordar las políticas de la compañía

Un administrador no puede formular y poner en práctica una estrategia en una forma efectiva sin ser perceptivo acerca de las políticas de la compañía y un experto en las maniobras políticas.[31] Las políticas virtualmente entran en juego en la formulación del plan estratégico. Es inevitable que los individuos y los grupos formen coaliciones y que cada grupo presione en favor de los beneficios y el potencial de sus propias ideas y de sus intereses creados. Las consideraciones políticas forman parte de las decisiones sobre cuáles objetivos tienen precedencia y cuáles líneas de negocios tienen la máxima prioridad en la asignación de recursos. La política interna es un factor en la creación de un consenso en favor de una opción estratégica por encima de otra.

Como regla, hay todavía más política en la puesta en práctica de la estrategia que en su formulación. Por lo común, las consideraciones políticas internas afectan la decisión de cuáles áreas de responsabilidad se van a reorganizar, quién se reporta con quién, quién tiene qué autoridad sobre las subunidades, qué individuos deben ocupar los puestos clave y dirigir las actividades críticas para la estrategia y qué unidades obtendrán los mayores incrementos del presupuesto. Como ejemplo, Quinn cita una situación en donde tres administradores poderosos que luchaban constantemente entre ellos formaron una coalición sólida para resistirse a un programa de reorganización que habría coordinado aquello que había sido la causa de su fricción.[32]

La política de la compañía les plantea a los administradores el reto de crear un consenso para la estrategia y la forma en la cual se pondrá en práctica.

Por consiguiente, un administrador de la estrategia debe comprender cómo funciona la estructura de poder de una organización, quién tiene la influencia en las filas ejecutivas, qué grupos e individuos son "activistas" y quiénes son los defensores del *statu quo*, quiénes pueden ser útiles y quiénes no en una confrontación de decisiones clave y en qué dirección soplan los vientos políticos respecto a un problema determinado. Cuando es necesario tomar decisiones importantes, los administradores de la estrategia deben ser especialmente sensibles a la política de las coaliciones administrativas y a la posibilidad de llegar a un consenso. Como lo expresó el presidente del consejo de una importante corporación británica:

---

[31] Para una exposición adicional de este punto, véase Abraham Zaleznik, "Power and Politics in Organizational Life", en *Harvard Business Review* 48, núm. 3, mayo-junio de 1970, pp. 47-60; R. M. Cyert, H. A. Simon y D. B. Trow, "Observation of a Business Decision", en *Journal of Business*, octubre de 1956, pp. 237-248 y James Brian Quinn, *Strategies for Change: Logical Incrementalism,* Homewood, Richard D. Irwin, Ill., 1980.

[32] James Brian Quinn, *Strategies for Change*, p. 68.

> Nunca he tomado una decisión importante sin consultar con mis colegas. Para mí, eso sería inimaginable. En primer lugar, ellos me ayudan a tomar una mejor decisión en la mayor parte de los casos. En segundo, si están enterados y si están de acuerdo, la respaldarán. De lo contrario, podrían desafiarla, no abiertamente, pero sí de una manera subconsciente.[33]

La política de la estrategia se centra principalmente alrededor de opciones estimulantes, fomentando el apoyo de las propuestas poderosas y acabando con las débiles, guiando la formación de coaliciones en aspectos particulares y logrando un consenso y un compromiso. Los ejecutivos exitosos se basan en las siguientes tácticas políticas:[34]

- Dejar que las ideas y propuestas con un apoyo débil se extingan debido a la inacción.
- Establecer obstáculos o pruebas adicionales para las ideas que cuentan con un apoyo poderoso y que el administrador considera que son inaceptables, pero que es mejor no oponerse abiertamente a ellas.
- Mantener un perfil político bajo las propuestas inaceptables, haciendo que los administradores subordinados se opongan a ellas.
- Dejar la mayor parte de las decisiones negativas a un consenso de grupo que el administrador simplemente confirma, reservándose así el veto personal para los aspectos importantes y los momentos críticos.
- Guiar la estrategia, pero no imponerla; dar menos órdenes, anunciar pocas decisiones, depender en gran parte de los interrogatorios informales y tratar de sondear y aclarar hasta que surja un consenso.
- Mantenerse alerta al impacto simbólico de las propias acciones y declaraciones, por temor de que una falsa señal estimule propuestas y movimientos en direcciones indeseables.
- Asegurarse de que las principales bases de poder dentro de la organización tengan una representación en la alta administración, o un acceso a ella.
- Emplear nuevos elementos y puntos de vista en las consideraciones de los cambios importantes, con el fin de impedir que los involucrados lleguen a ver el mundo en la misma forma y después actúen como protección sistemática contra otros puntos de vista.
- Minimizar la exposición política en los aspectos que son altamente controvertidos y en circunstancias en que la oposición de los principales centros de poder puede provocar un "problema repentino".

La política de la puesta en práctica de la estrategia es especialmente crítica cuando se trata de introducir una nueva estrategia, a pesar de la resistencia de aquellos que apoyan la antigua. Excepto en las situaciones de crisis, cuando la antigua estrategia demuestra estar francamente pasada de moda, por lo común es una mala política imponer la nueva estrategia atacando a la anterior.[35] Los comentarios desfavorables acerca de la antigua estrategia se pueden interpretar fácilmente como un ataque dirigido a quienes la formularon y la apoyaron. La antigua estrategia y los juicios acerca de ella quizás eran adecuados para las circunstancias anteriores de la organización y las personas que expresaron esos juicios tal vez todavía tienen influencia. Además, la nueva estrategia y/o los planes para ponerla en práctica tal vez no fueron las primeras elecciones de otros y quizás aún quedan ciertas dudas. Es posible que haya argumentos sólidos para buscar otras acciones. En consecuencia, al tratar de superar la resistencia, no se gana nada

---

[33] *Ibid.*, p. 65. Sir Alastair Pilkington, presidente del Consejo de Pilkington Brothers, Ltd., hizo esta declaración.

[34] *Ibid.*, pp. 128-145.

[35] *Ibid.*, pp. 118-119.

combatiendo los argumentos en favor de enfoques alternativos. Esos ataques a menudo producen desavenencias en vez de cooperación.

Resumiendo para lograr que toda la fuerza de una organización apoye un plan estratégico, el administrador de la estrategia debe evaluar los centros más importantes de apoyo y de oposición potenciales para los nuevos impulsos estratégicos y tratar con ellos.[36] Requiere asegurar el apoyo de las personas clave, anular o neutralizar la oposición seria o la resistencia siempre y cuando sea necesario, enterarse en dónde están las zonas de indiferencia y crear tanto consenso como sea posible. Las habilidades políticas son un activo administrativo determinante, tal vez incluso necesario.

Cómo imponer una conducta ética

Para que una organización exhiba continuamente elevados estándares éticos, el director ejecutivo y quienes lo rodean deben tener un compromiso decidido y claro con la conducta ética y moral.[37] En las compañías que se esfuerzan para convertir los estándares éticos en una realidad, la alta administración comunica su compromiso por medio de un código de ética, de discursos y publicaciones de la compañía, de las políticas sobre la consecuencia de una conducta que no es ética, de los hechos de los ejecutivos *senior* y de las acciones emprendidas para asegurar su cumplimiento. La administración *senior* repite varias veces a los empleados que su obligación no sólo es observar los códigos éticos, sino también reportar las violaciones éticas. Aun cuando esas compañías tienen disposiciones para disciplinar a los violadores, el propósito principal de imponerlos es fomentar el cumplimiento con ellos, más que administrar un castigo. Aun cuando el director ejecutivo guía el proceso de imponerlos, se espera que todos los administradores contribuyan personalmente, insistiendo en la conducta ética entre sus subordinados y supervisando el cumplimiento del código de ética. Es necesario identificar las "áreas grises" y exponerlas abiertamente a los empleados; se deben crear procedimientos para ofrecer una guía cuando surgen los problemas, para investigar las posibles violaciones y para resolver los casos individuales. La lección que podemos aprender de estas compañías es que nunca es suficiente suponer que las actividades se llevan a cabo en una forma ética y tampoco que los empleados comprendan que deben actuar con integridad.

Los estándares éticos elevados no se pueden imponer sin el compromiso franco e inequívoco del director ejecutivo.

Los administradores pueden hacer varias cosas para ejercer un liderazgo ético.[38] En primer lugar y antes que nada, poner un excelente ejemplo ético en su propia conducta y establecer una tradición de integridad. Las decisiones de la compañía se deben considerar como éticas; "las acciones hablan con más fuerza que las palabras". En segundo, se debe educar a los administradores y empleados sobre de lo que es ético y lo que no; se deben establecer programas de capacitación ética y señalar y exponer las áreas grises. Asimismo, se debe alentar a todos para que planteen los problemas con dimensiones éticas y esas exposiciones se deben tratar como un tema legítimo. En tercero, la alta administración debe exponer de nuevo con regularidad su apoyo obvio al código ético de la compañía y adoptar una posición firme en lo concerniente a los aspectos éticos. En cuarto, la alta administración debe estar preparada para actuar como el árbitro final en los aspectos difíciles; esto significa eliminar a las personas de un puesto clave o despedirlas cuando son culpables de una violación. También significa reprender a aquellos que han sido negligentes en la supervisión y la imposición de los códigos éticos. La falla en actuar con rapidez y de una manera decisiva para castigar una conducta poco ética se interpreta como una falta de compromiso real.

[36] *Ibid.*, p. 205.

[37] The Business Roundtable, *Corporate Ethics*, pp. 4-10.

[38] *Idem.*

Un programa bien desarrollado para asegurar el cumplimiento de los estándares éticos por lo común incluye 1) un comité de vigilancia del consejo de administración, por lo común compuesto de directores externos; 2) un comité de administradores *senior* para dirigir la capacitación continua, la puesta en práctica y el cumplimiento; 3) una auditoría anual de los esfuerzos de cada administrador para mantener los estándares éticos y reportes formales sobre las acciones emprendidas por los administradores para remediar una conducta deficiente, y 4) un requerimiento periódico de que las personas firmen los documentos que certifican el cumplimiento con los estándares éticos.[39]

Guía del proceso para hacer ajustes correctivos

Ningún plan estratégico y ningún programa para la puesta en práctica de la estrategia pueden prever todos los eventos y problemas que surgirán. Los ajustes y las correcciones a la mitad del curso, así como la presión para una mejor ejecución, son una parte normal y necesaria para guiar el proceso de la puesta en práctica y la ejecución de la estrategia. El *proceso* de decidir cuándo se deben hacer ajustes y de qué tipo varía conforme a la situación. En una crisis, el enfoque típico del liderazgo es hacer que los subordinados clave recopilen información, identifiquen las opciones y hagan recomendaciones y después presidir personalmente las prolongadas exposiciones de las propuestas, así como tratar de crear un consenso rápido entre los miembros del círculo ejecutivo interno. Si no surge un consenso y se requiere una acción inmediata, es responsabilidad del administrador de la estrategia elegir la respuesta y estimular su apoyo.

Los ajustes correctivos en el enfoque de la compañía a la puesta en práctica de la estrategia son normales y se deben hacer según sea necesario.

Cuando la situación permite que los administradores procedan en una forma más deliberada para decidir cuándo es necesario hacer cambios y de qué tipo los administradores de la estrategia parecen preferir un proceso para consolidar gradualmente el compromiso con un curso de acción particular.[40] El proceso por el cual atraviesan los administradores para decidir los ajustes correctivos es esencialmente el mismo, tanto para los cambios proactivos como para los reactivos: perciben las necesidades, recopilan la información, amplían y profundizan su comprensión de la situación, desarrollan opciones y exploran los pros y los contras, presentan propuestas para la acción, generan soluciones parciales (a nivel de comodidad), crean un consenso y por último adoptan formalmente un curso de acción en el cual se ha convenido.[41] La prescripción administrativa fundamental es tal vez la de Rene McPherson, ex director ejecutivo de Dana Corporation. Cuando habló ante una generación de estudiantes en la Universidad de Stanford, declaró: "Uno sólo debe seguir presionando. Yo cometí todos los errores que es posible cometer. Pero sólo seguí presionando."

Una vez más, todo esto pone en relieve la naturaleza fundamental de la administración estratégica: el trabajo de formular y poner en práctica la estrategia no es encauzar un curso bien definido al mismo tiempo que se lleva a cabo la estrategia original intacta, conforme a algún plan preconcebido. Más bien, es una tarea de 1) adaptar y remodelar de una manera creativa la estrategia según se despliegan los acontecimientos y 2) basarse en cualesquiera de las técnicas administrativas necesarias para alinear las actividades y las conductas internas con la estrategia. El proceso es interactivo, con muchas curvas y reciclados para armonizar y ajustar las visiones, los objetivos, las estrategias, los recursos, las habilidades, los enfoques a la puesta en práctica y las culturas unos con otros en un proceso que evoluciona continuamente. Las mejores pruebas de un buen

---

[39] *Idem.*

[40] James Brian Quinn, *Strategies for Change*, pp. 20-22.

[41] *Ibid.*, p. 146.

[42] Como se cita en Thomas J. Peters y Robert H. Waterman Jr., *In Search of Excellence*, p. 319.

liderazgo estratégico son un desempeño de negocios mejorado y una compañía ágil, capaz de adaptarse a múltiples cambios y que ofrece un buen lugar para trabajar.

PUNTOS CLAVE

El desarrollo de una cultura corporativa que apoye a la estrategia es importante para su puesta en práctica exitosa, debido a que produce un ambiente de trabajo y un espíritu de solidaridad organizacional que prospera cuando se cumplen los objetivos del desempeño y se es parte de un esfuerzo triunfador. La cultura de una organización surge del porqué y el cómo hace las cosas en la forma que se presenta, de los valores y las creencias que adoptan los administradores *senior*, de los estándares éticos que se esperan de todos, del tono y la filosofía que sustentan las políticas clave y de las tradiciones que mantiene la organización. De manera que la cultura concierne al ambiente y a la "idea" que tiene una compañía y al estilo con el cual logra que se hagan las cosas.

Con mucha frecuencia, los elementos de la cultura de la compañía se originan con un fundador o con otros de los primeros líderes de influencia que articulan ciertos valores, creencias y principios a los cuales se debe apegar la compañía, que después se incorporan en las políticas en un credo o en una declaración de los valores, las estrategias y las prácticas de operación. A lo largo del tiempo, los administradores y los empleados de la compañía llegan a compartir estos valores y prácticas. Las culturas se perpetúan a medida que los nuevos líderes actúan para reforzarlas, que se alienta a los nuevos empleados a adoptarlas y seguirlas, que las leyendas que los ejemplifican se narran una y otra vez y que se elogia y se recompensa a los miembros de la organización por exhibir las normas culturales.

Las culturas de las compañías varían mucho en cuanto a su fortaleza y su estructura. Algunas están poderosamente arraigadas, mientras que otras son débiles y fragmentadas, en el sentido de que existen muchas subculturas, de que son muy pocos los valores y las normas conductuales que se comparten a nivel de toda la compañía y de que hay muy pocas tradiciones poderosas. Algunas culturas son nocivas, dominadas por políticas egoístas, resistentes al cambio y demasiado enfocadas hacia el interior; esas características culturales a menudo son precursoras de una disminución en el desempeño de la compañía. En los ambientes de negocios rápidamente cambiantes, las culturas de adaptación son mejores, debido a que el ambiente interno es receptivo al cambio, la experimentación, la innovación, las nuevas estrategias y las nuevas prácticas de operación. Una característica significativa que define a las culturas de adaptación es que la alta administración se preocupa genuinamente por el bienestar de todos los grupos clave; clientes, empleados, accionistas, principales proveedores y las comunidades en donde opera y trata de satisfacer en forma simultánea sus intereses legítimos.

La filosofía, las metas y las prácticas implícitas o explícitas en una nueva estrategia pueden o no ser compatibles con la cultura de una empresa. Una estrecha alineación de la estrategia con la cultura promueve la puesta en práctica y una buena ejecución; un desajuste plantea obstáculos reales. El cambio de la cultura de una compañía, en especial de una poderosa con características que no se ajustan a los requerimientos de una nueva estrategia, es uno de los retos más difíciles para la administración. El cambio de una cultura requiere un liderazgo competente en el nivel superior. Se necesitan acciones simbólicas (guiar con el ejemplo) y acciones sustantivas que indiquen de una manera inconfundible que la alta administración ha hecho un compromiso serio. Mientras más poderoso es el ajuste entre la cultura y la estrategia, menos deben depender los administradores de las políticas, las reglas, los procedimientos y la supervisión para imponer lo que las personas deben o no deben hacer; en vez de ello, las normas culturales se observan tan bien que guían automáticamente la conducta.

Las culturas corporativas favorables también se basan en principios de negocios éticos y en valores morales. Esos estándares denotan integridad, "hacer lo correcto" y una preocupación genuina por los tenedores de intereses y por la forma en la cual hace negocios la compañía. Para ser efectivos, los programas de ética y valores corporativos se deben convertir en una forma de vida por medio de la capacitación, procedimientos estrictos de cumplimiento y ejecución, y apoyo reiterado de la administración.

Los encargados exitosos de la puesta en práctica de la estrategia ejercen un importante papel de liderazgo. Se mantienen en la cima de lo bien que van las cosas y pasan un tiempo considerable fuera de sus oficinas, recorriendo la organización, escuchando, capacitando, animando, y recopilando información importante; asimismo mantienen los dedos en el pulso de la organización. Se esfuerzan en consolidar la cultura corporativa mediante las cosas que dicen y hacen. Alientan a las personas a ser creativas e innovadoras, con el fin de lograr que la organización responda a las condiciones cambiantes, alerta a las nuevas oportunidades y ansiosa de buscar nuevas iniciativas. Apoyan a los "defensores" de nuevos enfoques o ideas que están dispuestos a arriesgarse e intentar algo realmente innovador. Trabajan duro para crear un consenso sobre cómo proceder, lo que se debe cambiar y lo que no. Imponen rígidos estándares éticos y presionan la acción correctiva para mejorar la ejecución de la estrategia y el desempeño general de ésta.

Por consiguiente, la agenda para la acción de un administrador para la puesta en práctica y la ejecución de la estrategia debe ser amplia y creativa. Como lo indicamos al principio de nuestra exposición de la puesta en práctica de la estrategia (capítulo 9), es necesario cubrir ocho puntos básicos:

1. Desarrollar una organización capaz de llevar a cabo con éxito la estrategia.
2. Desarrollar presupuestos para encauzar amplios recursos hacia aquellas actividades de la cadena de valor que son fundamentales para el éxito estratégico.
3. Establecer políticas y procedimientos apropiados para la estrategia.
4. Instituir las mejores prácticas y mecanismos para el mejoramiento continuo.
5. Instalar sistemas de apoyo que permitan que el personal de la compañía pueda desempeñar con éxito sus papeles estratégicos, día tras día.
6. Vincular las recompensas y los incentivos con el logro de los objetivos del desempeño y con una buena ejecución de la estrategia.
7. Crear un ambiente de trabajo y una cultura corporativa que respalden la estrategia.
8. Guiar y supervisar el proceso para impulsar la puesta en práctica y mejorar la forma en la cual se ejecuta la estrategia.

El progreso logrado en estas ocho tareas abarca virtualmente todos los aspectos del trabajo administrativo.

Debido a que cada caso de la puesta en práctica de la estrategia ocurre bajo diferentes circunstancias organizacionales, la agenda para la acción del encargado de la puesta en práctica de la estrategia siempre debe ser específica para la situación, no hay un procedimiento genérico definido que se pueda seguir. Y, como afirmamos al principio, la puesta en práctica de la estrategia es una tarea orientada a la acción y a lograr que sucedan las cosas, que desafía la habilidad de un administrador para guiar y dirigir el cambio organizacional, crear o reinventar procesos de negocios, administrar y motivar a las personas y lograr los objetivos del desempeño. Si ahora usted comprende mejor la naturaleza del reto, la gama de enfoques disponibles y los aspectos que es necesario tomar en cuenta, consideraremos que nuestra exposición en estos tres últimos capítulos ha sido un éxito.

LECTURAS SUGERIDAS

Badaracco, Joe y Allen P. Webb, "Business Ethics: A View from the Trenches", en *California Management Review* 37, núm. 2, invierno de 1995, pp. 8-28.

Clement, Ronald W., "Culture, Leadership, and Power: The Keys to Organizational Change", en *Business Horizons* 37, núm. 1, enero-febrero de 1994, pp. 33-39.

Deal, Terrence E., y Allen A. Kennedy, *Corporate Cultures*, Reading, Addison-Wesley, Mass., 1982, en especial los capítulos 1 y 2.

Eccles, Robert G., "The Performance Measurement Manifesto", en *Harvard Business Review* 69, enero-febrero de 1991, pp. 131-137.

Farkas, Charles M., y Suzy Wetlaufer, "The Ways Chief Executive Officers Lead", en *Harvard Business Review* 74, núm. 3, mayo-junio de 1996, pp. 110-122.

Floyd, Steven W. y Bill Wooldridge, "Managing Strategic Consensus: The Foundation of Effective Implementation", en *Academy of Management Executive* 6, núm. 4, noviembre de 1992, pp. 27-39.

Gabarro, J. J., "When a New Manager Takes Charge", en *Harvard Business Review* 64, núm. 3, mayo-junio de 1985, pp. 110-123.

Ghoshal, Sumantra y Christopher A. Bartlett, "Changing the Role of Top Management: Beyond Structure to Processes", en *Harvard Business Review* 73, núm. 1, enero-febrero de 1995, pp. 86-96.

Ginsburg, Lee y Neil Miller, "Value-Driven Management", en *Business Horizons,* mayo-junio de 1992, pp. 25-27.

Green, Sebastian, "Strategy, Organizational Culture, and Symbolism", en *Long Range Planning* 21, núm. 4, agosto de 1988, pp. 121-129.

Heifetz, Ronald A. y Donald L. Laurie, "The Work of Leadership", en *Harvard Business Review* 75, núm. 1, enero-febrero de 1997, pp. 124-134.

Humble, John, David Jackson y Alan Thomson, "The Strategic Power of Corporate Values", en *Long Range Planning* 27, núm. 6, diciembre de 1994, pp. 28-42.

Kirkpatrick, Shelley A. y Edwin A. Locke, "Leadership: Do Traits Matter?", en *Academy of Management Executive* 5, núm. 2, mayo de 1991, pp. 48-60.

Kotter, John P., "What Leaders Really Do", en *Harvard Business Review* 68, núm. 3, mayo-junio de 1990, pp. 103-111.

________, "Leading Change: Why Transformation Efforts Fail", en *Harvard Business Review* 73, núm. 2, marzo-abril de 1995, pp. 59-67.

________, y James L. Heskett, *Corporate Culture and Performance*, Free Press, Nueva York, 1992.

Miles, Robert H., *Corporate Comeback: The Story of Renewal and Transformation at National Semicondutor,* Jossey-Bass, San Francisco, 1997.

Murphy, Patrick E., "Corporate Ethics Statements: Current Status and Future Prospects", en *Journal of Business Ethics* 14, 1995, pp. 727-740.

O'Toole, James., "Employee Practices at the Best-Managed Companies", en *California Management Review* 28, núm. 1, otoño de 1985, pp. 35-66.

Paine, Lynn Sharp, "Managing for Organizational Integrity", en *Harvard Business Review* 72, núm. 2, marzo-abril de 1994, pp. 106-117.

Reimann, Bernard C., y Yoash Wiener, "Corporate Culture: Avoiding the Elitist Trap", en *Business Horizons* 31, núm. 2, marzo-abril de 1988, pp. 36-44.

Schneider, Benjamin, Sarah K. Gunnarson y Kathryn Niles-Jolly. "Creating the Climate and Culture of Success", en *Organizational Dynamics,* verano de 1994, pp. 17-29.

Scholz, Christian, "Corporate Culture and Strategy—The Problem of Strategic Fit", en *Long Range Planning* 20, agosto de 1987, pp. 78-87.

II

CASOS SOBRE ADMINISTRACIÓN ESTRATÉGICA

PARTE

UNA GUÍA PARA EL ANÁLISIS DE CASOS

> Conservo a seis servidores honestos (ellos me enseñaron todo lo que sé); sus nombres son: ¿Qué?, ¿Por qué?, ¿Cuándo?, ¿Cómo?, ¿Dónde? y ¿Quién?
>
> **Rudyard Kipling**

En la mayoría de los cursos sobre administración estratégica, los estudiantes utilizan casos de compañías reales para practicar el análisis estratégico y obtener cierta experiencia en las tareas de dar forma e implementar una estrategia. Un caso expone con hechos reales los sucesos y circunstancias organizacionales alrededor de una situación administrativa en particular. Pone a los lectores en medio de la acción y los familiariza con las circunstancias relevantes. Un caso sobre administración estratégica puede tratar sobre toda una industria, una sola organización o alguna parte de una organización; la organización involucrada puede ser tanto lucrativa como no-lucrativa. En esencia el papel del estudiante en el análisis de casos consiste en *diagnosticar* y *evaluar* la situación descrita, para después *recomendar* el curso de acción apropiado.

¿POR QUÉ UTILIZAR CASOS PARA PRACTICAR LA ADMINISTRACIÓN ESTRATÉGICA?

Un estudiante de negocios con tacto
Aprendió muchas de las respuestas de las que no estaba al tanto
Pero al encontrar empleo,
Dijo con un lloriqueo:
"¿Cómo logro entre las respuestas y los hechos un pacto?"

El profesor Charles Gragg utilizó el estribillo anterior, hace algunos años, para caracterizar la difícil situación de los estudiantes de negocios a los que no se les exponía al estudio de casos.[1] El hecho es que nada más tomar clases y recibir consejos razonables sobre administración no es suficiente para que una persona adquiera habilidades administrativas, y la sabiduría administrativa acumulada no puede pasarse de manera efectiva sólo a través de clases y lecturas asignadas. Si algo se ha aprendido sobre la práctica de

[1] Charles I. Gragg, "Because Wisdom Can't Be Told", en *The Case Method at the Harvard Business School*, editor M. P. McNair, McGraw-Hill, Nueva York, 1954, p. 11.

la administración, es que no existe un almacén de respuestas en un libro de texto listas para usarse. Cada situación administrativa tiene aspectos únicos, requiere de su propio diagnóstico, juicio y acciones hechas a la medida. Los casos son, para los futuros administradores, una valiosa forma de practicar la lucha contra los problemas reales, de los administradores reales, en compañías reales.

Los casos son, para el análisis estratégico, primero y ante todo, un ejercicio para *aprender haciendo*. Debido a que los casos le proporcionan a usted información detallada sobre condiciones y problemas de distintas industrias y compañías, la tarea de analizar compañía tras compañía y situación tras situación, tiene el beneficio doble de fortalecer las habilidades analíticas que usted tiene y exponerlo en la forma en que las compañías y sus administradores hacen las cosas realmente. La mayoría de los estudiantes universitarios tienen antecedentes administrativos limitados, y sólo un conocimiento fragmentado sobre las compañías y las situaciones estratégicas de la vida real. Los casos ayudan a sustituir la experiencia laboral al 1) exponerlo a una variedad de industrias, organizaciones y problemas estratégicos, 2) forzarlo a asumir el papel de administrador (en vez de ser un simple observador), 3) proporcionarle una prueba sobre cómo aplicar las herramientas y técnicas de administración estratégica, y 4) pedirle que elabore planes de acción administrativa pragmáticos para resolver con los problemas presentados.

OBJETIVOS DEL ANÁLISIS DE CASOS

Utilizar casos para aprender sobre la práctica de la administración estratégica es una poderosa manera de lograr cinco objetivos:[2]

1. Aumentar el entendimiento que usted posee sobre lo que los administradores deben y no deben hacer para llevar un negocio al éxito.
2. Desarrollar sus habilidades para evaluar las fortalezas y debilidades de los recursos de una compañía y realizar el análisis estratégico de una variedad de industrias y situaciones competitivas.
3. Obtener una práctica valiosa en la identificación de asuntos estratégicos que necesitan atenderse, en la evaluación de alternativas estratégicas y en la formulación de planes de acción factibles.
4. Mejorar su sentido común para ampliar su criterio para los negocios, en vez de aceptar sin un sentido crítico la palabra autoritaria del profesor, o las respuestas "al final del libro".
5. Tener una exposición profunda a las diferentes industrias y compañías, adquiriendo, por tanto, algo cercano a la experiencia real en los negocios.

Si a usted le queda claro que éstos son los objetivos del análisis de casos, es menos probable que lo consuma la curiosidad por saber "la respuesta del caso". Los estudiantes que han aprendido a sentirse cómodos y están acostumbrados a dar por hecho lo establecido en un libro de texto y en los apuntes de clase, a menudo se sienten frustrados cuando las discusiones sobre un caso no llevan a respuestas concretas. Por lo general, las discusiones sobre los casos tienen como resultado buenos argumentos para tomar más de un curso de acción. Las diferencias de opinión existen casi siempre. Por tanto, si una discusión en clase concluyera sin un fuerte y claro consenso sobre lo que debe hacerse, no se queje demasiado si *no* se le dice cuál es la respuesta o qué fue lo que la compañía hizo en realidad. Sólo recuerde que en el mundo de los negocios las respuestas no vienen en términos concluyentes en blanco y negro. Casi siempre existe una variedad de cursos de acción y enfoques viables, cada uno de los cuales puede tener

---

[2] *Ibid.*, pp. 12-14; y D. R. Schoen y Philip A. Sprague, "What is the Case Method?", en *The Case Method at the Harvard Business School*, editor M. P. McNair, pp. 78-79.

resultados satisfactorios. Más aún, en el mundo de los negocios, cuando se elige un curso de acción en particular, no existe la posibilidad de echar un vistazo a la parte final del libro para ver si hemos hecho la mejor elección, ni hay nadie a quien pedirle la respuesta probablemente correcta. La única prueba válida de las acciones administrativas está en los *resultados.* Si los resultados de una acción son "buenos", puede pensarse que la decisión de llevarla a cabo fue "correcta". Si no, entonces la acción elegida fue "incorrecta" en el sentido de que no funcionó.

Por tanto, lo que es importante que un estudiante entienda sobre el análisis de casos es que el ejercicio administrativo de identificar, diagnosticar y hacer recomendaciones fortalece sus habilidades; descubrir la respuesta correcta o buscar qué fue lo que sucedió en realidad no es lo importante. Aun si descubre lo que la compañía hizo, no puede concluir que fue necesariamente lo correcto o lo mejor. Sólo puede decirse "esto es lo que ellos hicieron...".

Lo importante es lo siguiente: *El propósito de una asignatura con base en casos, no es que usted corra a la biblioteca o navegue en Internet para descubrir lo que la compañía hizo en realidad, sino que usted fortalezca sus habilidades para evaluar situaciones y desarrolle su capacidad de criterio administrativo sobre lo que necesita hacerse y cómo hacerlo.* El objetivo del análisis de casos es que *usted* haga el esfuerzo de pensar activamente, ofrecer su propio análisis, proponer planes de acción y explicar y defender sus evaluaciones; ésta es la forma en que los casos le darán una práctica significativa como administrador.

PREPARAR UN CASO PARA DISCUTIR EN CLASE

Si ésta es la primera experiencia que usted tiene con el método de casos, tal vez deba reorientar sus hábitos de estudio. A diferencia de los cursos con base en clases estilo conferencia, que pueden seguirse sin una intensa preparación para cada clase y en donde tiene la libertad de trabajar en las lecturas asignadas y de revisar sus notas de clase a su propio ritmo, una asignatura con base en casos requiere de una concienzuda preparación antes de clase. No obtendrá mucho de escuchar la división en clase de un caso que no ha leído, y por supuesto no podrá contribuir con nada a la discusión. Lo que debe hacer para prepararse para una discusión en clase es estudiar el caso, reflexionar con mucho cuidado la situación presentada, y desarrollar algunas ideas a partir del razonamiento. Su objetivo, al preparar el caso, debe ser encontrar lo que usted piense que puede ser un análisis sensato, y con un buen sustento de la situación, así como un conjunto pertinente y defendible de recomendaciones sobre cuáles acciones administrativas necesitan tomarse. El paquete de software Strat-Tutor que acompaña a esta edición le ayudará a preparar los casos: contiene una serie de preguntas de estudio para cada caso y tutorías para llevarlo, paso a paso, a lo largo del proceso de análisis y desarrollo de recomendaciones pertinentes. Para preparar un caso a discutir en clase, sugerimos el siguiente método:

1. *Lea rápidamente el caso para familiarizarse con él.* La lectura inicial debe darle un panorama general de la situación e indicarle de qué asunto o asuntos se trata. Si su instructor le ha proporcionado preguntas de estudio para el caso, éste es el momento para leerlas cuidadosamente.
2. *Lea el caso una segunda vez.* En esta lectura, trate de entender perfectamente los hechos. Comience a desarrollar algunas respuestas tentativas para las preguntas de estudio proporcionadas por su instructor, o para las que se dan en el paquete de software Strat-Tutor. Si su instructor ha decidido no darle preguntas a su clase ni utilizar el Strat-Tutor, entonces comience a formar su propio panorama global de la situación descrita.
3. *Estudie todos los cuadros cuidadosamente.* A menudo, hay una historia importante en las cifras contenidas en los cuadros. Es probable que la información en los

cuadros sea lo bastante crucial como para afectar de manera importante su diagnóstico de la situación.

4. *Decida cuáles son los asuntos estratégicos.* Hasta que haya identificado los asuntos estratégicos y los problemas del caso, no sabrá qué analizar, qué herramientas y técnicas analíticas se necesitan, o, en general, cómo proceder. A veces los asuntos estratégicos son evidentes, ya sea que estén enunciados en el caso o bien que sean obvios al leerlo. En otras ocasiones, usted tendrá que desenterrarlos de entre toda la información dada; de ser así, las preguntas de estudio y los ejercicios de preparación de casos en el Strat-Tutor pueden guiarlo.

5. *Comience el análisis de los asuntos haciendo algunos cálculos.* Una gran mayoría de los casos estratégicos requieren hacer algunos cálculos, es decir, calcular una variedad de razones financieras para revisar la condición financiera de la compañía y su desempeño reciente, calcular las tasas de crecimiento de las ventas, de las utilidades o del volumen unitario, revisar los márgenes de utilidad y la composición de la estructura de costos, y entender cualquier relación ingreso-costo-utilidad que se presente. Vea la ilustración 1 para un resumen de razones financieras clave, la forma de calcularlas y lo que muestran. Si está utilizando el Strat-Tutor, gran parte del procesamiento de datos está computarizado y usted pasará la mayor parte del tiempo interpretando las tasas de crecimiento, las razones financieras y otros cálculos que se proporcionan.

6. *Utilice todas las herramientas y técnicas de análisis estratégico que sean necesarias.* El análisis estratégico no es sólo una colección de opiniones; más bien, conlleva la aplicación de un creciente número de herramientas y técnicas poderosas que van más allá de las apariencias y producen revelaciones importantes y entendimiento de las situaciones estratégicas. Cada caso que es asignado tiene que ver con estrategias y contiene una oportunidad para aplicar de forma útil las armas del análisis estratégico. Su instructor quiere que usted demuestre que sabe *cómo* y *cuándo* utilizar los conceptos de administración estratégica que se presentaron en los capítulos del libro de texto. La guía para la preparación de casos del Strat-Tutor le señalará las herramientas analíticas apropiadas que se necesitan para analizar la situación del caso.

7. *Revise las opiniones en conflicto y haga algunos juicios sobre la validez de todos los datos e información proporcionados.* Muchas veces los casos reportan puntos de vista y opiniones contradictorios (después de todo, la gente no siempre se pone de acuerdo, y distintas personas ven lo mismo de diferentes maneras). Esforzarse en evaluar los datos y la información presentados en el caso le ayudará a desarrollar su capacidad de inferencia y juicio. Pedirle que resuelva información en conflicto "está incluido en el paquete" porque una gran cantidad de situaciones administrativas contienen puntos de vista opuestos, tendencias en conflicto e información superficial.

8. *Respalde sus diagnósticos y opiniones con razones y pruebas.* Lo más importante que debe preparar son sus respuestas a la pregunta: "¿Por qué?" Por ejemplo, si después de estudiar el caso usted opina que los administradores de la compañía están haciendo un trabajo mediocre, su respuesta establecerá qué tan bueno es su análisis de la situación. Si su instructor le ha dado preguntas de estudio específicas para el caso o si usted está utilizando las guías de preparación de casos del Strat-Tutor, no dude en preparar respuestas que incluyan todas las razones y pruebas en cifras a las que pueda referirse para respaldar su diagnósitco. Resuelva los ejercicios de preparación de casos del Strat-Tutor *concienzudamente* o, si está usando preguntas de estudio proporcionadas por el instructor, *¡escriba al menos dos páginas de notas!*

TABLA 1 Un resumen de razones financieras clave, cómo se calculan y qué muestran

Razón	Cómo se calcula	Lo que muestra
Razones de utilidades		
1. Margen de utilidad bruta	(Ventas – Costo de bienes vendidos) / Ventas	Un indicador del margen total disponible para cubrir gastos de operación y obtener utilidades.
2. Margen de utilidad operativa (o utilidad sobre las ventas)	Utilidades antes de impuestos y de intereses / Ventas	Un indicador de la productividad de la empresa por sus operaciones actuales sin tomar en cuenta los intereses acumulados de la estructura de capital.
3. Margen de utilidad neta (o utilidad neta sobre las ventas)	Utilidades después de impuestos / Ventas	Muestra las utilidades después de impuestos por dólar de ventas. Los márgenes de utilidad subnominales indican que los precios de venta de la empresa son relativamente bajos, o que los costos son relativamente altos, o ambos.
4. Utilidad sobre los activos totales	Utilidades después de impuestos / Activos totales o (Utilidades después de impuestos + Intereses) / Activos totales	Una medida del rendimiento a la inversión en la empresa. Algunas veces es deseable añadir intereses a las utilidades después de impuestos para formar el numerador de la razón, ya que los activos totales están financiados tanto por los acreedores como por los accionistas; por tanto, es correcto medir la productividad de los activos con base en las utilidades suministradas a ambas clases de inversionistas.
5. Utilidad sobre el capital de los accionistas (o utilidad sobre valor neto)	Utilidades después de impuestos / Capital total de los accionistas	Una medida de la tasa de rendimiento de la inversión de los accionistas en la empresa.
6. Utilidad sobre el capital común	(Utilidades después de impuestos – Dividendos de acciones preferenciales) / (Capital total de los accionistas – Valor nominal de acciones preferenciales)	Una medida de la tasa de ganancia de la inversión que los dueños de las acciones ordinarias han hecho en la empresa.
7. Ganancias por acción	(Utilidades después de impuestos – Dividendos de acciones preferenciales) / Número de acciones ordinarias sobresalientes	Muestra las ganancias disponibles para los propietarios de cada acción ordinaria.
Razones de liquidez		
1. Razón actual	Activos actuales / Obligaciones de pago actuales	Indica en qué medida están cubiertos los pagos de los acreedores a corto plazo, por los activos que se espera se conviertan en dinero en efectivo, aproximadamente en el periodo correspondiente al vencimiento de las obligaciones de pago.
2. Razón rápida (o razón del ácido)	(Activos actuales – Inventario) / Obligaciones de pago actuales	Una medida de la capacidad de la empresa para pagar obligaciones de corto plazo sin depender de la venta de sus inventarios.
3. Inventario para el capital de trabajo neto	Inventario / (Activos actuales – Responsabilidades de pago actuales)	Una medida del grado en el cual el capital de trabajo de la empresa está sujeto al inventario.
Razones de apalancamiento		
1. Razón de deuda/activo	Deuda total / Activos totales	Medida del grado que los fondos que se pidieron prestados se han utilizado para financiar las operaciones de la empresa.

TABLA 1 Un resumen de razones financieras clave, cómo se calculan y qué muestran (conclusión)

Razón	Cómo se calcula	Lo que muestra
Razones de apalancamiento (*continuación*)		
2. Razón de deuda/capital	Deuda total / Capital total de los accionistas	Proporciona otra medida de los fondos suministrados por acreedores *versus* los fondos suministrados por los propietarios.
3. Razón de deuda con capital a largo plazo	Deuda de largo plazo / Capital total de los accionistas	Una medida generalmente utilizada del saldo entre la deuda y el capital en la estructura de capital de largo plazo de la empresa.
4. Razón ganada multiplicada por el interés (o de cobertura)	Utilidades antes de intereses y de impuestos / Total de intereses cargados	Mide el grado en el que las ganancias pueden declinar sin que la empresa se vuelva incapaz de cubrir sus costos anuales de intereses.
5. Cobertura de cargo fijo	(Utilidades antes de impuestos y de intereses + Obligaciones de arrendamiento) / (Total de intereses cargados + Obligaciones de arrendamiento)	Un indicador más completo de la capacidad de la empresa para cubrir todas sus obligaciones de pagos fijos.
Razones de actividad		
1. Rotación del inventario	Ventas / Inventario de productos terminados	Cuando se compara con los promedios de la industria, indica si la empresa tiene inventarios excesivos, o tal vez inadecuados, de bienes terminados.
2. Rotación de activos fijos		
3. Rotación total de activos	Ventas / Activos fijos	Una medida de la productividad de las ventas y del uso de la planta y el equipo.
4. Rotación de cuentas por cobrar	Ventas / Activos totales	Una medida del uso de todos los activos de la empresa; una razón por debajo del promedio de la industria indica que la compañía no está generando el suficiente volumen de negocios, dado el tamaño de su inversión en activos.
5. Periodo promedio de cobranza	Ventas a crédito anuales / Cuentas por cobrar	Una medida del periodo promedio que le toma a la empresa cobrar las ventas a crédito.
Otras razones		
1. Rendimiento de dividendos sobre acción común	Cuentas por cobrar / (Total de ventas/365) o Cuentas por cobrar / Ventas diarias promedio	Indica el periodo promedio que la empresa debe esperar después de hacer una venta para recibir el pago.
2. Razón de precio-ganancias	Dividendos anuales por acción / Precio de mercado actual por acción	Una medida del rendimiento en dividendos para los propietarios.
3. Razón de pago de dividendos	Precio de mercado actual por acción / Ganancias después de impuestos por acción	Las empresas con un crecimiento más rápido o menos riesgoso tienden a tener razones más altas de precio/ganancias que las empresas de más lento crecimiento o de mayor riesgo.
4. Flujo de efectivo por acción	Dividendos anuales por acción / Ganancias después de impuestos por acción	Indica el porcentaje de utilidades pagadas como dividendos.
	(Utilidades después de impuestos + Depreciación) / Número de acciones ordinarias sobresalientes	Una medida de los fondos discrecionales por arriba de los gastos disponibles para uso de la empresa.

Nota: Las razones de industria-promedio contra las cuales pueden ser evaluadas las razones de una empresa en particular están disponibles en *Modern Industry and Dun's Reviews* publicado por Dun & Bradstreet (14 razones para 125 líneas de negocio), Estudios de Declaración Anual de Robert Morris Associates (11 razones para 156 líneas de negocio), y el *Quarterly Financial Report* de FTC-SEC para corporaciones de manufactura.

9. *Desarrolle un plan de acción apropiado y un conjunto de recomendaciones.* El diagnóstico divorciado de las acciones correctivas es estéril. La prueba para un administrador siempre es convertir un análisis razonado en acciones sensatas las cuales darán los resultados deseados. De ahí que el paso final y el más revelador al preparar un caso es el desarrollo de una agenda de acciones para la administración que incluya una serie de propuestas específicas sobre qué hacer. Tenga en mente que proponer soluciones realistas y factibles es, por mucho, preferible a lanzar al aire todas las sugerencias que le vengan a la mente. Prepárese para discutir por qué sus recomendaciones son más atractivas que otros cursos de acción posibles. Encontrará útiles las guías de preparación de casos del Strat-Tutor para llevar a cabo también este paso.

Mientras prepare su análisis y sus recomendaciones concienzudamente, y mientras tenga amplias razones, pruebas y argumentos para respaldar sus puntos de vista, no tiene por qué preocuparse sobre si lo que ha preparado es la respuesta correcta para el caso. En el análisis de casos muy rara vez hay un solo enfoque o conjunto de recomendaciones correctos. La administración de empresas y el trazo e implementación de estrategias no son ciencias tan exactas como para que exista un solo análisis y plan de acción correctos para cada situación estratégica. Por supuesto que algunos análisis y planes de acción son mejores que otros; pero en realidad casi siempre hay más de una buena manera de analizar una situación y más de un buen plan de acción. Así que, si usted ha preparado cuidadosamente el caso utilizando las guías de preparación de casos del Strat-Tutor o las preguntas de su instructor, no pierda la confianza en lo acertado de su trabajo y en su buen juicio.

PARTICIPAR EN LA DISCUSIÓN DE UN CASO EN CLASE

Las discusiones de casos en un salón de clases son en extremo diferentes a asistir a una clase estilo conferencia. En una clase de casos, los estudiantes son quienes más exponen ideas. El papel del instructor es solicitar la participación del estudiante, mantener viva la discusión, preguntar a menudo "¿Por qué?", ofrecer puntos de vista alternativos, tomar la posición del abogado del diablo (si no hay estudiantes que tomen puntos de vista opuestos), y, en general, dirigir la discusión. Los estudiantes de la clase deben analizar la situación y estar preparados para presentar y defender sus diagnósticos y recomendaciones. Por tanto, espere un ambiente en el salón de clases, que le exija tener preparada *su propia* evaluación de la situación, *su* análisis, las acciones que *usted* tomaría y por qué *usted* las tomaría. No se sorprenda si, conforme se desarrolla la discusión en clase, sus compañeros dicen algunas cosas reveladoras en las que usted no había pensado. Es normal que los puntos de vista y los análisis difieran, y que los comentarios de otras personas de la clase enriquezcan lo que usted piensa sobre el caso. Como dice el viejo proverbio: "Dos cabezas piensan mejor que una." Así, es de esperarse que la clase en su conjunto haga un análisis del caso más penetrante e incisivo de lo que cualquier persona haría trabajando por su cuenta. Éste es el poder que tiene el trabajo en grupo, y sus virtudes son que le ayudará a ver más aplicaciones analíticas, le permitirá evaluar su análisis y sus juicios en comparación con aquellos de sus compañeros, y lo forzará a enfrentarse a diferencias de opinión y de enfoque.

Para orientarlo acerca del tipo de ambiente que habrá en el salón de clases el día en que esté programada la discusión del caso, compilamos la siguiente lista de lo que puede esperar:

1. Espere que los estudiantes dominen la discusión y sean quienes más hablen. El método de casos requiere de un máximo de participación individual en las discusiones en clase. No es suficiente estar presente como un observador silencioso; si todos los estudiantes tomaran esta actitud, no habría discusión. (Por tanto, espere

que una parte de su calificación se base en su participación en la discusión de casos.)

2. Espere que el instructor adopte el papel de interrogador extensivo y de oyente.
3. Esté preparado para que el instructor indague sobre las razones y el análisis de apoyo.
4. Espere y tolere que se desafíen sus puntos de vista expresados. Todos los estudiantes tienen que estar dispuestos a someter sus conclusiones a escrutinio y refutación. Cada estudiante necesita aprender a dar sus puntos de vista sin miedo a la desaprobación y a poder sobreponerse al miedo de expresar sus opiniones. Aprender a respetar los puntos de vista y enfoques de otros es una parte indispensable de los ejercicios de análisis de casos. Pero hay ocasiones en que está bien nadar contra la corriente de la opinión mayoritaria. En la práctica administrativa, siempre hay lugar para la originalidad y los enfoques no ortodoxos. Así, aunque la discusión de casos es un proceso grupal, no es obligatorio que usted o cualquier otra persona ceda y concuerde con las opiniones del grupo y su consenso.
5. No se sorprenda si cambia de opinión sobre algunos puntos a medida que la discusión se desarrolla. Manténgase alerta sobre cómo afectan dichos cambios su análisis y recomendaciones (por si acaso tiene que explicarlos).
6. Espere aprender mucho en cada discusión de casos; utilice lo que ha aprendido para estar mejor preparado para la próxima discusión de casos.

Hay varias cosas que usted puede hacer por su cuenta para ser un buen participante y sortear las discusiones:

- Si bien debe hacer su propio trabajo y analizar independientemente, no dude en discutir el caso con otros estudiantes antes (y después) de la clase. En la vida real, los administradores a menudo discuten los problemas y la situación de la compañía con otras personas para afinar sus propias reflexiones.
- Al participar en la discusión, haga un esfuerzo consciente para contribuir, en vez de sólo hablar. Hay una gran diferencia entre decir algo que alimente la discusión y hacer una larga observación improvisada carente de contenido y que deje a la clase preguntándose qué era lo que quería decir.
- Evite el uso de "pienso", "creo" y "siento"; en lugar de ello puede utilizar "Mi análisis muestra" y "La compañía debería... porque". Siempre dé razones y pruebas que apoyen sus puntos de vista; así, el instructor no tendrá que preguntarle "¿Por qué?" cada vez que haga un comentario.
- Al hacer sus observaciones, dé por hecho que todos han leído el caso y saben lo que dice; evite recitar y reiterar información del caso; en su lugar, utilice los datos y la información para explicar su evaluación de la situación y para respaldar su posición.
- Lleve a la clase la versión impresa del trabajo que ha hecho en el Strat-Tutor o las notas que ha preparado (por lo general dos o tres páginas), y úselas como apoyo cuando hable. No hay forma de que pueda recordar todo de memoria, en especial los cálculos que hizo. Para decir todas las cifras o para presentar las cinco razones, en vez de una, necesitará buenas notas. Cuando haya preparado respuestas bien pensadas a las preguntas de estudio, utilícelas como una base para sus comentarios; *todos* en el salón sabrán que usted está bien preparado, y su contribución a la discusión del caso será sobresaliente.

PREPARAR UN ANÁLISIS DEL CASO POR ESCRITO

Preparar un análisis del caso por escrito es, en gran parte, como preparar un caso para discutirlo en clase, excepto que en la versión escrita el análisis debe ser más completo y estar en forma de reporte. Por desgracia, no hay un procedimiento riguroso para hacer un análisis del caso por escrito. Lo único que podemos ofrecer son algunos lineamientos generales y sabios consejos. Lo anterior se debe a que las situaciones de las compañías y los problemas administrativos son tan diversos que no hay una forma mecánica de elaborar un análisis por escrito del caso que funcione siempre.

Su instructor puede asignarle un tema específico a partir del cual preparar su reporte escrito. O, como alternativa, puede pedirle un análisis completo del caso por escrito, en donde se espera que usted 1) *identifique* todos los asuntos pertinentes que la administración necesita atender, 2) desarrolle el *análisis* y la *evaluación* apropiados, y 3) proponga un *plan de acción* y un *conjunto de recomendaciones* para los asuntos que identificó. Al hacer el ejercicio de identificación, evaluación y recomendación, tenga los siguientes indicadores en mente.[3]

Identificación Es esencial que, en la parte inicial de su ensayo, proporcione un diagnóstico perfectamente enfocado de los asuntos estratégicos y los problemas clave, y que demuestre un buen entendimiento de la situación actual de la compañía. Asegúrese de que puede identificar la estrategia de la empresa (use los conceptos y herramientas de los capítulos 1-8 como ayuda para el diagnóstico), y que puede señalar los asuntos de implementación de estrategia existentes, en su caso (de nuevo, consulte el material de los capítulos 9-11 para ayudarse con el diagnóstico). Consulte los puntos clave que hemos dado al final de cada capítulo para más sugerencias sobre diagnóstico. Revise las preguntas de estudio para el caso en el Strat-Tutor. Considere la posibilidad de comenzar su ensayo con un resumen de la situación de la compañía, su estrategia y los problemas significativos y asuntos a los que la administración se enfrenta. Enuncie los problemas/asuntos con tanta claridad y precisión como le sea posible. A menos de que sea necesario enfatizar, evite volver a citar hechos o la historia de la compañía (dé por hecho que su profesor ha leído el caso y está familiarizado con la organización).

Análisis y evaluación Ésta es, casi siempre, la parte más difícil del reporte. ¡El análisis es un trabajo duro! Revise las razones financieras de la empresa, sus márgenes de utilidad, tasas de utilidad rendimiento y su estructura de capital, y decida qué tan fuerte se encuentra la empresa en términos financieros. La ilustración 1 contiene un resumen de diversas razones financieras y cómo calcularlas. Utilícela como ayuda para su diagnóstico financiero. De manera similar, revise el marketing, la producción y lo relativo a la administración, así como otros factores que sean la base de los éxitos y fracasos estratégicos de la organización. Decida si la empresa tiene puntas a favor en sus recursos y capacidades y, de ser así, si está capitalizándolos.

Revise si la estrategia de la empresa está dando resultados satisfactorios y determine las razones. Cuestione la naturaleza y la fortaleza de las fuerzas competitivas a las que se enfrenta la compañía. Decida si y por qué la posición competitiva de la empresa se está fortaleciendo o debilitando. Utilice las herramientas y los conceptos que ha aprendido para desarrollar el análisis y la evaluación apropiados. Resuelva los ejercicios de preparación de casos del Strat-Tutor si hay alguno disponible para el caso que se le ha asignado.

Cuando redacte su análisis y su evaluación, tenga en mente lo siguiente:

1. Está obligado a ofrecer un análisis y pruebas que respalden sus conclusiones. No dependa de opiniones sin sustento, generalizaciones y lugares comunes como sustitutos de argumentos sólidos y lógicos, respaldados con hechos y cifras.

---

[3] Para algunas ideas y puntos de vista adicionales, puede consultar Thomas J. Raymond, "Written Analysis of Cases", en *The Case Method at the Harvard Business School*, editor M. P. McNair, pp. 139-163. El artículo de Raymond incluye un caso real, un análisis muestra del caso y una muestra del reporte escrito de un estudiante sobre el mismo.

2. Si su análisis involucra algunos cálculos cuantitativos de importancia, utilice tablas y cuadros para presentarlos con claridad y eficiencia. No los deje simplemente al final de su reporte para que el lector se pregunte lo que significan y por qué están incluidos. Mejor, en el cuerpo de su reporte cite algunos de los números clave, enfatice las conclusiones que pueden sacarse de las gráficas y remita el lector a los cuadros y tablas para obtener mayores detalles.
3. Demuestre que maneja los conceptos estratégicos y las herramientas analíticas con los que ha trabajado. Utilícelos en su reporte.
4. Su interpretación de las pruebas debe ser sensata y objetiva. Tenga cuidado de no preparar un argumento parcial que omita todos los aspectos no favorables para sus conclusiones. De igual manera, trate de no exagerar o dramatizar. Haga un esfuerzo para equilibrar su análisis y para evitar la retórica emotiva. Tache las frases tales como "pienso", "siento" y "creo" cuando revise su primer borrador, y escriba en su lugar "Mi análisis muestra...".

Recomendaciones La sección final del análisis del caso por escrito debe consistir de un conjunto de recomendaciones explícitas y un plan de acción. Su conjunto de recomendaciones debe atender todos los problemas/asuntos que identificó y analizó. Si las recomendaciones son sorpresivas o no son consecuentes del análisis, el efecto será que debilitarán en gran medida sus sugerencias sobre lo que debe hacerse. Desde luego, sus recomendaciones de acción deben ofrecer posibilidades de éxito. Las recomendaciones de alto riesgo, o que comprometan a la compañía, deben hacerse con mucha cautela. Establezca la manera en que sus recomendaciones resolverán los problemas que usted identificó. Asegúrese de que la compañía tiene la capacidad financiera para llevar a cabo lo que usted está recomendando; también revise si sus recomendaciones contarán con la aceptación de las personas involucradas, cuál es la capacidad de la empresa para implementarlas y cuáles son las restricciones de mercado y ambientales prevalecientes. Trate de no ser evasivo o andarse con rodeos sobre las acciones que, usted cree, deberían tomarse.

A toda costa enuncie sus recomendaciones con los detalles suficientes para que tengan sentido; escriba algunos conceptos específicos, explícitos y esenciales. Evite oraciones inútiles como "la compañía debería planear más" o "la compañía debería ser más agresiva en el marketing de sus productos". Por ejemplo, no diga simplemente "la empresa debería mejorar su posición en el mercado", sino establezca exactamente cómo piensa usted que esto debería hacerse. Ofrezca una agenda de acción explícita, estipulando una calendarización y una secuencia para iniciar las acciones, indicando prioridades y sugiriendo quién debería ser responsable de hacer qué.

Cuando proponga un plan de acción, recuerde que hay una gran diferencia entre, por un lado, ser responsable de una decisión que puede ser costosa si resulta errónea y, por el otro, sugerir de manera casual cursos de acción que pueden tomarse cuando no se tiene que asumir la responsabilidad por ninguna de las consecuencias. Una buena regla a seguir al hacer recomendaciones es: *Evite recomendar cualquier cosa que usted no estaría dispuesto a hacer si estuviera en los zapatos del administrador.* La importancia de aprender a desarrollar un criterio amplio en una situación administrativa está dada por el hecho de que, aunque la misma información y datos operativos puedan estar disponibles para todos los administradores o ejecutivos en una organización, la calidad de las opiniones sobre lo que la información significa y sobre qué acciones necesitan tomarse, sí varía de una persona a otra.[4]

Desde luego, el reporte debe estar bien organizado y bien escrito. Las grandes ideas se convierten en poca cosa a menos de que puedan convencer a otros de su mérito; para

---
[4] Gragg, "Because Wisdom Can't Be Told", p. 10.

esto son necesarias la lógica estricta, la presentación de pruebas convincentes y argumentos escritos persuasivos.

INVESTIGAR COMPAÑÍAS E INDUSTRIAS VÍA INTERNET Y LOS SERVICIOS INFORMATIVOS EN LÍNEA

Es muy probable que haya ocasiones en que necesite obtener información adicional sobre algunos de los casos asignados, tal vez porque su instructor le pida que investigue más sobre la industria o simplemente porque tiene curiosidad sobre lo que le ha sucedido a la compañía desde que se escribió el caso. Hoy en día, es relativamente fácil encontrar información sobre el desarrollo reciente de la industria o sobre si la situación estratégica y financiera de una compañía ha mejorado, se ha deteriorado o ha cambiado muy poco desde el caso de referencia. La cantidad de información sobre compañías e industrias disponible en Internet y a través de los servicios de información en línea es formidable y está creciendo con rapidez.

Servicios de información en línea Los servicios de suscripción en línea disponibles en muchas bibliotecas universitarias dan acceso a una gran variedad de material de referencia sobre negocios. Por ejemplo, el sitio Lexis-Nexis Academic Universe basado en el Web y su servicio telefónico contienen textos completos de 10-Ks, 10-Qs, reportes anuales, perfiles corporativos de más de 11 000 compañías estadounidenses e internacionales, y una variedad de otros archivos de información valiosa. Otros servicios de información en línea por suscripción incluyen Bloomberg Financial News Services, Standard & Poor's Netadvantage, UMI Proquest y Dun & Bradstreet's Companies Online. Es muy probable que su biblioteca esté suscrita a uno o más de estos servicios, con lo cual estarían disponibles si necesitara utilizarlos.

Publicación/Tema	Nombre del archivo de Lexis-Nexis
Hoover company profiles (perfiles de compañías de Hoover)	HOOVER
Securities and Exchange Commission (Comisión de Valores e Intercambio)	SEC
Company annual reports (reportes anuales de compañías)	ARS
Company annual 10-K filings (archivos 10-K anuales de compañías)	10-K
Company quarterly 10-Q filings (archivos trimestrales 10-Q de compañías)	10-Q
Business wire (línea de negocios)	BWIRE
Public relations newswire (línea de noticias sobre relaciones públicas)	PRNEWS
S&P Daily News (Noticias diarias de S&P)	SPNEWS
Disclosure (Divulgación)	DISCLO
Consensus earning projections (Consenso de proyecciones de ganancias)	EARN
CNN Financial Network (Red Financiera de CNN)	CNNFN
Dow Jones News/CNBC (Noticias Dow Jones/CNBC)	CNBC
Business Week	BUSWK
Forbes	FORBES
Fortune	FORTUN

Lexis-Nexis y otros servicios en línea proporcionan información al día de las compañías, ya que actualizan sus bases de datos cada 24 horas o menos. Podría revisar en los archivos de la biblioteca *company* de Lexis-Nexis que se listan en la página anterior para ver las últimas noticias y la información financiera sobre compañías, si tiene acceso al servicio de marcación telefónica. La información sobre compañías que se incluye en estos archivos de Lexis-Nexis también está disponible a través del sitio Lexis-Nexis Academic Universe, pero ahí no es necesario que especifique el nombre de la biblioteca o de los archivos.

Páginas web sobre compañías y otros sitios web que contienen información sobre negocios La mayoría de las compañías tienen, hoy en día, sitios web en la red con información sobre sus productos, su desempeño financiero, sus logros recientes, desarrollos sobresalientes de la compañía e información sobre los objetivos de la compañía, su estrategia y sus planes futuros. Algunas páginas web incluyen ligas a las páginas principales de asociaciones comerciales de la industria en donde usted puede encontrar información sobre el tamaño de la industria, su crecimiento, noticias recientes al respecto, tendencias estadísticas y perspectivas para el futuro. Hay una variedad de publicaciones periódicas sobre negocios, como *Business Week, The Wall Street Journal* y *Fortune* con ediciones en Internet que contienen muchos de los artículos completos publicados en sus ediciones impresas. Puede tener acceso a estos sitios escribiendo la dirección Internet correcta de la compañía, asociación comercial o publicación. Los siguientes sitios web son particularmente buenos para buscar información sobre compañías e industria:

- Base de datos EDGAR de la Securities and Exchange Commission (contiene 10-Ks y 10-Qs de compañías, entre otros) www.sec.gov/cgi-bin/srch-edgar/
- NASDAQ www.nasdaq.com/
- CNNFN: The Financial Network cnnfn.com/
- Hoover's Online hoovers.com/
- Demografía estadounidense/Herramientas de marketing www.marketingtools.com/
- Industry Net www.industry.net/
- Wall Street Journal, edición interactiva update.wsj.com/
- Business Week www.businessweek.com/
- Fortune www.pathfinder.com/fortune/
- MSNBC Commerce News www.msnbc.com/news/COM_Front.asp/
- Los Angeles Times www.latimes.com/
- New York Times www.nytimes.com/
- News Page www.newspage.com/
- Electric Library www.elibrary.com/
- International Business Resources on the WWW, un sitio de la Universidad del Estado de Michigan ciber.bus.msu.edu/busref.htm/

Algunas de estas fuentes de Internet requieren de una suscripción para poder consultar la base de datos completa.

Utilizar un mecanismo de búsqueda Además, se puede localizar y obtener información sobre compañías, industrias, productos, individuos y otros temas de interés utilizando mecanismos de búsqueda o buscadores de Internet tales como Lycos, AltaVista, Infoseek, Excite, Yahoo! y Magellan. Los buscadores encuentran artículos y otras fuentes de información relacionados con una industria en particular, el nombre de una compañía, un tema, una frase o una palabra clave. Algunos contienen bases de datos más grandes de direcciones de *Localizadores uniformes de recursos* (URL, por sus siglas en inglés) correspondientes que otros, así que es esencial estar al tanto de la cobertura de cada buscador; *la base de datos cubierta por cada mecanismo de búsqueda se describe, por lo general, en el sitio correspondiente en la red.* Puede encontrar útiles las siguientes descripciones breves de los buscadores más utilizados, para seleccionar el que quiere usar.

- AltaVista (www.altavista.com/) AltaVista busca los textos completos de todos los documentos en su índice de más de 140 millones de páginas web registradas y también navega por la red en busca de ligas a nuevas páginas que concuerden con el criterio de búsqueda que usted estableció. Los resultados de la búsqueda le dan una mayor calificación a los documentos en donde las palabras clave se encuentran entre las primeras palabras del documento o de su título; una mayor calificación también se la da a los documentos que contienen el uso múltiple de las palabras clave. Para enterarse de la información más actualizada sobre lo que puede encontrar utilizando el buscador AltaVista visite su sitio web.
- Infoseek (www.infoseek.com/) Infoseek le permite utilizar frases más naturales como "encontrar información sobre cruceros al Caribe con descuento", así como las búsquedas tradicionales con palabras clave. Le permite al usuario simplificar la consulta utilizando nombres, palabras o frases específicas del documento, URL o título, sin utilizar los operadores booleanos. Infoseek también proporciona cápsulas con información financiera de compañías y de su desempeño en el mercado, así como una variedad de artículos nuevos sobre compañías públicas.
- Yahoo (www.yahoo.com) Yahoo en realidad no es un buscador, sino un catálogo creado por los propios autores al enviar su información. Cuando se le hace una solicitud de información, Yahoo proporciona sitios en Internet, basándose en palabras clave dentro de la descripción del documento. La liga Yahoo's Business & Economy (Negocios y Economía en Yahoo), proporciona perfiles de compañías que incluyen informes de investigación, desempeño en la bolsa, noticias de la compañía, direcciones web y resúmenes de negocios.
- Lycos (www.lycos.com) Lycos permite consultas booleanas y contiene una opción llamada Pro-Search (Pro-Búsqueda) que permite al usuario personalizar su búsqueda, por orden de las palabras, uso de preguntas en lenguaje cotidiano y búsqueda por título, documento o idioma. Lycos también permite al usuario especificar cómo se deben proporcionar los resultados.
- Excite (www.excite.com) Excite es un mecanismo de búsqueda de textos completos que busca en los sitios web y en los artículos de Usenet. Como en el caso de AltaVista, le da una mayor calificación a los documentos que contienen la palabra clave en el título o que se repite con frecuencia en el texto del documento. Excite tiene la particularidad de que entiende los sinónimos. No sólo proporciona información sobre los documentos que concuerdan con las palabras clave indicadas, sino también aquellos que contengan sinónimos de las mismas. Excite también permite al usuario operaciones booleanas.

Cada uno de estos buscadores proporciona lineamientos sobre cómo formular su búsqueda de fuentes de información. Algunos consejos para utilizar los buscadores de forma más rápida y efectiva se listan a continuación:

- Realice su búsqueda de la manera más específica posible. Los buscadores son muy eficientes y pueden darle como resultado miles de respuestas que concuerden con su búsqueda si ésta la hace de forma muy general.
- Utilice operadores booleanos como Y, Y NO, O (AND, AND NOT, OR) y paréntesis para reducir el rango de su búsqueda. Estos operadores ayudan a

ILUSTRACIÓN 2 Los diez mandamientos del análisis de casos

Al seguir en reportes escritos y presentaciones orales, y al participar en discusiones en clase.

1. Lea el caso dos veces, una para darse una idea general y otra para familiarizarse en detalle con los hechos; después tenga el cuidado de analizar cada uno de los cuadros.
2. Haga una lista de los problemas y asuntos a los que hay que enfrentarse.
3. Haga los cálculos que sean necesarios para descubrir la historia que cuentan las cifras presentadas en el caso. (Para ayudarle a cumplir con este principio, consulte la ilustración 1 como guía para investigar las condiciones financieras y el desempeño financiero de la empresa.)
4. Busque oportunidades para aplicar los conceptos y las herramientas analíticas presentados en los capítulos del libro de texto.
5. Sea minucioso en su diagnóstico de la situación (ya sea que haga un esquema de una a dos páginas de su evaluación, o que haga los ejercicios del Strat-Tutor).
6. Respalde cada una de sus opiniones con argumentos bien razonados y pruebas numéricas; no pare hasta que pueda eliminar los "pienso que..." y "siento que..." de su evaluación y, en vez de ello tenga la confianza de sustituirlos por "mi análisis muestra que...".
7. Desarrolle cuadros, tablas y gráficas para exponer de forma más clara los puntos principales de su análisis.
8. Asigne prioridades a sus recomendaciones y asegúrese de que pueden llevarse a cabo en un periodo aceptable con las capacidades y recursos financieros disponibles.
9. Revise su plan de acción recomendado para ver si atiende todos los problemas y asuntos que usted identificó.
10. Evite recomendar cursos de acción que puedan tener consecuencias desastrosas si no resultan como estaba planeado; por tanto, sea tan consciente de los riesgos de sus recomendaciones como lo es de su potencial y atractivo.

enfocarse en aquellos conceptos de mayor relevancia para lo que usted está buscando.

- Cada buscador tendrá comandos específicos para limitar aún más los resultados de la búsqueda. Asegúrese de revisar los consejos de la búsqueda avanzada de cada buscador para determinar cómo utilizar esas capacidades.
- Algunos buscadores son sensibles a mayúsculas y minúsculas. Como regla general, su solicitud de información debe estar escrita con las mayúsculas y minúsculas correctas.

Recuerde que la información obtenida por un buscador no está "filtrada" y puede incluir fuentes que no son fiables o que contienen información inexacta o parcial. Tenga precaución con aquella información proporcionada por autores que no están afiliados a alguna publicación u organización respetable, o que no provenga de compañías o de una asociación comercial con credibilidad. Los artículos con información sobre una compañía o un asunto en particular deben tener derechos de autor o estar publicados por una fuente con buena reputación. Si va a entregar un ensayo que contenga información obtenida de Internet, debe citar sus fuentes (proporcionando la dirección en Internet y la fecha de su visita); también es recomendable imprimir las páginas web para su archivo de la investigación (algunas páginas se actualizan con frecuencia).

La curva del aprendizaje es empinada Con una modesta inversión de tiempo, usted aprenderá cómo utilizar las fuentes de Internet para obtener información sobre compañías e industrias de manera rápida y eficiente. Y es una habilidad que le servirá mucho en el futuro. Una vez que se haya familiarizado con la información disponible en los distintos sitios web que se mencionaron antes, y con el uso de los mecanismos de búsqueda, sabrá en dónde buscar la información particular que desee. Casi siempre, los buscadores proporcionan demasiadas fuentes de información que concuerdan con su solicitud; el truco es aprender a enfocarse en las más relevantes para lo que esté buscando. Como en la mayoría de las cosas, una vez que obtenga un poco de experiencia sobre cómo realizar búsquedas sobre compañías e industrias en Internet, descubrirá que puede encontrar con facilidad la información que necesita.

LOS DIEZ MANDAMIENTOS DEL ANÁLISIS DE CASOS

Para resumir nuestras sugerencias sobre cómo llevar a cabo la tarea del análisis de casos, hemos compilado lo que queremos llamar "Los diez mandamientos del análisis de casos", los cuales se muestran en la ilustración 2. Si observa religiosamente todos o la mayoría de ellos al preparar su caso, ya sea para discusión en clase o para un reporte por escrito, sus oportunidades de realizar un buen trabajo en los casos asignados serán mucho mayores. Manténgase así, haga su mejor esfuerzo y diviértase explorando de qué se trata la administración estratégica en la vida real.

CARIBBEAN INTERNET CAFÉ

CASO 1

IVEY

Michelle Theobals, *The University of Western Ontario*

Murray Bryant, *The University of Western Ontario*

En junio de 1996, David Grant visitó su casa en Kingston, Jamaica, durante las vacaciones de verano de la Richard Ivey School of Business en London, Ontario, donde estudiaba una Maestría en Administración de Empresas (MBA). Durante su estancia, recopiló información para saber qué tan factible sería abrir un café Internet en Kingston, después de graduarse del programa de la maestría en 1997. David siempre había deseado ser su propio jefe y pensaba que era el momento adecuado para luchar por esa oportunidad de negocio en Jamaica.

Antes de entrar al programa de la maestría, David había trabajado como ingeniero de sistemas de cómputo en la compañía de telefonía local, Jamaica Telecommunications Limited (JTL). JTL pertenecía en un 80 por ciento a una compañía de telecomunicaciones de Inglaterra y era una de las siete proveedoras de servicios de Internet en la isla. Por lo tanto, si la empresa resultaba factible, David procuraría contratar las líneas telefónicas con Jamaica Telecommunications Limited. También había trabajado como profesor de medio tiempo en la University of Technology y como programador de cómputo en Jamaica.

CONCEPTO

Un café Internet típico ofrecía servicios de cómputo (incluyendo el acceso a Internet), un menú limitado de alimentos ligeros tipo botana y una variedad de bebidas. Debido a que David había visitado diversos cafés Internet mientras estudiaba en London, el concepto le había interesado. Un café parecía ser el vehículo perfecto para que las personas pudieran utilizar Internet y otros servicios de computación, sin efectuar inversiones costosas en hardware de cómputo. Además, el cibercafé también proporcionaba la posibilidad de relacionarse socialmente: los consumidores podían "navegar por la Red" juntos, escuchar música o simplemente relajarse y socializar.

AMBIENTE COMPETITIVO

En Jamaica se reconocía la importancia de Internet, no obstante, había poco acceso y empleo de la Red. Los principales usuarios eran las corporaciones y las universidades. Pero incluso en esas instituciones los usuarios debían reservar un tiempo de acceso a Internet que se limitaba a breves periodos. Por su parte, el empleo privado de la Red todavía era insuficiente y David esperaba que la tendencia permanecería cuando menos durante los siguientes tres años. Los motivos de su escasa penetración consistían principalmente en: *a*) el alto costo de las computadoras en relación con el salario promedio, *b*) la carencia de líneas telefónicas en algunas áreas de Kingston y *c*) las altas tarifas que los proveedores de servicios de Internet cobraban en ese momento. La mayoría de los proveedores cobraban una cuota fija que incluía un cierto número de horas al mes y una tarifa adicional por hora, al exceder el tiempo de empleo establecido. Este esquema de fijación de precios no resultaba conveniente para los usuarios que sólo supervisaban su correo electrónico y utilizaban Internet apenas unas horas al mes. En promedio, la tarifa por hora que cargaban los proveedores del servicio era de 90 dólares jamaiquinos.[1]

Por su parte, a pesar del gran número de cafeterías y restaurantes que operaban en Kingston, ninguno de los establecimientos proporcionaba el servicio de Internet. La mayor parte de las cafeterías ofrecían mesas al aire libre, música, juegos y otros entretenimientos, así como bebidas tradicionales y comida de restaurante. El café no era una bebida popular en Jamaica, así que la mayoría de las cafeterías tradicionalmente no lo servían.

CARIBBEAN INTERNET CAFÉ

David planeaba introducir en Jamaica el concepto del café europeo y ofrecer café preparado (por ejemplo, granos de café local e importado de primera calidad, café expreso, capuchino y con leche), vinos de importación, jugos naturales de frutas tropicales y productos horneados como croissants, bollos, donas y otro tipo de pastelillos. Él previó tres áreas en su café: una zona de computadoras con reservados, un salón de vino con algunos sillones cómodos y el área general del café con mesas y sillas. Pensaba comprar inicialmente cinco computadoras con procesadores Pentium y conectarlas a Internet por medio de una línea de 56 kbps[2] que contrataría con Jamaica Telecommunications Limited. Además, el café también ofrecería servicios de impresión, un escáner y los últimos programas de software para oficina (hojas de cálculo, procesadores de palabras y presentaciones). Caribbean Internet Café (CIC) no contaría con una cocina. Por lo tanto, todos los productos horneados se adquirirían en las panaderías locales según se fueran necesitando.

El mercado objetivo estaría formado por estudiantes y profesionales universitarios entre los 18 y 35 años de edad, con conocimientos en computación y un ingreso disponible relativamente alto. Como el acceso a Internet se limitaba en las escuelas o trabajos, era probable que la mayoría de estas personas quisiera contar con acceso adicional con el propósito de pasar su tiempo libre o llevar a cabo alguna investigación. Este grupo también se distinguía por estar muy ocupado y a la moda, así que apreciaría un sitio que permitiera relajarse y distraerse, pero también en el cual se pudiera tener acceso a las instalaciones, en caso de que fuera necesario trabajar. De acuerdo con los cálculos de David, la dimensión total del segmento objetivo en Kingston era de alrede-

---

[1] Todas las cantidades en dólares del caso se presentan en moneda o dólar jamaiquino, a menos que se aclare en otro sentido. El tipo de cambio promedio era 25 dólares jamaiquinos = 1 dólar canadiense y 35 dólares jamaiquinos = 1 dólar estadounidense.

[2] kbps = kilobytes por segundo.

dor de 20 000 personas. Por lo tanto, CIC instalaría 50 asientos inicialmente: 15 en las terminales de cómputo (3 por reservado), 15 en el salón de vino y 20 en el área general.

David pensaba que New Kingston, el distrito comercial de la cuidad, sería un buen lugar para ubicar su café. En esa área se localizaban las oficinas principales o las sucursales de la mayoría de los bancos, compañías de seguros, otras instituciones financieras y corporaciones. Asimismo, la zona contaba con dos hoteles importantes y un centro comercial. La mayoría de los trabajadores de New Kingston ocupaban puestos ejecutivos ya sea de servicios bancarios, seguros, programación o asesoría. Además, New Kingston se encontraba cerca de diversos suburbios adinerados entre los cuales Caribbean Internet Café podría atraer patrocinadores.

INVESTIGACIONES PRELIMINARES

Durante su visita a Kingston, David inició la recopilación de los datos relacionados con la inversión y los gastos necesarios para poner en marcha su empresa. Primero realizó la lista del equipo que requeriría. Pretendía adquirir la mayor parte de los artículos en Estados Unidos y él mismo embarcarlos hacia la isla. De esta manera podría ahorrar los exorbitantes márgenes de ganancia que cargaban casi todas las tiendas en Jamaica. En la ilustración 1 se muestra la lista del equipo y los costos.

David pretendía que el personal de Caribbean Internet Café (CIC) estuviera formado por estudiantes universitarios especializado en ciencias de la computación y hospitalidad. Por lo tanto, trabajarían medio tiempo con un promedio de 15 horas a la semana y se ocuparían a la vez como tutores de Internet y meseros. El salario de los estudiantes sería de casi 40 dólares jamaiquinos por hora. El café permanecería abierto 84 horas, seis días de la semana, y los empleados trabajarían semanalmente cerca de 90 horas. En promedio, el funcionamiento del café requeriría dos empleados en servicio. A pesar de que David planeaba hacerse cargo de la administración de las finanzas y la supervisión de la operación, pretendía contratar a un administrador con experiencia en la industria restaurantera jamaiquina. Dicha persona debería ayudar tanto a poner en marcha el café, como también durante la contratación, selección de personal, entrenamiento, desarrollo del menú, control de calidad y servicio al cliente. Estimaba que el salario para esta persona debería ser de 40 000 dólares jamaiquinos al mes.

David también localizó en New Kingston algunos sitios apropiados y calculó que rentarlos costaría mensualmente 30 000 dólares jamaiquinos. Prefería rentar que comprar, debido a que las tasas de interés hipotecario generalmente eran demasiado altas (25 por ciento anual) y no deseaba financiar una cuota inicial. Estimó que las facturas mensuales de teléfono y servicios públicos tendrían un costo de 15 000 dólares jamaiquinos y que necesitaría efectuar un depósito inicial de 7 000 dólares jamaiquinos en las compañías de servicios públicos. Después de platicar con un ex compañero de trabajo de Jamaica Telecommunications Limited, David determinó que podría contratar el enlace a Internet por 10 000 dólares jamaiquinos al mes. El servicio de Internet también lo proporcionaría Jamaica Telecommunications Limited y su costo por hora, por computadora, ascendería a 60 dólares. Además, de acuerdo con la cotización que obtuvo de una compañía aseguradora, debería pagar una prima mensual de 10 000 dólares jamaiquinos para proteger el contenido de la instalación.

También consideraba que los costos mensuales de publicidad, mercadeo y promoción ascenderían a 10 000 dólares jamaiquinos. Sin embargo, esperaba gastar 20 000 dólares jamaiquinos adicionales, en la publicidad que realizaría justo antes de la inauguración del café. Otros gastos anticipados por concepto de honorarios legales, licencias y permisos, y gastos de incorporación y de decoración sumarían un total de 120 000 dólares jamaiquinos. Además, los gastos mensuales misceláneos, administrativos y de mantenimiento serían de 50 000 dólares jamaiquinos.

ILUSTRACIÓN 1 Equipo requerido para el Caribbean Internet Café

Artículo	Número de artículos	Precio unitario (dólares estadounidenses)	Costo total (dólares jamaiquinos)*
Equipo general			
Sistema telefónico	1	$ 150	$ 5 250
Instalación del mostrador	1	10 000	350 000
Máquinas de café exprés	2	2 000	140 000
Caja registradora	1		50 000
Fotocopiadora	1	800	28 000
Hardware			
Sistemas Pentium, monitores a color, CD-ROM y modems	5	$ 2 000	$ 350 000
Impresora de inyección de tinta	1	400	14 000
Impresora láser	1	800	28 000
Software			
Windows 95	1	$ 100	$ 3 500
Microsoft Office	1	350	12 250
Mobiliario			$ 105 000
Mesas o reservados	20	$ 150	175 000
Sillas o banquillos	50	100	50 000
Sillones	2		
Otros			
Cuadros/esculturas	4		$ 10 000
Vajilla, cubiertos y cristalería			100 000
Flores/plantas			5 000
Total			$1 426 000

* Incluye derechos de importación e impuestos.

FIJACIÓN DE PRECIOS

Después de examinar las tarifas de los proveedores locales del servicio de Internet, David decidió que él cargaría un 30 por ciento adicional sobre sus tarifas por hora, es decir, un total de 120 dólares jamaiquinos por hora. Él pensaba que los clientes aceptarían la tarifa, puesto que no tendrían que comprometerse a utilizar un cierto número de horas por anticipado. El tiempo de computadora estaría disponible por medio de tragamonedas de una hora. David consideraba que el 40 por ciento de los consumidores que acudirían al café pagarían por el acceso a las computadoras. Los otros clientes probablemente compartirían con algún amigo el servicio de una computadora o simplemente socializarían en el café o en el salón de vino. Por lo tanto, calculaba que la media de tiempo que todos los clientes permanecerían en el café sería de una hora. Asimismo, David esperaba que el cliente regular gastaría 140 dólares jamaiquinos en bebida y 60 dólares jamaiquinos en alimentos. Es decir, que el costo promedio por bebidas y alimentos por cliente, sería de 50 y 30 dólares jamaiquinos respectivamente.

UNA OFERTA DE JTL

En la medida en la que David revisaba su lista de gastos, se sintió agobiado. Se preguntaba cómo podría financiar la empresa. Él había logrado ahorrar casi 500 000 dólares jamaiquinos y deseaba invertirlos en el café. Por lo tanto, se reunió con sus amigos, familiares y otros inversionistas potenciales y les expuso su idea, pero fue inútil. Finalmente estableció contacto con su ex jefe en JTL y le mostró su plan de negocios. Juntos prepararon una propuesta dirigida a la administración senior de la empresa JTL. Jamaica Telecommunications Limited expresó cierto interés en la propuesta, la administración pensaba que el café podría impulsar el empleo y el conocimiento de Internet en general, por lo cual aumentarían las ventas de JTL en relación con el servicio de Internet.

Como resultado, después de diversas rondas de negociaciones y juntas, JTL le presentó a David una oferta. La propuesta consistía en que Jamaica Telecommunications Limited invertiría 500 000 dólares jamaiquinos en acciones de Caribbean Internet Café (sociedad al 50 por ciento con CIC) y proporcionaría otros 1 250 000 dólares jamaiquinos a través de un préstamo de largo plazo a la compañía. Se cobraría a CIC una tasa especial de interés concesionario del 10 por ciento anual, sobre el préstamo. Asimismo Jamaica Telecommunications Limited comisionó la realización de un estudio de mercado a una empresa independiente de investigación de mercado. La empresa concordó con los cálculos de David acerca del tamaño total del segmento, realizó tres estimaciones más relacionadas con el empleo potencial del café durante el primer año. De acuerdo con las proyecciones de la empresa de investigación de mercado, en el escenario optimista, el 50 por ciento del segmento visitaría el café cinco veces al año en promedio. Por su parte, la proyección realista indicaba que el 40 por ciento del segmento visitaría el café tres veces al año en promedio. Finalmente, la estimación pesimista, señalaba que el 30 por ciento del segmento lo visitaría dos veces al año.

LA DECISIÓN

Después de unas "vacaciones" agotadoras, David se sentó a revisar sus notas. Él se preguntaba si debería seguir adelante con la empresa Caribbean Internet Café y, en caso de hacerlo, si sería un negocio rentable para él y para Jamaica Telecommunications Limited (JTL).

CASO 2

KENTUCKY FRIED CHICKEN Y LA INDUSTRIA GLOBAL DE LA COMIDA RÁPIDA EN 1998

Jeffrey A. Krug, *Universidad de Illinois en Urbana—Champaign*

En 1998, Kentucky Fried Chicken Corporation (KFC) era la cadena de restaurantes de pollo más grande del mundo y la tercera cadena de comida rápida. KFC tenía más del 55 por ciento del mercado estadounidense y operaba más de 10 200 restaurantes en todo el mundo. Abrió 376 restaurantes nuevos (más de uno al día) y operaba en 79 países.

Una de las primeras cadenas de comida rápida que se volvió internacional durante la parte final de la década de los sesenta, KFC desarrolló una de las marcas más reconocidas a nivel mundial. Japón, Australia y el Reino Unido representaban la mayor parte de la expansión internacional de KFC durante los setenta y los ochenta. En la década de los noventa KFC prestó atención a otros mercados internacionales que ofrecían oportunidades significativas de crecimiento: China, con una población de más de 1 000 millones de personas, y Europa, con una población casi tan grande como la de Estados Unidos. América Latina ofrecía una oportunidad de crecimiento única por el tamaño de sus mercados, su lengua y cultura en común y su proximidad geográfica con Estados Unidos. México fue de particular interés por el Tratado de Libre Comercio (TLC) con Estados Unidos y Canadá, que entró en vigencia en 1994.

Antes de 1990, KFC se extendió a América Latina principalmente a través de restaurantes propiedad de la compañía en México y Puerto Rico. Para 1995, también había establecido restaurantes de su propiedad en Venezuela y Brasil, así como unidades en franquicia en numerosos países del Caribe. Durante los primeros años de los noventa, KFC cambió su estrategia en América Latina a una de dos vías. Primero, estableció 29 restaurantes en franquicia en México, después de la promulgación de la nueva ley mexicana de franquicias en 1990. Esto le permitió crecer más allá de su base de restaurantes propiedad de la compañía en las ciudades de México, Guadalajara y Monterrey. KFC fue una de las muchas cadenas estadounidenses de comida rápida, de ventas al menudeo, y de hoteles que comenzaron a tener franquicias en México después de la promulgación de la nueva ley. Segundo, KFC comenzó un agresivo programa de crecimiento de franquicias en América del Sur. Para 1998, operaba franquicias en 32 países de América Latina. Gran parte de este crecimiento tuvo lugar en Brasil, Chile, Colombia, Ecuador y Perú.

HISTORIA DE LA COMPAÑÍA

Las franquicias de comida rápida se encontraban todavía en su infancia en el año de 1952, cuando Harland Sanders comenzó sus viajes a través de Estados Unidos para hablar con posibles concesionarios sobre su Receta del Coronel Sanders de Kentucky Fried Chicken. Para 1960, el "Coronel" Sanders había otorgado franquicias de KFC a más de 200 distribuidores menudistas de comida para llevar y restaurantes a todo lo largo de Estados Unidos. También había tenido éxito estableciendo muchas franquicias en Canadá. Para 1963, el número de franquicias de KFC se había elevado a más de 300 y los ingresos habían alcanzado los 500 millones de dólares.

En 1964, a la edad de 74, el Coronel se había cansado de manejar las operaciones cotidianas de su negocio y anhelaba concentrarse en asuntos de relaciones públicas. Por tanto, buscó compradores potenciales, y finalmente decidió vender el negocio a dos hombres de negocios de Lousville, Jack Massey y John Young Brown, Jr. por 2 millones de dólares. El Coronel se mantuvo como el representante de relaciones públicas y el embajador de buena voluntad de la compañía.

Durante los siguientes cinco años, Massey y Brown se concentraron en hacer crecer el sistema de franquicias de KFC en todo Estados Unidos. En 1966, después de haberse vuelto pública, KFC empezó a cotizar en la Bolsa de Valores de Nueva York. Para finales de los sesenta la compañía había ganado una fuerte posición en Estados Unidos, y Massey y Brown se enfocaron en los mercados internacionales. En 1969, KFC firmó una alianza estratégica con la compañía japonesa Mitsuoishi Shoji Kaisha, Ltd. y adquirió los derechos para operar 14 franquicias de KFC en Inglaterra. También se establecieron subsidiarias en Hong Kong, Sudáfrica, Australia, Nueva Zelanda y México. Para 1971, KFC tenía 2 450 franquicias y 600 restaurantes propiedad de la compañía en todo el mundo, y operaba en 48 países.

Heublein, Inc.

En 1971, KFC entró en negociaciones con Heublein, Inc., para discutir la posibilidad de una fusión. La decisión de buscar un candidato para fusionarse tuvo en parte que ver con el deseo de Brown de perseguir otros intereses, lo cual incluía una carrera política (Brown fue electo gobernador de Kentucky en 1977). Varios meses después, Heublein adquirió KFC. Heublein estaba en el negocio de producir vodka, mezclas para coctel, ginebra seca, cerveza y otras bebidas alcohólicas. Sin embargo, tenía poca experiencia en el negocio de los restaurantes. Pronto surgieron los conflictos entre la administración de Heublein y el Coronel Sanders, quien continuaba llevando a cabo las relaciones públicas. Sanders se preocupaba cada vez más por asuntos de control de calidad y limpieza en los restaurantes. Para 1977, la inauguración de nuevos restaurantes había disminuido a alrededor de 20 al año; pocos restaurantes se remodelaron y la calidad del servicio había decaído.

En 1977, Heublein envió un nuevo equipo administrativo para cambiar la estrategia de KFC. El equipo implementó de inmediato una estrategia de regreso a lo básico y descontinuó la construcción de nuevas unidades hasta que los restaurantes existentes pudieran mejorar su calidad y los problemas operativos pudieran eliminarse. Entonces, KFC restauró sus instalaciones, hizo hincapié en la limpieza y el servicio, disminuyó productos al margen y reestableció la calidad de sus productos. Para 1982, el enfoque estratégico de KFC probó su éxito y la compañía estaba de nuevo construyendo muchas unidades nuevas.

R.J. Reynolds Industries, Inc.

En 1982, R.J. Reynolds Industries, Inc. (RJR) se fusionó con Heublein y la convirtió en una subsidiaria de su propiedad total. La fusión de Heublein representaba parte de toda la estrategia corporativa de RJR para diversificarse con negocios no relacionados con lo suyo, como la energía, el transporte, los alimentos y los restaurantes. El objetivo de RJR era reducir su dependencia de la industria del tabaco, del que dependían las ventas de RJR desde su fundación en Carolina del Norte, en 1875. Las ventas de cigarros y productos de tabaco, aunque eran productivas, estaban bajando debido a la reducción de consumo en Estados Unidos. Esto fue resultado de la concientización entre los estadounidenses sobre las consecuencias negativas de fumar.

RJR no tenía más experiencia en el negocio de los restaurantes de la que tenía Heublein. Sin embargo, decidió no intervenir en la administración de KFC. Mientras que Heublein había instalado su propio equipo de administradores de alto nivel en las oficinas corporativas de KFC, RJR dejó la administración de KFC casi intacta, pues creía que los administradores actuales estaban mejor calificados para operar los negocios de esa empresa que sus administradores. Al hacer esto, RJR evitó muchos de lo problemas operativos que plagaron a Heublein. Esta estrategia tuvo resultados y KFC continuó creciendo de una manera dinámica y productiva bajo la propiedad de RJR. En 1985, RJR adquirió Nabisco Corporation por 4.9 mil millones de dólares Nabisco vendía una variedad de galletas, cereales, confituras, botanas y otros productos comestibles muy conocidos. La fusión con Nabisco representó una decisión de RJR de concentrar sus esfuerzos de diversificación en la industria de alimentos. Más tarde se deshizo de muchos de sus negocios que no fueran alimentos empaquetados. RJR vendió KFC a PepsiCo, Inc., un año después.

PEPSICO, INC.

Estrategia corporativa

En 1965, la fusión de Pepsi Cola Company y Frito Lay, Inc., creó una de las compañías más grandes de productos de consumo en Estados Unidos: PepsiCo, Inc. El negocio tradicional de Pepsi Cola era la venta de concentrados de bebidas no alcohólicas a embotelladoras independientes con licencia y a embotelladoras propiedad de la compañía, que manufacturaban, vendían y distribuían bebidas no alcohólicas de Pepsi Cola. Las marcas mejor conocidas de Pepsi Cola eran Pepsi Cola, Diet Pepsi, Mountain Dew y Slice. Frito Lay manufacturaba y vendía una variedad de botanas, que incluían las botanas de maíz Fritos, las papas fritas Lay, las papas fritas Ruffles, Doritos, Tostitos, y las botanas con sabor a queso Cheetos. PepsiCo se embarcó con rapidez en un agresivo programa de adquisición similar al perseguido por RJR durante los ochenta, al comprar varias compañías de áreas no relacionadas con sus negocios principales. La adquisición incluyó North American Van Lines, Wilson Sporting Goods y Lee Way Motor Freight. Sin embargo, estos negocios no cumplieron con las expectativas, sobre todo por que las habilidades administrativas que se necesitaban para operarlas, estaban fuera del área de conocimientos de PepsiCo.

El desempeño pobre en estos negocios llevó al entonces director general y director ejecutivo, Don Kendall, a reestructurar las operaciones de PepsiCo en 1984. Primero, la compañía se deshizo de los negocios que no seguían la orientación de PepsiCo hacia los bienes de consumo, como North American Van Lines, Wilson Sporting Goods y Lee Way Motor Freight. Segundo, PepsiCo vendió sus operaciones de embotellamiento en el extranjero a hombres de negocios locales que entendían mejor la cultura y el medio de los negocios en sus países respectivos. Tercero, Kendall reorganizó PepsiCo en tres líneas: bebidas no alcohólicas, botanas y restaurantes.

El negocio de los restaurantes y la adquisición de Kentucky Fried Chicken

PepsiCo se inició en el negocio de los restaurantes en 1977, cuando adquirió el sistema de restaurantes de 3 200 unidades de Pizza Hut. Taco Bell se fusionó a una división de

PepsiCo en 1978. El negocio de los restaurantes complementó la orientación de PepsiCo hacia productos de consumo. El marketing de comida rápida seguía muchos de los patrones del marketing de bebidas no alcohólicas y botanas. Por tanto, PepsiCo creyó que sus habilidades administrativas podrían transferirse con facilidad de una a otra de las tres ramas de su negocio. Esto era compatible con la práctica de PepsiCo de cambiar con frecuencia a sus administradores de una unidad de negocios a otra, como una forma de desarrollo para futuros ejecutivos de alto nivel. Las cadenas de restaurantes de PepsiCo también proporcionaban otro punto de venta para las bebidas no alcohólicas de Pepsi. Además las bebidas no alcohólicas y los productos de comida rápida de PepsiCo podían comercializarse en los mismos segmentos de televisión y radio, dando, por tanto, mayores utilidades por cada dólar invertido en publicidad. Para completar su diversificación en el segmento de los restaurantes, PepsiCo adquirió Kentucky Fried Chicken Corporation de RJR Nabisco por 841 millones de dólares en 1986. La adquisición de KFC le dio a PepsiCo la posición líder en los mercados del pollo (KFC), la pizza (Pizza Hut) y la comida mexicana (Taco Bell), tres de los cuatro segmentos de mayor tamaño y de en la industria estadounidense de la comida rápida.

Administración

Después de que PepsiCo adquirió KFC, la relación de esta última con su casa matriz cambió dramáticamente. Mientras que RJR había operado KFC como una unidad semiautónoma, satisfecha con que la administración de KFC entendiera el negocio de la comida rápida mejor que sus propios administradores, PepsiCo adquirió KFC para complementar su ya fuerte presencia en el mercado de la comida rápida. Más que permitirle a KFC operar de manera independiente, PepsiCo realizó cambios radicales, negoció un contrato nuevo de franquicias para dar a PepsiCo más control sobre sus concesionarios, redujo el personal para recortar costos y reemplazó a los administradores de KFC con sus propios administradores. En 1987, en las oficinas corporativas de KFC en Louisville, corrió el rumor de que el nuevo administrador de personal, a quien apenas habían enviado de las oficinas corporativas de PepsiCo en Nueva York, había dicho "No habrá más jitomates cultivados en casa en esta organización".

Dicho rumor indicaba un problema moral más serio, creado por diversas reestructuraciones que trajeron como consecuencia despidos en toda la organización de KFC, el reemplazo de personal de KFC con administradores de PepsiCo y conflictos entre las culturas corporativas de ambas compañías. La cultura de KFC se basaba, en gran medida, en el estilo relajado de administración del Coronel Sanders, en el que los empleados disfrutaban de relativa estabilidad laboral y seguridad. Con los años, se había creado una fuerte lealtad entre los empleados y las franquicias de KFC, en gran parte por los esfuerzos del Coronel Sanders de cubrir las necesidades de sus empleados como prestaciones, pensiones de retiro y otras, además de sus ingresos. Aparte, el ambiente amigable y relajado en las oficinas corporativas de KFC en Louisville había sido un reflejo de la cultura corporativa de la compañía, que había permanecido casi intacta durante los años de Heublein y RJR.

En agudo contraste, la cultura corporativa de PepsiCo se caracterizaba por un fuerte énfasis en el desempeño. Quienes mejor se desempeñaban esperaban un ascenso rápido. PepsiCo utilizó sus divisiones de KFC, Pizza Hut, Taco Bell, Frito Lay y Pepsi Cola como campos de entrenamiento para sus administradores de más alto nivel, rotando a sus mejores administradores en las cinco divisiones cada dos años en promedio. Esta práctica ponía inmensa presión sobre los administradores quienes tenían que demostrar continuamente su capacidad en periodos cortos, para maximizar sus posibilidades de ascenso. Esta práctica también dejó a muchos administradores de KFC con la sensación de que tenían pocas oportunidades de hacer carrera en la nueva compañía. Uno de los administradores de PepsiCo comentó "Tal vez tuviste un buen desempeño el año pasado, pero si no lo haces bien este año, te vas, y en PepsiCo hay 100 muchachos ambiciosos con una maestría en administración de empresas de Ivy League, a quienes les encantaría tener un puesto". Un efecto no deseado de esta cultura orientada al desempeño fue que, a menudo, se perdía la lealtad del empleado y las renuncias se incrementaron en comparación con otras compañías.

Cuando se le preguntó sobre la relación de KFC con su casa matriz, Kyle Craig, director general de operaciones de KFC en Estados Unidos, comentó:

> La cultura de KFC es interesante porque al parecer estaba dominada por mucha de la gente de KFC, la mayoría de la cual había estado en la empresa desde los días del Coronel. Mucha de esa gente estaba muy intimidada por la cultura de PepsiCo, que es una cultura muy orientada al alto desempeño y altos grados de responsabilidad. Como muchas compañías, hemos tenido algunos recortes de personal, lo que ha puesto a la gente aún más nerviosa. Hoy en día, hay menos personas con antigüedad en KFC y creo que hasta cierto grado, la gente ha visto que la cultura de PepsiCo puede traer algunos resultados muy buenos. También pienso que la gente de PepsiCo que ha trabajado con KFC ha modificado sus valores culturales en alguna medida, conforme se dan cuenta de que había muchos beneficios en la vieja cultura de KFC.
>
> PepsiCo empuja a sus compañías a desempeñarse con fuerza, pero cada vez que hay una falla en el desempeño, la brecha entre las culturas de PepsiCo y KFC crece. Yo he participado en dos recortes de personal de los que he sido el principal arquitecto. Éstas quizá han sido las dos experiencias más desgastantes de mi carrera, porque uno sabe que se trata de la vida de las personas y de sus familias; estos cambios pueden ser difíciles si a uno le importa la gente de la organización en la que trabaja. Sin embargo, en esencia creo que la principal obligacion es hacia la organización en su totalidad.

Un segundo problema para PepsiCo fue su pobre relación con los concesionarios de KFC. Un mes después de convertirse en el director general y el director ejecutivo en 1989, John Cranor se dirigió en un discurso a los concesionarios de KFC en Louisville, para explicarles los detalles del primer cambio en el contrato en 13 años. El nuevo contrato daba a PepsiCo mayor poder para tomar el control de franquicias débiles, reubicar restaurantes y hacer cambios en los restaurantes existentes. Además, ya no protegería a los restaurantes existentes de la competencia con nuevas unidades de KFC, y daba el derecho a PepsiCo de recaudar regalías cuando los contratos se renovaran. Al término del discurso de Cranor, franquiciados presentes se levantaron para protestar por los cambios. Habían estado acostumbrados, por largo tiempo, a la relativamente poca interferencia por parte de la administración en sus operaciones cotidianas (una política que comenzó el Coronel Sanders). Por supuesto, la interferencia era una parte importante de la filosofía de PepsiCo que incluía grandes cambios. La asociación de franquicias de KFC demandó más tarde a PepsiCo por el nuevo contrato. La disputa permaneció sin resolverse hasta 1996, cuando el nuevo director general y director ejecutivo de KFC, David Novak, eliminó las partes inaceptables del contrato. Los concesionarios de KFC, en 1997, ratificaron un nuevo contrato.

La separación de KFC, Pizza Hut y Taco Bell, de PepsiCo

La estrategia de PepsiCo de diversificarse en tres mercados distintos, pero relacionados, bebidas no alcohólicas, botanas y restaurantes de comida rápida creó no sólo una de las compañías de productos de consumo más grandes del mundo, sino también un portafolio de algunas de las marcas con mayor reconocimiento mundial. Entre 1990 y 1996, PepsiCo creció a una tasa anual de más del 10 por ciento, con lo cual superó los 31 mil millones de dólares en ventas en 1996. Sin embargo, este crecimiento en las ventas ocultaba los problemas en el negocio de la comida rápida que tenía PepsiCo. Los márgenes de operación (utilidades como un porcentaje de ventas) en PepsiCo y Frito Lay promediaban 12 y 17 por ciento, respectivamente, entre 1990 y 1996. Durante el mismo periodo, los márgenes en KFC, Pizza Hut y Taco Bell cayeron de un promedio de más del 8 por ciento en 1990, a un poco más del 4 por ciento en 1996. Los márgenes en descenso en las cadenas de comida rápida reflejaban la creciente madurez de la industria de la comida rápida en Estados Unidos, una competencia más intensa el envejecimiento de la base de restaurantes de KFC y Pizza Hut. Como resultado de esto, las cadenas de restaurantes de PepsiCo absorbieron casi la mitad del gasto del capital anual de la empresa durante los noventa, mientras que generaron menos de la tercera parte de los flujos de dinero de PepsiCo. Por tanto, PepsiCo tuvo que desviar dinero de los negocios de bebidas no alcohólicas y de botanas a sus negocios de restaurantes. Esto redujo la utilidad sobre los activos y los precios de las acciones de la empresa, y dificultó la competencia efectiva con Coca-Cola (el principal rival de PepsiCo). En 1997, PepsiCo separó sus negocios de restaurantes creando una nueva compañía llamada Tricon Global Restaurants, Inc. (véase la ilustración 1). La nueva compañía se estableció en las oficinas corporativas de KFC en Louisville. Los objetivos de PepsiCo eran reposicionarse como una empresa de productos empacados, fortalecer su balance y generar un crecimiento más consistente en sus ganancias. PepsiCo recibió un pago único de Tricon por 4.7 mil millones de dólares, de los cuales 3.7 mil millones de dólares se usaron para pagar deudas de corto plazo. El saldo se reservó para la recuperación de acciones.

LA INDUSTRIA DE LA COMIDA RÁPIDA

De acuerdo con la Asociación Nacional de Restaurantes (NRA, por sus siglas en inglés), las ventas de servicios de alimentos alcanzaron los 320 mil millones de dólares por los aproximadamente 500 000 restaurantes y otros distribuidores de comida, que formaban la industria estadounidense de restaurantes, en 1997. La NRA estimó que las ventas del segmento de comida rápida, de la industria de servicios de alimentos, creció 5.2 por ciento y alcanzó los 104 mil millones de dólares, más que los 98 mil millones de dólares de 1996. Esto constituyó cuarto año consecutivo en que las ventas de comida rápida igualaban o excedían las ventas de los restaurantes con servicio completo, que en 1997 crecieron 4.1 por ciento y alcanzaron 104 mil millones de dólares. El crecimiento en las ventas de comida rápida reflejaba el cambio gradual en la industria de los restaurantes, en la que los restaurantes regulares, operados de manera independiente, estaban dominados por las cadenas de restaurantes de comida rápida. La industria de los restaurantes de Estados Unidos en su totalidad creció aproximadamente 4.2 por ciento en 1997.

Los principales segmentos de la comida rápida

El segmento de comida rápida de la industria de servicios de alimentos estaba formado por seis segmentos de negocios principales. La ilustración 2 muestra información sobre las ventas de las principales cadenas de restaurantes en cada segmento. Es sobresaliente la dominación de McDonald's, que tuvo ventas por más de 16 mil millones de dólares en 1996. Esto representó el 16.6 por ciento de las ventas estadounidenses de comida rápida, o casi el 22 por ciento de las ventas de las 30 cadenas de comida rápida principales en el país. Las ventas en un restaurante McDonald's regular ascendían a 1.3 millones de dólares al año, a diferencia de más o menos 820 000 de dólares que en promedio venden los restaurantes de comida rápida en Estados Unidos. Tricon Global Restaurants (KFC, Pizza Hut y Taco Bell) tenía ventas en Estados Unidos por 13.4 mil millones de dólares en 1996. Esto representaba el 13.6 por ciento de las ventas de comida rápida en Estados Unidos, y el 17.9 por ciento de las 30 cadenas de comida rápida principales.

ILUSTRACIÓN 1 Tricon Global Restaurants, Inc., Mapa organizacional, 1998

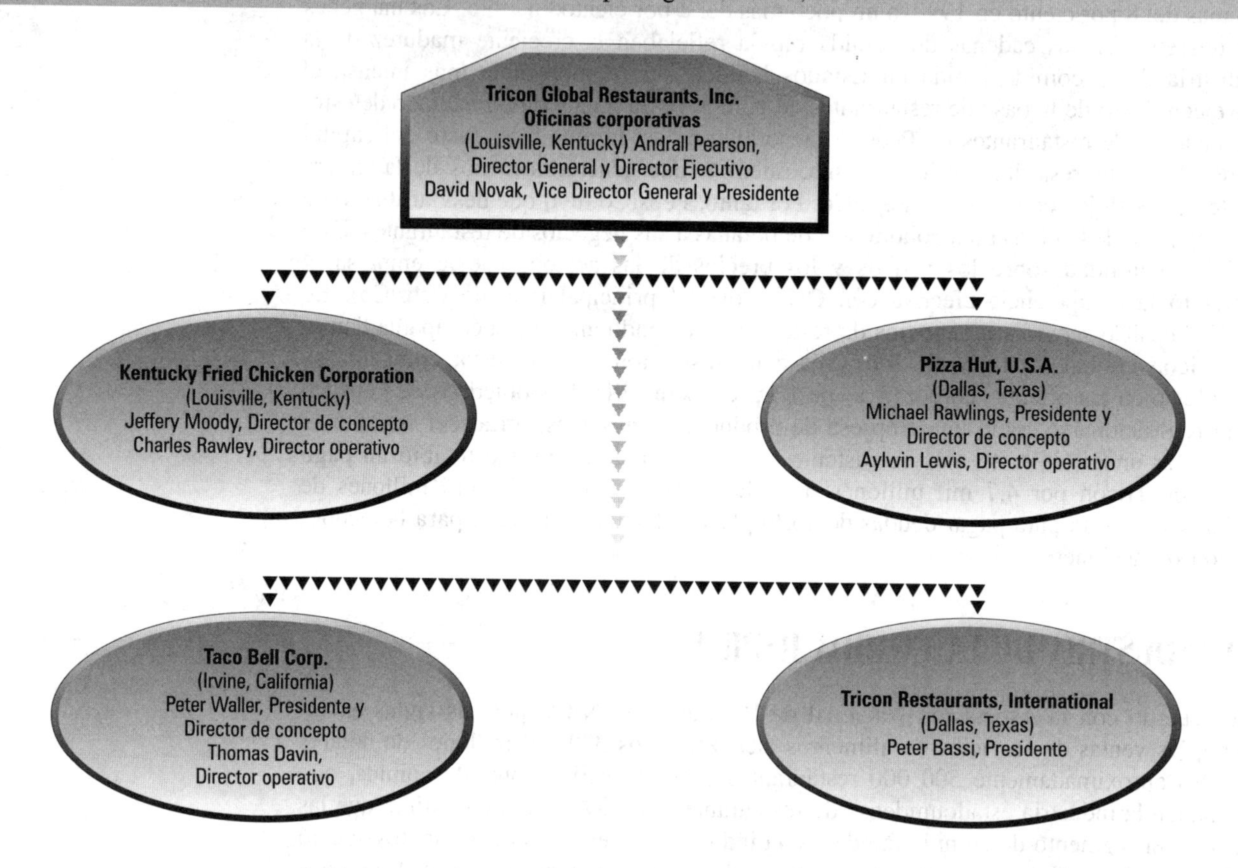

Las cadenas de hamburguesas eran el segmento más grande del mercado de comida rápida. McDonald's controlaba el 35 por ciento del segmento hamburguesas, mientras que Burger King tenía un distante segundo lugar, con el 15.6 por ciento de participación en el mercado. La competencia se volvía en especial, intensa en el segmento de hamburguesa a medida que el mercado de comida rápida estadounidense se saturaba más y más. Para incrementar sus ventas, las cadenas sacaban nuevos productos para quitarle clientela a otras cadenas de sándwiches, introducían productos que ofrecían otro tipo de cadenas (como pizza, pollo frito y tacos), modernizaban sus menús y mejoraban la calidad de sus productos. Burger King introdujo recientemente su Big King, un clon directo de la Big Mac. McDonald's respondió rápidamente introduciendo su Big'n Tasty, un clon directo de la Whopper. Wendy's introdujo hamburguesas de pollo con pan de pita, y Taco Bell introdujo unos sándwiches llamados wraps (envueltos), pan relleno con varios ingredientes. Hardee's tuvo éxito al introducir pollo frito en la mayoría de sus restaurantes. Además de la oferta de nuevos productos, las cadenas rebajaron sus precios, mejoraron su servicio al cliente, hicieron marcas en cooperación con otras cadenas de comida rápida y establecieron restaurantes en lugares no tradicionales (por ejemplo, McDonald's instaló restaurantes en tiendas Wal-Mart en todo Estados Unidos).

El segundo segmento de comida rápida en tamaño estaba formado por restaurantes para cenar, dominados por Red Lobster, Applebee's, Olive Garden y Chili's. Entre 1988 y 1996, los restaurantes para cenar incrementaron su participación en el mercado de comida rápida del 8 a más del 13 por ciento. Este incremento se debió, sobre todo, a las cadenas de buffets a la parrilla, como Ponderosa, Sizzler y Western Sizzlin'. La parti-

ILUSTRACIÓN 2 Cadenas líderes de comida rápida en Estados Unidos (listados según sus ventas en 1996 en millones de dólares)

Cadenas de sándwiches y tacos	Ventas	Participación en el mercado
McDonald's	$16 370	35.0%
Burger King	7 300	15.6
Taco Bell	4 575	9.8
Wendy's	4 360	9.3
Hardee's	3 055	6.5
Subway	2 700	5.8
Arby's	1 867	4.0
Dairy Queen	1 225	2.6
Jack in the Box	1 207	2.6
Sonic Drive-In	985	2.1
Carl's Jr.	648	1.4
Otras cadenas	2 454	5.2
Total	$46 745	100.0%
Restaurantes para cenar		
Red Lobster	$ 1 810	15.7%
Applebee's	1 523	13.2
Olive Garden	1 280	11.1
Chili's	1 242	10.7
Outback Steakhouse	1 017	8.8
T.G.I. Friday's	935	8.1
Ruby Tuesday	545	4.7
Lone Star Steakhouse	460	4.0
Bennigan's	458	4.0
Romano's Macaroni Grill	344	3.0
Otros restaurantes para cenar	1 942	16.8
Total	$11 557	100.0%
Cadenas de buffet a la parrilla		
Golden Corral	$ 711	22.8%
Ponderosa	680	21.8
Ryan's	604	19.4
Sizzler	540	17.3
Western Sizzlin'	332	10.3
Quincy's	259	8.3
Total	$ 3 116	100.0%
Restaurantes familiares		
Denny's	$ 1 850	21.2%
Shoney's	1 220	14.0
Big Boy	945	10.8
International House of Pancakes	797	9.1
Cracker Barrel	734	8.4
Perkins	678	7.8
Friendly's	597	6.8
Bob Evans	575	6.6
Waffle House	525	6.0
Coco's	278	3.2
Steak'n Shake	275	3.2
Village Inn	246	2.8
Total	$ 8 719	100.0%

ILUSTRACIÓN 2 Conclusión

Cadenas de pizzas	Ventas	Participación en el mercado
Pizza Hut	$ 4 927	46.4%
Domino's Pizza	2 300	21.7
Little Caesars Pizza	1 425	13.4%
Papa John's Pizza	619	5.8
Sbarro	400	3.8
Round Table Pizza	385	3.6
Chuck E. Cheese's	293	2.8
Godfather's Pizza	266	2.5%
Total	$	100.0%
Cadenas de pollo frito	10 614	
KFC		57.1%
Boston Market	$ 3 900	17.1
Popeye's Chicken	1 167	9.7
Chick-fil-A	666	8.3
Church's Chicken	570	7.7
Total	529	100.0%
	$ 6 832	

Fuente: *Nation's Restaurant News.*

cipación de dichas cadenas en el mercado (conocidas también como *steakhouses*) cayó del 6 por ciento en 1988 a menos del 4 por ciento en 1996. El aumento de restaurantes para cenar durante la década de los noventa se debió, en parte, a una población de mayor edad y con más recursos económicos que demandaba cada vez más comida de mejor calidad y ambientación de mejor categoría que las de las cadenas de hamburguesas. Sin embargo, la construcción rápida de nuevos restaurantes, en especial entre los relativamente advenedizos, como Romano's Macaroni Grill, Lone Steakhouse y Outback Steakhouse, dio como resultado una oferta excesiva dentro del segmento de restaurantes para cenar. Esto redujo las ventas promedio de los restaurantes e intensificó aún más la com-petencia. En 1996, 8 de los 16 restaurantes principales para cenar registraron tasas de crecimiento mayores al 10 por ciento. Romano's Macaroni Grill, Lone Star Steakhouse, Chili's, Outback Steakhouse, Applebee's, Red Robin, Fuddruckers y Ruby Tuesday alcanzaron tasas de crecimiento del 82, 41, 32, 27, 23, 14, 11 y 10 por ciento, respectivamente.

El tercer gran segmento de comida rápida era el de pizzas, dominado en gran medida por Pizza Hut. Mientras que esta cadena controlaba más del 46 por ciento del mercado de pizzas en 1996, su participación en el mercado disminuyó lentamente desde entonces por la intensa competencia y el envejecimiento de su base de restaurantes. Domino's Pizza y Papa John's Pizza han sido en especial exitosas. Little Caesars es la única cadena de pizzas que permanece como una cadena en cuyos restaurantes las pizzas se venden sobre todo para llevar aunque recientemente comenzó a tener servicio a domicilio. Sin embargo, su política de cobrar 1 dólar por entrega dañó su reputación como cadena de pizzas de calidad, entre los consumidores. La entrega a domicilio, introducida con éxito por Domino's y Pizza Hut, fue una fuerza impulsora de éxito entre los líderes del mercado durante los setenta y los ochenta. Pero el éxito de la entrega a domicilio hizo que los competidores buscaran nuevos métodos para incrementar sus clientes. Las cadenas de pizza se diversificaron con artículos distintos a las pizzas, como alitas de pollo en Domino's y pan con queso estilo italiano en Little Caesars; desarro-

ILUSTRACIÓN 3 Principales cadenas de pollo frito en Estados Unidos

Ventas en Estados Unidos (millones de dólares)	1992	1993	1994	1995	1996	1997	Tasa de crecimiento anual
KFC	$3 400	$3 400	$3 500	$3 700	$3 900	$4 000	3.3%
Boston Market	43	147	371	754	1 100	1 197	94.5
Popeye's Chicken	545	569	614	660	677	727	5.9
Chick-fil-A	356	396	451	502	570	671	11.9
Church's Chicken	414	440	465	501	526	574	6.8
Total	$4 758	$4 952	$5 401	$6 118	$6 772	$7 170	8.5%
Número de restaurantes en Estados Unidos							
KFC	5 089	5 128	5 149	5 142	5 108	5 120	0.1%
Boston Market	83	217	534	829	1 087	1 166	69.6
Popeye's Chicken	769	769	853	889	894	949	4.3
Chick-fil-A	487	545	534	825	717	762	9.0
Church's Chicken	944	932	937	953	989	1 070	2.5
Total	7 372	7 591	8 007	8 638	8 795	9 067	4.2%
Ventas por unidad (miles de dólares)							
KFC	$ 668	$ 663	$ 680	$ 720	$ 764	$ 781	3.2%
Boston Market	518	677	695	910	1 012	1 027	14.7
Popeye's Chicken	709	740	720	742	757	767	1.6
Chick-fil-A	731	727	845	608	795	881	3.8
Church's Chicken	439	472	496	526	531	537	4.1
Promedio	$ 645	$ 782	$ 782	$ 782	$ 782	$ 782	3.9%

Fuentes: Tricon Global Restaurants, Inc., informe anual de 1997; Boston Chicken, Inc., informe anual de 1997; Chick-fil-A, oficinas centrales, Atlanta; AFC Enterprises, Inc., informe anual de 1997.

llaron unidades no tradicionales, por ejemplo, kioscos en los aeropuertos y en campus universitarios ofrecieron promociones especiales y variaciones nuevas de pizza con énfasis en ingredientes de alta calidad pizza crujiente con romero y ajo en Domino's y la pizza de pollo búfalo en Round Table Pizza.

El segmento del pollo

KFC continuó dominando el segmento del pollo, con ventas por 4 mil millones de dólares en 1997 (véase la ilustración 3). Sin embargo, más que construir nuevos restaurantes en el ya saturado mercado de Estados Unidos, KFC dirigió sus esfuerzos a construir restaurantes en el extranjero. De hecho, el número de restaurantes de KFC en Estados Unidos disminuyó un poco, de 5 128 en 1993 a 5 120 en 1998. En Estados Unidos, KFC cerró los restaurantes que no producían ganancias, mejoró los ya existentes con letreros exteriores nuevos, y aumentó la calidad de sus productos. Esta estrategia fue redituable. Mientras que el total de las ventas en Estados Unidos, durante los 10 años anteriores a 1998, permaneció sin cambios, las ventas anuales por unidad se incrementaron a paso firme en 8 de los 9 años anteriores a 1998.

A pesar del continuo dominio de KFC en el segmento del pollo, la cadena perdió parte de su participación en el mercado ante Boston Market, que para 1997 se había convertido en el competidor más cercano de KFC, con ventas por 1.2 mil millones de dólares. Con énfasis en el pollo asado más que en el frito, Boston Market había creado, con éxito, la imagen de un *deli* de categoría que ofrecía alternativas de comida rápida saludable, y con estilo casero. Había ampliado su menú más allá del pollo asado, al incluir jamón, pavo, pastel de carne, pay de pollo y sándwiches deli. Para minimizar su imagen de restaurante de comida rápida, Boston Market se había rehusado a poner accesos para ordenar comida para llevar desde el automóvil en sus restaurantes, y había establecido la mayoría de sus unidades en centros comerciales al exterior, locales independientes en intersecciones, lo cual es muy característico de otros restaurantes de comida rápida.

En 1993, KFC introdujo su propio pollo asado, llamado Rotisserie Gold (asado dorado), para combatir a Boston Market. Sin embargo, aprendió pronto que su base de consumidores era considerablemente distinta de la de Boston Market. A los clientes de KFC les gustaba el pollo KFC a pesar de que estuviera frito. Además, los clientes no respondieron bien al concepto de comprar pollos enteros para llevar. Preferían comprar pollo por piezas. KFC retiró su pollo asado en 1996 e introdujo una nueva línea de pollo asado llamado Tender Roast (asado suave), que podía venderse por pieza y mezclarse con la Receta Original y con el Extra Crispy Chicken (Cruji Pollo).

Otros competidores importantes dentro del segmento del pollo incluían Popeye's Chicken y Church's Chicken (ambas subsidiarias de AFC Enterprises en Atlanta), Chick-fil-A, Bojangle's, El Pollo Loco, Grandy's, Kenny Rogers Roasters, Mrs. Winner's y Pudgie's. Tanto Church's como Popeye's tenían estrategias similares para competir de frente con otras cadenas de "pollo frito". A diferencia de KFC, ninguna de esas cadenas ofreció pollo asado, y ambas se limitaron a productos de pollo que no estaban fritos. Chick-fil-A se enfocaba exclusivamente en los sándwiches de pechuga sin piel cocinada a presión y al carbón, que servía a sus clientes en restaurantes regulares, ubicados predominantemente en centros comerciales. Como muchos centros comerciales tenían pabellones de alimentos, los cuales a menudo consistían de hasta 15 unidades de comida rápida que competían hombro con hombro, éstos se volvieron menos entusiastas en cuanto a designar un área separada para cadenas de comida. Por tanto, para complementar su ya existente base de restaurantes en centros comerciales, Chick-fil-A comenzó a abrir unidades más pequeñas en los pabellones de alimentos de centros comerciales, hospitales y universidades. También abrió unidades independientes en ubicaciones selectas.

Tendencias demográficas

Una variedad de tendencias demográficas y sociales en Estados Unidos contribuyó a incrementar la demanda de comida preparada fuera de casa. Debido a la alta tasa de divorcios y al hecho de que la gente se casaba con mayor edad, los hogares habitados por una sola persona representaban alrededor del 25 por ciento del total de los hogares estadounidenses en 1998, un incremento del 17 por ciento con respecto a 1970. Esto aumentó el número de individuos que preferían comer fuera en vez de comer en casa. El número de mujeres casadas que trabajaban fuera del hogar también aumentó en gran medida durante los 25 años anteriores a 1998. Alrededor del 59 por ciento del total de mujeres casadas tenía una carrera. De acuerdo con el Consejo de Conferencias (*Conference Board*), 64 por ciento de los hogares habitados por parejas casadas tendrían ingresos familiares dobles para el año 2000. Casi el 80 por ciento de los hogares cuyos jefes de familia sean individuos entre los 25 y los 44 años, tanto casados como solteros, tendrían ingreso doble. Un mayor número de mujeres que trabajan incrementó el ingreso familiar. De acuerdo con la revista *Restaurants & Institutions*, más de un tercio de todos los hogares tenían ingresos de al menos 50 000 dólares en 1996, y alrededor del 8 por ciento tenían ingresos anuales de más de 100 000 dólares. La combinación de un mayor número de familias integrados por dos personas con una carrera profesional y el incremento en los ingresos significaba que menos familias tenían tiempo para preparar la comida en casa. De acuerdo con los *Sondeos Industriales* de Standar & Poor's, los estadounidenses gastaron el 55 por ciento de sus dólares destinados a alimentos en restaurantes durante 1995, un porcentaje mayor al 34 por ciento en 1970.

Las cadenas de restaurantes de comida rápida respondieron a estos cambios demográficos y sociales aumentado su número de restaurantes. Sin embargo, para principios de los noventa, el crecimiento de los restaurantes independientes tradicionales disminuyó con la saturación del mercado estadounidense. La gran excepción fueron los restaurantes para cenar, que continuaron proliferando en respuesta a la pasión de los estadounidenses por la carne. Desde 1990, la población de Estados Unidos ha crecido una tasa anual promedio de más o menos el 1 por ciento; el total alcanzó los 270 millones de personas en 1997. La creciente migración en los años noventa, alteró en gran medida la composición étnica de la población estadounidense. De acuerdo con la Oficina de Censos (*Bureau of the Census*), los estadounidenses nacidos fuera de Estados Unidos representaban el 10 por ciento de la población en 1997. Alrededor del 40 por ciento de ellos eran hispanos, mientras que 24 por ciento eran asiáticos. Casi el 30 por ciento de los estadounidenses nacidos fuera de Estados Unidos llegaron a partir de 1990. Como resultado de esta tendencia, las cadenas de restaurantes diversificaron sus menús para atraer a los diferentes gustos de los consumidores, se establecieron en ubicaciones poco tradicionales como tiendas departamentales y aeropuertos, y facilitaron el acceso a la comida a través de entregas a domicilio y comida para llevar.

Consolidación de la industria, fusiones y adquisiciones

La disminución en el crecimiento del mercado estadounidense de comida rápida intensificó la competencia para participar en el mercado entre las cadenas de restaurantes y la consolidación, principalmente a través de fusiones y adquisiciones, durante mediados de los noventa. Muchas cadenas de restaurantes descubrieron que la participación en el mercado podía incrementarse con más rapidez y de forma más económica al adquirir una compañía existente en vez de construir nuevas unidades. Además, los costos fijos podían dividirse entre un mayor número de restaurantes. Esto elevó los márgenes operativos y dio a las compañías la oportunidad de hacer crecer su participación en el mercado bajando los precios. Una base de restaurantes en crecimiento también daba a las compañías mayor poder adquisitivo con los proveedores. En 1990, Grand Metropolitan, una compañía británica, compró Pillsbury por 5.7 mil millones de dólares. Incluida en la compra estaba la cadena Burger King que pertenecía a Pillsbury. Grand Met, que en 1988 había comprado Wienerwald, una cadena de pollo de Alemania Occidental, y Spaghetti Factory, una cadena suiza, fortaleció sus franquicias mejorando sus restaurantes existentes y eliminando varios niveles de administración para reducir sus costos. Esto dio a Burger King el por tan largo tiempo necesitado empujón para mejorar su posición con respecto a McDonald's, su principal competidor.

Tal vez de mayor importancia para KFC fue la adquisición que hizo Hardee's de los 600 restaurantes Roy Rogers, de Marriot Corporation, en 1990. Hardee's convirtió un gran número de estos restaurantes en unidades de Hardee's e introdujo el pollo frito Roy Rogers a su menú. Para 1993, Hardee's había introducido pollo frito a la mayoría de sus restaurantes en Estados Unidos. Aunque era difícil que Hardee's destruyera la lealtad de los clientes de la que KFC había gozado por tanto tiempo, sí redujo las ventas de KFC, porque fue capaz de ofrecer a los consumidores una selección de menú ampliado que atraía a una variedad de preferencias alimentarias de las familias. En 1997, la casa matriz de Hardee's, Imasco Ltd., la vendió a CKE Restaurants, Inc. CKE era propietaria de Carl's Jr., Rally's Hamburgers y Checker's Drive-In. Boston Chicken, Inc. adquirió

Harry's Farmers Market, un proveedor de alimentos de Atlanta que vendía comida preparada. La adquisición se diseñó para ayudar a Boston Chicken a desarrollar una distribución que fuera más allá de sus restaurantes Boston Market. AFC Enterprises, que operaba Popeye's y Church's, adquirió Chesapeake Bagel Bakery de McLean, Virginia, para diversificar sus productos de pollo frito y para fortalecer su balance.

El efecto de éstas y otras fusiones y adquisiciones recientes en la industria fue poderoso. Las 10 compañías restauranteras más importantes controlaban casi el 60 por ciento de las ventas de comida rápida en Estados Unidos. La consolidación de un gran número de cadenas de comida rápida a casas matrices, de mayor tamaño y de mayor poder financiero, le dio a las cadenas de restaurantes fuertes recursos financieros y administrativos que podían usarse para competir en contra de cadenas más pequeñas en la industria.

El mercado internacional del servicio rápido

Debido a la acelerada construcción de restaurantes nuevos en Estados Unidos durante los años setenta y ochenta las oportunidades de continuar con dicho crecimiento en los noventa se vieron limitadas. Las cadenas de restaurantes que sí construían restaurantes nuevos, descubrían que el costo más alto de locales bien ubicados daba como resultado una inmensa presión para incrementar las ventas anuales en cada restaurante. Muchos restaurantes comenzaron a crecer en los mercados internacionales como una alternativa al continuo crecimiento nacional. En contraste con el mercado estadounidense, los mercados internacionales ofrecían grandes bases de clientes y poca competencia. Sin embargo, para 1998 sólo unas cuantas cadenas de restaurantes estadounidenses habían definido estrategias agresivas para penetrar los mercados internacionales. Casos clave entre éstas eran McDonald's, KFC, Pizza Hut y Taco Bell.

McDonald's operaba el mayor número de restaurantes. En 1998, tenía 23 132 restaurantes en 109 países (10 409 restaurantes estaban ubicados fuera de Estados Unidos). En comparación, KFC, Pizza Hut y Taco Bell juntos operaban 29 712 restaurantes en 79, 88 y 17, países, respectivamente (9 126 restaurantes estaban ubicados fuera de Estados Unidos). De estas cuatro cadenas, KFC operaba el mayor porcentaje de sus restaurantes (50 por ciento) fuera de Estados Unidos. McDonald's, Pizza Hut y Taco Bell operaban 45, 31 y 2 por ciento de sus unidades fuera de Estados Unidos, respectivamente. KFC abrió su primer restaurante en el extranjero a finales de los sesenta; para cuando PepsiCo la adquirió en 1986, ya operaba restaurantes en 55 países. Su temprano crecimiento en el exterior, la fuerza de su marca y la experiencia administrativa que tenía en los mercados internacionales le dieron una fuerte ventaja competitiva *vis à vis* de otras cadenas de comida rápida que estaban invirtiendo en el extranjero por vez primera.

La ilustración 4 muestra una lista publicada por *Hotels*, de las 30 cadenas de comida rápida más grandes en el mundo, al final de 1993. (*Hotels* descontinuó estos reportes después de 1994.) Diecisiete de estas cadenas (categorizadas por número de unidades) tenían su casa matriz en Estados Unidos. Había varias explicaciones de la relativa escasez de restaurantes de comida rápida fuera de Estados Unidos. Primero, Estados Unidos representaba el mercado de consumo más grande del mundo, con más de un quinto del producto interno bruto mundial. Por tanto, este país era el punto estratégico de las cadenas de restaurantes más importantes. Segundo, los estadounidenses estaban aceptando con rapidez el concepto de comida rápida, mientras que muchas otras culturas tenían fuertes tradiciones culinarias que eran difíciles de romper. Los europeos, por ejemplo, habían preferido por mucho tiempo frecuentar restaurantes de categoría media, en donde pasaban varias horas en un ambiente formal, disfrutando de platillos y de bebidas nativas. Aunque KFC estaba construyendo de nuevo restaurantes en Alemania a finales de los ochenta ya había fracasado con anterioridad en su intento

ILUSTRACIÓN 4 Las 30 cadenas de comida rápida más globales del mundo (finales de 1993, categorizadas por número de países)

Rango	Franquicia	Ubicación	Unidades	Países
1	Pizza Hut	Dallas, Texas	10 433	80
2	McDonald's	Oakbrook, Illinois	23 132	70
3	KFC	Louisville, Kentucky	9 033	68
4	Burger King	Miami, Florida	7 121	50
5	Baskin-Robbins	Glendale, California	3 557	49
6	Wendy's	Dublin, Ohio	4 168	38
7	Domino's Pizza	Ann Arbor, Michigan	5 238	36
8	TCBY	Little Rock, Arkansas	7 474	22
9	Dairy Queen	Minneapolis, Minnesota	5 471	21
10	Dunkin' Donuts	Randolph, Massachusetts	3 691	21
11	Taco Bell	Irvine, California	4 921	20
12	Arby's	Fort Lauderdale, Florida	2 670	18
13	Subway	Milford, Connecticut	8 477	15
14	Sizzler International	Los Ángeles, California	681	14
15	Hardee's	Rocky Mount, Carolina del Norte	4 060	12
16	Little Caesars	Detroit, Michigan	4 600	12
17	Popeye's Chicken	Atlanta, Georgia	813	12
18	Denny's	Spartanburg, Carolina del Sur	1 515	10
19	A&W Restaurants	Livonia, Michigan	707	9
20	T.G.I. Friday's	Minneapolis, Minnesota	273	8
21	Orange Julius	Minneapolis, Minnesota	480	7
22	Church's Chicken	Atlanta, Georgia	1 079	6
23	Long John Silver's	Lexington, Kentucky	1 464	5
24	Carl's Jr.	Anaheim, California	649	4
25	Loterria	Tokio, Japón	795	4
26	Mos Burger	Tokio, Japón	1 263	4
27	Skylark	Tokio, Japón	1 000	4
28	Jack in the Box	San Diego, California	1 172	3
29	Quick Restaurants	Berchem, Bélgica	876	3
30	Taco Time	Eugene, Oregon	300	3

Fuente: *Hotels*, mayo de 1994; PepsiCo, Inc., informe anual de 1994.

por penetrar ese mercado, porque los alemanes no estaban acostumbrados a ordenar comida para llevar, o a ordenarla en el mostrador. McDonald's había tenido gran éxito al penetrar en el mercado alemán porque hizo varios cambios en su menú y su procedimiento operativo, para ser más atractivo para la cultura alemana. Por ejemplo, se servía cerveza alemana en todos los restaurantes de McDonald's en ese país.

Aparte de los factores culturales, los negocios internacionales tenían riesgos que no existían en el mercado estadounidense. Las largas distancias entre la casa matriz y sus franquicias en el extranjero a menudo dificultaban el control de calidad de los restaurantes individuales, así como la resolución de los problemas de servicio y de soporte. El transporte y otras fuentes generadores de costos eran más altos que en el mercado nacional. Además, las diferencias de tiempo, cultura e idioma, dificultaban la comunicación y los problemas de operación. Así pues, era de esperarse que las cadenas de restaurantes estadounidenses crecieran a nivel nacional mientras continuaran teniendo

ILUSTRACIÓN 5 Participación en el mercado de las principales cadenas de restaurantes de pollo estadounidenses, 1988-1997

	KFC	Boston Market	Popeye's	Chick-fil-A	Church's	Total
1988	72.1%	0.0%	12.0%	5.8%	10.1%	100.0%
1989	70.8	0.0	12.0	6.2	11.0	100.0
1990	71.3	0.0	12.3	6.6	9.8	100.0
1991	72.7	0.0	11.4	7.0	8.9	100.0
1992	71.5	0.9	11.4	7.5	8.7	100.0
1993	68.7	3.0	11.4	8.0	8.9	100.0
1994	64.8	6.9	11.3	8.4	8.6	100.0
1995	60.5	12.3	10.8	8.2	8.2	100.0
1996	57.6	16.2	10.0	8.4	7.8	100.0
1997	55.8	16.7	10.1	9.4	8.0	100.0
Cambio de 1988 a 1997	16.3)%	+16.7%	(1.9)%	+3.6%	(2.1)%	

Fuente: *Nation's Restaurant News*

utilidades corporativas y cumplieran con sus objetivos de crecimiento. Sin embargo, conforme el mercado estadounidense se fue saturando y las compañías iban ganando experiencia en los mercados internacionales, podía esperarse que un mayor número de ellas acudieran a los mercados internacionales redituables, como un medio para aumentar su número de restaurantes e incrementar sus ventas, utilidades y participación en el mercado.

KENTUCKY FRIED CHICKEN CORPORATION (WWW.KFC.COM)

Las ventas mundiales de KFC, que incluyen los totales tanto de los restaurantes propiedad de la compañía como de las franquicias, crecieron a 8 mil millones de dólares en 1997. Las ventas en Estados Unidos crecieron 2.6 por ciento con respecto a 1996, lo que representó aproximadamente la mitad de las ventas mundiales de KFC. La participación de KFC en el segmento estadounidense del pollo cayó 1.8 puntos, a 55.8 por ciento (véase la ilustración 5). Esto marcó el sexto año consecutivo en que KFC tuvo una disminución en su participación en el mercado. En 1998, la participación de KFC había caído en 16.3 puntos desde 1988, cuando tenía el 72.1 por ciento del mercado. Boston Market, que estableció su primer restaurante en 1992, incrementó su participación en el mercado de 0 a 16.7 en el mismo periodo. A primera vista, parecería que Boston Market había logrado esa ganancia en el mercado quitándole clientes a KFC. Sin embargo, el crecimiento de las ventas de KFC se había mantenido bastante estable y constante durante los 10 años previos. El éxito de Boston Market estaba, en gran medida, en función de su atractivo para los consumidores que no eran clientes regulares de KFC u otras cadenas de pollo frito. Al atraer a un mercado que antes estaba insatisfecho, Boston Market pudo aumentar su número de consumidores con el segmento del pollo en la industria de la comida rápida.

La estrategia de volver a otorgar franquicias

La relativamente lenta tasa de crecimiento en las ventas de los restaurantes nacionales de KFC, durante el periodo de 1992-1997, se debió en gran medida a la decisión de KFC,

ILUSTRACIÓN 6 Cuenta de los restaurantes de KFC (en Estados Unidos), 1986-1997

	Propiedad de la compañía	Porcentaje del total	Franquicia con licencia	Porcentaje del total	Total
1986	1 246		3 474	73.6%	4 720
1987	1 250	26.4%	3 564	74.0	4 814
1988	1 262	26.0	3 637	74.2	4 899
1989	1 364	25.8	3 597	72.5	4 961
1990	1 389	27.5	3 617	72.3	5 006
1991	1 836	27.7	3 186	63.4	5 022
1992	1 960	36.6	3 095	61.2	5 055
1993	2 014	38.8	3 080	60.5	5 094
1994	2 005	39.5	3 110	60.8	5 115
1995	2 026	39.2	3 111	60.6	5 137
1996	1 932	39.4	3 176	62.2	5 108
1997	1 850	37.8	3 270	63.9	5 120
		36.1			
Tasa de crecimiento anual acumulado de 1986-1993					
	7.1%		(1.7%)		1.1%
Tasa de crecimiento anual acumulado de 1993-1997					
	(2.1%)		1.5%		0.1%

Fuentes: Tricon Global Restaurants, Inc., informe anual de l997; PepsiCo, Inc., informes anuales, 1994, 1995, 1996, 1997.

en 1993, de comenzar a vender restaurantes propiedad de la compañía a concesionarios. Cuando el Coronel Sanders empezó a expandir el sistema de Kentucky Fried Chicken a finales de los cincuenta, estableció KFC como un sistema de franquicias independientes, con el fin de minimizar su participación en las operaciones de los restaurantes individuales y concentrarse en las cosas que él más disfrutaba: la cocina, el desarrollo de productos y las relaciones públicas. Esto dio como resultado un grupo de concesionarios muy leales e independientes. Como se explicó antes, cuando PepsiCo adquirió KFC en 1986, la estrategia de PepsiCo demandaba una creciente participación en las decisiones sobre las operaciones de las franquicias, los menús, la administración de los restaurantes, las finanzas y el marketing. Los concesionarios de KFC estaban en franca oposición al aumento del control por parte del corporativo. Uno de los métodos de PepsiCo para lidiar con este conflicto fue expandirse a través de restaurantes propiedad de la compañía, en vez de otorgar franquicias. PepsiCo también utilizó sus fuertes flujos de capital para comprar los restaurantes en franquicia que no eran productivos, mismos que después convertía en restaurantes propiedad de la compañía. En 1986, los restaurantes propiedad de la compañía, representaban el 26 por ciento de la base de restaurantes KFC en Estados Unidos. Para 1993, eran alrededor del 40 por ciento (véase la ilustración 6).

Mientras que los restaurantes propiedad de la compañía eran relativamente más fáciles de controlar en comparación con los distribuidores con franquicias, también requerían niveles más altos de inversión. Esto implicaba que una mayor cantidad del capital de los negocios de bebidas no alcohólicas y botanas de PepsiCo debía desviarse hacia el negocio de los restaurantes. Sin embargo, la industria de la comida rápida tenía utilidades menores que las de las industrias de las bebidas no alcohólicas y de las botanas. En consecuencia, el aumento de inversión en KFC, Pizza Hut y Taco Bell tenía un efecto negativo en las utilidades consolidadas por los activos de PepsiCo. Para 1993, los inversionistas comenzaron a preocuparse de que las utilidades por los activos de PepsiCo no alcanzaba las de Coca-Cola. Para apuntalar su utilidad sobre los activos, PepsiCo decidió reducir el número de restaurantes propiedad de la empresa, vendiéndoselos de nuevo a los concesionarios. Esta estrategia redujo las ventas totales de la compañía, pero también redujo la cantidad de dinero comprometido en activos fijos, lo que proporcionó a la compañía los beneficios del flujo único de capital correspondiente a la cuota inicial cobrada a los concesionarios, y le generó una cadena anual de regalías por parte de las franquicias. Tricon Global continuó con esta estrategia después de su separación en 1997.

Estrategia de marketing

Durante los ochenta, los consumidores comenzaron a demandar comida más sana, mayor variedad y mejor servicio en un gran número de ubicaciones no tradicionales como tiendas de alimentos, restaurantes, aeropuertos y eventos al aire libre. Esto forzó a las cadenas de comida rápida a enriquecer sus menús así como a investigar canales de distribución no tradicionales y diseño original de restaurantes. Las familias también demandaban más calidad en la comida que compraban fuera de casa. Esto presionó más a las cadenas de comida rápida para que redujeran sus precios y bajaran sus costos de operación y así mantener sus márgenes de utilidad.

Muchos de los problemas de KFC durante los últimos años de la década de los ochenta tenían que ver con su limitado menú y su falta de habilidad para sacar, con rapidez, nuevos productos al mercado. La popularidad de su Pollo Receta Original, le había permitido crecer sin competencia significativa de otros competidores de pollo durante los ochenta. Como resultado de esto, la introducción de nuevos productos nunca fue un elemento importante en la estrategia total de KFC. Uno de los golpes más serios vino en 1989, cuando KFC se preparaba para añadir una hamburguesa de pollo a su menú. Mientras KFC seguía experimentando con su hamburguesa de pollo, McDonald's hizo un estudio de mercado con su hamburguesa McPollo en el área de Lousville. Poco después, lanzó la hamburguesa McPollo a nivel nacional. Al vencer a KFC en el mercado, McDonald's pudo desarrollar una fuerte presencia de hamburguesa entre los consumidores. Esto aumentó considerablemente los costos para KFC de desarrollar su propia hamburguesa, que introdujo varios meses más tarde. Por último, KFC retiró su hamburguesa debido a las bajas ventas.

En 1991, KFC cambió su logo en Estados Unidos de Kentucky Fried Chicken a KFC, para que su imagen no sólo fuera la de una cadena de pollo frito (pero continuó utilizando el nombre Kentucky Fried Chicken en el resto del mundo). Después respondió a las demandas de los consumidores de mayor variedad al introducir diversos productos además del Pollo Receta Original. Éstos incluían Oriental Wings (Alitas orientales), Popcorn Chicken (Pollo con palomitas) y Honey BBQ Chicken (Pollo BBQ con miel). También introdujo un menú de postres que incluía una variedad de pies y galletas. En 1993, lanzó el Pollo Asado y comenzó a promover su buffet para comida y cena. El buffet, que incluía 30 productos, se introdujo en casi 1 600 restaurantes de KFC en 27 estados para finales de año. En 1998, KFC vendía tres tipos de pollo: la Receta Original y el Cruji Pollo (pollo frito) y el Asado Suave (pollo asado).

Una de las estrategias más agresivas de KFC fue la introducción de su Programa de Barrios. Para mediados de 1993, casi 500 restaurantes propiedad de la empresa en Nueva York, Chicago, Filadelfia, Washington, D.C., San Louis, Los Ángeles, Houston y Dallas, con menús especiales para atraer exclusivamente a la comunidad negra. Los menús se complementaban con guarniciones como ejotes, macarrón con queso, tarta de durazno, pie de camote, frijoles bayos y arroz. Además, los empleados de los restaurantes vestían uniformes inspirados en África. La introducción del Programa de Barrios incrementó sus ventas de 5 a 30 por ciento en los restaurantes que atraían directamente a la comunidad negra. KFC continuó probando restaurantes orientados hacia los hispanos en el área de Miami, ofreciendo guarniciones como plátanos fritos, flan y pasteles de tres leches.

Uno de los problemas más importantes de KFC en el mercado estadounidense fue que la sobreoferta dificultó el crecimiento de restaurantes independientes. Había menos lugares disponibles para construcciones nuevas, los cuales, por su elevado costo, estaban llevando los márgenes de utilidad hacia abajo. Por tanto, KFC inició una estrategia de distribución con tres vertientes. Primero, se enfocó en la construcción de restaurantes más pequeños en establecimientos no tradicionales, como aeropuertos, centros comerciales, universidades y hospitales. Segundo, experimentó con el servicio de entrega a domicilio, en los mercados de Nashville y Albuquerque en 1994. Para 1998, la entrega a domicilio se ofrecía en 365 restaurantes de KFC en Estados Unidos. Otros establecimientos de distribución no tradicionales que estuvieron a prueban fueron unidades que tenían acceso para ordenar desde el automóvil, y servicio exclusivo para llevar, así como tiendas de bocadillos en cafeterías, establecimientos básicos en supermercados y unidades móviles que podían llevarse a conciertos y ferias al aire libre.

El tercer punto del sistema de distribución de KFC lo constituyó los restaurantes en conjunto con otras marcas, sobre todo con su cadena hermana, Taco Bell. Para 1997, 349 restaurantes de KFC habían añadido productos de Taco Bell a sus menús y ostentaban tanto el logotipo de KFC como el de Taco Bell fuera de sus restaurantes. La cooperación con otras marcas dio a KFC la oportunidad de ampliar sus horarios de operación. Mientras que alrededor de dos terceras partes de las ventas de KFC ocurrían en la cena, las de Taco Bell lo hacían en la comida. Combinando los dos momentos en la misma unidad, las ventas de un solo restaurante podían incrementarse de manera significativa. KFC creía que había oportunidad de vender el concepto de Taco Bell en más 3 900 de sus restaurantes en Estados Unidos.

Eficiencia operativa

A medida que seguía creciendo la presión por parte de los consumidores conscientes de los precios, las cadenas de restaurantes buscaban formas de reducir sus costos generales y otros costos operativos, para mejorar sus márgenes de utilidad. En 1989, KFC reorganizó sus operaciones en Estados Unidos para eliminar costos generales e incrementar su eficiencia. Se incluyó en esta reorganización una revisión de los programas de capacitación del personal de KFC y los estándares de operación. Un énfasis renovado se puso en la limpieza de los restaurantes, el servicio rápido y amable, y la calidad de los productos. En 1992, KFC reorganizó sus rangos de administración media, eliminando 250 de sus 1 500 puestos de administración en las oficinas corporativas de la compañía. Se asignaron más responsabilidades a los concesionarios de los restaurantes y a los administradores de marketing, y el pago de salarios se alineó a una relación más directa con el servicio al cliente y el desempeño del restaurante. En 1997, Tricon Global firmó un acuerdo de cinco años con PepsiCo Food Systems, que más tarde PepsiCo vendió a AmeriServe Food Distributors, para distribuir alimentos e insumos a las 29 712 unidades de KFC, Pizza Hut y Taco Bell, pertenecientes a Tricon. Esto proporcionó a KFC buenas oportunidades de beneficiarse de las economías de escala en la distribución.

OPERACIONES INTERNACIONALES

Gran parte del éxito inicial de las 10 cadenas de comida rápida más importantes fue resultado de estrategias agresivas de construcción. Las cadenas podían desalentar a la competencia construyendo en áreas de baja población que sólo podían dar cabida a una cadena de comida rápida. McDonald's tuvo especial éxito al lograr abrir con rapidez restaurantes y pueblos pequeños a lo largo de Estados Unidos, adelantándose así a otras cadenas de comida rápida. Del mismo modo, era importante vencer a un competidor en áreas más densamente pobladas, en donde la ubicación era de primordial importancia. La temprana entrada de KFC a los mercados internacionales la colocó en una posición fuerte para beneficiarse internacionalmente mientras el mercado estadounidense se saturaba. En 1997, 50 por ciento de los restaurantes de KFC estaban ubicados fuera de Estados Unidos. Mientras que 364 nuevos restaurantes se abrían fuera de Estados Unidos en 1997, sólo 12 restaurantes nuevos se añadieron al sistema estadounidense. La mayor parte del crecimiento internacional de KFC se hizo a través de franquicias, aunque algunos restaurantes se dieron en concesión a operadores, o se operaron junto con un socio local. El crecimiento por medio de franquicias fue una estrategia importante para penetrar los mercados internacionales, porque las franquicias pertenecían y eran operadas por empresarios que entendían la lengua, la cultura y las costumbres, así como la ley los mercados financieros y las características del marketing locales. Las franquicias fueron de particular importancia para el crecimiento hacia países más pequeños como República Dominicana, Granada, Bermuda y Surinam, que sólo podían dar cabida a un restaurante. Los costos de operación de un restaurante propiedad de la compañía en estos mercados más pequeños eran muy altos. De los 5 117 restaurantes de KFC ubicados fuera de Estados Unidos en 1997, 68 por ciento eran franquicias, mientras que 22 por ciento eran propiedad de la empresa y 10 por ciento eran restaurantes en concesión o alianzas estratégicas.

En mercados más grandes, como Japón, China y México, hubo un énfasis más marcado en la construcción de restaurantes propiedad de la compañía. Coordinando la compra, el reclutamiento y la capacitación, el financiamiento, así como la publicidad, KFC pudo distribuir sus costos fijos entre un gran número de restaurantes y negociar precios más bajos por productos y servicios. KFC también pudo controlar mejor la calidad de sus productos y de su servicio. Para aprovechar las economías de escala, Tricon Global Restaurants administró todas las unidades internacionales de las cadenas de KFC, Pizza Hut y Taco Bell, a través de su división Tricon International ubicada en Dallas, Texas. Esto permitió a Tricon Global Restaurants hacer un mejor uso de sus conocimientos importantes sobre publicidad, su experiencia internacional y su experiencia en administración de restaurantes en las tres cadenas.

Estrategia en América Latina

La principal presencia de KFC en el mercado de América Latina durante los ochenta fue en México, Puerto Rico y el Caribe. KFC estableció subsidiarias en México y Puerto Rico, desde donde coordinaba la construcción y operación de restaurantes propiedad de la compañía. Una tercera subsidiaria en Venezuela se cerró debido a sus altos costos fijos. Las franquicias estaban acostumbradas a penetrar en los países del Caribe cuyos tamaños de mercado impedían que KFC operara los restaurantes de la compañía con utilidades. Durante 1989, en México, KFC como gran parte de las otras cadenas de comida rápida instaladas ahí, dependía exclusivamente de las operaciones de restaurantes propiedad de la compañía. Mientras que las franquicias eran socorridas en Estados Unidos, hasta 1990 eran casi desconocidas en México, en especial, a causa de la ausencia de una ley que protegiera las patentes, la información y la tecnología transferida a la franquicia mexicana. Además, las regalías limitadas.

En 1990, México promulgó una nueva ley que protegía la tecnología transferida al país. Bajo la nueva legislación, quien otorgaba la concesión y el concesionario, eran libres de establecer sus términos propios y de cobrar regalías. Las regalías se gravaban al 15 por ciento en el rubro de asistencia tecnológica y *know-how* (conocimiento), y al

35 por ciento en otras categorías. La nueva ley de franquicias trajo como resultado una explosión de franquicias en establecimientos distribuidores de comida rápida, servicios, hotelería y ventas al menudeo. En 1992, se estimaba que las franquicias tenían ventas por 750 millones de dólares en más de 1 200 establecimientos distribuidores a lo largo de México. Antes de que se aprobara la ley mexicana sobre franquicias, KFC había limitado sus operaciones en ese país a las ciudades de México, Guadalajara y Monterrey, para tener mejores posibilidades de coordinar las operaciones y minimizar los costos de distribución a los restaurantes. La nueva ley de franquicias dio a KFC y a otras cadenas de comida rápida, la oportunidad de aumentar su número de restaurantes en regiones rurales de México, en donde la responsabilidad de la administración podía estar a cargo de concesionarios locales.

Después de 1990, KFC alteró su estrategia latinoamericana de varias maneras. Primero, abrió 29 franquicias en México para complementar su base de restaurantes propiedad de la compañía. Después, llevó sus restaurantes propiedad de la empresa a las Islas Vírgenes y reestableció la subsidiaria de Venezuela. Tercero, aumentó sus operaciones con franquicias en América del Sur. En 1990, se abrió una franquicia en Chile, y en 1993 otra en Brasil. Posteriormente, se establecieron franquicias en Colombia, Ecuador, Panamá, Perú y otros países sudamericanos. Una cuarta subsidiaria se estableció en Brasil, para el desarrollo de restaurantes propiedad de la empresa. Brasil era la economía más grande de América Latina y la principal ubicación para las inversiones de McDonald's en esa región. Para junio de 1998, KFC operaba 438 restaurantes en 32 países latinoamericanos. En comparación, McDonald's operaba 1 091 restaurantes en 28 países de América Latina.

La ilustración 7 muestra el número de operaciones de KFC y de McDonald's en América Latina. La temprana entrada de KFC a América Latina durante los años setenta le dio una posición líder en México y el Caribe. También había ganado cierta ventaja en Ecuador y Perú, países en donde McDonald's todavía no tenía una fuerte presencia. McDonald's centraba sus inversiones latinoamericanas en Brasil, Argentina y Uruguay, países en donde KFC tenía poca o ninguna presencia. McDonald's también era fuerte en Venezuela. Tanto KFC como McDonald's eran fuertes en Chile, Colombia, Panamá y Puerto Rico.

Situación económica y el mercado mexicano

México era el mercado más fuerte de KFC en América Latina. A pesar de que McDonald's había establecido muchos restaurantes en México desde 1990, KFC mantuvo la posición líder en el mercado. Por su proximidad con Estados Unidos, México era una ubicación atractiva para el comercio y la inversión estadounidenses. La población de 98 millones de habitantes en México constituía casi un tercio de la de Estados Unidos y representaba un gran mercado para las compañías estadounidenses. En comparación, la población de 30.3 millones de habitantes de Canadá, era sólo un tercio de la de México. La proximidad de México con Estados Unidos significaba que los costos de transportación entre ambos países eran mucho menores que aquellos entre Estados Unidos y Europa o Asia. Esto incrementó la competitividad de los productos estadounidenses en comparación con los europeos o los asiáticos, que tenían que transportarse a México a través del Océano Pacífico a un costo muy alto. Estados Unidos era, de hecho, el principal socio comercial de México. Más del 75 por ciento de las importaciones de México venían de Estados Unidos, mientras que el 84 por ciento de sus exportaciones iban a Estados Unidos (véase la ilustración 8). Muchas empresas estadounidenses invertían en México para aprovechar las bajas tasas de los salarios, lo que significaba que los productos hechos en México podían enviarse a Estados Unidos o a otros mercados para su venta a un costo más bajo.

Mientras que el mercado estadounidense era su gran importancia para México, el mercado mexicano representaba aún un pequeño porcentaje del total del comercio y la

ILUSTRACIÓN 7 Cuenta de los restaurantes en América Latina de KFC y McDonald's (al 31 de diciembre de 1997)

	Restaurantes propiedad de KFC	Restaurantes de KFC en franquicia	Total de restaurantes de KFC	McDonald's
Argentina	—	—	—	131
Bahamas	—	10	10	3
Barbados	—	7	7	–
Brasil	6	2	8	480
Chile	—	29	29	27
Colombia	—	19	19	18
Costa Rica	—	5	5	19
Ecuador	—	18	18	2
Jamaica	—	17	17	7
México	128	29	157	131
Panamá	—	21	21	20
Perú	—	17	17	5
Puerto Rico y las Islas Vírgenes	67	—	67	115
Trinidad y Tobago	—	27	27	3
Uruguay	—	—	—	18
Venezuela	6	—	6	53
Otros	—	30	30	59
Total	207	231	438	1 091

Fuente: Tricon Global Restaurants, Inc.; McDonaldls, informe anual de 1997.

ILUSTRACIÓN 8 Los principales socios comerciales de México en 1992, 1994 y 1996

	1992		1994		1996	
	Exportaciones	Importaciones	Exportaciones	Importaciones	Exportaciones	Importaciones
Estados Unidos	81.1%	71.3%	85.3%	71.8%	84.0%	75.6%
Japón	1.7	4.9	1.6	4.8	1.4	4.4
Alemania	1.1	4.0	0.6	3.9	0.7	3.5
Canadá	2.2	1.7	2.4	2.0	1.2	1.9
Italia	0.3	1.6	0.1	1.3	1.2	1.1
Brasil	0.9	1.8	0.6	1.5	0.9	0.8
España	2.7	1.4	1.4	1.7	1.0	0.7
Otros	10.0	13.3	8.0	13.0	9.6	12.0
Total	100.0%	100.0%	100.0%	100.0%	100.0%	100.0%
Valor (en millones de dólares)	$46 196	$62 129	$60 882	$79 346	$95 991	$89 464

Fuente: Fondo Monetario Internacional, *Dírection of Trade Statistics Yearbook*, 1997.

inversión de Estados Unidos. Desde principios del siglo XX, las exportaciones estadounidenses a América Latina habían disminuido. En su lugar, las exportaciones estadounidenses a Canadá y a Asia, en donde el crecimiento económico sobrepasaba al de México, se incrementaron con más rapidez. Canadá era el mayor importador de bienes estadounidenses. Japón era el mayor exportador de bienes a Estados Unidos, mientras que Canadá ocupaba un cercano segundo lugar. La inversión de Estados Unidos en México también era pequeña, sobre todo debido a restricciones gubernamentales a la inversión extranjera. La mayor parte de la inversión estadounidense en el exterior, iba a Europa, Canadá y Asia.

La falta de inversión tanto como de comercio por parte de Estados Unidos en México durante este siglo era, principalmente, el resultado de la larga historia mexicana de restricciones al comercio y a la inversión extranjera directa. El Partido Revolucionario Institucional (PRI), que subió al poder en México durante los años treinta, había seguido políticas económicas proteccionistas para salvaguardar la economía mexicana de la competencia externa. Muchas industrias eran propiedad del gobierno o estaban bajo su control; y muchas compañías mexicanas se dedicaban a la producción de bienes para el mercado nacional sin prestar mucha atención a los mercados de exportación. Los altos aranceles y otras barreras comerciales restringían las importaciones en México, y el gobierno mexicano prohibía o restringía en gran medida la propiedad de activos por parte de extranjeros en México. Además, una burocracia gubernamental dictatorial y atrincherada, sindicatos de trabajadores corruptos y una larga tradición antiestadounidense entre muchos funcionarios de gobierno e intelectuales, desmotivaba a las empresas estadounidenses para invertir en México.

La nacionalización de la banca en México en 1982, elevó las tasas reales de interés y redujo la confianza de los inversionistas. Después, el gobierno mexicano se enfrentó a un alto nivel de inflación, descontento laboral y la pérdida del poder adquisitivo del consumidor. Sin embargo, la confianza de los inversionistas en México mejoró después de 1988, cuando Carlos Salinas de Gortari fue electo presidente. Después de la elección, Salinas se embarcó en una ambiciosa reestructuración de la economía mexicana. Inició políticas para fortalecer los componentes económicos del libre mercado, redujo las tasas de interés marginal más altas hasta 36 por ciento del 60 por ciento que tenían en 1986 y eliminó muchas restricciones a la inversión extranjera. Las empresas extranjeras ahora pueden comprar hasta el 100 por ciento de los valores líquidos de muchas empresas mexicanas, en vez del límite previo del 49 por ciento.

Privatización

La privatización de compañías propiedad del gobierno vino a simbolizar la reestructuración de la economía en México. En 1990, se aprobó una legislación para privatizar todos los bancos operados por el gobierno. Para finales de 1992, más de 800 de las alrededor de 1 200 compañías propiedad del gobierno ya se habían vendido; lo anterior incluía Mexicana y AeroMéxico, las dos aerolíneas de mayor tamaño en México, así como los 18 bancos principales del país. Sin embargo, más de 350 compañías continuaban siendo propiedad del gobierno. Esto representaba una parte significativa de los activos que tenía el Estado a principios de 1988. Por tanto, la venta de compañías propiedad del gobierno, en términos de valor de activos, fue moderada. Un gran número de activos que seguían siendo propiedad del gobierno estaban controlados por compañías operadas por éste en ciertas industrias estratégicas como la acerera, la eléctrica y la petrolera. Estas industrias habían estado protegidas por largo tiempo, al ser propiedad del gobierno. Como resultado de lo anterior, la privatización de otras empresas gubernamentales hasta 1993 fue limitada. Pero en 1993, cuando el Presidente Salinas abrió el sector eléctrico a productores independientes de electricidad, Petróleos Mexicanos (Pemex) y el monopolio petroquímico operado por el gobierno, comenzó un programa para vender muchos de sus activos que no eran estratégicos a compradores privados y extranjeros.

El Tratado de Libre Comercio, TLC[1]

Antes de 1989, México imponía altos aranceles a la mayoría de los productos importados. Además, muchos otros productos estaban sujetos a cuotas, requerimientos de licencia y otras barreras no arancelarias. En 1986, México se suscribió al Acuerdo General sobre Aranceles y Comercio (GATT, por sus siglas en inglés), una organización de comercio mundial diseñada para eliminar las barreras al comercio entre sus países miembros. Como miembro del GATT, México estaba obligado a aplicar sus sistemas de aranceles a todos los países miembros por igual, y, por tanto, redujo sus tasas arancelarias en una variedad de bienes importados. Además, los requerimientos de licencia fueron eliminados para todas las importaciones con excepción de 300 artículos. Durante la administración del Presidente Salinas, los aranceles se redujeron de un promedio del 100 por ciento en la mayoría de los artículos, a un promedio del 11 por ciento.

El 1º de enero de 1994, el TLC entró en vigencia. La aprobación del TLC, que incluía a Canadá, Estados Unidos y México, creó un bloque comercial con una población más grande y un producto interno bruto mayor que los de la Unión Europea. Estaba programado que todos los aranceles sobre los bienes comercializados entre los tres países se eliminaran progresivamente. Se esperaba que el TLC fuera en especial benéfico para los exportadores mexicanos, porque la reducción de aranceles daba mayor competitividad a sus bienes en Estados Unidos, en comparación con los bienes exportados Estados Unidos desde otros países. En 1995, un año después de que el TLC entrara en vigencia, México registró el primer superávit en seis años, en su balanza comercial. Parte de este superávit se atribuyó a la reducción de aranceles resultado del TLC. Sin embargo, la crisis del peso en 1995, que bajó el valor del peso con respecto al dólar, incrementó el precio de los bienes importados a México y redujo el precio de los productos mexicanos exportados a Estados Unidos. Así pues, era todavía muy pronto para evaluar todos los efectos del TLC.

Intercambio de divisas y la crisis del peso mexicano de 1995

Entre 1982 y 1991, en México existía un sistema de tipo de cambio con dos vertientes, que consistía de una tasa controlada y una tasa de libre mercado. La tasa controlada se utilizaba para las importaciones, los pagos de deuda externa y la conversión de las divisas procedentes de la exportación. Un estimado del 70 por ciento de todas las transacciones con el exterior se cubrían con la tasa controlada. La tasa de libre mercado se utilizaba para otras transacciones. En 1989, el Presidente Salinas instituyó una política que permitía la depreciación del peso con respecto al dólar por un peso al día. El resultado fue un peso demasiado sobrevaluado. Esto redujo los precios de las importaciones y fomentó un incremento en las importaciones de alrededor del 23 por ciento en 1989. Al mismo tiempo, las exportaciones mexicanos se volvieron menos competitivas en los mercados mundiales.

En 1991, la tasa controlada se abolió y la remplazó una tasa oficial libre. Para limitar el rango de las fluctuaciones en el valor del peso, el gobierno fijó la tasa a la que deberían comprarse o venderse los pesos. Se estableció una base fija (el precio máximo al que un peso podía comprarse) de 3 056.20 pesos. Se estableció un tope (el precio máximo al que un peso podía venderse) de 3 056.40 que podía variar 0.20 pesos diarios

[1] En inglés North American Trade Agreement (NAFTA).

hacia arriba. Esto se revisó y elevó después a 0.40 pesos al día. En 1993, se emitió una nueva divisa, llamada el nuevo peso, que tenía tres ceros menos. Esta nueva moneda se diseñó para simplificar las transacciones y para reducir el costo de imprimir divisas.

Cuando Ernesto Zedillo se convirtió en Presidente de México en diciembre de 1994, uno de sus objetivos era continuar con la estabilidad de precios, salarios y tipos de cambio, logrados por Salinas durante sus seis años de periodo como presidente. Pero Salinas había logrado la estabilidad, en gran medida, basándose en los controles de precios, sueldos e intercambio de divisas. Si bien daba una apariencia de estabilidad, un peso sobrevaluado continuaba fomentando las importaciones, lo que exacerbaba el déficit de la balanza comercial de México. El gobierno continuaba utilizando las reservas de divisas extranjeras para financiar su déficit comercial. De acuerdo con el Banco de México, las reservas de divisas extranjeras cayeron de 24 mil millones en enero de 1994, a 5.5 mil millones de dólares en enero de 1995. Anticipándose a una devaluación del peso, los inversionistas comenzaron a mover su capital a inversiones en dólares estadounidenses. Para aliviar la presión sobre el peso, Zedillo anunció el 19 de diciembre de 1994, que se le permitiría al peso depreciarse con respecto al dólar 15 por ciento más al año, a diferencia del nivel máximo de depreciación permitido, el 4 por ciento anual, durante la administración de Salinas. En dos días, la continua presión sobre el peso obligó a Zedillo a permitir la libre flotación del peso con respecto al dólar. Para mediados de enero de 1995, el peso había perdido el 35 por ciento de su valor con respecto al dólar, y el mercado cambiario mexicano había caído un 20 por ciento. Para noviembre de 1995, el peso se había depreciado de 3.1 a 7.3 pesos por dólar.

La continua devaluación del peso trajo como resultado un aumento en los precios de importación, mayores niveles de inflación, inestabilidad en el mercado cambiario y tasas de interés más altas. México se esforzaba por pagar sus deudas basadas en dólares. Para evitar un posible incumplimiento por parte de México, el gobierno de Estados Unidos, el Fondo Monetario Internacional y el Banco Mundial, se comprometieron a otorgar un préstamo de emergencia a México por 24.9 mil millones de dólares. Zedillo anunció, entonces, un paquete económico de emergencia, llamado el *pacto*, que redujo los gastos gubernamentales, incrementó las ventas de negocios operados por el gobierno y congeló los aumentos salariales.

Problemas laborales

Una de las principales preocupaciones de KFC en México era la estabilidad de los mercados laborales. El empleo era más o menos abundante, y los salarios eran bajos. Sin embargo, mucha de la fuerza de trabajo era mano de obra relativamente no calificada. KFC se beneficiaba de los bajos costos de la mano de obra, pero el descontento laboral, el bajo nivel de retención de empleos, el alto nivel de absentismo y la impuntualidad eran problemas importantes. El absentismo y la impuntualidad eran asuntos en parte culturales. Sin embargo, los problemas de retención al salario del trabajador y el descontento laboral eran también causados por la frustración de los trabajadores por la pérdida de su poder adquisitivo, resultado de la inflación y del control gubernamental en el aumento salarial. El absentismo permaneció alto, entre 8 y el 14 por ciento de la fuerza laboral aproximadamente, aunque disminuía por el temor a perder el trabajo. Las renuncias continuaban siendo un problema y ascendían a entre el 5 y el 12 por ciento mensual. Esto hacía de la búsqueda de empleados y de la capacitación interna un asunto de importancia para las empresas que invertían en México.

Los altos niveles de inflación y la política gubernamental de congelar los aumentos salariales llevó a una drástica disminución en el ingreso disponible después de 1994. Más aún, se redujo la actividad en los negocios, como resultado del aumento en las tasas de interés y en la reducción del gasto gubernamental, lo cual propició que muchas tuvieran que hacer recortes de personal. Para fines de 1995, un estimado de 1 millón de

ILUSTRACIÓN 9 Indicadores económicos seleccionados de Canadá, Estados Unidos y México

	Cambio porcentual anual (%)				
	1993	**1994**	**1995**	**1996**	**1997**
Crecimiento del Producto Interno Bruto (PIB)					
Canadá	3.3%	4.8%	5.5%	4.1%	n.a.
Estados Unidos	4.9	5.8	4.8	5.1	5.9%
México	21.4	13.3	29.4	38.2	n.a.
Crecimiento real del PIB					
Canadá	2.2%	4.1%	2.3%	1.2%	n.a.
Estados Unidos	2.2	3.5	2.0	2.8	3.8
México	2.0	4.5	(6.2)	5.1	n.a.
Tasa de inflación					
Canadá	1.9%	0.2%	2.2%	1.5%	1.6%
Estados Unidos	3.0	2.5	2.8	2.9	2.4
México	9.7	6.9	35.0	34.4	20.6
Depreciación (apreciación) con respecto al dólar de los Estados Unidos					
Canadá	4.2%	6.0%	(2.7)%	0.3%	4.3%
México	(0.3)	71.4	43.5	2.7	3.6

Fuente: Fondo Monetario Internacional, *International Financial Statistics*, 1998.

empleos se habían perdido como resultado de la crisis económica iniciada por la devaluación del peso. Los grupos industriales en México pedían nuevas leyes laborales que les dieran mayor libertad de contratar y despedir empleados, y aumentaran la flexibilidad para contratar empleados de medio tiempo, en vez de tiempo completo.

RIESGOS Y OPORTUNIDADES

La crisis del peso de 1995 y la resultante recesión en México dejaron a los administradores de KFC con una gran incertidumbre con respecto al futuro económico y político de México. KFC se había beneficiado de la estabilidad económica entre 1988 y 1994. La inflación había bajado, el peso era relativamente estable, las relaciones laborales estaban en relativa calma, la nueva ley mexicana sobre franquicias había permitido a KFC crecer a áreas rurales usando franquicias en vez de restaurantes de su propiedad. Para fines de 1995, KFC había construido 29 franquicias en México. La crisis cambiaría de 1995, tuvo severas implicaciones para las empresas estadounidenses con operaciones en México. La devaluación del peso tuvo como resultado mayores niveles inflacionarios y la salida de capitales del país. La salida de capitales redujo el suministro de fondos de inversión y provocó tasas de interés más altas. Para reducir la inflación, el gobierno mexicano instituyó un programa de austeridad que trajo como resultado menos ingresos disponibles, mayor desempleo, y una menor demanda de productos y servicios.

Otro problema fue que México no logró reducir a tiempo sus restricciones sobre la inversión de Estados Unidos y de Canadá. Muchas empresas estadounidenses tuvieron problemas para que el gobierno mexicano les aprobara nuevas inversiones de alto riesgo. Un buen ejemplo fue United Parcel Service (UPS), que buscó la aprobación del gobierno para utilizar grandes camiones para hacer entregas en México. La aprobación se retrasó, lo que forzó a UPS a utilizar camiones más pequeños, y puso a la compañía en desventaja competitiva *vis-à-vis* de otras compañías mexicanas. En muchos casos, UPS se vio forzada a subcontratar el servicio de entrega con compañías mexicanas a las que sí se les permitía utilizar camiones más grandes, y tenían mayor eficiencia en cuanto a costos. Otras compañías estadounidenses, como Bell Atlantic y TRW, se enfrentaron a problemas similares. TRW, que estableció una alianza estratégica con un socio mexicano, tuvo que esperar 15 meses más de lo anticipado, para que el gobierno mexicano diera a conocer las reglas sobre la manera en que podía recibir información de crédito de los bancos. TRW asegura que el gobierno mexicano retrasó el proceso de aprobación para apaciguar a varios bancos mexicanos grandes.

Un ámbito final de preocupación para KFC fue la inestabilidad política en México durante los últimos años. El 1º de enero de 1994, el día en que el TLC entró en vigor, un grupo de rebeldes, se levantaron en armas en Chiapas, un estado del sureste de México que hace frontera con Guatemala. Después de cuatro días de lucha, las tropas del ejército mexicano habían sacado a los rebeldes de varios pueblos ocupados. Mataron a alrededor de 150 personas, en su mayoría rebeldes. El levantamiento simbolizó muchos de los miedos de los pobres en México. Mientras los programas económicos del Presidente Salinas habían incrementado el crecimiento económico y la riqueza en el país, muchas de las personas más pobres sentían que no se habían beneficiado. Muchos de los campesinos mexicanos que se enfrentaban con aranceles más bajos en los productos agrícolas importados desde Estados Unidos, sentían que podían quebrar debido a la reducción en los precios de las importaciones. El descontento social entre los indígenas mexicanos, los campesinos y los pobres, podía contrarrestar gran parte del éxito económico logrado en México durante los cinco años previos.

Además, el sucesor a la presidencia elegido por el presidente Salinas fue asesinado a principios de 1994, en una gira de campaña por Tijuana. El asesino fue un mecánico y trabajador emigrante de 23 años, que se creía estaba afiliado con un grupo disidente, en desacuerdo con las reformas económicas del PRI. La posible existencia de un grupo disidente provocó temores de violencia política en el futuro. El PRI nombró a Ernesto Zedillo, un economista de 42 años con poca experiencia política, como su nuevo candidato presidencial. Zedillo fue electo presidente en diciembre de 1994. El descontento político no se limitaba a funcionarios mexicanos y compañías. En octubre de 1994, entre 30 y 40 hombres enmascarados atacaron un restaurante McDonald's en el área turística de la Ciudad de México, para demostrar su oposición a la Propuesta 187 de California, que habría reducido los beneficios de los extranjeros ilegales (principalmente mexicanos). Los hombres tiraron las cajas registradoras, las rompieron, estrellaron las ventanas, voltearon las mesas y pintaron con aerosol en las paredes leyendas como "No al Fascismo" y "Yankis regresen a casa".

Así pues, KFC se enfrentó a una variedad de asuntos en México y América Latina durante 1998. La compañía detuvo la apertura de restaurantes en franquicia en México; todos los restaurantes abiertos ahí desde 1995 eran de su propiedad. KFC comenzó a construir muchos restaurantes en América del Sur, región a la que no había entrado durante 1995. De mayor importancia fue Brasil, en donde McDonald's ya tenía una fuerte posición. Brasil era la economía más grande de América Latina y un mercado que KFC prácticamente no había explotado. El peligro al que se enfrentaba KFC al ignorar a México era que una estrategia de inversión conservadora podría poner en peligro su liderazgo por encima de McDonald's en un gran mercado en donde KFC había gozado de enorme popularidad por un largo tiempo.

CASO

3

BRØDERBUND SOFTWARE, INC.

Armand Gilinsky, Jr., *Sonoma State University*

El jueves 23 de marzo de 1995, William M. (Bill) McDonagh, presidente y director operativo (COO, por sus siglas en inglés) de Brøderbund Software, Inc., abrió su periódico matutino en la sección de negocios. McDonagh vio los siguientes encabezados en *The New York Times:*

> *Nuestro negocio se está volviendo más común.*
> *Las oportunidades son tremendas.*
> *La competencia será feroz.*
> *Habrá más de un ganador.*
> ***Bill McDonagh***
>
> *¡Alcánzame si puedes!*
> ***Carmen Sandiego***

"El vertiginoso aumento de las ventas de CD-ROM elevó drásticamente las utilidades de Brøderbund"
"El mercado se triplica para los CD-ROM"
"DreamWorks y Microsoft en arriesgada empresa multimedia"

McDonagh acababa de cumplir su primer año como presidente y COO. Se daba cuenta de que Brøderbund había logrado reconocimiento como un importante jugador en lo que se había convertido en una industria del software de consumo intensamente competitiva y dinámica. Las crecientes ventas de computadoras personales multimedia y la continua demanda de títulos de CD-ROM interactivos, habían llevado las ganancias del segundo trimestre del año fiscal 1995 de la compañía mucho más lejos de lo esperado por los analistas de Wall Street. Las acciones de Brøderbund habían cerrado el día anterior a $53.25, elevándose a su nivel histórico más alto de $56 por acción en operaciones después del cierre. Sin embargo, McDonagh sabía que muchos observadores y analistas no se ponían de acuerdo sobre qué tanto podía Brøderbund sostener su temprano liderazgo en la industria; si sería capaz de continuar atrayendo a la "masa crítica" de capacidades administrativas, financieras, técnicas y de marketing, necesarias para competir; y la forma en que él, como presidente y COO, lograría enfrentar y sobreponerse a todas las barreras para el crecimiento.

Al comenzar ahora su 15o. año de existencia, Brøderbund había desarrollado, publicado, comercializado y vendido más de 25 millones de unidades de software de consumo. En el año fiscal 1994, Brøderbund registró un récord de ventas anuales por $112 millones y utilidades, después de impuestos, por $11 millones. Las ventas internacionales se mantenían estáticas, representando menos del 10% de los ingresos netos. Brøderbund seguía sin pagar dividendos.

El escritor del caso contó con la asistencia de los estudiantes investigadores Tulara McCauley, Gary Doyle y Kari Young, y la profesora Brenda J. Ponsford en la Sonoma State University, así como de las sugerencias y el apoyo de varios revisores.

El equipo ejecutivo de Brøderbund se preguntaba cómo haría la creciente compañía para manejar la transición hacia una organización más grande. McDonagh comentó:

> Es como jalar una cuerda por ambos extremos; la gente más creativa en el mundo también tiende a ser la menos eficiente. ¿Debemos seguir el camino por el que nos llevan nuestros creativos en la búsqueda de un sendero más ancho para el futuro desarrollo de productos en muchos segmentos del mercado, o tomar un sendero más angosto, concentrando nuestros recursos en un nicho específico del mercado, como la educación?

Para completar su línea de productos Brøderbund estaba considerando varias adquisiciones y acuerdos para empresas de riesgos compartido. Se rumoraba que la misma Brøderbund se convertía de vez en cuando en un blanco de adquisiciones. El equipo ejecutivo de la empresa necesitaba formular una estrategia que tomara en consideración este aparente jaloneo de la cuerda entre la necesidad de promover la creatividad para el desarrollo de un portafolio de nuevos productos, y las demandas de los inversionistas por una mayor eficiencia operativa que asegurara un raudal de ganancias en continuo crecimiento y la apreciación de las acciones.

ANTECEDENTES DE LA COMPAÑÍA

La compañía fue fundada en 1980 por su entonces presidente y director ejecutivo (CEO, por sus siglas en inglés), Doug Carlston, y su hermano, Gary, cuando la industria del software para computadoras todavía estaba en su infancia. Los hermanos formaron el nombre *Brøderbund* de *Brøder,* una combinación de las palabras en sueco y danés para hermano, y *bund,* palabra alemana para alianza. El nombre tuvo su origen en los viajes de Gary Carlston a Suecia y su empleo en ese país. Hoy en día, pueden encontrarse las palabras *Brøder* y *Søster* en las puertas de los baños en el vestíbulo de la compañía.

En su libro de 1986, *Software People* (Gente de software), Doug Carlston describió los inicios de la historia de Brøderbund como sigue:

> Cuando mi hermano y yo fundamos Brøderbund Software en 1980, no teníamos idea de que se convertiría en una de las compañías más grandes en el mundo de software para computadoras caseras. De hecho, originalmente entramos al negocio del software por accidente. No teníamos un plan de negocios, ni un esquema para hacer nuestra fortuna. Sólo tratábamos de encontrar una manera de pagar nuestra renta del próximo mes.
>
> En muchos sentidos, no éramos los mejores candidatos para los roles que asumimos. Ninguno de nosotros sabía mucho sobre computadoras, y ninguno vivía cerca de aquellos centros de innovación en donde tantas empresas de alta tecnología estaban surgiendo. Antes de que fundáramos nuestra compañía, yo era un abogado que practicaba su profesión en el área rural de Maine. Mi hermano Gary acababa de regresar de Suecia, en donde había pasado cinco años trabajando como entrenador de un equipo femenil de basketball. Estaba viviendo en Oregon, en donde tras una temporada como director de campo de la Marcha de los Diez Centavos (the March of Dimes), se había involucrado en un negocio de importaciones que había resultado un fracaso.
>
> Lo que teníamos era fiebre por las computadoras —una enfermedad que compartíamos con todos los demás empresarios que estaban formando compañías similares—. De los dos, yo era el que estaba más grave. Programar puede ser una adicción —aquellos que son atrapados a menudo se olvidan de sus empleos, familia y amigos, absortos con estas fascinantes máquinas—. Mi propia adicción comenzó en 1978, cuando di el paso decisivo de entrar a la tienda Radio Shack en Waterville, Maine, para ver más de cerca una computadora que se exhibía en el aparador. Terminé saliendo de la tienda con una computadora TRS-80 Modelo 1, bajo el brazo. Mi vida no ha vuelto a ser la misma desde entonces.
>
> Finalmente, en octubre de 1979, dejé mi práctica legal. Me estaba divirtiendo mucho más escribiendo juegos de computadora que testamentos. El hecho de que también estuviera obteniendo un ingreso por mis esfuerzos de programación que, aunque modesto, crecía a paso firme, tuvo algo que ver con mi decisión, pero al mismo tiempo no estaba del todo claro que éste fuera un movimiento prudente para mi carrera. No tenía idea si el negocio de la

> programación *freelance* seguiría siendo financieramente viable, pero de cualquier modo abandoné mi carrera de leyes, porque el mundo del software para microcomputadoras me atrajo de una manera que me resultó irresistible.
>
> De inmediato se me ocurrió —cuando me di cuenta de qué tan posible era ganarse la vida con mi tipo de programación—, que tenía la oportunidad de llevar una forma de vida completamente diferente. Me tomó un tiempo aceptar que me había encontrado con tan hermosa escapatoria de las reglas de la vida, pero una vez que lo hice, supe que mi trabajo para el futuro inmediato era crear fantasías y traducirlas a programas para computadora. Si usted piensa que eso suena mucho más como un juego que como un trabajo, sabrá cómo reaccioné ante la posibilidad de esta nueva carrera. El tipo de historias de ciencia ficción fascinantes que habían ocupado mis horas de ocio —pilotear naves interestelares hacia miles de planetas extraños— eran ahora mi profesión y también mi pasatiempo.
>
> No pasó mucho tiempo antes de que mi nueva carrera cambiara la forma en que vivía mi vida. Algo muy diferente a todo aquello que yo había planeado antes para mí mismo, repentinamente se volvió posible, y todavía era lo suficientemente joven para ser tentado por la posibilidad el prospecto de un viaje romántico hacia un futuro incierto. Así que tomé la oportunidad de convertirme en un vagabundo de la era-electrónica.

Muy pronto, los hermanos Carlston establecieron Brøderbund para comercializar el Galactic Empire (Imperio Galáctico) y el Galactic Trader (Comerciante Galáctico), dos programas de juegos de computadora que Doug había vendido en exhibiciones de computadoras durante un viaje por automóvil, con su perro Benthi, a lo largo del país. Para el verano de 1980, tras formar una alianza con una empresa japonesa de software, StarCraft, la compañía pudo comercializar una línea importante de productos caseros de entretenimiento. Antes de finalizar su tercer año, Brøderbund se había mudado de Eugene, Oregon, al Condado de Marin, en California; había crecido hasta tener más de 40 empleados, y estaba vendiendo software por un valor de millones de dólares al año. En octubre de 1991, la compañía se mudó para establecer sus oficinas centrales en Novato, California, como a una hora en automóvil al norte de San Francisco. (La ilustración 1 muestra una lista de hitos en la historia de Brøderbund.)

Cathy Carlston, la hermana de Doug y Gary, se unió a la compañía en 1981. Hasta su salida en 1989, ocupó el cargo de vice presidente de planeación del mercado educacional y jugó un papel decisivo en la formulación de las campañas de mercadotecnia de Brøderbund dirigidas a escuelas. Gary Carlston, el primer CEO de la empresa, también la abandonó en 1989. Cuando dejaron la empresa, los Carlston sentían que habían logrado la independencia financiera y habían llevado al negocio hasta un punto en que se necesitaban administradores profesionales.

En 1987, Ed Auer entró a la compañía como vice presidente *senior*, COO y director después de 23 años de permanencia en CBS, Inc., en donde recientemente había dirigido la división de software. Auer fue nombrado presidente de Brøderbund en 1989 y se retiró en 1994, permaneciendo como miembro del consejo directivo de la compañía. Bill McDonagh, un contador que había sido el primer contralor de la compañía y posteriormente director financiero, fue asignado a su puesto actual en marzo de 1994. (La ilustración 2 muestra los perfiles de los miembros del equipo ejecutivo actual.)

Cuando se le pidió considerar lo que él veía como los retos iniciales más significativos de la compañía, McDonagh dijo:

> ...la adquisición de nuevos productos, hacer crecer a una organización y forrar un equipo profesional de administración. Ya no es como buscar oro o esperar a que los productos nuevos lleguen por la ventana; los diseñadores ahora nos buscan a nosotros. Todas las personas que manejan esta compañía actualmente crecieron con el negocio. Hicimos las reglas, aprendimos cómo manejar a la gente en el camino. Contratar a Ed Auer en 1987 promovió nuestra transición hacia una compañía manejada profesionalmente.

Sin embargo, Carlston y McDonagh se esforzaron para conservar una cultura corporativa que permitiera mucha flexibilidad para la individualidad y la creatividad en

ILUSTRACIÓN 1 Hitos en la evolución de Brøderbund

1980-81	Doug y Gary Carlston fundan la compañía. Se introducen los programas Galactic Empire y Galactic Trader. Cathy Carlston entra como vice presidente ejecutivo de planeación del mercado educacional.
1982	Bank Street Writer Plus, una compañía de programas de procesamiento de texto de nivel básico, se muda de Oregon a San Rafael, California. Bill McDonagh es contratado como contralor La compañía rebasa el millón de dólares de ganancias y cuenta con 40 empleados
1984	The New Print Shop (desarrollado por Pixellite Software)
1985	Las compañías Where in the World Is Carmen Sandiego? y The New Print Shop Companion sobrepasan los $10 millones en ingresos
1986	Where in the USA is Carmen Sandiego?
1987	The New Print Shop Graphics Library Sampler Edition Ed Auer es contratado como vice presidente *senior* y director operativo El enfoque cambia hacia el desarrollo interno de productos; la creación de ventas de educación y organización de marketing, y la expansión de las instalaciones de producción. La emisión pública inicial propuesta fue retrasada por existir condiciones desfavorables en el mercado de valores Ingresos —$27.0 millones; ganancias —$3.0 millones; gastos de I&D —2.4 millones
1988	The New Print Shop Graphics Library Party Edition y Where in Europe Is Carmen Sandiego? Ingresos —$36.6 millones; ganancias —$5.6 millones; gastos de I&D —$4.4 millones.
1989	SimCity (producto de marca afiliada); Where in Time Is Carmen Sandiego?; The Playroom; The New Print Shop Graphics Library School and Business Edition, y TypeStyler (sólo Mac) Cathy y Gary Carlston dejan la compañía para dedicarse a otros intereses; Ed Auer es nombrado presidente Se contrata a un consultor externo para estandarizar los niveles de escolaridad del personal y las descripciones de puestos. Ingresos —$36.8 millones; ganancias —$3.4 millones; gastos de I&D —$5.5 millones; 150 empleados
1990	SimEarth (producto de marca afiliada); Where in the World Is Carmen Sandiego (de lujo) Venta de la división de productos Nintendo por una pérdida de $1.6 millones Ingresos —$50.4 millones; ganancias —$3.2 millones; gastos de I&D —$5.9 millones
1991	Kid Pix; Where in America's Past Is Carmen Sandiego?; The Treehouse Carmen Sandiego quiz show on PBS; contrato de licencia con Western Publishing, Inc. La compañía se muda a sus nuevas instalaciones en Novato, California Se completa la emisión pública inicial de 3 257 184 acciones, recaudando $33 millones Ingresos —$55.8 millones; ganancias —$7.0 millones; gastos de I&D —$6.8 millones; 271 empleados
1992	Lanzamiento de 28 productos nuevos Adquisición de PC Globe, Inc., un editor de atlas electrónicos, por $1.5 millones en una sola exhibición Ingresos —$75.0 millones; ganancias —$9.6 millones; gastos de I&D —$10.6 millones
1993	Lanzamiento de 44 productos nuevos Maxis termina su acuerdo de distribución con Brøderbund; decide manejar la distribución por su cuenta Ingresos —$95.6 millones; ganancias —$13.6 millones; gastos de I&D —$13.6 millones
1994	Lanzamiento de 68 productos nuevos; las ventas de CD-ROM representan más del 40 por ciento de los ingresos (más del 60 por ciento en el 4o. trimestre) Se anuncia la sociedad en empresas de riesgo compartido de Living Books con Random House La red Fox transmite una serie de dibujos animados basada en Carmen Sandiego Ed Auer se retira; Bill McDonagh es nombrado presidente y COO Se da por terminado el acuerdo para fusionarse con Electronic Art Ventas de inversiones en acciones ordinarias por $1.6 millones en una sola exhibición; se anuncia una división de acciones al dos por uno Ingresos —$111.8 millones; ganancias —$11.0 millones; gastos de I&D —$16.0 millones; 438 empleados

Fuentes: Entrevistas con funcionarios de la compañía; prospectos de emisiones públicas iniciales, e informe anual de 1994.

ILUSTRACIÓN 2 Equipo administrativo de Brøderbund en 1995

	Edad
Douglas G. Carlston, Presidente del Consejo y Director Ejecutivo	47

Carlston fundó la compañía junto con su hermano Gary en 1980, y ocupó el cargo de presidente y director hasta 1989, cuando asumió su puesto actual. Su primera experiencia con las computadoras tuvo lugar en la década de los 60, cuando trabajaba como programador en el laboratorio Aiken Computation de Harvard. Se graduó *magna cum laude* en Harvard y entró a estudiar economía en la Johns Hopkins School of Advanced International Studies, antes de entrar a la Harvard Law School, en donde se recibió como abogado. Después del éxito comercial de sus dos primeros juegos, Galactic Empire y Galactic Trader, Carlston desertó de su práctica de leyes para dedicar sus energías a la programación. Además de las inherentes responsabilidades de su oficina, continúa prestando atención a fomentar el proceso creativo detrás del desarrollo de productos de Brøderbund.

William M. McDonagh, Director, Presidente y Director Ejecutivo — 38

McDonagh fue nombrado presidente y COO de la compañía en marzo de 1994, y fue electo miembro del consejo directivo en febrero de 1995. El ahora responsable de las operaciones cotidianas de Brøderbund, la supervisión del desarrollo, la manufactura, las ventas, el marketing, el servicio al cliente y las finanzas, entró a la compañía en 1982 como primer contralor. Fue ascendido a director de finanzas en 1987 y nombrado vice presidente *senior* en 1992. Antes de unirse a Brøderbund, McDonagh era auditor de Arthur Andersen & Co. en Chicago. Se graduó con una licenciatura en contabilidad de University of Notre Dame, tiene una maestría de administración de empresas en finanzas de la Golden Gate University y es un CPA.

Harry Wilker, Vice Presidente *Senior*, Brøderbund Studios — 48

Al cargo de todos los aspectos relacionados con las actividades de desarrollo de producto de Brøderbund, Wilker es responsable de la definición, el diseño, el desarrollo y la publicación de todos los productos de software. Empezó a trabajar en Brøderbund en 1987 como administrador de servicios técnicos convirtiéndose, seis meses más tarde, en el editor ejecutivo del Grupo de Productividad. De 1990 hasta 1993, fue vice presidente de publicaciones y se le ascendió a vice presidente *senior* de los recientemente formados Brøderbund Studios en 1994. Antes de entrar a la compañía, Wilker dirigía Sentient Software en Aspen, Colorado, compañía en cuya fundación, en 1981, participó. Obtuvo una licenciatura en ciencias políticas de la George Washington University, y una maestría en ciencias políticas de la State University of New York en Buffalo.

Jan Gullett, VP *Senior*, Ventas y Marketing — 41

Gullett dirige todas las ventas, el servicio al cliente, el marketing y las actividades de administración de marca en Brøderbund. Entró a la compañía en 1995, después de 18 años de trabajo en PepsiCo, Sara Lee y Procter & Gamble, en donde hizo una carrera en actividades como marketing, ventas y administración general. Más recientemente, Gullett fue vice presidente de marketing, y vice presidente y administrador general en la división KFC de PepsiCo. Tiene una licenciatura de la Miami University y una maestría de Harvard.

Mason Woodbury, VP, Servicios al Cliente — 42

Woodbury administra las divisiones de marketing directo, servicio al cliente y soporte técnico de la compañía. Es responsable directo de la evolución del departamento de servicios al cliente, que ha crecido de tener un personal de 20 empleados a más de 100. Woodbury entró a Brøderbund en 1991 como director de marketing directo y estableció relaciones con servicios en línea, como America Online, Compuserve, Ziff-Davis Interchange y Microsoft Network. Antes de entrar a Brøderbund, era director de administración de productos en Businessland en San José, California. Tiene una licenciatura en administración de empresas y una maestría en administración de empresas del Babson College.

ILUSTRACIÓN 2 Equipo administrativo de Brøderbund (continuación)

Edad

Rodney D. Haden, VP, Ventas **43**

Haden es el responsable de dirigir los esfuerzos de ventas de la compañía en Estados Unidos y Canadá. El departamento de ventas incluye a los coordinadores internos de ventas, el personal de apoyo a los comercializadores, capacitación y una fuerza nacional de ventas de campo. Haden entró a Brøderbund en 1985 y fue ascendido a vice presidente en 1987. Antes de entrar a la compañía, era vice presidente de ventas de Concentric Data Systems, Inc. Haden tiene una licenciatura en ciencias políticas de la American University en Washington, D.C.

Marylyn Rosenblum, VP, Ventas Educacionales y Marketing **48**

Rosenblum supervisa las ventas y el marketing de los productos Brøderbund en el canal de la educación. Desde que entró a la compañía en 1992, ha instituido una variedad de programas de nuevos y efectivos para el mercado de la educación. Antes de entrar a Brøderbund, Rosenblum fue presidente de materiales de aprendizaje interactivo. Previamente, fue vice presidente de publicaciones ópticas para Grolier Electronic Publishing, en donde estuvo a cargo de todos los aspectos de la exitosa introducción de la New Electronic Encyclopedia (Nueva Enciclopedia Electrónica) en CD-ROM. Rosenblum es egresada de la CBS School of Management y vice presidente del Consjeo de la Sección de Educación de la Software Publishers' Association (SPA, por sus siglas en ingles) (Asociación de Editores de Software).

David Kessler, VP y Director Creativo **42**

Como jefe del departamento de diseño interno de Brøderbund, Kessler es responsable de supervisar el diseño gráfico del embalaje, la publicidad, catálogos y muchos otros materiales impresos de la compañía. Varios miles de proyectos al año pasan por su departamento. Kessler ha estado con Brøderbund desde 1984. Antes de entrar a la compañía, era un supervisor contable de Ketchum Communications, Inc., en San Francisco. Tiene una licenciatura en comunicación gráfica y publicidad de la San Diego State University.

M.W. Mantle, VP de Ingeniería, Director Técnico **45**

Responsable de supervisar el desarrollo técnico interno de todos los productos Brøderbund, las áreas de responsabilidad de M.W. (Mickey) Mantle incluyen el arte y los gráficos por computadora, la música y el sonido, el control de calidad y el desarrollo de software. Mantle entró a Brøderbund en 1991. Como director técnico, supervisa al personal de ingeniería de la compañía y continúa enfocándose en el mejoramiento del proceso de desarrollo de producto, estandarizando las prácticas de desarrollo y adoptando nuevas tecnologías. Antes de entrar a la compañía, Mantle era administrador general del desarrollo de gráficos de Pixar, a donde entró poco después de separarse de Lucasfilm en 1986. Tiene una licenciatura en ciencias computacionales de la University of Utah y es ampliamente conocido, por su trabajo, entre la comunidad de diseñadores gráficos por computadora.

Thomas L. Marcus, VP de Desarrollo de Negocios, Abogado General y Secretario **41**

Además de a los asuntos legales corporativos en general, Marcus es responsable de todas las negociaciones de contratos de Brøderbund con diseñadores externos de software, marcas afiliadas y distribuidores con licencia. Se convirtió en el abogado general de Brøderbund cuando entró a la compañía en 1986, y fue nombrado vice presidente en 1987. En junio de 1994, fue nombrado vice presidente de desarrollo de negocios para encabezar un nuevo departamento, recientemente creado, para buscar asociaciones estratégicas. Marcus también se encarga del desarrollo de negocios internacionales de Brøderbund. Tiene una licenciatura de la Yale University y recibió su título de abogado de la University of California, Berkeley, Boalt Hall.

ILUSTRACIÓN 2 Equipo administrativo de Brøderbund (continuación)

	Edad
Steven Dunphy, VP de Desarrollo de Negocios	**39**
Dunphy entró a Brøderbund en diciembre de 1985 y ha ocupado seis diferentes puestos en la compañía, incluyendo el de administrador de ventas internacionales, director de desarrollo de ventas, y director de desarrollo de negocios. En su puesto actual, es responsable de las operaciones internacionales de Brøderbund, los programas de marcas afiliadas, las funciones de licencias y OEM. Tiene una licenciatura en Inglés de la Universidad de California, en Berkeley.	
Albert Sonntag, VP de Operaciones	**35**
Sonntag es responsable de la manufactura, distribución y almacenamiento, adquisiciones, administración de las instalaciones, duplicación y proyectos especiales, como la consolidación de la compañía en 1991 en sus nuevas oficinas corporativas en Novato. Fue contratado como supervisor de producción en 1983. Conforme la compañía ha ido creciendo, las responsabilidades de Sonntag han ido creciendo incluyendo la de administrador de producción, administrador de la división de manufactura y director de operaciones. Fue nombrado vice presidente en 1990. Sonntag obtuvo un título de licenciatura en marketing y operaciones de producción de la Sonoma State University.	
John Baker, VP de Desarrollo de Producto, Educación y Entretenimiento	**46**
Actualmente a cargo de la definición, el diseño, el desarrollo y la publicación de todos los productos del grupo de entretenimiento y educación, Baker entró a Brøderbund en 1988 como director técnico y pasó tres años haciendo crecer los servicios técnicos. Antes de entrar a la compañía, Baker era ingeniero de software *senior* en Western Digital Corp. Tiene una licenciatura en física y matemáticas de la University of New Orleans.	
Richard Whittaker, VP, Editor Ejecutivo	**48**
Empleado de Brøderbund desde 1982, Whittaker ha jugado un papel decisivo en el éxito de los títulos de software más populares de la compañía. Su logro más sobresaliente ha sido su participación en la evolución de la línea de productos más exitosa de Brøderbund, The Print Shop, de la que ha administrado el diseño y el desarrollo durante los últimos 10 años. Whittaker ha tenido ocho puestos diferentes durante su ocupación en la compañía, incluyendo escritor de marketing, editor de software, administrador de producto, administrador de producto *senior*, editor *senior,* diseñador de software, editor y editor ejecutivo. Se graduó en la University of California, Berkeley, donde obtuvo una licenciatura en psicología. Después tomó cursos de Maestría en Bellas Artes, Dibujos Animados y Programas de Televisión en la UCLA.	

Fuente: Brøderbund Software, Inc., archivos internos de la compañía.

todos los niveles. En años recientes, Carlston se había vuelto más y más distante de las operaciones cotidianas, prefería concentrarse en la estrategia de la compañía sobre Internet a largo plazo. McDonagh, por su parte, estaba involucrado en todas las decisiones operativas. McDonagh era conocido de manera informal entre los empleados como "Bill the Thrill" (Bill emociones) por sus proezas en el equipo de softball de la compañía.

Se presentaba a los nuevos empleados en asambleas mensuales en un ritual conocido como "caminar alrededor de la boya", en el que el recluta caminaba en un círculo de 360 grados para mostrar su cara a los veteranos. Todavía podía encontrarse a los ejecutivos comiendo en grupo en la cafetería, todos los días. Cada viernes concluía con una "hora feliz" en toda la empresa que facilitaba el compartir ideas y la socialización. El atuendo se mantuvo informal.

La compañía describió su estrategia en su informe anual de 1994:

> Brøderbund Software, Inc. ofrece productos en múltiples categorías: productividad personal, educación y entretenimiento. Se producen títulos que pueden correrse en las principales plataformas de computadoras personales, incluyendo Windows, Macintosh y máquinas multimedia con CD-ROM.
>
> La estrategia de producción de la compañía es identificar y desarrollar segmentos incipientes del mercado y crear nuevos géneros de software que logren mantener un atractivo continuo para el consumidor, y el reconocimiento de marca.
>
> La fortaleza en la distribución de Brøderbund está respaldada por una de las fuerzas de ventas más grandes en el software de consumo. La compañía busca nuevos canales de distribución como super tiendas y clubs de almacenes, y como resultado de esto, ahora vende productos en más de 16 000 puntos de venta en todo el país.
>
> En la a menudo turbulenta industria del software de consumo, Brøderbund ha tenido éxito por su compromiso con la tecnología y su habilidad para anticiparse a las tendencias de la industria, como el mercado emergente del CD-ROM. Los productos de la compañía tienen una reputación de mucho tiempo por su innovación y calidad. Brøderbund ha mantenido su papel de liderazgo invirtiendo en un sofisticado conjunto de habilidades de estudio, necesarias para crear productos de CD-ROM de primera calidad.
>
> La compañía también ha creado un nuevo departamento de desarrollo de negocios para dar seguimiento a asociaciones estratégicas y alianzas corporativas, y para extender la presencia internacional de Brøderbund.

DESARROLLO DE PRODUCTO

Brøderbund se refirió a su proceso de desarrollo de producto como un “método de desarrollo de estudio”, incluyendo diseño, prototipo, programación, diseño gráfico por computadora, animación, sonido, grabación de archivo y de video, y control de calidad. Doug Carlston describió este proceso, en una entrevista publicada en la revista *Upside*, en marzo de 1996.

> Es un método en el que tomas la combinación necesaria de habilidades: administración de producto, habilidades gráficas y todas las habilidades de programación, y las juntas en un solo equipo pequeño, a menudo no más de cinco o seis personas, que se centran en un solo proyecto juntas. Los estudios … permiten que la gente tome miles de decisiones implícitas en el proceso creativo con una retroalimentación relativamente estricta del grupo. Y francamente, sólo estamos copiando lo mejor de lo que vemos en otras compañías de software. Es un método que adoptamos sólo hace un par de años, por iniciativa propia del personal.

Aunque en la compañía se centraba la tecnología desarrollada internamente, también adquiría ciertos productos y tecnologías de terceros. Independientemente de donde provenía el diseño original de un programa, todos los programas publicados por Brøderbund se sometían a una edición y evaluación exhaustivas antes de su lanzamiento. El ciclo de producción completo para un nuevo producto duraba, común, entre 12 y 14 meses.

La mayoría de los elementos del proceso de desarrollo eran provistos por una combinación de recursos internos y de terceros, con la excepción de las actividades de control de calidad, que se llevaba a cabo solamente en las instalaciones de Brøderbund. La compañía creía que el empleo de diseñadores, artistas y programadores tanto internos como externos, expandía su capacidad para introducir productos creativos e innovadores. McDonagh explicó:

> Nuestra misión es ser un amplio diseñador y editor de software para computadoras caseras. Al elegir qué productos desarrollamos, utilizamos dos criterios: potencial de mercado y habilidad para crear una ventaja sobre alguien más. Somos uno de los pocos editores de software que hacen desarrollo tanto interno como externo. Para desarrollar nuevos títulos

internamente, hay una competencia creciente en toda la industria por los recursos humanos para el desarrollo de nuevos productos, incluyendo programadores, animadores, artistas, expertos en 3a. dimensión (3-D), músicos por computadora, etcétera. Es un proceso muy creativo. También tenemos que desarrollar "creadores de juegos", que puedan unir a estos equipos creativos. Es difícil encontrar gente con experiencia en esto, así que generalmente preparamos a nuestra propia gente.

En lo que concierne a trabajar con terceros, hemos evolucionado más en el estilo de un editor de libros, buscando títulos complementarios en vez de aquellos que compiten frente a frente con nuestras ofertas existentes. Para el diseñador externo que nos elige, es como si fueran los Beatles decidiéndose por una compañía disquera. Los diseñadores externos buscan un editor de software que tenga influencia en el mercado, que les dé la flexibilidad necesaria para ser creativos, que les ofrezca apoyo y recursos técnicos, y que les dé buenas regalías. Nuestros activos estratégicos más importantes son nuestra reputación y nuestro "ojo" crítico que nos permite prover qué productos están destinados a convertirse en títulos de éxito.

ORGANIZACIÓN

"Siendo una compañía pequeña, no tenemos ningún programa formal de capacitación", comentó Patsy Murphy, la directora de recursos humanos de la compañía. La edad promedio de los empleados de Brøderbund ha aumentado a aproximadamente 35 años, de los 28 años en 1988. La compañía tenía un índice de renuncias del 14 por ciento. "La calidad de vida es la recompensa aquí", dijo Murphy. "Podemos estar en una industria agresiva y competitiva, pero no tenemos un ambiente de competencia".

El éxito de Brøderbund en el futuro dependía en gran parte del continuo servicio de su personal clave en las áreas técnica y de administración *senior*, y de su habilidad para continuar atrayendo, motivando y reteniendo a empleados altamente calificados. A partir del 31 de agosto de 1994, la compañía tuvo 438 empleados, incluyendo 154 en desarrollo de producto; 127 en ventas, marketing y servicio al cliente; 118 en manufactura y envío, y 39 en administración y finanzas. La compañía tenía un plan de opciones de acciones de la empresa y un plan de reparto de utilidades y de retiro para sus empleados y consultores. La competencia para programadores capacitados, artistas y escritores era intensa, y la pérdida de los servicios de personal clave podía tener un efecto adverso importante en las operaciones futuras de la compañía y en sus esfuerzos de desarrollo de nuevos productos. Ninguno de los empleados de la compañía estaba representado por un sindicato de trabajadores o estaba sujeto a ningún acuerdo de negociación colectiva. La compañía nunca había experimentado un paro laboral y creía que su relación con sus empleados era buena.

A principios de 1995, el mercado del software de consumo estaba cambiando con rapidez, obligando a los jugadores de la industria a ser ágiles en su respuesta ante las condiciones cambiantes del mercado. Para incrementar la agilidad de su organización que crecía rápidamente, Brøderbund completó la transición de una organización estructurada en forma funcional a una matriz de recursos de toda la compañía.

Cada una de las áreas editoras de la compañía tenía un grupo de ingeniería de software para desarrollar productos internamente y convertir los programas existentes a varios formatos de hardware. El departamento de ingeniería trabajaba en la creación de sistemas de desarrollo más efectivos que permitieran el desarrollo de programas de software para diversas plataformas de hardware a la vez. Esto daría al personal de desarrollo interno la posibilidad de acelerar el desarrollo de nuevos productos y reducir el tiempo para convertir un producto a distintas plataformas de hardware. Asimismo, los ingenieros de Brøderbund desarrollaron un sistema patentado de gráficos digitalizados para crear imágenes y animaciones más vivas y realistas.

Estos recursos, a su vez, apoyaban a pequeños equipos de producto, "pequeñas empresas de producción", cada uno de los cuales representaba a una de las diversas familias de productos: entretenimiento, aprendizaje temprano, aprendizaje tardío y productividad. La compañía alentaba enérgicamente el movimiento lateral del personal entre sus equipos de producto.

Jan Gullet, el vice presidente *senior* de ventas y marketing de Brøderbund, apoyaba esta idea: "Somos una compañía orientada a los valores. La gente viene aquí porque quiere hacer cosas buenas, no necesariamente porque quiera hacer mucho dinero."

RESPONSABILIDAD SOCIAL

Brøderbund demostró de varias maneras su compromiso de ser un ciudadano corporativo responsable. En 1988, la compañía creó la Fundación Brøderbund, una corporación no lucrativa. Douglas Carlston y Bill McDonagh prestaban sus servicios en el consejo directivo de tres miembros de esta fundación. Cada año, Brøderbund donaba aproximadamente 2 por ciento de sus utilidades ajustadas antes de impuestos a la fundación, que a su vez hacía donaciones a organizaciones no lucrativas calificadas.

En 1994, se convirtió en una de un número cada vez mayor de empresas diseñadoras de software que descubrieron la importancia de crear soluciones para ayudar a los padres y a las personas con discapacidades a encontrar alternativas para una vida mejor a través de la tecnología. De acuerdo con Karen Boylan, miembro del Grupo de Marketing en Educación de la compañía, "Al conocer la manera en que la gente con necesidades especiales utiliza nuestro software, esperamos encontrar formas de incluir características en el diseño de un producto para mejorar la accesibilidad".

PRODUCTOS Y OTROS NEGOCIOS DE ALTO RIESGO

Para 1995, los productos de Brøderbund más conocidos, y siempre exitosos, eran la familia de productos de productividad personal The Print Shop®, la familia de productos educativos Carmen Sandiego™ y Mist® en la categoría de entretenimiento. Sus productos ganaron más de 250 premios. En marzo de 1995, Brøderbund ganó 4 de los 25 Premios Codie anuales, el equivalente en software a los Óscares en la industria cinematrográfica, otorgados por la Asociación de Editores de Software (SPA, por sus siglas en inglés). Otros productos de Brøderbund incluían productos de referencia, productos educativos, y una variedad de productos de tipografía, gráficos y otros productos de productividad personal. (Véase la ilustración 3 para una lista de los productos de Brøderbund por familia de producto, y la ilustración 4 para un desglose de los ingresos por tipo de producto.)

Los productos relacionados incluían un programa de concursos para niños entre semana, a través de la cadena de televisión PBS, basado en el tema de Carmen Sandiego. La compañía además tenía un contrato con la editorial Western Publishing Company, Inc., para comercializar una variedad de material impreso, incluyendo historias para niños y libros de actividades, rompecabezas y portadas de libros, todos basados en las aventuras de Carmen Sandiego. En febrero de 1994, la red de televisión Fox TV comenzó a transmitir una nueva serie de caricaturas creada por DIC Animation City, Inc., basada en el programa de software Carmen Sandiego. Aunque Brøderbund no recibió ingresos significativos de estos productos relacionados, la administración creía que estas series de televisión incrementarían la presencia del software Carmen Sandiego y fortalecerían el reconocimiento de marca de la familia de productos. Desde su introducción al mercado en abril de 1985, el juego había vendido más de 4 millones de unidades. Con el lanzamiento de los nuevos productos de software Carmen Sandiego en CD-ROM, y también para un grupo de menor edad, la administración pensaba que habían atendido los factores que habían provocado el decremento de los ingresos de esta familia de productos.

El 1 de enero de 1994, Brøderbund y Random House, Inc., se convirtieron en socios igualitarios en una empresa de riesgo compartido llamada Living Books (Libros anima-

ILUSTRACIÓN 3 Línea de productos de Brøderbund

Familia de productos	Precio de lista	Grupo de edades	Plataforma	Descripción
Print Shop				
The Print Shop Deluxe Print Shop Deluxe CD Ensemble	$49.95 79.95	Todas	DOS/Win/Mac; CD-ROM	Para crear tarjetas de felicitación, letreros, titulares, y otros documentos personales Premio *Codie Award de SPA en 1995, por el Mejor Programa de Creatividad Personal*
Carmen Sandiego				
Where in the World is Carmen Sandiego?	39.95 49.95	De 9 en adelante	DOS/Mac; CD-ROM	Juegos diseñados para la enseñanza de geografía, historia y astronomía Premio *Codie Award de SPA en 1995, por el Mejor Programa de Educación Secundaria*
Entertainment (Entretenimiento)				
Myst Prince of Persia I y II	De 29.95 a 54.95	De 14 en adelante	DOS/Mac; CD-ROM	Juego multimedia de aventuras surrealistas Juegos de galería, de acción, que presentan animación muy real.
Early Learning (Aprendizaje temprano)				
Kid Pix; Math Workshop; The Playroom; The Backyard; The Treehouse	De 39.95 a 49.95	De 3 a 12	DOS/Win/Mac; CD-ROM	Programas de pintura y actividades que combinan sonidos, gráficos y efectos especiales Premio *Codie Award de SPA,1995*
Edutainment (Educación y Entretenimiento)				
The Amazing Writing Machine Spelunx and the Caves of Mr. Seudo Alien Tales	De 24.95 a 39.95	De 6 a 12	Mac; CD-ROM	Programa de escritura creativa, ilustración y generación de ideas Ecología, astronomía, biología, lectura, música, arte y fantasía Programa de concurso intergaláctico que enseña a leer
Otros productos				
3D Home Architect PC Globe Maps 'n' Facts TypeStyler	De 59.95 a 129.95	Adultos	Windows; CD-ROM; Mac	Diseño fácil de casas, complementado con vistas realistas en 3D Atlas electrónico Texto sobre figuras y estilo para crear efectos especiales
Living Books (Libros animados)				
Títulos diversos	39.95 cada uno	De 3 a 10	CD-ROM para Windows; CD-ROM para Mac	Historias y poemas que cobran vida con efectos de sonido, música original, humor y animación

dos) para publicar la línea de productos Living Books. Tanto Brøderbund como Random House distribuían Living Books a través de sus respectivos canales de distribución bajo un acuerdo de marca afiliada. En noviembre de 1994, John Girton, un analista de Van Kasper & Co., señaló, "Con Living Books, Brøderbund fue la primera compañía de cualquier tamaño en entrar al mercado de los CD-ROM, así que fueron pioneros. Éste fue un movimiento importante para ellos, porque el mercado de los CD-ROM se volverá cada vez más grande". En el primer trimestre del año fiscal 1995, el negocio de

ILUSTRACIÓN 4 Desglose de ingresos por tipo de producto del año fiscal 1994 de Brøderbund Software, Inc.

	1994	Cambio con respecto al año fiscal 1993
Print Shop	32%	+22%
Entretenimiento	15	+200
Carmen Sandiego	14	(24)
Libros animados	13	+200
Aprendizaje temprano	10	n/d
Productos afiliados	9	(45)
Otros	7	n/d
Total	100%	+17%
De los cuales		
CD-ROM	40%	+400%
Macintosh	30	+150

Fuente: Brøderbund Software, Inc., archivos internos de la compañía.

alto riesgo Living Books hizo su contribución inicial a las ganancias de Brøderbund por la cantidad de $1.7 millones. Brøderbund hizo planes para mudar su división de Living Books de Novato a instalaciones separadas en San Francisco, en el verano de 1995.

Además, Brøderbund distribuía y vendía productos escritos y producidos por diversas compañías de software afiliadas: Amtex, Books that Work, Cyan, I-Motion, Inroads Interactive, The Logic Factory, Quadrangle, Starwave y Vicarious. Los productos de marcas afiliadas eran generalmente comercializados bajo el nombre de la compañía de la marca afiliada, y el afiliado se quedaba con la responsabilidad del desarrollo del producto, su marketing y el soporte técnico. Esto permitía a Brøderbund dar empuje a sus inversiones en su fuerza de ventas, y añadir una nueva fuente de productos sin incurrir en el riesgo inherente al desarrollo de nuevos productos. Los contratos de la compañía con sus productores de marcas afiliadas estipulaban un periodo determinado después del cual estos derechos estaban sujetos a una renovación negociada. En el primer trimestre del año fiscal 1995, Automap, una de las marcas afiliadas de la compañía, anunció que sería comprada por otra compañía. La relación de marca afiliada entre Brøderbund y Automap se dio por terminada en febrero de 1995. Durante el año fiscal 1994, los ingresos por las ventas de productos de Automap representaban menos del 3 por ciento de sus ingresos netos. En el año fiscal 1995, Brøderbund firmó acuerdos de distribución con Starwave, iniciados por el cofundador de Microsoft Paul Allen, para crear servicios interactivos en línea y software de CD-ROM presentando a artistas como Clint Eastwood (The Logic Factory), los Muppets (I-Motion) y una serie de títulos de mascotas, incluyendo "Multimedia Dogs" (perros multimedia) y "Multimedia Cats" (gatos multimedia) (Inroads Interactive).

La administración cree que la introducción de nuevos productos era crítica para el éxito futuro de la compañía. Doug Carlston dijo:

> El software tiene márgenes brutos fenomenales en comparación con la mayoría de los negocios. Adecuadamente manejada, una compañía de software debería ser una especie de gallina de los huevos de oro. Y es enormemente tolerante de los errores. El proceso creativo tiene, en sí mismo, muchas oportunidades para los errores. Es relativamente difícil combinar las personalidades creativas con las de los contadores orientados a los números quienes a menudo dirigen compañías cuando éstas han alcanzado cierto tamaño. Y ésa es una química rara.

> El proceso creativo también tiende a sufrir por ese tamaño. Se encuentra en su estado ideal cuando la gente está trabajando con un pequeño grupo de compatriotas, que están muy enfocados a un solo objetivo y no tienen que invertir una enorme cantidad de tiempo justificando lo que están haciendo hacia arriba o hacia abajo en el escalafón de la empresa. La mejor manera de hacer esto es mantener sus unidades creativas lo más pequeñas y unidas posible.

McDonagh añadió:

> Sin embargo, los grandes éxitos no suceden todos los días, y no hay forma de saber si nos hemos convertido o no en un gran éxito hasta que éste despega en el mercado. Por tanto, la introducción de nuevos productos es sólo una parte de un reto más grande: crear software que la gente quiera —basado en las tendencias del mercado—, un programa que pueda generar un porcentaje de ventas significativo en el mercado y sostener su presencia durante el tiempo suficiente para recuperar su costo en I&D. Esto es crítico para el éxito de cualquier compañía de sofiware, incluyendo la nuestra.

"Nuestra debilidad estratégica es predecir lo que será un éxito, asegurándonos de que tendremos títulos de éxito de forma regular", dijo Gullett. También había evidencia de una disminución en el crecimiento del mercado de software de consumo, así como de la emergente competencia de precios. Los competidores habían comenzado a entrar con nuevos productos a un precio de $19.95 para ganarle participación en el mercado a los productos de Brøderbund existentes, como Print Shop, que tenía un precio de $79.95.

CAMBIOS DE PLATAFORMA

Brøderbund identificó y dirigió proactivamente sus esfuerzos hacia las futuras necesidades del mercado, comenzando con el cambio de su línea de productos de la plataforma DOS a Windows, y del formato de disco flexible al de CD-ROM. Mientras que el sistema operativo MS-DOS había alcanzado para 1994 una gran base instalada en todo el mundo, el número de títulos recientemente embarcados en MS-DOS cayó en un 10 por ciento durante el programa de 1994. La mitad de esas ventas de MS-DOS eran juegos, con otra cuarta parte de títulos educativos o de productividad personal. Con Windows integrándose al mercado de los negocios y el CD-ROM conquistando el mercado de juegos, DOS estaba claramente al final de su ciclo de vida como producto. Reemplazando a MS-DOS, había una fuerte demanda del consumidor por "nuevos" productos, esto es, la reintroducción de los viejos productos en la nueva plataforma de Windows que también pudiera aprovechar al cien por ciento las capacidades del CD-ROM (véase la siguiente tabla).

Estimado de la participación en el mercado para 1994, por plataforma

Plataforma	Por ventas (ingresos en $)	Por embarque (# de unidades vendidas)
Windows	70.8%	66.8%
MS-DOS	14.3	18.9
Macintosh	13.6	11.7
Otra	1.3	2.6
Total	100.0%	100.0%

Fuente: International Data Corp., Framingham, Massachusetts.

Brøderbund estimaba que la demanda futura de títulos que corrían en Windows y en CD-ROM seguiría expandiéndose, pero la demanda de productos compatibles con DOS y basados en discos flexibles seguiría decreciendo.

A medida que las plataformas se consolidaban a nivel mundial, Brøderbund esperaba publicar menos versiones de sus productos. En el pasado, la compañía podía haber publicado versiones DOS, Windows, Macintosh y versiones para disco flexible y para CD-ROM, de un producto. Pero para 1995, la mayoría de los nuevos productos de la compañía se lanzaban sólo en versiones de CD-ROM para las plataformas Macintosh o Windows. Como resultado de este cambio de plataformas y anticipándose a la devolución potencial de productos en plataformas que se estaban dejando de utilizar, la compañía incrementó su reserva de inventario para devoluciones a $10.3 millones en el año fiscal 1994, de los $6.4 millones que tenía en el año fiscal 1993. Cambios futuros en la plataforma y devolución de productos más allá de las expectativas de la compañía podrían haber tenido un efecto adverso en los resultados operativos y en las condiciones financieras.

VENTAS, DISTRIBUCIÓN Y OPERACIONES

Brøderbund vendía sus productos a distribuidores y directamente a cadenas menudistas especializadas en software, cadenas electrónicas, supertiendas de computadoras, comerciantes al mayoreo, almacenes de descuento, comerciantes educacionales, escuelas y usuarios finales. Comúnmente, Brøderbund participaba en y daba asistencia financiera para las campañas promocionales de sus distribuidores minoristas, como aparadores en las tiendas, publicidad por catálogo, discos de demostración y otros materiales colaterales de marketing. La compañía dedicaba un presupuesto del 0.4 por ciento de sus ventas a publicidad. Su distribuidor más grande en el año fiscal 1994 fue Ingram/MicroD, que representaba aproximadamente el 21 por ciento de los ingresos netos de la compañía. (Véase la ilustración 5 para un desglose de los ingresos de Brøderbund en el año fiscal 1994, por canal de distribución.)

Aunque las políticas de ventas de la compañía establecían límites a la devolución de productos, y a pesar de que las devoluciones no habían tenido un efecto significativo en los resultados operativos de la compañía hasta la fecha, Brøderbund podría verse forzada a aceptar una devolución considerable de productos para mantener sus relaciones con los minoristas y el acceso a los canales de distribución.

Fuerza de ventas

El equipo de ventas nacional de Brøderbund, compuesto por 33 personas, operaba desde ocho oficinas situadas en California (2), Georgia, Illinois, Massachusetts, Pennsylvania, Ohio y Texas. Además, la compañía tenía acuerdos de distribución en Europa, Japón y Australia. Broderbund abrió una oficina en Londres en 1994, que serviría como un centro para sus ventas y campañas de marketing en Europa. Los acuerdos de distribución internacionales otorgaban los derechos exclusivos para distribuir productos de Brøderbund en territorios geográficos específicos. En algunos casos, el distribuidor compraba bienes terminados directamente de la compañía para su reventa. En otros casos, el distribuidor desarrollaba una versión en un idioma extranjero y pagaba a la compañía regalías por las ventas de dichos productos.

Un grupo separado de marketing en educación y ventas, compuesto por 11 personas, enfocaba sus ventas a las escuelas. Este grupo también producía material para que los maestros relacionaran los productos de aprendizaje de Brøderbund con la curricula vigente, dándoles sugerencias sobre actividades en el salón de clases, tanto para realizarlas con computadora como sin ella, y patrocinaba un centro de exhibición y una biblioteca pública. La compañía creía que las ventas a este segmento del mercado eran

ILUSTRACIÓN 5 Desglose de ingresos por canal de distribución del año fiscal 1994 de Brøderbund Software, Inc.

Canal	%
Tiendas especializadas en software	21%
Tiendas de electrónicos	16
Super tiendas	16
Almacenes	15
Comerciantes al mayoreo	10
Tiendas de oficina	7
Otros	15
Total	100%

Fuente: Brøderbund Software, Inc., archivos internos de la compañía.

un elemento importante de su éxito global porque, a menudo, los productos de Broderbund se presentaban a los niños a lo largo de su educación escolar.

Ventas directas

Brøderbund promovía sus productos directamente a los usuarios finales a través de correspondencia directa, catálogos, folletos, demostraciones en tiendas y presentaciones a grupos de usuarios de computadoras, publicidad en publicaciones sobre computación y la circulación de boletines para audiencias específicas. La compañía mantenía una lista de correo sustancial, que comprendía más de 1.6 millones de usuarios de los productos de Brøderbund. Las ventas directas a los usuarios finales, los demos de productos gratuitos, el soporte técnico y los comunicados de prensa estaban todos disponibles en el programa Brøderbund Software Direct o en línea, vía Brøderlink, America Online y Compuserve.

Producción

Brøderbund preparaba sus propios diskettes y discos de CD-ROM de software original, manuales del usuario y embalaje. Casi toda la duplicación de diskettes de la compañía se hacía en sus propias instalaciones, utilizando diskettes adquiridos al mayoreo de fuentes externas. La compañía usaba fuentes externas para adquirir y duplicar discos de CD-ROM, imprimir manuales del usuario y manufacturar el embalaje y los materiales relacionados. El ensamble y embarque de los productos finales, así como la mayoría de la duplicación de discos flexibles que no eran CD-ROM, lo hacía la compañía en sus propias instalaciones de 93 000 pies cuadrados ubicada en Petaluma, California. Brøderbund también complementaba el uso de sus propias instalaciones de producción, apoyándose en fabricantes externos.

Hasta principios de 1995, la compañía no había experimentado ninguna dificultad con sus materiales o retrasos en la manufactura y el ensamble de sus productos, y había tenido muy pocas devoluciones debido a defectos en el producto. Por lo general, Brøderbund enviaba sus productos en el transcurso de uno a dos días después de haber recibido un pedido, lo cual era habitual en el negocio de software para computadoras. En consecuencia, la acumulación de pedidos hasta una fecha determinada no era representativa de las ventas reales de ningún periodo subsecuente. No obstante, la administración se enfrentó a la incertidumbre en cuanto a asegurar el suministro de papel y, en un plazo más largo, la planeación de un aumento en la capacidad del almacén y la línea de producción.

Temporadas

El negocio de Brøderbund dependía mucho de las temporadas. Común, los ingresos netos, los márgenes brutos y la renta operativa eran más altos durante el primer trimestre fiscal, que terminaba el 30 de noviembre cada año; descendía en el segundo trimestre fiscal, y estaba en su nivel más bajo en el tercero y cuarto trimestres fiscales. (Véase la ilustración 6 para información financiera por trimestre.) Este patrón de temporada se debía, básicamente, al aumento de la demanda por productos de la compañía durante la temporada de ventas de los días festivos al final del año civil. Sin embargo, los resultados operativos de la compañía en cualquier trimestre dado podían incrementarse debido a la introducción de nuevos productos o verse adversamente afectados por el retraso en la introducción de nuevos productos, la falta de aceptación de los nuevos productos, por parte del mercado la introducción de productos competitivos, así como una variedad de otros factores incluyendo los cambios en la mezcla de productos, la oportunidad de los pedidos hechos por distribuidores y comercializadores, y la oportunidad y cantidad de gastos en marketing.

ANÁLISIS DE LA INDUSTRIA

Desde principios de 1995, el mercado del software continuaba siendo uno de los segmentos de más rápido crecimiento en la industria de las computadoras. De acuerdo con International Data Corporation, los ingresos del mercado del software empacado ascendían a un total de casi $78 mil millones durante el año civil 1994, $72 mil millones en 1993 y $64 mil millones en 1992. Las ganancias por ventas en dólares de la categoría más fuerte de software, en la primera mitad de 1994, provinieron de educación en casa/referencia (+144 por ciento) y creatividad en casa (+103 por ciento). Los indicadores mostraban que la mayoría de esas ventas habían sido al mercado casero, y se esperaba que las ventas a este segmento continuaran creciendo de manera exponencial. Para principios de 1995, el software de "edutainment" (educación y entretenimiento), para el hogar se había convertido según algunos cálculos, en un mercado con un valor cercano a los $1 000 millones, con tasas de crecimiento reportadas de hasta 128 por ciento.

Segmento de mercado emergente

Dataquest, una empresa de investigación, clasificó los productos y servicios multimedia en cinco categorías generales: herramientas de desarrollo con contenido, productos interactivos, productos de simulación, video libre y herramientas de productividad mejorada. Los productos de software multimedia estaban diseñados para combinar video, animación, imágenes estáticas, voz, música, gráficos y texto en un solo sistema. Los productos multimedia hicieron menos clara la línea divisoria entre diversos productos e industrias, antes diferentes: computadoras, software, electrónicos de consumo, comunicaciones, edición y entretenimiento. Aunque los observadores de la industria predijeron que no se esperaba un despegue del mercado de productos mutlimedia (como los televisores interactivos y los comunicadores personales) hasta finales de la década de los 90, algunos productos ya estaban disponibles en 1995. La mayoría de los productos multimedia actuales fueron dirigidos al sector del consumidor de entretenimiento, más que al de los negocios. La lógica para ese objetivo fue que las aplicaciones de software multimedia de consumo generalmente corren en computadoras, televisores u otros aparatos de entretenimiento, mientras que las aplicaciones de software de nego-

ILUSTRACIÓN 6 Información financiera trimestral de Brøderbund Software, Inc. (sin auditar) (en miles de dólares, excepto la información por acción)

	Fin del trimestre				
	30 de nov.	**28 de feb.**	**31 de mayo**	**31 de ago.**	**Año**
Año fiscal 1995:					
Ingresos netos	$53 089	$45 208			
Margen bruto	29 561	30 702			
Renta neta (pérdida)	11 593	10 367			
Renta neta (pérdida) por acción	$0 57	$0.50			
Año fiscal 1994:					
Ingresos netos	$32 795	$25 350	$25 722	$27 907	$111 774
Margen bruto	21 280	17 111	15 433	17 361	71 185
Renta neta (pérdida)*	6 243	4 458	(4 112)	4 472	11 061
Renta neta (pérdida) por acción	$0.31	$0.22	($0.20)	$0.22	$0.55
Año fiscal 1993:					
Ingresos netos	$32 564	$24 353	$16 443	$22 223	$95 583
Margen bruto	17 391	14 306	11 053	13 714	56 464
Renta neta (pérdida)	4 883	3 696	2 105	2 944	13 628
Renta neta (pérdida) por acción	$0.25	$0.18	$0.10	$0.15	$0.68

* Incluye un cargo único antes de impuestos por $11 millones ($.38 por acción) para finiquitar el acuerdo de fusión con Electronic Arts (mayo de 1994).
Fuentes: Brøderbund Software, Inc., informe anual de 1994 y declaraciones 10-K.

cios, habitualmente corren sólo en computadoras, desde estaciones de trabajo de computadoras personales, hasta sistemas mainframe.

Las ventas de títulos multimedia se incrementaron considerablemente en el año civil 1994. De acuerdo a Dataquest, los embarques de CD-ROM multimedia crecieron de 16.5 millones de unidades en 1993, hasta 53.9 millones de unidades en 1994. Diecinueve por ciento de los títulos de CD-ROM eran de los segmentos de juego, educación y personal. Aproximadamente tres cuartos de las ventas reportadas de CD-ROM fueron en los formatos DOS/Windows/MPC.

Se esperaba que los productos multimedia basados en CD-ROM con voz, animación, video y sonido, continuaran ganando popularidad en el segmento de software de entretenimiento y educación. Con un continuo descenso en los precios de hardware, era de esperarse que más PC aparecieran en casas y pequeños negocios. Por tanto, las fuertes operaciones de ventas y marketing se volvieron críticas para el desarrollo, mantenimiento y fortalecimiento de los canales de distribución de CD-ROM. Con márgenes más pequeños disponibles para los minoristas de software, los comercializadores y revendedores no podían seguir asumiendo el costo de la publicidad o la capacitación de sus clientes en el uso de los productos. Las tácticas de marketing para generar entusiasmo y demanda del usuario final por un producto, se estaban viniendo abajo en las compañías de software de PC, quienes a su vez operaban con equipos de ventas y de marketing más pequeños y presupuestos reducidos. Con el advenimiento de los pedidos por correo y los canales de distribución al mercado masivo del menudeo, los canales de distribución parecían estar cambiando. Con el propósito de ganar espacio en las repisas de las tiendas, los editores más pequeños de software comenzaron a buscar socios con mayores recursos financieros y de marketing. Para poder entrar rápidamente al creciente mercado de software de consumo, las grandes empresas buscaron colaboraciones interindustriales.

Alianzas estratégicas

Las alianzas, especialmente entre grandes empresas, empezaron a dominar la industria de la multimedia por diversas razones: reducían el riesgo, distribuían los costos y permitían a las empresas adquirir conocimientos sobre diferentes elementos de multimedia de una manera rápida. En 1994, varias compañías de computación, comunicaciones y entretenimiento, unieron esfuerzos para formar un consorcio llamado First Cities, con el fin de desarrollar multimedia interactiva para su uso en casa. Las compañías participantes eran Apple, Bellcore, Bieber-Taki Associates, Corning, Eastman Kodak, Kaleida, North American Philips, Southwestern Bell Corp., Sutter Bay Associates, Tandem y US West.

DreamWorks SKG, otra alianza, se formó en 1995 bajo el liderazgo conjunto de Stephen Spielberg, Jeffrey Katzenberg (ex director de películas de Walt Disney) y David Geffen (director de Geffen Records). En marzo de 1995, DreamWorks anunció que Paul Allen, un cofundador de Microsoft, había invertido $500 millones en el negocio. A esto siguió rápidamente un anuncio de que Microsoft había firmado un acuerdo de desarrollo con DreamWorks, acompañado de una inversión por una suma no revelada.

Estas alianzas sobrepasaron las fronteras de la industria. Esta diversidad sugería que las compañías miembros llevarían a cabo diferentes roles dentro de las alianzas. Jack McPhee, director de la Oficina de Equipo de Cómputo y Negocios del Departamento de Comercio de Estados Unidos, dijo, “Hacer equipos y alianzas estratégicas está a la orden del día; las compañías buscan combinar sus tecnologías y talentos para atender oportunidades anticipadas”. Por ejemplo, las empresas de entretenimiento podían suministrar el contenido de los medios digitales; las compañías de teléfono o de cable, la habilidad para proveer información, y las empresas de hardware y software computacional, las formas de utilizar la información. Por otro lado, muchas alianzas eran internacionales, lo que señalaba que la producción de productos multimedia sería global desde el principio.

La administración de Brøderbund creía que los nuevos competidores, incluyendo a las grandes compañías de software y a otras grandes compañías de medios, se unieron para aumentar su atención hacia el mercado de software de consumo, lo que resultaría en una proliferación de productos, y cada vez menos oportunidades de entrar para las pequeñas compañías de software. “Actualmente, hay una proliferación de productos que compiten por espacio en las repisas en muchos de nuestros canales. En el futuro, esperamos que haya más consolidaciones de la industria a medida que el crecimiento pierde velocidad: la gente comenzará a buscar socios cuando pase estrecheces”, dijo McDonagh.

Para mantener el éxito, los vendedores más pequeños necesitaban encontrar y explotar nichos de mercado que no hubieran sido explotados por los principales vendedores. Para vender estos productos, los vendedores más pequeños necesitaban desarrollar y mantener relaciones con los canales de distribución orientados al consumidor.

Internet

A partir de principios de 1995, el efecto del desarrollo de Internet en los editores, distribuidores y minoristas seguía siendo un gran signo de interrogación. Aún así, muchos observadores estaban de acuerdo en que el mercado potencial para publicar en Internet, utilizando carteleras multimedia en el World Wilde Web, era enorme. Se estimaba que 6 millones de computadoras estaban enlazadas directamente a Internet, un aumento del triple desde 1994, de acuerdo con la Internet Society. Aproximadamente 10 000 compañías ya habían erigido sus propias carteleras electrónicas en el Web. El número total de personas que podían conectarse a Internet desde los teclados de sus computadoras cualquier día se calculaba que ascendía a 30 millones en todo el mundo. De acuerdo con Forrester Research, el mercado total para los negocios en Internet —incluyendo servicios, software y compras— había alcanzado un estimado de $500 millones. Para el año 2000, Forrester Research creía que los negocios en Internet podrían alcanzar los $10 mil millones o más. Se esperaba que este crecimiento reflejara el crecimiento exponencial de los servicios comerciales en línea: America Online tenía 2.5 millones de clientes, seguido por Compuserve (una división de H&R Block) con 1.9 millones, Prodigy (una empresa de riesgo compartido de IBM y Sears) con 1.6 millones, y Dephi (una subsidiaria de News Corporation) que ocupaba un distante cuarto lugar con 160 000 suscriptores.

De acuerdo con Gullett, "El World Wide Web es una amenaza de sustitución, así que tenemos que hacer productos que sean más poderosos para aprovechar la nueva tecnología web. Más del 70 por ciento de nuestra base de usuarios está en línea, 90 por ciento tiene modems. Y sin embargo, en el largo plazo, somos menos positivos respecto a Internet como un vehículo de distribución para aplicaciones de software que el resto de la industria".

Competidores directos

Entre los principales competidores directos de Brøderbund en el segmento de software de consumo estaban Microsoft, Davidson & Associates, Sierra On-line, Learning Company, Maxis, MECC y Edmark (los cuadros 7, 8 y 9 presentan información reciente sobre el marketing y las finanzas de estos competidores directos.) A pesar de la proliferación de estos competidores directos, Brøderbund creía que sus productos eran los que competían más favorablemente con respecto a características y calidad, confiabilidad y facilidad de uso, reconocimiento de marca y fortaleza en los canales de distribución, y en menor medida, en la calidad del soporte técnico y en el precio.

Propiedad intelectual

Brøderbund consideraba al software que poseía o para el que otorgaba licencia, como una patente de su propiedad. La compañía dependía principalmente de una combinación de derechos de autor y marcas registradas, leyes de secreto comercial y acuerdos de confidencialidad con empleados y contratistas externos para proteger sus productos. A pesar de estas precauciones, la compañía estaba alerta ante la posibilidad de que grupos no autorizados pudieran intentar copiar aspectos de sus productos u obtuvieran y utilizaran información considerada como patente de su propiedad. Podía esperarse que dicha piratería de software fuera un problema persistente, pero era un riesgo sistemático del comercio en la industria del software.

Brøderbund era miembro fundador de la Asociación de Editores de Software (SPA) y apoyaba sus campañas antipiratería para vigilar el uso no autorizado de software para computadora. La compañía había recibido, ocasionalmente, comunicaciones por parte de terceros señalándole que las características o el contenido de cierto producto podían infringir los derechos de propiedad intelectual de éstos, y en algunas instancias se había iniciado un litigio. Hasta principios de 1995, ninguna de esas demandas había tenido un efecto adverso en la capacidad de la compañía para desarrollar, comercializar o vender sus productos.

ACUERDOS DE FUSIÓN FINIQUITADOS

A finales de los 90, Sierra On-Line anunció su plan de fusión con Brøderbund en un intercambio de acciones valuado en $88 millones, pero el trato se topaba con un proble-

ILUSTRACIÓN 7 Competidores directos de Brøderbund

Compañía	Fecha de fundación	Ubicación	Rango en la industria, 1994	Aumento de ventas en % 1993-1994	Títulos mejor vendidos
Microsoft	1975	Redmond, Washington	1	28	MS-DOS, Windows, Office, Word, Excel, Home
Davidson & Associates	1982	Torrance, California	18	50	Math Blaster, Reading Blaster, Kid Works
Sierra On-Line	n/d	Bellevue, Washington	20	21	King's Quest, Leisure Suit Larry, Red Baron, Outpost
Learning Company	1980	Fremont, California	27	36	Reader Rabbit, Interactive Reading Journey, Treasure Mathstorm
Maxis	1987	Orinda, California	32	102	Sim City, Sim Earth, Sim Ant
MECC	n/d	Minneapolis, Minnesota	41	18	Oregon Trail, Yukon Trail, Amazon Trail
Edmark	1970	Minneapolis, Minnesota	n/d	66	Bailey's Book House, Millie's Math House, Sammy's Science House, Thinkin' Things Collection

Fuente: Asociación de Editores de Software, Sondeo financiero anual de los miembros, abril de 1995.

ma tras otro. La incertidumbre sobre la economía y en ese entonces la Guerra del Golfo Pérsico, suspendieron los planes de Sierra. En marzo de 1991, las dos compañías reanudaron las pláticas y firmaron una carta de intenciones de fusión. La entidad fusionada se hubiera llamado Sierra-Brøderbund, y Brøderbund se hubiera convertido en una unidad de Sierra. Pero el trato volvió a frustrarse. *The Wall Street Journal* citó a Ken Williams, presidente de Sierra On-Line, diciendo:

> Había un desacuerdo en cuanto a la estructura administrativa de la compañía combinada. Esto fue muy desafortunado dada la fortaleza que soporta a las dos compañías y la dinámica compañía en que se hubieran convertido. Sólo pueden tener éxito las compañías fuertes; se necesita una masa crítica para competir en nuestra industria. La madurez es importante en nuestra industria, y fusionarse con otras compañías es el precio de estar en el negocio.

Finalmente, el trato fue desechado en abril de 1991. La fusión de Sierra On-Line hubiera permitido a los primeros inversionistas de Brøderbund ganar mucho dinero ya que, en ese momento, las acciones de Sierra se comercializaban públicamente mientras que las de Brøderbund no. Entonces, en octubre de ese año, Brøderbund hizo una emisión pública inicial.

En mayo de 1994, Brøderbund y Electronic Arts finiquitaron un acuerdo de fusión debido a consideraciones financieras. Brøderbund reconoció un cargo único antes de impuestos, por $11 millones que consistía de un pago de $10 millones a Electronic Arts para finiquitar la fusión y $1 millón en costos asociados.

ILUSTRACIÓN 8 Ventas por editores de software con mejores - ventas año civil 1994

Juegos	Dólares	Unidades
Sierra On-Line	$ 28 032	722 071
LucasArts	17 086	398 308
Microprose	15 459	368 136
Brøderbund	15 171	318 395
Maxis	15 130	462 997
Mercado total, juegos	$276 772	8 742 741
Educación		
Learning Company	18 248	410 332
Microsoft	16 621	238 987
Brøderbund	11 758	299 016
Mindscape	9 048	193 100
Davidson	8 886	264 540
Mercado total, educación	$135 854	3 690 037
Productividad personal		
Brøderbund	$ 15 947	311 507
Softkey	13 763	512 248
Expert Software	6 437	500 047
DeLorme	4 050	46 935
Microsoft	2 978	70 354
Mercado total, productividad	$ 90 962	3 086 022
Editores de CD con mayores ventas		
Brøderbund	$ 22 748	416 275
Microsoft	21 930	337 330
Sierra On-Line	13 936	338 039
Virgin	8 884	187 068
LucasArts	8 577	177 002
Mindscape	7 524	190 759
Learning Company	6 950	107 620
GT Interactive	6 312	138 527
Electronic Arts	6 128	159 867
Grolier	6 042	68 097
Mercado total, CD-ROM	$243 632	5 570 949

Fuente: Asociación de Editores de Software, Sondeo financiero anual de los miembros, abril de 1995.

EL FUTURO

Mientras McDonagh ponderaba la dirección estratégica de su compañía a principios de abril de 1995, los reportes de la prensa ofrecían futuros aparentemente contradictorios para Brøderbund. *Business Week* publicó su lista anual de las compañías de mayor intercambio público en Estados Unidos, para 1995, categorizadas por su valor de mercado. Brøderbund hizo su primera aparición en esta lista, ocupando el lugar 788, con un valor de mercado de $1 000 millones. Un artículo adjunto, anotaba: " 'Esta pequeña compañía de software tiene una gran cantidad de seguidores porque cuenta con una

ILUSTRACIÓN 9 Compañías líderes de software de consumo - Información histórica (ventas en $000)

	1994		Ventas en 1993	Ventas en 1992
	# de empleados	Ventas		
Microsoft	16 379	$5 266 000	$4 109 000	$3 252 000
Brøderbund	450	132 068	95 814	86 126
Davidson & Associates	531	87 914	58 569	39 608
Sierra On-Line	650	76 500	63 354	43 269
Learning Company	206	44 761	32 873	23 852
Maxis	136	37 357	18 251	15 209
MECC	190	34 633	20 795	17 960
Edmark	115	16 807	10 118	7 368

Fuente: Asociación de Editores de Software, Sondeo financiero anual de los miembros, abril de 1995.

trayectoria muy consistente de desarrollo de excelentes juegos', dijo David T. Farina, un analista de William Blair & Co. Farina predijo que sus ganancias se elevarían en un 95 por ciento, a $36.5 millones para finales del año fiscal 1996, con un crecimiento de ventas del 76 por ciento, hasta $195 millones."

La misma semana, Jeffrey Tarter, editor de un influyente boletín industrial llamado *Soft•Letter*, señaló que aunque la categoría de consumo y entretenimiento era la de mayor crecimiento en la industria de software para computadoras personales, las compañías más pequeñas debían estar preparadas para la próxima sacudida ya que unas cuantas compañías poderosas denominaban cada vez más el mercado.

McDonagh respondió a estos análisis diciendo que los retos para el futuro debían ser cómo manejar los cambios en la tecnología, y un mercado que estaba creciendo más rápido que la capacidad de la compañía para sacar nuevos productos:

> La buena noticia es que la industria del software de consumo está en el umbral de convertirse en un verdadero negocio de consumo. Los factores que están generando esta oportunidad incluyen el cambio de un mercado orientado a aficionados hacia un mercado principal, uno que estará más orientado hacia ciertos nichos. Los usos de las computadoras también están cambiando, de poner un software una y otra vez, a grabar y comunicarse con software. La mala noticia es que no somos el único competidor que ve estos cambios. En lo que respecta a nuestro futuro, algo que nosotros tenemos y que las compañías nuevas en el medio no tienen —compañías de telecomunicaciones, compañías de medios, compañías de películas y videos—, es nuestra experiencia para pronosticar y manejar los cambios en la tecnología.
>
> La suerte tuvo mucho que ver con nuestro éxito inicial, pero ahora creemos que el éxito viene de tener a la gente adecuada, elegir los títulos correctos y pensar en los cambios de plataformas como una oportunidad en vez de considerarlos una amenaza. La belleza de estar en un negocio basado en la tecnología, es que los cambios de las plataformas o la discontinuidad ocurren cada 3 o 4 años, así que ahí hay muchas oportunidades para que desarrollemos nuevos productos que puedan aprovechar las nuevas plataformas.
>
> El verdadero problema es el ritmo de cambio y los obstáculos que podemos vencer. Si bien ahora estamos básicamente en el software empacado, podríamos expandir nuestro alcance hacia las comunicaciones, dándole empuje a nuestras capacidades distintivas en facilidad de uso y reconocimiento de marca. Esperamos que nuestro portafolio de productos cambie dramáticamente durante los próximos 2 o 3 años y que como resultado de ello, la compañía pueda duplicar su tamaño. Será un juego de apuestas muy altas: los bolsillos profundos serán importantes para propósitos futuros así como defensivos.

ILUSTRACIÓN 10 Brøderbund Software, Inc., declaraciones de ingresos consolidadas para 1990-1994, años terminados el 31 de agosto (en miles de dólares, excepto montos por acción)

	1994	1993	1992	1991	1990
Ingresos netos	$111 774	$95 583	$75 085	$55 779	$50 387
Costo de los ingresos	40 589	39 119	32 838	24 358	21 077
Margen bruto	71 185	56 464	42 247	31 421	29 310
Gastos operativos					
Ventas y marketing	18 621	15 051	11 102	8 565	9 147
Investigación y desarrollo	16 016	13 671	10 624	6 774	5 890
Generales y administrativos	7 500	7 112	6 375	5 919	5 337
Total de gastos operativos	42 137	35 834	28 101	21 258	20 374
Renta de operaciones	29 048	20 630	14 146	10 163	8 936
Renta por intereses y dividendos, neta	1 791	1 295	1 318	1 446	1 241
Costos de fusiones finiquitadas	(11 000)				
Renta por operaciones continuas antes de impuestos sobre la renta	19 839	21 925	15 464	11 609	10 177
Provisión para impuestos sobre la renta	8 778	8 297	5 805	4 547	3 959
Renta de operaciones continuas	11 061	13 628	9 659	7 062	6 218
Renta (pérdida) por operaciones discontinuadas, neto de los impuestos sobre la renta					(3 061)
Renta neta	$ 11 061	$13 628	$9 659	$7 062	$3 157
Información por acción:					
Renta por operaciones continuas	$.96	$.68	$.49	$.38	$.33
Renta neta por acción	$.55	$.68	$.49	$.38	$.17
Acciones utilizadas en el cálculo de la información por acción	20 145	20 006	19 582	18 767	18 738

Fuentes: Brøderbund Software, Inc., informes anuales y formas 8-K.

Claramente, se esperaba que la creciente complejidad técnica requerida en los nuevos productos de software de consumo, continuara haciendo de la disponibilidad de recursos financieros significativos un factor competitivo muy importante. En el caso de que la competencia de precios incrementara sustancialmente, las presiones de competitividad podrían provocar que la compañía redujera los precios de sus productos, lo cual podría resultar en una reducción de márgenes de utilidad. Una competencia prolongada de precios, en cambio, tendría un efecto adverso en los resultados operativos de la compañía y en su posición competitiva en el largo plazo. (Véase las ilustraciones 10-12 para los estados financieros de Brøderbund y el historial operativo reciente.)

ILUSTRACIÓN 11 Brøderbund Software, Inc., balance consolidado para el 31 de agosto de 1990-1994 (en miles de dólares, excepto montos por acción)

	1994	1993	1992	1991	1990
Activos					
Activos corrientes:					
Efectivo y equivalentes	$75 000	$54 316	$31 409	$29 621	$18 265
Cuentas por cobrar, netas	2 298	5 256	7 781	5 043	5 123
Prepagos de impuestos sobre la renta	1 156				
Inventarios	2 361	3 211	4 127	2 327	1 913
Impuestos sobre la renta diferidos	8 759	5 815	3 941	2 223	1 782
Otros	757	378	655	360	3 854
Total de activos corrientes	90 331	68 976	47 913	39 574	30 937
Equipo y modernización, neto	4 335	5 722	4 840	2 665	1 444
Otros activos	2 985	2 531	3 473	509	470
Total de activos	$97 651	$77 229	$56 226	$42 748	$32 851
Pasivos y capital de los accionistas					
Pasivos corrientes					
Préstamos bajo líneas de crédito bancarias	$ —	$ —	$ —	$1 462	$1 536
Cuentas por pagar	5 656	4 237	2 956	1 948	1 957
Compensación acumulada	5 353	4 266	2 572	1 552	1 199
Regalías por pagar	2 963	2 333	2 234	1 551	1 475
Impuestos sobre la renta acumulados		1 238	461	1 551	—
Otros	3 354	2 132	2 228	2 256	1 400
Total de pasivos corrientes	$17 326	$14 206	$10 451	$10 320	$7 567
Impuestos sobre la renta diferidos	—	726	1 109	—	—
Otros pasivos	146	287	496	—	—
Compromisos					
Capital de los accionistas:					
Acciones preferenciales, $.01 por valor; 1 millón de acciones	—	—	—	3 417	3 236
Acciones ordinarias, $.01 por valor					
Acciones autorizadas - 40 millones					
Acciones emitidas y en circulación - 19 624 000 en 1994, 18 998 000 en 1993	20 321	13 213	9 001	3 456	3 365
Ganancias retenidas	59 858	48 797	35 169	25 555	18 683
Total de capital de los accionistas	80 179	62 010	44 170	32 428	25 284
Total de pasivos y capital de los accionistas	$97 651	$77 229	$56 226	$42 748	$32 851

Fuentes: Brøderbund Software, Inc., Prospecto de emisión pública inicial e informes anuales.

ILUSTRACIÓN 12 Brøderbund Software, Inc., balance consolidado de flujo de efectivo para 1990-1994, años terminados el 31 de agosto (en miles de dólares)

Actividades operativas	**1994**	**1993**	**1992**	**1991**	**1990**
Ingreso neto	$11 061	$13 628	$ 9 659	$ 7 062	$ 3 157
Ajustes para cuadrar el ingreso neto con el efectivo neto suministrado por (utilizado en) actividades operativas:					
Depreciación y amortización	3 028	2 760	1 368	892	774
Cambios en los activos y los pasivos corrientes					
Cuentas por cobrar	2 958	2 521	(2 346)	80	1 257
Inventarios	850	916	(1 721)	(414)	(989)
Otros activos corrientes	(79)	277	(180)	1 421	(664)
Prepagos de impuestos sobre la renta	(1 156)				
Impuestos sobre la renta diferidos	(4 325)	(2 257)	(1 155)	(441)	(132)
Cuentas por pagar	1 419	1 281	191	(9)	369
Otros pasivos corrientes	2 939	1 697	891	1 285	1 088
Impuestos sobre la renta acumulados	(1 238)	777	(958)	1 551	(149)
Efectivo neto suministrado por actividades operativas	$15 457	$ 21 600	$ 5 749	$11 427	$3 973
Actividades de inversión					
Adquisición de PC Globe, Inc.			$ (1 500)		
Adiciones y modernizaciones al equipo, netas	$ (1 041)	$ (2 436)	(2 918)	$ (1 826)	$ (821)
Ganancias por la venta de operaciones discontinuadas	—	—	—	2 384	—
Otras	(840)	(440)	(211)	(613)	(98)
Efectivo neto utilizado en actividades de inversión	$ (1 881)	$ (2 876)	$ (4 629)	$ (55)	$ (919)
Actividades de financiamiento					
Reducción de depósitos de efectivo restringidos	—	—	1 750	—	
Incremento (decremento) de préstamos bajo líneas de crédito bancarias	—	—	(1 462)	(74)	123
Ejercicio de opciones de acciones	7 108	4 183	2 130	72	480
Recompra de acciones ordinarias				(14)	(651)
Efectivo neto suministrado por actividades financieras	$ 7 108	$ 4 183	$ 2 418	$ (16)	$ (48)
Incremento en efectivo y equivalentes	20 684	22 907	3 538	11 356	3 006
Efectivo y equivalentes, a principios de año	54 316	31 409	27 871	16 515	13 509
Efectivo y equivalentes, al final del año	$75 000	$54 316	$31 409	$ 27 871	$16 515
Divulgación suplementaria de información sobre flujo de efectivo					
Pagos de impuestos sobre la renta	$11 591	$ 7 506	$ 6 455	$1 783	$ 6 455
Pagos de intereses	$ 30	$ 37	$ 64	$178	$ 64

Fuentes: Brøderbund Software, Inc., prospecto de emisión pública inicial e informes anuales.

REFERENCIAS

Albemarle, J., "Pushing the PC Limit", *Graduating Engineer,* enero de 1995.

Bickford, C., "Fun and Games", *MacUser*, octubre de 1994.

Bryant, H., "Myst Opportunities", *Oakland Tribune*, 20 de noviembre de 1994.

"The Business Week 1000", *Business Week,* 27 de marzo de 1995.

Carlston, D., *Software People*, Prentice-Hall, Nueva York, 1986.

Caruso, D., editor, "The Many Arms of Microsoft", *Technology and Media*, 1, núm. 2, julio de 1994.

Fisher, L., "Two Companies in Software Drop Merger", *The New York Times*, 4 de mayo de 1994.

Gilles, J., " Brøderbund Scores at Software Symposium", *Mann Independent Journal*, 16 de marzo de 1995.

Leininger, L., "Disabled-Not!", *MacHome Journal*, enero de 1995.

Lohr, S., "Investment Is a $2 Billion Bet on the Net", *The New York Times*, 11 de mayo de 1995.

The New York Times, edición nacional, 23 de marzo de 1995.

Software Industry Report, 5 de abril de 1991.

Southwick, K., "Doug Carlston Talks Tough", *Upside*, marzo de 1996.

Tarter, J., *The 1995 Soft•Letter 100*, 11, núm. 19, 31 de marzo de 1995.

U.S. Department of Commerce, U.S. Industrial Outlook, 1994.

The Wall Street Journal, 3 de noviembre de 1991.

GLOSARIO DE TÉRMINOS DE LAS INDUSTRIAS DE LAS PC

CD-ROM Compact Disc-Read Only Memory (Disco compacto-memoria sólo de lectura) Similares a un CD o disco compacto de audio que puede tocarse en un estéreo, estos discos de plástico brillantes de 5 pulgadas contienen instrucciones de computación que son "reproducidas" por la computadora. Un CD-ROM contiene programas o información, tal como el contenido de una enciclopedia, codificado en formato digital, en el lado opuesto a la etiqueta. "Memoria sólo de lectura" significa que el usuario no puede cambiar o añadir nada a la información contenida en el disco, a diferencia de la capacidad dual de lectura y escritura de otros medios electrónicos de almacenamiento, como un disco flexible o un disco duro.

Software Edutainment (educación y entretenimiento) Software multimedia, incluyendo juegos, para uso educacional y en el hogar.

Interfaces gráficas de usuarios. (GUI: Graphical User Interfaces) Estas instrucciones y dispositivos especiales permiten a los usuarios ver ilustraciones vívidas en el monitor de su computadora, en vez de simples números y letras con un fondo en blanco. Las GUI contemporáneas permiten gráficos muy rápidos y deslumbrantes, incluyendo video clips cortos.

Supercarretera de la información Una red de información de alta velocidad o método de acceso a vastas cantidades de información de sitios remotos, como bibliotecas.

Internet Una serie de grandes computadoras propiedad de universidades, instituciones gubernamentales y empresas industriales conectadas por una red de enlaces telefónicos y de otros medios de comunicación. El acceso a Internet permite a los usuarios intercambiar información como correo electrónico (e-mail) o archivos de computadora, y buscar información sobre varios temas de muchas fuentes y proveedores. Algunos métodos de acceso permiten interacción simultánea en línea con otros individuos o grupos; a este tipo de conexión se le llama, algunas veces, *chat* (plática).

Multimedia Se refiere a sistema de software y hardware que combina capacidades gráficas que van desde imágenes fijas hasta animación y capacidades de audio como voz y música con gráficos y texto. Un medio típico puede incluir CD-ROM, discos láser, video cassetts cintas de audio y archivos de computadora como aquellos creados por procesadores de palabras, gráficos especializados y programas fotográficos y/o de sonido. La multimedia interactiva da a los usuarios la oportunidad de emitir comandos y responder a mensajes y preguntas de la computadora, dando como resultado una respuesta multimedia. Un ejemplo es una enciclopedia que ilustra un pájaro, primero tal vez por medio de un texto escrito o una explicación en audio, seguido de un video clip que muestra al pájaro en reposo y después en vuelo. Un juego puede mostrar a los personajes en acción y permitir al usuario elegir entre varias rutas y acciones.

Servicio en línea Los usuarios de computadoras a menudo se suscriben a servicios comerciales en red, que les proporcionan el software y acceso telefónico por marcación para war Internet o World Wide Web. Los proveedores incluyen Compuserve, Prodigy, America On-Line y Microsoft Network. Los suscriptores normalmente pagan una cuota mensual de acceso y pueden también pagar una tarifa por hora.

Sistema Operativo (OS: Operating System) Una pieza crítica de software que, al igual que los surcos de un disco LP, permite a la computadora "tocar" aplicaciones. Estos complejos programas permiten que otro software opere dentro de las reglas de ese sistema operativo y de la computadora en la que se está utilizando. Algunos sistemas operativos populares incluyen IBM y Microsoft PC-OS, Microsoft Windows, Apple OS, Macintosh OS, OS/2 Warp de IBM y UNIX.

Cambio de plataforma El cambio de plataforma se refiere a la migración de fabricantes de computadoras y usuarios finales, del uso de un sistema operativo o formato para computadora a un sistema o formato diferentes (como del disco flexible al CD-ROM). Este cambio en las preferencias del vendedor o el usuario puede provocar que el usuario necesite actualizar, expandir o incluso cambiar totalmente su hardware de computadora. También requiere que los diseñadores de software reescriban o modifiquen sus programas para trabajar en distintos ambientes de sistema operativo o en diferentes formatos de almacenamiento y recuperación.

RISC (Reduced Instruction Set Computing: Computación de conjunto reducido de instrucciones) Estos circuitos integrados especiales o "chips" utilizan diseños avanzados que requieren menos instrucciones para llevar a cabo las mismas tareas, permitiendo a la computadora operar más rápido.

World Wide Web Sistema que conecta las computadoras en Internet a través de vínculos; utiliza una interfaz gráfica de usuario.

COMPETENCIA EN LA INDUSTRIA DE CORRETAJE ELECTRÓNICO

CASO

4

Arthur A. Thompson, *The University of Alabama*

John E. Gamble, *University of South Alabama*

A principios de 1996, con tan sólo 800 000 cuentas abiertas de corretaje electrónico (también denominadas en línea o por Internet), parecía muy atractivo realizar operaciones bursátiles a través de Internet, particularmente para los fanáticos de la computación interesados en jugar con la tecnología. Sin embargo, para el mes de mayo de 1988, la operación por Internet crecía aceleradamente y los inversionistas convencionales abrían un promedio de 25 000 cuentas en línea a la semana. En términos generales, casi 3.5 millones de inversionistas usaban las cuentas de corretaje electrónico, con el propósito de mantenerse al tanto de las últimas cotizaciones, colocar sus propias órdenes de compraventa, mantenerse informado del comportamiento de sus carteras de valores, así como para lograr el acceso oportuno a una amplia y creciente gama de información en materia de inversión. Los analistas sectoriales estimaron que durante el mes de mayo de 1998, el 25 por ciento de todas las operaciones de corretaje al menudeo se efectuaba en línea, cantidad superior al 17 por ciento que se realizó en 1997 y al 8, o menos del 8 por ciento registrado en 1996. Durante el primer trimestre de 1998, las casas de bolsa en línea ejecutaban cerca de 192 mil operaciones al día, en comparación con las 153 mil que se llevaron a cabo durante el último trimestre de 1997 y las 75 mil efectuadas a mediados de ese mismo año. De acuerdo con el pronóstico de los analistas sectoriales, los activos de las cuentas electrónicas aumentarían de los 125 mil millones de dólares que representaron a principios de 1998 para llegar a 700 mil millones de dólares en el año 2002 y el número de cuentas electrónicas aumentarían casi 14.5 millones. Se esperaba que las comisiones que genera el comercio electrónico alcanzarían 2.1 mil millones de dólares en el año 2001, de los 268 millones reportados en 1996 y de los 600 millones que se obtuvieron en 1997.

A principios de 1998, las oportunidades de crecimiento que se pronosticaron para la industria del corretaje electrónico atrajeron a 60 competidores más. Apenas 18 meses antes, sólo 15 firmas ofrecían sus productos a través del comercio electrónico. Durante el último semestre de 1997, algunas firmas de corretaje electrónico redujeron sus comisiones por transacción a menos de 10 dólares por operación y lanzaron campañas

ILUSTRACIÓN 1 Estimación de la participación de mercado de las firmas de corretaje electrónico, primer trimestre de 1998 (con base en el volumen diario de operación)

Firma de corretaje	Estimación de cuotas por operación diaria
Schwab Online (unidad de Charles Schwab & Co.)	32%
E*Trade	12
Waterhouse Securities	9
Fidelity (unidad de Fidelity Investments, proveedor líder de sociedades de inversión en Estados Unidos)	8
Datek Online	7
Ameritrade	6
DLJdirect (unidad de Donaldson Lufkin & Jenrette, firma destacada de banco de inversión)	4
Quick & Reilly (subsidiaria de Fleet Financial, banco líder de Nueva Inglaterra)	4
Discover Brokerage Direct (unidad de Morgan Stanley Dean Witter)	4
Otras 51	14
	100%

Fuente: De acuerdo a las estimaciones de Bill Burnham, analista de Piper Jaffray, Inc.

publicitarias multimillonarias en dólares con el propósito de atraer nuevas cuentas, ganar mayores cuotas de mercado y obtener una posición que les permitiera beneficiarse a sí mismas del explosivo crecimiento que se esperaba en el corretaje a través de Internet. La ilustración 1 enumera las empresas líderes del corretaje electrónico que operaban a principios de 1998.

Un reportero de la revista *Fortune* describió el atractivo del comercio electrónico de la siguiente manera:

> La compraventa de acciones en línea te hace sentir diferente, incluso es estimulante . . . En primer lugar, es oportuna y privada. Puedes obtener las cotizaciones e investigar sin el apoyo de un corredor; no dependes de las recomendaciones de un vendedor experimentado para tomar tus propias decisiones de inversión. En segundo lugar, es divertido: los colores, las gráficas, la emoción de estar conectado al corazón palpitante del capitalismo. Basta con un clic para colocar 100 acciones de GM que segundos después serán tuyas . . . Tercero, tu cuenta en línea viene acompañada de información útil: la mayoría de las casas de bolsa en línea simplemente se lanzan libremente a la caza de las historias noticiosas y boletines de prensa, gráficas de acciones, proyecciones de ganancias e incluso a los informes de los analistas.
>
> Y por supuesto, por sólo una fracción de los 125 dólares de comisión que cobraría una casa de bolsa tradicional de descuento. Además, los precios siguen a la baja.[1]

Un jubilado de Florida, complacido con su cuenta de corretaje electrónico comentó: "Puedo obtener una colocación de acciones, por digamos 30 dólares. Cuando en otros lugares la comisión por ese mismo movimiento equivaldría a 300 o 400 dólares. Puedo vender una acción y luego comprarla sin sentir que me cortan un brazo y una pierna."[2] Por su parte, otro operador en línea satisfecho, un consultor de software de 45 años de edad mencionó: "Los costos han bajado y ahora es muy sencillo."[3]

---

[1] David Whitford, "Trade Fast, Trade Cheap", *Fortune,* 2 de febrero de 1998, p. 112.
[2] "The New Stock Traders", *Business Week,* 4 de mayo de 1998, p. 134.
[3] *Ibid.*, p. 126.

SITUACIÓN DE LA INDUSTRIA DE CORRETAJE EN 1998

En el año de 1998, la industria de corretaje al menudeo en Estados Unidos era un negocio que representaba 12 mil millones de dólares y mucho más de 200 competidores. La industria estaba integrada esencialmente por tres tipos de empresas: las casas de bolsa tradicionales que ofrecían una amplia gama de servicios a bajo costo como Merrill Lynch, Dean Witter, Paine Webber y Prudential Securities; las casas de bolsa de servicios limitados o de descuento como Charles Schwab & Co., Quick & Reilly y Siebert Securities; y la nueva camada de casas de bolsa a través de Internet como Schwab Online (una división de Charles Schwab), E*Trade, Waterhouse, Suretrade, Ameritrade y Web Street Securities. De los 60 millones de cuentas de corretaje que existían en Estados Unidos en 1998 (que representaban a casi 30 millones de familias en Estados Unidos), casi 45 millones acudían a casas de bolsa de servicio completo, 12 o 14 millones a casas de bolsa de descuento y 3.5 millones a casas de bolsa en línea.

Casas de bolsa de servicio completo

Las firmas de corretaje de servicio completo nacionales y regionales proporcionaban a los clientes una serie de servicios financieros como verificación de cuentas, tarjetas de crédito, cuentas individuales de retiro (IRA) y Keogh, planes de jubilación, hipotecas y todo tipo de asesoría en inversiones. Funcionaban para los clientes como el principal medio de acceso para la compraventa de acciones, bonos, sociedades de inversión, opciones, futuros y otros tipos de valores. Las casas de bolsa de servicio completo prestaban sus servicios a través de redes de oficinas locales y de profesionales muy bien retribuidas por su asesoría. Su trabajo consistía en atraer a los clientes, conocer sus preferencias y aversiones acerca de la inversión, proporcionar asesoría segura, realizar compraventa de acciones y servir como principal punto de contacto del cliente en la comercialización de los servicios. Las firmas de corretaje de servicio completo mantenían actualizados a sus corredores sobre las características y detalles de toda la gama de servicios disponibles, con el propósito de que pudieran comercializarlos de manera personalizada y competente. No obstante, los corredores competentes para atraer buenos clientes, brindándoles un servicio personal y atento, que los ayudaban activamente a obtener buenos rendimientos de sus inversiones (que generalmente significaba conducirlos hacia acciones de alto rendimiento, sociedades de inversión y bonos) y que generaban grandes volúmenes de ingresos y comisiones para la firma, normalmente se hacían cargo de paquetes salariales de seis dígitos.

Con el propósito de ayudar a fortalecer los nexos entre los clientes y los corredores y promover el contacto frecuente entre ellos, las firmas de servicio completo no sólo equipaban a sus corredores profesionales con el equipo de cómputo que les permitiera obtener las cotizaciones y realizar las transacciones, sino que también les permitían tener acceso a la información de la firma sobre las inversiones, para transferirla a sus clientes. Las firmas de servicio completo sostenían equipos de análisis de tamaño considerable, que generaban un flujo continuo de reportes sobre compañías, industrias e inversiones de tipo específico, con la intención de que se constituyera en un recurso adicional para que los corredores facilitaran a los clientes información valiosa para la inversión.

Las comisiones que las firmas de servicio completo cargaban por ejecutar órdenes de compraventa variaban en relación con el número y el precio de las acciones, pero usualmente la comisión de las transacciones se aproximaba a un dólar por acción. Por ejemplo, la comisión de Merrill Lynch por comprar o vender 200 acciones de MCI WorldCom a 35 dólares cada una era de 164.19 dólares. La misma firma cargaba una comisión de 518.32 dólares en la operación de 540 acciones de Intel a 75 dólares cada una y una comisión de 105 dólares por operar 100 acciones de Sun Microsystems de 50

ILUSTRACIÓN 2 Comparativo de las comisiones que cargan los principales tipos de firmas de corretaje, primavera de 1998

	200 acciones a 20 dólares	3 000 acciones a 10 dólares
Casas de bolsa de servicio completo		
Promedio de comisión	$116.90	$672.59
Casas de bolsa de descuento		
Promedio de comisión	66.09	145.05
Corredores electrónicos		
Schwab Online	29.95	89.95*
DLJdirect	20.00	60.00†
E*Trade	14.95	74.95
Fidelity	14.95	14.95
Discover Brokerage Direct	14.95	14.95‡
Waterhouse Securities	12.00	12.00
Datek Online	9.99	9.99
Ameritrade	8.00	8.00
Suretrade	7.95	7.95
Web Street Securities	14.95	Gratis para los valores de la bolsa de NASDAQ

Nota: Estas tasas de comisión son válidas para las operaciones colocadas al precio prevaleciente en el mercado en el momento de su ejecución; las órdenes que especifican un precio límite por lo general ocasionan el pago de una tasa extra, equivalente a 5 dólares en Fidelity y Ameritrade.

* La estructura de cuotas de Schwab consistía en un pago fijo de 29.95 dólares para todas las operaciones de hasta 1 000 acciones con un cargo extra de 3 centavos de dólar por acción para toda operación que rebase las 1 000 acciones.

† La estructura de tasas de DLJdirect consistía en un pago fijo de 20.00 dólares para todas las operaciones de hasta 1 000 acciones con un cargo extra de 2 centavos de dólar por acción para toda operación que rebase las 1 000 acciones.

‡ La estructura de cuotas de Discover consistía en un pago fijo de 14.95 dólares para todas las operaciones de hasta 5 000 acciones; las operaciones que excedan las 5 000 acciones causan un cargo extra de 1 centavo de dólar por acción de la orden completa.

Fuente: Credit Suisse First Boston Company y reportes anuales, publicidad y sitios web de la compañía.

dólares cada una. La ilustración 2 muestra un comparativo de las comisiones que cargaban las firmas de servicio completo contra las de las casas de bolsa de descuento y las de los corredores en línea a principios de 1998.

Las firmas líderes de corretaje de servicio completo eran Merrill Lynch, Paine Webber, Dean Witter, Smith Barney y Prudential Securities, pero el segmento también incluía a un número considerable de firmas de corretaje de servicio completo regionales, entre las cuales se destacaban A. G. Edwards, Robinson-Humphrey, J. C. Bradford y Edward D. Jones.

Firmas de corretaje de descuento

A mediados de los años ochenta, Charles Schwab & Co., Quick & Reilly y algunas otras de las empresas que apenas se iniciaban en el corretaje, desafiaron a las casas de bolsa de servicio completo al ofrecer a los inversionistas comisiones de descuento. Sin embargo, Charles Schwab & Co., les llevaba la delantera a las casas de bolsa de descuento, debido a que había sido la pionera en crear el segmento de descuento y había logrado que su firma obtuviera una buena reputación, especialmente entre los inversionistas con ingresos medios que no quieren despilfarrar su dinero. Con el paso de los años, el nombre Schwab se ha ganado el reconocimiento de la industria de corretaje (quizá después de Merrill Lynch) debido a que implementa una importante publicidad en los medios, a través de anuncios que presentan la imagen de su fundador y también su oferta de productos ya que cuenta con un menú de servicios relativamente amplio. Debido a su reputación y servicios, Schwab pudo cargar comisiones apenas 30 por ciento menores que las de las firmas de servicio completo —sus honorarios eran los más altos entre lo que se conocía ampliamente como casas de bolsa de descuento. Sin embargo, los corredores de descuento de segundo nivel, que estaban satisfechos con edificar su negocio en torno a los comercializadores activos y cazadores de gangas, así como con brindar un mínimo de servicios que fueran más allá de simples transacciones comerciales, podían ofrecer mayores descuentos que Schwab.

El número creciente de inversionistas que abrieron sus cuentas con casas de bolsa de descuento a finales de los años ochenta y principios de los noventa, provocó que sus operaciones representaran, por vez primera, una competencia alternativa a las firmas de servicio completo. Por lo tanto, un gran número de bancos dispusieron unidades de corretaje de descuento como un servicio adicional para sus clientes, acercándose un poco más a su transformación como centros financieros que ofrecían una amplia gama de servicios en un solo centro. Sin embargo, los bancos se dieron cuenta de que el suministro de servicios de corretaje era la forma de lograr que resultara más atractivo para sus clientes invertir en acciones, bonos y sociedades de inversión, así como un vehículo para atraer cada vez más cuentas de retiro individuales (IRA) manejadas por los interesados. Algunas de las operadoras de sociedades de inversión, como Fidelity Investments, iniciaron las unidades de corretaje de descuento, con el principal propósito de ofrecer el servicio a sus inversionistas regulares así como para atraer a otros nuevos. En aquella época, Fidelity ya contaba con algunas oficinas dispersas en Estados Unidos y con servicio telefónico sin costo, así como con la infraestructura interna que le permitía llevar a cabo operaciones de valores; por lo cual introducirse al negocio del corretaje con base en esos recursos le resultaba sencillo y económico.

Las casas de bolsa de descuento podían disminuir las comisiones de las casas de bolsa de servicio completo debido a que eliminaban el costoso pago de analistas financieros y corredores profesionales. También utilizaban a sus representantes asalariados para proporcionar el servicio a los clientes, transmitir cotizaciones a través de líneas telefónicas y tomar órdenes de compraventa, pero no estaban autorizados para brindar asesoría para invertir. Se buscaba que este tipo de representantes contaran principalmente con habilidades para proporcionar un servicio telefónico cortés y amigable; sus salarios anuales oscilaban entre los 28 mil y los 40 mil dólares. Algunas firmas incluso ofrecían a sus representantes incentivos modestos con base en el número de llamadas telefónicas que atendían diariamente y en el volumen de transacciones que realizaban. Generalmente las casas de bolsa de descuento proporcionaban poca o ninguna información sobre las inversiones o las últimas noticias acerca de la evolución de las empresas. Sólo unas cuantas, entre las cuales se destacaban Charles Schwab, Quick & Reilly y Fidelity contaban con una red de oficinas locales con la finalidad de atender a los clientes de las grandes áreas metropolitanas que las visitaban. La mayoría realizaba sus movimientos principalmente por teléfono; operaba fuera de su casa matriz quizá desde unas cuantas sucursales. Por su parte, los bancos con unidades de corretaje de descuento generalmente contaban en sus oficinas y sucursales con personal preparado para contestar preguntas, abrir cuentas de corretaje y, en algunos casos, operar sociedades de inversión. No obstante, la mayoría de las transacciones de valores se iniciaban con la llamada telefónica de algún cliente que se comunicaba con un representante de corretaje de la casa matriz.

El hecho de contar con estructuras de bajo costo permitía a las casas de bolsa de descuento cobrar comisiones sustancialmente menores que las que cargaban las de servicio completo (véase nuevamente la ilustración 2). Tal como sucedía con las casas de bolsa de servicio completo, las comisiones variaban de acuerdo con el número y el precio de las acciones. En algunos casos existía una comisión distinta para las transacciones que se realizaban con New York Stock Exchange (NYSE) y National Association of Securities Dealers Automated Quotations (NASDAQ). Los honorarios de Charles Schwab por el movimiento de 500 acciones a 50 dólares cada una en la NYSE era de 127 dólares y por 1 000 acciones a 15 dólares cada una con NASDAQ era de 127 dólares. Sin embargo, en respuesta a la creciente competencia de las estrategias de precio fijo que ofrecen los corredores en línea, recientemente unos cuantos corredores de descuento también cargan cuotas fijas por transacción, independientemente del precio y el número de acciones.

Las comisiones disponibles a una tarifa más baja los corredores de descuento, resultaban atractivas para los inversionistas conocedores que participaban activamente en el manejo de sus carteras, que a menudo operaban acciones (quizá todos los días hábiles realizaban algunos movimientos) y que deseaban minimizar los costos que generaban los movimientos de entrada o salida de acciones particulares. Debido a que las comisiones representaban el costo principal para los comerciantes activos, estaban muy interesados en colocar sus cuentas con un corredor que pudiera ejecutar sus órdenes de compraventa a precios económicos. Por lo tanto, era frecuente que este tipo de inversionistas empleara diversas fuentes para obtener la información de sus inversiones y deseara renunciar al consejo profesional y a la información proveniente del análisis relacionado con la inversión inmobiliaria que era una de las características distintas de las casas de bolsa de servicio completo. Las estructuras de bajo costo de las casas de bolsa de descuento también resultaban atractivas para los inversionistas que tomaban en cuenta los ahorros y cuyas cuentas registraban saldos modestos, puesto que realizar transacciones a costos más bajos les permitía colocar fracciones más grandes de sus limitados fondos en las inversiones de su preferencia. Como resultado de lo anterior, los corredores de descuento alcanzaron cerca del 25 por ciento de la cuota del corretaje al menudeo durante 1998.

Nueva generación de firmas de corretaje electrónico

Las firmas de corretaje electrónico empezaron a aparecer en 1995, como resultado de la proliferación del empleo de Internet y la reducción de los problemas de seguridad en la transmisión de datos a niveles tolerables (tanto Netscape Navigator como Internet Explorer implementaron sofisticados sistemas para cifrado de datos que permitieron la transmisión de información vía Internet sin riesgos significativos de violación a su seguridad). Gran número de las nuevas firmas de corretaje electrónico que iniciaron operaciones en 1997, las lanzaron jóvenes empresarios de Internet, E*Trade y Web Street Securities que posteriormente se convirtieron en las empresas más conocidas y exitosas. Algunas de las nuevas participantes en este segmento fueron establecidas por operadoras de sociedades de inversión y otras instituciones financieras con el propósito de ofrecer servicios adicionales a sus clientes y atraer nuevas fuentes de ingresos. La mayoría de los propietarios y administradores de las firmas de operación electrónica estaba convencida de que "Internet era lo indicado" y que el futuro del corretaje al menudeo, con personas físicas, se encontraba en la operación electrónica.

Con el propósito de proporcionar sus servicios a los clientes, las casas de bolsa electrónicas empleaban una cadena de valor radicalmente distinta a la que utilizaban las casas de bolsa tradicionales. Ésta les permitía reducir sus gastos generales debido a que contaban con pocas oficinas, a la vez que carecían de profesionales que obtuvieran comisiones. Mientras sostenían pequeños equipos de personas asalariadas, consultores financieros, representantes con matrícula y personal capacitado para brindar atención telefónica a los clientes que necesitaban hablar con un "corredor vivo", Internet constituía su principal medio de comunicación con los clientes. Generalmente las casas de bolsa electrónicas instalaban un sitio web para que los inversionistas interesados pudieran explorarlo, que el acceso a algunas áreas del sitio web era gratuito y abierto a todo el mundo, mientras que otras sólo estaban autorizadas para los que contaban con una cuenta y su correspondiente contraseña. Los inversionistas potenciales podían abrir una cuenta al llenar las formas disponibles en línea (o solicitar que se les enviara por correo la información de cuentas nuevas y sus respectivas formas). Los sitios web de corretaje electrónico ofrecían una serie de características que permitían que los clientes obtuvieran información atrasada ilimitada sobre las cotizaciones de valores, si era necesario obtener las cotizaciones en tiempo real, colocaran órdenes de compraventa, confirmar órdenes, consultar saldos, dar seguimiento al desempeño de sus carteras de acciones, observar gráficas del desempeño histórico, obtener datos y tasas sobre las sociedades de inversión, leer noticias sobre las industrias y empresas, y contar con el acceso a los informes de análisis de diversos especialistas sobre inversiones. Algunos corredores electrónicos han desarrollado su propio software con el propósito de facilitar el acceso a las opciones y características de sus sitios web, mientras que otros los adquirieron de los proveedores a quienes pagaban derechos por cada operación realizada.

A los inversionistas astutos, a quienes les intrigaba el manejo de sus propias inversiones, dar seguimiento automático a sus carteras y ahorrarse las comisiones (que a principios de 1996 eran de 35 dólares por la operación de 100 acciones), inmediatamente mostraron su interés por abrir cuentas electrónicas. En el periodo comprendido entre abril de 1995 y abril de 1996 se abrieron cerca de 400 mil cuentas electrónicas nuevas. Gracias a Internet, los clientes podían acceder a la información de sus cuentas a cualquier hora y durante fines de semana, así como colocar órdenes para que se ejecutaran al abrirse nuevamente el mercado. Tal como lo comentara un inversionista satisfecho: "Mi corredor era muy buena gente, pero hombre, sí que me estaba robando. Todo lo que hizo fue colocar mis transacciones. Yo mismo puedo hacerlo."[4] El director general de una casa de bolsa electrónica dijo: "Nuestra misión es habilitar al inversionista. Toda nuestra información es gratuita."[5]

En términos generales, la operación de acciones vía Internet a través de corredores en línea se transformó rápidamente en sencilla, oportuna, amigable, privada, segura, informativa y placentera. Las condiciones que se esperaba que condujeran a un rápido incremento del porcentaje de las comisiones por operar al menudeo ahora se realizan en línea. Algunos analistas pronosticaban que las operaciones electrónicas se acercarían al 30 por ciento del volumen promedio diario a fines de 1998 y a 50 por ciento del total de las transacciones al menudeo que se realizaran en cinco años. Los pronósticos sobre este impresionante crecimiento eran congruentes con el incremento general de las actividades en Internet. Sin embargo, un estudio que llevó a cabo el Departamento de Comercio de Estados Unidos en 1998, reveló que el tráfico en Internet se duplicaba cada 100 días. Así, mientras que en 1994 sólo 3 millones de personas estaban conectadas a Internet. Se estimó que a finales de 1997 se habían conectado 100 millones de personas en todo el mundo, entre las cuales se encontraban 62 millones de estadounidenses.

[4] Como se cita en "With the World Wide Web, Who Needs Wall Street?", *Business Week*, 29 de abril de 1996, p. 120.

[5] *Ibid.*, p. 121.

Respuestas iniciales del corretaje tradicional ante la aparición de la operación electrónica

La respuesta inicial de las casas de bolsa tanto de servicio completo como de descuento ante el creciente interés en la operación electrónica consistió en crear sitios web para sus propios clientes. No obstante, no ofrecían operaciones electrónicas, sino sólo probaditas de información actualizada (comentarios de las actividades diarias del mercado, actualizaciones diarias o semanales de los índices del mercado bursátil y quizá alguna muestra del reporte de análisis); llamaban la atención sobre la amplia gama de beneficios que ofrecía el corretaje. Sin embargo, Smith Barney fue un paso más allá: a cambio de registrarse, los buscadores que visitaban su página web podían dar un vistazo a las 10 mejores acciones y hacer clic en vínculos a otros sitios web que contenían información relacionada. A principios de 1996, Prudential Securities se convirtió en la primera casa de bolsa de servicio completo que ofrecía a sus clientes acceso vía Internet a los saldos de cuentas y proporcionaba cotizaciones retrasadas de las acciones. Otras casas de bolsa de servicio completo y de descuento no tardaron en seguir el camino marcado por Prudential y también ofrecieron a sus clientes alternativas para dar seguimiento a sus acciones a través de la publicación de listas en los periódicos o por medio de la consulta telefónica. Sin embargo, para que los clientes pudieran obtener la información de sus cuentas en línea, primero debían inscribirse con sus casas de bolsa de servicio completo para obtener el software necesario (algunas veces debían pagar una cuota única de 25 dólares) e instalarlo en sus computadoras, junto con un explorador seguro (Netscape Navigator o Internet Explorer). En contraste, el software que emplearon más de las tres cuartas partes de las casas de bolsa electrónicas, permitió a sus clientes el acceso a Internet sin tener que instalar un software propietario en sus computadoras. La mayoría de las casas de bolsa que ofrecían de una u otra manera el acceso a Internet esperaban que al finalizar el siglo, podrían cambiar a un software que no requería instalarse en la computadora del cliente.

Sin embargo, a excepción de Dean Witter, que instaló una unidad independiente denominada Discover Brokerage, con el propósito de aspirar al negocio del corretaje electrónico, ninguna otra de las firmas de corretaje de servicio completo fue más allá de ofrecer transacciones a través de Internet durante 1996 y 1997. En términos generales, las casas de bolsa de servicio completo no creían que las casas de bolsa en línea contaran con la solidez financiera ni la credibilidad como para representar un verdadero desafío competitivo. Tampoco veían a Internet como un sustituto atractivo para la asesoría del corredor de carne y hueso. Como lo expresó un ejecutivo de una firma de corretaje de servicio completo en el año de 1996: "Realmente no nos preocupa. Nosotros observamos que los inversionistas buscan asesoría y orientación permanentes."[6] La visión que prevalecía consistía en que la gran mayoría de los clientes de los corredores de tiempo completo no encontrarían en Internet acciones suficientemente atractivas como para efectuar transacciones. Sin lugar a dudas, un experto de la industria pronosticó: "Ustedes verán que más gente regresará a las casas de servicio completo debido a que desearán que los lleven de la mano durante una crisis."[7]

Por otra parte, varios de las casas de bolsa de descuento más conocidas, a saber, Charles Schwab & Co., Quick & Reilly y Fidelity Discount Brokerage, rápidamente se movilizaron con el propósito de sacar ventaja de las oportunidades que ofrecía la operación en línea e instalaron unidades de corretaje electrónico. Algunos de los corredores más pequeños de grandes descuentos cuya clientela consistía en operadores activos que

---

[6] *Ibid.*, p. 121.

[7] "Schwab Is Fighting on Three Fronts", *Business Week*, 10 de marzo de 1997, p. 95.

buscaban efectuar transacciones a los costos más bajos posibles también instalaron unidades electrónicas como una forma de retener a sus clientes y adicionalmente atraer a cazadores de gangas, ejemplo notable de lo cual es Ameritrade. Sin embargo, durante los años 1996 y 1997 la mayoría de las casas de bolsa de descuento estaban renuentes a introducirse en el corretaje en línea y adoptaron la postura de esperar y ver qué pasaba.

La contienda entre las casas de bolsa en línea para competir con base en secciones, servicios, búsqueda de información y precio

A lo largo de los años 1996 y 1997, conforme progresaba la tecnología para las páginas web, la transferencia de datos vía módems y servidores se efectuaban con mayor rapidez y la capacidad del software para el corretaje electrónico se perfeccionaba, los competidores del corretaje en línea trabajaban para que sus páginas web fueran más realistas e interesantes. Agregaban secciones y proporcionaban a los inversionistas más y mejor información, así como mayor capacidad para que realizaran su propio análisis. Algunos de los corredores electrónicos desarrollaron presentaciones útiles y proporcionaron capacitación para el empleo de su software, lograron que el acceso a sus formas de cuentas fuera más sencillo y facilitaron la navegación a través de las secciones disponibles en sus sitios web. Con el propósito de asegurarse de que su servicio era bueno, la mayoría de las firmas de corretaje electrónico daba seguimiento a la disponibilidad de sus sitios web y abría cada vez más información clave así como las reglas de operación para sus clientes. A principios de 1998, era común que los sitios web de corretaje emitieran algún tipo de asesoría de inversión (de fuentes internas o de proveedores externos) y que contuvieran vínculos a otros sitios web con información relevante como la que se menciona a continuación:

- La base de datos Edgar, sostenida por la Securities and Exchange Commission, que incluía reportes 10-K y reportes anuales de la compañía.
- Las tasas de sociedades de inversión de Morningstar y otras.
- Estimaciones de First Call o Zack's Research acerca de las utilidades futuras.
- Resúmenes de las noticias del mercado de CBS Market Watch, Briefing.com y otros.
- Boletines de prensa de diversas compañías acerca de la cartera de un inversionista.
- Noticias financieras provenientes de fuentes diversas como Dow-Jones, CNN, Bloomberg, Reuters, Business Wire, Standard & Poor's, *Fortune* y *Business Week*.

En la ilustración 3 se muestra la diversidad de características y servicios que el corretaje electrónico empleaba con el propósito de atraer a sus clientes durante el primer trimestre de 1998.

Alianzas entre las casas de bolsa en línea y los proveedores de información El volumen y la variedad de información sobre inversiones disponible a través de Internet, bien sea gratuitamente o mediante el pago de una cuota, era cada día mayor, por lo cual los inversionistas audaces podían, por medio de un modesto esfuerzo de investigación de su parte, hacerse de un volumen consistente de datos e información en relación con las acciones, bonos, sociedades de inversión y otras inversiones alternativas. Sin embargo, para evitar que sus clientes se molestaran en buscar su propia información en Internet, las casas de bolsa electrónicas y las firmas encargadas de proporcionar información a

ILUSTRACIÓN 3 Características y servicios que ofrecían las casas de bolsa electrónicas, 1998

- Capacidad para abrir una cuenta en línea, o a través del llenado de formas que se envían por correo; presentaciones de cuenta, tutoriales para el empleo del software con el que se operan las cuentas.
- Soporte técnico vía correo electrónico o llamadas telefónicas sin costo durante horas hábiles de lunes a viernes. Algunas firmas contaban con líneas directas de soporte técnico las 24 horas del día, los siete días de la semana (los tiempos de respuesta variaban de una firma a otra y oscilaban entre un minuto hasta 15 minutos en promedio).
- Información sobre la cuenta, capacidad para conectarse al sistema y obtener información y la actualización de los precios de cada una de las participaciones accionarias de la cartera. (La mayoría de las firmas de corretaje actualizaban los precios al cierre de cada día hábil; algunas actualizaban los precios y los saldos de cuentas cada 15 o 20 minutos y unas cuantas invirtieron en la capacidad que les permitiera proporcionar instantáneamente la actualización, conforme los precios de la bolsa cambiaban.)
- Seguridad de la cuenta.
- Acceso gratuito e ilimitado a cotizaciones previas (por lo general 15 o 20 minutos después de que se ejecutó la última operación).
- Acceso gratuito a un número limitado de cotizaciones en tiempo real por transacción (generalmente 100). Se cargaba una cuota adicional por proporcionar las cotizaciones en tiempo real cuando superaban el número establecido; para entregar cotizaciones en tiempo real, la casa de bolsa debía contar con el software con la capacidad para actualizar directamente en la pantalla los precios de las cotizaciones cada vez que éstos cambiaban y luego contar con una fuente de la cual obtenerlas en tiempo real (a menudo de un proveedor externo como Thomson Financial, proveedor principal de cotizaciones en tiempo real para muchas firmas de corretaje).
- Total control del cliente para colocar órdenes de compraventa.
- Confirmación de las operaciones, generalmente unos segundos después de colocar la orden.
- Disponibilidad en línea de una variedad de productos de inversión como acciones, bonos, opciones y sociedades de inversión.
- Acceso a información sobre antecedentes históricos, gráficas con los precios y volúmenes de las operaciones, rango de operación más bajo y más alto de 52 semanas atrás, historial de los dividendos, razones precio-ganancia, gráficas del desempeño de los precios de la bolsa contra diversos índices del mercado como el S&P 500 y el Dow-Jones Industrial Average.
- Disponibilidad de algunos vínculos a análisis en línea a través del sitio web del corredor (reportes 10 K, reportes anuales, pronósticos de ganancias, últimos análisis de diversos indicadores técnicos, historia y antecedentes de compañías, recomendaciones de los analistas, resúmenes de noticias, boletines de prensa y contenidos editoriales con consejos y recomendaciones).
- Posibilidad de platicar con un consultor financiero o representante con matrícula en caso necesario. Unos cuantos corredores electrónicos estaban asociados con casas de bolsa de descuento que contaban con oficinas con servicio a clientes (entre los cuales se incluye Schwab Online, Fidelity y Quick & Reilly).
- Servicios de transferencia electrónica de fondos.
- Cuentas de retiro IRA y 401 (k).
- Supervisión de cuentas.
- Pago electrónico de facturas.
- Tarjetas de crédito y débito.
- Presentación a todo el mundo de los calendarios de comisiones y listas de cuotas de IRA, devolución de cheques, préstamos a crédito y otros servicios (se desplegaban en el sitio web para que los clientes pudieran revisarlos oportunamente).
- Herramientas de inversión para que se revisaran en la pantalla las acciones con base en el criterio que el cliente seleccionaba.
- Herramientas para el óptimo desempeño de la planeación financiera y de carteras de valores.
- Emisión de avisos para que los clientes previeran los posibles cambios repentinos de sus acciones o si el precio de una acción de su cartera oscilaba hacia arriba o hacia abajo en una cantidad considerable durante el transcurso de la sesión de operación del día.

Nota: Esta lista es una recopilación representativa de las características y servicios que cualquier firma de corretaje electrónico ofrecía. Sin embargo, a principios de 1998 la combinación efectiva de las secciones y servicios variaba significativamente de una casa de bolsa a otra. Las ofertas de servicios de corretaje se modificaban continuamente en la medida en la que las firmas revisaban sus sitios web con el propósito de agregar nuevas secciones y características y perfeccionar las existentes.

los inversionistas a través de la Red se comprometieron activamente unas con otras con el propósito de formar alianzas y sociedades estratégicas. Por su parte, las casas de bolsa necesitaban los contenidos de los proveedores de información para que sus análisis y las ofertas de datos hicieran más atractivos sus sitios web para los clientes y más competitivos ante sus rivales en la industria. Los proveedores de información estaban interesados en lograr que sus servicios estuvieran disponibles para las casas de bolsa electrónicas y para sus clientes con el propósito de ampliar su base de usuarios, pues ellos obtenían su dinero ya sea mediante cuotas por servicio (que paga el corredor o el cliente) y/o por la venta de espacios para publicidad en los sitios web a través de los cuales publican su material informativo. Por lo tanto, una vez que se llegaba a un acuerdo para establecer una alianza o a algún arreglo contractual para el pago de cuotas, resultaba sencillo y económico para los administradores de sitios web incorporar a sus páginas vínculos directos a la información sobre inversiones que ofrecían los proveedores seleccionados.

Actualización continua La competencia forzaba al corretaje electrónico a efectuar la actualización y expansión continuas de sus sitios web con el propósito de proporcionar a sus clientes mayor cantidad de información, capacidad de análisis sobre las inversiones, seguimiento de las carteras de valores e información de sus cuentas, así como las cotizaciones en tiempo real (en lugar de recibirlas con 15 o 20 minutos de atraso después de las últimas transacciones). Por lo tanto, prácticamente todo el corretaje electrónico llevó a cabo actualizaciones importantes de sus sitios web durante el año de 1997 y se comprometió a realizar esfuerzos continuos para perfeccionar su software, incorporar información de mejor calidad y agregar más y mejores características, servicios y asistencia en línea.

Estalla la batalla por la participación del mercado

A mediados del año 1997, las nuevas firmas de corretaje electrónico lanzaron campañas publicitarias multimillonarias (en dólares) a través de sugestivos comerciales televisivos que destacaban los bajos costos de las negociaciones electrónicas y de los anuncios impresos para destacar la sencillez del uso de los servicios y las bajas comisiones (véase en la ilustración 4 un ejemplo de los anuncios). Casi todas las campañas promocionaban el empleo vigoroso de Internet para los anuncios en las esquinas de la pantalla en America Online, PointCast, páginas principales de mecanismos de búsqueda y otros sitios muy visitados. El número creciente de los competidores por el corretaje electrónico provocó de manera casi imperativa que los participantes de la industria emplearan los medios de comunicación masiva con el propósito de establecer su presencia y dar prestigio a sus nombres. Además, estalló una guerra de precios. En junio de 1997, DLJdirect, subsidiaria de Donaldson, Lufkin & Jenrette, rebajó sus comisiones a la mitad, es decir, a 20 dólares por operación. A mediados de agosto del mismo año, Fidelity, la nueva unidad de Fidelity Brokerage Services y parte del grupo más grande de sociedades de inversión en Estados Unidos, inició un servicio de corretaje en línea por una comisión uniforme de 28.95 dólares por transacción, es decir, un costo 30 a 40 por ciento menor que la comisión estándar que se cargaba a las órdenes colocadas a través de sus operaciones de corretaje de descuento.[8] Por su parte, en el mes de octubre, Ameritrade inició su servicio de corretaje electrónico con una importante campaña de anuncios impresos que destacaba su precio fijo de 8 dólares por transacción. Poco

---

[8] Fidelity Web Express y Fidelity Brokerage Services eran unidades de Fidelity Investments. Fidelity Investments manejaba 688 mil millones de dólares en acciones para sus 12 millones de clientes, operaba 80 oficinas de atención a clientes y contaba con 3 300 sociedades de inversión. La operación de la compañía de corretaje de descuento operaba diariamente un promedio de 30 millones de acciones.

ILUSTRACIÓN 4 Ejemplo de anuncio de Waterhouse Securities

Waterhouse webBroker

Welcome To The On-line Investor's World Of Value

Here's why Waterhouse is the best value on the web...

FREE Investment Information & Research.

We offer more free investment information and research on-line and in print than any other discount broker.

On-Line:

- FREE real-time quotes
- FREE historical charts
- FREE real-time news
- FREE portfolio tracking
- FREE S&P Stock Reports
- FREE Zacks Earnings Estimates
- FREE Mutual Fund Performance & Screening

In Print:

- FREE S&P Stock Guide
- FREE Stock Market Leaders Guide
- FREE S&P "Outlook"
- FREE S&P Stock Reports
- FREE Monthly Newsletter
- FREE Mutual Fund Top Performers Guide
- FREE Mutual Fund Comparison Guide
- FREE 1998 Tax Planning Guide

Other Services:

- FREE IRAs—no annual fees, no minimum balance
- FREE dividend reinvestment
- FREE check writing (no minimum, no monthly fees)
- FREE ATM/VISA Check Card with free ATM cash withdrawals
- FREE mutual fund investing
- FREE on-line proprietary software

We think you'll agree, Waterhouse is where investors who expect value feel right at home.

FLAT-FEE TRADING $12 on-line
$35 touch-tone
$45 broker
UP TO 5,000 SHARES

Join the over 200,000 on-line investors who have discovered **the best value on the web**: ***Waterhouse webBroker.***

- Flat-fee trading—same low price for market & limit orders
- 3 ways to access your account:
  - -Trade on-line for $12—via the Internet or our free proprietary software
  - -Trade via touch-tone phone for $35
  - -Trade through a personal Account Officer for $45
- Most market orders executed within 3-6 seconds
- 24 hour-a-day, 7 day-a-week Customer Service, Technical Support and Live Brokers

"America's #1 Discount Broker."

SmartMoney Magazine voted us #1 because, in their words, Waterhouse Securities has "the best combination of price, products and service."

Over 120 Branches Nationwide.

We've been helping investors since 1979. Today, we have 1,100 Account Officers at over 120 branch offices ready to serve you, 24 hours-a-day, 7 days-a-week.

Savings are only one of the reasons *SmartMoney* rates us #1.

Based on 1,500 shs. @ $20	e.Schwab	Waterhouse WEBBROKER
On-line	$ 44.95	**$ 12.00**
Touch-tone	$149.40	**$ 35.00**
Broker	$166.00	**$ 45.00**

Survey date 2/20/98.*

Get Started Today!

Call 1-800-851-6623 or visit our web site, www.waterhouse.com, to receive your FREE ***Waterhouse webBroker*** brochure and application. You'll also receive a FREE booklet, ***"The Investor's Guide To On-line Investing."*** Open your account with $2,000 in cash and/or securities and start saving—today!

Where investors who expect value feel right at home

Member New York Stock Exchange • SIPC
National Headquarters • 100 Wall Street • New York, NY
Over 100 Branches Nationwide

** As a customer of Waterhouse webBroker, you must place the majority of your trades via a Personal Computer to receive the flat-fee commission schedule. Any trade over 5,000 shares will incur a 1 cent per share charge for the entire trade. Services vary by firm. Rates surveyed are for stocks and may vary for other products. Mutual fund investors, please read the prospectus, which contains management fees and expenses, prior to investing. Mutual funds are neither FDIC-insured nor guaranteed by the U.S. Government and are not deposits or obligations of, or guaranteed by, any bank and are subject to market risk including loss of principal. SmartMoney is a registered trademark of SmartMoney, a joint venture of the Hearst Corporation and Dow Jones & Co., Inc.*

ILUSTRACIÓN 5 Calendario de comisiones de Web Street Securities, abril de 1998

Operaciones ejecutadas vía Internet	
• Operación de cualquier acción cotizada en la bolsa, de cualquier monto	$ 14.95
• Operación de menos de 1 000 acciones de NASDAQ	$ 14.95
• Operación de 1 000 o más acciones de NASDAQ*	Gratis
• Capital y opciones indizadas	$ 14.95 más $ 1.75 por contrato
• Operación de sociedades de inversión	$ 25.00
Operaciones ejecutadas por un representante	
• Operación de cualquier acción, de cualquier monto cotizada en la bolsa	$ 24.95
• Operación de menos de 1 000 acciones de NASDAQ†	$ 24.95
• Operación de 1 000 o más acciones de NASDAQ‡	$ 24.95
• Capital y opciones indizadas	$ 24.95 más $ 1.75 por contrato
• Operación de sociedades de inversión	$ 25.00
• Bonos gubernamentales, municipales o corporativos	Comunicarse con un ejecutivo de cuenta de Web Street para solicitar precios.
Tasa marginal	
• $0–$4 999	2% sobre el dividendo pasivo del corredor‡
• $5 000–$9 999	1¾% sobre el dividendo pasivo del corredor
• $10 000–$14 999	1½% sobre el dividendo pasivo del corredor
• $15 000–$19 999	1¼% sobre el dividendo pasivo del corredor
• $20 000–$24 999	1% sobre el dividendo pasivo del corredor
• $25 000+	¾% sobre el dividendo pasivo del corredor

* En acciones operadas sobre los 2 dólares por acción. En la transacción de acciones bajo los 2 dólares por acción $14.95.
† En acciones operadas sobre los 2 dólares por acción. En la transacción de acciones bajo los 2 dólares por acción $24.95 más un centavo de dólar por acción.
‡ Dividendo pasivo del corredor como se citó en *The Wall Street Journal* (7.25% en abril de 1998).
Fuente: www.webstreetsecurities.com, 17 de abril de 1998.

después Fidelity rebajó su precio en línea a 14.95 dólares y Quick & Reilly, otro corredor de descuento que iniciaba la operación de su unidad de operaciones electrónicas denominada Suretrade, con una comisión de 7.95 dólares por transacción. Por su parte, Waterhouse Securities rebajó su precio en línea a 12 dólares por operación en todo tipo de movimiento mayor de 5 000 acciones. Web Street Securities ejecutaba transacciones de mil acciones o más de la lista de valores de NASDAQ sin costo. (Véase en la ilustración 5 el calendario de comisiones y cuotas de Web Street Securities.) Durante la segunda mitad de 1997, se duplicó el volumen de transacciones electrónicas debido al impulso que provocó el bombardeo de anuncios, lo atractivo del bajo costo y el recurso de poder ejecutar las transacciones propias.

No obstante, todavía a principios de 1998 el vigoroso crecimiento de las operaciones electrónicas continuaba; el volumen diario se acercaba a los 100 millones de acciones a través de 190 mil operaciones. Más aún, esto representaba todavía tan sólo una fracción de la operación total diaria de acciones de intercambio importante, cuyo volumen promedio diario en la NYSE se acercaba a los 600 millones de acciones, en NASDAQ también era de 600 millones de acciones y en la AMEX se negociaban 40 millones. Por lo tanto, las casas de bolsa electrónicas anhelaban ir más allá de atraer solamente a los entusiastas de Internet y llamar la atención de los inversionistas principales. De acuerdo con el comentario del empresario y gerente general de E*Trade, Christos Cotsakos, "Cuando apenas iniciamos el negocio, fuimos tras los primeros adeptos, personas que tenían conocimiento en tecnología. Ahora estamos tras los inversionistas principales".[9]

Con el propósito de perfeccionar todavía más los atractivos de la operación electrónica, cada vez más casas de bolsa no sólo realizaban actualizaciones importantes de sus sitios web sino que también exploraban la posibilidad de ofrecer selecciones más completas de los productos financieros, entre los cuales se encontraba la supervisión, pagos electrónicos de cuentas, tarjetas de crédito y débito, hipotecas, seguros y préstamos a los clientes.

Nueva economía del corretaje en línea

Los analistas consideraban al corretaje en línea como una actividad potencialmente lucrativa. En esencia, las casas de bolsa en línea cuentan con cuatro fuentes principales de ingresos: las entradas por comisiones por ejecutar el corretaje de los clientes, las ganancias por concepto de intereses de los préstamos a los clientes que compraron acciones a crédito, los intereses de los saldos de efectivo de las cuentas de los clientes y los pagos recibidos por el flujo de órdenes que reciben de los hacedores de mercado de cada acción en la lista de NASDAQ.

Ingresos por comisiones Desde que inició el año 1998, un 50 o 60 por ciento de los ingresos de las casas de bolsa en línea se derivan de las cuotas de las comisiones. Debido a que las estructuras de las comisiones variaban un poco de una casa de bolsa a otra (véase nuevamente la ilustración 2), la mayoría de las casas de bolsa en línea cargaron una cuota fija por operación y abandonaron la práctica de fijar sus comisiones de acuerdo con el número y precio de cada acción. Sin embargo, acostumbraban cobrar un poco más por comprar o vender opciones y por el manejo de compraventa de sociedades de inversión (véase nuevamente la ilustración 5).

De acuerdo con un reporte, el cargo promedio de la comisión de las 10 firmas más grandes de corretaje electrónico cayó de 52.89 dólares en 1995 a 34.65 dólares a finales de 1996 y hasta 15.95 dólares en 1997.[10] No obstante, durante el primer trimestre de 1998, las comisiones de los 10 corredores en línea más importantes promediaban 15.53 dólares, es decir, una declinación de sólo 3 por ciento con respecto al trimestre anterior.

Los ingresos por concepto de comisiones del total de las casas de bolsa electrónicas ascendieron aproximadamente a 268 millones de dólares en 1996 y alrededor de 500 millones de dólares en 1997, y se esperaba que llegara a los 2.2 mil millones de dólares en el año 2001. Existía una evidencia cada vez mayor de que generalmente cuando los clientes abrían su cuenta en línea duplicaban o triplicaban su capacidad de negociación. De acuerdo con la Securities Industry Association, los clientes con cuenta en línea efectuaban un promedio de 32 operaciones al año en 1997, en comparación con las 12 transacciones que realizaban a través del corretaje tradicional.

Ingresos sobre préstamos de margen y saldos de cuentas. Había inversionistas que financiaban una porción de las adquisiciones de acciones con fondos prestados por su casa de bolsa. A esas compras las llamaban compras a crédito y los préstamos como préstamos a crédito. Los intereses que cargaban los corredores dependían en parte del tipo de

---

[9] Como se citó en Whitford, "Trade Fast, Trade Cheap", p. 112.

[10] Con base en estimaciones de Piper Jaffray, Inc., el analista Bill Burnham y reportes del Dow Jones Newswires el 25 de febrero de 1998 y en la publicación de enero de *Smart Money*.

interés preferencial de corto plazo del momento y en parte del monto del préstamo. La tasa de interés base (referida como tasa preferencial) del corredor por lo general se congelaba en 1 a 1.25 por ciento debajo de la tasa más favorable. Posteriormente los préstamos al cliente se realizaban con base en la tasa preferencial del corredor, más una cantidad mínima de 0.5 por ciento o máxima de 2 por ciento, lo cual dependía del monto del préstamo. La ilustración 5 muestra un ejemplo de los calendarios de los intereses que una casa de bolsa cargaba a los préstamos a crédito. Las casas de bolsa usaban los saldos en efectivo de las cuentas de sus clientes como una fuente de reserva para los préstamos a crédito. Las condiciones del mercado monetario en 1998 permitían que las casas de bolsa obtuvieran una ganancia de 4 a 5 por ciento de los préstamos a crédito; pagaban de 3 a 4 por ciento en los saldos en efectivo de los clientes y obtenían entre 8 y 9 por ciento en préstamos a crédito. Por lo tanto, los préstamos a crédito significaban una fuente importante de recursos, de acuerdo con el director general de Ameritrade: "Ahí es donde realmente hacemos nuestro dinero."[11]

Las casas de bolsa también podían obtener una ganancia adicional por concepto de intereses debido a que invertían cualquier saldo en efectivo proveniente de las cuentas de los clientes, que no se utilizaban para efectuar préstamos a crédito en Bonos del Tesoro o cualquier otro tipo de valores de corto plazo. A través de las inversiones de corto plazo las casas de bolsa por lo general obtenían un rendimiento marginal neto de 1 a 2 puntos porcentuales entre el rendimiento de valores de corto plazo y la tasa preferencial que pagaban los corredores a sus clientes sobre sus saldos de cuentas en efectivo.

Se decía que el ingreso neto de los intereses provenientes de los préstamos a crédito y las inversiones de corto plazo promediaba entre 8 y 10 dólares por acción.[12] Las casas de bolsa podían obtener una pequeña cantidad de las cuotas por dejarle las acciones de las cuentas de sus clientes a los operadores que deseaban vender en corto.

Pago de los hacedores de mercado por el flujo de órdenes Los pagos por el flujo de órdenes se originaron por las firmas que se especializaban en "construir mercados" con base en las acciones de venta directa (como las de las cotizaciones de NASDAQ). De hecho los hacedores de mercado tenían la responsabilidad de efectuar y colocar el precio al que se debían negociar estas acciones. Compraban las acciones al precio ofertado y las vendían al precio de la demanda, efectuaban negociaciones tanto para los inversionistas como para sus propias cuentas. La diferencia entre los precios de la oferta y la demanda proveniente del movimiento de las acciones de venta directa normalmente era de un octavo de punto o 0.125 dólares por acción. Por lo tanto, los hacedores de mercado hacían su dinero de la diferencia, debido a que compraban al precio de oferta y vendían al precio de la demanda, así como también de la operación de acciones para su propia cuenta. El hacedor del mercado ajustaba hacia arriba o hacia abajo el promedio entre la oferta y la demanda en respuesta al saldo variable de las órdenes que entraban para comprar o vender, así como en respuesta a los cambios de los precios de la oferta y la demanda.[13] Con el propósito de mantener un estrecho balance entre el número de las acciones que se vendían y las que se compraban, los hacedores de mercado ajustaban el precio de la demanda hacia arriba cuando éstas superaban el

[11] Whitford, "Trade Fast, Trade Cheap", p. 112.

[12] Suzanne Wooley, "Do I Hear Two Bits a Trade?", *Business Week*, 8 de diciembre de 1997, p. 113.

[13] Los inversionistas que esperan vender acciones pueden ya sea indicar el precio límite más bajo que aceptarían o colocar una orden para vender al precio del mercado. De igual forma, los compradores pueden indicar el precio máximo, el límite que desean pagar, o si acuerdan pagar el precio del mercado prevaleciente en el momento en que se ejecuta la acción. La mayoría de los compradores o vendedores colocan sus órdenes "en el mercado" puesto que pueden obtener el precio al que se cotizan las últimas operaciones y debido a que su orden puede gestionarse en menos de un minuto, las órdenes de los corredores electrónicos, por ejemplo, generalmente se confirman durante los siguientes 15 segundos.

precio prevaleciente o cuando la avidez de los compradores elevaba los precios de la oferta. En forma semejante, disminuían el precio de la demanda cuando las órdenes de venta y los precios de oferta se debilitaban. Por lo tanto, las negociaciones que efectuaban siempre reflejaban las condiciones de la demanda en cualquier momento dado. De acuerdo con las reglas establecidas por NASDAQ, los hacedores de mercado debían reportar todas las operaciones durante los 90 segundos posteriores a que éstas se realizaran.

Cuando los mercados de valores estaban cerrados (los horarios normales para su operación eran de lunes a viernes de 9 A.M. a 4 P.M. tiempo del este), las casas de bolsa podían ejecutar operaciones para los inversionistas por medio de las redes electrónicas, entre las cuales se destaca Reuter's Instinet. También NASDAQ permitía que las firmas efectuaran operaciones a través de su sistema electrónico denominado SelectNet durante horas hábiles.

Debido a la existencia de diversos hacedores de mercado y especialistas en cada tipo de valores que aparecía en la lista de cotizaciones de NASDAQ, los especialistas competían entre ellos por el negocio al gestionar las transacciones entre aquellos valores en los cuales participaban como hacedores de mercado. Con el propósito de otorgar incentivos y recompensas a los corredores que les enviaban valores, normalmente los hacedores de mercado pagaban una porción de la ganancia proveniente de la diferencia entre el precio de demanda y de oferta de los valores comercializados.[14] Se decía que los "sobornos" de los hacedores de mercado representaban alrededor del 20 por ciento de los ingresos totales de las casas de bolsa en línea.[15] Estos pagos podían oscilar desde 1 y 2 dólares por la negociación de 100 acciones de 10 dólares hasta quizá 20 dólares por la operación de 1 000 acciones de 50 dólares cada una o incluso de 100 dólares por la colocación de 5 000 acciones a 75 dólares por acción. Por lo tanto, fueron los pagos por el flujo de órdenes de los hacedores de mercado los que permitieron que Web Street Securities ejecutara grandes operaciones "gratis" en NASDAQ.

Tanto los préstamos a crédito como los pagos por el flujo de órdenes de los hacedores de mercado representaban un porcentaje mayor de los ingresos generales que obtenían las casas de bolsa electrónicas y las de descuento o de servicio completo. Un funcionario de alto nivel de Ameritrade comentó: "Vislumbro el día en el que no cargaremos comisiones a los clientes cuya cuenta rebase cierto margen. Incluso quizá lleguemos a pagar al cliente, por operación, para que nos traiga su cuenta."

Costo de la estructura Se piensa que el costo general de operación que cargaba una casa de bolsa electrónica era de un promedio de 5 dólares. Por su parte, los elementos clave del costo consistían en el software y en las redes de servidores que permitían a los clientes acceder al sistema, colocar y confirmar órdenes, ejecutar operaciones y dar seguimiento a los saldos de sus cuentas. No obstante, debido a que la tecnología de Internet se basa en la capacidad de cómputo del software y los microprocesadores, las computadoras fácilmente podían escalarse hasta alcanzar el volumen de poder requerido para la negociación. Así, una vez que alguna firma contaba con el paquete de software, simplemente debía ampliar la capacidad de su servidor en la medida en la que aumentaba el volumen de sus operaciones. Como resultado, los costos variaban en alguna medida y una firma podía introducirse a la industria del corretaje electrónico de una manera más redituable con volúmenes bastante menores que las casas de bolsa de servicio completo y de descuento, las cuales empleaban grandes computadoras mainframe para el procesamiento de datos y debían pagar costos fijos por una gran cantidad de operaciones con el propósito de reducir los costos unitarios.

[14] El monto de la diferencia entre la oferta y la demanda de precios recientemente cayó bajo el escrutinio de National Association of Securities Dealers y de los funcionarios del gobierno federal; la tendencia de los estudios era disminuir la diferencia a 1/16 de punto.

[15] Citado en Whitford, "Trade Fast, Trade Cheap", p. 112.

Algunos corredores electrónicos contaban con capacidad en la empresa para desarrollar y actualizar software propietario y compensar las transacciones de los clientes; otros pagaban a proveedores externos por desarrollar el software y los procesos relacionados con el manejo de datos, cuotas que oscilaban entre 1 y 3 dólares por operación. Cabe señalar que la fiabilidad que ofrecían las computadoras y la Red para interactuar con los clientes redujo en gran medida los costos de mano de obra y la necesidad de oficinas muy amplias. El hecho de que los clientes pudieran acceder a sus cuentas y colocar sus propias órdenes eliminó la mayoría de los errores que ocurrían al dar entrada a las órdenes y que a menudo resultaban bastante costosos para las casas de bolsa de servicio completo y de descuento tradicionales. Por lo general, las operaciones de los clientes se confirmaban 15 segundos después de colocar la orden, mientras el cliente todavía estaba en línea; en cambio, las casas de bolsa tradicionales debían imprimir y enviar por correo las confirmaciones. Además, el empleo de Internet para proporcionar información a los clientes significaba menores costos por el pago de teléfonos, servicio postal, folletos y otros materiales impresos (reportes de análisis, boletines de prensa de la compañía y demás información de interés).

Mientras las casas de bolsa de descuento gastaban cerca del 4 a 7 por ciento de sus ingresos en publicidad, las casas de bolsa electrónicas contaban con presupuestos para el mismo concepto por 15 a 20 por ciento de sus ingresos. Muchas casas de bolsa electrónicas consideraron necesario efectuar campañas de publicidad y marketing exhaustivas con el propósito de que los inversionistas pensaran en su compañía al estudiar la posibilidad de abrir una cuenta en línea, aumentar el tamaño de su base de clientes a niveles más económicos y extender sus costos fijos y para hacerle ver a los inversionistas convencionales que la operación electrónica era simple, económica, oportuna y divertida. Ameritrade esperaba gastar entre 40 y 50 millones de dólares en una campaña de un año en medios, que le permitiera promover su económica cuota de 8 dólares en la mayoría de las operaciones. Se decía que Suretrade gastaba 30 millones de dólares en una campaña publicitaria para anunciar su comisión de 7.95 dólares y sus servicios de operación. Se esperaba que durante el año de 1998 las casas de bolsa por línea gastarían más de 250 millones de dólares en campañas de publicidad y marketing. Sin embargo, los corredores en línea no sólo se limitaron a lanzar anuncios al aire; en febrero de 1998 y en espera de atraer nuevos clientes, DLJdirect envió paquetes de prueba de su software a casi 300 000 suscriptores de la revista *Forbes.* Por su parte, Discover Brokerage, cuya filial era propietaria de Discover Card, directamente comercializaba sus servicios a los 40 millones de tarjetahabientes de Discover Card.

Además del software para procesamiento de datos, la construcción de páginas web y el marketing, las casas de bolsa en línea debían amplia capacidad para el manejo del volumen de operaciones. El 28 de octubre de 1997 (el día con mayor cantidad de operaciones en la historia de la bolsa de valores) y nuevamente el 6 de febrero de 1998 (otro de los días con mucha actividad), muchos de los clientes de los corredores electrónicos experimentaron demoras para poder conectarse a sus cuentas con el propósito de operar, debido a que las casas de bolsa no contaban con la capacidad necesaria en sus servidores para manejar el volumen de tráfico de sus sitios web. Por ejemplo, en octubre de 1997 el sitio web de Schwab Online sólo tenía capacidad para manejar simultáneamente 10 000 cuentas, mientras que el número de sus clientes en línea llegaba a 1.1 millones. El 28 de octubre, en la medida en la que el mercado repuntaba rápidamente de la caída del día anterior, algunos de los clientes de Schwab reportaron que la demora para conectarse a sus cuentas, obtener cotizaciones y colocar órdenes había representado un elevado costo para ellos (no obstante, los clientes de Schwab realizaron 92 000 operaciones ese día). A pesar de que Schwab tomó las medidas necesarias para aumentar su capacidad con el propósito de manejar 25 000 sesiones a la vez, el 6 de febrero de 1998, aunque por periodos breves, sus clientes nuevamente padecieron embotellamientos. Por su parte, la estrategia de Datek Online consistió en instalar una capacidad que le permitiera anticiparse a la demanda: tenía el potencial para el manejo simultáneo de 10 000 clientes y en ese entonces sólo contaba con 50 000 cuentas en línea. Las casas de bolsa en línea que presentaban un rápido crecimiento de sus bases de cuentas así como del volumen de sus operaciones realizaban los movimientos necesarios para incrementar su capacidad de manejo simultáneo. Por ejemplo, E*Trade aumentó su capacidad de 10 000 a 25 000 y Fidelity se esforzó por lograr un 50 por ciento de incremento.

Sinergia para compartir los costos con empresas afiliadas A pesar de que los analistas sectoriales creían que las firmas de corretaje electrónico podían obtener márgenes de utilidad del 15 al 20 por ciento de los ingresos, los precios vigentes, las guerras publicitarias y la batalla creciente por las posiciones en el mercado reducían las utilidades. En marzo de 1998, *The Wall Street Journal* informó que sólo 30 por ciento de las 50 firmas de corretaje electrónico que entrevistó operaban lucrativamente, mientras que el 20 por ciento operaba apenas sin pérdidas.[16] Los analistas estimaron que los corredores electrónicos podían tener beneficios con comisiones tan bajas como 5 dólares por operación, siempre y cuando *a)* fueran subsidiarias de alguna empresa de corretaje de servicio completo o de descuento y que ya contaran con operaciones de compensación y otros soportes de infraestructura o *b)* fueran parte de una firma de inversión afiliada a alguna bolsa de valores que también contara con la capacidad de "respaldo de oficina" para manejar el aumento de las transacciones de valores y se hiciera cargo de otras operaciones esenciales de contabilidad de los clientes y procesamiento de datos.[17] Se decía que el ahorro era sustancial en una firma de corretaje electrónico cuando podía compartir el costo de tales operaciones de respaldo de oficina con alguna casa de bolsa de descuento o de servicio completo afiliada (o cualquier otra firma de inversión con infraestructura para un respaldo de oficina). Asimismo, una casa de bolsa electrónica podría efectuar ahorros en sus costos si lograba atraer hacia sus oficinas al personal de servicio a clientes o representantes con matrícula de alguna casa de bolsa de descuento o de servicio completo afiliada que le ayudara a cubrir las necesidades de sus clientes en línea.

Algunos analistas sectoriales dudaban que algún corredor electrónico independiente, sin oportunidad para establecer sinergias que le permitieran compartir los costos con empresas afiliadas, pudiese obtener utilidades atractivas de largo plazo operando con cuotas de comisión menores a los 10 dólares por operación.

Problemas de la asignación de recursos Uno de los problemas que enfrentaba el corretaje electrónico radicaba en decidir la manera de emplear con mayor prudencia su limitado capital de inversión en desarrollar capacidades más sólidas para competir. Existían presiones en diversas y variadas direcciones para invertir. ¿Acaso la firma debería agregar la suficiente capacidad para manejar los volúmenes de operaciones de los días pico o contar sólo con la necesaria para el manejo adecuado de las operaciones diarias? ¿Qué tanto esfuerzo debería aplicarse a la actualización de software, adición de servicios y secciones de las páginas web? ¿Qué cantidad debería asignarse a la publicidad para atraer nuevas cuentas hasta lograr la cantidad suficiente? El corretaje electrónico no asociado con otros corredores de servicio completo o de descuento o alguna otra firma de inversión que no contase con la capacidad de un respaldo de oficina para compensar las operaciones y manejar otras funciones para el procesamiento de datos interno debe enfrentar el peso adicional de asignar recursos para cubrir estas actividades. Era poco probable que todos los nuevos corredores pudieran darse el lujo de gastar decididamente en todos los frentes.

---

[16] Daisy Maxey, "Analyst Sees On-Line Brokers Expanding Range of Services", *The Wall Street Journal Interactive Edition*, 9 de marzo de 1998.

[17] Wooley, "Do I Hear Two Bits a Trade?", p. 112.

Por otra parte, también debían enfrentar el problema de la manera de contender ante el aumento de las presiones competitivas. Además, se esperaba que se incorporara al negocio un número mayor de rivales, entre los cuales se encontraban las casas de bolsa de servicio completo y de descuento, así como otras firmas de servicios financieros. El analista sectorial Bill Burnham creía que todas las casas de bolsa de servicio completo estaban "haciendo planes sobre la manera de colocar ofertas en línea sin causar el enojo de sus corredores".[18] Los observadores de la industria esperaban que 6 de los 10 bancos más grandes de Estados Unidos y quizá varias de las compañías aseguradoras podrían lanzarse al negocio del corretaje electrónico antes de terminar 1998.

COMPETIDORES EN LA INDUSTRIA

Una autoridad independiente de la industria, Gomez Advisors, se dio a conocer debido a que realizaba trimestralmente la clasificación de diversos servicios de corretaje electrónico con base en diversos factores, con el propósito de determinar cuál era el mejor. Gomez creó una tarjeta de calificaciones a través de la cual medía cada uno de los servicios de corretaje en una escala de 1 a 10 bajo cinco criterios:

1. Facilidad de empleo: en este renglón incluía factores como disponibilidad de tutoriales, integración adecuada de las secciones y capacidad para personalizar su uso.
2. Privacidad del cliente: consideraba el tamaño del capital base, tiempos de respuesta al teléfono, seguimiento de la disponibilidad de los sitios web, revelación de las cuotas y de información clave acerca de las reglas para operar.
3. Recursos en línea: a través de este criterio medía cotizaciones en tiempo real, gráficas, actualización de las noticias, contenido editorial y la presentación de herramientas para la revisión manejo de acciones y sociedades de inversión.
4. Servicios de relaciones: por medio de este renglón medía la actualización en tiempo real de paquetes de acciones y saldos de cuentas, amplitud de la línea de producto, valores y la presentación de alarmas cuando ello resultara importante en la cuenta de un cliente.
5. Comisiones y cuotas.

Asimismo, cada uno de los cinco criterios se dividía en subcategorías, por lo cual el número de factores subyacentes se elevaba a más de 50. Los medios que Gomez empleó para efectuar sus evaluaciones trimestrales se basaban en la exploración del sitio web de cada una de las casas de bolsa, un cuestionario y una entrevista telefónica. Posteriormente Gomez desarrolló un procedimiento propio para sopesar las calificaciones de cada categoría y subcategoría con el propósito de determinar cuáles firmas estaban mejor preparadas para alcanzar la meta de dar servicios a los que planeaban el manejo de sus propias carteras de valores de retiro individual de sociedades de inversión, operadores hiperactivos, inversionistas serios y compradores de ocasión. Por ejemplo, dentro de la categoría de "comisiones y tasas" la calificación de conveniencia general para los operadores hiperactivos tenía un peso doble. La ilustración 6 muestra a las cinco casas de bolsa que obtuvieron las calificaciones más altas para cada uno de los cuatro tipos de inversionistas. (Las evaluaciones más recientes del corretaje electrónico de Gomez se pueden observar en www.gomez.com/brokers.)

Por su parte, tanto *Barron's* como *Smart Money* también publicaban sus evaluaciones de las casas de bolsa realizadas a través de sus propias metodologías y criterios particulares. *Barron's* estudiaba a 19 casas de bolsa electrónicas y las evaluaba (en una

[18] *Idem.*

ILUSTRACIÓN 6 Evaluación comparativa de algunas firmas de corretaje electrónico realizada por Gomez Advisors, primer trimestre de 1998

Puntuación general	Evaluación para planificadores de retiro individual	Evaluación para operadores hiperactivos	Evaluación para inversionistas serios	Evaluación para compradores de ocasión
1. DLJdirect (7.28)	1. DJLdirect (7.01)	1. DLJdirect (7.77)	1. Web Street Securities (7.87)	1. DLJdirect (6.72)
2. Waterhouse Securities (7.21)	2. Waterhouse Securities (6.93)	2. Waterhouse Securities (7.17)	2. Suretrade (7.27)	1. Lindner Funds (6.72)
3. Lindner Funds (7.05)	3. Wall Street Electronica (6.76)	3. National Discount Brokers (7.06)	3. Waterhouse Securities (7.27)	3. Waterhouse Securities (6.47)
4. National Discount Brokers (6.86)	4. Quick & Reilly (6.72)	4. Schwab Online (6.96)	4. Datek Online (7.10)	4. E*Trade (6.40)
5. Web Street Securities (6.81)	5. Schwab Online (6.71)	5. Suretrade (6.90)	5. AB Watley (6.69)	5. Web Street Securities (6.36)
6. Suretrade (6.75)	6. Lindner Funds (6.51)	6. E*Trade (6.81)	6. DJLdirect (6.64)	6. Quick & Reilly (6.20)
7. Schwab Online (6.68)	8. Web Street Securities (6.40)	8. Web Street Securities (6.71)	8. Quick & Reilly (6.48)	9. Schwab Online (6.15)
9. E*Trade (6.50)	9. E*Trade (6.14)	10. Lindnr Funds (6.59)	9. Ameritrade (6.47)	11. Suretrade (6.00)
11. Datek Online (6.32)	11. Fidelity (6.06)	13. Fidelity (6.19)	12. E*Trade (6.27)	13. Ameritrade (5.56)
17. Fidelity (5.97)	17. Datek Online (5.63)	16. Datek Online (6.00)	22. Fidelity (5.88)	14. Datek Online (5.56)
20. Ameritrade (5.71)	24. Ameritrade (5.23)	28. Ameritrade (5.23)	33. Schwab Online (5.18)	18. Fidelity (5.39)
Promedio de puntos de las 52 firmas evaluadas (5.37)	Promedio de las 52 firmas evaluadas (5.07)	Promedio de las 52 firmas evaluadas (5.32)	Promedio de las 52 firmas evaluadas (5.66)	Promedio de las 52 firmas evaluadas (4.55)
Puntuación más baja de las 52 firmas evaluadas (2.39)	Puntuación más baja de las 52 firmas evaluadas (2.73)	Puntuación más baja de las 52 firmas evaluadas (2.25)	Puntuación más baja de puntos de las 52 firmas evaluadas (0.07)	Puntuación más baja de las 52 firmas evaluadas (2.37)

Fuente: Sitio web de Gomez Advisors, www.gomezadvisors.com, 1 de abril de 1998.

escala de 1 a 5) en cada una de sus cinco categorías: facilidad de empleo, ejecución de la operación, fiabilidad, comisiones y análisis.[19] *Barron's* otorgó calificaciones de 5 a la firma Discover Brokerage Direct en ejecución de la operación y análisis, y calificaciones de 4 en las otras tres categorías, lo que sumó un total de 22 puntos de los 25 que es posible obtener; esto la catalogaba como la "mejor casa de bolsa en línea". Otros corredores electrónicos obtuvieron promedios altos de acuerdo con *Barron's,* entre los cuales se encontraban Web Street Securities (20 puntos), Datek Online (20 puntos), DLJdirect (20 puntos), E*Trade (19 puntos), Waterhouse (19 puntos), Fidelity (17 puntos), Suretrade (17 puntos), Schwab Online (17 puntos) y Ameritrade (16 puntos). No obstante, el promedio de Discover Brokerage Direct lo acreditaba, según *Barron's* como "la mejor casa de bolsa en línea por sobre todas" tanto en 1996 como 1997. La investigación de *Barron's* reveló que todo el grupo de casas de bolsa electrónicas que se había evaluado dio grandes pasos para elevar la calidad de sus sitios web después de la primera encuesta, pues proporcionaban cada vez más información de análisis y más ayuda en línea.

Discover Brokerage Direct (subsidiaria de Morgan Stanley Dean Witter) también encabezaba la lista de la selección de *Smart Money*. Otros de los corredores electrónicos con altos promedios, de acuerdo con *Smart Money,* fueron Datek, Waterhouse, Schwab Online y Fidelity.

Los perfiles de algunas de las casas de bolsa en línea, de descuento y de servicio completo se presentan más adelante.

Schwab Online y Charles Schwab & Co., Inc. (www.schwab.com)

Schwab Online era la casa de bolsa líder, con 1.5 millones de cuentas en línea en mayo de 1998, cuando apenas 15 meses antes sólo contaba con 638 000 cuentas. Para el mes de abril de ese mismo año, las acciones de sus clientes alcanzaron un valor de 103 mil millones de dólares, de los 80 mil millones de dólares que mostraron en diciembre de 1997. Un día con volumen de operación particularmente alto, el 5 de febrero de 1998, las conexiones en línea que registró el sitio web de Schwab alcanzaron los 1.2 millones de clientes; antes de éste, el máximo volumen fue de 960 000 accesos en línea, que se registró el 28 de octubre de 1997 (el día más ocupado en la historia de las operaciones). Schwab elevó su capacidad de accesos simultáneos de los 10 000 que tenía en octubre de 1997, a 25 000 durante el mes febrero de 1998.

Charles Schwab & Co., representaba una de las compañías de servicios financieros más grandes de Estados Unidos, con un total de 5 millones de cuentas activas, 400 mil millones de dólares en activos de clientes, 272 sucursales y 12 700 empleados. Se estimaba que su participación del mercado en el segmento de corretaje de descuento ascendía a 35 por ciento, con una participación del 32 por ciento del corretaje electrónico. En el año de 1997 la compañía tuvo ingresos por 2.3 mil millones de dólares y utilidades netas por 270 millones de dólares. Las ganancias de Schwab han crecido a una tasa promedio de casi 35 por ciento desde el año 1992 y sus precios han dejado fuera de competencia a otras agencias de corretaje. Las comisiones por operación representaron el 49 por ciento de sus ingresos. De acuerdo con Charles Schwab, gerente general de la firma, la misión de la compañía consistía en "preparar a las personas para invertir".[20] La estrategia de Schwab estaba estrechamente ligada con el servicio y la variedad de sus productos, la innovación y la fijación de precios.

[19] Theresa Carey, "Beyond Cool", *Barron's Online*, 16 de marzo de 1998.

[20] Tomado de *Business Week*, 25 de mayo de 1998, p. 123.

Servicio y variedad del producto Schwab proporcionaba a sus clientes múltiples maneras de realizar los negocios, vía Internet, acceso las 24 horas a las casas de bolsa y servicios para operar por reconocimiento de voz o por marcación telefónica. La firma era especialmente exitosa para complacer a los pequeños inversionistas. Durante los últimos meses, casi la mitad de las nuevas cuentas de Schwab las abrían clientes que nunca antes había invertido. Después de estudiar las prácticas de otras compañías como McDonald's y FedEx la firma reinstrumentó su programa de servicio a clientes. Un alto funcionario explicó: "Nuestro empuje consiste en asegurarnos que aquellos de nuestros clientes que necesitan ayuda, la obtengan, y que a aquellos que no la requieren, no se les proporcione ni tengan que pagar por ella."[21]

Innovación Se consideraba que Schwab era un innovador de la industria. En 1974, se convirtió en la primera firma de corretaje en disminuir sus comisiones, por lo cual disparó él la llegada del segmento del corretaje de descuento. En 1984 la firma impulsó una nueva tendencia hacia la venta de sociedades de inversión, por medio del lanzamiento de sus innovadores programas OneSource y Mutual Fund Marketplace que para 1998 proporcionaron a sus clientes la posibilidad de invertir en 1 400 sociedades de inversión a través de su cuenta Schwab sin necesidad de abrir una cuenta directamente con los proveedores de sociedades de inversión. El enfoque de supermercado de Schwab que permitía a sus clientes seleccionar entre muchos tipos de sociedades de inversión que se podían consolidar en una sola cuenta probó ser sumamente popular entre los pequeños inversionistas que formaban una reserva para su retiro y podían manejar sus propios planes IRA y Keogh. Los derechos que Schwab obtuvo por la venta de sociedades de inversión llegaron a representar el 21 por ciento de sus ingresos.

La reputación de la compañía radicaba en que empleaba la tecnología con agresividad con el propósito de abatir sus costos para transferir los ahorros a sus clientes. La firma gastaba el 13 por ciento de sus ingresos en nuevas tecnologías. Cuando en 1995 apareció por primera vez la operación en línea, Schwab rápidamente fijó su mira en convertirse en el líder del corretaje electrónico, hasta que se transformó en la firma más importante en el manejo de operaciones vía Internet: hacia finales de 1995 su unidad de corretaje electrónico contaba con 336 000 cuentas 23 mil millones de dólares en acciones a través del empleo del software propietario para operación electrónica e.Schwab. Finalmente, en mayo de 1996, Schwab puso en marcha su sitio web para operar en Internet.

Schwab buscaba hacer de Internet la pieza central de su estrategia para realizar y entregar análisis, información y servicios a sus tenedores de cuentas. En el mes de enero de 1998 Schwab inició su oferta de seminarios sobre operación en línea y proporcionaba acceso a Internet a los clientes que acudían a sus sucursales. También lanzó un Centro de Análisis en su sitio web por medio del cual todos sus clientes en línea podían acceder sin costo a la información de los análisis de Dow Jones, Standard & Poor's, First Call y Big Charts. Asimismo, los clientes podían recibir reportes de análisis sobre valores y el consenso de opiniones sobre acciones e industrias. Además, los clientes cuyas cuentas ascendían a 50 000 dólares o más y que promediaban cuatro operaciones al mes, contaban con el acceso a las páginas web de la propia empresa, una herramienta de software para identificar acciones que reunieran cualquier característica que el inversionista solicitara, entrevistas en línea con altos ejecutivos, una tarjeta de reporte de una página sobre 7 000 sociedades de inversión, así como una página personalizada que comparaba las inversiones en sociedades de inversión con el desempeño de los principales índices accionarios.

---

[21] "Schwab Is Fighting on Three Fronts", *Business Week,* 10 de marzo de 1997, p. 95.

Fijación de precios Debido a que contaba con una sólida reputación entre los inversionistas de ingresos medios conscientes del valor y su relativa amplia gama de productos y servicios, Schwab lograba mantener con éxito una estructura de comisiones más elevada que la de otras firmas de corretaje electrónico y de descuento. La dirección de Schwab se oponía a atraer negocios solamente con base en los bajos precios, pues consideraba que el nivel y la calidad de sus servicios y productos justificaban el precio elevado sobre las cuotas de los de grandes descuentos. Se citaba a un ejecutivo que comentó: "No tenemos ninguna intención de efectuar operaciones por 7 dólares."[22]

Operación en línea Las operaciones en línea de la compañía crecían con rapidez. El director de marketing de la compañía de corretaje electrónico de Schwab comentó: "Los primeros adeptos eran los operadores más activos, pero ahora nos acercamos al terreno en el que nuestro cliente en línea se asemeja a nuestro cliente regular. Los clientes de Schwab no son tan sensibles al precio como los clientes de casas de bolsa de grandes descuentos." Schwab se preocupaba por invertir cantidades fuertes en software de cómputo con el propósito de lograr que sus servicios en línea resultaran cordiales para los usuarios. Por lo tanto, en febrero de 1997, la firma creó Market Buzz, una compuerta sólida de su sitio web a través de la cual se ofrecían cotizaciones en tiempo real, cálculos sobre los planes de retiro y pagos de estudios, así como noticias del mercado y datos y análisis de 80 proveedores independientes de información financiera. Durante 1997, Schwab introdujo algunos otros servicios a través de Internet, entre los cuales se encontraba la compra en línea de sociedades de inversión y un paquete de software que proporcionaba a los inversionistas una guía para la colocación de sus carteras en acciones, bonos y fondos del mercado monetario entre otras inversiones. En el mes de febrero de 1998 *Smart Money* calificó a Schwab Online como la empresa que contaba con los mejores vínculos de análisis, en un artículo sobre un estudio en el cual se analizaban las ofertas de 12 casas de bolsa en línea. El software de Schwab actualizaba los precios de las cuentas de los clientes cada 15 minutos.

El nuevo Centro de Análisis de Schwab en su sitio web ejemplifica la dirección de la estrategia de la firma para su servicio en línea, ofrecer a los inversionistas al menudeo el acceso en línea al "servicio completo" de inversión. Los altos directivos creían que el paquete que ofrecían a sus inversionistas en línea a través del cual combinaban múltiples opciones de servicio, tecnología, acceso a información y guía, así como fijación de precios, no tenía igual en la industria del corretaje.

La administración de Schwab se había comprometido a instalar capacidad adicional en línea (para el manejo de los crecientes volúmenes de operación y para proveer más conexiones simultáneas de clientes en la Red), así como proporcionar más fiabilidad y diversidad a su sistema con el propósito de reforzar la confianza de sus clientes en la operación en línea. Schwab se comprometió con sus clientes en línea o por teléfono a que en caso de que tuvieran que esperar más de cinco minutos durante las horas pico de operación, podrían llevar sus órdenes a la sucursal local de la firma donde la comisión regular se anularía (hasta un tope máximo de 500 dólares de comisiones por cliente y por día).

A finales de 1995 casi el 95 por ciento de los negocios de Schwab se realizaba a través de sus sucursales de atención a clientes o por medio de llamadas telefónicas al personal de la misma, pero en 1998, sólo el 5 por ciento de los asuntos se atendía en las sucursales. Durante los últimos meses, 48 por ciento de todas las operaciones que gestionó Schwab para sus 5 millones de clientes se realizó a través de su servicio de operación en línea contra 28 por ciento del año anterior; las órdenes de balances se colocaban telefónicamente con personal de la compañía que laboraba en los principales centros de atención al cliente. Durante el primer trimestre de 1998, la firma manejaba

[22] *Idem.*

un promedio diario de 60 200 operaciones en línea en comparación con los primeros tres meses del año 1997 en los que se manejó un promedio de 34 100 operaciones. La compañía esperaba que, en algún momento, las operaciones en línea llegarían a representar el 75 por ciento de su volumen total de operación. El director de la unidad de corretaje electrónico de Schwab comentó:

> La inversión en línea evoluciona. En la primera fase se trató con nuevos adeptos que apenas se conectaban a Internet con un mercado fragmentado por la lucha de las firmas que competían en una guerra de precios con tal de proporcionar servicio, información de calidad y acceso rápido. En la fase dos se trata de proporcionar a millones de inversionistas el acceso a una experiencia vía Internet donde la inversión inteligente y a buen precio son superiores, y donde los altos niveles de soporte técnico al cliente y la información imparcial con fijación de precios, representan las diferencias competitivas. La fase dos está aquí.

El crecimiento del volumen de operación en línea de Schwab le permitió reducir el promedio de la comisión por operación que en 1996 era de 68.50 a 49 dólares a principios de 1998, por lo cual también cambió las obligaciones de sus representantes asalariados que antes consistían en tomar órdenes de operaciones para dedicarse a platicar con los clientes sobre planeación financiera y patrimonial, selección de sociedades de inversión, acerca de los pros y contras de las anualidades variables, planes para el retiro, inversiones de ingreso fijo y seguros.

Con el propósito de combatir la competencia y estimular el aumento de sus ingresos, en 1998 Schwab planeaba aumentar 20 por ciento su presupuesto de publicidad, es decir, hasta 100 millones de dólares, y contratar a una nueva agencia publicitaria que promoviera su negocio de corretaje al por menor.

E*Trade Group (www.etrade.com)

E*Trade Group se formó en el año de 1982 con el propósito de desarrollar servicios automatizados de operación para Charles Schwab & Co., y Fidelity Investments. E*Trade inició su servicio de operación en línea en 1992 y sobrevivió como pionero novato hasta que la industria despegó en 1995. El sistema de operación de la compañía consistía en su software con 1 millón de líneas de código y un grupo de rápidas computadoras servidores de Internet cuyo costo ascendía a 12 millones de dólares.[23] Durante los primeros cinco meses de 1996, las cuentas activas de E*Trade crecieron de 38 000 a 65 000 y su volumen mensual de operación brincó de 50 a 170 millones de acciones. La dirigía Christos Cotsakos, de 49 años de edad, quien se convirtió en director general en marzo de 1996 después de que su carrera quedó limitada en FedEx y Dun & Bradstreet. E*Trade salió a la bolsa en agosto de 1996 para incrementar su capital con propósitos de expansión y llegar a consolidarse en una posición de liderazgo en la industria de la operación en línea. La oferta pública inicial se elevó a más de 46 millones de dólares. El precio de las acciones de la compañía se elevaba rápidamente de su precio de oferta inicial de 10.50 dólares a 48 dólares por acción en 1997 con base en los prospectos de crecimiento de la empresa. Todos veían en Chris Cotsakos un evangelizador enérgico para la operación en línea, que contaba con suficientes ideas innovadoras como para lograr que E*Trade se convirtiera en un líder del mercado.

A principios del año 1997, E*Trade abrió 500 cuentas y atrajo de 8 a 10 millones de acciones cada día, pues sus clientes colocaban en línea casi 6 000 transacciones diariamente. El 27 y 28 de octubre de 1997, días en los que los volúmenes de operación fueron particularmente elevados, los clientes de la compañía colocaron alrededor de 45 000 operaciones, casi el doble del promedio diario de 24 000. En ese tiempo,

[23] *Financial Times,* 11 de marzo de 1996.

E*Trade contaba con 50 servidores en operación con capacidad para manejar a 6 000 usuarios simultáneamente. No obstante, diversos clientes coléricos que sufrieron demoras para lograr el acceso a sus cuentas para colocar transacciones, presentaron una demanda contra E*Trade en la cual acusaban a la firma de emplear publicidad falsa y engañosa debido a que no cumplía con el servicio que ofrecía de proporcionar cotizaciones y completar las operaciones en menos de un minuto.

No obstante, a finales de 1997, E*Trade abrió un Centro de sociedades de inversión que permitía que los clientes seleccionaran entre 3 500 sociedades de inversión. Además, con la adquisición de OptionsLink de Hambrecht & Quist, empezó a proporcionar servicios de administración de opciones sobre acciones a 94 000 empleados de 79 compañías. Durante el primer trimestre de 1998, la compañía manejaba un promedio de 23 200 operaciones al día.[24]

Las utilidades de E*Trade alcanzaron los 4.9 millones de dólares sobre ingresos de 51 millones de dólares durante el primer trimestre del año fiscal que terminó el 31 de diciembre de 1997. La empresa contaba con 7.8 mil millones de dólares en acciones de sus clientes a través de 325 000 cuentas y 600 empleados en el mes de enero de 1998. Durante los cuatro años anteriores, E*Trade había rebajado sus tasas de comisión siete veces hasta llegar a su tasa actual de 14.95 dólares. Sin embargo, en los últimos meses el precio de las acciones de E*Trade había caído de un alto precio de 48 a 20 dólares debido a la aparición en escena de nuevos rivales que contaban con complejas herramientas de inversión y precios más bajos. Por otra parte, del tercer lugar que ocupaba dentro de las evaluaciones de Gomez Advisors (véase la ilustración 6) apenas unos meses antes, cayó hasta el noveno (en parte debido a que Gomez incorporó en sus evaluaciones la categoría "privacidad del cliente", criterio en el cual E*Trade calificó en el 30vo. lugar).

El director general de E*Trade, Chris Cotsakos, creía que su estilo personal constituía una muralla para el ejército de corredores que las firmas de servicio completo habían contratado: "Los días de 100 000 dólares para el corredor están llegando a su fin."[25] En una entrevista publicada en 1997 por la revista *Leaders,* Cotsakos comentó: "Creo que las casas de bolsa tendrán que migrar hacia un tipo de posición distinto, es decir, como consultores o asesores del inversionista individual. Creo que los días de las enormes comisiones y los grandes salarios están contados . . . No recomendaría a mi hija que entrara en el campo del corretaje." Cotsakos pronosticaba que el corretaje electrónico no soportaría la competencia de las firmas de servicio completo y que evolucionaría hacia empresas de servicios financieros que ofrecieran una amplia gama de servicios en un solo centro:

> Durante años los clientes han pagado precios exorbitantes para obtener la información que las casas de bolsa controlaban selectivamente. Lo que hemos hecho ha sido eliminar el proceso que manejaba el respaldo de oficina, automatizarlo y abastecer información de calidad institucional colocándola en la palma de sus manos.
>
> . . . Dentro de poco agregaremos sociedades de inversión, administración de cuentas en efectivo y planes 401(k), y empezaremos a buscar alianzas estratégicas con las aseguradoras y con otras firmas de servicios financieros.
>
> Realmente nos veremos obligados a migrar hacia los servicios financieros, en donde los inversionistas puedan tener acceso a nuestra información así como a otros contenidos que podamos agregar. De esa forma, tendrán un centro comercial que ofrezca una amplia gama de servicios con una pantalla que se ajuste y personalice hasta reunir sus necesidades financieras, ya se trate de servicios bancarios, comprar flores, observar su cartera de valores, bajar información para sus asesores de impuestos o gestionar una transacción.[26]

---

[24] *Wall Street Journal,* 2 de junio de 1998, p. C20.

[25] Como se citó en *Institutional Investors*, enero de 1997, p. 23.

[26] Como se citó en "Declaring War on Brokerage Fees", *Leaders*, abril-mayo-junio de 1997.

Ameritrade (www.ameritrade.com)

Ameritrade Holding Corporation era una compañía pequeña, con sede en Omaha, que contaba con cuatro subsidiarias: Ameritrade y Accutrade (ambas de corretaje de grandes descuentos con unidades de operación en línea); AmeriTrade Clearing, que proporcionaba servicios de compensación de títulos a sus dos filiales de corretaje, bancos, y otras casas de bolsa y agentes negociadores de títulos, y AmeriVest, que proporcionaba servicios de corretaje de descuento a bancos, asociaciones de ahorros y préstamos, y uniones de crédito. En el mes de marzo de 1997, la compañía completó satisfactoriamente una oferta pública inicial de acciones comunes; sus valores se operaron en NASDAQ. Los ingresos corporativos ascendieron a 77 millones de dólares en el año fiscal de 1997, con un ingreso neto de 13.8 millones de dólares.

Durante el otoño de 1997, Ameritrade se lanzó como compañía de corretaje de grandes descuentos sin desgastarse en los servicios en línea. La subsidiaria de corretaje de Ameritrade se formó a partir de la consolidación de tres pequeñas compañías de corretaje de su propiedad, Ceres Securities (casa de bolsa de grandes descuentos que la compañía iniciara en 1994), K. Aufhauser (una firma de Nueva York que adquirió en 1995, la cual lanzó el primer sitio de operación en Internet en agosto de 1994) y eBroker (casa de bolsa electrónica de grandes descuentos integrada en 1996, cuyo propósito consistía en atraer a los operadores en línea más sensibles al precio). Entre las tres contaban con 98 000 cuentas centrales. A través de las bajas tasas de 8 dólares en operaciones vía Internet, Ameritrade logró atraer de inmediato la atención de los inversionistas en línea (véase la ilustración 7), así como por medio de una campaña de publicidad de 25 millones de dólares que consistía en comerciales de televisión, anuncios impresos en la revista *USA Today* y en *The Wall Street Journal*, comerciales de radio y correo directo. A finales de 1997, Ameritrade contaba con 51 000 nuevas cuentas, que en total sumaban 147 000. Ameritrade planeaba gastar 20 millones de dólares más en publicidad para sus servicios en línea en 1998, lo cual motivó que diversos analistas pronosticaran que la firma lograría captar de 100 000 a 125 000 cuentas adicionales para el mes de octubre de 1998. Por su parte, se esperaba que Ameritrade Holding Corporation saliera sin pérdidas ni ganancias debido a los gastos de la gravosa campaña de publicidad.

Con el propósito de apoyar la integración de su base de clientes y ampliar el conocimiento de su marca, Ameritrade llevó a cabo acuerdos estratégicos de marketing para servicios y contenido con America Online, CompuServe, Excite, Intuit, Infoseek, Microsoft Network Yahoo!, Montley Floo y *USA Today* Information Network. Además de que los acuerdos logrados proporcionaban a Ameritrade una exposición valiosa, también permitieron que sus clientes tuvieran acceso a una gama de información y de recursos más amplia y que perfeccionaran sus experiencias de operación.

Por lo tanto, los ejecutivos de Ameritrade esperaban que el promedio de menos de una operación al mes de los clientes del corretaje de servicio completo, se elevara a dos operaciones. El mercado que Ameritrade tenía en la mira consistía en los inversionistas que operaban las computadoras adecuadamente, que contaban con el conocimiento necesario para encontrar la información relacionada con las inversiones en Internet, que no les gustara emplear a una casa de bolsa como intermediario y que quisieran ejecutar sus propias operaciones a muy bajo costo. La línea telefónica de soporte técnico gratuita de Ameritrade permanecía abierta 10 horas al día de lunes a viernes.

Los programadores de Ameritrade desarrollaban un nuevo juego de computadora denominado Darwin, con el propósito de distribuirlo gratuitamente en CD-ROM, a través del cual los inversionistas novatos que deseaban operar opciones aprenderían el modelo Black/Scholes, el "margen diferencial extendido" y otros trucos de la operación de opciones a través de un formato que proporcionaría la emoción y las características

ILUSTRACIÓN 7 Calendario de comisiones y cuotas de Ameritrade, abril de 1998

Política de crédito de Ameritrade

3% de intereses sobre saldos de créditos mayores a 1 000 dólares*

Capital

1 o más acciones	Precio
Operaciones en línea	$ 8
Operaciones por teléfono de tono	$12
Operación telefónica a través de un corredor	$18

Nota: 5 dólares de cuota adicional para órdenes de límite, órdenes de suspensión y órdenes de suspensión de límite.

Opciones

$25 + $1.75 por contrato

10% de descuento en operaciones electrónicas (Internet, sistema telefónico de tono), comisión mínima $29.

Sociedades de inversión

Tipo de fondo	Compra	Venta	Cambio
Sin cargar	$18.00	$18.00	$18.00
Carga de fondos (al principio)	Sin cuota, sólo carga	$18.00	$18.00
Carga de fondos (al final)	$18.00	Sin cuota, sólo carga	$18.00

Nota: A toda transacción de Fidelity Funds se carga una cuota adicional de 18.00 dólares

Bonos (comisión mínima = $ 40; Del Tesoro = subasta $25)

Unidades	Precio unitario
1-50 bonos	$5.00 por bono
Más de 50 bonos	$3.50 por bono

Tasa marginal

Rango en dólares	Prima máxima/mínima
Menos de $25 000	+0.75 %
$25 000-$49 999	+0.25 %
$50 000-$99 999	–0.75 %
$100 000-$249 999	–1.00 %
$250 000-$999 999	–1.25 %
Más de $999 999	–1.75 %

* Todos los precios están dados en dólares estadounidenses.

Fuente: www.ameritrade.com, 17 de abril de 1998.

del popular juego de video Doom.[27] Debido a que los ejecutivos de Ameritrade pasaban algún tiempo en las áreas de conversación (chat) para inversionistas en Internet, podían asegurar, con base en los comentarios y quejas de los ususarios, que a menudo las pérdidas eran el resultado de la falta de comprensión y la falta de conocimiento por parte de los operadores. Por lo tanto, los planes de Ameritrade incluían que Darwin se convirtiera en una valiosa ayuda didáctica para los clientes (puesto que no lograrían establecer buenas relaciones con sus clientes si les indicaban a los inversionistas novatos que no estaban preparados para convertirse en exitosos operadores de opciones o que sus pérdidas económicas se debían a sus propios errores).

Suretrade de Quick & Reilly Group

Quick & Reilly Group era una firma de servicios financieros constituida por Quick & Reilly Inc., la tercera casa de bolsa más grande de Estados Unidos, con un millón de cuentas y 117 sucursales; U.S. Clearing, servicio de ejecución de compensaciones y operaciones de más de 350 firmas de corretaje y bancarias; JJC Especialist, que formó su mercado en las acciones y títulos a través de la atención a 229 de las compañías de la lista de cotizaciones de la NYSE, era la segunda más grande especialista en el parqué de la NYSE; Nash Weiss, que logró su mercado a través de 3 500 acciones de venta directa, y Suretrade, firma de corretaje de grandes descuentos a través de Internet que inició sus operaciones en el mes de noviembre de 1997. A principios de 1998, Quick & Reilly Group fue adquirida por Fleet Financial Group, uno de los dos bancos más grandes de Nueva Inglaterra, que contaba con 1 200 sucursales y 2 400 ATM a lo largo de la región que atendía, cuyas oficinas principales se encontraban en Boston. En 1997, Fleet contaba con acciones por 85 mil millones de dólares y utilidades netas de 1.3 mil millones de dólares. Los altos ejecutivos de Fleet indicaron que, mientras Quick & Reilly pudiera operar como subsidiaria independiente de Fleet Financial, la firma podría buscar oportunidades para comercializar los productos de Quick & Reilly con los clientes de Fleet, a la vez que comercializar los productos de Fleet con los clientes de Quick & Reilly. El director general de administración de Fleet comentó: "En 1998, nosotros emplearemos la plataforma de Quick & Reilly con el propósito de extender sus productos de inversión y servicios a nuestros clientes así como empezar a vender, a través de ellos, otros productos de Fleet como hipotecas y tarjetas de crédito."

Quick & Reilly (www.quick-reilly.com) fue la primera firma miembro de la NYSE en ofrecer comisiones de descuento a particulares, en 1975. En el mes de noviembre de 1996 lanzó su sistema de operación vía Internet denominado QuickWay Net. QuickWay Net, se desarrolló en sociedad con una subsidiaria de Reuters, ganó su reputación como uno de los sistemas de operación en línea más rápidos, fáciles de usar y amplios que ha habido en Internet, y desde su introducción se mejoró continuamente. La ilustración 8 muestra las características de QuickWay Net.

Suretrade (www.suretrade.com) Suretrade ofrecía la comisión más baja de todas las firmas de corretaje electrónico (véase nuevamente la ilustración 2) y su sitio web proporcionaba a los clientes una variedad de secciones y servicios (véase la ilustración 9). Por lo tanto, Suretrade había atraído 50 000 cuentas durante sus primeros tres meses de operación. Con respecto a su sitio web, Suretrade era franco con sus clientes y les comunicaba lo que realmente podían esperar:

> ¿Cómo podemos brindarles un valor tan extraordinario, en combinación con excelente funcionalidad para la operación por Internet, contenido y seguridad, además de una fantásticamente baja estructura de comisiones? Nuestra relación será de tipo electrónico. A nosotros

[27] Whitford, "Trade Fast, Trade Cheap", p. 114.

ILUSTRACIÓN 8 Características del sistema de operación en línea de Quickway de Quick & Reilly, octubre de 1997

- Acceso gratuito e ilimitado con 15 minutos de demora a las cotizaciones de acciones, sociedades de inversión, opciones y cadena de opciones.
- Confirmación de las órdenes de mercado después de unos segundos de su ejecución, con actualización automática de la información de las carteras.
- Acceso gratuito e ilimitado a la cartera de valores del cliente y la posibilidad de generar gráficas así como monitorear las inversiones en tiempo real.
- Asistencia sobre operación que proporcionaban los corredores las 24 horas al día, los siete días de la semana.
- Acceso gratuito al análisis, noticias de las compañías y demás información sobre acciones, bonos y sociedades de inversión de Reuters.
- Capacidad para analizar las sociedades de inversión por medio de la localización de las familias de sociedades de inversión, fondos individuales u objetivos de inversión.
- Herramientas gratuitas para la revisión de acciones.
- Herramientas gratuitas para la administración de carteras de valores. Recepción automática de más de 300 cotizaciones seleccionadas de títulos mobiliarios, incluyendo cotizaciones de los fondos, enviadas diariamente por correo electrónico.
- Servicio gratuito de Reuters para el acceso sin costo a análisis, noticias de las compañías y demás información sobre acciones y sociedades de inversión.
- Acceso a Reuters IncLink, con perfiles detallados acerca de más de 12 000 compañías operadas públicamente.
- Análisis sobre inversiones e información de más de 25 publicaciones.
- Morningstar on Demand, evaluaciones gratuitas muy respetadas de sociedad de inversión, incluye datos acerca de los rendimientos de 3, 5 y 10 años.

Fuente: Boletín de prensa de la compañía, 6 de octubre de 1997.

nos cuesta menos responder por correo electrónico de lo que nos costaría contestar llamadas telefónicas. Recuerde, nuestros buenos precios no son para todos. Son para los clientes de corretaje que estén listos para realizar sus operaciones en forma electrónica. Nuestras comisiones bajas son la recompensa para los clientes que están comprometidos con el corretaje electrónico.[28]

Discover Brokerage Direct (www.discoverbrokerage.com)

Discover Brokerage Direct se inició en las actividades de corretaje electrónico como Lombard Institutional Brokerage, una pequeña campañía de descuento de San Francisco que ofreció por primera vez corretaje electrónico en septiembre de 1995. Posteriormente, Lombard fue adquirida por Dean Witter Discover en enero de 1997 para que le sirviera como entrada al servicio electrónico. El nuevo nombre que adquirió para crear una asociación más sólida con los 40 millones de tarjetahabientes de Discover Card fue Discover Brokerage Direct. Posteriormente Dean Witter Discover adquirió Morgan Stanley Group (una firma líder de inversiones bancarias de Wall Street) en mayo de 1997, con lo cual creó una compañía con una enorme solidez financiera, radio de acción global y liderazgo en el mercado en relación con una variedad se servicios financieros para los negocios. Dean Witter fue la tercera firma más grande de corretaje de servicio completo, con más de 400 sucursales, 9 950 corredores, 3 millones de cuentas de clientes y 300 mil millones de dólares en acciones de clientes.

---

[28] Sitio web de la compañía, 17 de abril de 1998.

ILUSTRACIÓN 9 Características del sistema de operación de Suretrade Online, abril de 1998

- 7.95 dólares por operación de más de 5 000 acciones, se aplica a las órdenes del mercado y órdenes con límite de precio que se realicen por Internet o por sistema telefónico.
- Sin cargos ocultos. Suretrade no impone cargos adicionales tales como cuotas de inactividad ni cuotas por servicio postal o por manejo.
- Las cuentas se protegen hasta por 50 millones de dólares por cliente (500 000 dólares bajo la SIPC, incluye 100 000 dólares para reclamos de efectivo) y 49.5 millones de dólares adicionales de protección que proporcionan Aetna Casualty y Surety Company.
- Confirmación de las órdenes segundos después de su ejecución, con actualización automática de las carteras de valores.
- Cotizaciones gratuitas en tiempo real (hasta 100 por día) de Thomson Financial.
- Acceso gratuito e ilimitado a las carteras de valores, así como la capacidad para generar gráficas y monitorear inversiones en tiempo real.
- Servicio gratuito de Reuters para obtener noticias de las compañías y del mercado, así como otras informaciones sobre acciones, bonos y fondos mutuos. Asimismo el Reuters IncLink proporciona gratuitamente los perfiles detallados de 12 000 compañías públicamente comercializadas.
- Acceso gratuito a:
  La versión profesional de Briefing.com.
  La versión galardonada de Zack's Company Reports.
  INVESTOOLS, incluye Morningstar on Demand.
  BASELINE, proporciona estimaciones esenciales, técnicas y de ganancias sobre más de 7 500 acciones.
  BigCharts, servicio de gráficas orientado a los inversionistas técnicos.
  Second Opinion de MarketEdge.
- Capacidad para operar acciones, opciones, sociedades de inversión y bonos por medio de SURETRADE.com, y acciones y opciones a través de un sistema telefónico.

Fuente: www.suretrade.com, 17 de abril de 1998.

La estrategia de Discover consistía en competir en valor y servicio. No obstante, la dirección observó la disminución de los precios como "una estrategia peligrosa".[29] Stephen R. Miller, presidente del comité y jefe de operaciones de Discover Brokerage, comentó:

> Nuestra meta es ser líderes en el segmento de valuación del mercado y creemos que ninguna otra firma está tan ligada con el concepto de valuación como Discover Card. Millones de personas que confían en la calidad y el servicio de Discover Card estarán interesados en explorar los nuevos productos financieros que lleven la marca Discover. Además, nuestros actuales clientes de valores mobiliarios pueden estar buscando una gama más extensa de productos y servicios financieros a los que puedan tener acceso por teléfono o en línea a través de Internet.

Con el propósito de incrementar su base de clientes, Discover Brokerage Direct inició una amplia campaña de marketing en enero de 1998; ésta incluía el envío de mensajes atractivos por correo directo a más de 40 millones de tenedores de la Discover Card. A través de sus anuncios la compañía destacaba su posición número 1 establecida por Barron's y Smart Money. Se ofrecían comisiones tan bajas como 14.95 dólares por operación, soporte técnico para los clientes 24 horas al día y acceso a más de 3 500

[29] "Do I Hear Two Bits a Trade?", *Business Week*, 8 de diciembre de 1997, p. 96.

sociedades de inversión (muchos de ellos sin cargos ni cuotas por transacción); asimismo, los clientes podían colocar sus operaciones con un profesional matriculado o a través de una llamada telefónica. Por otra parte, el sitio web de Discover (con un esquema del color de la calabaza de Discover y la cerceta de Lombard) a través del cual se proporcionaba a los clientes numerosos datos y análisis de opciones, entre los que destacaba la información de las cuentas en un minuto, es decir, que los clientes podían observar el cambio de los precios de sus valores mientras se ejecutaba su operación. Discover también ofrecía amplia capacidad para que los clientes pudieran personalizar y diseñar sus propios centros de información de inversiones de acuerdo con sus intereses. Además, Discover planeaba agregar a su sitio sustancialmente más información de análisis, así como mejorar su servicio de comercialización de bonos en tiempo real, ambos como resultado directo de poder sostenerse con los recursos y la experiencia de Dean Witter y Morgan Stanley.

Web Street Securities (www.webstreetsecurities.com)

Web Street Securities una de las firmas más nuevas en el campo, fue fundada por dos jóvenes empresarios ambos de treinta y tantos años de edad, Joe y Avi Fox, cuya aventura anterior consistió en el fracaso de una firma de inversión bancaria internacional. Después de un mes y medio de analizar la operación en línea en el verano de 1996, los dos hermanos decidieron fincar su futuro en el corretaje electrónico. Fue así como Web Street abrió sus puertas al negocio en agosto de 1996. Decidieron lanzar su oferta principal a la atención de los inversionistas y la participación del mercado a principios de 1998, por medio de un sitio web activo muy colorido, llamativos comerciales de televisión (que entonaban "Ahora tú eres actor" mientras el jefe de la familia que aparecía en el comercial abría una cuenta en línea) y anuncios de página completa en la revista *USA Today* y otras publicaciones (véase la ilustración 10). De acuerdo con los reportes de la empresa, el presupuesto de la campaña publicitaria a nivel nacional fue de 20 millones de dólares.

Con el propósito de que los clientes pudieran ejecutar sus órdenes, el sitio de Web Street los dirigía hasta el "Parqué de las operaciones bursátiles". Éste les permitía ejecutar órdenes y les proporcionaba actualizaciones en tiempo real de la información de sus cuentas (los clientes podían observar en la pantalla la actualización de los precios mientras ocurrían las operaciones) y les permitía obtener las últimas noticias y fuentes de análisis con un solo clic (véase la ilustración 10). Los clientes regulares de Web Street normalmente efectuaban cuatro transacciones al mes. Gomez Advisors calificó a la empresa como la mejor para los operadores activos y como la segunda mejor en términos generales. Además los clientes podían realizar sus operaciones a través de un corredor en persona las 24 horas del día a un costo de 24.95 dólares por operación. Por otra parte, también podían comprar bonos (corporativos, federales, estatales o municipales) y cualquiera de las 3 800 sociedades de inversión (cargadas y no cargadas).

En el mes de enero de 1998 Web Street sólo administraba 100 millones de dólares en acciones y su meta para el mes de julio de ese mismo año consistía en alcanzar las 100 000 cuentas. Asimismo, para el futuro cercano planeaban convertirla en una empresa pública.

DLJdirect (www.dljdirect.com)

DLJdirect era la unidad de operación en línea de Donaldson Lufkin & Jenrette, una de las más importantes casas de análisis en materia de inversiones y una de las 10 más grandes firmas de inversión bancaria que contaba con más de 55 mil millones de dólares en acciones. DLJ y sus afiliadas manejaban el 10 por ciento del volumen de operaciones de la New York Stock Exchange. La prestigiada *Institutional Investor* ha clasificado a

ILUSTRACIÓN 10 Muestra de anuncio de Web Street Securities

Must see PC for investors.

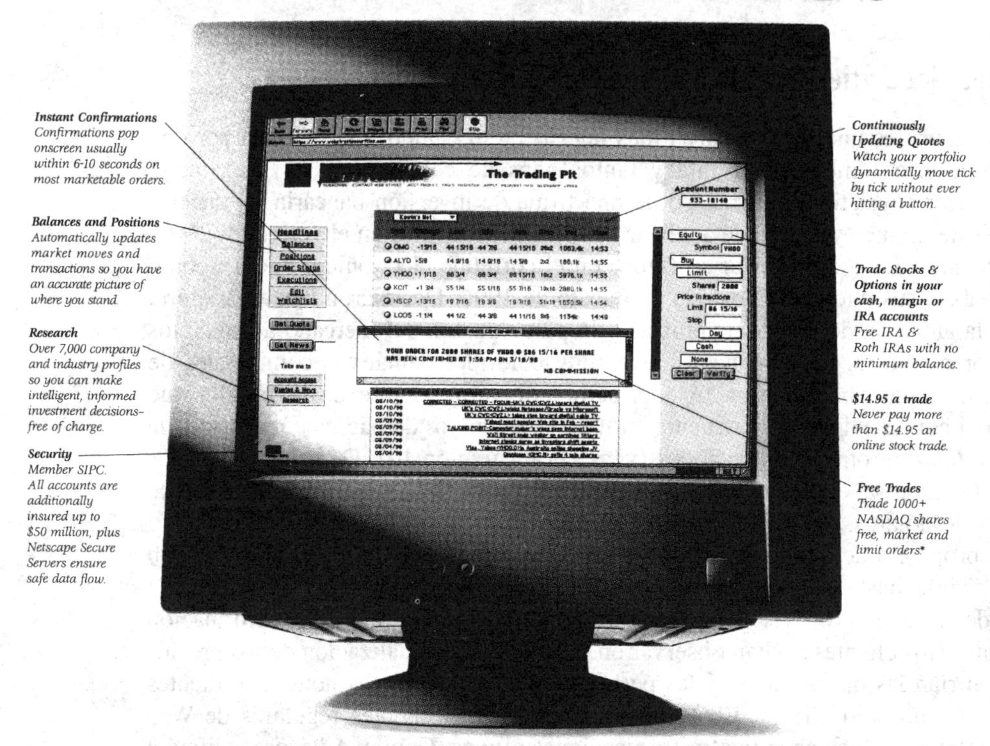

Start investing online with the internet brokerage rated "Best Online Broker" by *Smart Money* and ★★★★ by *Barron's*

It's truly a great time to be an investor. Never before have the tools and information of a broker been available to the rest of us. With Web Street Securities you're in charge now. You've got the power. And we want you to get comfortable with this new online trading experience. That's why we invite you to open an account and see for yourself why *Smart Money* rated us the best online broker and *Barron's* gave us their highest overall rating. There's no obligation and no minimum balance. Everything you need is on one easy-to-use page. So take your time and get comfy. Visit our web site and apply online or call 24 hours a day to speak to a broker. **YOU'RE A PLAYER NOW.**™

eb St.

www.WebStreetSecurities.com
1-800-WEB-TRADE

Member SIPC. Accounts additionally insured to $50 million. Member NASD. *Online trades over $2.00 per share. ©1998 Web Street Securities, Inc.

Barron's is a registered trademark of Dow Jones & Co., Inc., all rights reserved.

las operaciones de análisis de DLJ durante 24 años consecutivos en las cinco mejores firmas de análisis, sus estudios comprenden 1 100 compañías de 80 industrias. En el año 1996 DLJ estuvo a cargo de las ofertas públicas iniciales de 30 compañías y en agosto de 1997 se le calificó como la cuarta entre las firmas de inversiones bancarias en relación con la conducción del manejo de emisión de nuevas acciones de las compañías.

Bajo el nombre inicial de PC Financial Network, DLJdirect fue pionera de la inversión en línea a principios de la década de los ochenta y para el año 1998 había ejecutado más de 23 mil millones de dólares en transacciones en línea. Los clientes de DLJdirect contaban con acceso a los servicios de la empresa a través de los principales servicios en línea (America Online, Prodigy y Compuserve) así como de Internet; pero los clientes también podían realizar sus operaciones con las casas de bolsa o por teléfono. Los clientes también podían operar acciones, opciones, bonos y bonos del Tesoro del estado y seleccionar entre casi 7 000 sociedades de inversión (de los 9 500 fondos disponibles actualmente). Cabe señalar que la empresa suministraba vínculos a información de análisis comparativamente firmes (véase nuevamente la ilustración 6) y a los clientes en línea con saldos en cuentas de 100 000 dólares o más, se les otorgaba el acceso a la información de análisis de la propia DLJ, para observar el desempeño de 1 100 compañías, así como las oportunidades para adquirir acciones en las ofertas públicas iniciales en las que DLJ era el que conducía la administración o era participante. Además de lo anterior, DLJdirect transmitía cotizaciones en tiempo real, avisos acerca de acciones y carteras de valores, contaba con un teletipo personal de reserva y herramientas de investigación. DLJdirect se promocionaba a sí misma como "una empresa seria para el inversionista formal".

Datek Online Holdings, Inc. (www.datek.com)

El director de Datek Online era Jeffrey A. Citron, hombre de 27 años de edad que trabajó por primera vez a los 17 años como oficinista en una pequeña firma de corretaje denominada Datek Securities establecida en Brooklin, Nueva York. A los 20 años de edad, Citron ya había ganado 1 millón de dólares operando títulos inmobiliarios y conducía un automóvil Mercedes. Unos cuantos años después, Citron y su compañero de trabajo Joshua Levine emplearon su habilidad en el manejo de computadoras con el propósito de automatizar gran cantidad de las operaciones de corretaje de Datek, lo cual los condujo a explorar nuevas formas para computarizar las operaciones de acciones. En 1998, cuando NASDAQ solicitó a los corredores de valores mobiliarios que actuaban como hacedores de mercado de acciones de venta directa que ejecutaran las órdenes pequeñas a través de algún sistema electrónico de cómputo, Citron y Levine presentaron un software con el sistema de operación que permitió a Datek Securities transformarse en la firma de corretaje más grande que ejecutaba operaciones pequeñas mediante un sistema electrónico computarizado. Sus beneficios por concepto de operación alcanzaron cifras millonarias en dólares. Así, en 1996 las ganancias de la compañía llegaron casi a los 95 millones de dólares, muy por encima de los 3.8 millones de dólares que había generado en 1992.[30] Por lo tanto, las utilidades de Citron y Levin fueron multimillonarias; sin embargo, en el periodo que transcurrió entre 1991 y 1996, se multó y suspendió en diversas ocasiones a varios funcionarios de Datek Securities por violar los reglamentos al ejecutar órdenes de operación pequeñas en NASDAQ.

En el año de 1992, Citron y Levin fundaron una compañía que les permitiría funcionar como bolsa de valores computarizada, para lo cual emplearían el software que habían desarrollado. La compañía era bastante próspera, prueba de lo cual es que en

[30] *The New York Times*, 10 de mayo de 1998, sección 3, p. 4.

1998 manejaban el 4 por ciento del volumen total que operaba NASDAQ.[31] No obstante, en el año de 1993 Jeffrey Citron formó su propia firma de corretaje, la cual vendió unos meses más tarde a Joshua Levine. En 1995, Citron fundó una compañía para vender software para la operación electrónica, mientras que Levine fundó dos compañías: Big Think (para abastecer a Datek Securities con nueva tecnología de cómputo) y Big J Software, especializada en la asesoría en software cuyos principales clientes eran firmas de títulos y valores. Por otra parte, a principios de 1996, Citron, Levin y Sheldon Maschler, ex jefe de operación de Datek Securities, que había sido protagonista de gran parte de las violaciones en las que había incurrido la firma, razón por la cual se le suspendió por un año a partir de febrero de 1997 de la operación de títulos, formaron una compañía cuyo propósito principal sería desarrollar y otorgar licencias de software de operación para Datek Securities, y otras operaciones de corretaje electrónico. Los ingresos de la nueva compañía llegaron a casi 100 millones de dólares en 1996. En 1997 Datek Securities estableció Datek Online como firma para el corretaje electrónico y Jeffrey Citron fue nombrado su director general. A principios de 1998, Datek Securities y Big Think, propiedad de Levine, se fusionaron con el nombre de Datek Online Holdings, de la cual Citron, Levine, Erik Maschler (hijo de Sheldon Maschler) y algunos otros se convirtieron en propietarios mayoritarios.

La revista *Forbes* calificó a Jeffrey Citron como "mago de la tecnología". Por su parte, la publicación *Institutional Investor* lo llamó "uno de los 20 actores más destacados del web financiero". Un observador de la industria estimaba que durante el último trimestre de 1997 Datek Online ejecutaba aproximadamente 11 500 transacciones diarias, la cuarta firma más grande de la industria después de Schwab (45 350 operaciones diarias), E*Trade (21 400 comercializaciones) y Waterhouse (12 150 operaciones).[32] Uno de los motivos principales del éxito de Datek consistía en la innovación que presentaba su software, pues lograban la ejecución electrónica más rápida de operación de acciones. A principios de 1997, Datek contaba con 10 000 cuentas en línea, mientras que en el mes de abril de 1998, reportó 80 000 cuentas a través de las cuales se sumaban acciones con un valor de 1.5 mil millones de dólares.

Jeffrey Citron y los otros inversionistas de Datek Online planeaban que la compañía se transformara en empresa pública, pero sus conexiones con Datek Securities y el registro de las violaciones a la operación, en las que había incurrido, fueron considerados un impedimento para lograrlo. Durante el mes de mayo de 1998, el *New York Times* publicó un extenso artículo en el que destacó con lujo de detalle los numerosos enredos de los propietarios de Datek Online con Datek Securities, lo que, aunado a las diversas sanciones impuestas a Datek Securities, no hicieron nada por mejorar la confianza del público en Datek Online Holdings. Sin embargo, el artículo del *New York Times* también destacaba que recientemente Jeffrey Citron había fortalecido los controles administrativos en Datek Online Holdings, que había declarado ilegales algunas prácticas de operación cuestionables, contratado a una importante firma de auditoría y completado la venta de la unidad de operación de valores de la compañía, que constituía el centro de la mayor parte de las prácticas cuestionables y el blanco de varias de las prolongadas investigaciones que se llevaban a cabo por fraude bursátil. En 1970, los compradores de la unidad de operación de valores le dieron un nuevo nombre, denominándola Heartland Securities; los nuevos propietarios eran Erik Maschler y Aaron Elbogen, dos de los actuales dueños de Datek Online Holdings. Cabe señalar que Elbogen fue uno de los cofundadores originales de Datek Securities.

---

[31] *Idem.*

[32] Bill Burnham, analista de Piper Jaffrey.Tomado de *The New York Times*, 10 de mayo de 1998, sección 3, p. 4.

Merrill Lynch

Merrill Lynch era una firma diversificada de servicios financieros cuyo negocio principal radicaba en las inversiones bancarias, el corretaje de servicio completo y la administración de acciones. En relación con la inversión bancaria, en el año de 1997 la firma Merryll Lynch mereció la calificación generalizada más alta en el manejo de emisiones de nuevas deudas así como por la gestión de emisión de nuevas acciones. En cuanto a las actividades relacionadas con la asesoría y el manejo de fusiones y adquisiciones fue evaluada como la tercera firma también de forma generalizada (promedió como la primera en Estados Unidos en fusiones y adquisiciones). Para realizar sus funciones como firma de corretaje de servicio completo, en la que también era la líder del mercado, Merrill Lynch contaba con 800 sucursales distribuidas en todo el mundo, cerca de 15 300 corredores y ejecutivos de cuenta, 9 millones de cuentas de clientes minoristas y 1.2 billones de dólares en cuentas de sus clientes. La firma contaba con un rango de productos y servicios excepcionalmente amplio y el nombre Merrill Lynch era conocido prácticamente por todos los inversionistas del mundo. Además, Merrill Lynch calificaba permanentemente entre los proveedores líderes de análisis en la industria, pues a través de su equipo de analistas realizaba estudios que comprendían a casi 3 900 compañías de 55 países. Por lo tanto, todos sus clientes minoristas podían disponer de la información actualizada de estas compañías a través de sus casas de bolsa, para lo cual utilizaban un sistema computarizado para acceder y transferir datos que la firma tenía instalado en todas sus sucursales. En relación con los corredores de valores y títulos de su negocio de corretaje, Merrill Lynch era un hacedor de mercado para las acciones que se operaban en mostrador de 550 empresas estadounidenses y 4 800 compañías extranjeras. En 1997, Merrill Lynch obtuvo ingresos por 31.7 mil millones de dólares y utilidades netas de 1.9 mil millones de esa moneda. La firma tenía un total de 56 600 empleados.

La alta grencia consideraba a Merrill Lynch como una empresa de talla mundial que suministraba productos y servicios globales, como una firma cuya inteligencia del más alto nivel le permitía establecer relaciones locales fiables para dejarles a cargo las operaciones así como para construir posiciones de liderazgo en los mercados de títulos y valores de todo el mundo. El compromiso de la dirección radicaba en la atención a los clientes a través del consejo y la asesoría personales, con el propósito de ayudar a los clientes a crear las soluciones que se ajustaran a los problemas que ellos les presentaban.

Debido a que su estrategia destacaba de manera importante que las casas de bolsa debían ser el medio para suministrar los servicios personalizados, Merrill Lynch se había abstenido de aspirar a la operación en línea. La compañía incluso diseñó sus propios paquetes de software con el propósito de que una vez instalados en las computadoras de los clientes, éstos puedan tener acceso a sus cuentas y revisar los saldos de sus cuentas; el software costaba 25 dólares a los clientes. A finales de 1998, se decía que Merrill Lynch planeaba permitir a sus clientes involucrarse en la comercialización de sus valores en línea, siempre y cuando se respetaran los planes de administración de acciones con base en las tasas previamente establecidas. Un ejecutivo de Merrill Lynch indicó que el motivo por el cual la empresa no estaba ansiosa por incorporarse a la operación en línea radicaba en que “nuestros clientes no lo solicitan como uno de los elementos principales”.[33]

(Para obtener información actualizada acerca de las casas de bolsa en Internet, visite *www.gomez.com.*)

[33] Tomado de *The Wall Street Journal*, 2 de junio de 1998, p. C20.

CASO

5

DELL COMPUTER CORPORATION

Arthur A. Thompson, *The University of Alabama*

John E. Gamble, *University of South Alabama*

En 1984, a la edad de 21 años, Michael Dell fundó Dell Computer con una visión y un concepto simples, que consistían en que las computadoras personales podían construirse por encargo y venderse directamente a los clientes. Michael Dell estaba seguro que su forma de ver la manufactura de computadoras personales contaba con dos ventajas: 1) omitir a los distribuidores y a los agentes intermediarios con lo que se eliminaban los márgenes de ganancias de los revendedores y 2) construir por encargo del cliente reducía en gran medida los costos y los riegos asociados con la necesidad de contar con grandes inventarios de partes, componentes y productos terminados. Aun cuando durante los primeros años algunas veces Dell Computer luchó para tratar de perfeccionar su estrategia, construir una infraestructura adecuada y establecer su credibilidad en el mercado frente a competidores más conocidos, su método para construir por encargo y vender directamente probó ser atractivo para un número cada vez mayor de clientes mientras que las ventas globales de computadoras personales se elevaban a niveles nunca antes alcanzados a mediados de la década de 1990. Y, casi tan importante como lo anterior, resultó el hecho de que la estrategia permitió que la compañía obtuviera costos sustanciales y márgenes de utilidades ventajosos sobre sus rivales, quienes construían computadoras personales por volumen, motivo por lo cual debían mantener a sus distribuidores y detallistas saturados con grandes inventarios.

Hacia 1998, Dell Computer contaba con 12 por ciento de la participación del mercado de computadoras personales en Estados Unidos y seguía muy de cerca a Compaq e IBM, que ocupaban el primero y segundo lugares del mercado, respectivamente. Dell Computer abarcaba aproximadamente 6 por ciento de la participación del mercado mundial (véase la ilustración 1). El mercado de más rápido crecimiento para la empresa durante los últimos trimestres fue Europa. A pesar de que las penurias económicas que experimentó Asia durante el primer trimestre de 1998 hicieron que las adquisiciones de computadoras personales declinaran, las ventas de Dell se elevaron 35 por ciento en ese continente. Las ofertas de Dell a través de su sitio web promediaban 5 millones de dólares diarios y se esperaba que alcanzaran 1.5 mil millones de dólares anuales a fines de ese año. En 1997 Dell Computer registró ingresos por 12.3 mil millones de dólares, muy por arriba de los 3.4 mil millones de dólares que mostró en 1994, es decir, un índice promedio compuesto de crecimiento de 53 por ciento. Durante el mismo periodo, las ganancias se elevaron de 140 millones de dólares a 944 millones de dólares, un índice de crecimiento de 89 por ciento. A partir de 1990, el precio de las acciones de la compañía se disparó de un precio ajustado dividido de 23 centavos por

ILUSTRACIÓN 1 Principales proveedores de computadoras personales en el mundo con base en los embarques de fábrica, 1996 y 1997

1997 Rango	Proveedor	1997 Embarques al mercado de PC*	1997 Participación del mercado	1996 Embarques al mercado de PC*	1996 Participación del mercado	Índice de crecimiento 1996-1997
1	Compaq Computer	10 064 000	12.6%	7 211 000	10.4%	40%
2	IBM	7 239 000	9.1	6 176 000	8.9	17
3	Dell Computer	4 648 000	5.8	2 996 000	4.3	55
4	Hewlett-Packard	4 468 000	5.6	2 984 000	4.3	50
5	Packard Bell NEC	4 150 000	5.2	4 230 000	6.1	(2.0)
	Otros	49 369 000	61.8	45 727 000	66.0	8
	Todos los proveedores	79 938 000	100.0%	69 324 000	100.0%	15%

* Incluye únicamente embarques de marca y excluye las ventas de los fabricantes originales del equipo (OEM) para todos los fabricantes.
Fuente: International Data Corporation.

acción hasta alcanzar 83 centavos en mayo de 1998, es decir, un incremento equiparable al 36 000 por ciento. Dell Computer fue la compañía que tuvo las acciones de más alto rendimiento durante 1990, y parecía estar preparada para tener las mejores acciones de la década.

Los principales productos de Dell incluían computadoras personales de escritorio, computadoras notebook, estaciones de trabajo y servidores. La compañía también comercializaba algunos productos de otros fabricantes, tales como discos CD-ROM, módems, monitores, hardware para redes de trabajo, tarjetas de memoria, mecanismos de almacenamiento, bocinas e impresoras. Los productos y servicios que la compañía ofrecía se vendían en 140 países. Tan sólo las ventas por concepto de computadoras de escritorio personales significaban casi 65 por ciento de los ingresos totales de Dell, mientras que las ventas de computadoras notebook, servidores y estaciones de trabajo representaban cerca del 33 por ciento del ingreso. A principios de 1998, la compañía contaba con 16 000 empleados.

ANTECEDENTES DE LA COMPAÑÍA

A la edad de 13 años, Michael Dell manejaba un negocio de intercambio de estampillas que se ordenaban por correo, que contaba con un catálogo nacional completo, a través del cual llegó a acumular hasta 2 000 dólares mensuales. A la edad de 16, vendía suscripciones para el *Houston Post*, y a los 17 años se compró su primer BMW con su propio dinero. En 1983, se inscribió en la University of Texas como estudiante del curso de introducción a la carrera de medicina (sus padres deseaban que fuese médico), pero pronto se encontró inmerso en la computación e inició la venta de componentes de computadoras personales entre sus compañeros de dormitorio. Para lo cual, compraba a los agentes intermediarios de IBM chips de memoria de acceso aleatorio (RAM) y controladores de discos para computadoras personales IBM al costo, ya que a menudo tenían artículos excedentes a mano debido a que IBM les exigía ordenar grandes cuotas mensualmente. Por su parte, Dell revendía los componentes por medio de anuncios en los periódicos (más tarde a través de anuncios en revistas nacionales de computación) a precios 10 o 15 por ciento más bajos que los que normalmente ofrecían los detallistas.

En abril de 1984 sus ventas mensuales representaban aproximadamente 80 000 dólares. Finalmente, Dell abandonó la universidad y formó una compañía, PCs Ltd., para vender tanto componentes como computadoras personales con el nombre de marca PCs Limited. Adquiría las existencias excedentes de los detallistas al costo y luego ensamblaba sus computadoras personales equipándolas con tarjetas de gráficos, discos duros y memoria antes de revenderlas. Su estrategia consistía en vender directamente a los usuarios finales; al eliminar el margen de ganancia del detallista, la flamante compañía Dell podía vender clones de IBM (máquinas que copiaban el funcionamiento de las computadoras personales de IBM y empleaban los mismos componentes o semejantes) a un precio casi 40 por ciento menor que el de las computadoras personales de IBM. La estrategia de descuento en el precio resultó exitosa debido a que atrajo a compradores preocupados por el precio y generó un rápido crecimiento. En 1985, la compañía ensamblaba sus propios diseños de computadoras personales sobre mesas de dos metros en las que trabajaban unas cuantas personas. La compañía contaba con 40 empleados y Michael Dell, que trabajaba 18 horas al día, a menudo se dormía sobre un catre en su propia oficina. Al finalizar el año fiscal 1986, las ventas alcanzaron los 33 millones de dólares.

Sin embargo, el funcionamiento de PCs Ltd., fue obstaculizado durante los siguientes años por la falta de dinero, personal y recursos. Michael Dell buscó la manera de perfeccionar el modelo comercial de la compañía, agregar la capacidad de producción que necesitaba y formar un equipo de administración más grande y profesional así como la infraestructura corporativa que le permitiera seguir ofreciendo precios bajos. En 1987, la compañía adoptó su nuevo nombre, Dell Computer, y abrió sus primeras oficinas internacionales ese mismo año. Para 1988, Dell incorporó un equipo de ventas con el propósito de atender a los grandes clientes corporativos, comenzó a vender a las agencias gubernamentales y se transformó en una sociedad cotizada en la bolsa, aumentando a 34.2 millones en su primera oferta de acciones comunes. Las ventas a los clientes grandes rápidamente se convirtieron en la parte dominante del negocio de Dell. En 1990, Dell Computer registró ventas por 388 millones de dólares, una participación del mercado de 2 o 3 por ciento y un equipo de trabajo de investigación y desarrollo constituido por más de 150 personas. La visión que Michael Dell tenía de Dell Computer consistía en transformarla en una de las tres principales empresas de computadoras personales.

No obstante, pensando que su negocio de venta directa no crecería suficientemente rápido, de 1990 a 1993 inició la distribución de sus productos de cómputo a través de tiendas como Soft Warehouse Superstores (ahora CompUSA), Staples (cadena líder de productos para oficina), Wal-Mart, Sam's Club y Price Club (ahora denominada Price/Costco). En esa misma época, Dell también vendió computadoras personales en 16 estados de Estados Unidos a través de las tiendas Best Buy y en 19 países de Latinoamérica por medio de Xerox. Sin embargo, en el año 1994, cuando la compañía comprobó el poco margen de utilidad que le redituaban estos canales de distribución, se dio cuenta que estaba cometiendo un error y se retiró de la venta a los detallistas y otros intermediarios para dirigir nuevamente sus esfuerzos hacia la venta directa. En ese tiempo, las ventas a detallistas representaban solamente 2 por ciento de los ingresos totales de Dell.

No obstante, en 1993 surgieron otros problemas. Según los informes del segundo trimestre, Dell perdió 38 millones de dólares al comprometerse con una arriesgada-estrategia minada por los riesgos de una moneda extranjera. Asimismo, debido a que surgieron ciertas dificultades concernientes a la calidad de una determinada línea de computadoras personales que se manufacturaban a través de otra compañía subcontratada, los márgenes de utilidad declinaron y los compradores le dieron la espalda a los modelos de laptop de la compañía. Con el propósito de impulsar nuevamente las ventas de las computadoras laptop, la compañía tomó un préstamo de 40 millones de dólares para cancelar la línea de computadoras laptop y suspendió las ventas de dichas computadoras hasta que pudiera introducir al mercado modelos rediseñados. El problema generó una pérdida para la compañía de 36 millones de dólares al final del año fiscal, el 30 de enero de 1994.

Debido a que la venta directa a personas y familias significaba costos demasiado altos y márgenes de utilidad inaceptablemente bajos, Dell no pudo dar seguimiento al mercado comercial con agresividad sino hasta que las ventas de la compañía a través de su sitio web en Internet despegaron en 1996 y 1997. Cuando esto sucedió, la dirección observó que mientras el promedio de los precios de venta individuales bajaba en la industria, las ventas de Dell subían, es decir, que las personas que seleccionaban la marca Dell en realidad adquirían un segundo o tercer equipo y deseaban computadoras más poderosas con características múltiples y no necesitarían demasiado soporte técnico. Resultó claro que a los individuos que buscaban computadoras personales más inteligentes les atraían los beneficios que obtenían de comprar directamente a Dell, ya que su servicio les permitía ordenar exactamente lo que querían y se les entregaba en la puerta de su casa en cuestión de días. A principios de 1997, Dell creó un grupo interno de ventas y marketing dedicado solamente a atender al segmento de clientes individuales e introdujo una línea de productos diseñada especialmente para usuarios independientes.

Para finales de 1997, Dell se transformó en la empresa líder dentro de la industria debido a que pudo mantener los costos bajos y adecuar el enfoque que tenía en las ventas directas para adoptar el modelo empresarial de ensamble sobre pedido. Los observadores de la industria se percataron de que Dell se encontraba en una posición favorable para capitalizar las diversas fuerzas que daban forma a la industria de las computadoras personales, como lo eran la aguda declinación de los precios de los componentes, los rápidos adelantos en la tecnología de las PC y el creciente interés de los clientes por contar con computadoras personales equipadas con la capacidad, los componentes y los programas de software que ellos deseaban.

Las ilustraciones 2 a 5 muestran el desempeño financiero de Dell Computer, así como la selección de algunos de los estados financieros contenidos en el informe anual de 1998.

MICHAEL DELL

Muchos han considerado a Michael Dell como uno de los héroes míticos de la industria de las computadoras personales y se le ha catalogado como "quintaesencia del empresario estadounidense" o "el tipo más innovador dentro de la comercialización de computadoras de la década". Fue el director más joven que jamás haya dirigido una compañía ubicada dentro del rango de las 500 más importantes de la revista *Fortune*. Más que en la magia tecnológica su proeza se basó en una astuta combinación entre conocimiento técnico y conocimientos y experiencia en marketing. En 1988 Michael Dell era propietario de casi 16 por ciento de las acciones de Dell Computer con un valor aproximado de 10 mil millones de dólares.

Aquel Michael Dell alguna vez regordete y de anteojos, ahora vestía trajes costosos y usaba lentes de contacto, sólo se alimentaba con comida sana, acudía a los seminarios para ejecutivos de Stanford y se convirtió en conferencista frecuente de reuniones de la industria. Vivía en una casa de tres pisos de 33 000 pies cuadrados en una propiedad de 60 acres. El edificio de vidrio y acero en el que se encuentran las oficinas principales de la compañía en Round Rock, Texas (suburbio de Austin), contaba con mobiliario modesto y práctico, había sido adornado con arte abstracto, cuadros con reconocimientos a Michael Dell, portadas de revistas elogiosas, placas de premios de la industria, copias en bronce de las 11 patentes de la compañía así como toda una pared con la historia de Dell en la que se muestran las entrañas soldadas a mano de la primera computadora personal de la compañía.[1]

[1] Como se describió en *Business Week*, 22 de marzo de 1993, p. 82.

ILUSTRACIÓN 2 Informe financiero de Dell Computer, 1994 a 1998 (en millones de dolares a excepción de los datos de las acciones)

	1 de febrero de 1998	2 de febrero de 1997	28 de enero de 1996	29 de enero de 1995	30 de enero de 1994
Datos de los resultados de la operación					
Ingresos netos	$12 327	$7 759	$5 296	$3 475	$2 873
Margen bruto	$ 2 722	$1 666	$1 067	$ 738	$ 433
Ingreso de operación	$ 1 316	$ 714	$ 377	$ 249	$ (39)
Ingresos (pérdida) antes de pérdidas extraordinarias	$ 944	$ 531	$ 272	$ 149	$ (36)
Ingreso neto (pérdida)	$ 944	$ 518	$ 272	$ 149	$ (36)
Ingreso (pérdida) antes de pérdidas extraordinarias por acciones comunes	$ 1.44	$ 0.75	$ 0.36	$ 0.23	$(0.07)
Básico	$ 1.28	$ 0.68	$ 0.33	$ 0.19	$(0.07)
Diluido					
Media ponderada de las acciones					
Básica	658	710	716	618	597
Diluida	738	782	790	750	597
Hoja de balance					
Capital de trabajo	$ 1 215	$1 089	$1 018	$ 718	$ 510
Total de activos	$ 4 268	$2 993	$2 148	$1 594	$1 140
Deuda de largo plazo	$ 17	$ 18	$ 113	$ 113	$ 100
Total de capital de los accionistas	$ 1 293	$ 806	$ 973	$ 652	$ 471

Fuente: Informe anual de 1998.

Cuando la compañía apenas se iniciaba, Michael Dell se pasaba la mayor parte del tiempo con los ingenieros de la empresa. Era tan tímido que algunos empleados pensaron que estaba "pintado" porque nunca les dirigía la palabra. Sin embargo, las personas que trabajaron estrechamente con él lo describían como un hombre joven y agradable a quien le tomaba tiempo ser expresivo con los extraños.[2] Era terriblemente malo para hablar en público y no era bueno para conducir las reuniones. Un reportero de *Business Week* lo calificó en el artículo del 13 de junio de 1998 como el "*enfant terrible* de las computadoras personales", y citó el comentario de un ejecutivo: "El ego de Dell es como el de Dios."[3] Pero Lee Walker, un hombre de 51 años de edad, capitalista de riegos a quien Michael trajo con el propósito de que proporcionara su experiencia administrativa y financiera durante los años en los que se organizaba la construcción de la compañía, se convirtió en el mentor de Michael Dell, le ayudó a tener confianza en sí mismo y fue el elemento que instrumentó su cambio hasta convertirse en un ejecutivo intachable.[4]

---

[2] "Michael Dell: On Managing Growth", *MIS Week,* 5 de septiembre de 1988, p. 1.

[3] Kevin Kelly, "Michael Dell: The Enfant Terrible of Personal Computers", *Business Week,* 12 de junio de 1988, p. 61.

[4] "The Education of Michael Dell", *Business Week,* 22 de marzo de 1993, p. 86.

ILUSTRACIÓN 3 Estado de ingresos consolidado, Dell Computer, 1996-1998 (en millones de dólares excepto los datos de las acciones)

	Año fiscal concluido		
	1 de febrero de 1998	2 de febrero de 1997	28 de enero de 1996
Ingresos netos	$12 327	$7 759	$5 296
Costo de los ingresos	9 605	6 093	4 229
Margen bruto	2 722	1 666	1 067
Gastos de operación			
Ventas generales y administrativas	1 202	826	595
Investigación y desarrollo	145	88	62
Ingeniería	59	38	33
Total de gastos de operación	1 406	952	690
Ingresos de operación	1 316	714	377
Financiamiento y otros	52	33	6
Utilidades después de impuestos sobre la renta y pérdidas extraordinarias	1 368	747	383
Provisión para impuestos	424	216	111
Utilidades después de pérdidas extraordinarias	944	531	272
Pérdidas extraordinarias después de impuestos	—	(13)	—
Utilidades netas	944	518	272
Dividendos de acciones preferentes	—	—	(12)
Ingresos netos disponibles para los accionistas comunes	$ 944	$ 518	$ 260
Dividendos básicos por acción común (dólares redondos)			
Utilidades después de pérdidas extraordinarias	$ 1.44	$ 0.75	$ 0.36
Pérdidas extraordinarias después de impuestos	—	(.02)	—
Utilidades por acción común	$ 1.44	$ 0.73	$ 0.36
Utilidades después de pérdidas extraordinarias (dólares cerrados)			
Utilidades después de pérdidas extraordinarias	$ 1.28	$ 0.68	$ 0.33
Pérdidas extraordinarias después de impuestos	—	(.02)	—
Dividendos por acción común	$ 1.28	$ 0.66	$ 0.33
Promedio ponderado de acciones			
Pendiente			
Básico	658	710	716
Diluido	738	782	790

Fuente: Informe anual de 1998.

Durante el periodo que transcurrió de 1986 a 1990, Walker fue presidente y director de las operaciones; tenía una imagen paternal, conocía a todo el mundo por su nombre y jugó un importante papel en la implantación de las ideas de marketing de Michael Dell. Bajo la tutela de Walter, Michael Dell se familiarizó estrechamente con todos los aspectos del negocio, superó su timidez, aprendió a controlar su ego y se convirtió en un líder carismático con instinto para motivar a las personas, así como para ganarse su lealtad y respeto. Cuando Walter tuvo que abandonar la compañía por motivos de salud en 1990, Dell llamó a Morton Meyerson, antes director y presidente de Electronic Data

ILUSTRACIÓN 4 Estado consolidado de posición financiera, Dell Computer, 1997-1998 (en millones de dólares)

Activos	**1 de febrero de 1998**	**2 de febrero de 1997**
Activos disponibles		
Efectivo	$ 320	$ 115
Valores negociables	1 524	1 237
Cuentas por cobrar, bruto	1 514	934
Menos descuentos por cuentas dudosas	(28)	(31)
Cuentas por cobrar, neto	1 486	903
Inventarios de materiales de producción	189	223
Inventarios de artículos terminados y en proceso	44	28
Otros	349	241
Total de activos disponibles	3 912	2 747
Propiedad, planta y equipo		
Terrenos y edificios	$ 137	$ 133
Equipo de cómputo	135	104
Mobiliario y accesorios de oficina	45	32
Maquinaria y otros equipos	126	59
Aumentos de arrendamientos	66	46
Total de propiedades, planta y equipo	509	374
Menos depreciación y amortización acumulables	(167)	(139)
Propiedad, planta y equipo neto	342	235
Otros activos	14	11
Total de activos	$4 268	$2 993
Pasivo y capital de los accionistas		
Pasivo corriente		
Cuentas por pagar	$1 643	$1 040
Acumulados y otros	1 054	618
Total pasivo corriente	2 697	1 658
Deuda a largo plazo	17	18
Utilidades diferidas con garantía	225	219
Otros	36	13
Obligaciones, contingentes y comprometidos	—	—
Total pasivos	2 975	1 908
Opciones de venta	—	279
Capital de los accionistas		
Acciones preferenciales y capital excedente valor a la par de $.01; sin emisión de acciones ni acciones pendientes de pago	—	—
Acciones comunes y capital excedente valor a la par de $.01; emisión de acciones y acciones pendientes de pago: 644 y 692, respectivamente	747	195
Utilidades retenidas	607	647
Otros	(61)	(36)
Total de capital de los accionistas	1 293	8 206
Total de pasivos y acciones	$4 268	$2 993

Fuente: Informe anual de 1998.

ILUSTRACIÓN 5 Información por área geográfica, Dell Computer, 1996-1998 (en millones de dólares)

	Año fiscal 1998				
	América	**Europa**	**Asia-Pacífico y Japón**	**Eliminaciones**	**Consolidado**
Ventas a clientes no asociados	$8 531	$2 956	$840	$ —	$12 327
Transferencias entre áreas geográficas	67	17	—	(84)	—
Ventas totales	$8 598	$2 973	$840	$ (84)	$12 327
Ingresos de operación	$1 152	$ 255	$ 33	$ —	$ 1 440
Gastos corporativos					(124)
Total de ingresos de operación					$ 1 316
Activos identificables	$1 363	$ 605	$172	$ —	$ 2 140
Activos corporativos generales					2 128
Total de activos					$ 4 268

	Año fiscal 1997				
	América	**Europa**	**Asia-Pacífico y Japón**	**Eliminaciones**	**Consolidado**
Ventas a clientes no asociados	$5 279	$2 004	$476	$ —	$ 7 759
Transferencias entre áreas geográficas	50	32	—	(82)	—
Total de ventas	$5 329	$2 036	$476	$ (82)	$ 7 759
Ingreso de operación (pérdidas)	$ 609	$ 193	$ (6)	$ —	$ 796
Gastos corporativos					(82)
Total de ingreso de operación					714
Activos identificables	$ 903	$ 390	$125	$ —	$ 1 418
Activos corporativos generales					1 575
Total de activos					$ 2 993

	Año fiscal 1996				
	América	**Europa**	**Asia-Pacífico y Japón**	**Eliminaciones**	**Consolidado**
Ventas a clientes no asociados	$3 474	$1 478	$344	$ —	$ 5 296
Transferencias entre áreas geográficas	66	192	—	(258)	—
Total de ventas	$3 540	$1 670	$344	$(258)	$ 5 296
Ingresos de operación (pérdidas)	$ 285	$ 171	$ (21)	$ —	$ 435
Gastos corporativos					(58)
Ingresos totales de operación					377
Activos identificables	$ 867	$ 409	$123	$ —	$ 1 399
Activos corporativos generales					749
Total de activos					$ 2 148

Fuente: Informe anual de 1998.

Systems, con el propósito de que lo asesorara y lo apoyara acerca de la forma en la que Dell Computer debería transformarse de una compañía mediana con rápido crecimiento en una empresa de miles de millones de dólares.

A pesar de que algunas veces mostraba su impaciencia y su fuerte temperamento, por lo general Michael Dell hablaba en voz baja y de una manera reflexiva que denotaba ser una persona más madura y juiciosa que lo que correspondía a su edad. Pronto se convirtió en un expositor consumado. Delegaba autoridad en sus subordinados, con la certeza de que se obtenían mejores resultados de "[permitir a] las personas con soltura y talento en las cuales se puede confiar que realicen lo que se supone que deben realizar". Los socios de la empresa observaban en Michael Dell una personalidad agresiva, a un tomador de riesgos altamente competitivo acostumbrado a jugar siempre muy cerca de los límites. Por otra parte, las personas que él contrataba también eran agresivas y competitivas, características que se tradujeron en una cultura corporativa agresiva, competitiva e intensa con un fuerte sentido de la misión y dedicación.

Desarrollo a principios de 1998

Las ventas de Dell se fortalecieron durante el primer trimestre de 1998, incluso en aquellas áreas de producto en las que la compañía se había quedado atrás anteriormente y empujaban con fuerza para alcanzar una participación del mercado global de 7.9 por ciento y una participación en Estados Unidos del 11.8 por ciento. Los embarques llegaron a 1.6 millones de unidades, a diferencia de las 978 000 unidades que se embarcaron durante el primer trimestre de 1997. Respecto a las computadoras personales laptop, Dell llegó a ocupar el tercer lugar en Estados Unidos y el quinto a nivel mundial. Además, trepó al segundo lugar en productos con altos márgenes de utilidad como los servidores y las estaciones de trabajo basadas en Windows NT. Con el propósito de entrar al mercado de equipo para almacenaje de datos, Dell anunció la formación de una alianza con Data General Corporation.

Durante el primer trimestre de 1998, casi la mitad de las ventas de la industria de las computadoras personales estaban representadas por computadoras cuyo precio era menor a 1 300 dólares. Sin embargo, el promedio de precio de las computadoras que vendía Dell era de 2 500 dólares por unidad, equivalente a un 9 por ciento menos del precio al que se vendían en el trimestre anterior. No obstante, la compañía planeaba ampliar su línea de producto para incluir computadoras personales de más bajo precio equipadas con chips de baja calidad Celeron de Intel; el presupuesto de los nuevos modelos de Dell tenía un precio aproximado del orden de los 1 200 dólares.

MODELOS COMPETITIVOS DE LA CADENA DE VALOR DE LA INDUSTRIA DE LAS COMPUTADORAS PERSONALES

A principios de la década de 1980, cuando la industria de las computadoras personales apenas empezaba a tomar forma, las empresas fundadoras debían manufacturar muchos de los componentes por sí mismas, por ejemplo controladores de discos, chips de memoria, microprocesadores, chips para gráficos, tarjetas madre y software. Por lo tanto, basadas en la creencia de que debían desarrollar internamente los componentes clave, las compañías se vieron en la necesidad de adquirir la experiencia en diversas tecnologías relacionadas con las computadoras personales y crearon unidades de negocios para producir componentes, así como para manejar el ensamble final. Aunque por lo general ciertos artículos "no críticos" se adquirían de otras empresas, si un fabricante de computadoras no se integraba de forma vertical y ensamblaba algunos de los componentes que requería, no se le tomaba en serio como fabricante.

Sin embargo, en la medida en la que la industria creció la tecnología avanzó rápidamente en tantas direcciones y sobre tal cantidad de partes y componentes que las fábricas de computadoras personales de las primeras épocas no pudieron seguirles el ritmo como expertos en todos los frentes. Había que dar seguimiento a tantas innovaciones tecnológicas en relación con los componentes y dominar tal nivel de complejidad involucrado en su manufactura que resultaba sumamente difícil que un fabricante integrado verticalmente pudiera mantener sus productos a la vanguardia de la tecnología. En consecuencia, surgieron compañías que se especializaron en producir cierto tipo de componentes. Los especialistas podían contar con la suficiente capacidad de investigación y desarrollo, y con los recursos tanto para atraer los desarrollos tecnológicos a su área específica como para equiparar rápidamente los avances logrados por la competencia. Además, las firmas especializadas podían producir masivamente los componentes y abastecerlos a diversos fabricantes de computadoras a precios mucho más bajos de los que cualquier fabricante podría lograr al verse obligado a financiar el área de investigación y desarrollo que necesitase para producir posteriormente la pequeña cantidad que le hiciera falta para ensamblar su propia marca de PC.

Como resultado de lo anterior, durante los últimos años los fabricantes de computadoras empezaron a abastecerse a través de los especialistas de la mayoría de los componentes y a concentrarse en el ensamble y marketing eficaces de sus marcas de computadoras. El cuadro 6 muestra el modelo de cadena de valor que emplearon fabricantes como Compaq, IBM, Hewlett-Packard y Packard Bell en la década de 1990. En ellos se destacan los alcances de las transacciones entre los proveedores especializados, fabricantes/ensambladores, distribuidores y detallistas y usuarios finales. Sin embargo, Dell, Gateway y Micron Electronics utilizaron un modelo de cadena de valor más corto, al vender directamente a los clientes y eliminar el tiempo y costo asociados con la distribución a través de los revendedores independientes. Cuando se construye por encargo se evita *a)* tener que mantener muchos modelos equipados de manera distinta en los estantes de los detallistas con el propósito de satisfacer las solicitudes de los compradores sobre una u otra opciones de configuración y componentes y *b)* tener que rematar los modelos que tardan en venderse a precios de descuento antes de introducir las nuevas generaciones de computadoras personales. Por lo tanto, la venta directa elimina los costos y márgenes de utilidad de los detallistas (los márgenes de los detallistas intermediarios normalmente oscilaban entre el 4 y 10 por ciento). Dell Computer era, por mucho, el más grande vendedor directo a nivel mundial, que vendía a grandes compañías e instituciones gubernamentales, mientras que Gateway era el vendedor directo más grande a individuos y pequeños negocios. Por su parte, Micron Electronics fue el único fabricante de computadoras personales que confió, además de ellos, en la venta directa y en el enfoque de ensamble sobre pedido para la gran mayoría de sus ventas.

ESTRATEGIA DE DELL COMPUTER

La estrategia de Dell Computer se formó alrededor de diversos elementos centrales: manufactura de ensamble sobre pedido, adaptación masiva de los productos, sociedades con los proveedores, inventarios de componentes justo a tiempo (JIT), ventas directas, segmentación del mercado, servicio al cliente y datos e información compartidos tanto con los socios proveedores como con los clientes. A través de esta estrategia, la empresa pretendía alcanzar lo que Michael Dell denominó "integración virtual", es decir, una relación laboral en tiempo real entre la empresa Dell, los socios proveedores y los clientes de tal forma que las tres partes parecieran integrarse en un mismo equipo organizacional.[5]

[5] Éste fue el término que Michael Dell empleó en una entrevista publicada en *Harvard Business Review.* Véase Joan Magretta, "The Power of Virtual Integration: An Interview with Dell Computer's Michael Dell", *Harvard Business Review,* marzo-abril de 1998, pp. 73-84

Manufactura de ensamble sobre pedido y adaptación masiva de productos

Dell armaba sus computadoras, estaciones de trabajo y servidores por encargo, pero se producían para formar parte de ninguno de sus inventarios. Los clientes de Dell podían ordenar la construcción de servidores y estaciones de trabajo con base en las necesidades de sus aplicaciones. Asimismo, los clientes de computadoras de escritorio y laptops podían ordenar cualquier configuración o velocidad de microprocesador, memoria de acceso aleatorio (RAM), capacidad de discos duros, controladores de CD-ROM, fax/módem, tamaño de monitor, bocinas y otros accesorios de acuerdo con sus preferencias. Las órdenes se enviaban directamente a la fábrica más cercana. Todavía hasta hace poco tiempo, las líneas de ensamble de Dell operaban en la forma tradicional, es decir, cada trabajador realizaba una sola operación. Por lo tanto, una orden acompañaba el paso del chasis metálico a lo largo de toda la línea de producción, donde se le instalaban controladores de discos, chips y artículos opcionales con el propósito de satisfacer las especificaciones del cliente. En la medida en que una computadora personal parcialmente ensamblada llegaba a una nueva estación de trabajo, se instruía al operador que se encontraba de pie junto a un alto anaquel metálico con cajones llenos de componentes sobre lo que debía realizar a través de pequeñas luces intermitentes rojas y verdes que se ubicaban a un costado de cada cajón. Una vez que el operador concluía la tarea, automáticamente se reponían los componentes desde el otro lado del cajón y el chasis de la computadora personal pasaba a la siguiente etapa de la línea de producción en la siguiente estación de trabajo. Sin embargo, en 1997 Dell reorganizó sus plantas bajo la técnica de "células de manufactura" a través de la cual un grupo de trabajadores operaba en una estación de trabajo en equipo (o célula) hasta lograr el ensamble completo de una computadora personal de acuerdo con las especificaciones del cliente. Esto dio como resultado la reducción de 75 por ciento de los tiempos de ensamble y el doble de la productividad por metro cuadrado de espacio de ensamble. Después de dejar las células, las computadoras ensambladas se probaban, se cargaban con los programas de software deseados, se embarcaban y normalmente se entregaban entre cinco o seis días hábiles después de haberse tomado la orden.

Esta estrategia de venta directa significó, por supuesto, que Dell no contara con existencias de artículos terminados dentro de sus inventarios y que, a diferencia de la competencia que empleaba el modelo tradicional de cadena de valor (véase la ilustración 6), tampoco debía esperar a que los revendedores vendieran sus propios inventarios antes de poder introducir nuevos modelos al mercado. (Normalmente los revendedores operaban con inventarios de 60 o 70 días.) Igualmente importante resultó el hecho de que los clientes que compraban a Dell tenían la satisfacción de que sus computadoras habían sido adaptadas a su preferencia y cartera particulares.

Dell contaba con tres plantas de ensamble, en Austin, Texas, en Limerick, Irlanda, y en Penang, Malasia. Además estaba construyendo otra planta en Irlanda para atender al mercado europeo, así como otra más en China (la compañía esperaba que el mercado de China pronto sería enorme). Se esperaba que las dos nuevas plantas iniciaran sus operaciones a finales de 1998.

Sociedad con los proveedores

Michael Dell estaba convencido de que tenía mucho más sentido para Dell Computer asociarse con los proveedores reconocidos de partes y componentes en lugar de integrarse hacia atrás y tener que lidiar con la manufactura de partes y componentes por sí mismo. Así explica sus motivos:

ILUSTRACIÓN 6 Cadenas de valor comparativas entre los fabricantes de PC

Cadena de valor tradicional en la industria de PC (empleada por Compaq, IBM, Hewlett-Packard, la mayoría de los otros)

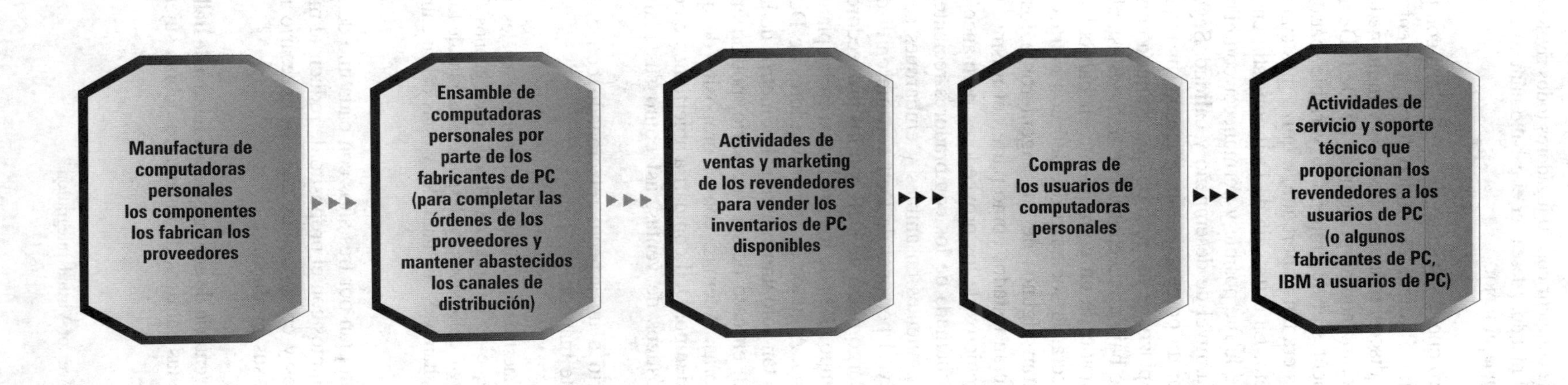

Cadena de valor ensamble sobre pedido/venta directa (empleada por Dell Computer, Gateway y Micron Electronics)

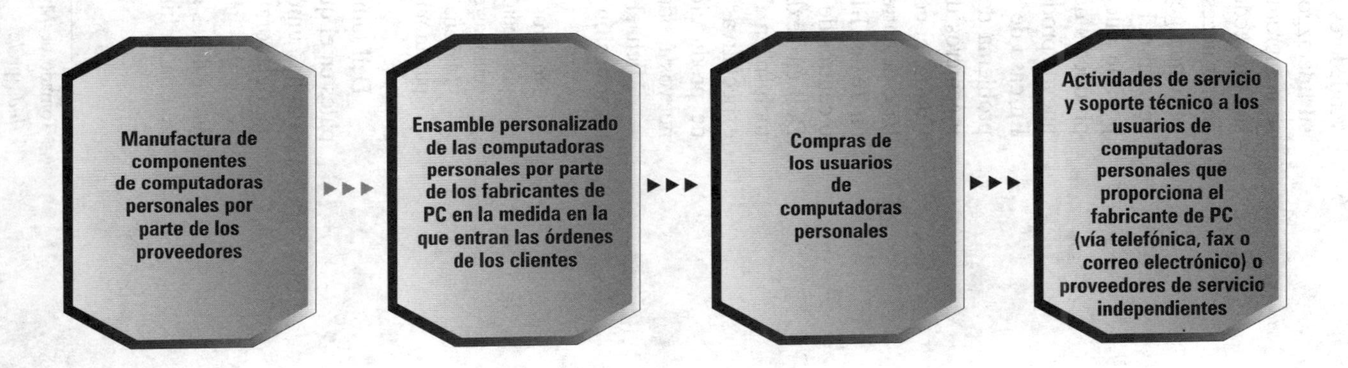

> Si existe la necesidad de competir con 20 jugadores todos rivalizando por fabricar el chip de gráficos más rápido del mundo, ¿desea ser el caballo número 21, o querría evaluar a los 20 participantes y seleccionar al mejor?[6]

La dirección consideró que la sociedad de largo plazo con proveedores reconocidos produciría diversas ventajas. Primera, el empleo de componentes de marca como procesadores, controladores de discos, módems, bocinas y multimedia mejoraría la ejecución de las funciones de las computadoras personales de Dell. Debido a que entre las diferentes marcas de componentes el desempeño es variable, para algunos compradores la marca de los componentes era tan importante, o quizá más aún que la propia marca que ostenta el sistema completo. La estrategia de Dell consistió en asociarse con tan pocos vendedores externos como le fue posible y permanecer con ellos mientras mantuvieran su liderazgo en tecnología, nivel de desempeño y calidad. Segunda, debido a que Dell se comprometió a comprar un porcentaje específico de sus requisiciones a cada uno de sus proveedores de largo plazo, se aseguró de que contaría con el volumen de componentes necesario entregado bajo un calendario de tiempos establecido incluso cuando la demanda general del mercado de un componente en particular excediera la provisión general del mercado. Tercera, la sociedad de Dell con ciertos proveedores clave hizo posible que éstos asignaran algunos de sus ingenieros a los equipos de diseño de productos de Dell donde eran tratados como parte del mismo. Cuando se lanzaban los nuevos productos, los ingenieros de los proveedores permanecían en la planta de Dell. En caso de recibir alguna llamada de los compradores recientes en relación con algún problema de diseño, los siguientes ensambles y embarques se detenían hasta que los ingenieros del proveedor y el personal de Dell corrigiesen el desperfecto ahí mismo.[7] Cuarta, el compromiso a largo plazo de Dell con los proveedores se estableció sobre la base de entrega justo a tiempo (JIT) de los productos en las plantas de ensamble de Dell en Texas, Irlanda y Malasia. Algunos de los proveedores de Dell contaban con plantas o centros de distribución a tan sólo unos cuantos kilómetros de la planta de ensamble de Dell en Texas, por lo cual, en caso de ser necesario, podían entregar todos los días o incluso en cuestión de horas. Además, con el propósito de que pudieran cubrir sus expectativas de entrega a tiempo, Dell compartía abiertamente con ellos sus calendarios de producción, sus pronósticos de ventas, así como sus planes de introducción de nuevos modelos.

Michael Dell se refirió a un aspecto relacionado con el hecho de compartir la información de la siguiente manera:

> Nosotros explicamos a nuestros proveedores exactamente cuáles son nuestros requisitos de producción diaria. Asi que no se trata de “bueno entréguenos 5 000 unidades cada dos semanas en nuestra bodega, colóquenlas y después sáquenlas de los anaqueles”. Más bien es “Mañana temprano necesitamos 8 562 unidades y éstas deben entregarse a las 7 A.M. en la puerta número siete”.[8]

Dell también realizó un plan por tres años con cada uno de sus proveedores principales en el que trabajaron juntos con el propósito de reducir al mínimo el número de las distintas unidades de partes y componentes que era necesario mantener en inventario para elaborar el diseño de sus productos.

Motivo de las prácticas de inventario de entrega justo a tiempo de Dell. La razón por la cual Dell hacía hincapié en que las entregas de inventario debían sujetarse a un programa de

---

[6] Tomado de Magretta, “The Power of Virtual Integration.”

[7] *Ibid.*, p. 75.

[8] *Idem.*

justo a tiempo (JIT), se debía principalmente a las ventajas económicas que este enfoque representaba y a la reducción de los tiempos en los que la empresa podía sacar al mercado las nuevas generaciones de modelos de computadoras. Los nuevos avances tecnológicos de algunas de las partes y componentes de las computadoras (particularmente microprocesadores, controladores de discos y módems) eran tan rápidos que cualquier artículo de un inventario se convertía en obsoleto en cuestión de meses y algunas veces incluso antes. Por lo tanto, contar con inventarios de componentes para cubrir las necesidades de un par de meses significaba quedarse atrapado en la transición de una nueva generación de componentes a otra. Además, existía una rápida reducción de los precios de los componentes, de tal manera que los precios de los componentes se habían reducido recientemente hasta 50 por ciento anual (un promedio de 1 por ciento a la semana). Por ejemplo, por lo general Intel recortaba los precios de los chips viejos cuando introducía nuevos chips e introducía nuevas generaciones de chips cada tres meses. Por su parte, los precios de los discos duros dotados cada vez con mayor capacidad declinaban de manera notable conforme los fabricantes incorporaban nueva tecnología que les permitía agregar de manera muy económica más gigabytes de capacidad de almacenamiento a los discos.

Los ahorros que generaban los inventarios mínimos de componentes eran notables. Michael Dell lo explicó de la siguiente manera:

> Si yo mantengo inventarios suficientes para 11 días y mi competencia para 80 e Intel saca al mercado un nuevo chip de 450 megahertz, significa que yo llegaré al mercado 69 días antes que mi competidor.
>
> En la industria de la computación, los inventarios pueden representar un riesgo bastante alto debido a que si el costo de los materiales baja 50 por ciento anual y se cuenta con inventarios para dos o tres meses contra 11 días, el otro tiene frente a sí una gran desventaja. Además, si uno queda atrapado con inventarios obsoletos es más vulnerable a las transiciones del producto.[9]

La colaboración que Dell mantenía con sus proveedores era lo suficientemente estrecha como para permitirle operar con sólo unos días de inventario para ciertos componentes e inventarios de unas cuantas horas para otros. Dell proporcionaba los datos de sus inventarios así como las necesidades de nuevo abastecimiento a sus proveedores cuando menos una vez al día, y en cuestión de horas en el caso de los componentes que se surtían varias veces al día desde fuentes cercanas. En diversas ocasiones, la estrecha sociedad de Dell con los proveedores le permitió operar sin inventarios. El proveedor de monitores de Dell era Sony. Debido a que los monitores que Sony le entregaba con el nombre de Dell previamente impreso contaban con calidad altamente confiable (el promedio de desperfectos era menor a 1 000 en un millón), Dell ni siquiera abría las cajas para probarlos.[10] Así como tampoco se preocupaba porque los embarcaran a las plantas de ensamble de la empresa para almacenarlos y más tarde enviarlos a los clientes. En lugar de ello, a través del empleo de complejos mecanismos de intercambio de datos, Dell arreglaba que los encargados de realizar los envíos (Airborne Express y UPS) recogieran las computadoras en la planta de Austin, después recogieran los monitores fabricados en la planta de Sony en México, cotejaran la orden de la computadora con la del monitor solicitado y entregaran ambos de manera simultánea al cliente. Los ahorros de tiempo, energía y costos eran bastante significativos.

A través de los años, la compañía mejoró y perfeccionó sus capacidades para dar seguimiento a los inventarios, así como sus procedimientos para operar con inventarios pequeños. En 1993, las ventas de Dell fueron de 2.6 mil millones de dólares y 342

[9] *Ibid.*, p. 76.

[10] *Idem.*

millones de dólares de inventarios. Sin embargo, en el año fiscal de 1998, registró ventas por 12.3 mil millones de dólares e inventarios por 233 millones de dólares, con un promedio de rotación de inventario de 7 días. En comparación, Getaway, empresa que también seguía la estrategia de ensamble sobre pedido, la cual tuvo ventas por 6.3 mil millones de dólares e inventarios por 249 millones de dólares en 1997 con un promedio de rotación de 14 días. Por su parte, Compaq sostuvo inventarios por 1.57 mil millones de dólares a finales de 1997 y ventas en ese mismo año por 24.6 mil millones de dólares (con una rotación de inventarios casi cada 23 días). La meta de Dell era lograr que sus inventarios se agotasen cada tercer día antes de la llegada del año 2000.

Ventas directas

La venta directa proporcionó a Dell un entendimiento de primera mano acerca de las preferencias y las necesidades del cliente, así como la retroalimentación inmediata sobre los problemas de diseño y de calidad. Gracias a la recepción diaria de miles de órdenes vía telefónica y fax, a 5 millones de dólares por concepto de ventas por Internet y a contactos diarios con su fuerza de ventas en campo y clientes de todo tipo, la compañía pudo estar al tanto de lo que pasaba en el mercado, al detectar los rápidos cambios de las tendencias de ventas y obtener una pronta retroalimentación acerca de cualquier problema en los productos. En caso de que la compañía obtuviera más de unas cuantas quejas semejantes, la información se turnaba inmediatamente a los ingenieros de diseño. Cuando se encontraban imperfecciones de diseño o defectos en los componentes, se notificaba a la fábrica y el problema se corregía en cuestión de días. La administración creyó que esta rápida capacidad de respuesta le daba a Dell una ventaja importante sobre sus rivales, particularmente sobre los fabricantes asiáticos de computadoras personales, los cuales manufacturaban grandes series de producción y vendían productos estandarizados a través de los detallistas. Dell consideraba que su enfoque de venta directa era un sistema totalmente conducido por los clientes que le permitía transitar rápidamente hacia nuevas generaciones de componentes y modelos de computadoras personales.

Independientemente de la importancia que Dell confería a las ventas directas, los analistas de la industria observaron que el 10 o 15 por ciento de las computadoras personales que vendía la compañía se canalizaba a través de pequeños grupos selectos de revendedores.[11] La mayoría de éstos eran integrantes de sistemas. No permitir devoluciones de órdenes de los revendedores ni proporcionar protección de precios en caso de declinaciones posteriores en el mercado constituía una norma para Dell. De vez en cuando, Dell ofrecía promociones para incentivar a sus revendedores a través de los cuales les hacía descuentos de hasta 20 por ciento sobre los precios publicados al final de la vida de los modelos. Se decía que Dell no tenía planes para extender su red de revendedores, la cual consistía en 50 o 60 agentes intermediarios aproximadamente.

Segmentación del mercado

Con el propósito de asegurar que cada uno de los tipos de clientes estuviera bien atendido, Dell realizó una campaña especial para segmentar a los compradores de sus computadoras en grupos relevantes y colocar administradores para que se encargaran del desarrollo de los programas de ventas y servicios apropiados a las necesidades y expectativas de cada segmento del mercado. Hasta principios de la década de 1990, Dell operó bajo programas de ventas y servicio dirigidos exclusivamente a dos segmentos

[11] "Dell Uses Channel to Move System Inventory", *Computer Reseller News,* 12 de enero de 1998.

ILUSTRACIÓN 7 Rápida expansión de los segmentos de clientes objetivo de Dell Computer 1995-1997

Segmentos de clientes objetivo, 1995	Segmentos de clientes objetivo, 1996	Segmentos de clientes objetivo, 1997
• Clientes grandes (compradores corporativos y de gobierno)	• Grandes empresas • Empresas medianas • Agencias gubernamentales e instituciones educativas	• Cuentas de empresas globales • Grandes empresas • Empresas medianas • Agencias federales • Agencias gubernamentales estatales y locales • Instituciones educativas
• Clientes pequeños (pequeños negocios e individuos)	• Clientes pequeños (pequeñas empresas e individuos)	• Pequeñas empresas • Clientes individuales

Fuente: Joan Magretta, "The Power of Virtual Integration: An Interview with Dell Computer's Michael Dell", *Harvard Business Review*, marzo-abril de 1998, p. 78.

del mercado: 1) compradores corporativos y gubernamentales que adquirían grandes volúmenes y 2) pequeños compradores (individuos y pequeños negocios). Pero en cuanto las ventas despegaron en el periodo de 1995 a 1997, los segmentos se subdividieron en categorías más delimitadas y homogéneas (véase la ilustración 7).

En 1998, el 90 por ciento de las ventas de Dell se realizaron a empresas e instituciones gubernamentales, y de éstas, el 70 por ciento fueron a grandes clientes corporativos quienes compraron y rentaron cuando menos 1 millón de computadoras personales anualmente. Por lo general, muchos de estos grandes clientes ordenaban miles de unidades al mismo tiempo. Por lo tanto, Dell contaba con cientos de representantes para promover grandes cuentas corporativas e institucionales. Su lista de clientes incluía a Shell Oil, Exxon, MCI, Ford Motor, Toyota, Eastman Chemical, Boeing, Goldman Sachs, Oracle, Microsoft, Woolwich (un banco inglés con 64 mil millones de dólares en activos), Michelin, Unilever, Deutsche Bank, Sony, Wal-Mart y First Union (uno de los 10 bancos más grandes de Estados Unidos). Sin embargo, ninguno de los clientes representaba más de 2 por ciento de las ventas totales de la empresa. Debido a que la tendencia de los clientes corporativos era comprar las computadoras más costosas, Dell encabezaba el promedio de precios de venta más alto de la industria, más de 1 600 dólares contra el promedio de la industria de 1 400 dólares.

Por su parte, las ventas de Dell a individuos y pequeños negocios se efectuaban a través del teléfono, fax e Internet. Por lo tanto, contaba con un centro de recepción de llamadas con números gratuitos en Estados Unidos, a través de los cuales los clientes podían consultar con los representantes de ventas sobre modelos específicos, obtener información vía fax o correo, efectuar una orden y pagar con tarjeta de crédito. A nivel internacional Dell instaló seis centros de atención telefónica en Europa y Asia a los cuales los clientes podían llamar sin cargo.[12] Los centros de atención telefónica se

[12] "Michael Dell Rocks", *Fortune*, 11 de mayo de 1998, p. 66.

equiparon con la tecnología necesaria para dirigir las llamadas de un país particular hacia un centro de atención específico. De esta forma, por ejemplo, la llamada de un cliente desde Lisboa, Portugal, se transfería directamente hacia el centro de atención ubicado en Montpelier, Francia, donde era atendida por un representante de ventas que hablaba portugués. En 1995, Dell inició la promoción de ventas a través de su sitio web (www.dell.com) en Internet y casi todas las noches se levantaban ventas por casi 1 millón de dólares. Las ventas vía Internet llegaron a promediar 3 millones diarios en 1997 y algunos días del periodo de compras navideñas alcanzaron los 6 millones de dólares. Durante el primer trimestre de ese mismo año, las ventas de Dell a través de Internet promediaron casi 4 millones de dólares diarios, por lo cual la compañía esperaba que las ventas a través de su sitio web llegarían a 1.5 mil millones de dólares en 1998. El segmento de más rápido crecimiento de Dell a través de Internet a nivel internacional era Europa, donde el volumen semanal de ventas promediaba casi 5 millones de dólares a principios de 1998. Por su parte, las ventas a los compradores asiáticos vía Internet iban cuesta arriba con gran rapidez. A principios de 1998, las ventas de Dell a través de Internet se dividían en porciones equiparables entre los clientes individuales y los negocios. Casi 1.5 millones de personas visitaban semanalmente el sitio web de Dell con el propósito de obtener información y colocar órdenes, es decir, casi veinte veces más que el número de llamadas telefónicas que recibían los representantes de ventas.

En 1997, el 31 por ciento de las ventas de Dell, es decir, el equivalente a 3.8 mil millones de dólares provinieron de clientes extranjeros. Europa, donde los revendedores se afianzaron fuertemente y el enfoque de venta directa de Dell resultó novedoso, representó el mercado exterior más grande para la empresa. Las ventas de Dell en Europa crecieron 50 por ciento cada año. La empresa líder en el mercado europeo era Compaq, que contaba con el 14.8 por ciento de la participación del mercado, la seguía IBM con el 8.3 por ciento, Dell con 7.8 por ciento, Hewlett-Packard con 7.6 por ciento y Siemens Nixdorf (Alemania) con el 5.6 por ciento. Por su parte, en Inglaterra, país en el que Dell se introdujo a finales de la década de 1980, la empresa contaba con el 12 por ciento de la participación del mercado, a la que sólo le aventajaba Compaq. Se pronosticó que las ventas de computadoras personales en Europa llegarían a 22 o 24 millones de dólares en 1998 y a 28.5 millones de dólares en 1999. En 1997 las ventas totales a Europa sumaron 19.7 millones de unidades.

Servicio al cliente

El servicio se convirtió en una de las características de la estrategia de Dell en el año de 1986 cuando la empresa comenzó a ofrecer garantía de servicio sin costo por un año en el lugar de residencia para la mayoría de las computadoras personales, después de recibir múltiples llamadas de usuarios inconformes a causa de que debían embarcar sus computadoras de regreso a Austin para su reparación. Fue entonces cuando Dell contrató a proveedores de servicio para que manejaran las solicitudes de reparación de los clientes; el servicio *in situ* se proporcionaba con el compromiso de entrega al día siguiente. Asimismo, Dell ofreció soporte técnico a sus clientes vía números gratuitos, fax y correo electrónico. Dell recibía al mes casi 40 000 solicitudes de servicio y soporte técnico por correo electrónico y contaba con 25 técnicos para procesarlas. Las pólizas de servicio incluidas constituyeron un aspecto importante para actividades de venta que buscaban ganar cuentas corporativas. Si un cliente prefería trabajar con su propio proveedor de servicios, Dell le proporcionaba a éste el entrenamiento y las refacciones necesarias para facilitar el servicio al equipo del cliente.

Las ventas directas permitieron que Dell pudiera dar estrecho seguimiento a las adquisiciones de sus principales clientes globales, país por país y departamento por departamento, información que los clientes consideraron valiosa. Mantener una relación cercana con los clientes le permitió adquirir un amplio conocimiento sobre las necesidades de los mismos, así como del funcionamiento de sus redes de computadoras personales. Además de emplear esta información con el propósito de ayudar a sus clientes a planear sus necesidades de computadoras personales así como a configurar sus redes de PC, Dell utilizó este conocimiento para añadir valor al servicio que les proporcionaba. Por ejemplo, Dell reconoció que cuando enviaba una computadora personal nueva a un cliente corporativo, el personal que trabajaba con las PC debía adosarle una solicitud de programas que debían ser cargados de entre una serie de CD-ROM y discos flexibles, un proceso que tomaba varias horas y costaba entre 200 y 300 dólares.[13] La solución que Dell le dio a este problema fue cargar los programas de software del cliente dentro de uno de los grandes servidores de Dell en la fábrica, por lo cual cuando a la computadora personal de un cliente se le debía incorporar una versión particular, al salir de la línea de ensamble ésta se cargaba por medio de su red de servidores de alta velocidad dentro del disco duro de la computadora del cliente en unos cuantos segundos. Además, cuando el cliente así lo deseaba, Dell colocaba una etiqueta en la PC que indicaba los recursos que se habían incorporado en la propia fábrica. Puesto que Dell les cobraba a sus clientes por el servicio de cargarles los programas y etiquetarlos sólo 15 o 20 dólares extra, el ahorro para los mismos era considerable. Uno de los clientes importantes de Dell reportó ahorros anuales de 500 000 dólares como resultado de la carga de programas y la colocación de etiquetas en sus computadoras personales en la fábrica.[14] En el año de 1997, cerca de 2 de los 7 millones de computadoras personales vendidas por Dell se enviaron con programas de software específicos para los clientes precargados en los equipos.

Los clientes corporativos pagaban una cuota para que Dell les brindara soporte técnico y servicio a sus equipos. Por lo tanto, Dell contrató proveedores externos para que atendieran dichas solicitudes de servicio. Cuando la computadora de un cliente presentaba problemas, y éste llamaba a Dell, la llamada ponía en funcionamiento dos despachos electrónicos, uno para el envío de las partes necesarias desde la fábrica hasta el lugar de servicio del cliente y otro para notificar al proveedor de servicios contratado que se preparara para realizar las reparaciones tan pronto como recibiera las refacciones necesarias.[15] Por su parte, los proveedores de servicio enviaban de regreso a Dell las piezas dañadas. Al recibirlas, Dell intentaba diagnosticar cuál había sido el problema y qué se podía hacer para procurar que el mismo no se presentase nuevamente. Los problemas relacionados con componentes defectuosos y diseños imperfectos de los mismos rápidamente eran transmitidos al proveedor de dichos componentes, de quien se esperaba que mejorase los procedimientos de control de calidad o que rediseñara el componente. La estrategia de Dell hacía hincapié en el manejo del flujo de información que surgía de las actividades del servicio al cliente con el propósito de perfeccionar la calidad de los productos y hacer más expedita la prestación de los servicios.

Dell tenía planes para construir centros de solución a las solicitudes tanto en Europa como en América del Norte con el propósito de apoyar a los clientes y a los proveedores independientes de software que trataban de adecuar sus sistemas y aplicaciones a la próxima nueva generación de tecnología de 64 bits de Intel. Dell se asoció con Intel, Microsoft, Computer Associates y otros proveedores prominentes de tecnología para computadoras personales con el propósito de ayudar a sus clientes a hacer un uso más eficaz de Internet y de las últimas tecnologías de computación. Como empleaba exclusivamente microprocesadores Intel en sus computadoras, había propuesto de forma permanente la estandarización de las plataformas con base en Intel debido

---

[13] Magretta, "The Power of Virtual Integration", p. 79.

[14] "Michael Dell Rocks", p. 61.

[15] Kevin Rollins, "Using Information to Speed Execution", *Harvard Business Review,* marzo-abril de 1998, p. 81.

a que su empresa creía que ese tipo de plataformas permitía a los clientes obtener de sus equipos un mejor desempeño y valor total. Dentro de las proyecciones de su desarrollo futuro la dirección de Dell consideró tanto a Intel como a Microsoft como sus socios de largo plazo.

Siguiendo el rumbo marcado por Compaq, durante los últimos meses Dell había creado un grupo de servicios de capital con el propósito de asistir a sus clientes mediante el financiamiento de sus redes de cómputo.

Integración virtual e información compartida

Lo que sí fue único acerca de la última particularidad de la estrategia de Dell fue la forma en la que la empresa utilizó la información y tecnología compartidas tanto con sus socios proveedores como con sus clientes, con el propósito de disolver los límites tradicionales que establecía la cadena de valor constituida por proveedor-fabricante-cliente, la cual caracterizaba al modelo empresarial de las primeras épocas de Dell y de otros competidores de venta directa. Michell Dell se refirió a esta característica de la estrategia de la empresa como "integración virtual".[16] La tecnología de la comunicación en línea permitió a Dell comunicar de una manera más fluida sus niveles de inventario y las necesidades de reabastecimiento a sus proveedores diariamente o incluso cada hora.

Boeing representa un ejemplo de la forma en que las líneas se disolvían entre Dell y sus clientes. Boeing contaba con 100 000 computadoras personales Dell, por lo cual era atendida por un equipo de treinta personas de Dell que residían en las instalaciones de Boeing y estaban estrechamente involucradas en la planeación de las necesidades y configuraciones de su red de computadoras personales. Aun cuando Boeing contaba con su propio personal dedicado a decidir cuáles serían las mejores respuestas para la utilización de las computadoras personales de la compañía, el personal de Dell y de Boeing trabajaba muy de cerca con el propósito de comprender a fondo las necesidades de Boeing y encontrar la mejor manera de satisfacerlas.

Cierto número de cuentas corporativas de Dell eran lo suficientemente grandes como para justificar la conformación de equipos de empleados de la empresa dentro de las instalaciones de los clientes. Por lo general, los clientes daban la bienvenida a estos equipos de trabajo ya que preferían dedicar su tiempo y energía al corazón de su negocio en lugar de distraerse con los problemas relacionados con la adquisición y servicio de las computadoras personales.

Además de emplear los mecanismos de ventas y soporte técnico como una forma de mantenerse cerca de sus clientes, Dell instaló algunos foros regionales con el propósito de estimular el flujo de información de ida y de regreso. La compañía formó los denominados Consejos de Platino que estaban compuestos por sus grandes clientes en Estados Unidos, Europa, Japón y la región Asia Pacífico. Las reuniones regionales se llevaban a cabo cada seis o nueve meses.[17] En las regiones más grandes se organizaban dos reuniones: una para los directores de información y otra para el personal técnico. En ellas se reunían alrededor de 100 clientes y 100 ejecutivos y representantes de Dell, entre los cuales se contaba el propio Michael Dell. Las reuniones duraban 3 días, en ellas los expertos en tecnología compartían sus puntos de vista sobre la dirección que tomaban los últimos desarrollos tecnológicos, sobre el verdadero significado que tiene para los clientes el flujo tecnológico y acerca de los planes de Dell para introducir productos nuevos y más actualizados con miras a los siguientes dos años. Asimismo existían sesiones no formales sobre temas como el manejo de la transición hacia Windows NT, el empleo de computadoras notebook por el personal de campo, así como

---

[16] Magretta, "The Power of Business Integration", p. 74.
[17] *Ibid.*, p. 80.

determinar si la renta era más conveniente que la compra. En estas sesiones los clientes tenían oportunidad para compartir información y para aprender unos de otros (muchos tenían problemas similares), así como para compartir ideas con el personal de Dell. La empresa comprobó que la recopilación de la información de sus clientes en estas reuniones le ayudaba a pronosticar la demanda de productos de la compañía.

Dell desarrolló sitios intranet que se ajustaban a las necesidades (denominados Páginas Premier) para sus 3 000 clientes globales más importantes. A través de estos sitios se proporcionaba al personal de sus clientes acceso inmediato en línea a la información relacionada con compras e información técnica sobre las configuraciones específicas de los productos que su compañía había adquirido o que había autorizado adquirir de Dell.[18] Las Páginas Premier contenían todos los elementos de la relación de la empresa con sus clientes, quiénes eran los contactos para ventas y soporte técnico en los países en los que los clientes de Dell operaban, descripciones detalladas de los productos, qué tipo de programas de software habían sido cargados por Dell en cada una de las computadoras personales que el cliente adquirió, registro de servicios y garantías, precios y soporte técnico disponible.[19] Dell preparaba el perfeccionamiento de los programas de la Página Premier para que contaran todavía con mayor funcionalidad e introducirlas durante la segunda mitad de 1998. Una de las nuevas características de la página facilitó al cliente especificar qué tipo de máquinas y opciones podía adquirir su personal. Otras características incluían la autorización para que el personal de los clientes pudiera acceder a la información detallada sobre los productos en línea que Dell ofrecía, observar todos los distintos tipos de máquinas y opciones que la compañía había autorizado para su personal, obtener el precio de la computadora personal particular que se deseara adquirir, colocar una orden y automáticamente dirigirla a los administradores de jerarquía superior para que fueran aprobadas. Estas características eliminaron las facturas impresas en papel, redujeron el tiempo para la colocación de órdenes así como también el trabajo interno que toma el desarrollo de las funciones encaminadas a satisfacer las adquisiciones corporativas. Se decía que Dell contaba con la capacidad para comerciar computadoras personales con base en el con base en el web más extensa que cualquier otro proveedor de PC. La meta de la empresa para los siguientes dos o tres años era generar más del 50 por ciento de sus ventas a través de Internet mediante la instalación de Páginas Premier para la mayoría de sus clientes importantes y añadir a éstas características todavía más funcionales. Por lo pronto, el uso de la Página Premier por parte de los clientes había impulsado la productividad del personal de ventas asignado a estas cuentas hasta en 50 por ciento.

Asimismo, la empresa proporcionó a sus clientes grandes accesos en línea a las herramientas de soporte técnico interno de la propia Dell, permitiéndoles entrar al sitio www.dell.com, suministrar cierta información sobre sus sistemas y obtener de inmediato el acceso a la misma base de datos y a la información de solución de los problemas que el personal de soporte de Dell empleaba para responder a las solicitudes de los clientes.[20] Esta herramienta resultó especialmente útil para los grupos internos de escritorios de ayuda a las grandes empresas.

Pronóstico de la demanda

Dada la complejidad y la diversidad de la línea de productos de la empresa, la dirección estaba convencida de la importancia que revestía el hecho de pronosticar la demanda con precisión con el propósito de mantener los costos bajos y los inventarios al mínimo.

---

[18] *Idem.*

[19] "Dell Turns to Servers-Chairman and CEO Michael Dell Discusses the Vendor's Plans for High-End Servers and Online", *Information Week,* 27 de abril de 1998.

[20] "Interview with Michael Dell", *Internet Week,* 13 de abril de 1998.

Debido a que Dell trabajaba activamente para mantener relaciones estrechas con sus grandes clientes corporativos e institucionales y puesto que vendía directamente a clientes pequeños vía telefónica e Internet, la empresa pudo mantenerse al tanto de lo que sucedía con la demanda, es decir, sabía cuáles productos se vendían y cuáles no. Además, la estrategia de la segmentación del mercado de la compañía facilitó la comprensión profunda de la evolución de los requisitos y expectativas de los clientes. Por lo tanto, contar en tiempo real con información confiable acerca de lo que los clientes efectivamente estaban comprando, así como conocer de primera mano las intenciones de compra de los clientes grandes, proporcionó a Dell una gran capacidad para pronosticar la demanda. Por otra parte y con el propósito de que sus proveedores pudieran planear su producción, Dell también les transmitía esta información a ellos. La empresa trabajó mucho para poder manejar el flujo de información que obtenía del mercado y garantizar que llegara tanto a los grupos internos como a los proveedores de manera oportuna.

El pronóstico era considerado como una habilidad crítica para las ventas. Por lo tanto, se apoyaba a los administradores de las cuentas corporativas sobre la manera de conducir las actividades hacia los grandes clientes a través del estudio de sus necesidades futuras de computadoras personales, estaciones de trabajo, servidores y equipo periférico. Se realizaban distinciones entre las compras virtualmente efectuadas y las que podían peligrar a causa de algún acontecimiento. El personal de ventas anotaba las posibles contingencias de tal forma que pudieran darles seguimiento en el momento oportuno. Para el trato con los clientes pequeños existía información en tiempo real sobre las ventas, así como también de las ventas al menudeo. Por ello, el personal de ventas que recibía directamente las llamadas telefónicas podía dirigir a los clientes hacia el tipo de configuraciones que podrían adquirir de inmediato con el fin de ajustar el balance entre la demanda y la oferta.

Investigación y desarrollo

La dirección de la empresa creía que era responsabilidad de Dell ordenar toda la nueva tecnología que se introducía en el mercado y orientar a los clientes acerca de la selección de las opciones y soluciones más convenientes en relación con sus necesidades. Por lo tanto, frecuentemente el personal de Dell platicaba con sus clientes acerca de la "tecnología más relevante" y escuchaba con atención las necesidades y problemas que éstos enfrentaban en un intento por identificar las soluciones más redituables. Dell contaba con casi 1 600 ingenieros que trabajaban en el desarrollo de productos y gastaba cerca de 250 millones de dólares al año para mejorar la experiencia de los usuarios a través de sus productos, lo cual incluía la incorporación de las últimas y mejores tecnologías, simplificar el uso de sus productos y efectuar planes para mantener los costos bajos. La unidad de investigación y desarrollo de la empresa también utilizó e implantó mecanismos que les permitieran controlar la calidad y hacer más dinámico el proceso de ensamble. Se invirtió mucho tiempo para dar seguimiento al desarrollo de componentes y programas de software con el propósito de asegurar la forma en que probarían ser útiles para los usuarios de las computadoras. Por ejemplo, resultó crítico rastrear el progreso que los proveedores lograban en relación con la elaboración y abastecimiento de baterías con mayor tiempo útil debido a que la vida de éstas era un factor importante para los compradores de computadoras portátiles. Dell fue la primera empresa en incorporar en sus modelos de computadoras laptop baterías de iones de litio con una vida útil de 5.5 a 6 horas.

Publicidad

Michael Dell era un fervoroso creyente del poder de la publicidad y a menudo propugnaba su importancia en la estrategia de la empresa. Así, Dell fue la primera empresa de computadoras en utilizar publicidad comparativa lanzando pulla sobre los altos precios de Compaq. A pesar de que Compaq ganó un juicio contra Dell por haber realizado comparaciones falsas, Michael Dell seguía convencido y argumentaba que "la publicidad era muy efectiva. Nos fue posible elevar la conciencia del cliente acerca del valor".[21] Dell insistió en que la publicidad de la compañía debía ser comunicativa y fuerte en lugar de tímida y poco clara.

Por lo general, la empresa contaba con anuncios prominentes en publicaciones líderes de computación como *PC Magazine* y *PC World*, así como también en *USA Today, The Wall Street Journal* y otras publicaciones dirigidas a las empresas. En la primavera de 1998, Dell estrenó una campaña mundial de televisión que duró varios años para fortalecer la imagen de la marca.

Entrada a los servidores

Durante la segunda mitad de 1996, Dell se introdujo en el mercado de los servidores de computadoras personales de baja calidad (a los que se les fijaba un precio por debajo de los 25 000 dólares). La empresa abrió una planta de 23 000 pies cuadrados dedicada a la producción de servidores, entrenó a 1 300 vendedores de telemarketing para vender servidores, asignó a 160 representantes de ventas que contaban con conocimientos y experiencia para que atendieran las cuentas de sus grandes clientes y reclutó a un equipo de expertos en sistemas con el propósito de apoyar a los representantes de ventas. También contrató a compañías como Electronic Data Systems, que contaban con profunda experiencia en sistemas y redes, para que le ayudaran a proporcionar el servicio a los clientes importantes que contaban con servidores para sus grandes redes de trabajo. La planta de servidores de Dell empleaba el modelo de manufactura de "células" en lugar del modelo tradicional de línea de ensamble con el propósito de permitir la actualización rápida de los productos y mantener los costos bajos; en la planta operaban 30 células, cada una constituida por un equipo de trabajo autosuficiente para ejecutar el proceso completo de ensamble que iniciaba con un juego de componentes y una tarjeta madre adaptada para desempeñar necesidades específicas.

La introducción de Dell en el sector de los servidores respondía a diversos propósitos. El empleo de los servidores por parte de los clientes corporativos crecía con rapidez. Los márgenes de utilidad de los servidores eran cuantiosos. Además, el precio de compra no era un factor tan significativo para la selección de la marca del servidor que se adquiría debido a que los servidores requerían mucho más que eso en términos de servicio, soporte técnico y software. Por lo tanto, varios de los rivales de Dell, el más notable de los cuales era Compaq, empleaban los grandes márgenes de utilidad que les proporcionaban los servidores para subsidiar los recortes de precio de las computadoras de escritorio y notebook en su intento por ganarle a Dell las cuentas corporativas de computadoras personales. De acuerdo con Michael Dell, "para neutralizar ese problema, Dell debía estar en el mercado de los servidores". La empresa esperaba que para el año 2001, la venta de sus servidores creciera hasta casi llegar a constituir 50 por ciento de sus ingresos corporativos.

Las estrategias de ensamble sobre pedido y venta directa le proporcionaban a Dell una ventaja significativa sobre los precios de sus rivales. Se estimaba que el costo de los servidores de competidores como Compaq, IBM y Hewlett-Packard, empresas que utilizaban las redes de reventa, era 15 o 20 por ciento más alto que el costo de los servidores de Dell. Sin embargo, los analistas veían con escepticismo que Dell pudiera proporcionar a sus clientes de servidores la misma calidad de servicio y soporte técnico que otorgaban los revendedores. Por lo tanto, para rebatir esta idea, Dell reforzó su campo

[21] "The Education of Michael Dell", p. 85.

de ventas y equipo de soporte técnico con 600 empleados y creó un grupo de asesoría interna para apoyar a los clientes. Dell se asoció con expertos en sistemas bajo la condición de que no fueran revendedores, tales como Electronic Data Systems y Arthur Andersen, con el propósito de atender a los clientes que requerían de amplio soporte técnico e integración de sistemas.

DESARROLLOS RECIENTES EN LA INDUSTRIA DE LAS COMPUTADORAS PERSONALES

En el año de 1997 se estimó que existían 250 millones de computadoras personales en uso y que las ventas de PC se acercaban a los 100 millones de dólares anuales (véase la ilustración 8). Michael Dell creía que en 10 años más, estarían en uso 1.4 mil millones de computadoras personales. Sin embargo, a principios de 1998, se calculó que la penetración de computadoras personales en los hogares sería de 45 por ciento. En 1997 existían más de 5 millones de familias que por primera vez poseían computadoras personales, muchas de las cuales fueron atraídas por la introducción de PC razonablemente equipadas que se podían adquirir por menos de 1 000 dólares. Los tres factores que más influyeron para que las familias adquirieran computadoras personales fueron la educación, el ingreso y la presencia de niños en el hogar. Se pronosticó que para el año 2000 la penetración en los hogares rebasaría 50 por ciento.

En 1998, diversos factores afectaban la estructura competitiva del mercado mundial de las computadoras personales: la declinación de los precios de los componentes, las problemáticas economías de diversos países asiáticos, la disminución potencial en el índice de crecimiento de la industria, los intentos de cambio hacia la manufactura de ensamble sobre pedido de los rivales de Dell, los continuos avances tecnológicos de las computadoras personales y los movimientos de diversos fabricantes de computadoras personales con el propósito de expandir sus actividades hacia el marketing y no sólo las PC hacia sus clientes.

Declinación de los precios de los componentes

La pronunciada caída de los precios de diversos componentes de las computadoras personales (principalmente controladores de discos, chips de memoria y microprocesadores) que se inició a finales de 1997 permitió que los fabricantes de PC pudieran bajar notablemente los precios de las computadoras, de tal manera que a principios de 1998 surgió la oferta creciente de computadoras personales a precios menores a 1 500 dóla-

ILUSTRACIÓN 8 Embarques de PC reales y proyectados alrededor del mundo

Año	Volumen de computadoras personales
1980	1 millón
1985	11 millones
1990	24 millones
1995	58 millones
1996	69 millones
1997	80 millones
2000	118 millones (proyectados)

Fuente: International Data Corporation.

res. Sin embargo, desde 1997 Compaq, IBM, Hewlett-Packard y algunas otras marcas de manufactura de computadoras personales empezaron comercializar computadoras por menos de 1 000 dólares. Hacia diciembre de 1997, el promedio del precio de compra de una computadora de escritorio cayó por primera vez a menos de 1 300 dólares. En 1998 se estimó que cerca de la mitad de las ventas de computadoras personales llevaban etiquetas precios de menores a 1 500 dólares. El crecimiento del volumen de las unidades de PC con un costo menor a 1 000 dólares era el que llevaba la delantera. Los bajos precios atraían hacia el mercado a compradores primerizos y eran también la causa de que los compradores por segunda o tercera ocasión buscaran actualizarse a computadoras personales con mayores capacidades con el propósito de renunciar a las máquinas de primera calidad, cuyo precio oscilaba entre los 2 000 y 3 500 dólares, en favor de las computadoras de más bajo precio que eran casi tan eficientes como las más poderosas y mejor equipadas. Las computadoras notebook de gran capacidad y con características múltiples que costaban entre 4 000 y 6 500 dólares antes de noviembre de 1997, se podían comprar por 2 000 o 4 500 dólares en abril de 1998. A principios de ese mismo año, los ingresos de muchos de los fabricantes de computadoras personales se redujeron debido a la necesidad de bajar los precios de las máquinas costosas que no se habían vendido y que permanecían en los inventarios o en los anaqueles de los detallistas.

Problemas económicos en Asia

Los problemas económicos que padecían algunos de los países asiáticos (particularmente en Japón, Corea del Sur, Tailandia e Indonesia) obstaculizaban la venta de computadoras personales en el continente. Se esperaba que la venta de computadoras personales en Asia presentara un crecimiento mínimo en 1998, si acaso lo había, y algunos analistas pronosticaron que el volumen de unidades descendería hasta llegar a niveles más bajos que los de 1997. La repentina valorización del dólar estadounidense contra las monedas asiáticas provocó que las computadoras personales producidas en Estados Unidos resultaran más costosas para los compradores del continente asiático. Por el contrario, las ventas en Estados Unidos y Europa eran bastante sólidas, principalmente debido a los bajos precios de las computadoras.

Los fabricantes de controladores de discos y de tableros de circuitos impresos, muchos de los cuales se encontraban en Asia, sentían la presión de la caída de los precios y de los escasos márgenes de utilidades. Los observadores de la industria pronosticaron que las condiciones de competitividad dentro del mercado de las PC de la región Asia Pacífico favorecían el crecimiento de las participaciones del mercado con las que contaban los cuatro o cinco principales productores y hacían posible el éxito de los fabricantes de computadoras personales que no podían competir con cuantiosas utilidades.

Disminución del ritmo de crecimiento de la industria

La mayoría de los observadores de la industria advirtieron la disminución de la venta global de computadoras personales en 1998, en parte debida a las dificultades económicas que experimentaban diversos países de Asia y en parte también al potencial de maduración del mercado de PC. Se proyectó que los índices de crecimiento de la industria se acercarían al 15 por ciento anual por el resto de la década, por debajo del 20 por ciento promedio que se registró durante el periodo de 1990 a 1996. No obstante, en 1997 los embarques de computadoras personales de Estados Unidos se incrementaron 21 por ciento, equivalente a 31 millones de unidades, con lo cual se rebasaban por mucho las expectativas de los analistas de la industria. Cabe señalar que la venta de servidores representó el segmento de más rápido crecimiento en la industria de las computadoras personales; en 1997 los ingresos aumentaron un 35 por ciento, para alcanzar los 10.5 mil millones de dólares en embarques de 1.7 millones de unidades.

Intentos de clonar la estrategia de las PC de Dell

Con el propósito de reducir sus inventarios y agilizar la entrada de nuevos modelos al mercado, los competidores de Dell, Compaq, IBM, Packard Bell NEC y Hewlett-Packard, cambiaron sus modelos empresariales al de manufactura de ensamble sobre pedido. Compaq lanzó su iniciativa de ensamble sobre pedido en julio de 1997, con la cual esperaba recortar sus costos 10 o 12 por ciento. Debido a la renovación de sus plantas de ensamblaje, Compaq podía producir una computadora personal adaptada en tres o cuatro horas y cargar los programas de software solicitados por el cliente en seis minutos. Por su parte, el programa de Packard Bell NEC permitía que los clientes hicieran sus pedidos por teléfono. Sin embargo, poco a poco las tres empresas se fueron dando cuenta que resultaba difícil clonar el método de Dell debido al tiempo que tomaba desarrollar los calendarios de entrega justo a tiempo (JIT) con los proveedores, coordinar conjuntamente sus programas de producción y cambiar sin mayores problemas hacia la siguiente generación de partes y componentes en la medida en la que éstos se introducían al mercado. Para planear la transición suave de tecnologías era necesario lograr una amplia colaboración. Compaq y Hewlett-Packard habían invertido 18 meses en la planeación de sus estrategias de ensamble sobre pedido y esperaban que les tomaría 18 meses más alcanzar sus metas de reducción de inventarios y costos.

Al mismo tiempo, los vendedores de computadoras al detalle como Tandy Corporation's Computer City, CompUsa, OfficeMax y Wal-Mart habían entrado al negocio de venta directa de ensamble sobre pedido. CompUsa ofrecía a sus clientes dos líneas de computadoras de escritorio que se podían ordenar en cualquiera de sus 134 tiendas, por teléfono, a través de su sitio web o por medio de su fuerza de ventas corporativa; su meta era vender cada una de sus configuraciones 200 dólares menos que el precio que ofrecía Dell. Por su parte, Wal-Mart ofrecía a través de su sitio web el ensamble de computadoras sobre pedido para lo cual contrató a un fabricante.

La estrategia de Dell era considerada la correcta para atraer a los clientes conocedores de la tecnología de las computadoras personales, los cuales sabían qué opciones y características deseaban y estaban conscientes de las diferencias de precios entre las marcas. De acuerdo con un analista sectorial, "La meta de todos es Dell. Independientemente de con quién se hable en la industria, Dell es la marca a combatir".[22]

Acciones de los fabricantes de PC para ampliar sus empresas

En un esfuerzo por mejorar sus ganancias, diversos participantes líderes de la industria de las computadoras personales efectuaron movimientos a finales del año 1997 e inicios de 1998 con la finalidad de extender sus negocios para vender otros productos relacionados con la computación. La pronunciada declinación de los precios de las PC hizo más estrechos los márgenes brutos de las utilidades e impulsó a compañías como Compaq, Gateway, Hewlett-Packard e IBM a observar la venta de computadoras personales como una entrada para ofrecer una variedad más amplia de productos.

Con el propósito de moverse más allá de la simple manufactura de computadoras personales, Compaq adquirió a finales de 1997 la empresa Digital Equipment Company (DEC), la cual proporcionaba ingresos por 6 mil millones de dólares provenientes de una gama de servicios que se ofrecían a los clientes corporativos de computadoras

---

[22] Tomado de *Business Week,* 29 de septiembre de 1997, p. 38.

personales. Por su parte, en mayo de 1998 Gateway anunció que ofrecería en la venta de sus computadoras personales a individuos y familias una amplia gama de programas de software, dispositivos periféricos como impresoras y escáners, servicios de mantenimiento y solución de problemas, e incluso su propio servicio de Internet. Ted Waitt, presidente de Gateway, explicó: "Nosotros estamos más involucrados en las relaciones con el cliente que en las computadoras personales. Si obtenemos un 5 por ciento en la venta de una computadora de 1 500 dólares, ganamos 75 dólares. Pero si podemos ganar 3 dólares al mes por el acceso a Internet, ello significa otros 100 dólares en tres años. Pienso que dentro de tres años vender solamente hardware de computadoras personales no representará ningún buen negocio para nadie."[23] Gateway empezó a solicitar información a los clientes que ordenaban computadoras personales sobre sus principales intereses y distracciones; si un cliente se inclinaba por la jardinería, el deporte o las inversiones, Gateway le ofrecía incluir en sus computadoras personales paquetes de software específicos para esos temas. Además, Gateway anunció un plan de renta de computadoras personales a los individuos y las familias, así como el financiamiento de computadoras por medio de planes de cuotas mínimas mensuales en espera de que en un futuro próximo los clientes cambiarían su vieja computadora por una nueva cuando el contrato de renta expirara o al realizar el último pago. Tanto Hewlett-Packard como IBM consideraban al negocio de las computadoras personales como parte de un portafolio mayor de servicios y productos que ofrecían a sus clientes. Una parte importante de los ingresos y los beneficios de Hewlett-Packard provenía de la venta de servidores e impresoras. A su vez, gran parte de los ingresos de IBM se originaba en las ventas de las computadoras mainframe, programas de software y servicios técnicos y de apoyo.

PERFIL DE ALGUNOS COMPETIDORES EN LA INDUSTRIA DE LAS COMPUTADORAS PERSONALES

Los principales competidores de Dell en el mercado global de computadoras personales contaban con estrategias y capacidad de recursos variables.

Compaq Computer (www.compaq.com)

Compaq fue el principal fabricante de computadoras personales en el mundo, con una participación del mercado de casi 13 por ciento. En 1994, superó a IBM para transformarse en el líder del mercado de PC. Compaq alcanzó ingresos por 24.6 mil millones de dólares y beneficios por 1.9 mil millones de dólares en 1997. La estrategia de ventas de Compaq hacía hincapié casi exclusivamente en los revendedores, es decir, distribuidores y minoristas de computadoras personales, y en particular en grandes tiendas de cómputo como CompUSA. Había empezado a ensamblar computadoras sobre pedido, pero debía restarle importancia a las ventas directas de tal forma que no perdiera el apoyo de su red de reventa en el mundo. Debido a que Compaq contaba con inventarios de componentes más grandes que Dell y a causa de que algunas veces los revendedores tenían a mano cuantiosos inventarios de modelos de Compaq, la introducción al mercado de sus nuevas generaciones de computadoras personales resultaba más lenta que la de Dell.

Compaq ofrecía una línea completa de computadoras personales de escritorio, cuyos precios oscilaban desde menos de 1 000 dólares hasta modelos de primera calidad. Fue el vendedor más agresivo de computadoras personales con precios menores a los 1 000 dólares y en los últimos meses obtuvo un promedio de 60 por ciento de la

[23] David Kirkpatrick, "Old PC Dogs Try New Tricks", *Fortune*, 6 de julio de 1998, pp. 186-88.

participación del segmento constituido por computadoras con un precio menor. Además ofrecía una amplia línea de computadoras personales laptop, pero su participación de 9 por ciento de este segmento la colocó en tercer lugar después de Toshiba, líder del mercado global de PC laptop (con una participación de 20 por ciento) e IBM (con una participación de 11 por ciento). En 1997, Compaq embarcó un total de 10 millones de computadoras personales de escritorio y laptop en todo el mundo, por arriba de los 7.2 millones embarcados en 1996. La empresa también fue líder del mercado de servidores de computadoras personales con precios menores de 25 000 dólares y ocupó un sólido tercer lugar (después de IBM y Hewlett-Packard) en servidores básicos o de bajo nivel (con precios menores que 100 mil dólares). Los ejecutivos de Compaq esperaban que las ventas de computadoras personales a individuos y familias seguirían representando casi el 15 por ciento de los ingresos, que las ventas de computadoras de escritorio a los clientes corporativos caerían del 48 por ciento de los ingresos que se registraron en 1997 a casi el 32 por ciento en el año 2000 y que la venta de servidores y estaciones de trabajo crecería hasta alcanzar 50 por ciento de los ingresos comparado con el 35 por ciento que obtuvo en 1997. La meta de Compaq para el año 2000 era alcanzar ingresos de 50 mil millones de dólares.

La fuerza del mercado de Compaq era la más grande entre las compañías que integraban la lista de las 1000 más importantes de la revista *Fortune*. Sin embargo, contaba con una penetración más débil entre los segmentos de las pequeñas y medianas empresas. Por lo tanto, para combatir los descuentos por volumen que ofrecían Dell y otros proveedores para ayudarse a ganar las cuentas de las pequeñas y medianas empresas, Compaq empezó a trabajar más estrechamente con los revendedores para fijar precios especiales que permitieran que la marca Compaq fuera más competitiva en los procesos de remate. Asimismo, para impulsar su subparticipación de 3 por ciento de la participación del mercado japonés de PC, Compaq firmó un trato a través del cual le proporcionó a la empresa Canon Sales Company la distribución exclusiva y los derechos de venta de los modelos Compaq Presario orientados hacia los consumidores.

A principios de 1998, Compaq adquirió con dificultad la empresa Digital Equipment Company (DEC) por 9.6 mil millones de dólares, movimiento mediante el cual pretendía transformarse en proveedora global del espectro completo de harware y servicios de computación y colocarse en una mejor posición para desafiar a IBM como una "compañía global en la empresa del cómputo". En 1997, DEC tuvo ingresos por 13 mil millones de dólares (contra los 14.5 mil millones de dólares en 1996) y logró ganancias por 141 millones de dólares (contra una pérdida de 112 millones de dólares en 1996). La fusión de las compañías permitiría alcanzar ingresos conjuntos de 37.6 mil millones de dólares, por lo cual Compaq se ubicaría como la segunda empresa de computación más grande del mundo.

DEC se consideraba a sí misma como una "compañía de soluciones de redes" y sus fortalezas consistían en la integración de múltiples proveedores, seguridad de Internet, informática continua, alta disponibilidad de datos y plataformas de alto desempeño conectadas en red. Sus productos principales eran los grandes servidores (con precios superiores a un millón de dólares), servidores básicos (con precios menores a 100 mil dólares), computadoras y estaciones de trabajo grandes, y computadoras personales (55 por ciento de sus ingresos). Sus servicios representaban el 45 por ciento de sus ingresos (cerca de 6 mil millones de dólares); DEC contaba con 25 000 ingenieros y personal de soporte que hacían trabajo de campo con los clientes (Compaq contaba con 8 000 personas que integraban sus fuerzas de ventas y soporte en campo, muchas de las cuales ocupaban la mayor parte de su tiempo proporcionando servicio a los detallistas de computadoras personales de Compaq). Los márgenes brutos de DEC sobre los servicios promediaban 34 por ciento, en comparación con los márgenes de venta de las computadoras personales de Compaq que representaban 25 por ciento. Por otra parte, los clientes corporativos de Compaq habían solicitado a la empresa que les proporcionara más años de servicio.

Sin embargo, en mayo de 1998 Compaq anunció sus planes de recortar cerca de 15 000 empleos en DEC cuando se completara la operación; se esperaba que los despidos afectaran principalmente al personal de la división de computadoras de DEC, a alguna porción de su fuerza de ventas y a las operaciones corporativas de cómputo, cuyas actividades empresariales estaban duplicadas con las de Compaq. DEC llegó a contar con 53 000 empleados, de los 130 000 que trabajaron en las temporadas pico en 1980. Independientemente del reciente decremento de su fuerza de trabajo, en ese entonces DEC tenía un 65 por ciento más de empleados que Compaq, para producir aproximadamente la mitad del volumen de los ingresos de ventas. La dirección indicó que los costos de ventas, generales y de administración de DEC que representaban 3.18 mil millones de dólares en 1997 (24 por ciento de los ingresos totales del año) probablemente se reducirían a la mitad después de la fusión. Los gastos de ventas, generales y administrativos de Compaq eran de 2.95 mil millones de dólares sobre las ventas de 24.6 mil millones de dólares en 1997 (equivalentes a un 12 por ciento de los ingresos).

Compaq creyó que la experiencia de DEC en conectividad en red e integración de sistemas de información, junto con las líneas de productos combinadas de ambas, le darían una ventaja frente a los grandes clientes corporativos sobre compañías como Dell que ofrecían principalmente servicios relacionados con las computadoras personales. Además Compaq estaba segura de que el servicio y las capacidades de soporte técnico que DEC ofrecía en todo el mundo le ayudarían a ganarle a IBM las cuentas constituidas por empresas corporativas con computadoras personales, estaciones de trabajo y servidores. (Antes de la fusión de Compaq-DEC, Dell había realizado un contrato con la organización de servicios de DEC para dar mantenimiento a un cierto número de sus cuentas corporativas que empleaban la línea de servidores PowerEdge; así que, se esperaba que Dell firmara con Unisys o Wang para reemplazar a DEC.)

IBM (www.ibm.com)

Se consideraba que IBM era la compañía de las "soluciones de computadoras" y operaba en un mayor número de segmentos de la industria de la computación que Dell. En 1997 la venta de computadoras personales representó 15.7 mil millones de dólares de los 68 mil millones de dólares en ingresos de IBM. En ese mismo año, IBM vendió 1.3 mil millones de dólares en estaciones de trabajo, 4.3 mil millones de dólares por servidores básicos (aquellos con precios menores a 100 000 dólares) que le permitían ser el líder del mercado, y 6 mil millones de dólares en servidores de nivel intermedio (con precios que oscilaban entre los 100 mil y un millón de dólares) en los que también iba a la vanguardia del mercado. Durante muchos años la compañía fue líder global de las computadoras mainframe, de las cuales se generaban 19.3 mil millones de dólares de ingresos por proporcionar servicio y soporte técnico a los clientes. Por otra parte, la compañía contaba con 16 000 personas para atender en campo el servicio a clientes. En 1997 IBM introdujo una generación de computadoras mainframe largamente esperada, con base en microprocesadores tipo PC que ofrecían la velocidad tradicional de los mainframe pero con costos de compra y de operación más bajos.

Durante la década de los años noventa IBM experimentó un crecimiento de 2 por ciento en sus ingresos anuales, los cuales crecieron de 69.7 mil millones de dólares en 1990 a 78.5 mil millones de dólares en 1997. La utilidad bruta de 1997 alcanzó 6.1 mil millones de dólares, cifra que apenas rebasaba el nivel de 6 mil millones de dólares obtenido en 1990 y muy por debajo de las ganancias más altas de la compañía, obtenidas en 1984, de 6.6 mil millones de dólares. La compañía se esforzaba por reinventarse a sí misma conforme el uso cada vez mayor de las computadoras personales continuaba reduciendo la dependencia corporativa en las computadoras mainframe. No había mucho movimiento en las ventas de hardware de computadoras de IBM, su negocio con más rápido crecimiento estaba en los servicios y en el software. Con el propósito de impulsar su potencial de crecimiento y agregar a su línea productos nuevos y más atractivos, en 1995 la compañía se vio en la necesidad de adquirir el software pionero de hoja de cálculo Lotus Development por 3.5 mil millones de dólares, y en 1997 Edmark, un software educativo de edición para niños. También en ese mismo año, IBM vendió la propiedad de sus intereses en Prodigy (proveedor de servicios en línea que en algún momento contó con una posición de dominio ante su rival America Online) por 250 millones de dólares después de haber invertido 1.2 mil millones de dólares en él.

La participación del mercado de computadoras personales de IBM se estaba erosionando, pues en 1990 perdió una participación mayor que cualquier otro fabricante de computadoras personales. Su principal fortaleza se encontraba en la venta de computadoras laptop y de escritorio a clientes corporativos, muchos de los cuales también contaban con computadoras mainframe IBM y habían sido sus clientes durante mucho tiempo. Siempre se observó a IBM como un fabricante de computadoras personales costosas, ya que tradicionalmente había fijado el precio más elevado para las mismas. Por lo tanto, IBM vio en las computadoras notebook la clave para ganar las cuentas corporativas debido a la necesidad que tenía un gran porcentaje del personal de diversas empresas de tener equipos de cómputo portátiles. A pesar de que las computadoras laptop de la compañía contaban con características de ejecución y calidad superiores, por lo general también su precio era alto en comparación con los modelos semejantes que vendía la competencia. IBM competía contra otros fabricantes de computadoras personales haciendo hincapié en la fiabilidad de la marca IBM y las fortalezas que habían sostenido a la compañía por tanto tiempo en relación con sus aplicaciones de software, el servicio y el soporte técnico. IBM respondió a la venta directa que Dell había establecido en el mercado corporativo al permitir que algunos de sus revendedores ensamblaran PC IBM personalizadas de acuerdo con las especificaciones del cliente; IBM esperaba que este esfuerzo provocara una reducción del 10 por ciento en sus costos. Se creía que durante el primer trimestre de 1998 la división de computadoras personales de IBM operaría sin ganancias o con pequeñas pérdidas.

Hewlett-Packard (www.hp.com)

Dell observó a Hewlett-Packard (H-P) como un competidor fuerte debido al poderoso liderazgo de sus impresoras a nivel global (52 por ciento de la participación del mercado), su sólida reputación entre los clientes corporativos en todas partes del mundo y su énfasis estratégico cada vez mayor en el segmento de las PC. Desde 1995 la participación de Hewlett-Packard en el mercado de PC creció casi tan rápido como la de Dell. Hewlett-Packard estaba diseñando junto con Intel la siguiente generación de microprocesadores cuyo nombre de código sería Merced, la cual planeaban introducir al mercado a finales de 1999 y comercializar en todo el mercado para el año 2000. Se esperaba que la sociedad de Hewlett-Packard con Intel en el proyecto Merced colocaría a esta empresa a la vanguardia de la tecnología de las computadoras personales durante los siguientes años e impulsaría la imagen de su marca.

Hewlett-Packard comercializaba su línea de computadoras personales a través de revendedores que tenían capacidad para entregar pedidos a las principales cuentas corporativas dentro de un límite de 12 a 24 horas. Independientemente del rápido crecimiento de las ventas, la división de computadoras personales de Hewlett-Packard todavía no había logrado rentabilidad, prueba de lo cual es la pequeña pérdida que registró durante el primer trimestre de 1998.

Hewlett-Packard era líder en ingresos, unidades y crecimiento en el mercado conformado por las estaciones de trabajo con base en Windows NT. En el segundo lugar, Compaq le seguía muy de cerca. Hewlett-Packard comercializaba más de 25 000 productos que incluían computadoras personales de escritorio y notebook, impresoras, estaciones de trabajo, servidores, cámaras digitales, escáneres, calculadoras, dispositivos de almacenaje, software y equipo para redes, equipos de prueba y medición, así como productos electrónicos para el área de medicina.

Gateway (www.gateway.com)

Gateway, antes denominada Gateway 2000, era una compañía con base en Dakota del Sur cuyos ingresos en 1997 ascendieron a 6.3 mil millones de dólares y sus utilidades a 110 millones. Su fundador y presidente, Ted Waitt, de 34 años de edad, que remataba su cabellera en una cola de caballo, poseía el 46 por ciento de la compañía, y su hermano era propietario de otro 9 por ciento. Waitt abandonó la universidad en 1985 para trabajar en Des Moines, Iowa, con un detallista de computadoras, a quien presentó su renuncia después de nueve meses de trabajo para fundar su propia empresa. Su compañía, que operaba desde un granero del rancho ganadero de su padre, vendía por teléfono accesorios para las PC Texas Instruments. En 1987 la empresa inició la venta de computadoras personales totalmente equipadas bajo su propio diseño a un precio cercano al que ofrecían otros fabricantes de computadoras. Las ventas despegaron y en 1991 Gateway encabezó la lista de la revista *Inc.,* que presentaba a las compañías privadas con más rápido crecimiento en Estados Unidos. En 1993, salió a la bolsa, logrando ventas por 1.7 mil millones de dólares y ganancias por 151 millones de dólares. La compañía se había diferenciado a sí misma de sus rivales a través de anuncios llamativos, algunos de los cuales caracterizaban vacas con manchas blancas y negras mientras que otros caricaturizaban a los empleados de la empresa (entre los cuales se podía observar a Waitt vestido como Robin Hood).

A pesar de mantener su índice de crecimiento cercano al 38 por ciento anual desde 1993, Gateway se esforzaba por alcanzar una rentabilidad aceptable, pero el margen de utilidades de la compañía se había reducido paulatinamente desde un elevado 9.6 por ciento en 1992 a tan sólo 1.7 por ciento en 1997. Gateway, al igual que Dell, ensamblaba sobre pedido y vendía directamente. Sin embargo, había centrado su atención en los segmentos de individuos, pequeños negocios y escuelas, en los que vendía mejor que Dell. La empresa era líder del mercado en el segmento de la educación. A principios de 1997, la línea de computadoras personales de escritorio de Gateway tenía en promedio un precio 12 por ciento más bajo en comparación con los modelos comerciales semejantes de Dell. Sin embargo, en diciembre de 1997 Dell obtuvo una ventaja en el precio promedio sobre Gateway del 5 por ciento en el segmento comercial. Con el propósito de impulsar los márgenes de utilidad, una de las estrategias de Gateway consistió en fortalecer su imagen en la "mente" de las empresas grandes y medianas. En tiempos recientes, la compañía había contratado a 80 vendedores para conquistar nuevos clientes corporativos y robusteció sus esfuerzos para venderles también a través de agentes intermediarios.

En 1997, Gateway se introdujo en el segmento de los servidores con la adquisición de la empresa Advanced Logic Research, Inc. (ALR). Las instalaciones de manufactura de servidores de esta empresa se encontraban en California y habían empezado a fabricar servidores para Gateway con el propósito de que ésta los vendiese directamente a sus clientes. Sin embargo, en 1998 ALR todavía vendía sus servidores a través de sus redes de reventa.

Toshiba

Toshiba era un fabricante japonés de equipo electrónico y eléctrico que facturaba 48 000 mil millones de dólares, contaba con 303 subsidiarias y filiales en todo el mundo. Además, ocupaba el número 37 dentro de la jerarquía de las corporaciones más grandes del mundo en términos de ingresos. Su división Toshiba America Information Systems era la proveedora líder de computadoras portátiles dentro del mercado de

Estados Unidos, con una participación del mercado de 20.4 por ciento en 1997. La división ofrecía la más amplia línea de computadoras personales portátiles de todo el mercado y vendía tanto directamente como a través de agentes intermediarios, y superaba las actividades de sus rivales en ambos canales. Además de que Toshiba contaba con computadoras en todos los rangos de precios, la división también comercializaba computadoras personales de escritorio, unidades de disco, fotocopiadoras, sistemas de facsimile, sistemas de correo de voz, teléfonos de clave digital, módems de fibra óptica y cámaras digitales bajo el nombre de marca Toshiba. Sus oficinas principales, ubicadas en Irvine, California reportaron ventas anuales por 4 mil millones de dólares.

Proveedores de marca libre

Tan sólo en América del Norte existían casi 35 000 revendedores de computadoras personales genéricas o de "caja blanca". Este segmento de marca libre constituía un mercado de 7.6 mil millones de dólares en Estados Unidos y Canadá, y representaba el embarque de 6.4 millones de unidades, así como 30 por ciento de las ventas de los revendedores. Sin embargo, ninguna de las computadoras personales sin marca cuantificaba más de 0.25 por ciento de la participación del mercado y, la gran mayoría de ellas representaba incluso mucho menos. Las computadoras personales genéricas ensambladas en "talleres cuasi-artesanales" han sido parte del negocio desde su concepción: Steve Wozniak y Steve Jobs, a partir de un taller similar instalado en un garage y con componentes comprados a otras compañías, fundaron la empresa Apple. La comprensión de la tecnología creciente sobre cómo funcionan las computadoras personales y la disponibilidad en cualquier parte de los componentes individuales facilitó las operaciones empresariales para el ensamble de computadoras personales genéricas. Con el propósito de mantener los precios bajos, los fabricantes de este tipo de PC normalmente incorporaban componentes de baja calidad, por lo cual sus productos no se equiparaban a las computadoras personales de marca ni en ejecución ni en fiabilidad. Las computadoras personales de caja blanca atraían principalmente a compradores muy preocupados por el precio; la mayoría de los negocios que habían probado las marcas genéricas aprendieron por el camino duro que la computadora personal más barata no siempre era la menos costosa en el largo plazo debido a los problemas de calidad y fiabilidad que presentaban.

En promedio, dos terceras partes de los revendedores que construían sus propios sistemas para venderlos bajo su propia marca también incorporaban en ellos partes de marcas renombradas. En 1998 los revendedores creyeron que las ventas de computadoras personales genéricas se elevarían casi hasta alcanzar el 35 por ciento de las ventas totales de computadoras personales.

ACER EN CANADÁ

CASO

6

IVEY

Prescott C. Ensign, *The University of Western Ontario*

A finales del verano de 1996, Anthony Lin, administrador general de operaciones de Acer en Estados Unidos y Canadá, pensó que si la empresa utilizaba el enfoque correcto, introducía la línea de productos adecuada y se concentraba en los segmentos correctos del mercado, podría tener un futuro próspero. Tan sólo unas semanas después de haber llegado a Mississauga, Ontario, Lin supo que sólo le quedaban dos días para tomar el vuelo que lo llevaría de regreso a las oficinas principales de Acer en San José, California, Estados Unidos, donde debía entregar su propuesta para el futuro funcionamiento de la oficina en Canadá. Él debía decidir si el mercado canadiense valía la pena y, en caso de que así fuera, de qué manera. Por lo tanto, debía observar los diversos mercados a los que podrían enfocarse y estudiar los canales a través de los cuales la empresa podría acceder a ellos. A pesar de que él había determinado que el ensamble en Canadá era una posibilidad real, semejante movimiento exigía una sólida justificación.

ANTHONY LIN

Desde que en 1982 se incorporó al grupo Acer, una empresa multinacional dentro de la industria global de computadoras personales (PC), Lin se había hecho cargo de diversas funciones dentro de la empresa. La más reciente, en Copenhague, Dinamarca, había sido como director administrativo de Acer Scandinavia A/S, así como administrador general de la empresa en el norte de Europa. Durante su estancia, Lin logró que la empresa alcanzara una posición rentable con ingresos de ventas crecientes y significativos en los países escandinavos. Según el informe interno de 1995, el ingreso por ventas de Acer Scandinavia creció 80 por ciento. Además, de acuerdo con los informes de Dataquest, Acer pasó del octavo al quinto lugar dentro de la participación de mercado de Dinamarca a principios de 1996. Lin también pasó dos años en las oficinas principales de Acer en Estados Unidos, donde logró establecer buenas relaciones con los ejecutivos así como familiarizarse con el funcionamiento y la logística de la empre-

Preparado bajo la supervisión del profesor Jaideep Anand. Los autores pueden haber cambiado ciertos nombres y otro tipo de información identificable para proteger su confidencialidad.

sa. Por ejemplo, se enteró que el flujo de materiales que se maneja en California no contaba con la prioridad más alta para el proceso de las órdenes más pequeñas como los "embarques mínimos" provenientes de Canadá. Lin sabía que Acer le permitiría tomar oportunidades, pero también comprendía que la empresa no invertiría dinero en Canadá sin justificación.

Aun cuando su estancia en Canadá sólo duró unas semanas, lo que realmente le interesaba a Lin era la tarea que debía realizar próximamente. Le habían dado la responsabilidad de revisar todas las actividades de ventas y comercialización, así como las de servicio al cliente y soporte técnico en todo Canadá. Si todo resultaba como se esperaba, su estancia se prolongaría de tres a cinco años, después de los cuales debería llegar al punto de confiar en las personas que él hubiese apoyado para dejarles a cargo el negocio en Canadá. Aunque era totalmente responsable de generar y ejecutar un plan estratégico para la organización canadiense, su papel sólo era de asistencia. Lin debía asegurarse de que el funcionamiento de Acer en Canadá se desarrollara dentro de la red industrial local de computadoras personales. Él tenía conocimiento de que existían incentivos para toda la plantilla laboral de Acer en Canadá y le entusiasmaba la idea de que un empleado adicional se uniría a su equipo de 10. Se fijó una meta: duplicar el ingreso a finales del año 1996 y, después de dos años, colocar a la empresa entre las 10 más importantes en términos de la participación del mercado canadiense de computadoras personales.

Anthony Lin tuvo que reconocer que entre Canadá y Estados Unidos existían diferencias reales y sustanciales. Por ejemplo, Acer de Estados Unidos no se preocupaba por la presencia de AST debido a que en ese país no se le consideraba un competidor serio, mientras que en Canadá dicha empresa había desarrollado una buena reputación y contaba con una fuerte posición en el mercado, además de ser un jugador importante dentro de la industria canadiense de computadoras personales. Lin sabía que a pesar de que el gobierno parecía ser un comprador marginal, en realidad era uno de sus principales compradores, pero sus adquisiciones se efectuaban a través de diversos canales. Lin estaba seguro de que el ensamble canadiense mejoraría el perfil de Acer e incluso la empresa tendría que satisfacer los pedidos del gobierno y de Quebec. Él también reconoció que en Canadá los "clones" eran muy fuertes. En general, en Estados Unidos el correo es un medio viable para solicitar y distribuir órdenes (por ejemplo, Dell y Gateway centraron sus esfuerzos sobre este canal), mientras que los canadienses eran más renuentes a realizar compras por correo. Por lo tanto, esas diferencias deberían tomarse en consideración y articularse dentro de cualquier acción que se pensara emprender.

Lin supo que el ensamble de las órdenes ofrecía diversos beneficios: acortaría los tiempos de entrega, la planificación de requisición de materiales (MRP) sería más sencilla y menores costos de transporte lograrían una operación más competitiva. La capacidad para ejercer el control sobre los inventarios significaba una prioridad dentro de su lista de razones para el ensamble canadiense. La producción local ayudaría a configurar computadoras personales bilingües, reduciría el tiempo de reacción ante el mercado siempre cambiante y el ensamble en Canadá mejoraría la imagen corporativa. Sin embargo, Lin supo que la producción en Canadá también involucraba costos y otras desventajas.

STAN SHIH Y LA HISTORIA DE ACER

Acer se fundó en Taiwán en el año de 1976 como Multitech International por Stan Shih, su esposa (quien todavía juega un papel importante en Acer), y un puñado de amigos. Multitech International empezó con un capital registrado de 25 000 dólares estadounidenses y 11 empleados. El ímpetu de Shih por iniciar un negocio se refleja en su comentario: "En China, las compañías familiares tradicionales a menudo mezclan el dinero de la empresa con el dinero de la familia. Poca información se comparte con los empleados. Yo sabía que debía existir una mejor manera para llevar a cabo los negocios." Antes de iniciar la aventura en 1976, Shih había aprendido algunas difíciles lecciones mientras trabajaba para otros. Él dirigió el desarrollo de la primera plumareloj en Taiwán y administró la fábrica más grande de calculadoras en ese país.

Multitech International prosperó a fines de la década de los setenta y a principios de los ochenta, y continuó innovando y perfeccionando el nivel de la tecnología de las computadoras personales. Durante sus primeros 10 años, su promedio de ventas creció 100 por ciento cada año. El periodo de 1981 a 1988 experimentó la transición de empresa nacional a internacional. Hasta 1989, Multitech International sólo fabricó productos en Taiwán. Shih alentó dentro de su empresa una cultura corporativa con base en su creencia acerca de que "la naturaleza humana es básicamente buena" y que las personas deben proceder honestamente. Según informes recibidos, la paciencia de Shih con los gerentes incluía la concesión de que los errores se consideraran como "pagos de clases" para el desarrollo educativo.

Shih y sus ingenieros creativos continuamente se esforzaron por desarrollar productos originales y romper el "modelo de fabricantes de imitación" típicamente taiwanés. Multitech International buscó librarse del molde donde la producción ilegal generaba componentes y computadoras enteras sólo para tener el logo de una marca famosa sobre el bien terminado. En 1982 Multitech International lanzó una computadora personal china. (Se esperaba que para el nuevo siglo China se convirtiera en el mercado de computadoras personales más grande del mundo.) En 1983 la empresa introdujo su primera computadora compatible con IBM, y en 1986 lanzó una computadora personal con base en el microprocesador Intel 386 antes que IBM. Con ingresos por 530 millones de dólares estadounidenses en 1988, la empresa tomó el nombre de Acer (del latín activo, agudo, diestro e incisivo). En el año de 1989 Shih abrió la empresa al público y ofreció acciones en la bolsa de valores de Taiwán. En 1990 Acer se convirtió en el décimo tercer fabricante de computadoras personales más grande del mundo con ingresos por mil millones de dólares. Al siguiente año, debido a la disminución del ritmo de crecimiento económico y a la sobrecapacidad instalada, Acer registró sus primeras pérdidas (22.7 millones de dólares después de impuestos) y recortó 400 empleos en Taiwán. A pesar de la agitación subsiguiente, en el año de 1992 obtuvo la certificación ISO 9000. Un año después, Acer registró ventas por 1.7 mil millones de dólares estadounidenses, y en 1994 se convirtió en la séptima marca de computadoras personales más grande del mundo.

A finales del 1995 Acer reportó que esperaba producir 4 millones de computadoras personales durante ese año, es decir, dos veces más que la cantidad del año anterior. Asimismo, anticipó el incremento de 60 por ciento de los ingresos de 1995 a 5 mil millones de dólares, acompañado por 50 por ciento de incremento de utilidades. Los ingresos reales de Acer en 1995 excedieron ese cálculo y alcanzaron 5.8 mil millones de dólares hacia el final del año. Ese crecimiento ocurrió con sólo unas cuantas adquisiciones, por lo cual, la mayoría de los observadores la consideraron una empresa destacada.

En el año de 1996 Acer se convirtió en el séptimo fabricante de computadoras personales más grande del mundo, en el segundo más grande en manufactura de monitores y en el cuarto fabricante más importante de teclados. La empresa operaba a través de 80 oficinas localizadas en 38 países, con más de 15 000 empleados y mantenía concesionarios en más de 100 países. La ilustración 1 proporciona un panorama general sobre las ganancias e ingresos netos de Acer.

CARACTERÍSTICAS ORGANIZATIVAS DE ACER

2000 en 2000. En 1994, el propósito la "Visión 2000" de Acer era tener más de 2 000 *yi* NT (8 mil millones de dólares estadounidenses) de ingresos para el año 2000. Cuando

ILUSTRACIÓN 1 Ingreso corporativo e ingreso neto de Acer (millones de dólares estadounidenses)

	1984	1985	1986	1987	1988	1989	1990	1991	1992	1993	1994	1995
Ingresos	$55	$100	$180	$330	$530	$680	$970	$1 000	$1 200	$1 900	$3 200	$5 800
Ingreso neto	$ 1	$ 5	$4.5	$ 16	$26.5	$ 5.8	$ 2.4	($22.7)	$ 2.4	$ 80	$ 205	$ 310

Fuente: Documentos de Acer.

en 1995 los ingresos se ubicaron en 7 mil millones de dólares, se revisó nuevamente el pronóstico de Visión 2000 y se elevó a 10 mil millones de dólares de ingreso hacia finales del siglo.

21 en 21. Acer proclamó que colocaría 21 empresas a la oferta pública en todo el mundo para el siglo XXI y que se ubicaría entre las cinco industrias más avanzadas en tecnología para la información para finales del siglo XX. Lin sabía que durante las últimas dos semanas dos unidades más de Acer habían salido a la oferta pública y que se programaba colocar en breve dos más.

Estrategia operativa

Con el propósito de mantener su competitividad y aprovechar su eficiencia para la fabricación e ingeniería, así como de tomar rápidamente decisiones de marketing locales, Acer descentralizó el mando. En 1990 se reorganizó como "federación de compañías" con sus oficinas principales a nivel mundial ubicadas en Taipei, unidades de negocios estratégicas organizadas por líneas de producto y cinco unidades de negocios regionales organizadas por líneas geográficas (véase el apéndice A). Cada una de estas unidades operaba como un centro de ganancia y se manejaba como si fuese una corporación independiente. Shih señaló que "los mercados de tecnología cambian demasiado rápido y que, debido a que la línea de productos es demasiado amplia, Acer no puede permitirse el lujo de centralizar su control". Por lo tanto, en 1992 Acer tomó la decisión de entrar "de cara a una competencia fuerte" con el propósito de "alcanzar economías de escala para la manufactura de bajo costo". Los dos programas de reingeniería que se introdujeron fueron: comida rápida cliente-servidor.

Comida rápida Este modelo empresarial era semejante al que se emplea en los restaurantes de comida rápida. Los "componentes" se preparaban en grandes instalaciones de manufactura masiva y centralizada, y después se enviaban a los sitios de ensamble localizados cerca de los clientes locales. Este proceso hizo posible disfrutar de economías de escala para la producción y ajustar cada producto para satisfacer las necesidades individuales de los clientes. Esto se reflejó en la nueva declaración de la misión corporativa, "tecnología fresca para el disfrute de todos, en cualquier lugar", y también a través de la estandarización de las normas de calidad, productos personalizados y costos de inventario cada vez menores. La rotación de inventarios que se efectuaba más de 12 veces por año ayudaba a lograr una utilidad sobre capital de 70 a 126 puntos porcentuales sobre el promedio de la industria. Para Acer, fresco significaba el "mejor", es decir, tecnología comprobada, con alto valor y de bajo riesgo, que era asequible y tenía una vida útil y larga. El concepto "fresco" no solamente se aplicaba a la tecnología. Shih declaró que "Las ideas frescas son muy poderosas cuando se aplican a la estrategia comercial. Mantener a la compañía fresca es la única manera de competir con éxito dentro de esta industria que cambia tan rápidamente".

Cliente-servidor Este término fue tomado de las redes de computación. El modelo de administración de cliente-servidor permitía que cada unidad de negocios actuara independientemente pero también coordinaba los esfuerzos de cada unidad con el propósito de que éstas obtuvieran el beneficio máximo de los recursos internacionales de Acer. El corazón de la organización del cliente-servidor se encuentra estrechamente unido con una red de administradores maduros y experimentados comprometidos con el éxito de su propia división del grupo Acer así como con el crecimiento global a largo plazo de la empresa.

Lin supo que la distribución de la manufactura juega un papel importante para la operación global. Acer se considera a sí misma como una de las fabricantes de microcomputadoras más verticalmente integradas del mundo, con el ensamble de productos separado en tres fases:

1. Los componentes sin fluctuación de precios (cajas protectoras, suministro de energía, ventiladores y teclados) se enviaban en volumen vía marítima.
2. Los componentes con precio o tecnología sensibles, como las tarjetas madre, se embarcan por avión.
3. Los componentes tales como microprocesadores, controladores de discos duros y tarjetas de memoria se abastecían localmente con base en el proceso justo a tiempo (JIT) con el propósito de satisfacer los gustos individuales.

En respuesta a las turbulencias del mercado, los componentes con precios altamente inestables como DRAM y CPU se adquirían e instalaban en el último momento, idealmente unos días antes de la entrega al mercado.

El ensamble final en más de 30 lugares alrededor del mundo se facilitaba por medio de un plan de diseño modular a través del cual el ensamble de varias partes tomaba sólo unos minutos. Las cajas protectoras para las computadoras de escritorio y las computadoras laptop admitían varias configuraciones físicas. La facilidad de intercambio de los subensambles (componentes), hacía posibles diversos arreglos. El manejo de la producción de Acer permitía que las unidades regionales recibieran descuentos por volumen en aquellas compras que se realizan bajo la coordinación de la empresa y que todavía eran capaces de producir la cantidad exacta y los modelos adecuados con base en la demanda del mercado local.

MARCA GLOBAL-TOQUE LOCAL

Con el propósito de evitar que Acer se percibiera como una empresa taiwanesa, Shih instrumentó un plan en el que las unidades de negocios cooperarían pero serían libres para adquirir artículos de proveedores externos a la red de trabajo de la propia organización. De hecho, una unidad de negocios podía establecer sus propios socios comerciales a través de unidades de negocios de productos derivados independientes, empresas de riesgo compartido o algún otro tipo de táctica para edificar relaciones. Estas unidades de negocios independientes serían propiedad de inversionistas locales y las manejaría el personal local. Debido a que Shih creía en la descentralización del control y de la propiedad, esperó que los distribuidores locales a quienes se les permitía comprar acciones de la empresa, se motivaran para promover los productos de Acer. El propósito de Shih era que la mayoría de la propiedad de las unidades de negocios estuviera en manos de los nacionales del país en el que ésta operaba. Desde su punto de vista, esta política impediría que se afirmara que Acer era una empresa taiwanesa. Él creía que el control corporativo no se ganaba por medio de la propiedad sino a través de medios intangibles, como puede ser el interés común sobre el nombre de marca y la tecnología.

Libertad en Acer Hong Kong

El funcionamiento de Acer en Hong Kong sirve como punto de referencia. En el año de 1986 Michael Mak era un socio en Altos Far East Ltd. En 1990 Acer compró Altos

América y obtuvo el control de Altos Far East Ltd. Por lo tanto, a partir de 1996 Acer Far East Ltd., quedó bajo los auspicios de Acer Computer International Ltd. (con sus oficinas principales en Singapur y responsable de Asia, el Medio Oriente, África y Pacífica). Mak era un empresario por naturaleza y su personalidad era congruente con la libertad que permitía la corporación Acer.

A pesar de que él no recibió ningún tipo de ayuda financiera del grupo Acer (su operación se autofinanciaba), Mak creyó que se le daba crédito por lo que había construido en Hong Kong. La disposición de los administradores de más alto nivel de Acer era óptima y confiaron en él personalmente, por lo cual contaba con autonomía para manejar el negocio como si fuera propio.

El desarrollo de relaciones con los revendedores que generan valor agregado (distribuidores que conforman la red de intermediarios para la venta de las computadoras personales) se consideró todo un desafío. Mak definió al proceso de desarrollo de canales como "Plática, plática y más plática, simpre debe mentenerse la comunicación". Antes de que Acer adquiriera Altos Far East Ltd., existía en Hong Kong otro distribuidor independiente de Acer; sin embargo, Mak continuó construyendo más y más canales. Debido a que los distribuidores no se dedicaban a una sola empresa él consideró importante mantener una posición favorable con todos ellos.

En respuesta a las nuevas condiciones del mercado, en 1995 la estructura del canal en Hong Kong cambió. Acer Hong Kong dejó de abastecer exclusivamente a la red convencional y agregó la comercialización masiva y las tiendas departamentales como nuevos canales de ventas. No obstante, estos canales dependían directamente del proveedor para soporte técnico; el cliente no podía recibirlo del punto de compra sino que debía acudir con el fabricante. Por lo tanto, las instalaciones de Acer Hong Kong se adecuaron para ofrecer soporte técnico al usuario final. Con el aprovechamiento inteligente de sus habilidades y recursos, el grupo de Mak logró proporcionar las líneas de ayuda necesarias para ofrecer soporte técnico a los clientes.

Dentro del ambiente comercial de Hong Kong la distribución resultó ser un aspecto vital. Por lo tanto, Acer Hong Kong utilizó aproximadamente 30 canales de reventa. Mak describió la situación de esta manera:

> Los canales no son exclusivos, se influye sobre ellos tanto como sobre nosotros. Favorecemos a los que nos muestran su dedicación y, por consiguiente, trabajamos más estrechamente con los que mantenemos buenas relaciones. El canal es muy importante, en términos de una relación continua; para que las cosas funcionen debe ser una relación en que ambas partes ganen. Por ello cuando realizamos cualquier tipo de cambio no debemos aprovecharnos de los canales.

Toque local

Había competidores con base en Hong Kong que sólo competían localmente. En general, se estimó que de 30 a 40 por ciento del mercado estaba satisfecho con los productos genéricos. Mak consideraba su progreso desde un punto de inicio en cero en el año 1991 hasta el subsecuente "acaparamiento de la participación del mercado" como un logro. Trabajar con distintos tipos de canales, conforme la operación crecía en alcance y escala, y satisfacer las necesidades de soporte por parte del proveedor exigió poner mucha atención a los detalles. Puesto que la estructura de los canales había cambiado y la imagen de la marca era importante, fue necesario contar con gran conocimiento local del ambiente familiar. La valoración de Mak era:

> Nos hemos convertido en parte de su vida cotidiana, por lo cual debemos conocer su estilo de vida. Debido a que la cocina se encuentra tan cerca del cliente, podemos reaccionar de manera eficaz, es decir, dinámicamente. Pero todavía es más importante si se cuenta con la persona adecuada en el lugar apropiado. Si la persona no es la adecuada, la flexibilidad se

pierde; esa persona no debería ocupar ese puesto. Sólo al preocuparse cada vez más por saber cómo funcionan las cosas se puede hacer uso de las ideas de otros lugares.

Oportunidades para aprender

Las diversas subsidiarias de Acer (Singapur, Indonesia, Malasia, Hong Kong, etc.) estaban enlazadas entre sí electrónicamente. Establecían contacto a diario y las subsidiarias frecuentemente intercambiaban las mejores prácticas. Por su parte, los encargados de las diversas operaciones geográficas se reunían cada tres a cuatro meses. Mak indicó que las cosas pequeñas eran las que se quitaban, cosas que no podían articularse fácilmente o incluso identificarse. Por ejemplo, él sacó una idea personalmente de un comercial mexicano en video, adoptando parte del mismo y adaptando otra.

INDUSTRIA DE LA TECNOLOGÍA PARA LA INFORMACIÓN GLOBAL

Existía un consenso general acerca de que estaban ocurriendo cambios drásticos en la industria de la tecnología para la información global. A ello se agregaron muchos problemas para el suministro de componentes. Los márgenes de utilidad de esta industria altamente segmentada atrajeron a muchos nuevos jugadores, dando resultado lo que generalmente se considera una competencia feroz. Los competidores intentaron ganarse unos a otros mediante la reducción de precios o la disminución de utilidades, lo cual era posible al ser los primeros en comercializar e introducir la generación de componentes más nueva y avanzada. Debido al precio sumamente inestable de los componentes cada vez era más frecuente la introducción de nuevas generaciones de componentes. La sobreoferta de productos o incluso los componentes podrían convertirse rápidamente en pérdidas transmitidas a través de la cadena de valor. No obstante, en América del Norte se consideraba que las principales empresas de distribución estaban en una buena posición, ya que contaban con protección de precios y capacidad para obtener utilidades.

Acer fabricó más computadoras personales, teclados y monitores que cualquier otro fabricante de equipo original (OEM) en el mundo para surtir a las 30 empresas de computación más importantes. Las ventas de Acer a los fabricantes de equipo original (OEM) representaban 29 a 39 por ciento de sus ventas totales. A partir del mes de abril de 1995, Acer se mantuvo en el tercer lugar del canal de ventas al menudeo en Estados Unidos. El conocimiento de Shih acerca de la tecnología de información global así como los factores más importantes de su éxito se proporcionan en el apéndice B.

Mercado global para las computadoras personales

Desde el punto de vista geográfico, se esperaba que la región Asia Pacífico, incluyendo a Japón, representaría el mercado con más rápido crecimiento. En las maduras áreas de América del Norte y Europa Occidental, se pronosticaba que el mercado interno se convertiría en el mayor segmento del mercado, más grande que el segmento empresarial e incluso mucho más los sectores del gobierno y la educación. En algunos mercados se consideraba que el segmento del mercado interno representaría la mitad de toda la demanda de unidades de computadoras personales. Además, debido a la proliferación de los programas multimedia, algunos analistas suponían que las PC para el hogar continuarían su evolución hasta llegar a ser una herramienta educativa indispensable. Otros señalaron al Web y a Internet como el nuevo dominio que podría actuar como catalizador de la venta de computadoras personales. Sin embargo, con el advenimiento

ILUSTRACIÓN 2 Embarque de unidades de PC a todo el mundo, en millones de dólares

	1993	1994	1995	1996*	1997*	1998*
América del Norte corporativa	10.9	12.6	14.2	16.0	17.9	19.1
Consumidores en América del Norte	5.2	7.3	9.7	11.8	14.1	16.6
Europa	10.3	11.4	13.9	16.4	19.1	21.2
Japón y el resto del mundo	12.3	16.0	21.4	27.0	33.9	36.3
Total	38.8	47.4	59.2	71.2	85.0	93.2

* Aproximación.

en Estados Unidos de un explorador Web/Internet de 500 dólares, se pensó que para muchos las computadoras personales multimedia llegarían a ser obsoletas.

Dataquest pronosticaba para 1996 embarques de hasta 71.6 millones de unidades, es decir, un crecimiento en volumen de 19.1 por ciento del mercado mundial PC (13.6 por ciento del crecimiento en el mercado estadounidense en 1996). Ello representa una declinación en el crecimiento porcentual de 25.6 por ciento del año anterior a un mercado de 125 mil millones de dólares estadounidenses. De acuerdo con los informes de 1996 de Dataquest, se esperaba que el mercado mundial de computadoras personales creciera a una tasa anual compuesta de 15.9 por ciento en unidades embarcadas y 14.3 por ciento en ingresos hasta 1999, año en el que se esperaba que el mercado llegaría a efectuar envíos anuales de 100 millones de unidades.

Se estimaba que el crecimiento mundial del mercado de computadoras personales llegaría a 72.2 millones de unidades, es decir, 22 por ciento más que en 1995, debido a que se avizoraban oportunidades fuera de Estados Unidos. En 1995, el porcentaje de la población que contaba con computadoras personales era de 26 por ciento en Estados Unidos, menos de 12 por ciento en Europa Occidental, menos de 8 por ciento en Japón y menos de 1 por ciento en países del Pacífico asiático. No obstante, se anticipaba que el crecimiento porcentual en 1996 llegaría a 18 por ciento en Estados Unidos, 15 por ciento en Europa Occidental, 36 por ciento en países del Pacífico asiático, 38 por ciento en Japón y 25 por ciento en el resto del mundo.

La ilustración 2 muestra las cifras y cálculos que al respecto realizó la empresa Hambrecht & Quist.

El proveedor de computadoras personales Compaq, empresa que mantuvo su posición en la cima mundial (así como en Estados Unidos) en 1995 con ventas de 1.2 millones de unidades más que en 1994, decidió reducir su nivel de precios, en marzo de 1996 lo cual modificó la rivalidad en la industria. Algunos analistas esperaban que muchos de los proveedores más pequeños dejarían el mercado. Casi el 50 por ciento del suministro de la industria de PC provenía de empresas que controlaban individualmente menos del 2 por ciento de la participación del mercado. Los observadores de la industria especularon que Apple y Packard Bell, ambas con dificultades financieras, serían absorbidas por proveedores todavía más grandes y que empresas más seguras como AT&T y Digital Equipment terminarían por alejarse total o parcialmente de la industria de computadoras personales. No obstante, en 1995 Packard Bell llegó a ser la empresa líder dentro del mercado de computadoras personales en Estados Unidos, pero al arriesgarse a imponer una política a favor de los bajos precios en lugar de valorar la alta calidad de los productos, provocó que la empresa tuviera problemas de liquidez. La ilustración 3 proporciona información sobre los embarques mundiales de computadoras personales por proveedor.

ILUSTRACIÓN 3 Embarque de unidades de PC a todo el mundo (participación del mercado)

Vendedor	1995	1996*
Compaq	5.8 (9.9%)	7.2 (10.0%)
Apple	5.0 (8.5%)	5.7(7.9%)
IBM	4.5 (7.7%)	5.4 (7.5%)
Packard Bell	3.3 (5.6%)	3.9 (5.4%)
NEC	2.7 (4.6%)	3.4 (4.7%)
Hewlett-Packard	2.5 (4.3%)	3.6 (5.0%)
Dell	2.0 (3.4%)	2.7 (3.8%)
Acer	1.8 (3.1%)	2.3 (3.2%)
Fujitsu	1.8 (3.1%)	1.3 (1.8%)
Toshiba	1.5 (2.6%)	1.9 (2.6%)
Otras	27.9 (47.4%)	33.2 (46.3%)
Mercado total	58.8 (100%)	71.7 (100.0%)

* Aproximado.
Fuente: Dataquest.

INDUSTRIA DE LA TECNOLOGÍA PARA LA INFORMACIÓN EN CANADÁ

Distribuidores canadienses

Con respecto a la industria de la tecnología para la información en Canadá, una proporción significativa de los productos comerciales de bajo precio se trasladó directamente hacia los vendedores masivos, lo cual relegó a los distribuidores a un segundo plano. Las ventas de los distribuidores a los vendedores masivos era cada vez mayor; pero finalmente, el crecimiento de los canales de comercialización masiva había sido posible a expensas de los puntos de venta tradicionales al menudeo que se esforzaban por competir contra las comercializadoras con base en estrategias de precios bajísimos. Se reconoció que el crecimiento del mercado interno se dirigía hacia las ventas de microcomputadoras. No sólo se proyectó que los usuarios del mercado interno comprarían mayores cantidades sino que además seleccionarían equipos más costosos con más características. Las configuraciones típicas incluían unidades de disco duro más grandes, componentes para multimedia, fax-módems y una mayor cantidad de paquetes de software. En 1993 las ventas totales de los distribuidores sumaron 2.6 mil millones de dólares canadienses y en 1994, 3.1 mil millones. Los ingresos totales de los distribuidores fueron de 3.9 mil millones en 1995. Se proyectó que para 1996 las ventas de los distribuidores serían de 4.4 mil millones de dólares canadienses y que para 1997 ascenderían a 4.7 mil millones. Asimismo, se estimó que los distribuidores recibirían un margen de utilidad de 7 a 10 puntos porcentuales sobre sus ventas a los agentes y revendedores, cuyo margen era aproximadamente de 10 a 15 por ciento sobre las ventas a los usuarios finales. Por su parte, los minoristas que vendían directamente a los usuarios finales podrían esperar un margen de utilidad de 18 a 20 por ciento (de 3 a 5 por ciento más que en Estados Unidos). Entre los comercializadores de computadoras personales de marca en Estados Unidos, 60 por ciento de las ventas se realizaba a minoristas y el 40 por ciento restante se vendía a los distribuidores. En Europa entre un grupo similar de empresas, el 20 por ciento de las ventas se dirigía hacia los minoristas

ILUSTRACIÓN 4 Ingresos por distribuidor por segmento de producto en Canadá

	1994	1995	1996	1997*
Productos periféricos	30%	26%	24%	23%
Unidades centrales de procesamiento	18	22	23	25
Software	21	20	19	18
Almacenaje	11	12	13	14
Productos de comunicación	10	11	12	12
Otros (ejemplo: materiales y accesorios)	10	9	9	8

* Proyectado.
La suma de las columnas es 100%.
Fuente: Evans Report.

mientras que 80 por ciento se destinaba a los distribuidores. La ilustración 4 ilustra el ingreso de los distribuidores por segmento de producto.

A lo largo de 1995, los comercializadores masivos (ejemplo, Future Shop y London Drugs) adquirieron mayor importancia paulatinamente. Había una clara tendencia a alejarse de los pequeños minoristas locales para dirgirse hacia las cadenas nacionales de comercialización masiva. Entre la mayoría de los fabricantes y distribuidores se destacó la prioridad de aumentar al máximo sus ventas hacia el sector de comercialización masiva. Ambos grupos prepararon a equipos especiales de venta al detalle para que visitaran las tiendas con el propósito de instalar mostradores, organizar estantes vistosos, hacer un balance y entrenar al personal de ventas. No obstante, pocos fueron los distribuidores que realizaron estas tareas con los minoristas más pequeños. Los comercializadores masivos recibieron significativos “fondos para el desarrollo del mercado”. Los fabricantes proporcionaban dichos fondos debido a los altos volúmenes de efectivo generados a través de estos puntos de venta masivos y porque los comercializadores masivos contaban con entidades formales de marketing a través de las cuales podrían aumentar al máximo la efeciencia con la que invertían los fondos. Por lo tanto, los grandes integrantes del sistema extendían sus secciones de marketing con el propósito de poder tomar la mayor ventaja de las elevadas sumas que constituían los “fondos para el desarrollo del mercado” que ofrecían los fabricantes. La falta de recursos para llevar a cabo programas formales por parte de los integrantes de sistemas más pequeños y de minoristas, hacía poco probable que se incrementaran sus oportunidades para acceder a los fondos para el desarrollo de mercado.

En 1995, el ingreso de los distribuidores proveniente de los clientes fue 29 por ciento de los revendedores que generan valor agregado e integrantes de sistemas regionales; 25 por ciento de los integrantes del sistema nacional (ejemplo, SHL y Hamilton); 21 por ciento de los minoristas más pequeños y locales; 18 por ciento de los comercializadores masivos; 5 por ciento de otras fuentes, y 2 por ciento de los fabricantes de equipo original. Además, se esperaba que los ingresos de los distribuidores declinarían cuando menos un punto porcentual durante 1997, mientras que los ingresos de los distribuidores provenientes de los comercializadores masivos aumentarían más de 1.5 puntos porcentuales por año durante el mismo año.

Con respecto a las ventas por región geográfica, en 1995 los distribuidores alcanzaron 49 por ciento de las ventas totales en Ontario. Por su parte, se esperaba que en el oeste de Canadá, que en 1995 representó 24 por ciento, llegarían a 25 por ciento hacia 1997. Se esperaba que Quebec, con una porción de 20 por ciento en 1995, declinaría a 19 por ciento en 1997. El este de Canadá tuvo una participación de 6 por ciento en 1994 y de 7 por ciento en 1995.

ILUSTRACIÓN 5 Ingresos por distribuidor por segmento de producto y cliente en Canadá

	Periféricos	CPU	Software	Almacenaje	Comunicación
Revendedores que generan valor agregado e integrantes de sistemas regionales	30%	28%	21%	34%	47%
Integrantes del sistema nacional (ejemplo: SHL y Hamilton)	22	26	32	24	19
Minoristas más pequeños/minoristas locales	21	25	21	12	17
Comercializadores masivos	19	20	26	12	5
Directo	5	0	0	0	8
Fabricante de equipo original	3%	1%	0%	18%	4%
Valor del segmento (millones de dólares canadienses)	$1 000%	$869	$793	$458	$415%

La suma de las columnas es 100%.
Fuente: Evans Report.

El ingreso de los distribuidores dividido por segmento de producto y cliente se muestra en la ilustración 5. Estas cifras sólo cubren las ventas de los distribuidores y no incluyen las ventas realizadas por los fabricantes quienes también pueden vender directamente a estos canales.

Periféricos Los revendedores que generan valor agregado y los integrantes de los sistemas regionales encabezaron la lista de los clientes que compran periféricos a los distribuidores. Estos compradores carecieron de capacidad para negociar directamente con los fabricantes. La tendencia de los integrantes de los sistemas nacionales fue tratar directamente con los vendedores de impresoras láser, pero normalmente negociaron con los distribuidores volúmenes menores de productos tales como impresoras de inyección de tinta, scanners y monitores (el único producto de Acer en esta categoría).

Unidad central de procesamiento (CPU) Los revendedores que generan valor agregado y los integrantes de los sistemas regionales fueron el grupo principal de clientes de CPU de los distribuidores. Estas empresas compraban a los distribuidores debido a que carecían de la capacidad requerida para comprar directamente a los fabricantes de CPU de "primer nivel". Por su parte, los integrantes de sistemas regionales compraban a los distribuidores en aquellas situaciones en las que no alcanzaban a cubrir los volúmenes requeridos para comprar directamente a los fabricantes o cuando éstos no podían cumplir con los pedidos oportunamente. Con el propósito de que los distribuidores pudieran entrar en el negocio de los comercializadores masivos, a menudo debían igualar los precios y condiciones de los fabricantes y permitir que las cadenas negociaran los fondos para el desarrollo del mercado directamente con los fabricantes.

Comunicación La mayoría de los revendedores que generan valor agregado compraban los artículos a los distribuidores debido a que carecían de los recursos técnicos para vender y proporcionar el soporte técnico de los productos. Existían dos tipos de distribuidores para cubrir los requisitos de conectividad en red de los clientes. Algunos de ellos se especializaron en la instalación de redes de computadoras personales, con grupos de soporte técnico para proporcionar soluciones de red y de cableado; mientras que la mayoría se centró en establecer grupos especiales de soporte técnico para productos más complejos como los sistemas basados en Unix.

ILUSTRACIÓN 6 Ingresos por distribuidor y vendedor por segmento de producto y cliente en Canadá en 1995

	Periféricos	CPU	Software	Almacenaje	Comunicación
Revendedores que generan valor agregado e integrantes de sistemas regionales	17%	13%	24%	19%	45%
Integrantes del sistema nacional (ejemplo: SHL y Hamilton)	26	14	30	18	19
Minoristas más pequeños/minoristas locales	19	37	18	6	4
Comercializadores masivos	20	17	24	6	1
Directo	2	15	4	0	30
Fabricante de equipo original	16%	4%	0%	51%	1%
Valor del segmento (millones de dólares canadienses)	$2 300	$3 800	$960	$1 300	$1 600

La suma de las columnas es 100%.
Fuente: Evans Report.

Distribuidores y vendedores canadienses

Los datos sobre el ingreso por segmentos de producto y cliente se presentan en la ilustración 6. Las cifras representan el ingreso combinado de vendedores de computadoras y de los distribuidores que se estudiaron previamente.

Unidades centrales de procesamiento (CPU) La tendencia de los grandes fabricantes fue seguir la estrategia de "dos vertientes", es decir, emplear a los distribuidores para atender las necesidades de los canales de venta al menudeo, y a pequeños minoristas que generan valor agregado e integrantes de sistemas regionales cuando se empleaba la venta directa para atender a las grandes cuentas corporativas. La razón era que los consumidores exigían que los productos estuviesen en la tienda, mientras que las cuentas corporativas aceptaban plazos de entrega de un mes o más. Por su parte, los fabricantes pequeños emplearon un enfoque distinto. Estas empresas casi nunca utilizaron a los distribuidores sino que dependían del trato directo con centenares de pequeños revendedores que generan valor agregado, integrantes de sistemas regionales y puntos de venta al menudeo a lo largo del territorio canadiense.

Vendedores canadienses

En 1995, el 32 por ciento de las ventas de los fabricantes de computadoras personales se realizó a los agentes intermediarios. Este canal era particularmente favorecido por los fabricantes de computadoras personales con oficinas principales en Canadá. Los distribuidores efectuaron el 18 por ciento de las ventas; se utilizó una fuerza de ventas directa para el 15 por ciento de las mismas. En 1994 los comercializadores masivos fueron responsables de 13 por ciento de las ventas de los fabricantes y en 1995, del 14 por ciento de las mismas, por lo cual se esperaba que en 1996 representaran 16 por ciento de las ventas y en 1997, 17 por ciento. Por su parte, los revendedores que generan valor agregado y los integrantes de los sistemas regionales representaron 8 por ciento de las ventas, mientras que los fabricantes de equipos originales representaron el 4 por ciento restante.

Aunque los distribuidores podían ofrecer ahorros en las áreas de administración y logística, la relación directa entre los agentes intermediarios y los fabricante facilitó la estrecha colaboración en las áreas de ventas, marketing y capacitación o entrenamiento. Este tipo de acercamiento directo proporcionó el mayor control, pero los agentes intermediarios podrían esperar descuentos si las relaciones eran buenas. Además, si los fabricantes lograban un manejo eficaz de la logística, podrían obtener ingresos superiores. También el servicio de entrega y soporte podrían ser motivo para realizar ventas directas. Las cuentas grandes o de alguna manera importantes podrían merecer ese tipo de atención. Sin embargo, el posible peligro de este tipo de tratos radicaba en que podrían romperse las relaciones con otros canales.

Mercado canadiense de computadoras personales

En 1995, el segmento constituido por la familia y las oficinas caseras representaba 28 por ciento del mercado canadiense de computadoras personales. Se esperaba que este segmento llegaría a representar el 31 por ciento del mercado hacia 1996 y que alcanzaría 32 o 33 por ciento hacia 1997. Por su parte, dentro del mercado de las empresas, las compañías grandes representaron 23 por ciento de las ventas de 1995, porcentaje que se esperaba declinara a 20 o 21 por ciento para 1997. Las pequeñas y medianas empresas representaron 18 por ciento y 14 por ciento de embarques respectivamente en 1995. Durante ese mismo periodo, las agencias gubernamentales llegaron a obtener 9 por ciento de los embarques y las instituciones educativas 8 por ciento. Para 1997 se anticipaba que estos últimos cuatro segmentos del mercado declinarían colectivamente tres puntos porcentuales. Los vendedores estaban conscientes de que el mercado familiar y el comercial habían desarrollado características distintas. El mercado familiar no sólo estaba creciendo rápidamente sino que era particularmente lucrativo, ya que sus consumidores seleccionaban productos costosos y con características cada vez más complejas. Por esta razón, los vendedores de PC destinaron fondos cada vez mayores para publicidad y realizaron promociones a nivel tienda con el propósito de aumentar las ventas en este mercado particular.

Los analistas calcularon que existían 5.23 millones de computadoras personales en Canadá en comparación con los 74.24 millones que operaban en Estados Unidos en aquella época. Esta cifra era equivalente a 0.188 computadoras por persona en Canadá contra 0.287 en Estados Unidos. La capacidad de cómputo, medida en millones de instrucciones por segundo (mips), era de 10 533 mips en Canadá y 173 676 mips en Estados Unidos, es decir, 379.2 mips por cada mil personas en Canadá y 672.9 mips en Estados Unidos.

- *Región geográfica.* En 1995, Ontario recibió 51 por ciento de los embarques de computadoras personales, Quebec 23 por ciento, el oeste de Canadá 22 por ciento y el área del este 4 por ciento. Sin embargo, los fabricantes no anticiparon que este patrón cambiaría en el futuro inmediato.

- *Precio.* En los inicios de la década de los ochenta, la base anual de disminución de los precios fue de 15 por ciento o más. Durante la última mitad de esa década los precios se desplomaron de 5 a 10 puntos porcentuales por año. En 1993 se registró un declive de tres puntos porcentuales, los precios del último año se cayeron. Ese año el costo de una computadora personal promedio era de 1 750 dólares canadienses y el de una computadora para el hogar promedio era de 1 900 dólares por ejemplar. No obstante, en 1994 el precio de una computadora personal típica se elevó 6 por ciento, es decir a 1 849 dólares canadienses, mientras que la unidad típica para el hogar subió a 2 040 dólares canadienses. En 1995, se registró un notable aumento del 11 por ciento, por lo cual el precio medio de una computadora personal llegó a 2 052 dólares canadienses y el de una

ILUSTRACIÓN 7 Computadoras personales canadienses por tipo: Embarques de unidades e ingresos

	1994	1995	1996*	1997*
Portátiles, miles de unidades embarcadas	192	229	293	331
–(ingreso en millones de dólares canadienses)	$ 500	$ 575	$ 625	$ 675
Computadoras de escritorio, miles de unidades embarcadas	1 193	1 360	1 469	1 587
–(ingreso en millones de dólares canadienses)	$1 515	$2 030	$2 375	$2 470
Servidores, miles de unidades embarcadas	43	58	68	75
–(ingreso en millones de dólares canadienses)	$ 675	$ 810	$ 875	$ 925

* Proyectado.
Fuente: Evans Report.

computadora para el hogar a 2 358 dólares. Sin embargo, se anticipó que la computadora personal regular se vendería en 1996 a 2 113 dólares canadienses y en 1997 a 2 000. A lo largo de ese último año se esperaba que el diferencial de precio entre la computadora para el hogar y la PC de oficina fuera de 500 dólares. Esta tendencia de precios se inició en el año de 1993, pues antes de ese año, el costo de la computadora personal comercial promedio era mayor que el de las computadoras personales que normalmente se adquieren para el hogar. Por lo general, a mediados de la década de los ochenta la computadora personal media para oficina se vendía de 1 000 a 2 000 dólares canadienses más que las PC caseras.

- *Ventas.* En el año de 1994, las ventas de microcomputadoras ascendieron a casi 2.7 mil millones de dólares canadienses, es decir, un 17 por ciento más que el año anterior. Las ventas en 1995 alcanzaron los 3.395 mil millones de dólares canadienses. Por lo tanto, se esperaba que para 1996 los ingresos llegaran a 3.877 mil millones de dólares canadienses y para 1997 a 4.001 mil millones de dólares canadienses. El número de unidades que se embarcaron en 1995 fue 1 654 191, es decir, se registró un aumento de 15 por ciento en relación con 1994. El pronóstico del número de unidades que se enviarían en 1996 llegaría a 1 835 296. Por su parte, se anticipó que en 1997 se embarcarían 2 000 473 unidades.
- *Retiro.* En el año de 1995, el 18 por ciento de las computadoras personales se retiraron del servicio. Se preveía que el porcentaje de computadoras retiradas llegaría a 20 por ciento en 1996 y a 22 por ciento en 1997.

La ilustración 7 proporciona datos sobre los embarques por unidad e ingresos dentro del mercado de computadoras personales en Canadá. Se esperaba que la porción de computadoras de escritorio de las unidades enviadas declinara, aun cuando se esperaba que los ingresos provenientes de estas ventas aumentaría.

Respecto a los proveedores, la ilustración 8 proporciona un desglose de los 12 líderes del mercado de computadoras personales en Canadá con base en los embarques de unidades, los cuales incluyen embarques para todo tipo de mercados (comercial o de oficina, familiar y no lucrativos).

En comparación con los embarques de unidades, la información sobre los ingresos generados en el año de 1995 proporciona un escenario distinto. Ambas, Compaq e IBM

ILUSTRACIÓN 8 Proveedores líderes en Canadá por participación de mercado

	Rango previo a 1993	1993	1994	1995
Compaq	6 en 1990, 4 en 1991, 3 en 1992	7.6%	12.0%	12.7%
IBM	1 en 1992	14.8	14.6	12.6
Apple	1 en 1991, 2 en 1992	11.1	11.0	9.8
AST	18 en 1991, 5 en 1992	5.0	5.7	7.7
Sidus*	11 en 1991, 6 en 1992	4.7	7.3	5.5†
NEC				5.0
3D*	8 en 1991, 4 en 1992	3.7	3.7	
Dell	7 en 1992	2.8	2.7	
Seanix*		2.7	2.5	
Empac*		2.6	2.6	
STD		2.5	2.5	
Mynix*		2.2	2.5	

* Empresas con oficinas principales en Canadá.
† La porción de Sidus baja a 4 por ciento si se excluyen los embarques OEM.
Fuente: Evans Report.

registraron por separado el 21 por ciento de los ingresos de la industria en 1995. Por su parte, Apple captó 16 por ciento y AST el 8 por ciento de los ingresos de la industria. NEC recibió 6 por ciento, Toshiba el 5 por ciento y Sidus el 3 por ciento del ingreso del sector industrial.

Con respecto al mercado de computadoras personales para el hogar, en 1995 Apple captó 18 por ciento de ese lucrativo mercado. Compaq la secundó con una participación del 11 por ciento. IBM y AST, los siguieron con 10 por ciento cada una. Por su parte, Packard-Bell tuvo una participación del 6 por ciento del mercado de computadoras personales para el hogar. Además, Hewlett-Packard, considerado como un competidor adicional dentro de la industria de computadoras personales para el hogar, entró en el mercado canadiense.

Anthony Lin había seguido de cerca el desempeño de sus competidores en América del Norte. NEC estaba dejando atrás la fabricación de computadoras personales en Estados Unidos. Por su parte, Apple también estaba disminuyendo su fabricación mundial, incluso en Canadá. Digital Equipment, con la planta de ensamble industrial de computadoras más grande en Canadá, mantenía un curso estable. Sidus estaba extendiendo sus operaciones y adquiría terrenos para abrir una planta industrial en Austin, Texas. Asimismo, Gateway planeaba invertir 18 millones de dólares en una planta industrial en Estados Unidos. AT&T se alejaba cada vez más del negocio de las computadoras personales, mientras que MCI adquirió a la empresa SHL. El 9 de agosto Compaq anunció sus intenciones de "construir sobre pedido", algo que los constructores de clones/genéricos ya venían haciendo. El impulso de Compaq radicaba en sus intenciones de contrarrestar la amenaza de perder el negocio. De hecho, IBM ya contaba con un programa de construcción sobre pedido para Canadá. Con capacidades de ensamble limitadas, el programa de construcción sobre pedido de IBM primero buscó a sus agentes intermediarios principales y a los distribuidores. Por su parte, AST apoyó un centro de configuración canadiense que se centró en agentes intermediarios directos. Recientemente Sidus había economizado recursos con el propósito de concentrarse en el negocio central de la fabricación de computadoras. Distribuidores como Merisel e Ingram Micro incluso habían agregado instalaciones para la configuración. Lin observó las acciones de sus competidores y se preguntaba si efectuar el ensamble en Canadá significaba más una necesidad que una característica adicional.

OPERACIONES DE ACER EN AMÉRICA DEL NORTE: ACER AMÉRICA

Ronald Chwang era el Presidente y Director Ejecutivo de la Corporación Acer América, el octavo fabricante más grande de computadoras de Estados Unidos. Chwang tenía un doctorado en ingeniería eléctrica, era ciudadano canadiense y se había graduado en McGill University. Según él, Acer América, cuyas oficinas principales se encontraban en San José, California, manejó exitosamente la transición de tecnología clave hacia los últimos procesadores Pentium de Intel y proporcionó las primeras computadoras personales comerciales con el programa Microsoft Windows 95 precargado.

Acer América registró ingresos por 1.44 mil millones de dólares estadounidenses en 1995 y 858 millones de dólares en 1994. Antes de eso, Acer América se había ganado la reputación de ser responsable de que la Corporación Acer presentara ganancias negativas de 1990 a 1992. Acer América contaba aproximadamente con 10 por ciento de todos los empleados de Acer en el mundo y era responsable de las operaciones de ingeniería, manufactura y marketing en Estados Unidos y, ahora, en Canadá. Estados Unidos era uno de los cinco países con manufactura, los otros eran Holanda, Taiwán, Malasia y Filipinas.

Chwang sabía que Acer América, con clara visibilidad financiera, se preparaba para su próxima fase de crecimiento comercial, así como para una eventual primera oferta pública de sus acciones en Estados Unidos. Chwang declaró en documentos formales de la compañía que "El señor Lin ha demostrado en forma permanente su habilidad para generar oportunidades comerciales para Acer, así como para desarrollar estrategias para el crecimiento futuro". En 1996, 60 por ciento de las ventas de Acer América eran al consumidor y 40 por ciento a comercios. La ilustración 9 muestra la actividad de los vendedores principales de computadoras personales en Estados Unidos en 1995.

Lin sabía que después del Tratado de Libre Comercio de América del Norte (TLC) se había generado un cambio en la estructura de los canales y que el mercado de América del Norte era inmensamente diferente al que había sido antes. Con las fronteras abiertas, los productos podrían trasladarse fácilmente de norte a sur siempre y cuando se agregara en alguno de los tres países miembros 50 por ciento o más del valor del producto. Como resultado, la mayor capacidad de almacenaje de computadoras personales se encontraba en Estados Unidos. En primer lugar era nacional y estaba centralizado, y su principal preocupación radicaba en los aspectos logísticos. Lin sabía que los distribuidores eran un sector muy fuerte en Estados Unidos. Por lo tanto, para que los proveedores tuvieran éxito, resultaba vital el desarrollo de relaciones directas con los distribuidores. En ese país los distribuidores lograban economías al contar con más de un proveedor. La ilustración 10 muestra la cantidad de computadoras personales vendidas en Estados Unidos y la ilustración 11 proporciona los ingresos de las empresas estadounidenses por la venta de computadoras personales.

SITUACIÓN ACTUAL DE ACER EN CANADÁ

Las operaciones de Acer en Canadá sirvieron de conducto para que Acer América pudiera entregar sus productos a los distribuidores canadienses. Las instalaciones en Canadá sólo manejaban embarques y reparaciones de los productos de Acer para los clientes en ese país, pues en ese momento la empresa no vendía directamente ningún producto a los consumidores canadienses, pero proporcionaba el servicio de reparación y embarque de todos los productos de Acer a los clientes canadienses. Lo que intentaba Anthony Lin como administrador general de operaciones de Acer América en Canadá era contar con una línea completa de productos que se vendiera a través de diferentes canales a los distintos grupos objetivo, es decir, al sector comercial, para el hogar y grupo no lucrativos (gobierno y educación).

ILUSTRACIÓN 9 Los 10 proveedores de PC más importantes en Estados Unidos, 1995

Proveedor	Embarques en millones (participación de mercado)
Compaq	2.198 (11.8%)
Apple	2.153 (11.5%)
Packard Bell	2.125 (11.4%)
IBM	1.640 (8.8%)
Gateway 2000	.934 (5.0%)
Dell	.787 (4.2%)
AST	.721 (3.9%)
Toshiba	.618 (3.3%)
Acer	.464 (2.5%)
Hewlett-Packard	.445 (2.4%)
Otros	6.615 (35.4%)
Total en Estados Unidos	18.700 (100.0%)

Fuente: International Data Corporation.

ILUSTRACIÓN 10 Venta de unidades PC por distribuidor en Estados Unidos (en miles)

Distribuidor	1991	1992	1993	1994	1995	1996*	1997*
Tiendas especializadas en computación	3 726	3 952	4 231	4 385	4 477	4 512	4 540
Supertiendas de computación	330	564	835	1 159	1 505	1 832	2 166
Integrantes del sistema/VAR	942	1 023	1 067	1 111	1 155	1 200	1 243
Ensambladoras locales	1 033	1 215	1 382	1 560	1 669	1 764	1 844
Supertiendas de productos de oficina	134	253	357	473	593	732	878
Tiendas de consumibles electrónicos	722	809	898	990	1 086	1 189	1 296
Supertiendas de consumibles electrónicos	225	378	540	733	944	1 154	1 325
Clubes de almacenes	174	233	292	342	410	479	537
Otros vendedores masivos	336	511	632	773	927	1 085	1 244
Venta directa/órdenes por correo	1 220	1 650	1 985	2 185	2 370	2 550	2 720
Fuerza de ventas directa	772	654	572	514	466	430	410
Otros canales de distribución	399	420	439	458	477	497	518
Total de unidades de PC vendidas en Estados Unidos	10 014	11 663	13 229	14 681	16 079	17 425	18 721
Índice de crecimiento anual	6.7%	16.5%	13.4%	11.0%	9.5%	8.4%	7.4%

* Aproximado.
Fuente: Evans Report.

Lin estaba totalmente consciente de que la filosofía de Acer de emplear los distribuidores locales debido a su experiencia anterior, su conocimiento del ambiente de negocios y su comprensión del mercado, colocaba a la empresa en una mejor posición para acceder a los mercados. Por lo tanto, con el apoyo de un veterano de la industria canadiense de la computación, Lin estaba seguro de que contaba con un poderoso sentido que le indicaba lo que era y lo que no era posible lograr. Rápidamente reconoció muchos de los problemas comunes asociados con el hecho de introducir un producto a

ILUSTRACIÓN 11 Ingresos por computadoras personales en Estados Unidos (millones de dólares estadounidenses)

Distribuidor	1991	1992	1993	1994	1995	1996*	1997*
Tiendas especializadas en computación	$9 885	$10 764	$11 527	$12 100	$12 410	$12 733	$12 989
Supertiendas de computación	637	1 209	1 988	2 751	3 499	4 226	4 848
Integrantes del sistema/VAR	3 917	4 195	4 472	4 741	5 014	5 221	5 426
Ensambladoras locales	2 064	2 544	3 057	3 615	3 900	4 011	4 110
Supertiendas de productos de oficina	226	495	815	1 077	1 308	1 583	1 881
Tiendas de consumibles electrónicos	1 166	1 429	10 806	2 042	2 212	2 385	2 571
Supertiendas de consumibles electrónicos	348	694	1 128	1 540	1 907	2 319	2 671
Clubes de almacenes	269	415	593	702	817	941	1 061
Otros vendedores masivos	509	899	1 262	1 564	1 823	2 108	2 397
Venta directa/órdenes por correo	2 770	4 129	5 061	5 764	6 193	6 613	7 036
Fuerza de ventas directa	2 108	1 836	1 632	1 515	1 390	1 310	1 283
Otros canales de distribución	839	938	1 019	1 102	1 147	1 193	1 214
Total de unidades de PC vendidas en Estados Unidos	$24 738	$29 548	$34 360	$38 514	$41 622	$44 642	$47 488
Índice de crecimiento anual	0.5%	19.4%	16.3%	12.1%	8.1%	7.3%	6.4%

* Aproximado.
Fuente: Evans Report.

Canadá, por ejemplo, los requisitos bilingües con que debe cumplir el empaque. Asimismo, las instrucciones de soporte técnico también tendrían que proporcionarse en los dos idiomas, inglés y francés.

Como veterano de la organización Acer, Lin sabía que la toma de decisiones era caracterizada como informal pero que aun así, seguía un patrón coherente. El proceso tomaba en cuenta la antigüedad, categoría y profesionalismo, así como el reconocimiento de la especialización y la dedicación que los individuos mostraran hacia Acer.

Lin creía que el servicio en Canadá a los revendedores y, finalmente, a los clientes, podría mejorarse por medio del ensamble local de las computadoras personales, lo que además ofrecería una inmensa "oportunidad". Debido a la rápida depreciación de las computadoras personales, los agentes intermediarios no deseaban conservar ningún tipo de inventario, por consiguiente, tanto a ellos como a sus clientes les beneficiaría contar con tiempos de rotación cortos, un lujo que sería posible gracias al ensamble local. También, los plazos de entrega cortos para los componentes permitiría que Acer tuviera control local sobre el "mecanismo para activar y/o desactivar", su producción lo cual aumentaría la competitividad local de la firma. Lin consideraba que los ingredientes principales de las computadoras personales eran el microprocesador, el disco duro y la memoria. Acer realizaba toda la manufactura de la memoria, pero no tenía ningún control sobre la fabricación de los otros dos componentes. Gracias a que comprendía la curva sonriente de Shih, Lin observó que la estructura de los costos de la industria de las computadoras personales desde el productor hasta el consumidor comprendía tres partes: materias primas, ensamblaje y desarrollo y mantenimiento de canales. Las materias primas y dirección de canales tenían costos altos, mientras que el ensamblaje era comparativamente bajo.

En la era del comercio liberalizado, algunas empresas multinacionales consolidaron sus operaciones y se retiraron de Canadá, lo cual dio como resultado que el mercado canadiense dependiera cada vez más de Estados Unidos. En ese entonces las operaciones de Acer en Canadá estaban concentradas en una oficina ubicada en Mississauga, Ontario, que funcionaba como intermediario entre Acer América y el mercado canadiense. La empresa siempre había ido contra la corriente, pero, ¿acaso sus operaciones en Canadá únicamente debían constar de una sucursal de ventas o convertirse en una entidad autosuficiente? Esta última decisión exigiría que Lin inventase la estrategia, la estructura y los mecanismos de control.

APÉNDICE A

Oficinas principales de la casa matriz

Acer Incorporated	Taipei, Taiwán

Oficinas principales regional

Acer America Corporation	(América del Norte)	San José, California, Estados Unidos
Acer Computer B.V.	(Europa)	Holanda
Acer Computer International Ltd.	(Asia, Medio Oriente, África, Pacífica)	Singapur
Acer Computec Latin America	(América Latina)	México
Acer Sertek Incorporated	(Taiwán y China Continental)	Taipei, Taiwán

Operaciones mundiales

Acer Computer International, CIS	Moscú, Rusia
Acer Computer (Far East) Ltd.	Hong Kong
Acer Computer (M.E.) Ltd.	Dubai, Emiratos Árabes Unidos
Acer Computer Turkey	Estambul, Turquía
Acer Japan Corporation	Tokio, Japón
Acer Korea Co. Ltd.	Seúl, Corea del Sur
Acer Market Services Ltd.	Beijing, República Popular China
Acer Sales & Services Sdn Bhd	Kuala Lumpur, Malasia
Acer Sertek Incorporated	Taipei, Taiwán

Australia y Nueva Zelanda

Acer Computer Australia Pty Ltd. — Ryde del Norte, Nueva Gales del Sur, Australia

Oficinas de ventas en Australia del Sur, Australia Occidental, el territorio de la capital australiana, Victoria y Queensland.

Acer Computer New Zealand Ltd. — Auckland, Nueva Zelanda

Oficinas de ventas en Wellington.

América Latina

Acer Latin America	Miami, Florida
Oficinas de ventas:	
Acer Argentina	Buenos Aires, Argentina
Acer Chile	Santiago, Chile
Acer Colombia	Bogotá, Colombia
Acer de Venezuela	Caracas, Venezuela

Europa

Acer Belgium NV	Antwerpen, Bélgica
Acer Computer B.V.	Los Países Bajos
Acer Computer France	París, Francia,
Acer Computer GmbH	Hamburgo, Alemania
Acer Computer HandelsgmbH	Wien, Austria
Acer Computer Norway A/S	Asker, Noruega
Acer Computer Representative Hungary	Budapest, Hungría
Acer Computer Iberica, S.A.	Barcelona, España
Acer Italy s.r.l.	Milán, Italia
Acer Scandinavia A/S	Dinamarca
Acer UK Limited	Reino Unido

América del Norte

Acer América San José, California

Oficinas de ventas en: Mississauga, Ontario (Canadá); Boston, Massachusetts (Boston); Rolling Meadows, Illinois (noroeste central); Farmington Hills, Michigan (región central); Dallas, Texas (centro sur); Duluth, Georgia (sudeste); Wyckoff, New Jersey (Medio Atlántico Norte); Bayville, Nueva York (metro de Nueva York); Issaquah, Washington (noroeste); Akron, Ohio (noreste central); Costa Mesa, California (sudoeste); Vienna, Virginia (ventas gubernamentales).

África

Acer África (Pty) Ltd. Sudáfrica

APÉNDICE B

Curva de valor agregado de la industria de PC

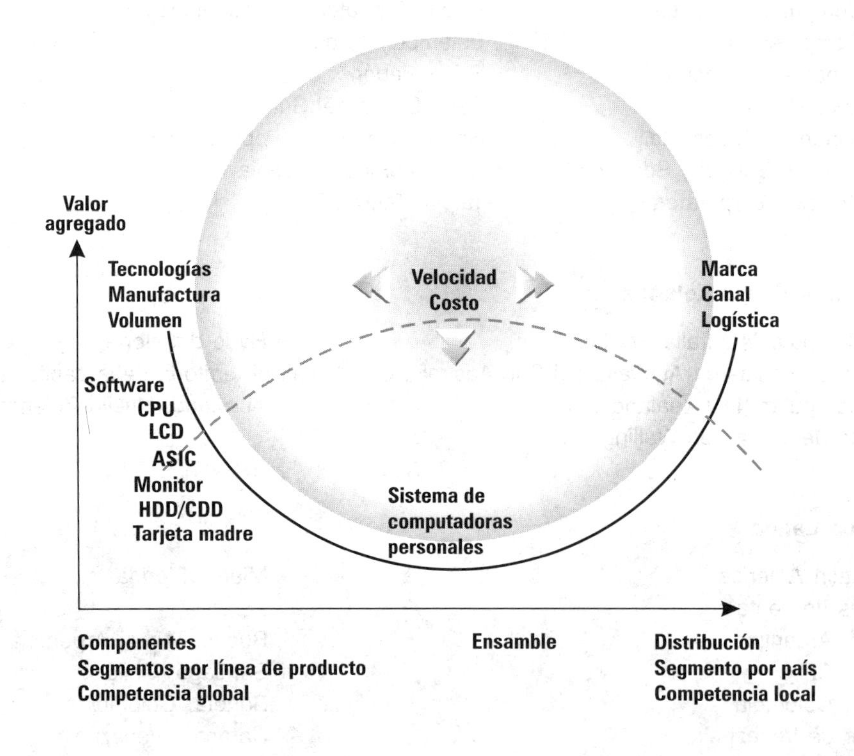

La principal clave del éxito en la industria actual es proporcionar valor. Esto significa que las compañías para tener éxito en el desintegrado ambiente comercial actual deben efectuar las acciones correctas en los segmentos comerciales que generan "valor agregado". Para explicar la tendencia de la desintegración, Stan propuso esta gráfica que parece una gran sonrisa, a la que él llama su "curva sonriente". El valor de la producción de componentes se agrega al lado izquierdo y el marketing/distribución en el derecho.

En la actualidad, no existe ningún valor agregado en el ensamble de computadoras, pues todos podemos construir una computadora personal. Sin embargo, para tener éxito en la nueva era de la tecnología de la información (TI), es necesario ganar una posición en la cúspide del segmento de los componentes, tal como el software, CPU, DRAM, ASIC, monitores, almacenaje, etc., o bien como líder de distribución dentro de un país o región.

La clave del éxito en el lado de los componentes de la gráfica es la competitividad global. Las normas universales de los componentes significan competencia global, por lo cual, si lo que usted pretende es algún segmento de los que se ubican en el lado izquierdo, necesita invertir en tecnología y contar con una gran capacidad industrial para lograr economías de escala. Por su parte, en el lado de la distribución, donde la competencia es local, usted puede tener éxito a través de una buena imagen, conocimiento del nombre de marca, un buen manejo de los canales y procesos logísticos eficaces.

Cabe señalar que en el ambiente industrial desintegrado actual existe una regla simple: Si usted no es un líder de los segmentos del mercado, simplemente no podrá sobrevivir. Tanto en el lado derecho como en el izquierdo de la curva, la velocidad y el costo son dos factores importantes para el éxito en un ambiente de este tipo. "Velocidad" significa tiempos rápidos para comercializar nuevos productos y respuestas rápidas para cambiar en la industria. "Costo" incluye minimizar los gastos generales, reducir los inventarios y administrar los riesgos eficientemente. Sólo los líderes de cada segmento sobrevivirán, por lo cual, cualquiera que logre comprender el significado de esta curva terminará sonriendo en el futuro.

Dentro de la actual industria de las computadoras personales, la mayoría de las principales empresas son "compañías de computación sin computadoras". Estas empresas concentran sus acciones principalmente en el marketing y tienen poco o nada que ver con la parte del negocio relacionada con los componentes. La velocidad es el factor principal que determinará el futuro éxito o fracaso de estas compañías. No obstante, también el costo es un factor importante para obtener el éxito a largo plazo. En el lado de los componentes, Acer se encuentra entre las cinco empresas más importantes del mundo dentro de todos los segmentos que normalmente perseguimos. Con respecto a la distribución, actualmente Acer representa la séptima marca más grande del mundo en relación con computadoras personales, la novena más grande en Estados Unidos y la número uno en el Medio Oriente, América Latina y el sudeste de Asia. Luego de haber alcanzado un nivel tan alto en tantos países en vías de desarrollo, el propósito actual de la compañía es tratar de posicionarse entre las 10 primeras en los mercados de Europa y entre los 5 primeros lugares a nivel mundial.

(El sitio web de Acer es *www.acer.com*.)

CASO 7

Rocky Mountain Adventures, Inc.

John E. Gamble, *University of South Alabama*

Mientras su vuelo de LanChile ascendía desde el Aeropuerto Arturo Benitez de Santiago, Chile, Bill Peisner observó Los Andes desde el ala derecha del Boeing 767 y comenzó a reflexionar sobre su más reciente viaje a América del Sur. Durante los últimos seis y medio días, él y sus seis colegas pescadores habían pescado y liberado más de 500 truchas arcoiris de arroyo, color café la mayoría de las cuales pesaban entre 1 y 3 libras, pero muchas de las cuales eran tamaño trofeo —las más grandes de más de 6 libras—. La pesca con mosca era tan increíble como la belleza de los ríos que corrían dentro de la vista de los picos de las Tres Monjas, cuyas cimas de granito cubiertas de nieve se levantaban a más de 7 000 pies desde su base, y sólo la camaradería del grupo de pescadores de trucha podía superarla. Mientras Bill evaluaba el viaje, encontró difícil de creer que este estilo de vida era, de hecho, una importante parte de su trabajo.

Bill y su socio, Dave Costlow, eran los dueños de Rocky Mountain Adventures (RMA), una compañía especializada en artículos para actividades al aire libre, en Fort Collins, Colorado. La compañía vendía y rentaba equipo para esparcimiento al aire libre, guiaba excursiones en balsa en cinco ríos de Colorado, guiaba excursiones de pesca con mosca en Colorado y Wyoming, y coordinaba expediciones guiadas de pesca con mosca, excursionismo y recorridos en balsa en Siberia y la región de la Patagonia en Chile y Argentina. El alcance de las operaciones de RMA y sus ingresos anuales se habían incrementado sustancialmente desde que la compañía había sido comprada por Dave y Bill en 1993. Antes de la adquisición por sus propietarios actuales, RMA era una pequeña empresa de Fort Collins, especializada en artículos para actividades al aire libre, con aproximadamente 5 000 clientes de paseos en balsa al año. En 1997, RMA, bajo el liderazgo de Peisner y Costlow, generó casi un millón de dólares en ingresos por ventas al menudeo de equipo, ropa y accesorios para actividades al aire libre; cuotas por excursionismo guiadas de pesca y de paseo en balsa; ventas de fotografías; cuotas por instrucción en deportes de remo y pesca con mosca; y renta de equipo para actividades al aire libre.

Antes de la primavera de 1998, Bill Peisner y Dave Costlow habían identificado una variedad de posibilidades de crecimiento adicional. Las oportunidades que habían identificado incluían añadir un restaurante en el segundo piso de su tienda de Fort Collins; construir un refugio y albergue de montaña en el norte de Colorado o el sur de

 Ciertos nombres y cifras han sido modificados para proteger la confidencialidad.

Wyoming, con la intención de crear más tráfico de clientes en algunos de los ríos donde solían organizar viajes por los rápidos, y formar más expediciones de pesca con mosca y recorridos en balsa, a lugares exóticos en el extranjero. Las 12 horas de vuelo de Bill le dieron tiempo para pensar sobre el éxito de la compañía y ponderar el futuro de RMA. Ésta había experimentado un crecimiento considerable y le había permitido a los socios llevar vidas emocionantes, pero aún tenía que proveer una utilidad excepcional sobre sus rendimientos a su inversión excepcional. Bill pensó que cuando llegara a Denver podría tener una mejor evaluación de algunas de las oportunidades de crecimiento que él y Dave habían discutido antes de su viaje a la Patagonia.

ANTECEDENTES DE LA COMPAÑÍA

Rocky Mountain Adventures, Inc., se fundó como Adrift Adventures a finales de los setenta en Fort Collins, Colorado, por Pat y Robin Franklin. Los Franklin, que habían estado interesados por mucho tiempo en las actividades de esparcimiento al aire libre, comenzaron el negocio para darle un mayor grado de emoción a sus vidas y para complementar sus salarios de Colorado State University. Durante su primera década, la compañía fue operada desde el garage de los Franklin, en donde almacenaban sus balsas, remos, salvavidas y demás equipo. Casi todos los sábados durante los meses de verano, los Franklin cargaban sus balsas en un remolque y manejaban a Ted's Place —una pequeña estación de servicio en Fort Collins— para encontrarse con los clientes que les habían llamado durante la semana para programar una excursión en balsa. Una vez que todos estaban reunidos en Ted's Place, el equipo partía hacia el río Cache La Poudre, fuera del pueblo, para pasar el día sorteando los rápidos del río.

El volumen de Adrift Adventures aumentó gradualmente con los años, hasta el punto en que los Franklin se vieron forzados a contratar guías adicionales durante la temporada de excursiones de verano en balsa de Colorado, y a rentar una bodega para almacenar las balsas de la compañía. Para 1993, los ingresos de la compañía y su renta neta, habían ascendido a alrededor de 125 000 y 30 000 dólares, respectivamente. Los Franklin estaban muy contentos con el desempeño de Adrift Adventures, pero se vieron forzados a vender el negocio cuando Pat aceptó un empleo como profesor asistente en San Francisco State University.

Un cambio de propietarios

El interés de Dave Costlow en las actividades de esparcimiento al aire libre venía desde su adolescencia en Virginia, cuando empezó a disfrutar el canotaje. A medida que su dominio del canotaje se desarrollaba durante sus 20, Dave empezó a interesarse en otros deportes de remo como la balsa y el kayac. Eventualmente, se convirtió en guía de balsa del programa de actividades recreativas al aire libre de University of Virginia (UVA, por sus siglas en inglés), mientras hacía su doctorado en psicología educacional en dicha universidad, a finales de los ochenta y principios de los noventa. Las experiencias en actividades al aire libre de Bill Peisner comenzaron cuando pescó y recorrió en balsa el río Red Cedar en Michigan, siendo un adolescente. Bill continuó pescando y haciendo excursiones en balsa durante la preparatoria y a lo largo de su carrera universitaria en Rollins College y en UVA. Como Dave, Bill conoció a otros muchachos que hacían excursiones en balsa en UVA y, eventualmente, comenzó a trabajar con el programa de actividades recreativas al aire libre de la universidad.

Bill y Dave trabajaron juntos en varias excursiones de balsa de la universidad, y conforme se acercaba el final de sus programas de posgrado, comenzaron a discutir la posibilidad de operar juntos un negocio especializado en actividades al aire libre en Utah, Colorado o Wyoming. El director del programa de actividades recreativas al aire libre y excursiones de UVA, conocía el interés de Bill y Dave en comprar un negocio especializado en excursiones en balsa y le dijo a Bill que había escuchado que Adrift Adventures estaba en venta. Bill se sentía feliz de haberse enterado tan pronto de un negocio especializado en artículos para actividades al aire libre en venta, y llamó a los Franklin para obtener alguna información básica sobre el negocio y su precio de venta. Después de que Bill informó a Dave sobre su conversación con los Franklin, ambos decidieron volar a Fort Collins, en octubre de 1992, para inspeccionar más de cerca el negocio. Mientras Bill y Dave estaban en Colorado y tan pronto estuvieron de regreso, evaluaron la adquisición potencial examinando las oportunidades de esparcimiento al aire libre en Colorado y evaluando la posición competitiva de Adrift Adventures en la industria local de artículos para actividades al aire libre.

Bill y Dave determinaron que Adrift Adventures estaba en muy buena forma tanto desde el punto de vista competitivo, como del financiero, y parecía haber amplias oportunidades de crecimiento y de convertir a la compañía en un negocio mucho más exitoso. Dave, Bill y los Franklin acordaron un precio para el negocio, y en marzo de 1993, Bill y Dave tomaron a su cargo las operaciones. Durante los primeros dos meses después de la transferencia de propietarios, los nuevos socios cambiaron el nombre de la compañía a Rocky Mountain Adventures, aprovecharon la temporada baja para desarrollar estrategias que atrajeran clientes y crearon una serie de políticas y procedimientos de operación. Los socios también evaluaron estrictamente el inventario de mercancía de la tienda, el equipo para renta y el equipo para recorridos en balsa. Los activos de la compañía eran adecuados, pero muy limitados, y era obvio que Bill y Dave tendrían que hacer inversiones importantes en el negocio además del pago de su compra.

La estrategia de los nuevos socios para hacer crecer el negocio A principios del primer año como socios, Bill y Dave acordaron que no tendrían salario para que todo el exceso de flujo de efectivo pudiera reinvertirse en el negocio. Los gastos de capital se destinaron principalmente a mejorar la tienda de Fort Collins, abrir refugios para excursiones en balsa en Buena Vista, Colorado y Estes Park, Colorado, y comprar mercancías y equipo adicional. En 1996, Bill y Dave pensaron que los requisitos de capital del negocio habían disminuido y que podían comenzar a recibir modestos salarios anuales.

La primera estrategia implementada por los socios en 1993, fue incrementar el número de clientes de RMA para excursiones en balsa. El gobierno de Estados Unidos permitía a la compañía llevar de 100 a 120 pasajeros en balsa al día a lo largo del Cache La Poudre (pronunciado *puder*), pero RMA vendía en promedio sólo 50 viajes en balsa guiados al día. Bill y Dave creían que la compañía podría acercarse a su límite de 100 pasajeros al día desarrollando una estrategia de diferenciación enfocada a una imagen distintiva y utilizando un método de marketing más efectivo.

En su mayoría, las compañías especializadas en artículos para excursiones en balsa tenían una cierta imagen de gentuza. Muchos operaban negocios con poco personal, daban sólo el mantenimiento esencial al equipo y a menudo funcionaban sobre la marcha, poniendo mínima atención a los detalles. Mientras que era común para muchos de estos proveedores utilizar equipo muy usado y transportar a los excursionistas desde sus refugios al río en autobuses de escuela viejos y desvencijados, RMA compraba y mantenía balsas de calidad, y decoraba sus autobuses blancos con una gran ola azul. La compañía comercializó sus viajes con vacacionistas individuales y con corporaciones y otras organizaciones que pudieran estar interesadas en viajes para grupos grandes. La compañía alcanzó el límite de pasajeros, estipulado por la ley, tres años después de implementar su nueva campaña de marketing. Durante el siguiente año, RMA comenzó a ofrecer viajes en balsa en otros cuatro ríos de Colorado, para seguir incrementando sus ingresos anuales.

La compañía expandió sus servicios de actividades recreativas al aire libre guiadas, para incluir la pesca con mosca en 1995, cuando el Servicio Forestal del Departamento de Agricultura de los Estados Unidos (USDA, por sus siglas en inglés), emitió un prospecto de viajes guiados de pesca con mosca en el río Cache La Poudre. Durante este mismo periodo, la compañía también comenzó a ofrecer cursos de canotaje en kayac en el área de Fort Collins tanto a residentes del área como a visitantes. Las expediciones internacionales de pesca con mosca, recorridos en balsa y excursionismo se añadieron a la serie de servicios de la compañía en 1994 y 1995 como parte de su estrategia de crecimiento. La ilustración 1 muestra la declaración de ingresos de RMA para el periodo de 1994-1997. Un balance para el final del año 1997 se presenta en la ilustración 2.

PANORAMA DE LA INDUSTRIA DE LAS ACTIVIDADES RECREATIVAS AL AIRE LIBRE

La industria de las actividades recreativas al aire libre incluía la manufactura de equipo y la prestación de servicios de actividades tales como ciclismo de montaña, escalada y rappel, campismo, pesca, caza, excursionismo, excursionismo con mochila, canotaje en kayac, canoa y balsa, esquí y golf. Algunas de estas actividades requerían equipo muy especializado y el empleo de un guía o instructor, mientras que otras no requerían virtualmente de ningún equipo especializado ni conocimientos específicos. En 1995, casi 67 por ciento de los estadounidenses caminaba como una actividad de esparcimiento, a 44 por ciento le gustaba nadar y a un 27 por ciento consideraba la observación de las aves una actividad recreativa agradable. Las tasas de participación en actividades al aire libre disminuían conforme el uso de equipo y conocimientos especiales aumentaba. Alrededor de 25 por ciento de los estadounidenses acampaba y daba caminatas en la montaña, 14 por ciento jugaba golf, un poco más del 8 por ciento practicaba el esquí de montaña, el 8 por ciento participaba en excursiones por río en balsa o flotante, 4.5 por ciento disfrutaba del montañismo, 3 por ciento iba a pescar con carnada falsa, y 0.7 por ciento practicaba el kayac en lagos, arroyos y ríos de Estados Unidos.

Los porcentajes de participación variaba en gran medida conforme al nivel de ingresos y la edad. Sólo alrededor de un tercio de las familias o individuos con bajos ingresos participaba en actividades al aire libre, y todavía menos participaban en actividades de esparcimiento al aire libre que requirieran de viajes o de equipo costoso. A pesar de que las familias con ingresos medios y altos eran quienes más participaban en actividades recreativas al aire libre que requerían de viajes o equipo especializado, los miembros de familias con altos ingresos tenían el doble de probabilidades de involucrarse en este tipo de actividades más costosas que los individuos de ingresos medios. La ilustración 3 presenta los porcentajes de participación en Estados Unidos, en una selección de actividades al aire libre en 1987 y de 1993 a 1997, y la ilustración 4 presenta los porcentajes de participación de Estados Unidos, basados en niveles de ingreso.

El aumento o la desminución en varias actividades al aire libre se explicaba, hasta cierto punto, por la composición de la población estadounidense. Los 81 millones de *baby boomers* (aquellos que nacieron entre 1945 y 1964) eran el grupo consumidor más importante de la industria de las actividades recreativas al aire libre, por su poder adquisitivo discrecional, sus estilos de vida que favorecían las actividades de esparcimiento, y una cantidad de tiempo libre que crecía conforme se acercaba su época de retiro. Como generación, los *baby boomers* habían adoptado una filosofía de "regreso a la naturaleza", pero se esperaba que conforme fueran envejeciendo, sus gastos en actividades al aire libre se volverían secundarios con respecto a aquellos para la educación universitaria de sus hijos y su propio retiro y futuros gastos médicos. La composición demográfica de Estados Unidos continuaría cambiando, ya que en 1997 había 5 millones de adultos menos en el rango de 35 años que en 1988. Asimismo, se esperaba que, entre 1998 y el año 2008, el número de personas entre los 30 y 44 años disminu-

ILUSTRACIÓN 1 Declaración de ingresos de Rocky Mountain Adventures, Inc., 1994-1997

Ingresos	**1997**	**1996**	**1995**	**1994**
Viajes guiados en balsa	$494 104	$456 689	$416 200	$286 246
Viajes guiados de pesca	9 847	7 696	9 394	336
Excursiones internacionales	109 874	23 222	45 048	10 940
Renta de equipo	66 895	40 207	40 590	15 314
Fotografía	47 855	41 828	28 807	15 598
Instructores	21 235	12 552	7 537	5 356
Ventas a menudeo				
Comida	2 341	3 689	3 679	1 860
Playeras	32 755	30 671	36 102	21 436
Accesorios	20 854	21 972	13 278	10 367
Equipo	158 958	126 539	50 360	25 444
Libros	3 437	2 226	2 212	998
Otros	7 203	10 170	10 340	9 189
Ingresos totales	$975 358	$777 461	$663 547	$403 084
Costo de las ventas a menudeo	184 590	171 461	85 571	101 222
Utilidad bruta	$790 768	$606 000	$577 976	$301 862
Gastos				
Publicidad	48 750	45 374	40 258	40 994
Manejo de cuenta del banco y de la tarjeta de crédito	11 058	9 680	8 790	6 005
Gastos en la instrucción	11 761	6 548	3 893	2 280
Cartera vencida	204	0	38	0
Seguros	34 873	29 622	21 229	21 751
Gasto de los intereses	23 226	11 449	15 661	7 688
Legal y contable	10 133	8 424	2 696	3 358
Licencias y membresías	5 830	6 107	5 959	2 753
Depreciación	32 654	24 391	25 956	34 002
Amortización	2 539	2 539	2 452	2 452
Gastos de viaje	5 695	4 607	1 997	3 512
Gastos de viajes internacionales	91 960	17 252	37 865	0
Artículos de oficina y operativos	14 478	12 803	7 028	5 173
Gastos de viajes en balsa	65 947	55 273	52 416	66
Reparación de vehículos	11 963	17 360	13 241	8 615
Gastos de la renta de esquí/kayac	4 410	132	175	0
Gastos de fotografía	24 144	20 060	10 099	2 135
Gastos de viajes de pesca	2 179	1 244	2 647	0
Alquiler	31 670	32 252	36 908	36 130
Mantenimiento/reparación de la propiedad	9 529	14 059	12 857	0
Teléfono	12 845	16 168	15 643	14 882
Servicio público	8 102	8 393	6 840	4 522
Salarios	306 931	257 560	168 910	118 658
Impuestos sobre el salario	36 776	30 871	19 663	12 952
Gastos totales	$807 657	$632 168	$513 221	$327 928
Ingresos netos	($16 889)	($26 168)	$64 755	($26 066)

Fuente: Rocky Mountain Adventures, Inc.

ILUSTRACIÓN 2 Balance al 31 de diciembre de 1997 de Rocky Mountain Adventures, Inc.

Activos	
Activos corrientes	
Efectivo	($12 937)
Depósitos	6 300
Gastos pagados por adelantado	4 543
Cuentas por cobrar	79
Inventario -comida y bebida	664
Inventario -playeras	4 876
Inventario -accesorios	6 090
Inventario -equipo	50 037
Inventario -libros	1 546
Total de activos corrientes	61 198
Propiedades y equipo	
Equipo para esquí y raquetas de nieve	9 164
Equipo para río	6 227
Equipo para pesca	1 099
Equipo para renta e instrucción de kayac	6 118
Botes inflables	76 142
Computadoras y máquinas de oficina	11 340
Equipo de laboratorio de fotografía	10 231
Mobiliario	1 523
Remodelación de la oficina principal	20 336
Remodelación de Buena Vista	840
Mejoras a la propiedad arrendada	19 032
Elementos de la instalación al por menor	8 231
Señalamiento	8 756
Sistema telefónico	3 250
Herramientas y equipo	2 290
Vehículos y remolques	34 132
Depreciación acumulada	(114 899)
Total de propiedad y equipo	103 812
Otros activos	
Propiedad en Buena Vista	84 141
Mejoras al terreno de la oficina principal	3 781
Cabaña en Chile	20 626
Activos de Chile	7 524
Reputación mercantil	33 000
Otros	38 691
Depreciación acumulada	(9 660)
Total de otros activos	178 103
Total de Activos	$343 113

ILUSTRACIÓN 2 Balance al 31 de diciembre de 1997 de Rocky Mountain Adventures, Inc. (*continuación*)

Pasivos y Valores líquidos de los accionistas	
Pasivos corrientes	
Cuentas por pagar	$13 940
Impuesto por uso, por pagar	(24)
Vales	3 515
Ingreso diferido	9 454
Reservas para el futuro	756
Línea de crédito	129 600
Cuentas por pagar -accionistas	16 273
Cuentas por pagar -otros préstamos de corto plazo	7 200
Total de pasivos corrientes	180 714
Pasivos de largo plazo	
Letras/pagarés nota -banco	6 624
Letras/pagarés nota -hipoteca de Buena Vista	64 545
Total de pasivos de largo plazo	71 169
Total de pasivos	251 883
Capital de los accionistas	
Acciones ordinarias	67 200
Extra pagado en capital	7 594
Ganancias retenidas	16 436
Total de capital de los accionistas	91 230
Total de pasivos y valores líquidos de los accionistas	$343 113

Fuente: Rocky Mountain Adventures, Inc.

yera en 7 millones, mientras que el número de personas entre 45 y 70 años se incrementara en más de 20 millones.

La disminución proyectada en el número de adultos entre los 30 y los 44 años se basaba en el tamaño actual de la Generación X (estadounidenses nacidos entre 1965 y 1979), que era de aproximadamente 44 millones. Al igual que los *baby boomers*, la Generación X disfrutaba de las actividades recreativas al aire libre, pero dado que su generación era aproximadamente de la mitad del tamaño de la generación que les precedía, se esperaba que los *boomers* continuaran dominando los patrones de gastos en Estados Unidos, en los años venideros. Como los *boomers* originales, los 62 millones de *eco boomers* o la Generación Y (estadounidenses nacidos entre 1980 y 1995), estaban destinados a convertirse en el grupo consumidor dominante con un poder adquisitivo anual proyectado de más de 100 mil millones de dólares. Fabricantes como Frito-Lay y Nike ya estaban tomando acciones para crear lealtad a sus marcas entre los *eco boomers*, quienes representarían 30 millones de consumidores adolescentes para el año 2006.

La ilustración 5 presenta los porcentajes de participación en Estados Unidos, para una selección de actividades recreativas al aire libre, por edad. La mayoría de los estadounidenses tendían a participar menos en actividades al aire libre, conforme iban creciendo —especialmente en actividades extenuantes como el esquí de montaña, el esquí acuático, el basketball y la escalada o el rappel. La caminata, la caminata de montaña, la natación, el golf, el softball y el campismo, eran las actividades al aire libre más comunes para aquellos cuya edad variaba de los 40 años en adelante. Aunque los

ILUSTRACIÓN 3 Porcentajes de participación en una selección de actividades al aire libre, en Estados Unidos, durante 1987, 1993-1997 (población estadounidense, 6 años o más, en millones)

Actividad recreativa	1987	1993	1994	1995	1996	1997	Cambio porcentual (1996-1997)	Cambio porcentual (1987-1997)
Golf	22.3	24.2	26.6	24.6	23.7	26.3	+11.0	+18.0
Esquí de montaña	13.8	13.7	14.0	13.0	13.7	12.4	(9.2)	(9.9)
Caminata de montaña/excursionismo con mochila al hombro	19.8	18.9	21.0	21.0	19.9	20.0	+0.4	+0.7
Esquí acuático	14.2	11.9	11.1	11.0	9.6	8.4	(12.7)	(12.7)
Ciclismo de montaña	1.5	7.4	9.2	9.4	9.9	8.4	(14.5)	+458.0
Escalada/Rappel	—	4.7	6.2	4.8	4.7	4.7	(0.3)	+0.2*
Basketball	35.7	42.1	47.3	46.5	45.6	45.1	(1.0)	+26.2
Softball	31.0	30.1	30.8	26.0	25.3	22.1	(12.6)	(28.6)
Campismo	35.2	34.8	39.5	38.6	38.0	41.2	+8.4	+17.0
Pesca con mosca	10.4	6.1	6.9	6.2	5.7	6.0	+6.0	(42.1)
Práctica del Snowboard	—	2.2	2.4	3.4	3.2	4.2	+32.8	+228.0†

* Cambio a los siete años.
† Cambio a los nueve años.
Fuente: Sporting Goods Manufacturers Association, *Sports Participation Trends Report, 1997.*

ILUSTRACIÓN 4 Porcentajes de participación en una selección de actividades al aire libre, en Estados Unidos, por ingresos en el hogar, 1995

	Ingresos en el hogar		
Actividad recreativa	$100 000 o más	$25 000-$49 999	Diferencia en puntos porcentuales
Golf	30.0%	14.5%	15.5
Esquí de montaña	20.7	7.8	12.9
Natación	59.6	48.1	11.5
Caminata de montaña	32.8	26.2	6.6
Canotaje	9.9	4.2	5.7
Esquí acuático	14.8	9.4	5.4
Excursiones en balsa o flotación en río	11.7	7.9	3.8
Caminata	74.8	71.9	2.9
Kayac	3.1	1.3	1.8
Escalada	6.1	4.6	1.5
Rappel	5.1	3.6	1.5
Snowboard	0.9	1.0	(0.1)
Basketball	11.8	13.2	(1.4)
Softball	10.4	15.2	(4.8)
Campismo	19.6	24.4	(4.8)

Fuente: USDA Forest Service, *1994-1995 National Survey on Recreation and the Environment.*

ILUSTRACIÓN 5 Porcentajes de participación en Estados Unidos, para una selección de actividades al aire libre, por edad, 1995

	Edad					
Actividad recreativa	**16-24**	**25-29**	**30-39**	**40-49**	**50-59**	**60 y más**
Golf	15.3%	19.0%	17.7%	15.4%	12.0%	10.3%
Esquí de montaña	15.5	14.3	9.9	8.0	3.9	1.0
Natación	60.6	54.7	53.0	44.8	34.8	21.8
Caminata de montaña	31.5	30.2	29.5	27.0	18.1	9.6
Canotaje	11.7	9.3	8.2	7.4	4.9	1.9
Esquí acuático	17.7	15.8	10.7	7.1	3.6	0.8
Excursiones en balsa por río y flotación	15.8	11.9	8.4	6.3	3.3	1.4
Caminata	68.2	72.5	74.7	72.0	65.5	51.8
Kayac	2.7	1.8	1.3	1.4	0.9	0.2
Escalada	8.2	6.3	5.3	3.7	2.3	1.7
Rappel	8.3	5.5	3.9	2.9	1.8	0.7
Snowboard	1.5	1.1	0.9	0.9	0.6	0.1
Basketball	31.0	18.7	14.1	8.7	4.7	1.1
Softball	20.4	22.6	17.7	12.1	6.3	1.9
Campismo	27.6	25.5	26.0	22.6	15.6	9.0

Fuente: USDA Forest Service, *1994-1995 National Survey on Recreation and the Environment.*

medios de comunicación impresos y por radio y televisión daban una vasta cobertura a actividades al aire libre extenuantes, como el montañismo, el canotaje en kayac, las excursiones en balsa por los rápidos y el *snowboarding*, relativamente poca gente desempeñaba estas actividades independientemente de su edad. Menos de 10 por ciento de aquellos entre los 16 y los 24 años practicaba el canotaje en kayac y el montañismo, y menos de 150 000 personas anualmente se involucraban en otras actividades al aire libre de alto riesgo, como el paracaidismo.

El típico entusiasta de las aventuras recreativas al aire libre era el hombre soltero, de 25 a 34 años de edad, con un sueldo de entre 40 000 y 60 000 dólares al año. No obstante, las mujeres jóvenes representaban gran parte del crecimiento en los porcentajes de participación en actividades recreativas al aire libre. La participación de las mujeres en una variedad de actividades al aire libre había crecido considerablemente en los noventa. Entre 1991 y 1996, la participación de las mujeres en la caminata de montaña había aumentado en un 10 por ciento, en canotaje 17 por ciento, en excursiones con mochila 21 por ciento y en recorridos en balsa y en kayac por los rápidos 116 por ciento. La participación total de las mujeres en actividades al aire libre y de entrenamiento físico creció en un 11.8 por ciento entre 1987 y 1996, mientras que la participación de los hombres aumentó en 2.9 por ciento en el mismo periodo. La ilustración 6 presenta los procentajes de participación en una selección de actividades al aire libre, por género, en 1995.

El mercado del equipo para actividades recreativas al aire libre

Casi todas las actividades recreativas al aire libre requieren algún tipo de equipo. Para acampar se necesita equipo que va desde tiendas de campaña hasta cantimploras; el

ILUSTRACIÓN 6 Porcentajes de participación en Estados Unidos, para una selección de actividades al aire libre, por género, 1995

Actividad recreativa	Género		Diferencia en puntos porcentuales
	Hombres	Mujeres	
Golf	22.4%	7.8%	14.6
Esquí de montaña	10.5	6.5	4.0
Natación	45.6	43.1	2.5
Caminata de montaña	27.1	20.9	6.2
Canotaje	9.1	5.1	4.0
Esquí acuático	11.5	6.6	4.9
Excursión en balsa por río y flotación	8.7	6.6	2.1
Caminata	65.1	68.5	(3.4)
Kayac	1.8	0.9	0.9
Escalada	5.8	3.3	2.5
Rappel	5.1	2.5	2.6
Snowboard	1.0	0.7	0.3
Basketball	18.5	7.4	11.1
Softball	16.2	10.1	6.1
Campismo	22.9	18.7	4.2

Fuente: USDA Forest Service, *1994-1995 National Survey on Recreation and the Environment.*

snowboarding y el esquí de montaña necesitan vestuario especial y equipo de esquí; los deportes acuáticos como el canotaje en balsa, canoa y kayac, requieren un bote, salvavidas y remos, y el rappel requiere de cuerdas, ganchos de disparo, arneses y calzado especial. Existe calzado especializado incluso para quienes practicaban la caminata seriamente. En 1997, el total de la industria de bienes deportivos en Estados Unidos (vestuario, calzado y equipo deportivo) creció en 5.2 por ciento para alcanzar los $44.1 mil millones al nivel de mayoristas. El valor total del equipo para actividades al aire libre al mayoreo en 1997 era de $1.6 mil millones. Las asociaciones de fabricantes de bienes deportivos esperaban que toda la industria de bienes deportivos creciera en un 5.3 por ciento en 1998. Se creía que el rápido crecimiento del segmento de artículos especializados para actividades al aire libre en los años venideros, estaría ligado a las habilidades de los fabricantes para desarrollar productos tecnológicamente avanzados y continuar atrayendo a las mujeres de la Generación X.

El equipo para actividades recreativas al aire libre se vendía a través de minoristas especializados en actividades al aire libre, tiendas especializadas en ciclismo, tiendas especializadas en esquí, tiendas de artículos deportivos en general y minoristas de descuento. Combinados, estos minoristas vendían aproximadamente 5 mil millones de dólares en equipo especializado para actividades al aire libre, ropa y calzado. Los 10 productos más vendidos por los minoristas especializados en estas actividades en 1996 y 1997 se presentan en la ilustración 7. El equipo y los accesorios para actividades al aire libre representó el 34 por ciento de las ventas al menudeo de esta industria en 1997, mientras que el vestuario representó el 33 por ciento, los accesorios el 20 por ciento y el calzado el 13 por ciento.

Alrededor del 70 por ciento de menudistas especializados en actividades al aire libre operaban de forma independiente en tiendas sin sucursales, con ventas al menudeo anuales por 1 millón de dólares o menos, y alrededor de la mitad de todos los menudistas especializados en actividades al aire libre tenían volúmenes de ventas anuales de

ILUSTRACIÓN 7 Los 10 productos más vendidos por menudistas de artículos para actividades al aire libre, 1996-1997

Categoría de producto	Calificación en 1997	Calificación en 1996
Ropa para exteriores/desempeño	1	1
Accesorios para canoa/kayac/remo	2	3
Botas para caminata de montaña	3	2
Esquís/botas de esquí/seguros	4	4 (empate)
Ropa deportiva	5	No era una categoría por separado hasta 1997
Accesorios para campismo y excursionismo con mochila	6	5
Mochilas	7	6
Equipo para pesca con mosca	8	7 (empate)
Equipo para montañismo	9 (empate)	10
Bicicletas de montaña	9 (empate)	4 (empate)
Casas de campaña	10 (empate)	7 (empate)
Bolsas para dormir (sleeping bag)	10 (empate)	No estaba dentro de los primeros 10

Fuente: "1997 State of the Market", en *Outdoor Retailer.*

500 000 dólares o menos. Las tiendas especializadas en actividades al aire libre tenían un promedio de ventas anuales de 250 dólares por pie cuadrado en 1997, comparado con 169 dólares para toda la industria de las ventas al menudeo. Las pequeñas tiendas especializadas podían lograr altos volúmenes de ventas en relación con su tamaño debido a sus precios y a que eran relativamente pequeñas (66 por ciento de las tiendas al menudeo independientes, de actividades al aire libre, medían menos de 3 000 pies cuadrados). Las pequeñas tiendas especializadas generalmente podían poner precios más altos a mucha de la mercancía almacenada en sus tiendas porque varios artículos tenían marcas de muy alta calidad o eran productos difíciles de encontrar.

Los menudistas con tiendas sin sucursales se preocupaban cada vez más por la creciente presencia de tiendas especializadas de descuento, tiendas con descuentos en líneas enteras y vendedores por catálogo vía correo que se enfocaban en el creciente mercado de ropa, calzado y equipo para actividades al aire libre. Estas tiendas de descuento por catálogo a nivel nacional, y los menudistas más grandes con múltiples tiendas estaban presionando los márgenes de los menudistas especializados al ofrecer a los consumidores precios con descuento en muchas de las marcas y mercancía de categoría tradicionalmente ofrecida sólo por tiendas especializadas más pequeñas.

Compañías especializadas en actividades al aire libre y guías

Los servicios de compañías profesionales especializadas en actividades al aire libre y guías estaban disponibles para alrededor de 13 millones de viajeros aventureros durante 1997. Cuando seleccionaban a una compañía especializada en actividades al aire libre para un viaje guiado, la mayoría de los clientes consideraba el récord de seguridad de la compañía, el servicio de atención al cliente, la calidad del equipo, la reputación de la calidad de las experiencias al aire libre y la capacidad para mantener sus viajes de

ILUSTRACIÓN 8 Servicios prestados por proveedores de equipo para actividades al aire libre, y su contribución al ingreso por categoría de servicio

Servicio	Contribución al ingreso
Viajes guiados	26.6%
Viajes no guiados	26.4
Venta al menudeo (bienes suaves)	10.3
Venta al menudeo (bienes duros)	9.6
Alojamiento	9.5
Restaurante	7.7
Campamento	1.5
Venta de bebidas alcohólicas	1.0
Otros	7.4
Total	100.0%

Fuente: Professional Paddlesports Association, 1997.

acuerdo con el programa. La ilustración 8 muestra una lista de los servicios ofrecidos comúnmente por estas compañías y el porcentaje del negocio que representa cada servicio. Las tiendas especializadas en actividades al aire libre y los guías han suministrado equipo, provisiones y experiencia a los aventureros que gustan de actividades al aire libre en todo el oeste de Estados Unidos, desde la época en que los pioneros emigraron del este durante el siglo XIX. Las compañías modernas especializadas en actividades al aire libre, se enfocaban en viajes de aventura guiados para aquellos que no tenían los conocimientos o el equipo para realizar estas actividades de manera segura y dirigir sus propias excursiones al aire libre.

Las compañías especializadas en actividades al aire libre generalmente se encontraban con propietarios de terrenos privados que no deseaban permitir excursiones públicas en su propiedad, y requerían tener permisos del Departamento de Administración de Fincas (BLM, por sus siglas en inglés) o del Servicio Forestal de la USDA para operar en las regiones salvajes propiedad del gobierno de Estados Unidos. Estos permisos se volvieron cada vez más escasos ya que los puristas de la naturaleza salvaje comenzaron a presionar al gobierno para que hubiera menos permisos disponibles, y debido a que un número de nuevas empresas en la industria de las actividades al aire libre había emergido durante los noventa. Algunos colegios y universidades habían comenzado a ofrecer servicios de actividades al aire libre a sus estudiantes y personal docente y, en algunos casos, al público en general. También, proveedores al menudeo de actividades al aire libre, como L.L. Bean, ofrecían instrucción de pesca con mosca, excursiones en balsa y kayac, ciclismo, y servicios al aire libre a un selecto catálogo de clientes. Además, algunas grandes cadenas hoteleras y agencias de viajes ofrecían paquetes de actividades de esparcimiento al aire libre, que incluían servicios de organización y equipamiento para sus huéspedes y clientes. La atracción de los nuevos proveedores hacia la industria surgió a partir del crecimiento de ésta durante los noventa y del creciente número de corporaciones que programaban viajes-retiros de aventuras para crear culturas de cooperación y mejorar el estado de ánimo de sus empleados que trabajaban de 60 a 80 horas a la semana.

El impacto de las políticas y prácticas gubernamentales en las compañías especializadas en actividades al aire libre Muchas de estas compañías estaban descubriendo que los cambios recientes en las políticas gubernamentales hacían cada vez más difícil ofrecer servicios al aire libre de calidad a sus clientes y al mismo tiempo tener utilidades de manera consistente. Las regulaciones del gobierno tendían a variar considerablemente entre las distintas oficinas regionales del Servicio Forestal y la BLM. Las asociaciones de compañías especializadas en actividades al aire libre testificaron en una sesión del comité del Congreso, en abril de 1997, que muchos administradores individuales de recursos gubernamentales dejaban que sus creencias ideológicas afectaran la manera en que interpretaban e implementaban la Ley sobre Parques Naturales de 1964, una situación que tenía un impacto desigual en el balance entre la preservación del carácter primigenio de las áreas de los parques naturales y el permitir a la gente disfrutar de atracciones recreativas en dichas áreas.

Las compañías especializadas en actividades al aire libre encontraron que, mientras muchos administradores de los recursos de los parques naturales no habían cambiado sus enfoques sobre la regulación de las actividades al aire libre en años recientes, otros interpretaban la ley como un requisito de una rigurosa preservación de los parques naturales. Las asociaciones de compañías especializadas en actividades al aire libre acusaron a estos administradores (que o bien estaban presionados por o compartían creencias con los puristas de los parques naturales) de implementar la ley de tal manera que otorgaban menos permisos recreativos para estas compañías y requerían que las mismas redujeran el número de participantes en sus excursiones. Además, estas compañías encontraron que las nuevas restricciones en el número de viajes guiados y en el tamaño de las excursiones limitaba severamente la viabilidad de ofrecer servicios de organización y equipamiento de actividades al aire libre. También expresaron su confusión sobre la implementación de la ley ante el Congreso ya que, en muchos casos, a los usuarios guiados por sí mismos se les otorgaba acceso ilimitado a áreas inexploradas sin permiso alguno y sin restricciones.

Las compañías especializadas en actividades al aire libre también habían comenzado a ver sus márgenes de utilidad erosionarse como resultado del aumento en cuotas de inicio, cuotas de concesión y cuotas de entrada cobradas por la BLM, el Servicio Forestal y varias otras dependencias de parques estatales. Por ejemplo, el pago de las compañías que operaban en el Parque Nacional Canyonlands era requerido mediante un sistema de computadora utilizado por el servicio del parque para manejar a los usuarios guiados por sí mismos, además de las cuotas contractuales negociadas pagadas al gobierno. Estas compañías también estaban preocupadas por los aumentos en las cuotas a media temporada, después de que habían publicado sus tarifas programadas y habían aceptado reservaciones de clientes. El proceso para otorgar contratos de la BLM y el Servicio Forestal también era muy costoso para las compañías. El desarrollo de propuestas de contratos habitualmente tomaba cientos de horas y aproximadamente 20 000 dólares en cuotas por servicios profesionales. A los prospectos que lo lograban, por lo general se les otorgaba un contrato con una duración de cinco a siete años. Muchas compañías aseguraban que se necesitaba más tiempo para recuperar el costo de la preparación de la propuesta. Las compañías también sugerían que era difícil desarrollar un plan de negocios a largo plazo y sostener las utilidades, debido a la naturaleza de corto plazo de los contratos de las dependencias. Durante 1998, miembros del Senado estadounidense apoyaron la Propuesta de Ley Craig-Wyden sobre Compañías Especializadas en Actividades al Aire Libre, que trataba de asegurar una administración de los recursos de parques naturales más consistente, proveer contratos de largo plazo a las compañías, eliminar trámites innecesarios y duplicativos, evaluar las cuotas gubernamentales al usuario, revisar el proceso de otorgamiento de contratos y eliminar la necesidad de acción gubernamental para las tarifas y cargos de estas empresas cuando existiera la competencia. La propuesta de ley tuvo una fuerte oposición por parte de grupos y particulares a favor de los parques naturales, pero las asociaciones de compañías especializadas en actividades al aire libre tenían la esperanza de que la propuesta se convirtiera en ley durante 1999.

Recreación al aire libre en Colorado

Colorado ofrecía oportunidades de esparcimiento al aire libre que atraían a una gran variedad de gustos e intereses. Los lugares para practicar el esquí de montaña, como Aspen, Vail, Steamboat y Breckenridge eran, entre muchos en el estado, conocidos mundialmente. Colorado también tenía 54 de los 68 picos montañosos de Estados Unidos, con más de 14 000 pies de altura. Cada año cientos de miles de turistas visitaban el acantilado de la Mesa Verde y los montículos de arena de 700 metros de altura del Parque Monumento Nacional Great Sand Dunes (Grandes Dunas de Arena). Muchos otros acampaban y visitaban las vastas planicies del este de Colorado para darle una probadita al Viejo Oeste. Independientemente de la región geográfica, el estado ofrece un telón de fondo escénico para casi cualquier actividad recreativa al aire libre. En el estado existen trayectos de caminata de montaña y sitios de campismo casi ilimitados; hay numerosas montañas, estribaciones y rocas a lo largo de la sección occidental del estado, para los montañistas de diversos niveles. Los lagos, ríos y arroyos de Colorado son de fácil acceso para los excursionistas en balsa o kayac, y para los pescadores. También grandes aficionados a la caza vienen a Colorado de todo Estados Unidos y otros países a cazar carnero, alce y venado.

La diversidad y calidad de las actividades recreativas al aire libre en Colorado lo hacían un destino popular para todo tipo de viajeros. En 1997 los gastos de los 25.1 millones de viajeros adultos, que pasaron al menos una noche en Colorado, por negocios o por placer, fueron de un total de 7.1 mil millones de dolares, mientras que los gastos en lugares de recreo en la montaña representaron alrededor del 37 por ciento del total de los gastos de viaje por una noche o más. La mayor parte de los gastos en lugares de recreo en la montaña, lo hicieron aproximadamente 2.5 millones de turistas en viajes a lugares de interés; 2.1 millones de vacacionistas aficionados al esquí de montaña, y 1.9 millones de participantes en actividades recreativas al aire libre como campismo, expediciones en balsa y pesca, que permanecieron al menos una noche.

Actividades recreativas al aire libre cerca de Fort Collins, Colorado

Fort Collins está ubicado en el noreste de Colorado, a unas 60 millas al norte de Denver, en donde las planicies se encuentran con la cordillera frontal de las Montañas Rocallosas. El clima de Fort Collins hace posible el esparcimiento al aire libre todo el año, aunque las actividades acuáticas sólo se practican al final de la primavera y durante el verano, porque las condiciones climáticas se vuelven insoportables en los meses más fríos. Fort Collins tiene un promedio de 300 días soleados al año, con una acumulación anual de precipitaciones de alrededor de tan sólo 8 pulgadas.

Los lugares más populares en el área para actividades recreativas al aire libre son las estribaciones montañosas a tan sólo unas millas al oeste de la ciudad, el Parque Nacional Rocky Mountain (Montañas Rocallosas) 35 millas al sudoeste de la ciudad, y el cañón Poudre River ubicado 10 millas al noroeste de Fort Collins. Dos parques de estribaciones montañosas, el Horsetood Mountain Park y el Lory State Park, comprenden casi 5 000 acres y son de fácil acceso para los habitantes y visitantes de Fort Collins, para excursionismo, ciclismo de montaña, equitación y la visita a la naturaleza salvaje. Los deportes y la recreación acuáticos están disponibles cerca de los parques en Horsetooth Reservoir, el lago más grande en el norte de Colorado.

El Parque Nacional Rocky Mountain tiene 410 millas cuadradas y cuenta con 18 picos de más de 13 000 pies que forman el Continental Divide. Muchos de los más de 3 millones de visitantes del parque también disfrutaron de las actividades de recreación que proveen los 150 lagos del parque y viajaron a través del Trail Ridge Road, la carretera pavimentada más alta del país, que comienza en el pueblo de Estes Park

ILUSTRACIÓN 9 Mapa de Colorado con pequeño diagrama de Fort Collins y sus alrededores

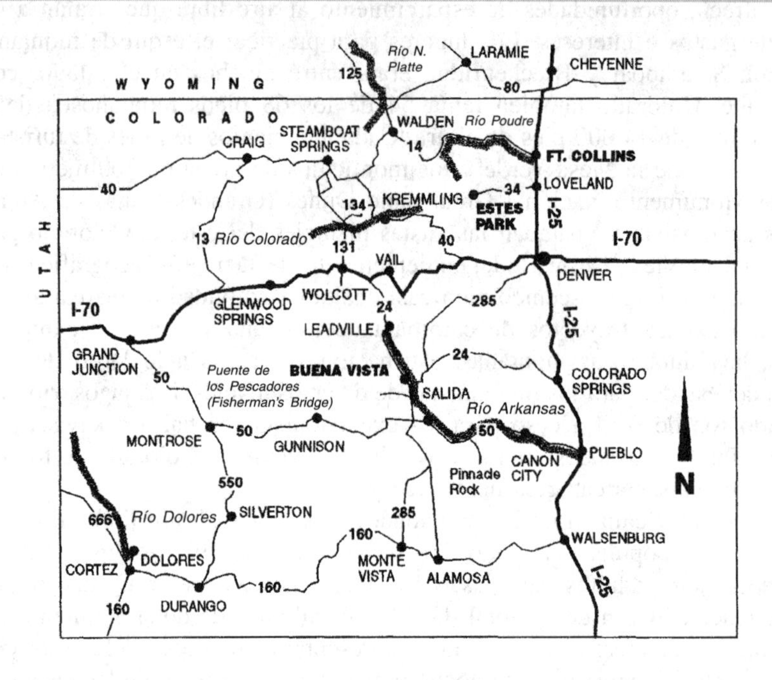

y corre a lo largo de la cordillera de las Montañas Rocallosas. El cañón Poudre River corre hacia el este desde el Continental Divide, pasando por las estribaciones montañosas y hacia las planicies del este de Colorado. Durante el deshielo de la primavera y el principio del verano, el río tiene estrechos para excursiones por los rápidos en balsa y kayac, que van desde las condiciones fáciles de Clase I hasta las condiciones más retadoras para expertos, de Clase V. A medida que el verano avanza y el río comienza a desvanecerse, el Poudre toma su papel como uno de los más concurridos arroyos de truchas en Colorado. La ilustración 9 muestra un mapa de Colorado y un mapa más detallado del área de Fort Collins.

ROCKY MOUNTAIN ADVENTURES

Rocky Mountain Adventures era una compañía especializada en actividades al aire libre muy completa, que ofrecía equipo para actividades recreativas al aire libre y viajes guiados por los rápidos en balsa, viajes de pesca con mosca, y expediciones internacionales por río. Los guías de la compañía también daban instrucción a principiantes y novatos en el manejo del kayac y a pescadores de trucha que querían mejorar sus conocimientos en actividades al aire libre. La tienda al menudeo de la compañía en Fort Collins era su principal lugar de operaciones, pero también tenían refugios en Buena Vista y Estes Park que servían como puntos de partida para excursiones y permitían a sus clientes en esos lugares comprar los accesorios necesarios y fotografías del viaje.

La tienda al menudeo

La tienda al menudeo de Rocky Mountain Adventures estaba ubicada al norte de Fort Collins en la Carretera 287 de Estados Unidos, a sólo unos minutos del río Cache La Poudre. La tienda había sido el principal lugar de reunión de la compañía y su punto de partida para excursiones guiadas en balsa y kayac por el Poudre desde que Bill Peisner y Dave Costlow se volvieron los dueños de la compañía en 1993. La tienda de RMA ofrecía una gran variedad de mercancía para equipar a los pescadores con mosca o a quienes practicaban algún deporte de remo. La tienda de 3 000 pies cuadrados tenía equipo y ropa para pesca, como cañas de pescar, carretes, moscas, líneas, libros y videocassettes didácticos, botas para vadear y otra ropa para actividades al aire libre, y playeras. La tienda también tenía servicio completo para deportes de remo con varias líneas de kayac y equipo y accesorios tales como salvavidas, trajes impermeables, trajes térmicos, botines, remos, cascos, bolsas secas, equipo de rescate y libros. Quienes practicaban deportes de remo sin guía, podían rentar kayacs, canoas, balsas y cualquier parte o todo el equipo necesario en la tienda de Fort Collins. RMA también rentaba equipo de raquetas para esquí a campo traviesa y tenía una considerable variedad de ropa para actividades al aire libre. La selección de calzado de la tienda estaba restringida a líneas especializadas para pescadores, montañistas y practicantes de deportes de remo. Los estados financieros presentados en la ilustración 1 muestran la contribución de las ventas al menudeo de líneas duras y líneas suaves al total de los ingresos de RMA.

Las fotografías de recuerdo Pigeon Express™ (palomas express) eran uno de los artículos más interesantes y mejor vendidos en la tienda de RMA en Fort Collins. Casi todas las compañías especializadas en actividades al aire libre ofrecían a sus clientes de excursiones en balsa fotografías de recuerdo de su excursión por los rápidos. Las compañías colocaban fotógrafos en los puntos panorámicos o peligrosos a lo largo del río, para fotografiar a los excursionistas en el kayac o la balsa mientras iban por los rápidos. Los fotógrafos manejaban de regreso al pueblo y revelaban las fotografías, que luego se exhibían y estaban listas para su compra cuando los excursionistas regresaran a la tienda. Durante la temporada alta era difícil, si no imposible, revelar las fotos y exhibirlas antes de que el grupo regresara, y por tanto muchas de las fotos tomadas nunca se compraban.

Durante el primer año como propietarios de Rocky Mountain Adventures, Dave y Bill aprendieron rápidamente que las fotografías eran artículos de alto margen que se vendían fácilmente si estaban disponibles y que también tenían una pronta caducidad porque no tenían ningún valor una vez que los excursionistas se habían ido de la tienda. Cuando se volvía imposible tener las fotos reveladas y exhibidas al regreso de los excursionistas a la tienda de Fort Collins, RMA daba a los excursionistas la opción de comprarlas sin haberlas visto, y recibirlas por correo en sus casas unos días después. Aunque la compañía ofrecía la garantía de regresarles el dinero a los clientes si no les gustaban las fotografías, los dueños se dieron cuenta de que muchos clientes dudaban en comprar fotos que no habían visto. Durante sus primeras tres temporadas, las fotos de viaje de $16.00 de RMA contribuyeron aproximadamente con $2.00 en ventas adicionales por cliente de excursiones en balsa.

Antes de la cuarta temporada de la compañía en el río Poudre, Dave, Bill y su fotógrafo trataron de encontrar un nuevo proceso para tener las fotos listas para sus clientes de excursiones en balsa. El trío discutió la posibilidad de utilizar una combinación de cámaras digitales, laptops, modems y teléfonos celulares para asegurarse de que las fotos serían reveladas y exhibidas a tiempo, pero determinaron que el costo del equipo y la lentitud de las transmisiones haría impráctica esta solución de alta tecnología.

Después de unas cuantas horas de quebrarse la cabeza, el fotógrafo de RMA, casi en broma, propuso que la compañía utilizara palomas mensajeras para entregar el rollo a la tienda para su revelado. El grupo no produjo ninguna otra alternativa viable, así que Dave decidió intentar lo de las palomas. Comenzó a entrenar algunas palomas durante la temporada baja para que regresaran a la tienda de Fort Collins cuando fueran liberadas en el área del Río Poudre. Dave también creó unas mochilas de licra para las palomas justo del tamaño necesario para cargar un rollo de película. Dave pasó cientos de horas entrenando a las palomas, pero el desarrollo de las mochilas fue un reto tan grande como el entrenamiento. Se necesitaban mochilas adaptables, ya que el tamaño y el ancho de cada ave eran un poco diferentes. La primera ronda experimental de Dave funcionó bien, con la paloma viajando alrededor de 20 millas desde el río Poudre hasta la tienda en 30 minutos. En 1997 las 25 Pigeon Express™ de RMA ayudaron a la compañía a obtener un promedio de $5.00 por cliente en ventas de fotografías. Pero Dave señaló que la implementación exitosa del sistema de entrega de rollos tuvo algunos costos:

> El mantenimiento de las aves requiere como dos horas al día. Tenemos que limpiar sus buhardillas, ejercitarlas, alimentarlas y darles de beber dos veces al día, todo el año. Tienes que vacunar a las aves dos veces al año para combatir enfermedades. Es exactamente como tener una mascota. Entrenar nuevas aves realmente no es tan problemático ahora porque siguen a las aves más viejas en sus vuelos de entrenamiento. Antes requería mucho tiempo entrenarlas porque les enseñé a seguir el cañón del río para evadir halcones, en vez de que tomaran la ruta más directa al refugio. También pasé mucho tiempo tratando de enseñar a las aves a no sentarse en los cables eléctricos y en ramas de árboles en su camino de regreso. Pero ahora, entrenar aves jóvenes sólo me toma como 2 o 3 horas a la semana. Generalmente entreno más aves de las que necesito porque hay un índice de mortalidad muy alto entre los pichones y porque algunas aves no se vuelven buenas voladoras. Además, de vez en cuando los halcones nos hacen perder algunas aves.

Excursiones guiadas en balsa por los rápidos

Rocky Mountain Adventures operaba excursiones guiadas en balsa por los ríos Cache La Poudre, Arkansas, Colorado, North Platte y el río Dolores. La compañía también ofrecía excursiones guiadas en kayac en el lago Estes en Estes Park. La ilustración 9 destaca la ubicación de estos ríos de Colorado y de Estes Park. Cada río tiene sus propias características únicas que atraen a los excursionistas en balsa o en kayac a sus aguas. El río Cache La Poudre era el único río de Colorado designado Panorámico Río y Embravecido. Como un río panorámico y salvaje, el Poudre fluía libremente desde su origen y estaba protegido del desarrollo y de la construcción de presas. El río, de 25 millas, incluía tramos de rápidos con varios niveles de dificultad (la ilustración 10 presenta las definiciones de las clasificaciones de dificultad de un río). Las excursiones de RMA en balsa por los rápidos del Poudre, que consistían básicamente de recorridos Clase II, eran adecuadas para familias y principiantes, porque las condiciones del río no eran demasiado difíciles. La compañía también dirigía excursiones a lo largo del Poudre que tenían recorridos más emocionantes por los rápidos, Clases III y IV, que atraían a excursionistas adultos con mayor experiencia. Los clientes de RMA que elegían excursiones de dos días podían acampar a la orilla del río o encontrar alojamiento más cómodo en el Rustic Inn junto al río.

Los recorridos por los rápidos en el río Arkansas eran difíciles, siendo el trayecto del cañón Browns el menos difícil de los cuatro trayectos más populares del río. Los excursionistas podían admirar el hermoso panorama a lo largo de los cuatro tramos, pero los rápidos emocionantes eran los que atraían a la mayoría de los excursionistas que venían al río Arkansas. Generalmente, se pensaba que las secciones Royal Gorge y Numbers del río, eran los trayectos de rápidos más difíciles en Colorado. RMA ofrecía excursiones de medio día y de todo un día a lo largo de la sección Browns Canyon, y sólo excursiones de todo un día a lo largo de las secciones más rápidas que requerían mayores conocimientos técnicos por parte de los excursionistas.

Las excursiones en balsa de RMA a lo largo del río North Platte comenzaban a una altura de 8 000 pies y serpenteaban a través de millas de tranquilas praderas y campos de pasto en las riberas del valle, antes de entrar en el cañón North Gate de 800 pies de profundidad, en donde los excursionistas experimentaban rápidos de Clase III y Clase IV. También podían inscribirse en excursiones de uno o dos días con Rocky Mountain

ILUSTRACIÓN 10 Escala internacional de dificultad de ríos

Clase	Nivel de dificultad	Descripción de las condiciones
I	Fácil	Agua en movimiento rápido, con rápidos y pequeñas olas. Pocas obstrucciones, todas obvias y fáciles de esquivar con muy poco entrenamiento. El riesgo para los nadadores es menor; es fácil salir por sí mismo.
II	Novato	Rápidos directos, con canales anchos y claros que son evidentes sin necesidad de explorar. Puede requerirse de maniobras ocasionales, pero las rocas y las olas de tamaño mediano pueden esquivarse fácilmente por remeros entrenados. Los nadadores rara vez resultan lastimados, y la asistencia del grupo, aunque puede ser de ayuda, rara vez se necesita.
III	Intermedio	Rápidos con olas moderadas e irregulares que pueden ser difíciles de evitar y que pueden inundar una canoa abierta. A menudo se necesitan complejas maniobras en la corriente rápida y un buen control del bote en los pasajes angostos o alrededor de las salientes; puede haber olas grandes pero fáciles de evadir. Pueden encontrarse fuertes remolinos y efectos de corriente fuerte, particularmente en los ríos de gran volumen. Se recomienda la exploración para los grupos sin experiencia. Es raro que alguien se lastime al nadar; generalmente uno puede salir por sí mismo, pero la asistencia del grupo puede requerirse para evitar nadar un largo tramo.
IV	Avanzado	Rápidos intensos, poderosos, pero predecibles, que requieren un manejo preciso del bote en aguas turbulentas. Dependiendo del carácter del río, puede tener olas grandes que no puedan evadirse, y hoyos o pasajes constreñidos que demanden rápidas maniobras bajo presión. Es posible que se necesite un giro de remolino rápido y seguro para iniciar maniobras, explorar los rápidos, o descansar. Los rápidos pueden requerir de movimientos "obligados" ante obstáculos peligrosos. Es necesario explorar la primera vez que se recorre el río. El riesgo de heridas para un nadador es de moderado a alto, y las condiciones del agua pueden dificultar la salida por sí mismo. A menudo es esencial la asistencia del grupo, pero requiere de conocimientos practicados. Se recomienda ampliamente un fuerte balance esquimal firme.
V	Experto	Rápidos extremadamente largos, obstruidos o muy violentos que exponen al remero a peligros por encima del promedio. Las bajadas pueden tener grandes e inevitables olas y hoyos o rampas empinadas y congestionadas, con rutas complejas y demandantes. Los rápidos pueden continuar por distancias largas entre albercas, demandando un alto nivel de condición física. Los remolinos pueden ser pequeños, turbulentos o difíciles de alcanzar. En el nivel superior escala, varios de estos factores pueden combinarse. La exploración es obligatoria pero, a menudo, difícil. Nadar es peligroso, y el rescate es difícil aun para expertos. Un balance esquimal muy confiable, el equipo apropiado, amplia experiencia y conocimientos prácticos de rescate son esenciales para la supervivencia.
VI	Extrema	Un grado más difícil que la Clase V. Estos recorridos a menudo ejemplifican los extremos de la dificultad, lo impredecible y el peligro. Las consecuencias de los errores son muy severas, y el rescate puede ser imposible. Sólo para equipos de expertos, con niveles favorables de agua, después de una estricta inspección personal, y tomando todas las precauciones. Esta clase no representa bajadas que se piensen imposibles de recorrer, pero puede incluir rápidos que sólo se recorren de manera ocasional.

Fuente: American Whitewater Affiliation.

Adventures e, independientemente de la duración del viaje, podían esperar impresionantes vistas de campos de piceas y flores salvajes, así como de águilas calvas, doradas, halcones de la planicie, alces y venados.

La compañía también ofrecía viajes de todo un día por el río Upper Colorado. El Upper Colorado estaba ubicado a un poco más de dos horas de Estes Park, un destino frecuentado por los visitantes interesados en una primera experiencia por los rápidos en balsa. Las aguas del río Upper Colorado eran relativamente tranquilas e ideales para principiantes y familias con niños desde los 6 años. Aunque el río no se caracterizaba por tener rápidos intensamente turbulentos, sí ofrecía un hermoso paisaje de cañón, y los guías de RMA varaban en varios puntos para permitir a los excursionistas sumergirse en manantiales naturales de agua caliente e inspeccionar huellas preservadas de dinosaurios en el Parque Monumento Nacional Dinosaur.

Las excursiones de RMA por el río Dolores estaban enfocadas mucho más hacia los excursionistas de gran experiencia en balsa que sus otros viajes. Los excursionistas serios podían tomar recorridos guiados de 45 millas en tres días, o 75 millas en seis días a través del sudoeste de Colorado. Los guías de RMA y los excursionistas se zambullían en famosos rápidos Clase IV como "Snaggletooth" durante el día, y durante la tarde preparaban comida al estilo del río sobre fogatas y dormían cerca de sus balsas a lo largo del banco del río. Los excursionistas generalmente preferían detenerse en el camino para explorar residencias indias en los acantilados y esculturas en roca de los Anasazi.

Las excursiones guiadas de RMA en kayac estaban restringidas a viajes de medio día o de todo un día al lago Estes. Los viajes estaban orientados hacia excursionistas en kayac principiantes o de nivel intermedio que querían obtener nuevos conocimientos mientras admiraban el paisaje del Parque Nacional Rocky Mountain. La ilustración 11 muestra una lista de los viajes guiados de RMA en balsa o en kayac, y la ilustración 12 presenta un itinerario muestra de un viaje de medio día en balsa.

La mayoría de los clientes de RMA eran visitantes del Parque Nacional Rocky Mountain que programaban sus viajes antes de su llegada. Otros clientes reservaban viajes en balsa después de ver un folleto de viaje de RMA exhibido en los hoteles, condominios o restaurantes de Estes Park. Algunas granjas locales que daban alojamiento, ofrecían los viajes en balsa de RMA entre su selección de actividades para sus huéspedes. Bill Peisner estimaba que sólo alrededor del 10 al 15 por ciento de los clientes de RMA eran locales. Tanto Bill como Dave creían que la calidad de los servicios de guía y actividades al aire libre de la compañía era esencial para su éxito en el largo plazo. Los excursionistas principiantes que hacían excursiones en balsa por primera vez tendían a seleccionar una compañía especializada en actividades al aire libre que fuera anunciada en la publicidad local, pero los excursionistas en balsa experimentados tendían a preguntar sobre la reputación de la compañía antes de reservar servicios de balsa. La información sobre la mala calidad de los servicios de guía viajaba rápidamente por toda la región y dificultaba atraer clientes para excursiones en balsa por uno o varios días, dispuestos a pagar las cuotas más altas por estos servicios.

Para asegurarse de la consistencia en la calidad de sus servicios de guía, Dave y Bill filtraron juntos a todos los solicitantes de empleo como guías de excursiones en balsa, evaluando sus conocimientos técnicos, su seriedad para presentarse a trabajar, y su habilidad y disponibilidad para ser amables con los clientes. El negocio era de temporada, y como resultado de esto RMA no podía ofrecer empleo durante todo el año a la mayoría de sus guías de excursiones en balsa, pero sí empleaba todo el año a dos guías que ayudaban a supervisar los ríos Arkansas, Dolores, Upper Colorado y North Platte durante el verano. La compañía también volvía a contratar a un determinado número de guías año tras año, pero cada temporada era necesario encontrar guías adicionales. Encontrar guías calificados no era muy difícil porque había bastantes locales que manejaban las balsas y un número considerable de estudiantes universitarios de todo el país que venían a Colorado buscando un empleo de verano. Una vez que el personal califi-

ILUSTRACIÓN 11 Excursiones guiadas, en balsa o kayac, de Rocky Mountain Adventures

Ubicación	Duración del viaje	Condiciones del río	Restricción de edad	Precio por persona
Excursiones en balsa por los rápidos del Río Cache La Poudre				
Parte baja del Río Cache La Poudre	1/2 día	Clase III	7	Adulto $34 Joven $28
Cataratas Mishawaka	1/2 día	Clase III y IV	13	$50
Cataratas Mishawaka	3/4 de día	Clase III y IV	13	$54-$58
Parte alta del Cache La Poudre	Todo el día	Clase III y IV	13	$74
Parte alta del Cache La Poudre	2 días	Clase II, III y IV	13	$155-169
Excursiones en balsa por los rápidos del Río Arkansas				
Cañón Browns	1/2 día	Clase III	8	$32
Cañón Browns	Todo el día	Clase III	8	$63
Arroyo Texas	Todo el día	Clase III y IV	13	$63
Sección Numbers	Todo el día	Clase IV y V	18	$78
Royal Gorge	Todo el día	Clase III, IV y V	18	$84
Excursiones en balsa por los rápidos del North Platte				
Cañón North Gate	Todo el día	Clase III y IV	13	$83
Cañón North Gate	Una noche	Clase III y IV	13	$189
Excursiones por los rápidos del Río Dolores				
Cañón Dolores	3 días	Clase III y IV	13	$294
Cañón Dolores	6 días	Clase III y IV	13	$570
Excursiones por los rápidos del Río Upper Colorado				
Río Upper Colorado	Todo el día	Clase II y III	6	Adulto $61 Joven $51
Excursiones en kayac por el Lago Estes				
Lago Estes	1/2 día	N/D	12	$28
Lago Estes	Todo el día	N/D	12	$49

Fuente: Rocky Mountain Adventures, Inc.

cado era seleccionado a principios de mayo, Bill llevaba a cabo sesiones de entrenamiento para guías RMA a finales de mayo que incluían una revisión de conocimientos técnicos, y una discusión a fondo de la filosofía de la compañía sobre la seguridad y el servicio al cliente. También se capacitaba a otro grupo de empleados temporales para estar atentos a las necesidades del cliente y para ayudarles a aliviar sus miedos a la excursión en balsa informándoles, al mismo tiempo, de manera honesta y completa, de los riesgos asociados con las excursiones por los rápidos en balsa.

RMA tenía permisos, ya fueran del Departamento de Administración de Fincas (BLM) o del Servicio Forestal, para guiar viajes en balsa y kayac a lo largo de los cinco ríos en donde operaba. Los permisos gubernamentales permitían a las compañías especializadas en actividades al aire libre llevar hasta 120 pasajeros en balsa por un río cada día de la semana y 100 pasajeros al día durante el fin de semana. Bill estimaba que había probablemente 45 de los 90 días de excursiones en balsa durante el verano, en que su compañía se veía forzada a no aceptar más clientes porque había alcanzado su límite diario en el río Poudre. Un cliente que no pudiera reservar un viaje con Rocky Mountain

ILUSTRACIÓN 12 Itinerario muestra de una excursión de medio día, en balsa, por los rápidos

8:15 AM Hora de reunión y registro

Llegada al edificio de Rocky Mountain Adventures. No es necesario llegar más temprano a menos de que lo desees, ya que hay suficiente tiempo para que hagas todo lo que necesitas antes del viaje. Te registras con el líder del viaje, lees y firmas la renuncia a fincar responsabilidades, y si lo deseas te pruebas un traje térmico, botines, etc. Después te pones tu ropa para la excursión en balsa, te preguntas si te ves gracioso en tu traje térmico, y pides esa correa de lentes de sol que olvidaste, antes de ir a la plática del viaje.

8:30 AM Plática del viaje

Durante este tiempo todo tu grupo de excursión en balsa se reúne y tu líder de viaje te da la información necesaria sobre cómo remar, tener un viaje seguro, mantenerte en el bote, y divertirte.

8:50 AM Colocación de los chalecos salvavidas

En este periodo eliges un chaleco salvavidas y tu guía se asegura de que sea a tu medida.

8:55 AM Abordar los vehículos para ir al río

9:00 AM Salida hacia el río

¡Comienza tu aventura! Una vez en el punto de partida conocerás a tu guía (si no lo has conocido aún) y a la tripulación. La mayoría de las tripulaciones consisten de 6 a 7 excursionistas de balsa además de tu guía. Tu guía te dará las instrucciones, recordatorios y sugerencias de último minuto. Después practicarás los giros y el remo en equipo para que se sientan más cómodos en la balsa antes del primer gran rápido.

9:25 AM-11:45 AM Viaje por el río

Chapoteo, emoción, trabajo en equipo, olas, risas.

12:15 PM Hora aproximada del regreso

Regresas tu chaleco salvavidas de camino a los vestidores. En seguida, te pones tu ropa de viaje, ves algunas fotos de tu viaje, te quedas un rato con nosotros y después estarás listo para tu próxima aventura.

Fuente: Rocky Mountain Adventures, Inc.

Adventures podía contactar a alguna de las otras cuatro compañías con permiso para hacer excursiones en el río Poudre. Rocky Mountain Adventures competía con otras 50 compañías en el río Upper Colorado, otras 15 en el North Platte y otras 12 en el río Dolores. La competencia era más fuerte en el río Arkansas, en donde los permisos gubernamentales no eran requeridos hasta finales de los 80 y en donde un total de 63 compañías hacían excursiones guiadas en balsa por los rápidos. El Servicio Forestal estaba tratando de disminuir el número de compañías que operaban en el río Arkansas hasta 45 durante los próximos 5-10 años. La ilustración 13 muestra el número de clientes para excursiones en balsa de cada compañía autorizada en el río Cache La Poudre para una selección de años entre 1986 y 1997. La ilustración 14 presenta el volumen de clientes de RMA para excursiones en balsa en los ríos Upper Colorado, North Platte, Dolores y Arkansas, entre 1993 y 1997.

Pesca con mosca

El fin del verano y el principio del otoño eran las temporadas altas para la pesca con mosca en Colorado, y durante esos periodos la mayor parte del tiempo de Bill y Dave comenzaba a cambiar de la supervisión de excursiones en balsa guiadas, a la supervi-

ILUSTRACIÓN 13 Volumen anual de excursiones en balsa, por compañía especializada en actividades al aire libre, río Cache La Poudre, 1986, 1990-1997

Compañía	1986	1990	1991	1992	1993	1994	1995	1996	1997
Whitewater Adventures	586	453	2 493	4 260	4 519	4 969	6 872	8 182	6 992
Best Rapids	930	3 425	4 523	4 956	6 464	7 169	8 246	8 653	8 401
Colorado Outdoor Center	115	330	338	247	539	418	617	715	771
Blazing Paddles	—	2 626	2 153	4 765	3 793	6 211	6 940	6 984	6 959
Rocky Mountain Adventures	1 408	4 945	4 838	5 116	6 044	6 063	8 067	8 616	8 858
Total	3 039	11 779	14 345	19 344	21 359	24 830	30 742	33 235	31 981

Fuente: USDA Forest Service.

ILUSTRACIÓN 14 Volumen anual de excursiones en balsa organizados por Rocky Mountain Adventures en los ríos Arkansas, North Platte, Dolores y Upper Colorado, 1993-1997

Río	1993	1994	1995	1996	1997
Río Arkansas	298	467	503	504	539
Río Dolores	2	5	35	0*	14
North Platte	59	16	28	60	49
Upper Colorado	0	8	26	50	132
Total	359	496	592	614	734

* El río Dolores no tuvo el nivel de agua conveniente para hacer excursiones en balsa durante la temporada de verano de 1996.
Fuente: Rocky Mountain Adventures, Inc.

sión de viajes de pesca con mosca guiados. La compañía ofrecía algunos viajes de pesca guiados en Wyoming incluso desde junio, pero éstos eran guiados por empleados de RMA y requerían muy poca supervisión directa de los dos socios. Como sus clientes de excursiones en balsa, los clientes de pesca con mosca de RMA eran principalmente visitantes del área, pero la compañía sí guiaba a un número considerable de pescadores locales. Los clientes de pesca con mosca de RMA que eran visitantes del área se enteraban de la compañía casi de la misma forma como sus clientes de excursiones en balsa. RMA ponía anuncios en hoteles, condominios y restaurantes de Estes Park, y tenía acuerdos con una variedad de granjas que ofrecían hospedaje en el área, para proveer excursiones en balsa y viajes de pesca con mosca a sus visitantes. La compañía también organizaba viajes guiados para grupos cada año, que resultaban de las presentaciones que Bill y Dave hacían durante los meses de verano en las asociaciones de pesca con mosca.

Los viajes de pesca con mosca guiados de RMA se individualizaban de acuerdo con la experiencia de cada pescador y sus capacidades. Los guías podían llevar al pescador de trucha experto directamente a los mejores puntos de pesca o podían dar instrucción y consejos a los novatos antes de encaminarse a los arroyos de trucha. Los guías de RMA conducían expediciones de pesca con mosca en el río Cache La Poudre, el río Big Thompson justo debajo del pueblo de Estes Park, el río North Platte y lagos privados poblados de peces. La ilustración 15 presenta una lista y descripción de los viajes de pesca guiados de RMA.

ILUSTRACIÓN 15 Viajes guiados de pesca con mosca e instrucción, organizados por Rocky Mountain Adventures

Ubicación	Tipo de pesca	Duración del viaje	Número de pescadores	Precio total del viaje
Río Cache La Poudre	Caminando/vadeando	1/2 día	1	$80
	Caminando/vadeando	1/2 día	2	$140
	Caminando/vadeando	Todo el día	1	$150
	Caminando/vadeando	Todo el día	2	$240
	Pesca desde plataforma	Todo el día	1 o 2 por balsa	$260
Lago Big Thompson	Caminando/vadeando	1/2 día	1	$80
	Caminando/vadeando	1/2 día	2	$140
	Caminando/vadeando	Todo el día	1	$150
	Caminando/vadeando	Todo el día	2	$240
Río North Platte	Pesca desde plataforma	Todo el día	1 o 2 por balsa	$295
	Pesca desde plataforma	2 días/una noche	1 o 2 por balsa	$440

Fuente: Rocky Mountain Adventures, Inc.

Como la excursión en balsa por los rápidos, la pesca con mosca guiada estaba regulada por el gobierno de Estados Unidos, a través de la emisión de permisos a un número limitado de compañías especializadas en actividades al aire libre. RMA competía con otras 2 compañías en el río Poudre, otras 4 en el río Big Thompson y alrededor de otras 12 en Wyoming en el río North Platte. Como en el caso de la competencia con sus rivales en el negocio de las excursiones en balsa, RMA creía que el servicio al cliente y la calidad de sus viajes guiados eran esenciales para crear una ventaja. Para mantener la imagen y reputación de la compañía, Bill y Dave eran muy cuidadosos en la selección de guías de pesca RMA. El método que tenían los socios para contratar y entrenar guías de pesca con mosca era idéntico a aquel para contratar guías para excursiones en balsa. Bill y Dave entrevistaban juntos a los solicitantes y después acordaban qué personas serían contratadas. RMA tenía un supervisor temporal de guías de pesca, quien regresaba cada año a trabajar para la compañía. El supervisor y los dos socios llevaban a cabo sesiones de entrenamiento para sus guías antes del comienzo de la temporada. Una vez que ésta comenzaba, el supervisor y los dos socios coordinaban los programas de trabajo y los viajes de pesca de Wyoming y Colorado.

Expediciones internacionales

Además de guiar excursiones en Colorado y Wyoming, Rocky Mountain Adventures había organizado viajes a la región de la Patagonia de Chile y Argentina, y al río Katun en Siberia. RMA intentaba adaptar sus expediciones internacionales a las necesidades e intereses del cliente y los promovía con anuncios en las publicaciones de las asociaciones de excursiones en balsa por los rápidos y pesca con mosca. La compañía también utilizaba campañas anuales por correo directo, enfocadas a ávidos pescadores con mosca y excursionistas en balsa. Era muy común que RMA dirigiera viajes de grupos con los mismos miembros principales año tras año. La información de boca en boca jugaba un importante papel en la capacidad de RMA para organizar viajes internacionales de pesca y de balsa, porque los clientes que quedaban satisfechos contarían a otros ávidos aficionados a las actividades al aire libre sus aventuras en el extranjero.

La Patagonia abarca el Cono Sur del continente americano, comienza a alrededor de 800 millas al sur de Santiago, Chile y Buenos Aires, Argentina, y continúa hasta el Cabo de Hornos. El clima de la región de la Patagonia es muy parecido al del noroeste del Pacífico. Su topografía comprende bosques templados, montañas con cumbres nevadas en la costa andina y numerosos ríos que serpentean a través de los Andes para desembocar, en algún momento, en el Océano Pacífico. Los viajes de RMA se programaban para los meses de enero y febrero, cuando las condiciones del clima son más favorables para la pesca, la caminata de montaña y la excursión en balsa. El viaje siberiano de la compañía se programaba para finales de agosto, cuando las temperaturas de Siberia oscilan entre los 75 y los 45 grados Fahrenheit en el día y entre los 55 y los 35 grados en la noche.

RMA promovía sus paquetes de viajes de aventura internacionales como experiencias en la naturaleza salvaje, en donde el alojamiento era primitivo y la tierra y el agua eran puros. La compañía se asoció con Safaris O'Farrell para el alojamiento en Argentina y con Mario Toro en Chile, quien poseía una pequeña granja cerca del río Futaleufu y el río Azul. El albergue de Martin y Natalia O'Farrell era rústico en su diseño pero en realidad era muy cómodo. El alojamiento era mucho más austero en Chile y Siberia. Los excursionistas de balsa que se unían a la expedición siberiana de RMA pasaban algunas noches acampando en las riberas del Katun.

Los pescadores y excursionistas de montaña que elegían visitar la Patagonia no estaban especialmente preocupados por el alojamiento ofrecido por RMA. Los excursionistas de montaña venían a la región a disfrutar de los impresionantes paisajes de la Cordillera de los Andes, que incluían grandes campos con rocas redondeadas, vastas praderas alpinas, picos que se elevaban desde el océano hasta alturas de más de 9 000 pies, y altos volcanes inactivos. Los pescadores eran llevados a los mismos paisajes que los excursionistas de montaña, pero además eran premiados con generosas pescas de trucha tamaño trofeo, cafés, arcoiris y de arroyo.

Bill Peisner era el guía principal de pesca en las expediciones a la Patagonia y era asistido por guías locales que estaban más familiarizados con el clima local y las condiciones de pesca. Los viajes de pesca con mosca comúnmente duraban 11 días e incluían 6 días y medio de pesca; tenían un precio de $2 780 por pescador. Esta cuota no incluía la tarifa aérea, licencias de pesca, ni los gastos de hotel y alimentos adicionales a aquellos ofrecidos por los socios locales de RMA. Los viajes de siete días de caminata de montaña de la compañía tenían un precio de 1 400 dólares, también podían hacerse arreglos por día a una tarifa de $150 a $300 diarios, dependiendo de la calidad del alojamiento. RMA ofrecía alojamiento dentro del Parque Nacional de Chile a sus clientes de excursionismo por varios días, pero los excursionistas eran responsables de su viaje aéreo de ida y vuelta. Los viajes de caminata de montaña eran guiados por un naturalista y artista de la vida salvaje chileno, que se contrató con la compañía para coordinar y dirigir sus viajes de caminata de montaña por la Patagonia. La compañía también ofrecía viajes de aventura de 6 y 13 días que incluían pesca con mosca, excursiones por los rápidos en balsa, caminata de montaña y recorridos por la montaña a caballo. RMA cobraba el viaje de 6 días a $1 500 por persona, y la excursión en un viaje de aventuras de 13 días a $2 500. En 1997, RMA organizó viajes de pesca a la Patagonia para seis clientes y coordinó viajes de caminata de montaña a la Patagonia para tres clientes. La compañía tenía 14 clientes de caminata de montaña y 14 clientes de pesca con mosca para sus viajes a la Patagonia en 1996. Durante 1996 o 1997 no se reservó ningún viaje de aventuras con actividades múltiples a la Patagonia.

En 1994, RMA dirigió una expedición en balsa de 16 días por Siberia que la compañía ofreció a través de una alianza con un guía siberiano que Bill conoció en Chile. El viaje comenzó al pie del Monte Belukha, el punto más alto de Siberia, y terminó en donde el Katun se une con el río Ob. Incluyó siete días de rápidos oscilando

ILUSTRACIÓN 16 Cursos de instrucción de Rocky Mountain Adventures

Tipo de instrucción	Duración del curso	Precio	Inscripciones en 1997
Clínica de kayac para principiantes	3 horas	$ 45	75
Técnicas de remo para kayac	Todo el día	$ 75	20
Conocimientos para el manejo del kayac en rápidos	2 días	$165	20
Primera respuesta en aguas rápidas	Todo el día	$ 99	—
Técnico en aguas rápidas I	3 días	$210	25
Entrenamiento introductorio para guía de balsa	3 días	$300	12
Entrenamiento avanzado para guía de balsa	3 días	$300	6

entre las Clases II, III y IV, y recorridos diarios a lo largo de los cañones aledaños para explorar pueblos abandonados y sitios arqueológicos. El viaje también incluyó nueve días para visitar, desde el Katun, lugares de interés en algunas ciudades históricas de Rusia. El viaje siberiano se promovió a través de los anuncios de la compañía, pero RMA no ha podido juntar otro equipo para una segunda expedición desde el viaje de 1994.

Instrucción

Rocky Mountain Adventures daba clases para el manejo del kayac a aficionados que remaban por vez primera, novatos e intermedios. La compañía ofrecía una clase de tres horas sobre el manejo del kayac para principiantes, que se impartía todo el año en una alberca con calefacción de la ciudad de Fort Collins. El curso se centraba en conocimientos básicos del manejo del kayac como técnicas de remo y el balanceo esquimal. La compañía también ofrecía cursos más avanzados de uno y de dos días en el Upper Colorado y en el lago Estes durante la primavera y el verano, que incluían instrucciones para la palada de remo y maniobras de río como giros de remolino, escapatorias y transporte.

Además, daban cursos enfocados a técnicas de rescate en aguas rápidas. La clase de un día de primera respuesta de RMA, tenía la intención de preparar rescatistas novatos para rescates en aguas rápidas de bajo riesgo y a la orilla. El curso de tres días de técnico en aguas rápidas I, estaba diseñado para aquellos que con frecuencia estaban en los rápidos y tenían probabilidades de encontrarse en situaciones de rescate. Los participantes de los cursos eran instruidos en técnicas de auto rescate y adquirían los conocimientos necesarios para desempeñar misiones de rescate en el agua bajo condiciones de riesgo. RMA también impartía cursos de entrenamiento para guiar balsas de pagaya, introductorios y avanzados, para aspirantes a guías de excursiones en balsa. El curso de tres días cubría técnicas de pagaya y de remo, hidrología fluvial, navegación fluvial, técnicas de seguridad y primeros auxilios. Los precios y las inscripciones en 1997 para cada uno de los programas de instrucción de RMA se listan en la ilustración 16.

OPORTUNIDADES DE CRECIMIENTO DE RMA

Bill Peisner y Dave Costlow habían discutido una variedad de posibilidades para incrementar los ingresos y la renta neta de RMA. Bill estaba intrigado por la idea de añadir un segundo piso a la tienda al menudeo de Fort Collins que les permitiera abrir un restaurante; había pensado que a su regreso del río, muchos excursionistas de balsa disfrutarían de poder elegir una comida de un menú que incluyera artículos como sándwiches a la parrilla de pollo criado en forma natural, trucha hervida o a la parrilla, fruta fresca, u otros platillos sabrosos y saludables. Con el menú adecuado, comida de calidad y servicio, el restaurante podría también volverse popular entre los locales de Fort Collins durante las horas de la cena. Bill estimaba que el costo de construir el segundo piso y comprar todo el equipo y los elementos de la instalación necesarios para el restaurante sería aproximadamente de $200 000 a $250 000. Los dos dueños también habían discutido la compra de un carrito de café express y sándwiches que estaría ubicado afuera de la tienda para vender comida y bebidas a los clientes de excursiones en balsa de la compañía, como una alternativa al restaurante del segundo piso. La compañía podría comenzar una empresa de riesgo compartido con un restaurante local que tomara la responsabilidad de preparar comida fuera de la tienda, surtir el carrito y dar servicio a los clientes. Bill y Dave estimaban que el carrito podría adquirirse por unos $30 000.

Dave y Bill también habían considerado la compra de un terreno junto al río North Platte en el norte de Colorado o el sur de Wyoming para construir y operar un refugio y albergue de montaña. El albergue ofrecería a sus huéspedes viajes guiados de varios días, para excursiones en balsa o pesca con mosca, y muchos cursos de instrucción. Había un buen número de granjas que daban alojamiento en el norte de Colorado y el sur de Wyoming, y ofrecían una variedad de actividades recreativas al aire libre para sus visitantes, pero no había un albergue dedicado a excursionistas en balsa y pescadores con mosca. RMA podía ofrecer paquetes de pesca, de varios días, todo incluido, en los que la compañía proveería alojamiento en el albergue y pescadores guía para excursiones de pesca con mosca o en balsa. El albergue intentaba captar a pescadores de trucha y excursionistas de balsa serios, al igual que sus salidas internacionales. Bill calculaba que el refugio de montaña podría cobrar a sus huéspedes de kayac $200 al día y a los pescadores de trucha $300 por día. Estas cuotas eran comparables a las que cobraba la mayoría de las estancias de huéspedes en el área. El costo aproximado de la adquisición de tierra y la construcción de cinco cabañas y un comedor era de $200 000 a $250 000.

Los dos socios también estaban interesados en ofrecer expediciones internacionales adicionales, siempre y cuando fueran únicas y pudieran programarse durante la temporada baja de Colorado. Las operaciones en Colorado de excursiones en balsa y pesca con mosca, de la compañía eran en gran medida de temporada, con la mayor parte de sus negocios entre finales de mayo y principios de septiembre; los viajes a la Patagonia se programaban generalmente para los meses de enero y febrero. La compañía sí ofrecía salidas y renta de raquetas para nieve y esquís para campo traviesa durante los meses de invierno, pero estos viajes guiados contribuían muy poco al total de las utilidades de la compañía. Dave comentó, "Nuestro negocio entero de esquí a campo traviesa y raquetas no alcanza un día del negocio de excursiones en balsa durante el verano".

Bill y Dave trabajaban cada uno más de 70 horas a la semana durante el periodo de mayor demanda de la temporada turística de verano en Colorado, y prácticamente no tenían tiempo libre durante las expediciones. En una expedición eran responsables de todo –alojamiento, comidas, pesca e incluso de que hubiera compañerismo–. Tener la temporada baja de finales de otoño y principios de primavera era benéfico porque les permitía a los socios recuperarse con un poco de descanso y planear la siguiente temporada turística del verano en Colorado, pero también los llevaba a tener flujos volátiles de efectivo durante el año. Bill y Dave pensaban que viajes internacionales adicionales serían un éxito, porque la compañía había desarrollado una buena reputación de proveer excursiones internacionales de pesca con calidad entre ávidos pescadores con mosca. De hecho, muchos de sus clientes de expediciones internacionales de pesca regresaban al menos cada dos años. Bill creía firmemente que estos clientes disfrutarían visitar nuevos ríos y nuevos países si esos viajes estuvieran disponibles a precios comparables a los de la Patagonia. Sin embargo, los dos socios sabían que sus respectivas familias no querrían que ellos estuvieran lejos de casa dos o cuatro meses más durante el año.

La compañía podría utilizar potencialmente los viajes adicionales para darle empleo todo el año a un guía RMA extra, pero guiar un viaje internacional requería de conocimientos altamente especializados que tomaba años desarrollar. Bill afirmó que viajes internacionales adicionales muy bien podrían dar el ingreso necesario para justificar un empleado permanente que pudiera responsabilizarse de las operaciones de río durante el verano y guiar expediciones internacionales durante el invierno. Pero encontrar a la persona adecuada sería difícil. Bill explicó, "Es un trabajo muy demandante. Eres completamente responsable de tus clientes mientras estén contigo. No sólo tienes que saber cómo remar una balsa y guiar un viaje de pesca, sino además debes entender el idioma local, la cultura y las costumbres. Tienes que asegurarte de que la balsa esté lista en el río, y que el alojamiento en los albergues y la comida estén listos y sean satisfactorios. En realidad uno trabaja 18 horas al día cuando está guiando un viaje internacional".

También había oportunidades que requerían muy poco capital o compromiso adicional por parte de los dos dueños. Habían discutido la posibilidad de encontrar nuevos clientes para sus fotografías Pigeon Express™. La compañía había comprado recientemente un mini laboratorio Fuji que tenía la capacidad de terminar muchas más fotos de lo que Pigeon Express™ requería en el momento. Dave pensó que con cinco aves adicionales y un fotógrafo más, la compañía podía dar servicios de fotografía y fotopesca a otras compañías especializadas en excursiones en balsa en el área de Fort Collins.

Aunque RMA ofrecía excursiones en balsa en cinco ríos de Colorado, sus viajes en el río Poudre representaban la mayor parte de sus ingresos en este rubro. La compañía no había sido excesivamente agresiva en la generación de tráfico en los ríos Arkansas, Upper Colorado, Dolores o North Platte por la distancia entre estos ríos y Fort Collins. El Poudre podía manejarse más fácilmente porque su proximidad con Fort Collins permitía a Bill y a Dave supervisar de cerca las operaciones de la compañía y tomar el control personalmente si surgían problemas inesperados. Había muchas ocasiones cada temporada en que Bill o Dave se veían forzados a guiar las balsas o manejar un camión de excursionistas del punto de reunión al río cuando los empleados se ausentaban del trabajo. Era muy difícil para la compañía siquiera acercarse remotamente al límite de los 100 excursionistas de balsa al día en estos ríos alejados de la ciudad porque no tenían supervisores en cada río.

Los socios habían pensado en no renovar algunos permisos para dedicarle más tiempo a los ríos más cercanos a Fort Collins. Era difícil hacer de las excursiones en balsa en el río Dolores una parte central de las operaciones de la compañía, debido a que el deshielo hacía la duración de la temporada de rápidos muy impredecible. Además, la cantidad de turistas cerca del río North Platte era mucho menor que cerca del río Cache La Poudre y Estes Park, lo que dificultaba alcanzar la capacidad permitida a la compañía en el río. Bill y Dave creían que el Arkansas ofrecía el mayor potencial por ser el río en donde se practicaba más la excursión en balsa en todo el mundo, con más de 300 000 excursionistas cada temporada. Los socios habían pensado que con la estrategia adecuada, Rocky Mountain Adventures podía proveer potencialmente servicios de organización de actividades al aire libre a 25 clientes diarios en el río Arkansas. Sin embargo, había otras 62 compañías especializadas a lo largo de este río, lo que hacía la competencia mayor que en otros ríos. El río Upper Colorado también daba oportunidades de crecimiento porque estaba en el lado opuesto de Estes Park desde el río Cache La Poudre. Los socios estimaban que en el evento de que eligieran abandonar algunas operaciones fluviales, RMA podía vender sus permisos de los ríos Arkansas, Delores, Upper Colorado y North Platte por alrededor de $30 000 a $50 000 cada uno.

La agresiva expansión de sus operaciones en ríos lejanos a la ciudad requeriría de la adquisición de balsas y equipo adicional, nuevos miembros del personal y un gerente que coordinara las excursiones en balsa en cada río. Las balsas totalmente equipadas para seis personas costarían aproximadamente $3 000 cada una, guías con experiencia podían ser contratados por $70 a $80 diarios y un gerente permanente, de tiempo completo, podría ser contratado por $25 000 a $30 000. RMA utilizaba 19 balsas y 30 guías para cubrir la demanda de excursiones en balsa por los rápidos en el río Cache La Poudre.

También había una oportunidad que Bill y Dave habían comenzado a buscar apenas unos días antes de que Bill saliera a la Patagonia. Habían establecido contacto con los dueños del Colorado Outdoor Center para determinar si tenían interés en vender su permiso para realizar excursiones por los rápidos del río Poudre en balsa. Colorado Outdoor había tenido ese permiso por cerca de 20 años, pero nunca se había acercado al límite de 100 excursionistas al día y, como resultado de ello, sus dueños habían decidido abandonar su negocio de excursiones en balsa fuera del área inmediata a Boulder. Colorado Outdoor había obtenido ya la aprobación del Servicio Forestal para vender su permiso a una compañía que ya tuviera un permiso. Conversaciones preliminares entre los dueños de ambas compañías habían girado en torno a un precio de $100 000. El permiso de Colorado Outdoor era renovable siempre que quien lo tuviera cumpliera con todas las regulaciones. Tener dos permisos permitiría a RMA llevar a 200 excursionistas al día por el Poudre. Sin embargo, el permiso de Colorado Outdoor sólo permitía dos ventanas de inicio al día, un periodo de una hora durante la cual las balsas podían salir de los sitios de desembarque en el Parque Nacional Rocky Mountain. El permiso que ya tenía RMA otorgaba seis ventanas de inicio al día, lo que permitía a la compañía ofrecer horas de partida a lo largo del día. Los dueños de Colorado Outdoor estaban negociando un aumento en el número de ventanas de inicio permitidas con el Servicio Forestal cuando Bill había salido a la Patagonia.

La esposa de Bill, Kathy, se encontraría con él a la llegada de su vuelo en Denver y luego lo llevaría en auto a su casa en Fort Collins. Trataría de dormir hasta tarde para ir a trabajar alrededor del medio día del día siguiente. Dave abriría la tienda a las 10:00 AM y, tan pronto como Bill llegara, querría discutir sus planes para la próxima temporada de excursión en balsa y la compra del permiso para hacer excursiones en balsa de Colorado Outdoor Center.

Bill quería tener la mente clara cuando aterrizara en Denver para que él y Dave pudieran tener una discusión productiva; creía que la negociación con Colorado Outdoor probablemente necesitaba ser finalizada con rapidez, antes de que otro competidor llegara con una oferta mejor.

Las relaciones bancarias de la compañía le permitirían a RMA financiar la compra del permiso o buscar otras opciones. Ambos socios querían evitar presionarse demasiado y estaban preocupados por el financiamiento de múltiples proyectos a la vez.

(Puede ver una versión con fotografías de este caso en: *www.mhhe.com/thompson*. La dirección web de RMA es *www.omnibus.com/rma.html*.)

CASO 8

Black & Decker Corporation

John E. Gamble, *University of South Alabama*

Arthur A. Thompson, Jr., *The University of Alabama*

A principios de 1998, Black & Decker Corporation era una compañía fabricante y comercializadora global diversificada, de productos para el hogar, comerciales e industriales. La compañía operaba 50 plantas de producción, 25 en Estados Unidos y 25 en otros 13 países, y sus productos se comercializaban en más de 100 países. Black & Decker (B&D) era el productor más grande en el mundo de herramientas eléctricas, accesorios para herramientas eléctricas, maquinaria de seguridad y productos eléctricos para el cuidado del césped y del jardín. Su marca Price Pfister, de grifos para cocina y baño, estaba entre las marcas con más rápido crecimiento en América del Norte y había ganado participación en el mercado por nueve años consecutivos. Su negocio de electrodomésticos era el líder en Estados Unidos, por volumen, y la compañía estaba entre las principales vendedoras de pequeños aparatos electrodomésticos en el mercado global. B&D también era líder mundial en mangos para palos de golf, equipo para la fabricación de contenedores de vidrio y ciertos tipos de cerraduras.

En enero de 1998, el director ejecutivo de B&D, Nolan D. Archibald, anunció que la compañía se desharía de sus negocios de aparatos electrodomésticos, equipo para la fabricación de contenedores de vidrio, sistemas de cerraduras de consumo y mangos para palos de golf en el transcurso de los seis meses siguientes. Archibald también anunció que la compañía eliminaría más de 3 000 empleos en todo el mundo y cuatro plantas de producción en Canadá, América Latina y Australia. Las ventas combinadas de los negocios identificados para desinversión, representaban 18 por ciento del total de los ingresos de B&D en 1997. Archibald dijo a los analistas que la eliminación de los negocios que fabricaban y comercializaban productos tales como las planchas Black & Decker y otros aparatos para el hogar, los mangos para palos de golf True Temper y la maquinaria para fabricar vidrio Emhart, permitiría a la compañía posicionarse para un mayor crecimiento. "Esta [reestructuración de cartera] nos permitirá enfocarnos en operaciones primordiales que pueden dar resultados operativos y financieros confiables y superiores."[1]

ANTECEDENTES DE LA COMPAÑÍA

Black & Decker fue creada por Duncan Black y Alonzo Decker en 1910 e inicialmente producía máquinas para hacer tapas para envases de leche y vitroleros para golosinas. En 1916, la compañía introdujo su primera herramienta eléctrica —un taladro de media

[1] Tomado de *Knight-Ridder/Tribune Business News*, 28 de enero de 1998.

pulgada, eléctrico y portátil—, que finalmente fue colocado en exhibición en la Smithsonian Institution. Durante los siguientes 40 años, Duncan Black y Alonzo Decker tomaron una serie de acciones que establecieron a su compañía como el nombre dominante en herramientas y accesorios eléctricos. B&D introdujo el primer desarmador portátil en 1922, el primer martillo eléctrico en 1936, lijas y sierras para terminados en 1953, y la aspiradora de mano Dustbuster en 1978. La compañía se expandió internacionalmente cuando comenzó operaciones de venta en Rusia, Japón y Australia en 1919 y abrió instalaciones de producción en Canadá en 1922. Se volvió conocida en todo el mundo por sus herramientas eléctricas, particularmente en Europa. Black & Decker fue administrada por los socios originales hasta la muerte de Black en 1951 y de Decker en 1956. Como administradores, Black y Decker lograron el crecimiento haciendo adiciones a la línea de herramientas y accesorios eléctricos de la compañía e incrementando su penetración en mercados extranjeros. Hasta mediados de la década de 1980, la compañía mantuvo una estrategia de crecimiento corporativo relacionada exclusivamente con extensiones de líneas de producto y expansión internacional.

Diversificación hacia pequeños aparatos electrodomésticos

En 1980 Black & Decker comenzó a buscar la diversificación por la creciente madurez de su primordial negocio de herramientas eléctricas. En 1984, B&D adquirió el negocio de aparatos eléctricos para el hogar de General Electric (GE) por 300 millones de dólares. Las marcas de GE tenían una participación de alrededor del 25 por ciento del mercado de pequeños aparatos y generaban ingresos anuales por alrededor de 500 millones de dólares. GE vendió su división de pequeños aparatos eléctricos, a pesar de su posición como número uno en el mercado, por el bajo nivel de utilidades que tenía. El fuerte de GE en aparatos eléctricos eran las planchas y los hornos tostadores, cuya participación en el mercado era cercana al 50 por ciento; tan sólo las ventas de planchas GE sumaban un total de 250 millones de dólares. Entre los otros 150 productos que adquirió B&D había cafeteras, secadoras y rizadores de cabello, batidoras y procesadores de alimentos, tostadores, sartenes eléctricos, abrelatas, waffleras y licuadoras. También en 1984, B&D compró tres fabricantes de herramientas europeos para completar los huecos de productos y fortalecer su base manufacturera; la adquisición incluyó un fabricante suizo de herramientas eléctricas portátiles de carpintería para usuarios profesionales, el fabricante de barrenas para taladros líder en Europa y un productor alemán de herramientas eléctricas de precisión.

La adquisición de la división de aparatos eléctricos para el hogar de GE lanzó a B&D hacia un proceso de transformación de la compañía, de ser un fabricante de herramientas eléctricas, a una compañía de productos de consumo. A principios de 1985, la empresa cambió su nombre de Black & Decker Manufacturing Company (Compañía Manufacturera Black & Decker) a Black & Decker Corporation (Corporación Black & Decker), para reflejar su nuevo énfasis en vender y no solamente en fabricar productos.

El Director Ejecutivo de Black & Decker, Nolan D. Archibald

El arquitecto en jefe de la incursión de Black & Decker en la diversificación fue Nolan D. Archibald. Black & Decker contrató a Archibald como presidente y director operativo en 1985, poco después de la adquisición del negocio de aparatos eléctricos para el hogar de GE. Antes de entrar a B&D, Archibald era presidente de Beatrice Companies, un grupo de consumo duradero con un valor de 1.7 mil millones de dólares, en donde era responsable de unidades de negocios tales como equipaje Samsonite, productos de tratamiento de agua Culligan, cubiertas para ventana Del Mar, lámparas Stiffel y muebles para cocina Aristocraft. Archibald, entonces de 42 años, fue seleccionado de entre un grupo de alrededor de 50 candidatos para el puesto en B&D y rechazó las ofertas para convertirse en presidente de otras dos compañías. Archibald había estado en Beatrice desde 1977 y tuvo éxito en la planeación para enderezar tres de los negocios de esa compañía. Antes de eso, había encabezado la dirección en el negocio de vehículos para nieve Snow-Jet de Conroy Inc. Archibald pasó dos años de su juventud como misionero mormón, fue jugador All-American de basketball en el Dixie College de Utah, se volvió un jugador sobresaliente en el Weber State College en Utah, obtuvo su maestría en Administración de Empresas en Harvard Business School, e intentó (sin éxito) entrar al equipo profesional de basketball Chicago Bulls. Cazadores de talentos profesionales para corporaciones calificaron a Archibald como un buen pensador estratégico, agradable, versátil y sensible hacia otras personas.

De acuerdo con un negociador de Black & Decker, antes de que Archibald se volviera presidente en septiembre de 1985, "Black & Decker había ido a la deriva por algunos años como un barco sin capitán".[2] Archibald perdió poco tiempo en la reorganización de las operaciones mundiales de B&D. En el transcurso de tres meses, inició un plan de reestructuración para cerrar plantas viejas e ineficientes, y aumentó las tasas de utilización de las fábricas consolidando la producción en las plantas más nuevas y grandes de B&D. Aproximadamente 3 000 empleos se eliminaron, incluyendo una serie de puestos gerenciales de alto nivel. En 1985, B&D canceló una deuda de 215 millones de dólares cerrando plantas y haciendo otros esfuerzos de reorganización que ahorraban costos.

Antes de 1985, B&D había seguido una estrategia de descentralización en múltiples países. Cada área geográfica tenía sus propias instalaciones de producción, sus propios centros de diseño de producto y sus propias organizaciones de marketing y ventas para atender de la mejor manera las condiciones de los mercados locales. Con los años, esta estrategia había dado como resultado cortas series de producción en fábricas dispersas, reduciendo la eficiencia de la manufactura en general y evitando el logro de economías de escala, por ejemplo, había alrededor de 100 tamaños de motor diferentes en la línea de productos de B&D. Archibald organizó a la compañía con un enfoque más globalizado en el diseño de producto y manufactura, con mucha mayor comunicación y coordinación entre sus unidades operativas geográficas. Como la producción en las plantas estaba organizada en torno al tamaño de los motores, el número de variaciones en el producto se redujo y las series de producción se alargaron. De 1984 a 1989 se cerraron siete plantas y casi 3 000 empleos se eliminaron. Archibald insistió también en poner más énfasis en el control de calidad, ya que durante los primeros años de los 90, la reputación de B&D en herramientas eléctricas había sido empañada por una mala calidad en sus productos.

Al mismo tiempo, Archibald puso recursos adicionales en el desarrollo de nuevos productos y rediseño de las líneas de herramientas eléctricas y pequeños aparatos eléctricos de la compañía. Estableció como objetivo para la división de herramientas sacar más de una docena de nuevos productos al año, más de lo que B&D había introducido en los cinco años anteriores a su llegada. También creó equipos de negociadores para que sugirieran nuevos productos y características que los consumidores desearan. La compañía introdujo una variedad de nuevos productos exitosos, incluyendo sus linternas Snakelight, herramientas eléctricas inalámbricas, martillos rotatorios Macho que podían hacer hoyos en piedra, ladrillo y concreto, herramientas eléctricas profesionales De Walt y baterías recargables VersaPak, las cuales servían tanto para las herramientas eléctricas como para los aparatos electrodomésticos Black & Decker.

Uno de los retos de marketing más grandes para Archibald fue transferir la lealtad de los consumidores de los pequeños aparatos eléctricos de GE, hacia Black & Decker. Algunos observadores creían que B&D tendría problemas porque los clientes tradicio-

---

[2] Tomado de *Business Week,* 13 de julio de 1987, p. 90.

nales de la compañía eran hombres, mientras que los compradores de productos para el hogar eran generalmente mujeres, un encabezado en *The Wall Street Journal* preguntaba: "¿Compraría usted un tostador a un fabricante de taladros?" Pero los ejecutivos de B&D creían que muchas mujeres estaban familiarizadas con el nombre de Black & Decker porque compraban herramientas eléctricas como regalos para hombres y porque B&D había sido pionero en el desarrollo de aparatos para el hogar que funcionaban con baterías recargables. La aspiradora de mano Dustbuster de Black & Decker era la líder en el mercado, con una participación del 45 por ciento. B&D también había estado comercializando un cepillo rotatorio inalámbrico, un limpiador de zapatos inalámbrico recargable y una linterna recargable. Incluso antes de adquirir el negocio de productos para el hogar de GE, B&D había planeado introducir una línea de aparatos inalámbricos para la cocina, pero ganar amplio espacio en las repisas de los minoristas era siempre una cuestión de azar. La adquisición de GE era atractiva porque poder ofrecer a los minoristas una línea completa de productos para el hogar, le daría a B&D mayor poder para competir por espacio en las repisas.

Los competidores de B&D en pequeños aparatos vieron la transición de la marca de GE a Black & Decker, como una oportunidad para ganar participación en el mercado que alguna vez había sido de GE. Sunbeam Appliance cuadruplicó su presupuesto de publicidad en 1985 a 42 millones de dólares porque quería reemplazar a GE como la marca mejor conocida para pequeños aparatos. Norelco lanzó una nueva línea de planchas y un abrelatas de mano que funcionaba con baterías recargables. Hamilton Beach introdujo un cuchillo trinchador de baterías. Se rumoraba que casi todos los productores de pequeños aparatos eléctricos estaban tratando de desarrollar adaptaciones inalámbricas de planchas, cafeteras, batidoras de mano y cuchillos trinchadores.

Archibald respondió al reto de la transferencia de marca con una serie de acciones. Dado que, hasta 1987, Black & Decker tenía que poner su propio nombre en todos los productos que adquirió de GE, encabezó el proceso de transferencia poniendo primero su nombre en los innovadores y caros productos de alto margen Spacemaker (creador de espacios), que eran colocados debajo de los gabinetes de cocina, una línea que no estaba tan fuertemente identificada con el nombre de GE como lo estaban otras líneas. Después, B&D introdujo una nueva plancha (inventada por GE) que se apagaba automáticamente cuando se dejaba quieta por mucho tiempo o cuando se volteaba; los anuncios en televisión que hizo B&D para la plancha mostraban a un elefante alejándose de una plancha que habían dejado prendida, seguido del lema "Hasta los elefantes olvidan". La transferencia de marca se logró producto a producto, en cada caso acompañada de mucha publicidad. Bajo la dirección de Archibald, B&D gastó aproximadamente 100 millones de dólares durante el periodo de 1985 a 1987 para promover la transición de marca. La compañía también organizó un gran equipo de asistentes de transición de marca, para poner etiquetas de papel a los modelos exhibidos de los productos a los que recientemente se les había cambiado la marca, en alrededor de 10 000 tiendas de menudeo a lo largo de Estados Unidos —las etiquetas decían que GE antes vendía productos que ahora eran fabricados por Black & Decker—. La mayoría de los analistas veían el programa de Archibald como un éxito; un profesor de Harvard Business School dijo: "Es casi un ejemplo de libro de texto sobre cómo manejar una transición de marca." [3]

Archibald fue ascendido a director general, presidente y director ejecutivo en 1986; también estuvo ese año en la lista de los 10 Ejecutivos Más Buscados, de la revista *Fortune*, y fue nombrado uno de los Seis Mejores Administradores de 1987 por *Business Week.* Para finales de 1988, Archibald fue ampliamente reconocido por la planeación de otro cambio de posición impresionante, haber elevado las utilidades de Black & Decker a 97.1 millones de dólares, muy por encima de la pérdida de 158.4 millones registrada en 1985. Archibald también recibió el Premio al Logro Edison (Edison

---

[3] *Idem.*

Achievement Award) 1996, otorgado por la Asociación Americana de Marketing, por sus logros como director ejecutivo de B&D.

Intentos fallidos de adquisición

A principios de 1988 Black & Decker comenzó una oferta pública de adquisición no solicitada para comprar American Standard Inc., un fabricante diversificado de instalaciones para baño, productos de aire acondicionado y sistemas interruptores para vehículos de riel y automotores. American Standard tenía ingresos de 3.4 mil millones de dólares y ganancias de 127 millones en 1987 (comparado con los ingresos de 1.9 mil millones y ganancias de casi 70 millones de Black & Decker). Después de varios meses de negociaciones, el esfuerzo de compra fracasó y B&D se retiró de la batalla.

En enero de 1989, B&D negoció un trato con Allegheny International, para comprar su división de aparatos Oster/Sunbeam por alrededor de 260 millones. Oster/Sunbeam era fabricante y comercializador líder de pequeños aparatos eléctricos para el hogar, entre ellos licuadoras, abrelatas, batidoras, sartenes eléctricos, planchas de vapor y otros artículos de cocina. Sin embargo, en febrero, Allegheny International se retractó de la venta y se fusionó con otra compañía.

La adquisición de Emhart

Un mes más tarde, en marzo de 1989, Black & Decker acordó adquirir Emhart Corporation por 2.8 mil millones de dólares, rescatando a la empresa de una hostil oferta pública de compra. Emhart tenía ventas en 1988 por 2.8 mil millones, ganancias de 127 millones, activos por 2.4 mil millones y capital de sus accionistas por 971 millones. Emhart era un fabricante diversificado de productos industriales (ventas en 1988 por 1.6 mil millones), sistemas de información y electrónicos (ventas en 1988 por 654 millones) y productos de consumo (ventas en 1988 por 547 millones). Aproximadamente 40 por ciento de las ventas y ganancias de Emhart provenía de sus operaciones en el extranjero, la mayoría de las cuales estaban concentradas en Europa. La ilustración 1 presenta un perfil de la cartera de negocios de Emhart. La ilustración 2 proporciona información sobre el desempeño financiero de las unidades de negocios de Emhart.

Los días siguientes al anuncio del plan amistoso de la compañía para adquirir Emhart, el precio de las acciones de B&D cayó alrededor de 15 por ciento. Había mucho escepticismo sobre la sabiduría de la adquisición, tanto desde el punto de vista de si los negocios de Emhart eran un ajuste estratégico atractivo para los negocios de B&D, como si B&D podía manejar el desgaste financiero de hacer una adquisición tan grande. Emhart era considerablemente más grande que B&D, como lo muestra la siguiente comparación.

Indicadores financieros, 1988	Emhart	Black & Decker
Ingresos por ventas	$2.76 mil millones	$2.28 mil millones
Ganancias netas	$126.6 millones	$97.1 millones
Activos	$2.43 mil millones	$1.83 mil millones
Capital de los accionistas	$970.9 millones	$724.9 millones
Deuda de largo plazo	$674.3 millones	$277.1 millones

El acuerdo de adquisición obligaba a Black & Decker a comprar 59.9 millones de las acciones ordinarias (95 por ciento) de Emhart Corporation a 40 dólares por acción, un precio de casi tres veces el valor en libros por acción ($14.32). En total, B&D tenía que asegurar 2.7 mil millones de dólares en financiamiento para adquirir Emhart. Para conseguir los fondos, B&D trabajó con un grupo de bancos para formar un acuerdo de crédito que consistía de préstamos a plazo que vencían entre 1992 y 1997, y un préstamo no asegurado de crédito revolvente de hasta 575 millones de dólares. Los préstamos tenían una tasa de interés de 1/4 por ciento arriba de la tasa prima prevaleciente. Los principales pagos programados en los préstamos a plazo eran los siguientes:

1992	$201 217 000
1993	274 287 000
1994	275 221 000
1995	743 923 000
1996	401 318 000

El acuerdo de crédito incluía convenios que requerían que Black & Decker lograra un determinado nivel mínimo de cobertura, en flujo de efectivo, de sus obligaciones en intereses y que no se excedieran las razones de apalancamiento especificadas (deuda en capital) durante el plazo del préstamo:

Año fiscal	Razón de apalancamiento máxima	Razón de cobertura de flujo de efectivo mínima
1992	3.25	1.35
1993	2.75	1.50
1994	2.25	1.55
1995 y a partir de entonces	1.50	1.60

Nota: La razón de apalancamiento se calculó dividiendo la deuda, como se define en el acuerdo de crédito, en el capital de los accionistas netos y consolidados. La razón de cobertura de flujo de efectivo se calculó dividiendo las ganancias antes de intereses, impuestos, depreciación y amortización del fondo de comercio, menos los gastos de capital en gasto de intereses, más pagos de impuesto sobre la renta en efectivo y dividendos declarados.
Otros convenios en el acuerdo de crédito limitaban la capacidad de Black & Decker para incurrir en deudas adicionales y adquirir negocios o vender activos.

Black & Decker también estableció acuerdos factoriales bajo los cuales vendía sus cuentas por cobrar a una tasa de descuento para evitar esperar de 30 a 60 días para el cobro de sus facturas. La compañía terminó su programa de venta de cuentas por cobrar en diciembre de 1997, cuando pudo cumplir con sus requisitos de liquidez sin necesidad de dichos acuerdos factoriales.

Black & Decker registró el excedente en el precio de compra de Emhart sobre el valor en libros de los activos netos de dicha empresa, como fondo de comercio que sería amortizado de forma directa durante 40 años. Esto resultó en un incremento de los cargos de depreciación y amortización de B&D por alrededor de $45 millones anuales.

Desprendimientos iniciales

Los administradores de nivel alto de Black & Decker pronto se dieron cuenta de que sería necesario vender 1 000 millones de dólares de los activos de los negocios de Emhart para reducir los gastos de intereses y obligaciones en deuda de B&D y permitir

ILUSTRACIÓN 1 Cartera de negocios de Emhart Corporation en 1989 (en el momento de la adquisición de la compañía por parte de Black & Decker)

Categorías de negocio y producto	Marcas/Nombres	Mercados principales/Clientes
Negocios industriales (ventas en 1988 por $1.6 mil millones)		
Condensadores, dispositivos de señal auditiva	Emhart, Mallory, Sonalert, Arcotronica	Industrias de telecomunicaciones, computación, automotrices y de componentes electrónicos.
Dispositivos electromecánicos, sistemas de control en estado sólido, sistemas de detección de fugas de hidrocarburo	Emhart, Mallory, Pollulert	Fabricantes de aparatos eléctricos, para automóviles y controles ambientales.
Mecanismos para puertas comerciales, sistemas de cerradura electrónica	Emhart, Carbin, Russwin	Fabricantes de equipo comercial, para construcción de edificios institucionales y original
Materiales para calzado (plantillas, punteras acolchadas, espinilleras, ojales reforzados, tachuelas y clavos)	Emhart, Texon, Aquiline	Fabricantes de calzado
Sistemas de broches de seguridad (remaches, tuercas de cerradura, soportes de tornillo, sistemas adhesivos, selladores y cemento blanco)	Emhart, Molly, Warren, Gripco, Bostik, Kelox, Dodge, Heli-Coil, POP	Aparatos eléctricos, construcción, electrónicos, carpintería, embalaje, fabricantes de automóviles y de otros medios de transporte
Maquinaria para fabricación de contenedores de vidrio	Emhart, Hartford, Powers, Sundsvalls	Productores de contenedores de vidrio para bebidas, comida, artículos para el hogar y productos farmacéuticos
Maquinaria para el ensamble de bases aislantes de circuitos electrónicos	Emhart, Dynapert	Industria de electrónicos
Sistemas de información y electrónicos (ventas en 1988 por $654 millones)		
Sistemas y servicios basados en tecnología (incluyendo sistemas computarizados), servicios de investigación científica, administración de programas	Emhart, PRC, Planning Research Corp., PRC System Services, PRC Environmental Management, PRC Medic Computer Systems, Nova, Stellar	Dependencias y unidades gubernamentales, servicio de listado múltiple de bienes raíces, prácticas médicas de grupo y servicios públicos
Negocios de productos de consumo (ventas en 1988 por $547 millones)		
Mecanismos para puertas, incluyendo juegos de cerraduras, cerraduras de alta seguridad y dispositivos de cerradura)	Emhart, Kwikset	Construcción residencial
Equipo no eléctrico para césped y jardín, iluminación para jardines	Garden America, True Temper	Propietarios de casas "hágalo usted mismo"
Sistemas de aspersión subterránea y riego	Lawn Genie, Drip Mist, Irri-trol	Especialistas en diseño de jardines, consumidores de "hágalo usted mismo"
Espinilleros para palos de golf, tubos para marcos de bicicleta	True Temper, Dynamic Gold, Black Gold	Fabricantes de palos de golf
Grifos de baño y cocina	Price Pfister, The Pfabulous Pfaucet with the Pfunny Name	Construcción residencial y comercial
Adhesivos y selladores	Bostik, Thermogrip	Construcción residencial y comercial, consumidores de "hágalo usted mismo"
Broches de seguridad, engrapadoras y máquinas para clavar	Blue-Tack, POP, Molly	Construcción residencial y comercial

ILUSTRACIÓN 2 Desempeño financiero de los grupos de negocios de Emhart, 1986-1988 (en millones de dólares)

	1988	1987	1986A*	1986B
Ingresos				
Industrial	$ 641.8	$ 671.9		$ 653.9
Componentes	640.5	638.8		576.3
Sistemas de broches	279.0	291.1		419.2
de seguridad				
Maquinaria	$1 561.3	$1 601.8		$1 649.4
Sistemas de información	653.7	438.3		39.3
y electrónicos				
De consumo	547.5	414.4		405.6
Total	$2 762.5	$2 454.5		$2 094.3
Renta operativa (pérdida)				
Industrial				
Componentes	$ 63.8	$ 65.7	$ 48.2	$ (5.4)
Sistemas de broches	74.8	78.7	68.3	24.8
de seguridad				
Maquinaria	42.7	34.1	44.4	3.9
	$ 181.3	$ 178.5	$160.9	$ 23.3
Sistemas de información	37.2	22.3	2.0	2.0
y electrónicos	84.8	68.3	60.4	51.7
De consumo	$ 303.3	$ 269.1	$223.3	$ 77.0
Gasto corporativo	(35.0)	(32.9)	(30.3)	(34.0)
Total	$ 268.3	$ 236.2	$193.0	$ 43.0
Activos identificables				
Industrial				
Componentes	$ 457.8	$ 472.0		$ 400.3
Sistemas de broches	428.4	428.2		409.7
de seguridad				
Maquinaria	167.8	164.8		297.2
	$1 054.0	$1 065.0		$1 107.2
Sistemas de información	546.7	361.3		334.5
y electrónicos				
De consumo	702.7	225.1		266.1
	$2 303.4	$1 651.4		$1 707.8
Corporativo	123.2	378.5		148.9
Total	$2 426.6	$2 029.9	$000.0	$1 856.7

* 1986 antes de estipular la reestructuración.
Fuente: Informe anual de Emhart, 1988.

a la compañía cumplir con los convenios acordados. Con base en las reglas de contabilidad, estos activos debían venderse en el transcurso de un año, o consolidarse con el resto de los activos de B&D, un movimiento que podía provocar que B&D, fracasara en alcanzar su nivel máximo de apalancamiento según el convenio. Los negocios de Emhart identificados para su venta en el transcurso del primer año desde la fecha de la adquisición incluían materiales para calzado, equipo para el ensamble de bases aislantes de circuitos electrónicos (Dynapert), condensadores, adhesivos químicos (Bostik) y la unidad de negocios completa de sistemas de información y electrónicos (PRC). Durante 1989 y principios de 1990, B&D vendió la división de adhesivos químicos Bostik a una compañía francesa por $345 millones, el negocio de materiales para calzado a United Machinery Group por aproximadamente 125 millones de dólares, y el negocio de condensadores Arcotronics a Nissei Electric of Tokyo por alrededor de 80 millones; las ganancias netas de estas ventas se utilizaron para reducir la deuda. A principios de 1990, cuando el periodo de un año expiró, B&D se vio forzado a consolidar alrededor de 566 millones de dólares de activos no vendidos, elevando el valor del fondo de comercio en su balance por $560 millones, y haciendo crecer los cargos por amortización anual en $14 millones. Para evitar violar la razón máxima de deuda/capital permitida bajo su programa de crédito, B&D tuvo que emitir $150 millones de nuevas acciones preferenciales, $47 millones de las cuales fueron compradas por su plan de ahorro para sus 401 (K) empleados cuando ningún otro comprador se presentó.

A lo largo de 1991, Black & Decker continuó luchando por cumplir con sus convenios acordados. La compañía se deshizo de la unidad de negocios de Garden America de Emhart y de las operaciones de Mallory Control en América del Norte y Brasil, por un total combinado de alrededor de $140 millones. También vendió su unidad de True Temper Hardware, su unidad de PRC Medic y sus negocios de U.S. Capacitors (Condensadores de Estados Unidos), por un total combinado de casi $110 millones. Los precios que B&D obtuvo por los negocios de Emhart que vendió eran generalmente más bajos que las expectativas de la administración, en parte porque los efectos de la recesión que venía redujeron lo que los compradores estaban dispuestos a pagar.

No obstante, estos desprendimientos (de lo que fue descrito por la administración de B&D como "activos no estratégicos") y la venta por $150 millones de acciones preferenciales, le permitió a la empresa reducir su deuda total de un máximo de $4 mil millones después de la adquisición de Emhart en abril de 1989, a $2.9 mil millones al final de 1991. Aun así, B&D seguía muy presionada para generar suficiente dinero para cumplir con su programa renegociado de pagos de deuda, un problema agravado por la recesión de 1990-1991, que afectó fuertemente a los negocios de herramientas y artículos para el hogar de la compañía. Los precios de sus acciones cayeron de un nivel de $25 aproximadamente en el momento de la adquisición de Emhart, hasta un mínimo de $11 a $12 a principios de 1991. Para principios de 1992, el precio de las acciones se había recuperado hasta alcanzar un nivel un poco arriba de los $20, en parte porque el declive en la tasa prima del 10 por ciento al 6.5 por ciento había bajado sustancialmente los intereses de B&D.

Desprendimientos subsecuentes: 1993-1996

Durante los siguientes cuatro años, la administración corporativa de Black & Decker trató de encontrar compradores para varios negocios no estratégicos adquiridos como parte del trato con Emhart. Tres fueron finalmente vendidos.

Dynapert La unidad de negocios de Dynapert proveía equipo automatizado para ensamblar bases aislantes de circuitos electrónicos a clientes relacionados con los electrónicos alrededor del mundo. El equipo se clasificaba entre la maquinaria controlada por computadora más compleja que se utilizaba en aplicaciones industriales. Dynapert tenía dos plantas de producción (una en Estados Unidos y otra en Inglaterra) y ventas e instalaciones de servicio en todo el mundo. La unidad había lanzado un programa de "calidad total" e implementado técnicas de manufactura justo a tiempo.

Las ventas se hacían de manera directa a los usuarios por medio de una fuerza de ventas de empleados y representantes de ventas independientes. Dynapert tenía competidores tanto de Estados Unidos como fabricantes extranjeros. La competencia se centraba en características tecnológicas y de desempeño de la maquinaria, precio y condiciones de entrega, y suministro de servicios técnicos. La división Dynapert, que generó ventas en 1991 de alrededor de $180 millones, fue puesta en el mercado poco después de la adquisición de Emhart y se vendió dos años después a la división Universal Instrument de Dover Corporation por una cantidad no revelada.

Corbin Russwin Corbin Russwin, de Emhart, fabricaba cerraduras y mecanismos para puertas para el mercado europeo de maquinaria de seguridad comercial. La unidad empleaba a 550 personas en su planta de Berlín, Alemania. Yale and Valour, Inc., el fabricante británico de cerraduras Yale, compró la unidad Corbin Russwin a Black & Decker en 1994, por $80 millones. B&D registró una ganancia de $18 millones por las ventas combinadas de las unidades de Corbin Russwin y Dynapert.

Sistemas y Servicios de Información PRC El segmento de Sistemas y Servicios de Información PRC consistía de una sola unidad de negocios conocida como PRC, Inc., con casa matriz en McLean, Virginia. PRC y sus predecesores habían estado en el negocio desde mediados de los 70. La mayoría de los negocios de PRC eran resultado de contratos con diversas dependencias y unidades del gobierno federal. Aproximadamente 40 por ciento de los ingresos de PRC en 1991 provenían de contratos con el Departamento de Defensa. Asimismo, PRC era el proveedor líder de 1) sistemas de listado múltiple de bienes raíces residenciales, impresos en línea y 2) sistemas de envío de emergencia asistidos por computadora. El tipo de servicios que PRC ofrecía era altamente competitivo, y se esperaba que los gastos de defensa estratégica descendieran dada la mejoría en las relaciones exteriores. Muchos de los competidores de PRC eran grandes contratistas de defensa con significativos recursos financieros. En la medida en que los gastos del Departamento de Defensa en programas armamentistas continuaban decayendo, se esperaba que estos grandes contratistas hicieran ofertas más agresivamente por el tipo de contratos de trabajo que hacía PRC.

En 1991, PRC tuvo ventas por $684 millones y ganancias operativas antes de impuestos de $32.3 millones. A mediados de 1991 B&D nombró a una nueva persona para dirigir PRC; poco después, PRC lanzó una iniciativa en busca de nuevos mercados. El objetivo era cambiar la mezcla de negocios de PRC para que la mitad viniera de clientes estadounidenses y la mitad de clientes extranjeros. Sin embargo, la administración de PRC tuvo gran dificultad para conseguir nuevos clientes no gubernamentales y, como parte de B&D, sólo estaba creciendo a un tercio del índice de crecimiento de sus competidores más cercanos.

Black & Decker puso a PRC en el mercado después de la adquisición de Emhart, pero tuvo poco éxito en localizar compradores interesados en la unidad de PRC hasta 1995, cuando PRC Realty Systems y PRC Environmental Management, Inc. se vendieron por $60 y $35.5 millones, respectivamente. Litton Industries acordó comprar el remanente de las operaciones de PRC en 1996 por $425 millones. Antes de que Litton comprara PRC, cuando parecía que encontrar un comprador era cada vez menos probable, la administración de Black & Decker había considerado distribuir las acciones de la unidad en una nueva compañía. La distribución nunca se terminó porque Wall Street mostró poco interés en la emisión pública de $350 millones en acciones de PRC. Las ventas de PRC en 1995 y sus ganancias después de impuestos fueron de $800 millones y $38.4 millones, respectivamente.

La ilustración 3 muestra un resumen de 10 años del desempeño financiero y operativo de Black & Decker. La ilustración 4 presenta seguimiento al desempeño de la compañía en el mercado entre 1988 y septiembre de 1998.

CARTERA DE NEGOCIOS DE BLACK & DECKER EN 1998

En 1998 Black & Decker Corporation era una empresa multinacional diversificada con una línea de negocios que consistía de

- Herramientas eléctricas y accesorios para herramientas eléctricas tanto del tipo "hágalo usted mismo" como para trabajadores profesionales (electricistas, plomeros, etc.).
- Equipo de seguridad para el mercados residencial en Estados Unidos y materiales para el hogar y la oficina para ciertos países europeos.
- Productos para jardinería.
- Productos de plomería.
- Sistemas comerciales de broches de seguridad.

La ilustración 5 provee una lista más detallada de los bienes producidos y comercializados por cada uno de estos negocios (junto con los negocios incluidos en la cartera de la compañía a finales de 1997 que fueron desprendidos en 1998). La ilustración contiene información sobre su desempeño financiero de 1995-1997, por segmento de negocio y área geográfica. A continuación, se presenta una breve descripción de cada uno de los grupos de negocios de B&D.

Herramientas eléctricas y accesorios

En 1998 Black & Decker era la compañía fabricante, comercializadora y prestadora de servicios más grande del mundo en herramientas eléctricas y accesorios. Sus productos estaban disponibles en casi todos los establecimientos distribuidores de herramientas eléctricas al menudeo en Estados Unidos, Europa y otros países desarrollados. De hecho, los productos de Black & Decker eran tan populares en el Reino Unido, que muchos británicos aficionados al "hágalo usted mismo" se referían al trabajo en proyectos para mejorar la casa como "Black & Deckear". Esta firma fue nombrada la marca de maquinaria con mejor desempeño por 6 de los 10 minoristas estadounidenses incluidos en un sondeo elaborado por *Discount Store News* en 1997. Otras marcas altamente calificadas por minoristas de maquinaria fueron Stanley, General Electric, Skil, Rubbermaid, Makita y Dutch Boy. Los productos de Black & Decker, la mayoría de los cuales tenían una garantía de dos años, también eran altamente calificados por los consumidores en cuanto a desempeño.

Crecimiento y competencia en la industria El mercado de herramientas eléctricas y accesorios era visto como maduro y cíclico. El volumen estaba determinado por la actividad en la industria de la construcción residencial y comercial, por los gastos de los consumidores en mejoramiento del hogar, y por el nivel general de la actividad manufacturera (un gran número de fabricantes utilizaba herramientas eléctricas para el desempeño de ciertas labores de producción, empresas automotrices y aeroespaciales, por ejemplo, eran importantes usuarios de herramientas eléctricas). Las ventas mundiales de herramientas eléctricas fueron aproximadamente de $10 mil millones en 1997. El mercado de Norteamérica para las herramientas eléctricas se calculaba en $3.5 mil millones, las ventas europeas eran aproximadamente de $4.0 mil millones, las ventas de Asia/Pacífi-

ILUSTRACIÓN 3 Resumen del desempeño operativo y financiero de Black & Decker, 1988-1997 (en millones de dólares excepto la información sobre acciones y empleados)

	1997	1996	1995	1994	1993	1992	1991	1990	1989	1988
Ventas	$4 940.5	$4 914.4	$4 766.1	$4 365.2	$4 121.5	$4 045.7	$3 952.6	$4 313.2	3 172.5	$2 280.9
Rentas de operaciones	489.3	356.9	426.1	351.9	302.7	177.1	365.2	458.1	259.2	159.1
Rentas de operaciones excluyendo la amortización de la reestructuración y del fondo de comercio	552.6	514.5	494.5	424.9	364.4	391.3	436.0	524.1	284.5	164.7
Impuestos sobre la renta	122.3	43.5	9.0	62.7	60.7	44.3	54.5	72.4	32.9	28.6
Información sobre ganancias:										
Ganancias (pérdida) de operaciones que continúan	227.2	159.2	216.5	89.9	64.1	(95.3)	16.1	19.7	30.0	97.1
Operaciones descontinuadas	—	70.4	38.4	37.5	31.1	22.0	36.9	31.4	—	—
Renglones extraordinarios	—	—	(30.9)	—	—	(22.7)	—	—	—	—
Efectos acumulativos del cambio de contabilidad	—	—	—	—	(29.2)	(237.6)	—	—	—	—
Ganancias netas (pérdida)	227.2	229.6	224.0	127.4	66.0	(333.6)	53.0	51.1	30.0	97.1
Activos totales	$5 360.7	$5 153.5	$ 5 545.3	$5 264.3	$5 166.8	$5 295.0	$5 456.8	$5 829.7	$6 258.1	$1 825.1
Deuda de largo plazo	1 623.7	1 415.8	1 704.5	1 723.2	2 069.2	2 108.5	2 625.8	2 754.7	2 629.7	277.1
Deuda total	1 862.5	1 705.8	2 351.7	2 393.3	2 564.6	2 563.8	2 870.3	3 266.2	4 057.5	492.6
Capital de los accionistas	1 791.4	1 632.4	1 423.2	1 169.4	1 048.9	1 074.0	1 027.1	920.7	720.7	724.9
Gastos de capital	203.1	196.3	203.1	181.5	190.3	167.7	94.9	103.1	112.1	98.4
Depreciación y amortización	$ 214.2	$ 214.6	$ 206.7	$ 195.4	$ 182.4	$ 188.3	$ 187.1	$ 197.8	$ 131.0	$ 93.5
Número de empleados	28 600	29 200	29 300	29 200	30 500	32 300	31 900	35 900	38 600	20 800
Número de acciones en circulación	96.5	96.1	94.4	85.3	84.5	76.3	62.6	61.4	59.6	59.2
Dividendos por acción	$0.48	$ 0.48	$ 0.40	$ 0.40	$0.40	$ 0.40	$ 0.40	$ 0.40	$ 0.40	

Fuente: Informes anuales de Black & Decker Corporation.

ILUSTRACIÓN 4 Desempeño en el mercado de las acciones ordinarias de Black & Decker, de 1988 a septiembre de 1998

(a) Tendencias en el precio de las acciones ordinarias de Black & Decker

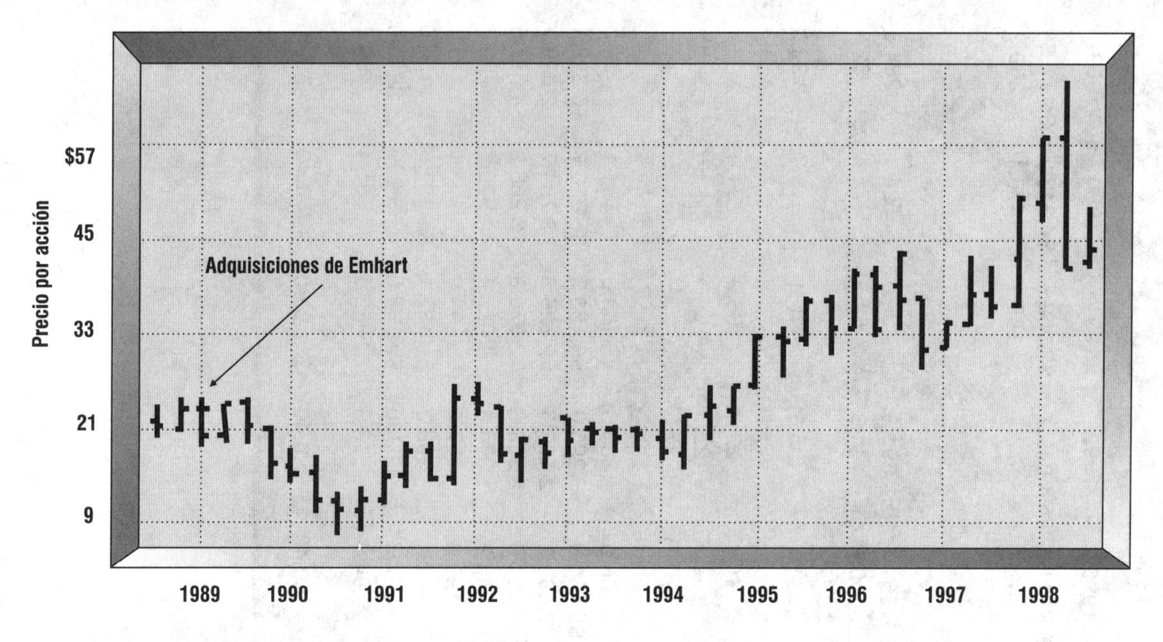

(b) Desempeño del precio de las acciones de Black & Decker en comparación con el índice S&P 500

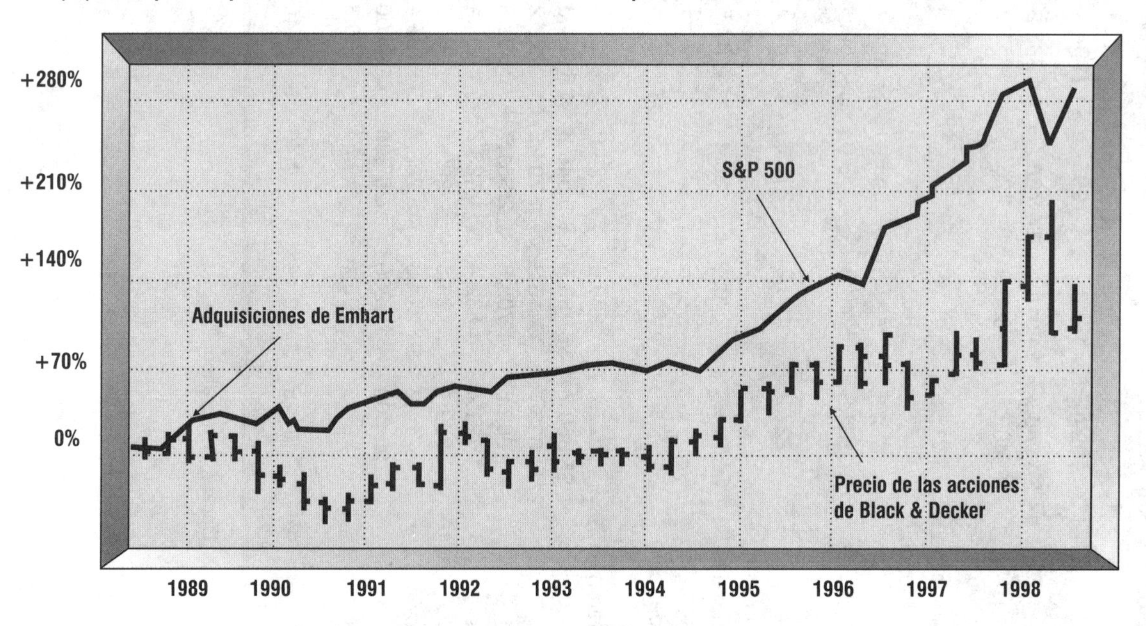

co se estimaban en $2.0 mil millones y las ventas en América Latina eran de alrededor de $500 millones. De 1995 a 1997 la industria de las herramientas eléctricas en Estados Unidos creció a una tasa anual de 4 a 6 por ciento pero se esperaba que dicha tasa bajara a 3 o 4 por ciento de 1998 al año 2000. Se esperaba que la demanda en Europa creciera de forma todavía más lenta que en Estados Unidos. A nivel mundial, el mayor porcentaje de crecimiento durante principios y mediados de los 90 ocurrió en los países

ILUSTRACIÓN 5 Portafolio de negocios de Black & Decker para finales del año 1997

Grupo de productos de consumo y para mejoramiento del hogar

Herramientas eléctricas (ventas en 1997: $2.07 mil millones)
- Taladros
- Desarmadores
- Sierras
- Lijas
- Trituradoras
- Centros de trabajo Workmate

Accesorios para herramientas eléctricas (ventas en 1997: $342 millones)
- Barrenas
- Barrenas para desarmador
- Cuchillas para sierra

Broches de seguridad para uso de consumo (ventas en 1997: $81millones)
- Seguros ciegos
- Soportes de pared
- Remaches y pistolas para remaches
- Pistolas de grapas y de pegamento

Maquinaria de seguridad (ventas en 1997: $574 millones)
- Juegos de cerradura
- Cerrojos
- Mecanismos para cerrar puertas
- Dispositivos de salida
- Cerraduras de alta seguridad
- Sistemas de llave maestra

Productos de plomería (ventas en 1997: $242 millones)
- Grifos e instalaciones fijas
- Válvulas
- Partes sueltas

Grupos de productos comerciales e industriales

Sistemas de seguridad (ventas en 1997: $460 millones)
- Remaches y herramientas para remachar
- Insertos de rosca
- Sistemas de broches de seguridad para soldadura de travesaño
- Tuercas para cerradura
- Tornillos de autoperforación
- Soportes para construcción

Productos para el hogar (ventas en 1997: $588 millones)
- Aspiradoras inalámbricas
- Linternas inalámbricas
- Cepillos inalámbricos
- Planchas
- Tostadores
- Hornos tostadores
- Cafeteras
- Abrelatas
- Batidoras
- Procesadores de alimentos y picadores
- Licuadoras

Productos para el cuidado del césped y del jardín (ventas en 1997: $262 millones)
- Podadoras de setos y de césped
- Orilladoras
- Cortacéspedes eléctrico
- Sopladoras y aspiradoras

Productos para actividades recreativas al aire libre (ventas en 1997: $82 millones)
- Mangos para palos de golf
- Tubos para marcos de bicicleta
- Pagayas para kayac

Maquinaria para la fabricación de contenedores de vidrio (ventas en 1997: $239 millones)

asiáticos emergentes en donde el uso de las herramientas eléctricas estaba sustituyendo rápidamente al uso de las herramientas manuales. Sin embargo, se esperaba que la incertidumbre económica y las devaluaciones que comenzaron a finales de 1997, hicieran decrecer de manera sustancial la demanda de herramientas eléctricas en esa región hasta que recuperara su estabilidad financiera y económica.

Segmentos de mercado Había dos distintos grupos de compradores de herramientas eléctricas: usuarios profesionales y aficionados al "hágalo usted mismo". Los usuarios profesionales incluían trabajadores de la construcción, electricistas, plomeros, trabajadores en reparación y mantenimiento, mecánicos automotrices y trabajadores de la

ILUSTRACIÓN 6 Desempeño de Black & Decker por segmento de negocio y área geográfica, 1995-1997

	Segmentos de negocio		
1997	**De consumo**	**Comercial**	**Empresarial y eliminaciones***
Ventas a clientes no afiliados	$4 241.6	$ 698.9	$ —
Ingreso operativo	400.8	82.2	6.3
Ingreso operativo excluyendo la amortización del fondo de comercio	448.8	97.5	6.3
Activos identificables	5 627.3	1 519.3	(1 785.9)
Gastos de capital	181.6	18.9	2.6
Depreciación	130.8	16.5	2.6
1996			
Ventas a clientes no afiliados	$4 212.0	$ 702.4	$ —
Ingreso operativo	273.0	75.7	8.2
Ingreso operativo excluyendo la amortización del fondo de comercio	410.6	95.7	8.2
Activos identificables	5 002.5	1 382.0	(1 231.0)
Gastos de capital	177.5	17.3	1.5
Depreciación	128.6	16.0	2.8
1995			
Ventas a clientes no afiliados	$4 075.6	$ 690.5	$ —
Ingreso operativo	348.5	74.8	2.8
Ingreso operativo excluyendo la amortización del fondo de comercio	399.8	91.9	2.8
Activos identificables	4 929.2	1 382.8	(766.7)
Gastos de capital	184.1	15.7	3.3
Depreciación	115.9	15.4	4.6

manufactura. Los usuarios profesionales eran muy conscientes de la calidad y las características; tendían a comprar sólo herramientas durables, funcionales, confiables y con capacidad para realizar trabajos de precisión. En contraste, los aficionados al "hágalo usted mismo" a menudo eran compradores de primera vez que utilizaban herramientas eléctricas con poca frecuencia; por tanto, tenían menos conocimientos que los usuarios profesionales.

Dado que las necesidades de los usuarios profesionales y los aficionados al "hágalo usted mismo" tendían a ser muy diferentes, algunos fabricantes se enfocaban sólo en un segmento y otros tenían dos líneas de producto distintas (profesional para trabajo pesado o de consumo). Los usuarios profesionales tendían a comprar sus herramientas a través de intermediarios, empresas contratistas y proveedoras, tiendas de abastecimiento industrial, centros de suministro para la construcción, y algunos centros de mejoramiento del hogar. Las herramientas para el segmento de consumo se vendían en centros de mejoramiento del hogar, centros de materiales para la construcción, comercializadores masivos (Sears), cadenas de descuento (Wal-Mart, Kmart) y tiendas de maquinaria.

Hasta finales de los ochenta, el segmento de herramientas de consumo crecía a mayor velocidad que el segmento profesional. Pero la disminución de diferencias en precio y un creciente interés por parte de los aficionados al "hágalo usted mismo" en herramientas con calidad profesional, había aumentado la demanda en el mercado esta-

ILUSTRACIÓN 6 Desempeño de Black & Decker por segmento de negocio y área geográfica, 1995-1997 (*concluye*)

	Áreas geográficas			
1997	**Estados Unidos**	**Europa**	**Otras**	**Empresarial y eliminaciones***
Ventas a clientes no afiliados	$2 855.7	$1 368.9	$715.9	$ —
Ventas y transferencias entre áreas geográficas	232.8	189.8	367.9	(790.5)
Ventas totales	3 088.5	1 558.7	1 083.8	(790.5)
Ingreso operativo (pérdidas)	337.9	145.5	(.4)	6.3
Activos identificables	3 771.7	2 461.0	818.4	(1 690.4)
1996				
Ventas a clientes no afiliados	$2 726.1	$1 466.8	$721.5	$ —
Ventas y transferencias entre áreas geográficas	246.6	176.4	256.0	(679.0)
Ventas totales	2 972.7	1 643.2	977.5	(679.0)
Ingreso operativo (pérdidas)	282.3	67.5	(1.1)	8.2
Ingreso operativo excluyendo los costos de reestructuración†	317.4	117.2	5.4	8.2
Activos identificables	3 258.5	2 375.9	783.6	(1 264.5)
1995				
Ventas a clientes no afiliados	$2 551.2	$1 503.6	$711.3	$ —
Ventas y transferencias entre áreas geográficas	287.8	165.0	206.0	(658.8)
Ventas totales	2 839.0	1 668.6	917.3	(658.8)
Ingreso operativo (pérdidas)	300.2	96.0	27.1	2.8
Activos identificables	3 216.6	2 488.4	763.9	(923.6)

* Los activos corporativos incluidos en el rubro empresarial y eliminaciones fueron de $423.9 millones al 31 de diciembre de 1997, $366.0 millones al 31 de diciembre de 1996, y $688.1 millones al 31 de diciembre de 1995, y consistían principalmente de dinero en efectivo y equivalentes, otros activos corrientes, propiedad, otros activos diversos y, en 1995, activos netos del segmento descontinuado de PRC. El remanente de empresarial y eliminaciones incluye ciertos créditos de pensión y cantidades para eliminar artículos intercompañía, incluyendo cuentas por cobrar y por pagar así como utilidades intercompañía en inventario.

† En 1996, los costos de reestructuración en el monto de $87.7 millones y $3.6 millones fueron cargados a los segmentos De consumo y Comercial, respectivamente.

Fuente: Informe anual de Black & Decker, 1997.

dounidense de herramientas profesionales para trabajo pesado. Las ventas de productos inalámbricos tanto de consumo como profesionales, también se estaban volviendo cada vez más populares, con un índice de crecimiento anual acumulado de más del 10 por ciento durante los noventa.

Competencia Los fabricantes de herramientas eléctricas competían en variables tales como precio, calidad, diseño de producto, innovación de producto, reputación de la marca, tamaño y solidez de las redes de minoristas, y servicio después de la venta. Todos los fabricantes estaban trabajando para sacar nuevos productos que fueran ligeros, compactos, inalámbricos, silenciosos, menos propensos a vibrar, fuertes y fáciles de manejar. Los fabricantes más grandes tenían equipos de ventas cuya principal tarea consistía en expandir y fortalecer la red de minoristas que manejaban su línea de herramientas. Los vendedores contrataban con nuevos minoristas y visitaban las cuentas más importantes, distribuidores a mayoreo, cadenas de descuento, centros de mejoramiento del hogar y otros comercializadores masivos, para ganar un mejor acceso a espacios en los estantes de los puntos de distribución al menudeo, ayudar con las actividades de promoción y exhibición, y mejorar el conocimiento de los comercializadores sobre el producto y sus habilidades de venta. Algunos fabricantes ofrecían seminarios de capacitación y proveían videos de capacitación a comercializadores/distribuidores. Los fabricantes que se concentraban en el segmento profesional tenían actividades de publicidad y promoción limitadas, gastando sus dólares en anuncios de revistas sobre comercio, exhibiciones comerciales y exhibiciones en tiendas. Aquellos que se concentraban en el segmento de consumo, como Black & Decker, gastaban comparativamente más en anuncios para televisión y revistas, y en programas de publicidad en cooperación con los comercializadores.

La posición competitiva de Black & Decker En 1998 Black & Decker era el líder general en la industria mundial de herramientas eléctricas, seguido por Bosch/Skil Power Tools, una división de Robert Bosch Corporation (una importante compañía alemana), y las marcas japonesas Makita y Hitachi. Otros competidores eran Atlas/Copco, Delta/Porter Cable, Hilti, Ryobi y Electrolux. En casi toda la historia de la compañía, la fortaleza mayor de B&D era el segmento de herramientas de consumo (véase la ilustración 7); era el líder en el mercado en Estados Unidos, Europa (en donde había tenido presencia desde los años veinte), y muchos otros países fuera de Europa. Ningún otro fabricante se acercaba a las capacidades de distribución global de B&D en el segmento de "hágalo usted mismo". Makita y Ryobi eran líderes en Japón y otros países asiáticos. Bosch era el más fuerte en Europa.

En herramientas de consumo, el competidor estadounidense más fuerte de Black & Decker era Sears, que comercializaba herramientas con el nombre de Sears Craftsman. Ryobi, proveedor de herramientas de Sears por mucho tiempo, producía 75 por ciento de las herramientas requeridas por Sears. La fortaleza de Skil era en sierras eléctricas; su joint venture (alianza estratégica) con Robert Bosch Power Tools en 1992 había sido ideada para darle a las dos marcas mayor poder para ganar espacio en los estantes y mayor cobertura global. Las herramientas eléctricas de consumo de B&D también eran manejadas por Sears, y sus nuevas herramientas eléctricas Quantum se vendían exclusivamente en Wal-Mart. Quantum era una línea intermedia más durable que las típicas líneas de consumo pero que no alcanzaba el desempeño de las herramientas eléctricas profesionales de la compañía. Las sierras circulares WoodHawk de B&D, las herramientas rotatorias Wizard y los productos que utilizaban las baterías intercambiables VersaPak estaban entre las herramientas de consumo mejor vendidas por la compañía.

Aunque los sondeos muestran que los consumidores asociaban el nombre de Black & Decker con herramientas eléctricas duraderas, los comercializadores profesionales consideraban que los productos de Black & Decker eran para aficionados al "hágalo usted mismo". A finales de los ochenta, la línea de herramientas profesionales gris marengo de la compañía no era vista por los usuarios profesionales como suficientemente diferenciada de la tradicional línea de herramientas de consumo negra. Los profesionales preferían las herramientas hechas por Makita, Skil y Milwaukee (un fabricante de herramientas estadounidense cuyas herramientas tenían reputación de ser de alta calidad y para trabajo pesado). Durante los setenta y ochenta, Makita había incrementado a paso firme su participación en el segmento profesional y para 1991 había capturado el 53 por ciento del segmento profesional de herramientas de mano eléctricas en Estados Unidos.

En 1991, los ejecutivos de B&D formaron un equipo, encabezado por el presidente de la división de herramientas eléctricas, para encontrar una nueva estrategia para el segmento del mercado profesional. El equipo decidió crear una línea completamente nueva de herramientas de calidad industrial para usuarios profesionales bajo la marca DeWalt, un nombre que tomaron prestado de un fabricante de 65 años de edad, de sierras eléctricas fijas de alta calidad, que fue adquirido por B&D en 1960. El equipo cambió el color de las herramientas del gris al amarillo industrial, más fácil de ver, que indicaba seguridad y distinguía la marca B&D de otras marcas líderes en herramientas

ILUSTRACIÓN 7 Estimado de ventas en Estados Unidos y participación en el mercado de los fabricantes de herramientas eléctricas, 1979, 1991 y 1997 (valores en millones de dólares)

	1979		1991		1997	
Herramientas de consumo	**Ventas en dólares**	**Participación porcentual**	**Ventas en dólares**	**Participación porcentual**	**Ventas en dólares**	**Participación porcentual**
Black & Decker	$169	44.5%	$ 325	39.7%	$460	43.1%
Sears/Ryobi	107	28.2	280	34.0	305	28.5
Milwaukee	6	1.5	4	0.5	6	0.6
Makita	2	0.5	43	5.2	32	3.0
Porter Cable	—	—	—	—	—	—
Delta	—	—	—	—	—	—
Skil	52	13.7	82	10.0	165	15.4
Otros	44	11.6	86	10.6	102	9.4
Total	$380	100.0%	$ 820	100.0%	$1 070	100.0%
Herramientas profesionales						
Black & Decker	$205	42.1%	$ 125	17.9%	$918	36.7%
Sears/Ryobi	9	1.8	50	7.1	285	11.4
Milwaukee	89	18.2	145	20.7	436	17.4
Makita	22	4.5	160	22.9	304	12.2
Porter Cable	NA	NA	50	7.1	240	9.6
Delta	NA	NA	40	5.7	209	8.4
Skil	54	11.1	40	5.7	32	1.3
Otros	109	22.3	90	12.9	76	3.0
Total	$488	100.0%	$ 700	100.0%	$2 500	100.0%
Total de herramientas						
Black & Decker	$374	43.1%	$ 450	29.6%	$1 378	38.6%
Sears/Ryobi	116	13.4	330	21.7	590	16.5
Milwaukee	95	10.9	149	9.8	442	12.4
Makita	24	2.8	203	13.4	336	9.4
Porter Cable	NA	NA	50	3.3	240	6.7
Delta	NA	NA	40	2.6	209	5.9
Skil	106	12.2	122	8.0	197	5.5
Otros	153	17.6	176	11.6	210	9.4
Total	$868	100.0%	$1 520	100.0%	$3 570	100.0%

ND = No disponible.
Fuente: Compilado por investigadores de caso de una variedad de fuentes, incluyendo entrevistas telefónicas con personal de la compañía; la información de 1979 está basada en información publicada en el caso # 9-389-005 de Skil Corporation, Harvard Business School.

eléctricas profesionales. Cada producto de la línea profesional de B&D se rediseñó con base en información proporcionada por profesionales, comercializadores e ingenieros de B&D. Las versiones rediseñadas eran todas probadas por usuarios profesionales, cada artículo tenía que alcanzar o vencer a las herramientas de Makita en las pruebas de los usuarios antes de irse a producción. Como parte de la introducción de la nueva línea DeWalt en marzo de 1992, B&D creó "equipos de multitud" de 120 comercializadores jóvenes y energéticos que visitaban sitios de construcción en camionetas Chevy Blazer amarillas con negro para ofrecer demostraciones de las herramientas DeWalt. Los equipos de multitud promovían las herramientas DeWalt en eventos NASCAR, clubs de profesionales, programas sindicales de aprendices y tiendas menudistas. La compañía quería doblar el número de miembros de los equipos de multitud en Estados Unidos entre 1998 y 1999. En 1996 los equipos de multitud DeWalt, invadieron Europa en flotas de camionetas Range Rover Defenders amarillas con negro, con el objetivo de hacer de DeWalt una marca líder en el continente. B&D también instituyó una política para ofrecer a los usuarios profesionales el préstamo de una herramienta eléctrica DeWalt mientras esperaban a que su equipo fuera arreglado en cualquiera de los 100 centros de servicio de la compañía en Estados Unidos. También había puestos de demostración de DeWalt en cada uno de los centros de servicio.

La respuesta inicial a la línea DeWalt fue excelente. Conforme la marca comenzó a ganar popularidad entre los usuarios profesionales, Black & Decker desarrolló herramientas DeWalt adicionales. En 1997, los productos DeWalt recientemente introducidos ganaron dos "Premios a la Excelencia en el Diseño Industrial" (Industrial Design Excelence Awards), otorgados por la Industrial Designers Society of America. El éxito de la nueva línea DeWalt excedió las expectativas de la administración de B&D y sobrepasó por $100 millones su objetivo de volumen de ventas, que era de $200 millones para 1995. En 1998, las herramientas eléctricas DeWalt se habían convertido en la marca preferida por los profesionales y por los aficionados serios al "hágalo usted mismo", casi habían alcanzado los $1 000 millones en ventas, y habían capturado cerca del 45 por ciento del mercado estadounidense de herramientas de mano eléctricas de $1.9 mil millones. DeWalt tenía aproximadamente 20 por ciento del mercado estadounidense de herramientas eléctricas para mesa de trabajo de $600 millones, en 1988.

Black & Decker era también el líder mundial en un mercado de $6 mil millones de accesorios tales como brocas para taladro, cuchillas de sierra y brocas de desarmador. Vermont American, Irwin Hanson/American Tool, Bosch, Freud y Wolfcraft eran los competidores más cercanos de B&D en el mercado de accesorios, pero ningún otro fabricante de herramientas tenía una línea tan amplia de productos o una cobertura geográfica como la de Black & Decker. La mayor parte del crecimiento de la compañía en ventas de accesorios se atribuía a las líneas de accesorios desarrolladas para las herramientas eléctricas DeWalt y a una línea, más cara, de cuchillas para sierra para carpintería. La compañía trataba de mantener su liderazgo en el mercado expandiéndose hacia un mayor número de canales de distribución en las áreas de carpintería y construcción industrial, y continuando con la introducción de productos innovadores.

Equipo para jardinería

Las herramientas de Black & Decker para jardinería como Groom 'N' Edge (cortadora y orilladora), Vac 'N' Mulch (aspiradora y sopladora) y Leafbuster (sopladora de hojas), se distribuían a través de los mismos canales que las herramientas eléctricas de la compañía. Además, los compradores de podadoras de setos, podadoras de hilo, cortadoras de césped, orilladoras y sopladoras/aspiradoras de B&D, podían mandar a reparar los artículos en los 150 centros de servicio de B&D en todo el mundo, y varios cientos de otros centros de servicios autorizados, operados por propietarios independientes. En donde era posible, los productos para jardinería de B&D tenían un diseño global. Recientemente, la compañía había comenzado a ofrecer podadoras de hilo eléctricas inalámbricas, y podadoras de setos en América del Norte y Europa. Las podadoras de setos inalámbricas podían trabajar continuamente por alrededor de 30 minutos, y las podadoras de hilo inalámbricas podían podar áreas de medio acre de césped, que eran mucho más difíciles de alcanzar para una podadora con una sola carga de batería. En 1998, Black & Decker comercializaba sus podadoras inalámbricas de 13 pulgadas sólo en Europa.

Maquinaria de seguridad

El negocio de las maquinarias de seguridad de B&D era el líder mundial en mecanismos para puertas tanto para casas como para negocios. La compañía había desarrollado líneas de producto *buenas-mejores-las mejores*, que cubrían todos los puntos de precio residenciales. La marca Kwikset estaba posicionada como un producto que los aficionados podían comprar; B&D había elevado las ventas de Kwikset suministrando a los minoristas una cinta de video que resolvía el misterio de cambiar cerraduras para los aficionados del "hágalo usted mismo". Kwikset Plus era un producto de nivel medio, y los productos TITAN de la compañía estaban diseñados para el mercado casero fino. Los juegos y cerrojos Night Sight de TITAN ofrecían cerraduras iluminadas, y los cerrojos Lockminder tenían una luz roja para indicar cuando el cerrojo estaba echado. La línea TITAN también incluía la colección Society Brass de cerraduras y accesorios para puertas de depurado diseño. Todos los productos TITAN tenían un terminado de por vida que estaba protegido para no empañarse, oxidarse o corroerse.

Este negocio, adquirido de Emhart, había logrado significativos ahorros en costos al integrar sus actividades de adquisiciones, distribución y marketing con otros negocios de productos de consumo de B&D. La red de distribución mundial de B&D también le suministraba al grupo de maquinaria oportunidades de ventas en un área geográfica mayor. En muchas instancias, los mecanismos para puertas se vendían en los mismos canales de minoristas que las herramientas eléctricas y accesorios de B&D. Black & Decker había introducido nuevas líneas de juegos de cerradura, cerraduras para puertas de garage, cerraduras resistentes al fuego y cerraduras de alta seguridad para los mercados europeos, pero habían encontrado difícil desarrollar operaciones de bajo costo y lograr ganancias importantes en su participación en el mercado. En 1998, la compañía trató de desarrollar nuevos productos bajo su marca NEMEF con base en Holanda, para su distribución en los mercados europeos, y trató de reestructurar sus operaciones en Alemania para mejorar su posición de costo en Europa.

Productos de plomería

El negocio de productos de plomería de B&D, Price Pfister, había ganado participación en el mercado desde la adquisición de Emhart para convertirse en el tercer fabricante y comercializador de accesorios para plomería más grande en América del Norte hacia finales de 1997. Price Pfister se había beneficiado del acceso a la red de distribución minorista de B&D, ganando más espacio en los estantes en centros de mejoramiento del hogar. Los nuevos productos de Price Pfister, de moda pero con precios accesibles, se habían vuelto populares entre los mayoristas y contratistas de plomería. Price Pfister había incrementado su reconocimiento de marca a través de actividades de comercialización en las tiendas y a través de anuncios en televisión utilizando el lema "el fabuloso grifo de nombre gracioso" ("The pfabulous pfaucet with the pfunny name") a principios de los noventa, y "El fabuloso grifo para siempre. Sin goteras. Sin empañarse. Sin preocupaciones" ("The Pfabulous Pfaucet. Pforever. No Drips. No Tarnish. No Worries") en 1997 y 1998.

Los principales competidores de Price Pfister en el mercado estadounidense de lavabos, tinas, regaderas y piezas de plomería para lavabos, de $1.8 mil millones, eran American Standard, Kohler, Delta y Moen. La industria había crecido un lento 2 a 3 por ciento desde 1995, y se esperaba que creciera a una tasa comparable durante los años siguientes. Los productos de plomería con nuevos estilos y características tenían la demanda más alta. Nuevos grifos decorativos, como las líneas Georgetown y Roman de Price Pfister, introducidas entre 1995 y 1997, tenían el 15 por ciento de las ventas de la unidad en 1997. Price Pfister trataba de introducir tres nuevas líneas en 1998. La compañía también producía una marca B&D económica de grifos convencionales que se ofrecían a través de comercializadores masivos y canales de distribución especializados en ferreterías.

Sistemas de broches de seguridad

Black & Decker estaba entre los líderes globales del mercado de sistemas de ensamble y de broches de seguridad de $1.8 mil millones. Esta unidad de negocios comercializaba broches de seguridad bajo 26 diferentes marcas y nombres a compañías automotrices, electrónicas, aeroespaciales, de herramientas mecánicas y de aparatos en Estados Unidos, Europa y el Lejano Oriente. El índice de crecimiento reciente de la industria había variado entre 3 y 5 por ciento, y se esperaba que el crecimiento futuro se mantuviera en ese rango. Algunos mercados emergentes sí generaban mayores índices de crecimiento conforme aparecían nuevas industrias y compañías y la capacidad de las plantas crecía.

Los productos se vendían directamente a los usuarios y también a través de distribuidores y representantes de los fabricantes. La competencia, que venía de muchos fabricantes en diversos países, se centraba en la calidad del producto, su desempeño, su fiabilidad, su precio, entrega y la capacidad de la empresa para dar a sus clientes servicios técnicos y de ingeniería. Los competidores principales incluían a Textron, TRW, y Eaton, y compañías regionales como Raymond, Gesipa, Huck y Fukui. Black & Decker era el líder global en remaches ciegos comerciales y sistemas de soldadura de travesaño automotriz, y sus otras categorías de sistemas de broches de seguridad tenían fuertes posiciones en diversas regiones geográficas. La administración de B&D trataba de mantener su liderazgo en la categoría de soldadura de travesaño automotriz con innovaciones en los productos. Treinta por ciento de las ventas de la unidad en 1997 provenía de productos introducidos durante los últimos cinco años.

DESPRENDIMIENTO DE NEGOCIOS DE BLACK & DECKER EN 1998

Productos para el hogar

Para 1990 Black & Decker se había convertido en el líder mundial de fabricación y venta de productos utilizados para limpieza del hogar, cuidado de prendas de vestir, cocina y preparación de alimentos y bebidas. Tenía la mayor participación en el mercado que cualquier otro productor de línea completa de aparatos eléctricos para el hogar en Estados Unidos, Canadá, México y Australia, y una creciente presencia en Europa, el Sudeste Asiático y América Latina. La división de productos para el hogar estaba utilizando la red de distribución mundial y el reconocimiento de marca que había establecido a través de la división de herramientas, para ganar una mayor penetración global en aparatos electrodomésticos. Sin embargo, para 1996, la compañía había perdido una importante parte de su participación en el mercado en casi todas las categorías de estos productos. Sus hornos tostadores Toast 'R' Ovens y planchas eran los únicos productos de B&D que seguían a la cabeza en participación en sus mercados respectivos. (Véase la ilustración 8 para la participación en el mercado de los principales competidores por categoría de producto para 1990, 1993 y 1996.)

Como en el mercado de herramientas eléctricas, el mercado para pequeños aparatos eléctricos para el hogar era maduro y cíclico. Las oportunidades de crecimiento existían principalmente en forma de creación innovadora de nuevos productos e incremento de la penetración en los mercados de los países de Europa del Este y otros países en vías de desarrollo, en donde las tasas de saturación de aparatos eléctricos para el hogar era baja. Era difícil hacer crecer las ventas en Estados Unidos sin introducir nuevos e innovadores productos, porque la mayoría de los pequeños aparatos eléctricos tenían

ILUSTRACIÓN 8 Volumen unitario de una selección de pequeños aparatos eléctricos y participación en el mercado de los productores líderes, 1990, 1993 y 1996

Producto Marcas líderes (% del volumen total)	1990	1993	1996
Abrelatas			
(Total del volumen unitario)	6 200 000 unidades	6 380 000 unidades	6 910 000 unidades
Rival	33%	27%	26%
Hamilton Beach/Proctor Silex	13	15	24
Black & Decker	26	28	13
Oster/Sunbeam	11	13	13
Cafeteras			
(Total del volumen unitario)	17 740 000 unidades	14 390 000 unidades	15 000 000 unidades
Mr. Coffee	28%	31%	32%
Hamilton Beach/Proctor Silex	19	18	24
West Bend	—	3	9
Black & Decker	20	17	8
Procesadores de alimentos			
(Total del volumen unitario)	4 760 000 unidades	1 916 000 unidades	1 525 000 unidades
Hamilton Beach/Proctor Silex	21%	19%	40%
Cuisinart	Desconocido	13	18
Black & Decker	25	21	10
Oster/Sunbeam	18	19	8
Batidoras de mano			
(Total del volumen unitario)	4 400 000 unidades	5 060 000 unidades	5 280 000 unidades
Hamilton Beach/Proctor Silex	14%	18%	24%
Black & Decker	34	28	15
Oster/Sunbeam	25	18	13
HPA/Betty Crocker	—	—	11
Planchas			
(Total del volumen unitario)	16 950 000 unidades	17 460 000 unidades	15 600 000 unidades
Black & Decker	50%	50%	38%
Hamilton Beach/Proctor Silex	24	30	29
Oster/Sunbeam	17	10	17
Rowenta	—	—	7
Hornos tostadores			
(Total del volumen unitario)	2 800 000 unidades	3 340 000 unidades	3 670 000 unidades
Black & Decker	57%	56%	56%
Toastmaster	13	16	17
Hamilton Beach/Proctor Silex	19	20	11
HPA/Betty Crocker	—	—	6
Tostadores			
(Total del volumen unitario)	8 900 000 unidades	9 850 000 unidades	10 760 000 unidades
Hamilton Beach/Proctor Silex	35%	50%	37%
Toastmaster	27	31	30
Rival	—	—	17
HPA/Betty Crocker	—	—	5
Black & Decker	16	13	4

Fuente: Compilado por investigadores de caso a partir de la información presentada en *Appliance*, abril de 1991 y abril de 1997.

tasas de saturación muy altas en el hogar. En 1996, las licuadoras podían encontrarse en el 80 por ciento de las casas estadounidenses, las cafeteras en el 74 por ciento, y los tostadores en el 90 por ciento. Aparentemente, muchos consumidores tenían tanto un tostador como un horno tostador, ya que los hornos tostadores tenían una tasa de saturación del 42 por ciento en Estados Unidos.

La unidad de negocios de artículos para el hogar de Black & Decker había sido exitosa en el lanzamiento de nuevos productos que podían tentar al consumidor a reemplazar un pequeño aparato que ya tuviera por otro que ofreciera más características o mejor desempeño. La linterna flexible Snakelight de la compañía, introducida en 1994, rápidamente se convirtió en uno de los pequeños aparatos más populares que jamás hayan sido desarrollados por la compañía. En 1996, la compañía introdujo una renovada línea de planchas Quick 'N Easy con un nuevo sistema Sure Steam (vapor seguro) y, en 1998, añadió una plancha con cubierta patentada. La compañía también introdujo productos inalámbricos como el ScumBuster, un estropajo con esponja sumergible, y el FloorBuster, una aspiradora vertical que logró rápidos incrementos en sus ventas. La compañía introdujo un estropajo Scum-Buster Outdoors para exteriores a finales de 1997 para darle seguimiento al éxito del ScumBuster.

En 1998 la línea de diseñador Kitchentools de la compañía, de pequeños aparatos para la cocina, lanzada a finales de 1997, ganó cinco premios a la excelencia en el diseño industrial (Industrial Design Excellence Awards). La línea Kitchentools tenía precios más elevados; la batidora fija estaba cotizada a un precio sugerido al menudeo de $289.00, la cafetera termal a $159.99, la licuadora a $139.99, el procesador de alimentos a $229.99, la batidora de mano a $69.00, y el abrelatas a $34.99. Aunque la línea Kitchentools era apreciada por su calidad y estilo innovador, no vendía tan bien como la administración de Black & Decker esperaba. La compañía también tenía algunas dificultades para la fabricación de productos y para introducirlos al mercado en las fechas de lanzamiento planeadas.

El negocio de pequeños aparatos eléctricos era uno de los negocios identificados para desprendimiento por Nolan Archibald en enero de 1998. Black & Decker había perdido una participación importante en el mercado en años recientes y había visto sus márgenes de utilidad erosionarse a pesar de sus mejores esfuerzos para mantener operaciones eficientes. Entre 1995 y 1997 la compañía había reestructurado por completo la administración de su cadena de suministro para reducir el inventario de bienes terminados y mejorar el servicio al cliente y la planeación de producción. Además, había recortado sus costos de logística en $150 millones durante ese tiempo, pero seguía con un promedio de tan sólo alrededor de 2 por ciento en márgenes de utilidad en sus productos para el hogar. La unidad de negocios fue vendida a Windmere-Durable en mayo de 1998 por $315 millones. El acuerdo permitió a Black & Decker retener sus líneas de producto Dustbuster, Floor Buster, ScumBuster y Snakelight. En junio de 1998 la compañía anunció la venta de sus operaciones de artículos para el hogar en Nueva Zelanda y Australia a Gerard Industries, un fabricante de productos eléctricos australiano.

Productos para actividades recreativas al aire libre

La unidad de negocios True Temper Sports de B&D era la líder global en diseño, manufactura y comercialización de mangos de acero para palos de golf, con más del 60 por ciento de participación en el mercado en el segmento de mangos de acero, la cual era tres veces mayor que la de su rival más cercano. True Temper también fabricaba mangos de grafito, pero tenía una participación en el mercado muy limitada en ese segmento ya que se enfocaba al extremo de mayor precio del mercado. La división era proveedora de más de 800 fabricantes de palos de golf en todo el mundo, incluyendo líderes de la industria como Callaway Golf, Ping, Titleist y Taylor Made. Las ventas de esta unidad habían crecido a una tasa anual acumulada de 12 por ciento entre 1995 y 1997. La tasa de crecimiento de True Temper Sport reflejaba el crecimiento general de la industria de equipos de golf. La unidad también fabricaba tubos especializados para la industria de bicicletas y artículos deportivos. Muchas de las bicicletas y pagayas de kayac utilizadas por los deportistas olímpicos de Estados Unidos se fabricaban con los tubos de precisión de True Temper.

Black & Decker vendió el negocio a Cornerstone Equity Investors en junio de 1998 por $200 millones. Los nuevos dueños dijeron que tratarían no sólo de mantener el liderazgo de True Temper en mangos de palos de golf, sino que también intentarían desarrollar nuevas categorías de producto que requirieran tubos especializados. El presidente de True Temper dijo que la nueva compañía desarrollaría nuevos productos de tubos de precisión para las industrias de artículos deportivos tales como equipo para esquí de montaña y equipo para tiro de arco y flecha.

Maquinaria para dar forma a contenedores de vidrio

Muchos fabricantes estadounidenses y un gran número de empresas extranjeras competían con el negocio de maquinaria para la fabricación de contenedores de vidrio de B&D. Sin embargo, la división de maquinaria para dar forma a contenedores de vidrio Emhart de B&D estaba considerada como la líder global y ofrecía la línea más completa de este equipo en el mundo. Factores competitivos importantes eran el precio, las características tecnológicas y de desempeño de la maquinaria, la fiabilidad del producto y los servicios técnico y de ingeniería.

Una creciente preferencia a nivel mundial por contenedores de plástico y de otros materiales diferentes al vidrio había llevado a disminuir la tasa de crecimiento del equipo para darle forma a contenedores de vidrio y equipo de inspección. Había poca variación de temporada en la demanda de la industria. El equipo para la fabricación de contenedores de vidrio se utilizaba las 24 horas en, virtualmente, todas las plantas del mundo, creando una necesidad predecible de servicio y reconstrucción; casi dos terceras partes de los ingresos de la unidad venían de los servicios de reconstrucción y reparación, y de actualizaciones tecnológicas. En enero de 1998 el negocio se identificó como un activo no estratégico que sería motivo de desprendimiento, y en septiembre de 1998, se le vendió a Bucher Holding A.G. de Suiza, por $158 millones.

LA REDUCIDA CARTERA DE NEGOCIOS DE BLACK & DECKER A PRINCIPIOS DE 1999

Para finales de 1998 Black & Decker había terminado el desprendimiento de sus negocios de pequeños aparatos eléctricos, productos recreativos True Temper y maquinaria para dar forma al vidrio Emhart. La compañía también vendió sus negocios de pistolas de pegamento de consumo y engrapadoras a Longwood Industries, por una cantidad no revelada, en julio de 1998. Black & Decker pudo vender los negocios por más de los $500 millones que la administración esperaba, permitiéndole reducir futuros gastos operativos por más de $100 millones al año (principalmente como resultado de la eliminación de 3 000 empleos de su nómina). Además, se esperaba que las desinversiones recientes recortaran la amortización del fondo de comercio de la compañía, asociado con la adquisición de Emhart, aproximadamente en $30 millones al año por los siguientes 30 años.

La venta de los negocios de pequeños aparatos eléctricos, True Tempe y maquinaria para dar forma al vidrio, junto con la venta de otros negocios de Emhart en años anteriores, completó la desinversión de los llamados activos de negocios no estratégicos que había obtenido en la adquisición de Emhart en 1989. Price Pfister y Kwikset fueron dos negocios Emhart que inicialmente capturaron la atención de la administración de Black & Decker, y estaban ahora entre los tres negocios remanentes de Emhart que todavía se incluían en la cartera de B&D en 1999.

Noland Archibald expresó su confianza en que el nuevo enfoque de la compañía en herramientas eléctricas y negocios muy relacionados con éstas, le permitiría comenzar a dar a los accionistas de B&D utilidades por arriba del promedio.

(La dirección web de B&D es *www.blackanddecker.com.*)

CASO

9

ROBIN HOOD

Joseph Lampel, *Nueva York University*

Durante la primavera del segundo año de su insurrección contra el alguacil en jefe de Nottingham, Robin Hood se encontraba caminando por el Bosque de Sherwood. Mientras lo hacía, evaluaba el progreso de la campaña, la disposición de sus fuerzas, los movimientos recientes del alguacil y las posibilidades a las que se enfrentaba.

La revuelta en contra del alguacil había comenzado como una cruzada personal. Surgió del conflicto de Robin con el alguacil y su administración. Sin embargo, Robin Hood no podía hacer mucho por sí solo. Así que buscó aliados, hombres con motivos de inconformidad y con un profundo sentido de justicia. Más tarde dio la bienvenida a todo el que llegara, haciendo pocas preguntas y exigiendo sólo la voluntad de servir. La fuerza, según creía, radicaba en el número.

Pasó el primer año dando forma al grupo para convertirlo en una banda disciplinada, unida por la enemistad contra el alguacil y deseosa de vivir fuera de la ley. La organización de la banda era simple. Robin era el líder supremo, y tomaba todas las decisiones importantes. Delegaba en sus lugartenientes tareas específicas. Will Scarlett estaba a cargo de la información y la vigilancia. Su principal tarea era seguir al alguacil y a sus hombres, siempre alerta al siguiente movimiento. También reunía información sobre los planes de viaje de mercaderes ricos y recaudadores de impuestos. El Pequeño Juan mantenía la disciplina entre los hombres y supervisaba que su tiro con arco estuviera al nivel de lo que su profesión demandaba. Scarlock se hacía cargo de las finanzas, convirtiendo el botín en dinero, repartiendo las ganancias, y encontrando escondites adecuados para el excedente. Por último, Much, el hijo del molinero, tenía a su cargo la difícil tarea de abastecer a la siempre en aumento banda de hombres alegres.

El creciente tamaño de la banda era un motivo de satisfacción para Robin, pero también de preocupación. La fama de sus hombres alegres se extendía y llegaban nuevos reclutas de todos los rincones de Inglaterra. Conforme la banda aumentó, su pequeño campamento se convirtió en un campamento enorme. Entre un ataque y otro, los hombres se arremolinaban, platicando y jugando. La vigilancia iba disminuyendo, y se volvía más difícil mantener la disciplina. "¿Vaya?", reflexionaba Robin, "en estos días no conozco ni la mitad de los hombres con los que me encuentro".

La banda cada vez mayor también comenzaba a exceder la capacidad del bosque para alimentarlos. La caza empezaba a escasear y las provisiones debían traerse de pueblos lejanos. El gasto de comprar comida comenzaba a minar las reservas financieras de la banda justo en el momento en que los ingresos disminuían. Los viajeros, especialmente aquellos que tenían más que perder, evitaban ahora el bosque a como diera lugar. Esto era costoso e inconveniente para ellos, pero era preferible a que les confiscaran todos sus bienes.

Robin creía que había llegado el momento de que sus hombres cambiaran su política de confiscación total de bienes a una de un impuesto fijo de tránsito. Sus lugartenientes se resistieron enérgicamente a esta idea. Se sentían orgullosos del famoso lema de los hombres alegres: "Roba al rico y dale al pobre". "Los granjeros y la gente del pueblo", argumentaban, "son nuestros aliados más importantes". "¿Cómo podríamos cobrarles un impuesto, y todavía esperar que nos ayuden en nuestra lucha contra el alguacil?"

Robin se preguntaba cuánto tiempo podrían sus hombres alegres apegarse a las formas y los métodos de sus inicios. El alguacil se estaba volviendo más fuerte y organizándose mejor. Ahora tenía el dinero y los hombres y empezaba a acosar a la banda, buscando sus debilidades. Las cosas se estaban poniendo en contra de los hombres alegres. Robin sentía que la contienda debía concluir de manera decisiva antes de que el alguacil tuviera la oportunidad de darles un golpe mortal. "Pero", se preguntaba, "¿cómo hacerlo?".

Robin se había planteado a menudo la posibilidad de matar al alguacil, pero las oportunidades parecían cada vez más remotas. Además, matar al alguacil podía satisfacer su sed de venganza personal, pero no mejoraría la situación. Robin había tenido la esperanza de que el permanente estado de descontento, y la incapacidad del alguacil para recaudar impuestos, llevarían a su remoción. En vez de esto, el alguacil había utilizado sus contactos políticos para obtener refuerzos. Tenía amigos poderosos en la corte y era bien visto por el regente, el príncipe Juan.

El príncipe Juan era malévolo y caprichoso. Se consumía por su falta de popularidad entre la gente, que quería de vuelta al cautivo rey Ricardo. También vivía con un constante temor de sus barones, que primero le habían dado la regencia pero ahora comenzaban a cuestionar su derecho al trono. Varios de estos barones se habían dispuesto a reunir el rescate que liberaría al rey Ricardo Corazón de León de su cautiverio en Austria. Invitaron a Robin a unirse a la conspiración a cambio de su amnistía en el futuro. Era una propuesta peligrosa. Una cosa era el bandidaje provinciano y otra muy diferente la intriga en la corte. El príncipe Juan tenía espías en todos lados, y se le conocía por vengativo. Si el plan de los conspiradores fallaba, la persecución sería implacable y los castigos no se harían esperar.

El sonido del trompetazo para la cena sacó a Robin de sus pensamientos. Había en el aire un olorcillo a carne de venado asada. No había resuelto o decidido nada. Robin se encaminó al campamento prometiéndose que prestaría su máxima atención a estos problemas después del asalto del día siguiente.

CASO

10

SEACOAST SCIENCE CENTER: ZARPANDO

Jill A. Kammermeyer, *University of New Hampshire*

Wendy W. Lull, *Seacoast Science Center, Rye, New Hampshire*

Howard Crunch, capitán retirado de la Marina de Estados Unidos, miraba atentamente a través de su telescopio el otro lado de la bahía y hacia el mar abierto. El frío día de septiembre era tan claro que podía distinguir los veleros que se hallaban cerca de las Islas Shoals, a nueve millas de la costa. Movió de nuevo su telescopio a lo largo de la costa hasta el lado no urbanizado de la bahía: el Odiorne Point State Park. Su mirada siguió la ondulante y boscosa ribera de la Punta Odiorne hasta donde el bosque terminaba en una pradera. Ahí, cubierto de andamiajes, había un edificio de piedra de poca altura: el nuevo Seacoast Science Center (Centro de Ciencias de Litoral).

Satisfecho con que, a juzgar por el estado actual de la construcción, el edificio sería terminado a tiempo para la llegada del personal en enero, Crunch fue a la junta del Comité de Dirección en la Universidad de New Hampshire (UNH). En esta reunión se determinaría la estructura administrativa del Centro de Ciencias de Litoral —de hecho, su futuro—. De camino, Crunch recordó las acaloradas discusiones en la reuniones públicas convocadas después de que la UNH anunció que se retiraba como administrador del Centro de Visitantes. Al igual que muchas otras personas, Crunch se había sorprendido por esta decisión de la universidad. Después de dirigir durante años el Centro de Visitantes en temporada, los funcionarios de la UNH habían decidido que no era conveniente para la universidad administrar las nuevas instalaciones que funcionarían todo el año. Crunch se preguntaba por qué no se habían dado cuenta de eso *antes* de que la construcción comenzara, en especial tomando en cuenta el nivel de la investigación marina y la educación que la universidad brindaba.

Mientras Crunch maniobraba para estacionarse en el campus, recordó lo bien que las organizaciones involucradas habían operado de forma cooperativa el Centro de Visitantes en sus inicios. Pero ahora que se realizaba el sueño colectivo de un centro que funcionara todo el año, ninguno de los socios deseaba responsabilizarse de la administración. Durante los últimos nueve meses, las discusiones de colaboración se habían convertido en debates vergonzosos. Se preguntaba cómo era posible que individuos inteligentes, con una visión compartida, discordaran tan vehementemente. El pro-

---

Este caso está basado en una investigación de campo. Todos los eventos son reales; los nombres de las personas se cambiaron por cortesía. Se presentó una versión previa de este caso en la reunión de octubre de 1996 de la Asociación Norteamericana de Investigación de Casos (North American Case Research Association). Los autores dan las gracias a la Dra. Margaret Naumes.

blema era claro: era necesario administrar la organización que iniciaba. Desde su perspectiva militar, parecía un poco tarde para tomar una decisión tan estratégica.

ANTECEDENTES

El Odiorne Point State Park, considerado el "lugar de nacimiento de New Hampshire", estaba localizado justo al sur de Portsmouth (véase la ilustración 1). El parque, de 330 acres, fue el lugar del primer poblado europeo permanente en New Hampshire, establecido en 1623. Los pescadores recogieron abundantes pescas y los granjeros trabajaron los pantanos y campos por más de 200 años. Conforme el país pasó de ser una sociedad agraria a una industrializada, lujosas residencias de verano adornaron sus tierras hasta la Segunda Guerra Mundial, cuando éstas fueron requeridas para la defensa costera y se convirtieron en el Fuerte Dearborn. Al progresar la tecnología militar, Punta Odiorne dejó de ser un baluarte estratégico y, en 1961, se designó Parque Estatal de New Hampshire. Sus siete hábitats naturales, espléndidos paisajes marinos, extensa ribera rocosa y tranquilos senderos del altiplano, ahora podían ser disfrutados por todos (véase la ilustración 2).

En el verano de 1973 comenzaron programas de carácter interpretativo como parte de una empresa cooperativa copatrocinada por la División de Parques y Recreación (Parques) del estado de New Hampshire y la Sociedad Audubon de New Hampshire (ASNH). Parques aportaba la tierra y el mantenimiento de los terrenos; ASNH llevaba a cabo los programas. Estos esfuerzos fueron pequeños pero exitosos. La preocupación pública concerniente a las presiones sobre el medio ambiente costero (desarrollo, uso indiscriminado, crecimiento poblacional) creó la demanda de más programas.

Esa demanda continuó creciendo. En 1977, la ASNH trasladó sus actividades de la Estación de Bomberos del Fuerte Dearborn (que no tenía calefacción ni agua corriente) a la Casa Sugden, una de las pocas casas de verano que aún había en la propiedad del parque. La Casa Sugden se convirtió en el Centro de Visitantes del parque, proveyendo instalaciones para organizar prácticas de campo marítimas para escuelas durante la primavera, y en el verano, exposiciones monográficas sobre la naturaleza para los visitantes del parque. En enero de 1978, la Universidad de New Hampshire (UNH) recibió un fondo asignado por parte de Sea Grant para mantener a un director de tiempo completo para el Centro de Visitantes. Así, la UNH se convirtió en la tercera organización involucrada en este esfuerzo educativo sobre el medio ambiente.

Con la participación de estas tres organizaciones (Parques, ASNH, UNH), el número de estudiantes beneficiados por los programas del centro aumentó de ochocientos en 1978 a mil setecientos seis en 1985. De 1973 a 1987, el número de personas que acudieron al Centro de Visitantes creció de quinientos a diez mil al año. Este significativo aumento, aunado a la necesidad de mayor apoyo, atrajo la incorporación de un grupo consejero comunitario, Friends of Odiorne Point, Inc. (Amigos). Esta cuarta organización ayudaba en los días de limpieza del parque y del centro, y organizaba eventos comunitarios en el lugar.

En 1987, Parques otorgó un contrato a la UNH para administrar el Centro de Visitantes por $50 000 la temporada. Esto alentó a las cuatro organizaciones a formalizar su relación de trabajo a través de la creación del Comité de Dirección. Ésta fue la primera estructura formal que administró al Centro de Visitantes. Dado que cada uno de los socios estaba de acuerdo en proporcionar apoyo financiero, a todos se les consideraba patrocinadores del Centro. Todos acordaron seguir las recomendaciones del Comité de Dirección; sin embargo, no existía un reglamento del comité ni responsabilidades específicas para los patrocinadores. El estado nunca reconoció al comité como el grupo oficial de consejo comunitario del Centro de Visitantes o del parque.

La demanda de programas y exposiciones continuó creciendo hasta finales de los ochenta. Los cuatro patrocinadores se dieron cuenta de que, para preservar el ambiente

ILUSTRACIÓN 1 Ubicación del Seacoast Science Center

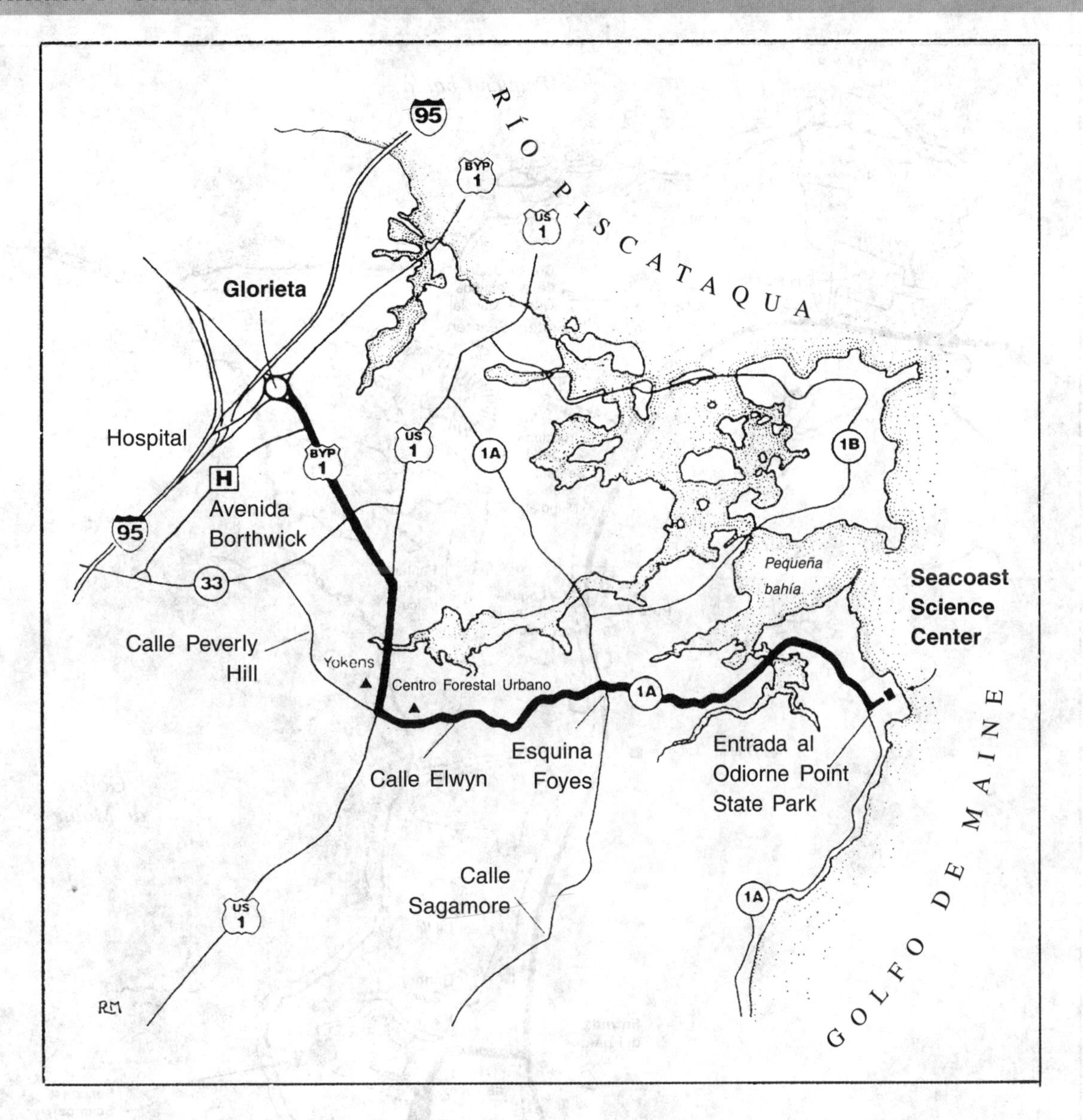

natural del parque y al mismo tiempo sostener el ritmo de la demanda de los visitantes, necesitaban desarrollar un plan administrativo para el parque. Gracias al donativo de una fundación local, se contrató a un consultor privado para que formulara el plan del parque. El plan recomendaba la expansión del Centro de Visitantes del parque e identificó parámetros para nuevas instalaciones que funcionaran durante todo el año. El Comité de Dirección anunció una campaña de recaudación de fondos por 1.2 millones de dólares para la construcción de las instalaciones, aprovechando el ofrecimiento de 100 000 dólares para complementar la cantidad requerida, hecho en 1987 por la legislatura estatal. El Comité asumió que la universidad trasladaría a las nuevas instalaciones, el Centro de Ciencias de Litoral (SSC, por sus siglas en inglés), su labor de vigilancia del Centro de Visitantes.

La construcción del SSC comenzó a finales de 1990, para que estuviera terminado y con personal en enero de 1992. En la primavera abrirían sus puertas al público. En abril de 1991, la UNH anunció que el término de la temporada de verano dejaría de

ILUSTRACIÓN 2 Mapa del Odiorne Point State Park

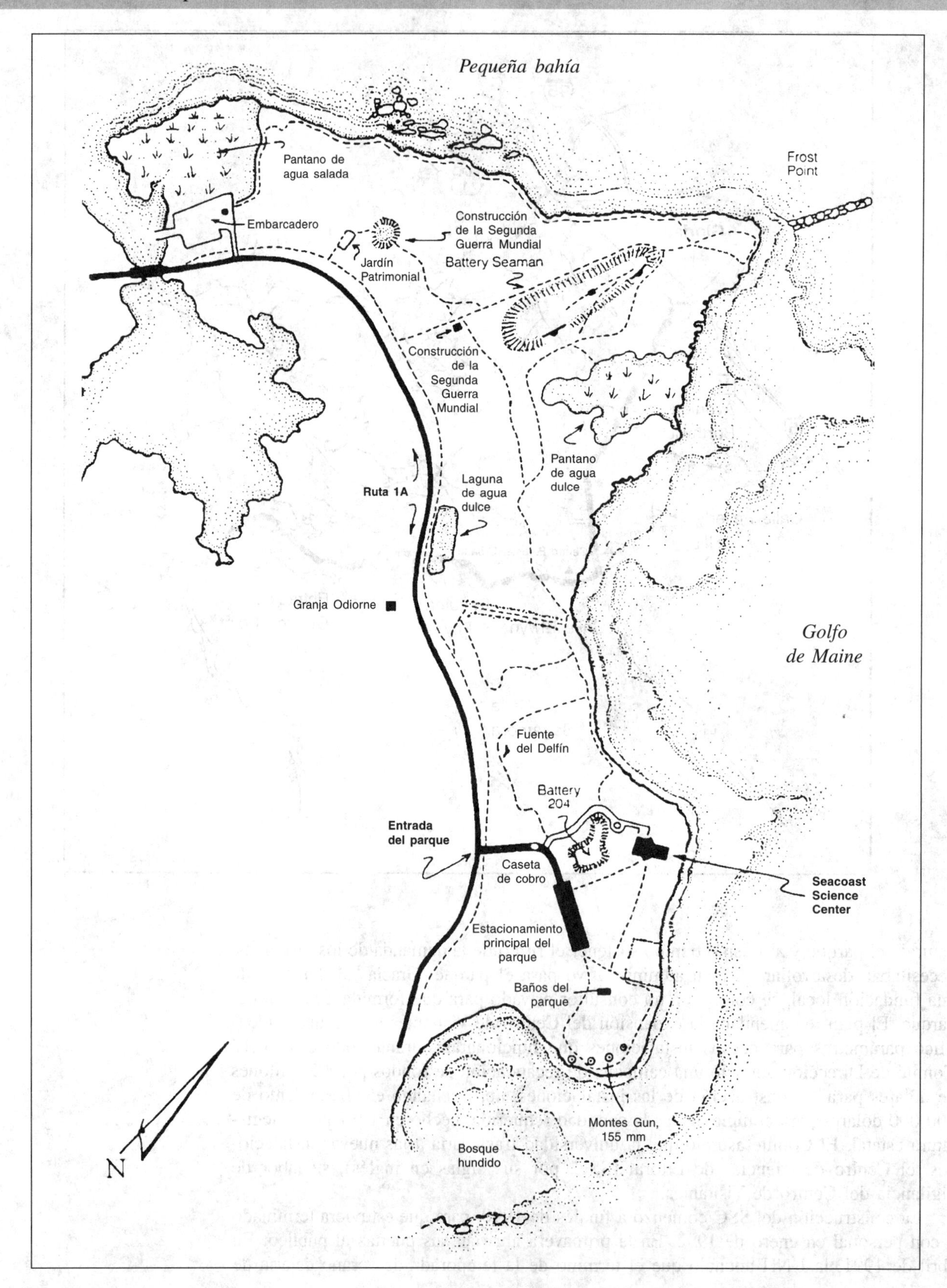

administrar las operaciones del Centro de Visitantes de Odiorne. La UNH consideraba que no era conveniente ni práctico supervisar fuera de su campus universitario muchos de los aspectos no educativos que involucra la administración de instalaciones en funcionamiento todo el año. La posición oficial de la universidad era que la actividad de un programa anual progresaría mejor con un administrador diferente. Comenzaron largas y acaloradas discusiones.

Durante los meses siguientes, el Comité de Dirección no tomó en cuenta responsabilidades administrativas específicas; sólo se discutieron asuntos financieros. Junta tras junta, el director del Centro de Visitantes presentaba improvisados presupuestos de operación a cinco años; pero, revisión tras revisión, estos presupuestos mostraban un déficit operativo neto, y voto tras voto, el Comité de Dirección rechazaba los presupuestos presentados. En estas juntas, los pocos ingresos generados por el centro suscitaba serias preocupaciones en las discusiones de los patrocinadores. Una presunción básica dentro del improvisado proceso presupuestal era que cada patrocinador debería aumentar sus contribuciones anuales para el centro durante los siguientes cinco años; esto volvió particularmente aprensivos a todos los patrocinadores. En ese momento, el único riesgo obvio de asumir la administración del SSC era adquirir una obligación financiera de largo plazo.

PERFIL DE LAS ORGANIZACIONES PATROCINADORAS

Las siguientes son descripciones generales de cada una de las cuatro organizaciones involucradas en el SSC al término de sus años fiscales finalizados más recientemente, antes del punto de decisión. Los cuatro patrocinadores tenían cuatro misiones diferentes, cuatro estructuras de administración distintas y cuatro años fiscales diferentes. Tres patrocinadores habían sufrido recientemente cambios organizacionales: Parques se había vuelto hacía poco financieramente autosuficiente (ya no recibía fondos para sus operaciones generales por parte del Estado); la universidad tenía un nuevo rector, y el enérgico presidente de Amigos, que había permanecido en su cargo por mucho tiempo, se acababa de mudar a otro estado.

División de Parques y Recreación (Parques)

Misión Como el Director de Parques, Winston Willow, les recordaba tan a menudo a los patrocinadores:

> El propósito de la División de Parques y Recreación es actuar como el mayordomo oficial de muchos de los parques públicos y propiedades históricas más valiosos de New Hampshire. El mantenimiento de estos activos, así como todos sus programas, actividades, eventos e instalaciones, debe reflejar siempre el más alto nivel de servicio público, acorde con la importancia de estos "escaparates" del estado.

La política de la División había sido alentar el desarrollo de sociedades de trabajo en todas sus actividades. Para el logro de las metas del parque era esencial la cooperación con otras dependencias estatales, empresas privadas, dependencias federales y locales, y organizaciones no lucrativas. Se estimulaba la promoción de programas de voluntarios y el reconocimiento de un grupo de Amigos por parque (como una sociedad con el público).

Parte de la filosofía de Parques era que las instalaciones estuvieran disponibles para todos los ciudadanos del estado, independientemente de su capacidad de pago. La experiencia deseada para el visitante alentaba la interacción con la naturaleza y no tenía fines de lucro; promover los parques se consideraba inapropiado. La administración financiera tenía que ver más con el control de costos que con la generación de ingresos a través del incremento de visitantes.

Administración La División de Parques estaba administrada por Willow, el director de Parques, quien reportaba directamente a un comisionado nombrado por el gobernador. El Parque Estatal Punta Odiorne era administrado por un gerente de temporada, quien le reportaba a Pat Poore, la superintendente durante todo el año de la región costera de Parques de New Hampshire.

Willow consideraba el centro como su máxima realización en parques educativos. Quería que el parque fuera específicamente designado como "educacional" dentro del sistema estatal de parques. También era la mejor manera que conocía de atraer fuerte apoyo ciudadano para los parques de la región costera. Como propietario, Parques tenía la última palabra en todo lo concerniente al Parque Estatal Punta Odiorne.

Odiorne era el parque favorito de la superintendente Poore porque se aproximaba a su concepto de parque ideal: dedicado a la naturaleza y la familia. Los otros parques de la región costera eran más comerciales, e incluían un terreno para acampar, embarcaderos y muelles para pescar. En Odiorne, el gerente del parque puso en operación los baños y el Centro de Visitantes y realizó labores de limpieza de los senderos a mediados de abril. Además de los empleados que atendían durante tres horas las casetas de cobro en la entrada del parque, y que eran contratados por temporada, había un electricista y un carpintero que el sistema estatal de parques enviaba a trabajar cuando era necesario. En días lluviosos, los empleados de las casetas dejaban de cobrar la entrada y, en vez de eso, limpiaban los edificios del parque. En periodos prolongados de mal tiempo, se les pedía a estos empleados que se quedaran en casa para reducir gastos.

Dinero La principal fuente de ingresos del Parque Estatal Punta Odiorne eran las cuotas de entrada recolectadas en las casetas de cobro. La cuota era de $2.50 por persona; pero los niños menores de 12 años, los residentes de New Hampshire mayores de 65 años, los voluntarios del parque y los miembros de los Amigos, podían entrar gratis. Aunque el parque abría diariamente desde el alba hasta el atardecer, las cuotas de entrada sólo se cobraban entre las 8 AM y las 4 PM desde el 30 de mayo hasta el primer lunes de septiembre. La segunda fuente de ingresos era la renta de áreas del parque para grupos, en donde podían organizarse días de campo, bodas y eventos especiales. Cualquier ajuste en las tarifas del parque requería de la aprobación legislativa estatal.

Todos los ingresos del parque se depositaban en un fondo estatal y eran para uso exclusivo de Parques, que no recibía financiamiento del fondo general del estado. Ninguna dependencia estatal permitiría gastos deficitarios. En conjunto, los parques estatales no podían tener presupuestos deficitarios; por tanto, los déficits de algunos de los parques eran financiados por los superávits generados por los otros. Willow era responsable de este sistema de autofinanciamiento, que él consideraba un triunfo personal. La consecuencia práctica del autofinanciamiento era darle a Parques acceso a fondos de mantenimiento sin aprobación legislativa previa. El sistema de autofinanciamiento de los parques de New Hampshire era uno de los primeros en el país. Willow se había vuelto conocido a nivel nacional por esta idea.

El ingreso operativo total del Parque Estatal Punta Odiorne para el año fiscal que comenzó el 1o. de agosto de 1989 (y terminó el 31 de julio de 1990) fue de 41 500 dólares. Los gastos totales de ese año fueron de 125 000. En el total de los gastos estaban incluidos los 50 000 pagados al Programa de Extensión Sea Grant para instrumentar programas educativos en el Centro de Visitantes (de mediados de abril a finales de octubre), y los 3 000 destinados a los servicios públicos y el mantenimiento del centro.

Sociedad Audubon de New Hampshire (ASNH)

Misión La Sociedad Audubon de New Hampshire era una organización independiente no lucrativa 501(c)3, separada tanto de la Sociedad Nacional Audubon, como del gobierno estatal de New Hampshire. Desde su fundación en 1897, su misión había sido proteger y conservar la vida silvestre de New Hampshire y su hábitat a través de la educación, el apoyo a la legislación ambiental, la investigación y la creación de reservas naturales.

Con frecuencia, cuando en New Hampshire se diseñaban, instrumentaban o se hacían cumplir las políticas ambientales, se incluía a la ASHN, pues se le consideraba una voz racional en cuanto a asuntos del medio ambiente. Su presidente, Jon Harry, creía firmemente que la confianza en la "buena ciencia" era fundamental para hacer recomendaciones para políticas ambientales. La ASNH manifestaba un gran interés en la protección a través de la adquisición de tierras y mayordomías. La calidad de sus investigaciones y programas educativos sobre la vida silvestre era reconocida en todo el estado. Como protectora del medio ambiente, la ASNH vio en el área costera de New Hampshire, que se desarrollaba con rapidez, una oportunidad para hacer crecer su influencia.

Administración La ASNH tenía su centro operativo en el Santuario Silk Farm de 15 acres, en Concord (a 90 minutos de Odiorne). El consejo administrativo de 24 miembros –al cual rendía cuentas su presidente Harry– establecía políticas, aprobaba presupuestos y autorizaba nuevas iniciativas. Al presidente Harry le encantaban las ideas nuevas y elocuentes, y siempre miraba hacia el futuro. Era típico de Harry decir: "Creo firmemente en el concepto de la iniciativa individual. Cuando los individuos adoptan una idea, tienen éxito."

Nueve jefes de departamento reportaban a Harry. Entre ellos, el gerente de la Tienda de la Naturaleza y Kris Black, el director del departamento de educación. La ASNH tenía otros 16 empleados.

La tienda principal de ASNH se encontraba en Concord. La ASNH también operaba otras tiendas en un centro educativo de verano y en su centro de investigación, ambos al norte de New Hampshire. También se hacían ventas al menudeo en festivales y en institutos de maestros. La mezcla de productos relacionados con la naturaleza era, en cierto sentido, de alto nivel. Los niveles de ventas más altos habían sido libros y productos ópticos (binoculares y telescopios).

Con un equipo de cuatro empleados, el departamento de educación llevaba a cabo talleres de entrenamiento para profesores, y programas para institutos, escuelas y jóvenes, eventos especiales de verano, programas para adultos y campamentos vacacionales. Los programas de ASNH se llevaban a cabo en sus instalaciones en Concord, así como en escuelas y en reuniones de grupos (por ejemplo, tropas de scouts, rotarios) en todo el estado. Cerca de 10 000 personas al año participaban anualmente en estos programas. También se realizaban programas en un remoto centro educativo de verano que atraían al año a 1 600 visitantes quienes vacacionaban en la popular región de los lagos de New Hampshire.

La ASNH tenía casi 6 500 miembros que obtenían descuentos para los programas y la Tienda de la Naturaleza, así como un boletín bimestral. Según su lugar de residencia, sus miembros pertenecían automáticamente a una de las 10 secciones de la ASNH. La sección de la Costa, que se había reunido en el Centro para Visitantes durante el verano de muchos años, era la segunda en tamaño, con casi 1 000 miembros.

La ASNH dependía en gran medida de los voluntarios para todos los aspectos de sus operaciones. En el año fiscal 1991, más de 300 voluntarios donaron 11 000 horas de trabajo en sus oficinas principales.

Dinero Las principales categorías de ingresos y gastos de Audubon para 1991, se muestran en la ilustración 3. El presupuesto consolidado de ASNH para el año fiscal 1991 abarca el periodo del 1o. de abril de 1990 al 31 de marzo de 1991.

Friends of Odiorne Point, Inc. (Amigos)

Misión Amigos se incorporó en 1986 como una organización no lucrativa para asumir un papel de liderazgo en cooperación con la División de Parques de New Hampshire, la

ILUSTRACIÓN 3 Presupuesto consolidado, ASNH, 1990-1991

Clasificación	Ingresos	Gastos
Educación	$ 192 500	$ 222 000
Tienda de la Naturaleza	255 000	218 000
Membresía/desarrollo	350 600	187 500
Sitio de investigación remoto	172 000	171 000
Otras actividades	376 781	547 065
Total	$1 346 881	$1 345 565

Fuente: ASNH, reporte anual de 1991.

ASNH, el Programa de Extensión Fundación del Mar de la UNH, y otras dependencias pertinentes en Odiorne. Su misión era preservar y proteger los recursos naturales, históricos y culturales del Odiorne Point State Park; mantener el estado impecable de esta reserva costera única; apoyar los programas de educación e interpretación marítima del Centro de Visitantes; promover el entendimiento y la apreciación del uso educativo actual y futuro del Odiorne Point State Park, y agradecer los regalos, el trabajo y las donaciones hechos al Centro de Visitantes y al parque.

Administración Amigos comenzó como un pequeño grupo de voluntarios en 1966. Era administrado por un consejo directivo de 15 miembros, apoyados por una secretaria de medio tiempo, pagada. El interés en la educación marítima y en el parque orilló a los residentes locales a dar este servicio. El consejo era activo; combinados, los directivos contribuyeron con 3 600 horas voluntarias a los proyectos del centro, del parque y de Amigos en el año fiscal 1990.

Amigos contaba con 650 miembros que pagaban cuotas desde 25 dólares o más. Los miembros originales eran voluntarios del Centro de Visitantes, muchos de los cuales también eran parte del personal de Docencia Marítima de la UNH. El voluntariado no era un prerrequisito para la membresía. Los miembros podían entrar gratis al parque y recibían un boletín trimestral, que incluía el *Tidepool Times*, un suplemento educativo para maestros relacionado con temas marítimos.

Howard Crunch había sido el director de Amigos desde su creación, y los representaba en el Comité de Dirección. Además, Crunch estaba en el consejo de la sección de la Costa de ASNH y era Docente de la UNH. En 1987, Crunch abrió en el Centro de Visitantes una librería; ésta constaba sólo de personal voluntario, y exhibía principalmente libros sobre temas marítimos y de la naturaleza. Cuando el centro estaba cerrado, Crunch vendía libros en su camioneta. Así, la tienda "iba" a las reuniones mensuales de la sección de la costa de Audubon, a las sesiones semanales de entrenamiento docente y a otros eventos ambientalistas en la región.

Crunch también organizó en 1988 un grupo de voluntarios llamado los Guías Odiorne, que trabajaban en la recepción y en la librería, daban la bienvenida y dirigían a grupos escolares, y conducían paseos a pie. Los 35 guías contribuían con 1 400 horas de trabajo aproximadamente cada temporada.

En 1988, Crunch era el catalizador para iniciar un fondo de dotación para apoyo a programas del centro. Las utilidades de la librería se destinaron a esta dotación. El esfuerzo fue considerable ya que Amigos no tenía experiencia previa en recaudación de fondos. Desde el principio, la dotación fue administrada por una fundación de caridad comunitaria.

Dinero Las principales categorías de ingresos y gastos de Amigos en el año fiscal 1990 se muestran en la ilustración 4. Dicho año fiscal comenzó el 1o. de octubre de 1989 y

ILUSTRACIÓN 4 Ingresos y gastos de Friends of Odiorne Park, Inc. (Amigos), año fiscal 1990

Clasificación	Ingresos	Gastos
Apoyo al Centro de Visitantes		$14 500
Membresía		
Cuotas	$22 000	5 500
Boletín		2 300
Campaña anual para recaudar fondos	15 200	2 700
Librería (neto)	6 900	
Eventos de recaudación de fondos	2 200	1 200
Ingresos por donaciones	5 700	
Para la donación		
Administración y personal		6 900
Certificados de depósito		6 000
Intereses	1 000	10 000
Total	$53 000	$49 100

Fuente: Reporte anual de 1990, de Amigos.

terminó el 30 de septiembre de 1990. Cualquier excedente de los ingresos se depositaba en cuentas bancarias de equivalente de efectivo.

University of New Hampshire, Programa de Extensión Cooperativa/ Sea Grant (UNH, CEP, Sea Grant)

Misión La Universidad de New Hampshire impartió sus primeras clases en Durham, New Hampshire, en 1893. En el terreno que recibiera originalmente, la universidad combinó las profesiones con humanidades y ciencias, y atendió la necesidad pública de ciudadanos educados. Esta misión, confirmada por el logro del estatus de Sea Grant y Space Grant, había ido creciendo conforme la universidad evolucionaba. Su propósito principal continuaba siendo servir a los ciudadanos de New Hampshire.

El Programa de Extensión Cooperativa (CEP) cumplía con la responsabilidad de la universidad hacia el servicio público y el bienestar del estado a través de la División de Educación Continua. La misión principal de la división era mejorar las condiciones de vida de las personas atendiendo a necesidades y asuntos particulares con programas especiales de asistencia pública. El CEP colaboraba con voluntarios, organizaciones locales y estatales, y con dependencias, utilizando el conocimiento y las capacidades de investigación de la universidad para el establecimiento de programas educativos informales de alta calidad dirigidos a jóvenes y adultos. Su enfoque hacia este tipo de esfuerzos de programación era, principalmente, de desarrollo, presentando temas nuevos para programas que serían desarrollados por otros.

Administración La UNH tenía una estructura tradicional de universidad estatal, con siete colegios y escuelas dirigidos por decanos. Con una amplia gama de programas a nivel licenciatura, profesional, de investigación y de posgrado, la universidad estaba conformada por más de 11 000 estudiantes, un cuerpo docente de 800 miembros y 70 000 graduados.

En 1968 (dos años después de que el Congreso de Estados Unidos estableciera formalmente su Programa de Sea Grant), la UNH recibió su primer financiamiento Sea

Grant. Para 1986 el Programa Educacional Sea Grant se había vuelto parte del Programa de Extensión Cooperativa, dirigido por el Decano Harold Trumpet. Los empleados de Sea Grant eran el 2 por ciento del total del personal de CEP, y un insignificante porcentaje del de la universidad.

Parte del esfuerzo educativo informal de CEP fue el programa de Docencia Marítima de la UNH. Los docentes eran voluntarios que se comprometían a enseñar temas marítimos durante dos años. Los docentes eran entrenados por los profesores de la UNH y trabajaban en uno de tres sitios fuera del campus, incluyendo el Centro de Visitantes. También daban clases en los programas especiales de asistencia pública en escuelas en todo el estado, beneficiando a más de 1 200 estudiantes. En el momento, había 40 docentes ayudando en el Centro de Visitantes.

Dinero El presupuesto total de Sea Grant representaba el 3 por ciento del presupuesto de 5 millones de dólares del CEP. El presupuesto de Sea Grant incluía el presupuesto del Centro de Visitantes, el cual era administrado por Sea Grant. Como dependencia estatal, la universidad no podía tener un presupuesto deficitario. La misión, administración y dinero del Centro de Visitantes se describen a continuación.

Centro de Visitantes

Misión Como parte de la UNH, el Centro de Visitantes de temporada no tenía su propia identidad institucional; sin embargo, como un sitio de campo de CEP sí tenía una misión: estudiar la historia natural y social del parque y los recursos costeros de New Hampshire, suministrando una amplia variedad de programas y experiencias.

Administración El Comité de Dirección, compuesto enteramente por representantes de los patrocinadores, asesoraba sobre las decisiones que afectaban al centro y al parque. Del mismo modo que las políticas relativas al parque sólo podían ser establecidas por el comisionado de Parques, las decisiones operativas del Centro de Visitantes eran tomadas por Sea Grant. El Comité de Dirección se reunía mensualmente para discutir sobre las actividades y programas del parque. Ahora que el Sea Coast Science Center estaba en construcción, el Comité de Dirección también revisaba el progreso de la construcción y de la recaudación de fondos.

La supervisión del Centro de Visitantes, un campamento de verano de Sea Grant, representaba alrededor del 5 por ciento del plan de trabajo del programa más importante de Sea Grant. El personal del Centro de Visitantes estaba compuesto por tres empleados de tiempo completo y tres de medio tiempo. Dos de los de tiempo completo trabajan todo el año para Sea Grant. El personal adicional consistía en 11 internos de nivel licenciatura de la UNH.

El Centro de Visitantes estaba abierto de mediados de abril a octubre. Durante esa temporada de 110 días, más de 18 600 personas visitaron el centro. Había tres áreas en los programas educativos: general, escolar y universitaria. Los programas generales incluían caminatas al aire libre, paseos a la alberca de mar, conferencias, programas familiares, eventos especiales e interpretación de piezas en exhibición para el público. Los programas y la interpretación de piezas se llevaban a cabo durante toda la temporada, en especial los fines de semana. Los programas escolares consistían de talleres guiados y viajes de campo educativos a Odiorne. Cada semestre de primavera, el Centro de Visitantes ofrecía un curso de internado para estudiantes de la UNH. El número de programas y de participantes en el año fiscal de 1990 se muestra en la ilustración 5.

Los voluntarios habían sido de primordial importancia para los programas y la interpretación de piezas del Centro de Visitantes. Casi 100 voluntarios contribuyeron con más de 13 000 horas de servicio en un año. Sus actividades incluían la enseñanza, dar la bienvenida a visitantes, trabajar en la librería y desarrollar y mantener las exhi-

ILUSTRACIÓN 5 Programas y participantes del Centro de Visitantes

Área de programa	Número de programas	Número de participantes
Público en general		
Caminatas de fin de semana	62	4 300
Familias	43	1 000
Escolar		
Talleres guiados	5	225
Viajes de campo	69	2 800
Profesores universitarios en prácticas	1	11
Total de programas	180	8 336

Fuente: Centro de Visitantes, reporte anual de programas año fiscal 1990.

biciones de animales vivos. Aproximadamente el 90 por ciento de la enseñanza, el mantenimiento y las labores de apoyo lo realizaban los voluntarios.

Los voluntarios estaban organizados en cuatro grupos: Docentes Marítimos de la UNH, Guías Odiorne, Buzos de Punta Odiorne y Maestros en el Parque. Los docentes eran reclutados y capacitados por Sea Grant y recibían capacitación adicional del director. Los guías eran reclutados y entrenados por Amigos; los buzos de Punta Odiorne y los maestros en el Parque eran grupos de formación reciente.

Dinero El presupuesto del Centro de Visitantes para el año fiscal 1990 se muestra en la ilustración 6. El año fiscal del Centro de Visitantes concordaba con el de la universidad, comenzando el 1o. de julio de 1989, y terminando el 30 de junio de 1990. Aunque el Centro de Visitantes tuvo pérdidas por $1 600, el superávit del año anterior las había compensado dando como resultado un año fiscal sin ganancias ni pérdidas.

SEACOAST SCIENCE CENTER

El nuevo centro se estaba construyendo, literalmente, alrededor del antiguo Centro de Visitantes. La construcción encapsulaba el monumento histórico de la Casa Sugden, no sólo para reducir costos, sino también porque las viejas paredes ya no estaban en condiciones de soportar las inclemencias del tiempo. Cuando el Sr. Sugden ubicó su casa en Punta Odiorne en los años veinte, eligió el lugar que aprovechaba mejor la punta. Al encerrar el viejo edificio en el nuevo se retenía la estructura, lo que permitía disfrutar todavía de impresionantes vistas del océano.

Para Harry era un deleite llevar a los donantes potenciales a pasear por el lugar. Cyabdi se detenía en medio de la actividad de la construcción, sus grandes ademanes hacían juego con las grandiosas vistas: la desembocadura del río Piscataqua, tres faros, la costa rocosa, las Islas Shoals y (siempre al final de la descripción), la casa de Crunch al otro lado de la bahía.

Después de impresionar a los donantes con la magnificencia natural del lugar, describía las interesantes exhibiciones nuevas del centro. Habían contratado una empresa de diseño de exhibiciones de renombre internacional con sede en Boston, Massachusetts. Las exhibiciones de animales vivos en su hábitat natural, que ellos habían diseñado, harían del SSC un destino mundial. En la nueva ala, los visitantes podían explorar los siete distintos hábitats en el parque sin tener que salir ni una sola vez. En el acuario y el terrario, los visitantes podían ver peces oceánicos nadar en el tanque de 1 000 galones del Golfo de Maine, podían tocar estrellas de mar y cangrejos en el tanque de

ILUSTRACIÓN 6 Ingresos y gastos del Centro de Visitantes, año fiscal 1990

Clasificación	Ingresos	Gastos
Apoyo de patrocinadores		
Parques	$50 000	
ASNH	2 700	
Sea Grant/NOAA	6 400	
Amigos	9 800	
Cuotas de los programas	6 900	$18 000
Regalos y donaciones	3 000	
Apoyo de salario		51 800
Administración		10 600
Total	$78 800	$80 400

Fuente: Centro de Visitantes, reporte anual de programas, año fiscal 1990.

toque de la alberca de mar, y observar tortugas, ranas y tritones en el estanque y los tanques de la pradera. En las galerías que rodeaban la antigua Casa Sugden, los visitantes aprenderían sobre la historia social de Odiorne, desde los cazadores posteriores a la era glacial del Periodo Arcaico Temprano, hasta la época posterior a la Segunda Guerra Mundial.

Finalmente, Harry recordaría a los donantes el gran potencial educativo y el propósito del centro. Los objetivos del Seacoast Sience Center eran 1) extender la temporada de programas escolares más allá de la primavera; 2) expandir los temas de los programas, y 3) reforzar los programas dirigidos a la comunidad local. Como Harry, Crunch disfrutaba dirigir paseos del centro en progreso, aunque se rehusaba a pedir dinero. "Yo haré que se interesen, y les diré cuánto cuestan las cosas, pero ellos tendrán que hacerse cargo", era el método de Crunch, bastante efectivo, para recaudar dinero. Dado que había jugado un papel clave en la planeación de las exhibiciones, podía impresionar a sus invitados describiendo los complejos sistemas de mantenimiento que las exhibiciones de animales vivos requerían. La química del agua, la temperatura y la calidad se mantenían por medio de filtros y niguas biológicos que funcionaban las 24 horas los 365 días del año. En comparación con el viejo sistema de "estación de bomberos en la costa" que Crunch había utilizado en el Centro de Visitantes, éste era un gran salto hacia adelante.

Crunch también podía discutir en detalle los planes de programas porque trabajaba con el director del Centro de Visitantes en el desarrollo del plan de programa del nuevo centro. Su paradigma de planeación era que las actividades ya existentes se ofrecieran con mayor frecuencia para crear un programa anual.

Los voluntarios continuarían teniendo un importante papel en todas las operaciones del centro, incluyendo la Tienda de la Naturaleza. Crunch veía la tienda permanente del Seacoast Science Center como una versión ampliada de la librería que manejaban los voluntarios de Amigos. Tenía grandes expectativas en el potencial de ingresos de una tienda de objetos naturales que funcionara todo el año.

Como los miembros del Comité de Dirección habían asumido que la UNH continuaría administrando, no habían hecho ninguna planeación estratégica. Los supuestos eran sencillos: el presupuesto operativo se incrementaría proporcionalmente de una temporada de 110 días a un año de 362 días; una vez que el SSC, de 10 000 pies cuadrados, abriera, los visitantes se triplicarían porque estaría abierto tres veces más tiempo que el Centro de Visitantes de temporada; cualquier necesidad de aumento de personal se solucionaría con voluntarios.

Conforme el Seacoast Science Center fue adquiriendo forma física, el director del Centro de Visitantes comenzó a hacer presupuestos operativos. Demasiado tarde para alterar los planes de construcción, los presupuestos meramente formales pintaban un panorama muy diferente al que el presidente de la ASNH, Jon Harry, había descrito a los posibles donantes. A pesar del gran potencial educativo, los presupuestos señalaban déficits operativos. Borrador tras borrador, dichos presupuestos eran rechazados por el Comité de Dirección, y borrador tras borrador se volvía aparente para el decano Harold Trumpet que la universidad no podría continuar. Los presupuestos fallidos pusieron en evidencia el riesgo financiero, que enfatizaba qué tan grande había sido la falta de planeación estratégica y operacional. Como señaló la superintendente de Parques, Pat Poore: "Aquí es donde el sueño choca con la realidad." La universidad se retiró como administradora.

ZARPANDO

Al entrar Crunch en la sala de conferencias donde el Comité de Dirección había sido convocado, sintió un ambiente de fatiga y derrota. Trató de aligerarlo saludando a Trumpet, Willow y Poore con la frase: "¡Hoy es el día!" En respuesta, cada uno de ellos asintió con la cabeza pero sin el entusiasmo de Crunch.

Mientras se sentaba ante la vieja mesa de madera, Crunch analizó al grupo. Surcaron su mente preguntas sobre cada uno de los patrocinadores. Al ver a Trumpet al otro lado de la mesa, se preguntó si la universidad reconsideraría su decisión de hacerse a un lado. Como docente activo por muchos años, Crunch se había desilusionado de que Trumpet no hubiera encontrado una forma de mantener el nuevo centro dentro de la estructura de la universidad. Aunque había aceptado que "si Trumpet no pudo encontrar una forma de hacer que funcione, tal vez no pueda hacerse", seguía teniendo esperanzas de que la universidad retomara el timón.

Harry y el gerente de la Tienda de la Naturaleza, Kris Black, entraron disculpándose y corrieron hacia sus asientos. "De nuevo tarde", pensó Crunch. Como de costumbre, Black trajo pilas de folders y Harry sólo un cuaderno. A Crunch siempre le había intrigado el equipo que hacían Harry y Black. Como alguien que siempre afirmaba que él "nunca podría entender todos esos números", Crunch respetaba la habilidad de Black para hacer presupuestos. Por otro lado, Harry le recordaba a Crunch a algunos de sus más agotadores colegas de la marina que eran "puro hablar y no actuar". Una gran diferencia entre Harry y sus fanfarrones colegas navales era que Harry era un poderoso motivador; ¿sería capaz de convencer a su consejo de que el potencial del centro valía unos cuantos años de déficits operativos?

Willow se sentó de nuevo en su silla mientras miraba a Harry con desdén. Crunch esperaba que esta junta no se convirtiera en otro torneo de gritos y golpes en la mesa entre Willow y Harry. Poore trató de compensar la fría recepción de su jefe con una jocosa referencia al "amplio estacionamiento para invitados" de la universidad. Durante varios años Crunch había trabajado con Willow y Poore en numerosos proyectos del parque y del Centro de Visitantes. Aunque Crunch prefería la habilidad de Poore para hacer las cosas, sabía que el poder político de Willow era necesario para lograr que las cosas sucedieran.

Agradecido por el intento de Poore de crear un ambiente positivo, Crunch recordó al comité que la construcción iba a tiempo, la recaudación de fondos era mayor de lo calculado, y su sueño colectivo se estaba volviendo realidad. Una gran pregunta quedaba por responder: ¿Cómo debía ser administrado el Seacoast Science Center? Puso orden en la reunión con un llamado cordial: "¡Hagamos zarpar al buen barco Seacoast Science Center!"

(La dirección de la organización en Internet es *www.seacentr.org.*)

CASO 11

INTEGRAL CONSULTING, INC.

P.J. Guinan, *Babson College*

Valerie Mulhern, *Babson College*

David Wylie, *Babson College*

Jeff Elton y Eric Mankin, ambos directores en Integral, Inc., se sentían satisfechos con el progreso que se había logrado desde que, hacía casi un año, introdujeron la aplicación TeamRoom a la empresa consultora. Sin embargo, estaban preocupados por la nueva iniciativa, Administración del conocimiento (KM, por sus siglas en inglés).[1]

Mankin preguntó si el ímpetu sería duradero: "¿Es realista pensar que nuestra gente simplemente llenará nuestra base de conocimientos corporativos? Una cosa era establecer el Cuarto del Equipo, pero KM tomará mucho más tiempo si se quiere hacer bien. Y en este momento, no podemos cobrar por este servicio."

También Elton estaba preocupado: "Me doy cuenta de que es un problema, pero esta vez tenemos que correr el riesgo. Si logramos recompensar a la gente por utilizar el sistema desde el principio, tarde o temprano se engancharán a él como sucedió con TeamRoom. Creo que el asunto más importante es cómo determinar si va de acuerdo con nuestras ofertas de producto actuales. A nuestros clientes les gustaría este tipo de producto, pero ¿de dónde sacamos los recursos para hacerlo? ¿Cómo se verán los sistemas —en Internet y fuera— y a qué costo?"

Mientras los dos sopesaban diferentes alternativas, Alex Costanzo, un asociado *senior* de Integral y uno de los líderes de KM, les recordó a ambos que estas decisiones debían haberse tomado ayer: "Enfrentémoslo: nos hemos comprometido con esto, simplemente ¡hagámoslo!"

INTEGRAL, INC.

Integral, Inc., era una empresa de investigación y consultoría administrativa, de rápido crecimiento, especializada en la administración de la innovación. Con su casa matriz en Cambridge, Massachusetts, Integral fue fundada en 1988 por profesores de Harvard Business School, Kim Clark y Steven Wheelwright, y por el economista Bruce Stangle. Con una tasa de crecimiento de más del 30 por ciento anual, para 1997 Integral tenía más de 80 empleados y sucursales en California, Nueva York, y Cambridge, Inglaterra.

[1] La Administración del conocimiento es una iniciativa que promueve un método integrado de identificación, captura, acceso y obtención, uso compartido y evaluación de activos de información de negocios. Estos activos incluyen bases de datos, documentos, políticas y procedimientos, así como la pericia tácita y la experiencia que tienen muchos trabajadores. (The Gartner Group.)

Los autores expresan su agradecimiento a Kathleen Curley y al Lotus Institute por su apoyo para esta investigación.

Integral mantenía estrechas relaciones con una red de muy respetables afiliados académicos de las principales escuelas de negocios. Sus consultores ayudaban a los clientes a aplicar las más recientes y mejores prácticas de pensamiento para lograr soluciones progresistas en las áreas de desarrollo de productos, manufactura, operaciones y planeación estratégica.

Los clientes provenían de una amplia variedad de industrias, incluyendo la de asistencia médica, electrónica, automotriz, química, servicios públicos, equipo para la construcción, computación, farmacéutica, telecomunicaciones y productos de consumo. Sus sedes se hallaban en diferentes países en todo el mundo.

Los consultores de Integral eran multidisciplinarios, con experiencia en una variedad de áreas de negocio y técnicas. Los principales miembros del personal tenían posgrados de las más importantes escuelas de negocios y poseían un promedio de nueve años de experiencia en consultoría administrativa. Los consultores de reciente contratación comenzaban como asociados y, con base en sus habilidades y experiencia, ascendían para convertirse en gerentes y directores. Frecuentemente los consultores trabajaban con uno o dos clientes al mismo tiempo, muchos de los cuales trataban asuntos similares.

Los directores tenían la responsabilidad total de cada proyecto y de mantener relaciones estrechas con los clientes. Los gerentes de caso coordinaban las actividades diarias de los equipos de proyecto mientras que los asociados se concentraban en los detalles de cada contrato tales como la recopilación de hechos, análisis, desarrollo de recomendaciones, instrumentación de soluciones y presentaciones para clientes. Los equipos de proyecto estaban generalmente conformados por consultores de Integral, representantes de clientes, y afiliados académicos.

Las comunicaciones y un intercambio fluido de información entre los miembros de un equipo y entre los diferentes equipos de proyecto, eran fundamentales en este esfuerzo de colaboración. Los miembros de los equipos, a menudo dispersos geográficamente, tenían que ser capaces tanto de coordinar sus actividades como de aumentar el conocimiento colectivo de la empresa.

El actual sistema de comunicaciones era claramente inadecuado. Los sistemas de correo electrónico y de correo de voz habían constituido la columna vertebral del sistema de comunicación en Integral. Sin embargo, las capacidades del correo electrónico (CC Mail), habían sido en extremo inflexibles. Los usuarios podían desplazarse por la pantalla y ver sus mensajes, pero era difícil adjuntar documentos y tener conversaciones. Un consultor comentó: "Tan sólo leer tu mensaje en este formato me tomó horas, imagínate responderlo." Los miembros de los equipos no podían seguir el hilo de las conversaciones por correo electrónico porque no había un modo fácil de crear la dinámica para discutir. Había problemas similares con el sistema de correo de voz; por ejemplo, los mensajes no siempre eran reenviados a la persona correcta. Los miembros de los equipos eran excluidos de algunas de las listas de correo sin que nadie se diera cuenta. Era difícil responder a otros miembros del equipo cuando se estaba de viaje porque la información no siempre estaba actualizada.

Entretanto, el acceso a la información era inequitativo. Además de ahorrar tiempo efectivamente en un proyecto en particular, los consultores querían equilibrar el campo de juego para asegurarse de que cada uno tenía el mismo acceso a la información, para que su trabajo fuera más fácil y mejor. Como dijo Kevin Hugh, uno de los consultores de más tiempo en la compañía: "Habíamos llegado al punto de compartir tribalmente. Dependiendo de quiénes fueran los miembros de tu equipo para el caso, algunos tendrían mucha información buena, mientras que otros no. Se necesitaba un nuevo sistema para garantizar un acceso mejor y más equitativo para todos."

Los socios de Integral se vanagloriaban de mantener muy bajo el nivel de gastos generales, pero se habían visto forzados a permitir que la infraestructura administrativa creciera para soportar el creciente nivel de los consultores. Pero, al parecer, esta opción resultaría costosa y difícil de llevar a cabo. Por tanto, los directores de Integral decidieron invertir en una infraestructura tecnológica que permitiera a los equipos consultores ser más efectivos y productivos, e integrar a la gente.

Los socios mayoritarios de la empresa habían tratado de cuantificar el posible impacto de la inversión en tecnología. Como explicaba Jeff Elton: "En una empresa consultora, no es raro llevar la cuenta del tiempo de trabajo para hacer proyecciones de posibles nuevas fuentes de ingresos. De hecho, comenzamos a contar el tiempo que nos tomaba hacer ciertos tipos de trabajo y la cantidad de recursos que necesitábamos para ello. Contratamos un 30 por ciento más de profesionistas nuevos al año. Así, si somos más productivos y tenemos una mayor calidad del producto trabajo, podemos cobrar más, hacerlo más rápido, ganar más dinero." Los socios creían que un nuevo sistema ayudaría en varias de estas dimensiones permitiendo la comunicación entre los equipos y promoviendo la compartición de nuevas ideas. Pensaban que cada miembro de los equipos, especialmente los consultores recién contratados, e Integral en sí misma, serían, en consecuencia, más productivos.

TEAMROOM

En la primavera de 1996, los directores de Integral decidieron, después de considerable investigación, invertir en TeamRoom. Se trataba de una aplicación creada por un equipo de investigadores del Lotus Institute que operaba en una plataforma Lotus Notes. Fue diseñada para dotar a los miembros de los equipos de un espacio o área electrónica en la cual podían administrar objetivos y compromisos, colaborar con colegas y guardar ideas de trabajo. TeamRoom funcionó como un espacio virtual para discusiones de equipo, facilitó el deslindamiento de responsabilidades entre los miembros de los equipos al manejar y darle seguimiento al flujo del trabajo y desempeño, y sirvió como un depósito compartido de todos los documentos (véanse las ilustraciones 1 y 2). TeamRoom parecía ser la solución perfecta para Integral.

Los socios mayoritarios, sin embargo, seguían preocupados sobre la respuesta de Lotus a Internet. Era evidente que la red jugaría un papel cada vez más importante en las comunicaciones y en el acceso al conocimiento. Sabían de los esfuerzos de Lotus para desarrollar Dominoe, un programa que permitiría el acceso a las aplicaciones de la red y a las aplicaciones internas utilizando TeamRoom. Aunque no estaban seguros de cómo harían empatar a estas plataformas, tenían fe en el compromiso de Lotus con el mejor software posible, y sabían que Lotus Notes tenía algo que ninguna otra tecnología podía ofrecer: la capacidad de duplicación.[2]

Como dijo Eric Mankin: "La capacidad de duplicar es lo que en realidad nos ha ligado con Notes; simplemente es maravilloso para la gente llevarse su oficina a donde vaya. Nos permite tener la información más actual en la punta de los dedos todo el tiempo."

Instrumentación

La administración *senior* fue contundente sobre el ritmo y el carácter de la introducción de TeamRoom a la empresa y cómo debería usarse en los proyectos. Simplemente se volvió obligatorio usar TeamRoom. Elton describió la introducción de la siguiente manera: "Lo primero que hicimos fue desconectar CC Mail y pedir a todos que usaran el correo de Notes. Nadie tuvo opción sobre usar Notes o TeamRoom. Entonces lanzamos nuestra primera aplicación de Notes, para pronósticos de gastos y profesionales."

[2] El proceso de actualización de datos que se empleó fue la forma más actual de duplicado, de tal forma que el usuario final tuviera acceso a la mejor información posible.

ILUSTRACIÓN 1

Introducción

TeamRoom le da a los miembros del equipo un espacio electrónico en el que pueden administrar sus objetivos y compromisos, para colaborar con otros colegas y almacenar ideas de trabajo.

"Virtual" TeamRoom Gives Teams Space to Manage Their Work".

TeamRoom combina la toma de decisiones y la coordinación, primordiales para un equipo de trabajo efectivo...

...con la capacidad de administrar la información, de primordial importancia para un efectivo trabajo de conocimiento.

Miembro del equipo A

TeamRoom funciona como un espacio para las discusiones y la toma de decisiones del equipo. Los comentarios que se anexan a cada pieza del trabajo del equipo brindan un contexto para la deliberación, conduciendo a decisiones más rápidas y efectivas.

"Sala de conferencias virtual"

"Estudio virtual"

October

November

"Biblioteca virtual"

Miembro del equipo F

TeamRoom sirve como un depósito compartido de todo el trabajo del equipo, incluyendo reportes, gráficos, memoranda, hojas de cálculo y otros documentos. Cada documento tiene un número de referencia de campos específicos del equipo como tipo de comunicación, categoría de trabajo y fecha de entrega. Cada miembro del equipo puede organizar la información por cualquiera de estos campos, permitiendo a los individuos personalizar sus interacciones con el equipo y la producción de trabajo.

Miembro del equipo E

Miembro del equipo B

TeamRoom es un medio para administrar el flujo y el desempeño del trabajo del equipo. Se da seguimiento a la asignación de tareas, solicitud de acciones, programación y planeación, en forma de documentos de TeamRoom, creando un registro de los compromisos individuales y de equipo, que conduce a que los miembros de éste asuman de mejor manera sus responsabilidades.

Miembro del equipo C

Miembro del equipo D

ILUSTRACIÓN 2

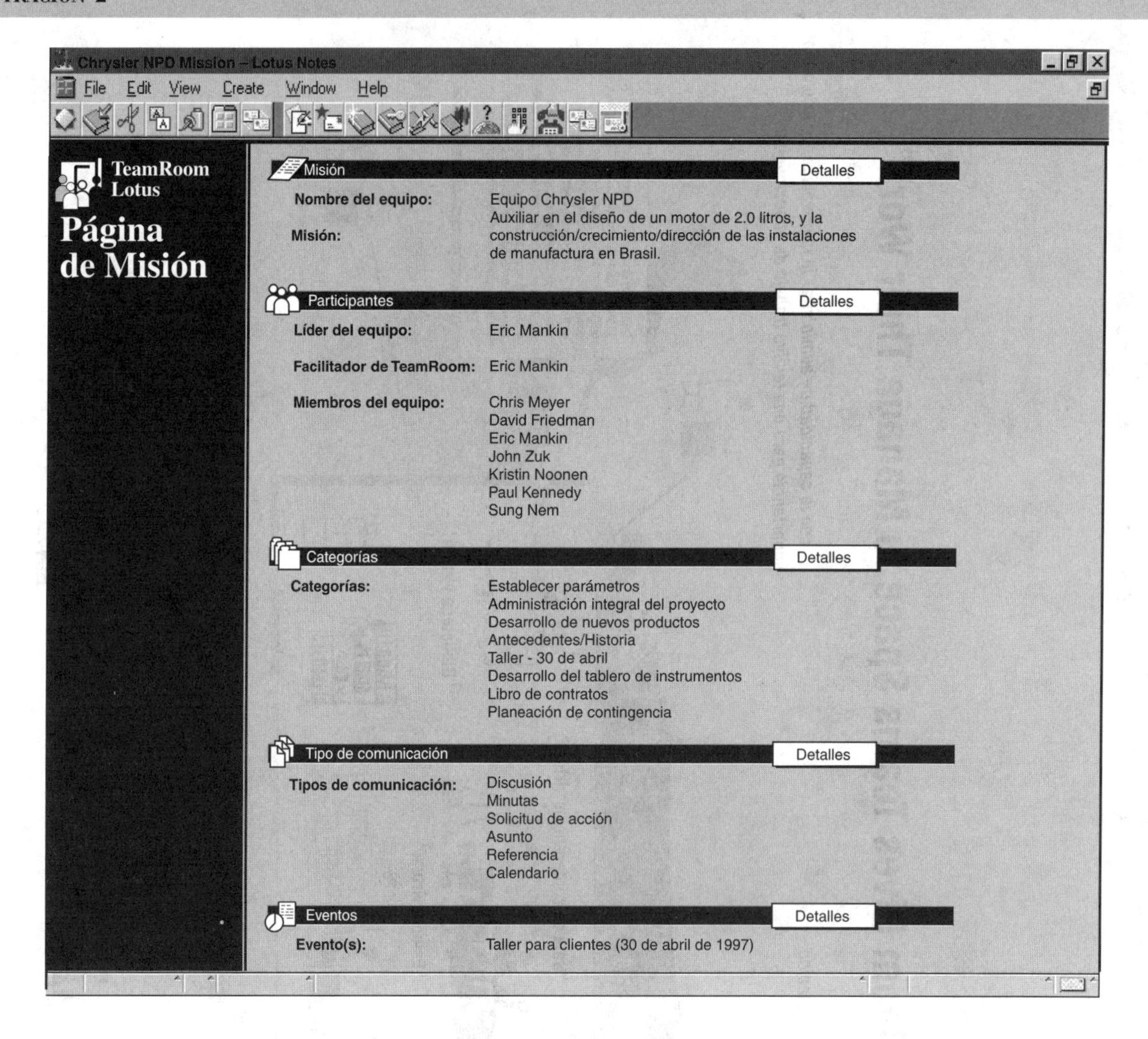

Al tiempo que usaron la fuerza bruta, Mankin y Elton también se volvieron los "porristas" de la tecnología. Mankin observó: "Creo que debo alentar a la gente a usarla regularmente. Me sorprendo a mí mismo diciendo, 'Necesitas usar esto porque yo necesito verlo'". El apoyo de dichos administradores *senior* fue primordial. Elton estuvo de acuerdo: "Eric y yo somos usuarios. La razón por la que la gente va a usarla es por la promoción que le hemos dado. Ésta es la razón número uno y está muy por encima de cualquier otra cosa. La número dos es que hay una cualidad intuitiva en el uso de la herramienta. Probablemente, ésta es una de las primeras cosas aquí, que en realidad tiene probabilidades de funcionar."

A partir de las discusiones en Integral, quedaba claro que el apoyo *senior* sacaría adelante la iniciativa, pero había cierta preocupación de que los "campeones" sólo pudieran llegar hasta cierto punto en su celebración de triunfo y que eventualmente tuvieran que emplearse los sistemas clásicos de recompensa. Integral recompensaba a sus consultores con base en tres aspectos adicionales al sistema más tradicional de horas facturables. El primero era qué tan efectivamente trabajaba el consultor con los clientes y añadía valor al contrato. El segundo se basaba en la contribución general del consultor al conocimiento de la empresa. El tercer aspecto era qué tan bien funcionaba el consultor como parte de un colectivo. Dado que TeamRoom ayudaría a cada consultor a ser más efectivo en los tres niveles, utilizarlo tenía una relación natural con los sistemas existentes de recompensa.

Jacobson Group, una empresa de consultoría profesional, fue contratada para capacitar a los empleados en las aplicaciones de las herramientas de TeamRoom. Richard Weissberg, un director de Jacobson, comentó sobre las prácticas de adopción de Integral: "Integral tiene una buena oportunidad de hacer que TeamRoom funcione. Tienen un objetivo, una necesidad real de la tecnología. Lo que no pueden olvidar es que no siempre es fácil capacitar a la gente para usar de manera efectiva un software para trabajo en grupo (groupware). Ahí es donde entramos nosotros. Integral debe tomarse el tiempo para capacitar a su gente, de otra manera, simplemente no funcionará."

Resultados

Dado el sustancial compromiso financiero y organizativo de adoptar TeamRoom, la administración de Integral tenía altas expectativas sobre el éxito de su implementación y difusión. Aunque Integral no tenía maneras formales de evaluar el rendimiento a la inversión en TeamRoom, Mankin pensaba que él podría reconocer el éxito: "Sabré cuando sea parte integral de la forma en que se hacen las cosas. Supimos que CC Mail era exitoso porque era una herramienta clave para la comunicación. Será lo mismo con TeamRoom."

Como en cualquier aventura tecnológica, la adopción TeamRoom tuvo sus dolores de crecimiento. En un proyecto internacional; por ejemplo, un cliente tenía centros de manufactura en Suecia y sus oficinas corporativas en California. Los equipos de trabajo de Integral se formaron con consultores de oficinas en California e Inglaterra. Primero, había notorios problemas de comunicación entre los equipos. La gente no tenía claro qué debía ponerse en TeamRoom. Los consultores en el Reino Unido no esperaban ver tanta información sobre mejores prácticas o tantos detalles sobre el contrato en TeamRoom. Se rehusaban a poner información detallada o confidencial ahí, sintiéndose más cómodos si se comunicaban personalmente para hablar sobre esos asuntos. Segundo, este equipo en particular tenía poca capacitación en el protocolo del uso de la tecnología. Para los novatos no estaba claro cómo encontrar, clasificar y comunicarse en TeamRoom. Finalmente, había muy poca comunicación entre los equipos. Por ejemplo, había veces en que los consultores en Estados Unidos se reunían para discutir un asunto y olvidaban reportar la discusión en TeamRoom para sus contrapartes británicos.

Aquellos que usaban el sistema no siempre creían que valía la pena pasar tiempo extra poniendo ahí la información. Un consultor comentó: "En este momento, en el trabajo que hacemos, tenemos un área de TeamRoom que se cierra con un resultado que se queda ahí. El borrador final nunca sale al gran banco de conocimientos. La probabilidad de que alguien quiera esa presentación en particular es pequeña… si no hay un incentivo para que yo lo ponga ahí, no lo voy a hacer. Pueden decirme que es grandioso hacerlo y que la cultura lo apoya, pero yo necesito un incentivo."

A pesar de las posibles limitaciones, TeamRoom resultó ser especialmente útil para los de reciente contratación. En la medida en que Integral crecía exponencialmente, había muy poco tiempo para poner al tanto a una nueva persona. En una cultura en donde el tiempo es primordial, Integral tenía muchas esperanzas puestas en esta capacidad. En vez de pasar horas, días o semanas instruyendo a los novatos, éstos eran enviados primero a áreas activas de TeamRoom para practicar con la información, antes de unirse a un equipo real. Se trataba de que los nuevos empleados aprendieran en horas lo que de otra forma les tomaría días o semanas. Si la información en el área de TeamRoom era buena, el consultor nuevo podía beneficiarse de la experiencia colectiva de todo el grupo de individuos que trabajaban en el proyecto. De esta forma, el consultor podía adentrarse en un proyecto con el que, de otra manera, no estaría familiarizado. Mankin dijo: "Los de reciente ingreso pueden ver los callejones sin salida a los que la gente entró; pueden ver las presentaciones y hacerse una idea del trabajo que hacemos. Desde mi perspectiva, ésa es una ventaja increíble. Quiero enfatizar que no tienen elección. Las personas recién contratadas deben usar TeamRoom."

Elton también señaló, desde una perspectiva práctica: "Cuando uno crece al 30 por ciento anual aparecen cien, doscientas personas nuevas. No puedo hablar con ellos de manera individual. Ni siquiera los conozco a todos. ¿Cómo puedo asegurarme de que toda esta gente tenga acceso a la misma calidad y estado del conocimiento que tenemos?"

Aunque TeamRoom ciertamente había tenido éxito en Integral, había un sentimiento persistente de que una gran buena cantidad de información valiosa se perdía en el hoyo negro de la base de datos de Lotus. Esto era particularmente evidente al terminar un proyecto, cuando la información relacionada se archivaba y se volvía más difícil encontrarla. Uno de los consultores nuevos dijo: "En cierto sentido, siento como si me guiaran a lo largo del proceso. Por ejemplo, recientemente me uní a un equipo que había sido formado el año anterior, y su área de TeamRoom me proporcionó mucha información relevante. Hubo, sin embargo, algunos problemas. Una de las características de TeamRoom es que archiva cualquier cosa si no se usa después de un cierto periodo. El sistema de archivo no tiene la capacidad de hilar,[3] así que me cuesta mucho trabajo examinar la información." Mucha gente comenta que sin hilar, las bases de datos de discusión son mucho menos valiosas. Había algunas preguntas sobre la capacitación para el uso de la herramienta, y acerca de las dificultades generales para encontrar la información "correcta", a diferencia de bucear entre montones de información no estructurada.

Más o menos al mismo tiempo, los consultores de todo el país hablaban sobre el nuevo sonsonete de la administración: Administración del conocimiento (KM). Los directores de Integral se dieron cuenta de que su adopción de TeamRoom había creado un trampolín para introducir KM a Integral. Esto podría convertirse en una de las iniciativas más emocionantes en años. Así como Lotus Notes había sido la plataforma para TeamRoom, este último se convertiría en los cimientos de un sistema de KM.

ADMINISTRACIÓN DEL CONOCIMIENTO (KM)

La Administración del conocimiento fue diseñada para capturar información sobre las mejores prácticas de cada contrato con el fin de conformar un cuerpo de conocimientos, del que cada consultor pudiera sacar lo mejor de lo mejor, en vez de tener que vadear a través de los detallados hilos de cada parte de TeamRoom. La clave era crear un sistema que sacara los datos más valiosos de la información, asignar la responsabilidad de definir cuáles eran estos datos, asegurarse de que fueran capturados en el sistema y administrar su uso.

Estrategia

La iniciativa de KM comenzó con un pequeño grupo de consultores *senior* encabezados por Elton en el verano de 1996. Él imaginó una "base de datos de conocimientos" que se convertiría en "el recipiente de nuestro conocimiento". Su visión original de KM se convirtió finalmente en una estrategia de la compañía.

Con toda la emoción que venía con KM dentro de la industria de la consultoría, los administradores de Integral pensaron que KM podría, por un lado, mejorar la eficiencia en la práctica de la consultoría, y por otro, ser adoptada como una oferta de producto

[3] Hilar fue el concepto que se incorporó al TeamRoom para permitir que los usuarios dieran seguimiento al progreso o "siguieran el hilo", de cada grupo de discusión.

adicional. Integral tenía experiencia en la administración de la innovación y entendía algunos de los principales objetivos y limitaciones de la transferencia de conocimientos. Kevin Hugh explicó la relación entre KM y la competencia primordial de Integral de dar consultoría sobre asuntos de administración de la innovación: "La administración de la innovación es sólo una aplicación de KM. La vemos como una adición natural a los productos de innovación que vendemos a sus clientes. Una de nuestras directrices es hacer que las oportunidades estratégicas de la compañía concuerden con sus capacidades. Las preguntas que necesitan respuesta por parte del cliente son: '¿Para qué eres bueno?', '¿Para qué quieres ser bueno en el futuro?' y '¿Qué oportunidades hay en el mercado para aquello en lo que eres bueno y para aquello en lo que quieres ser bueno?' Establecer dichos estándares de desempeño es lo que, en términos de KM, llamamos definir el obstáculo. El objetivo de Integral es ayudar a sus clientes a sobrepasar ese obstáculo."

Como líder de la iniciativa de KM, Alex Costanzo formuló de la siguiente manera el método pragmático de Integral: "Esencialmente, tenemos tres partes en nuestro método. Primero, definir el obstáculo —o la mejor práctica para los productos clave de Integral que estamos suministrando—. Segundo, los pasos que hay que dar para llevar a todos hasta el obstáculo —hasta el nivel de desempeño en el que todos estén utilizando métodos de mejores prácticas—. Y tercero, hay una parte de innovación, o aquellos resultados creativos con valor agregado que no están predeterminados al principio de un contrato pero que, esperamos, ocurrirán conforme el equipo desarrolla ciertas sinergias innovadoras con el cliente."

No es de sorprender que el desarrollo de la tecnología que hizo posible KM fuera un proceso difícil. El consultor Kishore Dhupati describió el reto así: "No es una base de datos. No es un área electrónica de conversación (*chat*). No es un intercambio de ideas en el mismo ánimo que en una sala de fumar de una facultad. Es todo eso y mucho más. Es un grupo de bases de datos que tienen que sistematizar el conocimiento que se comparte en toda la compañía". Hacer realidad estas elevadas ambiciones seguía siendo un reto, semejante a implantar cualquier cambio novedoso que requiriera tanto de ingeniería de procesos como de tecnología. El equipo administrativo lo sabía. Después de todo, ellos eran los "expertos en innovación" y conocían de primera mano qué difícil era efectuar cambios de cualquier tipo en una organización establecida. Muchos individuos habían evaluado algunos de estos problemas y habían identificado tres aspectos principales: recompensa, cultura y tecnología.

Recompensa

En Integral, el sistema de recompensa al consultor estaba basado tanto en el éxito del caso-proyecto (como se hizo notar con anterioridad) como en la contribución individual. Sin embargo, como en la mayoría de las empresas consultoras, el impacto en las horas facturables era la medida del éxito definitiva. Nancy Confrey, una consultora *senior* de tecnología de la información, explicó: "No quieres hacer nada que pueda interponerse con el tiempo a facturar. Cualquier cosa que hagas para contribuir a este esfuerzo se considera parte de los gastos generales. La gente no se quiere salir del proyecto [al trabajar en KM] de repente ... Si podemos hacer que de alguna manera KM pueda cobrársele al cliente, sería fabuloso y todos lo estarían haciendo."

La dificultad de KM era cómo motivar a los empleados para que contribuyeran al banco de conocimientos cuando al cliente todavía no se le podía cobrar por este tipo de actividades. Una de las cuestiones que debía resolverse era qué incentivos se necesitaban para motivar las contribuciones al banco de conocimientos. Cualquiera que fuera la solución, tendría que vencer a la opinión prevaleciente, que podía expresarse de la siguiente forma: "Si soy recompensado con base en el nuevo conocimiento que pueda generar, ¿por qué habría de utilizar el conocimiento de alguien más?"

Cultura

La cultura en Integral promovía el compartir el conocimiento entre los equipos de caso. Hugh hizo notar que "el conocimiento es valioso para la consultoría. Por definición, lo que vendemos en consultoría es conocimiento". Y sin embargo, había una auténtica preocupación de que los equipos no quisieran apoyar genuinamente un método que sugería practicar la estandarización siempre que fuera posible. La gente podría comenzar a cuestionar su propio valor para un equipo de caso. Costanzo comentó: "Aquí puede haber un gran número de fuerzas diferentes trabajando en contra de este método, de las cuales la menos importante no sería, 'No fue inventado aquí'."

Confrey reiteró el problema: "Definitivamente, la gente necesita sentir que está añadiendo por sí misma algún valor. En una cultura como la nuestra, esto es muy importante. Necesitas demostrar que tú resolviste el problema a tu manera, como si nadie lo hubiera hecho antes." De hecho, muchos de los consultores vacilaban al admitir que mucho de su trabajo podía reducirse a métodos estandarizados. Confrey fue, sin embargo, razonablemente pragmática cuando dijo: "Cuando el valor del dólar así como la innovación descienden en el mercado abierto y en el mercado interno, entonces la gente es menos posesiva. Cuando ya no sea la idea más popular, es posible que la gente esté más dispuesta a estandarizar estas iniciativas."

Por otro lado, depender demasiado de las soluciones estandarizadas y fiables podía desalentar la innovación y la creatividad. Integral tenía que caminar en la sutil frontera entre saber cuándo ser creativo e innovador y cuándo utilizar métodos estándar.

Elton subrayó otro problema: "Para hacer que el conocimiento se integre a la base de datos del conocimiento necesitas sentarte, pensar sobre lo que realmente aprendiste, ponerlo ahí de forma razonada y agregar lo adecuado. Al mismo tiempo, pensar también te quita tiempo de las horas cobrables." (Véase la ilustración 3.)

Un gran número de iniciativas para solucionar estos problemas estaba en proceso en Integral. La más interesante, por mucho, era la de desarrollar una "zona virtual de intercambio de ideas". La propuesta consistía en desarrollar una "divisa de conocimiento" en la que los individuos pudieran ser recompensados por el valor de las contribuciones hechas a la base de conocimientos. En este tipo de mercado, un individuo sería recompensado por crear y compartir conocimiento y desalentado de ocultar información a sus colegas. Al mismo tiempo, esta "divisa" alentaría una atmósfera tanto de competencia como de cooperación. Los esfuerzos para establecer este plan estaban en proceso. Nadie sabía en realidad cómo funcionaría el intercambio, o si funcionaría siquiera.

Tecnología

Una serie de asuntos tenían que ver con equilibrar las necesidades humanas y las capacidades técnicas del sistema. Los sistemas basados en computadora debían, por ejemplo, formalizar la recopilación de conocimiento en vez de permitir que el proceso siguiera siendo una "cacería tribal". La tecnología debía permitirle a todos cazar de manera más efectiva y siempre matar una presa.

Aunque la creación y la administración de dichos procesos automatizados era difícil, varias empresas consultoras estaban utilizándolos, incluyendo KPMG, Arthur Andersen y Ernst and Young. Todas ellas habían hecho importantes inversiones en dichos sistemas, así que Integral no estaba sola en sus esfuerzos por computarizar lo que, por lo general, se consideraba un problema en extremo falto de estructura. Las empresas tecnológicas como Lotus, se apresuraban a crear sistemas para llenar este importante nicho. Sin embargo, Integral no estaba interesada en comprar software comercial para KM. En vez de esto, creó su propio sistema basado en las aplicaciones de TeamRoom y dentro de la infraestructura de Lotus Notes. Por esto, Lotus estaba muy interesado en ver el producto final para determinar si otras compañías podían interesarse en utilizar TeamRoom y Lotus Notes de manera similar.

ILUSTRACIÓN 3 Estadísticas del uso del banco de conocimientos, 1o. de julio de 1997

	Número de usos	Para leer	Para escribir
Último día	6	260	1
Última semana	40	825	3
Último mes	575	3 389	32
Últimos 75 días	1 400	9 378	106

Contribución de datos valiosos para el banco de conocimientos, 13 de junio de 1997

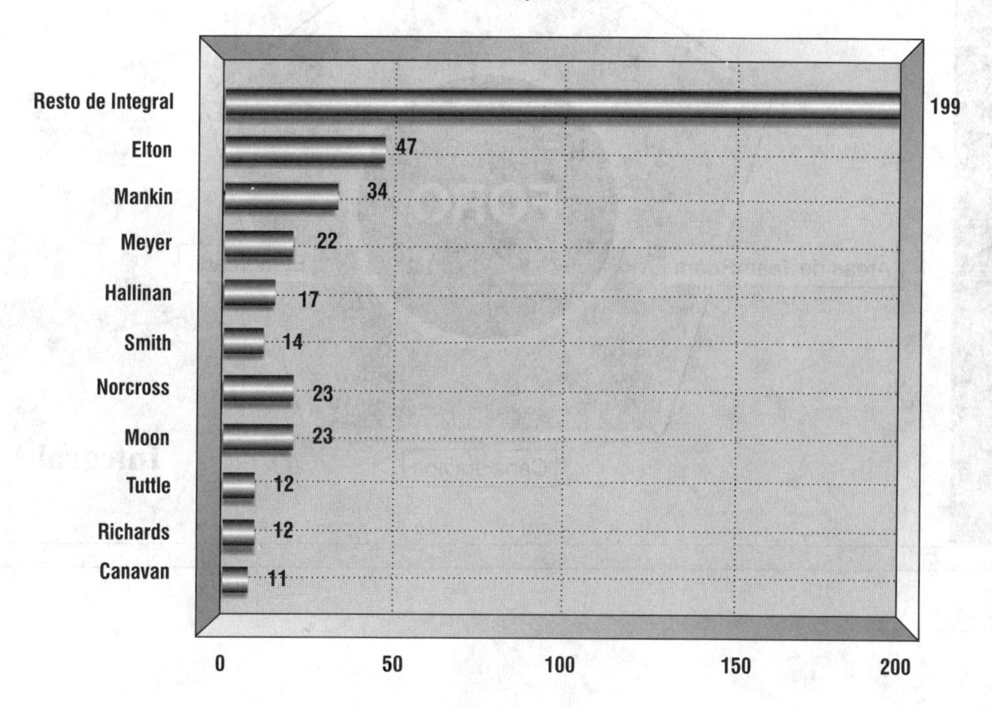

Debido a la naturaleza técnica de crear un producto hecho en casa, se estaban poniendo de manifiesto las limitaciones del sistema KM piloto. Confrey visualizaba dos áreas de problema importantes. La primera era la calidad de información. En ese momento, había diferentes perspectivas sobre qué tipos de conocimiento debían incluirse o no.

Hugh había considerado este problema y sugirió que se desarrollara un nuevo papel de "zar del conocimiento" en Integral: "Tenemos un problema inherente a la mejor manera de filtrar y transferir información de un área de TeamRoom al banco de conocimientos. Cada equipo de caso podría decidir qué poner en el banco de conocimientos. Desde esa perspectiva, el zar del conocimiento reconocería el valor de la contribución con una 'carita sonriente'."

Segundo, estaba el problema del control de la calidad una vez que la información se introdujera en la base de datos: "Lo que pasa es que la gente sólo mete lo que tiene y eso no requiere de mucho trabajo extra. En realidad debe haber una mayor filtración, un poco más de estructura en lo que va ahí, un poco más de instrucción sobre el propósito del material y lo más apropiado para un tipo de cliente en particular." Confrey señaló que el conocimiento que se mete al banco de conocimientos debe tener calidad de marketing. En términos reales, debido a que la gente tiene distintos conceptos de lo

ILUSTRACIÓN 4

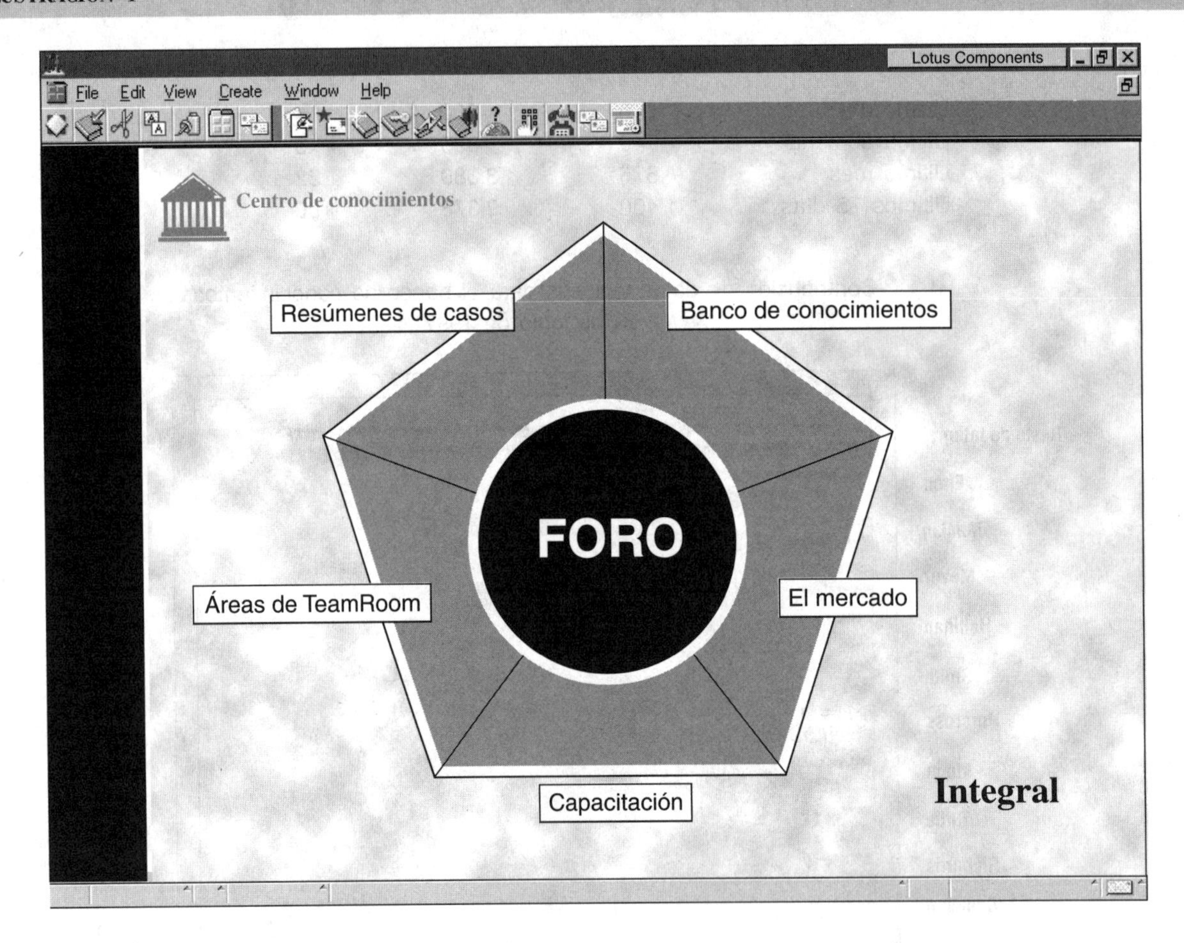

que despierta su interés, confeccionar un sistema a la medida de las necesidades de cada uno puede resultar desalentador.

El principal problema parecía radicar en la ausencia de un marco que abarcara todo el conocimiento, una interfaz con el usuario del banco de conocimientos como existía. Desarrollar un entendimiento común de ese marco y de la forma en que todos debían usarlo, tomaría tiempo. Ni los mecanismos de búsqueda más sofisticados podían identificar qué había en una presentación en PowerPoint sobre una industria en específico que se encontraba en el banco de conocimientos.

Se estaban dando los pasos necesarios para crear un marco como ése (véase la ilustración 4). Era una representación gráfica de los diferentes segmentos del trabajo de Integral. Este mecanismo de búsqueda podía localizar datos valiosos mejores con sutiles matices específicos de la industria porque ofrecía un filtro sobre el conocimiento. Los administradores *senior* todavía no aprobaban este enfoque, pero varias facciones dentro de la organización apoyaban esta estructura. Como dijo Confrey: "En este momento, realmente no se ha podido desarrollar herramientas en Internet de la misma calidad de las que tenemos en el mundo del cliente/servidor. Así que todas las herramientas que se está tratando de traer al mundo de Internet en realidad no pueden usarse en varias plataformas. Todavía hay un largo camino por recorrer en esto. En dónde se guarda la información, debería ser un asunto transparente para aquellos que están haciendo el trabajo de verdad."

Una oportunidad de redefinir el papel de la consultoría

Mientras el grupo de Integral evaluaba las posibles consecuencias de lanzarse a la revolución de KM, se hizo evidente que ésta podría transformar toda la práctica de la consultoría. En primera, los procesos internos podrían mejorar drásticamente. Como dijo Elton: "Debería tomarnos mucho menos tiempo hacer tareas básicas, rutinarias y deberíamos ser capaces de medir la diferencia." En la mente de los administradores *senior*, a un asociado *junior* le tomaba un tiempo determinado crear lo que llamaban un análisis de recursos. Si el asociado podía estructurar la actividad de la recopilación y compilación de datos, de manera que las preguntas fueran estandarizadas, entonces las ganancias en el desempeño podrían medirse al calcular la tasa de cobro del asociado. Si el material estandarizado pudiera estar rápidamente disponible para el consultor, éste podría pasar más tiempo desarrollando los aspectos verdaderamente únicos e innovadores de los resultados a entregar.

El papel de Integral con lo que el cliente ofrecía también podría cambiar debido a KM y a TeamRoom. Específicamente, había ejemplos de áreas activas de TeamRoom en los que el cliente podía ver y meter material junto con los consultores de Integral. Alpha Company era una gran organización que garantizaba vivienda justa para consumidores de moderado y mediano ingreso. Había estado trabajando con Integral por algún tiempo sobre cómo administrar la innovación y mejorar el desarrollo de productos. Steve Morgan, el administrador principal de Alpha, a quien Costanzo había invitado a conocer TeamRoom, comentó: "Estamos usando TeamRoom para capturar todos nuestros documentos relacionados con este proyecto. Es una forma interesante de administrarlo. Me gustó la idea de poder echar mano de cualquier documento que quisiera en cualquier momento. No creo que se hayan dado cuenta todavía de todo el potencial porque Notes no está bien entendido. Tenemos una excelente relación con Integral. Hemos depositado toda nuestra confianza en ellos." TeamRoom era, entonces, otro vehículo en torno al cual Integral podía construir relaciones de confianza con sus clientes.

Pero había algunas preocupaciones sobre el hecho de que traer clientes al negocio de la transferencia de conocimientos pudiera causar más problemas de importancia. Desarrollar una guía completa para la transferencia de conocimientos podría perjudicar esfuerzos futuros con clientes que aprendieran a hacer parte del trabajo que antes Integral hacía por ellos. Parafraseando a uno de los consultores: "Es como ir al doctor. Si haces tu trabajo demasiado bien y nadie se enferma, los pacientes nunca regresarán."

Era claro que para usar el sistema KM de manera efectiva se necesitaba adoptar nuevos hábitos, la conexión entre la estructura de recompensa de Integral y la forma en que los consultores eran calificados necesitaría reexaminarse. Pero en este punto no había consenso. Como uno de los directores sugirió: "No tenemos una forma precisa de darle seguimiento y hacer que se respete la fidelidad de los datos en la base de conocimientos." Elton describió un ejemplo de un viaje reciente a California. En el banco de conocimientos de un consultor *senior*, dos administradores habían creado una solución específica que él conocía. "Cuando la saqué de la base de conocimientos", dijo, "sólo tenía un nombre, sin ningún crédito a otros". Elton observó que tal vez se tratara de una observación exagerada pero admitió que no le gustaba cómo se había sentido sobre el proceso total: "Casi estamos estableciendo esta regla. Ahora es como un asunto social sobre quién tiene acceso a la tecnología y quién no. Es casi como la tiranía del origen del conocimiento. Estamos creando una sociedad clasista conformada por personas que han contribuido o no al capital intelectual de la empresa."

Retos emergentes

Con TeamRoom detrás de ellos y KM adelante, Elton, Mankin y Costanzo sabían que necesitaban moverse rápidamente pero no sabían cómo o para dónde. Una serie de preguntas necesitaba respuestas. Por ejemplo, ¿en qué debían usar su tiempo, en el desarrollo de capacidades internas o de capacidades de software para sus clientes? Si ésta era una nueva oferta de producto, ¿cuánto esfuerzo debía ponerse en ella? Después de todo, habían visto a la reingeniería llegar e irse; ¿y si KM también fuera una moda?, ¿debían empaquetar su propio sistema para venderlo a otras empresas consultoras, o era demasiado confidencial como para compartirlo? ¿Y qué había sobre el sistema de recompensas? Estaba bien decir que la gente sería recompensada por usar la base de conocimientos, pero, ¿qué haría que esto realmente sucediera?, ¿quién podría evaluar la calidad de los datos valiosos de forma adecuada y justa? Éstos eran sólo algunos de los retos a los que se enfrentaba Costanzo mientras trataba de instrumentar una versión piloto del sistema KM. Pero Costanzo estaba a la altura del reto y repetía el lema de Nike: "¡Simplemente, hagámoslo!"

(La dirección de la página web de la compañía es *www.integral-inc.com.*)

W.L. GORE & ASSOCIATES, INC. EN 1998

CASO

12

Frank Shipper, *Salisbury State University*
Charles C. Manz, *University of Massachusetts*

> Hacer dinero y divertirse.
>
> **W. L. Gore**

El 26 de julio de 1976, lleno de determinación, Jack Dougherty, un recién egresado de la Maestría de Administración de Negocios (MBA) por la Universidad William and Mary, asistió a su primer día de trabajo en W.L. Gore & Associates. Jack se presentó con Bill Gore, estrechó firmemente su mano y viéndolo a los ojos dijo que estaba listo para cualquier cosa; pero no para lo que sucedió en seguida. Bill contestó: "Está bien, Jack, bien. ¿Por qué no echas un vistazo a tu alrededor y encuentras algo que te guste hacer?" Tres frustrantes semanas después, Jack encontró ese algo: Cambió su traje azul marino por unos pantalones de mezclilla, para alimentar de material a una máquina laminadora de tela con la membrana patentada Gore-Tex^{MR} de la compañía. Más tarde, en 1982, Jack se había convertido en el responsable de toda la publicidad y el marketing del grupo de tela y la historia de su experiencia como nuevo Asociado[1] era parte del folklore en W.L. Gore.

En 1998, el proceso de adaptación de los Asociados era mucho más estructurado que en 1976. Sin importar el trabajo para el cual eran contratados, los nuevos Asociados emprendían un viaje explicativo del negocio antes de asentarse en su posición asignada. Un nuevo Asociado de ventas en la división de telas podía pasar seis semanas cambiando de puesto periódicamente entre las diferentes áreas antes de concentrarse en ventas y marketing. Entre otras cosas un nuevo recluta aprendía cómo se fabricaba la tela Gore Tex, qué podía hacer y qué no, cómo manejaba la compañía las quejas de los clientes y cómo tomaba sus decisiones de inversión. Anita McBride expuso su temprana experiencia en W.L. Gore & Associates de esta manera:

> Antes de entrar a Gore, había trabajado para una organización estructurada. Vine aquí, y el primer mes fue relativamente estructurado porque estaba recibiendo capacitación esto es lo

Muchas fuentes fueron de ayuda al contribuir con material para este caso, en particular los Asociados de W.L. Gore que generosamente compartieron su tiempo y sus puntos de vista acerca de la compañía, para asegurarse de que el caso reflejara con precisión sus prácticas y cultura. Proporcionaron muchas fuentes, incluyendo documentos internos y anécdotas de sus experiencias personales.

[1] A lo largo de este caso se utiliza la palabra *Asociado* con inicial en mayúscula porque en la literatura de W.L. Gore & Associates esta palabra se usa siempre en vez de *empleado*. De hecho, a los escritores del caso se les dijo que Gore "nunca tuvo 'empleados', siempre 'Asociados'".

> que hacemos, así es Gore y todo eso. Fui a Flagstaff para recibir esa capacitación. Al cabo de un mes vine a Phoenix y mi patrocinador dijo: "Bueno, ésta es tu oficina; es una oficina maravillosa" y "Éste es tu escritorio", y se marchó. Y pensé, "¿Ahora qué hago?" ¿Sabes?, estaba esperando un memorándum o una descripción de puesto. Finalmente, después del siguiente mes estaba tan frustrada que pensé: "¿En qué me metí?" Así que fui con mi patrocinador y le dije: "¿Qué demonios quieres de mí? Necesito algo de tu parte." Y él dijo, "Si no sabes qué se supone que debes hacer, examina tu compromiso y tus oportunidades."

ANTECEDENTES

Wilbert L. "Bill" Gore y su esposa formaron W.L. Gore & Associates en 1958. La idea para el negocio surgió de la experiencia personal, técnica y organizacional de Bill en el departamento de ingeniería industrial de Du Pont de Nemours & Co. y, en particular, de su descubrimiento de un compuesto químico con propiedades únicas. El compuesto, ahora ampliamente conocido como Gore-Tex, lanzó a W.L. Gore & Associates hacia una alta calificación en la lista de las mejores 500 empresas privadas de Estados Unidos de la revista *Forbes* en 1998, con ingresos estimados de más de 1.1 mil millones de dólares. La cultura y prácticas administrativas de vanguardia llevaron a la compañía a ganar el séptimo lugar en la lista de las mejores empresas para trabajar en los Estados Unidos, en la edición de enero de 1998 de la revista *Fortune*.

Bill Gore nació en Meridian, Idaho, en 1912. A los 6 años, de acuerdo con su propio relato, era un ávido excursionista de la cordillera Wasatch en Utha. Posteriormente, en un campamento religioso en esas montañas, conoció a Genevieve, su futura esposa, en 1935. Para ellos, su matrimonio fue una sociedad. Él haría el desayuno y Vieve, como todos le llamaban, prepararía el almuerzo. La sociedad duró toda una vida.

Bill Gore asistió a la Universidad de Utah donde obtuvo la Licenciatura en Ingeniería Química en 1933, y una Maestría en Ciencias de Fisicoquímica en 1935. Inició su carrera profesional en American Smelting and Refining en 1936, después se mudó a Remington Arms en 1941, y luego a Du Pont en 1945. Ocupó puestos como el de supervisor de investigaciones y la dirección de investigación de operaciones. En Du Pont, trabajó en un equipo de desarrollo de aplicaciones para el politetraetileno, conocido como PTFE en la comunidad científica y conocido como Teflón por los consumidores. En este equipo, Bill Gore sintió un sentido de compromiso vehemente, satisfacción personal y dirección personal.

Dado su interés en el desarrollo de computadoras y transistores, creía que el PTFE poseía características aislantes ideales para su uso en tales equipos. Intentó muchos métodos para fabricar cable forrado de PTFE sin éxito, hasta lograr un adelanto en el laboratorio casero. Una noche, mientras Bill le explicaba el problema a su hijo de 19 años, Bob, el joven Gore vio una cinta de aislar PTFE fabricada por 3M y preguntó a su padre: "¿Por qué no pruebas esta cinta?" Bill explicó que todo mundo sabía que no se podía pegar el PTFE a sí mismo. Sin embargo, después de que Bob se fuera a dormir, Bill Gore se quedó en su laboratorio del sótano y decidió intentar lo que el conocimiento popular decía que no era posible. Alrededor de las 4:00 AM despertó a su hijo moviendo de arriba a abajo un pequeño pedazo de cable y diciendo, emocionado, "Funciona, funciona". La noche siguiente, padre e hijo regresaron al laboratorio para fabricar cable forrado de PTFE. Debido a que la idea era de Bob, la patente se extendió en su nombre.

Después de cuatro meses de intentar persuadir a algunos de los tomadores de decisiones en Du Pont para producir el recientemente descubierto cable forrado de PTFE, Bill Gore se percató de que Du Pont quería mantenerse como proveedor de materia prima de compradores industriales y no como un fabricante de productos de alta tecnología para mercados finales. Bill y Vieve empezaron a discutir la posibilidad de iniciar su propio negocio de alambre aislado y cable. El 1o. de enero de 1958, su aniversario de bodas, fundaron W.L. Gore & Associates. Sus primeras instalaciones estaban en el sótano de su casa. Después de terminar la cena esa noche, Vieve se dirigió a su esposo desde hacía 23 años y le dijo: "Bueno, lavemos los platos, vayamos abajo y pongámonos a trabajar."

Cuando Bill Gore (de 45 años con 5 hijos que mantener) renunció a Du Pont, dejó de lado una carrera de 17 años y un salario bueno y seguro. Para financiar los primeros dos años de su negocio, él y Vieve hipotecaron su casa y tomaron 4 000 dólares de sus ahorros. Todos sus amigos les advirtieron respecto al gran riesgo financiero que emprendían.

Los primeros años fueron difíciles. Algunos de los Asociados de la joven compañía aceptaron alojamiento y manutención en la casa de los Gore en lugar de salario. En algún momento, vivieron y trabajaron bajo un solo techo 11 Asociados. Una tarde, al cernir polvo de PTFE, Vieve recibió una llamada del departamento de aguas de la ciudad de Denver. El interlocutor quería hacer algunas preguntas técnicas acerca del cable y preguntó por el gerente de producto. Vieve explicó que no estaba en ese momento. (Bill estaba haciendo algunos mandados.) El interlocutor preguntó entonces por el gerente de ventas y luego por el presidente. Vieve explicó que tampoco "ellos" estaban. El interlocutor finalmente gritó: "¿Pues qué clase de compañía es ésa?" Con un poco de diplomacia, los Gore eventualmente lograron asegurar un pedido del departamento de aguas de Denver por 100 000 dólares. Este pedido marcó el fin de la mala racha inicial de la compañía y la colocó en una posición de ganancia. Las ventas comenzaron a crecer.

Durante la siguiente década, W.L. Gore & Associates desarrolló una variedad de productos derivados del PTFE. La tela Gore-Tex se convirtió en su producto mejor conocido. En 1986, Bill murió durante una excursión a las montañas Wing River de Wyoming. En ese entonces era Presidente del Consejo Directivo. Bob Gore continuó ocupando la posición de Presidente y en 1998 fungió como el Director Ejecutivo de la Compañía. Vieve Gore, la Tesorera-Secretaria, era la única otra funcionaria.

PRODUCTOS

En 1998, W.L. Gore tenía una amplia gama de productos de alta tecnología que se usaban en una variedad de aplicaciones, incluyendo electrónicos, medicina, sellos y filtración industrial, y tela.

Productos electrónicos y de alambre

Los cables y el alambre electrónico de Gore gozaban de una reputación inigualable de fiabilidad. Las propiedades físicas del laminado Gore-Tex hacían que los productos electrónicos de la compañía tuvieran un uso ideal en los sistemas aereoespaciales y de defensa, interruptores electrónicos para sistemas telefónicos, computadoras, instrumentos científicos e industriales, comunicación por microondas y robótica industrial. Por ejemplo, el alambre y las ensambladuras de cable de Gore se empleaban en los transbordadores espaciales debido a que podían soportar tanto el calor de la ignición como el frío del espacio; el alambre Gore se empleó para ayudar a los vehículos lunares a recoger muestras de rocas; los cables de computadoras fabricados por Gore podían transmitir señales al 93 por ciento de la velocidad de la luz; se emplearon en operaciones de excavación petrolera subterránea y a bordo de submarinos que requerían equipo de señalización de microondas y cables sin fallas que pudieran resistir alta presión. De acuerdo con Sally Gore, líder de recursos humanos y comunicaciones de la compañía, W.L. Gore se había convertido en "uno de los fabricantes de cable de ultrasonido más grandes del mundo, debido a que el cable Gore transmite las señales de una manera muy, muy fiel, es muy delgado y sumamente flexible, y tiene una vida útil muy, muy larga. Eso lo hace ideal para cosas como ultrasonidos y muchas aplicaciones médicas electrónicas". La división de productos electrónicos de la compañía había hecho historia desarrollando productos innovadores para aplicaciones que requerían altos niveles de fiabilidad bajo condiciones severas.

Productos médicos

La división médica comenzó en las pistas de esquí de Colorado. Bill Gore estaba esquiando con un amigo, el Dr. Ben Eiseman del Hospital General de Denver. Según dice Bill: "Estábamos por empezar una pista cuando, sin pensarlo, saqué una pequeña sección tubular de Gore-Tex de mi bolsa y la miré. '¿Qué es eso?', me preguntó Ben. Así que le expliqué sus propiedades. 'Se siente increíble', dijo. '¿Para qué la usas?'. 'No tengo idea', le dije. 'Bueno, dámela', dijo, 'para probarla en un injerto vascular en un puerco'. Dos semanas después, me llamó. Ben estaba muy emocionado. 'Bill', dijo, 'la puse en un puerco y funcionó. ¿Ahora qué hago?'. Le dije que se reuniera con Pete Cooper en nuestra planta de Flagstaff, y que dejara que ellos lo resolvieran."

El PTFE de Gore-Tex expandido resultó ser un material ideal para combatir enfermedades cardiovasculares. Cuando las arterias humanas estaban seriamente dañadas o tapadas con depósitos, las porciones afectadas a menudo podían reemplazarse con arterias de Gore-Tex. Dado que los tejidos propios del paciente crecían hacia los espacios porosos abiertos del injerto, el cuerpo no rechazaba las porciones artificiales. Otros productos médicos Gore incluían parches que podían sellar hoyos en válvulas de corazón con fugas y suturas que daban a los cirujanos un manejo como de seda al mismo tiempo que brindaba una fortaleza extrema.

La compañía tenía una posición competitiva muy fuerte en el mercado de arterias artificiales y productos cardiovasculares. Los injertos vasculares Gore-Tex salvaban piernas de ser amputadas y corregían problemas pulmonares en bebés recién nacidos. El PTFE de Gore-Tex expandido también se había usado para ayudar a la gente con enfermedades del riñón. En 1985, W.L. Gore & Associates ganó el Premio Prince Philip de Gran Bretaña, por sus Polímeros al Servicio de la Humanidad. El premio reconocía de manera especial los logros salvavidas de la división de productos médicos de Gore.

Dos productos recientemente desarrollados por la división médica eran un nuevo material para parches (que se pretendía incorporara más tejido al injerto, más rápido que los materiales anteriores) y el Sistema de Cámaras GORE™ RideOn® para bicicletas (que no necesitaba lubricación y tenía 70 por ciento menos fricción que las cámaras regulares para bicicleta). De acuerdo con Amy LeGere de la división médica: "Los mejores ciclistas del mundo lo están usando. Se introdujo hace apenas un año y se ha convertido en un estándar en la industria." Este producto tuvo un flujo de efectivo positivo muy poco tiempo después de su lanzamiento. Algunos de los Asociados de Gore, que también eran entusiastas de los deportes al aire libre, desarrollaron el producto y se dieron cuenta de que aunque nominalmente eran miembros de la división médica podrían desarrollar una increíble cámara para bicicletas. Los Asociados de Gore sostenían que el desarrollo fructífero, la producción y el marketing de dicho nicho de productos especializados eran posibles porque la compañía no tenía burocracia ni procedimientos limitantes, por el alto grado de compromiso con la innovación por parte de los Asociados y por una cultura que alentaba y recompensaba a los campeones del producto.

Productos industriales

La división de productos industriales de W.L. Gore fabricaba selladores, bolsas de filtro, cartuchos, ropa y revestimientos. Los productos de filtración industrial de la compañía, como las bolsas de filtro Gore-Tex, se estaban utilizando para reducir la contaminación de aire y para recobrar sólidos valiosos de gases y líquidos de una manera más completa y económica que con otras alternativas. Los Asociados estaban tratando de mejorar los productos de filtración de la división para que las plantas eléctricas de combustión de carbón pudieran dejar de producir humo por completo. Otro de los productos industriales de Gore era una junta selladora única —un cordón flexible de PTFE poroso— que podía aplicarse como junta para formas muy complejas, sellándolas para prevenir la fuga de químicos corrosivos, aun a temperatura y presión extremas. Las válvulas de vapor empacadas con este sellador Gore-Tex tenían garantía de por vida (siempre que la válvula fuera utilizada adecuadamente). Las aplicaciones especiales y primordiales de la línea de productos industriales de Gore, junto con la sólida reputación de la compañía por su calidad impresionó a los clientes y, con los años, generó un fuerte crecimiento en los ingresos.

Recientemente la división había lanzado el primer producto de consumo de Gore, Glide®, un hilo dental. Ray Wnenchak de la división de productos industriales, observó:

> [Glide] era un producto del que la gente supo por un tiempo y trataron de persuadir a los líderes industriales de promoverlo, pero en realidad no lo hicieron muy bien. Así que, casi por no dejar, Gore decidió: "Bueno, no lo están haciendo bien. Vamos a hacerlo por nuestra cuenta." Teníamos un campeón, John Spencer, que le tomó la palabra y le dio empuje al producto a través de consultorios dentales y simplemente se fue al cielo. Había mucha más gente en el equipo, pero el éxito fue básicamente darle oportunidad a ese campeón quien se enfocó en el producto y lo sacó adelante. Le dijeron: "No es posible, no va a funcionar", y me imagino que eso era todo lo que él necesitaba. Se había hecho y sí funcionó.

Amy LeGere añadió: "El campeón trabajó muy de cerca con la gente de productos médicos para entender su mercado, por ejemplo las demandas y las descripciones, para que cuando el producto saliera al mercado fuera consistente con nuestros productos médicos. Y ahí es donde, al trabajar junto con otras divisiones, sabemos con quién trabajar… de tal manera que el resultado final toma las fortalezas de los distintos equipos que participan." Para 1998, Glide había capturado una importante porción del mercado de hilos dentales y el Glide con sabor a menta era el hilo dental con mayores ventas en el mercado de Estados Unidos en volumen de dólares.

Productos de tela

La división de telas de W.L. Gore suministraba laminados a prueba de agua a fabricantes de ropa para mal tiempo, ropa para esquiar en nieve, trajes para correr, calzado, guantes y vestuario para pesca y caza. La membrana Gore-Tex tenía 9 mil millones de poros que punteaban al azar cada pulgada cuadrada, y era sumamente ligera. Cada poro era 700 veces más grande que una molécula de vapor de agua pero miles de veces más pequeño que una gota de agua. El viento y el agua no podían penetrar los poros, pero el sudor podía escapar. Como resultado, las telas pegadas a la membrana Gore-Tex eran a prueba de agua, de viento y se podía respirar a través de ellas (eran transpirantes). Las fibras Gore-Tex, al igual que los laminados para tela Gore-Tex, eran insensibles al sol, a los químicos, al calor y al frío, y también eran firmes e incomparablemente resistentes a la abrasión; por tanto, se usaban para aplicaciones que exigían mucho, incluyendo la capa protectora exterior de los trajes espaciales de la NASA.

Los excursionistas de mochila descubrieron que una sola capa de tela de peso ligero Gore-Tex era un buen sustituto de una chaqueta de popelina y un impermeable, y funcionaba radicalmente mejor que ambos. Los bomberos y los pilotos de la Marina de Estados Unidos habían utilizado vestimenta de tela Gore-Tex, como lo habían hecho algunos atletas olímpicos. Los empleados de cuartos de limpieza de alta tecnología también usaban vestimenta Gore-Tex. Los montañistas, los entusiastas del esquí, los

---

[2] Véase la página C-244 para una definición y descripción de campeones de producto en W.L. Gore.

ILUSTRACIÓN 1 La familia de telas de Gore

Marca	Actividad/ Condiciones	Facilidad de transpiración	Protección contra el agua	Protección contra el viento
Gore-Tex®	Lluvia, nieve, frío, viento	Muy transpirante	A prueba de agua	A prueba de viento
Immersion™ technology	Para pesca y deportes de remo	Muy transpirante	A prueba de agua	A prueba de viento
Ocean technology	Para veleo mar adentro y costero	Muy transpirante	A prueba de agua	A prueba de viento
Windstopper®	Fresco/frío, viento	Muy transpirante	No resistente al agua	A prueba de viento
Gore Dryloft™	Frío, viento, lluvia ligera	Sumamente transpirante	Resistente al agua	A prueba de viento
Activent™	Fresco/frío, viento, lluvia ligera	Extremadamente transpirante	Resistente al agua	A prueba de viento

ciclistas, los cazadores, los pescadores, y otros aficionados a las aventuras al aire libre se sentían particularmente atraídos por la ropa que tenía una membrana Gore-Tex, y por la indumentaria Gore-Tex, como trajes impermeables, chaquetas a prueba de agua, pants, cascos, guantes y botas, que se habían vuelto artículos estándar para uso del personal militar.

Gore lanzó una nueva familia de telas en los noventa para atender una amplia variedad de necesidades del consumidor (véase la ilustración 1). El lanzamiento de estos nuevos productos de tela impuso nuevos retos a la compañía al establecerse como un fabricante de algo más que Gore-Tex. De acuerdo con Bob Winterling,

> Hicimos tan buen trabajo con la marca Gore-Tex que en realidad nos perjudicamos de muchas formas. Quiero decir que nos ha sido muy difícil inventar nuevas marcas, porque mucha gente ni siquiera conocía Gore. Somos la compañía Gore-Tex. Una de las cosas que decidimos cambiar sobre Gore hace cuatro o cinco años fue que, en vez de ser la compañía Gore-Tex queríamos convertirnos en la compañía Gore. Debajo de la compañía Gore queríamos un acopio de productos resultado de la gran compañía Gore. Representaba un giro en la manera de posicionar Gore-Tex. Hoy en día, resulta que Gore-Tex es más fuerte que nunca, pero ya nos hemos arriesgado con cosas tales como la tela WindStopper®, que tiene mucho éxito en el mercado del golf. Podría ser un suéter o una pieza de lana, o incluso una camisa de punto con forro de WindStopper más cerca de tu piel, que no dejara pasar el viento. No es a prueba de agua; pero sí resistente al agua. Lo que hemos tratado de hacer es posicionar el nombre de Gore y debajo de éste todos los fabulosos productos de la compañía.

ORGANIZACIÓN Y ESTRUCTURA

W.L. Gore & Associates era una compañía sin títulos, organigramas jerárquicos, ni ningún otro arreglo estructural convencional de los que típicamente se usan en las empresas con cientos de millones de dólares en ingresos por ventas, y miles de empleados. Gore tampoco había formulado jamás una misión corporativa o un código de ética. Los altos ejecutivos de Gore no requerían ni prohibían a las unidades administrativas de la compañía desarrollar sus propias misiones y declaraciones éticas. Algunas unidades administrativas, cuyos Asociados sentían la necesidad de tener declaraciones formales

ILUSTRACIÓN 2 Lugares de operación de W. L. Gore & Associates en el extranjero

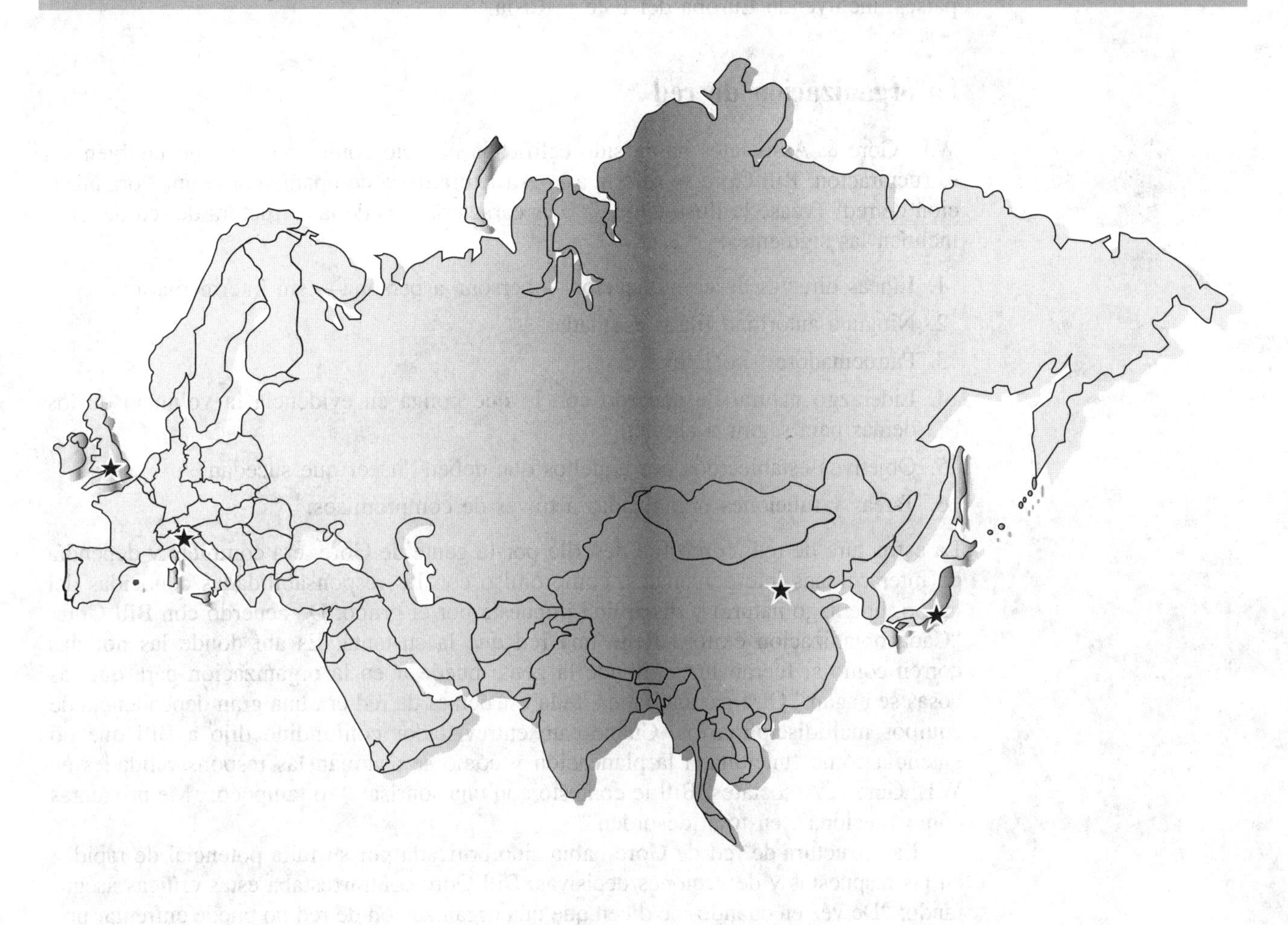

de misión y códigos de ética, los habían desarrollado, pero la mayoría de las unidades administrativas de Gore operaba sin ellos. Cuando se le cuestionó sobre la falta de un código de ética formal, uno de los Asociados dijo: "Las creencias de la compañía son 1) sus cuatro principios operativos básicos cubren las prácticas éticas que la gente requiere en los negocios y 2) no tolerará prácticas ilegales." El estilo administrativo de Gore había sido calificado como *rebelde*. Su organización había sido guiada por las experiencias de Bill Gore en equipos de trabajo en Du Pont y, con los años, había evolucionado conforme las necesidades lo demandaban.

Por ejemplo, un lunes en la mañana del verano de 1965, Bill Gore hacía su habitual caminata por la planta de la compañía en Newark, Delaware, cuando se dio cuenta de que no conocía a todos en la planta. Para él, esas instalaciones que tenían como 200 Asociados se habían vuelto demasiado grandes. Como resultado, estableció la práctica de limitar el tamaño de las plantas a aproximadamente 200 Asociados. Así nació la política de expansión: "Hacerse grande manteniéndose pequeño." Los objetivos de Gore al insistir en plantas pequeñas eran el acentuar la importancia de un ambiente unido y mantener una buena comunicación y relaciones de trabajo personales.

En 1997, W.L. Gore & Associates tenía más de 44 plantas y aproximadamente 6 500 Asociados en todo el mundo. En algunos casos, varias plantas estaban agrupadas en un solo lugar (como en Flagstaff, Arizona, en donde había 10 plantas). En el extranjero, las instalaciones de manufactura de Gore estaban ubicadas en Escocia, Alemania, Francia, India y China. La compañía también tenía dos alianzas estratégicas en Japón (véase la ilustración 2). Además, la compañía tenía representaciones de ventas en 15 países, incluyendo Europa del Este y Rusia.

La organización de red

W.L. Gore & Associates había sido calificada no sólo como rebelde sino también sin estructuración. Bill Gore se refería a la estructura de la compañía como una "organización de red" (véase la ilustración 3). Las características de la estructura de red de Gore incluían las siguientes:

1. Líneas directas de comunicación —persona a persona— sin intermediarios.
2. Ninguna autoridad fija o asignada.
3. Patrocinadores, no jefes.
4. Liderazgo natural de acuerdo con lo que ponga en evidencia la voluntad de los demás para seguir a alguien.
5. Objetivos establecidos por aquellos que deben "hacer que sucedan".
6. Tareas y funciones organizadas a través de compromisos.

La estructura de red, como fue descrita por la gente de Gore, era compleja y dependía de interacciones interpersonales, compromiso con las responsabilidades conocidas del grupo, liderazgo natural y disciplina impuesta por el grupo. De acuerdo con Bill Gore: "Cada organización exitosa tiene una red que la sustenta. Es ahí donde las noticias corren como si fueran luz, a donde la gente puede ir en la organización para que las cosas se hagan." Otra característica de la estructura de red era una gran dependencia de equipos multidisciplinarios. Cuando un entrevistador confundido dijo a Bill que no entendía cómo funcionaba la planeación y cómo se asumían las responsabilidades en W.L. Gore & Associates, Bill le contestó con una sonrisa: "Yo tampoco. ¿Me preguntas cómo funciona?, en total desorden."

La estructura de red de Gore había sido criticada por su falta potencial de rapidez en las respuestas y de acciones decisivas. Bill Gore contrarrestaba estas críticas asegurando: "De vez en cuando me dicen que una organización de red no puede enfrentar una crisis bien porque toma mucho tiempo alcanzar un consenso cuando no hay jefes. Pero no es verdad. De hecho, una red, por su naturaleza misma, funciona particularmente bien en una crisis. Se evita mucho esfuerzo inútil porque no hay una jerarquía administrativa rígida a quien convencer antes de poder atacar un problema."

La red había estado a prueba en varias ocasiones. Por ejemplo, en 1975, el Dr. Charles Campbell de University of Pittsburgh reportó que el injerto arterial Gore-Tex de un paciente había generado un aneurisma. Si la prominencia, parecida a una burbuja, continuaba expandiéndose, explotaría. Obviamente, esta situación de vida o muerte tenía que resolverse rápida y permanentemente. A unos cuantos días de este primer reporte, el Dr. Campbell voló a Newark para presentar sus descubrimientos a Bill y Bob Gore y a algunos otros Asociados. Durante la junta de dos horas, a Dan Hubis, un ex policía que había entrado a Gore para desarrollar nuevos métodos de producción, se le ocurrió una idea para corregir el problema. Regresó a su área de trabajo para experimentar con varias técnicas de producción. Después de tan sólo tres horas y 12 intentos, había desarrollado una solución perdurable que salvó tanto al paciente como la reputación de la compañía. El injerto rediseñado de Hubis siguió ganando aceptación generalizada en la comunidad médica.

Eric Reynolds, fundador de Marmot Mountain Works, Ltd. de Grand Junction, Colorado, uno de los principales clientes de Gore, puso otro asunto sobre la mesa: "No creo que Bill se dé cuenta de la forma en que el sistema de red afecta a los clientes. Quiero decir que, tras establecer una relación con alguien sobre calidad de producto, puedes llamar un día y encontrarte de repente con que alguien nuevo para ti está

ILUSTRACIÓN 3 La organización de red

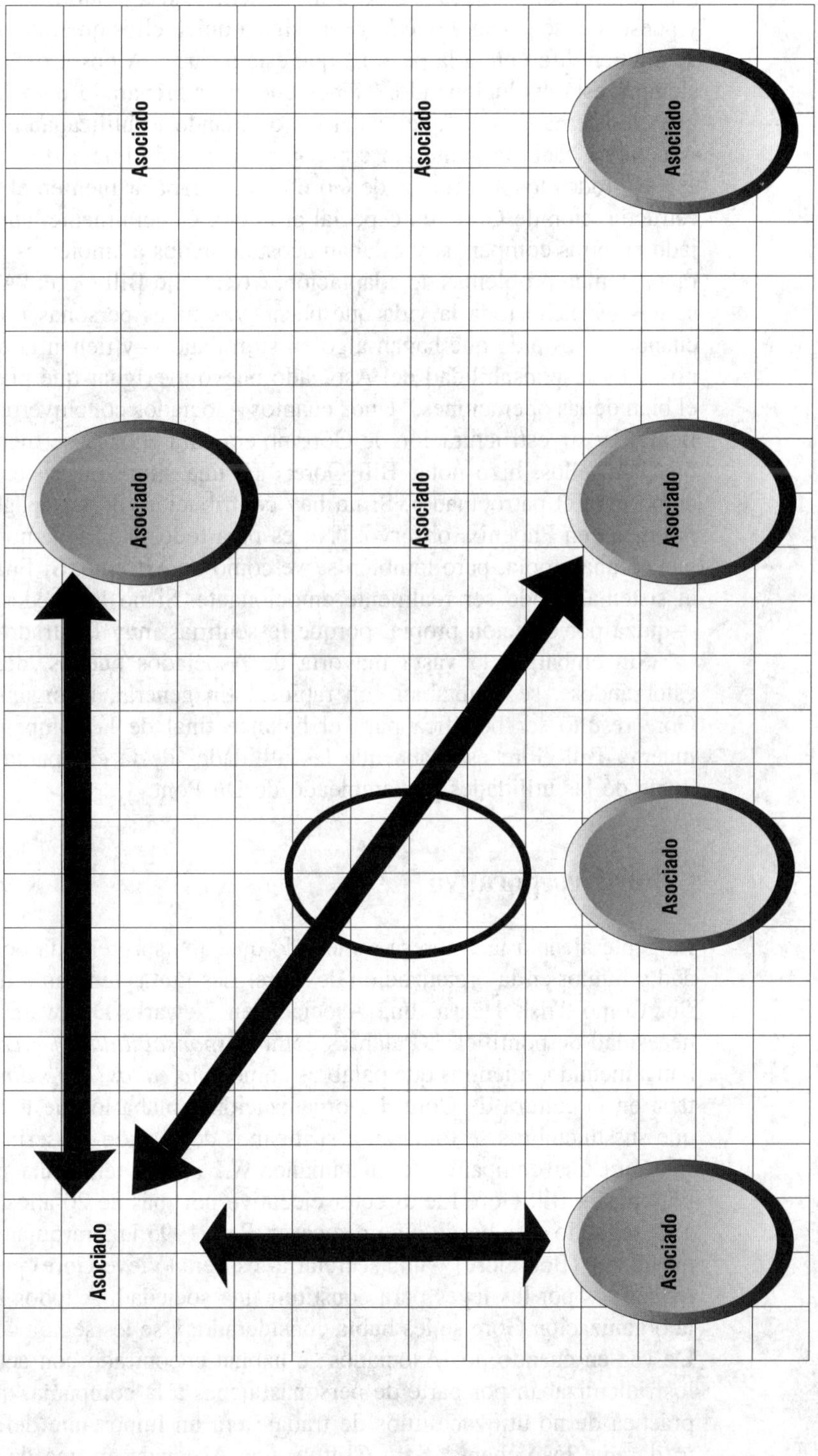

Asociado
Asociado
Asociado
Asociado
Asociado
Asociado
Asociado
Asociado
Asociado

manejando tu problema. Es frustrante la falta de continuidad." Reynolds continuó: "Pero debo admitir que yo personalmente he visto en Gore ejemplos excepcionales de gente que aparece de quién sabe dónde y da excelentes resultados."

Cuando preguntaron a Bill Gore si otras compañías podían utilizar la estructura de red, respondió: "No. Por ejemplo, a las compañías establecidas se les haría muy difícil usar la estructura de red. Se destruirían demasiadas jerarquías. Cuando se quitan títulos y puestos, y se permite que la gente siga a quien ellos quieran, muy bien podría tratarse de alguien diferente a la persona que está a cargo. A nosotros la red nos funciona, pero siempre está evolucionando. Tienes que estar preparado para los problemas." Sostuvo que el sistema de red funcionaba mejor cuando lo utilizaban empresarios progresistas, orientados hacia la gente, en compañías que están iniciando.

No todos los Asociados de Gore podían trabajar bien en el ambiente de trabajo sin estructuración de Gore, en especial al inicio. Generalmente, aquellos que habían trabajado en otras compañías y estaban acostumbrados a ambientes de trabajo más estructurados, tenían problemas de adaptación. Como dijo Bill Gore: "A la mayoría de nosotros se nos ha dicho toda la vida qué hacer, y algunas personas no saben cómo responder cuando se les pide que hagan algo en su trabajo —y tienen la opción real de decir que no—. Es responsabilidad del Asociado nuevo averiguar qué puede hacer él o ella para el bien de las operaciones." Unos cuantos Asociados concluyeron que el lugar de trabajo flexible y sin estructuración de Gore no era para ellos, y se fueron pronto de la compañía. Para ellos, hizo notar Bill Gore: "Es una situación triste, tanto para el Asociado como para el patrocinador. Si no hay contribución, no hay pago." Anita McBride, una Asociada en Phoenix, observó: "No es para todos... sí tenemos renuncias. Lo que ves parece una utopía, pero también se ve como un extremo. Si finalmente logras entender el sistema, puede ser realmente emocionante. Si no lo puedes manejar, es mejor irte —quizá por elección propia, porque te sentirías muy frustrado—."

Sin embargo, la vasta mayoría de Asociados nuevos, después de algún tiempo esforzándose, se adaptaban con rapidez. En general, la organización de red de W.L. Gore resultó ser benéfica para el balance final de la compañía. El año antes de su muerte, Bill Gore estimaba que las utilidades de la compañía por Asociado eran del doble de las utilidades por empleado de Du Pont.

Cultura corporativa

La gente ajena a la empresa a menudo quedaba sorprendida por el grado de informalidad y humor en la organización de Gore. Las juntas tendían a durar tan sólo lo necesario. Como Trish Hearn, una Asociada en Newark, Delaware, dijo: "Nadie siente la necesidad de pontificar." Palabras como *responsabilidades* y *compromisos* se escuchaban a menudo, mientras que palabras como *empleados, subordinados* y *gerentes* eran un tabú en la cultura de Gore. La organización tomaba lo que hacía muy seriamente, sin que sus miembros se tomaran a sí mismos demasiado en serio.

Para una compañía de su tamaño, W.L. Gore tenía una pirámide organizacional muy plana. Bill Gore fue director ejecutivo por más de 20 años. No se había designado a un segundo de a bordo o a un sucesor. Para 1995 la jerarquía ejecutiva consistía de un presidente (Bob Gore) y una secretaria-tesorera (Vieve Gore) porque ambos títulos eran requeridos por las leyes para constituir una sociedad. A todos los demás miembros de la organización Gore se les había considerado, y se les seguía considerando, Asociados. De vez en cuando, los Asociados se habían encontrado con actitudes escépticas y que los ridiculizaban por parte de personas ajenas a la compañía, quienes pensaban que su práctica de no utilizar títulos de trabajo era un importante defecto. En algún momento durante los ochenta, Sara Clifton, una Asociada en una de las plantas de Gore en Flagstaff, fue presionada por conocidos ajenos a la empresa para que le dijeran cuál era su título en Gore. Ella decidió darse a sí misma el título de Comandante Supremo y lo

ILUSTRACIÓN 4 Tarjetas de presentación de la "Comandante Supremo" Sara Clifton

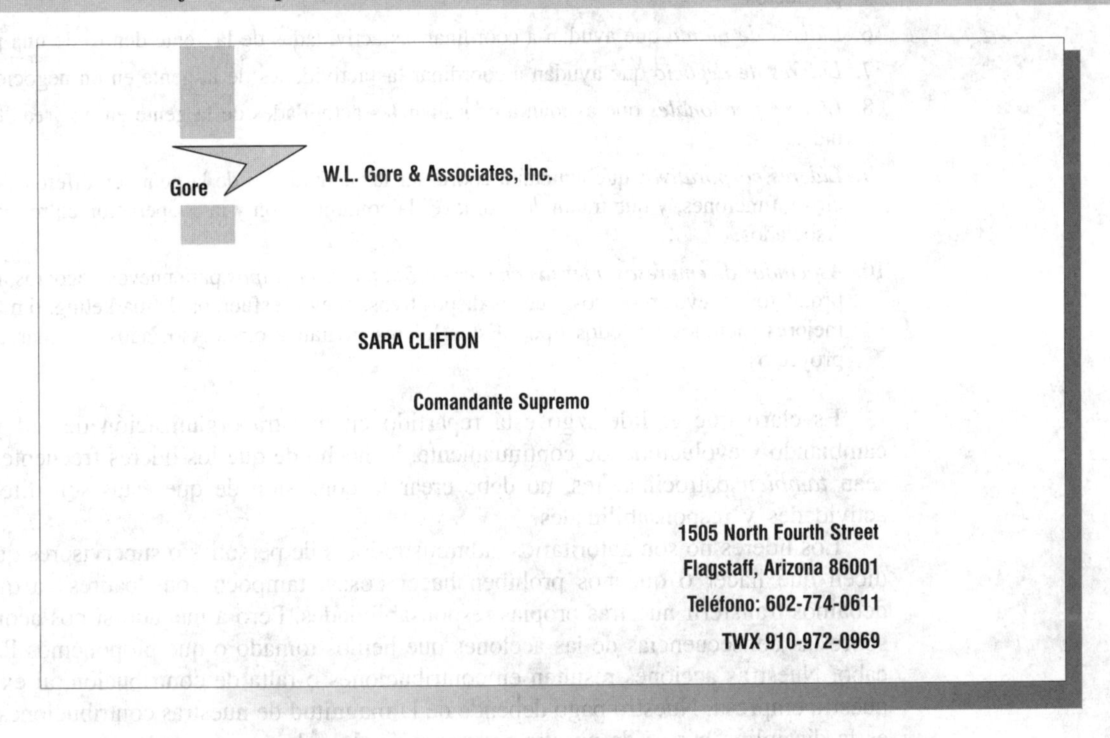

hizo imprimir en sus tarjetas de presentación (véase la ilustración 4). Cuando Bill Gore se enteró de lo que hizo, le expresó su aprobación y frecuentemente les contaba a otros la anécdota.

Líderes, no gerentes W.L. Gore & Associates prefería pensar en las diversas personas que tenían papeles clave en la organización, como si fueran líderes, no gerentes. En un memorándum interno Bill Gore describió el tipo de líderes y su papel:

1. *El Asociado que tiene el reconocimiento de su equipo por tener conocimientos o experiencia especiales* (por ejemplo, podría ser un químico, un experto en computadoras, un operador de máquinas, un vendedor, un ingeniero, un abogado). Este tipo de líder le da al equipo *guía en un área específica.*
2. *El Asociado a quien el equipo busca para la coordinación de actividades individuales que permitan lograr lo acordado en los objetivos del equipo.* El papel de este líder es persuadir a los miembros del equipo de *hacer los compromisos* necesarios para el éxito (conciliador).
3. *El Asociado que propone objetivos y actividades necesarias y busca el acuerdo y el consenso del equipo en los objetivos.* Los miembros del equipo perciben a este líder como alguien que domina la forma en que los objetivos del equipo concuerdan con los objetivos más amplios de la empresa. Este tipo de líder también es, a menudo, un líder "conciliador".
4. *El líder que evalúa la relativa contribución de los miembros del equipo (consultándolo con otros patrocinadores) y reporta estas evaluaciones de contribución a un comité de remuneraciones.* Este líder también puede participar en el comité de remuneraciones para contribución relativa y pago, y en *cambios en los reportes de remuneración* de los Asociados individuales. Este líder es, por tanto, también un patrocinador de renumeración.
5. El líder que coordina la investigación, la manufactura y el marketing de un tipo de producto dentro de un negocio, interactuando con los líderes de equipo y con Asociados individuales que tengan compromisos con el tipo de producto. Estos líderes generalmente son conocidos

como *especialistas de producto*. Son respetados por sus conocimientos y dedicación a sus productos.

6. *Líderes de planta* que ayudan a coordinar las actividades de la gente dentro de una planta.
7. *Líderes de negocio* que ayudan a coordinar las actividades de la gente en un negocio.
8. *Líderes funcionales* que ayudan a coordinar las actividades de la gente en un área "funcional".
9. *Líderes corporativos* que ayudan a coordinar las actividades de la gente en diferentes negocios y funciones, y que tratan de promover la comunicación y la cooperación entre todos los Asociados.
10. *Asociados de empresas internas que organizan nuevos equipos* para nuevos negocios, nuevos productos, nuevos procesos, nuevos dispositivos, nuevos esfuerzos de marketing, o nuevos o mejores métodos de todos tipos. Estos líderes invitan a otros Asociados a sumarse a sus proyectos.

Es claro que el liderazgo está repartido en nuestra organización de red y está cambiando y evolucionando continuamente. El hecho de que los líderes frecuentemente sean *también* patrocinadores, no debe crear la confusión de que éstas son diferentes actividades y responsabilidades.

Los líderes no son autoritarios, administradores de personas o supervisores que nos dicen qué hacer o que nos prohíben hacer cosas; tampoco son "padres" a quienes debamos transferir nuestras propias responsabilidades. Pero a menudo sí nos aconsejan sobre las consecuencias de las acciones que hemos tomado o que proponemos llevar a cabo. Nuestras acciones resultan en contribuciones o falta de contribución, al éxito de nuestra empresa. Nuestro pago depende de la magnitud de nuestras contribuciones. Ésta es la disciplina básica de nuestra organización de red.

Igualitarismo e innovación Muchos otros aspectos de la cultura de Gore tenían el objeto de promover una atmósfera de igualdad, entre los que destacan el estacionamiento sin espacios reservados para funcionarios y los comedores —uno en cada planta— montados como puntos focales para la interacción de los Asociados. Como explicó Dave McCarter de Phoenix: "El diseño no es accidental. El comedor en Flagstaff tiene un hogar en el centro. Queremos que a la gente le guste estar ahí." La ubicación de la planta tampoco fue accidental. Los lugares se seleccionaron con base en el acceso del transporte, cerca de las universidades, con hermosos alrededores y en climas agradables. El costo de la tierra nunca había sido un factor importante. McCarter justificaba el énfasis de la compañía en la selección de lugares atractivos para las plantas, asegurando: "La expansión no es costosa en el largo plazo. El resultado de ponerle obstáculos a la gente y encerrarlos en una caja, son pérdidas."

Sally Gore explicó los esfuerzos que Bob Gore y otros líderes *senior* hacían para promover y cultivar ciertas características culturales:

> Sorprendentemente, nos las hemos arreglado para mantener nuestro sentido de libertad y nuestro espíritu empresarial. Creo que lo que hemos descubierto es que teníamos que desarrollar nuevas maneras de comunicarnos con los Asociados porque no es posible comunicarse con 6 000 personas como se hace con 500. Simplemente no puede hacerse. Así que hemos desarrollado un boletín que no teníamos antes. Uno de los medios de comunicación más importantes que desarrollamos, idea de Bob Gore, es un intercambio digital de voz, al que llamamos nuestro Gorecom. Básicamente, todos tienen un buzón y una contraseña. Muchas compañías han optado por el correo electrónico, y nosotros lo utilizamos, pero Bob estaba convencido de que somos mucho más una cultura oral y que hay una gran diferencia entre las culturas que son predominantemente orales y las predominantemente escritas. Las culturas orales alientan la comunicación directa, que es, claro, algo que nosotros alentamos.

En los raros casos en que un Asociado era sorprendido "tratando de ser injusto" o bien aprovechándose de la libertad otorgada a los Asociados Gore, por ejemplo robando o ausentándose constantemente, las consecuencias eran rápidas y severas. "Cuando eso sucede, se te cae el cielo encima", dijo Bill Gore. "Podemos volvernos endemoniadamente autoritarios cuando tenemos que hacerlo."

Con los años, W.L. Gore & Associates se enfrentó a un gran número de campañas sindicalistas. La compañía ni trataba de disuadir a los Asociados de asistir a las reuniones sindicales, ni tampoco tomaba represalias en contra de los Asociados que repartían propaganda de sindicatos. Sin embargo, Bill Gore creía que bajo una estructura de red, no existía ninguna necesidad de una representación de terceros. Preguntaba: "¿Por qué se unirían los Asociados a un sindicato cuando son propietarios de la compañía? Parece algo absurdo." Para 1995, ninguna de las plantas de Gore estaba sindicalizada.

En W.L. Gore & Associates se hablaba de compromiso como de una calle de doble sentido: mientras se esperaba que los Asociados se comprometieran a hacer una contribución al éxito de la compañía, la compañía se comprometía a proveer un ambiente de trabajo rico en oportunidades y retos, y una seguridad de empleo razonable. La compañía trataba de evitar el despido de Asociados. Si una reducción de la fuerza de trabajo se volvía necesaria, la compañía utilizaba un sistema de transferencias temporales dentro de la planta o del conjunto de plantas, así como de renuncias voluntarias.

La ilustración 5 contiene extractos de entrevistas con dos Asociados de Gore que ahondan en la naturaleza de la cultura y el ambiente de trabajo en W.L. Gore.

El programa de patrocinadores

Bill Gore creía que los grandes productos por sí mismos no hacían una gran compañía. Pensaba que la jerarquía sofocaba la creatividad y que por tanto era importante evitar enterrar a la compañía bajo las gruesas capas de la administración formal. Sin embargo, también estaba consciente de que, en la medida que la compañía creciera, tenía que encontrar formas de ayudar a la gente nueva y dar seguimiento a su progreso. Así, W.L. Gore & Associates inventó su programa de "patrocinadores".

Quienes solicitaban empleo en Gore pasaban por un proceso inicial de eliminación, realizado por especialistas en personal, que se ponían en contacto hasta con 10 personas para pedir referencias sobre cada solicitante. Cada candidato que pasaba esta parte de la selección, era entonces entrevistado por Asociados que trabajaban en el área de la compañía para la cual el candidato estaba siendo considerado. De acuerdo con aquellos que han sido sometidos a dichas entrevistas, éstas fueron rigurosas. Antes de que un candidato fuera contratado, un Asociado tenía que estar de acuerdo en ser su patrocinador. El papel de patrocinador era desarrollar un interés personal en las contribuciones, los problemas y los objetivos del nuevo Asociado, actuando como su entrenador y como su defensor. El patrocinador daba seguimiento al progreso del nuevo Asociado, le ofrecía ayuda y aliento, le señalaba sus debilidades y sugería formas de corregirlas, y se concentraba en la manera en que el Asociado podía explotar mejor sus virtudes. El patrocinio no era un compromiso de corto plazo. Todos los Asociados tenían patrocinadores, y muchos tenían más de uno. Cuando un individuo era contratado inicialmente, era posible que tuviera un patrocinador en su área de trabajo inmediata. Conforme los compromisos de los Asociados cambiaban o crecían, era normal que adquirieran patrocinadores adicionales. Por ejemplo, si se les transfería para realizar un nuevo trabajo en otra área de la compañía, habitualmente ahí tenían otro patrocinador.

W.L. Gore a menudo tenía puntos de vista poco convencionales sobre lo que hacía que un Asociado se considerara bueno. Bill Gore, por ejemplo, se enorgullecía al contar la historia de "un hombre muy joven", de 84 años de edad, con 30 años de experiencia en la industria, quien llegó, solicitó empleo y pasó cinco buenos años con la compañía. Otros Asociados no tuvieron problemas para aceptarlo, pero la computadora personal sí —insistía en que su edad era de 48—. La administración de Gore se sentía orgullosa de tener Asociados exitosos con una gran variedad de antecedentes.

ILUSTRACIÓN 5 Extractos de entrevistas con dos Asociados de Gore

Extracto de la entrevista con un Asociado que antes trabajaba para IBM y que ha estado en Gore por dos años:

P: ¿Cuál es la diferencia entre estar con IBM y con Gore?

R: Pasé 24 años trabajando para IBM y hay una gran diferencia. Puedo ir 10 veces más rápido aquí en Gore por la simplicidad de la organización de red. Déjame darte un ejemplo. Si quisiera comprar químicos en IBM (soy químico industrial), la primera cosa que tendría que hacer es obtener la aprobación del departamento de contabilidad, después necesitaría la aprobación de al menos dos niveles de gerencia y luego de una secretaria para que registrara mi compra. La orden de compra iría a Compras, en donde sería asignada a un comprador. Podrías ahorrarte algún tiempo si estuvieras dispuesto a "apurar" con el papeleo a lo largo del proceso de aprobación, pero aún después de computarizar el proceso, por lo general tomaría un mes desde el momento en que iniciaste la requisición de compra, hasta el momento en que el material llegara. Aquí tienen una forma simple. Generalmente, obtengo los químicos al día siguiente y una copia de la orden de compra llegará uno o dos días después. Es tan rápido. No estaba acostumbrado a esto.

P: ¿Te parece más agradable?

R: Sí, aquí estás libre de trabas. Hay mucha menos burocracia, lo que te permite ser mucho más productivo. Toma por ejemplo el caso del laboratorio de seguridad. En mi laboratorio en IBM, se nos llamó la atención por no tener mi colirio correctamente cerrado con cinta adhesiva. La primera vez, nos llamaron la atención por no tener un área suficientemente grande sellada con cinta adhesiva, así que sellamos un área más grande. La siguiente semana volvieron a llamarnos la atención por el mismo colirio, porque el área que sellamos era 3 pulgadas más corta en una dirección. Volvimos a sellarla, y la siguiente semana me llamaron la atención de nuevo por haber utilizado un color equivocado de cinta adhesiva. Ten en cuenta que la violación era considerada tan grave como haber tenido un balde de gasolina junto a un quemador Bunsen encendido. En otra ocasión tuve el dudoso honor de ser seleccionado como el representante de seguridad funcional a cargo de tener los laboratorios de función listos para una auditoría de la seguridad corporativa. La *función* era un tercer nivel en la organización piramidal: 1) departamento, 2) proyecto y 3) función. Al mismo tiempo estaba trabajando en el desarrollo de un nuevo embalaje montable. Lo que sucedió fue que no tuve tiempo de trabajar en el desarrollo de este producto, e invertí mucho tiempo y dinero en la función preparándome para la auditoría corporativa, que al final no llegó. No estoy demeritando la importancia de la seguridad, pero realmente no necesitas toda esa burocracia para estar seguro.

Extracto de la entrevista con un Asociado recién graduado en ingeniería:

P: ¿Qué te pareció la transición al llegar aquí?

R: Aunque nunca me lo hubiera esperado, mi transición al venir a Gore me pareció como un reto. Lo que me atrajo de la compañía fue la oportunidad de ser mi propio jefe y determinar mis propios compromisos. Estoy muy orientado hacia los objetivos, y disfruto tomar un proyecto y seguir adelante con él —y todo esto lo puedes hacer, y se te alienta a que lo hagas, en la cultura de Gore—. Así que pensé, ¡perfecto!

Sin embargo, como nuevo Asociado, realmente tuve problemas para decidir a dónde enfocar mis esfuerzos —estaba listo para hacer mis propios compromisos, pero ¿en qué?—. Sentía una gran necesidad de estar seguro de que estaba trabajando en algo que tuviera valor, algo que realmente necesitara hacerse. Aunque no esperaba tener el mejor proyecto, sí quería asegurarme de que estaba ayudando a la compañía a hacer dinero de alguna manera.

Pero en ese momento, estaba trabajando en un planta que era muy del estilo de Gore cuando se fundó originalmente; después de mi primer proyecto (que se diseñó para ser una "ganancia rápida", un proyecto con sentido, pero con un punto final bien definido), me dijeron: "Ve a buscar algo que hacer." Aunque hubiera podido encontrar cualquier cosa, quería encontrar algo que ¡al menos tuviera un pequeño grado de prioridad! Así, todo el proceso de encontrar un proyecto fue muy frustrante para mí, no sentía que tenía la perspectiva para hacer tal elección, y terminé conversando mucho con mi patrocinador sobre lo que sería valioso...

Al final, por supuesto que encontré ese proyecto, y de hecho resultó ser una buena inversión para Gore. Pero el proceso para llegar ahí fue definitivamente cansado para alguien tan inexperto como yo. Así que se hubiera ganado mucho terreno si me hubieran sugerido algunos proyectos y después me hubieran dejado elegir de entre menos opciones. Sin embargo, lo realmente increíble de todo esto, es que mi experiencia francamente me ha servido. En parte debido a mis frustraciones, mi planta ahora da mayor guía a los recién egresados durante sus primeros proyectos. (Esta guía obviamente se vuelve menos importante conforme cada Asociado crece dentro de Gore.) Los Asociados siguen eligiendo sus propios compromisos, pero lo hacen con una perspectiva adicional, y con el conocimiento de que están haciendo una contribución a Gore, algo muy importante en nuestra cultura. Pero como dije, fue definitivamente gratificante ver que la compañía era tan receptiva, y sentir que yo había ayudado a darle forma a la transición de alguien más.

Un memorándum interno de Bill Gore describía tres tipos de patrocinio y cómo podían funcionar:

1. *Patrocinador inicial*: un patrocinador que ayuda a un Asociado nuevo a comenzar con su primer trabajo en Gore, o a un Asociado que ya estaba en la compañía, a comenzar con un nuevo trabajo.
2. *Patrocinador defensor*: se asegura de que el Asociado al que patrocina obtenga crédito y reconocimiento por sus contribuciones y logros.
3. *Patrocinador remunerativo*: se asegura de que el Asociado a quien patrocina obtenga un pago justo por sus contribuciones al éxito de la empresa.

Un Asociado podía desempeñar cualquiera de los tres tipos de patrocinio, o todos. Muy a menudo, un Asociado patrocinador era un buen amigo, y era común que dos Asociados se patrocinaran mutuamente como defensores.

Capacitación

Ron Hill, un Asociado de Newark, señaló que W.L. Gore "trabaja con Asociados que quieren progresar". A los Asociados se les ofrecía una variedad de oportunidades de capacitación dentro de la compañía, no sólo en áreas técnicas y de ingeniería sino también sobre desarrollo de liderazgo. Además, la compañía había establecido programas educativos en cooperación con universidades y otros proveedores externos, subsidiando la mayor parte del costo a los Asociados de Gore. Pero siempre se dejaba que el Asociado ejerciera su propia iniciativa al elegir los programas y la capacitación para fortalecer su desarrollo personal y su avance dentro de la compañía.

Prácticas remunerativas

La remuneración en W.L. Gore & Associates tenía tres modalidades: salario, reparto de utilidades y un programa de propiedad de acciones de los Asociados (ASOP, por sus siglas en inglés).[3] El nivel del salario inicial era promedio en relación con empleos comparables en otras compañías. Sally Gore dijo: "No creemos que necesitemos tener los sueldos más altos. Nunca tratamos de robarle gente a otras compañías por medio del salario. Queremos que vengan por las oportunidades de crecimiento y el incomparable ambiente de trabajo." Los salarios de los Asociados se revisaban al menos una vez al año y regularmente dos veces al año. Los supervisores eran conducidos por un equipo de remuneración en cada una de las instalaciones, con los patrocinadores de los Asociados actuando como sus defensores durante el proceso de revisión. Antes de reunirse con el comité de remuneraciones, el patrocinador hacía una revisión con clientes o con otros Asociados para investigar qué contribuciones había hecho el Asociado. El equipo de remuneración confiaba en gran medida en esta información. Además, consideraba la habilidad de liderazgo del Asociado y su voluntad de ayudar a otros a desarrollarse al máximo.

El reparto de utilidades se hacía siguiendo una fórmula basada en el valor económico agregado (EVA, por sus siglas en inglés). Sally Gore explicó la adopción por parte de la compañía de una fórmula sistemática para determinar el reparto de utilidades como sigue:

[3] Legalmente similar al plan de propiedad de acciones de los empleados (ESOP, por sus siglas en inglés). De nuevo, Gore simplemente no ha permitido que se use la palabra *empleado* en ninguna de su documentación.

> Se ha vuelto más formal y, en cierto sentido, creo que eso es desafortunado porque solía ser una sorpresa total recibir las utilidades. Lo que gente como Bob Gore y otros líderes pensaban era que tal vez no se estaba usando correctamente, y que se podía motivar a las personas ayudándoles a saber más sobre cómo se tomaban las decisiones de reparto de utilidades. Antes, lo divertido era que la gente no sabía cuándo vendría el pago y, de repente, podías hacer algo creativo para repartir los cheques... La desventaja era que los Asociados no se interesaban mucho en "¿Qué estoy haciendo para recibir más utilidades?". Al usar EVA como método de evaluación para nuestro reparto de utilidades, sabemos al final de cada mes cuánto EVA fue generado ese mes. Cuando hemos generado una cierta cantidad de EVA, entonces se lleva a cabo otro reparto de utilidades. Así, todos saben y todos dicen: "Lo lograremos para enero", y así se hace. Ahora los Asociados se sienten más involucrados en los acontecimientos que hacen que funcione. ¿Qué has hecho? ¡Ve y haz más llamadas de ventas, por favor! Hay muchas cosas que podemos hacer para mejorar nuestro EVA y todos tienen la responsabilidad de hacerlas.

Cada mes, todos los Asociados eran informados de los cálculos de EVA. John Mosko, de la división de productos electrónicos de Gore, comentó: "[EVA] nos permite saber a cuánto estamos de conseguir uno [un reparto de utilidades]. Es primordial: todos los Asociados lo saben."

Anualmente, Gore también compraba las acciones de la compañía equivalentes a un porcentaje fijo del ingreso anual de los Asociados, para colocarlas en el fondo de retiro ASOP. Un Asociado se convertía en accionista después de trabajar en Gore por un año. Tener un ASOP aseguraba que los Asociados participaran del crecimiento y las utilidades de la compañía. Bill Gore quería que los Asociados sintieran que eran también propietarios. Un Asociado dijo: "Esto es mucho más importante que el reparto de utilidades." De hecho, gracias al ASOP, algunos Asociados de largo plazo (incluyendo a un maquinista-veterano de 25 años) se volvieron millonarios.

Los principios y valores primordiales de W.L. Gore

Además del programa de patrocinadores, a los Asociados se les pedía seguir cuatro principios:

1. Trata de ser justo.
2. Motiva, ayuda y permite a otros Asociados crecer en conocimientos, habilidades y alcance de sus actividades y responsabilidades.
3. Haz tus propios compromisos, y sosténlos.
4. Consulta con otros Asociados antes de tomar medidas que puedan estar "por debajo del nivel del agua".

A los cuatro principios se les conocía como *justicia, libertad, compromiso* y *nivel.* El principio del nivel venía de una analogía con los barcos. Si alguien hacía un hoyo en el barco por arriba del nivel del agua, el barco estaría en relativamente poco peligro real. Pero si alguien hacía un hoyo por debajo del nivel del agua, el barco podía estar en peligro inminente de hundirse. Se esperaba que los asuntos de "nivel" se discutieran entre los diferentes equipos y plantas antes de tomar las decisiones.

Los principios operativos fueron puestos a prueba, severamente, en 1978. Para entonces, la fama de las cualidades de la tela Gore-Tex había corrido de boca en boca en los mercados de actividades al aire libre y recreativas. La producción y el envío habían comenzado a hacerse en volumen. Al principio hubo pocas quejas. Después, empezaron a regresar algunas de las prendas. Finalmente, devolvieron una gran parte de las prendas. El problema era que la tela Gore-Tex estaba dejando pasar agua.

Peter W. Gilson, que dirigía la división de telas de Gore en ese entonces, recordó: "Fue una crisis increíble para nosotros en ese momento. Realmente estábamos comenzando a llamar la atención; estábamos despegando, y ahora esto." Durante los siguientes meses, Gilson y un gran número de sus Asociados tomaron algunas decisiones por debajo del nivel del agua. Primero, los investigadores determinaron que las grasas del sudor humano eran las responsables de tapar los poros de la tela Gore-Tex y de alterar la tensión de la superficie de las membranas, por lo que el agua podía atravesarla. También descubrieron que una buena lavada podía restaurar la propiedad de ser a prueba de agua. Primero, esta solución conocida como la "solución nieve de marfil" se aceptó.

Una sola carta por parte de Butch, un guía de montaña en las Sierras, cambió la postura de la compañía: "Mi traje impermeable comenzó a dejar pasar agua y mi vida estuvo en peligro", escribió Butch. Gilson dijo: "Eso verdaderamente nos espantó. Claramente nuestra solución no era solución alguna para alguien en la cima de una montaña." Todos los productos fueron recogidos. Gilson recordó: "Volvimos a comprar, corriendo con todos los gastos, una fortuna en material de línea —cualquier cosa que estuviera en las tiendas, en las fábricas o en cualquier otro lugar proyectado—."

Mientras tanto, Bob Gore y otros Asociados se dispusieron a desarrollar un arreglo perdurable. Un mes después, habían desarrollado una segunda generación de tela Gore-Tex. Gilson dijo a los comerciantes que si un cliente regresaba, en cualquier momento, un traje impermeable que filtrara, deberían reemplazarlo y cobrar a la compañía. Tan sólo el programa de reemplazo le costó a Gore alrededor de 4 millones de dólares.

Algunas veces, cuando los clientes menudistas estaban insatisfechos con una prenda, la regresaban directamente a W.L. Gore. Gore respaldaba cualquier producto hecho de tela Gore-Tex, aun si el análisis de prendas regresadas a menudo revelaba que el problema no se debía al laminado Gore-Tex. De acuerdo con Sally Gore, incluso si los fabricantes de prendas eran responsables de los defectos de diseño, el nombre de Gore-Tex estaba en riesgo: "Así que teníamos que arreglar productos que no estábamos fabricando. Ahora otorgamos licencia a los fabricantes de productos con laminado Gore-Tex. A cambio, supervisamos la manufactura y les permitimos fabricar sólo los diseños que estamos seguros de que te garantizarán mantenerte seco, que realmente funcionarán. Así, las cosas funcionan para ellos y para nosotros, es una apuesta segura para ambos."

Para asegurarse aún más de la calidad, W.L. Gore & Associates construyó sus propias instalaciones de prueba de producto, incluyendo un cuarto de lluvia para prendas hechas con laminado Gore-Tex. Además de la prueba de lluvia/nieve, todas las prendas tienen que pasar pruebas de abrasión y de lavadoras. Sólo a las prendas que pasaban estas pruebas se les otorgaba la licencia para ostentar las etiquetas de Gore-Tex.

INVESTIGACIÓN Y DESARROLLO

Como todo lo demás en Gore, las actividades de investigación y desarrollo estaban sin estructuración. No había un departamento formal de Investigación y Desarrollo encargado de inventar nuevos productos y procesos de manufactura más eficientes; se esperaba que los Asociados tuvieran inventiva. Permitir a los Asociados ser innovadores en el desarrollo de nuevos productos y descubrir nuevas oportunidades de mercado, era un método que había funcionado bien con los años. La compañía había estado emitiendo muchas patentes, pero mantenía la mayor parte de sus inventos muy protegidos como secretos comerciales o de patente. Por ejemplo, a pocos Asociados, además de aquellos directamente involucrados en los procesos de producción, se les permitía ver cómo se fabricaba el Gore-Tex. Sin embargo, cualquier Asociado podía pedir una pieza de PTFE crudo (conocido como gusano tonto) para experimentar.

Uno de los mejores ejemplos del nivel de inventiva de Gore ocurrió en 1969. En ese tiempo, la división de alambres y cables se estaba enfrentando a una mayor competencia. Bill Gore comenzó a buscar formas de estirar las moléculas de PTFE: "Se me ocurrió que si pudiéramos desdoblar esas moléculas, extenderlas en línea recta, tendríamos un nuevo tipo de material estupendo." El nuevo material de PTFE tendría más volumen por libra de material crudo, sin ningún efecto adverso en su desempeño. Así, los costos de fabricación podrían reducirse y los márgenes de utilidad aumentar. Bob Gore se encargó del proyecto; calentó varillas de PTFE a varias temperaturas y después las estiró lentamente. Independientemente de la temperatura o de qué tan cuidadosamente las estirara, las varillas se rompían.

Trabajando por su cuenta una noche muy tarde, después de incontables fracasos, Bob estiró, frustrado, una de las varillas violentamente. Para su sorpresa, no se rompió. Lo intentó una y otra vez con los mismos resultados. A la mañana siguiente, Bill Gore recordó: "Bob quería sorprenderme así que tomó una varilla y la estiró lentamente. Por supuesto, se rompió. Después, fingió que se enojaba. Tomó otra varilla y dijo, '¡Al demonio con esto!', y la jaló. No se rompió, lo había logrado." El nuevo arreglo de las moléculas no sólo cambió la división de alambres y cables, sino que nos llevó al desarrollo de la tela Gore-Tex.

El verano de 1970, Bill y Vieve hicieron las pruebas de campo iniciales de la tela Gore-Tex. Se llevaron una casa de campaña hecha de parches de tela Gore-Tex a su viaje anual de campamento en las montañas Wind River en Wyoming. La primera noche a campo abierto, les cayó una granizada. El granizo hizo hoyos en el techo de la casa de campaña, y con la lluvia el piso se llenó como una tina. Impávido, Bill Gore dijo: "Al menos supimos por toda esa agua que la casa de campaña era a prueba de agua. Sólo necesitábamos hacerla más fuerte, para que pudiera resistir el granizo."

Todos los Asociados de Gore eran alentados a pensar, experimentar y darle seguimiento a una idea potencialmente productiva hasta su conclusión. En la planta de Newark, Delaware, Fred L. Eldreth, un Asociado con educación hasta tercer grado de primaria, diseñó una máquina que podía enrollar miles de pies de cable al día. El diseño se terminó en un fin de semana.

El año antes de su muerte, Bill Gore aseguraba que en su compañía, "la creatividad, el número de aplicaciones patentadas y los productos innovadores, son el triple [que los de Du Pont]".

MÉTODOS Y PRÁCTICAS DE MARKETING

W.L. Gore no tenía un departamento de marketing formalmente organizado. En su lugar, la filosofía de negocios de Gore tenía tres creencias y principios: 1) que la compañía puede ofrecer los productos mejor valorados en los mercados y en los segmentos de mercado en donde elija competir, 2) que los compradores en cada uno de los mercados de producto de Gore deben apreciar el calibre y el desempeño de los artículos fabricados por Gore, y 3) que Gore debe convertirse en un líder con experiencia única en cada una de las categorías de productos en donde compite. Para lograr estos resultados, el método de marketing de la compañía se basaba en lo siguiente:

1. *Para llevar a cabo el marketing de un producto se necesita un líder, o un "campeón de producto"*. De acuerdo con Dave McCarter: "Dado que necesitas tener campeones para todas estas cosas a como dé lugar, casas tu tecnología con los intereses de tus campeones. Y ése es el elemento clave en nuestra compañía. Sin un campeón de producto, de todas formas no puedes hacer mucho, así que se le motiva individualmente. Si logras que la gente se interese en un mercado en particular o en un producto en particular para el mercado, no hay que detenerla." Bob Winterling de la división de telas ahondó todavía más en el papel y la importancia del campeón de producto:

> El campeón de producto es probablemente el recurso más importante que tenemos en Gore para el lanzamiento de nuevos productos. Mira esa cámara de bicicleta. Pudo haber salido de muchas divisiones distintas de Gore, pero en realidad se hizo porque uno o dos individuos dijeron: "Mira, esto puede funcionar. Creo en esto, me apasiona y quiero que se haga realidad." Y lo mismo pasó con el hilo dental Glide. Creo que John Spencer en este caso

—aunque había un equipo que lo apoyaba, nunca olvidemos eso— buscó a los expertos en toda la organización. Pero si John no hubiera hecho que esto sucediera por sí mismo, el hilo dental Glide nunca se hubiera concretado. Empezó con una pequeña cadena de farmacias aquí, creo que se llamaba Happy Harry's, les proporcionamos algunas cajas y simplemente le dimos seguimiento a las ventas... ¿Quién hubiera creído jamás que podíamos agarrar lo que hubiéramos considerado un producto-mercancía como ése, y venderlo de forma directa de 3 a 5 dólares la pieza? Eso es tan distinto al estilo de Gore que es increíble. Así que todo se reduce a la gente y al campeón de producto que hace que las cosas sucedan.

2. *Un campeón de producto es responsable del marketing del producto a través de compromisos con representantes de ventas.* De acuerdo con Dave McCarter: "No tenemos un sistema de cuotas. Nuestro departamento de marketing y nuestra gente de ventas hacen sus propios compromisos sobre sus pronósticos. No hay nadie a su alrededor diciéndoles que no son suficientemente altos, que deben incrementarlos en un 10 por ciento, o lo que sea que a ese alguien le parezca necesario. Se espera que cumplas con tu compromiso, que es tu pronóstico, pero nadie te va a decir que lo cambies... no hay una orden de mando, no se involucra ninguna cadena. Éstos son grupos de personas independientes que se reúnen para establecer compromisos unificados con el propósito de lograr algo y, a veces, cuando no pueden llegar a esos acuerdos... puedes dejar pasar un mercado... Pero eso está bien, porque hay muchas más ventajas cuando el equipo decide hacer algo."
3. *Los Asociados de ventas son remunerados por salario, no por comisión.* Los Asociados de ventas tenían los mismos incentivos para hacer un buen trabajo que todos los demás Asociados de Gore: ganar una participación de las utilidades y participar en las opciones del programa de propiedad de acciones de la compañía. Las evaluaciones de los Asociados de ventas se basaban en el logro de sus pronósticos de ventas y en que cumplieran los demás compromisos que hubieran adquirido.

Dave McCarter habló de otro de los éxitos de la compañía al confiar en los campeones de producto:

> Un día entrevisté a Sam. En realidad, ni siquiera sabía por qué lo estaba entrevistando. Sam se había retirado de AT&T. Después de 25 años, aprovechó sus años dorados y se fue a Sun Lakes a jugar golf. Jugó golf por algunos meses y se cansó. Estaba vendiendo seguros de vida.
>
> Me senté a leer su solicitud; sus antecedentes técnicos me interesaron... había administrado un departamento de ingeniería con 600 personas. Había administrado plantas de manufactura de AT&T y obtuvo mucha experiencia en esa compañía. Decía: "Estoy retirado. Me gusta jugar golf, pero simplemente no puedo hacerlo todos los días, así que quiero hacer algo más. ¿Hay algo por aquí que yo pueda hacer?" Yo pensaba: "Ésta es una de esas personas que me encantaría contratar, pero no se qué haría con él." Lo que me hizo decidirme fue que vendía seguros... Tenía experiencia en marketing, en marketing internacional. Así que me vino a la mente una idea recordándome que estábamos tratando de lanzar un nuevo producto al mercado, un cable de protección de fugas de hidrocarburo. Puedes enterrarlo y en cuestión de segundos detectaría un hidrocarburo como la gasolina. Tenía a otro par de muchachos trabajando en el producto que no habían tenido mucho éxito al comercializarlo. Se nos estaba dificultando encontrar un cliente. Bueno, pensé que ese tipo de producto sería como vender seguros. Si lo piensas, ¿por qué tendrías que proteger tus tanques? Es una póliza de seguro de que las sustancias no están fugándose al medio ambiente. Eso tiene implicaciones, muchas veces monetarias. Así que en realidad le dije: "¿Por qué no regresas el lunes? Tengo exactamente el trabajo para ti." Regresó. Lo contratamos; empezó a trabajar, una persona con mucha energía. Sin duda un campeón de producto, lo tomó entre sus manos y comenzó a trabajar con él sin ninguna ayuda. Ahora es un negocio en crecimiento, y sin duda también es un negocio de mucho valor para el medio ambiente.

La publicidad cooperativa y la publicidad de boca en boca por parte de consumidores satisfechos eran los vehículos principales que usábamos para promover los productos de tela Gore-Tex. El programa de publicidad cooperativa de la compañía presentaba costosas y glamorosas campañas con anuncios a todo color, y personal de ventas vestido con prendas de Gore-Tex. Un slogan reciente utilizado en las campañas publicitarias de Gore era: "Si no es Gore-Tex, no es." Muchos menudistas habían elogiado la efectividad y el calibre de los esfuerzos de marketing y de publicidad de la compañía. Leigh Gallagher, editor administrativo de la revista *Sporting Goods Business,* describió el marketing de W.L. Gore & Associates como "invencible".

Los Asociados de ventas y de marketing de Gore creían que las experiencias positivas de los compradores con un producto Gore-Tex (por ejemplo, un traje impermeable para esquiar en nieve) los llevaba a comprar otros productos de Gore-Tex (guantes, pants, impermeables y chaquetas). Cuando Grandoe Corporation lanzó una nueva línea de guantes Gore-Tex para esquiar, su presidente, Richard Zuckerwar, señaló: "Hace mucho que los entusiastas del deporte se han beneficiado de la ropa Gore-Tex para protegerse de los elementos... con esta bonita colección de guantes... ahora pueden tener las manos calientes y secas sin sacrificar el diseño." Entre los fabricantes y distribuidores de ropa que comercializaban prendas de Gore-Tex estaban Apparel Technologies, Lands' End, Austin Reed, Hudson Trail Outfitters, Timberland, Woolrich, North Face, L.L. Bean y Michelle Jaffe.

W.L. Gore también tenía una intachable reputación entre sus clientes industriales e institucionales. Según Dave McCarter: "En la parte técnica del negocio, la reputación de la compañía es probablemente más importante aún. Necesitas tener una buena reputación con tu cliente." Dijo a continuación que si Gore no tuviera una reputación sólida, muchos clientes industriales no considerarían los productos de la compañía.

Gore aseguró su posición líder en el mercado en una variedad de categorías de producto, desde ropa para deportes al aire libre a prueba de agua, hasta injertos vasculares. Su participación en el mercado de telas a prueba de agua y transpirantes se estimaba cercana al 90 por ciento.

Adaptación a las circunstancias cambiantes del mercado

Muchas de las divisiones de Gore, algunas veces se habían enfrentado a la adversidad en el mercado. La división de telas recibió un duro golpe cuando el interés de los consumidores en trajes para correr se colapsó a mediados de los ochenta. La división de telas también fue golpeada por la recesión de 1989, cuando la gente redujo sus compras de vestuario y equipo atlético de alta calidad. Pero se recuperó rápidamente, y para 1995 era nuevamente la división con más rápido crecimiento de Gore.

Los fabricantes rivales —incluyendo 3M, Burlington Industries, Akzo Nobel Fibers y Du Pont— habían lanzado recientemente productos para competir con las telas Gore-Tex. Antes del lanzamiento de sus productos, la más dura competencia de W.L. Gore provenía de empresas que violaban las patentes de Gore-Tex. Gore había tenido éxito cuando demandaba las violaciones de patente en la corte, pero en 1993, la patente básica en el proceso de fabricación de Gore-Tex expiró. No obstante, la compañía no se quedó sin protección de patentes. Como explicó Sally Gore:

> Lo que pasa es que obtienes una patente de proceso inicial y después, conforme comienzas a crear cosas con este proceso, obtienes patentes adicionales. Por ejemplo, tenemos patentes que protegen nuestro injerto vascular, diferentes patentes para proteger los parches Gore-Tex y todavía otras para proteger los selladores industriales y el material de filtración de Gore-Tex. Recientemente, hace como un año, cuando la patente expiró y mucha gente estaba diciendo, "¡Dios mío!, ¿iremos a tener problemas?", uno de nuestros abogados de patentes dio una plática. Bueno, estaríamos en problemas si no tuviéramos ninguna patente. Nuestro abogado mostró un cuadro con una gran sombrilla, como un paracaídas, con Gore debajo de ella. En seguida, nos mostró muchas pequeñas sombrillas representando productos específicos de Gore por todo el cielo. Su punto era que puedes proteger ciertos nichos de mercado

y áreas de nichos con patentes específicas, aun cuando la competencia sí se incrementará cuando la patente inicial expire.

A pesar de la expiración de su patente inicial y del lanzamiento de laminados para telas a prueba de agua por parte de la competencia, Gore seguía teniendo una posición líder en el mercado de ropa deportiva en 1998.

La división de electrónicos había sufrido una baja en las ventas de sus productos de cable para computadora cuando el negocio de las computadoras centrales dio lugar al creciente uso y aceptación de la tecnología PC a principios de los noventa. Para 1995, la división de electrónicos vio un resurgimiento de sus productos, en parte porque los Asociados habían desarrollado una variedad de productos electrónicos nuevos para la industria médica.

El envejecimiento de la población estadounidense había aumentado las necesidades de asistencia médica, y muchos de los productos médicos de Gore se utilizaban para tratar aflicciones de los ancianos. Como resultado, Gore invirtió en el desarrollo de productos médicos adicionales y la división médica tuvo un crecimiento significativo.

El desempeño financiero de Gore

Como una corporación que se mantenía celosamente privada, W.L. Gore guardaba su información financiera tan confidencial como su información de patentes sobre productos y procesos. Se estimaba que los Asociados que trabajaban en Gore poseían el 90 por ciento de las acciones ordinarias de la compañía. De acuerdo con el Asociado Shanti Mehta, las utilidades de Gore sobre sus activos y ventas estaban consistentemente a la par con el 10 por ciento de las 500 compañías con mejor desempeño según *Fortune*. De acuerdo con otra fuente, W.L. Gore & Associates se había desempeñado bien bajo cualquier parámetro financiero. La compañía tenía utilidades y había disfrutado de una utilidad sobre el capital por 37 años consecutivos (de 1961 a 1997). Según un estimado, la tasa de crecimiento promedio anual acumulada de los ingresos de W.L. Gore & Associates de 1969 a 1989 era de más del 18 por ciento (descontada por la inflación).[4] En 1969, las ventas totales eran de alrededor de 6 millones de dólares; para 1989, la cifra era de 600 millones de dólares. Se esperaba que las ventas sobrepasaran, fácilmente, los 1.2 mil millones de dólares en 1998. Con el incremento en el tamaño de la compañía, el aumento porcentual de las ventas se hizo más lento (véase la ilustración 4). Gore financiaba su crecimiento sin una deuda de largo plazo, a menos de que dicha deuda tuviera algún sentido. Por ejemplo, "solíamos tener algunos bonos de ingreso industrial sobre los cuales, en esencia, para la construcción de instalaciones el gobierno permite a los bancos prestar dinero libre de impuestos. Hasta hace un par de años pedíamos prestado dinero a través de bonos de ingreso industrial. Fuera de eso, estamos totalmente libres de deudas. Nuestro dinero se genera de las operaciones del negocio, y francamente estamos buscando nuevas cosas en que invertir. Sé que ése es un reto para todos nosotros hoy en día", comentó Bob Winterling. En 1997, los ingresos de la compañía se estimaban en 1.16 mil millones de dólares (véase la ilustración 6). La revista *Forbes* estimó que las utilidades operativas de W.L. Gore eran de 120 millones de dólares en 1993, 140 millones de dólares en 1994, 192 millones de dólares en 1995, 213 millones de dólares en 1996 y 230 millones de dólares en 1997 (véase la ilustración 7). Bob Gore predicaba que los ingresos de la compañía podían alcanzar los 2 mil millones de dólares para el año 2001.

---

[4] Comparativamente, sólo 11 de las 200 compañías más grandes en la lista de *Fortune* 500 tuvo una utilidad sobre capital (ROE, por sus siglas en inglés) positiva cada año desde 1970 hasta 1988 y sólo otras 2 compañías fallaron un año. La tasa de crecimiento del ingreso para estas 13 compañías fue de 5.4 por ciento, comparado con el 2.5 por ciento de toda la lista de *Fortune* 500.

ILUSTRACIÓN 6 Crecimiento de las ventas de W.L. Gore en comparación con el producto interno bruto de Estados Unidos, 1989-1997

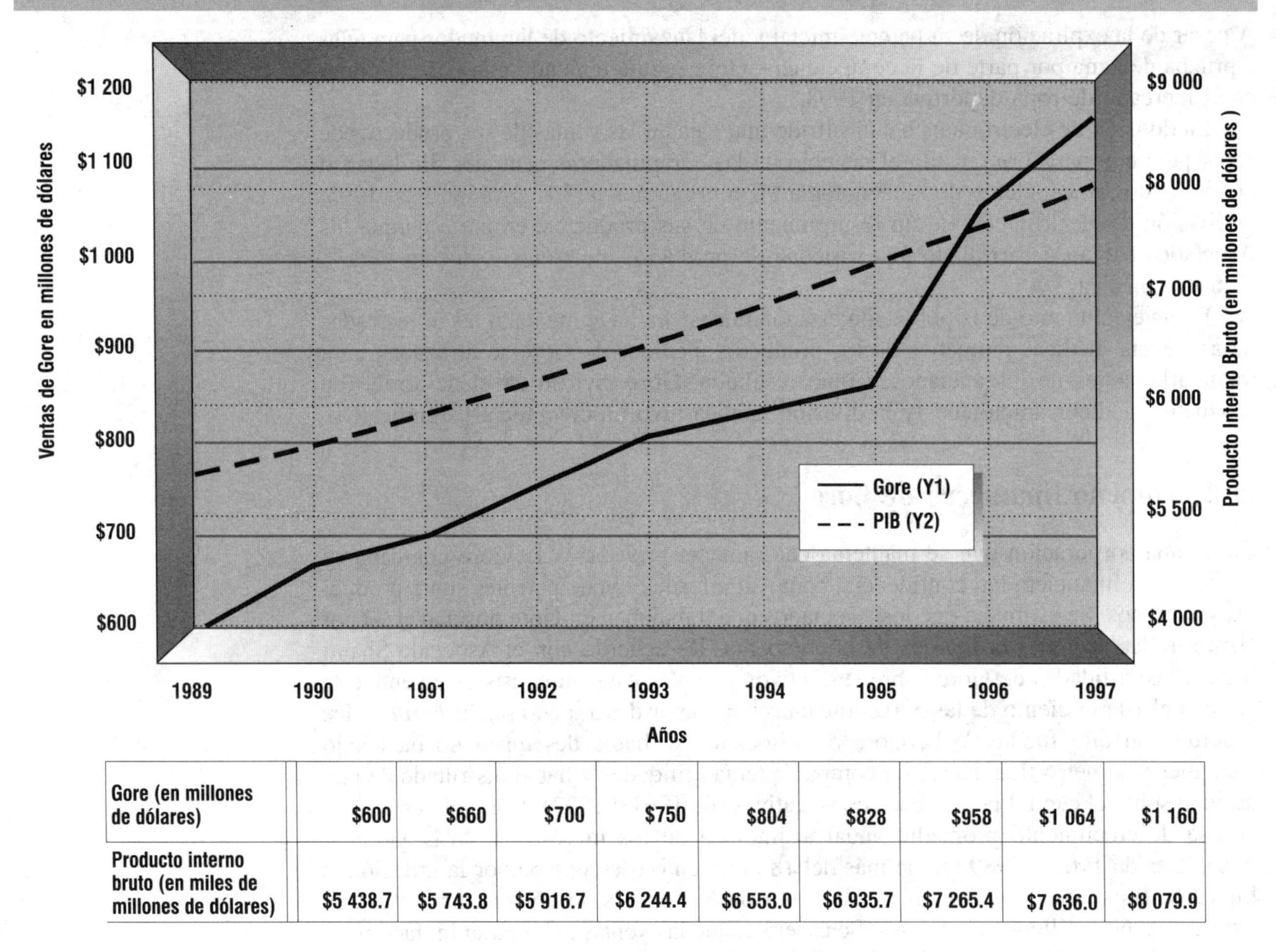

	1989	1990	1991	1992	1993	1994	1995	1996	1997
Gore (en millones de dólares)	$600	$660	$700	$750	$804	$828	$958	$1 064	$1 160
Producto interno bruto (en miles de millones de dólares)	$5 438.7	$5 743.8	$5 916.7	$6 244.4	$6 553.0	$6 935.7	$7 265.4	$7 636.0	$8 079.9

Recientemente, la compañía había comprado Optical Concepts Inc., una compañía de tecnología de semiconductores de láser en Lompoc, California. Además, Gore & Associates estaba haciendo pruebas de mercado de un nuevo producto, cuerdas para guitarra.

Cuando preguntamos sobre el control de costos, Sally Gore dijo lo siguiente:

> Tienes que poner atención al costo o no eres un administrador efectivo del dinero, ni de tu propio dinero ni del de nadie más. Es interesante, comenzamos a fabricar productos médicos en 1974 con el injerto vascular y de ahí creció. El injerto vascular de Gore es el Cadillac, el BMW o el Rolls-Royce del negocio. No existe absolutamente ninguna competencia, y nuestra división de productos médicos se volvió muy exitosa. La gente pensaba que ésta era la Meca. Nunca se había fabricado nada que fuera tan maravilloso. Nuestro negocio se expandió enorme y rápidamente a partir de ahí [Flagstaff, Arizona] y teníamos muchos jóvenes, líderes jóvenes. Pasaron algún tiempo pensando que no podían equivocarse en nada y que todo lo que tocaran se convertiría en oro. Han tenido algunos golpes en el camino y han descubierto que no era tan fácil como pensaban en un inicio. Y ésa es probablemente una buena enseñanza para cualquiera en algún momento de su vida. Así no es como funcionan los negocios. Hay mucho de verdad en ese viejo proverbio que dice que aprendemos más de nuestros fracasos que de nuestros éxitos. Es más probable que un fracaso te haga reflexionar.

(Se recomienda visitar el sitio web de la compañía en: *www.gorefabrics.com.*)

ILUSTRACIÓN 7 Estimado de las utilidades operativas y netas de W.L. Gore & Associates, 1993-1997

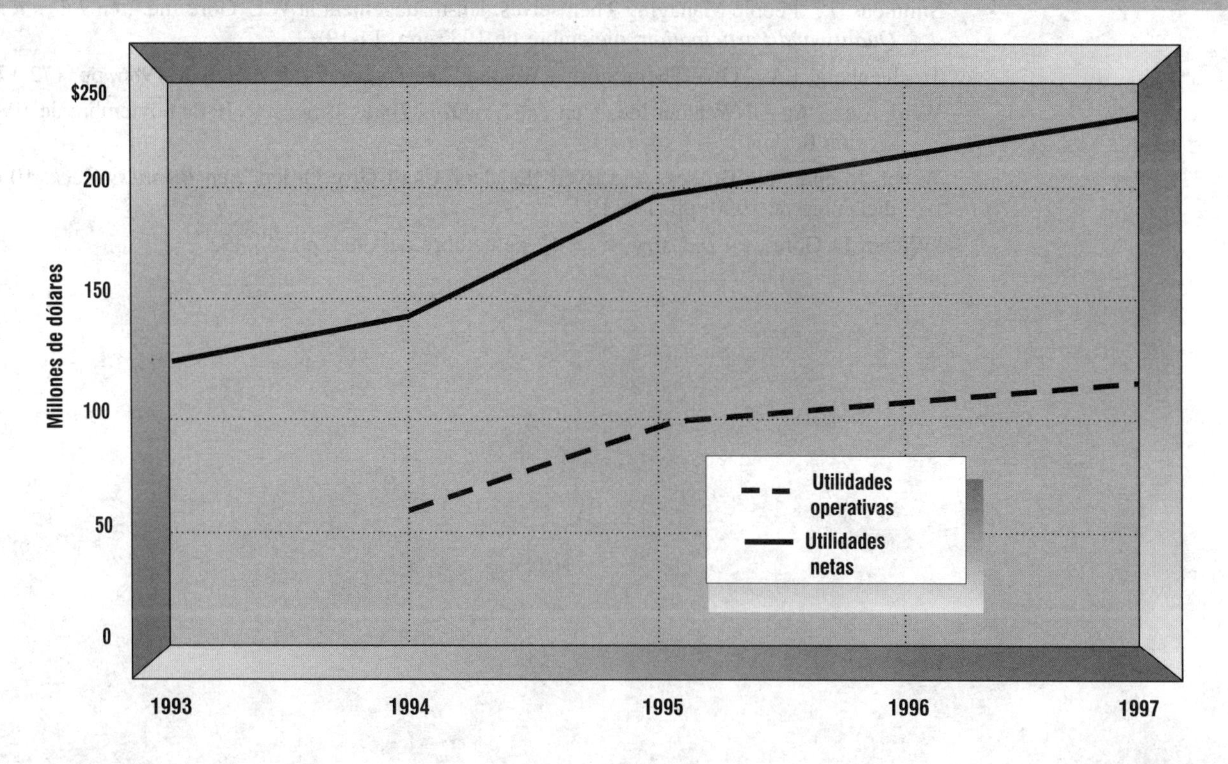

Utilidades operativas (en millones de dólares)	$120	$140	$192	$213	$230
Utilidades netas (en millones de dólares)	N.A.	$60	$96	$106	$116

Información del Reporte Anual de la revista *Forbes* sobre las 500 companías privadas más grandes en Estados Unidos.

BIBLIOGRAFÍA

Aburdene, Patricia y John Nasbitt, *Re-inventing the Corporation*, Warner Books, Nueva York, 1985.

Angrist, S.W., "Classless Capitalists", en *Forbes*, 9 de mayo de 1983, pp. 123-124.

Franlesca, L., "Dry and Cool", en *Forbes*, 27 de agosto de 1984, p. 126.

"The Future Workplace", en *Management Review*, julio de 1986, pp. 22-23.

Hoerr, J., "A Company Where Everybody Is the Boss", en *Business Week*, 15 de abril de 1985, p. 98.

Levering, Robert, *The 100 Best Companies to Work for in America*, Signet, Nueva York, 1985.

McKendrick, Joseph, "The Employees as Entrepreneur", en *Management World*, enero de 1985, pp. 12-13.

Milne, M.J., "The Gorey Details", en *Management Review*, marzo de 1985, pp. 16-17.

Price, Debbie M., "Gore-Tex Style", en *Baltimore Sun*, 20 de abril de 1997, pp. 1D, 4D.

Price, Kathy, "Firm Thrives without Boss", en *AZ Republic*, 2 de febrero de 1986.

Posner, B.G., "The First Day on the Job", en *Inc.*, junio de 1986, pp. 73-75.

Rhodes, Lucien, "The Un-manager", en *Inc.*, agosto de 1982, p. 34.

Simmons, J., "People Managing Themselves: Un-management at W.L. Gore Inc.", en *Journal for Quality and Participation*, diciembre de 1987, pp. 14-19.

Trachtenberg, J.A., "Give Them Stormy Weather", en *Forbes*, 24 de marzo de 1986, pp. 172-174.

Ward, Alex, "An All-Weather Idea", en *The New York Times Magazine*, 10 de noviembre de 1985, sección 6.

Weber, Joseph, "No Bosses. And Even 'Leaders' Can't Give Orders", en *Business Week*, 10 de diciembre de 1990, pp. 196-197.

"Wilbert L. Gore", en *Industry Week*, 17 de octubre de 1983, pp. 48-49.

CASO

13

GUS PAGONIS Y EL GRUPO LOGÍSTICO DE SEARS

Stewart W. Husted, *Lynchburg College*

Keith C. Jones, *Lynchburg College*

Después de varios años de esfuerzos para lograr que Sears diera un giro con pocos resultados, su presidente, Arthur Martinez, comprendió que la organización del enorme gigante del menudeo necesitaba someterse a algunos cambios importantes. Siempre consideró que la actividad logística de la cadena de valor de Sears constituía una de las últimas grandes fronteras que debía superar con el propósito de reducir costos y mejorar los ingresos de la empresa. Por lo tanto, Martinez contrató a una agencia de "cazadores de talentos" con el propósito de localizar a una persona idónea para asumir la tarea de revisar las operaciones logísticas de Sears. La búsqueda los llevó a Heidelberg, Alemania, a la oficina del lugarteniente general William Gus Pagonis, el hombre que organizó la enorme concentración de personas y suministros militares durante la guerra del Golfo Pérsico. En la entrevista, Pagonis convenció al cazador de talentos de que contaba con muchas ideas para que Sears pudiera transformar sus operaciones logísticas y, a través de su instauración, ahorrar millones de dólares. La seguridad de Pagonis tenía como base toda una carrera en logística y el hecho de haber logrado que las capacidades logísticas de este tipo del ejército de Estados Unidos se convirtieran en uno de los recursos militares más valiosos de los aliados durante la Operación Tormenta del Desierto. Por lo tanto, en el mes de noviembre de 1993, Pagonis se incorporó a su nuevo empleo en Sears.

En el libro que escribió en 1992, *Moving Mountains: Lessons in Leadership from the Gulf War,* Pagonis sostuvo que cualquier ejecutivo podría aplicar en una corporación su estilo básico de liderazgo de manera eficaz y lograr su éxito organizacional. Durante su larga carrera militar, combinó los principios tradicionales del liderazgo militar con su propio estilo personal, gracias a lo cual logró resultados formidables. Su nueva función de Pagonis en Sears, como vicepresidente ejecutivo de logística, le ofrecía el desafío de adaptar sus destrezas para enfrentar la situación organizacional y los problemas de una corporación. En lugar de controlar un presupuesto de miles de millones de dólares y un ejército de un millón de personas, en esta ocasión Pagonis manejaría un presupuesto de 1.4 mil millones de dólares, una planta laboral constituida por 10 mil empleados y una tercera parte de los operadores de 2 300 almacenes.[1]

Antes de que Pagonis asumiera sus funciones en Sears, muchos de los ejecutivos de la empresa dudaron sobre los resultados que se obtendrían al contratar a un general de

[1] William G. Pagonis, entrevistas del 25 y 26 de agosto de 1995 y del 24 de octubre de 1996, Lynchburg, Virginia; 7 a 9 de julio de 1997, Hoffman Estates, Illinois y Columbus, Ohio.

52 años de edad retirado del ejército y, además, totalmente ajeno a la organización. Algunos preguntaban: "¿Acaso proveer tanques y municiones a los soldados en el desierto se parece en algo a trasladar sierras de cadena, estufas y ropa para los consumidores?" Por su parte, otros se cuestionaban si un veterano del Pentágono podría controlar los costos y si el estilo autocrático de un oficial militar funcionaría en un ambiente que exigía el trabajo en equipo.[2] No obstante, en el transcurso de las dos semanas siguientes, Pagonis presentó su nuevo concepto de la misión y la visión que debería tener la organización, es decir, el Grupo Logístico de Sears (SLG). Además, inició la formación de sus miembros respecto de lo que él esperaba de ellos como líderes y compañeros de trabajo.

ANTECEDENTES Y EXPERIENCIA DE GUS PAGONIS

William Gus Pagonis no se propuso realizar una carrera militar. A pesar de haberse enrolado en el Cuerpo de Entrenamiento de Oficiales de Reserva en el estado de Pensilvania, lo que él realmente esperaba obtener era un empleo en la compañía naviera de su primo. Sin embargo, antes de que esto fuera posible, la compañía dejó de operar, así que en 1964, con un título universitario en logística, Pagonis solicitó y recibió un cargo en el Ejército Profesional, y se dedicó de tiempo completo al ejercicio militar. No obstante, en 1969, regresó a Pensilvania para estudiar una maestría en Administración y Dirección de Empresas (MBA) con especialización en logística empresarial e investigación de operaciones.[3]

Durante su carrera militar, Pagonis ascendió a través de las filas de infantería y oficial de transportes. Se distinguió en dos giras de servicio en Vietnam y otras más en Alemania y el Pentágono. En Vietnam, recibió la Condecoración al Soldado en Combate, la Estrella de Plata, la Estrella de Bronce (con tres ramas de hojas de roble), la Medalla del Aire (en tres ocasiones) y la Medalla de Honor del Ejército.[4]

El mes de agosto de 1990, poco después de que el lugarteniente general Pagonis llegara al Fuerte McPherson, Georgia, para asumir sus responsabilidades como director de logística y unidad en las Fuerzas del Ejército, recibió una llamada telefónica del jefe del Estado Mayor para que se reuniera de inmediato con el lugarteniente general John Yeosock, Comandante de la Unidad Central del Ejército. Pagonis corrió hacia el cuartel de Yeosock donde se reunió con otros líderes del ejército para llevar a cabo una junta de emergencia cuyo propósito era desarrollar el plan logístico de apoyo a las fuerzas de Estados Unidos en caso de que el presidente ordenara el despliegue militar contra la invasión de Iraq a Kuwait. Luego, el grupo voló a la Base de la Fuerza Aérea McDill, en Tampa, Florida, en donde nuevamente se pulió la valoración. Un día después de su regreso al Fuerte McPherson y de reasumir sus funciones regulares, se le notificó a Pagonis que debía reunirse con Yeosock en Arabia Saudita. Su misión temporal era "consejero del país anfitrión".

A lo largo de sus 29 años de carrera militar, Pagonis y su esposa, Cheri, se habían mudado 30 veces. Sin embargo, en esta ocasión Pagonis se dirigió a su casa para despedirse de Cheri, hizo una parada de último momento en Dairy Queen (la nevería favorita de Pagonis), compró un banana split e inició el proceso de llamadas a los 20 especialistas en logística que él deseaba incorporar al equipo a su mando en Arabia Saudita. Él sabía que cada uno de dichos especialistas comprendía su estilo de dirección y podría gestionar sus peticiones.

---

[2] Robert Bernier, "Retired General Speeds Deliveries, Cuts Costs, Helps Sears Rebound", *The Wall Street Journal,* 16 de julio de 1996.

[3] William G. Pagonis y Jeffery L. Cruikshank, *Moving Mountains: Lessons in Leadership from the Gulf War* (Harvard Business School Press, Boston, 1992).

[4] William G. Pagonis, biografía personal, 1997.

Por lo tanto, cuando aumentaron sus misiones temporales, Pagonis se estableció en Arabia Saudita para encabezar los movimientos logísticos que permitirían el despliegue de las tropas en el Golfo Pérsico. Pagonis permaneció al mando a lo largo de las tres fases de la guerra, a saber: Escudo del Desierto, Tormenta del Desierto y Operación de Retirada. Durante la fase final, la más dura de todas para un especialista en logística, la Vigésimo segunda Unidad de Apoyo al mando de Pagonis cambió la disposición de 365 000 soldados, 117 000 vehículos de transporte y 12 000 vehículos con oruga, 2 000 helicópteros y 41 000 contenedores de provisiones.[5] Nunca antes en la historia militar se había hecho responsable a un solo comandante de todos los barcos, aviones, camiones y del abastecimiento de alimentos para el ejército. Dieciocho meses después, en enero de 1992, Pagonis se trasladó de Arabia Saudita hacia Alemania para asumir su puesto como Comandante General de la Vigésimo primera Unidad Militar del Comando de Operaciones del Ejército, su última misión.

No obstante, justo cuando Pagonis empezó a ponderar su retiro del ejército, la agencia de cazadores de talentos que buscaba un líder de logística para Sears and Roebuck entró en contacto con él. En el verano de 1993, poco después de sostener una entrevista con Arthur Martinez, presidente de Sears, Pagonis comenzó a armar su plan logístico para Sears. Para noviembre de ese mismo año, todo el mundo en Sears sabía que Gus Pagonis se haría cargo de la logística y que nada volvería a ser igual.

ANTECEDENTES DE SEARS, ROEBUCK AND COMPANY

En la década de los ochenta, Sears, Roebuck and Company, que alguna vez fuera la más grande empresa minorista de Estados Unidos, abandonó su operación de venta al detalle para transformarse en un conglomerado de compañías de servicios de comercio al menudeo y financieros (la casa de bolsa Dean Witter, la aseguradora Allstate, los servicios de tarjetas de crédito Discover y los bienes raíces Coldwell Banker). No obstante, en el año 1990, el ingreso neto de la empresa se derrumbó 60 por ciento. En el año 1992, Sears perdió su lugar como la más grande minorista de mercancía general frente a Kmart (que a su vez fue posteriormente superada por Wal-Mart). Durante el periodo que transcurrió entre 1978 y 1988, la acción de mercancías generales de Sears cayó de 18 por ciento a 13 por ciento. Para el entonces presidente Edward Brennan y su equipo de administración, resultó evidente que tanto la estrategia como las operaciones de Sears necesitaban cambios drásticos. Brennan implantó una política denominada "todos los días precios bajos", reorganizó la comercialización en torno a las siete exclusivas supertiendas especializadas, tal como el departamento de electrónicos de Brand Central, y agregó a la mezcla de mercancías de Sears marcas como Nike y General Electric. Asimismo, separó de Sears los negocios no detallistas.

Brennan creía que Sears debía renovar su estructura corporativa así como revitalizar su estrategia de comercio al detalle. Sears representaba una carga muy pesada. Sus gastos de venta y administrativos significaban 30 por ciento de sus costos contra el 24 por ciento que J. C. Penney gastaba por los mismos conceptos y el 14.9 por ciento de Wal-Mart.[6] Por lo tanto, Brennan inició con la reestructuración del edificio de las oficinas principales de Chicago, la clausura de 14 oficinas regionales y la reducción de la estructura de la organización. Finalmente, en total, Sears recortó más de 50 000 empleos.

En el año 1992, Brennan se retiró y Arthur Martinez, quien trabajaba en Saks de la Quinta Avenida fue contratado como presidente de Sears Merchandise Group. En una entrevista para la revista *Financial World,* Martinez manifestó: "Vine y me dije a mí

[5] William G. Pagonis, "The Work of the Leader", *Harvard Business Review,* noviembre de 1992.

[6] Patricia Sellers, "Why Bigger Is Badder at Sears", *Fortune,* 5 de diciembre de 1998, p. 79.

mismo que en este lugar el tiempo no era mi aliado, sino mi enemigo... Observé un periodo de diez años de operaciones de J. C. Penney y pensé que nosotros necesitábamos lograr lo mismo en la mitad del tiempo o incluso en menos... La empresa no sabía lo que deseaba ser ni con quién deseaba competir... ¿Acaso Sears quería ser una tienda de descuento, una tienda departamental o una tienda especializada? Pero al final de la jornada, lo que les sucede a las tiendas que carecen de propósito es que dejan de existir. Pensé que Sears era suficientemente grande como para seguir adelante por un tiempo más, pero que se dirigía irremediablemente hacia un final infeliz."[7]

Durante sus primeros 18 meses en la empresa, Martinez dispuso la clausura de las 113 tiendas que mostraban el desempeño más deficiente y la eliminación de la legendaria unidad de ventas por catálogo que incluso con 101 años de operación sumaba pérdidas anuales por 1.75 mil millones de dólares. Posteriormente puso en marcha un plan de 4 mil millones de dólares para restaurar toda la cadena de tiendas y dispuso la elaboración de 12 listas breves de nichos de mercado. La operación de las listas de nichos se encargó a la firma externa Hanover Direct, productora de catálogos exitosos como los de Tweeds y Domestications.[8] Adicionalmente, Martinez puso en marcha los trabajos necesarios para mejorar la imagen de Sears como minorista. Asimismo, impulsó que el presupuesto de marketing de la empresa se elevara a mil millones de dólares, amplió las marcas nacionales de 40 por ciento a 50 por ciento dentro de la mezcla de mercancías, adquirió las tiendas de ferretería Orchard Supply Hardware Stores, rescindió la política empresarial que sólo permitía el empleo de las tarjetas de crédito de Sears y Discover y lanzó una campaña promocional de elegantes anuncios de 40 millones de dólares ("Venga a ver el lado más amable de Sears") a cargo de Young & Rubicam, dirigida a las mujeres, es decir, al corazón de los compradores de Sears. Por otra parte, Sears pensaba constituirse a sí misma como una tienda para "hombres" a través de la venta de aparatos electrodomésticos y herramientas, además de operar centros de servicio para automóviles. Una investigación de marketing demostró que las mujeres eran las mejores compradoras de la casa.[9] Sears descubrió también que la mayoría de las mujeres que compraban en sus tiendas tenían entre 25 y 54 años de edad, trabajaban, tenían hijos, poseían una casa y su ingreso familiar promedio era de 37 500 dólares (el rango oscilaba entre 25 000 y 60 000 dólares). Sin embargo, para sorpresa de la empresa, la mayoría de los artículos que esas mujeres compraban eran para sus maridos y sus hijos, pero no para sí mismas. Por lo tanto, con el propósito de modificar esa tendencia, Sears amplió los espacios de sus tiendas dedicados a la ropa de mujer (60 por ciento de los ingresos de Sears provenía de la venta de ropa) y mejoró la calidad de la mercancía. Asimismo, incorporó un surtido departamento de cosméticos (Círculo de Belleza).

La ilustración 1 muestra un resumen del reciente desempeño financiero de Sears.

CAMBIOS INICIADOS POR GUS PAGONIS

Fue Arthur Martinez quien señaló la necesidad de crear el cargo de vicepresidente ejecutivo de logística y también quien seleccionó a Gus Pagonis para ocuparlo. Martinez estaba convencido de que para ayudar a que la corporación reorganizara las viejas formas de hacer las cosas, así como para idear las nuevas, resultaba esencial contratar a personas con antecedentes diversos con el fin de ocupar los puestos clave. Pagonis inició esta reestructuración a través de la organización de la cadena de operaciones logísticas de Sears en cuatro canales distintos: Entrega Directa, Lléveselo, Moda y

[7] Debra Sparks, "Arthur Martinez: *Financial World's* CEO of the Year", *Financial World,* 25 de marzo de 1996, p. 48.

[8] Susan Chandler, "Sears Turnaround Is Real-For Now", *Business Week,* p. 102.

[9] Sparks, "Arthur Martinez", p. 51.

ILUSTRACIÓN 1 Resumen del desempeño financiero de Sears durante cinco años, 1993-1997 (en millones de dólares)

Resultados de operación	1997	1996	1995	1994	1993
Ingresos	$41 296	$38 064	$34 835	$33 021	$30 427
Costos y gastos	39 302	35 981	33 130	30 288	28 265
Intereses	1 409	1 365	1 373	1 279	1 318
Ingresos de operación	1 994	2 083	1 705	1 454	844
Otros ingresos	106	22	23	17	110
Utilidades antes del impuesto sobre la renta	2 100	2 105	1 728	1 471	954
Impuesto sobre la renta	912	834	703	614	329
Ingresos por operaciones continuadas	1 188	1 271	1 025	857	625
Ingresos por operaciones discontinuadas	–	–	776	402	1 960
Ganancias extraordinarias (pérdidas)	–	–	–	195	(211)
Ingresos netos	1 188	1 271	1 801	$1 454	$2 374
Situación financiera					
Intereses retenidos en la transferencia de pagos con tarjeta de crédito	$3 316	2 260	$5 579	$3 543	$2 947
Pago con tarjeta de crédito por cobrar, neto	19 843	19 303	14 527	14 658	12 959
Propiedades y equipo neto	6 414	5 878	5 077	4 253	4 401
Inventarios de mercancías	5 044	4 646	4 033	4 044	3 518
Activos netos de operaciones discontinuadas	–	36 167	–	7 231	8 701
Total de activos	38 700	3 533	33 130	37 312	37 911
Préstamos a corto plazo	5 208	14 907	5 349	6 190	4 636
Deuda a largo plazo	15 632	14 907	11 774	9 985	10 790
Deuda total	20 840	18 440	17 123	16 175	15 426
Porcentaje de deuda sobre capital	356%	373%	391%	453%	521%
Capital de los accionistas	$5 862	$4 945	$4 385	$10 801	$11 664

Fuente: Reporte anual de 1997.

Especialidad. Pagonis creía que esta nueva estructura, con el apoyo de una unidad encargada de la relación con los proveedores y del transporte, podría ajustarse no sólo a los procesos logísticos y a la estrategia de los canales de menudeo de Sears, sino también a las diversas líneas de productos de la empresa suministrados por más de 4 000 proveedores.

Martinez y Pagonis estaban conscientes de que Sears necesitaba efectuar grandes reducciones de los costos de sus actividades logísticas, así como de los costos de los bienes que adquiría de los proveedores. La búsqueda de ahorros en los costos de la cadena de proveedores provocó que después de 26 años de adquirir sus baterías a Johnson Controls, Sears se inclinara a favor de A. C. Delco and Exide Corporation. Este proveedor le ofreció baterías de mejor calidad y a precios que finalmente le ahorrarían a Sears decenas de millones de dólares. Por otra parte, Pagonis y su equipo de trabajo comprobaron que también podrían ahorrar si utilizaban los camiones de Sears para recoger los productos de las plantas de algunos de los fabricantes en lugar de pagar a terceros los fletes para que transportaran los bienes a los centros de distribución de la empresa.

Asimismo Pagonis instituyó mejores técnicas para la administración de los inventarios, por lo cual mejoró el promedio de rotación de los inventarios de 3.4 a 3.7 en un periodo de 12 meses. En el año 1996, el movimiento de la red logística de Sears llevó más de 565 millones de piezas de mercancía a más de 2 500 tiendas Sears a través de 22 centros de distribución. Por su parte, el sistema de distribución a los domicilios de los clientes realizaba más de 4 millones de entregas de artículos grandes como aparatos, muebles y artículos para mejoras del hogar. El sistema de entrega a domicilio consistía en 187 bodegas para envíos a sus mercados locales donde a su vez los fabricantes descargaban sus entregas de aparatos, mobiliario y otros artículos voluminosos. Por lo tanto, los clientes seleccionaban los artículos que querían en las salas de exhibición de las tiendas Sears y la bodega del mercado local se los entregaba en sus domicilios. Por su parte, el Centro de Moda de Sears estaba altamente automatizado, por lo cual entregaba más de 250 millones de piezas de las existencias de mercancía a compradores al menudeo. Toda la red de distribución se basaba en un equipo estratégico que buscaba el perfeccionamiento innovador de las actividades logísticas y en una sección financiera que se encargaba de garantizar que toda mejora que se implantara generara una contribución al objetivo final de la empresa.[10]

A mediados de la década de los noventa, el nuevo equipo ejecutivo de Sears progresó en hacer realidad su visión de "hacer de Sears un sitio obligado para la compra, el trabajo y la inversión". Pagonis había estructurado una organización de distribución capaz de satisfacer las necesidades de las 66 tiendas Orchard Supply Hardware, 801 tiendas ubicadas en centros comerciales, 138 tiendas de llantas NTW, 121 tiendas de llantas Tire America, 390 tiendas Western Auto propiedad de la empresa, 185 tiendas de artículos para automóvil Parts America, 900 tiendas Western Auto de propietarios independientes, 322 concesionarios de franquicias de Sears, 83 tiendas de ferretería Sears Hardware y las 125 mueblerías HomeLife. Por otra parte, también se preparaba para enfrentar los rápidos y continuos cambios previstos para el nuevo siglo, por lo cual, consideraba el importante y creciente papel que jugarían tanto la demografía como las tecnologías para la información dentro de su estrategia.[11]

ENFOQUE DEL LIDERAZGO Y LA DIRECCIÓN DE PERSONAS DE PAGONIS

Pagonis estaba convencido de que a lo largo del tiempo los líderes se habían desarrollado tanto a través del entrenamiento como de la experiencia. Sin embargo, también reconocía que cada líder empleaba su propio estilo de dirección y liderazgo. Además, Pagonis creía que, para que un líder se desempeñara con éxito dentro de una corporación, era necesario que él o ella se basaran en ciertas estructuras y técnicas (véase la ilustración 2). Él denominó a este desarrollo la "cadena del éxito corporativo".

De acuerdo con Pagonis, todos los líderes debían documentar y comunicar a sus subordinados la forma en la que ellos operaban y lo que esperaban de su personal. Por lo tanto, él mismo elaboró sus "boletines" por escrito. Cuando Pagonis comenzó a utilizar los boletines en el año 1977, mientras estaba al mando de un batallón en el Fuerte Eustis, Virginia, mientras tuvo que reconocer que a pesar de que podía informar a su equipo de trabajo con facilidad, le resultaba más difícil lo que deseaba de sus lugartenientes y tropas. En Sears, los boletines pasaban por un proceso de "crítica" que realizaba el denominado Consejo de Logística de Sears, constituido por los 30 ejecutivos de más alto nivel del Grupo Logístico de Sears (SLG), en este contexto de *crítica* significaba el proceso de estar de acuerdo o en desacuerdo con un boletín y de proporcionar retroalimentación al respecto durante los siguientes 60 días. Una vez que el ejercicio de crítica se completaba y recibía la aprobación de Pagonis, el boletín se convertía en una política.

---

[10] James Ireland, entrevista en Hoffman Estates, 7 de julio de 1997.

[11] *Ibid.*

ILUSTRACIÓN 2 Estructuras para el liderazgo

1. Laboratorios delegar y exigir.
2. Conócete a ti mismo.
3. Preséntate a ti mismo.
4. Conoce la misión.
5. Desarrolla a tus subordinados.
6. Desarrolla tus herramientas.
7. Aplica tus herramientas.
8. Reedúcate a ti mismo.
9. Personaliza el sistema.

Fuente: William G. Pagonis y Jeffery L. Cruikshank, *Moving Mountains: Lessons in Leadership from the Gulf War* (Harvard Business School Press, Boston, 1992), pp. 159-197.

Bajo el mando de Pagonis, el funcionamiento del Grupo Logístico de Sears (SLG) se fundamentaba en un libro con las "reglas del juego", compuesto por ocho boletines abiertos, cada uno de los cuales se diseñó con el propósito de ser una guía práctica que presentaba detalles específicos. Pagonis y el Consejo de Logística revisaban los boletines periódicamente, más no por el simple hecho de modificarlos, sino como parte de un esfuerzo constante que les permitiera definir la vigencia de los procesos y perfeccionarlos. Pagonis también creía que esta actividad resultaba esencial para estandarizar los procesos de las diversas disciplinas en Grupo Logístico de Sears.

Comunicación

Debido a que Pagonis deseaba mantenerse informado de "todas las cosas, independientemente de lo que se trataran",[12] utilizaba una amplia gama de técnicas de comunicación.

Aspectos positivos y negativos (ambiente sin negatividad) Gran parte de las exitosas técnicas administrativas que Pagonis implantó en Sears eran las que él mismo había perfeccionado durante su estancia en la milicia. Una de sus técnicas favoritas era el "sistema de evaluación de tres aspectos positivos y tres aspectos negativos". Al respecto, durante una entrevista para la revista *McKinsey Quarterly* en el año 1996, Pagonis manifestó:

> Durante mis primeras dos semanas en este lugar, nadie me proporcionaba información negativa. Sin embargo, yo insistía en la pregunta, "¿Acaso no existen problemas?". La respuesta que invariablemente recibía era, "No, todo marcha bien". Así que optó por agregar: "Bueno, entonces cada uno de ustedes deberá informarme tres aspectos positivos y tres aspectos negativos." Ahora nosotros les solicitamos a todas las personas que asisten a nuestras reuniones que nos mencionen tres aspectos positivos y tres aspectos negativos en relación con lo que desean reportar; además, también deben compartir con nosotros la forma en la que planean arreglar los aspectos negativos. Inicialmente, las personas mostraban problemas para expresar las bajas. Podían formular una gráfica con sus aspectos positivos, pero no con los negativos. Sin embargo, cuando les advertimos que, o nos empezaban a proporcionar los aspectos negativos o nosotros mismos efectuaríamos los informes respectivos, comenzamos a recibir los reportes de los aspectos negativos en sus listas.

[12] G. Pagonis, entrevista del 7 de julio de 1997.

> También nosotros empleábamos el enfoque de los "dos aspectos positivos y los dos aspectos negativos" para nuestro propio sistema de evaluación, ejercicio que nos permitía sugerirles a nuestros empleados lo que podían realizar para arreglar sus bajas. Pienso que es de poca utilidad mencionarle a alguien que tiene problemas con su redacción a menos que también le manifiestes que "el estado de Pensilvania ofrece un curso sobre redacción y te inscribiré para que asistas". Lo que intentamos crear es un ambiente "sin negatividad". Sólo entonces lograremos que los empleados expresen abiertamente con sus compañeros y sus administradores los problemas que enfrentan en el trabajo. A nosotros nos gusta decir que: "Las malas noticias no mejoran con la edad."[13]

Sesiones de detección Las "sesiones de detección" de Pagonis, proporcionaban a los empleados de todos los niveles la oportunidad de expresar sus preocupaciones, formular preguntas o analizar cualquier cosa que tuvieran en mente. No existía una agenda para llevar a cabo estas reuniones informales. Sin embargo, al escuchar a sus empleados en estas sesiones, los administradores podían determinar el nivel de moral que existía dentro de la organización. Todos los "directores de reportes" de Pagonis (individuos bajo su supervisión directa) y los administradores de distribución llevaban a cabo cada mes diversos tipos de sesiones de detección.

Tarjetas 3 × 5 y correo electrónico[14] Pagonis introdujo una práctica para que todos los empleados de Grupo Logístico de Sears la efectuaran, en la cual dedicaban algo de su tiempo a escribir notas en tarjetas 3 × 5 con el propósito de informar sobre los problemas, en el momento en que surgiesen, tanto a él como a otros administradores senior. Se intentaba que las tarjetas se escribieran a mano (a menos que la escritura del subordinado fuese ilegible), de manera simple y breve. Las tarjetas debían remitirse a Pagonis a través del director de dicho subordinado, a menos que la información fuese de carácter personal o confidencial. En ese caso, la nota se colocaba en un sobre azul sellado en el que se debía escribir "tarjeta 3 × 5 para Gus". Sin embargo, las tarjetas también podían enviarse a Pagonis o a cualquier persona de su equipo en cualquier lugar de Estados Unidos, ya sea por fax o a través de un formato para correo electrónico disponible en la red interna de Sears.

Correo verde Pagonis recibía diariamente las tarjetas 3 × 5 y las respondía tan pronto como le era posible. En la parte posterior de cada una de ellas, anotaba sus directrices y comentarios con tinta verde (color reservado únicamente para él). Luego, las tarjetas "correo verde" se enviaban de regreso directamente al asociado vía fax, correo electrónico o mediante el sistema de correo de la empresa.

Visitas departamentales Varias veces al mes, Pagonis visitaba a cada uno de los que le "reportaban directamente" en su sección correspondiente. Estas visitas a los departamentos daban a Pagonis la oportunidad de platicar informalmente con los empleados y analizar o cubrir cualquier aspecto que eligieran los que reportaban directamente. Incluso cuando los empleados que le reportaban directamente no se encontraban en la sección, Pagonis realizaba su visita. Él estaba seguro de que la comunicación frente a frente le brindaba la oportunidad de conocer más a fondo el lado personal de los individuos, saber lo que tenían en mente y enfrentar las situaciones familiares difíciles que ellos experimentaban. Por ejemplo, cuando Pagonis se enteró que el hijo de uno de

---

[13] Graham Sharman, "Nobody Calls Me General Anymore", *The McKinsley Quarterly*, núm. 3, 1996, p. 114.

[14] *Sears Logistic Group Bulletin,* núm. 1, p. 3.

ILUSTRACIÓN 3 Centro de distribución en Columbus, Ohio

los empleados se encontraba gravemente enfermo y que requería cuidados en todo momento, autorizó que el horario de trabajo del empleado fuera flexible. Esto se realizó sin la necesidad de pasar por los procedimientos establecidos por el Departamento de Recursos Humanos.

Visitas de campo Pagonis sostenía que las visitas a las operaciones de campo representaban un aspecto crítico debido a que le proporcionaban una idea de primera mano sobre el nivel en que se comprendían e implantaban las indicaciones de los directivos del Grupo Logístico de Sears. También utilizaba las visitas de campo para determinar si podría realizarse alguna otra cosa con el propósito de que el trabajo de los asociados fuese más sencillo de realizar. Debido a que Pagonis utilizaba frecuentemente el helicóptero de la corporación o alguno de los dos jets de la misma para viajar a los diversos sitios de campo, se aseguraba que sus visitas estuviesen planeadas de tal forma que fuesen productivas. Normalmente, el recorrido de Pagonis por una instalación (muchas de las cuales eran del tamaño de cuatro o cinco campos de fútbol americano, véase la ilustración 3) duraba 20 o 30 minutos. Como Pagonis sabía perfectamente qué o a quién deseaba ver, se encaminaba directamente a su destino. Debido a que los empleados de la instalación estaban acostumbrados a verlo, su llegada no causaba el efecto de una tormenta mientras la visitaba. Sin embargo, muchos de los empleados bromeaban sobre la rapidez con la que se movía y esperaban seguirle el paso.

Reuniones formales Se exigía que todas la reuniones del Grupo Logístico de Sears (SLG) se iniciaran y concluyeran a tiempo. Pagonis calendarizaba las reuniones formales con el equipo de trabajo senior o sus representantes de 7:15 a 9 a.m. Estas juntas eran el método principal a través del cual el presidente o el Comité Ejecutivo distribuían la información correspondiente. Por lo general, entre 25 y 30 miembros del equipo asistían a las reuniones, mismas que iniciaban con una presentación de 5 minutos por parte del director o de alguno de los representantes. Por su parte, a cada uno de los ponentes se le otorgaban tres minutos para revisar sus tres aspectos positivos y tres negativos, luego sonaba la campana de un reloj de cocina y el expositor contaba con dos minutos para cerrar su exposición antes de que se escuchara la campana final. En ese momento, el siguiente ponente se ponía de pie y tomaba su turno. En caso de que algún problema necesitara más tiempo para estudiarse, Pagonis asignaba el tiempo o solicitaba al ponente que fijara la fecha para una entrevista personal llamada véame por favor (PMS, por sus siglas en inglés), la cual se anotaba en una lista disponible para todos. Pagonis respetaba estrictamente el horario que se fijaba para la entrevista personal con el propósito de evitar que los empleados tuvieran que esperar fuera de la oficina.

Independientemente del estricto calendario, en las reuniones formales surgían vivas discusiones y desacuerdos. Pagonis buscó la manera de que todos consideraran a estas reuniones como un lugar de trabajo sin jerarquías en el que cualquiera podía desafiar a cualquier vicepresidente, fuese Pagonis o algún otro que estuviese presente. Por ejemplo, en una reunión, Pagonis mencionó que deseaba que se soltara a los perros guardianes en la central de devoluciones de Atlanta donde un camión había sido detenido y le habían robado la mercancía. Consideraba que los perros podrían ser la forma más eficaz de disuadir los asaltos. No obstante, otros pensaron que los perros no eran la solución debido a la responsabilidad que ello implicaba y el alto costo relativo que significaría mantener a una patrulla canina.

Pagonis comentó: "Frecuentemente las personas que no conocen al grupo de logística se sorprenden de que podamos tener tal nivel de desacuerdo en nuestras reuniones. No los culpo. ¿Cuántas organizaciones conocen en las que, durante una reunión, los vicepresidentes discutan entre sí enfrente de sus jefes o con su jefe? Pero lo mejor de todo es que al retirarse de la reunión, no se sienten frustrados ni que perdieron la oportunidad de exponer su caso. Además, no existen juntas secundarias ni antes ni después de las reuniones en las cuales las personas digan: 'No tuve la oportunidad de cubrir esto' o 'Me pregunto que es lo que quiso decir con eso'."[15]

Otro ejemplo de la atmósfera sin jerarquías que reinaba durante las reuniones formales es que los representantes de las secciones podían tomar decisiones en nombre de sus jefes, quienes contaban con 48 horas para modificarlas, en caso de ser necesario. Por lo tanto, un jefe que no modificaba una decisión durante el tiempo asignado debería vivir con sus consecuencias.

Reuniones informales Las reuniones informales se programaban los días jueves y viernes de las 8:00 a las 8:30 a.m. y se llevaban a cabo incluso en ausencia de Pagonis. A los ojos de los que asistían por primera vez, lo que sucedía era increíble, puesto que las reuniones duraban 30 minutos y se llevaban a cabo en una pequeña sala de conferencias a la que concurrían 15 o 20 personas (o, a menudo, participaban de pie desde fuera de la puerta del despacho de algún ejecutivo, véase la ilustración 4). Independientemente del hecho de que cualquiera podía asistir a ellas, no se esperaba que todos tomaran la palabra. Con frecuencia las reuniones informales duraban menos de 15 minutos, y se empleaban para referirse a temas de último momento y para dar seguimiento a directrices y guías previas. A menos que se notificara a Pagonis durante las 24 horas siguientes sobre el desacuerdo con algún comentario o directriz dado en alguna de las reuniones informales, él asumía que no existía "desconexión" (falta de comunicación o desacuerdo).

Sistema Véame Por Favor (PSM): entrevistas personales Con frecuencia las tarjetas 3 × 5 y otras notas se regresaban al equipo de trabajo con una anotación por parte de Pagonis, con las letras PSM, abreviatura en inglés de *please see me*, es decir, Véame Por Favor. La anotación se escribía con tinta verde y podía entregarse ya fuese en alguna reunión

[15] Sharman, "Nobody Calls Me General Anymore".

ILUSTRACIÓN 4 Pagonis y su equipo de trabajo durante una reunión informal

informal o directamente en una visita a Pagonis. Por ejemplo, "PSM-YL" significaba "Le veré en su lugar de trabajo". "PSM-SUPER HOT" significaba "Véame ¡*ahora mismo*!". Por otra parte, no se permitía que las notas (incluso las de rutina) se acumularan por un periodo mayor de cinco días hábiles.

Información matriz/Documentos para la toma de decisiones Otro medio de comunicación que Pagonis utilizaba involucraba la redacción de información resumida en un reporte conciso y de fácil lectura cuyo empleo resultaba conveniente para disponer de ciertos antecedentes durante alguna sesión informativa o para la toma de decisiones. A estos reportes se les denominaba "documentos matrices" y su extensión máxima era de una hoja. Tenían un formato que destacaba con viñetas los puntos clave, los aspectos positivos y negativos y un objetivo final (desenlace o necesidad de decisión). Un documento matriz contenía una "sección para críticas" al final o en la parte posterior. Asimismo incluía el acuerdo o desacuerdo por parte de los departamentos de Finanzas, Sistemas de Información y de la Estrategia de células/elementos logísticos. Otras críticas incluían a otros departamentos involucrados en el problema por resolver. Además había una sección de comentarios opcional. La ilustración 5 muestra un ejemplo de un documento matriz. El documento de información matriz se diseñó con el propósito de preparar al equipo de trabajo para una reunión o para agilizar la introducción de los empleados en un cierto tema. Por su parte, un documento matriz para la toma de decisiones se preparaba con el objetivo de recabar informes pertinentes para la toma de alguna decisión.

Ambiente de mando en Sears y Grupo Logístico de Sears (SLG)

El Comité Ejecutivo de Sears estaba constituido por los 13 funcionarios principales de la empresa. Estaba encabezado por el presidente Arthur C. Martinez, e incluía a los directores de los diversos segmentos (Automotive Group, Credit, Merchandising, Full-Line Stores y Home Stores); el presidente de finanzas, el vicepresidente de marketing,

ILUSTRACIÓN 5 Ejemplo de un documento matriz del Grupo Logístico de Sears

DOCUMENTO MATRIZ

Documento de información: ______x____
Documento de toma de decisiones: ________

11 de septiembre de 1995
Bill Kenney, X68378
Estrategia y análisis

Tema: V Foro de Líderes de logística del estado de Pensilvania

Antecedentes

- Yo asistí al Foro sobre Logística organizado por el estado de Pensilvania del 6 al 8 de septiembre de 1995. En el foro se trataron cinco temas clave: 1) Problemas de abastecimiento de la cadena global, 2) Administración de la cadena de valor, 3) Tecnología para la cadena de valor, 4) Costos de transporte y logística con base en la actividad y 5) Continuación de las sesiones sobre: Evaluación del desempeño, Logísticas de terceros, Problemas de organización y Problemas de transporte.
- Las sesiones estuvieron a cargo de John Coyle, Skip Grenoble y varios miembros de la facultad del Programa de Logística del estado de Pensilvania.
- Asistieron a las sesiones aproximadamente 40 profesionales (22 de manufactura, 8 de asesoría, 6 de varias firmas sobre aspectos logísticos y 4 de otras).

Aspectos positivos

- Buena oportunidad para aprender sobre las ideas que presentaron los otros participantes.
- Buena oportunidad para incorporar los intereses especiales de Sears a la Agenda de Investigaciones de la Facultad de Logística Empresarial del estado de Pensilvania.
- En general, destacó la calidad de la agenda y la sincronización para el estudio de temas de interés.

Aspectos negativos

- La marcada inclinación en la manufactura de los materiales del programa dificultó la obtención de datos relevantes que permitieran la comparación con la competencia. (SUGERENCIA: Aprender de los fabricantes.)
- Aprendí que la Administración Federal de Caminos evalúa el incremento de los impuestos sobre el transporte del 300-500 por ciento por milla, con el propósito de eliminar los programas reguladores (por ejemplo, costos por contaminación, costos por congestionamientos de tránsito). (SUGERENCIA: Estudiar el factor costo de los impuestos sobre los planes de contingencia.)
- Los fabricantes superan a Sears respecto del Modelado de cadenas de logística y la Optimación de sistemas. (SUGERENCIA: Que el grupo de estrategia continúe destacando la importancia de integrar la caja negra a los modelos de simulación distribuidos en toda la red.)

Aspectos clave

- El consenso del grupo en relación con los problemas logísticos más importantes que enfrentan sus grupos respectivos son: 1) Que los objetivos de la organización se compartan a lo largo de todas las funciones de la misma, 2) Estructura de la organización, 3) Apoyo del sistema, 4) Carencia de “compatibilidad” entre el sistema de reporte financiero y las medidas clave de desempeño de la cadena logística y 5) Enfoque corto de la cadena logística.

Objetivo final

- Sears debería esforzarse por dar mayor continuidad en relación con nuestra representación durante la Sesión de Patrocinio.
- Deberíamos aprovechar más las ventajas que brinda la Universidad en relación con la capacidad de sus recursos, así como de su potencial de prácticas.

Sección para críticas	Acuerdo	Desacuerdo	Comentarios (escritos a mano)
• Estrategia de la célula logística/elementos logísticos			
• Finanzas			
• Sistemas de información (SI)			
• VR			
• DD			
• Fuera de los centros comerciales			
• Recursos Humanos (RH)			
• Tiendas de outlet			

el consejo general y secretario, el director de información, el vicepresidente ejecutivo de administración y el vicepresidente ejecutivo de logística (Gus Pagonis). Las reuniones del comité se efectuaban una vez a la semana con el propósito de desarrollar las estrategias, metas y objetivos corporativos; asimismo establecían el ambiente de mando para toda la organización.

En el tercer *Boletín del Grupo Logístico de Sears* (SLG), Pagonis llevó a cabo una revisión de la estrategia de Sears y la manera en la que el plan de las actividades de SLG se ajustaría a éste. Pagonis había manifestado con bastante claridad que el plan de actividades del Grupo Logístico de Sears (SLG) debería "enfocarse en, así como integrarse a las estrategias y metas de Sears". Los elementos clave de los esfuerzos administrativos para lograr que Sears regresara a su camino, hacían que la empresa fuera un sitio obligado de compra, se concentrara en el mercado, contara con una cultura de ganadores y se centrara en el negocio minorista principal, además de mejorar continuamente los costos. (Véase en la ilustración 6 la forma en que las metas de SLG se integraron con las estrategias y metas generales de Sears.)

Por su parte, el boletín también proporcionaba el concepto de la misión del Grupo Logístico de Sears (SLG), así como la visión de éste y las directrices para que las unidades de campo pudieran preparar sus metas, objetivos e imperativos. El resumen de esta guía de orientación se presenta a continuación.

Lema y concepto del Grupo Logístico de Sears (SLG)

Por considerarse una manera sencilla para dar a conocer la visión, el lema se imprimía en cualquier cosa desde camisetas hasta papelería. El lema de Grupo Logístico de Sears era:

Nuestro objetivo final
Buena logística = Ventas y ganancias

El estatuto del Grupo Logístico de Sears (SLG) se definió como "Un solo punto de contacto y control" para todos los procedimientos logísticos, políticas y decisiones de la empresa, así como el desempeño óptimo de la misma por medio de la integración efectiva de los procesos logísticos con los negocios y tiendas de la empresa.

Declaración de la misión La declaración de la misión de Grupo Logístico de Sears (SLG) se redactó de la siguiente forma: "Desarrollar estrategias logísticas en conjunto con los negocios y las tiendas para crear una ventaja competitiva para Sears." Sin embargo, cada unidad organizacional del Grupo Logístico de Sears (SLG) debía definir el propósito de su unidad a través de su propia declaración de misión.

Metas Las metas del Grupo Logístico de Sears (SLG) se expresaban por medio de declaraciones no cuantificables. Por lo tanto, cada reporte directo debía actualizar sus metas operativas cada año. Las metas del SLG eran:

- Administración de los ciclos de tiempo
- Administración del servicio
- Enfoque en el desarrollo de la administración
- Reducción de costos
- Mejoramiento de los recursos de la productividad

Como parte de la visión que debería alcanzar en el año 2000, el Grupo Logístico de Sears (SLG) también fijó lo que denominó sus Imperativos Logísticos 2000:

- Atención de los requisitos de servicio (los requisitos de servicio no debían depender de otras funciones).

ILUSTRACIÓN 6 Integración del plan de actividades del Grupo Logístico de Sears con las estrategias y metas corporativas

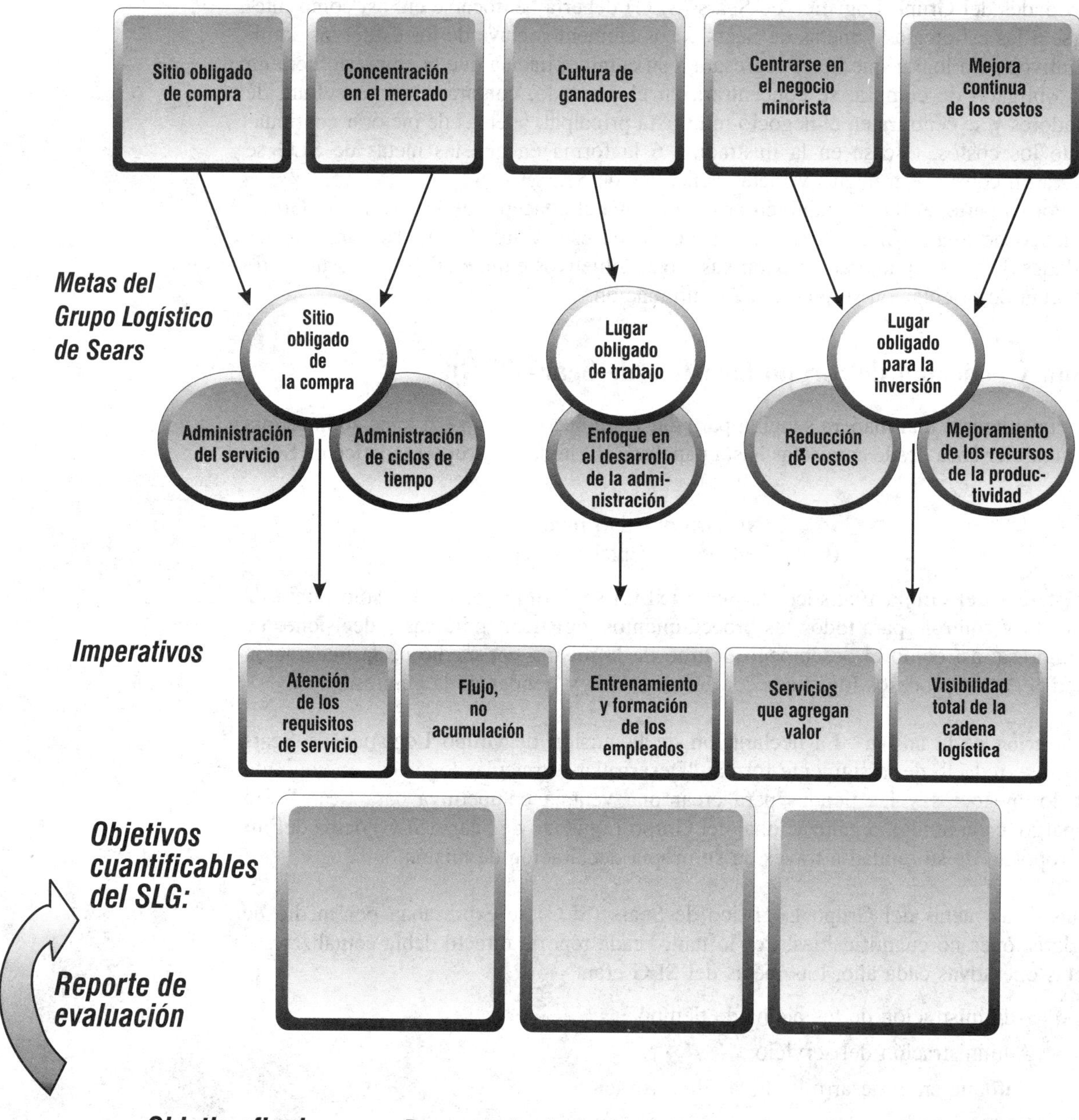

- Flujo, no acumulación (mantener la mercancía en movimiento).
- Desarrollo de los empleados, entrenamiento y educación (los empleados debían recibir entrenamiento, formación de economía, entrenamiento de interrelaciones y cursos educativos).
- Adición de valor y servicio (agregar valor a los bienes a través de la función logística).
- Creación de la visibilidad total de la cadena logística en un ambiente perfecto (concientizar a los accionistas sobre la cadena de valor de las actividades logísticas).

Objetivos Los objetivos señalaban las acciones específicas que el Grupo Logístico de Sears (SLG) debía realizar con el propósito de alcanzar sus metas. A diferencia de las metas, los objetivos expresaban declaraciones cuantificables. Es decir, la declaración de cada uno de los objetivos debía contar con la fecha en la que se pronosticaba cuándo se completaría, una lista de los beneficios que derivarían de su ejecución, así como una lista de los recursos (costos) de apoyo necesarios. Por su parte, los objetivos departamentales debían presentarse todos los lunes por la mañana durante las reuniones del equipo de trabajo, mientras que los objetivos clave se proporcionaban al presidente una vez al mes.

Actividades/lugar de trabajo Cada objetivo consistía en una o más actividades. La *actividad* era la explicación de la manera en la que la empresa lograría cada uno de los objetivos. Tal como los objetivos, las actividades eran cuantificables e incluían los beneficios, costos (en caso de ser aplicables), así como la fecha de su conclusión.

Mando centralizado/descentralizado Con el propósito de resumir la esencia del buen liderazgo, Pagonis citó en su obra *Moving Mountains* al poeta chino del siglo VI, Lao-tse:

> Un líder es mejor
> Cuando las personas apenas saben de su existencia,
> No tan bueno cuando las personas lo obedecen y lo aclaman,
> Peor cuando lo menosprecian.
> Pero de un buen líder que habla poco,
> Cuando su trabajo ha concluido, y ha satisfecho su propósito,
> Ellos dirán:
> Fuimos nosotros los que lo hicimos.[16]

La meta de Pagonis consistía en construir un ambiente de apoyo al liderazgo, en el que se centralizara el mando y se descentralizara la ejecución. En este ambiente, Pagonis controlaba los procesos pero no las decisiones.

Pagonis creía que si todos los que conformaban la "cadena del éxito corporativo" empleaban las técnicas propuestas (véase nuevamente la ilustración 2) se garantizaba que el líder obtuviese la información oportuna que le permitiría a él o a ella proporcionar tanto la visión y el enfoque al equipo de trabajo (control centralizado) como un ambiente en el que los subordinados funcionaran con libertad (ejecución descentralizada). De acuerdo con Pagonis, el líder debe destacar las características de su personalidad que le ayudarán a establecer contactos eficaces con los subordinados. Así, a través de este contacto el líder otorga la autoridad y las facultades a todas las personas de la organización.

Consejo Logístico El Consejo Logístico del Grupo Logístico de Sears (SLG) consistía de ocho vicepresidentes, Pagonis y algunas otras personas clave. Se reunía sólo cuando

[16] Pagonis, *Moving Mountains,* p. 228.

era necesario analizar y reaccionar ante los reportes provenientes de cada una de las divisiones o unidades del Grupo Logístico de Sears (SLG).

Entrenamiento y educación Por otra parte, Pagonis estaba convencido de que los líderes debían ser responsables personalmente de enseñar a sus empleados y de crear una organización de aprendizaje. En la obra *Moving Mountains*, citó al General Perry M. Smith, ex comandante del Colegio de Guerra de la Nación:

> La enseñanza y el liderazgo son como el guante y la mano. Es necesario que el líder desee enseñar las destrezas, compartir los secretos y las experiencias, así como también establecer una estrecha relación de trabajo con las personas con el propósito de ayudarlas a madurar y a ser creativas... A través de la enseñanza, los líderes pueden inspirar, motivar e influir sobre los subordinados de diversos niveles.[17]

Pagonis estimaba que hasta el 25 por ciento de su tiempo lo empleaba en instruir y educar a otras personas del Grupo Logístico de Sears. De acuerdo con su definición, el entrenamiento incluía adiestrar y aconsejar cada vez que fuese necesario. Por ejemplo, en cierta ocasión a bordo del jet corporativo en el que volaba hacia las instalaciones del grupo logístico de Columbus, Ohio, Pagonis seleccionó a un "caza fantasmas" (persona encargada de solucionar los problemas de proyectos especiales) y a su jefe, quien se encontraba a un lado, con el propósito de "entrenarlos". El subordinado no había preguntado si Pagonis pensaba visitar el Centro de Moda a las 9 p.m. después de la cena de trabajo, aun cuando los demás sabían que durante ese tipo de visitas normalmente lo hacía. Por lo tanto, él instruyó al subordinado sobre la forma en que debía desarrollarse el calendario completo para una de sus visitas de campo y le recordó al jefe del subordinado que el entrenamiento adecuado de los empleados a su cargo constituía una función clave para la dirección. Al día siguiente, tras darse cuenta que el subordinado a cargo del calendario aun no estaba listo para retirarse del hotel cuando él ya lo esperaba (15 minutos antes de la hora fijada) Pagonis lo instruyó nuevamente.

En el Grupo Logístico de Sears se realizaban dos tipos de entrenamiento de una manera más formal. Primero, se requería que todos los empleados dedicaran una hora al mes para aprender sobre algún tema ajeno a su área, con el propósito de que los empleados obtuvieran una visión de la empresa como un todo. Por ejemplo, cuando Pagonis apenas se incorporó a la empresa, se percató de que necesitaba actualizar sus conocimientos sobre finanzas, por lo cual, a lo largo de su primer año, se reunía periódicamente con el director de finanzas para efectuar sus actividades con más rapidez. Con el propósito de educar a sus empleados, Sears creó la Universidad Sears, a través de la cual se impartían diversos seminarios y clases sobre una gama de temas durante el año. Asimismo, se llevaban a cabo conferencias especiales para mantener actualizados a los empleados.

El segundo tipo de entrenamiento del SLG, que consistía en enseñar la interrelación entre las diversas funciones, se impartía a los empleados no asalariados con el propósito de ampliar sus destrezas y capacidades. Se esperaba que todos los colegas de Grupo Logístico de Sears comprendieran el negocio minorista en el que operaban. Por ejemplo, con el propósito de proporcionar un panorama más amplio, se asignaba a un empleado del área de finanzas de uno a tres días de trabajo al año en algún centro de distribución. Por otra parte, se programaban clases para todos los empleados en las cuales se impartían los conceptos fundamentales de economía y contabilidad, por lo cual se esperaba que todo el mundo pudiera leer un estado financiero y comprender el significado de términos como *margen bruto, utilidad neta, gastos indirectos* y *costos*.

No existían secretos subyacentes a las decisiones administrativas. Tal como sucede con todas las formas de entrenamiento y educación, la meta de crear una planta laboral

[17] *Ibid.*, pp. 223-224.

con mayor formación sobre asuntos económicos, también consistía en crear una planta laboral más leal. Sin embargo, el hecho de dar prioridad al entrenamiento sobre la interrelación de las diversas funciones facilitaba la creación y operación de equipos de trabajo inderdisciplinarios. Pagonis se apoyaba intensamente en estos equipos, debido a que les podía enviar problemas y temas diversos para su estudio, así como también encargarles la coordinación de iniciativas logísticas que involucraban a más de un departamento.

Puesto que todas las áreas funcionales del Grupo Logístico de Sears (SLG) se organizaban en equipos de trabajo, la evaluación de las destrezas de los mismos se convirtió en parte del proceso de revisión individual de cada uno de los empleados participantes. Por lo tanto, los factores de evaluación incluían la evidencia de capacidades para dirigir y apoyar al equipo, y la evidencia de que se efectuaban acciones personales para proporcionar los recursos necesarios y eliminar las barreras existentes para que el equipo se desempeñara con éxito. Uno de los más destacados equipos del SLG era el denominado "caza fantasmas" (cuyo nombre provino de la conocida película cuyo tema musical decía: "Cuándo no puedes encontrar a nadie, ¿a quién llamas? ¡A los Caza Fantasmas!" Cada uno de los caza fantasmas contaba con responsabilidades específicas sobre las cuales él o ella tenían conocimiento, pero también se esperaba que apoyase a cualquier otro miembro que lo necesitara, generara un ambiente de trabajo de cooperación, estuvieran conscientes de las fechas límite y que pudiesen apremiar a los otros para cumplirlas. Cuando se presentaba un "asunto urgente" al equipo de los caza fantasmas, todas sus fuerzas se concentraban en resolver dicho problema. Y en caso de que algún miembro del equipo estuviera ausente, el resto de ellos se unía para resolverlo, con la seguridad de que el miembro faltante haría lo mismo a su vez.

Condición física

La postura de Pagonis acerca de mantenerse físicamente saludable no cambió después de retirarse de la milicia. Por lo tanto, estimulaba fuertemente a sus empleados para que dejaran sus escritorios durante la hora de la comida con el propósito de ayudar a aliviar la tensión diaria. Él personalmente puso el ejemplo al no trabajar durante dos horas, es decir, de 11 a.m. a 1 p.m. para llevar a cabo una carrera de trote, una rutina de gimnasia o alguno de sus famosos juegos de baloncesto. A Pagonis le gustaba tanto el baloncesto (sólo en parte por su estatura, la posición que jugaba era la de defensa) que organizó una liga y convenció al Comité Ejecutivo para que se construyera una cancha de baloncesto en uno de los costados de las instalaciones de Sears.

Análisis y evaluación del desempeño

El análisis del desempeño de los empleados se consideraba en Sears como parte integral de las actividades administrativas. Bajo el mando de Pagonis, el Grupo Logístico de Sears desarrolló una nueva forma de efectuar el análisis del desempeño que se aplicaba a todos sus asociados asalariados. Por lo tanto, cada uno de los empleados, junto con un evaluador, se calificaba a sí mismo de acuerdo con la lista de objetivos cuantificables que el propio empleado había establecido para cumplirse durante el periodo que debía evaluarse. Además, la forma de evaluación también permitía calificar periódicamente las características y técnicas de liderazgo con el propósito de ayudar a que los individuos mejoraran continuamente sus destrezas para el liderazgo y la administración. Por su parte, el desempeño de los empleados asalariados evaluaba los siguientes aspectos: cambio de liderazgo, valores de integridad y morales, satisfacción del cliente, destrezas para delegar, destrezas para las relaciones interpersonales, habilidades para el trabajo en equipo, comunicación de dos sentidos, valoración de la diversidad, desarrollo de los empleados y de sus ideas, conocimiento y familiarización con el negocio, destrezas para la solución de problemas, así como la iniciativa y el sentido de urgencia (véase la ilustración 7). Asimismo, dentro del proceso de evaluación resultaban particularmente significativas las tres reuniones frente a frente que se llevaban a cabo durante el año (la propuesta inicial de objetivos y las revisiones de progresos a los seis y doce meses). Su objetivo final radicaba en que todos los empleados estuvieran conscientes del lugar que ocupaban.

Sistema especial de recompensas de Grupo Logístico de Sears

Con el propósito de ayudar a motivar a los empleados del Grupo Logístico de Sears, Pagonis estableció un sistema de recompensas no monetarias para premiar las acciones individuales que se juzgaban sobresalientes. El premio mayor era una medalla de bronce con el logotipo de SLG, que Pagonis personalmente entregaba a los empleados en su lugar de trabajo. No obstante, después de recibir varias medallas, los empleados podían elegir otro tipo de recompensa como camisetas, camisetas de golf, sudaderas o chamarras. El personal se sentía muy orgulloso de sus recompensas. Por su parte, en muchas de las oficinas enmarcaban las medallas con el propósito de mostrarlas a los otros y muchos de los empleados portaban con orgullo la ropa del Grupo Logístico de Sears que se habían ganado.

ORGANIZACIÓN LOGÍSTICA DE SEARS EN 1992

Antes de que Pagonis se integrara, las funciones logísticas de Sears estaban repartidas entre las diversas divisiones de la empresa. Cada división contaba con su propio administrador de logística, en el año 1990 Sears empleaba a más de 29 000 personas para realizar las funciones logísticas. Sin embargo, en 1998 el Grupo Logístico de Sears se había reducido a 10 000 empleados. La evolución de la nueva organización de las actividades logísticas generó una oportunidad para realizar cambios en la administración. Los paquetes de retiro prematuro crearon muchos movimientos dentro de la organización y 75 por ciento de los 49 administradores de alto nivel dejaron la empresa.

Antes de 1993, no existía una persona que fuera la única responsable de las actividades logísticas de Sears. Por ejemplo, la división de Servicios Logísticos de Sears (SLS) estaba a cargo de la distribución y transporte de todos los bienes de línea dura. Por su parte, los informes relacionados con los artículos de moda se entregaban al vicepresidente de ropa y los referentes a las relaciones con los proveedores al director de finanzas. Por lo tanto, Martinez comunicó a Pagonis que deseaba establecer un solo punto de contacto para las actividades logísticas de la empresa, lo cual concordaba con la idea de Pagonis, debido a que ése era el tipo de control que él deseaba, puesto que ser él mismo el coordinador y el distribuidor le permitía que fuese un ejecutivo influyente dentro de la estructura organizacional de la firma.

Al ser el único punto de contacto de las actividades logísticas de Sears, Pagonis comenzó por poner en su lugar una estructura organizacional bien definida y práctica. A diferencia de la previa organización logística de la empresa, el nuevo Grupo Logístico de Sears tenía responsabilidades operativas tanto en los niveles bajos como altos de la organización. Pagonis dividió las tres amplias funciones logísticas, es decir, almacenaje, transporte y distribución, en nueve unidades de operaciones específicas: relaciones con los proveedores, logísticas para el almacenamiento de toda la línea, canal de entrega directa, logísticas para tiendas fuera de centros comerciales, finanzas, operaciones e integración de células/elementos logísticos, estrategia, transporte y tiendas outlet.

Algunas de las funciones incluidas por Pagonis en su modelo de nueve grupos, por ejemplo, las relaciones con los proveedores y las tiendas de outlet, no eran funciones logísticas tradicionales. El motivo por el cual Pagonis agregó la relación con los proveedores a la cadena logística respondía al propósito de que los proveedores fuesen respon-

ILUSTRACIÓN 7 Formato para evaluar las destrezas de liderazgo de los empleados del SLG

Como se muestra a continuación, cada una de las 12 destrezas de liderazgo que se presentan en la lista contiene diversos componentes. Estudie la autoevaluación de los empleados. Luego considere el grado de congruencia que demuestra el empleado a través de su comportamiento. Escriba sus comentarios y dé su calificación. Asegúrese de incorporar la descripción de las áreas que necesitan desarrollarse.

Escala de evaluación
5 = Excepcional, rebasa por mucho las expectativas
4 = Excede las expectativas de manera congruente
3 = Cumple con las expectativas de manera congruente
2 = Cumple con algunas de las expectativas
1 = Inaceptable, no cumple con las expectativas

Destrezas para el liderazgo	Comentarios y evaluación
1. Cambio de liderazgo • Toma riesgos de manera responsable con el propósito de mejorar el servicio al cliente, la moral del empleado y el desempeño de sus tareas. • Crea un ambiente donde el cambio se considera positivo y emocionante. • Demuestra apoyo personal para el cambio.	Calificación _____
2. Valores de integridad y morales • Se adhiere a los altos estándares personales y laborales sobre la ética y la conducta. • Demuestra valor ante la adversidad; voluntad para expresar sus puntos de vista a pesar de que éstos carezcan de popularidad.	Calificación de la integridad _____ (para incluirse en el HRMS) Calificación de los valores morales _____ (no se incluye en el HRMS pero se estudia en la sesión de retroalimentación)
3. Orientación hacia el servicio al cliente • Establece y comunica los estándares de servicio al cliente en su unidad o departamento. • Mantiene el liderazgo a través del ejemplo al atender a los clientes, incluyendo el manejo y la solución de los problemas del cliente.	Calificación _____
4. Destrezas para delegar • Establece una cultura a través de la cual los empleados de todos los niveles toman decisiones para atender a los clientes de una manera responsable y por su propia voluntad.	Calificación _____
5. Destrezas para las relaciones interpersonales • Trata a los empleados y a los clientes con respeto y dignidad, incluso bajo presión. • Es justo y congruente con todos los empleados.	Calificación _____
6. Habilidades para el trabajo en equipo • Dirige y apoya a su equipo de trabajo; actúa personalmente para proporcionar los recursos necesarios y eliminar las barreras que pudiesen impedir el desempeño exitoso del grupo.	Calificación _____

ILUSTRACIÓN 7 (conclusión)

Destrezas para el liderazgo	Comentarios y evaluación
7. Habilidad para comunicarse en dos sentidos • Procura y escucha las ideas de todos los empleados; práctica de escuchar para aprender. • Estimula la comunicación abierta.	Calificación ____
8. Valora la diversidad • Informa a su equipo de trabajo sobre la importancia estratégica de atraer y retener la diversidad dentro del grupo de empleados en su negocio. • Demuestra un sólido compromiso personal respecto del valor de la diversidad dentro del equipo de trabajo.	Calificación ____
9. Fomenta el desarrollo de los empleados y valora sus ideas • Proporciona los recursos y otro tipo de apoyos para el desarrollo de los empleados. • Instruye a los empleados que muestran habilidades a través de la orientación, retroalimentación sincera y otros medios.	Calificación ____
10. Conocimiento y familiarización con el negocio • Funciona como líder dentro de su ocupación (en unidad, distrito, negocio) por medio del desarrollo y/o ejecución de los planes de la empresa. • Recopila información sobre la competencia y actúa con base en ella. • Demuestra entendimiento sobre la forma en la que su trabajo afecta el desempeño de los objetivos clave de la empresa.	Calificación ____
11. Destrezas para la solución de problemas • Identifica y elimina los problemas persistentes u ocultos que afectan negativamente al éxito de la empresa. • Procura y demuestra entender completamente la información y las publicaciones relacionadas con la solución de problemas.	Calificación ____
12. Iniciativa y sentido de urgencia • Actúa con rapidez y decisión para solucionar asuntos relacionados con el servicio al cliente o de la empresa.	Calificación ____

Parte 2: Calificación general de las destrezas para el liderazgo

Considerando las calificaciones otorgadas a las diversas destrezas para el liderazgo, por favor marque con un círculo la que a su juicio resume mejor el desempeño general en esta área.

5 = Excepcional, excede por mucho las expectativas
4 = Excede las expectativas de manera congruente
3 = Cumple con las expectativas de manera congruente
2 = Cumple con algunas de las expectativas
1 = Inaceptable, no cumple con las expectativas

ILUSTRACIÓN 8 Tienda Sears Outlet en Columbus, Ohio

sables del embarque oportuno de los bienes (el cumplimiento de entrega oportuna se incrementó de 35 por ciento en 1992 a 90 por ciento en el año 1996), así como de la entrega de las mercancías sin daños (Sears recaudó de los proveedores 22 millones de dólares por concepto de daños en 1996 contra 8 millones de dólares recaudados en 1992). En caso de que Sears fuera el responsable de los daños, el Grupo Logístico de Sears asumía la responsabilidad de recolectar los artículos dañados de las tiendas de outlet (véase la ilustración 8). Una de las metas del Grupo Logístico de Sears consistía en eliminar las tiendas de salida con el tiempo (32 de las 70 originales han sido cerradas).[18]

Pagonis creía que una clave importante para que el Grupo Logístico de Sears se desempeñara con éxito radicaba en su capacidad de trabajar y cumplir con los requisitos de las operaciones de la empresa (una de las tres responsabilidades del SLG, junto con las tiendas y los clientes). Por lo tanto, para garantizar el adecuado funcionamiento del grupo, algunos empleados del Grupo Logístico de Sears fueron ubicados dentro de los canales de entrega directa, línea completa y fuera de los centros comerciales. En cada canal se les identificaba como el único punto de contacto (SPOC). Además, la célula de logística y los equipos de estrategia funcionaban como el centro para el desarrollo de la planeación estratégica y la integración de los procesos logísticos relacionados con todos los negocios y las tiendas al menudeo.

Por su parte, el equipo de los caza fantasmas (antes definido) se encargaba de la identificación y solución de los problemas. Debido a que todos los caza fantasmas eran expertos en diversas áreas de las funciones logísticas, estaban autorizados para resolver rápidamente los problemas que se presentaran en las líneas funcionales. Compartían entre ellos cualquier información que llamara su atención. Debido a su capacidad para resolver cualquier tipo de problema, el equipo adquirió mucho prestigio. Incluso Martinez,

[18] Charlie Tarver, entrevista personal, 7 de julio de 1997.

el presidente de la empresa, acudía a ellos para solucionar rápidamente las quejas de los clientes que llegaban a él, aunque no fueran de carácter logístico. Además, este equipo también permitió que el Grupo Logístico de Sears pudiera responder dinámicamente al nivel de las tiendas, mientras que el equipo de estrategia suministraba la planeación de las soluciones a largo plazo.

(La dirección web de Sears es *www.sears.com.*)

AT&T RESOURCE LINK® (A)

CASO

14

Joel Harmon, *Farleigh Dickinson University*

John Seeger, *Bentley College*

"Le estamos haciendo mucho bien a la compañía y a las personas que trabajan para ella. Sin embargo, el reto ahora es cumplir nuestra misión *sin* perder dinero." En el mes de diciembre de 1993, Jim Meadows, uno de los vicepresidentes de recursos humanos de la empresa AT&T, se paseaba emocionado por su oficina mientras analizaba los fundamentos de su organización y los problemas que ésta presentaba en ese momento. Su energía era contagiosa, se notaba que Meadows estaba orgulloso de los esfuerzos y los resultados que se habían obtenido en Resource Link, una agencia de empleo temporal por nómina de la empresa AT&T.

> Nuestro personal es nuestra ventaja competitiva.
>
> **Robert E. Allen,**
>
> *Presidente y Director de AT&T*

"Desde que nos iniciamos, en septiembre de 1991, hemos crecido muy rápido. Hemos establecido nuestra credibilidad dentro de las unidades de negocios de AT&T que atendemos", expresó Meadows. "Sin embargo, todavía no estamos recuperando nuestros costos de operación y AT&T jamás ha tolerado que las unidades pierdan dinero. Por lo tanto, es necesario que encontremos la forma de ser autofinanciables para 1995."

Durante los diez años que siguieron a la separación de AT&T y las compañías de operación telefónica denominadas Baby Bells en el año de 1984, AT&T se había desprendido de más de 20 000 empleos, a pesar de las numerosas adquisiciones y la contratación extensiva que había realizado en ese periodo. (La ilustración 1 muestra el recorte anual de personal de AT&T.) Como muchas de las otras grandes corporaciones que experimentaban un proceso de recorte, con frecuencia una división de AT&T despedía personal, mientras que en otra se contrataba a personas igualmente calificadas. En consecuencia, surgió Resource Link como una unidad organizacional independiente, cuyo propósito era mantener dentro de la empresa a las personas más preparadas.

En resumen, Resource Link (RL) operaba de la siguiente manera: los empleados administrativos y técnicos profesionales que se encontraban "en riesgo" en alguna unidad de negocios particular de AT&T (por ejemplo, que se les hubiera notificado que sus puestos serían eliminados) o aquellos que sólo deseaban una nueva oportunidad, podían solicitar su transferencia a Resource Link. La política de reclutamiento de "empleados" que aplicaba Resource Link era muy selectiva, ya que en promedio sólo aceptaba al 10 por ciento de los solicitantes, los cuales continuaban siendo empleados fijos de tiempo completo en AT&T, con el mismo salario y beneficios que tenían antes

Los autores reconocen y agradecen a Suria Malamusa y a Marie Rock por su apoyo en investigación, a las personas de AT&T por su generosidad y a los revisores de Eastern Casewriters Association... y al *Case Research Journal* por sus valiosas sugerencias para mejorar la presentación del caso. Todos los acontecimientos y los nombres de los individuos son reales.

ILUSTRACIÓN 1 Personal de AT&T

Fin de año	Administradores y profesionales	Trabajadores	Total
1984	155 278	285 842	441 120
1985	156 148	256 979	413 127
1986	156 619	236 340	392 959
1987	155 970	232 861	373 831
1988	163 072	215 837	378 909
1989	147 534	197 780	345 314
1990	149 750	184 645	334 395
1991	147 761	175 545	323 306
1992	147 514	159 668	317 182
1993	149 515	182 677	312 182

Compañías adquiridas: McCaw, Gretag Data Systems, Datotek, Internet, BarPhone, ETSA, Network of Chase Manhattan, Norfolk Finance, Datald, Teredata, NCR, Germania Electronica, Western Union Global Messaging, U.S. Instrument Rentals, Ecore Int'l, Pacific Corp., Lycom Istel, AIS, Eaton, Parradyne, APT, Fitel.
Compañías vendidas: Solid State Circuit, Thailand Directories, UNIX Systems Lab, Bangkok Manufacturing, Microelectronics Plant Singapore Factory.

de su transferencia, pero ya no seguían una trayectoria profesional o con un puesto tradicional. En lugar de ello, cambiaban tres o cuatro veces al año de un proyecto a otro. Resource Link comercializaba y "arrendaba a otras empresas" los servicios de su hábil grupo de trabajo a las casi 30 unidades de negocios y divisiones de soporte de AT&T. (La ilustración 2 muestra una representación simplificada de la estructura de AT&T.) Por lo tanto, la ruta que Resource Link se trazó para recuperar completamente sus costos consistía en facturar a los clientes las horas de servicio prestadas por sus empleados. Operaba como un negocio independiente, no lucrativo, dentro de la división de recursos humanos de AT&T.

Durante el periodo que transcurrió de finales de 1991 a finales de 1993, el número de empleados que Resource Link contrató aumentó de 31 a casi 400. (La ilustración 3 muestra los empleos anuales de RL.) Un porcentaje cada vez mayor de los empleados de Resource Link eran voluntarios (es decir, que sus empleos no estaban en riesgo cuando se unieron a RL). De acuerdo con los análisis de Resource Link, el tiempo ocioso que los empleados debían esperar entre una asignación temporal y otra era increíblemente bajo en comparación con los promedios de la industria de las agencias de empleos temporales y las firmas de consultoría. El crédito que Jim Meadows había logrado a través de Resource Link consistía en ayudar a que la empresa evitara el pago de millones de dólares por concepto de liquidaciones y cuotas a las agencias de empleo. De acuerdo con las encuestas internas, la satisfacción tanto de los clientes como de los empleados de Resource Link era bastante alta. Muchas personas dentro de AT&T señalaron a Resource Link como la evidencia de que la empresa cuidaba a sus empleados, a pesar de los drásticos recortes de personal.

Aun con estos indicadores de éxito, la administración de la unidad estaba preocupada. A lo largo de sus tres primeros años de operación, Resource Link había registrado grandes y crecientes pérdidas financieras; el año fiscal de 1993 concluiría con un déficit de más de 3 millones de dólares. Por otra parte, en el plan que se vendió a los ejecutivos de AT&T se había proyectado que durante el año 1995 se operaría con números negros. Las pérdidas continuas podrían poner en riesgo la supervivencia de Resource Link. Además, la trayectoria hacia la rentabilidad todavía no estaba clara ni parecía sencilla. El entrenamiento y desarrollo de los empleados exigía cada vez mayor inversión. La

ILUSTRACIÓN 2 AT&T 1993: Estructura organizacional simplificada

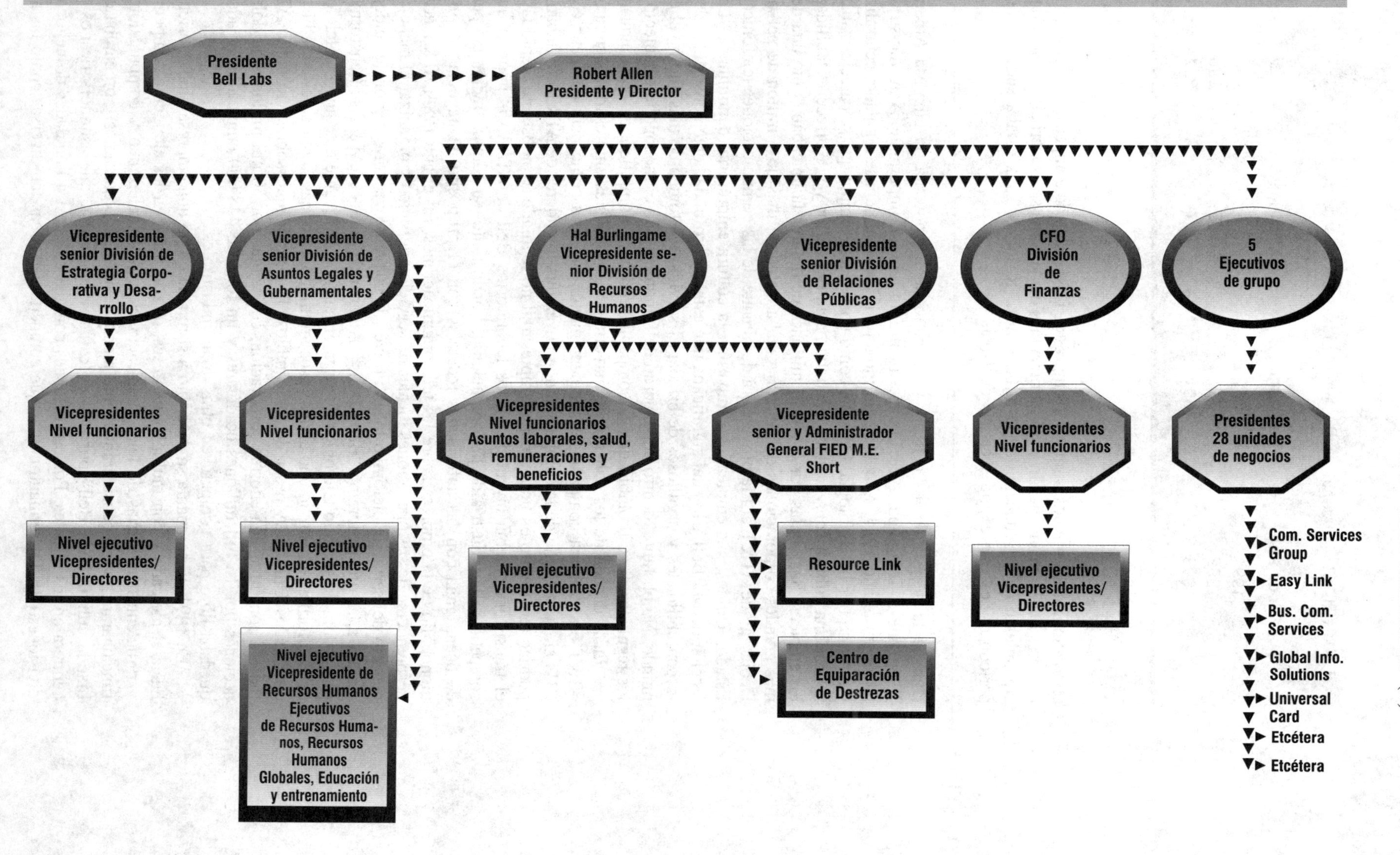

ILUSTRACIÓN 3 Personal de Resource Link y fuentes de empleados

Fin de año	En riesgo	Voluntarios	Total
1991	25	6	31
1992	171	125	296
1993	180	217	397

restricción de los precios limitaba los ingresos. Los gastos de compensación eran mucho mayores que lo pronosticado y las ineficiencias del sistema se exacerbaban con el rápido crecimiento de la reducción de la utilidad neta. Resource Link estaba entrando en un periodo crítico que exigía acciones decisivas.

ANTECEDENTES

Durante la década de los ochenta y el inicio de los noventa, la empresa American Telephone & Telegraph (AT&T) experimentó un repunte importante. Antes de su disolución en el año 1984, AT&T era un monopolio estadounidense regulado, centralizado y dirigido por la tecnología. Operaba como un negocio simple que se caracterizaba por aplicar una cultura conservadora, centrada hacia el interior y por ofrecer estabilidad en los empleos. Sus ventas por 69.4 mil millones de dólares la ubicaban como una de las más grandes corporaciones del mundo y daba trabajo a más de 1 millón de personas. Debido a que AT&T era la proveedora dominante de las comunicaciones telefónicas en Estados Unidos, sus empleados compartían la cultura empresarial denominada "La dirección de Ma Bell", lo cual significaba que estaban profundamente conscientes de sus responsabilidades y orgullosos de brindar el servicio telefónico de más alto nivel en el mundo. No obstante, dentro del acuerdo de franquicia que el monopolio estableció con los reguladores, se prohibió que la compañía telefónica compitiera en otras industrias.

En la década de los ochenta, la mayoría de los analistas empresariales creían que AT&T era la única compañía lo suficientemente poderosa como para competir contra IBM en la industria de la computación, a la vez que los líderes de AT&T confiaban que podrían tener éxito en un ambiente empresarial no regulado. No obstante, debido a que el transistor se había inventado en los laboratorios Bell de AT&T, la empresa quería competir en la industria de la computación. Por lo tanto, su administración cooperaba de buena gana con las autoridades federales con el propósito de negociar el fin del monopolio de la empresa sobre las telecomunicaciones. En el año 1984, AT&T acordó desprenderse de sus operaciones locales de servicio telefónico y organizar el manejo del negocio del servicio telefónico local a través de nueve proveedoras regionales independientes a las que denominó "Baby Bells". A partir de entonces AT&T se transformó en proveedora de servicio telefónico de larga distancia y fabricante de equipo de telefonía; de esta forma se resolvió uno de los casos antimonopolio más importantes en la historia de Estados Unidos. A pesar de los cambios, la porción que sobrevivió como AT&T todavía constituía una enorme corporación, con ventas por 30 mil millones de dólares, acciones por 16 mil millones de dólares y un total de 448 000 empleados. Y además quedaba libre para competir en otras áreas industriales.

En 1991, la compañía se describió a sí misma como una empresa global, orientada hacia el mercado y con múltiples intereses, que operaba en las altamente competitivas y turbulentas industrias de telecomunicaciones, equipo telefónico y computación. Su funcionamiento era considerablemente menos centralizado que antes y procuraba cambiar la cultura "Ma Bell" por otra de carácter innovador, que asumiera riesgos y se centrara en los clientes. Por ese entonces contaba con casi 40 unidades de negocios y divisiones (BU/D) semiautónomas que competían en áreas tan diversas como las áreas de servicio de larga distancia, computadoras y tarjetas de crédito, así como el área de sistemas y equipos para telecomunicaciones. Sin embargo, como cada una de estas divisiones era responsable de sus utilidades y sus pérdidas, todas contaban con amplia libertad para elegir la estructura que les permitiera cumplir con las necesidades singulares de su ambiente empresarial. Por su parte, divisiones como la de finanzas, sistemas de información, recursos humanos y relaciones públicas, además de las de asuntos legales y gubernamentales, generalmente operaban como centros de costo con el propósito de apoyar a las diversas unidades.

Sin embargo, proveer el personal que estos cambios requerían significó un continuo desafío. Los empleados que abandonaban definitivamente alguna de las unidades de negocios se llevaban consigo las habilidades, las destrezas y la experiencia que todavía se necesitaban en otras áreas de AT&T. La reducción de los negocios exigía el pago de indemnizaciones de los despedidos, mientras que el crecimiento de las unidades de negocios requería pagar el reclutamiento, la capacitación y las consultorías. A pesar de que este escenario era común en la corporación América y necesario para lograr los cambios que permitirían que AT&T llegase a ser un competidor formal de la década de los noventa, se trataba de un proceso que nadie en AT&T deseaba repetir. En medio de la agitación que se experimentaba se deterioró la lealtad, el compromiso y la seguridad, y muchos de los empleados se sintieron impotentes y abandonados. Los periodos de confrontaciones entre la administración y los empleados, los problemas con la prestación de los servicios, las épocas de atascamiento de la organización y la detección de un continuo de negatividad entre los empleados se atribuían, en gran parte, al decaimiento de la estabilidad de los empleos (que por mucho tiempo había sido piedra angular del "contrato psicológico" que se establecía entre AT&T y su personal). Debido a que la dirección de AT&T consideró que esto representaba un problema estratégico importante, inició la búsqueda de las formas que le permitieran incrementar la estabilidad de los empleos y demostrar su compromiso con los empleados. Al mismo tiempo, la empresa debía permitir que sus unidades de negocios contaran con la flexibilidad suficiente para reunir los equipos de trabajo que les permitieran satisfacer sus necesidades fluctuantes.

La situación se agudizó todavía más en 1991, cuando, como reflejo de la reestructuración que experimentaba la industria de las telecomunicaciones, AT&T adquirió la compañía multinacional de cómputo denominada NCR y decidió eliminar su propio negocio de sistemas de cómputo. Instantáneamente, con este movimiento AT&T puso en riesgo el empleo de más de 10 000 personas. Fue este contexto el que provocó que Hal Burlingame, vicepresidente senior de recursos humanos, decidiera la integración de un comité de profesionales en la materia cuyo propósito consistiría en fijar las estrategias de administración de la plantilla laboral que permitieran minimizar el efecto que el cambio de organización tenía sobre las unidades de negocios de AT&T y sus empleados.

Idea para una reserva de talentos interna

Entre las iniciativas que el comité de Burlingame consideró, se encontraba la de formar, con los empleados en riesgo, una concentración laboral de trabajadores eventuales de la que toda la organización pudiera disponer sin mayor esfuerzo. El comité propuso que el personal administrativo y técnico que de otra forma podría ser despedido de AT&T, estuviera disponible para ocupar los puestos que se requerían en cualquier otra parte de la empresa, es decir, para desempeñar los trabajos que, por lo general, requerirían de nuevos ajustes o de contratistas externos. (Se estimó que durante ese periodo, toda la compañía contrataba los servicios de cuando menos 20 000 trabajadores, de los cuales 25 por ciento eran "técnicos profesionales", por ejemplo, gerentes de proyecto o programadores.) A pesar de que la idea de crear una reserva de talento interna había surgido desde 1988, como una recomendación del equipo operativo, nunca antes se examinó con seriedad. Sin embargo, en 1991 el comité consideró que la idea resultaba lo suficientemente atractiva como para llevarla a cabo. El presidente del comité, el vicepresidente John McMorrow, presentó a Burlingame la idea de una reserva de talento. Fue entonces cuando se invitó a Jim Meadows a formar parte del proceso.

Jim Meadows

Cuando Jim Meadows se integró al proceso de planeación, tenía 54 años de edad y era vicepresidente de AT&T. Estaba casado y sus tres hijos ya eran adultos. Había trabajado para AT&T durante 30 años, ocupándose principalmente en sus negocios tradicionales. En 1960, justo después de concluir su licenciatura en Administración de empresas, fue contratado en Oregon por la compañía Western Electric. Como sucedió con muchos otros de los administradores de AT&T en esa época, la carrera de Meadows la condujo en gran medida AT&T. Con estancias promedio de tres años, Meadows fue trasladado a las instalaciones de la oficina central en Los Ángeles, a las operaciones de manufactura en Nueva Jersey, a finanzas en Nueva York, a sistemas de procesamiento de datos en San Francisco (después a la administración de materiales en ese mismo lugar), a planeación y desarrollo de software en Carolina del Norte, a recursos humanos corporativos también en Carolina del Norte, a control de producción y servicio al cliente en Boston, logística de materiales y planeación de desmembramiento en San Luis, a logística de materiales para todo lo BU/D en Chicago y a sistemas de cómputo en Nueva Jersey (1990). Meadows parecía satisfecho con el ritmo de estos movimientos, por lo cual decía de sí mismo, "amo el cambio". Y proseguía:

> Más que un creador, yo soy un innovador. La mayor parte de mi vida la he empleado en hacer cambios. Aunque siempre se ha tratado de los cambios de otras personas. En toda mi vida, no creo haber tenido una idea verdaderamente original, pero siempre he contado con la habilidad para distinguir una buena idea cuando la veo y realizarla.
>
> Los cambios de gran escala y la reducción que hemos (en AT&T) experimentado durante la última década han sido necesarios para que la empresa pueda competir en un mundo cambiante. Pero llevarlos a cabo le ha costado a la empresa grandes sumas de dinero, afectar a los empleados leales al hacerlos sentir "menospreciados" o al poner "en riesgo" sus empleos y destrozar la cultura corporativa.
>
> Con el propósito de desarrollar mi carrera, he permanecido en AT&T desde 1960, moviéndome de un lado a otro de la empresa. Durante mi última función, discurrí sobre lo que significaría quedarme sin trabajo, de esta manera puedo sentir verdadera empatía tanto con los compañeros cuyos empleos están en riesgo como con los que buscan mejorar su potencial a través de movimientos laterales. Por lo tanto, cuando se presentó la ocasión de ayudar a la compañía a tratar el problema de la administración de la plantilla laboral, aproveché la oportunidad.
>
> John McMorrow y yo nos conocimos en Chicago, donde ambos trabajamos a mediados de la década de los ochenta. En esa época él sabía que yo estaba disponible para recibir una nueva asignación. Debido a mis antecedentes en operaciones *y* recursos humanos, pensó que tendría cierta credibilidad con Hal Burlingame y la comunidad de recursos humanos. Así que organizó una reunión entre Hal y yo. Primero Hal me solicitó que investigara la factibilidad de la idea del comité de reserva de talento y después que realizara el plan empresarial. Él quería que Resource Link fuera un laboratorio para experimentar las tecnologías de punta en materia de recursos humanos y un lugar en el que los administradores pudieran aprender a manejar los recursos humanos como un negocio. Luego de analizar el plan que le presenté, comentó: "A esta idea le ha llegado su tiempo", y le dio el visto bueno.
>
> Estoy muy orgulloso de mi equipo y de lo que hemos logrado en este lugar y percibo un profundo sentido de compromiso. Algunas veces pienso, sin exteriorizarlo, que ni nuestro equipo ni los empleados estarían aquí si no fuera por mí. Ellos dependen de mí y de Resource Link. Es por eso que yo quiero que a todos les vaya bien y deseo que las cosas crezcan.

En relación con su estilo de administración, Meadows sostuvo:

Debido a mi estilo de dirección "centralizada", muchos de mis gerentes me tachaban de "microadministrador". Hasta hace poco tiempo, eso era bastante cierto. De hecho, mi incapacidad para delegar autoridad fue un problema importante que me señalaron durante la retroalimentación para mejorar, de la primavera pasada.

Es cuestión de confianza. Francamente, como administradores profesionales de recursos humanos, muchos de los que ocupan los altos puestos dentro de mi equipo de trabajo jamás han sido responsables de las utilidades y las pérdidas de una compañía ni han tenido ninguna otra experiencia real en relación con poner en marcha una empresa. He aquí un ejemplo: en una reunión con el equipo de trabajo que se llevó a cabo fuera de la oficina en octubre de 1992, cuando Resource Link apenas tenía un año operando, descubrí que las horas de servicio que nuestros empleados habían prestado y que no se habían facturado hasta ese momento equivalían a un millón de dólares; es decir, que los recibidos en las horas de servicio todavía no se habían procesado o registrado. Ni falta hace comentarles que ¡estuve a punto de estallar! Les dije a mis administradores que ése era un primer ejemplo del motivo por el cual no les tenía confianza.

Para mí, cambiar el enfoque y sacar las manos de todos los asuntos bajo mi responsabilidad, no ha sido sencillo, pero lo estoy intentando. Mis normas son muy estrictas. Sé que esto puede parecer egoísta, pero yo quisiera que fuésemos lo mejor que podamos ser. Soy un aficionado a decir: "Ustedes me pueden hacer feliz, pueden complacerme, pero jamás me dejarán satisfecho por completo." Yo quiero que les vaya bien por su propio bien. Sin lugar a dudas, les ayudé a llegar a donde están y éste es mi bebé, pero no voy a permanecer aquí por siempre. Y cuando me vaya, quiero dejar la sensación de que hice una diferencia. Quiero dejar un trozo de una pequeña herencia.

Fase de planeación

En el mes de marzo de 1991, Hal Burlingame le solicitó a Meadows que explorara la factibilidad de crear una reserva de talento interna. Además le indicó que el tema debería abordarse desde un punto de vista empresarial, que evitara la burocracia y que procurara simplificarlo lo más posible. Por lo tanto, durante las siguientes seis semanas, Meadows se dedicó a estudiar los problemas relacionados y a establecer contacto con personas de las diversas áreas de AT&T. También sostuvo reuniones con los grupos a cargo de la planeación estratégica de los recursos humanos, así como con el personal de adquisiciones con el propósito de examinar el volumen y el costo de los servicios que se contrataban y estudió las tendencias de la plantilla laboral.

Durante este tiempo, Meadows conoció a Doug Merchant, encargado de la planeación estratégica de recursos humanos de AT&T, con especialidades en economía institucional y teoría y diseño de la organización. Merchant creía que una estructura para la administración de una plantilla laboral del tipo de la que se pretendía manejar a través de Resource Link, podría traducirse en una ventaja competitiva relevante para AT&T. Asimismo, consideraba que la empresa podría atraer a las personas más talentosas si lograba establecer un compromiso con ellas y contaba con los recursos para mejorar sus posibilidades en el mercado laboral. También pensaba que la compañía podría obtener mayores economías de escala de su enorme fuerza laboral, si lograba que la reasignación de su talento se efectuara de manera más eficaz. En consecuencia, AT&T estaría mejor preparada que la competencia para alcanzar un balance óptimo entre la instrucción y la eficiencia de la organización por un lado y, por el otro, el equilibrio entre la flexibilidad y la innovación.

Debido a que sus conocimientos y sus formas de aprendizaje eran notablemente complementarios con los de Merchant, desde el principio Meadows percibió que existiría un gran acoplamiento entre ambos. "Yo me encuentro en donde las 'ruedas se juntan con el camino' y él está donde las 'ruedas tocan el cielo'", comentó Meadows. Esta característica les permitió sostener varias sesiones prolongadas y productivas durante las cuales la lluvia de ideas tuvo como propósito concebir la forma en que podría funcionar el concepto de la reserva de talento, incluyendo lo que Meadows describió

ILUSTRACIÓN 4 Concepto de Resource Link

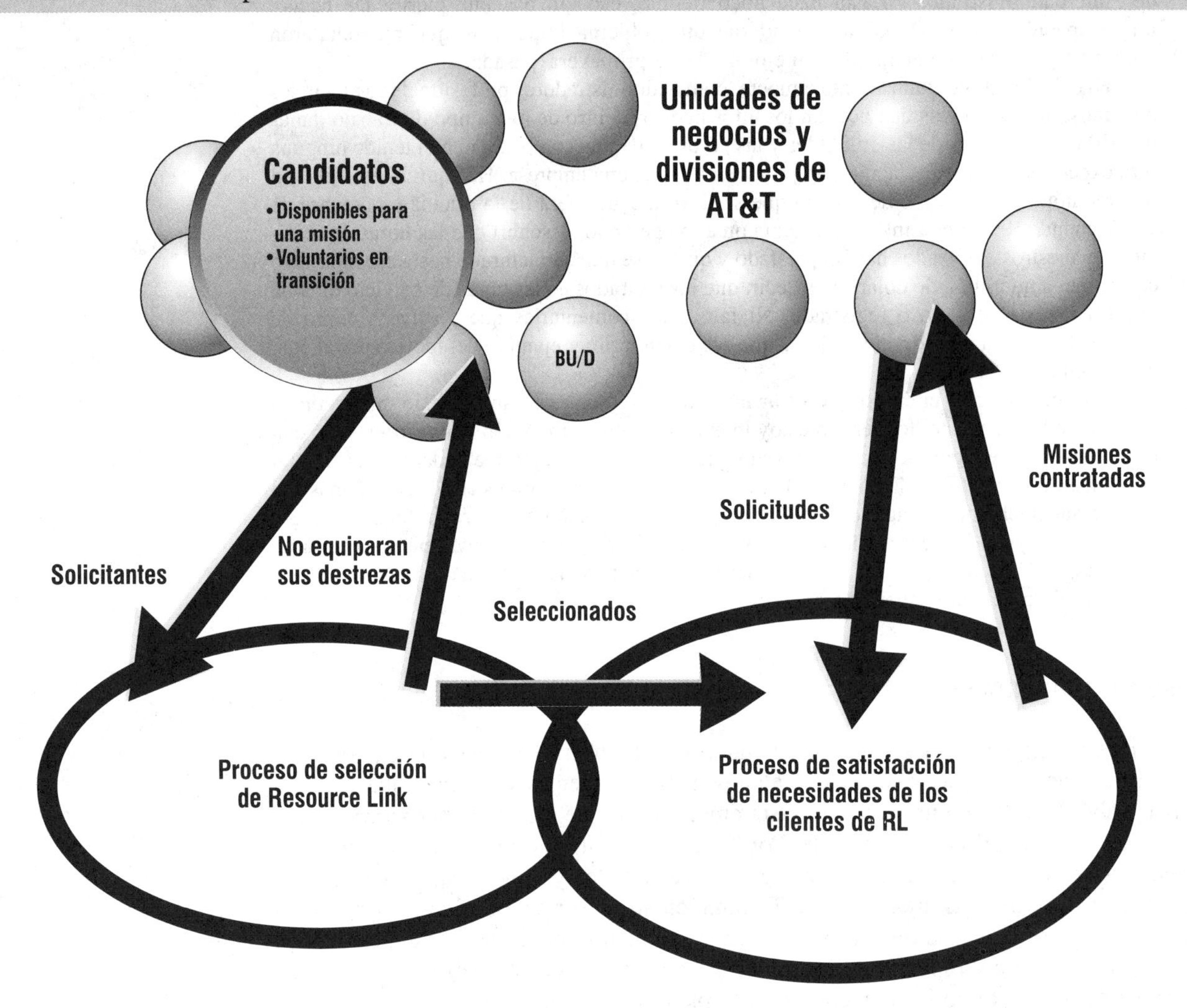

como “material ultramoderno que está en la gloria”. De acuerdo con Meadows, el desarrollo de estas sesiones con Merchant, así como de las subsecuentes, resultó esencial para la conceptualización de Resource Link.

El día 11 de abril, Meadows presentó sus recomendaciones. Primero puso sus conclusiones a la dirección del consejo de la unidad de negocios de recursos humanos para obtener sus reacciones. Según Meadows, “formularon muchas preguntas difíciles, pero en general se mostraron entusiastas”. Al final de ese mismo día, Meadows se reunió a solas con Burlingame durante una hora con el propósito de reportarle que no sólo había determinado la factibilidad del proyecto, sino también que era *urgente* que la empresa se movilizara para disponer tanto de una plantilla laboral medular como de una variable (eventual). Meadows y Burlingame exploraron el documento de una hoja que contenía el concepto para la formación de Resource Link (semejante a la ilustración 4). Más adelante, Meadows recordaría que Burlingame se interesó mucho por conocer lo que habían expresado los directivos de recursos humanos. “Yo pienso que a él le impresionó que yo hubiese corrido el riesgo de primero mostrarles el proyecto a ellos antes que a él, que era justo el efecto que yo esperaba”, afirmó. Meadows estaba convencido de que debía transmitir la idea de que había corrido un riesgo con tal de estructurar exitosamente la empresa.

Burlingame le dio a Meadows el visto bueno para que desarrollara un plan empresarial completo. Así que reunió al equipo que necesitaría para el proyecto, entre cuyos integrantes se encontraban representantes de finanzas, marketing, recursos humanos y sistemas de información. El equipo inició la investigación de los problemas y las tendencias de la plantilla laboral, realizó evaluaciones comparativas con otras compañías que enfrentaban los mismos problemas, dirigió grupos internos de atención a clientes y empleados potenciales, recopiló datos sobre las costumbres y las demandas de los trabajadores temporales fuera de nómina, identificó los mercados objetivo y estudió con profundidad las características de las industrias de servicios y consultorías temporales.

En respuesta a su propia solicitud, Meadows proporcionaba mensualmente reportes verbales de los avances al Consejo Directivo de Recursos Humanos, utilizándolos como medio de divulgación de sus ideas. A pesar de que algunos permanecían escépticos, Meadows consideraba que las reacciones de los directivos de los recursos humanos eran positivas. Percibía que algunos de los funcionarios más tradicionales se sentían amenazados por el concepto integral de lo que él y Burlingame intentaban realizar, es decir, por el hecho de integrar un negocio independiente y con buen funcionamiento dentro del área de recursos humanos. No obstante, creía muy conveniente que tanto los escépticos como los entusiastas se involucraran en cada uno de los pasos que constituían las etapas del proceso.

Con el propósito de preparar a su equipo de trabajo para la presentación del proyecto ante los administradores senior, Meadows trabajó muy duro. Él quería que cada uno de los miembros del equipo expusiera su propia parte del plan, y, de acuerdo con algunos de ellos se los hizo repasar una y otra vez, de manera implacable, hasta que expusieron exactamente como él deseaba que lo hicieran.

El 15 de agosto el equipo presentó el caso "reserva de talento" a Burlingame. Primero Meadows le informó que para ese momento nueve empleados ya contaban con contrato y asignación. Una vez más, él quería demostrar con su conducta que corría cierto riesgo. Burlingame se impresionó y aprobó el plan con entusiasmo, lo único que solicitó fue que el CFO y el director de control de AT&T fuesen los responsables de su ejecución. Después de que se validaron los números, Burlingame otorgó la aprobación final. Parecía seguro que Resource Link no sólo serviría bien a la empresa sino que también funcionaría como modelo de aprendizaje sobre la forma en que deberían operarse las funciones de recursos humanos como negocio.

ESTRUCTURA Y SISTEMAS DE RESOURCE LINK: 1991-1993

En el mes de septiembre de 1991, Resource Link inició sus operaciones como unidad independiente dentro de la división de recursos humanos. La unidad se centró en Nueva Jersey, donde AT&T tenía sus oficinas centrales. Meadows, que asumió el liderazgo de Resource Link como vicepresidente de recursos humanos, debía reportar directamente a Burlingame. La misión de la unidad se definió como sigue:

> Retener a los empleados y desarrollar su sólido desempeño en la administración de las unidades de negocios y divisiones, en apoyo de las necesidades variables de la plantilla laboral de AT&T y proveer de personal a través de alternativas rentables y flexibles.

Meadows operaba su empresa con un alto grado de independencia. El personal de Resource Link aportaba una mezcla de disciplinas y especialidades (por ejemplo, para poner en marcha una empresa, en ventas, operaciones, reclutamiento, administración de sistemas de información, finanzas). Todo el personal de Resource Link provenía de AT&T. Por lo tanto, a la mayoría se le otorgó los cargos tradicionales (es decir, permanentes), aunque unos cuantos ingresaron a RL como empleados para cumplir misiones de un año. Meadows esperaba que las personas a su cargo mostraran un alto grado de energía, compromiso y dedicación, por lo cual procuraba crear una cultura que favore-

ILUSTRACIÓN 5 Principales clientes de Resource Link: 1993

Unidades de negocios y divisiones de AT&T	Número de empleados
Servicios de comunicación empresarial	43
Operaciones de estrategia, ventas y clientes	40
Director de información de tecnología de grupo	39
División de recursos humanos (no la de RL)	35
NCR	24
División de servicios en red	23
Director de finanzas	21

ciera la actividad, el empuje, la dinámica y la orientación hacia los resultados. En Resource Link los resultados significaban crecimiento, alta productividad y cumplimiento de los propósitos financieros. El plan empresarial exigía que Resource Link no perdiera más de 5 millones de dólares durante el primer año y recuperara completamente sus costos hacia finales del año 1995. Sin embargo, Meadows se había propuesto lograrlo incluso antes de ese tiempo, por lo cual se lo repetía constantemente a su personal.

En 1991, prácticamente todos los empleados de Resource Link habían estado en riesgo (disponibles para una nueva tarea) dentro de las unidades de negocios en las que laboraban previamente. Muchos de ellos provenían de la división de cómputo que en esa época estaba en proceso de eliminación como resultado de la adquisición de NCR. Para fines del año 1993, los empleados de Resource Link provenían de una amplia variedad de BU/D (véase en la ilustración 5 los clientes principales de RL en 1993), mientras que más de la mitad permanecía en calidad de voluntarios (sin riesgo de perder el empleo en el momento de solicitar su traslado). Asimismo, el promedio de los empleados era de 43 años de edad con casi 18 años de experiencia en AT&T.

Entre 1991 y 1993, casi 500 empleados habían trabajado para Resource Link; más de 100 se habían retirado para aceptar cargos permanentes en alguna otra parte dentro de la empresa AT&T (más del 10 por ciento de estos empleos fueron promociones). De acuerdo con los resultados de las entrevistas sobre el abandono definitivo de Resource Link, el motivo principal radicaba en la preferencia por los empleos tradicionales. Los empleados que habían dejado la empresa eran menos de una docena y la mayoría de ellos eran buenos candidatos para obtener su pensión. Por su parte, la demanda de empleados era consecuentemente mayor que la posibilidad de abastecerla, por lo cual, a fines de 1993, Resource Link no pudo cubrir más de 150 requisiciones de servicio de sus clientes.

Sin embargo, el crecimiento de los empleados necesitaba ser acompañado por la transformación de la estructura de Resource Link. Por lo tanto, a fines de 1991, RL abrió una oficina en el distrito oeste de Estados Unidos con el propósito de atender las necesidades de Chicago y, seis meses después, abrió otra más en California. Por su parte, a mediados del año 1992, la oficina del distrito este, a través de la cual originalmente se atendía sólo a Nueva Jersey, Nueva York y Pennsylvania, se vio obligada a ampliar sus servicios para atender Atlanta y Washington, D.C. Además, diversos empleados cumplían misiones de AT&T en otros países. También a mediados de 1992, Resource Link y el nuevo Centro de Equiparación de Destrezas (SMC, por sus siglas en inglés) se combinaron en una nueva unidad dentro de la división de recursos humanos denominada Colocación Profesional Alternativa (CPA, por su siglas en inglés). La formación del Centro de Equiparación de Destrezas (SMC) fue el resultado de la negociación colectiva, y era una reserva de talento de "negociaciones para" empleados (en su mayoría representados por uniones administrativas). A pesar de que Resource Link y el Centro de Equiparación de Destrezas operaban de manera semejante, constituían unidades independientes que atendían diferentes tipos de empleados. Jim Meadows dirigía tanto RL como CPA.

A principios del año 1993 se produjeron algunos cambios significativos dentro del equipo administrativo de Resource Link. Los administradores de los distritos este y oeste dejaron voluntariamente sus cargos para colocarse en alguna otra área de la corporación. Por lo tanto, Meadows incorporó a nuevos directivos que contaban con mayor experiencia en la operación continua de empresas. El nuevo administrador del distrito oeste, John Doran, era un experto administrador en operaciones de venta, manufactura y manejo de sistemas de información. Por su parte, Mary Conrad, quien asumió la administración del distrito este, contaba con experiencia en la dirección de telemercadeo y antecedentes de apoyo a las ventas. Algunos de los administradores de Resource Link describían a Doran y a Conrad como "administradores con tendencia a la centralización, con orientación hacia los procesos y mentalidad triunfadora". Además, durante el mes de enero de 1993, Mike Lowe se incorporó para ocupar un cargo nuevo como administrador distrital de apoyo a los empleados. Lowe había tenido a su cargo la dirección de recursos humanos de la subsidiaria de AT&T en Florida. Irónicamente, dos años antes Lowe había entrevistado a Meadows para ocupar la dirección de una de sus unidades. Por lo tanto, ambos se impresionaron al observar sus credenciales. Sin embargo, conforme el año transcurría, las responsabilidades administrativas de Lowe se ampliaban y el título de su cargo se modificó por el de administrador distrital de operaciones y apoyo administrativo. Por lo tanto, Lowe incorporó a su vez a diversas personas con el propósito de que lo asistieran en la administración de personal, reportes y sistemas. A finales de 1993, el equipo de trabajo interno de Resource Link constaba de 40 empleados.

En Resource Link cada empleado debía reportarse con un administrador de apoyo a los empleados. Por su parte, los administradores actuaban como "promotores", es decir, seleccionaban y asignaban a los empleados en relación con las necesidades de los clientes. Además, también eran responsables de apoyar y evaluar el desempeño de los empleados que se les asignaban. Con respecto de las cuestiones de apreciación y compensaciones, Resource Link se observaba a sí misma, no al cliente, como supervisora de cada uno de los empleados. Por otra parte, como la mayoría de los administradores de cuenta anterioridad habían sido administradores de línea, se familiarizaban estrechamente con la "manera de operar de AT&T", por lo cual su desempeño como vendedores y contacto con los clientes era valioso. Más adelante se proporcionarán más detalles sobre los procesos de recursos humanos que se seguían en Resource Link; en la ilustración 6 se describe la estructura de RL en 1993.

Reclutamiento, selección y colocación

Jim Meadows estaba firmemente convencido de que una de las tareas más importantes de Resource Link radicaba en el reclutamiento de empleados de alto desempeño, ya que a la larga, el sólido desempeño sería su mejor publicidad. Por lo tanto, consideraba absolutamente indispensable que se revirtiese la percepción que prevalecía entre el personal de los rangos intermedios de AT&T, que suponía que Resource Link era el terreno en el que se depositaba a las personas sobrantes, incluso tener sólo unas cuantas personas cuyo desempeño fuese deficiente podría fortalecer peligrosamente este tipo de percepción.

Sin embargo, las necesidades de los clientes eran las que dirigían el reclutamiento, como se muestra en las ilustraciones 4 y 7. Resource Link sólo contrataba a un nuevo empleado después de que las destrezas de él o ella se equiparaban con la solicitud de un cliente. No obstante, a lo largo del año 1992, ninguna unidad o división de la empresa solicitó los servicios de Resource Link, sin antes haberse dirigido a alguna agencia o contratante externo para requerir servicios temporales de personal. Sin embargo, a

ILUSTRACIÓN 6 Resource Link 1993: Estructura organizacional simplificada

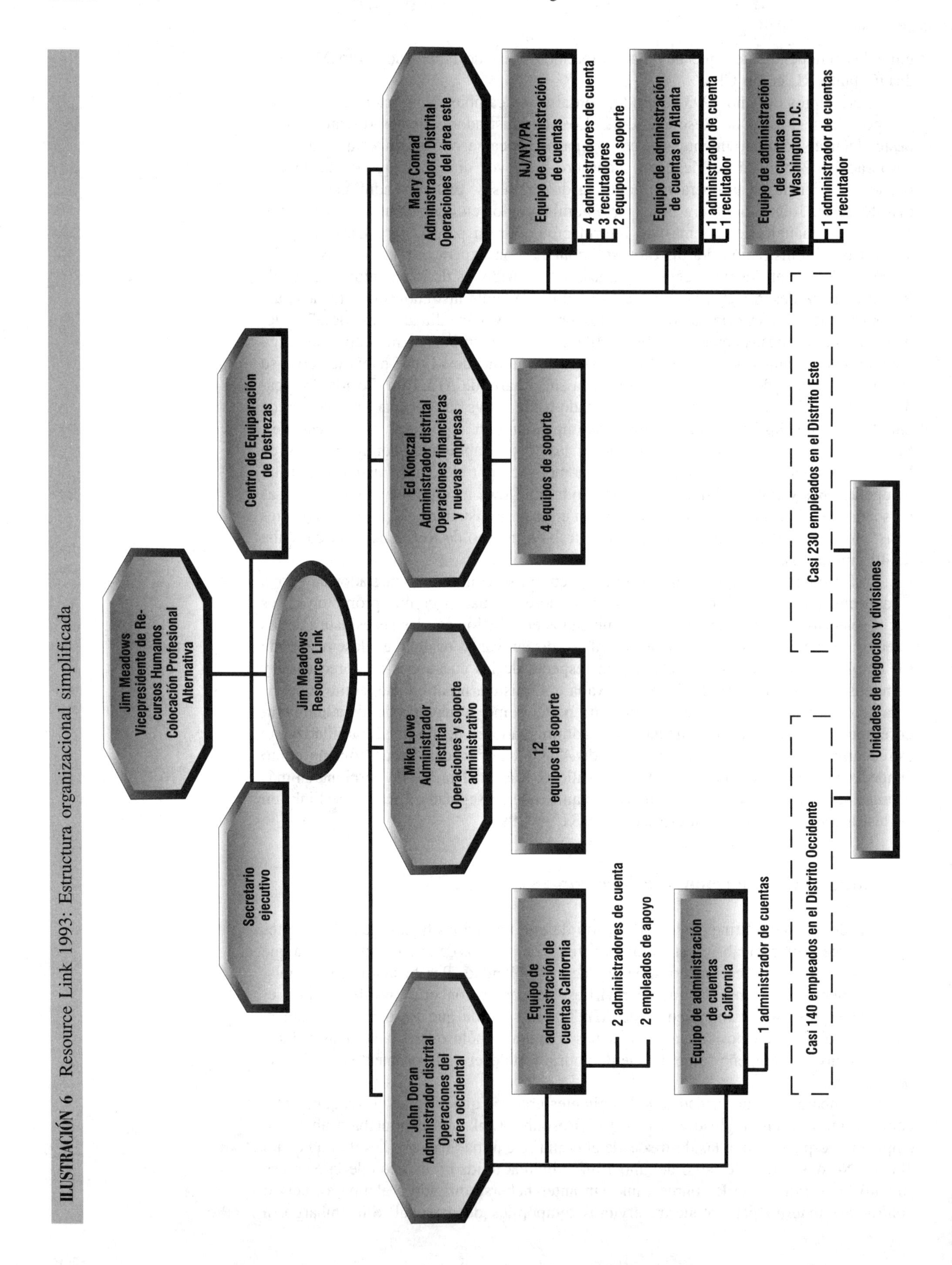

ILUSTRACIÓN 7 Proceso de equiparación de destrezas de Resource Link

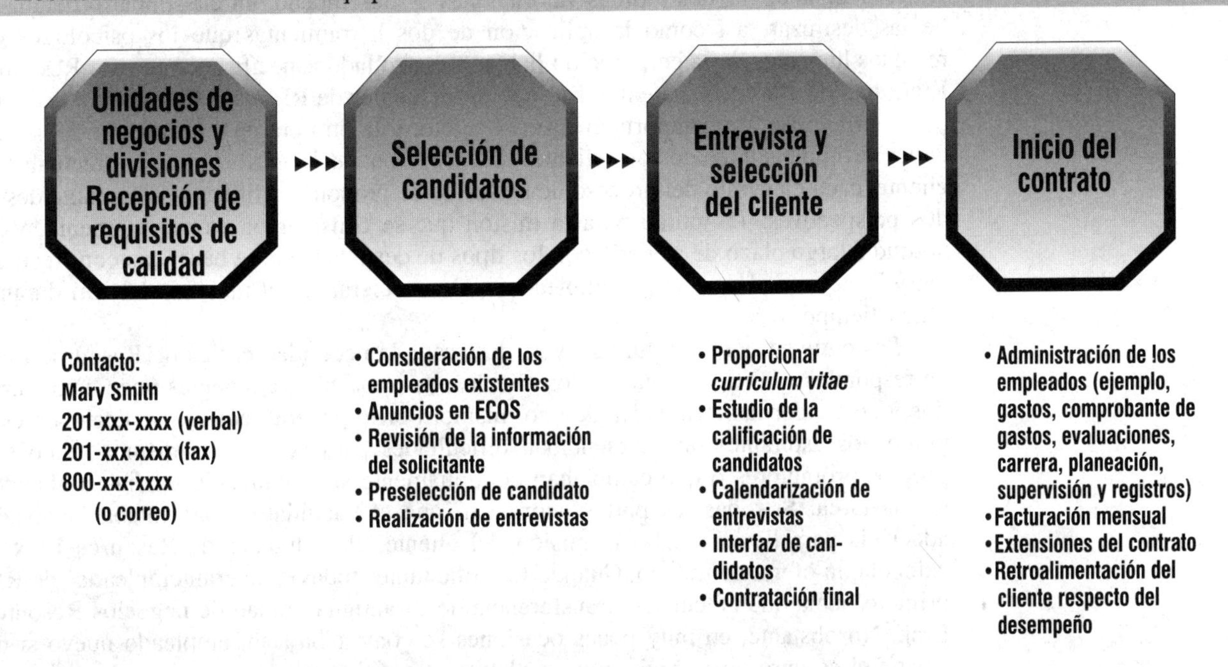

principios de 1993, la compañía implantó una política a través de la cual se solicitó a las BU/D que le dieran a Resource Link la oportunidad de satisfacer sus necesidades de personal antes de acudir al exterior, aunque mantendrían su libertad para rechazar a los candidatos que RL propusiera.

El proceso de reclutamiento se iniciaba con la solicitud de servicio de una BU/D por escrito, la cual debería contener una descripción breve de la misión y las destrezas específicas que el cliente buscaba (así como la ubicación y la duración en la que se esperaba completar la tarea). Luego, un administrador de cuenta de Resource Link establecería contacto con el cliente con el propósito de verificar la información y obtener detalles adicionales o, en su caso, aclaraciones. Posteriormente, esta información se pasaría al reclutador, con lo que se daba inicio a la búsqueda del empleado cuyas destrezas fuesen equiparables a la función. Algunas veces el proceso de reclutamiento tomaba días. Por lo tanto, los reclutadores primero debían comprobar si alguno de los empleados temporalmente inactivos o que pronto concluirían alguna tarea reunía las destrezas que se solicitaban. Con el propósito de ayudar a que los reclutadores identificaran a los candidatos internos, Resource Link contaba con una base de datos computarizada (el Sistema de Soporte Operativo de RL o R-OSS), a través de la cual podían obtener los perfiles de las destrezas o habilidades de todos los empleados de Resource Link. No obstante, el sistema no contaba con la capacidad para llevar a cabo la equiparación de manera automática. En caso de no identificar a candidato interno como adecuado para el trabajo, los reclutadores deberían incorporar la información de la misión temporal dentro de la lista del sistema de correo electrónico de trabajo que se distribuía a una amplia gama de compañías (el Sistema de Oportunidades de Empleo Profesional, o ECOS). Después era necesario que el reclutador estableciera contacto con los solicitantes que a su juicio llenaban los requisitos. Cabe destacar que en esta fase del proceso, el reclutador debía recurrir a la perspectiva de marketing con el propósito de venderle al candidato los beneficios que podría obtener por trabajar en Resource Link. Luego, los candidatos interesados se sometían a los rigurosos procedimientos de investigación de los antecedentes que se seguían para seleccionar a todos los empleados, los cuales consistían en los aspectos que se describen a continuación.

El proceso de selección comprendía diversos elementos: revisión del *curriculum vitae*, análisis de las dos últimas valoraciones de desempeño, un cuestionario detallado de las destrezas, así como la aplicación de dos herramientas que los psicólogos de recursos humanos de la corporación habían desarrollado específicamente para Resource Link; una de ellas era una entrevista que el reclutador de RL realizara sobre la descripción estructurada de comportamiento del sujeto, y la otra era una evaluación de habilidades dirigida por el posible cliente. A excepción de la entrevista que efectuaba el cliente, cada elemento del proceso de selección se proponía calificar al solicitante desde dos perspectivas: 1) aptitud para la misión que se consideraba en ese momento, y 2) aptitud a largo plazo de acuerdo con los tipos de destrezas que se buscaban con frecuencia y la necesidad de que los empleados permanecieran en el mercado laboral durante algún tiempo.

Las entrevistas eran rigurosas y se destacaba la necesidad crítica de Resource Link de responder a las diferencias de los clientes, de trabajar en ambientes poco estructurados y de vender las cualidades de uno mismo. Por lo general, cuando se llegaba a este punto, los aspirantes que presentaban dificultades para verse a sí mismos como sus propios promotores o que cambiaban continuamente su conducción tendían a abandonar la tarea. Si todas las partes acordaban que el candidato representaba la opción adecuada para llevar a cabo la misión del cliente, el reclutador de Resource Link le extendía un oferta de trabajo. Cuando los solicitantes todavía no eran empleados de RL, primero había que efectuar la transferencia de su antigua unidad de negocios Resource Link. No obstante, en muy pocas ocasiones se contrataba a un empleado nuevo si no existía el compromiso previo con un cliente que solicitara sus servicios.

De acuerdo con Pam Mueller, administradora de personal de Resource Link, RL elegía a menos del 10 por ciento de los aspirantes para que su unieran a la organización. El motivo por el cual se rechazaba a la gran mayoría de los solicitantes radicaba en que simplemente carecían del conjunto de destrezas específicas que los clientes buscaban. Sin embargo, en algunos casos e independientemente de que él o ella reunieran los requisitos de la solicitud de un cliente, la empresa se rehusaba a contratar a algunos candidatos debido a que carecían de destrezas en las múltiples misiones futuras, y esto implicaría un tiempo ocioso considerable que traería repercusiones costosas para RL. Jim Meadows comentó al respecto:

> No es que nosotros no querramos tomar el riesgo de contratar a candidatos marginales, ya que aunque parezcan adecuados para realizar una misión específica quizá no lo sean para otras más; de hecho, los hemos contratado. Sin embargo, en la mayoría de los casos hubiéramos deseado no haberlo hecho debido a que no podemos revenderlos.
>
> La demanda de destrezas cambia. Nuestro tipo de ambiente de trabajo exige cambios. Nosotros necesitamos personas que sean amigas del cambio, que puedan enfrentar la incertidumbre y la ambigüedad, que piensen estratégicamente y trabajen un formato de trabajo en equipo basado en un proyecto. Pareciera que sólo el 10 por ciento de la plantilla laboral actual de AT&T está preparada para manejarse en una estructura del tipo Resource Link, que no requiere la inversión de enormes cantidades de tiempo para reorientación y adquisiciones de nuevas herramientas. Por lo tanto, nos cuestionamos a nosotros mismos: "¿Por qué prolongamos lo que resulta inevitable para ellos? Hay que ayudarlos a que vivan su vida."

Administración del desempeño

El proceso de evaluación del desempeño en realidad empezaba al principio de cada misión, es decir, cuando el cliente establecía los objetivos del desempeño para el empleado. De hecho, la habilidad que se necesitaba para lograr que el cliente pusiera en claro cuáles eran sus expectativas de desempeño, significaba, en sí misma, una destreza esencial de consultoría.

ILUSTRACIÓN 8 Ejemplo del cálculo de la productividad promedio de los empleados

Total de horas disponibles (40 horas/semana × 52 semanas)	2 080
Tiempos de vacaciones	(120)
Días personales	(32)
Días festivos	(80)
Tiempo de entrenamiento	(40)
Total de horas disponibles para facturar	1 808
Total de horas facturadas por empleado	1 772%
Horas ociosas	36
Tiempo ocioso: 36 horas ociosas/1 816 horas disponibles para su facturación	2%
Productividad de los empleados: 1 780 horas facturadas/ 1 816 horas disponibles para su facturación	98%

La retroalimentación de los clientes, que representaba el factor más importante de la revisión anual del desempeño del empleado, llegó a constituir hasta el 70 por ciento de la evaluación. Por lo tanto, cada año los empleados acudían cuando menos a dos reuniones frente a frente con los miembros del equipo de Resource Link, con el propósito de que les proporcionaran la retroalimentación de los clientes y de desarrollo. Varios miembros del equipo participaban en este proceso, el cual funcionaba más como una revisión de compañeros de grupo. Sin embargo, para balancear la evaluación del desempeño se tomaban en cuenta dos aspectos: productividad y administración.

Para medir la productividad las horas de trabajo se dividían entre las horas disponibles. (Véase la ilustración 8 para una muestra del cálculo promedio.) Por su parte, la evaluación administrativa se interesaba en aspectos tales como el reporte oportuno de las horas de trabajo, la atracción de nuevos negocios hacia Resource Link, el compromiso con el desarrollo personal y la adhesión a diversos procedimientos administrativos.

A fin de año, cada uno de los empleados recibía por escrito la evaluación de su desempeño. Todas ellas debían realizarse durante un mes, en sincronía con el proceso de revisión de remuneraciones por desempeño que realizaba AT&T. Sin embargo, debido a la naturaleza singular de Resource Link, surgió la necesidad de modificar ciertos procesos de la evaluación que se empleaban para calificar a los otros empleados de la empresa.

El hecho de realizar en un solo mes las evaluaciones anuales de desempeño de todos los empleados resultaba cada vez más problemático en la medida en la que Resource Link crecía. De tal forma que la dirección de las revisiones anuales se convirtió en una verdadera pesadilla logística. Por otra parte, también existía preocupación respecto de la validez de las evaluaciones. Los clientes valoraban el desempeño del 50 por ciento de los empleados como "superior a los objetivos" y del 20 por ciento como "muy superior a los objetivos". Esto hacía que el equipo de Resource Link se cuestionara acerca de la precisión con la que los clientes podían distinguir entre aquel que excedía los objetivos y él que los excedía de manera superlativa. Además, debido a que los clientes no eran financieramente responsables del pago de los incrementos ni de los bonos de desempeño de los empleados, podían darse el lujo de ser indulgentes a la hora de evaluar. No obstante, en los casos en los que este problema ocurría, un administrador de Resource Link acudía al cliente para analizarlo en conjunto. Sin embargo, debido a que los administradores de RL no podían observar la situación particular de cada trabajo, resultaba muy difícil para ellos distinguir cuándo los clientes calificaban con indulgencia exagerada o severidad excesiva.

Remuneraciones

La evaluación del desempeño anual permitía determinar los aumentos salariales y los bonos de los empleados de Resource Link. Sus pagos se fijaban bajo la misma estructura salarial que regía sobre los de sus contrapartes en otras áreas de la empresa. Además, cuando los empleados cumplían con ciertos criterios de desempeño y productividad, podían recibir hasta un 10 por ciento adicional sobre su salario base. Por lo general, cuando los empleados alcanzaban valoraciones satisfactorias de los clientes y 90 por ciento de la productividad, podían obtener tanto aumentos salariales como bonos. Sin embargo, también corrían el riesgo de que sus pagos disminuyeran hasta 20 por ciento de su salario base si fallaban en el logro de los objetivos propuestos.

Debido a que el cálculo de la productividad se determinaba con base en el promedio alcanzado a lo largo de 12 meses, éste debía efectuarse cada mes y podía afectar el pago que el empleado recibía durante ese periodo. No obstante, el promedio de productividad impedía que la paga de los empleados se viera afectada negativa y severamente en caso de que no se les asignara trabajos por periodos breves. Al equipo de trabajo de Resource Link se le pagaba de la misma manera, pero los cálculos se efectuaban con base en los resultados totales de todos los empleados. Meadows creía que este enfoque ayudaba a impulsar el comportamiento de grupo. Como se describe en una sección posterior, la productividad de los empleados resultó ser mayor que lo esperado. Por lo tanto, la apreciación superlativa y la alta productividad provocaron que el pago de remuneraciones de incentivos para que el promedio de los empleados estuviera muy por encima de sus salarios iniciales y que el costo del plan fuera mucho más alto de lo que Resource Link había estimado.

Como reflejo del compromiso de largo plazo que Resource Link estableció con sus empleados, éstos recibían salarios y beneficios incluso cuando no trabajaban. Hasta fines de 1993, Resource Link no contaba con una política que le permitiera dejar ir a los empleados en caso de no encontrar tareas para ellos por un periodo extenso. Por lo tanto, al finalizar ese año, Resource Link instituyó la siguiente política de despido: "Cuando un empleado no reciba una nueva misión durante 45 días, se le notificará su salida de la nómina en un plazo de 90 días." Sin embargo, debido a que el proceso de despido tomaba 135 días en total, a fines de 1993, todavía ningún empleado había sido afectado por ella.

Entrenamiento y apoyo

En este sentido, la meta de Resource Link era que cada uno de sus empleados recibiera en promedio cinco días de entrenamiento al año. El propósito consistía en ayudar a que los empleados mantuvieran actualizadas sus destrezas técnicas, así como en fortalecer el sentido crítico sobre su ejercicio para realizar consultorías competentes en áreas como comunicaciones, negociación y marketing, habilidades que no parecía dominar la mayoría del personal cuando se integraba a Resource Link. No obstante, de acuerdo con diversos administradores de RL, en realidad sólo se llevaba a cabo entrenamiento esporádico y principalmente se manejaba como respuesta a las necesidades de las misiones que debían desempeñar los empleados. Existía consenso acerca de que los niveles de entrenamiento y apoyo eran poco adecuados en relación con los objetivos de largo plazo trazados para Resource Link. Sin embargo, el hecho de aplicar mayores recursos en esta área empeoraría la situación financiera de RL y consumiría tiempo de trabajo que el equipo empleaba para actividades de reclutamiento y marketing. No obstante, a pesar de

ILUSTRACIÓN 9 Estructura de fijación de precios de Resource Link (promedios totalmente cargados)

	Nivel junior/medio (A1-A4) (TA-STA)	Empleados a nivel medio/alto (A5-B-C) (MTS1-MTS)	Alto (C-D)
Salario anual, incluye beneficios	$50 000-$75 000	$75 000-$95 000	$95 000-$145 000
Promedio de horas facturadas	$35-$55	$55-$75	$75-$100

que encontrar la forma de dar prioridad y financiar las actividades de entrenamiento significaba un aspecto importante por resolver, poco se hacía al respecto.

Fijación de precios

La fijación del precio del servicio se realizaba con base en el salario y los beneficios que correspondían a la banda salarial establecida dentro del área geográfica en la que se realizaba la tarea. (En ese momento, la lista de AT&T comprendía seis zonas de salarios, con base en las diferencias del costo de vida en esas regiones.) Después, Resource Link agregaba la estimación de un sobresueldo y los gastos para el envío del servicio y calculaba el promedio por hora para ese empleado. Este margen de ganancia era de casi el 15 por ciento del salario. Los administradores de RL sabían que la estimación de sus gastos se realizaba con base en experiencia y datos limitados. Por lo tanto, en los años 1992 y 1993, se realizaron algunos pequeños incrementos (ejemplo, 3 por ciento) de precio en relación con el costo de vida.

La ilustración 9 ilustra el rango de salarios que existía en 1993, así como las bases de los beneficios y los promedios por hora para los tres niveles de empleados de RL. La comparación de la fijación de precios que se aplicaba en Resource Link con la de sus competidores más importantes (proveedores de talento administrativo y técnico profesional como Management Recruiting International y Brenner Technology) variaba de acuerdo con la ubicación geográfica. En algunos lugares (ejemplo, Chicago) el salario de los empleados con determinadas destrezas técnicas era igual o menor que el salario que se ofrecía en el mercado exterior por el contrato de sus labores. No obstante, en otras áreas (ejemplo, la mayor parte de Florida), el precio del mercado por un servicio equivalente era sustancialmente menor al que se pagaba en Resource Link, hasta 20 o 40 dólares menos por hora. En algunos casos, el precio de los servicios de los empleados de Resource Link era mayor al que se autorizaba que ciertas unidades de negocios pagaran por contratar personal.

Semanalmente, los empleados calculaban las horas que se debían facturar. Con este propósito, hasta el mes de enero de 1993, se utilizaban tarjetas de control de las horas trabajadas. Sin embargo, en febrero de ese mismo año, AT&T puso en línea el Conversant™ Voice Response System a través del cual los empleados podían introducir las horas de servicio prestadas con sólo llamar a un número telefónico específico y digitar los datos desde un teléfono de tonos. Luego, el sistema automáticamente pasaba la información de las horas trabajadas del sistema de facturación al Sistema de Soporte Operativo de Resource Link.

Facturación y pagos

Resource Link facturaba mensualmente a sus clientes los servicios de sus empleados con base en el promedio por hora atribuido a la misión. No obstante, las facturas se enviaban a los clientes con un mes de retraso. Por ejemplo, los servicios prestados del 1 al 30 de mayo se facturaban al cliente el 1 de junio. Además, las transacciones de facturación y pago eran simultáneas; es decir, que la sola entrada al sistema de la hoja de control de facturación de Resource Link, instantáneamente transfería los fondos de los libros del cliente a los de RL.

Marketing

Meadows consideraba que otro de los requisitos para que Resource Link obtuviera el éxito era una actividad de marketing dinámica. Él aún tenía la idea de los "bienes deshonrados" respecto de Resource Link y sus empleados, la cual provenía de algunos de los administradores de línea de AT&T que afirmaban que muchos de los empleados de RL habían sido despedidos de sus unidades previas. Meadows creía que esa idea debía ser superada.

Por lo tanto, los esfuerzos de marketing destacaban la flexibilidad con la que Resource Link podía proveer de personal a sus clientes, así como los deseables atributos de sus empleados, por ejemplo, su energía, su atención a los clientes y sus competencias técnicas, además de su capacidad para dirigir en foma apropiada debido a su familiarización con los sistemas y características de AT&T, así como su condición como miembros de la comunidad de esta empresa.

Particularmente durante los años 1991 y 1992, la mayor parte de las actividades de marketing se llevaron a cabo a través de presentaciones verbales. Meadows realizó numerosas presentaciones, reuniones y conferencias para directores y funcionarios de nivel senior. Por su parte, los administradores de cuenta de Resource Link sostuvieron un sinnúmero de reuniones con los administradores de línea y el equipo de trabajo de recursos humanos tanto en el nivel corporativo como de las unidades de negocios. No obstante, los materiales impresos de marketing tardaron un poco más en emitirse y al principio fueron poco atractivos. A fines de 1991, se preparó y distribuyó una hoja de hechos simple, a través de la cual se documentaba el incipiente historial de antecedentes de los servicios prestados y el desempeño de los empleados. Sin embargo, a mediados de 1992, la hoja de hechos fue reemplazada por un fólder impreso a dos tintas y a finales del mismo año se emitió un folleto a todo color. Los últimos materiales incorporaban testimonios de clientes satisfechos de AT&T. Asimismo, Resource Link colocó artículos sobre su funcionamiento en las publicaciones internas de AT&T. "Haciendo una retrospección", comentó Meadows, "yo era bastante estricto con el dinero cuando se trataba de materiales impresos de marketing. Ahora pienso que debimos haber aprovechado estos materiales impresos desde antes".

DESEMPEÑO DE RESOURCE LINK: 1991-1993

Satisfacción del cliente

Con el propósito de evaluar la satisfacción de sus clientes, en el año 1993 Resource Link distribuyó un breve cuestionario entre los BU/D. La escala que manejaba oscilaba del 1 (Muy insatisfecho/Totalmente en desacuerdo) al 4 (Muy satisfecho/ Totalmente de acuerdo). Las calificaciones que dieron los clientes fueron las siguientes:

Calidad del servicio general	3.45
Facilidad para realizar negocios con RL	3.40
Fijación de sueldo de los empleados	2.90
Emplearía nuevamente los servicios de RL	3.48

En algunas de las entrevistas que se realizaron a diversos clientes de Resource Link del área de Nueva Jersey y Nueva York, éstos manifestaron que apreciaban especialmente la conveniencia y la flexibilidad del personal que les proporcionaba RL, así como la calidad del desempeño y la adecuación cultural de los empleados de Resource Link:

Cuando iniciamos el nuevo centro de datos, necesitábamos contratar a personal con destrezas en redes de trabajo y el sistema operativo UNIX. Sin embargo, en Nueva York algunas personas se oponían a trabajar mientras que a otras realmente no les afectaba si operábamos 24 horas, los siete días de la semana. Nosotros queríamos que las personas tuvieran la oportunidad de probar nuestro ambiente y luego decidieran si deseaban formar parte del mismo. Resource Link realizó la investigación de antecedentes completa justo de los candidatos que necesitábamos. Por lo tanto, no tuvimos que repetir el proceso de entrevistas y todos los candidatos tenían lo que buscábamos. Además, en caso de que la operación no resultase exitosa, no tendríamos el compromiso de incorporar a estas personas al equipo de trabajo de la unidad de negocios y tampoco tendríamos personal excedente.

(Emmet Ehlberg, administrador de operaciones de Business Communications Services en Nueva York.)

La ventaja principal radica en que no tienes que gastar gran cantidad de dinero para entrenar a los consultores. Nuestra operación se encuentra en la tecnología de punta. Si vamos a meternos en el problema de entrenar a algunas personas, sus habilidades deben ser transferibles dentro de AT&T. Otro aspecto consiste en que no tuvimos que ubicar a las personas dentro de un organigrama. No tuve que preocuparme acerca de que una persona del sexto nivel tuviese que reportar sus avances a otra del mismo nivel. Esto representó una gran ventaja, debido a que pude obtener el nivel de experiencia que requería para el desempeño del trabajo. Además, cuando el trabajo se termina, puedo permitir que esta persona se marche para realizar otra tarea. Es mucho más sencillo firmar un contrato con Resource Link por seis meses o un año de lo que significa transferir un empleado permanente y un año después intentar despedirlo.

(Roy Wimmer, administrador distrital de Consumer Communications Services en Nueva Jersey.)

Se puede observar la forma en la que los empleados satisfacen tus necesidades y ellos pueden ver la forma en la que se ajustan a tu grupo. Por lo tanto, es una *calle de doble sentido*. Cuando llamas a alguien por medio de los canales tradicionales, los aceptas con base en su *curriculum vitae* y una entrevista. Por su parte, cuando un empleado de Resource Link trabaja para ti durante algunos meses cuentas con la posibilidad de poner a prueba la forma en la que éste puede adecuarse.

(Ellen Carp, administradora de personal de Global Business Communications Systems en Nueva Jersey.)

Los clientes de Resource Link también apreciaban la familiarización de los empleados con la "manera de alterar de AT&T". Debido a que las personas que se contrataban por medios externos necesitaban algún tiempo para aprender sobre los sistemas de AT&T y sus redes de trabajo no formales, los clientes se daban cuenta de que el trabajo de los empleados de Resource Link podía ser productivo desde el principio. Por otra parte, la satisfacción de los clientes respecto de la fijación de salarios de los empleados presentaba variaciones importantes de acuerdo con el área geográfica. Por lo general, los clientes del área occidente se mostraban satisfechos con el costo de los empleados de Resource Link en relación con el talento disponible en su mercado. Sin embargo, los administradores de Resource Link estaban conscientes de que en algunos mercados los clientes podían obtener talento a precios significativamente menores. Pam Mueller, una administradora de personal, admitía que algunos clientes preferirían otorgar el trabajo a una persona de AT&T porque creían que eso era lo correcto. Por su parte, algunos de los clientes expresaron su frustración debido a que habían perdido tiempo valioso por esperar a que Resource Link realizara la búsqueda a veces infructuosa de talento escaso dentro de AT&T. Uno de ellos comentó: "Es como ir a buscar a una tienda algo que nunca se encuentra en los anaqueles. Tarde o temprano dejarás de ir a esa tienda."

Actitudes de los empleados

Según los resultados de un cuestionario que se aplicó a todos los empleados de AT&T en el año 1993, las respuestas de los empleados de Resource Link eran más favorables (5 por ciento más altas) en la mayoría de las categorías, que las respuestas de otros empleados que contaban con trabajos más tradicionales dentro de la empresa. Las calificaciones más altas se aplicaron de manera persistente a las categorías relacionadas con administración, liderazgo, respeto, trabajo en equipo, dedicación al cliente, calidad de proceso, administración del desempeño, eficiencia operativa, posición competitiva y satisfacción con la empresa. En cambio, en relación con los aspectos sobre la seguridad del trabajo las respuestas de los empleados de Resource Link fueron menos favorables que aquellas de los empleados tradicionales.

No obstante, en un estudio de grupo de atención que se realizó con los empleados de Resource Link, uno de los participantes aseguró: "Yo me siento mucho más seguro en Resource Link de lo que muchas otras personas se sienten en sus trabajos tradicionales." En una entrevista que se realizó por separado, Tom Bartow, empleado que desempeñaba una misión como asesor de liderazgo, expresó:

> Después de 20 años de trabajo en AT&T, ya estaría en la calle como muchas otras personas de la empresa. Realmente representa una diferencia enorme el poder apoyarme en Resource Link.

Por su parte, otro de los empleados, Jim Finn, aseguró:

> Resource Link me ofrece la posibilidad de aumentar mi valor general en el mercado debido a que me proporciona la continua oportunidad de desarrollarme y desarrollar mis destrezas, de trabajar con muchas de las nuevas unidades de negocios, de obtener un mejor entendimiento de hacia dónde se dirigen estas BU/D, así como de ser parte del crecimiento global de AT&T.

Durante las discusiones que se llevaron a cabo como parte del grupo de atención, algunos participantes comentaron: "Resource Link me ha permitido crecer mucho más que cuando desempeñaba los roles tradicionales", "He desarrollado más destrezas durante los dos años que tengo en Resource Link que en los cuatro años anteriores" y "Cuando llegué a Resource Link me sentía en riesgo... pero con tantas oportunidades para aprender y crecer, el riesgo desaparece." Mike Lowe, administrador distrital de apoyo a los empleados, comentó:

> Una de las cosas que nos gusta destacar cada vez más es que ustedes podrían estar más seguros al trabajar para nosotros de lo que estarían en cualquier otra unidad de negocios.

Otro de los aspectos por los cuales los empleados mostraron satisfacción consistía en que se encontraban libres de las políticas y otras presiones de los trabajos tradicionales. Los participantes del grupo de atención mencionaron que tenían más control sobre la trayectoria de sus carreras y una mayor exposición ante organizaciones y jefes distintos. Lo que a ellos les gustaba era participar en una "relación consultor-cliente", y trabajar de "adulto a adulto en lugar de jefe a subordinado". Además, apreciaban especialmente el hecho de que podían "enfrentar las políticas de manera objetiva", en lugar de tener que "entrar al juego". Se sentían "más libres para correr riesgos" y para "comunicarse más directamente sin temor de represalias".

También los empleados expresaron algunas preocupaciones sobre trabajar para Resource Link. Los aspectos que provocaban mayor insatisfacción consistían en la falta de oportunidades de ascenso y la carencia del sentido de pertenencia. Los participantes del grupo de atención hablaron sobre "la falta de un mentor" y el hecho de que "faltaba la movilidad ascendente". Asimismo, mencionaron "no contar con un sentido de pertenecer, compartir, de aprender y dar" así como que "se sentían perdidos en el proceso". Expresaron la necesidad de contar con "entrenadores para apoyarlos y monitorear las necesidades de desarrollo". Creían que lo más importante por hacer era "invertir en ellos como recursos" y "construir destrezas para enfrentar el desarrollo y los empleos futuros". En relación con las necesidades de desarrollo de destrezas, mencionaron consultoría, facilitación, recursos humanos y administración de proyectos. Asimismo, expresaron la necesidad de comprender mejor las tendencias y los problemas empresariales, y hablaron de la necesidad de contar con mejores habilidades en el trabajo de marketing, entrevistas personales y ventas.

A mediados de 1993, Resource Link realizó su propia encuesta para medir la satisfacción de sus empleados. En términos del porcentaje que estaba de acuerdo o totalmente de acuerdo, los resultados más comunes fueron los siguientes:

88%	"Mi contrato de asignaciones ayuda a que mi carrera avance."
97	"Mis opiniones y sugerencias son importantes para Resource Link."
92	"Me siento parte del equipo de Resource Link."
99	"Estoy satisfecho de trabajar para Resource Link."

Productividad de los empleados

Durante el periodo que transcurrió entre 1991 y 1993, los empleados de Resource Link ocupaban el 99 por ciento de sus horas disponibles para el trabajo. El "tiempo ocioso" de los empleados que en 1991 representó 0 por ciento, en el año 1992 subió al 0.4 por ciento y alcanzó 1.9 por ciento en 1993. Los administradores de Resource Link aseguraban que el incremento del tiempo ocioso que se presentó en 1993 había sido provocado porque un gran número de empleados concluían sus misiones y necesitaban equiparar nuevamente a una comparación de sus destrezas con las solicitudes de los clientes. Sin embargo, esperaban que el tiempo ocioso se estabilizaría en 2 por ciento. No obstante, resultaba difícil establecer una media comparativa con el mercado debido a las grandes variaciones en cuanto a los tipos de empleos temporales y agencias de consultoría. El estudio de referencias que realizó el equipo de planeación empresarial de Resource Link en 1991 destacó que la gran mayoría de las firmas en la industria experimentaba tiempos ociosos que oscilaban entre el 10 y el 30 por ciento. Solamente unas cuantas firmas especializadas en disciplinas técnicas de alta demanda mostraban tiempos ociosos cercanos al nivel sumamente bajo de Resource Link.

ILUSTRACIÓN 10 Estado financiero de Resource Link, 1991-1993 ($000)

	1991	1992	1993
Ingresos	$ 234.6	$15 053.8	$29 937.1
Gastos			
Relacionados con los empleados			
Salario y beneficios de los empleados		$11 504.5	$23 356.0
Otros gastos		$ 2 881.3	$ 3 603.7
Total de gastos relacionados con los empleados		$14 385.8	$26 959.7
Relacionados con el personal			
Salarios y beneficios		$ 1 916.7	$ 3 143.9
Otros		$ 1 923.3	$ 2 964.4
Total de gastos relacionados con el personal		$ 3 840.0	$ 6 108.3
Total de gastos	$1 002.0	$18 225.8	$33 068.3
Resultados netos de la operación	($ 767.4)	($ 3 172.0)	($ 3 130.9)
Total de costos que se evitaron/ahorros para AT&T	$ 740.0	$ 4 618.0	$ 2 211.0

En 1991 no se diferenciaba entre los gastos de los empleados y los del personal. En el sistema contable de AT&T no se acreditaba financieramente a Resource Link por los costos que con su operación evitaba pagar o ahorraba a AT&T.

Desempeño financiero

El indicador clave del éxito financiero en Resource Link era el ingreso de operación medio (MOI, por sus siglas en inglés), el cual se determinaba al sustraer los gastos (salarios, beneficios, renta, servicios en el inmueble y costos discrecionales, tales como viajes y entrenamiento) de los ingresos (ganancias por el total de las horas trabajadas por los empleados) antes de impuestos. De la misma manera que cualquier unidad de negocios de AT&T, Resource Link era responsable de todos sus gastos generales.

Los resultados financieros que Resource Link obtuvo durante los años 1991 a 1993 se muestran en la ilustración 10. Como se puede observar, durante sus dos primeros años completos de operaciones (1992 y 1993), Resource Link experimentó pérdidas por más de 3 millones de dólares en su ingreso de operación. También se muestran las estimaciones del costo anual que se evitó y/o ahorró en beneficio de AT&T al impedir que la empresa pagara, por ejemplo, las liquidaciones de los empleados excedentes que Resource Link contrató para sí. No obstante, Jim Meadows aseguraba que el sistema contable de AT&T no acreditaba financieramente a Resource Link los ahorros que la empresa lograba al evitar estos pagos.

Por lo tanto, hacia finales del segundo semestre de 1993, un nuevo equipo de liderazgo que acababa de integrarse, trabajó estrechamente con el personal de presupuestos de Resource Link con el propósito de estudiar en detalle los sistemas operativos de RL. De acuerdo con Mike Lowe:

> En realidad, ésta fue la primera ocasión en la que "pelamos la cebolla capa a capa" y comprendimos en detalle y de manera descarnada lo que habíamos estado haciendo.

Cuando Resource Link inició sus operaciones, existía una fuerte sensación de que al rescatar a los empleados se realizaba un "trabajo de Dios". Para el personal de recursos humanos, esto significaba un sueño hecho realidad, la oportunidad de ser un "héroe" a nivel individual, algo así como una red de seguridad.

Sin embargo, lo único que hacíamos era "saltar al vacío", debido a que realizábamos gran cantidad de cálculos sin validez. No teníamos la menor idea sobre lo que realmente enfrentábamos en términos de gastos que no fuesen salarios y beneficios o en relación con la continua demanda del mercado. Estábamos completamente seguros de que la clave para el éxito radicaba en lograr un rápido crecimiento, suponíamos que a través de la fijación de nuestros precios podíamos construir un margen de ganancias suficiente y confiábamos en alcanzar el punto en el que operaríamos sin pérdidas ni ganancias.

La dirección de Resource Link empezó a descubrir la naturaleza y los orígenes de varios de los problemas más importantes. Sin embargo, durante este periodo, quizá el más fundamental descubrimiento se refirió a que se había considerado que el crecimiento acelerado solucionaría todos los problemas. Lowe describió el incidente que finalmente destrozó esta profunda creencia:

Durante una reunión, Meadows se mostró mucho más crítico con uno de los administradores distritales debido a que había alterado (hacia abajo) las cifras de crecimiento proyectadas. Este administrador había calculado nuevamente el presupuesto con el propósito de conocer cuál sería el efecto hacia el final del año si empleaba las cifras de crecimiento reales (más bajas) en lugar de las proyectadas (más altas). Después de trabajar con el director de finanzas, el administrador reportó que la rentabilidad sería *mejor con un crecimiento lento* que con un crecimiento acelerado.

Habíamos operado con la creencia de que todo empleado adicional mejoraría el objetivo final. Pero lo que realmente encontramos fue que la entrada de cada empleado adicional incrementaba los gastos con mayor rapidez que los ingresos del año en el que se incorporaban a la organización.

La administradora de personal Pam Mueller opinó sobre este descubrimiento:

Durante el mes que integrábamos a grandes grupos de nuevos empleados debíamos incurrir en los gastos de su salario completo y beneficios, así como en el amplio costo de su reclutamiento y colocación. Nosotros no *empezábamos* a recuperar ninguno de estos costos sino hasta el siguiente mes y no los recuperábamos por completo sino hasta después de algún tiempo. Mientras más rápido crecíamos, los problemas empeoraban.

El crecimiento exagerado de los problemas financieros de Resource Link exigía cada vez más que RL encontrara las formas que le permitieran captar ingresos con mayor rapidez, así como reducir sus gastos. Lo anterior evidenció ante el equipo de Resource Link que su principal sistema de información (R-OSS) necesitaba someterse a una extensa revisión general. Ello se justificaba debido a que el mismo no contaba con la equiparación automática de las destrezas de los empleados con los requisitos de los clientes, sus capacidades de facturación eran rudimentarias y se necesitaba transferir la información manualmente de un sistema a otro en caso de requerir otras aplicaciones. Por lo tanto, se aplicaron grandes esfuerzos para desarrollar una versión más compleja del Sistema de Soporte Operativo de RL (R-OSS). A pesar de que se esperaba que la nueva versión estuviese lista en octubre de 1993, a finales de ese mismo año todavía no estaba en línea, lo cual provocó mucha frustración en Resource Link.

EVALUACIÓN DE MEADOWS

En este momento me preocupan diversos problemas que enfrentamos. Hasta ahora, Resource Link no ha logrado recuperar completamente sus costos. Con frecuencia nuestros pronósticos estaban fuera de los estándares. Nuestros gastos generales y de remuneraciones resultaron ser mayores de lo que anticipamos... El personal de los niveles altos del alto mando (de AT&T) comprende que durante la primera etapa de la construcción de un negocio se pierde dinero, pero aun así me he comprometido a detener la tinta roja para 1995. Es probable que no podamos hacer mucho para fijar los precios, de hecho ya cobramos un poco más que nuestra competencia (ejemplo, las agencias externas de empleo temporal). Por lo tanto, de alguna manera, necesitamos reducir los costos.

Al mismo tiempo, no hemos gastado todo nuestro presupuesto de entrenamiento y necesitamos considerar una inversión mayor para nuestros empleados. Por ejemplo, algunos de ellos requieren más entrenamiento con el propósito de ayudarlos a desempeñar su papel como consultores externos de un trabajo no tradicional. Además, también nos preocupa bastante que sus destrezas actuales caigan en la obsolescencia. Nosotros realizamos un compromiso de largo plazo con nuestros empleados que las agencias externas no efectúan con los suyos. Por este motivo, seleccionamos a nuestros empleados con sumo cuidado: tomamos como base no sólo que sus destrezas actuales reúnan los requisitos que piden los clientes, sino también que cuenten con la habilidad para desarrollar y mantener su comercialización a través del tiempo. ¿Quién debe pagar la inversión de su desarrollo continuo: Resource Link, nuestros clientes o la corporación?

Mi equipo de trabajo y yo hemos debatido el problema acerca de si Resource Link representa principalmente una intervención social o si es un negocio. Sin embargo, en este momento considero que primero debemos atender las necesidades del negocio. En estos días, en AT&T se realiza una persecución implacable y creo que ésta también debe ser la mentalidad que dirija a Resource Link. En una compañía como la nuestra, es necesario lograr la credibilidad y mostrar que no sólo se es parte de otra moda pasajera de recursos humanos, por lo cual es necesario contar con un objetivo financiero y mostrar que sí es posible contribuir. Nosotros efectuamos un compromiso financiero e intentamos cumplir ese compromiso. No sólo porque mi nombre se encuentra en la línea de fuego, sino porque Resource Link es demasiado importante y es muy estratégica para la empresa como para poner en riesgo su existencia.

No voy a decirles que existe una crisis justo en este momento. Sin embargo, definitivamente nos encontramos en un momento crucial importante que exige algunas medidas decisivas. Actualmente creo que contamos con el tipo de equipo de administración adecuado para realizar el trabajo. Sin embargo, todavía debe tomarse gran cantidad de decisiones importantes que nos permitan operar con números negros y alcanzar la posición que nos permita pensar en una expansión futura.

(La dirección de AT&T en Internet es *www.att.com.*)

CASO

15

SAMSUNG EVERLAND: ADMINISTRACIÓN DE LA CALIDAD DEL SERVICIO

IVEY

Charles Dhanaraj, *University of Western Ontario*

En el mes de diciembre de 1994, al señor Her Tae-Hak, presidente de Samsung's Joong-Ang Development Company, de Corea del Sur, le preocupaba el nivel de la calidad de servicio con el que operaba Yongin Farmland (Farmland). Para el señor Her era un hecho que Farmland debía contar con una estrategia congruente para la administración de la calidad del servicio debido a que su objetivo era posicionar a la empresa entre los parques de diversiones de liderazgo mundial. Sin embargo, independientemente del programa de calidad de servicio que puso en marcha desde que asumió su función durante el mes de octubre de 1993, los estudios preliminares sostenían que los niveles de calidad de servicio que se brindaban en el parque se encontraban muy por debajo de los que presentaban los que encabezaban el liderazgo de parques de diversiones a nivel internacional y también dentro de Corea del Sur. Por lo tanto, se preguntaba si las directrices que había iniciado apuntaban hacia la dirección correcta, cuál era la forma en la que Farmland podría alcanzar las normas internacionales de calidad de servicio, si valdrían la pena los esfuerzos que realizaba y si éstos efectivamente le proporcionarían una ventaja competitiva sustancial dentro del mercado mundial.

INDUSTRIA GLOBAL DE LOS PARQUES DE DIVERSIONES

A principios de la década de los noventa, en el mundo entero se observó que los parques de diversiones surgían como fuentes importantes de recreación familiar. La primera evidencia de que el esparcimiento podría constituirse en un negocio en el cual, las

Preparado bajo la supervisión del profesor John Haywood-Farmer. Con el propósito de proteger la confidencialidad, es posible que el autor encubriera algunos nombres y otra información que pudiera identificarse.

personas pagaban para que las aterrorizaran se presentó a principios del siglo XVII cuando en Rusia se inició la operación de un paseo en trineo que incluía una caída vertical de 70 pies. las personas pagaban para que las aterrorizaran. Por su parte, a fines del siglo XIX, se instalaron varios parques de diversiones en la isla Coney, Nueva York, uno de los cuales ofreció por primera vez el atractivo de la montaña rusa (1884) y un parque interior de entretenimiento (Sealion Park). No obstante, en la década 1930, la industria de la recreación sufrió una caída debido al efecto combinado del entretenimiento alternativo que ofrecían las funciones de cine con la depresión económica. Sin embargo, la industria cobró vida nuevamente con la inauguración de Disneylandia, en California, en el año 1955. Con éste, Walt Disney se mereció el crédito de elevar a nuevas alturas el perfil y los beneficios de la industria.

De acuerdo con sus ingresos, la empresa Walt Disney Company, con sus tres parques de diversiones en Estados Unidos, uno en Japón y otro más en Europa, era la cadena de parques de diversiones más importante del mundo. Por su parte, con siete parques en Estados Unidos y planes para expandirse a China y otros países del lejano oriente, Warner's Six Flags Corporation se constituía en la segunda cadena más grande. Los otros conglomerados que operaban parques de diversiones eran Paramount y Anheuser-Busch. En el año 1994, los 50 parques de diversiones más importantes del mundo, distribuidos en 15 países, lograron una asistencia total de 222 millones de personas, es decir, que su crecimiento fue 5 por ciento mayor que el de 1993. De los 50 mejores parques de diversiones 23 se ubicaban en Estados Unidos y sumaban en conjunto el 47 por ciento de la asistencia mundial y, entre éstos, los seis que se ubicaban en el estado de Florida representaban el 20 por ciento de la asistencia total. La ilustración 1 muestra algunos detalles de los 10 parques de diversiones más importantes del mundo.

Por su parte, los parques de Asia comprendían el 33 por ciento de la asistencia total global, entre los cuales, tan solo los ocho ubicados en Japón representaban 19 por ciento de la misma. El parque Disneylandia de Tokio (TDL), que abrió sus puertas en el año 1983, como resultado de una alianza estratégica con Oriental Land Company (OLC), se constituyó en el líder mundial. Su éxito impulsó una oleada de desarrollo de parques de diversiones en el continente asiático. Por lo tanto, Oriental Land Company (OLC) y Disney convinieron en abrir un segundo parque de diversiones en Japón en el año 2001, denominado Tokio Disney Sea, cuyas dimensiones serían comparables a las de Disneylandia de Tokio (TDL). Sin embargo, la popularidad de los parques también ascendía en otras partes del continente asiático. El parque acuático (Ocean Park) más importante de Asia se ubicaba en Hong Kong, mientras que en Indonesia se alojó Dreamland, que comprendía un parque de diversiones (Dunia Fantasi), un complejo acuático, un oceanario, un campo de golf, una playa y varios hoteles. En la industria se consideraba a China como el principal mercado de crecimiento. El parque Beijin Amusement Park, que inició sus operaciones en 1981, reportó que entre 1990 y 1993 sus ingresos se incrementaron más del 2 000 por ciento y las ganancias antes de intereses e impuestos 200 por ciento.

La instalación de los parques de diversiones exigía una inversión inicial que oscilaba entre 50 millones de dólares y 3 mil millones de dólares; adicionalmente, muchos de los parques periódicamente agregaban nuevas atracciones o renovaban las existentes con el propósito de proyectar el regreso de los clientes. Por lo general, los parques reinvertían gran cantidad de sus ganancias para expandir o mejorar sus instalaciones. Por lo tanto, la industria mostraba significativas economías de escala y de alcance. Por su parte, los parques independientes cada vez eran más grandes con el propósito de generar mayores ingresos de operación. Además, con la intención de sacar provecho de su conocimiento sobre la administración de parques de diversiones, también las empresas se expandían en múltiples parques. Las cuotas de admisión, que oscilaban entre 5 dólares y 50 dólares dependiendo de la reputación y localización de los parques, constituían más del 60 por ciento de los ingresos de los parques de diversiones. De este porcentaje, la mayor parte provenía de la venta de alimentos o mercancías. El perfil

ILUSTRACIÓN 1 Los 10 parques de diversiones más importantes del mundo*

Jerarquía	Nombre del parque	Ubicación	Asistencia†	Dimensiones‡	Inauguración	Resumen
1	Disneyland Tokio	Tokio, Japón	15 509	25.0	1983	Concepto: "Magia y Sueño", 6 zonas de subtemas, 39 atracciones, 37 puntos de venta de alimentos y bebidas, 39 comercios de mercancías
2	Disneyland	Los Ángeles, EU	14 100	22.5	1955	El primer parque de diversiones orientado a la familia, 50 atracciones, 11 puntos de venta de alimentos y bebidas, 64 comercios de mercancías
3	Magic Kingdom	Orlando, EU	12 900	12.0	1971	Semejante a Disneyland, 7 zonas de subtemas, 36 atracciones, 30 puntos de venta de alimentos y bebidas, comercios de mercancías
4	EPCOT Center	Orlando, EU	10 700	28.2	1982	Escaparate del mundo futuro, 30 puntos de venta de alimentos y bebidas, comercios de mercancías
5	EuroDisney	París, Francia	10 700	16.5	1992	Parque de diversiones orientado a la familia, 5 zonas de subtemas, 29 atracciones, 29 puntos de venta de alimentos y bebidas, comercios de mercancías
6	MGM Studios	Orlando, EU	9 500	13.0	1989	Parque de diversiones con base en la cinematografía y los programas de televisión, 11 puntos de venta de alimentos y bebidas, 18 comercios de mercancías
7	Universal Studios	Los Ángeles, EU	8 000	55.0	1990	Parque de diversiones con base en la cinematografía y los programas de televisión, 10 atracciones, puntos de venta de alimentos y bebidas, 6 comercios de mercancías
8	Everland (Farmland)	Provincia de Kyonggi-Do Corea del Sur	7 300	30.0	1976	Parque de diversiones orientado a la familia, 5 zonas de subtemas, 45 atracciones, 27 puntos de venta de alimentos y bebidas, 29 comercios de mercancías
9	Blackpool Pleasure Beach	Blackpool, Reino Unido	7 200	5.1	1896	Parque de entretenimiento a la orilla del mar, admisión libre, 80 atracciones, puntos de venta de alimentos y bebidas, comercios de mercancías
10	Yokohama Hakkeijima Sea Paradise	Yokohama, Japón	6 000	7.2	1993	Parque sobre una isla fabricada por el hombre, 12 atracciones y acuario, 14 puntos de venta de alimentos y bebidas, 50 comercios de mercancías, alojamiento y marina

* Hasta diciembre de 1994, medido con base en la asistencia.
† Las cifras de asistencia son anuales y en miles.
‡ La dimensión se da en hectáreas, una hectárea comprende 10 000 m^2 o casi 25 acres. Los datos se refieren al área desarrollada en cada sitio.
Fuentes: *Amusement Business,* International Association of Amusement Parks.

financiero de Walt Disney Company generalmente se empleaba como parámetro en la industria. Los ingresos de sus parques de diversiones fueron de 2.042 mil millones de dólares en el año 1988 y en 1993 alcanzaron los 3.4 mil millones de dólares. Durante los mismos dos años, respectivamente, presentaron un ingreso de operación de 565 millones de dólares y 747 millones de dólares y utilidad sobre capital de 17 y 25 por ciento. La mayoría de los gastos de operación de los parques de diversiones (casi el 75 por ciento) se aplicaba al personal.

Para la administración de parques de diversiones el problema crítico radica en la satisfacción de los clientes. Por lo tanto, los administradores de los parques exitosos promovían intensamente sus propiedades y utilizaban ampliamente la investigación de mercados para obtener cada vez más conocimiento de sus clientes. Con el propósito de alcanzar a los diversos grupos, los parques destacaban la belleza de sus instalaciones y la amplitud de los servicios de entretenimiento y alimentación que ofrecían. Los administradores de los parques de diversiones también trabajaban con los operadores turísticos y los comités gubernamentales de promoción turística para atraer a sus instalaciones a visitantes de otros países. Los parques de diversiones gastaban cerca del 10 por ciento de sus ingresos anuales en publicidad a través de los medios como televisión, radio, periódicos, directorios telefónicos y promoción directa por correo, así como descuentos familiares y de grupo. Debido a que la publicidad por televisión significaba un medio visual excelente para capturar la emoción de los parques de diversiones, algunos parques invertían una parte importante de su presupuesto para publicidad en promociones televisivas.

La naturaleza intermitente del negocio por temporadas provocaba mucha tensión a los administradores de los parques de diversiones. Durante la primavera, el verano y las vacaciones escolares, la asistencia a los parques alcanzaba sus niveles pico. Sin embargo, incluso durante las temporadas vacacionales el mal clima podía afectar negativamente la asistencia. En las temporadas pico aumentaba el número de empleados requerido, por lo cual, a menudo los administradores debían buscar trabajadores más allá del área local y proporcionarles habitación. A menudo sucedía que el repentino aumento en la demanda estrangulaba los sistemas de servicio tales como transporte y administración de los establecimientos.

COREA

La República de Corea (Corea del Sur) constituida democráticamente posee una extensión montañosa de 100 000 kilómetros cuadrados, ocupa la porción sur de la Península de Corea del este asiático y numerosas islas pequeñas. Rusia y, todavía más importante, China comparten sus fronteras con la República Popular Democrática de Corea (Corea del Norte). La isla meridional de Japón, Kyushu, se encuentra 200 kilómetros al sur de Corea del Sur, atravesando el Estrecho de Corea, mientras que la costa este de China que muestra una sobrepoblación alta se ubica 500 kilómetros al este del Mar Amarillo. Corea del Sur se separó de Corea del Norte en el año 1948 como consecuencia de la Segunda Guerra Mundial. Durante el periodo que transcurrió entre 1950 y 1953, las dos Coreas sostuvieron una áspera guerra civil que llegó a un punto muerto con la firma de un tratado de armisticio. La región fronteriza que separaba a los dos estados, cuyo límite seguía burdamente la línea del paralelo 38° y que se ubicaba muy cerca de Seúl, ciudad capital de Corea del Sur, vivió una situación particularmente tensa, pues ambos la defendían aguerridamente ante las constantes amenazas de los dos países en relación con reasumir las hostilidades. Sin embargo, debido a que nunca se firmó un tratado de paz y a que técnicamente los dos países todavía se encontraban en guerra, los "incidentes" eran comunes en la zona fronteriza.

Las nueve provincias (ocho en el continente y otra en una isla) iniciales de Corea del Sur después se dividieron en 68 ciudades (*shi*), 136 países (*gun*) y seis ciudades metropolitanas. La ilustración 2 muestra el mapa. De acuerdo con el hecho de que sólo

ILUSTRACIÓN 2 Mapa de Corea del Sur y área circundante.

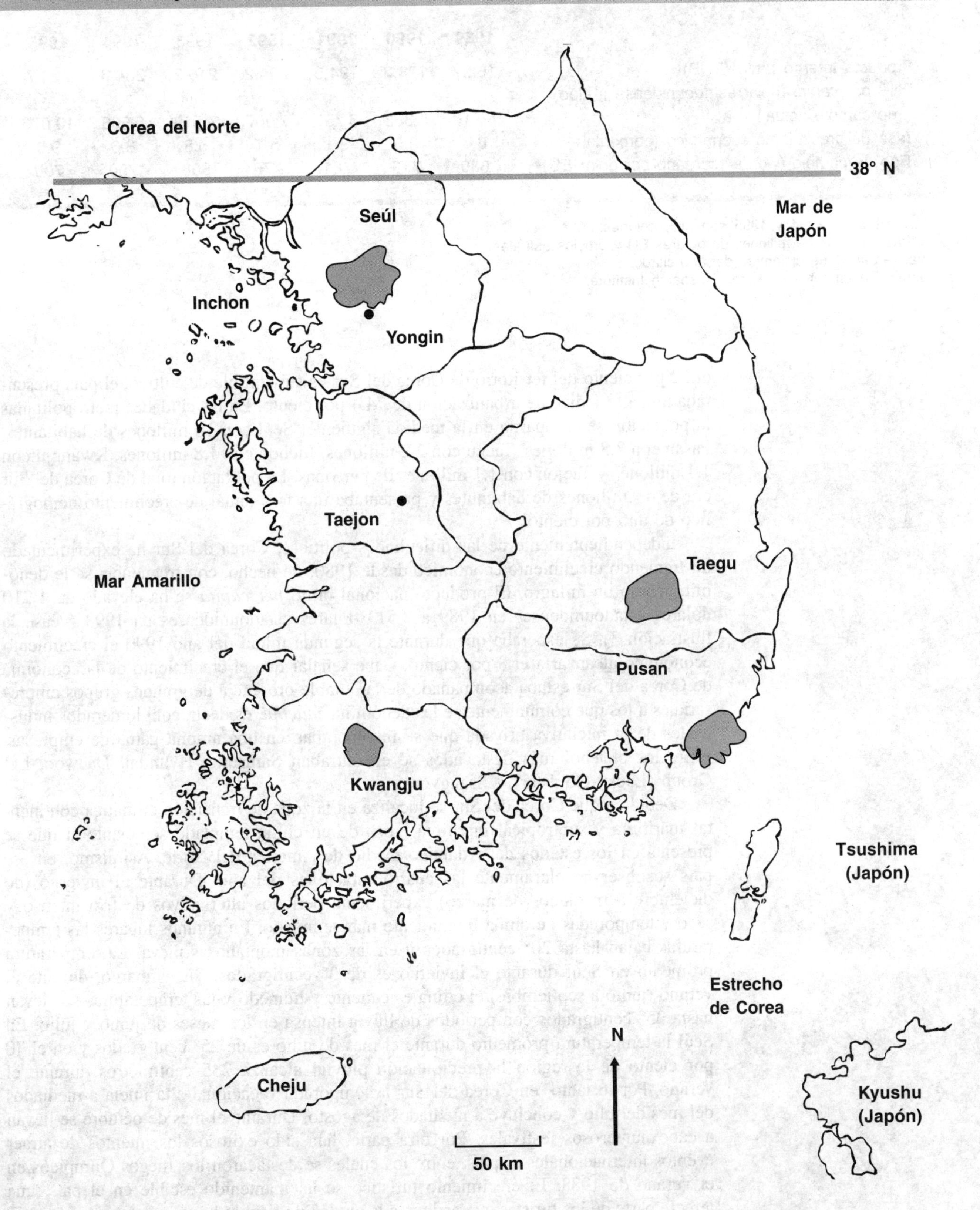

ILUSTRACIÓN 3 Indicadores principales de la economía de Corea del Sur*

	1989	1990	1991	1992	1993	1994	1995
Producto interno bruto (PNB)†	162.7	178.3	194.5	204.2	216.2	234.3	254.7
PNB *per capita* (dólar estadounidense al tipo de cambio actual)	5 210	5 883	6 757	7 007	7 513	8 508	10 076
Tasa de crecimiento económico (porcentaje)	6.4	9.5	9.1	5.1	5.8	8.6	9.0
Tipo de cambio (won surcoreano por dólar EU)‡	680	716	761	776	808	790	790

* Las cifras de 1994 y 1995 son proyecciones.
† Cifras en miles de millones de dólares EU y precios actuales.
‡ Valores al 31 de diciembre del año citado.
Fuente: Documentos de Korea Research Institute.

el 22 por ciento del territorio de Corea del Sur es susceptible de cultivo, el país presentaba una alto índice de urbanización de 74.4 por ciento. En las ciudades metropolitanas la población se compartía en la medida siguiente: Seúl con 10 millones de habitantes, Pasan con 3.8 millones, Taegu con 2.2 millones, Inchon con 1.8 millones, Kwangju con 1.1 millones y Taejon con 1.1 millones de personas. La población total de Corea del Sur era de 44 millones de habitantes y presentaba una tasa anual de crecimiento demográfico de uno por ciento.

Independientemente de las dificultades políticas, Corea del Sur ha experimentado un tremendo crecimiento económico desde 1980; de hecho, con frecuencia se le denomina como un milagro. El producto nacional bruto *per capita* se ha elevado de 4 210 dólares estadounidenses en 1989 a 7 513 dólares estadounidenses en 1998 (véase la ilustración 3). Se esperaba que durante la segunda mitad del año 1990 el crecimiento económico alcanzaría el 8 por ciento. Cabe señalar que el crecimiento de la economía de Corea del Sur estaba acompañado de la notable presencia de grandes grupos empresariales a los que comúnmente se les denomina *chaebol*, es decir, conglomerados industriales de la iniciativa privada que se involucraban en una amplia gama de empresas. Entre los chaebol más destacados se encontraban Samsung, Hyundai, Daewoo, LG Group (Lucky-Goldstar) y Ssangyong.

Debido a que Corea del Sur se localiza en la zona de transición climática continental marítima y subtropical marítima, goza de un clima templado semejante al que se presenta en los estados del Atlántico medio de América del Norte. Asimismo, en ese país se observan claramente las cuatro estaciones del año. Durante el invierno (de diciembre a mediados de marzo) experimenta periodos alternativos de frío intenso y seco y temporadas de clima ligeramente más templado. En algunos lugares las temperaturas bajan hasta 20° centígrados y en las zonas montañosas nieva. La temperatura promedio en Seúl durante el invierno es de 3° centígrados. Sin embargo, durante el verano (junio a septiembre) el clima es caliente y húmedo y las temperaturas se elevan hasta 35° centígrados con periodos de lluvia intensa en los meses de junio y julio. En Seúl la temperatura promedio durante el mes de julio es de 25° centígrados y en el 70 por ciento de la región la precipitación pluvial alcanza 235 centímetros durante el verano. Por lo tanto, en Corea del Sur la temporada vacacional alta inicia a mediados del mes de julio y concluye a mediados de agosto. Durante el mes de octubre se llevan a cabo numerosos festivales. Por otra parte, han sido exitosos los intentos de atraer eventos internacionales al país, entre los cuales se destacaron los Juegos Olímpicos en el verano de 1988. El crecimiento turístico se ha mantenido estable en el país, una tercera parte de los turistas que arriban a la ciudad de Seúl lo hacen a través de paquetes turísticos de agencias de viajes.

HISTORIA DE YONGIN FARMLAND

Farmland, el primer parque de diversiones de Corea del Sur, abrió sus puertas en el año 1976 en Yongin, una pequeña comunidad rural de la Provincia de Kyonggi-Do. Su misión era mejorar la calidad de vida a través de la promoción de actividades saludables de recreación al aire libre. Su atractivo se concentraba en 30 hectáreas (dentro de un sitio de 1 500 hectáreas) y lo administraba la empresa Joong-Ang Development Company, subsidiaria del conglomerado coreano Samsung Group que contaba con su propiedad total. Samsung alcanzó ingresos de casi 64 mil millones de dólares estadounidenses en el año 1994, a través de su activa participación en diversas áreas empresariales, tales como electrónica, química y petroquímica, maquinaria, finanzas y seguros. Además de la administración de Farmland, Joong-Ang también se responsabilizaba del mantenimiento de todos los edificios de oficinas de Samsung y dos campos de golf. Por otra parte, la empresa también invertía en el desarrollo de actividades de servicio social, entre las cuales destacaba la operación del Guide Dog Breeding Centre, que se encargaba del entrenamiento de perros guía para personas invidentes. Generalmente importaban del Reino Unido parejas de perros de las mejores razas para procrear. Luego el centro se encargaba de criar a los cachorros al mismo tiempo que su personal experto los entrenaba como guías. Después los perros entrenados se donaban a personas invidentes.

Aunque en los primeros años menos de 10 por ciento de los empleados de Joong-Ang habían trabajado exclusivamente para Farmland, esta proporción creció de manera significativa en años recientes. La ilustración 4 nos proporciona los datos desde 1987.

A pesar de que Farmland se alojaba en la región montañosa que se ubica a tan solo 40 kilómetros al sur de Seúl, a menudo había que manejar durante una o dos horas para llegar al parque debido al pesado tráfico automovilístico de la zona. Las operaciones de Samsung en el lugar iniciaron con un centro agrícola en el cual se demostraban diversas formas productivas para el empleo de los terrenos montañosos con fines de cultivo de productos alimenticios y cría de animales. Por su parte, el Wild Safari se inauguró en el año 1980 y el Rose Festival, impresionante jardín que comprendía 6 000 rosales de 160 variedades distintas los cuales se arreglaban con base en temas diversos, abrió en 1985. Con el propósito de agregar un atractivo de recreación invernal, se inauguró la Sled Slope en el año 1988. No obstante, a fines de 1993 con la inauguración del parque de juegos mecánicos, Yongin-Farmland se desvió notablemente del giro de los parques tradicionales. A pesar de que la operación del parque mecánico incurrió en pérdidas durante su primer año, la dirección de Joong-Ang esperaba que en el futuro presentara un mejor desempeño. La ilustración 5 muestra el desempeño financiero del parque de diversiones.

MERCADO DE LA RECREACIÓN EN COREA DEL SUR

Tradicionalmente, Farmland dirigió su atención a los clientes locales, quienes en su mayoría habitaban a una o dos horas de viaje. La expansión económica de Corea del Sur ha representado uno de los principales motivos del crecimiento de la industria de la recreación en el país. Con base en las proyecciones de la población para el año 2000, Farmland esperaba captar 19.3 por ciento de la población de su mercado local primario, que habitaba en las áreas comprendidas a 100 kilómetros a la redonda del parque (véase la ilustración 6).

Independientemente del reciente impulso de la industria de la recreación en Corea del Sur, existían seis parques de diversiones en el área de Seúl. Además de Farmland, los más conocidos eran Lotte World y Seoul Land. Este último era la competencia más importante de Farmland. En el año 1993, se le consideró el vigesimotercer parque de diversiones más grande (en relación con la asistencia) a nivel mundial; no obstante, debido al rápido crecimiento de otros parques, en 1994 no figuró entre los nombres de

ILUSTRACIÓN 4 Crecimiento de empleos en Joong-Ang Development*

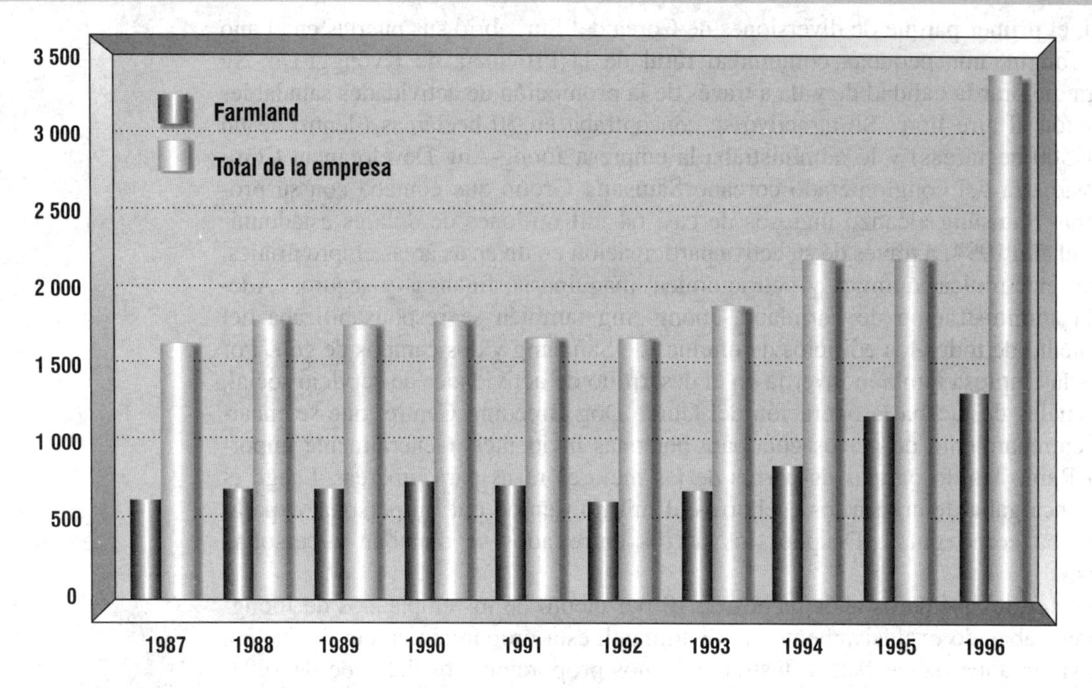

* Las cifras de empleo no incluyen los empleos en temporada alta de medio tiempo, los cuales generalmente alcanzan de 60 a 85 por ciento del empleo de tiempo completo. Las cifras de 1995 y 1996 son proyectadas.
Fuente: Archivos de la empresa.

ILUSTRACIÓN 5 Declaración de ingresos de Yongin Farmland*

	1991	1992	1993	1994†	1995†	1996†
Ventas netas	38 393	41 173	55 217	85 700	120 000	180 000
Gastos‡						
Operación del parque	26 209	33 487	40 409	21 300	—	—
Ventas y administración	8 524	8 980	10 145	18 200	—	—
Otros	1 215	1 350	1 433	31 400	—	—
Total	35 948	43 817	51 987	70 900	100 000	150 000
Ingreso de operación	2 445	3 356	3 230	14 800	20 000	30 000

* Datos en millones de wons surcoreanos al 31 de diciembre de cada año. En diciembre de 1994 el tipo de cambio se aproximaba a 790 wons surcoreanos por dólar estadounidense.
† Cifras proyectadas para los años 1994, 1995 y 1996.
‡ No se dispone de la proyección de los gastos por segmento para 1995 y 1996.
Fuente: Archivos de la empresa.

los 50 más importantes. Por su parte, Lotte World abrió sus puertas en 1989 y su orgullo principal radicaba en que contaba con el parque de diversiones cubierto más grande del mundo. El complejo comprendía un hotel adjunto, una tienda departamental, un centro comercial, un pueblo típico y un centro deportivo. A pesar de la competencia de los otros parques, Farmland presentaba el más alto índice de crecimiento dentro de la industria en Corea del Sur (véase la ilustración 7).

ILUSTRACIÓN 6 Algunos datos de los segmentos objetivo del mercado interno*

Mercado	Población†	Estimación actual Tasa de captación‡	Porción de la asistencia total§	Proyección de población para el año 2000†
Primario	19.2	19.3%	73%	20.2
Secundario	13.8	7.3	20	14.7
Terciario	12.5	4.1	8	12.3
Total	43.5	11.3	100	47.2

* Farmland considera que su mercado primario lo constituyen quienes viven a una hora o menos de viaje del lugar, generalmente el radio es de 100 kilómetros. Considera como mercado secundario a quienes viven a dos o más horas de viaje en automóvil. Considera su mercado terciario a quienes viven dentro del rango de cuatro horas de viaje en automóvil. El análisis no incluye visitantes ultramarinos, los cuales constituyen 25 por ciento del total de los casos atendidos en 1993 y que provenían de otros países asiáticos, como Japón y Singapur.
† Las cifras de población se proporcionan en millones.
‡ La estimación de la tasa de capturación se efectuó con base en proyecciones estadísticas de las respuestas de los encuestados.
§ El porcentaje de captación de la asistencia total se calculó con base en proyecciones estadísticas de las respuestas de los encuestados.
Fuente: Archivos de la empresa.

ILUSTRACIÓN 7 Asistencia a los parques de entretenimiento del área de Seúl*

	1990	1991	1992	1993
Yongin Farmland	3 786	4 300	4 810	5 113
Lotte World	4 578	4 529	4 605	4 476
Seoul Land	2 198	2 819	2 834	2 648
Dream Land	971	1 319	1 236	1 325
Children's Grand Park	2 107	2 334	2 263	2 159
Seoul Grand Park	1 356	1 431	1 590	1 772

* Las cifras de asistencia son anuales y se presentan en miles.
Fuente: Archivos de la empresa.

Con el propósito de conocer mejor los patrones de recreación de los clientes coreanos, en 1994 Farmland inició una amplia investigación, para lo cual contrató al Korea Research Institute, una de las firmas líderes de la investigación del consumidor de Corea del Sur, para que realizara las encuestas. La ilustración 8 muestra algunos de los resultados.

HER TAE HAK

Antes de ser asignado a Joong-Ang, el señor Her fue presidente de Cheju Shilla, un centro turístico hotelero de lujo ubicado en la Isla Cheju (véase la ilustración 2) a él se atribuyó el haber transformado al hotel en una propiedad de clase mundial cuyo servicio al cliente rebasaba el que ofrecían reconocidas cadenas hoteleras como el Hotel Hilton. Así que, desde que el señor Her aceptó guiar Joong-Ang, sus actividades se encaminaron a mejorar el nivel de satisfacción del cliente de Farmland, así como a desarrollar los planes de expansión del parque. La mayoría de los empleados observaba al señor Her

ILUSTRACIÓN 8 Patrones de recreación de los consumidores de Corea del Sur (1994)

Pregunta: ¿Cuál es su lugar favorito para un viaje de vacaciones de un día?

	Total de respuestas	Parque de diversiones	Naturaleza	Centro turístico/ balneario	Pesca	Sitio histórico	Otro
Total	10 043	22.2%	22.0%	9.9%	7.0%	22.6%	16.3%
Sexo							
Hombre	5 354	19.7	22.2	8.4	9.8	22.1	17.8
Mujer	4 690	25.0	21.8	11.6	3.8	23.3	14.5
Edad							
10-20	1 359	41.5	15.1	2.1	3.7	22.1	15.5
21-30	2 634	23.2	26.5	4.3	6.5	22.7	16.8
31-40	2 799	24.8	22.5	7.9	9.4	20.3	15.1
41-50	1 586	12.0	23.0	13.7	8.1	26.5	16.7
Más de 50	1 665	10.3	18.7	24.8	5.2	22.9	18.1
Educación							
Primaria	719	11.5	22.7	25.5	3.6	18.5	18.2
Secundaria	678	46.2	11.0	2.6	3.9	20.2	16.1
Bachillerato I	840	12.2	21.9	18.4	7.1	24.5	15.9
Bachillerato II	491	37.4	19.6	1.6	2.1	26.0	13.3
Diplomado	4 286	20.8	23.3	9.9	8.5	21.7	15.8
Universidad	3 030	21.8	22.9	6.7	7.1	24.3	17.2
Ocupación							
Profesional	264	14.7	19.0	6.9	12.4	28.4	18.6
Oficinista	1 597	20.4	23.5	6.0	6.9	23.8	19.4
Ventas y marketing	1 794	16.5	24.4	10.3	10.0	22.8	16.0
Industria de servicio	772	20.6	21.2	10.6	9.2	21.8	16.6
Actividades agrícolas	281	12.8	31.5	19.3	6.9	15.5	14.0
Manufactura	577	18.5	25.4	8.4	10.9	21.0	15.8
Ama de casa	2 582	22.1	21.9	14.8	4.1	22.6	14.5
Estudiante	1 656	38.3	16.3	2.3	4.5	22.2	16.4
Desempleado	520	12.2	21.9	17.4	8.7	23.5	16.3

Pregunta: ¿Normalmente, cuando acude a parques de diversiones, cuántas personas lo acompañan?

0	2-3	4-5	6-10	11-20	Más de 21
2%	33%	38%	13%	4%	11%

Pregunta: ¿Cuántas horas permanece en el parque de diversiones?

0-5 horas	6-7 horas	8-9 horas	10-11 horas	12-13 horas	14-15 horas	Más de 16
22%	19%	18%	18%	12%	6%	5%

Pregunta: ¿Cuánto gasta en el parque en un día sin incluir la cuota de admisión (en miles de wons surcoreanos)?

0-5	5-10	10-15	15-20	20-25	25-30	30-35	35-50	Más de 50
2%	8%	19%	10%	21%	5%	16%	6%	15%

Pregunta: ¿Normalmente, cómo se traslada al parque de diversiones?

Automóvil	Autobús turístico	Autobús	Tren/metro	Otro
68%	9%	13%	6%	4%

Fuente: Korea Research Institute.

como una persona muy trabajadora y noble pero que impulsaba enérgicamente a la empresa hacia su nueva visión de Farmland. Uno de los administradores lo describió con las siguientes palabras:

> El señor Her es muy exigente en relación con los administradores. Es muy explícito al manifestar lo que pretende y espera que sus administradores trabajen tan duro como él. Sin embargo, también puede ser muy amable, especialmente cuando se trata de los empleados de campo. Un día, poco después de haberse integrado a la empresa y a pesar de que el clima era particularmente frío, salió a dar su recorrido diario por el parque y observó que la empleada a cargo de uno de los atractivos comía su almuerzo frío debido a que se le había pedido que no se moviera de su lugar porque había mucho trabajo. En Corea, en un día frío, en realidad se necesita comer un almuerzo caliente para poder continuar. Esa misma noche, durante la reunión de administradores el señor Her comentó lo que había visto. Casi se le salían las lágrimas cuando platicó que la pobre muchacha de ventas había tenido que comerse su almuerzo frío y que no se estaban preocupando lo suficiente por ella. Por lo tanto, indicó a los administradores: "No me importa lo que tengan que hacer, pero no permitan que esto suceda nuevamente. Yo quiero que se cuide a mis empleados."

Con el propósito de atraer más clientes, el señor Her inició el movimiento de la estructura combinada de fijación de precios hacia un sistema único. Cuando el señor Her se integró a Farmland, los usuarios contaban con tres opciones. Si seleccionaban la opción pague-en-el-camino, debían adquirir por separado la cuota de admisión y los boletos para los juegos, frecuentemente por combinaciones, por ejemplo el Big 5 les permitía subirse a 5 juegos. Con la segunda opción denominada por-un-solo-precio, obtenían un pasaporte que cubriría tanto su admisión como la entrada a un número ilimitado de juegos por todo un día. La tercera opción consistía en la compra de una membresía que les permitía la admisión ilimitada por todo un año. En el año 1993, Farmaland estimaba que los usuarios de pasaportes constituían 17.4 por ciento de la asistencia al parque y aquellos con membresías el 25 por ciento. Farmland quería modificar gradualmente su sistema con el propósito de operar bajo un esquema único por-un-solo-precio, es decir, el más común en la industria.

PLAN MAESTRO: DE FARMLAND A EVERLAND

Durante el mes de marzo de 1993 y con motivo de la celebración del quincuagésimo quinto aniversario del Grupo Samsung, su presidente Lee Kun-Hee, anunció que Samsung modificaría su enfoque para centrarlo en la calidad y la globalización con el propósito de convertir en realidad la ambiciosa visión de convertir a Samsung en una de las primeras empresas del mundo. En consecuencia, la administración tradicional necesitaría efectuar continuamente cambios notables tanto de estructura como de estilo con el propósito de ayudar a que los empleados comprendieran la razón de ser de Samsung desde una perspectiva más amplia.

En respuesta al liderazgo de su presidente y con la ayuda de diversos diseñadores y proveedores de equipo para parques de diversiones de reconocimiento internacional, tales como Duell Corporation (Estados Unidos), Economic Consulting Services (Estados Unidos) y White Water West Industries Ltd. (Canadá), el señor Her inició el desarrollo de un plan maestro para Joong-Ang que hiciera posible renovar y aprovechar todo el potencial de Farmland. El continuo crecimiento del número de visitantes al parque (véase la ilustración 7) señalaba la apremiante necesidad de su expansión. Por otra parte, también había sugerencias de que un nuevo nombre podría proporcionar una nueva imagen al nuevo centro recreativo de la montaña, entre los cuales se propusieron Everland, Green Country y Nature Land. Paralelamente, se desarrolló un plan maestro para la inversión por etapas de 300 millones de dólares estadounidenses a lo largo de los siguientes cinco años. El plan contemplaba:

- Bahía del Caribe, desarrollo de un parque acuático con el tema del Caribe que debería construirse a un lado del parque de diversiones existente, con un costo estimado de 140 millones de dólares estadounidenses.
- Feria Global, edificación de una feria de diversiones con base en los temas arquitectónicos más afamados del mundo, con un costo estimado de 85 millones de dólares estadounidenses.
- Safari Tour, expansión del zoológico existente y construcción de diversos parques en los que se presentaría un espectáculo nocturno con rayo láser y un desfile de fábulas de fantasía con un costo estimado de 50 millones de dólares estadounidenses.

Los fondos para la expansión provendrían principalmente de la casa matriz del Grupo Samsung y también del patrocinio corporativo de las otras empresas del propio grupo. Asimismo, el plan maestro indicaba que si la primera etapa se consolidaba con éxito, se consideraría una segunda fase de inversión a través de la cual se desarrollaría en el poblado de Yongin un centro turístico con hoteles de lujo, campos de golf y muchas otras instalaciones. No obstante, el presupuesto exacto de la segunda fase todavía no se establecía. Sin embargo, algunos de los administradores de la empresa estrechamente ligados al desarrollo del plan maestro estaban convencidos de que la expansión del parque de diversiones no sólo constituía una prioridad sino que también sería lucrativa. Sus comentarios fueron:

> Lo que deseamos crear es un centro turístico vacacional de destino y una comunidad residencial a la que las personas puedan asistir, relajarse y gozar de sí mismas en medio de un ambiente libre de tensiones.
>
> Samsung emplea a más de 180 000 personas en Corea del Sur. Este desarrollo les proporcionará un lugar para visitar y del cual se sentirán orgullosos. Aquí existirá siempre un sitio para todos los miembros de la familia de todas las edades.
>
> Sentimos que es tiempo de cambiar de un nombre con orientación agrícola a otro que transmita de manera más precisa de nuestra nueva misión, la cual consiste en crear un motivo para toda la vida que combine con la armonía de la naturaleza.
>
> Si se aprueba este plan, nos convertiremos en el pueblo prototipo de centro turístico vacacional de destino del mundo entero. Los hemos visitado todos y cuando se concluya ¡no existirá ninguno mejor!

El Grupo Samsung aprobó el plan maestro a principios de 1994 y a medidos del mismo año se iniciaron las actividades de diseño y construcción que llevarían a convertir en realidad el concepto soñado sobre el mejor centro turístico vacacional de destino del mundo. La empresa eligió el nombre Everland para representar armonía y paz. A pesar de que Joong-Ang no lanzó formalmente el nuevo nombre sino hasta 1996, todos los documentos internos se referían al parque de diversiones como Everland.

INICIATIVA DE SERVICIO 1993-1994

Una de las primeras impresiones del señor Her cuando se integró a Joong-Ang Development Corporation fue que la organización contaba con un servicio de muy baja calidad. Por lo tanto, durante una junta de administración que se llevó a cabo a finales de 1993, señaló:

> Se supone que somos una organización de servicio. Pero me doy cuenta de que carecemos por completo del concepto de servicio. La parte más importante de una organización de servicio es su gente y no hemos aprovechado el potencial de nuestra gente con la energía suficiente.

Los niveles de calidad de servicio del parque estaban muy por debajo de los de sus competidores locales como Lotte World. A pesar de que Joong-Ang contaba con un pequeño grupo de personas encargadas de efectuar la supervisión de la calidad del servicio, en el área no existía un esfuerzo sistemático que lo impulsara. Uno de los administradores describió la situación como sigue:

> Nosotros no realizamos ninguna medición sistemática que nos permita saber si logramos la satisfacción de nuestros clientes o no. Vamos, ni siquiera utilizamos los resultados de las extrañas medidas que sí efectuamos.

La contratación de trabajadores obedecía estrictamente las normas de las políticas de personal del Grupo Samsung. Tal como lo destacó un director de personal:

> A menudo contábamos con las personas más brillantes, pero finalmente carecían de toda destreza para las relaciones humanas. A pesar de su inteligencia, simplemente no podían acomodarse dentro de la industria del servicio.

En su discurso inaugural como presidente, el señor Her hizo hincapié en que a pesar de que Joong-Ang tenía en sus manos una oportunidad fenomenal, si deseaba tomar ventaja de ésta la empresa debía cambiar. Por lo tanto, el plan maestro se transformó en el aspecto más importante para lograr que en el ánimo de los empleados se condujera una nueva forma de pensar. Por lo tanto, al destacar la calidad del servicio, el señor Her enfatizó cinco puntos, a saber:

- Generosidad y cortesía con el cliente.
- Ambiente limpio e higiénico.
- Instalaciones físicas seguras y de excelencia.
- Sinergia en la información.
- Una orientación global.

Con el propósito de impulsar un enfoque en el que ambas partes salgan beneficiadas en relación con un servicio de calidad, el señor Her promovió la idea de que un servicio eficaz siempre produce en los clientes satisfacción y un comportamiento positivo. En uno de los discursos que mes a mes dirigía a los empleados el señor Her manifestó:

> La generosidad es un aspecto básico en la vida de los seres humanos. No está demás insistir en este aspecto. La generosidad no puede existir sólo de una parte pues es un proceso reciproco. Es un beneficio para ambas partes, lo que provoca la alegría tanto en el proveedor del servicio como en el cliente. Quiero que este concepto se convierta en la forma de pensar de cada uno de los empleados y finalmente en la cultura de nuestra empresa. En el diagrama que les muestro (véase la ilustración 9) se explica el concepto.

Con esta idea, el señor Her congregó a un grupo de trabajo de 30 administradores de distintos departamentos con el propósito de estudiar algunos de los pasos que podrían impulsarla, tales como dar la bienvenida a los clientes y el protocolo telefónico. El grupo desarrollo las directrices específicas que se entregarían a todos los empleados a principios de 1994. Por ejemplo, el grupo consideraba que la cortesía consiste en cinco aspectos:

- Reverencia tradicional.
- Apariencia.
- La manera de caminar.
- Protocolo telefónico.
- El modo de vestir.

ILUSTRACIÓN 9 La filosofía de beneficio para ambas partes del servicio del señor Her en Everland

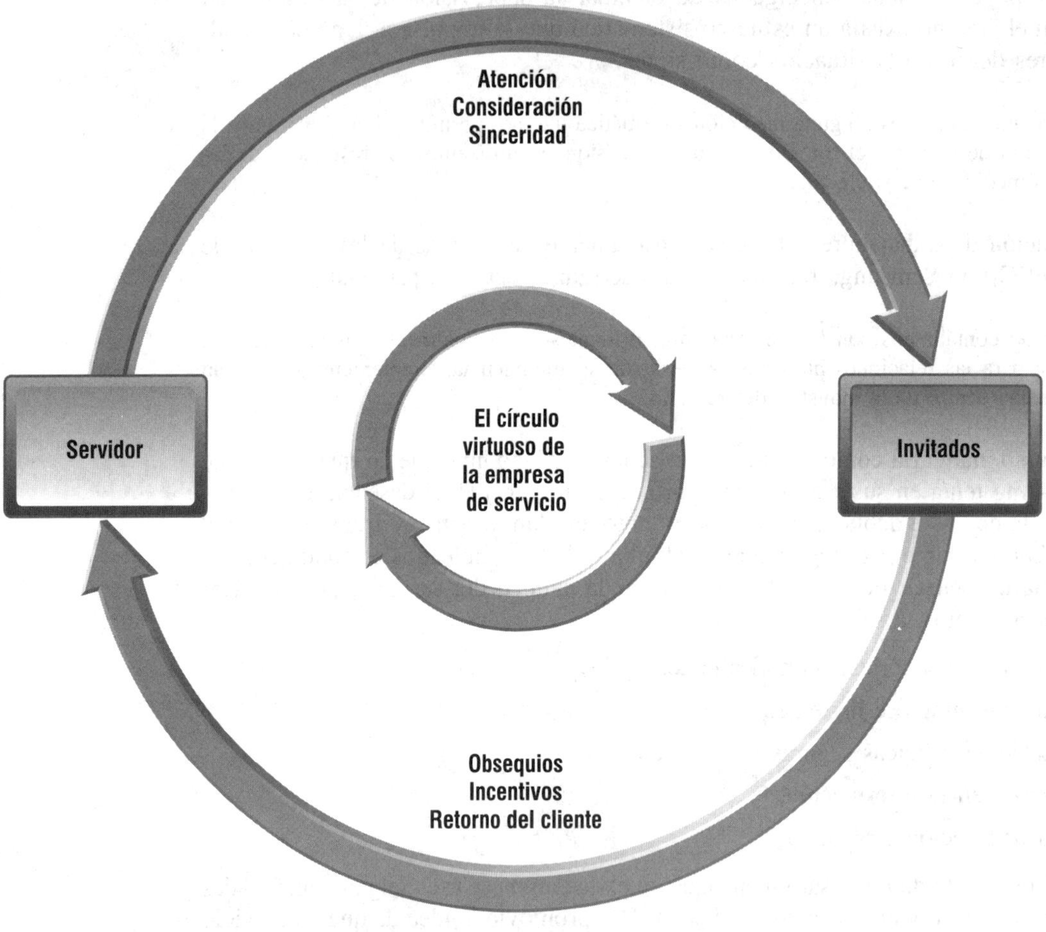

Atención
Consideración
Sinceridad

Servidor

El círculo virtuoso de la empresa de servicio

Invitados

Obsequios
Incentivos
Retorno del cliente

Fuente: Archivos de la empresa sobre el discurso del señor Her a sus empleados.

Luego, el grupo desarrolló las especificaciones detalladas sobre los cinco factores, las distribuyeron a los empleados y dieron importancia al entrenamiento para el servicio, así como a la evaluación del personal.

El director de administración de Farmland, el señor Yang, quien encabezaba el movimiento de calidad, comentó:

> Me parece interesante que nos observemos a nosotros mismos desde el punto de vista de los clientes. Ellos nos miran en tres niveles, los cuales imagino como tres "lentes" distintas. Primero emplean una lente telescópica y nos observan a distancia, ya sea a través de la forma en la que sus amigos les platican de nosotros o al ver el efecto que provocan nuestros espectáculos. Después utilizan una segunda lente microscópica y nos observan muy de cerca, tratando de discernir si efectivamente satisfacemos sus necesidades, por decir, en caso de crisis o emergencia. Por último emplean una lente periscopio, muchas veces no nos damos cuenta que los clientes observan nuestra manera de actuar, pero lo hacen. Por lo tanto, les pido a mis empleados que tomen esto en consideración.
>
> Hemos encontrado que la metáfora teatral que utiliza Disney, resulta muy útil para transmitir esta idea a todo el personal. En esta metáfora, al conjunto de empleados se le denomina "el elenco", lo que significa que nosotros estaremos actuando todo el tiempo y que nuestros clientes nos observarán. Incluso al dormitorio en que se alojan nuestros empleados se le denomina la casa del elenco. Por medio de esta idea, nosotros trataremos a cada uno de

nuestros clientes como si fuese uno de nuestros invitados. Normalmente utilizamos el término "la voz de los clientes" para documentar las quejas, los cumplidos y las sugerencias de los clientes. Sin embargo, ahora lo denominamos la "voz de los invitados". De esta manera el mensaje se enviará con bastante claridad.

Campaña de limpieza

La empresa implantó una campaña de limpieza por medio de la cual se esperaba que cada empleado se asegurara de que tanto las oficinas como el parque de diversiones luciera limpio. La meta principal del señor Her consistía en enviar a los empleados el firme mensaje de que si se suponía que los niveles de calidad del servicio se elevarían, el parque debería mantenerse limpio y ordenado. Por lo tanto, estimuló a todos los administradores para que dieran el ejemplo. Uno de los administradores relató un incidente que más tarde se constituyó en eficaz herramienta para introducir la idea que el señor Her tenía sobre el liderazgo a través del ejemplo:

> Una de nuestras recientes reuniones trimestrales de planeación estratégica en la que estaban presentes todos los administradores senior, culminó con una cena de gala. Sin embargo, como ya era muy tarde cuando terminamos, muchos de los administradores se despidieron tan pronto como se sirvió el último platillo. Pocos minutos después, observamos que el señor Her colocaba las charolas y los platos sucios en la máquina lava platos. Debido a que ya era demasiado tarde, resultó fácil comprender que lo que deseaba el señor Her era ayudar a los empleados de limpieza. Rápidamente, el resto de los que estábamos alrededor seguimos su ejemplo. El hecho me causó una gran impresión; desde entonces yo creo lo que el señor Her propone.

La dirección tenía la certeza de que una campaña para levantar la basura además de inducir el sentido de la limpieza entre los empleados, proporcionaría un excelente modelo de comportamiento a los niños que visitaran el parque de diversiones. La dirección planeaba formalizar este concepto en enero de 1995, por medio de la implantación de una práctica que promovería que los jefes inmediatos obsequiaran tenazas y guantes blancos a los administradores recientemente reclutados o promovidos, en presencia del equipo con el cual trabajaban. El propósito del plan radicaba en establecer simbólicamente el papel del administrador como guardián de la limpieza. En consecuencia, a menudo se observaba a los administradores senior levantando y depositando la basura en los botes de basura. La actitud que mostraron provocó diversas reacciones entre los empleados. Algunos consideraban que el hecho de que los administradores fueran por ahí recogiendo basura significaba un desperdicio de su preciado tiempo y que, en lugar de ello, deberían dedicarse a otras actividades, tales como planificar. Sin embargo, otros observaron en su conducta un ejemplo a seguir. Al respecto el señor Yang comentó:

> El servicio verde es una forma muy eficaz para lograr que los empleados participen en nuestra campaña de servicio. A través de éste promoveremos tres aspectos. Primero, provocaremos que los administradores acudan al campo en el que sucede la acción. Esto representará una gran oportunidad para que ellos observen, con sus propios ojos, el vasto potencial de su empresa. Segundo, tendrán una ocasión para platicar con los clientes. Ellos podrán escuchar las quejas y los cumplidos de primera mano. Tercero, podrán observar la importancia de la limpieza. Un día limpia un lugar y jamás volverás a ensuciarlo. De esta manera se transmite la cultura a las futuras generaciones.

Academia de servicio

Con el establecimiento de la academia de servicio, a finales de 1993, Joong-Ang marcó un giro clave de su estrategia. A pesar de que siempre se había contado con personal

ILUSTRACIÓN 10 Programa y perfil del curso básico de entrenamiento

	Día 1	Día 2
08:00		Imagen y apariencia
09:00	Introducción	Comunicación del servicio
10:00	Filosofía de servicio	Protocolo telefónico
11:00	Imagen y apariencia (Grabación de video para retroalimentación)	Protocolo telefónico (continúa)
13:00	Comida	Comida
14:00	Imagen y apariencia (Retroalimentación y análisis)	Postura corporal
15:00	Ceremonia de reverencia	Protocolo de recepción del invitado
17:00	Sonrisa y poder de acercamiento	Repaso
18:00	Cierre	Cierre

Fuente: Archivos de la empresa.

para el entrenamiento de servicios, ésta fue la primera ocasión en que un grupo formalmente establecido se haría cargo de la responsabilidad de crear normas y apoyar a que la organización las alcanzara a través de un continuo entrenamiento y valoración. Además, la academia de servicio se convirtió en la herramienta para desarrollar el esquema de entrenamiento para los nuevos empleados. Las principales directrices de la academia de servicio se precisaron en un programa de cuatro puntos:

1. Operaría como un centro interno de docencia con el propósito de entrenar al personal de servicio.
2. Desarrollaría las capacidades de aprendizaje de la organización.
3. Ofrecería servicio de entrenamiento a otras organizaciones, incluyendo a las del sector público.
4. Presentaría una campaña nacional de cortesía y generosidad.

La academia de servicio ofrecería distintos tipos de cursos. Por ejemplo, un curso básico de servicio de dos días (17 horas) como primer entrenamiento para todos los empleados, tanto los de tiempo completo como los de medio tiempo. Su objetivo sería implantar las características importantes del servicio, tales como imagen y apariencia, la filosofía de servicio, la sonrisa, reverencias y forma de caminar, así como el protocolo telefónico para los nuevos empleados. En la ilustración 10 se muestra el programa de actividades. El señor Her participaba personalmente en cada una de las sesiones de entrenamiento, en las que exponía su visión sobre el futuro de Everland, el papel central de la calidad del servicio dentro de la estrategia corporativa y el mensaje de la filosofía de servicio de la empresa. Los cursos para los nuevos equipos de trabajo se estandarizaron. La administración incrementó los periodos de entrenamiento: para los nuevos empleados de tiempo completo de 8 a 16 días, para los que se contrataba por temporadas a largo plazo (quienes normalmente trabajaban durante un verano o más) de 2 a 9 días y para los que se reclutaban por temporadas de corto plazo (quienes por lo general trabajaban sólo unas cuantas semanas) de 2 horas a 2 días.

Políticas de personal

Los esfuerzos que se relacionaban con la calidad giraban alrededor de la contratación, educación y reentrenamiento. Con el propósito de garantizar un servicio de calidad, las tiendas y restaurantes previamente administrados por proveedores externos, quedaron bajo el control directo de la administración. Con frecuencia el señor Her manifestaba a sus compañeros administradores que la satisfacción del empleado era un factor clave para la satisfacción del cliente, y enfatizaba la necesidad de crear un clima organizacional adecuado para los empleados. De esta manera en 1994, se distribuyeron los nuevos uniformes de primera calidad con un diseño exclusivo. Para lo cual, la empresa contrató a la compañía canadiense Sally Fourmy and Associates con el propósito de contar con sus servicios de consultoría de moda. Por otra parte, la empresa también planeó la construcción, durante ese mismo año, de un nuevo dormitorio para los empleados que no habitaban en la localidad.

Parte de la campaña de calidad de servicio consistía en el desarrollo de las normas y los procedimientos de operación. Por lo tanto, se establecieron las nuevas directrices de contratación que otorgaban mayor importancia a la capacidad de las personas para adaptarse a la organización, en lugar de a sus proezas intelectuales. Por otro lado, se avanzaba en los planes para institucionalizar un programa de entrenamiento para todos los empleados nuevos que constaría de siete días de estancia. Además, en el mes de enero de 1994, se implantó el programa mensual de premiación al mejor empleado de servicio, que se otorgaría con base en el registro individual de satisfacción del cliente. Los administradores de cada departamento podrían remitir los nombres de los empleados al grupo de innovaciones de administración, para que éste consolidara la lista que permitiría identificar a los ganadores. Las cartas que enviaban los clientes jugaban un papel significativo en la selección.

También se incorporó un nuevo esquema para evaluar la calidad de servicio en el desempeño de los empleados. El esquema consistía en que el jefe inmediato daría a cada uno de sus empleados un grado por letra con base en la calidad del servicio que brindara, las letras oscilaban de la A (excelente) a la C (debajo de lo satisfactorio). A los empleados cuyo desempeño se evaluara por debajo de lo satisfactorio se les exigiría que asistieran al curso de reentrenamiento. Asimismo, en el mes de agosto de 1994, se introdujo el programa de *bench-marking* o de punto de referencia, por medio del cual se reconocería a los empleados con registros ejemplares de servicio y se les enviaría a realizar un recorrido por las instalaciones de diversos parques de diversiones en Estados Unidos, Europa y Japón con el propósito de que evaluaran la calidad de los servicios de los competidores de Joong-Ang. En 1994, participaron más de 300 empleados. A su regreso, frecuentemente los empleados presentaron a la dirección un reporte por escrito con sus observaciones. Tal como lo señaló un administrador:

> Durante los próximos cinco años, planeamos enviar a las instalaciones de nuestros competidores en otros países a casi 1 000 empleados. El propósito principal de este viaje consiste en lograr que cada uno de nuestros empleados extienda su vista para ver más allá de lo que observa ahora. Nosotros lo denominamos "elevar la vista". No intentamos sintetizar todas sus observaciones para vaciarlas en nuestra planeación. Si cada empleado obtiene nuevo impulso y motivación para transformar a Everland en el mejor del mundo, nosotros habremos alcanzado nuestros objetivos.

Primeras mediciones

En el año 1993, las mediciones de satisfacción del cliente en Farmland estaban a cargo de una de las organizaciones líderes de la investigación del consumidor de Corea del Sur, Korea Research Group. Este grupo realizaba las mediciones formales a través de encuestas. En un esfuerzo por comparar sus niveles de calidad de servicio con los de la competencia, se efectuaron los arreglos necesarios para realizar el mismo tiempo las encuestas en Lotte World. Sin embargo, los resultados no fueron muy alentadores; el índice de satisfacción del cliente que se obtuvo en Farmland se evaluó en 67.2 y el de Lotte World en 70.1 (véase las ilustraciones 11 y 12).

En respuesta a estas evaluaciones, la administración puso en marcha un procedimiento de compra simulado, a través del cual un empleado acudía a las distintas instalaciones de Farmland y Lotte World como si fuese un cliente con el propósito de evaluar los servicios que se ofrecían. Los resultados corroboraron los resultados de las encuestas que señalaban que el servicio de Lotte World superaba al de Farmland. El índice que resultó de las compras simuladas ubicó a Farmland en 63.0 y a Lotte World en 76.4.

Con el propósito de evaluar qué tan contentas se sentían con la organización las personas que trabajaban en Farmland, la academia desarrolló el índice de satisfacción de los empleados. Su aplicación dio como resultado 69.2, es decir, ligeramente abajo de lo que se consideraría como "apenas satisfecho".

Sin embargo, no todos los indicadores fueron negativos. El señor Her observó que el número de las cartas halagadoras que se recibieron en 1994, mostró un incremento considerable. Para ese momento, el señor Her todavía no recibía los resultados formales de la medición del índice de satisfacción del cliente.

Era un hecho que a Farmland todavía le faltaba un buen tramo por recorrer. Tal como lo aseguró uno de los administradores de marketing:

> Para lograr nuestra permanencia, es muy importante que los clientes regresen. Si no cumplimos con sus expectativas ellos no regresarán y, entonces, nosotros no tendremos más negocio que atender. Sin embargo, los coreanos somos personas muy serias y no está en nuestra naturaleza sonreír a los extraños. De manera que todavía es más difícil brindar el tipo de servicio que se observa en Disneylandia.

Problemas operativos en 1993

A pesar de que existían algunos motivos para pensar que el Grupo Samsung podría tomar en cuenta la propuesta para expandir Farmland, para el señor Her todavía era necesario resolver diversos problemas operacionales.

Uno de los problemas más importantes era la accesibilidad al parque. Al respecto, un residente del área cercana a Yongin comentó:

> Aunque sólo debiera tomarme 15 minutos para llegar de mi casa a Farmland en automóvil, el tráfico es tan pesado que podría tomarme casi una hora a vuelta de rueda. Ése es el motivo principal por el cual todavía no visito el parque de diversiones.

Un administrador del grupo de marketing opinó sobre la naturaleza crítica de este problema:

> En Corea trabajamos cinco días y medio a la semana, y el tiempo de traslados es muy largo. Además, el quehacer de la casa debe realizarse los fines de semana. Por lo tanto, sólo nos queda esperar que los clientes tengan las ganas suficientes como para viajar el domingo o cualquier otro día de vacaciones si hay mucho tráfico.

Sin embargo, muchos de los administradores de Joong-Ang creían que la accesibilidad solamente era un problema de tiempo. El señor Yu, director de personal, dijo al respecto:

> Debido al pequeño territorio de Corea y a su numerosa población, las dificultades de traslado son parte de la vida en nuestro país. Por lo tanto, cuando el gobierno lleve a cabo sus planes para extender el metro hasta Yongin, Farmland contará con una estación terminal y esto será muy conveniente para las personas.

ILUSTRACIÓN 11 Resultados de medición de la calidad del servicio

	Farmland	Lotte World	Comentarios
Índice de satisfacción del cliente	67.2	70.1	Con base en dos mediciones realizadas por Korea Research Institute. Las puntuaciones entre 75-80 se consideran niveles internacionales comparables.
Índice de calidad del servicio de compra simulada	63.0	76.4	Igual que la nota anterior.
Índice de calidad del servicio telefónico	76.4	NA	Mediciones internas realizadas dos veces al año.
Índice de satisfacción de los empleados	69.2	NA	Mediciones internas realizadas dos veces al año.

Fuente: Archivos de la empresa.

ILUSTRACIÓN 12 Información demográfica de la muestra de clientes para las mediciones del índice de servicios al cliente*

Sexo		
Hombre	80	40.0%
Mujer	120	60.0
Edad		
Niño	40	20.0
Joven	40	20.0
Adulto	120	60.0
Ingreso anual†		
<150 millones de wons coreanos	58	41.7
>151-200 millones de wons surcoreanos	30	21.6
201 millones de wons surcoreanos	51	36.7
Estado civil		
Casado(a)	31	15.5
Soltero(a)	169	84.5
Lugar de residencia		
Seúl	54	27.0
Provincia de Kyonggi-Do‡	37	18.5
Provincias cercanas	43	21.5
Otros	66	33.0

* Durante este día se muestrearon 200 personas.

† Las cifras no suman 200 debido a que algunos se rehusaron a contestar la pregunta. Los porcentajes se calcularon con base en los que sí respondieron.

‡ Kyonggi-Do era la provincia noroeste de Corea del Sur; Seúl y Yongin se localizaban en ella.

Fuente: Korea Research Institute.

Un problema que se relacionaba con el anterior era el del estacionamiento. El administrador que se encargaba de efectuar el análisis exhaustivo del problema, mencionó:

> Hoy en día más o menos se cuenta con lo que se debe tener. El espacio es suficiente para alojar 8 000 automóviles y si consideramos que en cada auto viajan cuatro personas, esto significa que podemos recibir a 32 000 personas. No obstante, si imaginamos que el promedio de estancia es de seis a ocho horas, el espacio de estacionamiento podría tener una rotación de 1.7 veces al día. Es decir que contaríamos con la capacidad para recibir a la asistencia que en los días pico llega a 52 000 personas. Pero el problema real se presenta durante las temporadas altas, puesto que en ciertos días pico no sólo recibimos más visitantes, sino que también las personas permanecen durante más tiempo en el parque. Si el parque va a expandirse, ciertamente éste será un cuello de botella importante.

Parte del plan de expansión incluía el argumento de los espacios de estacionamiento, así como también el de un esquema denominado estacionamiento y juegos, el cual tendría como propósito que los visitantes pudieran viajar cómodamente en un pequeño autobús desde los diversos lotes de estacionamiento hasta la entrada del parque.

Las relaciones con los habitantes de la localidad también podían llegar a ser un problema. La expansión de Farmland implicaría la necesidad de extenderse sobre un área mayor del valle Yongin. Un granjero del área expresó su punto de vista:

> Samsung sólo piensa en expandir su negocio. Pero no se da cuenta que al cortar los árboles y emparejar el terreno provocará que la región circundante sea susceptible de frecuentes inundaciones. Esto dañaría todas nuestras cosechas. ¿Cómo nos va a compensar?

La introducción de un ambiente dinámico dentro de la organización de Farmland constituía otro de los desafíos importantes. Si realmente deseaban tener éxito en la industria, sería necesario someter a Farmland a una reorientación extensiva de su estilo organizacional. El señor Yu, quien había iniciado algunos de los cambios internos de la organización, recordó un acontecimiento que demostraba los problemas que la administración enfrentaba:

> Anteriormente, nuestra oficina principal se localizaba en Seúl y Farmland se administraba a control remoto. Por medio del fax enviábamos información y directrices de ida y vuelta. Pero de alguna manera no estaba convencido de que ésa fuera la mejor manera de trabajar. Yo insistía en que las oficinas principales deberían ubicarse en el lugar en el que se encuentran los productos. Y sólo después de mucha insistencia nos cambiamos a este lugar.

Entre otras cosas, la administración también consideraba efectuar algunos cambios en el proceso de contratación. De manera congruente con las normas que Samsung practicaba, tradicionalmente en Farmland se buscaba a los graduados y estudiantes que mostraban el mejor desempeño académico. Sin embargo, los administradores creían que lo que les hacía falta era un mayor número de personas que mostraran una sólida vocación de servicio, así como más mujeres. La proporción de mujeres ni siquiera alcanzaba el 25 por ciento. A pesar de que muchos de los administradores anticiparon que existirían algunos problemas debido a que la mujer coreana deja de trabajar después del matrimonio, el señor Yu tenía confianza en su decisión. Él lo expresó con estas palabras:

> Yo pienso que los tiempos están cambiando. Creo que sería bueno para nosotros incluso si tuviéramos un alto índice de rotación de personal, puesto que la sangre fresca siempre trae consigo ideas frescas, seríamos capaces de preservar cierto dinamismo en nuestra organización.

Por su parte, el señor Hyun, director de finanzas, comentó su punto de vista sobre la estrategia:

> Mucha gente comenta que estamos invirtiendo sobremanera en construir una imagen y se preguntan si los beneficios serán razonables. Sin embargo, Farmland se trata de mucho más que sólo sacar provecho. Farmland es una especie de escaparate tanto para Samsung como para Corea. Anualmente nos visita casi el 25 por ciento de la población coreana. Nuestros estudios sostienen que los clientes relacionan el parque con el nombre Samsung. Piensen en ello. Cada año nos visitan más de 5 millones de adolescentes y algunos de ellos más de una vez. Cada ocasión que asisten al parque, escuchan el nombre Samsung y también lo observan en muchas de las demostraciones, en fin... Ellos representan a nuestros clientes potenciales del futuro. Y nosotros queremos mostrarles que Samsung busca la excelencia. De hecho, cada vez estamos más cerca de lograr que los clientes satisfechos se conviertan en clientes más que satisfechos. Pueden imaginarse lo que esto significa para nuestro grupo corporativo.

Por su parte, el señor Her también expresó lo siguiente sobre la situación activa:

> He puesto todo mi empeño para encaminar a la organización hacia una nueva cultura, una cultura del servicio. Hemos iniciado un sendero de alto riesgo. No nos podemos dar el lujo de fallar. Hemos invertido enormes cantidades de tiempo y dinero en construir la reputación de este parque. ¿Realmente podremos alcanzar las normas globales de excelencia? A pesar de que no puedo garantizar el éxito, yo soy el responsable ante el grupo corporativo y me presiono a mí mismo y a la organización entera hacia la meta que nos hemos fijado. ¿Qué pasaría si no podemos realizar el enorme giro que esperamos? Las apuestas son altas. No obstante, estoy animado. He observado señales visibles de cambio. De otra forma ya hubiese detenido nuestro avance en esta dirección.
>
> Les puedo asegurar que no sólo nos observa de cerca nuestro grupo Samsung, sino que también lo hacen todos los miembros de la comunidad empresarial de Corea, así como los de la comunidad internacional. La sola idea de que Samsung invierte miles de millones de dólares estadounidenses en la construcción de un complejo de parques de diversión, suena muy extraña. Con mil millones de dólares fácilmente se puede comprar una planta de semiconductores y cuando se invierte esa cantidad de dinero en un parque de diversiones más vale que se cuente con una idea bastante clara de lo que se está haciendo. Cuando propuse la academia de servicio en Joong-Ang, algunos de los administradores señalaron que representaba una inversión periférica excesiva. No obstante, para mí, el corazón del negocio de servicio está en su gente, por lo cual creo que este aspecto merece la mayor inversión posible. Asimismo, cuando puse en marcha el concepto del "servicio verde", incluso mis propios administradores dudaron que los empleados pudieran comprender la idea. Cuando menos hasta el momento, no parece haber problema alguno y estoy convencido de que será bien recibido. Además, gran cantidad de mi tiempo personal a dirigir a los empleados, involucrarme en el proceso de selección, participar en comidas de trabajo informales, así como también me doy tiempo para responder personalmente muchos de los mensajes que nos envían por correo electrónico. Ahora bien, respecto a la pregunta sobre si conviene que invierta todo ese tiempo como lo hago, quizá muchos piensan de otra manera, pero para mí, la respuesta es un rotundo sí.
>
> También enfrento muchas otras dificultades. Ni lo empleados ni los administradores cuentan con la sólida mentalidad de servicio y parecen renuentes a modificar las formas tradicionales de hacer las cosas para adoptar una nueva forma de pensar. Por otra parte, la relativa baja calidad de nuestras instalaciones realmente tampoco satisface las expectativas de nuestros clientes sobre lo que significa un parque de diversiones altamente orientado al servicio. Cabe señalar que este problema se relaciona directamente con las dificultades que hemos tenido para obtener el capital que se requiere para mejorarlas. Y, finalmente, también ha sido difícil lograr que se reconozca el importante papel que juega el entrenamiento y la educación para lograr todo lo anterior. No obstante, tampoco soy del tipo de personas que se dan por vencidas con facilidad y esto se debe, fundamentalmente, a que tengo una idea clara y concreta sobre la dirección hacia la que deseo conducir el trabajo de las personas, por lo cual, puedo asegurarles, que sin importar de qué se trate, voy a superar los obstáculos uno a uno sin rendirme.
>
> Para Samsung éstos son tiempos de cambio. Nuestro presidente expresó con exactitud y en términos suficientemente claros, que nos estamos moviendo hacia un área en la que la calidad o la falta de ésta, será lo que determine nuestra permanencia. La nueva filosofía

administrativa desea integrar bajo una enorme sombrilla tanto a los empresarios, como a los clientes y a los empleados. Hoy en día, nuestro grupo corporativo centra su atención sobre los clientes y deseamos que nuestro nombre se transforme en uno de los mejores en relación con la satisfacción del cliente. A la luz de este concepto, todo lo que nos hemos propuesto hacer aquí, en Everland, es congruente con el lema corporativo. El hecho de que el consejo de Samsung aprobara nuestro plan maestro es una señal bastante clara que nos motiva a seguir adelante. Y es justamente este punto el que me da la seguridad de que nos movemos en la dirección correcta y al ritmo adecuado. Sin embargo, también estoy seguro de que no todo es perfecto. ¿Qué debemos agregar a nuestro programa? ¿Cómo podremos asegurarnos de que la calidad de nuestro servicio supere continuamente a la de nuestra competencia nacional y se equipare a las normas internacionales?

(La dirección web de la empresa es *www.everland.com.*)

SARAH NORTON Y WISE RESEARCH

CASO 16

Ronald L. Coulter, *Southwest Missouri State University*

D. Michael Fields, *Southwest Missouri State University*

Mary K. Coulter, *Southwest Missouri State University*

Rebeca J. Gordon-Runyan, *WRG Inc.*

Esa tarde de principios de agosto de 1995, cuando Jeff Baird tocó a la puerta del cuarto del motel Dallas, esperaba ver a su novia rebozante y llena de entusiasmo. Pensó encontrarla emocionada porque festejarían el día de su cumpleaños y porque se acercaba la conclusión de la primera semana de las dos que duraría el curso de capacitación para el empleo que recientemente había aceptado. Sin embargo, la joven que abrió la puerta parecía tener problemas y estar cansada.

"No te ves muy contenta, Sarah", dijo Jeff.

"No lo estoy", explicó Sarah. "Esta semana no transcurrió exactamente como yo esperaba e incluso me pregunto seriamente si debo continuar aquí."

A pesar de que resultaba evidente que el tono del encuentro había cambiado por completo, Jeff se sintió contento de haber realizado el viaje. Sarah estaba sumamente preocupada y era obvio que necesitaba alguien con quien charlar al respecto. Por lo tanto, a Jeff le animó la idea de estar presente para atender a Sarah mientras intentaba analizar los acontecimientos de los últimos cuatro días.

INICIO DE LA BÚSQUEDA DE EMPLEO

A Sarah Norton le faltaba poco más de un semestre para obtener su título en Master in Bussines Administration (MBA) en una de las grandes universidades estatales de Hammonsville, Missouri. Por lo tanto, se preparaba con cierta inquietud para empezar a buscar empleo. Sarah había identificado cuando menos tres motivos que podrían dificultar la localización de un trabajo en su campo. Primero, desde una perspectiva general, la industria estadounidense experimentaba la parte más aguda de su proceso de reducción. Gran parte de esta reducción sucedía a expensas de los niveles de administración más bajos, por lo cual el ambiente para las contrataciones de MBA se había limitado a lo largo de todo el país. Segundo, la especialización de Sarah era la investigación de mercado. A pesar de que una gran cantidad de compañías manifestaban la continua necesidad de investigaciones con el propósito de operar con mayor eficiencia dentro de los mercados naturales que dominaban el mercado nacional, no se consideraba que la industria de la investigación fuera un sector en crecimiento. Por otra parte, para los titulados en MBA la situación se complicaba todavía más por el hecho de que muchos de los estudiantes que aún no concluían la licenciatura, competían por los mismos trabajos y podía contratarlos por un salario menor. Tercero y último, Sarah había decidido permanecer en Hammonsville. Ciudad con 150 mil habitantes, cercana al lugar en el que habitaban sus padres y donde vivía Jeff. Particularmente, el problema de la ubicación podría resultar una limitante debido a que una ciudad con 150 mil habitantes genera un mercado más reducido para los investigadores. A pesar de que la situación no era favorable, Sarah todavía sentía que contaba con algunas ventajas que le permitirían localizar y obtener un trabajo en su especialidad.

ANTECEDENTES DE SARAH

Tanto los profesores como sus amigos sabían que Sarah era una mujer madura de 32 años de edad, que había sido criada en el centro del estado de Missouri, en el seno de una familia unida con padres amorosos. También contaba con una sólida formación religiosa que la había ayudado en los momentos en los que tuvo necesidad de guía para tomar decisiones personales difíciles. Era una persona agradable con la cual convivir a la que sus colegas y amigos querían y respetaban. Por su parte, mientras que su filosofía personal consistía en respetar y tratar a los demás como le gustaría que la trataran a ella, nunca buscaba imponer a los otros sus puntos de vista morales, éticos ni religiosos. Establecía relaciones genuinas y personales y los demás la consideraban una persona divertida con la que era agradable estar.

Sarah tenía una hermana más joven con la que mantenía una estrecha relación. El primer trabajo que obtuvo fue en la oficina del Comité de Curadores de Arte del Registro Profesional del estado de Missouri. A ella le gustó trabajar en ese lugar, ya que la oficina funcionaba de una manera muy profesional y el ambiente permitía el aprecio genuino entre sus empleados. Después de trabajar varios años ahí, Sarah comprendió que deseaba concluir su carrera profesional. Ante la insistencia de su hermana, Sarah se trasladó a Hammonsville y se empleó en la oficina local de la oficina de rehabilitación vocacional del estado. El traslado le permitió conjugar su desempeño en la oficina como asistente de diversos consejeros de rehabilitación vocacional con sus estudios en la universidad local del estado. A Sarah se le reconocía por su positiva ética laboral, sus sólidos valores morales y su inteligencia. En la universidad cursó las carreras de marketing y administración (doble especialidad) y al titularse recibió mención honorífica. Como estudiante, a Sarah le interesaban especialmente las clases de investigación, lo que la llevó a decidir que buscaría forjar su futuro profesional como investigadora de mercados.

Con la mira puesta en esa dirección, Sarah buscó abiertamente con sus profesores las oportunidades que le permitieran participar en diversos proyectos de investigación, con el propósito de desarrollar sus destrezas en este sentido. Por lo tanto, ella confiaba en su competencia y habilidad para llevar a cabo todas las etapas de un proyecto de investigación. Sarah podía diseñar cuestionarios, conseguir datos, analizar e interpretar las pruebas estadísticas, así como realizar los reportes correspondientes. Era muy hábil para las estadísticas. También estaba muy consciente de la importancia que revestía la imparcialidad en la recolección y el reporte de datos. De manera congruente con sus rasgos distintivos y sus valores personales, destacaba la importancia del manejo ético de los datos en sus cursos de investigación. No obstante, debido a que no existían normas para la recolección y el manejo de datos que abarcaran la amplitud de la industria, Sarah conocía el código de ética desarrollado por la Marketing Research Association, Inc. (véase la ilustración 1). Esta organización agrupaba a casi 2 100 miembros de todas

ILUSTRACIÓN 1 Código de ética de Marketing Research Association

Código de ética y prácticas profesionales

1. Mantener altas normas de competencia e integridad al realizar la investigación de mercados y encuestas.
2. Mantener el más alto nivel de conducta empresarial y profesional y dar cumplimiento a las leyes, reglamentos y decretos federales, estatales y locales que se apliquen a mis prácticas empresariales y las de mi compañía.
3. Poner en práctica todo el cuidado razonablemente posible y observar las mejores pautas de objetividad y precisión en el desarrollo, recopilación, procesamiento y reporte de la información de mercadeo y los cuestionarios de investigación.
4. Proteger el anonimato de los entrevistados y retener toda información concerniente a los privilegios individuales del encuestado, como emplear solamente la información dentro del contexto de ese estudio en particular.
5. Instruir y supervisar a fondo a todas las personas de cuyo trabajo soy responsable de acuerdo con las especificaciones del estudio y las técnicas de investigación en general.
6. Respetar los derechos de propiedad de todos los materiales que se reciban de y/o se desarrollen para los clientes y mantener en resguardo todas las técnicas de investigación, datos y otros tipos de información que los propietarios consideren confidenciales.
7. Proporcionar a los clientes los detalles de los métodos de investigación y técnicas de la tarea asignada en la medida en la que razonablemente se requieran para la adecuada interpretación de los datos, siempre y cuando estos reportes no violen la confidencialidad de los entrevistados ni la de los clientes.
8. Promover la confianza del público en las actividades de marketing y cuestionarios de investigación y evitar cualquier procedimiento que pueda representar de manera falsa las actividades del encuestado, las garantías de cooperación o el empleo de datos.
9. Abstenerse de mencionar su membresía a esta organización como prueba de competencia, puesto que la organización no certifica a ninguna persona ni organización.
10. Alentar la observancia de los principios de este código entre todas las personas comprometidas con la investigación de mercados y encuestas.

Fuente: Publicado con licencia de Marketing Research Association, Inc., Rocky Hill, CT.

partes de Estados Unidos. La asociación proporcionaba a sus participantes servicios de educación y capacitación, así como oportunidades de trabajo en red en el campo de la investigación de mercados.

De acuerdo con lo que sus profesores le habían enseñado y las lecturas asignadas para sus estudios de investigación, Sarah sabía que el gasto anual de las corporaciones en investigación representaba millones de dólares. Los resultados de las investigaciones se emplean para influir sobre decisiones multimillonarias (en dólares) en relación con nuevas líneas de producto, la mano de obra que interviene en la manufactura y las estrategias promocionales. Sarah también estaba consciente de que la investigación de mercados que conducen los proveedores externos de investigación representaba una preocupación creciente para la industria. Asimismo, la lectura de diversos artículos sobre el tema había reforzado en ella el interés en relación con la ética que debe orientar la recopilación de datos para la investigación de mercados.

Cuando Sarah completó sus estudios en 1994, el mercado de trabajo se encontraba particularmente estancado. Por lo tanto, algunos profesores le aconsejaron que considerara la posibilidad de cursar la especialidad en MBA, por lo cual Sarah solicitó su ingreso a la escuela de especialidades y fue aceptada en el programa MBA. Lo anterior le permitió continuar en Hammonsville. Asimismo el departamento de marketing le proporcionó un empleo de asistente de la especialidad, que le permitiría pagar sus estudios y los gastos de su estancia. Por su parte, mientras trabajaba en su especialidad MBA, Sarah continuó desarrollando sus habilidades para la investigación de mercados.

Dentro del programa de especialidad tomó 12 horas de clases específicas de investigación y también participó en diversos proyectos especiales del College of Business cuyo propósito era la publicación y la instrucción en el salón de clases. Además, también ayudó en la recolección de datos complementarios en la biblioteca. Sarah estaba plenamente convencida de que cuando regresara a la facultad en el otoño de 1995, nuevamente obtendría el puesto de asistente; de hecho, ya le habían ofrecido el puesto de auxiliar del director del colegio de especialidades.

Ella estuvo de acuerdo en hacerse cargo de las responsabilidades adicionales que representaría ocupar el cargo como auxiliar del director del colegio de especialidades durante el otoño en que cursaría el último semestre de su especialidad, es decir, que se haría responsable de coordinar los programas y las actividades de los cinco adjuntos de especialidad que trabajaban en el departamento de marketing. Sarah estaba segura que el tiempo adicional que exigiría el desempeño del trabajo, no interferiría con la preparación de sus clases ni con lo que ella consideraba su actividad más importante: encontrar un empleo a nivel inicial dentro del campo de la investigación de mercados. Por lo tanto, a mediados de ese verano, Sarah completó la actualización de su currículo y estaba lista para dar seguimiento agresivo al mercado de trabajo.

REACCIÓN ANTE EL ANUNCIO DE TRABAJO

El domingo 9 de julio de 1995, y sin darle mucha importancia, Sarah revisaba la sección de ofertas de trabajo del *News Monitor* de Hammonsville, cuando encontró un anuncio en el que solicitaban a un gerente de investigación de mercados. Leyó el texto del anuncio ávidamente, con el propósito de obtener más detalles. A pesar de que el anuncio no indicaba ningún requisito específico para el empleo, sí proporcionaba una referencia llamativa cuando se relacionaban los detalles del texto respecto de las alternativas y tiempo límite con la oferta de inicio a nivel gerencial. Asimismo, proporcionaba un número de apartado postal en Hammonsville y solicitaba a los interesados que enviaran su currículo junto con una carta de solicitud. No obstante, la oferta del periódico no daba a conocer el nombre de la compañía.

Sarah pensó seria y detenidamente si debía o no enviar la solicitud para el puesto. Ella pensaba que en caso de que su solicitud fuese aceptada podría quedarse a vivir en Hammonsville. Además de que le gustaba la ciudad, pensaba que serían muy pocas las oportunidades de que se reiterara la oferta de una vacante a nivel gerencial en su especialidad, que era la investigación de mercados. Probablemente tendría que terminar las últimas nueve horas que le faltaban para completar su especialidad en MBA, pero también era posible que el trabajo le permitiera terminar sus estudios en la universidad. Por otra parte, también tendría que rechazar su empleo como asistente del director del colegio de especialidades. Por lo tanto, deseaba comunicarles, especialmente a sus profesores, lo que planeaba con el propósito de que pudieran contratar a otro asistente antes de que iniciara el semestre de otoño. La universidad local la había tratado muy bien y no deseaba hacer nada que pudiese parecer impropio a sus profesores ni a sí misma. Por lo tanto, ella comentó la situación con su profesor de la especialidad quien la animó para que considerara seriamente la oferta. Le aconsejó que en caso de que no pareciera ser el tipo de trabajo que ella esperaba, simplemente podría retirarse durante el proceso de las entrevistas. Sarah estuvo de acuerdo y envió por correo los documentos que solicitaban.

RESPUESTA INICIAL Y LA PREPARACIÓN DE SARAH

A menos de una semana de haber enviado la solicitud, Sarah recibió la llamada telefónica de una mujer llamada Katie. Katie le comunicó que el señor Bill Wise, presidente de la compañía, llegaría a Hammonsville de Dallas para efectuar las entrevistas y que deseaba concertar una entrevista con ella. Sarah estuvo de acuerdo en reunirse con el señor Wise el martes 27 de julio. Sin embargo, cuando Sarah le preguntó a Katie acerca del nombre de la organización, ella simplemente le contestó "Wise Research". No obstante, Katie le hizo saber que la llamaría más adelante para confirmar la hora de la entrevista.

Con el propósito de conocer más sobre la compañía y la manera en la que ella podría articular su conocimiento dentro de sus operaciones, Sarah procuró obtener algo de información y antecedentes sobre la empresa. Encontró el nombre de la compañía en el directorio telefónico de Hammonsville en la lista de las firmas que aparecían en la sección de investigación de mercados. Su profesor le recomendó que antes de la entrevista llamara por teléfono para consultar sobre sus servicios, pero que no comentara el verdadero motivo de su llamada. Cuando Sarah marcó, habló con un joven que dijo ser el administrador de la oficina. Ella le preguntó qué tipo de investigaciones realizaba la empresa y él le informó que la compañía estaba ubicada en el centro comercial Westfield y que se involucraba solamente en investigaciones de campo. Agregó que la compañía no efectuaba cuestionarios ni analizaba ninguno de los datos que recopilaba. También comentó que la empresa sólo se encargaba de recopilar datos para que otras firmas de investigación de mercados proporcionaran la información a sus propios clientes, tales como Procter & Gamble, Ragu o Campbell's. Al recordar lo que indicaban sus libros de investigación de mercados, Sarah pudo clasificar a la compañía como una proveedora de servicios de investigación de campo (véase la ilustración 2), es decir, que la firma se concentraba en la recopilación de datos para proyectos de investigación. Por otra parte, también el administrador de la oficina afirmó que el equipo que trabajaba en esas oficinas no contaba con forma profesional.

Posteriormente, el administrador, cuya voz parecía temerosa, le preguntó a Sarah cuál era el motivo de su interés por la información. Sarah fue sincera y le respondió que el presidente de la compañía vendría a Hammonsville con el propósito de entrevistarla en relación con el puesto que ofrecían, pero que no contaba con información sobre la compañía. El administrador pareció molestarse al enterarse que el presidente de la compañía visitaría la ciudad y que él no había sido notificado. Por lo tanto, Sarah específicamente le indicó que no sabía nada más sobre el puesto que ofrecían.

PROCESO DE LA ENTREVISTA

Primera entrevista

Unos días después, cuando Katie llamó para confirmar le indicó que las entrevistas se llevarían a cabo en un hotel de Hammonsville. De alguna manera el hecho sorprendió a Sarah, puesto que ella esperaba que la entrevistarían en la oficina local que se ubicaba en el centro comercial. Sin embargo, cuando llegó al hotel marcó el número de la extensión que Katie le proporcionó. Karen Wise, la esposa de Bill Wise, atendió la llamada. Asimismo le comunicó que ella también trabajaba para Wise Research. Luego Karen Wise bajó a la recepción del hotel y le entregó una solicitud para que Sarah la completara. Era un formato estándar con un espacio designado para especificar el salario deseado. Sarah anotó 25 000 a 30 000 dólares, sabiendo que solicitaba una paga alta dadas las condiciones del mercado.

Después de llenar la solicitud Sarah subió las escaleras y se dirigió al cuarto de Wise. La entrevista con el señor y la señora Wise fue informal y se llevó a cabo en una habitación espaciosa amueblada con un pequeño juego de mesa. El señor Wise se sentó a un lado de la mesa y su esposa del mismo lado pero al extremo, Sarah se instaló frente a ambos. El señor Wise vestía una camisa ligera de manga corta sin saco ni corbata y la señora Wise llevaba un vestido. No obstante, ni su apariencia ni la entrevista le dieron a Sarah la impresión de que ninguno de los dos contaba con educación formal o capa-

ILUSTRACIÓN 2 Tipos de proveedores de servicios de investigación de mercados

Servicios de investigación personalizados	Compañías que trabajan con clientes individuales desde el desarrollo del problema y la oportunidad hasta culminar el proceso de investigación. También se refiere a ellos como proveedores de servicio completo.
Servicios de investigación de campo	Estas compañías sólo se concentran en la recopilación de datos para proyectos de investigación. Pueden especializarse en el manejo de diversas metodologías para realizar las entrevistas tales como cuestionarios por correo, cuestionarios por teléfono, cuestionarios personales, grupos focales o cuestionarios al interceptar a las personas en centros comerciales.
Servicios de análisis de datos de investigación	Estas firmas se especializan en la codificación, edición y análisis de datos. Ciertas veces se les denomina "etiquetadoras de casas", a pesar de que algunas de ellas se especializan en técnicas complejas para el análisis de datos.
Servicios de investigación asociada	Compañías que recopilan información de manera rutinaria con el propósito de suministrarla a otras firmas que se suscriben a sus servicios.
Servicios de investigación de productos de marca	Compañías que han desarrollado técnicas especializadas para la recopilación y análisis de datos, las cuales son apropiadas para dirigir ciertos tipos específicos de problemas de investigación. Su investigación se define y comercializa como productos de marca.
Servicios de investigación regular	Firmas que efectúan proyectos de investigación de mercados de manera estándar y bajo especificación previa, luego proporcionan los resultados a diferentes clientes.

citación. Ambos se mostraron complacidos con las muestras de trabajo que Sarah reunió para a la ocasión.

Ella llevaba consigo la copia de un plan de marketing que había realizado como estudiante y tres cuestionarios que había desarrollado para la recopilación de datos de diversos proyectos. Durante la entrevista Sarah comentó sobre sus destrezas para reunir datos y su conocimiento acerca de diversos paquetes de estadística para el análisis de datos. También comentó sobre su participación en diversos proyectos especiales con profesores del College of Business. Además explicó que durante el último año había trabajado como asistente de la especialidad en el departamento de marketing. Asimismo, que esperaba reanudar sus funciones en otoño, debido a que le habían ofrecido el puesto de asistente del director. Comentó que antes de titularse se había hecho cargo de las operaciones de un popular restaurante de la localidad en ausencia del propietario, así como que a menudo la llamaban para que administrara el restaurante cada vez que el dueño debía ausentarse por algunos días.

Los señores Wise comentaron sobre la necesidad de cumplir con las fechas límite de los distintos proyectos y que algunas veces el gerente podría tener sólo dos proyectos en marcha, mientras que al día siguiente quizá sería necesario trabajar simultáneamente en ocho. Asimismo, le platicaron brevemente a Sarah la historia de la empresa. La organización llevaba en el negocio 25 años y operaba a través de cinco oficinas de investigación, todas ubicadas en centros comerciales. Tres de las cuales se encontraban en Dallas, una en Tulsa y agregaron que la oficina de Hammonsville, que era la más reciente, tenía casi 10 años de existencia.

Posteriormente le comunicaron a Sarah que habían permitido que el gerente anterior renunciara debido a que no satisfacía los niveles de producción que la empresa requería. Por lo tanto, la persona que el señor y la señora Wise seleccionaran debería cursar dos semanas de capacitación en Dallas para luego regresar a la oficina de Hammonsville, en donde él o ella sería responsable de la oficina ubicada en el centro comercial Westfield. A Sarah le dio la impresión de que al mismo tiempo que debería existir un acercamiento con la oficina de Dallas, el gerente que contrataran tendría contacto directo con los clientes y autonomía para trabajar con los empleados de acuerdo a como él o ella consideraran pertinente.

La siguiente pregunta de Sarah se relacionaba con la validación de las encuestas. El proceso de validación de las encuestas es un proceso a través del cual los supervisores u otros individuos con juicio objetivo establecen nuevamente contacto con una peqeña muestra aleatoria de los entrevistados con el propósito de supervisar la precisión del trabajo de campo que se realizó. La validación es particularmente necesaria cuando existe la posibilidad de que los encuestadores anoten datos falsos en las entrevistas. Sin embargo, la respuesta que Sarah obtuvo fue que parte de la validación la realizaban los clientes y que algunas veces también los supervisores la efectuaban. Por el contexto de la entrevista Sarah supuso que la organización Wise contrataba proveedores para validar los datos. Asimismo le hicieron saber que esa misma tarde se realizarían las llamadas para concertar las siguientes entrevistas.

Segunda entrevista

Karen Wise dejó un recado en la contestadora de Sarah la tarde de ese mismo martes. Por su parte, Sarah contestó la llamada durante la noche. Karen le comunicó a Sarah que el salario era de 11 dólares por hora y media paga por cualquier tiempo extra. Sarah inquirió específicamente si el trabajo consistía de 40 horas a la semana y Karen le respondió afirmativamente. No obstante, Karen Wise también le comentó que la cantidad mencionada equivaldría más o menos a 25 mil dólares anuales al sumarse con las prestaciones que Bill Wise le explicaría durante la reunión del día siguiente. Sarah confirmó su asistencia para la segunda entrevista y luego calculó que para ganar los 25 mil dólares debería trabajar un promedio de 42.5 horas a la semana.

La segunda entrevista también se llevó a cabo en el hotel y fue tan informal como la primera. Los señores Wise le comunicaron a Sarah que tomarían unas vacaciones tan pronto como concluyeran sus asuntos en Hammonsville. Tampoco en esta entrevista se hizo mención a visitar las instalaciones de Hammonsville, ni a conocer al equipo de personas que trabajaban en ella. El paquete de prestaciones que le presentaron a Sarah incluía la prima de un seguro médico que pagaría cualquier plan que ella seleccionara, mientras no excediera el monto que se pagaba por los empleados de Dallas. Esto se debía a que el plan de seguros de Wise Research no cubría a los empleados de Missouri. Por otra parte, le ofrecieron una semana de vacaciones después del primer año de trabajo y comentaron que se programaba una primera evaluación de desempeño a los tres meses y otra más nueve meses después. Sin embargo, también el señor Wise fue claro al establecer que no habría aumento de sueldo durante ese periodo.

Puesto que Sarah anhelaba obtener la mayor cantidad de información sobre la firma de investigación, para la segunda entrevista preparó una lista de 17 preguntas que consideraba importantes. Por lo tanto, gran parte de la segunda entrevista consistió en las preguntas que Sarah realizó y las respuestas correspondientes (véase la ilustración 3).

Al terminar la entrevista, los señores Wise le comunicaron que tomarían una decisión esa misma tarde. Asimismo le hicieron saber que la llamarían esa tarde o el lunes siguiente.

Sin embargo, esa misma tarde Karen Wise llamó a Sarah desde el teléfono del automóvil y le ofreció el puesto. Sarah aceptó y le comunicó que podría tomar el avión a Dallas el lunes 7 de agosto de 1995 con el propósito de iniciar su entrenamiento. Durante la siguiente semana Sarah se retiró de los cursos del programa de especialidad

ILUSTRACIÓN 3 Segunda entrevista de trabajo: Preguntas de Sarah Norton y las notas que escribió sobre las respuestas de Wise Research

1. ¿Cómo se paga su salario al equipo de trabajo?
   Al equipo se le paga con base en horas de trabajo.
2. ¿Existe un presupuesto para incentivos?
   No, pero ellos están considerando efectuarlo a nivel experimental y posiblemente lo apliquen a la oficina de Hammonsville con el propósito de probar un nuevo programa. Creen que los incentivos que se otorgan sólo con base en el llenado de cuestionarios presentan problemas puesto que algunas personas proyectan a los encuestados potenciales mientras que otras efectivamente realizan las entrevistas. Los señores Wise parecían preocupados por la justicia que implica el empleo de este método.
3. ¿Los cheques de pago se distribuyen desde Dallas?
   Los cheques de pago provienen de Dallas (verificar más adelante).
4. ¿Al equipo de trabajo se le paga semanal o mensualmente?
   Dos veces al mes.
5. ¿Cuáles son las prestaciones? ¿Seguro médico? ¿Reparto de utilidades? ¿Bonos por producción?
   La compañía proporciona un seguro, no existe un plan de reparto de utilidades y los bonos por producción pueden consistir en una fiesta en la compañía con pizzas para todos los empleados, pero no existe ningún plan específico.
6. En caso de que la oficina de Hammonsville estuviera muy ocupada y se necesitara más producción, ¿el gerente podría ayudar a realizar el trabajo de campo?
   Sí.
7. ¿Cómo apoyan a sus gerentes?
   Sarah jamás realizó específicamente la pregunta pero intentó discernir la información de sus conversaciones. Los señores Wise parecen apoyar a sus gerentes. Se comentó sobre la frecuente comunicación entre las oficinas. Ellos consideran que las líneas abiertas entre los administradores de las otras oficinas podría ayudar. En términos generales, Sarah tuvo la impresión de que ellos apoyarían a sus administradores con respecto a decisiones y acciones, siempre y cuando mantuvieran la producción.
8. ¿Cada cuándo realizan evaluaciones de desempeño? ¿3 meses? ¿6 meses?
   Las evaluaciones se realizan después de tres meses y luego nuevamente al año.
9. ¿Cuál es el promedio de tiempo extra de un gerente?
   No proporcionaron tiempos específicos, pero los señores Wise creen que existirán bastantes oportunidades para trabajar tiempo extra. Se mencionó que cuando un administrador debe trabajar tiempos extra excesivos y frecuentes ellos buscarían los motivos en la falta de eficiencia o en la necesidad de un asistente adicional. Las solicitudes de tiempo extra deben entregarse antes de realizar el trabajo. La aprobación es obligatoria.
10. ¿Cómo se entrena a los empleados? ¿Los administradores tienen libertad para seleccionar el contenido del entrenamiento del empleado?
    No se ha diseñado ningún programa de capacitación específico y Sarah sería responsable de la forma en la que se entrene a los empleados de la oficina de Hammonsville dentro de cierta directriz.
11. ¿Cómo obtiene sus referencias Wise Research?
    Las compañías acuden a ellos y muchos de sus asuntos son reiterativos. Cuando una oficina de alguno de los centros comerciales realiza un buen trabajo, es posible que el cliente solicite específicamente que esa oficina realice la siguiente tarea. Los clientes y los administradores de las oficinas pueden establecer contacto directo sin necesidad de acudir a la oficina de Dallas cada vez. Se mencionó que la oficina de Hammonsville tenía mala reputación y que muchos clientes no deseaban trabajar con ella. Los señores Wise consideran que este problema puede superarse con el tiempo y un nuevo gerente.
12. En caso de que Sarah aumentara la producción de la oficina de Hammonsville, ¿Wise Research podrá contar con trabajo suficiente para mantener la oficina ocupada?
    Sí, los señores Wise no creen que esto represente un problema.

ILUSTRACIÓN 3 Continuación

13. ¿Sarah contaría con autonomía y autoridad para manejar su oficina (implementar un sistema de evaluación, empatar bonos con producción, especificar la forma de vestir, enfoque, etcétera)?
Los señores Wise no contestaron directamente la pregunta. Sarah no sintió que ellos estuvieran dispuestos a permitir que el gerente operara de forma totalmente independiente. Los administradores cuentan con autoridad para el manejo de su oficina hasta cierto grado, siempre y cuando la decisión final se tome en Dallas.
14. ¿Se tiene presupuestada alguna cantidad para el gasto de promoción que permita elevar la imagen de la oficina de Hammonsville?
Al prepararse para la entrevista Sarah habló con diversas personas de Hammonsville sobre las entrevistas que se realizaban en el centro comercial. La primera respuesta que generalmente recibió fue negativa acerca de los entrevistadores del centro comercial. El concepto que se tenía de ellos es que interrumpían sin el menor cuidado y a la mayoría de las personas no les agradaba platicar con ellos. Por lo tanto, Sarah consideró que si se pudieran realizar algunos esfuerzos con el propósito de modificar la percepción que las personas tienen sobre el trabajo de los encuestadores podría ser posible aumentar la producción de la oficina de Hammonsville. Los señores Wise indicaron que su organización no presupuestaba ningún esfuerzo de promoción.
15. ¿En qué lugares del centro comercial se permite el trabajo de los encuestadores?
Se permite que los entrevistadores trabajen en cualquier parte de la sección original del centro comercial. Lo que significa un área bastante grande, pero la mayoría principalmente trabaja en el área cercana a la oficina de investigación. Por lo general los entrevistadores no se alejan mucho de la oficina debido a que las entrevistas casi siempre se realizan dentro de ella y, como el área del centro comercial es tan grande, alejarse podría significar una larga caminata de ida y vuelta a las instalaciones. Las personas con las que Sarah platicó comentaron que a menudo trataban de evitar las áreas del centro comercial en las que normalmente esperaban los encuestadores. De hecho, los señores Wise deseaban que los entrevistadores se internaran más en el centro comercial.
16. ¿Cómo se convoca a los participantes de los grupos focales?
Se mantiene un archivo con los datos de las personas que desean participar y se recurre a éste cada vez que se requiere.
17. ¿Qué se le proporcionará a Sarah durante su entrenamiento en Dallas?
Los señores Wise manifestaron que la compañía le proporcionaría un cuarto de hotel cerca del centro comercial y un automóvil rentado en caso de necesitarse. El boleto de avión lo suministraría la oficina de Hammonsville y Sarah recibiría el reembolso de sus gastos.

que iniciarían en otoño, informó al departamento de marketing que no cursaría el siguiente semestre, reunió los trabajos que había realizado como asistente de investigación durante el verano anterior y preparó su calendario personal con el propósito de viajar a Dallas del 7 al 21 de agosto de 1995.

CAPACITACIÓN EN DALLAS

Sarah llegó al aeropuerto Love Field de Dallas cerca del medio día del lunes 7 de agosto y Mark Wise, hijo de la pareja Wise, la recibió en la puerta. Mark tenía poco más de veinte años, pero trató el tema de la organización de manera abierta y personal. También habló bien de Cindy Brewster, la supervisora que se haría cargo de su entrenamiento. Durante la conversación Mark tocó el tema de que alguien había llamado a la oficina de Hammonsville para preguntar sobre el puesto y mostró su curiosidad al respecto. Sin embargo, Sarah dejó pasar el comentario sin responder. No obstante, Mark volvió a mencionar el tema durante el trayecto y una vez más a la hora de la comida. Él también aseguró que habían recibido otro currículo en la oficina de Hammonsville pero que no sabían quién podría haber realizado la llamada, porque en el anuncio solamente proporcionaron el número del apartado postal. Sarah se limitó a mencionar que Hammonsville era un pueblo pequeño en muchos sentidos, y que a pesar de que contaba con casi 150 mil habitantes no era extraño que se corriera la voz.

Mark también comentó que sus padres estaban cansados de la situación que se vivía en la oficina de Hammonsville. Por lo tanto, habían tomado la determinación de contratar a alguien que impulsara el trabajo en la oficina y que estaban dispuestos a mantener a esa persona en Hammonsville independientemente de que lo pudiera significar. Además, dijo que habían recibido gran número de currículos y que pensaba que habían entrevistado a más de 100 interesados. Cuando él observó que Sarah lo miraba con incredulidad, el joven rápidamente agregó que su aseveración podría no ser exacta, pero que las entrevistas les habían tomado dos días. No obstante, dejó claro que sus padres se sentían contentos con su decisión y emocionados por el hecho de que Sarah ocuparía el puesto.

También conversaron acerca de los antecedentes académicos de Sarah. A Mark le interesaba la investigación y dijo que lo que realmente deseaba aprender se relacionaba con la manera en la que debían diseñarse los cuestionarios para obtener los datos que les solicitaran. Sarah se refirió brevemente a diversos aspectos sobre el diseño de las preguntas y la recopilación de datos. No obstante, a Sarah le pareció extraño que Mark tuviera tan poco conocimiento sobre el proceso de investigación como un todo, pero pensó que seguramente por ser el hijo más joven no trabajaría de tiempo completo en la oficina.

Después de llevar a Sarah a comer la condujo a la oficina de renta de automóviles donde el otro hijo de los señores Wise había apartado uno para que Sarah lo usara durante las dos semanas que duraría su programa de capacitación. El hotel en el que Sarah se hospedaría se encontraba al otro lado del estacionamiento del centro comercial en el que se ubicaba la oficina de investigación y en la que tomaría su entrenamiento. Por lo tanto, Mark llevó a Sarah al hotel y después a la oficina del centro comercial donde le entregó un sobre con 200 dólares en efectivo y una nota escrita a mano, en la que se le solicitaba su firma para indicar que había recibido 200 dólares para gastos.

Una vez en la oficina de Chesterfield, Mark presentó a Sarah con Cindy Brewster, la supervisora de la oficina, y partió rumbo a la oficina principal. Inmediatamente después Cindy le informó a Sarah que la oficina principal le había solicitado no hacer público el motivo por el cual ella estaría en la oficina durante dos semanas. Por lo tanto, Cindy dijo a los empleados que Sarah llegaría a la oficina en calidad de auditora y monitor para observarla a ella. Asimismo, Cindy le pidió a Sarah que llenase otro formato regular en el que debía anotar nuevamente algunos de sus datos personales como nombre, dirección, a quién llamar en caso de emergencia, así como el monto del salario que deseaba. Una vez que ella se lo entregó, Cindy lo envió por fax a la oficina principal.

Luego Cindy condujo a Sarah por las instalaciones. El hecho de no observar ninguna evidencia de computadoras o máquinas de escribir pronto llamó la atención de Sarah. Sin embargo, más tarde vio que en un anaquel del almacén había una computadora. Sarah inquirió si la oficina operaba con computadoras y Cindy respondió que no. Más tarde agregó que sólo la oficina principal contaba con equipo de cómputo.

Durante la misma conversación Sarah se enteró que en Wise Research 37.5 horas se consideraban como una semana laboral completa. Por otra parte, Cindy le entregó un sobre de parte de Katie, la administradora de la oficina principal. Sarah se sorprendió al notar que en el sobre decía "Sólo para Cindy" y "Información confidencial". Sin embargo, el sobre sólo contenía algunos formatos de trabajo que los supervisores deben llenar de manera rutinaria. Posteriormente Cindy también comentó que alguien había efectuado una llamada a la oficina de Hammonsville para preguntar por el puesto que se ofrecía. En esta ocasión Sarah tampoco reveló nada, pero le pareció curioso que la organización estuviera tan interesada por el incidente, particularmente si habían entrevistado a tantas personas como Mark afirmó.

Sarah y Cindy también charlaron acerca de la instrucción que le había girado respecto de no revelar a sus empleados el verdadero motivo por el cual Sarah se encontraría en la oficina. Cindy aclaró que lo que sucedía era que Wise Research todavía no le había notificado al administrador de la oficina de Hammonsville que lo relevarían del cargo y también le preguntó a Sarah si eso le molestaba. Sarah respondió vagamente, pero Cindy le comentó que a ella *sí* le incomodaba, debido a que si la organización podía tratar de esa manera al administrador de Hammonsville también lo podría hacer con ella.

Día dos

El martes iniciaron el trabajo a las 9 a.m. Con el propósito de que nadie se diera cuenta de que checaría su hora de entrada y salida, se le pidió a Sarah que llevara en su bolsa la tarjeta que le habían entregado. Por lo tanto, Sarah llegó antes que todos para checar la tarjeta sin que nadie lo notara. Esa mañana Cindy empezó por mostrarle a Sarah los papeles que debían llenarse todos los días antes de las 10 de la mañana. Pues a las 10 horas en punto Cindy dio inicio a una sesión a la que hacía llamar a cada uno de los entrevistadores con el propósito de agilizar los proyectos relevantes así como también para indicarles los pasos a seguir para preparar los nuevos trabajos. Cindy presentó a Sarah con todos ellos como la auditora y monitor de la que antes les había platicado.

En la medida en la que transcurrió la semana, a Sarah se le enseñó la forma en la que debía supervisarse el llenado de los cuestionarios y la manera en la que era necesario informar a los clientes sobre sus progresos. Cuando Wise Research iniciaba un proyecto, cada entrevistador debía recibir una hoja que contenía: 1) la estimación del número de cuestionarios que debía completar por hora; 2) el porcentaje de personas a las que debía dirigirse (denominado *incidencia neta*) a quienes era necesario elegir bajo ciertos criterios tales como edad y ocupación, y 3) los criterios específicos (denominados *incidencia de categoría*) para llevar a cabo la entrevista tal como: "¿Usted usa champú para el cuerpo?" También se le indicó a Sarah que era necesario enviar un reporte diario a los clientes y que el llenado de dicho reporte debían iniciarlo los supervisores con los números reales de producción, con el propósito de trabajar a partir de ellos. Por ejemplo, si se suponía que cada entrevistador debía completar dos cuestionarios por hora y sólo entregaba cuatro en un día, el supervisor debía reportar dos horas de trabajo en la asignación correspondiente. De esta manera las horas que se presupuestaran siempre corresponderían con las horas reales. Posteriormente era necesario tomar ese resultado, es decir, el número cuatro, y aplicarlo a los porcentajes de incidencia y categoría para calcular un número ficticio de personas a las que se había encuestado durante el día, de tal forma que las cifras finales mostraran los cuatro cumplimientos. Luego ese total debería distribuirse entre las categorías, lo cual quedaba por completo a discreción del supervisor. Aclaró que ellos simplemente manipulaban los datos hasta que las cifras correspondieran con las estimaciones del cliente. Al concluir lo anterior, el reporte quedaba listo para enviarse al cliente por fax. Sarah preguntó a Cindy el motivo por el cual empleaban esa práctica y Cindy le manifestó que era la que todo el mundo utilizaba. Después le platicó que un día también Karen Wise quería saber de dónde había salido una de las cifras de los reportes y que ella le respondió preguntándole por qué se molestaba por los números si de todas formas todos los resultados se fabricaban. También dijo que Karen Wise le respondió que tenía razón y que ambas se rieron por un rato. No obstante, Cindy también le comentó que ella consideraba que no era una práctica correcta y Sarah se preguntó cómo podrían los clientes tomar decisiones acertadas con base en datos potencialmente desviados.

Sarah aprendió que el trabajo que realmente se efectuaba en cada una de las oficinas podría variar desde la colocación en los hogares de un champú para cuerpo (en el que el cliente usa el producto y después lo evalúa) hasta la prueba de degustación de licores en un centro comercial. A Sarah le preocupaba el empleo de algunas de estas prácticas, por lo cual preguntó a Cindy qué pasaría si se pensaba que una encuesta no se completaría en tiempo. Cindy le expresó que en ese caso lo primero sería solicitar más días a la oficina principal, pero que si no era posible ampliar el plazo a menudo les indicaban que lo concluyeran sin importar lo que se hiciera. Ello implicaría llamar a los tíos, sobrinas o a cualquier otra persona que se ajustara, desde el punto de vista demográfico, al criterio necesario para aportar los datos. Sin embargo, agregó que también era probable que la oficina principal le pidiera al supervisor que fabricara las respuestas. Cindy le confesó a Sarah que algunos de los entrevistadores que trabajaban en las oficinas de los otros centros comerciales habían sido descubiertos tantas veces con cuestionarios no verídicos, que trabajaban con tres o cuatro nombres diferentes para que los clientes no los reconocieran.

Día tres

En la medida que el entrenamiento continuó, surgió otro incidente que también preocupó a Sarah. Cindy recibió la llamada telefónica de uno de los supervisores de otro centro comercial. Sin embargo, al escuchar la voz de Sarah, el supervisor inmediatamente le preguntó si Karen Wise había llevado a Dallas a la nueva supervisora de Hammonsville para su entrenamiento. Tal como se le había ordenado desde la oficina principal, Cindy rápidamente negó que Sarah fuese la nueva gerente. A Sarah le pareció extraño el comentario del otro supervisor debido a que en cada oficina se citaban diariamente a tres o cuatro encuestadores, principalmente mujeres, para ocuparse de las entrevistas. Sarah se percató de que en la compañía la incidencia de rotación de entrevistadores era alta, pero de cualquier forma le pareció sospechoso que el supervisor preguntara de inmediato si ella era la nueva supervisora, sin antes pensar que podría tratarse de alguna entrevistadora. Por lo tanto, cuestionó a Cindy al respecto y platicaron sobre los rumores que corrían por Wise Research. Sarah preguntó si los motivos por los cuales la organización utilizaba los rumores eran principalmente para obtener información o poder. Cindy expresó que "por ambos".

Día cuatro

El jueves de la primera semana, Sarah dirigió las sesiones con los encuestadores encargados de los nuevos proyectos. Por lo tanto, Cindy se sentó en la silla de atrás y vigiló el desempeño de Sarah. Al revisar los cuestionarios, uno de los entrevistadores preguntó a Sarah sobre los números de codificación. La pregunta los llevó a analizar la entrada de datos. Esto motivó que otro de los entrevistadores preguntara qué deberían hacer si alguien no contestaba alguna de las preguntas. Sarah le indicó que el espacio debería dejarse en blanco y continuar con el cuestionario. Explicó que una respuesta en blanco no invalidaría el resto de la encuesta. El hecho pareció molestarles a los entrevistadores y a Sarah le sorprendió nuevamente la falta de conocimiento que los empleados presentaban en forma generalizada sobre el proceso completo para la recopilación de datos.

A lo largo de las sesiones de entrenamiento, Sarah y Cindy discutieron acerca de la cultura de la organización Wise Research y ese jueves sostuvieron una conversación más al respecto. Cindy hizo un recuento de sus experiencias. Le comentó que ella creía que cuando fue entrevistada para el puesto de supervisora, Bill Wise tenía conocimiento de que ella necesitaba urgentemente el empleo. Llevaba varios meses sin trabajo y su anciana madre necesitaba cuidados, por lo cual era indispensable que obtuviera de inmediato una fuente de ingresos. Cindy contaba con estudios en el área de psicología y antes de quedarse sin empleo trabajó para diversas instituciones de salud mental.

También debatieron sobre varios de los asuntos que el jefe de Cindy le había encargado que hiciera, incluyendo ser deshonesta con sus empleados. Cindy le comentó a Sarah que ella se había rehusado a efectuar algunas cosas que su jefe le había solicitado. Sarah se preocupó mucho por el comentario de Cindy, y le preguntó qué eran esas cosas. Pensaba que si le habían solicitado esas cosas a Cindy también era probable que se las exigieran a ella. A Sarah le empezaba a molestar la idea de que en esa oficina se trabajara con tanta falta de honestidad. ¿Qué otra cosa podían querer?, le preguntó Sarah directamente. Cindy no fue específica, pero manifestó que a menudo *sucedían* ese tipo de asuntos y que ella había elegido no tomar parte en esas actividades.

Llevaba más de ocho meses desempeñándose como supervisora pero desde el principio se destacó como líder en Wise Research. Ella era una persona educada y los entrevistadores consideraban que su actuación como supervisora era justa. No obstante, era notorio que Cindy estaba molesta: a pesar de que recientemente había recibido la notificación de su aumento de sueldo retroactivo a tres meses, Wise Research había retenido las recompensas económicas hasta apenas unas semanas antes de que Sarah llegara. Cindy había intentado conseguir aumentos para ella y su asistente, pero la habían ignorado. Por lo tanto, Cindy se alegró mucho cuando la oficina principal le comunicó sobre su aumento de sueldo, pero también aseguró que se preguntaba qué podría ser lo que los señores Wise le pedirían a cambio. No obstante, cuando le avisaron que ella se haría cargo del entrenamiento de Sarah, Cindy comprendió el motivo por el cual esperaron hasta entonces para concederle el aumento.

Cindy estaba enterada de todas las concesiones que le otorgaron a Sarah durante su entrenamiento. La compañía le había pagado su vuelo a Dallas, durante dos semanas le proporcionarían un automóvil, un buen hotel y 200 dólares en efectivo para sus gastos. Cindy le platicó que una vez que se completaron los registros personales de la nueva empleada se los enviaron a ella, por lo cual, Cindy comentó sobre el salario inicial que se le había ofrecido. Aparentemente el salario inicial de Sarah superaba la paga que Cindy había recibido incluso después de haber trabajado para la compañía durante ocho meses. Cindy le explicó que cuando ella fue contratada, su curso de entrenamiento se llevó a cabo en el área de centros comerciales de Dallas y que todos los gastos de transporte corrieron por su cuenta. Todos los días hábiles de los tres meses que duró su entrenamiento, que debió haberse completado en un solo mes, representó que Cindy manejara 85 millas diarias de ida y vuelta. Asimismo, ella le confesó a Sarah haberse sentido poco apreciada por la compañía al saber lo bien que se trataría a Sarah.

Para ese momento, Sarah ya no tenía el buen presentimiento que tuvo cuando aceptó el puesto en Wise Research. Sin embargo, todavía hubo un último detalle que surgió cuando comentaron sobre los salarios y Cindy se refirió a la experiencia que vivió el lunes por la mañana, es decir, el día que Sarah llegó a Dallas. Aparentemente Cindy y otras personas trabajaron el sábado anterior y solicitaron un par de entrevistadoras a otra de las oficinas del centro comercial de Dallas. Una de las entrevistadoras del equipo de Cindy se hizo amiga de una de ellas y conversaron sobre el tiempo que cada una llevaba en la compañía y el salario que percibían por hora. El lunes por la mañana la encuestadora invitada se presentó en las oficinas principales y reclamó que ella ganaba menos que la entrevistadora del equipo de Cindy a pesar de que llevaba trabajando menos tiempo para la compañía. El hecho provocó que Katie llamara por teléfono a Cindy desde las oficinas principales. Katie le indicó que debía despedir a su encuestadora debido a que había comentado su salario con otro de los empleados. Sarah le preguntó a Cindy si la entrevistadora conocía esta regla o que si alguien le había mostrado el manual de trabajo en el que estaba escrita la norma correspondiente. Cindy argumentó que sólo los supervisores y sus asistentes tenían acceso al manual y que hasta donde ella sabía, su asistente jamás había tenido uno en sus manos. Sin embargo, Cindy también expresó que le parecía inadecuado que las personas discutieran sobre sus salarios, pero Sarah le aclaró que no estaba de acuerdo con ella. Sarah agregó que su salario era de ella, que estaba basado en sus destrezas y que ella debería estar autorizada a comentarlo con quien ella deseara.

Cindy había llamado a la empleada a su oficina, le comunicó la posición de la oficina principal y le dijo que tenía que despedirla. La entrevistadora empezó a llorar y trató de que Cindy cambiara su manera de pensar. Cindy le aseguró que la decisión no era suya y que sólo obedecía órdenes. No obstante, la empleada le pidió hablar con alguien en la oficina principal; como ella sintió que era lo menos que podía hacer, llamó por teléfono. Cuando le comentó a Katie que la empleada deseaba platicar con ella, Katie respondió que no había nada más que decir pero que aceptaría hablar con ella.

Cindy le pasó el teléfono y la encuestadora llorando le pidió a Katie que no le quitaran el empleo. Cindy aclaró que las palabras exactas que mencionó fueron: "Le suplico que me permita seguir en mi empleo." Luego Cindy escuchó que la mujer decía que hablaría con Cindy. El comentario sorprendió a Cindy pues ella no tenía nada que ver con el despido. Cuando la empleada colgó el teléfono, Cindy le dijo que a ella no tenía que rogarle para conservar el empleo. Agregó que debería reportarla, pero que podría seguir trabajando. No obstante, cuando Cindy telefoneó a Katie para informarle sobre lo que ella había decidido, Katie le preguntó por qué lo había hecho. Cindy le explicó que la mujer trabajaba en varios sitios para sostener a su marido que no tenía empleo y a sus tres hijos y que necesitaba el ingreso. Katie le contestó que ése no era su problema. Sin embargo, aparentemente se permitió que la mujer continuara en el empleo debido a que Sarah la había visto durante su entrenamiento.

Sarah sólo llevaba cuatro días en esa oficina, pero su personalidad y sinceridad había dejado huella en los empleados. Sarah se sentía confortable con Cindy y su equipo de trabajo. Debido a que ese jueves era el día de su cumpleaños, Sarah recibió un fax de la oficina principal para felicitarla y una tarjeta de Cindy. No obstante, Cindy también le comentó que su hermano le estaba preparando un obsequio y que lo tendría listo antes de que partiera. Además, uno de los encuestadores le regaló un pastelillo, lo cual no le hubiera parecido inusual si no hubiese sido su día libre. No obstante, las demostraciones de afecto de los empleados de la oficina de investigación del centro comercial Chesterfield eran superadas por las preocupaciones de Sarah.

El DILEMA DE SARAH

La noche de ese jueves era la oportunidad de Sarah para evaluar los acontecimientos de los últimos cuatro días. Después de la segunda semana de entrenamiento, Sarah debería regresar a su casa. De hecho, regresaría a Hammonsville para hacerse cargo de la oficina de investigación de Westfield Mall. Había sacrificado su puesto de asistente en el colegio de especialidades y debería concluir su especialidad en MBA más adelante. A pesar de que sentía que la compañía estaba complacida con sus esfuerzos y su conocimiento, Sarah se preguntaba si había cometido un error al aceptar el puesto.

A pesar de que esperaba con ansiedad la llegada de Jeff, Sarah no podía pensar en otra cosa. Por lo tanto, mientras aguardaba se dedicó a considerar cuáles podrían ser sus opciones. ¿Debería resignarse y regresar a Hammonsville de inmediato? ¿Sería posible que durante la segunda semana de entrenamiento sus preocupaciones disminuyeran? ¿Acaso debería terminar su entrenamiento, reportarse a la oficina de Hammonsville, dedicarse al trabajo y simplemente rehusarse a realizar cualquier cosa que ella considerara no ética? ¿O simplemente se trataba de una reacción excesiva ante una situación normal en la cual los valores morales personales de un individuo algunas veces entran en conflicto con la cultura de una compañía? Sarah se sentía contenta pues Jeff llegaría a Dallas esa noche. Estaba segura que él podría ayudarla a ordenar sus emociones y decidir lo que sería mejor para ella en el largo plazo. No obstante, el nudo que sentía en el estómago le indicaba la urgencia que tenía por analizar sus preocupaciones y poder tomar una decisión antes de llegar a la oficina a la mañana siguiente.

RESTAURANTES HOOTERS Y LA EEOC

CASO 17

Nancy H. Leonard, *Lewis-Clark State College*

Larry R. Steenberg, *University of Evansville*

Deborah A. Howard, *University of Evansville*

Terry W. Mullins, *Jacksonville University*

En noviembre de 1995, empezaron a llegar por correo tarjetas postales y frisbees dirigidos a los legisladores y a los empleados de la Comisión para la Igualdad de Oportunidades de Empleo (Equal Employment Opportunity Commission, EEOC), en Capitol Hill. Los restaurantes Hooters pagaban los voluminosos envíos a lo largo de Estados Unidos. De acuerdo con el *National Journal*, 1 000 discos llegaban a Washington diariamente. Algunos de los comentarios más representativos anotados en los frisbees se presentan a continuación:

- Brian Anderson de Pittsburgh: "EEOC, busca otra cosa para molestar. Las chicas Hooters son para el disfrute de los hombres."
- Amy Miller de la ciudad de Oklahoma: "Hooters ha proporcionado trabajos bien remunerados a muchas madres solteras y estudiantes universitarias. ¿Cuál es el motivo para poner en peligro y quitarles el empleo a estas personas?
- John y Linda Dearduff de Sloatsburg, Nueva York: "EEOC, ustedes DEFINEN lo que no es esencial."
- Un hombre de Columbus, Ohio: "Escuchen ustedes Comunistas de la igualdad de oportunidades. Si sacan a cualquiera de estas dulzuras, yo personalmente voy a matar a cada miembro del Congreso. Se los garantizo." (La EEOC notificó acerca de esta nota a la oficina de Servicios de Protección Federal.)

Los comentarios y frisbees formaban parte de la disputa que establecieron Hooters y la Comisión para la Igualdad de Oportunidades de Empleo (EEOC) en relación con la negativa de la empresa para contratar a hombres como meseros para los restaurantes Hooters. El argumento de Hooters era que las "Chicas Hooters" eran parte intrínseca de la estrategia de su negocio. La Comisión para la Igualdad de Oportunidades de Empleo consideraba que la política de contratación de Hooters, a través de la cual sólo se contrataba a mujeres como meseras, podía ser una violación a la Ley de los Derechos Civiles de 1964, por lo cual inició una investigación. El propósito de dicha investigación consistía en distinguir si la política era discriminatoria y efectuar algunas recomendaciones a Hooters, así como determinar de qué manera hacer frente a este problema.

HISTORIA DE HOOTERS

Hooters era una cadena de restaurantes nacional en la que figuraban las populares Chicas Hooters (*Hooters Girls*). El primer Hooters se abrió en Clearwater, Florida, en octubre de 1983. Para 1985 la compañía había empleado a más de 13 000 personas para trabajar en sus 172 restaurantes en todo el país. Hooters esperaba que sus utilidades llegarían a un tope de 300 millones de dólares en 1996.

Existían tres compañías Hooters (véase la ilustración 1):

1. Hooters, Inc., con base en Clearwater, Florida, creó el concepto Hooters. Otorgó la licencia del concepto a Hooters of America, Inc., la cual era propietaria y tenía franquicias de los restaurantes. Por su parte, Hooters, Inc., no era propietaria de ninguno de los establecimientos.
2. Hooters Management Corporation era una sociedad anónima independiente que supervisaba la operación de 10 restaurantes, pero que no era propietaria de ninguno de ellos.
3. Hooters of America, Inc., con base en Atlanta, Georgia, era propietaria de 54 restaurantes y también mantenía relaciones con los propietarios de 19 franquicias, quienes eran dueños de 108 restaurantes que operaban en 37 estados de Estados Unidos y Puerto Rico.

El gran éxito de la cadena de restaurantes Hooters se debía a que empleaba a mujeres jóvenes y atractivas como meseras, cantineras y anfitrionas (las tres posiciones "frontales", es decir, puestos en los que los empleados establecen contacto con el público), quienes vestían *hot-pants* color naranja y camisetas cortas amarradas en la espalda, lo cual las hacía más ajustadas. Los establecimientos sólo contrataban como Chicas Hooters a mujeres que proyectaban una cierta "imagen Hooters". Sin embargo, para ocupar los otros puestos contrataban tanto a mujeres como a hombres, incluyendo los puestos de funciones administrativas.

Hooters distribuía un calendario de las Chicas Hooters, la revista *Hooters Magazine*, estampas, anuncios espectaculares y comerciales de televisión, todo con base en el concepto de las Chicas Hooters. Hooters además formaba parte de sociedades deportivas, tales como Hooters Professional Golf Tour y Hooters Cup Stock Car Racing Series, en las cuales se presentaban las Chicas Hooters.

Hooters participaba activamente en las actividades de las comunidades en las cuales operaban sus restaurantes. Por su parte, el Fondo de Hooters para Donaciones a la Comunidad (Hooters Community Endowment Fund) recolectaba dinero con el propósito de financiar obras de caridad a nivel local y nacional, entre ellas a la Fundación de Diabetes Juvenil y a la Asociación de Distrofia Muscular. Desde su creación en 1992, el Fondo de Hooters para Donaciones a la Comunidad había aportado más de 5 millones de dólares para llevar a cabo obras de caridad tanto en las localidades como en el país. Por lo tanto, en la inauguración de cada nuevo restaurante, se ofrecía una gran fiesta en la cual se invitaba a personalidades destacadas, en beneficio de alguna organización de caridad local.

No obstante, Hooters también se había enfrentado con cierta resistencia para abrir sus establecimientos en algunas comunidades. Los grupos religiosos y civiles se unían con el propósito de oponerse a la apertura de más negocios. Era frecuente que las tácticas de oposición giraran alrededor de los cambios que sería necesario efectuar en las zonas para la construcción de los restaurantes. Por lo tanto, con el propósito de contrarrestar sus acciones, la empresa declaraba que sus restaurantes eran establecimientos familiares. La compañía argumentaba que el menú, la ubicación y la decora-

ILUSTRACIÓN 1 Compañías Hooters

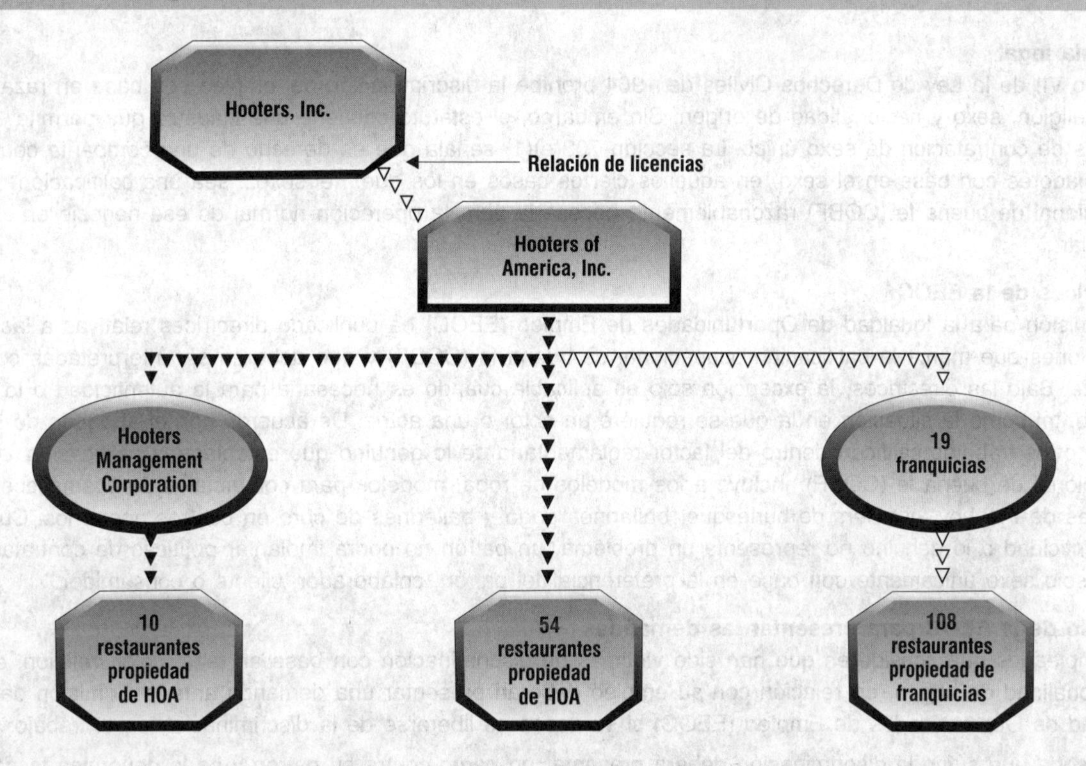

ción de sus restaurantes confirmaban dichas declaraciones y que la clientela que visitaba sus establecimientos no estaba constituida solamente por hombres. Todos los restaurantes ofrecían un menú infantil y una decoración tipo playa, adecuada para personas de todas las edades. Además, los restaurantes Hooters también se localizaban en las áreas populares de restaurantes de poblados y no en las zonas circunvecinas.

Sin embargo, mientras esta postura apoyaba a Hooters durante las audiencias de zona, no ayudaba a solucionar los conflictos que la empresa sostenía con la EEOC. Si los restaurantes Hooters efectivamente fueron pensados para la familia, el hecho de contar con atención exclusiva de mujeres no significaba una necesidad para el negocio. Sin embargo, si la estrategia básica consistía en el atractivo sexual, algunas de las apelaciones de zona tenían su mérito.

EL CASO

A principios de 1993 y debido a la próxima inauguración de un restaurante Hooters en Orland Park, Illinois, Savino Latuga, un mesero con experiencia, se enteró que se ofrecerían algunos empleos. Por lo tanto, el 5 de enero de 1993, entregó una solicitud para ocupar un puesto de mesero. Sin embargo, a pesar de su experiencia no le dieron el trabajo. Latuga reclamaba que tampoco habían sido contratados otros hombres que también habían llenado solicitudes de trabajo, mientras que algunas mujeres que habían realizado su solicitud después que ellos, sí fueron aceptadas.

Por lo tanto, el 12 de febrero de 1993, Latuga y David Gonzalez presentaron una queja ante la Comisión para la Igualdad de Oportunidades de Empleo (EEOC), con base en discriminación de género, y se les dispensó una carta sobre su derecho a demandar. Este derecho está garantizado bajo el Título VII de la Ley de Derechos Civiles de 1964 y la EEOC es la instancia que se encarga de proteger ese derecho. (En la ilustración 2

ILUSTRACIÓN 2 Comisión para la Igualdad de Oportunidades de Empleo (EEOC)

Cláusula legal

El Título VII de la Ley de Derechos Civiles de 1964 prohíbe la discriminación del empleo con base en raza, color, religión, sexo y nacionalidad de origen. Sin embargo, el estatuto contiene una cláusula que permite políticas de contratación de sexo único. La sección 703(e)(1) señala que es derecho de una compañía contratar a trabajadores con base en el sexo "en aquellos ciertos casos en los que... el sexo... sea una calificación ocupacional de buena fe (COBF) razonablemente necesaria para la operación normal de ese negocio en particular".

Directrices de la EEOC

La Comisión para la Igualdad de Oportunidades de Empleo (EEOC) ha publicado directrices relativas a las excepciones que marca la calificación ocupacional de buena fe (COBF) y que deberán ser interpretadas con agudeza. Bajo las directrices, la excepción sólo es aplicable cuando es necesaria para la autenticidad o lo genuino, tal como la situación en la que se requiere un actor o una actriz. De acuerdo con el abogado de la EEOC, otros trabajos califican dentro del factor reglamentario de lo genuino que establece la calificación ocupacional de buena fe (COBF), incluye a los modelos de ropa, modelos para comerciales de cosméticos, conejitas de Playboy, *estripers* de burlesque, bailarines gogó y bailarines de coro en centros nocturnos. Cuando la autenticidad o lo genuino no representa un problema, un patrón no podrá implantar políticas de contratación de un solo sexo únicamente con base en la preferencia del patrón, colaborador, cliente o consumidor.

Proceso de la EEOC para presentar las demandas

Los empleados que consideren que han sido víctimas de discriminación con base en raza, color, religión, sexo o nacionalidad de origen, en relación con su empleo deberán presentar una demanda ante la Comisión para la Igualdad de Oportunidades de Empleo (EEOC) si su deseo es liberarse de la discriminación en el trabajo.

La persona que sufrió la discriminación deberá presentar un *cargo* contra su patrón y se le denomina la *parte acusadora*. Al patrón se le denomina el *acusado*. La demanda debe presentarse dentro de los 180 días siguientes a la fecha en la que sucedió el acto de discriminación. Después de que el cargo se presenta, la Comisión para la Igualdad de Oportunidades de Empleo deberá notificar sobre el cargo al patrón dentro de un plazo de 10 días. La EEOC cuenta con 180 días para investigar la demanda y se le exige que investigue todas las demandas que reciba.

La Comisión para la Igualdad de Oportunidades de Empleo buscará conciliar al empleado con su patrón si encuentra que existe una *causa razonable* para creer que las acciones discriminatorias sucedieron. En caso de que la conciliación falle, la EEOC puede presentar un juicio ante la Corte Federal de Distrito en beneficio de la parte acusadora o puede emitir una *carta de derecho a demandar* con el propósito de que la parte acusadora pueda buscar consejo privado para entablar un juicio.

La Comisión para la Igualdad de Oportunidades de Empleo puede encontrar *causa improbable* para creer que las quejas que se presentaron fueron discriminatorias. Incluso con una consideración de causa improbable, la parte acusadora recibirá la *carta de derecho a demandar* y puede también presentar la demanda en la Corte Federal de Distrito. Si el empleado decide presentar su queja ante la Corte Federal de Distrito después de recibir la carta de derecho a demandar, él o ella deberán presentarla dentro de los 90 días siguientes a la fecha en la que recibió la carta.

se muestra un resumen de las cláusulas legales, directrices y procedimientos de demanda más relevantes, en relación con el Título VII, por parte de la Comisión para la Igualdad de Oportunidades de Empleo.)

Latuga se quejaba de que, al no haberlo contratado el Hooters de Orland Park, Inc. (HOOP), había incurrido en discriminación de género. HOOP estaba implantando una política desarrollada e impuesta por su compañía hermana Hooters of America, Inc. (HOA), en relación con la contratación exclusiva de mujeres para los tres puestos "frontales".

Por lo tanto, Latuga demandó a ambas empresas, Hooters of America y Hooters Orland Park, como particular y como caso representativo de todos aquellos hombres a quienes se les había negado el empleo o que, debido a la política discriminatoria de género que aplicaba Hooters, no habían puesto su solicitud a consideración. Sin embargo, el 8 de julio de 1994, la demanda de acción legal de clase establecida contra Hooters of America se disolvió, debido a que ni Hooters of America, ni la acción legal de clase habían sido mencionados en la demanda original que Latuga había presentado ante la Comisión para la Igualdad de Oportunidades de Empleo. No obstante, los cargos que Latuga presentó como particular en contra de Hooters Orland Park permanecieron vigentes.

En febrero de 1994, se negó el empleo a Patrick Salisbury en HOOP y a John Ginter en Hooters of Downers Grove, Illinois (HODG). El 8 de abril de 1994, Ginter y Salisbury también formularon cargos semejantes con base en discriminación de sexo ante la Comisión para la Igualdad de Oportunidades de Empleo. El 27 de julio de 1995, Latuga se unió con David Gonzalez, John Ginter y Patrick Salisbury con el propósito de presentar juntos un pleito que acusaría tanto de discriminación individual como de clase. Este caso sí consideraba en la demanda a ambas empresas, Hooters Management Corporation y Hooters of Downers Grove. Así, el 27 de julio de 1995, se concedió a los cuatro hombres la certificación de clase que les permitiría representar a todos aquellos que habían efectuado solicitudes en Hooters y habían sido rechazados, así como a aquellos que habían sido disuadidos para no someter su solicitud como consecuencia de la política de contratación de Hooters.

A la luz de otras demandas sometidas ante la Comisión para la Igualdad de Oportunidades de Empleo con anterioridad, la Comisión había iniciado una investigación acerca de Hooters en 1991. Sin embargo, el proceso iniciado por los cuatro hombres en Chicago, Illinois, en 1995, fortaleció el compromiso de la EEOC con dicha investigación. En consecuencia, a finales de 1995, después de una investigación que duró cuatro años, la Comisión para la Igualdad de Oportunidades de Empleo dictaminó que la política de Hooters consistente en contratar solamente a mujeres como meseras, cantineras y anfitrionas violaba la ley federal de derechos civiles y recomendó que la compañía contratara a hombres para que trabajaran lado a lado con las meseras. (La ilustración 3 presenta un resumen de los fallos previos de la corte en relación con este problema.) La Comisión para la Igualdad de Oportunidades de Empleo efectuó una oferta de dictamen, en un documento de 80 hojas, a través del cual solicitaba que Hooters:

- Entregara a la EEOC 22 millones de dólares para que la comisión los repartiera entre aquellos hombres que habían sido víctimas de la política de contratación de Chicas Hooters.
- Estableciera un fondo para becas cuyo propósito fuera mejorar las oportunidades de trabajo y educación de los hombres.
- Proporcionara entrenamiento de sensibilidad con el propósito de enseñar a los empleados de Hooters la forma de ser más conscientes de las necesidades de los hombres.
- Citara al "administrador" asignado por la Comisión para la Igualdad de Oportunidades de Empleo para supervisar los negocios de Hooters y reportar a la EEOC.

HOOTERS PLANTEA SU POSICIÓN

El punto de vista de Hooters era que las Chicas Hooters formaban parte intrínseca de la estrategia de la empresa y que, con base en dicha estrategia, contaban con un derecho legítimo para contratar a aquellas mujeres que les permitieran sostener la imagen de Hooters.

ILUSTRACIÓN 3 Las cortes y la calificación ocupacional de buena fe (COBF)

Han existido numerosos casos legales relacionados con problemas de calificación ocupacional de buena fe (COBF), sin embargo, las cortes han sido incongruentes en cuanto a sus dictámenes. A continuación se presentan algunos de los casos más sobresalientes:

- En el caso *Dothard* versus *Rawinson*, 443 EUA 321 (1997), la Suprema Corte de los Estados Unidos destacó que la excepción de la calificación ocupacional de buena fe (COBF) es tan estrecha que llega a sugerir que un patrón no puede trazar las distinciones que tienen como base el sexo a menos que, de otra forma, la esencia de su negocio llegue a socavarse.
- En el 5o. Circuito de Cortes de Apelación de Estados Unidos en el caso *Diaz* versus *Pan American World Airways,* 442 F.2d 385 (E.D. La. 1967), la corte sostuvo que el hecho de ser mujer no significa una calificación ocupacional de buena fe (COBF) para los servidores de vuelos. La corte declaró que la función principal de una línea aérea consiste en transportar con seguridad a los pasajeros, por lo cual la capacidad de las mujeres que atienden durante los vuelos con el propósito de ofrecer un ambiente más placentero es sólo tangencial a la esencia del negocio.
- La decisión anterior apoyó un caso posterior, *Wilson* versus *Southwest Airlines Co.,* 517 F. Supp. 292 (N.D. Texas 1981). La línea aérea aseguró que su política de contratación discriminatoria se justificaba, tanto porque sus consumidores preferían ser atendidos por empleadas mujeres como por que el atractivo sexual de sus empleadas era necesario para que la línea atrajera y entretuviera a los pasajeros hombres. La aerolínea había prometido "cuidado afectuoso y sensible" en la publicidad que había dirigido a los pasajeros de negocios del sexo masculino y declaraba que la contratación de mujeres atractivas para ocupar los puestos de contacto, es decir, tanto los agentes de venta de boletos como la atención en vuelo, representaba una parte integral de su imagen corporativa. La corte no encontró evidencia de que la preferencia de los consumidores fuera tan importante como para que los pasajeros hombres dejaran de hacer negocios con la línea aérea en caso de que ésta contratara a hombres y concluyó que el sexo no representaba una calificación ocupacional de buena fe (COBF), solamente porque el patrón decidiera explotar la sexualidad femenina como herramienta de marketing o con el propósito de asegurar todavía más la rentabilidad.
- En el caso *Levendos* versus *Stern Entertainment, Inc.* 723 F., Apelación de EUA, Supp. 1104 (1990), la corte sostuvo que el sexo masculino no es una calificación ocupacional de buena fe (COBF) para los restaurantes de alta calidad que emplean meseros, como para justificar que los patrones se nieguen a contratar meseras mujeres tan solo porque los empleadores declaran que los meseros hombres dan una mejor imagen, bajo el razonamiento de que lo anterior frustraría el propósito del Título VII sobre la discriminación por sexo.
- En un caso de Derechos Humanos en Nueva York (*St. Cross* versus *Playboy Club,* apelación núm. 773, caso núm. CFS 22618-70, Consejo de Apelaciones de Derechos Humanos de Nueva York, 1971), la corte encontró que en los empleos en los que el sexo o la recreación sexual indirecta son el principal servicio que se ofrece (por ejemplo, en el caso de una acompañante social o bailarina *topless*), el trabajo automáticamente reclama un sexo exclusivamente; el sexo del empleado y el servicio que ofrece son inseparables. Por lo tanto, el hecho de ser mujer se consideró como una calificación ocupacional de buena fe (COBF) para una conejita de Playboy, siendo la sexualidad razonablemente necesaria para realizar el propósito dominante del trabajo, que radica en estimular e incitar a los consumidores hombres.
- La calificación ocupacional de buena fe (COBF) también ha sido concedida con base en la privacidad: enfermeras mujeres ayudan en una clínica de maternidad, enfermeras mujeres asisten en la sección de parto y nacimiento de la unidad de obstetricia, en un baño público para hombres atienden conserjes hombres, la atención en los baños de hombres y mujeres requiere hombres y mujeres respectivamente, y se requieren guardias de seguridad hombres cuando sus obligaciones involucran la búsqueda de empleados hombres.

En una conferencia de prensa que se llevó a cabo el 15 de noviembre de 1995, poco después de que se hiciera público el dictamen de la Comisión para la Igualdad de Oportunidades de Empleo, Mike McNeil, vicepresidente de Hooters of America, Inc., con base en Atlanta, formuló la siguiente declaración:

> Me presento aquí el día de hoy, para comunicarles las experiencias que Hooters ha tenido con la Comisión para la Igualdad de Oportunidades de Empleo recientemente y lo que consideramos que es un intento mal dirigido por parte de la Comisión, para forzarnos a contratar hombres para que trabajen como "Chicas Hooters".
>
> En caso de que la EEOC tenga éxito, podría sacarnos del negocio. Lo anterior con toda certeza costará los empleos de gran parte de las 10 000 mujeres que trabajan como Chicas Hooters.
>
> Nos hemos reunido con funcionarios de la Comisión para la Igualdad de Oportunidades de Empleo para llevar a cabo pláticas conciliatorias en el intento de encontrar un término medio que satisfaga a todos. Sin embargo, con toda franqueza sus demandas son tanto onerosas como tontas.
>
> Hooters está respondiendo a la batalla. Además de nuestra defensa legal, estamos lanzando una campaña de raíz con el propósito de que las personas se enteren del ataque absurdo que la Comisión para la Igualdad de Oportunidades de Empleo ha lanzado contra los establecimientos de Hooters, así como para alentar a la Comisión a que dirija su energía en contra de la discriminación de contratación seria y genuina que existe. En nuestro caso, el problema no es la discriminación por sexo. Se trata de sentido común.
>
> No me mal interpreten. La misión de la Comisión para la Igualdad de Oportunidades de Empleo es sumamente importante y sus metas son loables. No obstante, en alguna parte del camino la Comisión perdió el rumbo. La EEOC tiene un rezago de casi 100 000 casos. Resulta difícil creer que forzar a que Hooters modifique el concepto de su negocio al contratar a "Chicos Hooters" pueda encontrarse entre sus principales prioridades.
>
> Las Chicas Hooters han sido la base de nuestro negocio desde que el primer establecimiento Hooters se abrió en 1983. Existen muchos otros lugares que sirven buenas hamburguesas. No obstante, el encanto y el atractivo físico tan típicamente estadounidense de las Chicas Hooters es lo que buscan los clientes y el motivo por el cual regresan.
>
> La Comisión para la Igualdad de Oportunidades de Empleo no solamente desea que contratemos a un mesero o a un cantinero o dos. La Comisión desea que eliminemos el puesto de la Chica Hooters y que los hombres puedan disponer de todos estos trabajos. Y eso no es todo, también nos hizo llegar algunas otras exigencias, gran parte de ellas las recibimos a través de un documento que, con sus apéndices, suma ¡80 hojas!
>
> Si no fuera por los efectos desastrosos que tienen estas demandas sobre Hooters y las mujeres que trabajan para nosotros, podría reírme ante la idea de que los hombres posen como Chicas Hooters.
>
> El hecho es que, el intento de la agencia porque actuemos de una manera políticamente correcta puede dejarnos sin negocio y dejar sin trabajo a muchas de nuestras leales empleadas.
>
> En una época en la que todavía las mujeres perciben 70 centavos por cada dólar que se le paga a un hombre, resulta difícil creer que la Comisión para la Igualdad de Oportunidades de Empleo esté gastando el dinero de los contribuyentes para quitarle el empleo a estas mujeres.
>
> Y considero que ustedes deben saber que la Ley de Derechos Civiles de 1964 explícitamente permite que los negocios establezcan reglas de contratación que tomen en cuenta factores tales como el género o procedencia étnica, cuando estos factores son necesarios para mantener la esencia de un negocio particular. Por ejemplo, un restaurante francés tiene el derecho de contratar sólo a meseros franceses y un club de ejercicio para mujeres, puede decidir que se contrate únicamente a mujeres para que atiendan el área de vestidores. Por lo tanto, estamos convencidos que esta misma norma permite que Hooters contrate sólo a mujeres para los puestos de Chicas Hooters.
>
> En la actualidad existen en nuestra sociedad muchas instancias desafortunadas donde la discriminación ilegal es una realidad. Francamente me asombra que Comisión para la Igualdad de Oportunidades de Empleo se haya concentrado en Hooters.

El día de hoy, nuestra meta consiste en dar a conocer a la EEOC que nosotros pensamos que se equivocan. Existen momentos en los que la intervención del gobierno va demasiado lejos y éste es un ejemplo perfecto de cuando las buenas intenciones se deforman.

El empleo de los limitados recursos de la Comisión para la Igualdad de Oportunidades de Empleo contra Hooters resulta todavía más trágico, debido a que la demanda levantada por la Comisión finalmente se resolverá en el juicio privado que iniciaron los cuatro hombres en Chicago. A esos hombres les va a llegar su día en la corte, sin la intervención de los burócratas de la Federación.

¿Chicos Hooters? Después de esto sólo puedo preguntar, "¿Que sigue?" ¿Una demanda de la EEOC para que Rockettes contrate a bailarines hombres o que nuestro equipo NFL de siempre firme con mujeres para que ocupen las posiciones frontales?

¡Es tiempo de que Washington tome la sartén por el mango!

Al terminar la conferencia de prensa y como protesta contra el dictamen de la Comisión para la Igualdad de Oportunidades de Empleo, Hooters anunció una campaña de publicidad de raíz que tendría un costo de 21 millones de dólares y que se llevaría a cabo en las principales ciudades de Estados Unidos. La campaña inició con un rally en Washington y la publicación de una plana completa en el periódico *USA Today*, el anuncio mostraba a Vince, un hombre superfluo que usaba una peluca y exclamaba: "Ven a Washington. Toma la sartén por el mango." Vince también apareció en anuncios impresos, spots de radio, comerciales de televisión y anuncios espectaculares a lo largo de todo el país. Los anuncios acusaban a la Comisión para la Igualdad de Oportunidades de Empleo de "malgastar los dólares de los contribuyentes, pasando por alto su misión y haciendo a un lado los intereses de individuos con verdaderos reclamos de discriminación, por llevar a cabo el intento de forzar a los restaurantes Hooters para que contrataran a hombres como Chicas Hooters".

Tad Dixon, gerente de relaciones públicas de Hooters of America, comentó que en su oficina se recibieron más de 500 llamadas telefónicas el día que se anunció la campaña. Asimismo, Hooters también cabildeó con representantes del Congreso con el propósito de arrancarle la "invalidación" a la EEOC y organizaron una campaña muy bien orquestada de envíos por correo al Congreso y a la Comisión para la Igualdad de Oportunidades de Empleo. En consecuencia, llegaron gran cantidad de tarjetas postales y frisbees que protestaban contra la investigación. Los restaurantes proporcionaban las tarjetas postales, las cuales presentaban la fotografía de Vince, con toda su falsedad, una peluca rubia y el traje color naranja de las Chicas Hooters, junto con el mensaje: "¿Chicos Hooters? Washington. ¡Toma la sartén por el mango!"

EL MOMENTO DE DECISIÓN PARA LA EEOC

La Comisión para la Igualdad de Oportunidades de Empleo podía optar entre entablar la demanda contra Hooters o abandonar el caso. Para tomar esta decisión, la Comisión debía considerar varios aspectos:

1. ¿De qué forma competía Hooters en esta industria, cuál era su mercado meta y qué era lo que realmente "vendía"? ¿Acaso los restaurantes Hooters sólo servían hamburguesas o eran una empresa en la cual el entretenimiento sexual indirecto representaba el servicio principal que proporcionaba?
2. Si efectivamente los restaurantes eran "empresas de hamburguesas", ¿acaso se pondría en riesgo la capacidad de Hooters para proporcionar alimentos y bebidas al contratar a hombres como meseros?
3. ¿La política de contratación de Hooters era en realidad discriminatoria?

(La dirección web de Hooters es *www.hootersofamerica.com.*)

ÍNDICES

ÍNDICE DE ORGANIZACIONES

ÍNDICE DE NOMBRES

F

G

H

I

J

K

L

M

U

W

Y

Z

ÍNDICE DE CASOS

ÍNDICE TEMÁTICO

D

F

G

H

I

J

L

M